칭기스 칸에서 티무르까지

칭기스 칸에서 티무르까지

몽골 제국의 위기와 부흥

피터 잭슨 지음 | **최하늘** 옮김

책과함께

일러두기

- 이 책은 Peter Jackson의 FROM GENGHIS KHAN TO TAMERLANE: THE REAWAKENING OF MONGOL ASIA(2023)를 우리말로 옮긴 것이다.
- 외국어 표기는 가급적 학계의 관행과 국립국어원에서 발표한 각 언어의 표기법·표기시안·표기용례를 따랐다.
- 옮긴이가 덧붙인 설명 중 짧은 것은〔 〕로, 긴 것은 각주로 표시했다.
- '튀르크'는 실제 튀르크어를 사용하는 사람/집단, '투르크'는 '유라시아 유목민'을 지칭하는 일반명사로 구분하여 옮겼다.

데이비드 오린 모건(1945~2019)을 추모하며

차례

지도 목록

표기, 날짜, 인용

표기

중세 몽골어 인명은 보일J. A. Boyle이 라시드 알딘의《집사Jāmi' al-tawārīkh》
일부를 번역한《칭기스 칸의 후계자들The Successors of Genghis Khan》(New
York, 1971)에 따라 표기했다.* 그러나 튀르크어와 몽골어 고유명사는
일관된 전사법轉寫法이 오랫동안 부재한 것으로 악명 높다. 두 가지 예를
들자면, 우선 금 오르다Golden Horde의 역사에서 등장하는 인명人名인 '토
카 테무르Toqa Temür'는 '토가 테무르Togha Temür'로도 옮길 수 있다. 이 이
름에서 '토카/토가'는 차가다이 칸국의 두아 칸Du'a Kahn(사망 1307)의 이
름 두아의 다른 표기다(물론 '두아'라는 이름 자체도 다양한 표기 방식이 존재한
다). 이란의 일칸 가운데 가장 중요한 인물인 가잔Ghazan(사망 1304)의 경
우, 차가다이 칸국의 칸 카잔Qazan(사망 1346), 그리고 카잔의 가장 큰 정
적이었던 카자간Qazaghan과 같은 인명이다(모두 몽골어 '가마솥'의 다른 표
기다). 표기의 일관성을 확보하기 위해 어떤 방법을 동원하건 간에 몽골
사 전문가들은 불만을 품을 것이다. 그렇다고 비전문가에게 더 도움이

---

* 저자는 튀르크어 고유명사의 표기도 보일의 책을 따른 것으로 보인다. 그러나 이렇게 하면
후설 비원순 고모음 ı/ï(/i∼ɯ/) 표기가 반영되지 않는 등 문제가 있기 때문에 한국어판 본문
에서는 일부 표기를 수정했다.

되는 것도 아니다.

이 책에서 중요하게 다루어질 이란 세계Iranian world*의 경우, 나는 19세기와 20세기에 주로 사용된 용어인 페르시아가 아니라 현대 국호인 이란을 사용했다. 지명 표기에서 영어식 표기가 일반적인 경우(예컨대 알레포·다마스쿠스·카이로·헤라트)나 유럽식 표기가 이미 정착된 칭호/계급(예컨대 칼리프caliph·아미르amir·술탄sultan)은 관용적인 표기 방식을 따랐다(단, '비지에르vizier'는 '와지르wazir'로 통일했다). '술탄'의 경우, 고유명사의 일부로 사용되면 발음구별부호diacritic를 붙인 '술탄Sulṭān'으로 표기했다. 그밖의 아랍어와 페르시아어는《이슬람 백과사전The Encyclopedia of Islam》2판(Leiden, 1954~2009)의 표기법에 따르되, č는 ch로, dj는 j로, ḳ는 q로 바꾸어 표기했다. 페르시아어 전사법은 아랍어에서와 동일한 원칙을 따라 s̲는 th로, ż는 ḍ로, v는 w로 표기했다. 아랍어의 접속사 'wa-'('그리고')가 페르시아어 문장에서 등장한 경우 '-u'로 옮긴 곳도 있다. 페르시아어·아랍어의 표기 원칙은 '니스바nisba'**(예컨대 사마르칸디Samarqandī, 할라비Ḥalabī)에도 적용되었는데, 튀르크어가 주로 쓰이던 지역 출신임을 나타내는 경우에도 예외를 두지 않았다(예컨대 악세라이Akseray 출신이라는 의미의 니스바는 악사라이Āqsarāyī). 그러나 아랍인이 아닌 인물의 경우 니스바에서 아랍어 정관사 'al-'은 쓰지 않았다(예컨대 주바이니Juwaynī, 악사라이, 파리유마디Faryūmadī, 야즈디Yazdī). 아랍어와 페르시아

어의 부칭父稱(빈bin, 이븐ibn)은 티무르 왕조의 사료에서 이다파idāfa*로
표기되는 경우도 있지만, 구분하지 않고 모두 'b.'로 줄여서 표기했다.
다만, 예컨대 이븐 아랍샤Ibn ʿArabshāh나 이븐 할둔Ibn Khaldūn처럼 통상적
으로 부칭으로 불리는 인물은 예외로 두었다.

튀르크어와 몽골어, 페르시아-아랍어 용어가 본문에서 여러 차
례 등장하는데(예컨대 쿠릴타이quriltai, 노얀noyan, 투멘tümen, 말릭malik), 처
음 나올 때만 발음구별부호를 붙이고, 그뒤로는 일반적인 로마자로 표
기했다. 왕조 명칭은 발음구별부호를 언제나 생략했다(따라서 '잘라이르
왕조'는 Jalāyirids가 아니라 Jalayirids로, 무자파르 왕조는 Muẓaffarids가 아니라
Muzaffarids로 표기했다). 지명에서 유래한 형용사형 명사 역시 발음구별
부호를 생략했다(따라서 호라즘인은 Khwārazmian이 아니라 Khwarazmian으로
썼다). 발음구별부호를 붙인 '맘루크Mamlūk'는 이집트와 시리아를 지배
한 정권을 가리키고, 발음구별부호가 없는 '맘루크mamluk'는 그 왕조 명
칭의 어원이 된 엘리트 군인 노예를 가리킨다. 14세기 금 오르다의 칸
은 '외즈벡Özbeg'이지만, 그의 이름에서 유래한 현대의 민족은 '우즈벡
Uzbek'으로 표기했다.

이 책의 뒷부분에서 확인하겠지만, 페르시아어에서 '몽골Mongol'이
라는 명칭과 그 파생어를 표기하는 방식도 매우 모순적이다. 이 책에
서 '모굴Moġūl'과 '모굴리스탄Moġūlistān'은 티무르 왕조 시대 사료의 용

• 페르시아어 문법의 연결사로, 현대 페르시아어 발음으로는 에저페(eżāfe)다. 실제로 페르시
아어에서는 종종 생략되고, 한국어 표기에서도 반영되지 않는 것이 일반적이다. 한국어판에서
는 로마자 표기는 반영하되 한국어 표기는 일괄 생략했다.

례에서처럼 차가다이 칸국의 동부[•]와 그 주민을 가리키고, 1525년에서 1858년까지 인도를 지배한 티무르의 후예들은 (2차 문헌에서 빈번히 쓰인 '모굴Moghul'이나 '무갈Mughal'이 아니라) 두번째 음절의 장음 부호가 생략된 '무굴Mughul'로 지칭했다. '몽골'이라는 용어는 일반적인 용례와 마찬가지로 오늘날의 몽골고원에 거주했거나, 아시아 전역을 정복하고 지배한 몽골인에게만 엄격히 한정해서 사용했다.

위구르인Uighur[••]과 타직인Tājīk이라는 종족명은 오로지 중세의 맥락에서만 사용했다. 위구르인은 오늘날 중국의 신장 위구르 자치구에 거주하는 민족이 아니라 타림 분지의 튀르크인을 가리킨다. 타직인은 오늘날의 타지키스탄 사람들이 아니라 페르시아어 혹은 아랍어 화자의 통칭이다. 내가 사용한 용어 중에 독자들이 가장 의아하게 여길 법한 것은 아마도 티무르가 이끈 튀르크·몽골 군단과 관련된 표현일 것이다. 이 책에서 '차가타이Chaghatay'는 (튀르크어의 중앙아시아식 사투리를 사용하는 사람들의 총칭이 아니라면) 티무르의 튀르크·몽골 군단을 가리키고, '차가다이Chaghadai'는 칭기스 칸의 둘째 아들 차가다이가 세운 칸국과

• 이 국가의 명칭에 대해 학계에서 일치된 견해는 없다. 예컨대 소련-러시아에서는 '모굴리스탄', 중국에서는 '동차가다이 칸국', 일본에서는 '모굴리스탄 칸국' 등의 명칭이 쓰인다. 그러나 '모굴리스탄'은 원래 천산산맥 이북의 초원 지대를 가리키는 지명이어서, 이 용어를 쓰면 엄연히 이 국가 영토의 일부였던 타림 분지의 정주 지대가 배제될 위험이 있다. '동차가다이 칸국'이라는 말은 당시에 사용되지 않았을 뿐만 아니라, 존재하지도 않은 '서차가다이 칸국'의 대칭 개념으로 받아들여질 가능성이 있다. 따라서 한국어판에서는 '모굴리스탄'을 지리적 용어로만 사용하고, 국가 명칭으로는 당시 사료에서 사용된 '모굴 울루스(Ulus-i Moğūl)'를 번역한 '모굴 칸국'이라는 용어를 사용했다.

•• 'Uighur'는 '우이구르'가 당사자들의 발음에 더 가깝지만, 이 책에서는 관용적으로 사용되는 '위구르'로 통일했다.

12

그 왕조를 지칭한다.

아랍-페르시아 문자 체계의 일부 문자는 발음구별부호의 위치만 다르기 때문에 (필사본이든 인쇄본이든 간에) 1차 사료에서 튀르크어와 몽골어 고유명사를 정확하게 읽기란 여간 어려운 일이 아니다. 그래서 (특히 주석에서) 정확한 형태가 불확실한 고유명사는 대문자로만 전사했다. 이런 경우 Č는 이중 자음 ch, Ġ는 gh,[*] Š는 sh, Ṯ는 th, X는 kh를 나타내고,[**] 장모음 ā, ū, ī는 각각 A, W, Y를 의미한다. 필사본 원본에서 발음구별부호가 부정확하거나 누락된 것으로 보이는 경우, 아랍-페르시아 문자 그대로 표기했다. 따라서 하Ḥā'는 실제로 짐Jīm, 차Čā', 하Xā' 가운데 하나일 수 있다. 발음구별부호 없이 단지 '깨문 모양'[***]만 있는 경우는 바Bā', 파Pā', 타Tā', 사Ṯā', 눈Nūn, 야Yā 가운데 하나이거나 함자 Hamza(')를 표기하는 것일 수 있다. 이런 경우는 온점(·)으로 전사했다. 별표(*)는 언제나 해당 명사가 가설적 재구再構임을 의미한다.

중국어 고유명사의 표기는 병음 표기법[****]을 따랐다. 러시아어는

• gh/ğ/ġ 등으로 표기되는 가인(Ġayn)은 튀르크어에서 자유 변이로 유성 연구개(구개수) 폐쇄음 [g~ɢ]와 유성연 구개(구개수) 마찰음 [ɣ~ʁ]의 교체가 일어나기도 했던 것 같다. 예컨대 본문에 언급된 beġ의 ġ는 차가타이어에서는 연음화되어 오늘날 튀르키예 튀르크어의 bey와 마찬가지로 베이(/bej/)로 읽혔다고 한다. 그러나 한국어판에서는 현행 외래어 표기법 및 기존 표기 용례를 참고해 가인의 기본 한글 표기는 'ㄱ'으로 삼았다.

•• 무성 연구개 마찰음 [x]와 무성 구개수 마찰음 [χ]로 발음되는 '하(Xā)'(라틴 알파벳으로는 kh, ḥ, ḵ, x 등으로 표기)의 기본 한글 표기는 'ㅎ'으로 삼되, 칸(ḫān/khān), 칼리프(ḫalīfa/khalīfa)와 같이 이미 관용적으로 사용되는 표기가 있는 경우는 'ㅋ'으로 옮겼다.

••• 예를 들어 ﺐ, ﺖ, ﺚ와 같은 아랍 문자를 뜻한다.

•••• 한국어판에서 중국 지명과 도서명은 기본적으로 한국식 한자음으로 표기했다. 인명의 경우 한·중 수교가 이루어진 1992년을 기준으로 삼아, 그 이전에 한반도에 알려진 인물은 한국식 한자음으로, 그 이후의 인물은 국립국어원의 '중국어 표기 규정'을 따랐다.

미국 의회도서관의 표기법을 약간 조정해 전사했다. 현대 몽골어는 러시아어 표기법을 약간 고쳐서 사용했다. 따라서 체Chė, 샤Sha, 헤Khė, 제Zhė는 ch, sh, kh, zh가 아니라 č, š, x, ž로 옮겼다.

날짜

날짜는 서기와 이슬람력, 두 가지 모두를 표기했다. 먼저 나오는 것이 이슬람력이다. 예컨대 다음과 같은 식이다. 807/1404~1405년, 736년 샤반월Sha'bān ● 25일/1336년 4월 8일.

인용

인용은 《몽골 제국과 이슬람 세계The Mongols and the Islamic World》에서와 동일한 원칙을 적용했다. 즉 원전이 한 가지 이상의 판본이 존재하는 경우 가급적 그것들을 모두 언급했다. 따라서 루이 곤살레스 데 클라비호Ruy González de Clavijo의 여행기는 클레멘츠 마컴Clements Markham과 기 르 스트레인지Guy Le Strange의 영역본 모두에서 인용했다. 또한 샤라프 알딘 알리 야즈디Sharaf al-Dīn 'Alī Yazdī의 《승전기Ẓafar-nāma》도 현대에 출간된 모함마드 압바시Moḥammad 'Abbāsi 교주본(1957), 그리고 사이드 미르 모함마드 사딕Sa'īd Mīr Moḥammad Ṣādiq과 압둘 호세인 나바이Abdul Ḥossein Navāī의 교주본(2008) 양쪽 모두에서 인용했다. 이는 여러 판본 가

● 이슬람력에서 각 달의 명칭은 다음과 같다. 알무하람(al-Muḥarram), 사파르(Ṣafar), 첫번째 라비(Rabī' al-Awwal), 두번째 라비(Rabī' al-Āḫir/al-Ṯānī), 첫번째 주마다(Jumādā al-Ūlā), 두번째 주마다(Jumādā al-Āḫira), 라잡(Rajab), 샤반(Ša'bān), 라마단(Ramaḍān), 샤우왈(Šawwāl), 둘카다(Ḏu al-Qa'da), 둘힛자(Ḏu al-Ḥijja).

운데 한 가지에만 접근할 수 있는 독자들이 다른 판본만을 인용한 연구를 보면서 느끼는 좌절감(나 역시 많은 경우에 그랬다)을 덜어주는 데 도움이 되리라 생각한다.[•]

가자 ghazā　　(아랍어·페르시아어) 이슬람의 성전聖戰. '지하드' 항목도 참조

가지 ghāzī　　(아랍어·페르시아어) 성전에 뛰어든 전사

구레겐 güregen　　(몽골어) 부마駙馬

굴람 ghulām　　(아랍어·페르시아어) 노예, 사내아이 종

나이브 nāʾib　　(아랍어·페르시아어) 부관副官, 대행代行

노얀 noyan　　(몽골어) 지휘관

노코르 nökör　　(몽골어) 추종자, 동무

다루가 darugha　　(몽골어) 총독. '바스칵' 항목도 참조

다르칸 darqan　　'타르한' 항목 참조

디완 dīwān　　(아랍어·페르시아어) 재무 행정 부처

딤미 dhimmī　　'아흘 알딤마' 항목 참조

마드라사 madrasa　　(아랍어·페르시아어) 대학, 신학교

말릭 malik　　(아랍어·페르시아어) 왕

말 아만(아마니) māl-i amān(ī)　　(아랍어·페르시아어) 정복당한 도시의 주민이 지불하는 배상금

맘루크 mamlūk　　(아랍어) 군사 노예. '굴람' 항목도 참조

모첼게 möchelge　　(몽골어) 맹세

무쿠스 mukūs　　(아랍어·페르시아어) 샤리아에서 규정되지 않은 세금

물룩 알타와이프 mulūk al-ṭawāʾif　　(아랍어·페르시아어) '파당의 군주들', 티무르의 대두 이전 차가다이 울루스와 일칸국 이후 이란에서 할거한 아미르의 통칭

바스칵 basqaq   (튀르크어) 총독. '다루가' 항목도 참조

바하두르 bahādur   (튀르크어 바투르batur의 페르시아어형) 용사, 영웅

바흐시 bakhshī   (튀르크어) 불교 승려 혹은 학자, 서기書記

벡 beġ   (튀르크어) 부족의 군사 지도자

비틱치 bitikchi   (튀르크어·몽골어) 서기, 비서

빌릭 bilig   (몽골어) (대체로 칭기스 칸의) 말씀

사드르 ṣadr   (아랍어·페르시아어) 최고의 종교 학자

사이드 sayyid
(복수형 사다트 sādāt)   (아랍어·페르시아어) 예언자〔무함마드〕의 후손

샤리아 Sharīʿa   (아랍어·페르시아어) 이슬람 법〔율법〕

셰이흐 shaykh   (아랍어·페르시아어) 무슬림 종교 명사

소유르갈 soyurghal   (튀르크어·몽골어) 토지 또는 세금의 사여(문자 그대로 해석하면 '은전恩典')

시흐나 shiḥna   (아랍어·페르시아어) 총독

아만 amān   '말 아만(아마니)' 항목 참조

아미르 알우마라
amīr al-umarā   (아랍어) 수석 아미르. '울루스베기' 항목도 참조

아타벡 atabeġ   (튀르크어) 보호자(문자 그대로 해석하면 '아버지 지휘관'). 아랍어형은 아타박atābak

아흘 알딤마 ahl al-dhimma   (아랍어) '보호받는 사람들', 즉 무슬림 지배 아래에서 살아가는 일신교 종교 공동체(그리스도교도와 유대교도가 대표적인 예)

아흘 알바이트 ahl al-bayt   (아랍어) 예언자 무함마드의 후손(문자 그대로 해석하면 '가문의 사람들'). '사이드' 항목도 참조

알탄 우룩 altan urugh   (몽골어) 칭기스 왕조(문자 그대로 해석하면 '황금 씨족')

야르구 yarghu   (튀르크어·몽골어) 법정

야르구츠 yarġučĭ   (튀르크어·몽골어) 법관

야를륵 yarlïġ   (튀르크어·몽골어) 명령, 지시

야사/야삭 yasa(q)   (튀르크어) 칙령, 규정. 몽골어형은 자삭dzasagh

야일락 yaylaq   (튀르크어·몽골어) 여름철 유목지

얌 yam   (튀르크어) 역참, 역참들의 연결망

오르다 orda   (몽골어) 숙영지

와바 wabā   (아랍어·페르시아어) 유행병

와크프 waqf   (아랍어·페르시아어) 자선 재단
(복수형 아우카프 awqāf)

왈리 walī   (아랍어·페르시아어) 총독

요순 yosun   (몽골어) 관습

우슈르 ʿushr   (아랍어·페르시아어) 십일조, 개간된 토지에 부과된
                              세금

울라마 ʿulamā   (아랍어·페르시아어) 식자층, 학자
(단수형 알림 ʿālim)

울루스 ulus   (몽골어) 특정한 칸 또는 군주의 지배를 받는 사람들
                              혹은 그런 영토나 국가

울루스베기 ulusbeǧi   (튀르크어·몽골어) 최고 사령관

유르트 yurt   (튀르크어·몽골어) 숙영지, 유목지

으둑쿠트 ïduq-qut   (튀르크어) 성상聖上, 베쉬발릭 위구르 지배자의 칭호

이맘 imām   (아랍어·페르시아어) 예배 인도자

인주 injü   (몽골어) 사유재산

일 īl   (튀르크어·몽골어) 평화, 복속

제르게/네르게 jerge/nerge   (튀르크어·몽골어) 사냥에서 사용된 포위 전술

지즈야 jizya   (아랍어·페르시아어) 이슬람 국가에서 거주하는 비非
                              무슬림 신민들이 납부하는 인두세

지하드 jihād   (아랍어·페르시아어) 성전

체릭 cherig   (몽골어) 군대, 보조군

카디 qāḍī   (아랍어·페르시아어) 이슬람 사법 체계의 법관

카라추 qarachu   (몽골어) 평민, 칭기스 왕조에 속하지 않은 몽골인

카안 Qaghan   (튀르크어·몽골어) 황제. 아랍어화된 형태는 '하칸
                              Khāqān'

카움 qawm   (아랍어·페르시아어) 종족

칼란 qalan   (튀르크어·몽골어) 세금[논쟁 중인 용어]

칼란다르 qalandar　　(아랍어·페르시아어) 신비주의자, 수피, 다르비시. '파키르' 항목도 참조

케식 keshig　　(몽골어) 시위侍衛

케운 ke'ün　　(몽골어) 왕자(문자 그대로 해석하면 '아들', '소년')

코슌 qoshun　　(몽골어) 군부대, 중대

코켈타쉬 kökeltash　　(몽골어) 젖형제

콜룬 울루스 qol-un ulus　　(몽골어) 중앙 울루스

쿠릴타이 quriltai　　(몽골어) 집회

쿠트바 khuṭba　　(아랍어·페르시아어) 금요 예배의 설교

쿱추르 qubchur　　(몽골어) 몽골 제국의 신민에게 부과된 인두세

크쉴락 qïshlaq　　(튀르크어·몽골어) 겨울철 유목지

타르한 tarkhan　　(튀르크어) 일부 세금을 면제받는 등 특권을 부여받은 사람. 몽골어는 '다르칸'

타운 ṭāʿūn　　(아랍어·페르시아어) 전염병

탐가 tamgha　　(튀르크어·몽골어) 상업이나 수공 활동에 부과된 세금(본래 의미는 '도장')

탐마 tamma　　(몽골어) 변경에서 복무하는 군인

퇴레 Töre　　(튀르크어) 초원의 관습과 관습법. '야사' 항목도 참조

투멘 tümen　　(몽골어) 1만 명의 군사로 이루어진 단위, 그 정도의 군대를 공출할 수 있는 지구

파디샤 pādishāh　　(페르시아어) 제왕帝王

파르만 farmān　　(페르시아어) 명령, 칙령

파키르 faqīr　　(아랍어·페르시아어) 수도자

파키흐 faqīh　　(아랍어) 법학자〔율법학자〕

파트흐나마 fatḥ-nāma　　(페르시아어) 승전보

하나카흐 khānaqāh　　(아랍어·페르시아어) 수피가 머무는 숙소

하라즈 kharāj　　(아랍어·페르시아어) 토지세, 전세田稅

하킴 ḥakīm　　(아랍어·페르시아어) 총독

하툰 khātūn　　(튀르크어·몽골어) 공주, 귀부인

핫즈 ḥājj　　(아랍어·페르시아어) 연례 메카 순례

서론

이 책의 제목 From Genghis Khan to Tamerlane은 이 책에서 두 정복자의 이름이 영어식으로 쓰인 마지막 용례가 될 것이다. '젱기스Genghis'는 18세기 초에 잘못 표기된 책 제목까지 거슬러 올라가는, 복잡한 역사를 지닌 조악한 전사형이다. 본명이 테무진Temüjin인 몽골 제국의 창건자(사망 1227)는 이제부터 몽골어를 전사한 '칭기스 칸Chinggis Khan'(페르시아 문헌에서는 '칭기즈Chingīz')으로 쓴다. '태멀레인Tamerlane'은 페르시아어 '테무르 랑Temür-i lang'('절름발이 테무르'라는 뜻, 튀르크어로는 '악삭 테미르Aksak Temir')의 유럽식 변형이다. 티무르는 젊은 시절에 오른다리와 오른팔에 부상을 입어 이 별명을 얻었다. 이 정복자는 자신의 영토 바깥에서 작성된 저작들에서 이 별명으로 불멸의 생명을 얻었다. 시간이 흘러 크리스토퍼 말로Christopher Marlowe의 유명한 희곡《탬벌레인 대왕 Tamburlaine the Great》(2부로 구성, 제1부 초연은 1587, 완성은 1590)이 발표되었을 무렵 이 표현은 이미 널리 쓰이고 있었다. 이 책에서는 튀르크·몽골•식 명칭인 '테무르/테뮈르Temür'('철鐵')를 쓰지 않고, 아랍어와 페르시아어 사료에서 쓰인 표기이자 2차 문헌에서 자주 쓰이는 표기인 티무르Tīmūr를 택했다.•• 이는 이 책에 등장하는 이 인명을, 단독으로 혹은 다른 인명과 함께 사용하는 수많은 인물과 구분하기 위한 결정이다. '정복자'를 제외한 나머지 인물은 테무르로 표기했다.

튀르크·몽골계 바를라스Barlās부部의 구성원이었던 티무르(사망 807/1405)는 ('타타르인'이라고도 알려진) 몽골인들에 의해 불가역적으로 변화했으며 여전히 칭기스 칸의 그림자 아래에 놓여 있던 트란스옥시아나Transoxiana(아랍어·페르시아어로는 마 와라 알나흐르Mā warā' al-nahr, '[옥수스]강 너머'라는 뜻)에서 태어났다. 어떤 면에서, 특히 이란 세계의 시각에서 티무르는 11세기 피르다우시Firdawsī가 지은 이란의 서사시《샤나마Shāh-nāma》에서 그저 간단히 적敵으로 묘사된 대로, 이전의 몽골인들과 마찬가지로 오랫동안 이란과 근동에 위협적인 세력으로 여겨진 옥수

• 오늘날 학계에서 튀르크·몽골(Turco-Mongol)이라는 용어는 종족적·문화적으로 유사한 몽골계 유목민과 튀르크계 유목민을 통칭하는 개념으로 사용된다. 이는 몽골 시대 이슬람 세계 문헌들에서 등장하는 '몽골계 튀르크인(Atrāk-i Muġūl/Turkān-i Muġūl)'을 수용한 표현이다. 실제로 몽골 시대 이후 유라시아 서부 초원 지대의 유목민들은 튀르크어를 사용하고 이슬람교를 신봉했지만, 정치적으로는 몽골 제국 정체성을 지향하는 등 튀르크와 몽골의 상호 동화 현상이 있었다.

•• 아랍문 'TYMWR'를 '티무르(Tīmūr)'로 읽는 것은 고전 문어체 아랍어식 독음이며, 이를 페르시아어식으로 읽으면 대략 '테무르(Tēmūr)'로 발음된다. 티무르 시대에는 '테미르(Temir, TMR)'라는 표기도 쓰였다. 한국어판에서는 고전 문어체 아랍어형에서 나온 '티무르(Timur)'가 이미 한국에서 관행적으로 쓰인 데다 저자도 이 표기를 사용했음을 존중해 '티무르'로 표기했다. 하지만 이는 마치 칭기스 칸을 '성길사한(成吉思汗)' 혹은 '젱기스 칸(Genghis Khan)'으로 표기하는 것과 마찬가지임을 밝혀두고자 한다.

스강(아랍어·페르시아어로 아무다리야강Amū-daryā) 너머 광활한 '투란Tūrān'
의 군대를 대표하는 존재였다. 유목민 기병대의 수장으로서 진정한 초超
지역적 제국을 세운 최후의 투란인, 즉 내륙 아시아 출신 정복자인 이
인물은 몽골 제국의 유산을 계승하는 데서 멈추지 않았다. 그는 몽골
제국의 업적을 영속시키는 동시에 그것을 초월하고자 시도했다. 30여
년간 계속된 원정에서 그는 칭기스 칸의 뒤를 잇는 몽골 지배자들뿐만
아니라 델리의 술탄, 이집트와 시리아의 맘루크 술탄, 오스만 술탄 바
예지드 1세Bāyezīd I, 그리고 여러 군소 군주를 무릎 꿇렸다. 이 정복자가
중국 명나라 원정을 이끌다 사망했을 무렵 그 영토는 아나톨리아와 시
리아에서 펀자브, 오늘날의 신장에까지 이르렀다. 티무르는 칭기스 칸
의 피를 이어받지 못한 평민이었기에 자신의 이름으로 정복지를 다스
리지 않고 칭기스 왕조의 후손을 꼭두각시 칸으로 세우고 그의 이름으
로 통치했다. 그리고 자신은 아랍어·페르시아어로 '사령관'을 뜻하는
칭호인 아미르Amīr나 이를 튀르크어로 옮긴 벡Beg 내지 '대大아미르' 등
을 사용했다.

　하지만 칭기스 칸과 달리, 티무르는 14세기에 살았던 위대한 몽골
정복자의 다른 후손들과 마찬가지로 무슬림이었다. 어쩌면 불신자不信
者인 칭기스 칸과 비교될 때 티무르가 언제나 불리한 평가를 받는 이유
가 이것인지도 모르겠다.[1] 티무르는 자신의 지배를 정당화하기 위해 몽
골의 전통뿐만 아니라 이슬람의 전통까지 끌어들였다. 그래서 현대의
어느 학자는 그가 "문화적으로 두 세계에 걸친 채 이를 자유자재로 활
용했다"라고 표현하기도 했다.[2] 또한 티무르가 불신자들을 상대로 한
전쟁, 그리고 그가 '나쁜' 무슬림이라며 공개적으로 비난한 적들을 상

대로 한 전쟁에서 지하드jihād(성전聖戰)라는 구호를 드높인 것을 진정한 종교적 신념에 따른 행동이었다고 보든 그렇지 않든 간에, 그런 행동 자체가 어마어마한 파장을 불러일으켰다. 그 파장은 그전 몽골인 무슬림이 벌인 어떤 전쟁보다 강력했다.

두 제국

티무르가 활약했던 세계는 칭기스 칸이 죽은 지 100여 년이 흐른 뒤로, 정치적으로도 사회적으로도 굉장한 변화를 겪었다. 이슬람화는 눈에 띄는 변화 가운데 하나에 불과했다. 통일 몽골 제국은 이미 현실 세계에서는 사라진 지 오래였다. 칭기스 칸은 영토와 백성(몽골어 '울루스ulus'는 백성과 영토가 합해진 개념이었다. 오늘날 이 단어는 '국가'라는 뜻으로 쓰인다)을 여러 아들을 비롯한 육친六親에게 분봉했다. 그러나 몽골 제국은 1260년대 초에 대大칸(카안Qaghan) 자리를 두고 벌어진 내전을 거치면서 분열되어 상위 울루스들은 자율적인 국가가 되었다. 서부 초원에서는 최소한 두 정치체가 자리잡았는데, 그 가운데 칭기스 칸의 맏아들 조치Jochi의 후손들이 지배한 킵차크• 칸국('금 오르다'라고도 지칭된다)은 볼가 지방과 크림반도를 중심으로 형성되어 있었다. 둘째 아들 차가다이의 후손들은 트란스옥시아나와 투르키스탄Turkistān(오늘날 우즈베키

• 튀르크어식 발음은 '큽착(Qıpçāq)'에 가깝지만 표준국어대사전에 '킵차크한국'이 표제어로 올라가 있기에 이 책에서는 '킵차크'로 통일했다.

스탄의 대부분과 타지키스탄, 키르키즈스탄, 카자흐스탄 남동부, 신장의 서부에 해당한다)을 지배했다. 나머지 두 상위 울루스는 칭기스 칸의 넷째 아들 톨루이Tolui의 후손들이 지배했다. '대칸의 나라' 또는 원元나라로 불리는 카안의 영토는 중국, 몽골고원, 만주, 티베트 일부로 구성되었다. 일칸국은 오늘날의 이란, 아프가니스탄 일부, 투르크메니스탄, 이라크, 아제르바이잔, 캅카스, 아나톨리아의 대부분을 아울렀다.*

그러나 티무르의 시대에 일칸국은 해체된 상태였고 그 영토는 (이란계인 경우가 많았던) 여러 지방 지배자의 손에 넘어갔다. 원나라 역시 1368년에 중국에서 추방되었고 토착민 세력인 명明나라로 대체되었다. 칭기스 왕조 국가들은 이미 서로 다른 문화적 경로를 따라가기 시작한 상황이었다. 원나라에서와 달리, 몽골 제국의 서부 칸국들에서는 유목민 인구의 대다수가 튀르크 종족이었다. 또한 원나라에서는 불교가 주류였던 데 반해 서아시아와 중앙아시아의 유목민들은 차츰 이슬람교를 받아들였다. 일칸국은 1295년에 이슬람교를 확실히 수용했다. 조치 왕통과 차가다이 왕통의 국가들에서는 1340년대에 이슬람화가 완료되었다.

거의 100년 전에 나온 책의 제목[3]처럼, 티무르를 몽골 제국의 '두 번째 단계'라고 부르는 것은 부적절한 측면이 있지만, 티무르가 칭기스

---

* 이미 많은 학자가 지적했다시피, '○○ 칸국'이라는 용어는 몽골 제국의 각 울루스가 지닌 분열적 경향을 지나치게 강조한다는 문제점이 있다. 그 때문에 최근의 몽골 제국사 연구에서는 몽골 제국이 지닌 통합적 구도에 더 비중을 두어, 당대 몽골 제국의 사료에서 사용한 용어인 '○○ 울루스'의 사용 빈도가 늘고 있다. 특히 한국에서는 학교 교과서에서도 '○○ 울루스'라는 표현이 '○○ 칸국'이라는 표현을 대체할 정도다. 저자는 본문에서 '○○ 칸국'과 '○○ 울루스'를 함께 사용하는데, 한국어판에서는 가급적 '○○ 울루스'를 사용하되, 저자의 표기를 존중하는 의미에서 '○○ 칸국'으로 적힌 부분은 그대로 '○○ 칸국'으로 옮겼다.

칸의 제국을 다시 세우고자 하는 목표를 지향했다는 생각이 지금도 널리 통용된다. 티무르가 실제로 칭기스 칸을 떠오르게 하는 행동을 자주 취했다는 점을 고려하면 이런 생각이 틀렸다고 단호하게 말하기는 어렵다. 그런 면에서 티무르의 제국을 "사실상 신생 몽골 제국"으로 정의하고자 했던 최근의 시도들이 매력적으로 보이기도 한다.[4] 조상 가운데 튀르크인이 있었다는 점이 거의 확실하고 모어가 튀르크어이긴 했지만, 티무르는 실제로 몽골인의 후손이었다. 설사 엄격하게 따져서 그가 유목 생활 방식에 완전히 충실하지 않았다 치더라도,[5] 그의 군대에서 중핵은 몽골 제국의 군대와 마찬가지로 유목민 기마 궁수였다. 게다가 티무르가 옹립한 칸들은 칭기스 왕조의 왕자들이었다.* 티무르 지배 하에서 몽골 법과 관행은 여전히 중요하게 여겨졌다. 그럼에도 티무르의 제국을 "제2의 몽골 제국"이라고 할 수 없는 이유는 다음 두 가지 환경에서 유래한다.

먼저 티무르가 살아간 세계는 지리적·공간적으로 몽골인의 세계와 달랐다. 티무르도 쉴 새 없이 원정을 치르긴 했지만, 몽골인의 영토만큼 방대한 영역은 아니었다. 델리 점령은 몽골인도 이루지 못한 업적이었고, 시리아와 아나톨리아 방면에서도 몽골 제국보다 더 깊숙이 진

• 몽골 제국에서 칭기스 칸의 남계 후손들은 지위와 관계없이 '아들'이라는 뜻의 '쿠운(kö'ün~köbegün, 복수형은 kö'üd~köbegüd)'으로 불렸다고 한다. 이슬람 세계에서는 이를 직역해 오굴(ōḡūl, 튀르크어로 '아들', 혹은 그 복수형인 오글란ōḡlān), 칸자다(ḫānzāda, '칸의 아들'), 샤자다(šahzāda, '왕자') 등으로 불렀고, 한문 사료에서는 왕(王), 대왕(大王), 제왕(諸王), 태자(太子) 등으로 번역했다. 1330년대 이후로는 아랍어 '술탄(sulṭān)'도 칭기스 왕조의 성원(공주까지 포함)을 가리키는 용어로 폭넓게 이용되었다. 한국어판에서는 칭기스 칸의 남계 후손들을 '왕자'로 통칭했다.

군했지만, 다른 방면에서는 그만큼 인상적이지는 못했다. 몽골 제국은 "육상으로 연결된 제국 가운데 가장 방대한 영토를 보유"했다고 평가된다.[6] 하지만 티무르의 영토는 몽골 제국 영토의 일부에 지나지 않았다. 물론 그 영토 자체는 아주 거대했지만, 칭기스 왕조의 전체 정복지보다는 훨씬 작았다.[7] 티무르 제국의 핵심 영역 역시 몽골인들의 고향이 아니라 중앙아시아, 특히 아무다리야강(옥수스강) 이북 시르다리야강Sīr-daryā(약사르테스강Jaxartes) 이남(혹은 그 이북의 극히 일부), 다시 말해 칭기스 칸이 차가다이에게 분봉한 영토의 서반부에 해당하는 트란스옥시아나였다. 이곳의 초지草地는 관개 농지와 사마르칸드·부하라 같은 부유한 도시들과 뒤섞여 있었다. 튀르크계 유목 집단들과 페르시아어를 사용하는 정주 공동체('타직')는 서로 일정한 거리를 유지하면서도 몽골 시대 이전부터 밀접한 관계를 맺으며 살아갔다. 유목민들이 이슬람을 받아들이면서부터 양자의 친연성은 더 강해졌다. 도시 거주자와 농민은 유목민의 무력을 두려워하면서 유목민을 상스럽고 무식하다고 경멸했고, 유목민은 정주 문화의 유혹과 정착했을 때의 군사력 상실을 두려워했다. 그럼에도 양자는 공생 관계였다.[8] 트란스옥시아나는 매우 독특한 문화 지대였다. 이곳은 칭기스 세계 내부에 매우 깊이 파인 틈과 같았다. 티무르와 그를 따르는 유목민 군단 역시, 자칭이든 타칭이든 간에, 몽골이나 타타르보다는 '차가타이Chaghatay'로 불리는 경우가 더 흔했다.*

그다음으로 티무르 제국은 생태적·문화적 지향점도 몽골인들과 달랐다. 티무르는 유목 부족* 출신이었음에도 정주지 영토에서 자원을 가장 많이 확보했으며, 초원 지대를 지배하겠다는 야심을 품지 않았다. 심지어 (트란스옥시아나 바로 동쪽의 일부 지역을 제외한) 칭기스 칸과 그 후계자들에게 복속된 초원 지대에서조차 그랬다.[9] 티무르의 주요 거주지이자 원정에서 약탈한 막대한 재화의 최종 귀착지는 유서 깊은 도시 사마르칸드, 그리고 그가 사랑한 고향으로 역시 트란스옥시아나에 속한 카슈카다리야 계곡의 도시 케쉬Keş(오늘날의 샤흐리사브즈Şahrisabz)였다. 문화적 측면에서도 티무르의 제국은 칭기스 칸의 제국보다 훨씬 더 균질적이었다. 티무르 제국은 대체로 이슬람화했을 뿐만 아니라 대체로 페르시아풍 세계Persianate world**의 일부이기도 했다.[10]

근대 유럽 문학 속의 티무르

칭기스 칸과 그의 제국에 대해 알아보고자 할 때, 관련 도서가 너무 많은 점이 오히려 문제다. 질에 상관없이 19세기 초를 기점으로 영어로

---

* 원문의 'tribe'와 그 번역어인 '부족(部族)'은 '같은 조상·언어·종교 등을 가진, 원시 사회나 미개 사회의 구성 단위가 되는 지역적 생활 공동체'라는 의미가 아니라, '대대로 특정 가문에 예속된 부락(部落)'을 뜻한다.

** '페르시아풍(Persianate)'은 대략 '페르시아권의 사회 및 문화와 관련된' 혹은 '페르시아 스타일의'라는 의미의 용어로, 이슬람 역사 전문가 마셜 호지슨(Marshall G. S. Hodgson)이 처음 제시한 용어다. 호지슨은 15세기에서 18세기까지 발칸반도에서 벵골만에 이르는 이슬람풍 세계 동부가 페르시아어를 행정과 문학의 언어로 공유하는 하나의 세계를 형성했다고 보았다.

쓰인 칭기스 칸 전기傳記만 헤아려도 20종에 이르고,[11] 몽골 제국의 경우는 그보다 훨씬 많다. 티무르 연구는 그보다 한참 뒤에 시작되었는데, 빌헬름 바르톨트Wilhelm Barthold*가 티무르의 손자 울룩 벡Ulugh Beg에 대해 쓴 책처럼 완전히 다른 주제를 다룬 책에서 처음 등장했다.[12] 1941년 스탈린의 명령으로 사마르칸드에서 고고학자 미하일 게라시모프Mikhail M. Gerasimov가 이끄는 발굴단이 정복자의 영묘를 개장(그로부터 며칠 뒤 나치 독일이 소련을 침공했다)한 이후인 1946년에야 러시아의 베테랑 몽골학자 알렉산드르 유리예비치 야쿠봅스키Aleksandr Iur'evich Iakubovskii가 티무르 '약전略傳'[13]을 발표하면서 티무르를 단독으로 다룬 엄밀한 의미의 학술서가 처음 등장한 것은 우연이 아니었다. 게라시모프의 발굴을 통해 법의학의 도움으로 티무르의 생김새가 복원되었는데, 힐다 후컴Hilda Hookham의 《정복자 탬벌레인Tamburlaine the Conqueror》의 표지 등에서 자주 볼 수 있는 익숙한 모습이 이때 정립되었다.

티무르 혹은 그가 오스만 술탄 바예지드 1세를 격파한 1402년의 사건은 여러 차례 극화된 바 있다. 그 가운데 말로의 작품은 가장 강렬한 호응을 얻었을 뿐만 아니라 다른 작품들에도 영감을 주었다. 티무르를 다룬 오페라로는 헨델의 〈타메를라노Tamerlano〉(1724), 프란체스코 가스파리니Francesco Gasparini의 〈타메를라노Tamerlano〉(1711, 〈바야체트 Bajazet〉로 1713년에 개작), 비발디의 〈바야체트Bajazet〉(1735, 〈일 타메를라노

• 러시아의 동양학자(1869~1930). 독일계 러시아인으로, 본명은 바실리 블라디미로비치 바르톨트(Vasíliĭ Vladímirovich Bartól'd). 빌헬름 바르톨트라는 이름은 그가 서구권에서 연구를 발표할 때 사용한 이름이다(빌헬름은 세례명). 한국어판에서는 저자의 표기에 따라 '빌헬름 바르톨트'로 표기했다.

Il Tamerlano〉로도 불림)가 있다.[14] 또한 티무르는 (최악의 사악함을 표현하는 은유로서) 에드거 앨런 포의 시(《태멀레인과 다른 시들Tamerlane and Other Poems》, 1827)에 이름을 빌려주기도 했다. 1970년대 뉴질랜드의 록 밴드 탬벌레인Tambulaine은 말할 것도 없다. 칭기스 칸도 이 정도로 많은 헌사를 받지는 못했다. 그러나 역사적 인물로서 티무르는 칭기스 칸 못지않게 뛰어난 인물임에도 거의 알려진 바가 없었다.[15] 아마 말로가 아니었다면 그 이름조차 알려지지 못했으리라.

또한 티무르는 칭기스 칸에 비해 단독으로 연구서의 주인공이 되는 경우도 드물었다. 학술적으로 엄밀히 따지자면 티무르를 다룬 연구서는 3종에 불과하다. 비어트리스 맨즈Beatrice F. Manz의 《티무르의 집권과 지배The Rise and Rule of Tamerlane》는 티무르가 어떻게 권력을 얻고 지켜냈는지, 방대한 정복지를 어떻게 관리했는지 사료에 천착해 탐구한 최고 수준의 연구서다. 맨즈의 다른 연구도 그렇지만, 《티무르의 집권과 지배》가 이 책에 얼마나 큰 영향을 미쳤는지는 본문을 읽어본다면 누구나 느낄 수 있을 것이다. 두번째 연구서는 틸만 나겔Tilman Nagel의 《정복자 티무르와 중세 후기 이슬람 세계Timur der Eroberer und die islamische Welt des späten Mittelalters》다. 이 책은 티무르를 중세 후기 이슬람 세계와 그 지성사라는 더 넓은 배경 속에서 살펴본다. 티무르가 살아간 세계는 오스만 왕조나 맘루크 왕조와 같은 비非몽골 무슬림 세력이 각축을 벌인 장이었다.[16] 세번째 책은 가장 최근에 나온 미켈레 베르나르디니Michele Bernardini의 연구서[17]인데, 아쉽게도 이 책 작업에 활용하기에는 출간 소식을 너무 늦게 접했다.

그러나 2005년에 로버트 어윈Robert Irwin이 지적했듯이, 티무르는

"학계에서 얼마간 무시당하는 데 반해 대중적 전기류에서는 사랑받는 인물"이었다.[18] 영어로 쓰인 책만 따져도 종류가 꽤 많은 편인데, 일부는 '대중서'라고 부르기 미안할 정도로 질 좋은 작품이다. 가장 먼저 나온 책은 후컴의 《정복자 탬벌레인》(1962)이다. 결코 깎아내리려고 하는 말은 아니지만, 이 책은 사료를 직접 읽는 데 꼭 필요한 아랍어와 페르시아어를 익히지 못한 역사 교사의 저서다. 가장 최근에 나온 대중서는 저스틴 마로치Justin Marozzi의 《태멀레인Tamerlane》인데, 아주 시원시원하고 창의력이 넘쳐서 상당히 재미있다. 특히 저자가 티무르의 행보를 따라 우즈베키스탄과 아프가니스탄을 여행하면서 쓴 부분이 굉장히 생생하게 묘사되었다. 하지만 이런 전기류 가운데 최고봉은 명성이 자자한 학자가 쓴 반半대중서로, 하나는 뤼시앙 케랑Lucien Kehren의 《타메를랑, 강철 군주의 제국Tamerlan, L'Empire du Seigneur de Fer》(1978)이고, 다른 하나는 장폴 루Jean-Paul Roux의 《타메를랑Tamerlan》(1991)이다. 후컴과 마찬가지로 이 두 학자 모두 사료 독해에 필수적인 언어는 몰랐지만,[19] 루의 경우 특히 제2부 〈인간과 시대〉에서 다른 책에서는 찾아볼 수 없는 독특한 물음과 답을 보여줌으로써 탁월한 통찰력을 뽐냈다. 마지막으로 언급할 책은 《타메를랑의 중앙아시아L'Asie centrale de Tamerlan》(2022)다. 이슬람 종교와 문화사에 해박한 두 학자가 쓴 이 책은 티무르의 고향과 티무르 왕조 시대 전체를 알려주는 훌륭한 입문서다.[20]

유목민과 유목 문화는 이 책에서 자주 언급될 것이다. 정주 사회에서 집필된 문헌에서 유목민은 오랫동안 악평에 시달렸다. 유목민은 고고학 자료나 문헌을 상대적으로 적게 남겼기 때문에 전통적으로 정주민 이웃을 폭압적으로 대하는 무법자, 상스러운 야만인으로 비추어졌다. 이런 이미지가 교정되기 시작한 것은 최근의 일이다. 유목 사회는 단지 폭력적인 모습만이 아니라 정주 사회와 생산적으로 공존하는 양상을 꽤 강하게 보였다. 또한 유목민이 기술 지식에 보인 관심도 과소평가되었다.[21] 이렇게 최근 들어 교정된 시각은 특히 몽골 제국 연구에서 돋보인다. 오늘날 몽골 제국의 지배자들은 기술 발전과 문화 교류를 가능하게 하고 촉진한 존재로 여겨지기도 한다.[22]

이런 성과를 티무르에게까지 확장하기는 어려울지도 모른다. 티무르에 대한 반응은 끝없는 군사적 승리에 대한 동경과, 파괴적 원정 및 잔학 행위에 대한 비난, 그 양자로 극단적으로 나뉜다.[23] 티무르는 "이교도면 무슬림이 아니라는 이유를, 무슬림이면 충분히 신실하지 않다는 이유를 들먹이며 자신의 무리를 이끌고 일곱 가지 기후대의 모든 왕국을 휩쓸어버렸다"라고 한 후컴의 평가에 동조할 사람은 매우 많을 것이다.[24] 볼테르는 칭기스 칸처럼 광대한 범위의 원정을 다닌 알렉산드로스 대왕이 많은 도시를 창건한 데 반해 티무르의 영토 확장은 단순히 파괴적이기만 했다면서, 알렉산드로스 대왕과 티무르를 대비했다.[25] 이런 평가는, 칭기스 칸과 바로 그의 뒤를 이은 후계자들과 달리 티무르가 동시대인은 물론이고 후대까지 따져보아도 찾아보기 힘들 정도로 장엄한 건축물을 짓는 데 강한 흥미를 보였다는 사실과 맞지 않는다.[26] "페르시아와 중앙아시아의 역사에서 가장 복잡하고 기묘하며 매력적이지 않은 인물 가운데 하나"라는 서술에서 짐작할 수 있듯이,[27] 티무르는 언제나 칭기스 칸에 비해 한 수 아래로 여겨졌다. 그러나 티무르의 "경력이 끔찍한" 이유는, 칭기스 칸에 비해 티무르가 인간적인 모습을 적게 보여서가 아니라 티무르가 행정가로서 부족한 면모를 보였던 데 있었다.[28] 특히 그는 자신의 제국 전체가 왕조의 지배를 받도록 하는 행정 구조를 세우는 데 실패했다. 반면 몽골 제국은 티무르의 제국보다 영토도 넓었을 뿐만 아니라 칭기스 칸이 죽은 이후에도 50년 넘게 팽창했다.[29]

그럼에도 티무르는 자수성가한 사람이라는 인상 덕분인지 사람들에게 상당히 매력적인 인물로 다가갔다. 마로치는 그를 "역사상 최고로 자수성가한 인물"이라고 평가했다.[30] 후컴도 비슷한 시각을 공유해, "강도 수령으로 시작"했지만 "그 시대에 가장 유능한 인물"이었기에 방대한 제국을 세웠다고 썼다.[31] 유럽의 저자들은 티무르가 〔오스만 제국을 격파해〕 그리스도교 세계의 구원자가 될 수 있었을 가능성에 끌렸다. 후컴만 해도 유럽이 가톨릭교회의 대분열과 오스만 제국의 위협 사이에 끼여 허우적거리는 동안 티무르가 "희망의 별"처럼 보였다고 썼다. 티무르가 "아시아와 유럽 전체의 군주들"의 경의 혹은 존경을 받았다는 서술도 그런 면에서 이해할 만한 과장이라 하겠다.[32]

티무르의 또다른 매력은 카멜레온과 같은 성격이다. 말로의《탬벌레인 대왕》에 나오는 등장인물처럼 그는 어리둥절할 정도로 의아하고 모순적인 특징을 보였다.[33] 이 몽골('타타르') 지도자의 군사 활동은 당대 최대의 몽골계 국가였던 킵차크 칸국의 위세를 완전히 부수어버렸다. 그는 잔혹함의 대명사로 여겨질 만큼 잔혹했지만, 무슬림 학자들과 성자들에게 존경받고 또 눈부신 건축 프로젝트에 돈을 아끼지 않은 인물이기도 했다. 이 지배자는 문맹일 가능성이 높았는데, 지식인 계층과의 논쟁에서, 그리고 복잡하고 세련된 방식으로 개량된 체스에서 빛을 발할 정도로 지적이었다. 그는 무슬림으로서 자의식이 충만했는데도 이슬람 시대 이전 초원 문화에서 물려받은 관념과 관행을 잔뜩 지니고 있었다. 마지막으로, 그는 이슬람의 전사였지만 그의 공격은 거의 대부분이 동료 무슬림을 향했으며, 오히려 비잔티움의 정교회 그리스도교뿐만 아니라 서방의 라틴 그리스도교로부터 구애를 받을 정도로 잠재적 동맹으로 대접받았다.[34] 사실 유럽 내에서도 티무르의 이미지는 시간이 흐르면서 바뀌었다. 르네상스 시대의 저자들은 후대의 주석가들보다 티무르를 둘러싼 아우라를 더 잘 알아보았던 듯하다.[35] 15세기와 16세기에 등장한 호의적 평가는 에드워드 기번Edward Gibbon을 비롯한 이들의 적대적 평가에 자리를 내어준다.[36] 이들이 보기에 티무르는 (모방의 대상이라고 하기는 어렵겠지만) 인도에서 영국이 자행한 제국주의의 선도자였다.[37]

티무르의 경력이 지닌 또다른 의의는 그의 정치적 유산이 서아시아 이슬람권에 두루 남았다는 점이다. 이 사실은 최근까지 거의 인지되지 못했다. 그 중요성은 마셜 호지슨Marshall Hodgson이 한 말에서 잘 드러난다. "티무르의 경력은 그 자신의 결정과 계획만을 보여주는 데 그치지 않는다. 그의 경력은 동시대인들의 충동과 희망의 고삐를 풀어주었다는 점에서 일종의 기폭제이기도 했다."[38] 그러나 이란 내부는 물론 그 바깥인 시리아·아나톨리아·북인도에서도 티무르의 군사 작전이 파괴적이었던 만큼 그 충격파는 서아시아 일부 지방에서 세력 균형을 깨뜨리는 데 국한되지 않았다. 그의 활동은 적수였던 오스만 왕조는 물론 때로는 그를 환영하고 때로는 그를 적대시했던 튀르크멘 통치자들을 포함한 동시대의 지배자들이 초지역적 열강으로 성장하는 계기가 되었다. 1530년대에 사파비 왕조가 튀르크멘 세력들을 대체하고 티무르의 후예가 트란스옥시아나를 떠나 인도로 진입하면서, 옥수스강과 갠지스강에서 지중해에 이르는 세계는 전에 없이 강력하고 안정적인 무슬림 국가들의 지배 아래에 있었다.

일찍이 역사학자들은, 몽골 제국의 원정이 압바스 왕조 칼리프 국가의 잔당을 파괴함으로써 이슬람 역사의 새로운 시대를 열었듯이 티무르가 파괴로써 빈 서판을 만들어 후대 정치체들의 대두를 가능하게 했다고 지적했다. 티무르의 시대는 그 직후인 15세기와 마찬가지로 여전히 "몽골의 시대"와 세칭 "화약 제국들"의 출현과 함께 시작될 "근대 초기early modernity"• 사이에 자리한 전환기로 보일 위험성도 있다.[39] 1258년 몽골 제국의 바그다드 약탈이 남긴 파장은 티무르 당대에도 생생했다. 무슬림 학자들이 정당한 지배의 기준을 새롭게 정의하려 애쓰는 동안 정당성은 곧 정치적 유능함, 종교적 정통성과 동일한 것으로 여겨졌다. 특히 최근 들어 지배정당성legitimacy에 관한 사상의 발전에서 티무르의 경력은 점점 더 중요하게 여겨진다. 더 정확히 말하면, 티무르의 지배는 "15세기 이슬람풍 서아시아 정치체와 정치 엘리트에게 어떤 역사적 원형이 되는 순간"이라고 할 수 있다.[40] "15세기의 모든 지배자가 이념의 출처로 삼는 최초의 지점"이 바로 티무르의 지배이기 때문이다.[41] 15세기의 지배자들이 보기에 티무르는 정책과 야심 측면에서 예시이자 모범이었다.

• 'early modernity' 내지 'early modern period'는 주로 한국의 서양사 분야에서 '근대 초기'로 번역된다. 일본에서는 이 개념을 '근세'라고 부르는 경향도 있다. 서구권 학자들은 주로 이 용어를 근대적 함의를 내포해 사용하는 경향이 있어서, 한국어판에서는 '근대 초기'로 번역했다.

1차 사료

티무르와 칭기스 칸, 두 인물과 관련된 자료는 상당히 많은 양이 남아 있으나(제1장 참조), 그 성격은 상당히 다르다. 이 시기의 몽골인들이 직접 남긴 역사적 자료로는 이르면 1228년에 작성된 '몽골 비사'가 있지만, 칭기스 칸의 생애를 복원할 수 있는 사료는 존재하지 않는다. 그 외에 몽골 제국 연구에서 가장 중요한 사료는 (안타깝게도 내가 직접 읽을 수 없는 한문 사료들과 몽골 제국을 방문한 서유럽인들이 남긴 라틴어 사료 2종을 제외하면) 페르시아어나 아랍어로 작성되었다. 이런 사료들은 몽골인들의 영역 바깥에서 살던, 몽골에 적대적이었던 무슬림 저자의 저작이거나, 일칸국의 칭기스 칸 후손들에게 고용된 무슬림 관원의 저작이다.

티무르를 다룬 사료의 다수는 페르시아어로 작성되었다. 현존하는 사료 가운데 니잠 알딘 샤미Niẓām al-Dīn Shāmī와 기야스 알딘 알리 야즈디Ghiyāth al-Dīn ʿAlī Yazdī의 저작이 티무르의 명령으로 티무르의 만년에 완성되었거나, 혹은 그 무렵에 저술이 시작되었다. 나머지 사료 중 대다수는 티무르가 죽은 뒤 30년 동안 티무르 왕조 구성원의 후원과 감시 속에서 편찬되었다. 그 가운데 가장 중요한 기록은 샤라프 알딘 알리 야즈디Sharaf al-Dīn ʿAlī Yazdī의 《승전기Ẓafar-nāma》와 하피즈 아브루Ḥāfiẓ-i Abrū의 《역사 정수歷史精髓, Zubdat al-tawārīkh》에 실린 관련 대목이다. 달리 말해 이야기체건 이미지건 간에, 이 책에서 다룬 역사 기록의 전승傳承은 티무르 자신이 간접적으로 만들었거나 그 계승자들에 의해 윤색된 자료라는 뜻이다. 따라서 티무르가 동시대인들에게 전달하고자 했던 인상이나 뒷세대에게 기억되고 싶었던 이미지, 티무르 왕조의 여러 왕공이 부각시키고자 했던 인물상에서 벗어나려면 경쟁국이었던 맘루크 제국에서 작성된 연대기나 인명 사전, 카스티야의 사절 루이 곤살레스 데 클라비호의 회고록, 술타니야 대주교 요한네스Iohannes Sultaniensis archiepiscopus와 같은 서유럽 저자들의 짧은 증언 등 외부의 시선에 의지할 필요가 있다. 이런 외부 사료 가운데 하나로 아흐마드 이븐 무함마드 이븐 아랍샤Aḥmad b. Muḥammad Ibn ʿArabshāh가 아랍어로 서술한 티무르의 전기가 있다. 이븐 아랍샤는 다마스쿠스 태생으로, 소년이던 803/1401년 티무르가 다마스쿠스를 약탈할 당시 사마르칸드로 끌려간 경험이 있었다. 그는 긴 세월이 흐른 1440년이 되어서야 이향離鄕 생활을 마치고 근동으로 돌아올 수 있었다. 따라서 그가 티무르에게 보인 적대감은 (물론 전적으로 이해할 수 있는 일이지만) 그 자체로 문제적이다.

티무르는 후대를 위해 자서전 따위를 남기지 않았다. 이 점에서 그는 자신의 후손이자 인도 무굴 제국의 창건자인 자히르 알딘 무함마드 바부르Ẓahīr al-Dīn Muḥammad Bābur(사망 937/1530)와 차이를 보인다. 바부르의 회고록《사건들Waqāʾiʿ》(보통《바부르나마Bābur-nāma》라는 별칭으로 불린다)에 후대는 매혹되어 그 책을 흉내 냈다.[42] 바부르의 증손자인 무굴 제국 황제 자항기르Jahāngīr(사망 1037/1627)도 그런 사람 가운데 하나다.[43] 17세기의《티무르 어록Malfūẓāt-i Tīmūrī》(또는《티무르 회고록Wāqiʿāt-i Tīmūrī》)은 차가타이 튀르크어로 작성된 티무르의 회고록이 인도 무굴 제국에서 페르시아어로 번역된 것이라는 주장이 있다. 하지만 그 이전에 이 회고록이 존재했다는 증거가 없다는 점으로 미루어볼 때《바부르나마》를 흉내 낸 가짜 역사서임이 분명하다.[44] 티무르가 바부르보다 덜 매력적인 인물로 비치는 이유에는 회고록이 없다는 점도 포함될 것이다

(다시 한번 강조하자면, 그런 이유들 가운데 하나일 것이다).

　군사 지도자로서 티무르의 이미지에는 추상적인 면이 있다. 현존하는 페르시아어 사료들은 티무르가 거둔 수많은 승리의 부분적 요인, 혹은 가장 큰 요인이었던 그의 전략에 대해 그리 자세히 다루지 않는다. 그들이 보기에는 신이 티무르의 대업을 보우한다는 사실이 중요했을 것이다. 티무르의 정치적 입장은 다른 지배자들에게 보낸 외교 서신에서 확인할 수 있다. 그렇지만 비잔티움 사료에 그리스어로 번역되어 실린, 조치 일문의 칸 톡타므쉬Toqtamïš와 벌인 전투 전야에 차가타이 병사들에게 행했다는 연설은 아마도 제삼자가 지어낸 것일 가능성이 높다.[45] 따라서 니잠 알딘 샤미와 샤라프 알딘 야즈디가 기술한 정복자의 '전기'들은 티무르라는 인간이 가진 여러 단면 가운데 일부만을 보여주며, 이런 자료만으로 그의 성격 전반을 추정하기에는 부족하다. 티무르의 모든 발언은 위구르인과 페르시아인 서기들에 의해 기록되었으나, 티무르 왕조 시대의 페르시아어 이야기체 사료들은 좀처럼 정복자의 말을 직접 옮겨 적지 않았다.[46] 지칠 줄 모르는 편찬자 하피즈 아브루는 한때 티무르의 친한 동무였음에도 그러했다. 예컨대 티무르가 아내와 두 아들을 잃고 보여준 슬픔에 대한 묘사(다른 인물들을 잃고 티무르가 흘린 눈물은 아마도 독자를 놀라게 할 가능성이 더 높을 텐데, 그것은 제쳐두자)는 매우 전형적이다. 그러나 독립적인 외부 자료에서 도움을 얻을 수 있다면 좀 더 완전한 그림을 그려볼 수 있을 것이다.[47] 예를 들어 유명한 모로코 출신 학자 이븐 할둔Ibn Khaldūn(사망 808/1406)의 자서전에는 다마스쿠스 성벽 밖에서 정복자를 알현한 경험이 서술되어 있다. 이런 대목은 티무르의 생각을 들여다볼 수 있는 작은 창이 된다.

몇 년 전 스티븐 데일Stephen Dale이 지적했듯이, "전근대 이슬람 세계 역사 서술에서 매우 독특한 점 가운데 하나는 무슬림 인물 개인의 개성, 혹은 최소한 인성을 다룬 전기류가 부족하다는 것이다."[48] 티무르 왕조의 사료들에 담긴 내용은 티무르가 불신자들을 상대로 전쟁을 벌이는 신실한 무슬림, 무슬림 성직자·성자·성지의 후견인, 불요불굴의 군사 지도자이자 매우 성공적인 장군, 가족과 추종자에게 엄청나게 관대하면서도 (적에게는 관용과 복수심에 불타는 잔인함을 함께 보여주는) 유능한 지배자, 태어났을 때부터 하늘의 아낌없는 총애를 받은 복된 인물이라는 등의 평판 또는 '범주'에 해당한다.

이 책에 대하여

티무르에 대한 관심이 담긴 나의 이 프로젝트는 칭기스 칸과 몽골 제국의 유산을 논하는 맺음말로 끝난 전작,《몽골 제국과 이슬람 세계: 정복에서 개종까지The Mongols and the Islamic World. From Conquest to Conversion》(Yale University Press, 2017)에서 출발했다.[49]《칭기스 칸에서 티무르까지》는 어느 정도 이 전작의 후속작이라고도 할 수 있다. 제2장과 제3장을 제외하면, 이 책은 칭기스 칸과 13세기 몽골 제국은 다루지 않고 간략한 설명만 제시한다. 더 정확히 말해, 이 책에서는 14세기 몽골 제국, 특히 티무르 생전의 몽골 제국을 다룬다. 달리 표현하자면 이 책은 변화와 대조뿐만 아니라 연속성까지 의식한 저작이다. 때로는 티무르에게, 때로는 칭기스 칸의 후계자들에게 초점을 맞춘다는 말을 달리 표현하면 칭기스 칸이 수립한 세계 질서에서 티무르가 '계승'하고 상당한 수준으로 개장改裝한 세계 질서로의 이행을 논의한다는 뜻이다. 이 같은 문제의식은 두 질서를 연구한 학자들, 적어도 티무르의 정복과 위업을 다룰 때 그의 위대한 선도자를 의식하면서 접근한 문인들과 공유하는 바다. 때로는 티무르와 칭기스 칸의 공통점을 찾고 때로는 둘의 차이점을 지적하지만, 나는 이 책에서 티무르와 몽골 제국의 창건자를 체계적으로, 혹은 깊이 있게 비교하고자 하지는 않았다. 또 '티무르 신화'라고 부를 만한 내용도 다루지 않았다. 이런 부분이 궁금하다면 앞서 언급한 베르나르디니의 최신 저서를 참고하기 바란다.

이 책에서는 티무르 연구가 상당한 비중을 차지하지만, 티무르의 활동 자체가 차지하는 분량은 절반이 채 되지 않는다. 내가 쓰고자 한 것은 전기가 아니다. 이미 존재하는 여러 전기류 도서를 대체하는 것은 달성하기 힘든 과업으로 보였다. 이 책은 티무르의 경력을 자세히 다루고자 하지도 않는다. 그의 원정 가운데 일부는 언급조차 하지 않을 것이다. 이 책의 저술 의도는, 첫째, 14세기 중반 중앙아시아와 서아시아에 존재하던 몽골 제국 계통 정치체들의 흥망을 검토해 티무르가 등장한 배경을 살펴보는 데 있다. 물론 여기에는 목적론적 접근이라는 위험성이 있기에 주의를 기울였다. 둘째 의도는 티무르의 목표와 정책을 현존하는 사료에 입각해 그 배경 속에서 검토하는 것이다. 물론 티무르가 이슬람 세계에 속했음은 확실하지만, 그런 동시에 그는 몽골 제국, 특히 출신지인 중앙아시아의 몽골 정치체에도 속했다. 그는 칭기스 왕조 패권의 복원자라기보다 새롭고 상당히 확대된 차가다이 울루스의 용사로 인정되는 경향이 있었다.

나는 이 책을 통해 티무르를 움직이게 한 생각이 무엇이었을지 유념하면서 그의 행보에 영향을 미친 요소들을 알아내고자 했다. 티무르는 칭기스 왕조의 칸에게 충성하거나 칭기스 왕조 그 자체를 숭배하는 데서 멈추지 않았다. 그는 더 나아가 몽골의 법과 관습, '칭기스 칸의 야사Yasa' 내지 '몽골의 퇴레Töre' 등 다양한 방식으로 표현할 수 있는, 몽골 제국의 '질서'에 헌신했다. 물론 그가 자신의 권력을 확대하기 위해서가 아니라 더 숭고한 목표를 위해 움직였다는 생각은 지나친 상상일 것이다. 그러나 현존하는 사료들로 볼 때 티무르는 수십 년 동안 야사/퇴레를 통치의 이상적 준거로 여긴 유목 군단이라는 환경에서 성장했다. 따라서 이런 이상이 그의 야심에 전혀 영향을 미치지 않았다고 보기는 어렵다.

나는 이 책을 통해 여러 가지 질문에 답을 제시하고자 했다. 몽골 세계는 왜 무너졌는가? 칭기스 칸의 죽음과 티무르의 집권 사이 중앙아시아의 몽골 정치체는 어떻게 변화했는가? 칭기스 칸의 업적은 티무르의 야망에 얼마나 영향을 끼쳤는가? 티무르는 칭기스 칸의 유산을 얼마나 조작했는가? 티무르의 방식은 자신이 따르고자 한 걸출한 모범에서 얼마나 달라졌는가? 칭기스 왕조, 즉 '황금 씨족'(몽골어로 '알탄 우룩Altan urugh')의 피를 이은 왕자가 아니라 '카라추qarachu'로 태어났다는 출생의 한계를 마주했을 때 어떤 방식으로 이를 극복했는가? 티무르의 제국은 얼마나 '몽골적'이었는가? 반대로, 티무르 정권은 이슬람의 이상에 얼마나 충실했는가? 티무르의 '궁정 역사가'들은 티무르의 취향에 맞추어 어떤 방식으로 역사를 다시 썼는가? 그리고 티무르 계승자들과 그들의 역사가들은 티무르 휘하 궁정 역사가들의 노력을 얼마나 이어받고 어떤 방식으로 정교하게 만들었는가? 마지막으로, 티무르가 통제하는 영토 바깥의 저자들은 그를 어떻게 보았는가?

사료를 다룬 제1장 다음에 나오는 내용은 3부로 나뉜다. 제1부는 4개 장으로 구성된다. 제2장은 칭기스 칸이 창건하고 그 후손들에게 물려준 몽골 제국과 1260년경 이후 분열된 후계국가[•]들에 대한 개설이다. 여기서 독자들은 몽골 지배를 특징짓는 제도들로 어떤 것들이 있는지 알게 될 것이다. 특히 무슬림들이 보기에 이슬람 경전에서 근거를 찾을 수 없는 세금이나, 칭기스 칸의 고귀한 야사와 연관된 법령 및 관행은 샤리아에 위배되었다. 제3장은 중앙아시아와 서아시아의 몽골인이 이슬람교에 포섭되는 과정을 다룬다. 제4장과 제5장은 티무르의 출현 이전 몽골 세계를 덮친 여러 위기를 다룬다. 역사학자들은 '위기'라는 표현을 자주 쓰는 경향이 있는데(유럽 역사학자들은 이러한 위기들이 한 세기 내내 지속되었다고 설명하는 경우가 많다), 누군가는 대관절 인류 역사의 어느 단계가 위기로부터 완전히 자유로웠냐고 냉소적으로 반응할지도 모르겠다. 그러나 몽골 제국의 후계국가들이 이 시기에 연속적으로 엄청난 격변에 시달렸다고 추정할 근거는 충분하다. 그러한 위기 중 일부는 몽골 내부에서 야기된 정치적·이념적 문제였는데, 이는 제4장에서 다룬다. 또다른 위기는 경제적이든 생태적이든 더 광범위한 요인이 있었는데, 이것이 제5장의 내용이다. 몽골 제국을 다룬 역사서 가운데 얼마나 많은 책이 흑사병(1345~1353)과 그 이후에 되풀이된 전염병(1360년

• 한국에서 '몽골 제국 후계국가'는 보통 오스만 제국, 모스크바-러시아 제국, 대명 제국, 대청 제국 등 몽골 제국의 몰락 이후에 등장한 근대 초기의 제국들을 가리키지만, 이 책의 저자가 말하는 '몽골 제국 후계국가'는 세칭 4대 칸국, 즉 원나라, 일칸국, 킵차크 칸국, 차가다이 칸국을 가리킨다.

이후)에 대해 완전히 침묵했는지 알면 놀랄 수밖에 없을 것이다. 제5장에서는 전염병이 어떤 영향을 끼쳤는지에 대해 상당한 분량을 할애한다. 그 결과가 티무르의 경력과 연관되어서가 아니라(전혀 관계없다), 티무르가 활동한 세계에 새로운 국면이 형성되는 데 어느 정도 영향을 미쳤다고 생각하기 때문이다. 14세기 중반에 몽골계 칸국 가운데 일칸국과 대칸국(원 제국), 두 국가가 소멸했다. 나머지 두 칸국인 킵차크 칸국/금 오르다와 차가다이 칸국은 내부 분쟁의 수렁에 빠져들었다. 바로 이런 상황에서 티무르가 성장해 차가다이 울루스의 권좌에 오른 뒤, 중앙아시아 너머까지 군사 활동을 전개했다.

제2부에서는 티무르가 나타나기 수십 년 전의 서남아시아와 중앙아시아를 다룬다. 차가다이 울루스와 일칸국의 고지故地 대부분이 바로 티무르 제국 전체 영토에 해당했다. 여러 왕조가 일칸국의 영토를 찢어서 서로 경쟁한 이란의 역사는 제6장에서 다루는데, 특히 이들의 이념적 야심과 실제 분쟁에 집중한다. 제7장은 몽골 제국의 후계국가 가운데 가장 약하고 불안정한 존재로 통하는 차가다이 울루스가 호라산 Khurāsān*과 오늘날의 아프가니스탄으로 남진한 과정을 자세히 검토한다. 이러한 방향 전환은 티무르 치하에서 새로 정립된 차가다이 정치체가 경이로운 확장을 이룩할 전조로도 볼 수 있다. 제8장에서는 차가다이 울루스의 귀족에 대해 알려진 바를 정리한다. 이 장에서는 티무르의

---

* 고전 아랍어식 표기는 '후라산(Ḥurāsān)'이지만, 이 책에서는 표준국어대사전 표제어에 따라 '호라산(Ḫorāsān)'으로 표기했다. 이 책의 시대적 배경인 몽골 시대와 티무르 왕조 시대에는 오늘날 이란이슬람공화국의 호라산 지방(호라산 라자비주(Ḫorāsān-e Razavi), 북호라산주(Ḫorāsān-e Šomāli), 남호라산주(Ḫorāsān-e Jonūbī)) 외에도 투르크메니스탄 공화국 남부와 아프가니스탄 동북부까지도 호라산으로 불렸다.

조상들이 얼마나 저명한 존재였는지를 설명하기 위해 제시된 근거들이 차가다이 울루스의 칸 뒤(어쩌면 '앞'이라고 하는 것이 더 적절할지도 모르겠다)에 서 있는 권력자 티무르를 정당화하기 위한 후대의 윤색임을 확인할 수 있을 것이다. 아마 이런 윤색 작업은 주로 티무르 후손들의 감독으로 이루어졌을 것이다.

제3부는 티무르가 권좌에 올라 최고 권력자로 지낸 시대를 다룬다. 제9장에서는 티무르가 울루스의 부족 수령들을 다루는 방식, 15세기 거의 내내 티무르의 후손들을 받들 새로운 지배 엘리트의 양성, 티무르 정권의 성격 등을 살펴본다. 또한 티무르의 남성 후손들이 했던 역할이나 티무르 왕조에서 왕족 여성의 지위가 어떠했는지도 다룬다. 제10장에서는 티무르의 원정을 서술한다. 제11장에서는 티무르의 전쟁 목표, 그가 가용할 수 있었던 군사 자원, 군사 지휘관으로서 그의 자질, 도시민의 저항을 처벌하는 과정에서 보여준 섬뜩한 취향 등을 다룬다. 제12장에서는 티무르와 칭기스 왕조 사이의 관계에 대해 논한다. 티무르가 자신이 옹립한 두 칸을 비롯해 몽골 황실의 후예들과 전반적으로 어떤 관계를 맺었는지는 2차 문헌들에서 비교적 주목을 덜 받았다. 이 장에서는 또한 티무르가 일칸의 진정한 후계자임을 자칭했던 사실이나 칭기스 칸과 공통의 조상을 가졌다는 날조를 행한 사실에 대해서도 다룬다. 제13장은 무슬림 지배자로서 티무르로 주제를 옮겨, 그의 프로파간다, 특히 이슬람식 관념을 통해 자신의 지배를 정당화하기 위한 다양한 노력, 신실한 전사로 그를 묘사한 기록을 검토한다. 아울러 그리스도교권 열강들, 특히 가톨릭(로마) 유럽의 지배자들과의 외교적 접촉, 그리스도교도와 무슬림을 막론하고 외부 관찰자들에게 그가 어떻게 비추어

졌는가 하는 문제도 다룬다. 제14장에서는 티무르가 몽골 선조들과 그 제도에 얼마나 빚을 졌는지, 야사/퇴레에 얼마나 충실했는지를 중심에 두고, 그가 칭기스 칸의 제국을 어느 정도로 부활시켰는지, 혹은 정말로 부활시켰는가 하는 문제를 논한다. 〈서론〉의 다음 절에서 다룰 내용을 제외하면 티무르 이후 티무르 왕조의 역사는 책의 주제를 벗어나지만, 마지막 장에서는 티무르의 죽음 이후 20여 년 동안 펼쳐진 티무르 제국의 운명을 설명하고 티무르 왕조의 역사를 간략히 다룬 다음, 내륙 아시아에서 제국을 세우기 위해 벌인 분투를 분석하면서 글을 마친다.

티무르 왕조

몽골 제국과 비교할 때 티무르의 제국은 단기간 지속된 현상이었다. 티무르가 죽은 뒤 그가 후손들에게 남긴 영토는 쪼그라들었고, 그나마도 경쟁하는 여러 공국으로 갈라졌다. 오랫동안 티무르 제국이 이렇게 흘러간 것은 정복 이후 튼튼하고 효율적인 행정 구조를 남기지 못한 티무르의 실패 탓으로 여겨졌다. 이란에서도 트란스옥시아나에서도 티무르 왕조의 지배는 그가 죽고 난 뒤 100년을 겨우 채우는 데 그쳤다. 그러나 그 제국의 운명과 별개로, 티무르의 위업은 자신의 혈통에 칭기스 칸과 칭기스 왕조의 혈통만이 지녔다고 여겨지던 카리스마를 부여한 데 있다.[50] 그래서 어느 역사학자는 티무르의 제국을 "제도적 기반 없는 카리스마적 아우라의 장기적 결말"이라고 평하기도 했다.[51] 티무르의 후계자들이 칭기스 왕조의 칸을 앞세우지 않고 독자적으로 군주 지위

를 주장할 수 있었던 배경에는 바로 이 새로운 지배정당성의 기원이 있
는지도 모르겠다.

　　이 문제를 차치하고, 티무르 왕조의 지배가 가장 눈에 띄는 영역은
티무르 제국의 동부다. 티무르의 넷째 아들 샤루흐Shāhrukh(사망 850/1447)
와 사마르칸드를 지배한 손자 울룩 벡(사망 853/1449), 헤라트를 지배
한 술탄 후사인 바이카라Sulṭān Ḥusayn Bāyqarā(사망 911/1506)는 왕조 창건
자 이상으로 이슬람 세계의 문화사에서 오랫동안 기억될 자리를 차지
했으므로, 이들은 물려받은 위신을 상당히 강화했다고 말해도 좋을 것
이다.[52] 지난 10여 년 동안 쏟아져 나온 많은 저서 덕분에 중앙아시아의
중심성이 단순한 지리적 감각 이상의 의미가 있음은 널리 알려졌다.[53]
패멀라 크로슬리Pamela K. Crossley의 말을 빌리자면, 이 땅은 "초창기부
터 변함없이 하나의 전체로서 유라시아의 통합성을 유지하는 데 기여
한 곳으로, 근대 초기가 되어서야 문화와 역사 연구의 변경으로 밀려났
다."[54] 이 지역을 다룬 최근의 역사서 다수가 그 문화적 업적을 강조한
다. 그중에 제목부터 도발적인《잃어버린 계몽의 시대Lost Enlightenment》
의 경우, 끝에서 두번째 장을 티무르와 그 후계자들에게 할애하며 이
시기를 유서 깊은 역사의 마지막 전성기로 다룬다.[55]

오늘날 세계에서 바라본 티무르

많은 유명 역사 인물과 마찬가지로 칭기스 칸과 티무르도 대체로 실제
생애와 관계없는 내세來世를 얻었다.[56] 16세기 불교도 몽골인들에게 칭

기스 칸과 원나라 황제들은 다르마dharma('정의', '의무', '도덕' 등을 의미)의 바퀴를 굴리는 세계 지배자 차크라바르틴chakravartin(전륜성왕轉輪聖王)의 환생이자,[57] 보디사트바bodhisattva(보살菩薩) 바즈라파니Vajrapāṇi(금강수金剛 手)의 환생으로 여겨졌다. 칭기스 칸은 소비에트 정권 아래에서 폄훼의 대상이 되었으나, 독립한 몽골 공화국에서는 민족의 상징이 되었을 뿐 아니라, 놀랍게도 이 나라의 근대적 제도 다수, 심지어 인권에까지 영 감을 불어넣은 위인으로 통한다. 중국에서 칭기스 칸의 이미지와 그 경 력의 중요성은 만청滿淸 시대 이후 계속해서 변화했다.

티무르의 내세가 겪은 기묘한 변화는 현재진행형이다. 사람들의 기억 속에서 티무르는 구소련 붕괴 이후 티무르의 출생지인 샤흐리사 브즈Shahr-i Sabz(옛 케쉬), 티무르가 사랑한 도시 사마르칸드, 티무르의 영묘가 있는 우즈베키스탄 공화국의 먼 조상이자 민족의 상징이 되었 다. 티무르를 이렇게 도용하는 행위는, 600여 년 전 수많은 무슬림이 티 무르의 만행에 분노하면서도 그를 칭할 때 강력한 정복자를 뜻하는 오 래된 칭호인 "상서로운 합合의 주인(사히브키란Ṣāḥib-Qirān)"이라고 한 점 을 떠올리게 한다.[58] 그러나 동시에 이러한 도용 행위는 굉장히 모순적 이다. (비발디의 오페라에서는 티무르가 "우즈벡 투르크의 황제"라 불리기도 했지 만) 역사상의 티무르는 자칭은커녕 타칭으로도 우즈벡이라고 불리지 않았다. 그리고 "우즈벡"이라는 말은 티무르 왕조의 역사가들에게 티 무르 제국 북쪽과 북서쪽 금 오르다의 초원에서 발원한 완전히 다른 족 속, 즉 티무르가 트란스옥시아나를 지키기 위해 싸운 대상을 가리키는 말이었다. 게다가 트란스옥시아나와 호라산의 티무르 후계자들에게, 조치의 후예인 아불하이르Abūl-Khayr 칸(사망 1468?)과 그 손자 무함마드 시바니 칸Muḥammad Shībānī Khan*(사망 916/1510)이 이끈 우즈벡인들은 가장 강력한 적수였다. 티무르가 죽고 한 세기가 막 지났을 무렵 티무르 왕조에 최후의 일격을 가하고 티무르의 후손인 바부르를 카불로 (그리고 더 영광스러운 미래로) 도망치게 한 인물이 바로 우즈벡의 시바니다. 바부르의 굴욕적인 일화로 미루어볼 때 우즈벡, 특히 오늘날 페르가나Ferghāna에서 보이는 바부르 숭배 역시 어색한 현상 같아 보인다.[59]

오늘날 우즈벡 민족의 진짜 조상들이 거둔 군사적·정치적 승리는 중앙아시아에서 티무르 왕조 세력을 붕괴시키고 그뒤로 200여 년간 지속될 칭기스 왕조 지배를 부활시킨 것이었다.[60] 이런 근본적 변화가 있었는데도, 티무르 왕조의 궁정 역사가들조차 인정한 티무르의 흉포함을 부인하고 그의 명예를 회복시키는 정도를 넘어서 그가 남긴 복합적인 정치적 유산을 왜 우리 시대 민족주의의 도구로 활용하는지 궁금증이 일어날 수밖에 없다.[61] 현대의 티무르 미화는 한편으로 민족의 개념을 규정할 때 영토가 과다할 정도로 중요하게 여겨진 소련 시대의 이념적 유산일 수도 있다. 다른 한편으로, 이는 본래 유목민이자 몽골인의 일부였던 근대 초기의 우즈벡인(우즈벡이 원래 몽골이었다는 논의는 오랫동안 금기시되었고 지금도 그런 경향이 어느 정도 존재한다)을 하나의 민족으로 만들기 위해 토착 문화 전통을 이용해야 했던 필요성도 반영되어 있다.[62] 오늘날의 티무르 숭배 이면에는 또한 지금은 고인이 된, 사마르칸

• 본래 이름은 무함마드 샤바흐트(Muḥammad Shāh-Bakht)인데, 필명 시바니(Shībāni)에서 비롯된 시바니 칸이라는 칭호로 더 유명하다. 시바니는 그의 조상이자 조치의 넷째 아들 시반(Shiban)의 후손이라는 의미다. 그런데 아랍 문자로 표기했을 때 아랍의 샤이반(Shaybān) 씨족 사람을 뜻하는 샤이바니(al-Shaybānī)와 철자가 같기 때문에(ŠYBANY) '샤이바니 칸(Shaybānī Khān)'으로 잘못 알려졌다.

드 출신의 우즈베키스탄 전 대통령 이슬람 카리모프Islam Karimov의 정치적 이익과 어떤 연관성이 있을지도 모른다.[63] 그러나 더 과거로 거슬러 올라가면, 답은 분명 티무르의 위업이 트란스옥시아나(특히 사마르칸드와 샤흐리사브즈/케쉬)에 안겨준 경제적 이익, 그리고 앞서 설명했던 티무르 왕조의 오랜 영광에 있을 것이다. 달리 표현하면, 티무르가 그의 후손들보다 매력적으로 느껴지게 하는 요소는 이슬람을 위한 그의 공헌보다는 깨지지 않는 군사적 승리의 기록일 것이다.

내가 아는 한, 티무르의 경력과 지배를 13세기 몽골 제국과 14세기 몽골 지배의 전면적 붕괴라는 배경 속에서 검토한 연구서는 아직 나오지 않았다. 어떤 학자라도 자신이 특정 주제에 대해 완벽한 답을 제시할 수 있기를 바라기는 힘들 것이다. 남아 있는 자료들의 특성상 이 책의 내용도 대부분이 잠정적 성격을 띨 수밖에 없다. 이 책에서 나는 답보다는 질문을 더 많이 제기할 것이다. 이런 질문들이 후세에 더 신선하고 더 나은 질문을 끄집어내는 데 일조하고, 미래의 연구를 위한 지침이 되기를 바란다.

제1장

몽골 시대와 티무르 왕조 시대의 사료

몽골 제국의 역사 서술사

몽골인 저자가 쓴 이야기체 사료는 단 한 종만이 현존한다. 13세기 중반에 편찬된 것으로 추정되는《몽골 비사Mongghol'un niucha tobch'an》가 그것인데, 명대 초기〔위구르자 몽골문 원문은 남아 있지 않은〕한자 전사본이다.[1] 그러나 몽골인들이 정복을 통해 전례 없이 다양한 집단과 접촉했던 만큼 다양한 집단의 기록이 몽골 제국사의 주요 사료를 구성한다. 그래서 현대 역사학자들은 외부 문헌도 대규모로 이용하고 있다. 명나라가 몽골인들을 중국에서 몰아낸 뒤에 편찬한 왕조사《원사元史》를 비롯한 한문 문헌들은 극소수만이 번역되었다.

서유럽에서 몽골 세계를 방문한 탁발 수도승들이 작성한 보고서에는 몽골의 문화와 관습에 대한 정보가 매우 자세히 담겨 있다. 가장 중요한 기록은 1245~1247년에 교황 인노켄티우스 4세가 몽골 카안('대칸') 구육Güyüg에게 파견한 사절 조반니 다 피안 델 카르피네Giovanni da Pian del Carpine의 기록과 기욤 드 뤼브루크Guillaume de Rubrouck가 몽골 제국에서의 선교 경험(1253~1255)을 자세히 서술해 프랑스 국왕 루이 9세Louis IX에게 보낸 긴 편지다.[*] 이 두 여행자의 기록은 그들보다 더 유명한 베네치아인 마르코 폴로Marco Polo의 《세계의 서술Divisament du monde》(1298년경 저술)[**]이나, 1307년에 국외에서 거주하던 아르메니아 왕자 코리코스의 헤툼Het'um이 교황에게 헌사한 《동방 역사의 꽃Flor des estoires de la terre d'Orient》의 산만한 묘사보다 더 질이 높다.[2]

이 책에서 필자가 활용한 대다수 사료는 이슬람 세계에서 작성되었는데, 그 가운데 상당수는 몽골 제국의 바깥에서 편찬되었다. 구르Ghūr 출신 망명자 민하즈 알딘 이븐 시라즈 알딘 주즈자니Minhāj al-Dīn b. Sirāj al-Dīn Jūzjānī가 658/1260년경에 델리의 술탄 나시르 알딘 마흐무드Nāṣir al-Dīn Maḥmūd에게 헌사한 저서 《나시르 사화史話, Ṭabaqāt-i Nāṣirī》에는 다른 문헌에서 보기 어려운 정보가 상당수 수록되어 있다.[3] 맘루크 제국에서 활동한 저자들 역시 몽골 세계 내부에서 발생한 사건들의 정보를 풍부하게 전해준다.[4] 특히 이집트의 서기 이븐 파들룰라 알우마리Ibn Faḍl-Allāh al-'Umarī(사망 749/1349)의 방대한 백과 사전 《문명 지역 견문기 Masālik al-abṣār fī mamālik al-amṣār》(738/1338?)〔이하 《견문기Masālik al-abṣār》〕와 《명예로운 관습에 대한 설명al-Ta'rīf bi l-muṣṭalaḥ al-sharīf》(742/1342? 이후) 역

• 이 두 사람의 기록은 김호동 역주, 《몽골 제국 기행: 마르코 폴로의 선구자들》(2015)을 통해 소개되었다.

•• 세칭 '동방견문록'. 김호동 역주, 《마르코 폴로의 동방견문록》(2000).

시 유용한 문헌이다.[5] 알사파디al-Ṣafadī(사망 764/1363)가 편찬한 인명 사전 2종,《부고 기사 모음al-Wāfī bi l-wafayāt》과《시대의 명사들Aʿyān al-ʿaṣr》의 이슬람력 7세기(13세기) 부분은 대단히 가치가 높다.[6] 대필가*인 이븐 주자이Ibn Juzayy가 어디까지 내용을 추가했는지는 알 수 없지만, 여행하는 동안(725~754/1325~1354) 서방의 3대 몽골 칸국을 가로지른, 가장 유명한 중세 무슬림 여행자 이븐 바투타Ibn Baṭṭūṭa의 회고록이 남아 있는 것도 큰 행운이다. 이븐 바투타가 원나라에서 체류했다는 내용은 순수한 창작이지만, 차가다이 울루스와 델리 술탄국을 방문한것은 확실한 사실로 보인다.[7]

몽골 제국 초기사의 경우, 우리는 그 어떤 사료보다 몽골 지배기 무슬림 저자들이 페르시아어로 작성한 문헌에 의지한다.[8] 티무르 왕조의 역사가들은 칭기스 칸과 그 후계자들의 통치기를 조사할 때 알라 알딘 아타 말릭 주바이니ʿAlāʾ al-Dīn ʿAṭā Malik Juwaynī(사망 681/1283)의《세계 정복자의 역사Taʾrīkh-i jahān-gushā》와 라시드 알딘 파들룰라 하마다니Rashīd al-Dīn Faḍl-Allāh Hamadānī의《집사集史, Jāmiʿ al-tawārīkh》제1부를 특히 참조했다. 오늘날 몽골 세계의 역사 연구에서 반드시 필요한 내부 정보원으로 간주되는 주바이니와 라시드 알딘은 일칸들이 중용한 관원이었다. 아타 말릭 주바이니는 유서 깊은 페르시아인 관료 가문 출신으로,[9] 형제

• 현전하는《이븐 바투타 여행기》는 이븐 주자이의 요약본이다. 27년간의 유라시아 여행을 마친 이븐 바투타가 귀향하자 마린 왕조의 술탄 아부 아난(Abū ʿAnān)은 이븐 바투타에게 여행기를 쓰라고 명했다. 이븐 바투타가 1355년 12월에 집필을 마치자, 아부 아난은 당대의 명문 장가인 이븐 주자이에게 여행기의 요약 작업을 맡겼고, 이븐 주자이는 3개월 뒤인 1356년에 요약 작업을 마쳤다. 이븐 바투타가 직접 집필한 여행기는 소실되었다. 이에 대한 자세한 설명은 정수일, 〈옮긴이 서문〉,《이븐 바투타 여행기》1권(2001), 4 참조.

인 샴스 알딘 주바이니Shams al-Dīn Juwaynī(사망 682/1284)는 초기의 세 일칸, 즉 훌레구Hülegü(사망 663/1265), 아바카Abagha(663~680/1265~1282), 테구데르 아흐마드Tegüder-Aḥmad(681~683/1282~1284) 밑에서 사히브디완Ṣāḥib-dīwān(최고 재상)을 지냈다. 아타 말릭 주바이니도 1240년대 후반부터 호라산에서 관원으로 지내다가 1259년경 이후에 새로 정복된 도시인 바그다드의 총독으로까지 승진했다. 라시드 알딘은 유대교에서 이슬람으로 개종한 의사였다. 그는 본래 일칸 궁정의 요리사 혹은 식량 조달 담당자(몽골어로는 바우르치ba'urchi) 직무를 수행하다가 695/1295년부터 처형된 718/1318년까지 무슬림 일칸 가잔 마흐무드Ghazan Maḥmūd(695~703/1295~1304), 올제이투 후다반다Öljeitü Khudābanda(703~716/1304~1316), 아부 사이드Abū Saʿīd(716~736/1316~1335) 밑에서 재상으로 복무했다.[10] 그는 매우 폭넓은 연줄을 지닌 인물이었다. 그가 집필한《집사》의 제2부는 몽골 제국 이전의 이슬람 세계, 중국, 인도, 서유럽 "프랑크인"의 역사를 아우르고 있어 "최초의 세계사world history" 또는 (크리스토퍼 애트우드Christopher P. Atwood가 선호하는 표현인) "최초의 간문명사inter-ecumenical history"로 칭송된다.[11]

《가잔의 축복사Tārīkh-i mubārak-i Ghāzānī》라는 제목을 붙인《집사》의 제1부는 튀르크와 몽골의 각 부部와 칭기스 왕조의 역사를 다루는데, 703/1303년에 편찬이 완료되었다. 라시드 알딘은 몽골인들의 초기 역사를 다룰 때 주바이니의 저서를 활용했을 뿐만 아니라 몽골어 문헌도 간접적으로 활용했다. (쿠빌라이Qubilai 시대에 한문으로 번역된) 칭기스 칸의 재위 시기에 기록된 "공식 연대기", 이제는 존재하지 않는 잔편 자료들, 원나라에서 건너온 몽골 고위 관리의 증언 등이 바로 그런 예다.[12]

라시드 알딘의 계보도인 《5족보Shu'ab-i panjgāna》는 《집사》의 부록으로 몇 년 뒤에 작성되었는데, 칭기스 왕조 전체를 아우르는 계보도뿐만 아니라 각 칸의 주요 군 지휘관 일람이 수록되어 있다(그 외에도 중국 황제, 교황, 서방 황제 목록도 있다). 고故 알렉산더 모턴Alexander Morton은 세칭 라시드 알딘의 서한書翰, mukātibāt의 내용을 분석해 15세기 초에 창작되었다는 설득력 있는 추론을 내놓았다.[13]

주바이니와 라시드 알딘이 역사서를 집필할 당시의 환경은 각각 사뭇 달랐기에 서술 시각에도 차이가 있다.[14] 이교도 군주를 위해 책을 써야 했던 주바이니에게는 무슬림의 무기력과 죄에 신이 내리는 처벌이라고밖에는 달리 생각할 수 없었던, 불신자들이 이슬람 세계 도처에서 행한 폭력적 정복을 설명하고 정당화해야 하는 어려운 임무가 주어졌다. 침략자들 사이에서 이슬람교가 거둔 승리를 직접 목격한 라시드 알딘은 《가잔의 축복사》는 이슬람 개종자에게, 《집사》의 제2부는 또다른 개종자이자 가잔의 동생인 올제이투에게 헌사할 수 있는 다복한 상황이었다. 따라서 라시드 알딘은 몽골인들의 정복을 불신자들에게 진정한 신앙(이슬람교)을 전파하고 이를 통해 이슬람교를 더 강화하기 위해 신이 미리 안배한 고난으로 묘사할 수 있었다.

가잔 마흐무드의 사망 시점까지의 몽골사는 주바이니와 라시드 알딘의 저서가 가장 귀중하지만, 일칸국 역사 서술 전통에서 다른 사료가 존재하지 않는 것은 아니다. 유디트 파이퍼Judith Pfeiffer가 "역사 서술의 저점低點"이라고 표현했던 (1258년) 바그다드 정복에서 1303년 사이에 작성된 덜 상세하고 잘 알려지지 않은 역사서들은 차치하더라도,[15] 일칸 아부 사이드의 재위부터는 중요한 역사서들이 쏟아져 나왔다. 파르스Fārs 지방의 세무 관리인 시하브 알딘 압둘라 이븐 파들룰라 시라지 Shihāb al-Dīn ʿAbd-Allāh b. Faḍl-Allāh Shīrāzī, 세칭 밧사프Waṣṣāf(‘폐하의 송사頌詞 작성자Waṣṣāf al-ḥaḍrat’라는 그의 칭호에서 유래했다)는 698/1298~1299년에서 728/1327~1328년경까지 주바이니의 역사서에 덧붙이는 후속작으로《영토의 분할과 세월의 추이Tajziyat al-amṣār wa-tazjiyat al-aʿṣār》〔세칭《밧사프의 역사Tarikh-i Waṣṣāf》〕를 편찬했다.[16] 이 책에는 일칸은 물론 다른 몽골계 국가들이나 무슬림령 인도에 대해 다른 역사서에서 찾아볼 수 없는 수많은 내용(라시드 알딘은 이 책에서 무슬림령 인도에 대해 서술한 내용을 도용했다)이 담겨 있다.* 안타까운 점은, 밧사프가 여기서 장황한 문체를 유행시켰고, 후대의 페르시아 역사가들은 기꺼이 그를 모범으로 삼아 따랐다는 것이다.

밧사프와 비슷한 시기의 저자로는 네 명이 있다. 자말 알딘 아불카심 압둘라 카샤니Jamāl al-Dīn Abū l-Qāsim-Allāh Qāshānī의《올제이투의 역사 Taʾrīkh-i Uljāytū》는 아부 사이드의 아버지이자 전임자였던 올제이투의 역사를 기록한 연대기로, 717/1317년 초까지를 다루었다. 파흐르 알딘 다우드 바나카티Fakhr al-Dīn Dāʾūd Banākatī가 718/1318년에 완성한《역사와 계보에 대한 지식 속에 존재하는 지성의 정원Rawḍat ūlī l-albāb fī maʿrifat al-tawārīkh wa l-ansāb》은 703/1303년까지의 내용 중 대부분이 라시드 알

---

* 《밧사프의 역사》는 총 5권으로 구성되었는데, 서문은 1300년에 작성되었고, 4권까지의 작업은 1312년에 완료되었다. 5권 집필은 언제 종료되었는지 정확히 알 수 없으나, 이슬람력 728/1327~1328년까지의 상황이 서술되어 있으므로 그 이후에 완료되었으리라 추정된다. 밧사프의 후원자였던 라시드 알딘은 밧사프가 1303년에 가잔에게, 1312년에 올제이투에게 직접 자신의 저작을 헌상할 기회를 제공했다. 따라서 1306년에 완성된《집사》의 ‘인도사’ 부분에 밧사프가 집필한 부분이 일부 포함되는 것도 불가능한 일은 아니다.

딘의《가잔의 축복사》요약이지만,[17] 올제이투의 통치기에 관한 내용은 독자적이다. 함둘라 무스타우피 카즈비니Ḥamd-Allāh Mustawfī Qazwīnī 와 무함마드 이븐 알리 샤반카라이Muḥammad b. ʿAlī Shabānkāraʾī는 일칸국의 황혼기에 활동했던 저자다. 밧사프와 마찬가지로 세무 관리였던 함둘라는 산문《선사選史, Taʾrīkh-i guzīda》(730/1330?), 피르다우시의 서사시《샤나마》를 모범으로 삼은 운문 역사서로 735/1334~1335년에 완성된《자파르나마Ẓafar-nāma》, '선사 속편Dhayl-i Taʾrīkh-i guzīda'이라는 잘못된 제목으로 알려진 744/1344년까지의 역사를 다룬《자파르나마》'속편dhayl'을 남겼다. 740/1340년경에 작성된 함둘라의 지리서《심혼心魂의 환희Nuzhat al-qulūb》에는 역사 정보도 담겨 있다. 함둘라는《선사》와《자파르나마》에서《가잔의 축복사》와《올제이투의 역사》를 활용했는데,[18] 717/1316~1317년 이후의 정보원은 밝혀지지 않았다. 함둘라는 736/1335년 아부 사이드의 사망 이후 대大변동기에도 아무에게도 방해받지 않고 작업을 이어 나간 것 같다. 반면 와지르wazir〔재상〕 라시드 알딘의 아들 기야스 알딘Ghiyāth al-Dīn b. Rashīd al-Dīn과 긴밀한 관계였던 샤반카라이의 저작에는 당시 일칸국이 빠져든 정치적 혼란이 오롯이 반영되었다. 그의《연대기 속 계보의 집성Majmaʿ al-ansāb fī l-tawārīkh》〔이하《계보 집성Majmaʿ al-ansāb》〕은 세 차례나 교정본이 나왔다. 첫번째 판본은 736/1336년 기야스 알딘의 몰락 이후 파괴되어 전해지지 않고, 738/1338년에 두번째 판본(현재까지 출판된 유일한 판본)이 나왔으며, 세번째 판본은 743/1343년에 완성되었다.[19]

몽골 시대와 포스트 몽골 시대의 지역사[20]

일칸국 시대에는 지방지 편찬이 유행했다. 대표적으로 헤라트 역사, 아나톨리아(룸Rūm•) 역사, 키르만 역사가 있다.[21] 일칸국의 멸망과 티무르 원정 사이의 시기에 이란 세계의 정치가 파편화되었기에 이 시기의 페르시아어 문헌 대부분은 지역사 성격을 띠었다. 하피즈 아브루의《선집選集, Majmū'a》에 수록된 단편적 기록을 제외하면, 722/1322년 이후 호라산의 역사를 기록한 동시대 연대기체 사료는 단 한 종뿐이다. 바로 783/1381~1382년에 기야스 알딘 이븐 알리 나이브 파리유마디Ghiyāth al-Dīn b. ʿAlī Nāʾib Faryūmadī가 저술한, 샤반카라이의《계보 집성》속편이 그것이다.[22] 파리유마디는 일칸 타가이 테무르Taghai Temür(사망 754/1353), 그리고 그의 후계자 아미르 왈리Amīr Walī와 사르바다르Sarbadār에게 충성을 바친 것 같다.

일칸국 시대 이후에 작성된 사료 가운데 시기적으로 가장 앞선 것은 아부 바크르 아흐리Abū Bakr Ahrī가 집필한 세계사《셰이흐 우와이스의 역사Taʾrīkh-i Shaykh Uways》다. 1360년에서 얼마 지나지 않아 잘라이르 왕조의 군주에게 헌상된 친親잘라이르 왕조 역사서인 이 책은 비록 지나치게 간략하게 서술되었으나 그렇다고 가치가 없는 것은 아니다. 단적인 예로, 이 책은 이란 북서부에 흑사병이 도래했음을 언급한 최초의 페르시아어 역사서다. 자인 알딘 이븐 함둘라 무스타우피Zayn al-Dīn b.

• 룸(Rūm)은 로마(Roma)의 아랍어식 표기다. 소아시아가 오랫동안 비잔티움, 즉 중세 로마 제국의 영토였기 때문에 무슬림들은 소아시아를 룸(로마)이라고 불렀다.

Ḥamd-Allāh Mustawfī는 아버지가 쓴《선사》에 이어서 742/1341~1342년에서 795/1393년까지의 역사를 서술한《선사 속편Dhayl-i Taʾrīkh-i guzīda》(한 번 더 정확히 말하면,《자파르나마 속편Dhayl-i Ẓafar-nāma》[23])에서《셰이흐 우와이스의 역사》를 활용했다. 따라서 파리유마디가 스쳐 지나가듯 언급한 것을 제외하면,《선사 속편》을 티무르에게 헌사한 자인 알딘은 티무르의 군사 활동을 다룬 최초의 이란인 저자다. 한편《선사》(실제로는《자파르나마》)의 또다른 속편으로 1370년대 초 잘라이르 왕조 치하 익명의 저자가 남긴 저서가 있는데, 최근에 출판되었다.[24]

이란 남부의 사료로는 무인 알딘 이븐 잘랄 알딘 무함마드 무알림 야즈디Muʿīn al-Dīn b. Jalāl al-Dīn Muḥammad Muʿallim Yazdī가 완성한《신의 선물Mawāhib-i ilāhī》이 있다. 이 역사서는 특히 767/1365~1366년에 잘라이르 왕조의 경쟁자였던 무자파르 왕조Muẓaffarid의 역사를 다루었다. 또한 무자파르 왕조에 대해서는 알라 카즈비니 힐랄리ʿAlā-yi Qazwīnī Hilālī라는 이름으로 널리 알려진 알리 이븐 후사인ʿAlī b. Ḥusayn이 무자파르 왕조의 지배자 샤 슈자Shāh-i Shujāʿ에게 헌사한, 화려하고 장황한 세계사《정확한 진실을 추구하는 학생을 위한 길Manāhij al-ṭālibīn fī maʿārif al-ṣādiqīn》이 있다(779/1377).[25] 티무르 왕조의 초기에 해당하는 823/1420년, 마흐무드 쿠투비Maḥmūd Kutubī는 무인 알딘의 저작을 모범으로 삼아《무자파르 왕조사Taʾrīkh-i āl-i Muẓaffar》를 저술했다.[26] 이 책은 티무르가 무자파르 왕조를 멸망시킨 시점까지를 다루었다.

지금까지 언급한 역사서들은 모두 이란에서 편찬되었다. 일찍이 장 오뱅Jean Aubin은 차가다이 칸국은 지리적으로 몽골 제국 외부의 국가들과 경계를 접하지 않은 탓에, 역사를 연구할 때 조치 일문의 경우처럼 외부의 자료(대체로 루시Rusi•)를 활용할 수도 없다고 한탄한 적이 있다. 차가다이 울루스에서는 역사 서술이 홍성한 적이 없었고, 티무르 왕조 시대의 저자들은 자기네 지방의 옛 역사를 왜곡했다.[27] 게다가 카라한 왕조Qarakhānid 시대와 미르자 하이다르 두글라트Mīrzā Ḥaydar Dughlāt(사망 952/1546)의 《라시드사Taʾrīkh-i Rashīdī》가 집필된 시점 사이에 중앙아시아에서 작성된 역사 기록 가운데 현존하는 것은 14세기 초에 자말 알카르시Jamāl al-Qarshī가 알자우하리al-Jawharī의 사전에 주석을 달면서 몽골사를 개괄한 것이 유일하다.[28] 그런데 오뱅은 몽골 세계의 다른 영역에서 편찬된 사료를 너무 무시했다. 그의 주장과 다르게《집사》와《5족보》, 카샤니와 밧사프의 역사서에는 차가다이 울루스에 대한 내용이 포함되어 있다. 또한 알우마리의 《견문기》에도 중앙아시아 관련 서술이 있다. 미할 비란Michal Biran이 카이두Qaidu 연구를 위해 활용한 한문 문헌들을 언급하지 않더라도 이 정도다. 한편 비란은 트란스옥시아나의 지식 문화를 비추기 위해 맘루크 사료도 활용했다.[29]

티무르 시대와 초기 티무르 왕조에서 이루어진 역사 서술

역사 서술 분야에서 티무르의 집권은 새 시대의 시작이었다. 티무르 자

• '루시'는 중세 동슬라브어군 화자들이 주를 이룬 지역을 가리킨다. '키예프 루시/키이우 루스(Kievan Rus)'라는 표현을 쓰는 경우도 있지만, 이는 18세기 이후 근대 역사학자들이 만들어낸 이름으로 역사학적으로 정확한 표현은 아니다. 따라서 한국어판에서는 '루시'라는 간결하고도 중립적인 용어를 사용했다.

신도 역사에 관심이 높았고, 자신의 업적을 후세에 전하고자 했다. 티무르와 그의 후계자들에 의해 대단히 많은 양의 역사 기록이 편찬되었는데, 이 임무는 대체로 중앙아시아보다는 이란 세계 출신이 맡았다. 그런데 기록의 다수를 차지하는 페르시아어 문헌 가운데 적지 않은 수가 존재했다는 언급만 있고 현존하지는 않는다.[30] 가장 유명한 예로는 델리 정복 직후 정복자를 위해 쿠트바khuṭba를 진행한 카디Qāḍī 마울라나 나시르 알딘 우마르Mawlānā Naṣīr al-Dīn ʿUmar가 티무르의 명령으로 저술했다는《인도 정복기Rūz-nāma-yi futūḥāt-i Hindūstān》가 있다.[31]

티무르의 지시로 니잠 알딘 샤미Niẓām al-Dīn Shāmī(혹은 샨비Shanbī)와 기야스 알딘 알리 야즈디Ghiyāth al-Dīn ʿAlī Yazdī가 지은 두 역사서는 오늘날까지 전해져 내려온다. 795/1393년 티무르가 바그다드에 나타났을 때 샤미는 그에게 복속을 다짐한 최초의 주민들 가운데 한 명이었다.[32] 803/1400년, 히자즈Hijaz로 향하던 샤미는 차가타이 군대가 알레포를 포위한 장면을 목격했다.[33] 도시가 함락되자 그는 티무르 앞으로 끌려갔다가 그 휘하에 들어갔다. 804/1401~1402년, 티무르는 샤미에게 자신이 행한 정복 원정의 역사를 평이하고 꾸밈없는 문체로 쓰라고 지시했고, 샤미는《승전기Ẓafar-nāma》의 첫번째 판본을 806년 샤우왈월/1404년 4월경에 티무르에게 바쳤다. 티무르가 사망한 이듬해에 샤미는 티무르의 손자 우마르 이븐 아미란샤ʿUmar b. Amīrānshāh 휘하에 들어갔는데, 사실《승전기》라는 제목은 우마르에게 바친 두번째 판본에서만 보인다.[34] 하피즈 아브루의《승전기》속편에 따르면 샤미는 814/1411~1412년에 사망했다. 샤라프 알딘 알리 야즈디Sharaf al-Dīn ʿAlī Yazdī(이 인물에 대해서는 조금 뒤에서 서술하겠다)는 샤미가 동시대 최고

의 저자 가운데 한 사람이었다고 찬양했다.[35]

　기야스 알딘은 본래 야즈드Yazd에서 무자파르 왕조를 위해 일하던 카디이자 서기였다. 그는 오늘날에는 전하지 않는, 카디 나시르 알딘 우마르의《인도 정복기》에 대체로 의지해《인도 성전기Rūz-nāma-yi ghazawāt-i Hindūstān》를 서술했다. 이 책에는 티무르의 초창기 정복 여정이 개괄적으로 서술되어 있고, 795/1393년에 무자파르 왕조의 샤 만수르Shāh Manṣūr와 벌인 최후의 전투도 서술되어 있는데, 세부 묘사 중 일부는 다른 사료들에서 찾아볼 수 없는 내용이다.[36] 티무르의 아들인 샤루흐의 "존엄한 승리futūḥāt-i arjmand"를 언급한 것으로 보아 기야스 알딘은 티무르 사후에 집필을 마쳤음을 짐작할 수 있다.[37]

　샤미의 역사서에 덧붙여진 속편 중 가장 먼저 저술한 사람은 타즈 알딘 살마니Tāj al-Dīn Salmānī다(하피즈 아브루도 시기적으로 큰 차이 없이 후속작 작업에 임했다). 그는 본래 무자파르 왕조의 관리였다가 800/1397～1398년에 티무르 휘하에 서기로 들어갔고, 812/1409년에 정복자의 손자이자 트란스옥시아나를 장악한 후계자 할릴 술탄 이븐 아미란샤Khalīl Sulṭān b. Amīrānshāh의 곁을 떠나 샤루흐에게 몸을 의탁했다. 샤루흐는 살마니를 자기 아들인 울룩 벡 막하에 배치했다. 813/1410년, 샤루흐의 명령으로 살마니가 집필에 착수한《아름다운 태양Shams al-ḥusn》은 할릴 술탄 정권이 전복된 시점까지를 다룬다. 그는 트란스옥시아나를 기반으로 삼은 아미르인 샤 말릭Shāh Malik에게 주로 정보를 의지한 덕분에 티무르 제국의 동부에서 일어난 사건도 충실히 기록할 수 있었다. 살마니는 샤루흐와 그 왕통의 이익에 충실하게 복무했다. 샤루흐의 아들 울룩 벡과 이브라힘 술탄Ibrāhīm Sulṭān b. Shāhrukh을 티무르가 가장 총

애한 손자였다고 묘사한 대목을 그런 예로 들 수 있다.[38]

무인 알딘 나탄지Mu'īn al-Dīn Naṭanzī가 집필한 '세계' 역사서《사선 史選, Muntakhab al-tawārīkh》의 첫번째 판본은 파르스의 지배자였던 티무르의 손자 이스칸다르 이븐 우마르 셰이흐Iskandar b. 'Umar Shaykh에게 816/1413~1414년에 헌사되어서〔그러나 사본에 저자와 서명은 적혀 있지 않아서〕 "이스칸다르 휘하 아무개의 역사서"로 알려졌다. 그는 이스칸다르가 몰락한 직후에 개정 작업을 신속하게 진행해〔이스칸다르를 찬양하는 구절들을 삭제한 뒤〕샤루흐에게 다시 진상했다.[39] 두번째 판본에는 각 왕조를 개괄하는 일람표jadwal도 추가되었다.[40] 이스탄불 사본에는 816/1413~1414년에 이스칸다르의 궁정에서 작성된 티무르 및 티무르 왕조 개설槪說〔편의상 이하 〈티무르 가문 개설〉〕이 포함되어 있는데, 이 부분은 다른 판본에는 수록되지 않았으며,[41] 나탄지가 직접 작성했을 가능성이 있다. 이스칸다르는 초기 경력을 페르가나와 트란스옥시아나의 동부 전선에서 쌓았으며, 나탄지는 시라즈Shīrāz의 이스칸다르 궁정에서 튀르크·몽골 장교진에게서 티무르와 그의 원정에 대한 정보를 얻었을 것으로 추정되는데, 그들 중 일부는 페르가나와 트란스옥시아나 동부에 있었을 때 이스칸다르의 막하에 있었을 수 있다. 이것이 나탄지의 서술에서 기묘할 정도로 초원 전통에 대한 애착이 드러나는 연유인지도 모르는데, 튀르크인과 몽골인의 관점을 살펴볼 수 있는 좋은 자료다.[42] 나탄지의 서술에서 구전이 어느 정도나 반영되었는지는 정확히 알기 어렵다.

샤루흐가 파르스를 정복해 티무르 제국의 대부분을 실질적으로 다시 통일한 직후 몇 년 동안 역사 서술에도 새로운 바람이 불었다. 시라즈에 있던 이스칸다르의 궁정에 모인 지식인 가운데 한 사람이었던 샤라프 알딘 알리 야즈디Sharaf al-Dīn 'Alī Yazdī(사망 858/1454)는 파르스의 새 총독으로 임명된 이브라힘 술탄 이븐 샤루흐Ibrāhīm Sulṭān b. Shāhrukh(사망 838/1435) 휘하에 막 들어간 인물이었다.[43] 야즈디의 저서는 오랜 기간 가장 중요한 티무르 관련 사료라는 평가를 받았다. 당대의 유행에 따라 극히 화려한 문체로 쓰였다는 것이 그 이유였다. 샤미의 경우와 달리 평이한 문체로 서술하라고 지시한 군주가 없었기에, 야즈디는 현란한 운문을 흐드러지게 곁들인 과장된 이야기체로 서술할 자유를 누렸다. 야즈디의 《승전기》는 1720년 이후에 프랑스어 번역본*이 나온 덕분에 널리 인용되는 역사서가 되었다.

당초 《세계 정복자의 역사》(혹은 《황제 정복기Fatḥ-nāma-yi humāyūn》)의 제3부maqāla 가운데 제1부로 계획되었던 것으로 추정되는 야즈디의 《승전기》는 샤미가 집필한 티무르 전기 《승전기》의 확대판이라 할 수 있다. 야즈디는 822/1419~1420년에 이브라힘 술탄이 서기들bakhshiyān과 보좌관들에게 튀르크어 서기들이 작성한 티무르 관련 사초史草를 큰 소리로 읽으라고 명해 그 내용이 얼마나 정확한지 직접 확인했다고 전한다.[44] 야즈디 《승전기》에 대해 우리가 알 수 있는 사

---

* François Pétis de La Croix, tr., *Histoire de Timur-Bec, connu sous le nom du grand Tamerlan, empereur des Mogols & Tartares* (Paris, 1722). 프랑스어 번역판의 영어 중역판은 John Darby, tr., *The history of Timur-Bec: known by the name of Tamerlain the Great, emperor of the Moguls and Tartars: being an historical journal of his conquests in Asia and Europe* (London, 1723). 프랑스어판과 영어판은 시나 수식어, 종교적 설명 등을 삭제한 편역본이다. 야즈디 《승전기》의 완역본은 〈티무르朝의 史書, 야즈디 撰 《勝戰記》(Ẓafar-nāma)의 譯註〉(이주연 역주, 서울대학교 박사학위논문, 2020)가 세계에서 유일하다.

실은, 이 책이 이브라힘 술탄이 선택한 기록을 바탕으로 저술되었으며, 832/1428~1429년 혹은 그 직후에 완성되었다는 것이다. 야즈디《승전기》의 서문으로 잘못 알려진,《세계 정복자의 역사》의 〈서문 Muqaddima〉은 오늘날까지 독립 사본으로 전해진다. 17세기 이전 야즈디《승전기》의 사본들 가운데 처음부터 〈서문〉이 함께 필사된 예는 발견되지 않았다. 〈서문〉에는 831년[1427~1428년]에 작성한다고 기술한 대목이 있다.[45] 〈서문〉은 몽골인과 차가다이 울루스의 역사를 티무르의 등장 시점까지 다룬다. 야즈디의 모든 저서를 검토해 연대를 재정립한 일케르 에브림 빈바쉬Ilker Evrim Binbaş는 현존하는 어떤 사본도 완성된 저작으로 보이지 않는다고 주장했다. 야즈디가 최초에 세운 계획은 샤루흐의 제국에서 발생한 계승 위기의 압력으로 다소 바뀐 듯하다.[46] 그가《세계 정복자의 역사》의 제2부인 샤루흐의 재위 부분을 집필하기 시작한 것은 1440년대에 들어와서다. 지금까지 제2부는 일부만 발견되었는데, 서술된 시기는 810/1407~1408년까지이며, 티무르 사후의 권력 투쟁 과정과 관련해 다른 사료에서 찾아볼 수 없는 새로운 정보가 상당량 수록되어 있다.[47]

야즈디는 티무르가 평민에 불과했다는 사실을 무시하고 티무르가 옹립한 꼭두각시 칭기스 왕조 칸들(제12장 참조)의 행보를 대체로 누락했다. 야즈디《승전기》에는 티무르의 계보도도 들어 있다. 이는 정복자가 사망하고 몇 년 뒤 후사인 이븐 알리샤Ḥusayn b. ʿAlīshāh가 작성한 계보도에 바탕을 둔 듯하다(제8장 참조). 이에 따르면 티무르는 칭기스 칸과 공통의 조상을 두었으며, 티무르의 바를라스 쪽 조상들은 차가다이 칸국의 행정에서 중요한 임무를 수행했다. 그러나 야즈디《승전기》(더 정확하게 말하면 《세계 정복자의 역사》의 제1부)는 티무르의 전기인 동시에 야즈디가 한창 집필하던 시기에 티무르 왕조의 최고 군주였던 샤루흐의 전기이기도 했다. 따라서 야즈디는 (라시드 알딘이 톨루이 왕통의 승리를 예견한 칭기스 칸에 대해 서술한 방식과 동일하게) 티무르가 가장 총애했던 아들이 샤루흐였다든지, 향후 제국의 미래가 샤루흐에게 달렸다고 생각했다는 식으로 샤루흐에게 상당한 의미를 부여했다.[48]

하피즈 아브루라는 이름으로 더 널리 알려진 시하브 알딘 압둘라 이븐 루트풀라 호피Shihāb al-Dīn ‘Abd-Allāh b. Luṭf-Allāh Khwāfī(사망 833/1430)는 인도·시리아·아나톨리아 원정에 동행한 티무르의 동무로, 티무르의 체스 상대로 유명했다.[49] 티무르가 죽은 뒤 하피즈 아브루는 샤루흐 막하로 들어가 역사서 집필에 매진했는데, 대체로 샤루흐의 아들 바이숭구르Bāysunghur(사망 837/1434)의 후원을 받았다. 그는 티무르 왕조의 역사가들 가운데 가장 많은 저서를 남겼다.[50] 예컨대 샤루흐의 의뢰로 795/1393년까지를 다룬 라시드 알딘의 《집사》 속편을 썼고,[51] 〔샤미 《승전기》가 끝나는 806년 라마단월 14일/1404년 3월 26일부터〕 티무르의 죽음까지를 다룬 샤미 《승전기》의 속편(《샤미 승전기 속편Dhayl-i Ẓafarnāma-yi Shāmī》)(814/1411~1412년에 집필 시작), 오늘날은 전체가 전해지지 않고 제목도 붙여지지 않아《지리지Jughrāfiyya》라고만 불리는 역사 지리서 등도 저술했다. 하피즈 아브루의 《선집》에는 권력을 행사한 최후의 일칸 타가이 테무르의 통치, 아스타라바드를 지배한 그의 후계자 아미르 왈리, 호라산의 사르바다르 국가Sarbadārīya, 그와 이웃한 몽골계의 자운 쿠르반Jā’ūn-i Qurbān, 헤라트의 카르트 왕조Kartid(1322년까지는 사이피Sayfī의 《헤라트사Ta’rīkh-nāma-yi Harāt》 서술에 기초함), 이란 남부의 무자파르 왕조

(대체로 무인 알딘 야즈디의 서술에 기초함) 등 티무르 왕조 이전의 정권들에 대한 짤막한 설명이 쓰여 있다.[52] 하피즈 아브루가 남긴 최후의 저서는 《역사 집성歷史集成, Majma' al-tawārīkh》인데, '바이숭구르의 역사 정수Zubfat al-tawārīkh-i Bāysungqurī'〔이하《역사 정수Zubfat al-tawārīkh》〕라는 제목이 붙은 마지막 제4부에는 샤미《승전기》에 내용을 추가한 개정판*과 티무르의 죽음에서 티무르 제국 830/1426~1427년까지의 역사 등 이전의 저작이 포함되었다. 하피즈 아브루의 저서 대부분이 다른 저자들의 저서를 채록한 파생작이긴 하지만, 그는 여러 이질적인 역사서를 하나의 이야기체로 엮어내는 데 탁월했다. 게다가 여러 공문서를 참고하는가 하면, 다른 어느 사료에서도 확인할 수 없는 자신의 경험을 삽입하기도 했다 (예컨대 제11장 참조).[53] 또한 하피즈 아브루가 830/1426~1427년에 작성된, 저자가 알려지지 않은 계보서인《고귀 계보Mu'izz al-ansāb》의 실제 저자라는 주장도 있다.[54] 이 책에는 〔14세기 전반기까지 칭기스 왕조의 계보를 기록한〕라시드 알딘의《5족보》에 15세기까지의 칭기스 왕조의 최신 정보가 반영되었고, 당시에는 칭기스 칸의 부계 친척으로 인식되던 바를라스의 지배적인 가문과 그 후손인 티무르 왕조의 계보가 추가되었다.[55] 실제로 하피즈 아브루의《역사 정수》에는 바를라스를 지배한 여러 아미르의 기다란 계보가 포함되어 있는데,《고귀 계보》의 내용과 거

• 《샤미 승전기 속편》이 쓰인 지 5년이 지난 820/1417년에 하피즈 아브루가 편찬한《선집》에는 샤미《승전기》와《샤미 승전기 속편》의 내용이 수정 없이 그대로 수록되었지만, 830/1426년에 완성된《역사 집성》의 제4부《역사 정수》에 실린 내용은 샤미《승전기》와《샤미 승전기 속편》의 서술을 연도순으로 재배열하고 내용을 수정·보강한 것이다. 이 책의 저자가 주에서 "하피즈 아브루가 내용을 보강한 Shāmī, ZN, II"와 같은 표현을 쓴 경우는《역사 정수》에 수록된 내용을 가리킨다.

의 동일하다.[56]

　15세기 초의 역사가들은 최소한 티무르 왕조의 저자 중 한 명의 저작이라도 입수할 수 있었고, 일부 역사가는 여러 종을 참고했다. 기야스 알딘 야즈디는 니잠 알딘 샤미가 인도 원정을 극히 상세하게 서술할 때 그랬듯이, 이제는 전해지지 않는 카디 나시르 알딘 우마르의《인도 정복기》를 활용했다. 나탄지는 793/1391년에 단행된 최초의 킵차크 초원 원정을 서술할 때 샤미를 참고한 흔적을 얼마간 보여주었다.[57] 앞서 언급했듯이, 샤라프 알딘 야즈디는 샤미《승전기》를 활용했는데, 카디 나시르 알딘의 기록의 경우 직접 참고했을 수도 있고, 샤미나 기야스 알딘의 서술을 통해 간접적으로 참고했을 수도 있다. 또 야즈디는《승전기》의 마지막 부분에서 살마니의 서술을 빌려왔다.[58] 야즈디는 하피즈 아브루의 저작도 참고한 것으로 보이지만, 하피즈 아브루는 야즈디《승전기》를 전혀 의식하지 않은 듯하다. 하피즈 아브루는 샤미《승전기》증보와 자신의《역사 정수》집필 과정에서 샤미와 나탄지에게 의지했다.[59] 1430년에 이르렀을 때 샤미《승전기》는 본래의 판본, 하피즈 아브루 또는 야즈디가 증보한 판본 모두 존재했다.[60]

　티무르 사후 40년 동안 이루어진 티무르 왕조 역사 서술의 발전은 이미 다른 학자들이 훌륭하게 정리한 바가 있으니,[61] 여기서는 조금만 더 살을 덧붙이려 한다. 앞서 설명한 대로, 티무르 왕조의 저자들은 서로의 저작을 광범위하고도 복잡하게 빌리고 인용하면서도 서로 확연히 다른 관점을 드러냈다.[62] 이 차이는 대체로 자항기르, 우마르 셰이흐, 아미란샤[*] 왕통의 쇠퇴와 샤루흐 왕통의 대두 등 왕조 내부의 정치적 변화와 그로 인한 공자公子[**]들의 후원 역량 변화를 반영한다. 〔나탄지의 저작으로 추정되는 "이스칸다르 휘하 아무개의 역사서"의〕 개요의 서술에서 보이는 저자의 당파성은 티무르 왕조의 두 왕통을 대하는 태도에서 잘 드러난다. 자항기르는 봉토를 받지 못한 데다 그나 그의 후손 모두 찬양받을 만한 업적을 세우지 못했기 때문에 자항기르 왕통의 독자적 목록은 따로 작성되지 않았다. 한편 아바 바크르Abā Bakr b. Amīrānshāh, 할릴 술탄, 우마르'Umar b. Amīrānshāh 등 아미란샤의 아들들의 경력을 살펴보면 그들이 굉장히 무능했다는 느낌이 든다.[63] 나탄지의 한 저작에서는 판본에 따라 달라진 내용도 눈에 띈다. 앞서 언급한 대로, "이스칸다르 휘하 아무개의 역사서"라 불리는《사선》의 첫 판본은 816/1413～1414년에 이스파한Iṣfahān과 파르스를 다스리던 티무르의 손자 이스칸다르 이븐 우마르 셰이흐를 위해 편찬되었다. 여기서 이스칸다르는 개요의 서술에서와 마찬가지로 티무르가 미리 낙점한 후계자로 묘사된다.[64] 나탄지는 이스칸다르가 802/1399년에 승인 없이 모굴리스탄 원정에 나섰다가 당한 망신에 대해서는 한마디도 하지 않았다(제9장 참조). 술두스부Süldüs와 잘라이르부 아미르들이 티무르에 대항해 일으킨 반란을 진압한 사건에 대해 샤미나 야즈디는 자항기르의 역할을 강조한 데 반해, 나탄지는 이스칸다르의 아버지인 우마르 셰이흐에게 그 공을 돌렸다.[65] 하지만 이스칸다르가 샤루흐의 아들 이브라힘 술탄으로 대체

• '미란샤'(페르시아어는 'Mīrānšāh', 위구르 문자 차가타이어는 'Miranš-a')라고도 한다. 한국어판에서는 저자의 표기를 존중해 아미란샤로 통일했다.

•• 티무르 왕조의 사료에서 티무르는 아미르, 그의 남계 후손은 아미르자다(amīr-zāda)/미르자(mīrzā)(직역하면 '수령의 자손', 즉 '도련님', '공자' 정도로 옮길 수 있지만, 여기서는 '아미르[티무르]의 후손'이라는 뜻이다)로 불렸다. 따라서 한국어판에서는 사료의 원문에 다른 표현이 사용된 경우를 제외하고는 티무르 왕조의 남성 구성원을 지칭할 때 공자로 통칭했다.

되자 나탄지는 샤루흐를 위해《사선》의 새 개정판을 집필했는데, 여기서는 이스칸다르와 우마르 셰이흐에 대한 언급이 수정되거나 삭제되었다.[66]

기민한 정치 감각을 보여준 티무르 왕조의 궁정 역사가는 나탄지만이 아니었다. 니잠 알딘 샤미는 802/1399~1400년 티무르의 셋째 아들 아미란샤의 광증과 그 광증의 결과로 그가 아제르바이잔* 총독직에서 해임된 사실을 모를 리 없었을 것이다(제9장 참조). 그러나 몇 년 뒤 아미란샤의 아들 우마르에게 헌정된 샤미《승전기》에는 이 일화가 일절 기록되지 않았다.[67] 샤라프 알딘 야즈디는 817/1414년부터 이브라힘 술탄의 감독 아래 샤미《승전기》를 바탕으로 삼아 새로운 역사서를 집필했다. 샤미가 우마르 셰이흐를 티무르의 사랑을 가장 많이 받은 자식으로 묘사하고 샤루흐의 출생은 기록조차 하지 않은 데 반해,[68] 야즈디는 샤루흐와 그 왕통의 정통성을 옹호하고 그 형인 자항기르나 아미란샤의 정통성은 깎아내렸다.[69] 하피즈 아브루의 샤미《승전기》 속편 역시 티무르가 손자 피르 무함마드 이븐 자항기르Pīr Muḥammad b. Jahāngīr를 후계자로 지명한 사실에 대해서는 일언반구 없이 정복자가 샤루흐에게 자리를 물려주었다고 주장했다.[70]

앞서 언급한 몽골 시대와 잘라이르 왕조 시대의 이야기체 사료들 가운데 샤루흐 휘하에서 집필 활동을 펼친 저자들이 활용할 수 있었던 책에는 확실히 한계가 있었던 듯하다. 샤라프 알딘 알리 야즈디가 주바이니와 라시드 알딘의 저서를 참고했던 데 반해, 나탄지는 라시드 알딘의《집사》제1부와 함둘라 무스타우피의《선사》를 활용했다. 사실 라시드 알딘의《집사》필사본이 이렇게 많이 현존할 수 있었던 데에는 직접 사본을 필사하기까지 한(그리고 수정까지 가한) 하피즈 아브루의 공로가 적지 않다.[71] 하피즈 아브루는《집사》속편,《지리지》,《선집》을 쓰기 위해《집사》뿐만 아니라 카샤니의《올제이투의 역사》, 함둘라 무스타우피의《자파르나마》, 자인 알딘 이븐 함둘라의《자파르나마 속편》, 사이피의《헤라트사》까지 모두 참고했다.[72] 확실히 하피즈 아브루를 비롯한 티무르 왕조의 역사가들이 몽골 시대 사료, 자신들보다 약간 앞선 동시대인의 역사서에 가한 교정은 눈부시다.

티무르 왕조의 저자들이 볼 때 라시드 알딘은 몽골 시대의 다른 저자들보다 빼어난 존재였다고 말해도 무방하다. 라시드 알딘은 개종한 무슬림이었던 가잔 마흐무드를 섬긴 덕분에 몽골인들의 정복이 남긴 여파를 다음과 같이 신의 뜻으로 해석해 자신이 살아간 시대를 이슬람의 쇄신기로 묘사할 수 있었다.

이 시기의 어떤 사건 또는 상황이 칭기스 칸의 왕조의 시작보다 더 중요하다고, 그보다 시대를 더 잘 정의할 수 있다고 할 수 있겠는가?"[73]

세칭 샤루흐의 이슬람식 규범의 재천명(제14장)을 목격한 샤라프 알딘 야즈디와 하피즈 아브루는 라시드 알딘의 표현을 기꺼이 따르며 자기네 군주를 "쇄신자(무잣디드mujaddid)"라고 불렀다.[74]

일칸국 이후의 시대와 티무르 왕조 시대의 비이야기체 사료

15세기 초에 잘랄 알딘 유수프 아흘Jalāl al-Dīn Yūsuf-i Ahl이 채록한《기야스의 보물Farā'id-i Ghiyāthī》에서 확인할 수 있듯이, 14세기와 15세기 초의 호라산 역사 연구에서 당시 세도가였던 잠 세이흐Shaykh-i Jām 일족*의 서고는 기록의 중요한 출처였다. 15세기 말 헤라트를 지배한 티무르의 후손 술탄 후사인 바이카라 휘하의 관리였던 압둘라 마르와리드'Abd-Allāh Marwārīd가 남긴 서한모음inshā을 제외하면 티무르 왕조의 행정을 짐작할 만한 자료가 거의 남아 있지 않다. 그나마 알 수 있는 사실은 이란에서 티무르의 부관들이 일칸국 후기 정치체와 잘라이르 왕조 정치체의 방식을 따랐을 것으로 짐작된다는 정도다. 티무르 왕조의 행정 체제는 무함마드 이븐 힌두샤 나흐치바니Muḥammad b. Hindūshāh Nakhchiwānī가 일칸 아부 사이드 시대의 역사 집필에 착수해 잘라이르 왕조 세이흐 우와이스 아래에서 1360년경에 작업을 마친 것으로 보이는 공문서 교범《서기를 위한 관직 임명 안내서Dastūr al-kātib fī ta'yīn al-marātib》, 압둘라 이븐 무함마드 마잔다라니'Abd-Allāh b. Muḥammad Māzandarānī가 764/1363년경에

---

* 12세기의 유명한 수피 세이흐인 아흐마드 자미(Aḥmad Jāmī, 1141년 사망)를 조상으로 둔 일족. 셀주크 왕조, 훌레구 울루스, 카르트 왕조, 티무르 왕조 등 당대 권력자들과 밀접한 관계를 맺고 막대한 영향력을 행사했다.

작성한 부기簿記에 대한 논문인《〔부기술에 대한〕팔라키야의 논설Risāla-yi falakiyya〔dar ʿIlm-i Siyāqat〕》에서 어느 정도 엿볼 수 있다.[75]

티무르와 연관된 문서 가운데 현전하는 것은 극소수인데, 그중에는 그가 맘루크 술탄이나 오스만 술탄과 나눈 편지도 일부 있다.[76] 델리(801/1398), 시리아 북부(804/1401)에서 거둔 승리와 앙카라Ankara에서 바예지드 1세를 격파한 사실(804/1402)을 알리기 위해 티무르의 지시로 각각 작성된 3종의 승전보(파트흐나마fatḥ-nāmahā)는 파리 사본 가운데 중jung 혹은 사피나safīna(문학 선집)에 포함되었으나,[77] 맘루크 국가, 특히 오스만 제국 시대의 방대한 고문서고에 남아 있을지 모를 사료에 대해서는 거의 알지 못하는 형편이다. 실제로 티무르가 보낸 외교 서한 가운데 현존하는 상당수는 이 두 정치체의 고문서고를 통해 전해졌다. 이집트 관리 시하브 알딘 아불압바스 아흐마드 알칼카샨디Shihāb al-Dīn Abū l-ʿAbbās Aḥmad al-Qalqashandī(사망 821/1418)가 작성한 방대한 공문서 교범《서한 작성에서 밤눈이 어두운 사람을 위한 햇빛Ṣubḥ al-aʿshā fī ṣināʿat al-inshāʾ》에는 실제로 티무르와 맘루크 술탄 알자히르 바르쿡al-Ẓāhir Barqūq 사이에 오간 서한이 포함되어 있다.[78] 페르시아어 '간언諫言 문학Mirrors for Princes' 전통에 따라 잘랄 알딘 아부 무함마드 카이니Jalāl al-Dīn Abū Muḥammad Qāyinī가 티무르 사후 약 10년이 흐른 뒤에 집필한《샤루흐께 올리는 간언Naṣāʾiḥ-i Shāhrukhī》에는 세칭 샤루흐의 이슬람 정권 재건에 대해, 다시 말해 간접적으로는 티무르 정권의 성격에 대해 이야기체 사료보다 상세한 정보가 수록되어 있다.

이븐 아랍샤와 이븐 할둔

이제 티무르 제국의 바깥(인도, 맘루크령, 오스만령, 그리스도교권 유럽)의 저자들로 건너가기 전에 맘루크 술탄국에서 아랍어로 집필 활동을 했지만 그곳에서 어느 정도 외부인이었고 동시대 이집트와 시리아의 저자들과도 다른 계층에 속했던, 가장 중요한 두 사람은 따로 언급할 필요가 있을 듯하다. 그중 한 사람은 맘루크 제국에서 태어나 티무르 제국에서 생애의 일부를 보냈으나, 정복자와 개인적으로 교류한 경험이 없었을 뿐만 아니라 시간이 상당히 흐른 뒤에 기록을 남겼다는 한계가 있다. 이 인물은 바로 아흐마드 이븐 무함마드 이븐 아랍샤Aḥmad b. Muḥammad Ibn ʿArabshāh(출생 791/1389, 사망 854/1450)로, 803/1401년에 어머니, 누이와 함께 다마스쿠스에서 트란스옥시아나로 끌려갔는데, 티무르가 죽고서도 18년이나 지난 825/1422년이 될 때까지 다마스쿠스로 돌아올 여건이 되지 못했던 듯하다. 다음으로, 지식인으로서 명성이 자자했던 왈리 알딘 압둘라흐만 이븐 할둔Walī al-Dīn ʿAbd al-Raḥman Ibn Khaldūn(출생 732/1332, 사망 808/1406)이 있다. 그는 튀니지의 하프스 칼리프국 출신으로, 모로코와 그라나다에서 성년기의 상당 기간을 보낸 뒤 784/1382년에 튀니지에서 이집트로 이주해 카이로에서 말리키 법학파al-madhhab al-Mālikī의 최고 법관까지 지냈다. 그는 맘루크 술탄 알나시르 파라즈al-Nāṣir Faraj를 따라 시리아 원정에 종군했다가 술탄과 그 군대가 느닷없이 퇴각한 803년 첫번째 주마다월/1401년 1월 다마스쿠스에 남겨졌다. 그러고서 다마스쿠스 바깥에 있던 티무르의 군영에서 몇 주를 보냈다.[79] 티무르를 직접 만나고 그 만남을 기록한 티무르 왕조 외부의 무슬림 저자는 오로지 이븐 할둔과 뒤에서 언급할 이븐 알시흐나Ibn al-Shiḥna뿐이다.

이븐 아랍샤가《티무르라는 재앙이 불러일으킨 운명의 경이ʿAjāʾib al-maqdūr fī nawāʾib Tīmūr》〔이하《운명의 경이ʿAjāʾib al-maqdūr》〕의 집필을 마친 것은 맘루크령으로 돌아오고 나서도 15년이 흐른 뒤였기에 착오가 있을 수 있다고 보아도 무리는 아니다. 물론 이븐 아랍샤는 (정확한 상황은 알려지지 않았으나) 트란스옥시아나의 도시인 사마르칸드에서 학문을 익히는 기연奇緣을 얻었으니만큼 사마르칸드에서 머물 때부터 메모를 작성했을 가능성도 있다. 사마르칸드로 강제로 이주당한 여러 지식인 가운데 알리 주르자니ʿAlī Jurjānī(별칭 '알사이드 알샤리프al-Sayyid al-sharīf', 사망 816/1413)와 샴스 알딘 무함마드 자자리Shams al-Dīn Muḥammad Jazarī(사망 833/1429) 같은 인물들에게 이븐 아랍샤가 가르침을 받았다는 가설도 실존한다.[80] 또한 이븐 아랍샤는 시리아로 돌아온 뒤 833/1429~1430년, 836/1432~1433년, 840/1436~1437년에도 저명한 인물들을 면담하고 그들의 발언을 종종 인용했는데, 특히 맨 뒤의 시점은《운명의 경이》를 집필한 시기다.[81] 그는 이븐 알시흐나의 연대기 가운데 상당한 분량을 그대로 인용하는 등 다른 사람의 문헌도 참고했다.[82] 이븐 아랍샤의 다른 저작도 이런 면에서 언급할 가치가 있다. 동물 우화 모음집인《칼리프의 열매와 재치 있는 농담Fākihat al-khulafāʾ wa-mufākahat al-ẓurafāʾ》〔이하《칼리프의 열매Fākihat al-khulafāʾ》〕은 몽골 법, 즉 야사/퇴레의 성격을 논할 때 인용했다.

이븐 아랍샤는 우리가 아는 목격자 가운데 가장 적대적인 쪽에 해당한다.[83] 그렇지만 이븐 아랍샤가 묘사한 티무르의 인상은 저주로만 점철되지는 않았다. 그는 티무르의 찬탄할 만한 미덕을 다루는 데 한 개 장을 할애했으며, 티무르의 용기, 경솔함에 대한 혐오, 결단력, 진실과 아첨을 능히 구분하는 명민함 등을 인정했다.[84] 심지어 그는 티무르 주변에도 재능이 흘러넘치는 인물이 수두룩했다고 썼으며,[85] 티무르가 벌인 건축 프로젝트나 사마르칸드를 꾸미기 위해 들인 노력에 감명하기까지 한 듯하다.[86] 이런 양가적 감정은 적대감 일변도의 다른 비판자들보다 그의 의견에 더 무게를 실어준다.[87] 그러나 이븐 아랍샤의 전반적인 논조가 티무르가 보여준 파괴 행각이나 표리부동하고 잔혹한 성정, 미심쩍은 이슬람에 대한 헌신 등에 방점이 찍혔음은 확실하다. 이븐 아랍샤에게 티무르는 알닷잘al-Dajjāl('기만자', 이슬람 사상에서 적그리스도에 해당한다)이고, 그 추종자들은 야주즈Yājūj와 마주즈Mājūj(각각 〔성경의〕 '곡Gog'과 '마곡Magog'에 해당한다)였다.[88] "저 기만적인 존재dhālika l-muḥtāl", "저 폭군dhālika l-ṭāghī", "저 거짓말쟁이 사기꾼dhālika l-khaddā' al-makkār", "저 압제자dhālika l-jabbār" 등 맹비난을 퍼붓는 절 제목은 일일이 거론하려면 지면이 부족할 정도로 많다.[89]

이븐 아랍샤의 《운명의 경이》에는 803/1400년에 다마스쿠스 바깥 티무르의 군영에서 이루어진 티무르와 이븐 할둔의 만남이 두 차례 언급된다. 이븐 할둔이 직접 기록한 티무르와의 대화에 비추어볼 때, 이븐 아랍샤가 언급한 만남은 모두 티무르가 시리아에서 물러나기 전이 아니라 이븐 할둔과 티무르의 첫 접견일 가능성이 있다.[90] 그러나 이러한 가정에는 문제도 있다. 이븐 아랍샤는 마치 이븐 할둔이 정복자에게 건네는 말을 그 자리에서 직접 들은 듯이 서술했고, 또 이븐 할둔이 카디 사드르 알딘 알무나위Qāḍī Ṣadr al-Dīn al-Munāwī가 처벌받는 것을 직접

목격한 듯이 서술했지만, 막상 이븐 할둔 자신은 뒤의 사건에 대해서는
간접적으로 언급했기 때문이다.[91] 이븐 아랍샤가 이 마그레브 출신 현
자를 직접 만났을 가능성은 높지 않을뿐더러, 이븐 할둔의 티무르 접견
을 직접 보았을 가능성은 더욱더 낮다.[92] 물론 훨씬 나중인 840/1436~
1437년에 이븐 아랍샤가 알마크리지al-Maqrīzī와의 만남을 통해 이븐 할
둔의 회고록을 보았을 가능성이 없지는 않다.[93] 이것 역시 추측일 뿐이
지만.

이븐 아랍샤는 이븐 할둔이 티무르를 능가한 단 두 사람 가운데 한
사람이라며 치켜세웠다. 이븐 할둔은 카이로에서 (티무르에 대해 쓴 글을
포함해) 자신의 저술을 들고 돌아오겠다는 명목으로 대★아미르의 본진
을 떠나도 좋다는 허락을 얻어냈다.[94] 이븐 할둔 자신은 회고록에서 이
에 대해 자세히 언급하지 않고 단지 티무르의 곁에 남아서 일하겠다고
했으나 이집트의 수도로 돌아가라는 명령을 받았다고만 썼다.[95] 그렇지
만 어느 맘루크 역사가는 이븐 아랍샤의 기록과 비슷한(책만이 아니라 보
물을 받았다는 언급도 있기는 하지만) 다른 목격자의 증언을 인용했다.[96]

어느 쪽이 진실이건, 이븐 아랍샤는 이븐 할둔을 두고 "훌륭한 문체
까지 겸비한, 탁월한 역사서의 저자ṣāḥib al-taʾrīkh al-ʿajīb wa l-sālik fīhi l-uslūb
al-gharīb"라며,[97] 비록 그의 책을 직접 읽지는 못했으나 그렇게 전해 들었
다고 밝혔다.[98] 자기 스스로도 이븐 아랍샤의 말처럼 평가했던 이븐 할
둔은 역사서를 다수 집필했다.[99] (이븐 아랍샤가 마음에 두었을) 가장 많이
찬탄받은 빼어난 저작,《무캇디마Muqaddima(서설序說)》는 가장 먼저 집필
이 끝난 책이기도 하다. 이븐 할둔은 이 책의 초고 작업을 마그레브에
서 살던 시절에 이미 완결했다.[100] 이 책에서는 티무르와 그가 행한 정

복에 대한 언급은 없다. 하지만 그는 이 책에서 국가의 흥망, 유목 문명과 정주 문명 사이의 역사적 관계에 대해 자신만의 독특한 견해를 드러냈다.

《무캇디마》는 무슬림 종족과 무슬림 국가의 역사를 집대성한 이븐 할둔의 저작《아랍인, 페르시아인, 베르베르인 그리고 동시대 위대한 지배자들의 초기와 후기 역사를 모은 성찰의 책Kitāb al-ʿibar wa-dīwān al-mubtadaʾ wa l-khabar fī ayyām al-ʿarab wa l-ʿajam wa l-barbar wa-man ʿāṣarahum min dhawī l-sulṭān al-akbar》〔이하《성찰의 책Kitāb al-ʿibar》〕의 서설이다. 티무르의 요구로 그가 며칠 만에 완성한 베르베르와 마그레브의 역사는《성찰의 책》의 내용을 요약하고 수정한 것이다.[101]《성찰의 책》에서는 몽골의 역사, 이란과 아나톨리아에서 존속한 몽골의 후계자들, 티무르의 경력은 상당히 기계적으로 서술되었다.[102] 비록 이븐 할둔이 접근할 수 있었던 사료들에 심각한 오류도 상당히 있었지만,[103] 그래도 그의 저작은 신뢰도가 상당히 높았다고 알려져 있다. 그는 몽골사를 서술할 때 주로 알우마리의《견문기》를 참고했으나, 칭기스 칸의 침략을 서술할 때는 그보다 앞선 다른 자료들도 활용했다.[104]

이븐 할둔과 티무르의 만남은 이븐 할둔의 "자서전"인《이븐 할둔 그리고 그의 동양과 서양 여행 소개al-Taʿrīf bi-Ibn Khaldūn wa-riḥlatuhu gharb[an] wa-sharq[an]》〔이하《소개al-Taʿrīf》〕에서 서술되었다. 이 책의 서두에는 세계사와 세계 지리의 개설적 설명도 나오는데, 여기에 서술된 몽골사와 티무르의 경력은 그 내용이 그다지 정확하지 않다.[105] 이 책에서 이븐 할둔은 직접적으로 밝히지는 않았으나 세부 정보를 티무르와의 접견으로 알게 되었다고 암시했다.[106] 이 자서전에서 서술된 내용 중 일부는 수상

쩍다. 예를 들면 티무르가 다마스쿠스로 접근하자 다마스쿠스의 명사들이 자비를 구하기 위해 티무르를 찾아왔는데, 이때 정복자가 이븐 할둔이 아직 다마스쿠스에 있는지, 아니면 퇴각하는 이집트 군대와 함께 있는지를 물었다는 일화는 진위가 의심스럽다.[107] 흥미롭게도 알마크리지의 전기식 사전에 수록된 이븐 할둔 전기의 서두에서는 티무르가 이전부터 이븐 할둔을 알았다는 내용은 빠지고 이븐 할둔이 주도적으로 티무르의 군대와 접촉해 본영本營을 방문하게 해달라고 요청했다고 쓰여 있다.[108] 또한 이븐 할둔이 티무르의 구두 보증을 근거로 항복을 제안했다가 생명에 위협을 느끼자 다마스쿠스를 떠나 침략군의 군영으로 향했다는 식의 뉘앙스가 느껴진다.[109] 티무르가 했다는 질문은 자신의 중요성을 강조하고자 한 이븐 할둔의 욕망을 반영하는 데 지나지 않을 수도 있다. 마찬가지로 티무르에게 다마스쿠스 시민들의 사면을 간청했다는 주장이나,[110] 티무르가 이븐 할둔을 자기 아들들보다 상위에, 다시 말해 누구에게도 허락하지 않던 자리에 앉히고는 "당신을 존경합니다"라고 공개적으로 말했다고 한 알마크리지의 《본받을 만한 명사들의 전기라는 귀중한 진주 목걸이Durar al-ʿuqūd al-farīda fī tarājim al-aʿyān al-mufīda》(이하 《진주 목걸이Durar al-ʿuqūd》)의 일화(아마 이븐 할둔의 발언이 출처가 아닐지?)도 아마 마찬가지일 것이다.[111] 하지만 이븐 할둔에게는 티무르가 자신을 찾았다고 주장해야 했을 이유가 있었는지도 모른다. 이집트로 돌아온 뒤 모로코 마린 왕조의 술탄에게 쓴 편지에서, 그는 티무르가 자신을 소환했다는 이야기를 반복해서 늘어놓으며 선택의 여지가 없었다고 덧붙였다.[112] 악명 높은 군벌을 기다린 자신의 행보를 정당화할 필요성이 있었던 것은 아니었을까?

티무르의 생애에 대한 세부 사항은 《성찰의 책》에 비해 《소개》가 더 정확한 편이다.[113] 이 책에서 이븐 할둔의 서술은 상당히 긍정적인 편이다. 그는 정복자가 자신에게 자비를 베풀었다고 여러 차례 강조했다.[114] 티무르의 본영에 머무르는 동안 생명의 위협을 느꼈다고 솔직하게 인정하기도 했지만,[115] 다만, 차가타이 군대가 정주민을 상대로 벌인 전면적 약탈과 학살,[116] 특히 샤피이 법학파al-madhhab al-Shāfiʿī의 대★카디 알무나위에 대한 가혹한 대우, 다마스쿠스의 우마이야 모스크 방화, 알레포·하마Ḥamā·힘스Ḥimṣ·바알벡Baʿlabakk 등에서 자행된 잔혹 행위를 언급할 때는 그 지도자를 비판하는 듯한 분위기가 느껴진다.[117]

이븐 할둔이 티무르를 상대적으로 긍정적으로 보았던 까닭은 그가 마그레브에서 들었던 예언의 주인공이 어쩌면 티무르일지 모른다고 생각했기 때문일 수 있다.[118] 761/1359~1360년, 이븐 할둔은 페즈에서 아부 알리 이븐 바디스Abū ʿAlī Ibn Bādīs라는 설교자에게 다음과 같은 말을 들었다고 한다. 766/1364~1365년에 목성과 토성의 합일이 나타날 것인데, 이는 동북쪽 천막 거주자들의 나라에서 강력한 수령이 나타나 왕국들을 격파하고 거의 모든 인간 세계의 주인이 될 징조이며, 그의 출현은 784/1382~1383년 언저리일 것이라는 내용이었다. 카스티야 왕 아래에서 일하던 유대인 의사이자 천문학자도, 이븐 할둔의 스승인 무함마드 이븐 이브라힘 알아빌리Muḥammad b. Ibrāhīm al-Ābilī도 이 예언을 지지했다. 이븐 할둔은 티무르를 처음 만났을 때 그에게 이 예언을 들려주었다. 이븐 할둔이 그 예언을 실제로 얼마나 믿었는지는 알 수 없지만,[119] 《성찰의 책》에서 티무르의 호라산 진공을 (실제와 달리) 784년으로 특정했다는 사실은 주목할 만하다.[120]

또한 티무르의 찬란한 정복 역정歷程은 이븐 할둔이 앞서 《무캇디마》에서 설명한 정주 사회와 유목 사회 사이의 관계가 동시대에 그대로 재현되는 것처럼 보였을 수도 있다.[121] 간략하게 말해, 유목 사회는 혹독한 초원 환경 탓에 아사비야'aṣabiyya(집단 연대, 결속력)가 있었다. 반면 정주 공동체는 사치나 풍요 탓에 아사비야가 상대적으로 약할 수밖에 없었다. 그리고 정주 지대를 정복한 유목민은 이러한 이유로 차츰 같은 유혹에 굴복하고 만다. 아사비야는 종교적 열정의 공유를 통해서도 강화될 수 있는데, 이븐 할둔이 보기에 유목 생활 방식과 식생활의 궁핍은 유목민으로 하여금 정주민보다 더 엄격한 규범을 갖게 했다.[122] 그러나 이븐 할둔이 티무르와 그 군대의 정복이 이러한 양상과 일치한다고 보았다는 증거는, 대아미르에게 정복의 기반이 아사비야에 있으며 (이전의 다른 무슬림 저자들과 마찬가지로 이븐 할둔도 몽골인과 동의어로 사용한) 튀르크인들은 다른 어떤 종족보다 강력한 아사비야를 지녔다고 말했다는 사실밖에 없다.[123]

아랍인, 칼리프, 북아프리카와 안달루시아 베르베르인의 역사에서 영감을 얻은 이븐 할둔의 분석이 내륙 아시아 유목민에게 얼마나 들어맞을지를 여기서 논의할 필요는 없을 것이다. 어쩌면 이 순환적 모델은 이란 세계, 어쩌면 특히 중국에 적합할지도 모른다.[124] 하늘의 뜻에 따라 전 세계를 정복하기 위한 '성전'에 나선다는 관념은 그 자체로 아사비야의 근원이 될 수 있다는 지적도 있었지만, 이븐 할둔은 이를 명시적으로 연결짓지는 못했다.[125] 그러나 이븐 할둔은 어느 유목 집단이 다른 유목 사회와 정주 국가를 정복하려면 그 지도자가 아사비야 측면에서 다른 구성원보다 우월해야 한다고 생각했는데, 바로 이 지점에서 '타타르인' 칭기스 칸과 티무르를 자신의 이론에 포함시킬 수 있었는지도 모른다. 이븐 할둔이 보기에 아사비야는 집단과 지도자가 조상을 공유할 때 가장 강해질 수 있었다.[126] 신은 그런 지도자에게 자비심, 약자를 향한 관용, 가난한 이들에게 베푸는 자선, 샤리아와 율법학자들에 대한 존경, 율법학자의 의견 준수, [이슬람] 신도들을 위해 일하겠다는 열망 등 다른 미덕도 부여했다.[127] (약간 부족함이 있었지만) 티무르는 이런 기준을 충족하는 인물로 볼 수 있었던 것이다.

티무르 제국 외부의 무슬림 저자들

티무르의 인도 침공을 다룬 거의 동시대의 저작은 단 하나뿐이다. 야히야 이븐 아흐마드 시르힌디Yaḥyā b. Aḥmad Sirhindī는 838/1434년 혹은 그 직후에 델리 사이드 왕조의 지배자 무바락 샤 이븐 히드르 칸Mubārak Shāh b. Khiḍr Khan을 위해 《무바락샤의 역사Taʾrīkh-i Mubārakshāhī》를 완성했다. 이 책에는 델리 약탈을 다룬 티무르 왕조의 사료를 보완할 만한 내용이 들어 있다.[128] 그러나 시르힌디는 자신의 주군과 샤루흐 사이의 계약에 대해서, 그리고 사이드 왕조가 샤루흐의 이름으로 주화를 발행했다는 사실에 대해서는 침묵했다. 샤루흐와 사이드 왕조 사이의 관계는, 그보다 약간 뒷세대의 저자로 멀리 인도의 독립된 공국 칼피Kalpi 출신인 무함마드 비하마드하니Muḥammad Bihāmadkhānī[그의 역사서 《무함마드의 역사Taʾrīkh-i Muḥammadī》](842/1438)가 아니었다면 영영 알려지지 않았을지도 모른다(〈결론〉 참조).

초기 오스만 역사가의 절대다수는 티무르가 죽고 수십 년 지나서 등장한 이들이다.[129] 예외는 아흐메디Aḥmedī(사망 815/1412)인데, 15세기 초 오스만사를 다룬 그의 《이스켄데르의 책Iskendernāme》에는 티무르의 침공이 짤막하게 언급되지만, 디미트리스 카스트리치스Dimitris J. Kastritsis가 지적한 대로, 이 재앙에 대해 확연히 다른 이념적 관점을 보여준다.[130] 티무르와 동시대에 살면서 집필 활동을 한 아나톨리아의 저자는 단 한 명뿐이다. 아지즈 이븐 아르다시르 아스타라바디ʿAzīz b. Ardashīr Astarābādī는 원래 잘라이르 왕조의 술탄 아흐마드 이븐 셰이흐 우와이스 휘하에 있다가 795/1393년에 바그다드로 도주했으나, 카르발라Karbalā에서 티무르의 아들 아미란샤의 군대에 생포되었다. 여기서 도망친 아스타라바디는 시바스Sīvās로 피란한 뒤, 800/1397~1398년에 자신의 책 《잔치와 전쟁Bazm-u razm》을 시바스의 지배자 카디 부르한 알딘Qāḍī Burhān al-Dīn에게 헌사했다.[131] 이때만 해도 티무르는 위협적인 인물이라고는 하지만 그래도 상대적으로 멀리 떨어진 존재였다. 그러나 아스타라바디의 경험은 차가타이인들을 향한 본능적 혐오감으로 연결되었다. 티무르와 그가 거느린 군사들에 대한 아스타라바디의 서술은 그들이 진정한 무슬림이 아니라는 오랜 통념에서 기인했는지도 모른다.

일칸국 시대와 마찬가지로 14세기 말과 15세기 초 맘루크 술탄국의 저자들은 유프라테스강 너머의 사건들에 꾸준히 관심을 보였다.[132] 이들 가운데 일부는 티무르와 동시대인으로, 티무르의 시리아 침공 이전까지를 다룬 기록을 남겼다. 이븐 사스라Ibn Ṣaṣrā의 다마스쿠스 연대기는 801/1399년 이전에 완성된 듯한데, 지금은 786~799/1384~

1397년의 사정을 다루는 내용만 남아 있다.[133] 애석한 기록 소실의 예
는 또 있다. 이븐 알푸라트Ibn al-Furāt(사망 807/1405)와 이븐 두크마크
Ibn Duqmāq(사망 809/1407)의 연대기는 티무르의 침공 이전을 다룬 내용
대부분이 사라졌다(다만, 이븐 두크마크의 짤막한 저서《귀중한 보석al-Jawhar
al-thamīn》에 일부 상세 정보가 있다).[134] 현존하는 자료 가운데 티무르의 시
리아 원정을 다룬, 가장 이른 시기의 사료는 두 가지다. 그중 하나는
796/1393~1394년에서 815/1412~1413년까지를 다룬 저서로, 후
일 이븐 카디 슈흐바Ibn Qāḍī Shuhba가 이용한 주요 사료인 이븐 힛지
Ibn Ḥijjī(출생 751/1350, 사망 816/1413)의《역사Taʾrīkh》다.[135] 또다른 사료
는 자인 알딘 무함마드 이븐 알시흐나Zayn al-Dīn Muḥammad Ibn al-Shiḥna(사
망 815/1412)의《처음과 마지막 존재의 지식을 보여주는 정원Rawḍat al-
manāẓir fī ʿilm al-awāʾil wa l-awākhir》이다.[136] 이 책에는 티무르의 침공은 물론
이고 801년 첫번째 라비월 후반/1400년 11월 후반에 다른 학자들과
함께 알레포에서 티무르를 맞이한 경험이 기록되어 있다(이븐 아랍샤는
《운명의 경이》에서 이 기록을 대대적으로 다시 짜 맞추었다).

　　한편 거의 동시대인이었던 그다음 세대 역사가들의 저작도 중요하
다. 이집트 태생의 하디스Ḥadīth(예언자 무함마드의 행위 및 언설과 관련해 자
세히 기술한 전승) 교사 타키 알딘 아흐마드 이븐 알리 알마크리지Taqī al-
Dīn Aḥmad b. ʿAlī al-Maqrīzī(출생 766/1364, 사망 845/1442)는 단점이 없지는 않
았지만, 여러 저서를 남긴 역사가다.[137] 알마크리지의 연대기《여러 왕국
에 대한 지식으로의 여정al-Sulūk li-maʿrifat duwal al-mulūk》(이하《여정al-Sulūk》)
은 825~827/1421~1423년에 집필되었는데,[138] 이 책에서 티무르는
카이로에 사절을 보낸 787/1385~1386년에 처음 언급되고, 그의 시리

84

아 침공에 대한 자세한 서술과 (808년이라는 오류가 있기는 하지만) 극히 간결한 사망 기사가 수록되어 있다.[139] 알마크리지와 마찬가지로 하디스 교사였던 시하브 알딘 아불파들 아흐마드 이븐 알리 이븐 하자르 알아스칼라니Shihāb al-Dīn Abū l-Faḍl Aḥmad b. ʿAlī Ibn Ḥajar al-ʿAsqalānī(출생 773/1372, 사망 852/1449)는《현시대 인류에 대해 잘 모르는 사람들을 위한 기록 Inbāʾ al-ghumr fī abnāʾ al-ʿumr》(이하《기록Inbāʾ》)이라는 연대기를 편찬했다.[140] 우리는 나중에 전염병에 대한 논문의 저자로서 이븐 하자르를 만나게 될 것이다(제5장). 이븐 하자르 알아스칼라니의 책에서 티무르의 사망 기사는《여정》에 비해 상당히 긴 분량이지만, 전반적인 질로 따지자면 《여정》의 내용에 비해 떨어지는 편이다. 그가 활용한 사료는 때때로 명시적으로 제시되지 않았으며, 내용의 배열도 일관성이 떨어져 연대가 혼란스럽다.[141] 시리아 태생의 타키 알딘 아부 바크르 이븐 아흐마드 이븐 카디 슈흐바Taqī al-Dīn Abū Bakr b. Aḥmad Ibn Qāḍī Shuhba(출생 779/1377, 사망 851/1448)의《역사Taʾrīkh》는 이븐 힛지의《역사》를 개작한 저작이다. 이 책은 티무르의 사망 기사를 서술하면서 그의 경력과 시리아 원정을 설명했고, 마그레브의 상황에 대해 티무르와 이븐 할둔이 나눈 대화는 티무르의 요청으로 이븐 할둔이 작성했다는 문장을 인용했다.[142] 알아이니al-ʿAynī(출생 762/1360, 사망 855/1451)의 세계사《오늘날의 역사라는 진주 목걸이ʿIqd al-jumān fī taʾrīkh ahl al-zamān》는 티무르의 침공을 파악하는 데는 크게 도움이 되지 않는다. 한편 아불마하신 유수프 이븐 타그리비르디Abū l-Maḥāsin Yūsuf Ibn Taghrībirdī(출생 812/1409, 사망 874/1470)는 티무르 침공 당시에 아직 태어나지도 않았음에도 이에 대해 상세히 기록한 역사서《이집트와 카이로의 왕들 사이에서 빛나는 별들al-Nujūm al-zāhira fī mulūk Miṣr wa l-Qāhira》〔이하《빛나는 별들al-Nujūm al-zāhira》〕을 남겼다. 그 내용이 이전 저자들에게서 대체로 빌려온 것이긴 하지만, 이 책에서 다룰 시대를 위해서는 여전히 유용하다.[143]

아울러 앞서 언급한 저자들 가운데 몇몇은 13세기 저자인 이븐 할리칸Ibn Khallikān의 저작, 또는 29권이나 되는 알사파디의《부고 기사 모음》을 모델로 삼아 전기 사전을 집필했다.[144] 알마크리지의《진주 목걸이》에는 상당한 분량의 티무르 전기뿐만 아니라,[145] 할릴 술탄, 샤루흐 같은 티무르 왕조의 구성원, 무자파르 왕조의 샤 만수르, 잘라이르 왕조의 술탄 아흐마드, 오스만 술탄 바예지드 1세, 조치 일문의 칸 톡타므쉬, 아미르 에디귀Edigü(에디게이Edigei)에 대한 간략한 서술도 수록되어 있다.[146] 이븐 타그리비르디의 사전《부고 기사 모음을 완성시키는 맑은 샘al-Manhal al-ṣāfī wa l-mustawfī baʿd al-Wāfī》〔이하《샘al-Manhal》〕은《진주 목걸이》를 저본으로 삼아 거의 동일한 표제어로 구성되었다.

맘루크 술탄국의 뒷세대 저자들이 이븐 아랍샤의《운명의 경이》를 가장 기본적인 사료로 활용했음은 명확하다. 사전을 집필할 때 이븐 아랍샤를 직접 만나기도 했던 알마크리지는 그의 저서를 우선적으로 활용했다(또한 티무르 항목과 이븐 아랍샤 항목에서 많은 도움을 받았음을 명시했다).[147] 이븐 카디 슈흐바의 티무르 부고 기사 역시 대체로 이븐 아랍샤의 서술을 빌려왔다(이븐 힛지의 서술도 물론 인용했다). 그런데 어떤 부분에서는《운명의 경이》를 간접적으로 인용했는데, 이런 경우에는 알마크리지의 서술을 이용했다. 이븐 하자르는《기록》에서 티무르의 부고 기사를 쓸 때《운명의 경이》를 참고했을 수 있다. 알마크리지가 이븐 아랍샤를 만나기 4년 전인 836/1432~1433년에 이븐 하자르가 이븐 아랍샤를 직접 만난 사실을 떠올리면 그랬을 확률이 더 높다.[148] 그러나 이븐 하자르는 《여정》을 주로 활용했고, 이븐 할둔의 《성찰의 책》에서도 내용을 빌려온 것으로 보인다.[149] 이븐 타그리비르디의 두 저서에서는 티무르가 언급되었는데, 두 책 다 내용에서 이븐 아랍샤의 영향이 짙게 엿보이며 그 자신도 이븐 아랍샤 밑에서 공부한 데다 《샘》에서 많은 분량을 할애해 이븐 아랍샤 표제어를 썼음에도,[150] 기이하게도 알마크리지의 책을 경유해 《운명의 경이》를 참고한 것으로 보인다.[151] 톡타므쉬 표제어 역시 알마크리지의 것보다는 내용이 짧지만 (《운명의 경이》에서 빌려올 수 없는) 《진주 목걸이》를 참고한 듯한 세부 정보가 담겨 있다.[152]

알마크리지는 티무르에 대한 모욕이 가득한 《운명의 경이》에 전반적으로 의지하지 않은 예외적 존재라고 할 수 있다. 데일의 의견에 따르면, 알마크리지가 "어떤 의미에서는 이븐 할둔의 제자"여서 그가 보유한 정보의 대부분이 이븐 할둔에게서 비롯되었기 때문인 것으로 추정된다.[153] 알마크리지는 티무르 전기 서문에서 타타르의 역사를 개관했는데, 그 내용은 마치 《성찰의 책》 요약 같다.[154] 또한 그 이후로도 이븐 할둔에게서 구두로 들은 내용을 활용했는데, 이는 마그레브인 현자가 스승이었던 시절에 배웠던 것임이 분명하다.[155] 알마크리지는 《진주 목걸이》의 이븐 할둔 항목에서 티무르와의 접견을 요약할 때 이븐 할둔이 정복자에게 남긴 호의적인 인상과 이븐 할둔의 높은 위상을 강조했다.[156]

티무르의 활동을 감지한 그리스도교권 저자들

티무르는 조치 일문의 영토 서부까지 진출하면서(돈강 어귀에 위치한 베네치아령 교역항 타나Tana〔오늘날의 러시아 타나이스〕 공격도 1395년 이때 이루어졌다) "프랑크족", 즉 유럽의 로마 그리스도교권 열강들과 접촉했다. 서구의 저자들 중 다수는 티무르가 동료 무슬림을 공격하는 것을 긍정적으로 보았다. 바예지드 1세가 니코폴리스에서 십자군을 완파한 직후(1396년) 티무르가 오스만 왕조를 상대로 승리를 거두자, 그들은 타나의 운명을 잊고 티무르를 한층 더 긍정적으로 보았다. 서구권에서 티무르에 대해 가진 긍정적 시각은 특히 도미니코회 수사로 나흐츠반Naxçıvan 주교와 술타니야 대주교를 차례로 지낸 요한네스의 《회고록Mémoire》(1403)에서 드러난다.[157] 요한네스 대주교는 12년 동안이나 정복자 수행단의 일원으로 지내다 804/1402년에 티무르와 그 아들 아미란샤의 사절로서 서구 그리스도교권 궁정에 파견되어 프랑스 국왕과 영국 국왕을 찾아갔다.[158] 프랑스어로 집필된 그의 《회고록》은 1415년 혹은 그 직후에 라틴어로 번역되어 《프랑스 국왕 연대기Chronographia regum Francorum》에 삽입되었다.[159] 그가 자신의 동방 여행 경험을 바탕으로 라틴어로 쓴 논문 《세상의 지식에 대한 기록Libellus de notitia orbis》(1404)도 귀한 자료다.[160]

1404년에 카스티야 국왕 엔리케 3세가 사마르칸드에 설치된 티무르의 본영으로 보낸 사절단의 일원이었던 루이 곤살레스 데 클라비호는 자신의 경험을 사실적인 산문체로 기록했다. 요한네스 대주교와 달리 편파적 시각을 가질 이유가 없었던 데 클라비호는 더 담백하고 덜 낙관적인 판단을 내렸다. 예컨대 차가타이 군대가 어떤 마을에 입성하자 인근의 주민들이 도망쳤다는 부정적 결과를 솔직하게 묘사했다. 종교 관련 묘사에서도 마찬가지로, 데 클라비호는 티무르가 원정을 다닐 때는 항상 이동식 모스크를 대동했다고 기록한 유일한 서구 저자다.[161] 티무르가 그리스도교도 신민들을 너그럽게 대했다는 식으로 묘사하지도 않았다. 그는 자신이 거쳐간 지역들의 최근 역사를 곳곳에 끼워 넣어 서술에 양념을 쳤는데, 유감스럽게도 대체로 인상 비평에 불과하며 부정확하다. 그리고 그는 술타니야 대주교 요한네스에 비해 한 인간으로서 티무르에게 그렇게 가까이 다가가지 못했다. 그의 관심사는 시각적 요소였다. 그의 관심을 사로잡은 것은 티무르가 그리스도교도에게 보인 동정심이 아니라 티무르의 부, 호화로운 궁정, 티무르가 건설한 장엄한 건축물이었다.[162]

차가타이 군대가 다마스쿠스를 약탈한 803/1401년, 다마스쿠스에서 거주하던 시에나 상인 벨트라모 디 미냐넬리Beltramo di Mignanelli(사망 1456)는 다행히 예루살렘에 출타 중이었다. 그는 잠시 이집트로 피신했다가 나중에 다마스쿠스로 돌아와《다마스쿠스의 몰락De ruina Damasci》을 집필했는데 그 시기는 1416년 이후다.[163] 따라서 그는 약탈의 직접적인 목격자는 아니었지만, 이 시련에서 살아남은 무슬림들을 통해 정보를 얻었을 것이다. 그는 다마스쿠스 주민들에게 그다지 관심도 없었고, 그들의 도덕성을 폄하했으며, 티무르의 거듭된 안전 보장을 믿은 어리석음을 경멸했다. 그렇지만 그들이 겪은 불행에 동정을 표하며 다마스쿠스의 운명을 안타까워했다.[164]

1396년에 니코폴리스에서 오스만인에게 포로로 잡혔다가 1402년에 앙카라에서 재차 승리를 거둔 티무르군에 생포된 바이에른의 기사

요한 실트베르거Johann Schiltberger의 회고록도 가치가 없다고는 할 수 없다. 그러나 그는 1427년에 바이에른으로 돌아온 뒤에야 회고록을 집필했고, 그나마도 대체로 들은 바를 토대로 쓰느라 연대와 지리에서 오류가 많아 조리에 맞지 않는 글이 되고 말았다. 또한 그는 지위도 낮았기 때문에 유럽인 관찰자들 가운데서도 정확한 정보를 얻기 힘든 처지였다.

어쩌면 당연한 결과일 수도 있는데, 동방의 그리스도교도들이 남긴 기록은 근동에서 티무르가 벌인 작전에 적대적이다. 아르메니아의 역사가 토브마 메초페치T'ovma Metsobets'i('메초프의 토브마', 사망 1446)는 티무르가 여러 차례 벌인 파괴 활동 때문에 아르메니아와 조지아의 그리스도교도와 교회가 큰 고통을 겪은 시대의 인물이다. 그가 쓴 책의 구조는 체계적이지 못하고 연대 오류도 많은 데다 티무르가 범한 교활한 책략이나 파괴 행위와 관련된 이야기 다수가 다른 자료에서 확인할 수 없는 공상의 결과물로 보인다.[165] 한편 그는 다마스쿠스의 파괴, 티무르가 시바스 시민에게 드러낸 악의, 시바스 주둔군이 겪은 참혹한 운명을 서술할 때는 널리 알려진 이야기를 되풀이했다.[166] 두카스Doukas, 미하일 파나레토스Michaël Panaretos(사망 1390)의 저서를 이어서 집필한 익명의 저자를 비롯한 그리스 저자들은 1453년 오스만 제국의 콘스탄티노플 정복 이후에 활동했으며, 티무르가 오스만 술탄 바예지드 1세에게 가한 굴욕을 과장해서 서술했다는 한계도 있지만, 유용한 정보도 제공한다.[167] 시리아어로 쓰인 단편적인 기록들이 새로운 지식을 더해주는 경우는 드물지만, 당연히 토착 그리스도교도가 겪은 잔학 행위에 대한 자세한 사정을 알려준다.[168] 동방과 서방을 가리지 않고 그리스도교도 저자들의 기록에서 다양한 이야기가 공통적으로 등장하는 것은 이 이

야기들이 근동에서 생성되었기 때문인 듯하다.[169]

그 이후에 페르시아풍 세계에서 나온 이슬람권 사료

세 가지 예외를 제외하면, 하피즈 아브루와 샤라프 알딘 야즈디 이후
티무르 왕조의 저자들은 티무르 시대에 대해 새로운 지식을 거의 더해
주지 못했다. 예컨대 전통적으로 티무르의 손자 울룩 벡의 저작으로 간
주되는 《네 울루스의 역사Taʾrīkh-i arbaʿa ulūs》와 그 축약본인 《튀르크인들
의 계보Shajarat al-atrāk》는 야즈디의 《서문》 내용을 그대로 베꼈다고 해
도 과언이 아니다.[170] 카말 알딘 압둘라작 사마르칸디Kamāl al-Dīn ʿAbd al-
Razzāq Samarqandī(출생 816/1413, 사망 887/1482)의 《두 항성의 상승Maṭlaʿ al-
saʿdayn》, 미르혼드Mīr-Khwānd(무함마드 이븐 혼드샤Muḥammad b. Khwāndshāh, 출
생 837/1433, 사망 903/1498)의 《순수의 정원Rawḍat al-ṣafā》은 대체로 야즈
디나 하피즈 아브루의 《역사 정수》에서 내용을 취했다.[171]

　위에서 언급한 세 가지 예외는 《파시흐 적요摘要, Mujmal-i Faṣīḥī》와
《대大역사Taʾrīkh-i kabīr》와 《하산 집사Jāmiʿ al-tawārīkh-i Ḥasanī》다. 샤루흐와
그의 아들 바이숭구르 휘하에서 서기로 봉직한 파시흐 알딘 아흐마드
호피Faṣīḥ al-Dīn Aḥmad Khwāfī(일명 파시흐 호피Faṣīḥ-i Khwāfī 혹은 파시히Faṣīḥī)[172]
가 저술한 《파시흐 적요》는 845/1441～1442년까지의 상황을 다룬다.
고향인 야즈드 지방사를 작성한 것으로도 유명한 자파리Jaʿfarī(자파르 이
븐 무함마드 후사이니Jaʿfar b. Muḥammad Ḥusaynī)의 《대역사》는 850/1447년
까지의 역사를 서술한다. 마지막으로 《하산 집사》는 타즈 알딘 하산 이

븐 시하브 야즈디Tāj al-Dīn Ḥasan Ibn Shihāb Yazdī라는 인물이 855~857/
1451~1453년에 이란 동부에서 집필한 작품이다. 세 역사서 모두 이
전의 어느 사료에서도 찾아볼 수 없는 정보가 담겨 있다.[173] 특히 자파
리와 이븐 시하브 야즈디(티무르 사망 직후 또는 그로부터 10년 뒤에 티무르 왕
조의 군대에서 활동하기도 했다)의 책은 이란 남부에서 일어난 사건들을 추
적하는 데 중요한 단서를 제공한다.[174] 한편 15세기 말에 압둘라 이븐
파트훌라 알바그다디'Abd-Allāh Ibn Fatḥ-Allāh al-Baghdādī가 아마도 악코윤
루Āq-Qōyūnlū 아래에서 일하면서 아랍어로 집필한 세계사인《기야스의
역사al-Ta'rīkh al-Ghiyāthī》도 빠뜨릴 수 없다. 이 책의 제5부는 891/1486년
까지의 몽골인과 튀르크인의 시대를 다룬다. 이븐 파트훌라는 일칸국
후기(744/1343~1344년에 파괴된 알려지지 않은 사료와 다른 페르시아어 저자들
이 전한 정보를 모은 듯하다),[175] 잘라이르 왕조, 무자파르 왕조에 대한 유용
한 정보를 전해준다.[176] 티무르 시대의 경우, 이븐 파트훌라 알바그다디
의 출처는 야즈디의《승전기》와 (간접적이지만)《운명의 경이》에 한정되
었기 때문에 독자적인 정보는 거의 없다.

　　몽골 시대와 티무르 왕조 시대의 역사서를 활용한 후대 일부 역사
가들의 저작에서도 때때로 소소하지만 유용한 정보를 찾을 수 있다. 가
장 좋은 예는 오늘날《전기傳記의 친구Ḥabīb al-siyar》라고 불리는 책으로,
혼다미르Khwānd-Amīr(기야스 알딘 이븐 후맘 알딘Ghiyāth al-Dīn b. Humām al-Dīn)
가 16세기 초에 무굴 제국령 인도에서 집필한 것이다. 히바의 우즈벡인
지배자이자 조치 왕통의 일원인 아불가지 바하두르 칸Abū l-Ghāzī Bahādur
Khan(사망 1074/1663)이 쓴《튀르크의 계보Shejere-i türk》는 몽골 시대 사료
를 자주 인용하지만, 기본적으로 자신의 기억에 주로 의존했기에 그다

지 믿을 만하지 못하다.[177] 그러나 이들 후대의 문헌 전부가 남의 애기만 반복하지는 않았다. 이름이 알려지지 않은 저자가 909/1504년경에 무함마드 시바니 칸을 위해 우즈벡의 역사를 서술한《선사選史: 승리의 서 Tawārīkh-i guzīda nuṣrat-nāma》는《고귀 계보》에 수록된 칭기스 왕조의 계보를 (약간의 교정과 함께) 그대로 옮겨 적은 뒤 동시대까지 확장했다.[178] 또한 외테미쉬 핫지Ötemish Ḥājjī가 히바에서 965/1557~1558년에 집필한《칭기스의 서Chingīz-nāma》(혹은《두스트 술탄의 역사Taʾrīkh-i Dūst Sulṭān》)의 일부 내용은 비록 전설이긴 하지만 베일 뒤에 감춰진 14세기 중반 조치 일문의 영토에 대해 믿을 만하고 귀중한 정보를 제공한다.[179]

생전이나 지금이나 미르자 하이다르Mīrzā Ḥaydar라는 이름으로 더 유명한 무함마드 하이다르 두글라트Muḥammad Ḥaydar Dūghlāt(출생 905/1499~1500, 사망 958/1551)는 현전하는 사료의 저자 가운데 자말 알 카르시 이후 중앙아시아에서 저술 활동을 한 최초의 역사가라는 점, 그리고 1350년대에 이루어진 투글룩 테무르 칸Tughluq Temür Khan(사망 764/1363)의 개종을 서술한 첫번째 역사가라는 점에서 자세히 다룰 이유가 충분하다. 미르자 하이다르의 가문은 차가다이 칸국 동부의 카쉬가르Kāshghar 지방, 야르칸드Yārkand 지방과 밀접한 관계를 맺었고, 그 자신도 유누스 칸Yūnus Khan(사망 892/1487)의 외손자로서 티무르 왕조 무굴 제국의 창건자 바부르에게는 외사촌 되는 사람이었다. 952/1546년, 미르자 하이다르는 무굴 제국령 인도에서 투글룩 테무르 칸 재위 이후의 모굴 칸국 역사와 자신의 회고록을 합한《라시드사》집필을 마쳤다.[180]《바부르나마》에 쓰인 초기 모굴 칸들에 대한 단편적 정보와 미르자 하이다르의 서술을 비교해보면, 흥미롭게도 양자는 같은 구전 전승에 속한다는 사실이 분명히 드러난다.[181] 하이다르의 목표는 오로지 입에서 입으로만 보전된 역사를 망각으로부터 구원하는 것이었다. 실제로 그는 티무르의 모굴리스탄 침공을 세세히 기록하기 위해 야즈디《승전기》에서 상당한 분량을 그대로 빌려와야만 했다.[182] 이 책 뒷부분에서 언급하겠지만, 티무르 왕조의 궁정 역사가들이 티무르의 조상들을 실제보다 더 중요한 존재로 묘사하기 위해 분투했던 것처럼 하이다르 역시 자신의 두글라트 조상들을 영광스러운 존재로 만들기 위해 노력했다.

*

티무르가 염려했던 대로, 우리의 관심을 끄는 목소리들은 놀라울 정도로 불협화음을 내면서 합창한다. 샤라프 알딘 알리 야즈디가 때때로 우화를 통해 조심스레 티무르를 비판한 것을 볼 때 티무르 왕조의 저자들이 만들어낸 이미지라고 해서 완전히 위선이라고만 할 수는 없다.[183] 맘루크 술탄국의 다른 저술가들과 달리 알마크리지는 이븐 할둔의 영향으로 티무르가 비행을 저지른 무슬림을 단죄한다는 신의 목적에 따라 임무를 부여받은 인물이라고 보았다. 마찬가지로, 이븐 아랍샤의 증언이 고향에서 수천 킬로미터 떨어진 곳까지 끌려간 경험이 낳은 분풀이였다고만 본다면 그것 또한 오판일 것이다. 티무르에게는 분명 보복을 일삼는 무자비한 일면이 있었지만, 이븐 아랍샤가 보기에 훌륭한 자질도 가진 인물이었다. 서유럽의 저자들 가운데서도 디 미냐넬리와 요한네스 대주교는 각자 완전히 다른 위치에서 정복자를 바라보았다.

제1부

몽골 제국

제2장

몽골 제국의 통일·확장·분열

1200?-1335

유라시아의 유목민과 정주 세계

내륙 아시아에서는 수백 년에 걸쳐 유목민 집단이 모여 초원 제국을 건설했다. 목자들은 소와 염소, 낙타 그리고 무엇보다 양과 말을 치면서 겨울에는 강 유역의 저지대 초원에 머무르다 봄과 여름에는 고지대로 옮겨 갔다. 몽골 이전에는 쾩 튀르크Kök Türk('푸른' 튀르크)로도 불리는 돌궐인들이 오늘날의 만주에서 유라시아 서부의 초원에 이르는 광대한 제국(6~8세기)을 건설했다. 시간이 흐르면서 이처럼 강대한 제국은 여러 부족으로 쪼개지거나 새로운 종족 집단을 탄생시키기도 했다. 돌궐 제국이 몰락한 뒤에는 몽골고원의 위구르 제국(744~840), 볼가 지방의 하자르 제국(7세기~10세기 말) 등 새로운 튀르크계 정치체가 등장했다. 이 두 국가는 돌궐 제국과 마찬가지로 카간qaghan/하칸khaqan(대칸, '황

루시
바투 울루스
킵차크
오르다 울루스
(나이만)
차가다이 울루스
일칸국
델리 술탄국
카안 울루스
중국
티베트
오이라트
키르기스
(메르키트)
(케레이트)
(타타르)
콩기라트
거란
카라코룸
드네프르강
키이우
불가강
불가르
다뉴브강
흑해
콘스탄티노플
조지아
돈강
우랄강
사라이
알란
아란
캉르
카스피해
아랄해
아무르강
바이칼호
오논강
케룰렌강
셀렝게강
오르홍강
예니세이강
이르티시강
시르다리야강
추강
발하시호
에밀
카얄룩
일리강
알말룩
이식쿨호
타림강
베쉬발룩
위구르
칸발룩
(대도大都)
하북河北
섬서陝西
옹구트
탕구트
황하
고려
천주泉州
(자이툰)
알레포
다마스쿠스
아인 잘루트
맘루크 술탄국
타브리즈
아제르바이잔
마라가
바그다드
하마단
티그리스강
이스파한
유프라테스강
파르스
케르만
마크란
우르겐치
호라즘
오트라르
부하라
메르브
호라산
헤라트
아무다리야강
발흐
바미얀
가즈니
시스탄
사마르칸드
티르미드
바다흐샨
페르가나
카쉬가르
호탄
물탄
라호르
신드
인더스강
델리
갠지스강
양자강
메콩강
남중국해
아라비아 해

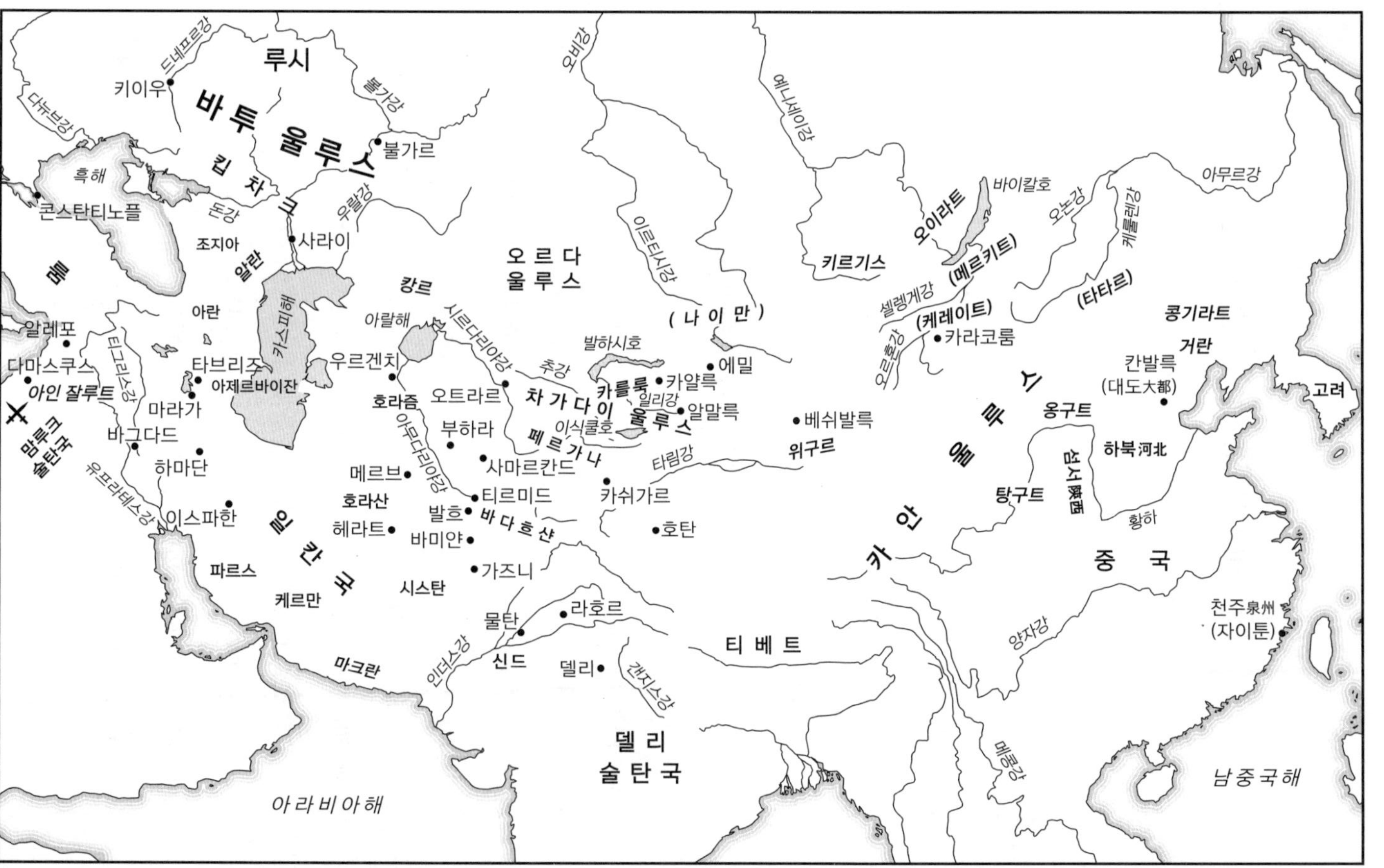

지도1 몽골 제국

제')이 다스리는, 반쯤 분권이 이루어진 세력이었다. 이 시기에는 또한 카를룩Qarluq, 오구즈Oghuz, 키르기스Qirghiz,[*] 킵차크Qipchaq/캉르Qangli 등 정치적 구조가 느슨한, 이른바 "국가 없는stateless" 유목민 연맹도 존재했다.

이 튀르크계 집단들의 남서쪽에는 이슬람 세계(다르 알이슬람Dār al-Islām)가 있었다.[1] 아랍 무슬림들은 651년에 사산 왕조의 페르시아 제국을 정복했고 트란스옥시아나(마 와라 알나흐르)까지도 복속시켰다. 그뒤로 200년에 걸쳐 트란스옥시아나는 차츰 이슬람화되었고, 1000년경이 되자 그곳과 인접한 초원의 이웃들, 즉 카를룩과 오구즈 역시 이슬람을 받아들였다. 이 시점에서 바그다드의 압바스 왕조(132~656/750~1258)가 지배하는 통일 칼리프 제국은 이미 정치적 실체가 아니었다. 실제로 이 제국의 영토는 압바스 왕조의 군주권을 인정하면서 칼리프에게 지방의 수입 일부를 보내고 칼리프의 이름을 주화sikka와 금요기도회(쿠트바)에 삽입하는 대가로 영예로운 칭호와 실질적인 통치자 지위를 인정받는 독립 정권들의 지배 아래에 있었다.

9세기 이후에 등장한 지방 왕조 중 다수는 튀르크계에서 기원했다. 이러한 튀르크계 왕조는 다시 두 부류로 나눌 수 있다. 첫번째는 전쟁 포로로 이슬람 세계로 끌려와 굴람ghulām 혹은 맘루크mamlūk(문자 그대로 해석하면 "소유된 자")라는 명칭으로 불리며 주인을 섬기던 군사 노예 출신이었다.[2] 대표적인 예가 당시 이란 동부와 인도 북서부를 지배

---

[*] 튀르크어식 발음으로는 크르그즈(Qïrgïz)이지만, 표준국어대사전에 '키르기스'가 표제어로 올라 있어서 이를 따랐다.

한 가즈니 왕조Ghaznawids 또는 야민 왕조Yamīnids[*](352~582/963~1186)
다. 맘루크 정권은 이집트를 647/1250년부터, 시리아를 658/1260년
부터 지배하면서 몽골인들의 가공할 적수가 되었는데, 현대 역사학에
서는 이 정치체를 "맘루크 술탄국"이라고 부른다. 또다른 계열은 이슬
람 세계에 집단적으로 진입한 이슬람화된 튀르크인들에 의해 창건된
왕조였다. 카를룩의 후손으로 보이는 트란스옥시아나의 카라한 왕조
(225/840?~609/1213)가 이 부류 가운데 최초였고, 그보다 약간 뒤에 나
타난 오구즈 계통의 셀주크 왕조Seljūqs는 오늘날 투르크메니스탄, 이
란, 시리아, 아나톨리아를 정복해 칼리프를 자신들의 보호하에 두었다.
셀주크 왕조는 튀르크 노예 군인들을 징집했는데, 나중에 셀주크 왕조
를 대체하고 이슬람 세계 동부의 지배자가 되는 호라즘샤Khwārazm-Shāh
들(490~628/1097~1231)[**]은 바로 이 튀르크계 노예 장교 중 한 사람의
후손이다.[3]

튀르크계 집단들의 서진은 아마 대부분 더 동쪽에서 시작된 연쇄
작용의 일부였을 것이다. 튀르크인들의 몽골고원 지배는 몽골조어 화

• '가즈니 왕조'는 왕조의 중심지가 오늘날의 가즈니(당시 독음으로는 가즈나(Ghazna))여
서 붙여진 이름이다. '야민 왕조'라는 명칭은 독립 왕조의 지배자로는 처음으로 마흐무드 이
븐 세뷔크 테긴((Maḥmūd b. Sebük Tegīn), 가즈니의 마흐무드(Maḥmūd Ghaznawī)라고도
불림)이 압바스 왕조 칼리프에게서 술탄으로 책봉될 때 받은 미칭인 '야민 알다울라((Yamīn
al-Dawla), '국가의 오른팔')에서 기원했다. 세뷔크 테긴(Sebük Tegīn)과 마흐무드 밑에서 관
직을 맡은 아부 나스르 무함마드 이븐 압둘잡바르 우트비(Abū Naṣr Muḥammad b. ʿAbd al-
Jabbār ʿUtbī, 출생 350/961, 사망 427/1036 또는 431/1040)가 집필한 역사서《야민 왕조의 역
사(Taʾrīkh-i Yamīnī)》는 세뷔크 테긴과 마흐무드 시대 가즈니 왕조를 다룬 역사서다.

•• '호라즘샤'는 이슬람 시대 초기부터 몽골 침공 이전까지 호라즘 지방의 지배자들이 사용한
칭호다. 몽골 침공 당시 호라즘을 차지했던 왕조에서 최초로 지배자가 된 인물이 아누쉬 테긴
가르차이(Anūš Tegīn Ġarçaʾī)여서 '아누쉬 테긴 왕조'로도 불린다.

자들의 후손으로, 만주에서 발원해 유라시아 동부 초원과 북중국을 정복하고 요遼(907~1125)를 세운 거란契丹에 의해 끝장났다. 이들의 이름인 거란, 즉 '키타Khita' 혹은 '키타이Khitai'(유럽계 언어식으로는 '카타이Cathay')는 나중에 북중국 혹은 중국 전체를 지칭하는 용어로 자리잡는다. 거란 세력의 대대적인 서진은 북중국을 금金(1123~1234)이라는 이름으로 지배할 만주의 비유목민 집단인 여진女眞이 거란을 무너뜨리면서 촉발되었다. 이때 대규모로 발생한 거란 난민이 중앙아시아로 도망했다가 베쉬발릭Bešbalıq의 위구르 공국과 카라한 왕조를 복속시키고 셀주크 술탄 산자르Sanjar를 격파했다(536/1141). 요 황실의 일원이었던 이 거란 난민들의 지도자는 내륙 아시아식 칭호인 구르칸Gür-khan("세계의 지배자")을 채택했다. 이들이 세운 새로운 국가의 한문 명칭은 서요西遼인데, 무슬림들에게는 카라 키타이Qara Khitai('검은 거란')로 알려졌다. 아랍인들의 정복 이후 중앙아시아가 비무슬림의 손에 들어간 것은 이때가 처음이다.

몽골인의 대두

이쯤에서 유목 제국이 탄생하게 된 배경에 대한 설명이 필요할 듯하다. 니콜라 디 코스모Nicola Di Cosmo는 유목민 국가가 잇따른 혹독한 겨울, 가뭄 혹은 전염병 등으로 가축의 규모가 유목민의 생존을 위협할 정도로 줄어드는 위기 속에서 형성되었다고 보았다.[4] 계속되는 사회적 분열로 부족 내부의 연대가 느슨해지면서 사회적 유동성이 극도로 높아지

는 가운데 카리스마가 혈통이나 계급에서 비롯되지 않으며 비非부족적
군사 집단을 조직한 유능한 지도자가 전통적인 부족 귀족에게 도전할
수 있는 환경이 조성되었다는 주장이다.[5] 이렇게 등장한 새로운 지도
자는 사회를 중앙집권화하고 군사화를 강화하며 지배 엘리트층의 소
비 증대를 주도했다. 이들이 정기적인 군사 활동에 더욱더 매진하고 사
회적으로 관료 기구가 창설되는 현상은 목축 생산에 영향을 미쳤으며,
이는 또한 외부 자원의 필요성을 자극했다. 이러한 흐름은 이웃한 유목
집단과 정주 세력을 상대로 군사 작전을 펼치는 현상으로 연결되었다.
초기 초원 제국의 형성은 베일에 가려져 있지만, 12세기 후반 몽골인의
대두도 비슷한 양상으로 흘러갔던 것 같다. 《몽골 비사》에서 묘사되는
테무진(칭기스 칸)의 초기 생애는 이 시기가 위기의 시대였음을 단적으
로 보여주기 때문이다.

요나라의 기존 정책을 폐기한 금나라는 초원의 전초 기지들을 버
리고 유목 부족들 사이에 갈등을 조성함으로써 안전을 확보하고자 했
다. 이 같은 새로운 전략으로 몽골인들이 이용하기에 좋은 권력 공백
이 생겨났다. 오논강Onon과 케룰렌강Kerülen(헤를렌강Kherlen)에서 바이칼
호의 남동쪽에 이르는 지역에 살던 몽골인들이 한문 문헌에 처음으로
등장한 시기는 당대唐代(618~907)였는데,[6] 이때만 하더라도 몽골인은
오늘날의 몽골고원에 존재하던 여러 부족 가운데 하나에 지나지 않았
다. 몽골부 인근의 강력한 적수들만 언급하자면, 부유르 노르Buyur Nor,
쿨룬 노르Külün Nor 인근의 타타르부Tatar, 바이칼호 연안의 메르키트부
Merkit, 오늘날 오르도스 지방의 옹구트부Önggüt, 오르혼강Orqon과 셀렝
가강Selenga을 따라 거주하던 케레이트부Kereyit, 이르티시강Irtish 상류의

나이만부Naiman 등이 있었다. 이들 가운데 옹구트부와 케레이트부, 나이만부는 저마다 칸위를 세습하는 왕조와 기본 행정 체제를 갖추고 있었다.

전설에 따르면 알란 고아Alan Qo'a는 빛에 의해 임신해 아들 보돈차르Bodonchar를 낳았는데, 보돈차르가 바로 테무진이 속한 보르지긴 씨족Borjighid의 조상이 되었다.[7] 12세기 중반 몽골은 잠시 몽골고원의 패권을 잡았으나, 여진/금나라와 협력한 타타르부에 의해 이 패권은 붕괴했다. 몽골 칸 암바가이Ambaghai는 금나라의 수도 중도中都에서 잔혹한 방식으로 처형되었다. 그뒤로 몽골인들이 가난과 정치적 분열에 시달렸다는 증언이 13세기의 여러 문헌은 물론이고 몽골인들의 집단 기억 속에서도 중심적인 이야기를 이룬다.[8] 1170년경, 과거의 칸들의 후예이자 보르지긴 씨족의 수장이었던 예수게이Yesügei는 타타르부에 의해 독살당했다. 살아남은 예수게이의 아내와 그녀의 어린 자식들은 예수게이의 부민部民들에게 버림받아 누구의 도움도 받지 못하고 몇 년을 살았다. 이 시기에 맏이인 테무진은 여러 부족에서 결의를 나눈 추종자들(몽골어로 '노코트nököt', 단수형은 '노코르nökör')을 모았다.[9] 그는 한때 아버지의 의형제(몽골어로 '안다anda')였던 케레이트부의 칸 토오릴To'oril과 동맹을 맺었고, 금나라에는 타타르를 버리라고 설득해 마침내 1202년에 타타르부를 격파했다. 금나라 황제는 토오릴에게 중국식 경칭 '왕王'(몽골고원에서는 '옹 칸Ong Khan'으로 바뀌었다) 칭호를 내려주었다. 테무진은 그보다 한참 미미한 지위를 얻었다. 그러나 테무진은 곧 토오릴/옹 칸에게서 돌아섰으며, 1203년에 팽창 중이던 몽골 연맹에 케레이트를 합병시켰다. 이 승자는 메르키트와 나이만까지 차례로 복종시켰고, 1207~

1208년에는 키르기스, 오이라트Oyirat, 우리양하트Uriyangqat와 같은 시베리아 남동부의 '삼림민'(몽골어는 '호이인 이르겐hoi-yin irgen')도 차례로 무릎을 꿇렸다. 1206년, 부족 수령들은 회합에서 테무진을 칭기스 칸(과거에는 "세계 지배자"라는 의미일 것으로 추정되었지만, "강한 지배자"라는 뜻인 것 같다[10])이라는 칭호를 지닌,《몽골 비사》의 표현을 빌리자면 "모전毛氈 천막 거주자들"의 군주로 옹립했다.[11]

칭기스 칸의 목표는 아마도 첫째, 교역로를 지배해 상인들로부터 보호를 대가로 세금을 받는 것이었을 테고, 둘째, 군소 군주들에게서 공물을 받아내는 것이었을 테다. 1209년에는 베쉬발릭의 위구르 군주 으둑쿠트iduq-qut가, 그리고 그때로부터 얼마 지나지 않아 카를룩의 무슬림 지배자 아르슬란 칸Arslan Khan이 몽골에 복속했다. 그러나 내륙 아시아의 이전 유목민 군주들과 마찬가지로 칭기스 칸 역시 그 유명한 중화 세계의 부를 탐냈다. 그는 이미 금나라가 북방 변경을 보호하기 위해 의지하던 옹구트부의 복종을 얻어낸 터였다.[12] 칭기스는 1211년부터 매년 금나라와 전쟁을 벌였는데, 정기적으로 공물을 확보하는 것도 당연히 그 목적의 하나였겠지만, 어느 정도는 암바가이의 복수라는 의미도 있었음이 분명하다. 그러나 칸의 눈은 차츰 서쪽을 향했다. 나이만과 메르키트의 도망자들이 킵차크/캉르와 카라 키타이로 망명했기 때문이다. 특히 위협적인 존재는 구르칸의 딸과 결혼한 뒤 장인의 옥좌를 찬탈한 나이만 왕자 구출룩Güchülüg이었다. 1218년경, 칭기스 칸의 군대는 카라 키타이의 영토를 정복했다. 구출룩은 추격을 피해 달아나던 중 파미르 지방에서 살해당했다.

이 원정으로 몽골의 영토는 그 직전에 트란스옥시아나의 카라한 왕조의 옛 영토와 오늘날의 아프가니스탄에 해당하는 구르 왕조의 영토까지 세력을 넓힌 호라즘샤 알라 알딘 무함마드 이븐 테키쉬'Alā' al-Dīn Muḥammad b. Tekish 제국의 지척에 이르렀다. 호라즘샤는 몽골령과의 교역을 금지했고, 오트라르Otrār 총독이 칭기스 칸과 그 일족을 대표하는 상인들을 첩자로 의심해 처형한 조치를 인가했으며, 몽골의 지배자가 배상을 요구하면서 보낸 사절마저 죽여버렸다. 조반니 다 피안 델 카르피네Giovanni da Pian del Carpine가 기록한 대로,[13] 몽골인들은 사절이 살해되면 반드시 보복했다. 무함마드의 이 같은 행동에 칭기스 칸은 서아시아를 향해 7년 원정(1218~1224)에 나섰고, 트란스옥시아나, 호라산, 아프가니스탄의 호라즘령에서 광범위한 파괴 행위를 벌였다. 이때 항복을 거부한 도시는 약탈당했고 그 인구 대다수가 학살되었다. 호라즘샤는 몽골인들을 야전에서 맞닥뜨리지 않도록 병력을 제국 각지의 성채에 나누어 배치하며 옥수스강 이남으로 후퇴했다. 무함마드는 자신을 추격하기 위해 파견된 몽골 장군 제베Jebe와 수베에데이Sübe'edei를 피해 달아났으나 결국 카스피해의 어느 섬에서 비참한 도망자 신세로 죽었다. 그의 아들 잘랄 알딘 망부르니Jalāl al-Dīn Mangburnī는 3년 동안 인도에서 지낸 뒤 이란으로 돌아와 몽골인과 다른 무슬림 군주들을 상대로 싸움을 벌였으나 그 결과는 무익했다. 이 단계에서 몽골인들은 트란스옥시아나와 호라즘에서 행정 제도를 구축했던 듯하다.

칭기스 칸과 호라즘샤의 분쟁에서 교역이 중요한 문제였음은 확실하다. 여진/금나라의 경우와 마찬가지로 복수하고자 하는 열망 역시 중요한 요인이었고, 여전히 활동을 멈추지 않는 도망친 적수를 쫓아야 할 필요성 역시 서진을 불러일으킨 강력한 동기였다. 그러나 초원 제국의 전통이 언제부터 몽골 지도자의 계산에 들어가기 시작했는지는 확실하지 않다. '제권의 이전translatio imperii'(제국의 지휘봉이 한 종족에게서 다른 종족에게로 옮겨 가는 것)이라는 관념은 서부 초원에서는 오구즈나 킵차크/캉르 같은 '국가 없는' 유목 연맹이 득세하면서, 동방에서는 거란/요나라가 몰락하면서 빛을 잃었을지언정 잊히진 않았다.[14] 한때 돌궐 제국과 거란 제국의 구성원이었던 몽골인들은 과거에 존재했던 초원 정치체들의 연속성을 인지했다. 칭기스 칸의 아들 오고데이Ögödei는 1229년에 제위를 계승하면서 한결 더 고풍스러운 칭호인 '카안Qaghan/Qa'an'을 취했다. 몽골인들이 다른 독립 세력들에게 보낸 최후통첩의 모두구冒頭句가 튀르크어로 작성되었다는 사실은 의미심장하다.[15] 이전의 초원 군주들과 마찬가지로 몽골 군주들 역시 '텡게리Tenggeri'•(대략 '하늘'로 새길 수 있다)의 복음福蔭••(튀르크어로는 '쿠트qut', 몽골어로는 '수우suu')을 받는다고 생각되었고, 그들이 거두는 승리가 그 증거로 통했다.

후대의 전승은 테무진이 군주로서 인정받은 일을 텝텡게리Teb-Tenggeri라 불린 무당 코코추Kököchü와 연관 지어 설명하지만,《몽골 비사》는 여기서 양면적 시각을 드러낸다.[16] 몽골의 지배자는 자신에게 복종한 첫번째 반半정주민이며 그중 다수가 자신의 막하로 들어온 베슈

• 일반적으로 한국에서는 '텡그리'라고 쓰지만, 본문에서는 저자의 표현에 따라 몽골어식으로 표기했다. 차가타이 튀르크어로는 '텡리(Teŋrī: TYNKRY)'로 썼다.

•• 복음(福蔭)은 '자손에게 남긴 선조의 복'으로 새길 수 있다. 영어권 학자들은 튀르크어 '쿠트'와 몽골어 '수우'를 대체로 '행운(good fortune)' 내지 '하늘의 총애(Heaven's favour)'로 옮기는 경향이 있는데, 저자 역시 마찬가지로 '행운'을 사용했다. 그러나 한문 사료들에서는 몽골 카안의 서한이나 성지(聖旨)의 첫머리에 쓰이는 관용구 "영원한 하늘의 힘에, 카안의 수우에 [기대어]"를 "영원한 하늘의 위력에 기대어, 황제의 복음에 기대어(長生天氣力裏, 皇帝福蔭裏)"로 번역한다. 하여 한국어판에서는 '쿠트'와 '수우' 등의 번역어로 '복음'을 채택했다.

발륵 위구르인들을 통해 초원 제국의 전통을 처음 접했을 수 있다.[17] 칭기스 칸이 서기들의 수장으로 임명하고 나중에 자신의 아들들에게 몽골어를 표기하는 데 사용될 위구르 문자를 가르치게 한, 나이만 칸의 옛 서기書記, bitikchi인 타타르 통아Tatar Tong'a도 위구르인이다.[18] 칭기스 칸은 오르혼강 계곡, 즉 외튀겐이으쉬Ötügen-yış*를 제국의 중심지로 택했다. 돌궐 제국과 위구르 제국에서도 제국의 심장부였던 이곳은 신성한 장소로 여겨졌고, 이 땅을 차지하는 일이 곧 복음을 보유한 것이라는 믿음이 퍼져 있었다.[19] 칭기스 칸이 1218년경 대규모 서방 원정에 나선 곳이 바로 여기였고, 후일 오고데이가 카라코룸Qaraqorum을 세운 장소도 이곳이었다. 기욤 드 뤼브루크의 주장에 따르면 몽골인들은 이 도시를 "황제의 거주지"로 여겼다.[20] 하지만 카라코룸이 보통의 '수도'였다는 의미는 아니다. 몽골 카안들은 계속해서 순회하는 생활 방식을 유지했고, 카라코룸은 연례 여정에서 잠시 쉬어가는 곳 가운데 하나이자 재보財寶를 보관하는 곳간이었다.[21]

과거 돌궐이나 위구르가 차지한 패권과는 중대한 차이점도 있었다. 돌궐과 위구르는 초원 지대의 지배에만 관심을 보였던 데 반해, 몽골인들은 당시까지 알려진 세계 전체를 지배할 권한을 텡게리가 자신들에게 주었다고 주장했다.[22] 몽골 제국은 이 열망을 실현하기 위해 위구르뿐만 아니라 만주의 거란인이나 카라 키타이인 등 유목민과 정주민 모두를 지배한 경험이 있는 "유목 이후"의 사회에서 인재를 영입했

---

* '외튀겐 산지'라는 뜻. 돌궐 비문과 위구르 비문에서는 '외튀켄 땅(Ötüken yer)'이라고 표현되기도 했다. 유목민들이 계절 이동을 하면서 거주하기 좋은 입지였기 때문에 유목 세계의 중심이자 성지로 여겨졌다.

다. 1220년 이후로는 여기에 호라즘·중앙아시아의 튀르크인 무슬림과 호라산의 페르시아인 무슬림이 추가되었다.[23] 몽골 제국의 최후통첩 가운데 현전하는 가장 이른 시기의 것은 교황에 보낸 것으로, (유럽인들은 위구르 문자를 읽지 못했기에) 페르시아어로 작성되었다. 이 공식 최후통첩문[24]에는 모든 나라는 하늘이 하나이듯 지상에는 한 군주만이 존재하므로 이론적으로 모든 나라는 몽골 제국에 복속해야 한다는 간단한 주장이 담겨 있었다.[25] 따라서 카안에게 반대하는 자는 그 누구든 간에 몽골 제국과 하늘에 반역(튀르크어로 '불가bulgha')을 저지르는 셈이었다.[26] 중요한 점은 복속을 의미하는 용어(튀르크어로 '일il' 또는 '엘el')은 '평화'도 뜻한다는 사실이다. 한마디로 몽골인들과 평화를 유지하는 것은 복속 없이는 불가능한 일이었다.[27] 기록으로 볼 때 유럽의 군주에게 도달한 최초의 몽골 제국 최후통첩문은 1237~1238년에 헝가리인 도미니코회 수사 율리아누스Julianus barát의 손을 거쳐 헝가리 국왕에게 전해진 것이었다. 독립된 문서로 남아 있는 최초의 사례는 (달라이 칸dalai qan, 즉 "대양[세계]의 지배자"라고 자칭한) 구육 카안이 조반니 다 피안 델 카르피네를 통해 1247년에 교황 인노켄티우스 4세에게 전달한 국서로, 그 내용은 다음과 같다.

주의 힘으로, 해가 뜨는 곳에서 지는 곳까지 모든 지역이 짐에게 복종케 했노라. (⋯) 너 스스로 왕들을 지휘해 다 함께 복속해 짐의 어전으로 오도록 하라. 너의 복속은 그때 짐이 알리라. 만약 [너희들이 이 명령을] 어긴다면 주께서 아시는 것을 짐이 어찌 알겠는가?[28]

몽골인들의 목표가 정확히 언제 초원 제국에서 세계 제국으로 바뀌었는지는 분명치 않다. 김호동은 "위대한 몽골 백성"(혹은 '나라'. 몽골어로 '예케 몽골 울루스yeke mongghol ulus', 튀르크어로는 '울룩 몽골 울루쉬ulugh mongol ulush')이라는 국호가 금나라를 처음 공격한 1211년 이전부터 이미 사용되고 있었다고 보았다.[29] 이런 추론은 중국을 향한 초창기 원정이 단순한 약탈과 공물이 아닌 정복을 목표로 했다는 것을 가정해야 하는데, 그럴 가능성이 없지는 않다.[30] 그러나《몽골 비사》는 후반부에서 칭기스 칸이 "널문 안쪽에서 사는 자들"을 지배하고 있다고 주장한다.[31] 율리아누스 수사는 칭기스 칸이 호라즘샤의 제국을 쳐부순 1221년경에 세계 정복의 야심을 꿈꾸기 시작했다는 인상을 풍긴다.[32] 모건의 표현을 빌리면, 몽골인들은 "자신들이 실제로 세계를 정복하고 있다는 사실을 알아차렸을 때 비로소 그런 생각을 하게 되었을 것이다."[33]

초원 유목 제국의 전통에 따르려면 몽골의 정복지는 황실 구성원들에게 각각 분배되어야 할 황실 가문 전체의 공동 소유물이었다. 칭기스 칸은 위대한 몽골 울루스의 '좌익左翼, bara'un ghar'을 구성하는, 살아 있는 형제들과 조카들에게 병력과 몽골고원 동부, 만주의 초원을 목지牧地로 배분해주었다.[34] 또한 만년에는 첫째 부인 보르테Börte에게서 태어난 아들들에게 거대한 분봉지分封址와 저마다 다른 개수의 '천호千戶'를 사여했다. 몽골어에서 울루스는 이렇게 백성과 영지를 아울러 가리키는 표현으로 사용되었다.[35]

주바이니에 따르면, 위대한 몽골 울루스의 '우익右翼, je'ün ghar'을 구성한 아들들은 계서階序에 따라 몽골고원의 중심부에서 더 먼 곳으로 배치되었다. 맏아들 조치는 "카얄륵Qayaligh과 호라즘에서부터 삭신

Saqsīn과 불가르Bulghār까지, 그리고 타타르의 말발굽이 그쪽 방향으로 침투하는 곳까지" 분봉지를 받았는데, 본거지는 이르티시 강가에 있었다. 그런데 조치가 아버지보다 먼저 사망해 그 울루스의 수장 자리는 조치의 아들 바투Batu(사후 사인 칸Sayin Khan, 즉 '훌륭한 칸'으로 불림)에게 넘어갔다. 조치의 아들 가운데 맏이라고 불린 오르다Orda(어머니가 조치의 첫째 부인이었기에 적장자라는 의미로 맏이라 불렸을 수 있다[36])를 비롯해 조치의 다른 아들들은 바투에게 복종했다. 티무르 왕조 시대의 저자들이 간단히 '다슈트dasht'('평원')라고 부른 방대한 조치 일문의 영토에는 거대한 강과 강변의 푸른 목초지가 풍성했다. 몽골 제국과 마찬가지로 조치 울루스 역시 우익과 좌익으로 구성되었다. 우익의 수장은 바투와 그 후계자들이었고, 좌익(나중에 '청靑 오르다Kök Orda'로 알려지는 동부[37])은 오르다의 후손이 지배했다. 조치의 아들들은 또한 저마다 울루스가 있었다. 예컨대 시반의 울루스는 바투의 영토 내에, 토카 테무르의 목지는 오르다의 영토 안에 있었다.

칭기스 칸의 둘째 아들 차가다이Chaghadai(사망 1244/1245)는 위구르에서 사마르칸드와 부하라에 이르는 땅을 받아 알말륵Almālïġ 근처 일리강Ili 유역과 이식쿨호Issïk-Köl* 연안을 거처로 삼았다. 셋째인 오고데이는 오늘날 중가리아Zungharia로 알려진 에밀강Emil과 코북강Qobuq 유역을 받았는데, 제위에 오른 뒤 분봉지를 맏아들 구육에게 주었다. 초원에서는 막내아들이 아버지의 거처를 물려받는 전통이 있었지만,[38] 칭

기스 칸의 넷째 아들 톨루이Tolui(사망 1232)의 분봉지는 특정되지 않았다. 아마도 오논강과 케룰렌강 사이의 땅이었을 것으로 추정된다. 하지만 톨루이가 아버지의 곁에 남아 있었다고 쓴 주바이니의 기록도 있으므로 칭기스 칸 생전에는 따로 영지를 받지 못했을 가능성도 있다.[39] 후일 톨루이 왕통과 적대적 관계가 되는 조치 왕통과 차가다이 왕통에서는 실제로 이런 주장을 펼쳤다.[40] 지금까지 언급한 영토 분배는 전적으로 내륙 아시아의 방대한 초원을 대상으로 한 것이다. 카라코룸을 비롯해 고향인 몽골고원의 일부 지역과 몽골 제국의 지배를 받던 정주 지대의 영토(중국 금나라 영토의 대부분과 이란 북부와 동부의 일부)는 '중앙 울루스qol-un ulus'에 속했고, 카안의 대리인이 직접 다스렸다.[41]

아울러 매우 이른 시기부터 칭기스 왕조의 구성원 개개인에게 특정 도시의 전문 인력 집단이나 세입이 수여되었는데, 특히 점령에 직접 참여했을 때 그렇게 했다. 다만, 이 특권은 행정권과는 별개여서 카안의 관리들이 세금을 거두어 이를 왕자나 공주의 대리인에게 전달했다. 이런 방식으로 왕자는 친척의 분봉지에 속하는 구역에서 세입을 거둘 수 있었다.[42] 예컨대 조치 일문의 칸들은 14세기까지도 중국 지역을 지배한 원나라로부터 자기 몫의 세금을 받을 권리가 있었다.[43] 오르다의 후손이 저 멀리, 오늘날의 아프가니스탄에 해당하는 가즈니와 바미얀Bāmiyān을 소유했다는 맘루크 저자들의 일견 생뚱맞아 보이는 주장이 나온 배경에는 이런 관습이 있었는지도 모른다.[44] 예를 들어 오르다의 아들 쿨리Quli는 1250년대에 이 지역에서 활동한 군대를 지휘했다고 알려졌고, 조치 왕통에서 지휘관을 맡았던 네구데르부Negüderī(제7장 참조)는 청 오르다에 세입의 일부를 보내야 했다. 후일 티무르는 조치 일문의 영토인 호라즘에 속한 카트Kāt와 히바Khīva의 영유권을 주장하면서 칭기스 칸이 차가다이에게 두 도시의 세입을 부여했다는 것을 그 근거로 들었다. 나탄지는 이런 조치의 목적이 왕조 구성원들의 화합을 강화하기 위함이었다고 썼다.[45]

칭기스 칸은 몽골군이 탕구트Tangut/서하西夏 제국을 파괴하던 와중인 1227년에 사망했다. 그러자 서로 사이가 나쁜 두 형에게서 충성을 얻어낼 수 있으리라 기대되던 후보 오고데이가 후계자로 지명되어 정복자가 죽고 2년 뒤 그 자리를 이어받았다. 1229~1241년, 몽골인들은 오고데이의 통솔을 받아 1234년에 금 정복을 완료하고 남중국의 송宋 제국을 공격하기 시작했다. 서방으로 향하는 새로운 원정들도 시작되었다. 하나는 초르마군Chormaghun 장군이 이끄는 군대로, 1229년부터 서남아시아에서 작전을 재개했다. 실질적으로 최후의 호라즘샤였던 잘랄 알딘은 1231년에 제거되었고, 호라즘 잔당은 이라크에서 시리아로 쫓겨났다. 그동안 그리스도교도 국가인 조지아 왕국은 몽골 제국의 군주에게 복속했다. 1236~1242년, 칭기스 칸의 손자 바투와 백전노장 수베에데이가 지휘한 대규모 원정군은 유라시아 서부 초원을 가로질러 볼가 불가르와 킵차크/캉르를 제압하고 루시를 복속시키기 시작했으며, 폴란드와 헝가리를 쓸어버렸다. 오고데이의 아들 구육(재위 1246~1248)이 즉위하기 전까지 5년 동안 초르마군의 대리인이었다가 나중에 후임으로 임명된 바이주Baiju는 1244년에 아나톨리아(룸)의 셀주크 술탄국을 완파하고 시리아에 대한 공세를 처음으로 시작했다. 그 다음에 카안 몽케Möngke(재위 1251~1259)는 두 동생에게 대규모 원정을 맡겼다. 쿠빌라이는 송나라 방면을, 훌레구는 이란과 이라크 방면을

맡았다 훌레구는 1256년 엘부르즈산맥에 위치한 시아Shīʻa 이스마일파
Ismāʻīliyya 국가(일명 '암살단파')를, 1258년에는 압바스 왕조 칼리프 국가
를 파멸시켰으며, 1260년에는 시리아 아이유브 왕조Ayyūbids의 공국을
공격했다. 그러나 몽케가 1259년에 중국에서 사망하면서 근동에서 펼
쳐진 몽골 제국의 진격은 끝났다. 여기까지의 내용이 몽골 제국의 통일
성이 종말을 맞기 바로 직전의 상황이다.

'위대한 몽골 국가'

몽골 제국은 지리적·이념적 수준뿐만 아니라 행정적 수준, 특히 군사
조직에서 전임자들보다 훨씬 진일보한 모습을 보였다. 특히 필자가 강
조하고 싶은 것은 거란과 여진에서 이미 시행했던 십진법식 군대 구조
(투멘tümen은 1만 명, 밍간mingghan은 1000명 등등)가 아니라 칭기스 칸이 부
과한 엄격한 규율이다. 예컨대 그는 누구도 허락 없이 소속 부대를 떠
나지 못하게 했고, 승리가 확실해지기 전까지 약탈하기 위해 적의 추격
을 중단하는 것을 금했으며, 두 죄 모두 사형으로 엄벌했다.[46] 또 한 가
지 혁신은 전리품 분배의 대상을 지휘관(노얀noyan)만이 아니라 일반 사
병에게까지 확대한 칙령으로, 타타르를 대상으로 한 최후의 원정 직전
에 발효되었다. 고故 토머스 올슨Tomas Allsen은 이를 근거로 몽골 정치체
를 "재분배 제국redistributive empire"으로 불렀다.[47]

　　몽골 제국에서 중추적 역할을 한 존재는 황제의 근위대인 케식
keshig이었다. 칭기스 칸은 케레이트부 군대의 '콜qol(중앙)'을 모범으로

삼아 이를 창안한 듯하다.[48] 케식은 결의를 맺은 추종자인 노코르와 그들의 아들들과 친척, 부족 수령의 (충성심을 보증하기 위해 파견된) 아들로 구성되었고, 나중에는 복속한 군주의 아들이나 형제가 추가되었다. 케식은 처음에는 1000명 규모였다가 나중에는 1만 명 규모로 확대되었는데, 군주의 경호를 담당하고 그 가문을 돌봤을 뿐만 아니라 장교진 양성 임무도 수행했다. 중서성中書省의 최고위직과 초기 행정 관리 모두 케식에 속한 이들이었다.[49] 군대 내에서의 승진은 부족 내의 지위보다는 능력과 충성에 바탕을 두었다. 특히 중요한 시점에 복무한 사람은 온갖 세금과 의무, 범법 행위에 대한 처벌을 아홉 번까지 면제받을 수 있는 세습 지위인 '타르한tarkhan'(몽골어로는 '다르칸darqan')으로 임명되는 보상도 추가로 받을 수 있었다.[50]

칭기스 칸의 군대가 가진 응집력에서 중요한 요소는 부족의 병력을 의도적으로 칭기스의 노코르가 지휘하는 새로운 부대에 분산시킨 조치였다. 각각의 부족이 몽골 제국의 지배 아래에 들어올 때마다 탈부족화 과정이 반복되었고, 부족 엘리트는 새로운 지휘 구조로 대체되었다.[51] 케레이트나 나이만처럼 독자적인 왕조가 존재했던 부족들이 이런 경우에 해당한다.[52] 오이라트나 옹구트처럼 몽골인들에게 충성한 부족들은 자신들의 통합성과 지휘 구조를 독자적으로 보전할 수 있었다.[53]

대다수의 부족이 인지할 수 있는 정치체로서 더는 존재하지 않게 되었다고는 하지만, 새로운 체제가 부족에 대한 소속감을 완전히 제거하지는 못했다. 각 개인이 자신의 출신을 의식했다는 증거가 있다. 라시드 알딘의 《집사》에 기록된 부족들의 역사는 부족의 구성원들뿐만 아니라 그 엘리트 혈통이 몽골 제국의 동서남북 각지로 흩어지면서 확

실히 유라시아 대륙 전역을 가로지르는 지배층이 형성되었음을 보여
준다.[54] 예컨대 잘라이르 왕조의 조상인 잘라이르부의 엘게이Elgei가 훌
레구를 따라 이란으로 진입해 훌레구의 오르다orda에서 아미르가 되
는 동안,[55] 그의 형제 쿠툭두르Qūtūqdūr의 아들들은 차가다이 왕통을 받
들었다.[56] 티무르가 권좌에 올랐을 때 바룰라스Barulas(바를라스Barlās), 잘
라이르, 술두스 부족은 여전히 차가다이 일문의 영토인 트란스옥시아
나에서 존속했고, 부족의 정체성도 분명히 살아 있었다. 심지어 부족
의 '천호' 병력이 (설사 여러 부족 출신으로 구성되었더라도) 그 지휘관의 부
족 정체성에 따라 분류되었다. 모건의 표현을 빌리자면, 칭기스 칸은
"인위적인 부족 조직이라고 할 만한 조직을 만들었던 것 같다. 그 속에
서 이전 부족에 대한 충성심이 병사 개개인이 속한 새 군사 조직에 대
한 충성심으로 바뀌었다. 이 단계를 넘어서자 몽골 제국의 황실은 복종
과 충성의 최종 대상이 되었다."[57] 이렇게 해서 부족은 더는 정치 활동
의 수단이 아니게 되었다.[58]

　　이 같은 재구성 정책이 발휘한 효과는 이중적이었다. 우선 이전 초
원 제국들을 괴롭힌 원심력에 제동을 걸었다. 1260년대 몽골 제국의
분열은 부족이 아니라 왕조에 따라, 지정학적 선을 따라 이루어졌다.
14세기에 여러 튀르크·몽골인 아미르가 실제로 권력을 독점했을 때도
이들의 자리는 부족 내에서의 계서가 아닌 칭기스 왕조 국가 내부에서
의 지위와 역할에 따라 결정되었다.[59] 재구성 정책이 불러일으킨 두번
째 효과는 '반半부족'이라 부를 수 있는 카라우나스Qaraʾunas나 자운 쿠
르반 같은 새로운 정치 조직이 등장한 것이었다. 이 같은 새로운 조직
중 일부는 그 집단명을 지휘관의 명칭에서 따왔다. 케르만Kermān 지방

의 네구데르부, 주르마부Jurma'ī, 아우간부Awghānī•, 그리고 티무르의 집권 직전 차가다이 울루스의 야사우르부Yasā'ūrī 등이 이런 경우에 해당한다.[60]

몽골 제국이 팽창함에 따라 그 통제력의 강도도 지역에 따라 달라졌다. 확장의 초기 단계에서는 탐마tamma('변경군')라는 부대가 지역의 경계에 배치되었다. 탐마의 임무는 새로운 정복지를 방위하고 향후 중앙 정부에서 보낼 대규모 정복 원정군을 위해 인접 국가를 파괴하는 것이었다. 티모시 메이Timothy May는 이를 "쓰나미 전략"이라고 이름 붙였다.[61] 행정 측면에서는, 트란스옥시아나 같은 일부 정주 지대에서는 총독(튀르크어로 '바스칵basqaq', 몽골어로 '다루가darugha', '다루가치darughachi'[62])과 주둔군에 의해 몽골 제국의 직접 통치를 받았다. 한편 우이구르 으둑 쿠트나 이란 남부 파르스, 케르만처럼 즉시 복속해 공물을 바친 무슬림 군주들의 경우 옥좌를 지키고 제한된 수준에서나마 자치를 누릴 수 있었다. 헤라트의 카르트 왕조Kartids는 애초에 몽골 제국의 후견으로 왕권을 잡은 경우였다.[63] 고려高麗에서 시리아에 이르기까지 모든 군주가 카안의 이름으로 주화를 발행했고, 무슬림 국가들은 쿠트바를 진행하고 몽골 바스칵/다루가의 상주常住를 받아들여야 했다. 이들은 호적을 제출해야 했으며, 나중에는 몽골 제국의 원정군에게 보급품을 제공하고 자신들의 영토에 역참을 설치해야 했다.[64]

세금 제도 역시 지역에 따라 달랐는데, 몽골인들이 자신들이 완파한 정권의 세금 제도를 기꺼이 흡수했기 때문이다. 그러나 이런 세금 제도 위에는 몽골 제국 전역에서 거두는 몽골식 세금이 있었다. 그중에 인두세인 '쿱추르qubchur'는 본래 유목민이 지배자에게 바치는 세금이었는데, 이제는 몽골 제국의 농경민과 도시민에게까지 확대되었다. '탐가tamgha'는 교역과 수공업품에 부과되는 세금이었다. 사료에는 '칼란qalan'이라는 세금도 등장하는데, 역役을 비롯해 몽골 시대 이전의 세금까지 다양한 조세를 아우르는 용어였던 것 같다.[65]

오고데이 치세에 이루어진 두 가지 중요한 발전 사항이 있다. 바로 튀르크어로 '얌yam'(몽골어로 '잠dzam')으로 알려진 제도의 완비와 새로운 세무 구조의 창설이다. 몽골 제국의 역참 제도인 얌은 부분적으로 돌궐 제국과 위구르 제국의 통신 제도인 '울락ulagh'에 바탕을 두었다.[66] 칭기스 칸의 시대에 시작된 역참제는 사신使臣처럼 공무를 수행하는 인원을 위해 마련되었는데, 33~45킬로미터마다 참站을 설치하고 20여 명의 인원을 배치했다.[67] 새로운 세무 구조는 한문 문헌에서는 행성行省(〔행중서성行中書省의 약자로〕 '중서성의 파출 기구'라는 의미)이라고 불리는 세 행정부(중국·중앙아시아·이란)를 가리킨다. 폴 뷔엘Paul Buell은 이를 "합동 위성식 행정joint satellite administrations"이라고 불렀다.[68] 중앙아시아의 행정부는 마수드 벡Masʿūd Beg이 수장이었다. 이란 행정부는 1240년대 중반 이후 오이라트의 노얀인 아르군 아카Arghun Aqa가 맡았다. 조치 왕통의 영지에도 이런 구조가 존재했는지는 불분명하지만, 1254년에 몽케 카안이 이를 설립했다는 주장이 있다. 행성은 중서성 직속 조직으로, 이전에 탐마가 했던 업무를 그대로 이어받아서 수행했다. 탐마는 칭기스 일족의 각 지파가 소유한 군대에서 일정한 비율로 뽑아 편성했고, 행성에는 각 지파를 대리하는 관리들이 포함되었으며, 같은 기준으로 선발된 집단이 역참驛站의 설치를 감독했다.[69]

몽골 정권의 특징은 계서가 아주 분명하다는 것이었다. 황가('알탄 우룩altan urugh', '황금 씨족'[70])의 일원, 특히 그 가운데 칭기스 칸의 부계 후손은 타의 추종을 불허하는 위신을 오랫동안 누렸다. 애초에 칸은 알탄 우룩에게 한정된 칭호였다. 칭기스 칸은 카를룩의 아르슬란 칸이 칸 칭호를 계속 사용하는 것을 불허하며 오직 '아르슬란 사르탁타이Arslan Sartaqtai'('무슬림 아르슬란')로 불려야 한다고 주장했다.[71] 알탄 우룩 아래에는 왕조 구성원과 혼인해 부마駙馬(몽골어는 '구레겐güregen')의 지위를 얻은 노얀과 외국 군주가 자리했다.[72] 나중에 티무르 역시 칭기스 왕조 출신의 여성 둘을 아내로 맞아 구레겐이 되었다. 황가의 일원이 아닌 몽골인들은 '카라추'('평민')로 불렸다.[73] 보르지긴 씨족이 속한 부족이어서 몽골고원의 여러 부족 가운데 가장 명망 높았던 키야트Qiyat 부족[74]은 왕조와 보통의 유목민 전사 사이의 자리를 차지했다.[75]

5세기 아틸라의 훈 제국이건, 7세기 돌궐 제국이건 간에 유목 제국에서는 여러 종족이 함께 어울려 살았는데, 신민 중에는 목축민만이 아니라 농경민도 있었다. 예컨대 13세기 중반 예케 몽골 울루스에도 몽골고원의 유목민만 있었던 것은 아니다. 유목민만 따져도 튀르크계 유목민이 수적으로 훨씬 많았고, 페르시아인과 한인漢人을 비롯한 초원 너머의 정주민과 반半정주민도 물론 있었다. 초원과 농지의 자원을 아우르는 이런 특징을 데이비드 크리스천David Christian은 러시아어 '스미치카 smychka'('함께 얽힘')라고 칭했다.[76] 숙련된 기술을 보유한 남녀 장인 수천

명이 노예로서 정복자들을 섬기기 위해 몽골 제국의 다른 지방으로 강제로 이주되었다.[77] 그러나 복속민 전체는 '오테구 보골öregü boghol'('오랜 노예'), 즉 황가의 세습 노비로 분류되었다.[78] 달리 말하자면 초부족적 국가 혹은 제국의 시대에 '돌궐'이니 '몽골'이니 하는 말은 종족보다는 정치적 측면에서 중요한 의미를 지닌 명칭이다. 율리아누스 수사는 "[몽골인들은] 그들이 이후 타타르로 알려지길 바랐다"라고 썼다.[79] 이전의 무슬림 저자들과 마찬가지로 몽골을 투르크의 지파라고 생각한 라시드 알딘은 원래의 몽골(참고로 티무르가 속한 바룰라스도 이 부류에 포함된다)과 최근에 "몽골로 불리기" 시작한 집단을 구분함으로써 정체성이 달라지는 과정이 존재했음을 보여주었다.[80] 그는 이어서 다음과 같이 서술했다.

> 키타이Khitāy[북중국], 주르체Jūrčē[초르체Chörche, 즉 만주], 낭기야스 Nangiyās, 위구르, 킵차크, 투르크만, 카를룩, 칼라치Qalach[할라즈Khalaj] 등의 종족들, 그리고 [심지어] 몽골인들 사이에서 성장한 타직인이나 포로들까지도 몽골인으로 부른다. 이들도 몽골인으로 불리는 것이 자신들의 품격과 지위에 좋다고 생각하는 것이다.[81]

몽골의 법과 초원의 관행: '칭기스 칸의 야사'

몽골인들은 이전의 내륙 아시아 유목 사회에 존재했던 여러 관습을 준수했다. 예컨대 남편을 잃은 아내가 남편의 동생이나 조카, 심지어 남편이 다른 여자에게서 얻은 아들과 결혼하는 수계혼收繼婚은 위구르인에게서도 관찰되었다.[82] 몽골의 독특한 제도라고 하면 페르시아어 사료에서 '대大야사yāsā-yi buzurg'라고 불리는 '야사Yasa'가 있겠다. 여기서 '부주르그buzurg', 즉 '대大'는 '황제' 또는 '조상'이라는 뜻으로 새길 수 있다.[83] 칭기스 칸의 야사는 오랜 논쟁의 대상이다.[84] 야사가 1206년 '대회합大會合'('쿠릴타이quriltai')이라는 특정 시점에 몽골 정복자가 반포한 성문법이라는 주장이 있었다. 하지만 그러한 법전은 존재한 적이 없으며, 이 문제에 관한 한 우리가 가진 최고의 사료인 주바이니의 역사서[85]에서 임시 칙령 혹은 명령(튀르크어로 '야사yasa', 몽골어로 '자삭dzasagh')의 모음으로서 국가 업무, 군사 행동, 역참 제도, 사냥 수행 등을 주로 다루었다고 기록했음을 모건이 지적함으로써 논쟁은 종결되었다.[86]

주바이니에 따르면, '대야사의 책yāsā-nāma-yi buzurg' 두루마리ṭūmārhā는 새 지배자가 즉위하거나, 대군이 출정하거나, 제국의 일을 논의하기 위해 왕자들이 모이는 때에 새로 제작되었다. 또 그때마다 "군대의 배치 방식과 그에 따른 지방 및 도시의 파괴"가 논의되었다고 썼다.[87] 라시드 알딘 역시 칭기스 칸이 7년 원정에 나서기 직전에 "야사의 관행과 관습을 쇄신했다az naw āyīn-u yūsūn-i yāsāq bunyād nihād"라고 서술해 야사의 군사적·행정적 중요성을 강조했다.[88] 오고데이는 킵차크 초원과 송나라로의 원정에 앞서 소집한 1235년의 쿠릴타이에서 "야사yāsā와 명령aḥkām"을 왕자들과 노얀들에게 낭독하도록 했다.[89] 한편 그간 비교적 소홀히 다루어진 자료가 있는데, 바로 밧사프의 기록이다. 그는 칭기스 칸이 야사를 제정할 때면 '대야사의 책'에 단번에, 그리고 전체az juzwī wa-kullī를 썼다고 서술했다. 그리고 그 내용은 십진법에 따른 군대의 구조, 무기의 사양, 군대의 진군과 후퇴에서의 관습yusūn과 대형隊形에 대한 것이었다고 서술했다. 이런 내용은 다른 데서는 찾아볼 수 없는 것이다.[90] 밧사프는 또한 1260년 쿠빌라이가 즉위할 때 일치ilch들을 방방곡곡에 파견해 "세계 정복과 세계 지배에 대한 명령으로 구성된 칭기스 칸의 '야사의 책'"을 갱신하고 시행하라는 지시를 내렸다고 서술했다.[91]

군사 훈련과 관련된 야사 조항의 두 가지 예시는 앞에서 이미 언급했다.[92] 조반니 다 피안 델 카르피네는 칭기스 칸이 국정과 관련해 마련했다고 하는 "법률들과 칙령들leges et statuta"의 다른 예시도 기록했다. 그중 한 가지는 몽골인들이 전 세계를 지배해야 하고, 자신들에게 복종하지 않는 이들과 평화 협정을 맺는 일을 금지하는 것이었다.[93] 또다른 법은 왕조의 어떤 구성원이든 다른 왕자들의 합의 없이 제위에 오르는 일을 금지하는 내용이었다(즉 왕조 구성원, 부마, 노얀이 모두 모이는 쿠릴타이를 통해 제위에 올라야만 한다고 정했다).[94] 특히 뒤의 명령을 오고데이의 사망 이후 칭기스 칸의 막내 동생 테무게 옷치긴Temüge Ot-chigin이 위반했다가 구육의 명령에 따라 처형되었다.[95] 736/1336년, 셰이흐 하산 잘라이르는 일칸 아부 사이드의 사망 이후 내란이 벌어지자 이 야사를 내세웠다.[96]

델 카르피네는 칭기스 칸의 칙령과 함께 전통과 관습을 언급했는데, 이는 몽골어 '요순yosun'(무슬림 저자들의 용어로는 '유순yūsūn')에 해당할 것이다. 그중에 음식물은 단 한 조각도 뱉어서는 안 된다는 등 중요한 자원의 낭비를 금지하는 일부 조항은 군사적 효율성과 관련이 있다.[97] 또다른 금기, 예컨대 흐르는 물에 몸을 담그거나 봄과 여름에 빨래를 하면 뇌우의 요인이 된다며 금지한 것은 전통적으로 전해진 금기와 관련이 있다. 페르시아어 사료들은 이런 관행이 법령에 따라 시행되는 금기였음을 보여준다.[98] 비어트리스 맨즈의 말마따나 "14세기에 야사는 법과 관습을 아우르는 말이 되었다."[99]

요컨대 "칭기스 칸의 야사"는 본디 그때그때의 판결문을 모은 것이었다가 영구적이고 일반적으로 적용할 수 있는 것으로 변화했다. 그러나 야사의 내용 전체가 수록된 목록을 전하는 사료는 아직 발견되지 않았다. 이는 야사의 위상이 시대에 따라 달라졌고, 그뒤로 몇 세기에 걸쳐 개별적인 칙령이 칭기스 칸의 명령으로 둔갑해 삽입되는 경우도 있었음을 감안하면 이해 못 할 일도 아니다. 한 가지 예로 크림반도의 '카라치qarachi'(즉 '카라추') 제도를 들 수 있는데, 아무리 빨리 잡아도 14세기 이상으로 거슬러 올라가지는 않는다.[100] 또한 아버지를 잃은 손자가 할아버지의 유산에 대해 삼촌들과 같은 지분을 상속받을 권한이 있다는 원칙을 들 수 있다. 16세기 초만 해도 이 원칙은 칭기스 칸이 직접 남긴 야사로 여겨졌다. 그러나 13세기에 이런 야사가 존재했다는 증거는 없다.[101]

야사는 또한 칭기스 칸이 죽은 뒤에 완성되어 후세를 위한 모범이자 지침이 되는 정적인 상태를 유지한 것도 아니었다. 1229년, 오고데이가 즉위하면서 부황의 법률과 칙령은 여전히 유효하며 변한 것이 없다고 선언한 것은 사실이다.[102] 밧사프에 따르면, 조치 카사르Jōchī Qasār의 후손에게서 계승권을 박탈한다는 칭기스 칸의 결정(밧사프는 튀르크어 '야사yasa'와 아랍어·페르시아어 카이다qāʿida를 함께 사용했다)은 밧사프의 시대까지도 유효했다.[103] 그러나 칭기스 칸 이래 카안들이 즉위할 때마다 자신만의 야사를 추가했다는 기록도 적지 않다. 구육은 1246년에 즉위할 때 오고데이와 마찬가지로 아버지의 야사가 여전히 유효하며 아무것도 바꾸지 말라는 명령을 내렸다. 이는 오고데이의 야사 역시 구속력을 지녔음을 뜻한다.[104] 그보다 뒤인 1311년에 새로 즉위한 부얀투 카안Buyantu Qaghan(원나라 인종仁宗, 아유르바르와다Ayurbarwada)은 증조부 쿠빌라이의 야사를 조사해 그동안 지켜지지 않았던 법령을 다시 준수하라고 명령했다.[105] 이 같은 양상은 지방 칸국들에서도 마찬가지였을 것이다. 이란의 일칸 아바카는 663/1265년에 즉위하면서 아버지 훌레구의 야사는 거스를 수 없는 것이라고 선언했다.[106] 야사는 여러 칸이 정한 규정의 모음집이었으니 당연히 시간이 흐르면서 차츰 울루스별로 차이가 생겨났을 것이다.

'야사'라는 단어 자체가 지닌 의미도 그 폭이 굉장히 넓다. 페르시아어와 한문 사료를 검토한 이고르 데 라케빌트츠Igor de Rachewiltz는 이 말이 경우에 따라 '정권regime' 혹은 '지배rule'의 뜻으로도 사용되었음을 발견했다. 그는 영어 'rule'에 '규칙norm'과 '통치government'라는 의미가 있는 점과 비슷하다고 생각했다.[107] 라시드 알딘은 부르칸 칼둔Būrqān Qāldūn에 있는 성소에서 '야사yāsā'와 '유순yūsūn'을 지키는 '천호'가 있다고 썼다.[108] 이것도 앞서 언급한 '정권'의 의미를 반영한다고 볼 수 있다. 이런 맥락에서 쓰인 '야사'는 마찬가지로 두 가지 의미를 지닌 'order'로 새기는 편이 정확할 것이다.[109]

이쯤에서 칭기스 왕조와 유목민 병사들이 도시의 유혹에 어떻게 굴복했는지를 살펴볼 필요가 있을 듯하다. 일찍이 돌궐 제국 시대부터 이에 대해 엄숙한 경고가 등장했고,[110] 야사에도 위배된다고 여겨졌다. 몽골 칸 중 일부는 새로운 도시를 창설했다고 알려졌다. 예컨대 일칸 올제이투는 술타니야Sulṭāniyya를 세웠고(703~716/1304~1316), 차가다이 칸 쾨펙Köpek은 카르시Qarshī를 세웠다(720?~726?/1320?~1326?).[111] 후대의 칸 중 일부는 유목식 생활 방식이 이슬람에 반한다고 생각했다는 기록도 있다. 그러나 취락을 건설하는 것 자체는 매우 일찍부터 존재했던 현상이다. 칭기스 칸의 동생 조치 카사르와 그의 왕통은 몽골고원에 성벽을 두른 도시를 세웠고,[112] 바투는 1250년경에 볼가강 하류에 사라이Saray('궁전'을 의미하는 페르시아어)를 지었다.[113] 이런 도시들은 단순한 창고 기능만 했던 것이 아니라, 카라코룸처럼 지배자가 계절에 따라 이동할 때 들러서 휴식을 취하는 곳이기도 했다. 마르코 폴로에 따르면, 인구의 절대다수가 유목민이었던 오르다 울루스에도 정주 취락이 있었다(그 가운데 다수는 성벽까지 둘렀다). 아마도 보조적 수준이었겠지만, 이들의 생계 수단에는 농경도 포함되었다.[114] 술타니야는 초지가 풍부한 지역에 자리한 도시였다. 올제이투가 술타니야를 선택한 이유는 사냥 원정의 본거지이자 유목민 추종자들이 가축을 칠 수 있는 평원이었기 때문이며, 1년 중 그곳에 머문 기간은 4할 정도에 불과했다.[115]

요컨대 새로운 도시의 건설은 유목식 생활 방식을 폐기하기 위해서가 아니라 이를 보조하고 강화하기 위해 이루어졌다. 게다가 도시의 주민 절대다수가 몽골인이 아니라 상인·장인·사제·성직자 등이 존재했다는 점에서 몽골 칸국들의 다종족적 특성을 보여준다.[116] 카이두와 두아가 재건한 페르가나의 안디잔Andijān이라는 도시에 각 종족을 위한 별개의 구역이 존재했던 것도 마찬가지 이유에서였을 것이다.[117] 그렇다고 몽골 지배자들이 세운 일부 도시가 행정적·경제적 기능을 상실한 뒤에도 상징적 중요성을 지니게 되었음을 부정한다는 이야기는 아니다.

15세기의 카라코룸이 이에 해당했고, 티무르 시대를 전후해 사라진 일 칸국과 밀접한 관계였던 술타니야의 지배가 지닌 의미 역시 그러했다.

왕조 내부의 긴장과 분쟁

티모시 메이는, 위기가 벌어지지 않았다고 할 만한 시기는 칭기스 칸의 죽음 이후뿐이라고 지적했다.[118] 그러나 칭기스 칸은 스스로 지정한 후계자에게 통일 제국을 물려줄 수 있었던 최후의 군주였다. 황위 계승에서는 정해진 법칙이라고 할 만한 것이 없었다. 다만, 정식으로 열린 쿠릴타이에서 알탄 우룩 가운데 가장 유능한 구성원을 합의를 거쳐 선출해야 한다는 원칙이 존재했을 뿐이다. 그런데 능력의 기준은 계서일 수도 있었고, 지혜롭다는 평판이나 군사 분야에서 거둔 성과일 수도 있었으며, 심지어 칭기스 칸이 남겼다는 금언金言, bilig을 얼마나 잘 아느냐가 될 수도 있었다. 조지프 플레처Joseph Fletcher가 '태니스트리tanistry'* 라고 이름 붙인 이 원칙은 분란을 피하는 데 효과적인 수단이라고 할 수 없었다.[119]

칭기스 칸의 세 후계자가 재위하는 사이사이에 공백이 점점 길어진 점은 황가 내부의 긴장이 점차 높아졌음을 알려준다. 오고데이가 죽은 뒤 구육이 선출될 때까지는 5년간 공백이 있었다. 구육의 짧은 재위 기

---

* 본래 게일인의 계승 제도를 가리키는 말(게일어로는 타나시탸흐트(tánaisteacht))로, 가문의 남계 후손 가운데 가장 능력 있는 사람이 가문의 재산과 가주의 지위를 계승하는 '적임자 상속'의 관행을 일컫는다. 조지프 플레처의 '태니스트리'는 계승 후보자가 경쟁을 통해 통치권을 획득하고 최종적으로는 남아 있는 남성 경쟁자들을 제거한다는 의미다.

간(1246~1248)에는 외부를 향한 대규모 원정은커녕 1237~1241년 동유럽 원정에서 사촌 바투와 다툼이 벌어져 제국 전체가 긴장에 휩싸였다. 구육은 죽음을 앞둔 상황에서도 바투를 치기 위해 군대를 직접 이끌었다. 바투가 사촌 몽케(칭기스 칸의 막내아들 톨루이의 맏아들)를 카안(재위 1251~1259)으로 세우는 데에는 3년이 걸렸다. 오고데이와 구육의 가족과 차가다이 왕통 구성원들은 몽케의 계승에 공개적으로 반대했다가 두 가족 모두 대다수가 처형되거나 중국 방면의 전선으로 추방되고 영지도 빼앗겼다. 그 결과 차가다이 울루스는 영토가 쪼그라든 정도에 그쳤지만, 오고데이 울루스는 아예 왕통의 일부 계승자들에 의해 갈갈이 찢겼다.[120] 이제 실질적으로는 세 개의 대형 울루스, 즉 중앙 울루스와 조치 울루스, 톨루이 울루스가 아시아 지역의 대부분을 지배했다. 이런 식의 공동 통치condominium는 오고데이의 통치기에 이란에서 이루어진 행정 개혁으로 그 전조를 보였다가, 1251년 몽케의 즉위로 강화되었다. 1253년에 몽골 제국을 방문한 기욤 드 뤼브루크는 몽골 세계가 새 카안과 바투, 두 사람의 영향권으로 나뉘었다고 결론 내렸다.[121] 그 두 사람은 사이는 좋았던 것 같은데, 바투가 죽고 그의 동생 베르케Berke가 뒤를 이으면서 상황이 바뀌었다(1255~1256년경).

앞서 언급했듯이, 몽케는 1252년에 쿠빌라이와 훌레구를 각각 사령관으로 세워 새로운 원정에 나섰는데, 부분적으로는 공동의 목적의식을 되살리기 위해서였다. 몽케의 의도가 동생들을 단순히 총사령관으로 임명하는 데 있었는지, 아니면 그들 각각을 수장으로 하는 완전히 새로운 울루스를 창설하는 데 있었는지는 알 수 없다. 특히 이란의 상황이 모호했다. 라시드 알딘에 따르면, 카안의 의도는 훌레구가 이란을 통치하게 하는 것이었지만(실제로 일어난 일이다), 이를 공개적으로 드러내지는 않았다.[122] 오고데이의 통치기에 바투와 그 대리인들은 이란 행정에서 중요한 역할을 했으며, 아나톨리아에서는 바이주와 그 병력에 대한 권한을 점차 확대했다.[123] 실제로 조치 왕통은 이란 영토에서 상당한 토지 지분을 가지고 있었던 것 같다. 최근 발견된《몽골 재기載紀, Akhbār-i Mughūlān》라는, 1280년대에 작성된 역사서에 따르면, 훌레구의 원정에 참여한 조치 왕통의 왕자들은 호라산, 아제르바이잔, 아란Arrān, 조지아에서 가장 비옥한 초지를 차지하며 상당한 권세를 누렸다.[124]

이븐 파들룰라 알우마리의《견문기》는 라시드 알딘과는 확연히 다른 그림을 그린다. 이 책에서, (때때로 맘루크 정권과 외교 관계를 맺었던) 조치 일문의 칸들은 훌레구를 형의 대리인 이상의 존재로 여기지 않았다. 조치 일문을 비롯한 다른 칭기스 왕통들은 일칸이 칭기스 칸이나 그 이후의 카안들을 내세우지 않고 시간의 흐름에 따라, 그리고 무력을 통해 지배권을 확보했다고 주장했다.[125] 일칸국의 저자들에게 이것이 아주 민감한 문제였음은 분명하다. 몽케의 통치기에 이미 톨루이의 지위를 강조해 새 정권을 합법화하려는 시도가 있었다.[126] 그러나 현존하는《계보집성》사본 가운데 가장 이른 시기에 작성된 738/1338년 사본에서 샤반카라이는 톨루이를 더욱 드높이기 위해 세 가지 기묘한 서술을 남겼는데, 이 내용은 라시드 알딘을 비롯해 주요 일칸국 사료 어디에서도 확인되지 않는다. 그 세 가지 서술은 다음과 같다. 첫째, 톨루이는 다른 형제들과 달리 칭기스 칸이 보르테를 통해서가 아니라 (근거 없는 주장이지만) 칭기스 칸의 첫째 아내인, 케레이트부 옹 칸(여기서는 "칸들 중의 칸"이라 불렸다)의 딸에게서 얻은 아들이다. 둘째, 톨루이의 어머니는

1227~1229년의 공백기에 섭정으로 인정받았다. 셋째, 칭기스는 톨루이에게 옥수스강 서편의 땅 전체를 수여했다.[127] 톨루이가 가장 총애받는 아들이어서 호라산 점령 당시 특별히 중요한 임무를 받았다는 이와 비슷한 인식이 그보다 약간 앞선 시기의 역사서인 사이피의 《헤라트사》(1322?)에서 이미 보인다는 사실은 이런 주장이 이란 세계에 뿌리를 둔 특별한 지방 전승임을 시사한다.[128] 그러나 도저히 신뢰할 수 없는 샤반카라이의 세부 묘사는 톨루이와 그 왕통이 보유했던 약간 독특한 권리를 윤색해 조치 왕통의 주장을 반박함으로써 일칸국의 성립을 정당화하려는 시도로 보인다.

1260년, 쿠빌라이와 톨루이의 막내아들 아릭 보케Arigh Böke는 각각 중국과 몽골고원에서 자신이 몽케의 뒤를 이은 카안이라고 선언했다. 두 사람이 벌인 전란은 1264년에 쿠빌라이의 승리로 끝났다. 차가다이의 손자 알루구Alughu는 아릭 보케에 의해 중앙아시아 통치를 위해 파견되었으나 쿠빌라이 쪽으로 넘어갔다. 때맞춰 쿠빌라이 지지를 선언한 훌레구는 위기를 이용해 휘하 군대의 조치 왕통 세력을 학살하고 스스로 이란의 지배자가 되었다. 이 가운데 한 무리는 탈출에 성공해 호라산에 머물던 조치 왕통의 지휘관 네구데르Negüder에게 합류한 뒤, 동쪽 가즈니 지방으로 이동해 그뒤 몇십 년 동안 독립 세력으로 잔존했다(제7장 참조). 훌레구의 이런 행동으로 인해 훌레구와 조치 일문의 베르케 칸 사이에서 또다른 전쟁이 벌어졌다. 베르케는 아릭 보케를 지원하기도 했다.[129]

훌레구는 일찍이 1260년에 알레포와 다마스쿠스를 점령했다가 봄에 시리아에서 퇴각했다. 이는 동방의 사태 전개를 관망하기 위해서였음이 분명하다. 맘루크 군대는 훌레구가 케드부카Ked-buqa 장군과 함께 남겨둔 군대를 9월에 아인 잘루트'Ayn Jālūt에서 전멸시켰다. 일칸 가잔이 699/1299~1300년에 잠시 시리아를 점령한 때를 제외하면, 이 전투로 몽골 제국의 근동 방면 확장이 종말점에 다다랐다. 그 이후 차츰 유프라테스강을 경계로 일칸국과 맘루크 제국 사이의 경계가 형성되었다. 이 선은 문화권의 경계이기도 했으니, 유프라테스강의 동쪽은 페르시아 문화가, 서쪽은 아랍 문화가 주류 자리를 차지했다. 661/1263년 이후 60여 년에 걸쳐 베르케를 비롯한 조치 일문의 칸들은 일칸국에 대한 군사 행동에 협력하기 위해 맘루크 술탄들과 외교 관계를 유지했다. 이들은 맘루크 정권의 생존에 필수적이었던 킵차크 노예 교역도 허락해 주었다.[130] 아인 잘루트에서의 패배를 설욕하지 못한 일칸들은 서구 그리스도교 지배자들 쪽으로 눈길을 돌렸다.[131] 이때 처음으로 몽골 군주들은 동포 몽골인들에게 대항하기 위해 외부 세력과 협력할 태세를 보였다.

'4대 울루스'

몽케가 사망할 당시의 몽골 제국은 그 규모 면에서 칭기스 칸이 오고데이에게 남겨준 유산과는 판이하게 달랐다. 존 다디스John Dardess는 카안의 본거지와 몽골 제국 변경 사이의 먼 거리가 분리를 낳았다고 강조했다. 엄청난 운송 비용이 발생했을 뿐만 아니라 왕자들의 분봉지와 제국 중심부의 경제적 통합을 불가능하게 만들었으며, 정치적 통합에도

영향을 끼쳤다는 것이다.[132] 몽골인들은 '비단길'의 전체 경로를 지배한
처음이자 마지막 유목 세력이었다.[133] 칭기스 왕조의 최대 영토는 동서
로는 한반도, 남중국해에서 카르파티아 분지, 유프라테스강까지, 남북
으로는 시베리아 침엽수림에서 힌두쿠시산맥에까지 이르렀다. 그러나
이 경계선에 이르기도 전에 통일 제국은 이미 실질적으로 자치를 누리
는 몽골 국가들, 즉 킵차크 칸국, 차가다이 울루스, 이란과 이라크, 아나
톨리아 대부분을 지배한 일칸국, 대도大都(몽골어로 칸발륵Ḫānbalıġ, 오늘날
의 베이징)를 중심으로 한 극동의 카안 울루스로 나뉘었다. 티무르의 손
자 울룩 벡의 저작으로 알려진 책의 제목이《4대 칭기스 왕조 울루스의
역사Ta'rīkh-i arba'a ulūs-i chingīzī》인 데에서 짐작할 수 있듯이, 몽골 제국의
4분할이라는 오늘날의 관념은 늦어도 15세기 초에 확립되었다.[134] 1세
기 뒤의 인물인 하이다르도 "4대 국가aqwām-i arba'a"가 칭기스 칸의 영토
분할에서 비롯되었다고 썼다.[135]

그러나 이러한 서술은 (칭기스 칸이 형성한 울루스 체제를 훼손한) 훌레
구의 일칸국 창건이라는 사건뿐만 아니라 다른 중요한 정치적 사건들
을 무시한 결과다. 시르다리야강 하류와 시베리아 서부 지역의 일부를
포괄하는, 조치의 아들 오르다의 울루스인 청 오르다는 늦어도 14세기
초에 이미 바투의 후계자들에게서 독립한 상태였다.[136] 조치 왕통의 왕
자 노가이Noghai가 킵차크 칸국의 서부에 세운 거대한 공국은 그가 타
도된 699/1299~1300년까지 존속했다. 칭기스 칸의 동생들의 후손들
이 만주와 몽골고원 동부에서 보유한 분봉지도 있었다. 그러나 이들은
1287~1288년 쿠빌라이의 영향력 아래에서 더 강하게 결속했다.[137]

'오고데이 울루스'가 1251년의 톨루이 반정 이후에 존재했는지

도 의심스럽다. 이런 시각에서 보면 오고데이 울루스는 차가다이 왕통이 670/1271년에 쿠빌라이에게 대항해 오고데이의 손자 카이두(사망 702/1303)를 중앙아시아의 상위上位 칸으로 인정하면서 부활했다.[138] 그러나 카이두의 제국은 차가다이 왕통의 칸 두아와 카안 테무르Temür가 705/1305년에 그의 아들 차파르Chapar를 타도하면서 붕괴했다(그뒤로도 차가다이 울루스는 여전히 "카이두와 두아의 영토"라고 불렸다).[139] 차파르와 그 형제 중 일부는 원나라로 망명했지만, 오고데이 왕통의 왕자들 가운데 적지 않은 수가 차가다이 울루스에 그대로 남았고 그 후손 중에서는 차가다이 울루스의 옥좌에 오른 예도 있다. 오고데이 왕통이 잃어버린 카안 자리를 떠올리게 하는 지위를 다시 차지한 것은 티무르를 통해서였다.

1260년 이후 출현한 상위 울루스들은 이전의 울루스들과는 질적으로 달랐다. 첫째, 이란 세계에서는 아르군 아카가, 중앙아시아에서는 마수드 벡이 수장이 되는 "합동 위성식 행정"은 각각 훌레구와 알루구(1266년에 사망한 뒤에는 카이두)의 통제를 받았다. 다시 말해 이런 기관들은 이제 카안의 직속 기구가 아니게 되었다. 둘째, 카안은 이제 조치 울루스나 차가다이 울루스의 칸 지명에 관여하지 않게 되었다. 1295년까지 일칸의 즉위만 간신히 추인했을 뿐이다. 셋째, 두 복속국, 즉 베쉬발릭에 자리잡은 위구르 공국과 차가다이 울루스 외부에 자리잡은 바다흐샨Badakhshān 왕국은 본래 카안의 직접적인 지배 아래에 있었다. 그런데 카이두와 두아가 으둑쿠트를 동쪽으로 몰아내고 고창 위구르 영토 대부분을 차가다이 울루스로 합병했다.[140] 13세기 말에는 차가다이 울루스가 바다흐샨을 장악했다.[141] 넷째, 훌레구가 이란에 주둔한 조치 왕통의 군사들을 학살했고, 알루구는 사마르칸드와 부하라에 배치된 베르케의 기술을 학살했다. 이렇게 함으로써 일칸과 차가다이 일문의 칸은 각각 자기네 울루스 안에 존재하는 다른 왕자들의 자산을 동결하거나 파괴했다. 훌레구는 아나톨리아에 주둔하던 탐마 부대를 자신의 군대로 흡수했으며, 그의 아들이자 후계자 아바카는 667/1269년에 훌레구를 따라 이란에 진입한 왕자 테구데르Tegüder가 통솔하는 차가다이 일문의 분견대에까지 자신의 영향력을 넓혔다. 요컨대 1260년대에 지리적으로 뚜렷이 구분되는 정치체가 확립되었으며, 이를 지배하는 칸들에게 각 정치체 내부 자원이 집중되었다.

몽골 제국의 분열로 세계 정복의 계획은 좌초되었다. 극동에서 쿠빌라이 칸이 송 제국을 멸망시키면서(1279) 그의 자원이 크게 늘어났다. 안남을 비롯한 지방의 정복도 같은 결과를 낳았다. 그러나 시리아에서는 맘루크 국가에 의해, 규슈에서는 일본에 의해 막히면서 몽골 제국의 확장은 아시아 대륙 양쪽에서 끝나고 말았다. 맘루크들은 아인 잘루트 이후 시리아를 점령했고, 술탄 바이바르스Bāybars는 그 직후 압바스 왕조의 후예를 데려와 카이로에서 칼리프로 옹립함으로써 정권을 합법화하고 맘루크 술탄국이 이슬람의 방벽이라고 자처할 만한 상황을 연출했다.[142] 서아시아에서 몽골 제국의 진격이 중단되자 여전히 중요한 수입원이었던 약탈에 따른 유입이 크게 줄어들었다. 칭기스 왕조의 힘은 하늘의 뜻을 현실화하는 데 있었지만, 이제 그들은 내부 분란에 집중해야 했다.

왕실 내부에서도 분란이 자주 발생했다. 일칸국은 9세기 이후 이란 전체를 지배한 최초의 왕조였지만, 이란 전체의 지배자라는 지위는 도전의 대상이었다. 일칸들은 킵차크 초원의 칸들과 (카이두에게 복속한) 차가다이 일문, 양측의 영토 확장 야심을 맞닥뜨렸다. 702/1302~1303년 킵차크 칸국에서 일칸 가잔에게 보낸 사절은 칭기스 칸의 영토 할당을 근거로 아제르바이잔과 이란에 대한 조치 왕통의 권리를 재차 주장했다. 이븐 파들룰라 알우마리에 따르면, 칭기스 칸은 조치가 소유한 영토에 하마단, 아란, 타브리즈, 마라가Marāgha를 얹어주었다.[143] 14세기 조치 일문의 칸 외즈벡Özbeg(재위 712~742/1313~1342)과 그의 아들 자니벡Janibeg(재위 742~758/1342~1357) 둘 다 아제르바이잔을 침공했고, 자니벡은 잠시나마 정복하기까지 했다. 티무르와 조치 일문의 칸 톡타므쉬 사이에서 일어난 갈등의 주요 요인은 티무르가 이미 차가다이 울루스에 합병한 캅카스산맥 이남 영토에 대한 오랜 권리를 톡타므쉬가 다시 주장한 것이었다.

차가다이 울루스는 때때로 "둠다두 몽골 울루스Dumdadu Mongghol ulus"('중앙 몽골 울루스')로 불렸다. 서유럽 사료에서는 이를 라틴어로 "임페리움 메디움imperium medium" 혹은 "임페리움 데 메디오imperium de medio"로 옮겼다(기이하게도 때로는 "메디아 제국imperium Medorum/imperium Medie"으로 옮겨지기도 했다).[144] 차가다이 울루스가 몽골 제국의 중앙에 위치한 점이 난점이자 긴장의 근원으로 작용했다. 1260년 이후 일칸국이 출현하자 차가다이 울루스는 모든 방면에서 다른 몽골 정치체로 둘러싸였고, 오직 펀자브로 이어지는 가느다란 회랑만이 남아 있었다. 사실 처음에는 이 방면에도 차가다이 울루스의 지배를 받지 않는 몽골계 네구데르부라는 장애물이 있었다. 따라서 조치 일문에게는 동유럽이, 일칸들에게는 시리아가, 카안/원 황제들에게는 동남아시아가 있었던 데 반해, 차가다이 일문 쪽에서는 확장을 꾀할 만한 방면이 없었다.[145] 라시드 알딘은 카이두가 667/1269년에 소집한 쿠릴타이에서 차가다이 왕통의 칸 바락Baraq(재위 664~670/1266~1271 또는 1272)이 "이렇게 작은 울루스hamīn mukhtaṣar ulūs"라는 식으로 자신이 받는 압박감을 표현했고,[146] 바락의 손자 에센 부카Esen Buqa 칸이 원과 일칸의 협공을 두려워하며 호라산을 선제공격하는 것이 유일한 방도가 아닐까 생각했다고 서술했다.[147]

번성하는 도시 중심지들뿐만 아니라 광대한 초지까지 보유한 호라산은 아무다리야강 이북의 유목민 침략자들에게 오랜 매혹의 대상이었다.[148] 중앙아시아의 몽골인들은 이미 차가다이 생전부터 호라산에 군침을 흘렸고, 그의 아들 예수 몽케Yesü Möngke 칸은 1240년대에 재차 위성 국가인 헤라트의 카르트 왕국의 일에 개입하고자 했다.[149] 658~664/1260~1266년, 알루구가 칸으로 즉위한 뒤 곧장 취한 조치 가운데 하나는 인도 방면에 있던 몽골 노얀들에게서 복종을 얻어내는 것이었다.[150] 이 진격은 668/1270년 바락의 호라산 침공과 마찬가지로 실패했던 것 같다.[151] 그러나 카이두와 두아를 통해 새로 태어난 차가다이 일문이 일칸국 동부의 영토를 향해 드러낸 야심은 훨씬 큰 결실을 맺었다(제7장 참조).

장거리 원정에는 칭기스 왕조의 여러 지파가 동원되었기 때문에 각 울루스마다 내부에 잠재적 분란의 원인이 될 수 있는 다양한 왕통이 존재했다. 1251년에 톨루이 반정을 지지했던, 오고데이 왕통의 카단Qadan과 멜릭Melik(오고데이가 첩실을 통해 얻은 아들들) 일문은 카이두 시대에 대부분 중앙아시아에 있었다. 이들 다수는 705/1305년 차파르에게 대항하는 두아를 위해 싸웠다. 티무르가 옹립한 두 칸 역시 멜릭의 후손이었다. 더 나은 미래를 찾아 울루스들 사이를 오가던 왕자들 역시 불안의 요소로 작용하는 경우가 잦았다.[152] 다음 몇 가지 예만 보더라도 이런 정황을 충분히 이해할 수 있을 것이다. 바락이 죽은 뒤 알루구의 아들들은 동쪽으로 이동해 원나라 조정을 위해 일했다. 티무르 시대 이들의 지파는 하미Hami(카물Qāmul)의 공국을 지배했다.[153] 차파르의 몰락 이후 오고데이 왕통과 차가다이 왕통의 왕자 다수는 아릭 보케와 조치 카사르의 후손 일부와 함께 일칸령 호라산에 정착했다. 이 이주의 장기적 결과 가운데 하나는 아릭 보케의 후손인 아르파Arpa와 조치 카사르의 후손인 타가이 테무르가 1330년대에 일칸으로 즉위한 일이었다. 이들 가운데 가장 골치 아픈 난민은 차가다이 왕통의 야사우르Yasa'ur였다. 그는 716/1316년에 올제이투 쪽에 망명했으나, 올제이투의 후계자 아부 사이드에게 대항해 반란을 일으켰다.

변치 않는 몽골 제국의 통합성?

1260년 이후에 발생한 온갖 격변에도 불구하고 위대한 몽골 백성, 즉 여러 하위 울루스로 구성되고 카안이 주재하는 하나의 몽골 울루스라는 관념은 14세기까지 살아 있었다.[154] 1304년, 두아는 카라코룸을 "나라의 중심markaz-i dawlat"이라고 불렀다고 한다.[155] 김호동은 1272년에 쿠빌라이가 정권의 이름으로 택했다는 '대원大元'이 중화 문명의 왕조명이 아니라 몽골어 '예케 몽골 울루스Yeke Mongghol ulus'의 번역어이며, (한인漢人 지식인들의 시각과 달리) 단순히 쿠빌라이가 지배하는 중국 지방만이 아니라 몽골 제국 영토 전체에 적용되는 표현이라고 지적했다.[156]

《원사》〈외이外夷〉에 따르면, 쿠빌라이와 그 후계자들은 자신들의 군주권이 전 세계로 확장될 수 있다고 생각했던 것 같다.[157]

그럼에도 복속시켜야 할 영토, 라시드 알딘의 표현을 빌리자면 '반역' 중인 땅이 여전히 많았고,[158] 지방의 칸들 역시 자신들의 독립성을 희생해서라도 영토를 확장해야 한다는 의무를 의식했다. 661/1263년, 베르케는 술탄 바이바르스에게 보낸 국서에서 (의도한 일은 아니었겠지만 아이러니하게도) 몽골인들이 통합성을 유지했다면 세계를 정복할 수 있었을 것이라고 주장하며 칭기스 왕조의 화합이라는 원칙을 강조했다.[159] 일칸 아바카는 667/1269년에 바이바르스에게 보낸 편지에서 몽골인들에게 임무가 부여되었다는 식의 이야기를 들먹였다. 바이바르스가 몽골 제국의 종주권을 인정한다고 주장한 근거가 바로 이것이다.[160] 올제이투는 710/1310~1311년에 델리 술탄 알라 알딘 할지'Alā' al-Dīn Khaljī에게 복속을 요구했다.[161] 심지어 로마 교회권Latin west 세계와의 우호적인 서신 교환에서조차 훌레구와 아바카는 몽골인의 세계 정복 임무를 암시했다.[162] 그러나 이러한 수사적 표현이 경쟁하는 칸이 동일한 임무를 수행해야 하는 다른 칸의 의무를 존중했다는 뜻은 아니다. 60여 년 동안 조치 일문은 맘루크 술탄국이 일칸국 영토를 공격하도록 부추겼다. 699/1300년경, 카이두와 차가다이 왕통 동맹은 가잔이 맘루크령 시리아를 침공하느라 자리를 비운 틈을 기꺼이 이용해 일칸국 동부를 침공했다.[163]

다른 무엇보다, 세계 정복이라는 왕조의 과업을 실현한다는 표현으로써 화합을 회복하려는 시도가 때때로 있었다. 가장 극적인 사건은 1304년에 두아의 제안으로 차파르가 테무르 카안에게 복속하고 몽골 제국의 적들을 제압하기 위한 공존의 이상을 제시한 것이다.[164] 일칸 올제이투는 1305년에 프랑스 국왕 필리프 4세에게 보낸 국서에서 이 화해로 초지역적 역참망이 부활했다며 몽골 제국의 영향력이 탈루Talu(사람이 사는 세계를 두르고 있다고 믿어졌던 바다) 연안까지 확장될 것이라고 선언했다.[165] 그러나 이 평화는 단명했다. 앞서 보았던 대로, 두아의 제안은 원나라의 지원을 받아 차가다이 울루스를 해방시키는 것이 그 목적이었기 때문이다. 몇 년 지나지 않아 카이두의 옛 영토는 차가다이 왕통과 원나라 조정 사이에서 분할되었다.

그 이후의 몽골 세계에서 카안의 자리는 어디였을까? 몽골 칸들이 칭기스 칸의 후손이라는 공통의 정체성을 주창하거나 카안을 몽골 오이쿠메네oecumene의 수장으로 인정한 것은 단순히 이상을 위한 빈말이었을 뿐일까? 이제 중앙아시아에 대립카안anti-qaghan은 존재하지 않았고, 몽골 황가 내부에서도 원나라의 위상은 도전받지 않았다. 오히려 서방 칸국들과 원 조정과의 관계는 예순 테무르 카안Yesün Temür Qaghan(재위 1323~1328)의 통치기에 더 가까웠다. 1330년경 이름이 알려지지 않은 프란치스코회 소속의 한 저자는 지방의 칸들이 정기적으로 원 조정에 공물을 보낸다고 기록했다.[166] 그 몇 년 뒤 샤반카라이는 카안이 "몽골인들과 지상의 왕들의 술탄"이고 다른 칸들은 단지 "외딴곳aṭrāf의 술탄과 왕"일 뿐이라고 기록했다. 알우마리도 비슷한 표현을 썼다.[167] 《원사》에서 멀리 떨어진 조치 왕통을 서술한 대목에서 나타나듯이, 이는 분명 칸발릭의 시각과도 일치한다.[168] 현재까지는 주화에서 카안을 상위 군주로 인정한 예는 일칸들의 경우만 확인되었는데, 그나마도 일관성이 없는 데다 가잔 마흐무드가 즉위한 1295년 이후로 이 관행은 완전히 사라진 듯하다.[169] 또한 카안들은 부카Buqa(사망 688/1289), 초반Choban(사망 727/1327)을 비롯한 이란 내의 선임 아미르들에게 관작官爵을 내려주었다.[170] 오늘날의 제한된 사료만으로 다른 칸국들과의 사이에서도 이런 후원 관계가 존재했는지 아닌지를 가늠하기는 어렵다.[171] 그러나 원나라의 밀접한 동맹국이자 같은 톨루이 왕통의 지배 아래에 있던 일칸국의 사례는 오히려 예외로 보인다.

한편 알우마리는 카안의 종주권이 순전히 명목뿐이었다는 인상도 풍긴다. 지방의 칸들은 그에게 사건 정보는 보고했지만, 카안은 칸들의 정책에 영향을 미치지 못했다.[172] 실제로 심호성은 1332년 이후 원 조정과 다른 칸국들 사이의 사절 교환이 감소했음을 밝혀냈다.[173] 황제 선출에 원나라 바깥의 대리인이 참석하는 경우는, 몇 년 동안 차가다이 울루스에서 유배 생활을 한 코실라Qoshila가 1328~1329년에 몽골고원에서 차가다이 일문의 엘지기데이 칸Eljigidei Khan이 이끄는 군대의 지지를 받아 카안으로 옹립되었던 경우처럼 특수한 상황에서만 이루어졌던 듯하다.[174]

카안의 칙령을 부르는 용어에서 특히 이중적인 모습이 나타난다. 713/1313년, 원나라의 변경을 지키는 장수는 차가다이 일문의 사신에게 카안의 명령만이 '야를륵yarlıġ'*이며, 다른 칸의 명령은 '링치lingchi'(한문으로 '영지令旨', 몽골어로 '우게üge')로 불려야 한다며 화를 냈다. 그러자 차가다이 일문의 사신은 자기네 칸 역시 〔자신들에게는〕 카안이나 마찬

• '야를륵'은 튀르크어식 표기로, 몽골어식 표기는 '자를릭(jarliġ)'이다. 자를릭은 원래 '(신, 군주, 고위 관료 등의) 말씀'을 의미했는데, 특별한 존재의 '말씀'이기 때문에 권위와 강제성을 가진 '명령'이라는 뜻으로 사용되었다. 한문 사료에서는 '성지(聖旨)'로 옮겨졌다.

가지이니 그의 명령 역시 야를륵으로 불릴 수 있다고 주장했다.[175] 투르판에서 발굴된, 1304년에서 1369년 사이에 작성된 문서들도 차가다이 일문의 관원들이 이런 관행을 따랐음을 보여준다.[176] 이 관행이 가장 극명하게 드러나는 예는 주화다. 쾨펙(사망 726?/1326?)에서 다니슈만드차Danishmandcha(사망 749/1348~1349)에 이르기까지 차가다이 울루스의 칸들은 주화에서 '알하칸 알아딜al-khāqān al-ʿādil'('정의로운 카안') 혹은 '알하칸 알아잠al-khāqān al-aẓam'('위대한 카안')으로 불렸다(타르마시린Tārmāshīrīn은 대체로 '술탄'이라고 불렸다는 점에서 예외다).[177] 카안만이 사용할 수 있는 칭호를 사용하지 않은 세력은 오직 차가다이 왕통의 칸들뿐이었다. 예컨대 조치 일문의 자니벡은 재위 초기에 발행한 주화에서부터 '하칸'으로 불렸으며, 사실상 실제로 집권한 마지막 일칸인 아부 사이드 역시 722/1322년에 작성된 비문에서 '하칸 알아잠'으로 불렸다.[178] '알아잠al-aẓam'이라는 형용사는 '알무아잠al-muʿaẓẓam'보다 더 고풍스러운 용어로, 주로 하칸과 함께 사용되었다는 점에서 의미심장하다(한편 아부 사이드의 아버지이며 전임자인 올제이투는 '술탄sulṭān'으로 지칭되었다).[179] 이 같은 칭호를 사용한 것은 원나라 황제와 동등함을 강하게 드러내 보이기 위함이었다.

1260년 이후로도 몽골 제국에 얼마간 단일성이 존재했음은 확실하다. 몽골인들은 문화적 전통과 관습법은 물론 한때 통일 제국의 각지에서 그러모은 음식 문화까지 공유했다.[180] 이들은 또한 제국의 제도를 물려받았다. 가장 분명한 첫째 요소는 칭기스 황가 자체로, 그 구성원만이 지배자가 될 자격을 지녔다. 또다른 요소로는 '케식', 몽골식 법정인 '야르구yarghu'[튀르크어. 몽골어로는 '자르구jarġu'],[181] 중요한 사안의 심의를 위해 소집되는 쿠릴타이, 일치ilchi와 상인의 안전한 이동을 보장해 주는 '패자牌子'('게레게gerege', '파이자paiza'), 몽골식 세금인 '탐가'와 '쿱추르' 등이 있다. 역참 제도의 경우 전쟁이 일어난 시기에도 연결 기능을 계속 수행했는지는 의심스럽지만, '얌'은 아시아 대부분의 지역이 전례 없이 거대한 규모의 단일한 세력 아래에 있었다는 사실을 증명한다.

이런 맥락에서 중요한 요소가 하나 더 있다. 각 울루스의 몽골인들이 칭기스 칸의 야사에 복종했음은 분명한 사실이다. 그 명령의 뼈대는 세계 정복이 몽골인의 의무라는 것과 그것을 위해 몽골인들이 단결해야 한다는 전제 조건이다. 이는 몽골인들의 아사비야('단결')를 강조한 이븐 할둔의 주장을 뒷받침하는 듯하다. 주바이니는 칭기스 칸이 화살 한 대는 쉽게 꺾을 수 있지만 화살 다발은 꺾을 수 없음을 보여주었다는 일화를 전했다. 머리가 하나인 뱀과 머리가 여럿인 뱀을 비교하는 이야기는 왕공들이 단결해 몽골의 적들을 괴롭히는 분쟁을 피해야 한다는 교훈을 담고 있다.[182] 칭기스 칸은 죽기 전날 밤에 아들들을 훈계하면서 뱀 이야기를 떠올렸다고 한다. 15세기 초, 데 클라비호가 이보다 간략해지기는 했지만 단합을 강조한 칭기스 칸의 호소를 전했다는 것은 놀라운 일이다.[183] 주바이니는 합의와 화합에 관한 훈계가 "그들의 일과 야사의 중심"이었다고 썼다.[184] 라시드 알딘은 왕공·용사·아미르가 '야삭'을 준수하지 않는다면 군주권이 불안정해지고 붕괴할 것이라고 한 칭기스 칸의 말을 인용했다.[185] 가잔 마흐무드 일칸은 칭기스 칸이 야사의 터럭 하나까지 준수했기에 동과 서를 정복할 수 있었으며, 그 후손들은 영토에서 야삭과 관례ayin를 지킴으로써 그 정복의 과실을 누릴 수 있었다고 주장했다.[186] 차파르와 두아도 1304년 테무르 카안에게 복속할 때 칭기스 칸의 업적으로 야사와 사악한 관행의 철폐를 들먹이며 화살 다발 일화를 인용했다.[187] 요컨대 몽골인들에게 '칭기스 칸의 야사'는 패권의 주춧돌이었다.

*

칭기스 칸이 창건한 통일 제국은 60년에 약간 못 미치는 기간 동안 지속되었다. 몽골 제국은 1251년에 오고데이 왕통에서 톨루이 왕통으로 최고 권력이 폭력적으로 이전되고 1260년에 일칸국이 창설되는 두 가지 큰 사건을 겪었다. 티무르가 자신이 세운 오고데이 왕통의 칸을 위해 펼친 선전에서 이 두 사건이 어떻게 다루어졌는지는 제12장에서 확인할 수 있을 것이다. 그러나 칭기스 왕조의 전통, 즉 "제도, 이념적 계율, 상징, 의례, 영토에 대한 주장 등으로 구성된, 현지의 필요에 따라 조정할 수 있는 매혹적인 패키지"는 놀라우리만치 긴 생명을 영유할 운명이었다.[188] 그리고 1260년에 출현한 후계 국가들의 수명은 최소한 75년이었다. 만약 차가다이 울루스의 동부('모굴리스탄Moghūlistān')나 15세기 킵차크 칸국에서 뻗어 나온 정치체들까지 고려한다면, 이 수명은 놀라울 만큼 길다. 트란스옥시아나와 이란에서 티무르의 후계자들이 지배한 국가는 어떤 경우든 조치 일문이나 차가다이 일문만큼 오래 지속되지 못했다. 오직 인도에서 티무르 왕조의 지배가 그들보다 오래 이어졌을 따름이다.

제3장

이슬람화

몽골인들은 이전의 카라 키타이와 마찬가지로, 정복자이자 이교도로서 이슬람 세계에 진입했다. 카라한 왕조나 셀주크 왕조처럼 일찍이 이슬람 세계를 침략한 유목민들의 경우, 이슬람 세계에 진입하기 직전 무슬림으로 개종해 칼리프의 군주권을 인정하고 명목상으로는 그를 대리하는 형식으로 통치했다. 그러나 몽골 카안들은 그 어떤 상위의 권위도 인정하지 않았기에 500년 이상 지속된 바그다드의 압바스 왕조 칼리프좌를 끝장냈다. 이슬람 사상은 무슬림의 지배를 확대해 전 세계에 영향력을 미치게 하는 것 말고 다른 상황은 상정된 적이 없었다. 다시 말해 비무슬림 지배자가 이슬람 세계 내에서 방대한 영역을 지배하는 것은 상상할 수 없는 일이었다. 따라서 무슬림들이 몽골의 침공과 정복을 신의 징벌이자 종말의 징조로 해석하고 그에 대응한 것은 놀랍지 않다(이런 시각의 편린은 몽골의 이교 신앙보다 오래 지속되었고 몽골 칸들이 〔이슬람으로 개종해〕합법적 지배자로 변모하는 과정에서도 지속되었다).[1] 주바이니는 칭기스 칸이 618/1221년 부하라 대모스크의 민바르minbar〔설교단〕에 올라 자신은 무슬림의 죄악을 심판하기 위해 신이 내린 처벌이라고 선언했다는 이야기를 지어냈다.[2] 몽골인의 침공으로 황폐해진 고향을 떠난 주즈자니는 몽골인을 종말의 임박을 예고하는 존재로 보고 '투르크'의 출현에 관한 예언자의 전승(하디스ḥadīth)을 인용했다.[3]

비무슬림의 지배와 무슬림이 처한 곤경

몽골인들의 초기 작전이 엄청나게 파괴적이었다는 것은 분명한 사실이다. 칭기스 칸과 훌레구의 정복 원정은 물론이고, 1260년대 초 몽골 제국의 분열 이후 이어진 내부 분란 시기에 저명한 셰이흐를 비롯해 수많은 무슬림이 살해되거나 부상을 입었다.[4] 그러나 몽골의 지배는 무슬림에게 그보다 더 불쾌한 결과를 가져왔다. 온갖 신앙의 대표자들을 동등한 위치에 놓음으로써 무슬림이 누렸던 특권적 지위를 끝장내버린 것이다. 새로운 질서를 상징하듯, 이슬람 정권들이 전통적으로 아흘 알딤마ahl al-dhimma("보호받는 사람들"이라는 뜻으로, 그리스도교도와 유대교도가 이에 해당한다)에게 부과해온 차별적 세금인 지즈야jizya는 폐지되었다. 그 대신 종교와 관계없이 모든 성인에게 적용되는 인두세인 쿱추르qubchur가 도입되었다. 몽골 시대에는 또한 '우상숭배자'들이 대거 유입되었다. 특히 일칸국은 티베트, 중국, 위구르 지방, 카쉬미르Kashmīr 등지에서 불교 승려들을 끌어들여, 9세기 이후 이란에서 처음으로 불교가 흥성했다.[5] 훌레구가 알라탁Alatagh의 여름 초지 인근인 라브나사구트Labnasagut〔오늘날의 아르메니아 코타이크주Kotayk 가르니Garni 인근으로 추정됨〕에 상징적인 절을 세운 것을 시작으로 이란 곳곳에 불교 사원이 생겨났다.[6] 아바카는 어린 손자 가잔의 양육을 불교 승려에게 맡기기도 했다.[7]

몽골인들은 탐가 세금이나 자기네 전통 법정인 야르구처럼 샤리아에서 규정되지 않은 새로운 제도를 도입하는 데에서 그치지 않았다. 그들은 샤리아와 상충하는 초원의 관습도 강요했다. 아버지나 형의 부인(아버지의 부인인 경우 친모가 아닌 여성)과 결혼하는 수계혼이 대표적인 예다(제2장 참조).《코란》에서는 계모와의 결혼을 명백히 금지했고, 형수와의 결혼은 적어도 눈살을 찌푸리게 하는 일로 여겼다.[8] 복속한 무슬림 군주 중에 수계혼을 한 경우가 있기는 했지만,[9] 쿠빌라이 통치기 후반에 중국의 무슬림들에게 수계혼이 강요된 경우와 달리 무슬림 모두에게 수계혼이 강요되었던 것 같지는 않다.[10]

새로운 지배자들은 초원의 관습과 충돌하는 관행을 금지하는 야사도 내놓았다. 예를 들면 봄이나 여름에 흐르는 물에서 몸이나 의복을 씻는 행위가 금지되었다. 무슬림식 도축법도 금지되었다. 따라서 무슬림들은 동물의 몸을 가르고 그 틈에 손을 집어넣어 장기를 짜내는, 초원의 방식으로 동물을 도축해야 했다.[11] 이슬람의 일상 관행에까지 영향을 미친 이 같은 야사들은 초기 몇십 년 동안만 강요되었던 듯하며, 그나마도 왕공의 천막 근처에서만 한정되었을 것이다.[12] 주바이니가 오고데이 카안의 관용을 설명하기 위해 언급한 일화는 이러한 금지 조치가 공공장소에서 행해지는 경우에만 적용되었음을 넌지시 알려준다.

이는 1280년에 쿠빌라이가 무슬림식 도살법을 금지하는 명령을 재차 내렸을 때 무슬림의 집에서도 무슬림식 도살법을 시행할 수 없다는 것을 굳이 밝힌 데서도 확인할 수 있다.[13] 661/1263년, 베르케의 본영에서 돌아온 맘루크 사절들의 보고에 따르면, 그곳에서는 빨래가 금지되어 있었다. 그러나 이미 빨래를 한 경우에는 몰래 펼쳐서 말려야 했다.[14] 주바이니와 라시드 알딘의 기록에서도 보이는, 공과 사의 구분은 몽골의 태도가 완화되었음을 시사한다.

몽골인과 종교 다원주의

침략자들은 확장 이전에 이미 세계의 주요 종교 가운데 두 종교를 접한 상황이었다.[15] 테무진의 초창기 추종자들 가운데는 무슬림 상인이 두 명 있었다. (네스토리우스파) 그리스도교의 경우, 전통적으로 케레이트, 나이만, 옹구트 사이에서 강력한 지위를 누렸다.[16] 무슬림 학살이나 아홀 알딤마와 동등한 지위로의 강등, 비이슬람식 관습의 강요 등과 같은 정책은 결코 반무슬림 정서에서 비롯된 것이 아니다. 몽골인들이 이슬람 신앙을 없애려 들었던 것도 아니다. 주즈자니는 차가다이가 이슬람을 끝장내겠다는 의도를 품고 무슬림들이 매일 하는 기도문 암송을 금지한 장본인이라고 주장했지만,[17] 사실 차가다이의 재상 하바시 아미드 Ḥabash 'Amīd를 비롯한 무슬림들은 차가다이의 궁전에서 두드러지게 활약했다.[18]

대대로 전해 내려온 몽골 고유의 조상 숭배 관습은 종종 '샤머니즘'

으로 잘못 지칭되기도 하는데, 정확히 말하면 내재론의 범주에 속한다. 내재론적 종교 체계는 의식의 경험론적 입증 가능성을 중시하고, 일상적인 삶, 건강이나 경제적 번영, 정치적·군사적 성공 등 현세 지향성을 띤다. 이와 대조적으로 초월론적 종교라고 부를 수 있는 종교들은 경전의 계시를 바탕으로 삼아 보편적으로 적용되는 윤리 체계를 제공한다. 초월론적 종교들은 내세에서 이루어질 개인의 구원을 중시하며 다른 '경쟁' 신앙들과 뚜렷한 경계를 설정한다. 내재론적 종교는 개인보다는 공동체를 중심에 두며, 전통만큼 효율적이라고 증명된다면 어떤 신앙 체계의 관행이나 기술이든지 받아들일 준비가 되어 있었다.[19] 몽케가 1254년에 기욤 드 뤼브루크와 나눈 마지막 대담에서 "신이 여러 개의 손가락을 주신 것처럼 인류에게도 여러 가지 길을 주셨지"라고 말했듯이 말이다.[20] 주바이니는 칭기스 칸도 비슷한 발언을 남겼다고 썼다.[21] 주바이니는 몽골인들이 어떤 종교에도 적대적이지 않았다고 주장했다. 칭기스 칸의 야사는 후손들에게 어떤 신앙에도 편파성을 보이지 말라고 했고, 왕조 구성원들에게는 어느 종교의 성자든 간에 동등하게 존중하라고 명령했다.[22]

이런 공평한 태도는 마치 특정 종교가 옳다고 판별될 때를 대비해 "하늘에 되도록 많은 보험을 들어두는" 것처럼 모든 종교의 타당성을 인정한 것은 아니었다.[23] 그보다는 모든 신앙이 몽골 고유의 숭배 관습처럼 (하늘과의 의사소통이라는) 목표를 달성하는 데 유용한 기술을 제공할 잠재력이 있다고 여겼다고 적는 편이 더 정확할 것이다. 몽골 지배자와 휘하 유목민들 대다수가 무당의 기술과 의학과 점성술, 혹은 행정 분야 전문가의 경험을 중시했던 것만큼이나[24] 모든 신앙의 '성자'들이 지닌 재능과 봉사도 가치 있게 생각했다.[25] 칭기스 칸은 중국 금나라 원정 중에 도교도와 불교도 가운데 '고천인祷天人'(하늘에 기도하는 사람)들에게 쿱추르와 군역과 노역의 면제, 한마디로 다르한(타르한)의 특권을 부여했다. 이 면세 혜택은 나중에 다른 신앙의 성직자들에게까지 확대되었다. 어느 아르메니아 저자는 바투의 아들 사르탁Sartaq은 그리스도교도였는데도 성직자와 수도사뿐만 아니라 모스크와 모스크에 속한 이들에게도 특권을 부여했다고 썼다.[26] "그들은 자기네 목숨을 위해 기도해주는 이들을 좋아했다"라고 드 뤼부르크가 말했듯이,[27] 이런 호의의 이면에는 황가 구성원의 건강과 성공을 위해 '종교인'을 얻고자 하는 의도가 있었다. 면세와 관련된 성지聖旨에는 이 점이 반드시 명시되었다.[28]

신앙의 자유를 보장하는 것은 복속을 평화롭게 얻어내기 위한 수단이었지만,[29] 동시에 종교 평등책의 성격도 띠었다. 몽골인들은 종교적 충성심이 상충할 때 나타날 수 있는 파괴적 열정을 잘 알았다. 아닌 게 아니라 몽골인들은 이러한 열정을 유리하게 이용한 적도 있다. 633/1235~1236년, 이스파한의 샤파이 법학파 추종자 일부는 하나피 법학파al-madhhab al-Ḥanafī를 추종하는 세력에 대항하기 위해 오고데이에게 먼저 도움을 요청한 뒤에 포위하러 온 군사들에게 성문을 열어주었다.[30] 몽골인들은 일단 지배자 지위가 확립되면 그뒤에는 여러 종교 공동체 사이에 평화가 유지되기를 바랐다. 그들이 보기에 거룩함의 핵심 요소는 불화에 대한 혐오였다. 1254년 카라코룸에서 공개 종교 토론을 열기 전, 몽골인들은 서로 경쟁하는 신앙의 대표자들이 서로를 도발하거나 욕설을 퍼붓는 것을 엄격하게 금지했다.[31]

물론 신앙의 자유와 '종교 관련 계급'에 대한 호의는 몽골의 지배를 수용한다는 조건부로 얻어지는 것이었지만, 몽골인들이 종교 문제에서 보여준 개방성 덕을 보려면 다른 자격도 필요했다. 하늘이 보기에 모든 기도자가 동등한 가치를 지니는 것은 아니었기 때문이다.[32] 애트우드가 명명한 몽골식 "정치 신학political theology"에서 "참된" 종교와 "거짓된" 종교의 명확한 구분은 존재하지 않았으나, 순수한 마음으로 기도하는 사람과 그렇지 않은 사람의 구분은 있었다. 기도가 효력을 발휘하려면, 다시 말해 왕조에 축복을 가져다주려면 어떤 특별한 신조나 의식이 아니라 기도를 올리는 개인의 도덕적 정직성, 특히 금욕적 생활을 통해 모범이 되는 것이 관건이었다. 우선 칭기스 칸과 오고데이 통치기에 성직자의 특권은 "출가한" 사람으로만 한정되었다. 경제 활동을 하는 성직자나 승려에게는 부역이나 토지세, 탐가 등 그에 합당한 세금이 부과되었다.[33] 몽골인들의 생각에 하늘의 총애는 정치적 성공이나 군사적 성공으로 나타나는 것이므로, 정치권력과 관계없는 신앙에 속한 (신자들은 여전히 신앙의 자유를 누렸겠지만) '종교 계급'은 육성할 가치가 없었다. 모든 신앙의 '종교 계급'에게 면세 혜택을 재확인해준 몽케의 성지에서 유대교가 제외된 이유는 바로 여기에 있음이 분명하다.[34]

당연히 이슬람 종교 기관들은 이제 칭기스 왕조의 호의를 다른 신앙들과 공유해야 했지만, 그럼에도 몽골의 후원을 통해 어느 정도 이득을 보았다. 톨루이의 네스토리우스파 그리스도교도 아내 소르칵타니Sorqaqtani(사망 1251)는 무슬림 이맘imām들과 셰이흐들에게 자선금을 베풀었고, 부하라에 있는 마드라사madrasa에도 재산을 기부했다.[35] 몽골 노얀들이 이슬람 성소와 수피 회관을 후원하고 기부한 예도 찾아볼 수 있다.[36] 아바카 일칸은 그리스도교도와 무슬림 모두가 참석한 의식에 직접 참석했다고 알려졌다. 불교에 호의적이었으나 이슬람에는 반감을 지녔던 것으로 유명한 아르군Arghun마저 무슬림의 축제에 참석했다. 이 두 지배자는 전쟁을 앞두고 은총을 얻기 위해 무슬림 성자들의 무덤을 방문하기까지 했다.[37] 이란에서 이 같은 상황은 694/1295년에 (앞서 언급한 대로 불교도에 의해 양육된) 가잔이 개종할 때까지 지속되었다. 그러다 나중에 불교도는 이슬람을 받아들이거나 떠나거나 둘 중 하나를 선택해야 했다.

심지어 주바이니는 658/1260년에 쓴 글에서 몽골인들의 출현이 가져올 이익을 계산해보고자 했다(혹은 분별하려고 했다). 몽골인들의 원정으로 무슬림은 아시아 전역으로 흩어졌다. 도주한 무슬림도 일부 있었지만, 몽골인을 섬기는 노예로 전락해 강제로 고향을 떠나야 했던 무슬림도 많았고, 기꺼이 몽골 제국의 영토로 떠나 새로운 곳에서 정착하려는 무슬림 상인도 일부 존재했다. 오고데이 통치기에도 이슬람은 위구리스탄Uyghuristān〔타림 분지〕, 몽골고원, 중국 등 당시에 이슬람이 아직 알려지지 않았던(혹은 알려지지 않았다고 하는) 지방으로 무슬림이 진출함에 따라 미개척지로 계속 퍼져나갔다.[38] 300년이 흐른 뒤, 미르자 하이다르 두글라트는 자신의 한 정보원의 조상들이 카라코룸에서 격변barhamzadagī이 일어났을 때 로프노르-카타크Lop Nor-Katak 지방으로 도망쳤다는 사실을 들었다.[39] 주즈자니조차 몽골 제국 전역으로 모스크를 비롯한 이슬람 기관이 널리 보급된 데에 만족을 표했을 정도다.[40] 그러나 주바이니는 칭기스 칸의 후손 중 일부가 이슬람을 받아들인 것에 기쁨을 표하면서도 조치의 아들 베르케가 그랬다는 사실을 적시할 수는 없었다.[41] 그가 모시는 일칸들이 조치 왕통과 사이가 나빴기 때문이다.

반면 주즈자니는 베르케와 델리 궁정 사이의 외교 접촉 덕분에 베르케의 명성을 익히 알았기에, 특별히 그를 언급했다.[42] 베르케는 칭기스 왕조 구성원 중에 처음으로 이슬람을 받아들였다고 알려진 인물이다.[43]

이슬람의 수용

이제 이슬람화 과정을 간략히 살펴보자. 몽골 군인들에게 고향에서 뿌리째 뽑혀 멀리 낯선 환경에 배치된 경험은 그들이 성장한 초원 전통과의 유대를 완전히 해체하는 정도까지는 아닐지언정 느슨하게 함으로써 새로운 사회적·종교적 영향을 더 수월하게 받아들이도록 만들었다. 몽골 군대는 칭기스 칸의 7년 원정 초기에 이미 무슬림 병력을 받아들였다. 1241년에 헝가리를 침략했을 때는 바투가 승리를 위해 기도해달라고 청할 만큼 무슬림 병사가 많았다.[44] 탐마 제도에 따라 대규모 몽골 병력이 서아시아의 상당한 지역에 걸쳐 영구히 배치되었다. 그곳에서 몽골 군인들은 칭기스 왕조 군대의 무슬림 병력 다수 사이에 존재하는 소수였을 것이다. 무슬림 병력 중 상당수는 그 문화와 생활 방식이 몽골인과 크게 다르지 않은 토착 튀르크인이었으리라.[45]

1247～1248년, 트란스캅카스에 주둔한 몽골 군대에 파견된 교황 사절단의 일원이었던 도미니코회 수도사 시몬 드 생캉탱Simon de Saint-Quentin은 이슬람이 몽골 군인들 사이에서 수많은 신도를 확보했다고 한탄했다(그러나 그들 전부 혹은 다수가 몽골인이었는지, 아니면 튀르크인이었는지는 확실하지 않다).[46] 주바이니 역시 몽골 왕자들을 추종하는 자들 가운데

일일이 세기 힘들 정도로 많은 사람이 이슬람을 받아들였다고 주장했다. 물론 이 발화는 독자들에게 불신자들의 지배를 받아들일 것을 호소하는 과정의 일부였다.[47]

왜곡과 오해도 필연적으로 생길 수밖에 없었다. 일부는 몽골 장군 바이주와 동년배인 몽골 관리 아르군 아카 둘 다를 무슬림 개종자로 보기도 했다.[48] 칭기스 왕조 구성원 다수는 무슬림에게 호의적이었고, 스스로 이슬람을 신앙으로 받아들여 명성을 얻었다. 가장 좋은 예는 오고데이 카안이다. 그가 차가다이나 다른 적수(대체로 불교도로 묘사된다)에게 배척당하거나 살해당할 뻔했을 때 무슬림들이 개입해 목숨을 구해준 것으로 유명하다.[49] 오고데이는 단지 모든 신앙을 평등하게 존중하라는 아버지의 야사를 따랐을 뿐이다. 바투의 경우, 주바이니의 말대로 어떤 신앙도 신봉하지 않았으나 마찬가지로 무슬림에 대한 호의로 명성을 누렸다.[50] 주즈자니는 바투의 진영에 이동식 모스크와 이맘, 무아딘mu'adhdhin*이 있었고, (아마도 1251~1252년 이후) 투르키스탄의 무슬림들이 그의 지배 아래에서 안정과 번영을 누렸다고 언급했다. 그는 바투가 비밀리에 무슬림이 되었다고까지 주장했다.[51] 주바이니의 기록 역시 몽케 카안이 다른 종교의 신도들보다 무슬림에게 훨씬 호의적이었다는 인상을 준다. 주즈자니에 따르면, 몽케는 즉위에 앞서 베르케의 지도에 따라 샤하다shahāda〔이슬람의 신앙 고백〕를 암송하기까지 했다. 당연히 이 두 사례는 희망 사항에 불과했을 것이다.[52]

그러나 우리는 자신을 신앙과 일체화했던 초기 몽골 칸들에게 더

큰 비중을 둘 수도 있다. 킵차크 초원의 베르케(사망 665/1267), 그뒤를 이은 퇴데 멩귀Töde Mengü(재위 680~686/1281~1287), 차가다이 울루스의 무바락 샤Mubārak Shāh(재위 664/1266)와 그 후계자 바락(재위 664~670/1266~1271 또는 1272), 일칸 테구데르 아흐마드(재위 681~683/1282~1284) 등이 그런 예다. 그러나 이들의 개종은 각 울루스의 종교 흐름 속에서 즉각적인 영향을 끼치지는 못한 듯하다. 베르케의 형제들 가운데 적어도 한 명이 이슬람을 받아들였던 것은 사실이고, 베르케의 군대에서 무슬림이 압도적으로 많았다는 기록도 있다. 또한 바이바르스 알만수리Baybars al-Manṣūrī의 연대기에 실린, 661/1263년에 맘루크 술탄에게 보낸 국서 요약본에서 베르케 칸은 휘하 노얀과 병력 다수가 개종하였으며, "호라산에 파견된 병력과 바이주 휘하 병력"은 그런 개종자들 가운데 선발되었다고 밝히고 있다.[53] 그러나 베르케의 뒤를 이은 칸은 비무슬림 멩귀 테무르Mengü Temür였고, 그 이후 조치 왕통의 군대에서 무슬림이 다수를 차지했다고 볼 만한 근거는 없다. 멩귀 테무르의 형제이자 후계자는 무슬림으로 개종한 퇴데 멩귀지만, 그뒤 울루스의 이슬람화를 이끌 외즈벡(재위 712~742/1312~1342)이 즉위하기 전까지는 다시 이교도였던 톨레 부카Töle Buqa(재위 686~690/1287~1290)와 톡토아Toqto'a(재위 690~712/1291~1312)가 칸의 자리를 지켰다.

마찬가지로 무바락 샤와 바락의 개종도 고립된 사건이었다. 바락의 사후 그의 손자인 타르마시린이 무슬림이 되는 1330년대 무렵까지 이교도의 지배자가 계속 즉위했다. 타르마시린은 자신의 새로운 신앙을 아주 진지하게 여겼음이 분명하다. 알우마리는 타르마시린의 성격과 그가 무슬림 성직자들에게 보인 관대함을 찬양했다. 이븐 바투타는 타르마시린이 모스크에서 진행되는 기도회에 밤낮없이 꾸준히 참가했다고 썼다.[54] 한번은 셰이흐 후삼 알딘 야기Shaykh Ḥusām al-Dīn Yāghī라는 이맘이 칸이 세정洗淨하는 동안 예배를 늦추지 않겠다고 버틴 적이 있었다. 이 행동은 반역으로도 해석될 수 있었지만, 타르마시린은 이를 좋게 받아들였다.[55] 타르마시린은 개종했는데도, 그가 이교도의 반발로 보이는 반란으로 몰락할 때 무슬림들의 도움을 받지는 못했던 것 같다. 오고데이 왕통의 알리 술탄'Alī Sulṭān이 재위(740~741/1339 또는 1340~1341)하기 전까지 두 사람의 불신자가 옥좌를 차지했다. 알리 술탄에 이어 무슬림이 즉위한 것 역시 역사상 처음으로 무슬림이 연달아 집권한 경우였다. 알리 술탄은 또한 알말륵에서 폭동을 선동했던 것으로도 악명이 높다. 이 사건으로 프란치스코회 선교사들이 순교했다.[56] 그러나 748/1347년 이후 별도의 정치체가 된 차가다이 울루스의 동쪽 절반은 더욱더 확고하게 이교 신앙에 머물렀고, 미르자 하이다르가 기록해 전해지는 모굴 칸국의 구전 전승에 따르면, 754/1353년경에야 최초의 칸인 투글룩 테무르가 이슬람을 받아들였다.[57]

테구데르 아흐마드의 이슬람 수용 또한 이런 '거짓 여명黎明' 가운데 하나였지만, 조카손자인 가잔 마흐무드 일칸(재위 695~1295)이 이슬람을 받아들이기까지의 시간 간격은 앞서 살펴본 두 서방 울루스에서의 간격에 비하면 짧았다. 타르마시린보다 50년 뒤에 활동한 테구데르 아흐마드 역시 자신의 정권이 이슬람식으로 보이게 하려고 애썼다. 그가 다른 종교는 파멸시키려 했다는 아르메니아인 그리스도교도 저자의 주장을 믿을 필요는 없고, 마찬가지로 일칸 자신이 맘루크 술탄 칼라운Qalāwūn에게 늘어놓은 주장도 조심스럽게 받아들일 필요가 있다.

그러나 테구데르 아흐마드가 무슬림의 불만을 해소하기 위해 노력했던 것은 사실로 보인다. 예컨대 그는 이슬람 자선 재단들(와크프waqf, 복수형은 아우카프awqāf)*의 수익금 횡령을 불법으로 규정하고, 그 대신 그리스도교나 유대교 공동체 출신 의사와 같은 전문 인력의 급여를 국고에서 지급한다는 성지를 내렸다.[58]

현존하는 무슬림 사료들을 볼 때 주의해야 할 점은 몽골 칸이나 왕자 또는 사회적 집단의 이슬람 개종이 실은 (테구데르나 가잔의 경우처럼) 튀르크·몽골어식 이름에 무슬림식 이름을 덧붙이는 정도에 지나지 않았을 수도 있다는 사실이다. 이러한 관행은 후대까지 이어져, (796/1394년에 출생하고 853/1449년에 사망했으며 울룩 벡이라는 칭호로 알려진) 티무르의 손자는 무함마드Muḥammad라는 이름과 (티무르의 아버지의 이름을 물려받아) 타라가이Taraġāy라는 이름을 받았다. 그러나 이슬람 수용은 주로 몽골인 조상들의 세계에서부터 이어져 내려온 방식과 관행에 더해 새로운 방식과 관행의 수용을 수반했을 수 있다.[59] 예컨대 드 뤼브루크는 몽케의 아내들 가운데 한 사람의 진영에서 이를 직접 목격하고는 절충주의, 혼합주의라고 평가하며 개탄했다.[60] 칭기스 왕조의 구성원이든 보통의 몽골인이든 '샤머니즘적' 관습과 다른 문화에서 빌려

---

* 와크프(waqf)란 이슬람법에서 규정한 재산 기부 제도다. 개인이 자신의 재산(예컨대 토지)으로 얻은 수익을 특정 자선 목적으로 영구 충당하기 위해 대상이 되는 개인 재산의 소유권이나 소유권 행사를 포기하는 것을 의미한다. "와크프는 영원해야 한다"라는 원칙이 있었기 때문에 대체로 와크프 재원은 부동산이 일반적이었다. 또한 "와크프는 선행이어야 한다"라는 원칙 때문에 와크프 재원에서 얻어진 수익은 종교 시설이나 공공시설의 건설과 유지·운영, 여행자나 빈민 구제 등의 자선 행위가 명목상으로나마 들어갔다. 와크프 재산은 통치자가 몰수할 수 없었기 때문에 일족의 재산 보존을 위해 전용되는 경우도 흔했다.

온 관행이 상호 양립할 수 없다고 생각하지 않았다. 심지어 특정 신앙으로 개종한 몽골인마저도 이렇게 생각했다.[61] 몽골 지배자들은 당장 문제가 되는 신앙이 무엇이냐에 따라 입장을 바꾸는 경향이 있었는데, 허버트 프랭크Herbert Franke는 이를 "다중 인격multiple personality"이라고 불렀다.[62] 라시드 알딘에 따르면, 쿠빌라이의 손자 안서왕安西王 아난다 Ananda(사망 1307)는 이슬람으로 개종해 우상을 파괴하고 이슬람 신앙을 휘하 군사들에게 퍼뜨리는 등, 먼 친척인 가잔 마흐무드 일칸을 의식적으로 모방했다고 전해진다. 그러나 라시드 알딘은 이 대목에서 새로 개종한 일칸의 영향력을 과장해서 서술했다. 비무슬림 사료에 근거한 최근의 연구는 아난다가 칭기스 왕조의 전통대로 불교와 강한 유대 관계를 유지하면서 영지 내의 다른 신앙들도 보호했음을 밝혀냈다. 아난다의 아버지 망갈라Manggala 역시 거의 같은 방식으로 행동했다.[63] 칸은 모든 신앙을 공평하게 대해야 한다는 칭기스 칸의 야사를 거역하고 자신의 신앙을 다른 종교보다 우위에 두거나 특정 신앙을 신민들에게 강요할 수 없었다. 타르마시린의 지배에 반대하는 이유 중에는 그가 비무슬림 노얀들보다 무슬림 노얀들(여기서부터 노얀은 아랍어·페르시아어식으로 아미르amīr 또는 튀르크어식으로 벡beġ으로 부르겠다)을 총애한다는 의견도 있었다.[64]

일부 개종한 칸은 무력으로 이슬람을 강요하기도 했다. 외즈벡은 킵차크 칸국 내부의 비무슬림 세력에게 전쟁을 선포했다고 한다.[65] 또 미르자 하이다르 두글라트에 따르면, 개종한 차가다이 일문의 칸 투글룩 테무르는 자신의 예를 따라 개종하기를 거부한 아미르를 전부 다 죽였다.[66] 이런 위협의 효과가 무엇이었는지는 불분명하다. 하이다르 두글라트는 무함마드 칸Muḥammad Ḫān(사망 818/1415)이 이슬람으로 개종하지 않는 사람들의 머리통에 대못을 박아버리겠다고 협박했다고 기록하면서, 이 시점에서 모굴인 대다수가 이슬람에 입교하지 않았음을 인정했다.[67] 마찬가지로, 외즈벡이 승리를 거두었는데도 킵차크 칸국의 유목민 대다수는 1400년경까지도 여전히 불신자였다(제10장 참조).

당연한 이야기지만, 칸이 이슬람을 받아들이는 데는 여러 고려 사항이 작용했을 테고 샤하다를 외는 이유도 다양했을 테니 일반화는 항상 경계해야 한다. 몽골 제국 외부의 무슬림 군주, 혹은 적대적인 몽골 울루스의 무슬림 군주에게 공격의 명분을 주지 않기 위해 개종했다고 볼 만한 경우도 있다. 베르케는 이슬람으로 개종함으로써 맘루크 술탄 바이바르스에게 보낸 국서에서 불신자인 훌레구와의 갈등을 성스러운 전쟁으로 포장할 수 있었다.[68] 사건을 시간순으로 돌이켜보면 682/1283년에 조치 일문의 칸 퇴데 멩귀가 맘루크 술탄에게 보낸 편지에서 자신을 이슬람 신자라고 소개한 것은, 다른 글에서 이미 설명한 대로, 테구데르 아흐마드가 일칸으로 즉위해 맘루크 측에 스스로가 무슬림이라는 사실을 알리며 평화 조약을 제시했다는 소식(물론 일칸국의 종주권을 인정한다는 조건 아래)을 들은 데 대한 반응이었는지도 모른다. 또한 퇴데 멩귀는 멀리 캅카스산맥 이남에 살던 무슬림들이 새로운 일칸만큼이나 자신의 지배를 환영하기를 기대했을 수도 있다.[69] 가잔 마흐무드는 이슬람 신앙을 받아들이면서 '이슬람의 제왕帝王'('파디샤 이슬람 pādishāh-i Islām')이라는 칭호를 사용함으로써 자신이 지배하는 지역에서 통용되는 독특한 권위를 챙기는 동시에 다른 몽골 지배자들(물론 비무슬림도 예외는 아니다)과 동등한 지위임을 주장하고자 했던 것 같다.[70] 또한 그는 이슬람 수용을 통해 몽골 세계 바깥의 무슬림 적수들을 제칠 수 있는 명분을 확보했고, 아나톨리아와 시리아, 자지라Jazīra*의 무슬림 세력들과의 관계에서 맘루크 술탄이 무슬림이어서 누렸던 이점을 날려버리려는 의도도 있었다. 699/1299년, 가잔은 맘루크 병사들이 마르딘Mārdīn의 무슬림 주민들에게 행한 잔혹 행위를 근거로 맘루크 왕조 사람들은 이교도라고 비난하는 파트와fatwā**를 확보했다.[71] 그리고 가잔의 새로운 칭호는 자신을 사라진 칼리프좌의 진정한 후계자로 보이게 하기 위해 고안되었을 수도 있다. 그가 132/750년의 압바스 혁명을 떠올리게 하는 상징적인 검은 깃발들을 내건 것은 카이로의 맘루크 정권이 앞세운 꼭두각시 칼리프의 권위에 암묵적으로 도전하는 행위였다.[72]

현전하는 사료들은 칸이 이슬람을 수용하자 몽골 군인들이 이를 널리 모방했다는 인상을 주려는 경향이 있다. 예컨대 라시드 알딘은 가잔이 개종할 때 휘하 모든 몽골 노안과 병력도 함께 개종했다고 확언했고, 밧사프는 가잔의 개종으로 20만 명의 "고집스러운 다신교도mushrik-i mutamarrid"가 단 하루 만에 이슬람으로 개종했다고 주장했다.[73] 미르자 하이다르 두글라트는 차가다이 칸국 동부에서 투글룩 테무르가 이슬람을 받아들이면서 몽골인 12만 명도 칸을 따라 신앙을 받아들였다고

• 아랍 지리학자들이 티그리스강과 유프라테스강 사이 지역의 북부(상메소포타미아)를 이를 때 사용한 표현. 오늘날의 이라크 북부에 해당하며, 이라크 남부(하메소포타미아)는 이라크 또는 (셀주크 시대 이후) 이라크 아랍이라 불렸다.

•• 이슬람 율법학자들이 《코란》을 비롯한 이슬람 세계의 법원을 바탕으로 발표하는 법과 관련된 견해나 결정.

서술했다.[74] 함둘라 무스타우피 역시 타르마시린이 이슬람을 수용한 것을 그의 신민(카움qawm, 유목민 신민을 지칭한 것으로 추정됨) 대부분이 따라 했다고 주장했다. 반면에 이븐 파들룰라 알우마리는 타르마시린이 휘하 아미르들과 병사들에게 이슬람을 수용하고 영토 전체에 이슬람을 퍼뜨리라고 명했다고 묘사했다.[75]

그러나 알우마리는 (이를 기록한 바로 같은 쪽에서) 타르마시린이 이런 명령을 내리기도 전에 아미르와 병사들 중에 이미 무슬림이 있었다고 언급했고,[76] 더 뒤쪽에서는 울루스의 유목민들ra'āyā과 정주 인구qarāiyya 모두가 이슬람 신앙을 받아들였는데도 그들의 지배자는 여전히 불신자라고 썼다.[77] 실제로 14세기 초반 차가다이 일문의 개별 왕공과 아미르는 무슬림이었던 것으로 알려졌다.[78] 찰스 멜빌Charles Melville이 입증했듯이, 일칸국의 가잔이 주요 후원자였던 무슬림 아미르 나우루즈Nawrūz의 권유를 받아들여 이슬람에 입교한 이유는 점점 늘어나는 몽골인 무슬림의 지지를 얻어 경쟁자 바이두Baidu에게 맞서는 데 있었다. 일반적으로 초창기 학자들과 1차 사료에서 주장했던 '하향식' 모델이 현존하는 증거와는 맞지 않는다는 사실을 인정해야만 할 것 같다.[79] 그런 점에서 이샤야후 란다Ishayahu Landa가 했던 경고에 주목해야 한다. 그는 개종한 지배자가 칸국의 제도적 이슬람화의 책임자일 수는 있지만, 왕실의 개종이 비무슬림 유목민 인구 대다수를 이슬람으로 개종시키는 데 중요한 역할을 했다고는 볼 수 없으며, 실상은 오히려 그 반대였다고 주장했다.[80]

이슬람화로 이끈 중개자들과 그들의 전략

이슬람화의 중개자에 대해서는 추측만 할 수 있을 뿐이다. 무슬림 상인들이 그런 역할을 했을 것으로 추정되고, 레우벤 아미타이Reuven Amitai는 그들이 몽골 시대 이전 초원의 주민들에게 이슬람을 확산시키는 데 중요한 역할을 했다는 증거를 제시한 바 있다.[81] 그러나 이보다 사적인 관계도 이슬람에 대한 충성심을 불러일으켰을 수 있다. 몽골인들은 무슬림 신민들과 통혼했고 칭기스 왕조의 칸과 왕자는 복속한 무슬림 왕조의 가족 중에서 아내를 맞이했다. 이런 결혼에서 태어난 아이들이 반드시 어머니의 신앙을 택한다고는 볼 수 없겠지만(테구데르 아흐마드와 올제이투의 어머니는 그리스도교도였다),[82] 어머니가 케르만의 쿠틀룩칸 왕조 태생인 차가다이 일문의 칸 날리코아Naliqo'a(재위 707~708?/1308~1309?)는 열렬한 무슬림이었다.[83] 몽골 사회에서는 젖형제(쾨켈타쉬 kökeltash)가 굉장히 중요했던 만큼 성인 몽골인 왕자 또는 노얀과 무슬림 젖어머니 가문과의 관계도 이슬람화에 어떤 역할을 했을 수 있는데, 아난다의 젖어머니 집안에 대한 라시드 알딘의 서술이 이를 보여주는 좋은 예시다.[84]

또한 13세기 중기부터 몽골 장수·관리와 무슬림 관원·왕조 사이에 긴밀한 협력뿐만 아니라 우정이 존재했음을 확인할 수 있다. 오이라트의 노얀 아르군 아카(사망 673/1275)의 광범위한 인맥이 대표적인 사례다. 바하 알딘Bahā' al-Dīn이라는 사람이 그의 대표적인 인맥으로, 이 인물은 주바이니 형제의 아버지다. 바하 알딘은 잠시 아르군 아카의 대리인으로 활동했고, 두 주바이니 형제 역시 아르군 아카의 후원을 받았다.[85] 아르군 아카가 무슬림이었다는 아르메니아 사료의 근거 없는 주장은 그가 무슬림들과 맺은 사회적 관계를 반영하는 것일 수 있다.[86] 아르군 아카의 아들 나우루즈가 1290년대부터 이슬람에 열렬히 헌신한 이유도 이런 맥락에서 설명될 수 있다.[87]

일부 몽골 지도자들과 핵심적인 수피 셰이흐 사이에도 눈에 띄게 강한 유대 관계가 있었다. 가장 대표적인 예는 셰이흐 사이프 알딘 바하르지Shaykh Sayf al-Dīn Bākharzī로, 널리 알려진 전승에 따르면 베르케가 이슬람을 받아들인 건 이 인물을 통해서였다고 한다.[88] 알다하비al-Dhahabī(사망 748/1348)의 인명 사전에 수록된 바하르지의 생애에서는 바하르지가 이미 부하라의 어느 몽골 아미르를 이슬람 신앙으로 인도했다고 전한다. 튀르크·몽골인들에게 울룩 셰이흐Ulugh Shaykh('위대한 셰이흐')로 불린 바하르지는 베르케가 셰이흐의 제자murīd가 되었다는 소식을 알게 된 이교도 바투가 기뻐했을 정도로 존경을 받았고,[89] 소르칵타니가 부하라에서 후원한 자선 재단의 운영인으로 임명되기도 했다.[90]

한때는 수피들이 이전의 초원 정치체들은 물론 몽골 세계에서도 이슬람 신앙을 중재했다고 여겨졌다. 특히 무슬림 신비주의자 가운데 율법 폐기론자들의 행동과 의식이 샤먼들의 그것과 아주 비슷하다는 점이 그 근거였다. 하지만 아미타이는 샤먼들이 현세의 복과 물질적 번영만을 다룬 반면에 수피들은 대체로 내세의 문제에 더 관심을 가졌다고 샤먼과 수피의 차이를 지적하며 샤먼과 수피가 유사했다는 주장에 이의를 제기했다.[91] 그러나 아미타이는 칭기스 왕조 구성원들과 노얀들이 중앙아시아와 서아시아에서 마주한 여러 종교의 '성자들'에게 보여준 호의와 후원을 감안해, 이슬람화에서 수피가 수행한 역할을 배제해야 한다고 주장하지는 않았다.[92] 실제로 근동을 방문한 로마 그리스도교 도미니코회 수사이자 술타니야 대주교였던 기욤 아당Guillaume Adam은 파키르faqīr[복수형은 fuqarā]가 조치 일문 휘하 몽골인들의 개종에서 수행한 역할을 지적한 바 있다.[93] 이슬람 사료들도 몽골인들에게 이슬람이 전달되는 맥락 속에서 수피가 했던 중요한 역할을 제한적으로나마 증언한다. 694/1295년, 일칸 가잔이 이슬람을 받아들일 때 중요한 역할을 한 사드르 알딘Ṣadr al-Dīn의 아버지 사드 알딘 무함마드 하무와이Sa'd al-Dīn Muḥammad Ḥamuwayī(사망 651/1253~1234)는 그 자신도 저명한 수피였는데, 호라산에서 몽골 아미르 여러 명을 개종시키는 공을 세웠다.[94] 아미타이는 13세기 말 몽골인들이 추종한 또다른 수피에게 주목하기도 했다.[95] 게다가 사드 알딘과 그 아들 사드르 알딘은 아르군 아카의 영지와 인접한 호라산을 근거지로 삼아 활동했던 만큼, 나우루즈를 포함한 아르군 아카 가문과 가까운 관계의 무슬림이었을 가능성이 매우 높다.[96]

이슬람의 매력

이슬람이 지닌 고유한 매력이 무엇이었는지 알아보자. 첫째, 이슬람은 이슬람을 통해 성취된 신의 계시 과정에서, 더 이른 시기의 불완전한 단계로 표현되는 그리스도교·유대교와 독특한 관계를 맺고 있다고 주장했다. 따라서 이슬람은 다른 두 신앙을 포용할 수 있을 듯이 보인다는 점에서 더 '포괄적인' 종교였다. 불교가 토착 신과 토착 신에 대한 숭배를 고유의 세계관 안에 포섭하는 것을 의무로 여겼던 것과 유사하다.

불교 쪽 사료에서 다른 종교는 손가락이요, 불교는 손바닥이라며 몽케가 불교를 총애했다는 이야기를 인용한 대목[97]에서 주목해야 할 부분은 카안이 실제로 이런 견해를 표명했는지 여부가 아니라 불교도 선교사들이 자신들의 신앙을 어떻게 묘사했는지다.[98] 둘째, 앞서 살펴보았듯이 몽골인들의 종교관에서는 거룩한 삶과 그 결과로 주어지는 하늘의 은총이 중요했다. 특히 은총은 정치적 성공이나 군사적 성공으로 드러나는 것이었다. 이런 맥락에서 13세기 말 무슬림 맘루크 지배자들이 잇따라 시리아 해안에 있던 프랑크인들의 거점들을 제거하고 몽골인들의 공세를 격퇴하는 데 성공한 것은 하늘의 총애를 보여준 일이라고밖에 해석할 수 없었다. 따라서 앨런 스트레던Alan Strathern의 "초월적 힘의 경험적 실증"이라는 이론을 기준점으로 삼아,[99] 맘루크 제국의 승리가 일칸국의 이슬람 수용에서 결정적 요소였다는 결론에 이를 수 있다.

성직자든 수피든 '평범한' 몽골인들을 이슬람 신자로 개종하도록 하기 위해 어떤 논리를 이용했는지를 직접적으로 보여주는 기록은 없다. 그러나 가잔이 이슬람을 받아들이자 무슬림 저자들은 이전까지 지배적이었던, 참회론적·종말론적 담화 대신 섭리적 서사를 채택했다. 또한 이들의 저술에서는 적어도 몽골 지배자들에게 이슬람이 어떤 식으로 제시되었는지 짐작케 하는 단서를 발견할 수 있다. (나중에 이슬람 순니파로 돌아오긴 했지만) 독특하게도 열두 이맘 시아파Athnā ʿashariyya에 감화되어 쿠트바와 주화에 열두 이맘의 이름을 포함시킨 올제이투의 개종은 이미 이슬람 세계에 존재하던 논리가 주효하게 작용했음을 보여준다.[100] 시아파는 예언자의 후손(아흘 알바이트Ahl al-bayt)의 지위와 알탄 우룩의 지위를 비교하면서 우마이야 왕조의 칼리프는 물론 압바스

왕조(예언자가 아닌 예언자의 삼촌의 후손)마저 칼리프로 받아들이는 순니
파 무슬림들은 단순히 노얀에 해당하는 인물들에게 충성하기를 선택
한 것일 뿐이라고 설명했다.[101] 이런 설명은 칭기스 왕조에 대한 몽골인
의 충성심을 자극했다. 뒤에서 다루겠지만, 알리 가문에 대한 충성을
칭기스 가문에 대한 충성과 비슷하게 여긴 티무르의 사고방식도 이와
동일한 논리가 작동한 결과였다. 가잔 마흐무드가 알탄 우룩을 아흘 알
바이트에 비유한 정황도 있다. 시아파식 상징을 활용해 아흘 알바이트
에게 가해진 잘못을 바로잡고자 한다는 뜻을 밝히기는 했으나, 가잔은
아마 열두 이맘 시아파가 되는 정도에 이르지는 않았던 듯하다.[102]

몽골 정치 신학의 핵심 개념들이 활용된 예가 이것이 전부는 아닐
것이다. 제2장에서 언급했듯이, 몽골의 세계 정복 계획은 모든 종족을
텡게리에게 복속하게 만들어야 할 의무에 입각한 것이었는데, 고故 이
고르 데 라케빌트츠의 통찰은 특히 이런 맥락에서 적절하다. 더 널리
알려질 만한 가치가 있는 논문에서 데 라케빌트츠는, 이슬람이라는 단
어 자체가 '복종'을 의미한다는 사실을 지적했다. 몽골인들에게 이는
자신들도 하늘의 뜻에 복종하고 다른 종족도 하늘의 명령에 복종하게
만들라는 소명으로 받아들여졌을 것이다.[103] 잘랄 알딘 루미Jalāl al-Dīn
Rūmī의 손자로, 수피 셰이흐였던 술탄 왈라드Sulṭān Walad는 유일신과 대
칸을 지상의 유일한 지배자라는 점에서 비슷하게 묘사한다. 이러한 논
리는 몽골인들이 외부의 독립 세력에게 복속을 요구할 때부터 명시적
으로 드러났다.[104]

몽골의 숭배, 특히 칭기스 칸 개인에 대한 숭배와 그가 하늘이 부여
한 복음을 받았다는 믿음 또한 일칸국의 이슬람화 과정에서 활용된 듯

하다. 이미 한 세대 전에 주바이니는 신이 칭기스 칸에게 정복을 성취할 수 있는 지혜와 지성을 부여했고, 학습을 통하지 않고 지배할 수 있는 직관적 지식을 주었으니, 만약 알렉산드로스 대왕이 그 시대에 살았다면 몽골 정복자의 제자가 되기를 청했을 것이라고 주장했다.[105] 라시드 알딘은 (가잔 마흐무드와 올제이투 재위 중에 편찬한 역사서와 신학서에서) 두 일칸이 초자연적 통찰력과 인간의 마음을 들여다보고 미래를 예견하는 능력이 있다며, 그들은 단순히 신의 지명을 받은 지배자를 넘어서서 신적 깨달음을 얻은 존재라고 썼다.[106] 일칸에게 이런 성격을 부여하는 것은 몽골인에게는 이미 익숙한 일이었다. 일칸국 후기에 활동한 역사가 샤반카라이는 칭기스 칸이 무슬림이었다면 의심할 여지 없이 예언자로 여겨질 만큼 지혜를 가지고 있었다며[107] 정복왕의 은사恩賜라는 오랜 이교도식 몽골 전통을 끌어왔다. 690/1291년, 유대인 와지르 사드 알다울라Sa'd al-Dawla는 가잔의 이교도 아버지 아르군이 지녔던 예언자적 자질은 칭기스 칸에게서 물려받은 것이라고 주장했다.[108]

무슬림 저자들에게 주어졌던 과업은 이교도 몽골인들의 정치 신학에 이슬람식 논리를 주입하는 것이었다. 따라서 칭기스 칸을 위해 텝텡게리가 한 이교적 예언은 가잔 마흐무드의 출현과 그의 개종을 통한 이슬람의 강화를 예언한 무슬림 예언 전승으로 대체되었다.[109] 심지어 라시드 알딘은 가잔의 몽골 조상과 추종자를 전반적으로 유일신론자로 묘사하는 식으로 몽골 역사를 다시 썼다.[110] 이슬람 개종 이전의 몽골 군주들을 일신교도로 서술하고자 한 인물은 라시드 알딘이 처음이 아니었다. 예컨대 주바이니는 자신의 역사서 서문에서 신이 "진리를 사랑하는 자들과 타락한 우상 숭배자들 모두에게 사랑 (…) 받는다"라는 구절을 삽입해 이슬람과 불신앙 모두가 "그분의 길을 밟고" 신의 하나 됨을 표현한다고 서술했다.[111] 무슬림이 사용한 전술은 불교도가 활용하던 전술과 놀라울 만큼 비슷했는데, 이는 원나라에서도 비슷한 운동이 전개되었기 때문이다.[112] 원나라의 유학자 선비들은 카안의 조상들이 공자가 주창한 덕목들을 실천했다고 묘사했고,[113] 쿠빌라이의 조언자 팍파 라마P'ags-pa Lama(사망 1280)가 이끄는 저명한 불교도들은 칭기스 칸과 그의 후계자들을 불교의 보편 황제, 즉 차크라바르틴의 계보 속에 포함시키려 했다.[114] 차가다이 울루스의 동쪽 경계 너머에 설치된 불교 비문들 역시 그곳에 거주하는 차가다이 일문(알루구의 후손들)이 "보살들의 혈통"에 속한다고 주장했다.[115]

미하엘 바이어스Michael Weiers의 표현을 빌리자면, 정복자들에게 이슬람을 전파하려던 사람들은 "칭기스 칸과 몽골인들의 역사를 코란화하고 무슬림화"하는 상상의 과거를 통해 이를 호소하고자 했다.[116] 이런 계획은 전복적 방편이라기보다 피정복민들의 문화에서 사상과 기술을 몽골 제국의 의제에 적용하는 그들의 관행에 잘 들어맞는 (그리고 그 관행을 멋지게 이용한) 방식이었다.[117] 그 목적은 어느 정도 달성되었다. 가잔 마흐무드는 '파디샤 이슬람'이라는 칭호를 사용함으로써 최고 무슬림 왕의 지위를 자처했을 뿐만 아니라 이맘 마흐디mahdī•로 여겨지기까지 했던 것 같다.[118] 요컨대 가잔과 올제이투는 무슬림 군주라는 지위를 통

• 여기의 이맘은 칼리프가 지닌 여러 특성 가운데 무슬림 공동체의 종교 지도자로서의 성격을 강조한 칭호. 원래는 예배 인도자를 의미했는데, 이를 칼리프의 칭호로 사용한 것은 칼리프의 종교적·정치적 권위를 강조하기 위함이었다. 마흐디는 '인도된 이'라는 뜻. 무슬림은 마흐디가 종말 직전에 나타나 불의로 가득한 세상을 정화하고 정의를 회복할 것이라고 믿는다.

해 새로운 지배정당성을 얻었던 것이다. 궁극적으로 이를 가능하게 한 조건은 훌레구가 칼리프 정권을 파괴한 사건으로 형성되었다. 이는 이슬람을 받아들인 몽골 지배자들이 더 상위의 권위를 인정해야 하는 불편함을 감내할 필요성이 사라졌음을 의미했다.

요나탄 브락Jonathan Brack은 칭기스 왕조가 신에게서 부여받은 지배권에 대한 주장을 이슬람의 틀 안에서 재개념화하려는 일칸국의 무슬림 학자들, 특히 라시드 알딘의 노력을 강조한 탁월한 연구를 발표한 바 있다. 브락은 그리스도교들이 "개종할지 모를 왕실 구성원들이 가진 초자연적 허세를 수용할 성향도 아니었고 그럴 준비도 되어 있지 않은 채" 개종을 권했던 데 반해, 무슬림(그리고 불교도)은 "자기네 신성 왕권 모델을 몽골인들에게 맞추어 변형하는 능력"을 지녔던 덕분에 몽골 지배자들의 마음을 얻을 수 있었다고 설명했다.[119] 브락이 말한 대로, 그 결과 몽골식과 이슬람식이 섞인 새로운 신성 왕권 개념이 탄생했고, 이는 티무르 왕조 시대에 한층 더 발전했다.

훌레구가 압바스 칼리프 왕조를 멸망시킨 사건이 평범한 무슬림의 정서와 무슬림 지배자들에게 미친 영향에 대해서는 논쟁의 여지가 있다. 후자의 경우 언급할 필요가 있지만, 이 책에서 자세히 논의할 주제는 아니다. 바그다드로부터 지배자로 승인을 받는 데 익숙했던 무슬림 군주들에게 칼리프좌의 전복은 잠재적 재앙이었다. 당연히 어떤 군주에게는 다른 어떤 군주보다 칼리프의 책봉 승인이 더 중요했다. 전임자를 배신하고 무참히 살해한 찬탈자이자 10년도 채 안 된 신생 정권의 대표자였던 맘루크 술탄 바이바르스는 자신만의 해결책을 생각해냈다. 바로 어느 압바스 왕조 구성원을 칼리프로 세우고 그 대가로 자신이 필요로 하는 지배정당성을 얻어내는 것이었다.[120] 그러나 그 긴 세월을 거치는 동안(659~923/1261~1517) 맘루크령 바깥에서 카이로 칼리프좌의 권위를 인정해주는 무슬림 군주는 소수였다.[121] 1258년의 사건이 낳은 논쟁의 여파로 무슬림 군주들은 압바스 왕조의 권위를 물려받았다고 여기게 된 것 같다. 다시 말해 그들 스스로가 힐라파트khilāfat, 즉 신의 대리인이자 (법학의 맥락에서) 예언자의 후계자 지위를 소유했다고 생각했다. 1420년대 티무르 왕조의 역사가 샤라프 알딘 야즈디는 티무르를 위해 이런 논리를 드러내놓고 활용했다(제14장 참조). 물론 칭기스 왕조의 무슬림 지배자들은 계속해서 자신들이 13세기 몽골 정복자의 후손이라는 사실을 가장 중요한 지배정당성의 원천으로 삼았다. 야즈디가 볼 때 그들 또한 힐라파트를 소유했다고 주장할 수 있었던 것이다.[122]

이슬람 규범의 준수

이슬람 규범 중 어떤 것은 놀라우리만치 이른 시점에 도입되었다. 주바이니에 따르면, 몽케의 즉위를 축하하는 연회를 준비할 때 바투를 대신해 참여한 베르케를 위해 가축이 무슬림 방식으로 도축되었다.[123] 이러한 조치는 조상의 금기와 칭기스 칸의 야사를 노골적으로 위반한 것이니, 연회에 참여한 모든 사람에게 제공된 음식에 적용되었을 가능성은 낮다. 실제로는 베르케와 그 일행을 위한 고기에만 적용되었을 것이다. 기욤 드 뤼브루크는 1253년에 킵차크 초원을 통과할 때 베르케가 자신의 진영에서 돼지고기 섭식을 금지했다는 소식을 들었고,[124] 주즈자니는 베르케의 병사들 가운데 단 한 사람도 술을 마시지 않았다고 주장했다.[125] 베르케는 또한 바하르지의 가르침에 따라 60명(원문 그대로다)의 아내 가운데 네 사람만을 취했다고 전해진다.[126] 그가 바이바르스에게 보낸 국서에는 자신의 울루스 내에서 개종한 몽골인들이 구빈세(자카트 zakāt)를 내며 성전al-ghazāh wa l-jihād fī sabīl Allāh에 참여하고 있다는 내용이 있다.[127] 밧사프는 테구데르 아흐마드가 진정한 무슬림이라는 데에 한 점 의심도 없었다. 테구데르가 포도주를 금지한 것은 그가 진정한 무슬림이라는 증거였다.[128] 또한 밧사프는 가잔이 즉위할 때 이교도 몽골인과 위구르인에게 이슬람을 받아들이고 샤하다를 낭송하라는 칙령을 내렸다고 썼다. 밧사프에 따르면, 이 명령은 그때까지 돼지고기와 기타 금지된 음식을 섭취하는 것이 합법적이라고 생각했던 사람들을 대상으로 내려진 것이었다.[129]

베르케의 식단에 대한 드 뤼브루크의 증언이나 새로 개종한 조치 왕통 왕자를 위한 바하르지의 권고, 바이바르스에게 보낸 베르케의 국서 등은 이슬람 수용의 첫 단계가 신념의 변화보다는 관습의 전환, 깊은 내적 체험보다는 공동체에 대한 천착穿鑿에 가까웠음을 보여준다.[130] 14세기 초의 저자 이븐 알푸와티Ibn al-Fuwaṭī는 알하와리al-Hawwārī라는 이름의 셰이흐가 몽골인들을 단체로 개종시킨 사건을 묘사하며 "그들은 그의 손에 회개하며 자카트를 내고 열심히 기도하기 시작했다"라고 썼다.[131] 무엇보다 중요한 것은 새로운 신앙을 확인할 수 있는 외부의 표지였다.

아홀 알딤마에 대한 처우 역시 일시적으로나마 바뀔 수 있었다. 이븐 바투타에 따르면, 차가다이 울루스에서 부잔Būzan이 그리스도교도와 유대교도에게 예배당 재건을 허락했다고 하는데, 이는 타르마시린에게 이런 건축물을 파괴하거나 적어도 이를 재건할 수 있게끔 허락할 권한이 있었음을 뜻한다.[132] 가잔은 이슬람을 수용한 직후에 그리스도교도와 유대교도를 박해했다고 하는데, 여기에는 단순히 이들에게 지즈야를 강요한 정도가 아니라 구별할 수 있는 의복(기야르ghiyār)을 입게 하는 조치가 포함되었다. 다마스쿠스에 전해진 한 보고에 따르면, 이들은 심지어 656/1258년 칼리프좌의 종말 이후 거두어지지 않은 지즈야까지 납부해야 했다.[133] 697/1297년, 아미르 나우루즈가 몰락한 후 일칸이 모든 종교를 공평하게 대하는 칭기스 왕조의 전통으로 복귀해 지즈야 징세를 중단한 것으로 보아 그 일은 나우루즈가 주도한 것으로 추정된다(단, 불교도에 대한 탄압은 계속되었다).[134] 딤미dhimmī에 대한 차별책은 가잔의 후계자 올제이투 통치기에 더 큰 규모로 다시 도입되었고, 아부 사이드가 즉위한 뒤에는 더욱더 확대되었다.

그러나 이슬람의 수용이 몽골 지배자가 다른 종교 신념을 따르는 성자들에게 전반적으로 관심을 보이는 것을 막지는 못했다. 티베트어로 쓰인《청책青冊, deb ther sngon po》에 따르면, 카르마파 라마 로패도제Karma-pa Lama Rol-pa'i rDo-rje(사망 1383)는 자신의 궁정을 방문해달라는 동東차가다이 칸국 투글룩 테무르 칸의 초청을 거부했다.[135] 이는 1360년대 초, 즉 칸이 이슬람으로 개종하고 얼마 뒤에 발생한 사건으로 보인다. 아마 투글룩 테무르는 이전의 칭기스 왕조 구성원들과 마찬가지로 (《청책》의 내용을 신뢰한다면) 전염병을 퇴치하는 것과 같은 라마의 능력을 활용하는 데 관심이 있었을 것이다.[136]

칸이 스스로 이슬람 신앙을 따르기로 했다고 해서 이슬람에서 허락되지 않은 초원의 관습까지 반드시 중단되지는 않았다. 베르케의 본거지에서 의복의 빨래가 금지되었다는 사실은 앞서 확인했다. 이슬람 이전의 관습 일부는 수십 년 동안 계속되었는데, 특히 두 가지 사례를 떠올릴 만하다. 무덤에 망자와 함께 껴묻거리를 묻는 관습은 이슬람화된 셀주크 왕조에서도 실행되었고, 이슬람으로 개종한 킵차크 칸국에서도 여전히 행해졌다.[137] 이는 티무르의 매장에서도 확인할 수 있다(제14장 참조). 몽골 칸들은 수계혼 관습도 여전히 유지했다. 가잔 마흐무드는 울라마ulamāʾ가 반대했는데도 아버지 아르군의 아내였던 불루간 하툰Bulughan Khātūn*과 결혼할 권리를 주장했다. 어느 맘루크 저자는 가잔 마흐무드가 이러한 조치에 순응하는 율법학자를 찾지 못했다면 아마도 새로운 신앙을 버렸을 것이라고 확신했다.[138] 금 오르다를 이슬람권으로 끌어들인 군주로 영원한 명성을 얻은 조치 일문의 칸 외즈벡도 비슷한 이야기의 주인공이다.[139] 미르자 하이다르의 경우, 차가다이 칸국 동부의 개종 이후 5세대나 지난 뒤에 즉위한 두스트 무함마드 칸Dūst Muḥammad Ḫān(사망 873/1468~1489)이 죽은 아버지의 아내들 가운데 한 사람과 결혼할 수 있도록 허락을 구했다고 전한다. 두스트 무함마드는 이 결혼이 이슬람 율법에서도 적법하다고 증언하기를 거부한 울라마 일곱 명을 처형했다. 여덟번째 울라마는 여기에 동의했지만, 칸이 불신자이므로 이 결혼이 합법적이라는 조건을 달고 동의했다. 이어 하이다

• 하툰(ḫātun)/카툰((qatun), 복수형은 하와틴(ḫawātīn))은 소그드어(XWTʾY: '군주, 지배자', XWTʾYN: '군주의 아내')에서 기원한 단어로, 지배자의 아내 혹은 여성 친족을 가리키는 경칭이다.

르는 칸의 아버지가 꿈에 나타나 아들을 배교죄로 기소했다고 주장했다.[140] 15세기의 다른 사례들도 있는데, 칭기스 왕조에만 국한된 이야기가 아니었다.[141] 이슬람 신앙과 관련하여 흠잡을 데 없다고 여겨진 티무르의 아들과 손자 중 일부도 중 몇 명은 사실 그런 결혼을 했다. 하이다르의 할아버지인 두글라트의 아미르 무함마드 하이다르는 과거 자신의 이복형제 사니즈Sāniz의 아내였던 두스트 무함마드 칸의 과부와 결혼했다.[142] 이 결혼에서 태어난 아들인 사이드 무함마드 미르자Sayyid Muḥammad Mīrzā(하이다르에게는 삼촌)는 이복형제인 아바 바크르 이븐 사니즈Abā Bakr b. Sāniz의 과부와 결혼했다.[143] 이런 관행은 지속적으로 비난을 받았다. 티무르의 손자이자 후계자인 할릴 술탄이 과부가 된 계모들을 (이복)형제에게 준 조치를 두고 살마니가 분개하여 이 결합이 '무효bāṭil'라고 주장한 것을 상기해보라.[144]

그렇다고 몽골 칸들의 이슬람화를 껍데기만 갈아치운 공허한 조치로 취급해서는 안 된다. 칸들을 '참' 무슬림과 '거짓' 무슬림으로 분류하기는 쉽지 않다.[145] 우리에게는 '개종자'의 생각과 감정을 꿰뚫어볼 방법도 없고, 종교적 충성심의 변화 뒤에 있는 충동을 알아낼 수단도 없다. 사실 종교란 외부의 영향에 철저히 저항하는 정적인 것이 결코 아니다. 미시적 차원에서 보면 새로운 신자들은 신앙과 의식에 영향을 미치는 독특한 경험을 늘 가져오기 마련이다. 거시적 차원에서 보아도 종교란 개인과 마찬가지로 (단순히 먼 거리라는 지리적 차원이 아니라) 문화적으로도 '여행'하면서 본래 태어난 사회와 문화적 배경에서 완전히 다른 세계로 나아가 얼마간의 조정을 거치기 마련이다.[146] 설사 (중세 그리스도교의 게르만화에서 배울 수 있듯이[147]) 중세 이슬람의 튀르크화 또는 몽골화를 고려하지 않는다 해도, 관습의 변화와 칭기스 왕조 시대를 연관시킬 수 있는 사례는 있다. 도대체 누가 '진정한' 이슬람과 그렇지 않은 이슬람을 재단할 수 있겠는가?[148] 이슬람에서 신앙 문제에 대한 권위는 울라마에게 있었으나, 울라마는 신도들이 (대체로 헛된) 합의를 기대한 학자와 율법학자를 뭉뚱그려서 부르는 호칭에 불과했다.

물론 동시대 저자들은 어떤 개인의 이슬람 신앙의 진위에 대해 의견을 표명했고,[149] 개종한 몽골 칸에 대해 어떤 이유든 수준 이하라고 평가절하한 것은 사실이다. 그러나 유심히 살펴보면 이런 판결은 어느 정도 예측 가능해 보인다. 반란으로 타르마시린을 몰아낸 차가다이 일문의 칸 부잔은 무슬림이었지만, 이븐 바투타는 그가 "신앙을 오염시킨 사악한" 군주이고 무슬림을 탄압했다고 서술했다.[150] 그러나 그런 문장을 쓴 시점에 이 모로코 여행가는 델리 술탄국으로 건너간 상태였으니, 부잔의 쿠데타 소식을 알려준 그의 정보원은 (타르마시린의 가족을 포함한) 트란스옥시아나에서 인도로 도주한 무슬림 망명자였을 것이다.[151] 부잔이 "겉보기에 무슬림 같지 않았다"라고 한 야즈디의 평가는 좀더 주목할 필요가 있다.[152] 테구데르 아흐마드가 이슬람에 대해 잘 알지 못했다는 함둘라 무스타우피의 서술도 마찬가지로,[153] 그의 정보원이 일칸에 의해 살해된 아미르의 아들이었다는 점에 주목해야 한다.[154] 라시드 알딘은 테구데르 아흐마드가 무슬림 방식으로 기도했다거나 스스로 무슬림이라고 주장했다고 해석할 수 있는 모호한 문서를 작성해 그 신앙에 의문을 가지게끔 했다.[155] 그러나 테구데르 아흐마드는 이 역사가의 후원자 가잔 마흐무드의 아버지 아르군에 의해 밀려났다. 라시드 알딘은 가잔을 최초의 진정한 무슬림 일칸, "신민들로 하여금 선을 행하고 (…) 악을 행하지 않게 촉구한" 인물로 묘사하고 싶어했다.[156] 라시드 알딘은 또한 가잔 마흐무드가 695/1295년에 몰아낸 바이두를 무슬림으로 인정하기는커녕 일칸으로 재위한 사실조차 지워버리려 했다. 반면 이와 대조적으로 1296년경에 단성론파 그리스도교도 바르 에브라야Bar ʿEbrāyā의 연대기에 그뒤의 역사를 덧붙인 저자는 바이두가 반신반의하는 태도로, 세정洗淨 의식이나 금식을 일절 실천하지는 않았지만, 휘하 아미르들의 등쌀에 밀려 이슬람으로 개종했다고 기록했다. 이 기록으로 미루어보아 최소한 바이두가 이슬람을 지지할 준비가 되었음을 알 수 있다.[157]

적대적인 외부자들은 확실히 일칸국 몽골인의 이슬람화를 거짓으로 묘사했다. 한발리 법학파al-madhhab al-Ḥanbalī 신학자이자 율법학자 이븐 타이미야Ibn Taymiyya(사망 728/1328)는 699/1299~1300년에 시리아에서 가잔과 그 부관들을 만났다.[158] 그뒤 그는 10여 년에 걸쳐 세 편의 파트와를 발행해 몽골인들이 과거 이교도 시절부터 간직해온 비무슬림적 관습을 단호하게 공격했다. 그들이 샤하다를 낭송하며 예언자의 이름을 찬양하고 라마단Ramaḍān 금식•을 수행했다고는 하지만, 기도하는 모습을 보이지도 않았고 몽골인 가운데 무아딘을 찾아볼 수도 없었다. 몽골인들은 자카트를 납부하지도 않았고, 일칸은 딤미 신민들에게 지즈야를 징수하지도 않았으며 굴종을 요구하지도 않았다(물론 이러한 비난은 가잔이 딤미에 대한 차별 조치를 철회한 이후에 시작되었다). 이븐 타이미야의 주

• 라마단(ramaḍān)은 '엄청난 더위'라는 뜻으로, 이슬람력에서 아홉번째 달이다. 라마단월에 금식(ṣawm Ramaḍān)을 준수하는 것은 이슬람 신앙의 다섯 기둥 가운데 하나다.

장대로, 몽골인들은 실제로 성전聖典의 백성과 우상 숭배자를 구분하지 않고 호의적으로 대했고, 각기 다른 신앙의 학자들을 구별하지 못했다. 자유사상가(진디크zindiq), 이단적 무슬림(바티니Bāṭinī *와 라피디Rāfiḍī **), 유대교도는 무슬림인 척 가장해 일칸국에서 요직을 차지했다. 이븐 타이미야는 유대교에서 개종한 라시드 알딘을 특히 비난했다. 몽골인들은 칭기스 칸을 신의 아들이라고 부르며 예언자들의 인장〔khātam al-anbiyā〕, 최후의 선지자〕으로 보고 그의 의견과 기분bi-ẓannihi wa-hawāhi에 따른 명령amr을 《코란》보다 우선시했다. 몽골인의 주된 관심사는 이슬람이 아니라 몽골 제국의 확대였다. 누구든 복종하는 자는 (설사 이교도여도) 그들의 친구였고, 그들을 거부하는 자는 (설사 가장 우수한 무슬림일지라도) 그들의 적이었다. 이븐 타이미야의 판단 가운데 일부는 타당하지만, 일부는 의문의 여지가 있다. 그는 몽골인 노얀 쿠틀룩샤Qutlughshāh와 회견한 적이 있는데, 그가 역사가 알비르잘리al-Birzālī에게 이때의 경험을 들려주어서 기록으로 남았다. 이 회견에서 이븐 타이미야를 가장 격노하게 한 것은 칭기스 칸이 무슬림이었다는 쿠틀룩샤의 발언이었다.[159]

---

* 《코란》과 같은 문헌을 자히리(ẓāhirī, '겉의', '겉에 드러난')가 아니라 바틴(bāṭin, '안의', '속에 깊이 감춰진') 방식으로 탐구하는 사람들을 이르는 말. '비교(秘敎) 이슬람 신자' 정도로 새길 수 있다. 중세에는 시아 이스마일파를 가리킬 때도 쓰였다.

** '버리다', '떠나다', '이탈하다', '거부하다'를 뜻하는 동사 라프드(rafḍ)에서 나온 말. 초대 칼리프 아부 바크르(Abū Bakr)와 2대 칼리프 우마르('Umar)를 거부하는 사람들을 알라피다(al-Rāfiḍa) 또는 알라와피드(al-Rawāfiḍ, 알라피다의 복수형)라고 부른 데서 기원했다. 본래 원(原) 이마미파(proto-Imāmiyya, 열두 이맘 시아파로 발전)를 이르는 말이었으나, 때로는 시아파 전체를 뜻하는 말로 사용되기도 했다. 이븐 타이미야는 '라피디'와 그 복수형인 '라와피드'를 시아파를 추종하는 '신자'를 가리키는 말로, '라피다'를 종파로서의 시아를 가리키는 용어로 사용했다고 한다.

이슬람에 대한 저항

압바스 왕조 칼리프좌의 소멸 이후 40년도 채 지나지 않아 이루어진 가잔 마흐무드의 개종은 라시드 알딘 같은 무슬림 역사가들에게뿐만 아니라 역사 서술 전통에서도 분명 중요한 전환점이었다.[160] 그러나 이슬람화 자체에 대한 반대라고 반드시 확신할 수는 없을지라도 무슬림으로 개종한 칸들에 대한 반대가 있었던 것은 사실이다. 일반적으로 현전하는 사료들은 과거 칸들에게 반역을 일으킨 노얀들이 칸에게 가했던 비난과 마찬가지로, 단지 적대적인 아미르들이 칸이 칭기스 칸의 야사를 어겼다고 주장했음을 보여줄 뿐이다.[161] 타르마시린의 경우, 이븐 바투타는 칸이 차가다이 울루스 동부를 방문하지 못한 사실과 매해 쿠릴타이를 소집해야 한다고 규정한 야사를 연관 지었다.[162] 테구데르 아흐마드와 타르마시린 두 사람 다 비무슬림을 희생시키면서까지 무슬림 아미르를 중용했다는 혐의를 받았는데,[163] 이는 모든 신앙을 동등하게 대하라는 칭기스 칸의 야사를 분명히 위배한 것으로 해석될 수 있다. 697/1297년, 가잔 마흐무드는 반역을 일으킨 일련의 왕자들을 마주했는데, 밧사프의 기록에 따르면 그들의 목표는 "이슬람 땅에 있는 모든 모스크를 [이교] 숭배의 장소 또는 주교와 승려가 머물 거처로 되돌리는 것(바즈bāz)"이었다.[164] 여기서 '바즈'라는 표현이 중요한 이유는 이들의 목표가 이전과 같은 다원주의적 태도로 선회하는 것임을 보여주기 때문이다.

현존하는 사료에는 새로운 신앙에 대한 또다른 우려 사항도 언급되었다. 카샤니는 올제이투 일칸의 궁정에서 진행된 여러 무슬림 법학파madhhab 사이의 종교 논쟁에 대해 썼다. 여기서 쿠틀룩샤는 왜 이란의 몽골인들이 칭기스 칸의 야사를 저버리고 어떤 학파는 딸과의 결혼을 허락하고 또다른 학파는 누이와의 결혼을 허락하는 신앙을 택해야 하느냐며 의문을 제기했다.[165] 데이비드 모건의 관찰대로, 이는 이슬람에 대한 불완전한 이해를 드러내는 기록이다.[166] 그러나 쿠틀룩샤의 오해를 자세히 살펴보면 엄청난 잘못은 아닌 듯하다. 어쩌면 쿠틀룩샤는 오랜 몽골의 전통과 상충되는 (그리고 쿠빌라이가 1280년에 중국의 무슬림을 대상으로 일시적으로 금지한[167]) 무슬림의 족내혼 관습을 피상적으로 이해하고 있었는지도 모른다. 그러나 이 일화에서 쿠틀룩샤가 "아랍인들의 옛 kuhna 종교"를 칭기스 칸의 "새로운 야사와 관습yusūn"과 대조하며 이슬람이 여러 종파qism(학파)로 갈라진 점을 들어 비난한 것은 주목할 만하다.[168] 몽골의 눈부신 정복 여정은 무엇보다 자신들의 단합에 힘입은 것이라고 여기는 사람들에게 이슬람으로의 개종은 이런 단합을 위태롭게 하는 것처럼 보였기에 모욕적으로 느껴졌음이 분명하다. 흥미로운 점은 카샤니 역시 외즈벡의 대★아미르가 칭기스 칸의 야사와 관습을 거부하고 "아랍인들의 오래된 샤리아"를 지지하는 데 반대했다가 처형당했다고 기록했다는 사실이다.[169] 그러나 설사 이러한 견해가 이슬람을 수용한 당시에 일반적으로 표명된 중론이었다 하더라도 극복할 수 없는 장애물은 아니었다. 쿠틀룩샤를 잘 알았고 함께 일하기도 했던 라시드 알딘은 쿠틀룩샤를 무슬림으로 분류했다.[170] 이슬람화는 지속되었지만, 그런 동시에 이는 점진적이면서도 불규칙한 과정으로, 이슬람적 관행 자체도 계속해서 미묘하게 수정되었다.

제4장

몽골 세계의 위기 ①
쇠퇴하는 칭기스 왕조의 지배

이븐 바투타는 차가다이 일문의 칸 타르마시린을 소개하면서 그의 영토는 역시 그만큼 방대한 세계의 7대 성왕 가운데 네 명, 곧 "중국 왕"(카안/원나라 황제), "인도 왕"(델리 술탄), "이라크al-ʿIrāq 왕"(일칸), "우즈벡 왕"(금 오르다의 외즈벡 칸)에게 둘러싸여 있다고 기록했다.[1] 이 네 왕 가운데 세 왕은 타르마시린과 마찬가지로 칭기스 칸의 후예인 몽골인이었는데, 이븐 바투타가 중앙아시아를 여행할 당시에만 해도 엄청난 세력을 이루었다. 그러나 그로부터 몇십 년 지나지 않아 이들 다섯 나라 가운데 둘은 소멸했고, 나머지는 그 권위가 산산조각 났다. 다만 "인도 왕"만이 여전히 대왕의 반열에 머물렀을 뿐이다. 이 왕은 칭기스 왕조의 일원은 아니었으나, 이븐 바투타에 따르면 몽골계 카라우나스의 후예였다.[2]

몽골 지배의 붕괴와 '대아미르들'의 대두

14세기 중반에 모든 몽골 칸국이 위기에 처했다. 원나라에서는 한인 신민들이 일으킨 반란을 비롯해 일련의 혼란이 발생했고, 결국 1368년에 반란 지도자 주원장朱元璋(명나라 태조太祖)이 몽골인들을 쫓아내고 명나라를 세웠다. 토곤 테무르 카안Toǧon Temür Qa'an(원나라 순제順帝)은 몽골 초원으로 물러났다. 그와 그 후계자들의 정권은 1630년대 만주 세력에게 정복당하기까지 북원北元으로 불리며 존속했다.[3] 그러나 1388년 이후 카안 자리의 계승을 두고 격렬한 분쟁이 이어졌다. 1406년, 명 황제가 굴리치 카안Gülichi Qa'an에게 보낸 국서에는 몽골인들이 중국을 버린 이후 일곱 군주가 옥좌를 차지했다고 쓰여 있었다. 2년 뒤, 굴리치의 옥좌를 노리던 원 제국의 왕자는 여섯 군주를 언급하며, 그 가운데 자연사한 사람은 아무도 없다는 내용을 덧붙였다.[4] 몇 번은 아릭 보케나 오고데이의 후손이 옥좌를 차지하기도 했다.[5] 이 지파의 왕자들은 13세기 또는 14세기 초 이래 몽골고원에서 활동하다가 톨루이 왕통 카안들이 자원이 고갈된 데다 설상가상으로 명나라의 강한 압력에 시달리는 상황을 보고 기회를 포착해 도전에 나섰던 것이다.

계승 분쟁과 그 결과로 이어진 칸의 권력 약화는 다른 칸국들에서도 수년에 걸쳐 반복된 양상이다. 몽골 제국에서 서쪽 끝에 자리잡은 일칸국과 조치 일문의 붕괴는 왕조 혈통의 단절에서 비롯되었다. 과도한 식사와 음주 탓에 생식력이 저하되었는지,[6] 아니면 근친혼 탓에 유전적 문제가 발생했는지,[7] 이도 저도 아니면 이 두 가지 요인이 복합적으로 작용한 결과인지를 논의하기에는 자료가 충분하지 않다. 이란에서는 아부 사이드 일칸이 남성 후계자를 남기지 못하고 사망하면서(736년 두번째 라비월 13일/1335년 11월 30일) 아르군 왕통은 종말을 맞았다. 후계자 문제를 두고 합의가 이루어지지 않자, 훌레구의 후손뿐만 아니라 아릭 보케나 칭기스 칸 동생의 후손도 옥좌를 주장할 수 있는 길이 열렸다.[8] 킵차크 칸국에서는 1360년경에 바투의 혈통이 단절되었던 것 같다.[9] 따라서 그 이후 바투의 동생들, 그중에서도 시반과 토카 테무르의 후손들이 칸의 자리를 두고 다투었다. 또한 토카 테무르의 후손들이 청 오르다('좌익'), 즉 오르다 울루스를 다스리게 된 사실로 보아 오르다 왕통 역시 단절되었을 가능성이 있다.[10]

반면 차가다이 칸국의 위기는 왕조의 재생산 실패에서 비롯되지 않았다. 두아의 아들들 가운데 마지막으로 재위한 타르마시린의 몰락 (735/1334)을 시작으로 두아의 손자들과 (나중에는) 그 후예들, 차가다이의 다른 후손들, 오고데이 왕통의 왕자들 사이의 계승 분쟁이 30여 년에 걸쳐 이어졌다. 트란스옥시아나에서는 티무르가 패권을 쥔 1370년 이후에야 상대적으로 안정되었지만, 그사이 울루스는 분열되어 748/1347년 이후 차가다이령 동부(모굴 칸국 또는 자타Jata로 알려졌다)의 칸들은 별도의 정권을 세웠다.

14세기 중후반, 4대 칭기스 왕조 정치체가 지닌 두번째 공통점은 주요한 튀르크·몽골인 아미르들에게 실권이 이양되었다는 것이다. 이 아미르들은 칭기스 왕조의 구성원이 아니라 평민(카라추)으로, 칭기스 왕조의 구성원을 칸으로 옹립하고 그의 이름을 빌려 통치했다. 이런 방식은 적어도 일칸국의 역사에서는 예상할 수 없던 일은 아니었다. 아르군이 통치하던 시기의 부카, 가잔의 통치 초반 2년 동안 나우루즈는 숙

청되기 전까지 각각의 정부를 지배했다. 아부 사이드의 경우, 열두 살에 즉위해 후견인이 필요했기에 처음에는 어린 일칸의 보호자(아타벡 atabeg) 세빈츠Sevinch가,[11] 나중에는 술두스부의 초반과 같은 몽골인 노얀이 사실상 섭정으로 군림했다.[12] 그렇지만 몇 년 동안 이어진 초반의 패권을 제외하면 이런 시기는 짧았다.[13] 14세기 중반의 새로운 특징이라면 '대아미르'들이 상당 기간에 걸쳐 권력을 쥐는 행태가 제도로 자리잡은 점인데, 티모시 메이는 이를 "카라추의 대두"로 규정했다.[14] 이런 양상은 중세 초기 마이오르 도무스maior domus('궁재宮宰')의 대두를 떠올리게 한다. 초원의 역사에서 찾을 수 있는, 더 적절한 예시로는 하자르 제국의 벡Beg 또는 샤드Shad를 들 수 있겠다.[15] 동시대 이슬람 세계에서 예시를 찾아보자면, 꼭두각시로 전락한 압바스 왕조의 칼리프가 지배를 승인했으며 명목상으로는 칼리프의 대리인이었던 맘루크 술탄이 있다.

'대아미르' 가운데 차가다이 칸국 서부에서 권좌에 오른 티무르가 가장 길고 화려한 경력을 누렸다고는 하지만, 그도 그러한 예 가운데 하나였을 뿐이다. '대아미르' 현상은 일칸국에서는 1336년 이후에, 차가다이 일문의 영토 서부에서는 1347년 이후에, 바투 울루스와 오르다 울루스에서는 1360년경에, 차가다이 일문의 영토 동부에서는 1369년 경 이후에 나타났다. 북원에서 꼭두각시 카안의 시기가 시작된 시점은 그보다 늦은 1388년이었다. 몽골 제국이 중국에서 축출당한 직후 나하추Naqachu라는 군벌이 나타나 원 조정의 권위를 인정하지 않은 채 요양遼陽을 통제하였으나, 그는 1386년에 명에 항복하였다(저자의 오류로, 실제 나하추의 항복 시점은 1387년).[16] 차가다이 칸국 동부와 바투 울루스에서는 문제의 카라추 아미르(카마르 알딘Qamar al-Dīn과 마마이Mamai)가 스스로 칸을 칭하는 등 찬탈까지 나아갔다고 알려졌다. 그러나 이 같은 실험은 드물었고, 둘 다 광범위한 반대에 부딪혀 좌절을 맞았다. 뒤에서는 서아시아에 존재한 세 몽골 국가 각각에서 칸들이 빛을 잃어간 과정을 되짚어보겠다.

이란 일칸국의 종말

이란 세계의 지배적 왕조는 다른 몽골 국가들보다 일찍 지방 강자들에 의해 존재감이 가려졌다. 또한 조치 왕통이나 차가다이 왕통의 정치체와 달리 훌레구 왕통은 토착 사료가 많이 남아 있어 사건의 상세한 경과를 재구해볼 수 있다.[17] 아부 사이드가 사망하고 5일 뒤, 와지르 기야스 알딘 이븐 라시드 알딘은 자신의 사위이자 강력한 아미르인 샤라프 알딘 마흐무드샤 '인주'Sharaf al-Dīn Maḥmūdshāh 'Īnjū'와 함께 아릭 보케의 후손 아르파 케운Arpa Ke'ün(몽골어로 '케운ke'ün', '왕자'라는 뜻)을 칸으로 옹립했다.[18] 와지르는 죽은 군주가 아르파 케운을 후계자로 지명했다고 주장했다. 새 지배자는 한동안 활력을 보이며 금 오르다의 칸 외즈벡의 침공군을 격퇴하기 위해 북방으로 움직였고, 아르파가 접근하자 외즈벡은 퇴각했다. 아르파는 돌아오는 길에 남편을 잃은 아부 사이드의 누이 사티벡Satibeġ과 결혼도 하고 전임 일칸의 총애를 받지 못했던 아미르들을 다독이려 노력했다. 아부 사이드가 총애한 아내 딜샤드 하툰Dilshād Khātūn이 임신한 상태였기 때문에 아르파의 지위는 그리 안정적이지 못했다. 아르파가 죽고 사흘 뒤에 딜샤드가 딸을 낳으면서 모든 이가 인정하는 남성 후계자에 대한 기대는 사라졌다.[19]

아르파는 샤라프 알딘 마흐무드샤뿐만 아니라 훌레구 왕통의 몇몇 왕자와 외즈벡과 공모해 아부 사이드를 독살했다는 혐의를 받던 아부 사이드의 첫째 부인 바그다드 하툰Baghdād Khātūn을 처형함으로써 지지를 잃었다.[20] 아부 사이드의 외삼촌이자 당시 이라크 총독이었던 오이라트의 알리 파디샤ʿAlī Pādishāh는 바이두의 손자 무사Mūsā를 일칸으로 세움으로써 이에 응수했다. 자신이 복권시킨 아미르들에게서 버림받은 아르파는 패배한 뒤 포로로 붙잡혔다가 736년 샤우왈월 3일/1336년 5월 15일에 살해당했다.[21] 와지르는 그보다 약간 앞서 생포되어 처형되었다.

알리 파디샤와 그의 꼭두각시 군주는 곧 반대에 직면했다. 아나톨리아 총독 잘라이르부의 셰이흐 하산Shaykh Ḥasan(세칭 하산 '부주르그'Ḥasan-i 'Buzurg', '대大하산'[•])이 훌레구의 아들 멩귀 테무르Mengü Temür의 후손 무함마드Muḥammad를 칸으로 옹립한 것이다. 736년 둘힛자월 14일/1336년 7월 24일, 알리 파디샤는 알라탁 인근에서 벌어진 전투에서 패사했다. 셰이흐 하산은 무함마드의 이름으로 타브리즈와 바그다드를 점령하고 딜샤드 하툰과 결혼했다. 그러나 무사의 세력은 여전히 거대했다. 게다가 얼마 지나지 않아 호라산 총독 셰이흐 알리 쿠쉬치Shaykh ʿAlī Qūshchī가 셰이흐 하산을 반대하고 나서면서 호라산의 유지들을 소집해 칭기

184　제1부 몽골 제국

스 칸의 동생 조치 카사르의 후손인 타가이 테무르Taghai Temür를 일칸으로 선출했다.[22] 톨루이 왕통이 아닌 왕자를 즉위시키는 결정에 일부 역사가는 분개했을 수도 있다. 제2장에서 나는 일칸국 후기에 활동한 연대기 저자 샤반카라이가 738/1338년에 어떻게 톨루이와 그 왕통을 위해 거짓된 주장을 펼쳤는지 살펴본 바 있다. 샤반카라이의 주된 목표는, 일칸국이 칭기스 칸의 영토 분할에 기원을 둔 울루스가 아니라 칭기스 칸의 사후 사태 전개의 부산물이라는 다른 칭기스 왕조 왕통들의 주장을 반박하는 것이었음이 분명하다. 그러나 그의 서술에는 타가이 테무르의 권리 주장에 반발하는 의미가 담겼을 수도 있다.[23]

이제 일칸 세 명이 경쟁하게 되었다. 타가이 테무르가 737년 샤반월/1337년 3월에 호라산에서 서쪽으로 나아가자, 무사는 무함마드를 함께 공략하자고 꼬드겼다. 그러나 둘카다월 중순/5월 하순에 마라가 근처에서 셰이흐 하산과 무함마드의 부대를 맞닥뜨린 타가이 테무르가 느닷없이 전장을 떠나버렸다. 무사는 도망가려다 생포되어 둘힛자월 10일/1337년 7월 10일에 처형되었다. 타가이 테무르는 호라산으로 귀환하는 길에 몽골계인 자운 쿠르반의 지도자 아르군샤Arghūnshāh의 손에 생포되었다. 아르군샤는 칸의 최대 지지자인 셰이흐 알리 쿠쉬치를 처형하고서는 곧 타가이 테무르를 풀어줬다. 그런 후 셰이흐 알리처럼 스스로 타가이 테무르의 옥좌를 지탱하는 기둥 역할을 맡았다.

그동안 셰이흐 하산은 새로운 적수, 초반의 손자 〔셰이흐〕 하산 (쿠착) 이븐 테무르타쉬〔Šayḫ〕 Ḥasan(-i Kūchak) b. Temürtash와 738년 둘힛자월 17일/1338년 7월 16일에 알라탁 인근에서 격돌했다. 초반 왕조의 하산은 셰이흐 하산을 격파하고는 무함마드 일칸을 사로잡아 처형한 뒤,

한때 할아버지 초반과 결혼했으며 나중에 아르파가 아내가 되었다가
이제 과부가 된 아부 사이드의 누이 사티벡을 일칸으로 옹립했다. 이처
럼 누구도 예상치 못한 일을 벌인 셰이흐 하산은 사티벡의 이름을 내걸
고 술타니야를 점령했다. 이제 셰이흐 하산은 타가이 테무르에게 도움
을 청할 수밖에 없는 상황에 처했다. 그러나 타가이 테무르가 739년 라
잡월/1339년 2~3월에 다시 한번 서진하자, 하산 쿠착은 타가이 테무
르가 기꺼이 셰이흐 하산과 관계를 끊고 사티벡과 결혼하겠다는 뜻을
밝힌 적이 있다는 내용의 서신을 셰이흐 하산에게 보내 동맹 사이를 갈
라놓았다. 이렇게 두 하산이 뭉치자 타가이 테무르는 후퇴하는 수밖에
없었다.[24]

그러자 셰이흐 하산은 게이하투Geikhatu 일칸의 손자인 자한 테무르
Jahan Temür를 일칸으로 세우고 이라크로 물러나 바그다드를 점령했다.
경쟁자인 초반 왕조의 하산은 739년 말/1339년 6월 혹은 7월에 9개
월 동안[25] 집권한 사티벡을 폐위시킨 뒤 새로운 피후견인인 훌레구의
아들 요쉬무트Yoshmut의 후손 술라이만Sulaymān과 혼인시켰다. 술라이
만은 4년 동안 군림했는데, 일칸국 서반부에 존재했던 대다수 다른 꼭
두각시 칸들보다 오랜 기간 살아남은 셈이었다.[26] 이 시기에는 이라크
를 중심으로 한 셰이흐 하산의 군대와 아제르바이잔을 본거지로 둔 하
산 쿠착의 군대가 서로 소규모 접전을 벌였다. 서쪽으로 영향력을 넓히
려는 타가이 테무르의 세번째 도전은 하산 쿠착의 형제 말릭 아슈라프
Malik Ashraf에게 패배함으로써 끝났는데, 이것이 최후의 시도가 되었다.
그뒤로 타가이 테무르는 호라산과 마잔다란Māzandarān에만 집중했다.
타가이 테무르는 얼마 뒤 호라산의 전통적인 지배 계급과 농촌의 소규

모 지주, 바이하크Bayhaq/사브자바르Sabzawār의 수피 다르비시의 대표 자들이 함께 결성한 복잡한 동맹인 사르바다르의 반란에 맞닥뜨려 격전을 벌일 운명이었다.[27] 결국 타가이 테무르는 754/1353년에 사르바다르 집단의 손에 암살당했다.

서쪽에서는 744년 라잡월/1343년 12월에 하산 쿠착이 아내들 가운데 한 사람에게 암살되자 말릭 아슈라프가 초반파의 지도자 자리를 꿰찼다. 그는 745/1344~1345년에 술라이만을 버리고 아누시르반Anūshīrwān(누시르반Nūshīrwān)이라는 정체불명의 인물을 일칸으로 세웠는데, 그는 757/1356년까지 군림했다.[28] 이에 셰이흐 하산은 741년 초/1340년 6~7월경 자한 테무르를 버리고는 이라크와 후지스탄Khūzistān에서 743/1342~1343년까지 타가이 테무르의 이름으로 주화를 발행하다가,[29] 충성의 대상을 술라이만으로 바꿨다. 술라이만은 디야르 바크르Diyār Bakr 지방의 아미르들에게도 인정받았기에 746/1345~1346년까지 그의 이름으로 주화가 발행되었다.[30] 한편 동아나톨리아에서는 743/1342~1343년과 745/1344~1345년에 그 아내인 사티벡의 이름으로 주화가 발행된 적도 있다.[31]

맘루크 술탄 알나시르 무함마드al-Nāṣir Muḥammad는 이처럼 변화무쌍하고 분열적인 상황으로 이득을 보았다. 그리고 언제고 자신에게 의지함으로써 지위를 확인받고 경쟁자에게 대적하고자 지원을 얻으려는 투쟁의 주요 인물들을 통해서도 이익을 보았다. 이 같은 적과의 동침에 대해 일칸국 측 사료들은 대체로 침묵하지만, 알유수피al-Yūsufī(사망 756/1355)와 알슈자이al-Shujāʿī(14세기 중반에 저술 활동을 함) 같은 동시대 맘루크 저자들을 통해 그 내막을 확인할 수 있다.[32] 맘루크 서기국의 실무 매뉴얼도 새로운 힘의 균형이 외교 의례에 반영되었음을 보여준다.[33] 알리 파디샤와 셰이흐 하산 부주르그, 그리고 한때 하산 부주르그의 부관이었던 아라트나Aratna, 이들 모두가 맘루크 술탄의 이름으로 주화를 발행하고 쿠트바를 실행하는 대가로 지원을 얻고자 했다. 741/1341년, 알나시르가 사망하고 그 아들들과 손자들이 집권하면서 정치적 불안정이 깊어지자 이집트를 향한 구애는 덜 매력적이거나 덜 현실적인 일이 되었지만, 아나톨리아와 자지라의 지배자들 상당수(대표적인 예가 마르딘의 아르툭 왕조 군주Artuqid와 카라코윤루Qarā-Qōyūnlū 튀르크멘의 수장)는 때에 따라 맘루크의 종주권을 계속 인정해주기도 했다.[34] 오로지 이집트만이 기회주의자나 불만을 품은 이들을 끌어들이는 자석 역할을 하지는 않았다. 무사 일칸의 형제 핫지 케운Ḥājjī Ke'ün은 델리 술탄의 궁정으로 망명했다. 이븐 바투타의 서술을 신뢰해도 된다면, 이 인물은 (일칸국으로 돌아가) 1330년대 후반 무사에게 대적해 일칸 자리에 도전했다가 실패했다.[35]

위에서 서술한 전란 때문에 칭기스 왕조가 명목상 군주로 군림하던 일칸국의 서부가 분열되어 종국에는 비非칭기스 왕조 지배자들의 독립 왕국으로 이어지는 변화를 쉽게 인지할 수 없다. 이 지배자들 가운데 초반부에 가장 중요한 인물은 살아남은 킹메이커 두 사람이었다.[36] 758/1357년까지 아제르바이잔을 통제한 초반 왕조의 아슈라프, 바그다드를 지배했고 759/1358년 이후로는 아제르바이잔까지 장악한 잘라이르 왕조(멸망 835/1432)의 창건자 셰이흐 하산이 바로 그들이다. 이외에 783/1381년까지 동아나톨리아의 시바스, 카이세리, 아르진잔Arzinjān(에르진잔Erzincan) 등지와 그 인근을 지배하게 될 왕조의 창건자 아라트나, 야즈드와 케르만, 이스파한, 나중에 파르스와 샤반카라 Shabānkāra까지 지배하는 무자파르 왕조(멸망 795/1393)의 창건자로 아랍계 혈통인 무바리즈 알딘 무함마드 이븐 무자파르Mubāriz al-Dīn Muḥammad b. Muẓaffar, 무바리즈 알딘이 754/1353년에 제거하는 파르스 토착 사이드계 가문인 인주 왕조Injūid, 신흥 오스만 왕조의 지도자를 비롯한 아나톨리아의 튀르크계 아미르들이 있었다. 마지막으로 동부에는 아스타라바드Astarābad와 마잔다란의 아미르 왈리(타가이 테무르의 부하의 아들)를 비롯한 몽골 아미르들이 이끄는 세 개의 정치체와 헤라트의 카르트 왕조, 서호라산의 사르바다르 국가가 있었다.

말릭 아슈라프의 폭정에 지친 아제르바이잔의 일부 세력은 758/1357년 당시 금 오르다의 칸이었던 외즈벡의 아들 자니벡에게 도움을 청했다.[37] 아슈라프는 756/1355년 술탄을 자칭하며 자신의 이름으로 주화를 발행하기 시작했으나 이듬해에 기조를 바꾸어 자니벡의 군주권을 인정했다. 조치 일문이 아제르바이잔 방면을 침략했을 때 그가 공개적으로 타가이 테무르의 아들인 꼭두각시 일칸 가잔 (2세)Ghazan (II)의 지배권을 옹호한 것으로 보아, 나중에는 결국 가잔으로 충성의 대상을 바꾼 듯하다.[38] 아슈라프는 얼마 뒤 포로가 되었다가 조치 일문의 병사들에게 처형되었다. 현존하는 정보로 추정컨대 가잔 (2세)은 몽골 제국령 이란에 존재했던 최후의 꼭두각시 군주다. 가잔은 758년 두번째 주마다월 9일/1357년 5월 31일 사망했다고 전하는데, 그다음 날 자니벡과 아슈라프 사이의 전투가 있었던 것으로 보아 최후의 일칸은 조치 일문의 군대가 습격했을 때 살해된 듯하다.[39] 이렇게 해서 명목으로나마 인정할 일칸조차 사라지게 되었다.

　　조치 왕통이 침공하자 서로 경쟁하던 세력들 중 일부는 자니벡의 군주권을 한때 인정했다. 재위 초기인 759/1358년에 아미르 왈리는 자신이 발행한 주화에 자니벡의 이름을 추가했다.[40] 758/1357년에서 759/1358년에 이르는 짧은 기간에 셰이흐 하산은 바그다드에서 발행한 주화에 자니벡의 이름을 새겼다. 그러나 일부 군주는 거의 거리낌 없이 자신의 군주권을 주장했다. 아라트나는 처음에는 맘루크 술탄에게, 나중에는 타가이 테무르에게 추파를 던지더니 이르면 742/1341~1342년에 자신의 이름으로 주화를 찍어내기에 이른다.[41] 투스Ṭūs에서 발행된 주화로 보아, 호라산에 자리잡은 자운 쿠르반 몽골인들도 이르면 745/1344~1345년 무렵에 타가이 테무르를 군주로 인정하지 않았다.[42] 셰이흐 아부 이스학 인주Shaykh Abū Isḥāq Īnjū는 술탄을 자칭하며 745/1344~1345년부터 시라즈에서 자신의 이름으로 주화를 발행했다.[43] 무자파르 왕조의 무바리즈 알딘 무함마드는 처음에는 타가이 테무르와 술라이만을 차례로 군주로 인정했으나[44] 755/1345년부터는 자신의 이름으로 주화를 찍어냈다. 셰이흐 하산은 자한 테무르를 저버린 뒤인 745/1344~1345년부터 자신의 이름으로 주화를 발행했는데, 다만 758/1357년에서 759/1358년에 이르는 짧은 기간은 예외였다. 셰이흐 하산은 적어도 '아미르 울루스amīr-i ulūs'(튀르크어로 '울루스베기 ulusbeği')라는 겸손한 칭호를 사용했으므로, 그가 군주의 지위를 누렸는지는 의문의 여지가 있다.[45]

　　일칸국 고지의 그다음 역사에 대해서는 제6장에서 추적하겠지만, 이 시점에서 몽골인들의 눈에 탐탁지 않게 보였을 대목들만 짚고 넘어가겠다. 셰이흐 아부 이스학과 무함마드 이븐 무자파르는 외부의 지배

정당성을 완전히 배제할 수 있다고 판단하지는 않았다. 이 두 사람은 자신의 이름으로 주화를 발행한 시점부터 카이로에 있는 꼭두각시 압바스 왕조의 칼리프 알무타디드 빌라흐al-Mu'taḍid billāh라는 완전히 다른 세계로부터 지배자로서 인정을 받았다.[46] 무함마드 이븐 무자파르는 같은 이유로 그 이전 시기에 인도에 있던 압바스 왕조의 후예와도 협상했을 가능성이 있다.[47] 게다가 무자파르 왕조의 두번째 지배자 샤 슈자는 휘하 역사가들에게 '파디샤 이슬람'이라고 칭송받기까지 했는데(제6장 참조), 이 칭호는 가잔 마흐무드가 694/1295년에 일칸에 오를 때 사용했던 것이다. 헤라트의 무이즈 알딘 피르 후사인 무함마드Mu'izz al-Dīn Pīr Ḥusayn Muḥammad는 인주 왕조나 무자파르 왕조보다 더 직전 과거와의 단절을 분명히 했다. 이 인물은 술탄 칭호를 사용함과 동시에(750/1349년) 동시에 불신자들kuffār의 관행을 철폐하고 샤리아만이 유효하다고 선언했다.[48] 어쩌면 이 성급한 조치가 카자간Qazaghan이 이끄는 차가타이 군대가 그의 영토를 침공한 이유 중 하나였는지도 모른다. 칼리프의 권위를 인정하는 동시에 독립적인 군주권을 주장하는 태도는 알탄 우룩의 군주권과 밀접하게 연관된 몽골의 법과 관행, 다시 말해 야사/퇴레를 거부하는 행위와 다를 바 없었다.[49] 무이즈 알딘의 아들이자 후계자가 티무르 앞에서 퇴레를 거부했다는 혐의를 받았던 데는 이런 사정이 있었다.[50] 티무르가 자신에게는 칼리프를 지명할 자격이 충분하다고 주장했을 때, 그의 의도는 칭기스 왕조의 지배정당성이라는 성벽에 존재한 빈틈을 막는 데 있었다.

조치령에서의 칸권(군주권)

킵차크 칸국(백白 오르다Aq Orda)*은 이 장에서 논의할 세 정치체 가운데 가장 강력하다는 인상을 주는데, 그 칸들이 이란이나 트란스옥시아나의 칸들보다 실제로 더 오랫동안 권력을 누렸음은 명백하다. 외즈벡은 즉위할 때 친척을 다수 처형함으로써 자신의 권위를 강화했다. 742년 샤우왈월/1342년 3~4월에 외즈벡이 사망하자 그뒤를 아들 티니벡Tinibeg이 계승했으나, 얼마 지나지 않아 이복형제인 자니벡이 어머니 타이돌리Taidoghli(타이둘라Taidula) 하툰의 선동에 넘어가 그를 살해했다. 자니벡은 곧 다른 형제 히드르벡Khidrbeg도 처형했다.[51] 자니벡의 통치기는 오랫동안 조치 일문이 탐낸 일칸령 아제르바이잔을 758/1357년 초반 왕조의 말릭 아슈라프에게서 빼앗는 데 처음으로 성공했다는 점에서 킵차크 칸국의 전성기처럼 보인다. 이 승리는 바샤리 이슈트반Vásáry István의 말마따나 조치 일문의 힘 덕분이라기보다 상대 측이 약해진 덕분이었다.[52] 그러나 자니벡은 차가다이 일문에게서도 영토를 빼앗았고, 아슈라프에게 보낸 최후통첩에서는 자신이 세 울루스를 지배한다며 으스대기까지 했다.[53]

자니벡은 758/1357년에 사망했고, 그뒤를 이어 2년 동안 재위한 아들 베르디벡Berdibeg은 형제와 엄청나게 많은 친척을 살해했다.[54]

---

* 바투 왕통이 지배한 조치 울루스(킵차크 칸국)의 서부를 가리키는 용어. 제2장에서 저자가 언급한 대로 조치 울루스는 서부에 해당하는 우익과 동부에 해당하는 좌익으로 나뉘었는데, 그 경계가 우랄산맥이다. 티무르 시대 이후 차가타이어 사료들은 우익을 '백 오르다(Aq orda')', 좌익을 '청 오르다(Kök orda)'라 칭했다.

761/1360년에 한 페르시아 저자는 "소란과 불화fitna-u āshūb"라고 부르고,[55] 루시 지방의 연대기 저자들은 "대동란velikaia zamiatnia"이라고 부른, 단명하는 칸들이 조치 일문의 영토 각지에 할거하며 서로 투쟁하는 사태가 벌어졌다.[56] 30여 년 전 일칸국 고지에서 나타난 경쟁의 참가자들과 달리 이 지배자들에 대한 자료는 그다지 많이 남아 있지 않다. 일부는 이름이나 알 수 있는 수준이고, 발행한 주화를 통해서만 존재가 확인되는 경우도 있다. 티무르 왕조의 저자인 샤미와 야즈디가 칸 목록을 작성했지만 완전한 자료는 아닌 듯하다.[57] 루시 연대기들은 더 많은 정보를 제공하지만, 무슬림 사료와 루시 사료가 서로 들어맞지 않는 경우도 많고, 일부 칸들은 루시 사료 쪽에서 완전히 누락되기도 했다.[58]

외즈벡, 자니벡, 베르디벡이 차례로 벌인 살육으로 바투 지파가 종말을 맞았다는 사실은 베르디벡 이후 즉위한 세 후계자, 쿨나Kulnā(재위 760~761/1359), 나우루즈Nawrūz(재위 761/1359~1360), 킬디벡Kildibeg(재위 762~763/1361~1362) 모두가 외즈벡의 후예로 보이지 않는다는 사실에서도 확인할 수 있다. 특히 킬디벡은 처음부터 자니벡의 조카 행세를 한 사기꾼임이 확실하다.[59] 또한 761/1360년 이후로는 조치 일문의 다른 지파들이 바투 울루스의 칸 지위를 차지했다. 대다수 칸은《고귀계보》의 칭기스 왕조 계보,《고귀계보》에 기록된 이후의 계보를 튀르크어로 기록한《선사: 승리의 서》(909/1504경)에서 찾아볼 수 있다.《고귀계보》는 토카 테무르 왕통에 치우친 시각을 보이는 데 반해, 시반 지파의 우즈벡 집단과 연계해 작성된《선사: 승리의 서》는 (시반은 물론이고) 우즈벡 지배자들의 중시조 격인 밍 테무르Ming Temür에게 칸 칭호를 붙였다.[60]

1360년, 루시 연대기에서 동쪽, "야이크Yaik [야이윽Yayıq, 즉 우랄 강] 너머"에서 온 사람으로 묘사되는 히드르Khiḍr,[61] 그 아들 테무르 호자Temür Khwāja, 그 형제 무라드 호자Murād Khwāja,[62] 아지즈 셰이흐ʿAzīz Shaykh[63] 등 시반 왕통의 왕자들이 먼저 전면에 나섰다. 1360년대 초의 칸 가운데 두 사람, 오르두 멜릭Ordu Melik과[64] 압둘라ʿAbd-Allāh는[65] 토카 테무르 왕통이었다. 어느 시점에선가 조치의 또다른 아들인 탕구트의 후손 바자르치Bazarchi가 잠시 칸 자리를 차지했다.[66] 시반 왕통은 이 왕통의 아랍샤ʿArabshāh가 티무르의 피후견인이었던, 토카 테무르 왕통의 톡타므쉬에게 사라이를 내주는 1380년경까지 간헐적으로 칸 자리를 차지했다.[67] 그러나 1362년 이후에 등장한 칸들의 대다수가 토카 테무르의 후손이었고,[68] 15세기 이후 조치 울루스의 영역 대부분을 지배하고 그 이후 카잔 칸국, 아스트라한 칸국, 크림 칸국을 지배할 이들도 토카 테무르의 후손이었다. 시반 왕통은 아랍샤의 손자로, 우즈벡 칸국의 창건자인 아불하이르•의 영도 아래 조치 일문의 영토 동쪽 끝자락만 겨우 차지했다.[69]

1360년대와 1370년대가 얼마나 혼란스러웠는지는 당시의 화폐를 통해 가늠해볼 수 있다. 순서를 짐작하기 어려울 정도로 여러 조폐창에서 경쟁하는 칸들의 이름으로 주화가 발행되었다. 762/1360~1361년에만 신新사라이에서 히드르, 그 아들(이자 살인자) 테무르 호자, 오르두 멜릭, 킬디벡 등 최소한 네 칸의 이름으로 주화가 주조되었다. 그해에 히

• 〈계보도〉(675쪽)에서 확인할 수 있듯이, 이 대목은 저자의 실수로 보인다. 아불하이르는 아랍샤의 형제인 이브라힘 오글란 이븐 풀라드(Ibrāhim Oğlan b. Pūlād)의 손자다.

드르, 오르두 멜릭, 킬디벡 세 사람이 아자크Azāq(아조프Azov)에서 발행
된 주화에 이름을 올렸고, 사라이는 여섯 번이나 주인을 갈아치웠다.[70]
무라드나 압둘라 같은 일부 칸은 블라디미르 대공 자리를 노리는 루시
공후들이 도움을 청할 정도로 강력했다.[71] (당연히 사라이에 대한 지배도 중
요한 기준이었을 수도 있지만) 이는 이들이 몽골 엘리트층 내에서 상당한
지지 세력을 얻었음을 암시한다.

"대동란" 시기 킵차크 칸국의 역사는 그보다 몇십 년 이전 일칸국
의 상황을 어느 정도 떠올리게 한다. 사라이, 신사라이, 아자크 같은 중
심지를 차지할 수 없었던 칸들은 외곽 지역을 떠돌아야 했다. 좋은 예
가 시반 왕통의 볼로드/풀라드 테무르Bolod/Pūlād Temür(하이르 풀라드Khayr
Pūlād로도 불림)로, 이 인물은 764/1363년 사라이와 신사라이에서 잠시
군주로 인정받았으나 곧 물러나야 했다.[72] 다만, 그 아들인 아랍샤가 청
오르다 지역에서 다시 등장해 1377~1378년에서 1380년까지 사라이
를 지배했다.[73] 일부 지역은 루시 연대기들에서 "오르다의 공후들kniazi
ordin'skii"이라고 부른 비칭기스 왕조 지배자의 손에 떨어졌다.[74] 아스트
라한은 아미르 핫지 체르케스Ḥājjī Cherkes가 톡타므쉬에게 축출될 때까
지 실질적으로 독립을 유지했다.[75] 호라즘의 경우, 762/1361년부터 콩
기라트부Qonggirat〔옹기라트Onggirat〕 출신 아미르들, 세칭 수피 왕조Ṣūfīd
가 내분이 벌어지는 조치 일문의 손에서 독립했는데, 이들이 발행한 주
화에는 어느 칸의 이름도 새겨지지 않았다.[76] 킵차크 칸국의 격변으로
불가르와 그 북쪽 모피 생산지 사이의 교역망이 약해진 것 같은데, 그
빈자리는 모스크바 쪽에서 차츰 채웠다.[77]

어떤 아미르들은 킹메이커로 대두했다. 킵차크 칸국의 가장 유명

한 실력자, 아미르 마마이의 이름은 압둘라의 최대 지지자로서 처음 등장했다. 루시 사료들에 따르면, 마마이는 1361년에 히드르의 아들 테무르 호자의 정권을 전복하고 압둘라를 옹립했다. 주화로 보면 마마이는 이 사건 전인 762/1361년에 잠시 자신의 이름으로 주화를 발행했다. 그가 보르지긴 씨족(그리고 칭기스 왕조) 출신은 아니더라도 키야트의 후손이었다는 점이 그렇게 할 수 있는 근간이었을 것이다.[78] 압둘라가 763/1361~1362년 이후 대체로 아자크에서 단독 칸으로 인정받으며 한 차례 이상 사라이를 점령하고 771/1369~1370년까지 상대적으로 오랫동안 통치할 수 있었던 것은 크림반도와 볼가강 서쪽 지방을 근거지로 삼은 마마이의 지지 덕분이었다.[79] 그다음에 마마이는 어린 무함마드 불락Muḥammad Bulaq을 옹립했는데, 비록 마마이가 결국 이 인물을 죽음으로 몰아넣었지만, 771/1370년에서 780/1379년까지는 무함마드 불락의 이름으로 주화가 발행되었다.[80] 칸들과 마마이의 관계는 때때로 경색되었다. 773/1371~1372년, 마마이는 베르디벡의 딸이자 아내로 추정되는 툴룬벡Tulunbeg의 이름으로 주화를 발행했는데, 이는 그보다 40여 년 전 이란의 초반 왕조를 떠올리게 한다.[81]

〔러시아의 몽골 제국사 연구자〕로만 포체카예프Roman Pochekaev는 마마이가 킵차크 칸국의 정치에 개입할 수 있었던 것은 그의 친척 키야트 아미르 텡기즈 부카Tengiz Buqa가 청 오르다의 실세로 떠오르면서 잠재적 지지의 원천이 된 덕분으로 추정했다.[82] 시르다리야강 하류에 자리한, 오늘날의 시그낙Sighnāq을 중심지로 하는 청 오르다의 역사는 베일에 가려져 있다. 오르다 왕통은 아마도 761/1360년경에 끊어진 듯하다. 16세기의 저자 외테미쉬 핫지는 히드르가 사라이에서 즉위할 무렵

텡기즈 부카가 토카 테무르 왕통의 카라 노가이Qara Noghai를 옹립했다는 사실을 알려준다.[83] 카라 노가이와 그의 두 형제가 잠시 재위한 뒤 그들의 친척이자 후계자인 무바락 호자Mubārak Khwāja는 서쪽에서 일어난 분쟁을 틈타 시그낙에서 768~769/1366~1368년에 청 오르다 칸의 이름을 새긴 주화를 처음으로 발행했다.[84] 청 오르다의 그다음 지배자인 오루스 칸Orus Khan(사망 779/1377~1378)은 킵차크 칸국의 영토를 침범해 774/1372~1373년과 776/1374~1375년, 두 차례 사라이를 점령했다.[85]

이 무렵 오르다 울루스의 옥좌를 가리는 싸움에 새로운 도전자가 등장했다. 차가다이 울루스 서부의 티무르 궁정에 망명한 토카 테무르의 후손인 톡타므쉬였다. 티무르의 지원을 얻은 톡타므쉬는 오루스 및 그 아들들과 각축을 벌인 끝에 780/1378~1379년에 청 오르다의 칸으로 등극했다. 그런 뒤 서진해서 사라이를 점령하고 마마이를 축출했다. 마마이는 제노바의 식민지 카파Kaffa로 망명했으나 그곳에서 살해되었다. 톡타므쉬는 조치 울루스의 양대 지파를 자신의 이름으로 통합함으로써 오루스를 넘어섰다. 그러나 이 승리는 곧 환상임이 드러난다. 은인인 티무르가 793/1391년과 797/1395년 두 차례 침공해 킵차크 칸국의 도시들을 파괴해버린 것이다.[86] 그뒤에는 1380년 이전 상황과 비슷하게 아미르 에디귀(혹은 에디게이)가 새로이 킹메이커로 대두했다. 톡타므쉬는 809/1406~1407년 시베리아에서 망명 생활을 하다가 죽음을 맞을 때까지 여러 도전자 가운데 한 명으로 전락한 채로 지냈다.[87]

중앙아시아의 칸과 군벌

앞서 언급한 대로, 자니벡은 차가다이 일문의 영토도 자신의 지배를 받는다고 주장했다. 그런 상황이 언제 있었던 일인지는 알 수 없다.[88] 차가다이 칸국의 급격한 지배자 교체는 이웃들에게 영토 확장의 기회가 되었다. 이러한 격변에 대해서는 대략적으로만 가늠할 수 있다. 백과사전의 저자 샴스 알딘 무함마드 아물리Shams al-Dīn Muḥammad Āmulī는 아부 사이드 사후 이란에서 일어난 격동을 서술하면서 만약 자신이 이 시기에 일어난 모든 사건을 서술했다면 죽어서도 저작을 완성하지 못했을 것이라고 했다.[89] 다행히도 그에게는 같은 과업(그리고 그에 따른 위험)을 나눌 동시대인이 있었던 반면, 차가다이 울루스에는 그런 인물이 존재하지 않았다. 심지어 조치 울루스의 경우에서처럼 루시 연대기라는 외부 자료조차 없다. 따라서 이 시기에 차가다이 일문에서 일어난 사건이나 그 지배자가 누군지에 대해서는 화폐학 자료, 티무르 왕조나 미르자 하이다르 두글라트 같은 사람들이 남긴 후대의 연대기를 통해 파편적으로 알 수 있을 따름이다.

타르마시린은 6년에 걸친 재위 끝에 735/1334년에 조카 부잔이 이끄는 차가다이 울루스의 동부('자타')에서 일어난 봉기로 자리에서 끌어 내려졌다.[90] 남겨진 주화는 부잔의 집권 기간이 짧았고(샤미와 야즈디는 부잔을 칸 목록에 수록하지 않았다) 그뒤를 두아의 또다른 손자 창시Changshi가 계승했음을 보여준다. 창시는 1335년 말에 즉위했다고 알려졌다.[91] 그러나 이븐 바투타의 주장에 따르면, 부잔은 헤라트의 카르트 왕조에게서 군사 지원을 받은 야사우르의 아들 할릴Khalī에 의해 타도

되었다.[92] 그다음 10년 동안 지배자 자리에 있었음이 확실한 할릴이 초기 단계에서는 옥좌를 차지하는 데 실패했다고 생각할 수도 있겠지만, 할릴의 재위를 환상에 가깝게 기록한 이븐 바투타를 이 대목에서는 신뢰하지 않는 편이 나을 수도 있다. 한편 나탄지는 타르마시린의 뒤를 그의 미친 형제 도르지Dorji가 이었고, (마찬가지로 정신 나간 인물로 묘사된) 부잔은 창시 다음 지배자라고 기록했다. 군주 자리를 지키려던 부잔의 노력은 수많은 차가다이 일문의 왕자와 아미르의 죽음만 초래하고 실패로 돌아갔다. 게다가 나탄지는 부잔이 자기 가족(우룩)을 전부 죽였다고 기록하기까지 했다.[93]

이 시점에서 차가다이 일문의 일부에게 광증이 발생했든 그렇지 않았든, 사료들의 내용이 전반적으로 서로 들어맞든 그렇지 않든, 사료들 사이에 보이는 불일치는 오히려 타르마시린의 몰락 이후 차가다이 울루스의 상황이 "혼란mutakhabbaṭ"에 처했다는 알우마리의 주장에 힘을 실어준다고 하겠다.[94] 이 시기에 수많은 몽골인 무슬림이 울루스를 버리고 인도로 향했다(제7장 참조). 샤라프 알딘 야즈디는 타르마시린의 죽음 이후 투글룩 테무르의 1차 트란스옥시아나 침공에 이르기까지 차가다이 울루스에서 칸 자리에 오른 사람이 여덟 명이나 된다고 기록했다(다만, 실제로는 이 기간이 26년에 불과했으나, 야즈디는 스스로 작성한 잘못된 연대표에 근거해 33년이라고 썼다).[95] 나탄지는 울루스의 위기가 "역사의 분수령ibtidā-yi ta'rīkhī"이었다며, 자신의 시대에도 모굴인들은 부잔이 통치할 때 벌어진 격변을 전환점의 대표적인 사례ḍarb al-mathal로 여긴다고 썼다.[96]

타르마시린의 이슬람 진흥책을 뒤집으려 했던 불신자 창시는 형제인 예순 테무르Yesün Temür에게 737/1336~1337년에 살해되었다. 새로 등극한 칸은 자신을 부추긴 어머니의 가슴을 잘라 자신의 패륜 행위를 회개했다고 전한다.[97] 예순 테무르 또한 740/1339~1340년에 오고데이 왕통의 왕자 알리 술탄에 의해 쫓겨났다. 무슬림이었던 이 군주 역시 짧은 재위만 겨우 누렸다. 화폐학적 증거는 알리 술탄이 차가다이 칸국에서 오직 북부와 동부만을 지배했으며 알말륵과 오트라르에서 주화를 발행했음을 보여준다. 트란스옥시아나에는 두아의 증손자인 무함마드 이븐 풀라드(/볼로드)Muḥammad b. Pūlād(/Bolod)라는 경쟁자 칸이 있었는데, 이 인물은 티르미드Tirmidh〔오늘날 우즈베키스탄의 테르메즈〕에서 주화를 찍어내다가 741년 샤반월/1341년 1월부터는 알말륵까지 세력을 넓혔다.[98]

무함마드의 운명에 대해 알려진 바는 없으나, 742/1341~1342년부터 차가다이 일문의 또다른 지파라고 할 수 있는 야사우르의 두 아들, 할릴 술탄Khalīl Sulṭān과 카잔Qazan(혹은 카잔 테무르 술탄Qazan Temür Sulṭān)이 공동으로 집권했음은 널리 알려진 사실이다.[99] 이븐 바투타는 할릴이 알말륵으로 원정했다는 뜬금없는 기록을 남겼는데,[100] 무함마드가 그 피해자였는지도 모른다. 두 사람의 아버지 야사우르는 두아 지파와 갈등을 빚은 뒤인 716/1316년에 일칸령 호라산으로 이주했다가 미래에 차가다이 일문의 칸이 될 쾨펙에 의해 720/1320년에 패사했다.[101] 그뒤 야사우르 일가에 어떤 일이 벌어졌는지는 알려지지 않았다. (공동 군주 가운데 선임의 위치였을 것으로 추정되는[102]) 할릴 술탄은 야사우르의 맏아들 주키Juki와 동일 인물일 수도 있다.[103] 헤라트와 할릴 사이는 각별했는데, 이븐 바투타에 따르면, 그 이유는 (부잔이 그 피해자라고 쓰여 있지만) 할릴이 차가다이 일문의 옥좌를 얻는 데 헤라트 왕 무이즈 알딘 피르 후사인 무함마드의 공로가 지대했기 때문이다.[104] 이븐 바투타는 할릴이 후원자를 배신했다가 헤라트 군대에 패해, 자신이 인도로 떠나는 747년 후반/1347년 초까지도 포로 상태였다는 기록도 남겼다.[105] 이 증언을 신뢰하건 그렇지 않건 간에, 카잔은 745/1344~1345년부터 단독으로 지배했다. 형제는 어쩌면 그 전해에 갈라섰는지도 모른다.[106]

티무르 왕조 측 사료에서 왕자들과 아미르들을 살해하는 데 전념한, 가차 없는 폭군으로 묘사된 카잔은 차가다이 울루스 전체를 다스린 최후의 칸이자 트란스옥시아나를 실질적으로 지배한 마지막 칸이다. 현전하는 주화들은 형제의 공동 통치 기간에 카잔이 티르미드와 바다흐샨을 중심으로 영향을 미쳤음을 알려준다.[107] 이것이 사실이라면, 카잔의 지배에 대한 저항이 남부 지방에서 시작되었고, 747/1346~1347년에 아르항Arhang, 뭉크Mūnk, 살리 사라이Sali Sarāī에 본거지를 둔 카라우나스 아미르 카자간의 손에 타도된 일을 설명하는 데 도움이 된다.[108] 티무르 왕조의 역사가 나탄지는 이를 "군주의 권위가 아미르들의 권위로 대체되었다"라고 표현했다.[109] 그뒤로 11년 동안 차가다이 울루스의 서반부는 처음에는 오고데이 왕통의 왕자 다니슈만드차Danishmandcha(재위 747~748/1346 또는 1347~1348)의 지배 아래에 있었고, 나중에는 두아의 손자 바얀 쿨리Bayan Quli(재위 748/1348?~759/1358?)를 꼭두각시 칸으로 세운 카자간의 지배 아래에 있었다.[110] 이 시기에 일어난 사건들에 대해서는 아흐리의 연대기에서 언급된 조치 일문의 침공과 자니벡의 영토 침탈을 제외하면 거의 알려진 바가 없다.[111]

미르자 하이다르의 《라시드사》에 따르면, 748/1347~1348년에 차가다이 울루스의 동부, 즉 사료의 모굴리스탄('몽골 땅'), 서부의 이웃에 따르면 자타(체테chete, '도적'이라는 뜻[112])는 하이다르의 조상 볼로드치Bolodchi(풀라드치Pūlādchī)가 제안한 후보인 두아의 손자 투글룩 테무르를 자신들의 칸으로 옹립했다. 이 또한 카잔에게 저항한 봉기를 의미하지만,[113] 이 행동이 아미르 카자간의 꼭두각시 칸 다니슈만드차를 거부한 것인지(만약 이쪽이라면, 카자간이 갑자기 피후견인을 저버린 이유도 설명할 수 있다), 아니면 동부의 투글룩 테무르 선출이 카자간의 다니슈만드차 옹립 이전에 벌어진 일인지는 분명하지 않다. 모굴리스탄에서 독자적인 칸이 출현한 사건의 유일한 출전은 하이다르인데, 그나마도 간략하다.

투글룩 테무르의 조상은 베일 속에 감춰져 있다. 하이다르는 투글룩 테무르가 칼막Qalmāq(즉, 몽골 서부)에서 악수Āqsū로 불려왔다고 한다.[114] 또한 그에 따르면 투글룩 테무르는 에센 부카 칸(사망 1320년경)의 아들인데, 첩이었던 어머니가 질투심 많은 칸의 아내 때문에 아미르 두흐투이Dukhtui와 결혼한 뒤에 태어났다고 한다.[115] 반면 티무르 왕조 측의 사료들은 투글룩 테무르의 아버지가 두아의 또다른 아들인 에밀 호자Emil Khwāja라고 전한다. 《고귀계보》는 여기서 더 나아가 투글룩 테무르가 두흐투이의 아들이라는 소문이 있다고까지 주장한다.[116] 이는 물론 차가다이 울루스 내 경쟁자의 정통성을 깎아내리기 위한 티무르 왕조 측의 흑색선전에 지나지 않을 수도 있다. 그러나 1360년대 투글룩 테무르가 티무르를 비롯해 차가다이 울루스 서반부 사람들에게도 정말로 차가다이의 후예임을 인정받았다는 사실은 꼭 짚고 넘어가야겠다(제8장 참조).[117]

차가다이 칸국의 분열은 아직 확고하지 않았다.[118] 카자간이 죽은 뒤 아들 압둘라'Abd-Allāh가 패권을 잡아 바얀 쿨리를 살해하고 그 자리를 두아의 또다른 손자 테무르 샤Temür Shāh로 대체했다가, 얼마 안 되어 반기를 든 아미르들에 의해 타도되었다. 그뒤 1년 또는 2년 동안은 현재 발견된 자료에 따르면 칸이 존재하지 않았고,[119] 티무르 왕조 저자들이 "파당의 군주들(물룩 알타와이프mulūk al-ṭawāʾif)"[120]이라고 부른 아미르들은 저마다 자신의 지역에서 실제로 독립 세력을 수립했다. 샤미와 야즈디는 조치 울루스의 "대동란"을 묘사하는 데 사용한 "소란과 불화fitna-u āshūb"라는 표현을 여기서도 사용했다.[121]

투글룩 테무르는 이러한 상황을 이용해 761/1360년과 762/1361년 두 차례 트란스옥시아나를 침공해 차가다이 울루스 서반부의 대다수 아미르에게 칸으로 인정받았다. 두번째 침공에서는 아들 일리야스 호자Ilyās Khwaja를 대리인으로 임명했으나, 일리야스 호자는 투글룩 테무르가 사망한(764/1362~1363) 뒤 모굴리스탄으로 돌아가 그뒤를 이어받아야 했다.[122] 일리야스 호자는 그뒤 한 차례 트란스옥시아나를 탈환하기 위해 돌아왔으나 실패했다. 1369년 또는 그 직후에 그는 차가다이 일문의 다른 구성원 다수와 함께 두글라트부의 아미르인 카마르 알딘에 의해 살해되었다. 카마르 알딘은 스스로 칸의 자리에 올랐다가 다른 모굴리스탄 아미르들의 격렬한 반발에 부딪혔다.[123] 게다가 그는 티무르를 도발해 모굴리스탄 공격을 야기했는데, 이 일이 결국 그 자신의 몰락으로까지 이어졌다. 1388년경에는 투글룩 테무르의 또다른 아들로 알려진 히드르 호자Khiḍr Khwāja가 칸으로 옹립되었다. 때때로 차가다이 울루스 동부의 칸들이 트란스옥시아나가 자신들의 정당한 재산이었으나 티무르와 그 왕조가 빼앗았다는 의견을 내비쳤으나, 1360년

대 중반부터 이미 차가다이 울루스의 동반부와 서반부는 서로 다른 경로로 나아갔다.[124]

차가다이 울루스의 상황은 일칸국이나 킵차크 칸국과의 상황과는 분명히 달랐다. 우선 이곳에서의 분쟁은 시간이 지남에 따라 영향권이 바뀐 여러 세력의 쟁패가 아니라, 트란스옥시아나와 모굴리스탄의 칸들이 벌인 일이었다. 그리고 지방의 비칭기스 왕조는 일칸국 고지나 조치 일문의 영토인 호라즘에서와 달리 이 위기에서 이익을 얻어 독립을 확보하지는 못했다. 트란스옥시아나에서는 카이후스라우 후탈라니Kaykhusraw Khuttalānī나 바다흐샨의 샤(바다흐샨에서 주조된 주화에서는 769/1367~1368년 이후 칸의 이름이 누락되었다)처럼 일부 물룩 알타와이프가 독자적 지위를 구축하려고 시도한 정황은 있다.[125] 그러나 분열과 비몽골계 공국들의 해방은 티무르에 의해 진압되었다. 차가다이 울루스 동반부에서는 14세기 이후 (오늘날 알려진 바로는) 무슬림 피후견국이 존재하지 않았다는 간단한 사유로 말미암아 비슷한 시도조차 없었다.[126] 불교도 위구르 으득쿠트들은 차가다이 일문의 가신으로서 카라호자Qarākhwāja(투르판의 도읍이었던 옛 고창성高昌城)와 베쉬발릭을 지배했던 것 같지만,[127] 얼마나 오래 존속했는지는 알려지지 않았다. 두글라트 아미르들이 투글룩 테무르나 그의 아들로 추정되는 히드르 호자를 옹립하는 데 지대한 공을 세웠음을 감안했을 때 두글라트의 카쉬가르 지배가 이 시기부터 시작되었을 가능성은 있다. 조상들의 역할을 과장하는 데 열심이었던 후세대 인물인 하이다르의 증언을 신뢰할 수 있다면 말이다. 그러나 두글라트령은 계속해서 칸국 동부에 속했다. 다시 말해 모굴 칸국에는 호라즘의 수피 왕조나 헤라트의 카르트 왕조, 이도 저도 아니면 잘라이르 왕조에 비견할 존재가 없었다. 이는 차가다이 일문의 중앙 권력이 전반적인 불안정 속에서도 탄력성을 지녔음을 보여주는 단서일지 모른다.

격변의 뿌리

1335년에서 1370년대 무렵까지 서방 3대 울루스에서 이어진 격변을 어떻게 설명할 수 있을까? 찰스 멜빌은 이 질문에 대해 흥미로운 논의를 전개한 바 있다. 그는 일칸국이 "문화 변용의 격랑 속에서 길과 정체성을 잃고" 아미르들의 충성도 상실했다고 추정했다. 몽골 엘리트층은 칭기스 왕조 체제의 다양한 요소를 저버림으로써 방향타를 잃었고, 그러자 그들은 왕조의 이익보다는 저마다 파당의 이익을 추구하게 되었다는 것이다.[128] 아래에 제시한 설명은 멜빌의 입론을 더욱 구체화한 것이다.

당연히 우리에게는 초창기에 집권한 아미르들이 얼마나 이기적으로 움직였는지 판단할 수 있을 만큼 많은 자료가 남아 있지 않다. 또 강력한 아미르의 킹메이커 활동이 전염성이 있었다거나, 한 아미르의 킹메이커 노릇이 그 경쟁자들에게 자신도 킹메이커가 될 수 있음을 깨닫게 함으로써 권력 분할이 저절로 지속되었던 것 같지도 않다. 그러나 멜빌은 일칸국 계승 분쟁에서 보이는 중대한 차이점을 지적했다. 1336년 이전에는 행정 경험이 있는 왕자들이 스스로 왕위를 주장한 데 반해, 그 이후에 등장한 아미르들은 자신들의 행동을 정당화하려는 의도로 꼭두각시 후보를 세웠다는 사실이다.[129] 물론 후자의 경우 후보자가 필요 이상으로 오래 살면 즉시 버림받았다는 이야기를 덧붙여야겠다.

나탄지에 따르면, 초반 왕조 아슈라프의 고문들은 1340년대 초 아슈라프에게 칭기스 왕조가 오랜 복음을 잃었다고 말했다.[130] 알우마리의 정보원 가운데 한 명이었던 니잠 알딘 야히야 이븐 알하킴Niẓām al-Dīn Yaḥyā Ibn al-Ḥakīm은 이란에서 왕자들은 지배자에게 공포와 불신의 대상이었기에 많은 왕자가 자신에게 야망이 없다는 것을 드러내 보이기 위해 방직공이나 무두장이 같은 천한 직업을 택해 숨었다고 말했는데, 어쩌면 그 말이 이런 맥락에서 나왔는지도 모르겠다. 더 나아가 이븐 알하킴은 훌레구 왕조의 여자들이 남편을 속이고 평민과 맺은 관계에서 얻은 자식을 안겨주는 경향이 있다며, 동시대 훌레구 왕조 구성원 가운데 진짜가 몇 명이나 될지 모른다고까지 말했다.[131] 몇 년 뒤에 그는 《소개》에서 술라이만이 내세우는 혈통과 옥좌 주장을 믿어도 될지 모르겠다고 썼다. 한편 타가이 테무르에 대해서는 혈통은 확실하다고 인정하면서도 그의 조상들의 이름은 알려지지 않았다고 기록했다.[132] 왕실 여성들에 대한 악담이야 이븐 알하킴의 고약한 취향으로 치부하더라도, 칭기스 왕조의 왕자들이 자식을 워낙 많이 두었기에 왕실 혈통에 대한 의문은 생길 수밖에 없었다. 후대의 저자인 이븐 파트훌라 알바그다디가 활용한 동시대 자료에 따르면, 알리 파디샤는 단지 무사가 바이두의 후손이라고 선언za'ama했을 뿐이었다.[133] 어떤 사람들은 무함마드 칸이 훌레구 일문에서 유일하게 선대가 확실한 구성원이라고 생각했다고 한 알우마리의 기록(물론 이마저도 확실치 않다고 의심하는 사람도 많았다)에는 칭기스 왕조 구성원 다수의 출생이 잘 알려지지 않았다는 사실이 반

영되었을 것이다.[134]

칭기스 왕조는 알탄 우룩의 모든 남성 구성원이 저마다 영토에 대한 권리가 있으며 칸의 지위에 오를 자격이 있다는 공동 군주권 관념을 고수했다. 그러나 가잔의 통치기에 중앙집권화 정책이 펼쳐진 이래 훌레구 왕통의 다수는 생득권으로서 독립적인 자원을 보유하지 못했다.[135] 이들은 군사 경험도 쌓지 못했는데, 이런 상황에서는 이 점이 다소 불리한 조건으로 작용했다. 1335년 이후 유일하게 오랜 기간 재위한 일칸 타가이 테무르가 이란 외부에서 이주해 무장 종사단을 한두 세대 전부터 독자적으로 보유한 황가의 지파 출신인 것은 우연이 아니었다(제2장 참조). 그는 아버지에게서 가솔家率과 추종자와 병사atbā'-u ashiyā'-u ḥasham-u lashgariyān뿐만 아니라 사라흐스Sarakhs 인근의 목초지까지 물려받았다고 한다.[136] 이븐 바투타는 타가이 테무르를 일칸으로 인정하면서 그의 병력이 5만 명에 달했다고 썼다.[137] 한편 타가이 테무르 이전에 즉위한 아르파는 아부 사이드가 집권했을 때 친위대muyāwama 노릇을 해야 했을 정도로 어려운 시기를 겪었다.[138] 아르파는 오고데이 왕통의 왕자 투켈 쿠틀룩Tükel Qutlugh이 두 아들과 함께 트란스옥시아나에서 망명해 오자, 그들이 자신보다 옥좌에 오르기에 더 좋은 조건을 가졌다는 두려움에 그들을 곧장 살해했다.[139] 어쩌면 이들은 상당히 강력한 군사력과 함께 국경을 넘었는지도 모른다(그게 아니라면 톨루이 왕통의 일칸들과 다르게 칭기스 칸이 직접 지명한 후계자의 후손이라는 권위를 가지고 있었기 때문이었으리라).

아르파의 후계자들도 마찬가지로 독자적인 자원을 보유하지 못했다. 가잔이 폐위시키고 처형한 일칸의 손자 무사는 바그다드에서 직조공nassāj으로 일하며 생계를 꾸리다가 바그다드의 비단 직조공sha‘rbāfī에게 팔릴 뻔했을 때 알리 파디샤의 이목을 끌어 '발견'되었다.[140] 알다하비에 따르면, 무함마드는 타브리즈의 보통 사람들처럼 살아갔다.[141] 최후의 꼭두각시 일칸 가운데 한 사람이었던 아누시르반은 말릭 아슈라프의 옷장지기qubchachı였다고 하는데, 자인 알딘의 서술을 신뢰할 수 있다면 그는 "케운의 후손〔kā'ūnān〕"(즉, 칭기스 왕조의 혈통)인데도 그런 처지였다.[142] 술라이만이 굳이 잘 알려지지 않은 아누시르반을 택한 행동 자체가, 아누시르반이 칭기스의 피를 이었다는 것이 확실했음을 보여주는 증거일지도 모르겠다. 게다가 동시대의 관찰자들은 이 같은 군주들 중 일부가 놀라울 만큼 어리다는 사실을 지적했다. 샤반카라이의 증언에 따르면, 무사는 청년으로 불렸다(단, 맘루크 제국의 저자들은 그가 40대였다고 썼다).[143] 알슈자이는 무함마드와 술라이만을 소년으로 볼 수밖에 없다고 썼고, 알다하비는 무함마드가 고작 열 살이었다고 주장했다.[144]

다만, 꼭두각시 칸들이 반드시 힘이 없다는 이유로 선택된 것은 아니었고, 설사 그랬다고 해도 늘 무기력하지도 않았다. 군인 출신이었던 아르파를 꼭두각시라고 보기는 힘들었다.[145] 아물리는 아르파가 판단력이 부족하다고 평가했긴 하지만 말이다.[146] 샤반카라이는 알리 파샤가 아르파에게 대항하기 위해 다른 왕자를 택했다가 무사가 황실 혈통의 기개를 보이자 후보를 갈아치웠다고 이야기했다.[147] 무사는 역경이 닥쳤을 때 지지자들을 고무시킬 능력이 있음을 보여주었다.[148] 심지어 술라이만도 아슈라프의 보호로부터 자유로운 상황에 놓이자 상당한 결단력을 보였다. 동시대인들이 보기에 지적인 인상이 아니었을 뿐 아니라, 장 오뱅이 "그 기이한 성격은 문제가 되었다"라고까지 평한 타가이 테무르는 지지자들에게 꼭두각시로 보였을 수 있다.[149] 후대의 하피즈 아브루는 타가이 테무르를 일컬어 행동의 자유도 결단력도 부족했다고 평했다.[150] 하지만 파리유마디는 타가이 테무르가 왕권도 강력하지 못하고 그의 통치기가 호라산에서 불안한 시기였음을 인정하면서도, 그가 정의감을 비롯해 칭찬할 만한 자질을 갖추었다며 칭기스 칸의 옥좌에 오를 자격이 있는 인물이라고 결론 내렸다.[151] 따라서 타가이 테무르는 다른 경쟁자들보다 덜 무능하게 보였다고 볼 수 있다. 알슈자이가 아부 사이드의 옛 아미르들이 739/1339년에 타가이 테무르와 그의 (일시적) 동맹 셰이흐 하산에게 달려간 반면, 그와 대립하던 하산 쿠착과 사티벡에게는 "머리가 빈 청년들shabāb jahala"이나 모였다고 기록한 것에도 주목할 필요가 있다.[152] 이는 아미르들 사이에서도 강력한 지배로 분쟁을 끝낼 존재를 기대한 세력이 존재했음을 뜻하는지도 모른다.

그럼에도 상대적으로 무력한 인물을 칸으로 즉위시키는 방식은 몽골 세계의 다른 나라들보다 일칸국에서 더 두드러졌을 수 있다. 방대한 조치 일문의 영토에서는 황가의 여러 지파가 목초지를 보유했고, 수많은 왕자가 각자 토지와 수입, 군사 추종자를 거느렸기에 강력한 아미르들 못지않은 지위를 누렸다.[153] 787/1385~1386년, 톡타므쉬가 아제르바이잔 공격을 위해 보낸 군대에는 조치 왕통의 왕자가 적어도 열두 명은 참여했다.[154] 이는 일칸 시대 후기 이란 지방은 물론이고 1388년 이후의 북원과도 차별화되는 특징이다. 당시 북원 카안은 독립적인 지지 기반이 허약해 강력한 후원자에게 의존해야 했다는 주장이 있으니 말이다.[155] "대동란" 시기 조치 일문의 칸들이 반드시 상당한 권력을 누렸다는 이야기는 아니다. 루시 연대기는 1370년대에 마마이가 세운 칸인 무함마드가 꼭두각시 이상의 존재는 아니었기에, 마마이는 쿨리코보 폴레Kulikovo Pol'e에서 모스크바 군대에 패하기 직전(1380)에 무함마드를 살해하고 칸을 자칭했다고 전한다.[156] 그러나 바투 울루스에서 직접 옥좌를 노리기에는 보유한 자원이 부족했던 왕자들이 전혀 존재하지 않았는지는 알 길이 없다.

차가다이 울루스의 칸들에 대해서는 알려진 바가 적다. 꼭두각시임이 틀림없다고 말할 수 있는 경우는 하나다. 당시 티무르의 동맹이던 아미르 후사인Amīr Ḥusayn이 765/1363~1364년에 옹립한 카불 샤Kābul/Qabūl Shāh는 일찍이 시대의 곤경을 피해 은둔자로 살아가고 있었다는데, 이는 알우마리가 그보다 얼마 전 일칸국 왕자들이 겪은 어려움을 묘사한 바와 궤를 같이한다.[157] 그러나 뒤에서 살펴보겠지만, 때로 칸들은 카라추 아미르의 지도 아래에서 안정적으로 성장하기도 했다. 티무르의 초기 경력에 대한 기록들을 보면 킵차크 칸국에서와 마찬가지로 차가다이 울루스에도 독자적인 무장 종사단의 수장을 맡은 왕자가 존재했음을 확인할 수 있다. 오고데이 왕통의 소유르가트므쉬Soyūrġātmïš가 그런 예인데, 샤미는 소유르가트므쉬가 칸으로 즉위하기 전에는 단지 대아미르 가운데 한 사람이었다고 서술했다.[158] 티무르가 세운 두 칸도 군사적 측면에서 중요한 역할을 했던 사실을 고려할 때 그들 역시 수동적인 존재는 아니었다.[159]

세대가 지날수록 칸의 지위를 차지할 자격이 있는 후보자 수는 엄청나게 늘어났는데, 이런 점이 어쩌면 칭기스 왕조 혈통의 가치를 떨어뜨렸는지도 모른다.[160] 그런데 14세기 칭기스 왕조 세계가 위기에 처하기 직전, 칸위 계승이 황가의 한 지파에 집중되었다는 점이 눈에 띈다.[161] 이는 칭기스 칸이 죽은 뒤 몇십 년 동안 지속된 양상, 조지프 플레처의 표현에 따르자면 '태니스트리'(제2장 참조)가 사라졌음을 의미한다. 따라서 1294년 이후 카안의 자리는 쿠빌라이의 둘째 아들 짐김Jimgim〔眞金〕의 가계로 한정되었다. 일칸국과 킵차크 초원에서는 가잔과 외즈벡이 각각 696~697/1296~1297년과 712/1312~1313년에 기회가 주어진다면 언제라도 옥좌를 주장할 자격이 있는 왕자 다수를 살해한 뒤로 다른 왕통이 왕위를 빼앗는 일이 더는 일어나지 않았다.[162] 그 결과 가잔은 자신의 왕권을 동생 올제이투에게 넘겨줄 수 있었고(가잔의 아들은 갓난아기일 때 죽었다), 올제이투는 다시 어린 아들 아부 사이드에게 그 자리를 물려줄 수 있었다. 외즈벡의 경우, 두 아들이 그 자리를 이어받았고 그뒤에는 손자 베르디벡이 즉위했다. 자니벡과 베르디벡은 외즈벡이 그랬듯이 친척들을 살해했다.[163] 그러나 차가다이 울루스에서는, 적어도 지금까지 알려진 바에 따르면, 두아가 가잔이나 외즈벡처럼 극단적 수단을 동원하지 않았는데도 두아의 수많은 아들 가운데 여섯 명이 짧은 막간(708~709/1308~1309 또는 1310)을 제외하고 706/1307년에서 735/1334년까지 칸 자리의 계승을 독점했다. 짧은 막간에 옥좌는 그보다 연장자였을 것으로 추정되는 먼 친척에게 넘어갔는데,[164] 어쩌면 이들은 야사우르 아니면 1340년대에 칸이 된 야사우르의 아들들인 할릴 술탄이나 카잔과 가까운 촌수였을 수도 있다. 만약 그렇다면 차가다이 일문의 두 지파 사이에 분쟁이 있었으리라는 추정이 가능하다.[165]

13세기와 14세기 초에 방계 계승과 연장자 계승이라는 오랜 전통을 옹호하는 목소리가 높아졌음은 확실하다. 예컨대 701/1301~1302년에 청 오르다에서 바얀Bayan이 아버지 코니치Qonichi를 계승하려 하자,

코니치의 선대 칸의 아들, 다시 말해 바얀의 사촌도 칸 자리의 계승을 주장하며 도전했다.[166] 그뒤 다시 몇십 년이 지나자, 선대 칸의 아들이라는 식의 자격 증명마저 필요 없게 되었다. 15세기 킵차크 칸국을 보면 우리는 군주와 촌수가 아주 먼 인물들이 지배자로 등극하는 당황스러운 상황을 맞닥뜨리게 된다. 가장 대표적인 예는 바자르치다. 차가다이 울루스에서는 오고데이의 후손이, 일칸국에서는 아릭 보케 왕통의 아르파와 칭기스 칸의 동생 조치 카사르의 후손인 타가이 테무르가 칸위 계승의 후보자로 간주될 수 있었다. 원나라에서는 알루구이 테무르 Alughui Temür라는 오고데이 왕통의 왕자가 1360∼1361년에 황제 자리에 오르려 했다가 실패했다.[167] 물론 일칸국에서 후계자 자리의 제약 완화를 촉진한 요소는 아르군 지파의 남계 후손이 절멸한 것이었다. 그러나 이 장에서 살펴본 분쟁은 몽골 문화의 바깥에서 차용한 외래 관습인 장자 상속제에 대한 거부와도 연관되었을 수 있다. 그리고 서방 3대 칸국 거의 모두에서 더 오래되고 더 전형적인 칭기스 왕조식 계승 양상을 다시 주장하는 보수적인 경향의 출현도 확인할 수 있다. 초원 전통을 완고하게 지지했다고 보기 힘든 와지르 기야스 알딘이 아르파가 지닌 후보자 자격을 지지한 이유는 이란 내에서 이런 감정이 강해졌음을 인지한 결과인지도 모른다.[168]

일칸령의 몽골인들을 초원 전통에 묶어두었던 유대가 완화되었을 가능성도 있다. 아르파의 즉위와 알리 파디샤의 무사 옹립은 통상의 쿠릴타이를 거치지 않고 이루어졌다. 파리유마디는 타가이 테무르를 선출한 호라산에서의 회합을 쿠릴타이라고 불렀으나, 사실 그 모임은 아미르, 관원, 셰이흐의 집회에 지나지 않았다.[169] 또한 일칸국 내에서 중앙집권을 선호하는 페르시아식 관료 전통과 중앙의 권력을 제한하려는 여러 몽골 노얀의 보수적 성향 사이에 긴장감이 고조되었다는 것도 널리 알려진 사실이다. 찰스 멜빌은 아부 사이드 재위 최후의 몇 달 동안 와지르 기야스 알딘이 군 지휘자로 임명된 일을 두고 몽골 지배 엘리트와 타직 관리 사이의 구분이 무너지는 증상, 한마디로 몽골인에 대한 모욕으로 보았다.[170]

그러나 칭기스 칸의 혈통에 대한 경외심은 (아마 칭기스 왕조 구성원 개개인에 대한 것과는) 다른 문제였다. 로버트 맥체스니Robert McChesney가 지적한 대로, 16세기 이후에도 "칭기스 통원칙統原則은 정치사상에서는 신성불가침으로 남았지만, 정치 생활에서는 휴면기에 들어갔다."[171] 자니벡이 아슈라프가 아제르바이잔을 지배할 자격이 없다고 보았듯이,[172] 차가다이 울루스 서부에서 헤라트의 말릭 무이즈 알딘 피르 후사인 무함마드가 술탄 칭호를 사용하자 카자간이 재빨리 대응했다. 이는 칭기스 왕조만이 배타적 군주권을 보유했다는 인식, 한마디로 새롭게 두각을 드러낸 타직 군주는 그럴 수 없다는 확고한 인식을 보여준다.[173]

다른 지역에서는 칭기스 왕조에 대한 애착이 더 오래 지속되었다. 나탄지는 모굴리스탄의 아미르들이 칭기스 왕조에 보인 애착의 힘에 대해 기록했다. 그에 따르면 "칭기스 칸의 혈통urugh이 존재하는 한 누구도 카라추에게 복종해야 한다고 생각하지 않을 것"이었다.[174] 일리야스 호자는 765/1363~1364년에 티무르와 그 동맹 아미르 후사인의 병력에 생포된 적이 있는데, 야즈디의 표현에 따르자면, "투르크인의 천성에서 핵심적이었던 충성" 때문에 이 병사들은 자기네 사령관들과 상의하지도 않고 일리야스 호자를 풀어주었다.[175] 루시 측 사료에 따르

면, 마마이가 집권한 킵차크 칸국에서는 칸에 대한 충성심이 너무 강해
서 마마이는 칸뿐만 아니라 다른 수많은 아미르까지 살해할 수밖에 없
었다.[176] 마마이의 칸 참칭이 짧은 기간만 지속되었다는 사실, 모굴리스
탄에서 카마르 알딘의 찬탈에 대한 반대가 극심했다는 사실은 알탄 우
룩의 권리를 옹호할 용사가 매우 많았음을 보여준다. 이상의 내용은 모
두 칭기스 왕조의 권위와 관련이 있다. 1340년대에 아슈라프의 측근들
이 아슈라프에게 칭기스 왕조가 복음을 상실했다고 조언했는데도 티무
르 왕조는 칭기스 왕조와의 통혼에 꾸준히 관심을 보였다. 이는 칭기스
혈통의 지배정당성이 거의 줄어들지 않았음을 보여준다. 물론 1405년
시점에 티무르가 칭기스 왕조의 칸을 세우는 것에 대해 어떻게 생각했
는지는 알 수 없다.

　이제 몽골 정체성의 희석에 대해 살펴보자. 최상위층의 경우, 일칸
아르군은 페르시아 문자에 익숙하지 않았던 데 반해 아부 사이드는 페
르시아 문자 서예에 능했을 뿐만 아니라 페르시아어로 시까지 지을 정
도였다.[177] 몽골 노얀들과 주둔군은 아프가니스탄·이란·이라크·아나
톨리아에 도착한 뒤 몇십 년에 걸쳐 적응기를 보냈다. 이 과정을 직접
관찰한 이븐 파들룰라 알우마리는 당시(738/1337~1338경) 폰토스 초원
의 몽골인들이 복속한 킵차크 유목민들과 점차 섞이고 흡수되었다고
서술했다. 그는 몽골인들과 페르시아 명사들 사이의 사회적 교류와 통
혼에 대해서도 기록했다.[178] 밧사프 역시 케르만 변경에 정착한 주르마
부의 몽골인들이 1270년 후반에 이미 토착민들과 통혼했다는 사실을
전한다.[179] 이런 방식의 공존은 오랫동안 유목민들이 가진 힘의 근원으
로 여겨진 목축 생활의 포기로 이어졌다. 744/1343~1344년, 아슈라

프는 자신의 지지자들에게 도시에서 거주하는 것은 몽골인들의 관습이 아닐뿐더러 칭기스 칸의 야사에 위배된다고 일러줘야 한다고 느낄 정도였다.[180]

지역에 따라 속도는 달랐겠지만, 서아시아에서 일어난 동화 과정에 이슬람 규범을 제한적으로 받아들이거나 때로는 이슬람 신앙의 수용이 포함되지 않았다고 생각하기는 어렵다. 당시 무슬림들의 비애는 몽골식 이교 신앙이 아니라 이슬람 신앙과 관행이 초원 관습과 야사에 대한 충성심과 결합하는 현실에서 비롯되었을 것이다. 예컨대 예속된 헤라트 왕국을 방문한 이븐 바투타는 칭기스 칸의 야사 탓에 샤리아가 엄격하게 적용되지 않는다고 몽골인들을 비난한 무슬림 율법학자가 737/1337년에 몽골인들에게 살해된 이야기를 기록했다.[181] 앞에서 나는 이미 750/1349년에 헤라트의 말릭 무이즈 알딘 피르 후사인 무함마드가 불신자들의 관행이 끝났다고 선언한 일을 살펴보았다. 1330년대 후반으로 돌아가면, 맘루크 제국에서는 아르파 일칸이 그리스도교도이고(한 아르메니아 연대기 저자도 이런 주장을 했지만, 아르파가 즉위하면서 '무이즈 알둔야 왈딘 마흐무드Muʻizz al-Dunyā wa l-Dīn Maḥmūd'라는 칭호를 사용한 점으로 미루어 보아 사실일 가능성은 떨어진다), 몽골인들에게 전통적인 모자al-sarāqūjāt를 쓰라고 강요했으며, 무슬림들(맘루크들)과 화해한 이전의 군주들을 비난하면서 시리아 원정을 계획했다는 소식이 전해졌다.[182] 샤반카라이는 아르파가 "몽골식"으로 생활하면서 칭기스 칸의 관례를 따랐다고 묘사했고, 아흐리는 아르파가 야사에 따라 지배하면서 올제이투와 아부 사이드의 칙령을 폐지하고 모든 세수稅收를 군대(체릭çerig)를 위해 사용했다고 썼다.[183]

킵차크 칸국의 자니벡은 그 반대쪽 극단에 있었던 인물로, 아버지 외즈벡이 시작한 이슬람화 과정을 더욱 진전시키며 휘하 병력에 터번과 망토를 착용하게끔(따라서 몽골 전통 복식을 폐지하게끔) 강제했다.[184] 맘루크 측 사료에 따르면, 차가다이 울루스에서는 개종한 칸 타르마시린이 야사를 폐지하고 샤리아를 장려했다.[185] 그러나 몇 년도 채 지나지 않아 창시는 불교 승려(바흐시Bakhshī)들의 요청에 따라 자신의 야영지에 이동식 불탑을 설치하고 모스크 벽에 그림을 그리게 했다.[186] 그리고 이븐 바투타를 신뢰해도 괜찮다면, 그로부터 어느 정도 지난 뒤 무슬림 아미르들은 칸위 쟁탈전에서 할릴 술탄 아래에 집결했는데, 이들은 이를 지하드로 여겼다.[187] 이런 증거들로 볼 때 이 시기를 특징짓는 것은 경련성 (때로는 급진적이고 강제적인) 문화 변동이었다고 하겠다.

아르파가 이집트와의 화평에 보인 반감에서 가늠할 수 있듯이, 외교 정책의 급격한 변화는 달갑지 않은 문화적 변동의 양상으로 이어질 수 있었다. 1323년에 아부 사이드와 맘루크 술탄 알나시르 무함마드 사이에 맺어진 조약은 전장에 나가서 얻을 수 있었던 약탈물과 같은 특전이 (간헐적으로나마) 약속된 시대의 문을 닫아버렸다.[188] 비슷한 일이 차가다이 울루스에서도 일어났는데, 1335년 이후 칸들이 두 전선에서 적들과 평화 조약을 맺었기 때문에 그런 양상이 더욱 두드러졌다. 동쪽에서는 쾨펙이 1323년에 원나라와의 분쟁을 끝내버리는 바람에 차가다이 일문에 속한 엘리트들의 분노를 샀던 것 같다.[189] 국서와 선물의 교환에서 짐작할 수 있듯이, 730/1329년 인도 침공 이후 타르마시린은 델리의 술탄 무함마드 이븐 투글룩Muḥammad b. Tughluq(재위 724~752/1324~1351)과 좀더 우호적인 관계를 맺었던 듯하다.[190] 이제 차가다이 울루스가 나아갈 수 있는 주요한 약탈과 확장의 무대는 일칸령 호라산밖에 남아 있지 않았다. 앞에서 언급한 화해 정책은 초기부터 몽골제국의 외교 정책에서 중요한 요소였는데, 이는 복속하지 않는 외부 세력과 평화로운 관계를 맺지 말라는, 칭기스 칸의 야사에서 가장 유명한 원칙을 저버린 행위였다. 칭기스 칸이 남긴 계율을 이렇듯 노골적으로 무시한 행위는 단순히 극심한 혼란을 의미하는 데 그치지 않았다. 이는 극심한 정치적 실패로도 보일 수 있었다. 물론 이런 실패도 토곤 테무르 카안의 불운과는 비교할 수 없었다. 1360년 오고데이 왕통의 왕자 알루구이 테무르는 중국에서의 방대한 영토 상실을 명백한 천명의 상실로 파악해 토곤 테무르의 지배권에 도전했다.[191]

*

이 장에서는 1320년대에서 1350년경 사이에 몽골 세계의 불안을 키운 사태들, 다시 말해 칭기스 왕조의 제국에서 근간이 되는 정치 이념에 충격을 주고 보수층의 반발을 야기한 사태들을 주로 다루었다. 그러나 이 시기는 몽골계 국가들이 경제적 어려움과 흑사병으로 대표되는 거대한 인구학적 격변을 경험한 시기이기도 했다. 다음 장에서는 이에 대해 살펴보겠다.

제5장

몽골 세계의 위기 ②
경제적 격변과 인구 재앙

티무르가 처음 차가다이 울루스에서 두각을 드러냈을 때 칭기스 왕조의 국가들은 단순히 왕조나 사회문화적 성격에서 비롯된 위기에만 시달린 것이 아니었다. 그들은 정치나 종교의 영역을 넘어 아시아 지역 전체를 덮친 변화에도 영향을 받았다. 칭기스 칸과 후계자들의 정복은 '세계적' 네트워크, 더 정확히는 초대륙적 네트워크로 정의할 수 있는 교역망을 형성했다. 이 장에서 살펴볼 경제적 변화는 이 네트워크의 붕괴와 혼란을 초래했으며, 몽골 칸국들의 안정성과 각 칸국의 교역 동업자들에게 심각한 영향을 미쳤다. 그러나 경제적 변화는 기후 변동과 기후 전반의 악화, 가축 전염병의 발생 가능성, 그리고 11세기 이후 처음으로 중앙아시아 동부의 자연 서식지에서 벗어나 인류 사회 전체로 확산된 흑사병과 함께 검토해야 한다.[1] 이 장의 목표는 이러한 변화가 티무르의 대두와 정복에 어떻게 기여했는지를 평가하는 것이다.

교역과 화폐 문제

몽골 제국의 팽창과 내전이 피정복민들에게 입힌 피해는 부인할 수 없을 정도로 막대했다. 상업 교류의 비약적 확대나 페르시아어 역사서 편찬의 급격한 증가, 아시아 전역에 걸친 전례 없는 문화 교류와 같은 이점을 강조하다 보면 이러한 고통을 간과하기 쉽다. 그러나 몽골 제국의 지배를 통해 이전까지 수많은 소국으로 분열되어 있던 세계에 일정한 수준의 질서가 생겨난 것도 사실이다, 흔히 언급되는 '팍스 몽골리카Pax Mongolica'는 다소 과장된 측면이 있다.[2] 그러나 그 이전의 유목 국가들과 마찬가지로 몽골인도 교역 증대에 관심을 보였고, 상업 활동에 세금을 부과하던 경쟁적인 여러 국가를 제거함으로써 거래 비용을 낮추었다. 또한 몽골의 칸과 엘리트는 상업을 보호하고 교역에 직접 참여했으며, 대규모 약탈을 통해 얻은 막대한 부를 활용해 높은 가격으로 상품을 구매했다.[3] 이 방대한 제국이 형성한 교역망은 엄청난 규모로 확장되었다. 칭기스 왕조 정치체의 탄생이 초래한 중요한 결과 중 하나는 폰토스-카스피 초원, 중국, 동남아시아, 인도 아대륙, 이란, 근동 등 아시아 여러 지역 사이의 '상호 연결성'[4]이 증대되었다는 것이다(1260년대에 여러 칸국으로 분열된 이후에도 이런 상태가 유지되었다). 이런 점은 장거리 교역과 여행의 지리적 확대에 반영되었다. 장거리 교역의 상당 부분은 육로를 통해 이루어졌으나 해상 경로를 통한 교역의 비중도 점차 높아졌다. 밧사프는 702/1303년에 자신의 저서에서 페르시아만의 카이스섬Qays(키시섬Kīsh)을 인도와 중국에서 가장 외진 곳, 투르키스탄, 이집트, 시리아, 그리고 멀리 튀니지의 카이라완Qayrawān에서 온 상품들이 몰리는 중심지로 묘사했다. 그가 보기에 이는 전례 없는 일이었다.[5] 50년 뒤, 교황의 사절 조반니 데 마리뇰리Giovanni de' Marignolli는 호르무즈가 전 세계의 상인이 모여드는 무역 중심지라고 썼다.[6]

1266년 이후 제노바인들이 카파에 정착하고 그 몇 년 뒤 베네치아인들이 돈강 하구에 있는 타나에 정착한 데서 알 수 있듯이 아시아와 그리스도교권 유럽 사이의 교류도 눈에 띄게 늘었다. 이 항구들은 유럽을 중앙아시아나 중국과 잇는 아시아 횡단 교역로(세칭 '비단길')의 북서쪽 종착지로 기능했다. 이탈리아 상인들은 비단이나 향료 같은 귀한 상품을 찾아 어느 때보다 자주 동쪽으로 떠나기 시작했다. 1290년대부터 제노바 상인을 중심으로 한 서유럽 상인들이 중국에서도 활동하는 모습이 확인되었다.[7] 몽골 제국을 위해 일한 서양인 중에서 가장 유명한 인물은 쿠빌라이 카안의 특사로 활약했던 마르코 폴로다.

몽골 제국의 팽창은 또한 귀금속의 탈축적화dethesaurisation〔개인 혹은 사원 등에 축적된 재화가 유통되는 현상〕를 통해 경제 활성화에 기여했다. 초기부터 몽골인은 조공을 확보하는 데 관심을 보였는데, 이런 조공의 일부는 정금正金으로 전달되었다. 중국, 고려 왕국, 아나톨리아의 셀주크 술탄국 등에서 바친 공물이 대표적인 예다.[8] 이렇게 모인 금과 은의 상당량은 녹여져서 주괴鑄塊로 전환되었는데, 사료에서 이런 주괴는 발리시bālish 또는 야스툭yastuq(기욤 드 뤼브루크의 야스코트iascot, 더 정확하게는 야스토크iastoc와 동일한 개념)*이라 불렸다.[9] 드 뤼브루크의 이야기와 주바이

• 허리가 잘록해 몽골어로 수케(süke, '도끼'), 위구르어로 야스툭(yastuķ), 페르시아어로 발리시(bāliš)(둘 다 '베개')라 불렸다. 금 · 송의 '정(錠)'에서 기원해 몽골 제국 시대에도 한문으로 '정'이라 했다. 주바이니의 기록에 따르면 금 발리시와 은 발리시는 약 2.15킬로그램이었다.

니가 오고데이 카안의 관대함에 대해 언급한 대목을 보면 막대한 양의 은 주괴가 하사품으로 사용되었음이 분명하다.[10] 북중국에서 몽골인들은 금나라가 그러했듯이 지폐를 계속 사용했다. 1260년 쿠빌라이는 충분한 정금 비축에 바탕을 두고 원칙적으로는 은으로 지불이 보증되는 지폐(초鈔)를 활용하는 단일 화폐 시스템을 도입했다.[11] 그러나 1270년대 후반에 멸망한 송 제국의 재보를 입수한 원나라 조정은 전쟁 비용을 충당하기 위해 사상 유례없는 규모로 지폐를 발행했다.[12] 하지만 이렇게 발행된 지폐는 은과 교환되지 않았다.[13] 그 결과, 주조되지 않은 막대한 양의 은이 중국에서 서아시아로 유출되었다. 은의 가치가 중국보다 서아시아에서 훨씬 높았기 때문이다. 프란체스코 발두치 페골로티Francesco Balducci Pegolotti라는 피렌체 은행가가 집필한 상업 지침서(1330년경)에서도 이런 사실을 확인할 수 있다. 이 문헌에서는 킵차크 칸국에서 원 제국의 국경에 이르기까지 은괴가 주요 거래 수단으로 사용되었으며, 이를 솜모sommo(또는 소모somo)라고 불렀다고 기록되어 있다.[14] 솜모는 일정한 무게의 은을 기준으로 한 회계 단위로 사용되었다. 13세기 후반에서 14세기 중반에 이르는 동안 서유럽, 이집트, 델리 술탄국, 벵골에서는 은화 생산량이 크게 증가했다.[15]

전반적인 양상은 이와 같았다. 지역적 전개와 광범위하게 상호 연결된 경제 체계 사이의 실제 상호 작용이 어떠했는지는 불분명하다. 먼저 북인도부터 살펴보자. 이곳에서는 델리의 할지 왕조 술탄들의 군대가 695~718/1296~1318년 데칸 지방 이남의 힌두 국가들을 원정하는 과정에서 약탈을 통해서든 공물의 확보를 통해서든 막대한 금을 축적하면서 금의 가치가 하락하는 현상이 발생했다.[16] 델리 술탄 무함마드 이븐 투글룩(재위 724~752/1324~1351)의 통치 초반에는 은 부족과 금·은 교환비에 교란이 발생했다. 이 시기에 술탄은 차가다이 울루스에 대적하는 자신의 야심 찬 외교 정책을 떠받치기 위해 군사를 전례 없는 규모로 모집하고자 했다. 이를 위해 먼저 727/1326~1327년에 저품질 은화인 탕가tanga를 발행했고, 이어 730~732/1330~1332년에는 명목 화폐인 동화銅貨 '무흐르 미스muhr-i mis'(이 화폐는 중국의 지폐를 모방한 것이라고 한다)를 도입했다가 실패했다.[17] 이러한 상황 전개가 더 먼 서쪽 지역, 특히 이집트와 일칸국에 미친 경제적 영향이 어떠했는지 확실하지는 않지만, 두 지역 모두 1330년대에 통화 혼란을 겪은 것은 사실이다. 함둘라 무스타우피는 《심혼의 환희》(1340?)에서 금의 지속적인 가치 하락을 언급했다. 그는 무함마드의 지출 확대가 인도에서 금의 가치 하락을 초래했다고, 달리 말하면 금·은 교환비가 더 저렴한 금속인 은의 가치가 상승했다고 썼다. 즉 금을 인도로 수출하는 것이 더는 유리하지 않게 되어 이 무역의 방향이 반전되었던 것이다.[18]

일칸들은 수십 년 동안 금·은 교환비의 변동을 활용하고 이를 더욱 부각하기 위해 지금地金의 흐름을 조작하는 정책을 펴왔다. 690/1291년경부터 일칸들이 벌인 지금의 흐름 조작은 상당한 효과를 발휘했다. 그 결과 맘루크 제국은 금속 거래에서 소외되었으며, 그들의 금·은 주화 발행 능력이 크게 감퇴했다.[19] 그후로 30년 동안 이집트는 은 부족에 시달렸다[20](이집트 현지의 상황이 금 가치 하락에 기여했다는 점을 부정한다는 이야기는 아니다).[21] 그러나 아부 사이드 사후 일칸국에서 중앙 권력이 붕괴하자 국제적인 상인들이 (일부) 철수하면서 이란을 통한 동·서 중계 교역이 쇠퇴했다. 일칸국의 지금 비축분은 그 직전인 734/1333~

1334년에 정점을 찍고 그뒤로는 감소했다.[22] 유럽과 아시아 양쪽 모두에서 금·은 교환비가 비슷해지면서 특정 금속을 다른 금속으로 교환하는 행위로 이익을 볼 수 없게 되어 지금 교역이 급감하자 일칸국 내의 화폐 유통도 중단되었다.[23] 또한 가잔이 통치할 때부터 1340년경까지 일칸의 총세입은 50퍼센트 이상 감소했는데, 지방에서 발생한 정치적 내분과 혼란이 그 요인이었다.[24]

중앙아시아의 경제 상황이 일칸국의 상황과 대조적이었다는 사실은 특기할 필요가 있다. 이전 몇 세기 동안 번성했던 탈라스Talās(타라즈 Ṭarāz)* 지방의 은광들은 1250년경에 독일 광부들이 다시 개발한 것으로 보인다. 이 독일인들은 아마도 대다수가 1241~1242년에 트란실바니아에서 몽골인들 손에 노예로 끌려온 이들이었을 것이다.[25] 탈라스 조폐창에서 생산된 주화는 671/1272~1273년 이후에 발행된 주화 가운데 두드러지게 발견되었다. 그리고 그 인근인 켄젝Kenjek 조폐창에서는 14세기 초 이후로 주화를 많이 찍어냈다.[26] 이 무렵에 마수드 벡이 화폐개혁에 나선 데에는 은의 가용성이 커진 것도 한 가지 이유였을 것이다. 주화의 표준화는 차가다이 일문의 쾨펙 칸(1320?~1326)이 실시한 개혁 정책 가운데 하나였다. 이븐 파들룰라 알우마리는 동시대 차가다이 울루스의 디나르가 높은 순도로 유명했으며,[27] 무슬림 개종자인 타르마시린이 즉위해(1330년경) 무쿠스mukūs(샤리아에 규정되지 않은 세금)를 폐지한 이후 차가다이 울루스는 이집트와 시리아에서 온 상인들에게 매력적인 지역이 되었다고 기록했다.[28] 타르마시린이 실각한 이후의 정

• 탈라스(타라즈)의 다른 이름은 양기다.

치적 혼란은 아마도 아부 사이드 사후 일칸국에서 나타난 경제적·정치적 상황과 유사한 충격을 불러일으켰을 것이다.

존 노리스John Norris는 흑사병의 기원에 대해 서방 몽골 칸국들의 이슬람 개종이 "그들과 (…) 서방의 그리스도교도 사이의 단절"을 초래해 상업에 장애가 발생했다고 주장했다. 그는 또 "중앙아시아를 통한 몽골 칸국들 사이의 교류는 서방 상인들은 물론 페르시아 상인들에게도 어려운 일이 되었으며, 대략 1340년 이후에는 사실상 불가능해졌다"라는 가설을 제시했다. 더 나아가 "〔흑사병이〕 유행하기 15년도 전에 킵차크 칸국과 그 보다 동쪽에 위치한 국가들 사이에는 전쟁만 없었던 것이 아니라 교류도 거의 이루어지지 않았다"라고 강조했다.[29] 올레 베네딕토브Ole Benedictow는 1343년에 자니벡이 〔제노바의 상업 식민지〕 카파를 공격한 사건을 예로 들며 "반그리스도교 감정이 극심해져 그리스도교도 상인의 존재마저 점점 더 견딜 수 없게 되었다"라고 썼다.[30]

이러한 가설은 교역 중단의 기간과 지리적 범위를 과장할 위험이 있다. 프란체스코 페골로티의 말마따나 통치자의 죽음으로 촉발된 혼란 때문에 상인들이 피해를 입었던 것은 사실이다.[31] 예컨대 몇 년 후 프란체스코회 선교사 파스칼리스 데 빅토리아Paschalis de Victoria는 함께 여행하던 카라반이 차가다이 일문의 칸 창시가 자기 형제인 예순 테무르에 의해 살해된 1337년 이후 전쟁과 약탈이 두려워 "사라센 도시들"에 발이 묶였다고 보고했다.[32] 한편 차가다이 울루스 내 그리스도교도 선교사에 대한 알리 술탄의 탄압(이탈리아 상인들도 이 운명을 함께 겪었다)은 1339/1340년이라는 짧은 기간에 그쳤다.[33] 실제로 1330년대 후반과 1340년대에 초반 왕조의 하산(쿠착)과 아슈라프가 아제르바이잔에서 그랬듯이 무슬림 군주들이 서방 상인들의 상품을 약탈한 예가 있는 것도 사실이다.[34] 그러나 이런 행보는 종교적 충동에서 비롯된 일이 아니었다. 아슈라프는 자신의 신민들에게도 이 같은 약탈적 행위를 저질렀다.[35] 753/1352년까지 몇 년 동안 초반 왕조로 인해 고통을 겪은 페르시아인 상인 상당수는 맘루크 영토로 이주하고 돌아가고 싶어하지 않았다고 전한다.[36] 자니벡의 행동 역시 지하드 같은 것이 아니었다. 사실 그는 1343년에 타나에서 베네치아인이 몽골인을 살해한 사건에 보복하고 제노바 상인들이 카파에서 자신의 주권을 침해하면서 자치권을 확보하고자 한 시도를 억제하려 했다. 자니벡은 1347년 12월에 이미 베네치아인들의 권리를 되살려주었고 이탈리아 상인들은 흑해 지역에서 상업 활동을 재개할 수 있었다.[37]

게다가 초반 왕조의 약탈도, 이탈리아인들에게 가한 자니벡의 짧막한 보복도 투르키스탄을 지나는 우랄강 동쪽의 교역로에 영향을 미치지 않았다. 물론 이 경로 역시 중단되는 경우도 있었다. 데 마리뇰리는 1344~1345년 중국에서 귀환할 때 해로를 이용하라는 명령을 받았는데, 이는 중앙아시아에서 벌어진 전쟁을 피하기 위해서였다.[38] 1345년 3월, 카파에는 '중앙 제국'을 통과하는 길(caminum Inperii [원문 그대로] de medio, llo chamin de llo Imperio de Meço, 즉 '차가다이 울루스의 영토를 통과하는 길')을 전년도 10월에는 통행할 수 있었으나, 어떤 이유에서인지 이제는 "완전히 닫혔다"라는 보고가 들어왔다.[39] 단기적으로 볼 때 1350년에서 1355년까지 이어진 제노바와 베네치아 사이에 벌어진 '해협 전쟁'으로 두 도시의 상인들은 기회를 활용하지 못했다.[40] 이 시기 아시아 대륙을 가로지르는 무역, 특히 서양 상인들의 참여에 장기적 영향을 미친 주요한 요인은 1345년 이탈리아의 상업 도시들과 맘루크 제국 사이에서 재개된 교역이었다.[41] 1400년이 되자 베네치아로 유입되는 향신료의 양은 타나를 통한 육상 교역로보다 알렉산드리아나 베이루트를 경유하는 해상 경로를 통한 것이 훨씬 더 많았다.[42] (조사파트 바르바로Giosafat Barbaro는 비단과 향신료 교역의 변화를 티무르의 아스트라한 약탈과 연결 짓기는 했지만) 교역로의 변화는 점진적으로 이루어졌다.[43] 여하튼 흑사병 직전에 교역이 마비되었다는 노리스나 베네딕토브의 주장은 뚜렷한 증거가 존재하지는 않는다.

몽골 세계에서 교역 활동과 정부 수입이 통화通貨 변동과 (제한적이기는 하지만) 아시아 대륙을 가로지르는 교역 둔화의 영향을 전혀 받지 않았다고 생각하기는 힘들다. 이러한 요인들로 인해 칸이 보유한 자원이 감소하면서 아미르들의 충성을 유지하기가 어려워졌고, 그 결과 엘리트층의 결속력도 약해졌다. 따라서 서방 몽골 칸국들에서 정치적 불안정이 나타나기 시작한 것은 주요한 이웃 및 교역 상대와 공유한 경제적 어려움에서 얼마간 기인했다고 볼 수 있지만,[44] 확신하기에는 증거가 충분하지 않다.

제2차 범유행

13세기 말에서 14세기 초, 환경 변화는 몽골 세계에 어떤 영향을 미쳤을까? 한 가지 중요한 화두는 기후 변동과 관련이 있다.[45] 여기에는 13세기의 화산 활동, 특히 인도네시아 사말라스Samalas 화산의 대규모 분화

(1258)가 영향을 미쳤을 가능성이 있다.[46] 중국에서 요나라의 몰락(1123~1125)과 관련해 20년 이상 이어진 혹독한 기후 변화가 부족의 이동과 정치 체제의 붕괴를 초래했을 가능성이 있다는 설득력 있는 주장이 이미 나온 것은 주지의 사실이다.[47] 나이테 밀도와 같은 대용 자료proxy data에서 확인할 수 있듯이, 13세기 말에 뚜렷한 기후 변화(급격한 기온 하락과 강수량 증가)와 함께 중세 온난기가 끝났는데, 이러한 변화로부터 유라시아 전역이 광범위하게 영향을 받았을 개연성은 충분하다.[48] 티무르 왕조 측 사료들에는 트란스옥시아나와 그 북쪽 및 동쪽 지역의 겨울이 혹독했다는 점이 분명히 드러났다. 이런 혹독한 기후 때문에 티무르는 모굴리스탄과 킵차크 초원에서 원정을 수행할 때 막대한 인명 및 가축 손실을 경험했으며, 때때로 몇 주 동안 작전을 중단할 수밖에 없는 상황에 처했다. 그의 마지막 원정도 예외는 아니었다. 778/1376~1377년, 그리고 중국 원정을 막 시작한 807/1404년, 이렇게 적어도 두 차례 시르다리야강이 얼어붙었다.[49]

전염병의 역할 역시 기후 변화와 밀접하게 연결되었을 가능성이 높다.[50] 몽골 제국 시기에 이전까지 비교적 분리되어 있던 지역들 사이의 상호 연결성이 높아지면서, 에마뉘엘 르 루아 라뒤리Emmanuel Le Roy Ladurie는 미생물 "시장 공동체", 새뮤얼 애드셰드Samuel Adshead는 "하나의 동질적인 질병을 공유하는 체제"라고 표현한 체계가 출현하게 되었다.[51] 14세기 중기 유라시아는 세계사의 3대 페스트 범유행• 가운데 두

번째를 경험했다. 유럽 역사학에서 일반적으로 흑사병이라 알려진 이 제2차 범유행으로 인해 유럽과 근동 지역의 인구가 상당히 감소했다. 일부 지역은 아마도 사망률이 45퍼센트가 넘었을 것이다. 맘루크령 근동에서는 748~750/1347~1349년 인구의 최소 3분의 1이 사망했을 가능성이 있다.[52] 근동과 유럽에서는 1360년대 초에서 1370년대 중기에 전염병의 유행이 나타나기 시작해 1500년까지 이어졌다. 농업이 주를 이룬 서유럽 사회, 이집트·시리아의 무슬림 농경 체제에 전염병이 어떠한 사회적·경제적 변화를 불러왔는지는 비교적 명확하게 파악할 수 있다.[53] 하지만 안타깝게도 이슬람 세계(맘루크 제국도 여기에 해당한다)에서 창궐한 흑사병에 관한 자료는 서유럽의 경우만큼 충분하지 않다(서유럽의 자료도 수많은 질문에 분명한 답을 제공할 정도는 아니다).[54] 이란 세계와 북방의 몽골 칸국들에 대한 자료는 특히 더 부족하다. 따라서 이 지역들을 다룬 2차 문헌에서 흑사병은 단편적으로만 언급되거나 아예 다루어지지 않는 경우가 많다.

이쯤에서 흑사병의 연구 동향을 간략히 짚고 넘어갈까 한다. 유럽 각지에서 발견된 유해 분석으로 이제 흑사병이 간균杆菌, bacillus인 페스트균Yersinia pestis에 의한 전염병이라는 사실은 확실해졌다.[55] 또한 최근 키르기스스탄에 위치한 네스토리우스파 그리스도교도의 무덤 두 곳(이에 대해서는 뒤에서 설명하겠다)에서 이루어진 고유전학 연구에서도 페스트균의 확실한 증거가 발견되었다.[56] 추이위쥔崔玉軍이 이끄는 연구팀은 페스트균이 과거에 '빅뱅'을 겪었으며, 다계통 과정을 거쳐 네 개의 주요 계통으로 유전적 분화가 이루어졌다는 사실을 밝혀냈다. 그중에 제1변종은 유럽의 흑사병과 관련이 있고, 제2변종은 캅카스에서 중앙아시아와 티베트를 통해 중국까지 퍼져나갔다.[57] 연구팀은 청해靑海-티베트 고원〔칭창 고원靑藏高原〕 북동부 지역에서 간균의 변이가 가장 크게 진행되었다는 점을 근거로 이러한 다계통 분화가 13세기의 3분기 또는 4분기에 이 지역에서 일어났을 가능성이 크다고 보았다.[58] 좀더 최근의 한 연구는 간균의 변이가 더 풍부한 키르기스스탄의 천산 지역에서 다계통 분화가 일어났다고 주장했다.[59]

궁극적으로, 몽골 제국의 군사 활동이 유라시아의 여러 지역에 전염병의 씨앗을 뿌렸을 가능성이 높다. 고故 로니 엘런블룸Ronnie Ellenblum의 선구적 연구에서는 447~449/1055~1057년에 전염병의 광범위한 발생이 셀주크 왕조가 이끄는 튀르크계 유목민 오구즈 세력들의 군사 침입과 관련이 있다고 주장했다.[60] 몽골군과 휘하 튀르크계 보조병의 식단에는 (기본 식재료가 아니라 보조적 영양 보충 수단이긴 하지만) 마멋이 포함되어 있었는데,[61] 마멋은 페스트균을 옮기는 벼룩의 매개체로 알려져 있다. 토머스 올슨은 몽골 제국에서 복속한 인구를 대규모로 분산시키거나 이주시키는 관행이 있었는데, 때로는 이런 이주가 생태적 변경을 넘어 혹독한 기후를 뚫고 나가는 형태로 이루어졌고, 그 결과 지역 사회의 질병 저항력이 약해졌을 가능성이 있다고 지적했다.[62]

많은 학자가 제2차 범유행의 기원을 대체로 13세기로 잡는다. 로버트 하임스Robert Hymes는 북중국에서는 1211년부터, 남중국에서는 1241년 이후 전염병이 발생했다며, 이 시점이 몽골 제국이 서하와 금나라, 그리고 나중에는 송나라를 공격하기 시작한 시기와 일치한다고 강조했다.[63] 모니카 그린Monica Green은 질병의 발생이 656/1258년의 바그다드 공격으로 악명 높은 훌레구의 서아시아 전역戰役과 관련이 있다고 지적했다. 그린은 이 질병이 흑사병이라고 보고, 몽골군이 이동 경로에 비축한 잡곡 포대를 따라 벼룩을 옮기는 설치류도 따라왔을 수 있다고 설명했다.[64] 이와 관련해, 아랍어 및 페르시아어 사료에서 쓰인 용어를 이해하는 것이 중요하다. 아랍어 '타운ṭāʿūn'은 (항상 그런 것은 아니지만) 흑사병을 가리키고, 더 광범위한 개념인 '와바wabā'는 장티푸스·천연두·콜레라까지 포함할 수 있다.[65] 그러나 이 두 단어가 엄격하게 구분되거나 일관성 있게 사용되지는 않았기 때문에 어떤 사례가 흑사병인지 확신할 수는 없다. 예컨대 바그다드에서 일어난 전염병은 언제나 '와바'라고 칭해지지만, 656/1258년에 바그다드에서 도망쳐 나온 사람들이 시리아로 옮긴 질병은 일부 초기 사료에서 '타운'으로 불린다.[66] 또한 13세기의 이러한 전염병이 흑사병 및 이후의 유행과 어떤 관계가 있는지 고유전학 연구를 수행할 수 없는 상황에서 명확히 알기는 어렵다.

흑사병의 지리적 기원과 연대

이븐 하자르 알아스칼라니(사망 852/1449)의 흑사병 연구와 이를 요약하고 주석을 붙인 알수유티al-Suyūṭī(사망 911/1505)의 개작본[67]은 이전에 이집트나 이라크에서 일어난 유행병 발병을 (국지적 사건으로 보고) 14세기 중기의 "세계적 전염병al-ṭāʿūn al-ʿāmm"과 구분했다.[68] 당시 10대였던 이븐 할둔은 14세기의 "세계적 전염병"에 깊은 인상을 받아 수십 년이 흐른 후에 이에 대한 기록을 남길 정도였다. 이븐 할둔은 자서전에서 부모와 여러 스승을 어떻게 잃었는지 회상하며 이를 "키질하는 전염병al-ṭāʿūn al-jārif"이라고 표현했다.[69]《무캇디마》에서는 전염병이 "왕조가 붕괴하기 직전이었다. 인구는 감소하고 (…) 도시와 기술은 황폐해지고 (…) 왕조와 부족들은 쇠퇴하고 거주지는 완전히 바뀌었다. (…) 이 세상의 존재가 모호함과 위축을 부르고 또 이에 답하는 것 같았다"라며 그 파괴적 영향을 강조했다.[70]

이제 두 가지 질문이 떠오른다. 첫째는 흑사병이 언제, 어디서 기원했는가 하는 질문이고, 둘째는 흑사병이 어디까지 퍼져나갔느냐 하는 질문이다. 현재 학계에서는 흑사병이 초원 지대에서 발생했다는 생각에는 대체로 합의가 이루어졌다.[71] 유럽의 관찰자들은 1346년 자니벡이 크림반도 카파의 제노바 정착지를 공격한 사건을 계기로 흑사병의 존재 및 유럽으로의 확산을 처음으로 인식했다. 피렌체의 가브리엘레 데 무시Gabriele de' Mussi에 따르면, 병사들 사이에 흑사병이 만연하자 칸이 몽골인의 시신을 포위된 도시 안으로 던져 넣어 지중해로 흑사병이 퍼졌다는데, 이를 곧이곧대로 신뢰하면 이른 시기의 생물학전 시도라고 불러도 좋겠다. 그러나 가브리엘레 데 무시는 동방을 직접 방문한 적이 없었기에 이 설명은 현재 신뢰할 수 없는 주장으로 간주된다. 실제로는 자니벡과 이탈리아인들이 평화 조약을 맺은 '뒤'에야 흑사병이 크림반도에서 흑해를 건넜다.[72] 그렇다 해도 아랍 역사가 이븐 알와르디Ibn al-Wardī가 흑사병을 처음 언급하면서 "외즈벡의 영토"에서 넘어왔다고 한 말은 아마도 사실일 것이다.[73] 비잔티움 역사가 니키포로스 그리고라스Nikēphoros Grēgoras는 1350년대에 집필한 역사서에서 이 병이 "마이오티스의 늪ē Maiōtis limnē"(아조프해)과 돈강 어귀에서 기원했다고 썼다.[74] 또한 베네치아 공화국의 상서尚書 라파이노 카레시니Rafaino Caresini는 흑사병이 "타르타르 지방"에서 시작되었다고 기록했다.[75] 다른 이탈리아의 연대기 저자들도 이와 비슷하게 흑사병의 발원지를 "북방in partibus aquilonaribus", 즉 흑해 북쪽으로 특정했다.[76] 폰토스-카스피 초원은 흑사병이 맘루크령과 서유럽으로 확산되는 주요 경로(또는 주요 경로 가운데 하나)였던 것으로 보인다. 748/1347년 봄, 전염병은 크림반도에서 바그다드·시칠리아·이집트·시리아·아나톨리아로 퍼져나갔다.[77] 그러나 관찰자들의 증언이 처음 흑사병이 그들의 이목을 끌고 20년 이상 지난 뒤에야 기록되었고, 더 먼 지역에서 앞서 발병했을 가능성에 대해 그들이 무지했을 수도 있다는 점은 쉽게 간과된다.

조치 일문의 영토 동쪽에서는 흑사병이 어느 정도로 퍼졌을까? 일부 동시대인의 증언은 모호하거나 지나치게 신화적인 내용이 포함되어서 신뢰하기가 어렵다. 이븐 알와르디는 이 전염병이 "암흑의 땅al-ẓulamāt"에서 발생했다고 썼는데, 그곳은 모피가 많이 나는 지역으로 시베리아의 유그라인Yugra이 거주하던 곳이라고 볼 수 있다.[78] 유럽 사료들 가운데는 이 질병이 '인도'에서 왔다고 주장하는 경우도 있지만,[79] 당시 유럽에서 말한 '인도'는 인도 아대륙은 물론 중국이나 중앙아시아, 드물게는 이란까지도 포함되는 경우도 있어서 그다지 가치가 없는 기록이다.[80] 피렌체의 연대기 저자 마테오 빌라니Matteo Villani(1363년에 흑사병으로 사망)는 이 병이 "카타이와 상上인도 방면in verso il Cattai e l'India superiore"에서 유래했다고 썼는데, 각각 북중국과 남중국을 지칭하는 표현일 가능성이 높다.[81] 볼로냐 연대기 전승에서는 마찬가지로 카타이와 페르시아에서 벌레와 뱀의 전염병, 하늘에서 내려온 불과 유독성 안개가 나타났다고 언급했다. 한편 프라하의 어느 연대기 저자는 카타이와 페르시아 사이에 걸쳐진 지역에서 비슷한 현상이 발생했다고 기록했다.[82]

가브리엘레 데 무시는 흑사병에 시달린 종족의 목록을 작성했는데, 거기에는 "중국인, 인도인, 페르시아인, 메디아인 (⋯)"이 포함된다.[83] 아마 마지막에 언급된 메디아인은 종종 "메디아인들의 제국imperium Medorum" 또는 "메디아 제국imperium Medie"이라는 잘못된 이름으로도 불렸던 차가다이 칸국의 주민일 것이다(제2장 참조. 그래서 15세기 초의 술타니야 대주교 요한네스는 티무르를 '메디아인'이라고 불렀다).[84] 알레포에서 흑사병으로 사망한 이븐 알와르디(사망 749/1349)는 이 질병에 대한 논문을 작성하고 자신의 연대기에도 상세한 기록을 남겼다. 구체적으로, 남중국Ṣīn, 인도, 신드, 외즈벡의 영토bilād Uzbak, 트란스옥시아나Mā warā' al-nahr, 이란'Ajam, 북중국Khiṭā, 크림반도Qirim, 아나톨리아Rūm 등이 이 전염병의 영향 아래 놓였다고 썼다.[85] 이븐 알와르디는 운율을 맞추는 데 너무 집착하느라 도리어 서술의 신빙성을 떨어뜨리고 말았지만, 후대의 저자들은 이 인물의 증언을 존중해 인용했다.[86] 이러한 기록들이 지닌 공통적인 결함은 흑사병이 확산된 순서를 명확히 밝히지 않은 점이다. 다만 이븐 알와르디만은 흑사병이 킵차크 칸국("외즈벡의 영토")에 도달한 시기를 747년 라잡월(1346년 10~11월)이라고 비교적 정확하게 기록했다.[87]

이 연도 기록은 루시 연대기에서도 뒷받침된다. 루시 지방의 연대기들은 전염병으로 피해를 입은 좀더 가까운 지역과 민족들을 기록했다.

이해[6854=1346년]는 신의 형벌이 동방의 종족들에게 내린 때로, 오르다에서, 오르나치Ornach에서, 사라이에서, 베즈데즈Bezhdezh(오늘날 벨라루스

드라히친Drahichyn)에서, 그리고 인접한 도시와 지역에서 베세르멘인, 타
타르인, 아르메니아인, 압하스인 가운데 많은 사망자가 발생했다. (…)[88]

여기서 '오르나치'는 호라즘의 우르겐치Ürgench이고, '베세르멘인'은 호
라즘과 오늘날 카자흐스탄 남부에 해당하는 시르다리야강 중류와 상
류 지역의 무슬림을 가리킨다.[89] 15세기에 호피가 편찬한 무슬림 사료
는 이를 확증해주는 귀중한 자료다. 이 사료에 따르면, 746/1345년에
유행병(와바wabā)이 우르겐치('주르자니야Jurjāniyya')에서 발생해 어마어마
한 수의 인구를 앗아가는 바람에 100명 가운데 단 한 명도 살아남지 못
할 정도였고, 라잡월 28일[1345년 11월 24일]에 모두가 모여 기도한 뒤에
야 잠잠해졌다고 한다.[90] 이는 크림반도에 흑사병이 도달하기 몇 달 전
의 일이다. 따라서 서로 독립된 증언들을 종합해보면, 흑사병이 폰토스
초원에서 발원해 바깥으로 퍼져나간 것이 아니라 그보다 더 동쪽에서
그곳으로 왔음을 알 수 있다.

차가다이 울루스에 제2차 범유행이 도달한 시점을 특정할 수 있
을까? 앞서 언급한 키르기스스탄의 네스토리우스파 그리스도교도 묘
지에서 발견된 묘비 중 연대를 확인할 수 있는 439기 가운데 114기는
1337~1338년과 1338~1339년에 세워진 것들로, 이로써 당시에 사
망률이 급증했음을 짐작할 수 있다. 1341~1342년의 묘비들은 앞에서
언급한 두 시기 정도는 아니어도 사망률이 높았음을 알려준다. 이 묘비
들 중 일부는 시리아어로 '전염병'을 의미하는 '마우타나mawtānā'라는
표현을 사용해 사망 요인이 흑사병이었음을 명시적으로 드러낸다.[91] 필
립 슬래빈Philip Slavin은 키르기스스탄 카라즈가츠Kara-Jygach(비슈케크 인

근)에 있는 그리스도교 공동체의 묘지 가운데 4분의 3이 1338~1339년의 전염병으로 사망한 사람들의 것에 해당하며, 이 공동체가 1345년에 소멸했다고 보았다.[92] 또한 1334년 말/1345년 초 차가다이 울루스를 경유하는 경로가 폐쇄된 원인으로 흑사병이 거론되기도 하는데, 당시 제노바에서 작성된 기록에는 명확한 원인이 언급되지 않았다.[93]

이 시기에는 유라시아 서부를 중국과 연결하는 교역로가 빈번하게 이용되었다. 이에 대해 이븐 아랍샤는, 한때 번성했으나 자신의 시대에는 과거의 이야기가 되었다고 썼다.[94] 페골로티의 기록과 그보다 약간 앞서 피렌체에서 발행된 상업 실무서에서도 모두 타나(돈강 하구에 위치)와 우르겐치를 오트라르, 알말릭, 감숙甘肅으로 이어지는 노선의 중간 기착지로 기술했다.[95] 타나와 우르겐치 모두 전염병이 퍼진 지역이었다는 점과 호피의 연대 기록을 고려하면, 흑사병이 아시아 횡단 교역로를 통해 서쪽으로 퍼져나갔다는 설은 설득력이 있다. 앞서 언급한 대로 노리스와 베네딕토브는 서방의 몽골 칸국들과 그리스도교권 유럽 사이의 교역이 이미 끊어졌다는 점을 근거로 이 가능성을 일축했다. 그러나 이들이 제시한 증거는 우랄산맥 동쪽 지역의 교통 상황과는 무관하다는 점에서 이 주장의 타당성에는 의문이 제기된다.

전염병에 대한 논설을 쓴 안달루시아 무슬림 두 명 가운데 이븐 하티마Ibn Khātima는 이 역병이 북중국에서 시작되었다고 생각했다. 한편 이븐 알하팁Ibn al-Khaṭīb은 신뢰할 수 있는 여행자의 말이라면서, "알키타al-Khiṭā와 알신al-Ṣīn"(각각 북중국과 남중국을 뜻한다)에서 시작되었다고 썼다.[96] 이븐 알하팁은 안타깝게도 자기 정보원 가운데 이븐 바투타의 이름을 언급하는데,[97] 이븐 바투타는 자신이 중국을 방문했다고 주장했으나 사실이 아닐 가능성이 높다. 물론 그래도 이븐 바투타가 여정에서 이 주제와 관련해 신뢰할 만한 정보를 얻었을 가능성이 없지는 않다.

이집트의 역사가 알마크리지(사망 845/1442)는 전염병이 (그의 표현을 빌리자면) 중국인Khiṭā과 몽골인이 거주하는 카안의 땅에서 시작되었으며, 유목민들 가운데 사망자가 많다는 사실을 알게 되었다고 썼다(그는 카안과 그의 여섯 아들이 희생되었다는 근거 없는 소문도 언급했다). 또 이 병이 742/1341∼1342년에 처음 발생했다는 소식을 킵차크 칸국의 보고를 통해 들었다는 말도 전했다.[98] 알마크리지가 맘루크 역사가들 가운데 가장 체계적이거나 가장 철저한 인물은 아니었지만, 알마크리지 자신 혹은 이제는 존재하지 않는 저작의 저자가 유라시아의 초원 서쪽 끝자락에 자리한 조치 일문의 영토에서 정보를 얻었다는 사실이 이 증언에 크게 신뢰성을 부여할 수 있을지 모르겠다. 흑사병이 영국에 도달한 시점(1348)이 그 시작으로부터 7년이 지난 뒤였다는 제프리 르 베이커 Geoffrey Le Baker의 서술과 알마크리지의 증언이 일치한다는 사실은 의미심장하다.[99] 더 중요한 사실은 알마크리지의 저술이 키르기스스탄 그리스도교도의 높은 사망률과도 대체로 부합한다는 점이다.

원나라의 중국 지배 말기에 닥친 여러 시련 가운데에는 일련의 치명적 전염병이 있었는데,[100] 1331년, 1333년, 1340년, 1344∼1346년, 1351∼1354년, 1356∼1362년에 발생했다.[101] 그 가운데 일부, 어쩌면 전부는 흑사병으로 추정된다. 하지만 증상에 대한 구체적인 기록이 전혀 남아 있지 않다는 것이 가장 큰 문제다. 폴 뷔엘은 원나라에서 흑사병이 "대대적으로 발생했다는 것을 입증"하는 자료는 없다고 단정했다.[102] 1340∼1344년 칸발룩에서 지내다가 남쪽으로 이동해 천주泉州

(유럽인들은 '자이툰Zaytūn'이라고 부름)에서 배를 타고 귀환한 데 마리뇰리가 전염병에 대해 아무런 언급도 하지 않았다는 점도 주목할 만하다.[103] 한편 동시대 중국의 저자는 1340년에 섬서陜西 지방에서 역병이 발생했다고 기록했는데,[104] 이 지방은 아시아 횡단 교역로의 동쪽 끝이었다. 그렇다면 범유행이 내륙 아시아 동부에서 처음으로 폭발한 시기는 언제일까? 이븐 알와르디는 흑사병이 749년 라잡월/1348년 9~10월에 알레포에 처음 도달했다고 보고할 때 이 질병이 15년 전에 시작되었다고 주장했다. 다른 자료를 참고한 듯한 이븐 알하팁도 734/1333~1334년이라는 시점을 제시함으로써 이를 확인해주었다.[105] 남중국에서 전염병이 발발한 해가 1333년이라는 사실은 우연이 아닐지 모른다. 문제는, 14세기 중엽의 전염병이 유럽과 근동에서 맹위를 떨친 데 반해 중국에서는 덜 파괴적이었다는 점이다.[106] 이 무렵에는 흑사병이 한 지역 혹은 일부 지역에만 영향을 미쳤기 때문이다. 그러나 중국에서 발생한 흑사병이 해당 지역과 인도 아대륙, 페르시아만 사이를 이어주는 해양 교역로와 결합되면서[107] 남아시아와 서남아시아에 전파되는 새로운 경로가 탄생했을 수도 있다. 이븐 하티마는 흑사병의 경로로 중국에서 "투르크인의 땅"과 페르시아와 이라크를 경유하는 노선, 그리고 "아비시니아"에서 이집트와 시리아에 이르는 경로, 이렇게 두 가지를 언급했는데,[108] 후자는 홍해를 경유하는 노선이었을 것이다. 실제로 해상로는 중동에 흑사병이 당도한 경로 가운데 하나로 이미 제시된 적이 있다.[109]

이 시기에 이름을 떨쳤고 시리아에 몰아닥친 흑사병의 참상을 직접 목격하기도 한 한 무슬림 여행가를 통해 흑사병의 연대를 얼마간 추적할 수 있는 것은 다행스러운 일이다. 이 여행가 이븐 바투타가 인도를 떠난 733/1333년에는 아직 흑사병이 차가다이 일문의 영토에서 발생하지 않은 상황이었다. 이븐 바투타도 델리 술탄국에 머물렀을 당시 이 병이 발생했다는 소식을 들었다는 기록을 남기지 않았다.[110] 그러나 그는 인도 아대륙에서 발생한 전염병 두 건은 언급했다. 첫째는 인도 무슬림 측 사료들을 통해서도 확인되는 건으로, 델리 술탄 무함마드 이븐 투글룩이 틸랑Tilang(텔링가나Telingāna)에서 원정 중이던 735/1334~1335년경에 발생해 장령將領 절반과 병력의 3분의 1이 사망했다. 이 같은 사망률은 유럽과 근동에서 발생한 흑사병의 치명적 피해를 떠올리게 한다.[111] 두번째는 이븐 바투타만 언급한 것으로, 744/1343~1344년 혹은 745/1344~1345년에 마바르Maʿbar(코로만델Coromandel 해안)를 강타해 술탄 기야스 알딘 담가니Ghiyāth al-Dīn Dāmghānī를 비롯한 많은 사람의 목숨을 앗아갔다.[112] 이 전염병은 1344년 중국에서 발생한 전염병의 영향을 받은 지역과 가까운, 당시 원나라가 인도양 무역을 위해 공식적으로 운영하던 네 항구를 통해 마바르에 전파되었을 가능성이 있다. 그러나 서아시아에 전염병이 도달했을 당시 이븐 바투타는 몰디브 또는 인도 남부의 해안에 머물고 있었다. 이븐 바투타 자신은 칼리쿠트Qāliqūt를 떠나 748년 무하람월/1347년 4~5월에 자파르Ẓafār에서 뭍에 올랐고, 748년 샤우왈월/1348년 1월에 바그다드에 도착했다고 썼다(두 날짜 모두 신뢰할 수 있는 것은 아니다. 더욱이 두번째는 바그다드에 이미 전염병이 도달한 시기인데도 그가 아무런 언급을 하지 않았다는 점에서 그렇다).[113]

전염병은 1347년에 크림반도에서 이집트로, 그리고 지중해 서부로 퍼져나갔던 것처럼, 바다를 통해서도 상당히 빠르게 전파되었다.[114] 따라서 위에서 언급한 키르기스스탄과 인도에서 발생한 전염병을 크림반도·근동·서유럽을 강타한 범유행과 연결할 만한 신뢰성 있는 자료를 확보할 수 있다면 꽤 그럴싸한 연대기를 작성할 수도 있을 것이다. 키르기스스탄의 전염병을 향후 육상으로 전파되어 몇 년 뒤 킵차크 칸국을 강타한 흑사병의 초기 단계로 본다면, 마바르의 전염병은 그보다 더 가까운 시기에 중국에서 발생해 해상을 통해 더 빠르게 전파된 경우로 볼 수 있다. 그러나 안타깝게도 아직은 확실한 증거가 없다.

한 가지 어려움은 현전하는 사료들에서 사용된 용어에 일관성이 없는 탓에 이 장의 앞부분에서 설명한 의미와 엄밀하게 일치하지 않는다는 사실이다. 다마스쿠스 사람 이븐 카시르Ibn Kathīr(사망 774/1373)는 자신의 세계사 책에서 흑사병을 '타운'이라고 자주 표현했지만, 이븐 알와르디는 '타운'과 '와바' 둘 다 전염병을 지칭하는 데 썼다. 이븐 바투타는 틸랑과 마바르의 전염병과 749/1349년에 시리아에서 직접 목격한 흑사병을 모두 '와바'라고 불렀다.[115] 그러므로 737/1336~1337년의 지진 이후에 호라산의 호프Khwāf를 강타한 질병(와바)은 콜레라로 볼 수 있다.[116] 하지만 마찬가지로, 남인도와 호프에서 발생한 질병들이 흑사병일 가능성도 배제할 수는 없다.

흑사병이 몽골 세계에 가한 충격

몽골 제국이 의도치 않게 흑사병이 발생하고 퍼져나갈 환경을 조성했음은 거의 확실하다. 하지만 몽골 제국 영토에서 흑사병이 어디까지 퍼져나갔는지 파악하기는 쉽지 않다. 가장 큰 문제는 조치 일문과 차가다이 일문의 영토에 대한 토착 자료가 부족하다는 것이다. 킵차크 칸국의 경우 흑사병과 관련해서는 거의 루시 연대기들에만 의존해야 하는 형편이고,[117] 카파에서 일어난 사건은 이탈리아 연대기에서만 확인된다.

그런데 정주 지대인 일칸국에서 작성된 동시대의 연대기 역시 그리 많지 않다. 데이비드 모건이 지적했듯이, 페르시아에 흑사병이 가한 충격과 연관된 자료는 거의 없다.[118] 현재까지 알려진 자료는 다음과 같다. 아흐리와 그를 인용한 자인 알딘 이븐 함둘라 무스타우피는 전투와 처형에 대한 이야기를 장황하게 늘어놓다가 747/1346~1347년에 아제르바이잔에서 발생한 "강력한 전염병wabā-yi ʿaẓīm"으로 초반 왕조의 말릭 아슈라프가 타브리즈를 떠날 수밖에 없었다고 썼다.[119] 748/1347년, 아슈라프가 바그다드에 있던 경쟁자 셰이흐 하산 부주르그를 포위했을 때, 아슈라프 측은 흑사병으로 장령 6명과 병사 1200명을 잃었다.[120] (만약 아슈라프 측의 병력 수효를 알 수 있다면 이 수치는 유용할 수도 있다.) 파리 유마디는 (아스타라바드에 근거지를 둔) 타가이 테무르 일칸이 대기 악화와 전염병 발생ʿufūnat-i hawāʾ-u ḥudūth-i wabā으로 두 아들과 대다수의 아미르를 잃었다고 넌지시 언급한다.[121] 한편 마잔다란 근처인 아물Āmul에서는 토착 왕조인 바반드 왕조Bawandid 구성원 대다수가 목숨을 잃었고 왕 파흐르 알다울라 하산Fakhr al-Dawla Ḥasan과 두 아들만 겨우 살아남았다.[122] 따라서 카스피해 지역에서 큰 피해가 발생했음에는 의심의 여지가 없다. 증거가 많지는 않지만, 흑사병은 이란 동부의 일부 지역에서도 발생했다. 747/1346~1347년에 시스탄Sīstān에서 질병(사료의 표현을 빌리자면 "만연한 전염병wabā-yi ʿamīm")이 발생해 왕 쿠트브 알딘 〔1세〕 무함마드Quṭb al-Dīn 〔I〕 Muḥammad의 목숨을 앗아갔다.[123] 한편 15세기 후반에 활동한 역사가 압둘라작 사마르칸디는 838/1435년 이전에는 헤라트에 전염병이 발생한 적 없었다는 중요한 부정 증언을 남겼다.[124]

　　1340년대 이후 흑사병이 얼마나 심각했는지 분명히 알 수는 없다. 761/1360년 겨울, 흑사병wabā-u ṭāʿūn이 아제르바이잔을 강타해 잘라이르 왕조의 셰이흐 우와이스는 타브리즈를 떠나 카라박Qarābāgh[•]으로 옮겨갔고,[125] 771/1369년에 전염병ṭāʿūn 혹은 큰 역병wabā-yi ʿaẓīm이 또다시 발생해 타브리즈에서만 30만 명(분명 부풀려진 수치일 것이다)이 죽었다고 한다.[126] 782/1380년, 전염병ṭāʿūn은 아라트나의 손자인 시바스의 지배자 알라 알딘 알리 벡ʿAlāʾ al-Dīn ʿAlī Beġ을 쓰러뜨렸고, 1382년 후반에는 트레비존드까지 강타했다.[127] 이 질병은 784/1382~1383년 여름에 시스탄 지방의 칼라트Kalāt에서 발생한 전염병과 같은 병이었을 것이다. 하피즈 아브루가 흑사병의 공격balā-yi ṭāʿūn-u ʿanā-yi wabā이라고 표현한 이 전염병으로 칼라트의 인구 절반이 사망했다고 한다.[128] 또다른 전염병ṭāʿūn은 794/1392년에 술타니야의 총독을 쓰러뜨렸고,[129] 797/1394~1395년에는 "강력한 전염병wabā kabīr"으로 바그다드에서 수많은 사람이 목숨을 잃었다.[130] 일부 전염병은 국지적으로 발생했을 수도 있다. 예를 들면 810~811/1408년경에 이스파한에서 20만 명이 목숨을 잃었다고 한다.[131] 그러나 상세한 내용을 수록한 것으로 유명한 하피즈 아브루의《역사 정수》에는 이 사건이 전혀 언급되지 않았다.

　　특기할 사항은 1346년에서 티무르의 시대까지 흑사병이 남이란

•　오늘날 아르메니아 공화국 남부와 아제르바이잔 공화국 서부(소캅카스산맥에서 아라스강에 이르는 지역)를 가리킨다. 중세 이슬람의 지리 관념으로 따지면 아란 지방의 남부에 해당한다. 오늘날 잘 알려진 '카라바흐(Karabakh)'는 카라박의 러시아어식 표기다.

측의 사료(야즈드의 다양한 지역사나 무인 알딘 야즈디의 무자파르 왕조사)에서
도, 하피즈 아브루의 헤라트 카르트 왕조사(혹은 앞에서 확인한 대로, 영토
가 흑사병에 의해 피해를 본 사르바다르, 아미르 왈리, 타가이 테무르에 대한 서술)
에도 전혀 등장하지 않는다는 점이다. 페르시아만에서도 흑사병 피해
는 발생하지 않은 것 같다.[132] 사료들은 14세기 말의 맘루크 제국이나
유럽과 달리 일칸국 고지 전체가 흑사병으로 피해를 봤다는 인상을 주
지 않는 셈이다.[133] 자인 알딘은 768/1366~1367년에 잘라이르 왕조령
이라크와 아제르바이잔(특히 이곳은 이전 20년 동안 두 번이나 역병에 시달렸
다)의 백성들이 전례 없는 번영을 누렸다고 서술하기도 했다.[134]

유럽의 경우와 마찬가지로 사망률도 지역에 따라 극명한 차이를
보였을 가능성이 크다.[135] 그러나 이란 세계의 저자들 가운데 침묵을 지
키는 이가 이 정도로 많은 것은 이란의 전염병 피해가 유럽이나 맘루
크 제국에 비해 고르지도 않고 심각하지도 않았거나, 동시대 이란의 무
슬림 저자들이 온갖 종류의 재앙에 익숙해져서 전염병 따위에는 관심
을 기울이지 않았거나,[136] 이도 저도 아니면 몽골 제국의 지배에서 이득
을 얻기를 거부했던 사람들이어서 이런 태도가 만연했을 수 있음을 시사
한다. 흑사병이 주목받지 못한 이유가 무엇이든, 동시대 역사가들이 주로
관심을 보인 군사 원정이나 정치적 음모는 줄어들기는커녕 변함없이 지
속된 것 같다는 인상을 풍긴다. 서남아시아를 다룬 외부의 자료는 현재까
지 알려진 바로는 단 한 건이다. 바로 교황 클레멘스 6세가 1349년 초
에 받은 보고서인데, 이에 따르면 술타니야의 라틴 그리스도교 대주교
(일칸국, 차가다이 칸국, 인도, 에티오피아를 관할)가 병사했고, "페르시아 전
역"의 15개 도미니코회 회당에서 활동하던 서유럽 종교인 가운데 세

명만이 살아남았다.[137]

주로 유목 생활을 하는 몽골인 집단에 이 질병이 가한 충격이 어떠했는지 알아내기는 쉽지 않다.[138] 조반니 빌라니가 알려주는 금 오르다와 그 인접 지역에 대한 정보는 분명 허구에 가깝지만(예컨대 타나와 트레비존드에서 다섯 명 가운데 한 사람만 살았다고 한 주장), "타르타르인들"의 사망률이 특히 높았다는 서술도 있다.[139] 울리 샤밀오글루Uli Schamiloglu는 볼가강 상류에서 매장지의 비문에 볼가 불가르어가 아니라 표준 튀르크어Standard Turkic가 사용되기 시작한 것이 조치 일문의 영토 내에서 문맹이 아닌 도시의 식자층 인구에게 흑사병이 막대한 영향을 미쳤음을 보여주는 증거라는 가설을 제기했다.[140] 이븐 알와르디와 대화를 나눈 상인에 따르면, 크림반도의 어느 카디는 (747/1346~1347년) 전염병으로 인한 사망자 수를 8만 5000명으로 추산했다고 한다.[141] 그러나 이 수치가 크림반도에만 해당하는지, 피해자 가운데 (서유럽 정착민과 상인을 포함해) 크림반도의 도시 인구와 비교할 때 유목민의 비중은 어느 정도인지, 이들 가운데 카파를 포위한 자니벡의 병력이 어느 정도인지는 알 수 없다. 헝가리 국왕 러요시 1세I. Lajos의 고해신부였던 프란치스코회 수사 에게르의 야노시Fratris Joannis ordinis minorum는 (아마 자니벡의 영토에서) 타타르인 30만 명이 1346년의 몇 달 동안 흑사병으로 사망했다는 소식을 들었다.[142]

윌리엄 맥닐William McNeill은 "질병, 특히 가래톳 흑사병에 노출된 것이 몽골 제국의 군사력을 약화한 진짜 요인은 아니었다"는 생각에 의문을 표하며, 흑사병이 정주 신민들에 대한 몽골 제국 패권을 종식하는 데 기여했다는 가설을 제기했다.[143] 이 가설은 도시/농경 인구 역시 흑사병에 시달려 유목민 지배자들을 몰아낼 능력이 마찬가지로 감소했을 것이라는 반대 추론에 부닥칠 약점이 있다. 마찬가지로 범유행을 겪은 루시에 대한 몽골 제국의 권위가 약해진 현상을 흑사병 자체가 설명해주지는 않는다.

반대로 유목민은 도시 거주자와 비교해 인구 밀도가 낮아서 질병의 확산도 느리게 진행되어 영향도 적었다는 주장도 가끔 제기된다.[144] 제임스 벨리치James Belich는 더 큰 규모로 집단을 이루는 정주민에 비해 유목민이 "영향을 덜" 받아서 군사적으로 일시적 우위를 점했지만, 분쟁이 일어나자 유목민도 대규모로 모여들어 결국 흑사병에 시달리게 되었다고 설명했다.[145] 그러나 이 용어로 표현된 이분법은 칸의 오르다의 규모와 밀도를 고려하지 않았을 뿐만 아니라, 유목 사회나 정주 사회냐가 중요한 것이 아니라 (목축민이든 도시 거주민이든 간에) 사람들이 대규모로 밀집한 사회냐 아니면 규모가 작고 상대적으로 고립된 공동체냐가 더 중요하다는 사실을 간과했다. 1253년에 바투의 야영지를 처음 본 기욤 드 뤼브루크의 놀라움으로 가득 찬 반응이나, 80년 뒤 이븐 바투타가 외즈벡 칸의 야영지를 묘사한 대목을 읽은 사람이라면, 이 관찰자들이 사람들이 서로 가까이 밀집해 살아가고 이동식 모스크와 바자르가 있는 방대한 천막 도시를 실제로 마주했으리라는 사실을 의심할 수 없다.[146] 따라서 칸이나 아미르의 본거지에서 흑사병이 빠르게 확산될 가능성이 전형적인 도시 사회의 경우보다 낮다고 보기는 힘들다. 앞서 살펴본 대로 1340년대에 타가이 테무르 일칸의 아미르들과 유목민 추종자들은 (아마 타가이 테무르의 오르다 근처에 있었을 텐데) 심각한 타격을 입었다. 요컨대 목축민의 사망률이 정주 사회보다 전반적으로 낮았는지 확실히 알아낼 방법은 없다(도시인 헤라트에 흑사병 피해가 없었다는 사실을 상기하라). 또한 몽골 엘리트 일부는 이미 정주 생활 방식을 얼마간 채택했던 만큼, 유목민과 정주민의 구분이 몽골인과 비몽골인이라는 구분과 그 범주가 더는 일치하지 않는다는 점에도 유의해야 한다.[147]

한 가지 더 중요한 고려 사항이 있다. 비잔티움 쪽 저자들은 가축에게 더 광범위한 피해가 있었다고 언급했다.[148] 알마크리지 역시 '키타Khitā'와 아나톨리아 카라만의 영토, 카이세리에서 벌어진 가축과 짐을 끄는 동물들의 죽음, 그리고 바그다드 외곽에서 아슈라프의 군대가 짐을 운반하는 동물을 다수 잃었다는 사실을 언급한다.[149] 다마스쿠스 총독이 도시의 개들을 죽이라고 명령한 것은 전염병이 동물에게서 비롯되었다는 의심 때문이었는지도 모른다.[150] 흑사병이 돌던 시기에 차가다이 칸국에서 가축에게 전염병이 돌았다는 징후도 있다. 747/1346년에 카잔 술탄 칸이 폐위된 것은 그 직전 겨울의 혹독한 추위로 거느린 가축을 거의 잃었기 때문이라는 주장도 있다. 766/1365년에는 자타 군인들이 말의 4분의 1 이상을 잃은 탓에 사마르칸드 포위를 단념하고 물러나야 했다.[151] 이 같은 예의 일부는 전염병과 직접적인 연관성이 있다기보다 혹독한 기후 조건으로 발생한 현상, 구체적으로 말과 같은 동물들이 발굽으로 얼음을 깨지 못해 풀을 찾을 수 없어서 일어나는 유트yut(몽골어 주드dzhud) 때문이었는지도 모른다.[152] 이런 의견은 1290년대 초에 처음 제시되었는데,[153] 아마 14세기 초의 극심한 기후 변화 탓에 더 빈번하게 일어났을 것이다. 특히 양, 말, 낙타에 의존하는 목축 사회에서는 가축 개체수의 심각한 타격이 더 큰 타격을 주었을 것이다.

적어도 흑사병이 발발한 기간에 확인할 수 있는 몽골 제국군의 사망자 수와 대규모 동물 손실은 잠시나마 그들의 군사 활동을 억제할 만큼 상당한 수준이었다는 결론을 도출할 수 있다. 파리유마디는 호라산에서 흑사병이 타가이 테무르 정권의 주요 인사들을 "완전히 낙담하게 inkisār-i tamām" 만들어, 적수인 사르바다르와 평화 조약을 맺게 했다고 서술했다.[154] 이런 혼란이 타가이 테무르가 747~751/1346~1351년에 주화를 전혀 발행하지 않은 이유를 설명해줄 수 있을지도 모르겠다.[155] 조치 일문의 영토에서도 유사한 상황이 전개되었다. 헝가리 국왕 러요시 1세는 타르타르인들이 질병으로 사망한 덕분에 1347년에 첫번째 나폴리 원정을 펼치는 동안 마음 편히 영토를 떠나 있을 수 있었다고 한다.[156] 또 킵차크 칸국은 1349년에 러요시 1세의 장인 폴란드의 카지미에시 3세Kazimierz III가 수십 년 동안 칸에게 공물을 바친 속국 할리치 공국을 합병하는 것을 막지 못했다.[157] 조공 및 약탈의 감소와 더불어 대규모 원정의 중단(자니벡의 아제르바이잔 정복은 상대적으로 짧게 이루어졌고, 차가다이 일문의 영토에 자원을 얼마나 투입했는지는 전혀 알 수 없다)이 조치 일문 몽골인들이 보유한 자원에 압박을 가해 내부의 경쟁이 치열했졌음이 분명하다.

그 이후에 나타난 흑사병으로 인해 폰토스-카스피 초원은 얼마나 큰 피해를 입었을까? 루시 연대기들에 따르면 킵차크 칸국에서는 30년 동안 흑사병이 두 차례 발생했음이 거의 확실해 보인다. 764/1362~1363년 근동을 강타한 최초의 흑사병이 베즈데즈에서 북쪽으로 이동해 루시를 덮친 1364년에는 조치 일문의 영토까지도 퍼졌을 것이다.[158] 두번째는 1374년에 발병했는데, 이번에는 아르메니아까지 강타했다.[159] 티무르 파리토비즈 하이다로프Timur Faritovich Khaydarov와 드미트리 알렉산드로비치Dmitry Alexandrovich는 1364년에 발생한 전염병이 1346년과 1347년의 전염병보다 킵차크 칸국에 더 치명적인 결과를 가져왔다고 주장했는데, 그뒤로 도시 중심지의 성장이 멈추었다는 사실을 그 근거로 들었다.[160] 어쨌든 1364년과 1374년의 흑사병 모두 이미 오래전부터 분열과 혼란을 겪던 킵차크 칸국에 닥쳐왔음이 확실하다. 잇따른 전염병의 발생은 인구 감소로 이어졌을 것이다. 그러면서 상대적으로 도시화가 덜 되었던 조치 일문 영토의 동부를 지배하는 왕자들이 킵차크 칸국에 개입할 여건이 조성되었을 수 있다. 1360년대 시반 왕통의 히드르를 시작으로, 1370년대 중반과 후반에는 청 오르다의 칸들이 그뒤를 따랐다.[161] 킵차크 칸국 내에서 청 오르다가 흑사병의 피해를 덜 입었고,[162] 1374년의 흑사병에는 마마이 '오르다'가 특히 큰 타격을 입었다는 주장은 일찍이 제기된 바 있다.[163] 그 결과로 몇 년 후 마마이는 톡타므쉬에게 맞설 힘이 약해졌고, 나중에는 티무르의 공격을 마주할 조치 일문의 힘까지 깎아내는 장기적 결과를 낳았다.

정리하자면, 최소한 이란 북부와 킵차크 초원은 1340년대 말과 그 이후로도 간헐적으로 전염병으로 피해를 봤다는 증거가 있다. 그러나 티무르가 황폐해진 지역에서 이익을 보았다는 서술은 입증보다는 가정에 가깝다.[164] 이 가설에는 큰 물음이 존재한다. 흑사병은 티무르의 고향이자 권력 기반인 트란스옥시아나에 어떤 충격을 가했을까? 1404년 이전에 작성된 연대기에는 이 시기의 중앙아시아에 대한 정보가 없으므로 차가다이 일문의 영토가 범유행으로 얼마나 피해를 보았는지 알 수 없다.[165] 네스토리우스파 신자들의 묘비로 흑사병이 차가다이 울루스에도 타격을 입혔다는 것은 확인되었다. 알와르디가 열거한 흑사병

이 강타한 지역 목록 가운데 트란스옥시아나, 이븐 하티마의 "투르크인
들의 땅", 가브리엘레 데 무시의 (아마도) "메디아인" 등은 모호한 증거
다.[166] 1340년경 이후 차가다이 울루스에 대해 유럽인이 작성한 기록은
없지만, 술타니야 대주교구에 흑사병이 미친 영향을 고려하면 정보가
없다는 사실 자체가 중요한 정보가 될 수 있다. 킵차크 칸국과 마찬가
지로 차가다이령 트란스옥시아나는 1360년대 초 동쪽에 이웃한 목축
민들의 침공에 취약한 것으로 드러났지만, 이러한 현상이 흑사병의 영
향이라고 볼 수 있는 확실한 증거는 없다. 전염병이 모굴리스탄에 끼친
영향에 대해서는 아예 알려진 바가 없으나(제3장 참조), 불교 문헌《시타
타샤스트라Sitataśastra》에는 중앙아시아에서의 전염병이 구체적으로 적
시되어 있고,[167] 1476년에 티베트에서 작성된《청책》에는 1360년대에
감숙 인근에서 전염병이 발생했다는 언급이 있다.[168] 차가다이 울루스
의 동서부에서 전염병이 미친 영향은 불분명하다. 뒤에서 자세히 살펴
보겠지만, 어쨌든 티무르가 위로 올라설 첫번째 발판을 마련해준 사건
은 모굴 칸국의 침공이다.

킵차크 칸국
(백 오르다)
다뉴브강
돈강
사라
흑 해
조지아
콘스탄티노플
시노피
티플리스
다르반
부르사
쿠르강
오스만 왕조
트라페준타
아르메니아
스미르나
아르진잔
아란
룸
시바스
에르주룸
카라바그
나흐츠반
카마흐
무시
카이세리
반호
무간
코니야
아미드
알라탁
타브리즈
키리만 왕조
말라티야
아르잔
우르미야호
아르다벨
마라시
디야르 바크르
마라가
미오
마르딘
잔잔
알레포
모술
술타니
키프로스
하마
티크리트
지 중 해
힘스
하마단
베이루트
바라박크
잘라이르 왕조
니하완드
다마스쿠스
바그다드
루리스탄
예루살렘
부루지르드
카이로
카르발라
슈슈타르
맘루크 술탄국
후지스탄
나일강
바스라
아라비아
헤자즈
홍해
바레
메디나
메카

지도2 일칸 이후의 이란

청 오르다
발하시호
일리강
추강
시르수강
아랄해
시르다리아강
(약사르테스강)
트란스옥시아나
부하라
사마르칸드
케쉬
아무다리아강
(옥수스강)
티르미드
쿤두즈
안드후드
발흐
샤부르간
다히스탄
자운 쿠르반
니사
아비반드
메르브
주르잔
하부샨
자자름
무르가브강
칼라트
투스
사라흐스
사르바다르
마슈하드
카불
비스탐
사브자바르
가즈니
니샤푸르
잠
자바
카르트 왕조
타이야바드
쿠히스탄
호프
헤라트
구르
주나바드
상간
카인
카라우나스강
아르군다브강
부스트
스파한
야즈드
티기나바드(?)
물탄
시스탄
샤흐르 시스탄
비니 가브(?)
아바르쿠흐
케르만
헬만드강
인더스강
르 왕조
케르만
시라즈
신드
샤반카라
밤
키시 (카이스)
호르무즈
마크란
아라비아만

티무르 이전의 대이란과 중앙아시아

일칸 이후의 이란과 이라크

일칸국의 운명은 인접한 몽골계 국가들과는 완전히 달랐다. 조치 일문과 차가다이 일문의 영토는 격변을 피할 수는 없었어도 정치적 실체로서 존속했다. 이란과 이라크에서도 20년 가까이 칭기스 왕조의 군주권이 유지되고 있다는 환상을 지키려는 노력이 지속되었다. 그러나 조치일문이나 차가다이 일문의 정치체와 달리 이 지역에서 칭기스 왕조의 지배는 완전히 해체되어, 일칸국은 비非칭기스 왕조(더 나아가 일부는 비非몽골계) 군주가 지배하는 다수의 지역 국가로 분열되었다. 이 군주들 사이의 분쟁 탓에 일칸국 고지는 티무르의 손쉬운 먹잇감으로 전락했으며, 주요 공국 중 대다수가 티무르에게 제압되는 운명을 맞았다.

개관: 몽골인과 타직인

아울리야울라 아물리Awliyā'-Allāh Āmulī는 763/1362년경 혹은 그 직후의 카스피해 지방에 대해 쓰면서 지방의 지배자들과 지주들mulūk-u wilāyāt-u ṭarafdārān이 아부 사이드 일칸이 죽은 뒤 어떻게 그의 영토에서 독립했는지를 묘사했다.[1] 몇 년 뒤, 파리유마디는 이란 서부에서 할거한 12개 이상의 왕국, 호라산과 마잔다란의 12개 정도의 왕국을 열거했는데, 이들 가운데 절대 다수는 도시나 성채와 그 배후지를 지배하는 소규모 왕조(쿰Qum, 카샨Kāshān, 라이Rayy, 투스, 타프타잔Taftāzān 등)였다.[2] 그 가운데 일부는 타가이 테무르 일칸, 아미르 왈리, 잘라이르 왕조, 무자파르 왕조 같은 강력한 이웃 세력의 손에 빠르게 몰락했다. 아물리가 말한 왕조는 이란 주변부에서 활동하며 일칸의 봉신封臣으로서 두각을 나타낸 지역 군주들로, 헤라트의 카르트 왕조, 카스피해에 면한 길란Gīlan 지방의 말릭들, 아나톨리아의 튀르크멘 수령들을 가리킨다. 한편 파르스, 케르만, 야즈드처럼 몽골 제국의 침공 이전부터 이란 중부에 존재했던 주요한 복속 왕조들은 이미 수십 년 전에 아르군, 가잔, 올제이투, 아부 사이드에 의해 쓸려 나갔고, 그들의 영토는 일칸 정부의 직접적인 지배 아래에 들어갔다. 아부 사이드 사후 이란 땅에 나타난 독립적인 지배자들의 대다수는 아부 사이드 통치기에 군사적·행정적 역할을 수행해 자신의 지위를 확보한 이들이다. 그중에 몽골인 조상이 없는 사람들도 후원이나 봉사, 때로는 혼인을 통해 칭기스 왕조와 긴밀한 관계를 유지했다.

이란 지역 대부분을 이란계 왕조가 지배했던 셀주크 왕조 출현 직전과 마찬가지로, 포스트 일칸국 시대는 '이란의 막간Iranian interlude'으로 불린다.[3] 이는 상당히 일리 있는 시각이다. 일칸국의 붕괴 이후 등장한 주요 후계 국가 중 네 왕조는 '타직' 계통인 인주 왕조, 아랍계 혈통인 무자파르 왕조, (엄밀한 의미에서는 왕조라고 하기 어렵지만) 사르바다르, 헤라트의 카르트 왕조다.[4] 이보다 규모가 작은 세력으로는 시스탄의 마흐라반 왕조Mihrabānid와 산산이 분열된 카스피해 연안의 여러 군주가 있다. 일부 왕조는 자신들이 이란계 혈통이라고 주장했으나 그 신빙성이 의심스러웠다. 예컨대 대大루르Lur-i Buzurg(오늘날 이란 루리스탄Luristān 동부와 남부에 해당)의 하자라스프 왕조Hazāraspid는 자신들이 (신화에 등장하는) 고대 이란 왕들의 후손이라고 자랑했지만, 실제로는 시리아 쿠르트계 혈통일 가능성이 높았다. 샤반카라의 쿠르드계 말릭들도 유사한 주장을 펼쳤다.[5] 포스트 일칸국 시대에 이란의 막간은 주요 이란계 왕조가 60년 정도 지속되었으니 셀주크 왕조 이전과 비교해도 지속 기간이 짧았다. 그뒤 몽골 군단을 이끄는 몽골 아미르 티무르가 나타나 카르트 왕조, 무자파르 왕조, 사르바다르 정치체를 모두 파괴했다. 다만, 소규모 지방 군주들만이 티무르 왕조의 종주권을 인정한다는 조건 아래 살아남을 수 있었다. 15세기 초반에는 대大이란* 전체가 사실상 튀르크·몽골 혹은 튀르크멘계의 지배 아래 놓였다.

그러나 티무르 왕조 시대 이전에도 이란은 대체로 여전히 몽골 문화와 몽골식 국가 운영 방식의 영향을 강하게 간직한 세계였다. 몽골인들의 지배는 1340년 이후로도 일칸국 고지 대부분의 지역에서 지속

---

* 대(大)이란(Greater Iran)은 오늘날 이란 이슬람 공화국뿐만 아니라 역사적으로 페르시아어의 영향력이 지대했던 캅카스 지방, 이라크, 아프가니스탄, 파키스탄, 중앙아시아, 인도 서부, 중국 북서부를 아울러 이르는 말이다.

되고 있었다. 특히 몽골 시대 양대 목축지였던 아제르바이잔과 호라산이 그러했다.[6] 잘라이르 왕조의 셰이흐 하산, 초반 왕조의 하산과 아슈라프, 아미르 왈리, 아라트나, 자운 쿠르반의 수령들은 모두 몽골계 혈통이었다. 잘라이르 왕조와 초반 왕조, 아미르 왈리는 이란에서 매우 강력한 세력이기도 했다. 초반 왕조의 경우 점차 비몽골인의 군사력을 활용하고 칭기스 칸의 권위를 제외한 다른 정치적 상징을 차용하기도 했지만,[7] 아라트나와 잘라이르 왕조는 일칸들과 마찬가지로 위구르 문자가 명각銘刻된 주화를 여전히 주조했다.[8] 또 셰이흐 하산과 아슈라프 둘 다 혼맥을 통해 일칸들과 긴밀하게 연결되어 있었다. 게다가 셰이흐 하산의 어머니는 아르군의 딸 올제테이Öljetei여서,[9] 일부 사료에서는 "셰이흐 하산 울자타이Shaykh Ḥasan-i Ūljatāy"〔올제테이의 아들 셰이흐 하산〕로 불릴 정도였다. 셰이흐 하산의 후계자 셰이흐 우와이스 역시 어머니인 초반 왕조의 딜샤드 하툰을 통해 일칸들의 혈통을 이어받았다.[10] 잘라이르 왕조의 저자들인 아흐리와 나흐치바니는 이 위엄 있는 혈통과 759/1358년 타브리즈 점령을 근거로 삼아 잘라이르 왕조를 진정한 일칸의 후계자이자 몽골 전통의 수호자로 묘사했다.[11] 1370년대에《선사 속편Dhayl-i Taʾrīkh-i guzīda》을 집필한 익명의 저자는 아슈라프의 아제르바이잔 지배가 종식된 것을 기뻐하며, 셰이흐 우와이스를 "칭기스 칸 가문의 으뜸/정수khulāṣat"라고 표현했다.[12] 우와이스는 더 나아가 과거 아부 사이드 일칸이 사용한 '바하두르 칸Bahādur Khan'이라는 칭호까지 사용했다.[13] 외부 관찰자들도 이 같은 관점을 공유했다. 예컨대 맘루크 술탄국의 저자들은 종종 잘라이르 왕조의 지배자를 '칸qān'이라고 불렀다.[14] 게다가 일칸들 아래에서 몽골 장군 가문과 토착 타직 명사 가문 사이의 통혼도 드물지 않게 일어났다. 새로운 토착 왕조들 사이에서 몽골, 그리고 때로는 칭기스 칸의 혈통이 퍼져나간 사실은 쉬이 잊히곤 한다. 몇 가지 예를 들자면, 무자파르 왕조의 지배자 무바리즈 알딘의 어머니는 몽골인임이 거의 확실하고,[15] 카르트 왕조 최후의 말릭인 기야스 알딘 피르 알리Ghiyāth al-Dīn Pīr ʿAlī의 어머니는 타가이 테무르 일칸의 딸이었다. 기야스 알딘의 이복동생 샴스 알딘 무함마드Shams al-Dīn Muḥammad 역시 몽골 아를라트부 출신의 여성에게서 태어난 인물이다.[16]

다음으로, 앞에서 열거한 사실 못지않게 중요한 점인데, 일칸국 고지의 여러 지역에는 여전히 상당한 규모의 몽골군이 주둔했다. 예컨대 658/1260년 아인 잘루트에서 전사한 훌레구의 장군 케드부카의 후손들이 헤라트, 마잔다란, 타브리즈에까지 퍼져 있었는데, 이는 몽골 아미르들이 얼마나 광범위하게 분산되었는지를 잘 보여준다.[17] 특히 이란 동부에 상당한 수효의 몽골군이 주둔하고 있었다. 일칸국 군주 타가이 테무르는 마잔다란과 아스타라바드에서 대규모 몽골군을 거느리고 있었는데, 이븐 바투타는 그 규모를 5만 명으로 추정했다.[18] 타가이 테무르가 살해된 이후 이 군대에 소속되었던 자운 쿠르반은 니샤푸르와 투스 지역의 지배권을 유지했다. 쿠히스탄Quhistān에도 몽골 부대가 있었고, 헤라트의 말릭이나 무바리즈 알딘 이븐 무자파르 등 타직 지배자의 군대에도 몽골인이 섞여 있었다.[19] 사르바다르는 타가이 테무르를 살해한 뒤 그의 영토에 타직인과 몽골인으로 구성된 군대를 주둔시킬 수 있었다.[20]

오래된 몽골 집단은 이란 동부에서 매우 불안정한 요소였다. 제7장에서 자세히 다루겠지만, 호라산 동부는 네구데르부, 즉 카라우나스의 지배 아래에 있었는데, 이들은 아부 사이드가 죽기 전부터 이미 이 지역을 장악한 채 차가다이 일문 아래로 들어갔다. 트란스옥시아나로 망명했던 헤라트의 말릭 무이즈 알딘 피르 후사인 무함마드가 755/1354년에 헤라트로 돌아왔을 때 그와 함께했던 카라우나스의 아미르와 일부 지방의 몽골 수장들은 호라산 서부를 초토화했다.[21] 카르트 왕조는 때때로 네구데르부를 유용한 동맹으로 활용했던 것으로 보인다.[22] 741/1340년부터 케르만을 지배한 무자파르 왕조는 케르만에서 유목하던 또다른 몽골 집단 나우루즈부Nawrūzī의 충실한 지원을 누렸다.[23] 그러나 무자파르 왕조는 반복적으로 또다른 몽골 집단인 주르마부와 아우간부를 불러와 이들을 견제하고, 반대로 나우루즈부를 이용해 주르마부와 아우간부를 견제했다. 역사가 하피즈 아브루에 따르면, 이들 몽골 집단은 케르만 지방을 지키기 위해 아바카 일칸이 케르만 변두리에 배치한 이들로, 지방을 방어하는 충성스러운 보조군 노릇을 했으나 755/1354년에 반란을 일으켰다. 그런데도 그는 다른 지방 역사가들과 마찬가지로 이들을 지속적으로 반항하는 세력으로 묘사했다.[24] 티무르가 케르만을 정복한 이후에도 이러한 저항이 이어져, 티무르가 임명한 총독 에디귀 바를라스Edigü Barlās가 주르마부와 아우간부가 일으킨 반란을 진압해야 했다.[25]

일칸국 고지 서부에서도 몽골인들의 존재감은 강렬했지만, 안정성을 해칠 정도로 강력하지는 않았다. 게다가 아나톨리아에서는 셀주크 술탄국의 기억과 유산이 몽골 전통만큼이나 강하게 남아 있었다.[26] 이라크와 자지라에서는 오이라트계 몽골 세력이 강력한 영향력을 행사했다. 736/1336년, 셰이흐 하산은 이들을 자신의 지배하에 두었는데, 이들의 충성은 잘라이르 왕조의 세력 강화에 크게 기여했다.[27] 그뒤 잘라이르 왕조가 지속되는 몇십 년 동안 오이라트는 계속 중요한 세력으로 남았다. 아나톨리아 동부의 아라트나 공국을 주변 튀르크멘 베일릭 beylik•들과 구별 짓는 요소는 몽골 군대의 존재였다.[28] 이 지역의 몽골인들 중 상당수는 아라트나 왕조에 신실한 충성을 보였다.[29] 804/1402년 티무르는 오스만 술탄 바예지드 1세의 영향력으로부터 '카라 타타르 Qārā Tatār'를 이탈시키는 데 성공했는데, 이때 그는 이들의 아라트나(이븐 아랍샤는 아라트나를 "그들의 마지막 왕"이라고 잘못 기록했다)를 향한 충성을 활용했다.[30]

아나톨리아 북서쪽 끝자락에 자리한 오스만 왕조ʿOsmānlı는 13세기 말 조치 일문의 영토에서 탈출한 몽골 출신이었다는 주장이 제기된 바 있다.[31] 아지즈 이븐 아르다시르 아스타라바디가 오스만 술탄(무라드 1세 Murād I)을 두고 "순박한 몽골인mughūlī-yi sāda"이라고 표현한 기록이 이를 입증하는 증거일 수 있다.[32] 그러나 오스만 왕조의 역사가들은 이러한 배경을 언급하지 않고 오스만 1세ʿOsmān I의 기원을 셀주크 술탄국 안에서 찾았다. 이들은 오스만 왕조의 기원을 서술할 때 몽골인들의 파괴적 영향력을 강조했지만, 몽골인들의 역사를 서술할 때는 동시대 페르시아 역사 서술 방식에서 영향을 받아 몽골을 존경하는 시각을 표출했다.[33] 진실이 무엇이건 간에 한때 일칸국의 신하였던 오스만 왕조는 몽

• 13세기 말 룸 셀주크 술탄국(아나톨리아 셀주크 술탄국)의 소멸 이후 아나톨리아에서 출현한 반(半)독립적 튀르크멘 공국을 가리키는 용어.

골 제국의 유산을 계승했고, 메흐메드 2세Meḥmed II는 스스로를 술탄이자 칸이라 지칭했다.[34]

앞 장에서 우리는 타가이 테무르 일칸을 따르던 몽골인들이 1340년대 말 전염병의 출현으로 심각한 타격을 받았다는 증거를 확인했다. 그럼에도 놀랍게도 포스트 일칸국 시기에 몽골 집단들을 상대로 상당한 성과를 거둔 토착 이란인 군주는 단 두 명에 불과하다. 그중 한 사람은 헤라트 카르트 왕조의 무이즈 알딘 피르 후사인 무함마드(사망 771/1370)로, 그는 쿠히스탄 지방의 몽골 주둔 부대를 격파하고 쿠히스탄을 장악하는 데 성공했다. 그러나 몇 년 지나지 않아 그는 트란스옥시아나의 차가다이 몽골 세력에게 제압되었다. 또다른 인물은 1340년대 말 카즈빈Qazwīn과 심난Simnān, 라이를 점령한 루얀Rūyān의 우스툰다르ustundār,* 잘랄 알다울라 이스칸다르Jalāl al-Dawla Iskandar(사망 761/1359~1360)다. 그러나 잘랄 알다울라 이스칸다르가 죽은 뒤 이 영토는 몽골인 아미르 왈리의 손에 넘어갔다.[35] 그리고 사르바다르 정권은 754/1353년에 실권을 행사한 마지막 일칸을 제거하는 데 성공했는데도 그뒤로 몇십 년 동안 강력한 몽골 집단들의 공격을 버텨내야 했다. 이 같은 상황을 고려할 때 일칸국 몰락 이후의 이란 권역이 '이란화'했다고 보는 것은 과장된 해석일 수 있다.

---

* 11~16세기 루얀과 루스탐다르(Rustamdār)를 지배한 바두스판 왕조(Bādūspānids)가 사용한 군주 칭호. 사산 왕조 페르시아의 지방 행정 단위였던 오스탄(ostān) 총독의 칭호 오스탄다르(ostāndār, '오스탄의 주인')에서 유래한 것으로 보인다.

인주 왕조와 초반 왕조

후계 왕조 가운데 가장 단명한 두 왕조부터 살펴보자. 처음에 파르스와 이스파한은 11세기 헤라트인 학자 압둘라 안사리'Abd-Allāh Anṣārī의 후손을 자칭한 인주 왕조의 지배 아래에 있었다. '인주'라는 왕조명은 초반이 샤라프 알딘 마흐무드샤를 일칸들의 개인 영지(몽골어로 '인주injü')를 관리하는 감사관으로 임명한 데서 유래했다. 마흐무드샤는 궁정과 파르스 지방 양쪽 모두에서 상당한 권세를 누렸다.[36] 그는 736/1335년 아르파가 일칸국의 새로운 군주로 즉위하는 데 중요한 역할을 했다. 그런데도 아르파는 즉위한 지 얼마 안 되어 마흐무드샤를 처형했다. 일칸국을 장악하기 위한 투쟁이 계속되는 동안 파르스는 초반 왕조의 여러 구성원과 마흐무드샤의 아들들이 경쟁을 벌이는 각축장이 되었다. 이 분쟁은 몇 년 동안 이스파한을 지배한 마흐무드샤의 막내아들 세이흐 아부 이스학Shaykh Abū Isḥāq이 744/1343년 파르스 지방을 장악하면서 안정을 찾았다. 그러나 세이흐 아부 아스학은 곧 무자파르 왕조의 무바리즈 알딘 무함마드가 장악한 케르만 지역으로 영토를 확장하려 시도했고, 이것이 그의 몰락을 초래했다. 당시 케르만은 무자파르 왕조의 무바리즈 알딘 무함마드 지배하에 있었으며, 때때로 초반 왕조와 동맹을 맺기도 했다. 아부 이스학은 여러 차례 야즈드와 케르만을 공격했으나 실패했고, 결국 754/1353년 무자파르 왕조의 군대에 의해 시라즈에서 축출되었다. 그뒤 무자파르 세력은 이스파한까지 점령했으며, 아부 이스학은 757/1356년에 처형되었다.[37]

인주 왕조의 경쟁 세력인 초반 왕조도 단명했다.[38] 초반의 손자 하산 쿠착과 아슈라프는 인주 왕조와의 투쟁을 포기한 뒤로 자신들의 핵심 거점인 아제르바이잔 지역에 머물렀다. 그러나 그곳에서도 그들은 잘라이르 왕조의 셰이흐 하산과 빈번하게 갈등을 일으켰다. 특히 아슈라프 정권의 억압적이고 가혹한 통치 때문에 많은 유력 인사가 아제르바이잔을 떠나 킵차크 칸국으로 이주했다. 아슈라프의 경쟁 세력인 잘라이르 왕조의 후원을 받아 집필된 함둘라 무스타우피의《선사》(혹은《자파르나마》)에 이어 익명의 저자가 쓴 속편을 신뢰할 수 있다면, 758/1357년 금 오르다의 칸 자니벡이 감행한 아제르바이잔 침공은 초반 왕조의 지배 아래에서 고통받던 백성들의 요청에 따른 것이었다.[39] 아슈라프는 이 공격을 막아내지 못하고 도주하다가 사로잡혀 처형되었다. 그러나 아제르바이잔에 대한 조치 일문의 지배는 오래가지 못했다. 자니벡이 이 지역을 다스리기 위해 아들 베르디벡을 남겨두었는데, 베르디벡은 아버지가 사망하자 곧 철수했다. 이 공백은 아슈라프의 옛 부관 아히죽Akhīchuq이 스스로 지배자가 되어 채웠다. 아히죽은 독자적인 세력으로 나섰으나, 얼마 지나지 않아 잘라이르 왕조의 셰이흐 우와이스에 의해 쫓겨났다. 그러다 잘라이르군이 철수하자 한때 복귀하기도 했지만, 1년도 안 되어 바로 무자파르 왕조의 무바리즈 알딘에 의해 제거되었다. 그러나 무바리즈 알딘 역시 〔셰이흐 우와이스가 재차 아제르바이잔으로 진군한다는 소식을 듣고〕 곧 물러났다. 759년 샤반월~라마단월/1358년 7~8월, 셰이흐 우와이스가 다시 아제르바이잔을 점령했다.[40] 그뒤 아제르바이잔은 잠깐의 막간 한 차례를 제외하면 티무르의 침공까지 계속 잘라이르 왕조가 다스렸다.

잘라이르 왕조

바그다드를 중심으로 이미 이라크를 지배하던 잘라이르 왕조는 나중에 이란 북서부까지 지배하기에 이르렀다. 이 왕조는 부유한 상업 중심지인 타브리즈를 장악했다. 파리유마디는 이곳을 "위대한 옥좌의 땅 takhtgāh-i buzurg"(몽골인들에게 '위대한'은 '황제'를 의미했음이 분명하다)이라고 불렀다. 잘라이르 왕조는 또한 술타니야를 차지했는데, 일칸국 시대의 주요 권력 중심지 중 하나였다. 잘라이르 왕조에서 이름이 알려진 가장 오래된 조상은 몽골 장군 엘게이다. 그는 훌라구와 함께 이란으로 진군했다가 신생 일칸국에서 수석 아미르가 된 인물이다. 엘게이의 아들들은 대대로 일칸을 섬겼고 엘게이의 손자 후사인Husayn은 올제이투와 아부 사이드 정권에서 수석 아미르로 지내다가 1320년대에 호라산 총독으로 임명되었다.[42] 후사인의 아들 셰이흐 하산은 잘라이르 왕조의 실질적 창건자로, 아부 사이드가 죽은 뒤 1340년대 중반까지 일칸국의 왕위를 둘러싼 분쟁에 몸을 던져 여러 칭기스 왕조 출신 왕자들을 번갈아 가며 지원했다. 셰이흐 하산의 아들이자 후계자 셰이흐 우와이스(재위 757~776/1356~1374)는 잘라이르 왕조 최초의 독립 군주다.

셰이흐 우와이스는 잘라이르 왕조의 지배자 가운데 가장 성공적이고 가장 인간적인 인물로 평가된다. 그는 759/1358년 재빨리 아제르바이잔을 정복하고 시르반샤Shīrwānshāh를 봉신국으로 전락시켰다. 그뒤로 이어진 그의 치세는, 765/1364년 바그다드 총독 호자 미르잔Khwāja Mīrjān의 반란으로 흔들린 것을 제외하면, 안정과 강화의 시기로 평가받는다. 셰이흐 우와이스의 정책에서 가장 중요한 요소는 관용이었던 것 같다. 이는 769/1367~1368년 바그다드에서 호자 미르잔을 복권한 조치에서 확인할 수 있다.[43] 이러한 통치 방식 덕분에 티무르조차 셰이흐 우와이스의 정의로운 지배를 칭찬했다고 전한다. 776년 첫번째 주마다월 2일/1374년 10월 9일, 셰이흐 우와이스는 과거 잘라이르 영토를 침범했던 동쪽의 이웃이자 몽골계 군주인 아미르 왈리를 공격하기 위해 준비하는 동안에 사망했다.

나중에 티무르가 그러하듯이, 잘라이르 왕조는 무자파르 왕조의 군주들과 복잡한 관계로 얽힌다. 770/1368~1369년, 형이자 경쟁자인 샤 슈자를 대신해 이스파한을 다스리던 샤 마흐무드 이븐 무함마드 이븐 알무자파르Shāh Maḥmūd b. Muḥammad b. al-Muẓaffar는 셰이흐 우와이스의 딸에게 청혼하면서 군사 지원을 요청했다. 그러자 셰이흐 우와이스는 지원 부대를 파견했고, 이 부대는 샤 슈자를 수도 시라즈에서 쫓아냈다. 그러나 몇 년 후, 두 형제가 화해하자 잘라이르 왕조의 군사들은 본국으로 돌아갔다.[44] 셰이흐 우와이스가 사망하고 불과 몇 달 뒤, 샤 마흐무드도 776/1375년에 사망하자 샤 슈자는 복수할 수 있게 되었다. 셰이흐 우와이스의 아들들 사이에 분열이 생겨 샤 슈자에게 복수할 기회가 생긴 것이다.

잘라이르 왕조의 장령들은 셰이흐 우와이스의 맏아들 하산Ḥasan을 죽이고 고인이 일찍이 후계자로 지정한 둘째 아들 술탄 후사인Sulṭān Husayn을 즉위시켰다. 술탄 후사인은 아딜 아카ʿĀdil Āqā로 널리 알려진 아미르 사릭 아딜Sāriq ʿĀdil의 지배를 받는 처지였다. 아딜 아카는 셰이흐 우와이스가 772/1370~1371년경 라이 총독으로 임명한 인물이었으나, 인망이 없어 아미르들 사이에 반대 세력이 형성되었다.[45] 술탄 후사인이 통치한 짧은 기간에 중앙 권력은 급격하게 쇠퇴했다. 형제인 술탄 바야지드Sulṭān Bāyazīd와 세이흐 알리Shaykh ʿAlī의 도전에 직면한[46] 술탄 후사인은 잘라이르 왕조의 영토를 세 영역으로 나누는 데 동의해야만 했다. 술탄 바야지드는 술타니야에 자리잡았고, 세이흐 알리는 바그다드에 자리잡았다. 778/1376~1377년, 술탄 후사인의 군대는 샤 슈자에게 패배했고, 샤 슈자는 타브리즈까지 진격해 그곳에서 4개월이나 머물렀다. 바그다드로 도주했던 술탄 후사인이 다시 타브리즈로 향한다는 소식에 무자파르 왕조는 허겁지겁 타브리즈에서 시라즈로 물러났다.[47] 781/1379~1380년, 술탄 후사인은 아딜 아카가 머물던 술타니야를 포위하기 위해 돌아왔다. 무자파르 왕조는 초기에는 패배했으나, 증원군이 도착하자 아딜 아카에게서 항복을 받아냈으며, 엄청난 양의 재화를 얻어냈다.[48]

784/1382년, 술탄 후사인은 또다른 형제인 술탄 아흐마드에게 정권을 빼앗기고 처형되었다. 새 군주는 처음부터 여러 위기에 직면했다. 780/1378~1379년, 술탄 후사인의 재위 중에 잘라이르 왕조의 아미르 피르 바딕Pīr Bādik이 배반하고 무자파르 왕조로 망명하더니 샤 슈자의 지원을 받아 슈슈타르Shūshtar를 점령했다. 바그다드에서 피르 바딕은 명목상 바그다드 총독이었던 세이흐 알리의 군세에 합류해 샤 슈자의 이름으로 쿠트바를 진행하고 주화를 발행했다. 술탄 후사인이 이에 대응해 군사를 파견했지만, 피르 바딕과 세이흐 알리는 후지스탄으로 도주했다가 술탄 후사인이 퇴각한 후에 다시 바그다드로 돌아왔다. 술탄 아흐마드의 즉위 소식을 들은 세이흐 알리와 피르 바딕은 타브리즈로 진격했다. 이에 위축된 술탄 아흐마드는 서쪽 이웃 나라 카라코윤루의

튀르크멘에게 도움을 청했고, 이들의 도움으로 적을 격파했다. 세이흐 알리와 피르 바딕은 교전 중에 사망했고, 바그다드는 결국 술탄 아흐마드의 지배를 받게 된다.[49] 한편 아딜 아카는 술타니야에서 술탄 바야지드를 술탄으로 옹립했고, 이 두 사람은 784/1382년 가을에 술탄 아흐마드를 공격하기 위해 북쪽으로 진군했다. 그러나 곧 협상이 성사되어 술탄 아흐마드는 아제르바이잔, 아란, 무간Mūghān, 튀르크멘의 영토를 다스리게 되었고, 술탄 바야지드는 이라크 아잠 ʿIrāq-i ʿAjam을 차지했다. 이라크(아랍)ʿIrāq(-i ʿArab)•의 세입은 두 형제가 나눠 갖기로 합의했다.[50]

이 시점에서 잘라이르 왕조의 정치 상황은 샤 슈자의 조카 샤 만수르의 등장으로 더욱 복잡해졌는데, 샤 만수르의 경력에서 이 시기는 특히 불안한 때여서 상황이 더 심각했다. 779/1377~1378년, 샤 만수르는 자신의 삼촌에게서 야즈드를 확보하라는 임무를 받고 파견되었으나, 임무를 저버리고 먼저 잘라이르 영토로 도주해 아딜 아카의 식객으로 머물다가 하마단 총독으로 임명되었다. 그후에는 아미르 왈리의 영토로 들어가 781/1379년에 사르바다르 지도자 나즘 알딘 호자 알리 무아이야드Najm al-Dīn Khwāja ʿAlī-yi Muʾayyad를 사브자바르로 복권시키기 위

• 이라크 아랍('아랍인들의 이라크')과 이라크 아잠('페르시아인들의 이라크')은 각각 오늘날 이라크 공화국 남부(하메소포타미아), 이란 이슬람 공화국 서부에 해당한다. 중세 초기에 이라크는 오늘날 이라크 공화국의 남부에만 해당하는 지리 개념이었으나, 셀주크 시대에 지발((Jibāl), 문자 그대로 '산지(山地)'라는 뜻으로, 고대의 메디아(Mādia)에 해당한다. 시대에 따라 그 범위는 달라졌지만, 대체로 라이·이스파한·카즈빈·하마단·케르만샤·디나바르(Dīnawar)를 포괄한다)까지 그 범위가 확대되면서 두 지역을 구분하기 위해 '이라크 아랍'과 '이라크 아잠'이라는 표현이 사용되었다. 두 지역을 아울러 이를 때는 양(兩) 이라크(ʿIrāqayn)라는 표현을 사용했다. 이러한 이라크 개념은 19세기까지 계속 쓰였다. 한편 오늘날 이라크 북부(상메소포타미아)는 '자지라'로 불렸다.

한 원정에 참여했다.[51] 그러나 얼마 후 샤 슈자와 돈독한 관계였던 아딜 아카가 샤 만수르를 감금했다. 샤 만수르는 술타니야의 지지자들 덕분에 풀려나자 다시 타브리즈로 향했고, 술탄 아흐마드는 이 왕자를 환영하며 슈슈타르를 탈환하라는 임무를 부여했다. 샤 만수르는 이 임무를 성공적으로 완수했다.[52]

785/1383~1384년, 샤 슈자는 술탄 아흐마드 잘라이르와 아딜 아카 사이에서 일어난 분쟁을 틈타 잘라이르 왕조의 영토로 재차 진입했다. 아딜 아카는 술탄 아흐마드의 형제인 술탄 바야지드와 함께 하마단에서 샤 슈자에게 합류했고, 동맹군은 술탄 아흐마드에게 협상을 제의해 수락을 얻어냈다. 마흐무드 쿠투비에 따르면, 술탄 아흐마드는 무자파르 왕조의 지배자에게 아딜 아카가 술탄 바야지드를 옹립시킨 데 불만을 드러내며 형제와 화해하도록 도와달라고 부탁했다고 한다. 샤 슈자가 중재에 나섰는지는 알 수 없으나 그 합의는 성사되었고, 이전과 마찬가지로 술탄 바야지드가 이라크 아잠을 지배하는 쪽으로 결론이 났다. 아딜 아카는 샤 슈자를 따라 시라즈로 되돌아갔다. 786/1384년, 술탄 아흐마드는 바그다드에서 술탄 바야지드가 머물던 술타니야로 향했다. 술탄 바야지드가 술타니야를 넘기면서 형제는 화해했다.[53] 이 해에 샤 슈자가 사망하자 무자파르 왕조의 위협도 끝이 났다. 그러나 이것으로 술탄 아흐마드의 통치가 안정을 얻었다는 의미는 아니었다. 술탄 아흐마드의 술탄 후사인 살해, 즉 형제 살해는 여론을 들끓게 했다. 휘하 아미르들을 믿을 수 없게 된 술탄 아흐마드는 아미르들 다수를 제거하는 대신 출신이 미천한 자들을 대거 기용했다. 옛 부하이자 적대적 관찰자였던 아스타라바디가 보기에는 그러했다.[54] 놀랍지도 않겠지만,

술탄 아흐마드의 영토 안에는 아딜 아카처럼 그를 버리고 티무르를 섬
길 준비가 된 이들이 있었다.

자지라와 아나톨리아의 튀르크멘과 몽골인

잘라이르 왕조는 무자파르 왕조 및 아미르 왈리와 간헐적으로 적대적
관계가 지속되는 동안에도 서부 변경을 소홀히 할 수 없었다. 14세기
초 무렵에 소멸한 룸 셀주크 술탄국 자리에는 수많은 공국(역사학에서는
흔히 '베일릭'이라고 부른다)이 들어섰다. 이들 중 가장 중요한 세력으로는
옛 셀주크 술탄국의 수도 코니아Konya를 장악한 카라만 왕조Qarāmānid,
마라시Mar'ash〔오늘날 튀르키예의 카흐라만마라쉬〕주변을 지배한 둘가디르
Dulghadir(둘카드르Dhū l-Qadr) 왕조, 북서부 끝자락에 자리한 오스만 왕조
가 있었다. 이 공국들의 지배자들 대다수가 튀르크멘 수령이었다. 아나
톨리아 동부에 자리한 아라트나(사망 753/1352)만이 예외였다.[55]

　14세기 중반, 잘라이르 왕조의 영토 서쪽 접경 지대에서 기원이 알
려지지 않은 두 유목민 튀르크멘 연맹이 등장했다. 하나는 디야르 바크
르 지방의 아미드Āmid를 중심으로 한 악코윤루Āq-Qōyūnlū('백양白羊', 몽골
어 '코윤qoyun'은 '양'을 의미)였고, 다른 하나는 에르주룸Erzurum에서 모술
에 이르는 영토를 차지한 카라코윤루Qarā-Qōyūnlū('흑양黑羊')였다.[56] 잘라
이르 왕조에게는 카라코윤루가 더 위협적인 존재였다. 카라코윤루가
역사에 처음 등장한 시기는 767/1365년으로, 셰이흐 우와이스가 무시
Mūsh 근처에서 그들의 수장 바이람 호자Bayrām Khwāja를 공격해 격파하

고 공물을 받아낸 때였다. 그러나 몇 년 지나지 않아 바이람 호자는 모술을 점령했다. 782/1380년, 바이람 호자의 뒤를 이은 (바이람 호자의 아들 혹은 조카) 카라 무함마드Qarā Muḥammad는 자신이 더 위험한 이웃임을 증명이라도 하듯이 잘라이르 왕조의 지배권을 두고 벌어진 싸움에서 술탄 아흐마드에게 큰 도움을 주었다. 그후 카라 무함마드와 술탄 아흐마드 사이의 관계는 혼인을 통해 더 가까워졌으나 언제든지 갈등을 일으킬 가능성이 잠재했다.

아라트나는 아부 사이드를 위해, 나중에는 셰이흐 하산을 위해 아나톨리아 지역을 통치했다. 처음에는 시바스에서, 나중에는 카이세리에서 거주한 아라트나는 술탄 알라 알딘ʿAlāʾ al-Dīn이라는 칭호를 사용했다. 파리유마디의 기록이 사실이라면, 사람들이 그에게 "수염이 듬성듬성 난 예언자kūsa-yi payghambar"라는 별명을 붙일 정도로 그의 통치는 아주 모범적이었다.[57] 아라트나의 뒤는 그의 아들 기야스 알딘 무함마드 Ghiyāth al-Dīn Muḥammad(사망 767/1366)와 그 아들 알라 알딘 알리 벡이 차례로 통치했으나, 두 사람 다 카라만 왕조와 악코윤루에게 영토를 빼앗겼다. 카이세리는 또다른 독립 아미르의 손에 넘어간 것으로 보인다.[58] 알리 벡이 죽은 뒤, 그의 대리인nāʾib 부르한 알딘이 옛 주군의 어린 아들을 대신해 집권했거나 혹은 그 어린 소년을 단순한 허수아비로 세웠다가 결국 권력을 장악했다. 부르한 알딘은 카이세리의 카디 가문 출신으로 자신이 셀주크 술탄의 후손이라고 주장했다.[59] 그러나 사실 그는 타직 출신으로 아라트나의 왕위를 찬탈한 인물이었기 때문에 자신의 영토에서 몽골 세력을 통제하는 데 어려움을 겪었다. 카디 부르한 알딘이 시바스를 중심으로 삼아 다스린 국가는 단일한 왕국이라기보다 "상호

의무, 동맹, 봉신 관계로 얽힌 네트워크"에 가까웠다.[60] 부르한 알딘은 오스만 왕조의 확장을 막기 위해 노력했지만, 결국 801/1398년에 시바스에서 축출되었고, 티무르의 동맹인 악코윤루의 수장에게 붙잡혀 처형되었다.

1340년의 아나톨리아를 살펴본 사람이라면 누구나 카라만 왕조 쪽에 밝은 미래가 기다린다고 느꼈을 것이다. 그러나 1400년경에 이르러 정치적 지형이 급격히 변화했고, 오스만 왕조가 이 지역 강국 중 가장 강력한 세력으로 부상했다. 1354년, (다르다넬스) 해협을 건너간 오스만 왕조는 1389년에 세르비아를 속국으로 삼았다. 술탄 바예지드 1세 이을드름Yıldırım('벼락')은 1393년에 불가리아 왕국을 점령하고 1396년 니코폴리스 전투에서 십자군을 격파하며 비잔티움 제국의 존립마저 위협했다. 또한 그는 대다수 튀르크멘 베일릭을 복속하거나 제거했으며, 800/1397년에는 카라만을, 801/1398년에는 시바스를 정복하고 아르진잔 공국까지 위협했다.[61] 바예지드의 군사적 성공을 지켜본 티무르는 그를 근동에서 가장 큰 위협으로 여겼다. 중앙아시아의 정복자 티무르에게도 바예지드는 좌시할 수 없는 상대였다.

무자파르 왕조

티무르의 대두 이전 일칸국 고지에서 잘라이르 왕조의 가장 강력한 경쟁자는 다슈트 카비르Dasht-i Kabīr 이남을 지배했던 무자파르 왕조다. 무자파르 왕조는 아랍 가문의 일원임을 자칭하며, 자신들의 조상이 몽골 제국이 침략한 시기에 호라산의 호프에서 야즈드로 이주했다고 주장했다.[62] 이 이주자의 손자 샤라프 알딘 알무자파르Sharaf al-Dīn al-Muẓaffar(사망 713/1314)는 야즈드의 아타벡에 의해 마이부드Maybud라는 도시의 총독으로 임명되었다. 알무자파르의 아들이자 후계자인 무바리즈 알딘 무함마드는 당시 야즈드의 지배 왕조를 무너뜨리는 데 중대한 역할을 했으며, 719/1319~1320년에 아부 사이드 일칸에 의해 야즈드의 총독으로 임명되었다. 10년 뒤 무바리즈 알딘 무함마드는 704/1305년까지 케르만을 지배했던 쿠틀룩한 왕조의 공주와 혼인했다.[63] 나중에 케르만의 지배자가 몇몇 아미르에 의해 추방되자, 그는 헤라트 카르트 왕조의 왕에게 도움을 청했다. 그러자 카르트의 왕은 휘하의 아미르 한 명을 케르만으로 보내 그 지역을 장악하게 했다. 그러나 얼마 지나지 않은 741/1340년경에 초반 왕조의 피르 후사인이 군대를 보내 케르만을 점령했고, 과거에 자신을 도왔던 무바리즈 알딘에게 보답하는 의미로 무바리즈 알딘을 케르만의 총독으로 임명했다.[64]

이 시점에 무바리즈 알딘은 케르만 내에서 어느 누구의 도전도 받지 않는 절대적 권위를 누렸다. 그는 755/1354년경 샤반카라 공국을 합병했고, 754/1353년에는 시라즈, 757/1356년에는 이스파한을 경쟁자인 인주 왕조의 셰이흐 아부 이스학에게서 빼앗았다. 또한 루리스탄 아타벡을 축출하고 그의 사촌을 대신 임명해 무자파르 왕조에 충성하는 부하로 삼았다.[65] 이 같은 업적 덕분에 무바리즈 알딘은 이란 남부에서 가장 강력한 통치자로 자리잡았다. 755/1354년에는 카이로의 칼리프가 그에게 술탄 칭호를 하사했다. 자파리의 기록에 따르면, 그의 영토에는 시라즈, 야즈드, 케르만, 이스파한, 슈슈타르, 후라마바드

Khurramābād, 쿰, 카샨, 사바Sāwa, 카즈빈, 술타니야, 타브리즈가 포함되었다.[66] 그러나 무바리즈 알딘은 일부 지역, 특히 타브리즈에 대한 지배권을 장기간 유지하지는 못했다. 그는 조치 일문의 군대가 철수한 직후 아제르바이잔을 침공해 759/1357년 미야나Miyāna 전투에서 그 지역의 지배자인 아히축을 격파했으나, 그뒤 강력한 잘라이르군이 접근하자 서둘러 퇴각했다.[67]

무바리즈 알딘은 냉혹하고 완고한 도덕주의적 지배자로, 시인 하피즈Ḥāfiẓ는 그를 느긋한 성격의 셰이흐 아부 이스학과 대조적으로 묘사하기도 했다.[68] 그런 성향 때문에 그는 향락적인 신하들에게 인기가 없었고, 신하들은 그의 친척들로 그를 대체할 기회를 노렸다. 무바리즈 알딘을 몰락시킨 결정적 요인은 손자 샤 야히야Shāh Yaḥyā를 향한 편애였다. 759년 라마단월 중순/1358년 8월 말, 무바리즈 알딘은 아제르바이잔 원정에서 돌아온 직후 폐위되어 강제로 실명을 당한 채 감금되었고, 왕위는 맏아들 샤 슈자의 차지가 되었다. 샤 슈자는 754/1353년부터 케르만을 자신의 봉토로 다스리고 있었다. 무바리즈 알딘은 한 달 후 석방되었으나, 샤 슈자 암살을 모의한 혐의로 다시 투옥되어 765년 첫번째 라비월 말/1363년 말에 사망했다.[69]

샤 슈자는 재위하는 동안 대체로 시라즈에서 지냈는데, 이 시기는 친족들과의 분쟁으로 얼룩졌다. 따라서 힐랄리가 샤 슈자는 755/1354년 이후에야 아버지에게서 후계자로 공인받았다고 강조한 것은 우연이 아니었다.[70] 샤 슈자는 즉위하면서 아바르쿠흐Abarqūh와 이라크 아잠을 형제 샤 마흐무드에게, 케르만을 또다른 형제 술탄 아흐마드에게, 야즈드를 조카 샤 야히야에게 맡겼다.[71] 그런데 이러한 깔끔한 영토 분할은 무자파르 왕조 역사에서 예외적 사례였고, 일반적 원칙이 되지는 못했다. 샤 슈자와 샤 마흐무드는 자주 충돌했고, 샤 마흐무드는 대체로 잘라이르 왕조의 셰이흐 우와이스와 동맹을 맺었다. 765/1363~1364년, 샤 마흐무드와 술탄 아흐마드, 샤 야히야 동맹군은 샤 슈자를 시라즈에서 몰아냈고, 샤 슈자는 아바르쿠흐로 후퇴했다.[72] 그러나 다시 전쟁에 나선 샤 슈자는 자신을 궁지로 몰아넣었던 친척들의 변덕 덕분에 결국 이득을 보았다. 우선 그는 샤 야히야와 화해하면서 자신의 딸을 그에게 아내로 주었고, 이어서 또다른 조카 샤 만수르도 그의 편에 섰다.[73] 그리고 마침내 767년 둘카다월 16일/1366년 7월 25일에 시라즈 외곽에서 벌어진 샤 슈자와 샤 마흐무드 간의 결말 없는 전투 이후,[74] 술탄 아흐마드가 샤 슈자에게 합류했다. 샤 슈자는 1~2주 뒤에 시라즈에 다시 입성할 수 있었다. 그렇게 형제들은 화해했지만, 평화는 오래가지 못했다.[75]

샤 슈자와 샤 마흐무드 사이의 갈등은 776년 샤우왈월 9일/1375년 3월 13일에 샤 마흐무드가 사망할 때까지 계속되었다. 그후 샤 슈자는 아무런 제지도 받지 않고 이스파한을 장악했다.[76] 그로부터 얼마 지나지 않아 샤 슈자의 귀에 잘라이르 왕조의 셰이흐 우와이스가 죽었다는 소식까지 들려왔고, 이스파한 확보와 이 소식에 고무된 샤 슈자는 아버지가 그랬듯이 타브리즈 점령을 시도했다(777/1375).[77] 그러나 샤 슈자의 성공은 일시적이었으며, 두 달도 채 지나지 않아 자신의 영지로 되돌아왔다. 770/1368~1369년, 샤 슈자는 이번에도 아버지와 마찬가지로 카이로의 압바스 왕조 칼리프에게서 책봉을 받았지만,[78] 여전히 반항적인 친척들, 특히 샤 야히야로부터 견제를 받았다. 야즈드로 파견한 원정군이 패배하자 샤 슈자는 군대를 직접 이끌 생각을 했으나, 샤 야히야의 형제, 즉 조카 샤 만수르의 설득에 넘어가 그에게 지휘를 맡겼다. 샤 만수르가 삼촌을 충성스럽게 보필했고 또 샤 슈자의 딸과 혼인했음을 고려하면, 일리 있는 선택이었다.[79] 그러나 야즈드에 도착한 샤 만수르는 어머니의 설득에 넘어가 형제 샤 야히야에게 합류했다. 그러자 그가 통솔하던 군대가 그를 버리고 시라즈로 철수해버렸다. 샤 야히야는 샤 만수르에게 아스타라바드의 아미르 왈리에게 원군을 요청하라고 권유하면서도 정작 그에게 군사적 호위를 제공하지 않는 등 특유의 이중적 태도를 보였다. 그러자 샤 만수르는 자신의 운을 되돌리겠다는 희망을 품고 마잔다란으로 떠났다.[80] 후일 잘라이르 왕조령 슈슈타르에서 샤 만수르는 다시 한번 삼촌의 야심에 훼방을 놓았다.

샤 슈자의 말년은 개인적인 비극으로 점철되었다. 그의 아들 술탄 우와이스Sulṭān Uways는 과거에 이스파한에서 샤 마흐무드에게 의탁했다가 부친이 이스파한에 입성한 후 화해했으나 병에 걸려 세상을 떠났다. 또한 술타니야에서 시라즈로 돌아오는 길에 그의 첫째 부인도 사망했다.[81] 785/1383년, 쿠투비에 따르면 샤 슈자는 늘 아버지와의 갈등을 의식해 정보원들의 말을 쉽게 믿는 경향이 있었다. 결국 그는 왕위를 노린 혐의로 또다른 아들을 감금하고 실명시키라는 결정을 내렸으나, 곧 깊이 후회했다.[82] 그후 샤 슈자는 건강이 나빠졌고, 샤 만수르에게서 슈슈타르를 빼앗으려다 실패한 뒤 786년 샤반월 22일/1384년 10월 9일에 사망했다.[83] 샤 슈자는 마지막 순간에 영토 분할을 실행했다. 어린 아들 자인 알아비딘 알리Zayn al-ʿĀbidīn ʿAlī에게는 시라즈를 주었고, 술탄 아흐마드에게는 케르만을, 샤 야히야에게는 야즈드를 맡겼다.

그러나 샤 슈자의 즉위 당시 이루어진 분할과 마찬가지로 이 분배도 순식간에 뒤집혔다. 먼저 자인 알아비딘과 이스파한의 주민들 사이가 멀어지자, 이스파한 주민들은 샤 야히야를 불러들였다. 그러자 샤 야히야는 일단 시라즈를 목표로 움직였고, 이에 자인 알아비딘이 그에게 맞서기 위해 나섰다. 이 두 사람은 화해해 각자의 본거지로 귀환했다. 그러나 쿠투비에 따르면 이스파한의 주민들은 "그들의 성격에 내재한 사악함"을 이유로 샤 야히야를 야즈드로 쫓아냈다. 자인 알아비딘은 외삼촌 무자파르 카시Muẓaffar Kāshī를 이스파한으로 보내 자신의 이름으로 통치하게 했다.[84] 이 격변은 티무르의 관심을 끌었다. 샤 슈자는 죽기 전 정복자에게 국서를 보내 그에게 자신의 유언집행인이자 자인 알아비딘의 보호자가 되어달라고 부탁했다.[85] 789/1387년, 티무르는 자인 알아비딘을 궁정으로 소환했으나 자인 알아비딘은 성급하게도 그 명령을 무시했다.[86] 이 결정은 티무르가 무자파르 왕조의 영토를 침공하는 명분이 되었다.

헤라트의 카르트 왕조

이제 13세기 중반 이래 차가다이 일문의 칸들이 노려온 트란스옥시아나 인근 지역을 살펴보자. 이란 동부(단, 시스탄은 725/1325년 이후 지역사 편찬이 이루어지지 않아서 그 이후 왕국의 상황에 대해 알려진 바가 적어서 제외)는 네 개의 정치 세력에 의해 분할되었다.[87] 이란 동부에서 일칸에게 가장 중요한 봉신이었으며, 수도 헤라트를 중심으로 호라산 동부를 지배한 카르트 왕조의 지배자 무이즈 알딘 피르 후사인 무함마드의 입지는 갈수록 더 커졌다. 그는 743/1342년 자바에서 이웃 왕조 사르바다르 세력을 상대로 승리를 거두었으며, 1349년경에는 차가다이 울루스의 카라우나스령에서 몰려온 아를라트부와 아파르드부Apardı 아미르들의 침략군까지 격파하는 성과를 거두었다. 연이은 승리에 그는 거만해졌고,[88] 자신의 왕조가 술탄 칭호를 쓰고 독립을 선언할 정도로 강해졌다고 느꼈다.[89] 그러나 무이즈 알딘의 술탄 자칭은 차가다이 울루스의 수장이었던 아미르 카자간의 강력한 반발을 불러일으켰다(제7장 참조). 결국 무이즈 알딘은 헤라트에서 쫓겨나는 굴욕을 당했고, 그의 동생 말릭 바키르Malik Bāqir가 그를 대신해 헤라트를 차지했다. 이렇듯 무이즈 알딘은 카자간의 지원을 얻어내진 못했으나 결국 755/1354년에 왕위를 되찾았고, 말릭 바키르는 망명길에 올랐다.

뒷세대인 티무르와 마찬가지로, 카자간 역시 잠 셰이흐 일족의 선동에 따라 카르트 왕조의 영토를 침공했다고 전해진다.[90] 장 오뱅은 이 가문이 행사했다는 엄청난 영향력을 강조했다. 잠 셰이흐 일족은 그 유명한 셰이흐 아흐마드 잠Aḥmad-i Jām(아랍어식으로는 아흐마드 자미Aḥmad Jāmī)의 후손으로, 그의 영묘를 관리하는 재단을 관장했다. 셰이흐 아흐마드 잠의 영묘 자체가 성지로 이름 높은 데다 그 재단은 광활한 농업 기반을 보유한 덕분에 잠 셰이흐 일족은 타직인과 몽골인, 양쪽 모두에 영향력을 행사했다.[91] 셰이흐 쿠트브 알딘 자미Shaykh Quṭb al-Dīn Jāmī(잠의 셰이흐 쿠트브 알딘)는 737/1337년에 타가이 테무르를 일칸으로 선출하는 과정에서 중요한 역할을 했으며, 2년 뒤 아르군샤가 타가이 테무르를 군주로 인정하고 타가이 테무르의 두번째 즉위식을 진행하는 데 일조했다.[92] 이 가문의 구성원들은 카르트 왕조와 통혼하는 관계였다. 무인 알딘 무함마드 자미Muʿīn al-Dīn Muḥammad Jāmī는 무이즈 알딘의 와지르로, 무이즈 알딘의 누이 혹은 고모의 아들인 동시에 무이즈 알딘의 사위이기도 했다.[93] 카자간에게 도움을 요청한 이는 무인 알딘의 삼촌이자 잠Jām에 있던 셰이흐 아흐마드 잠 영묘의 관리인mutawallī이었던 라디 알딘Raḍī᾽ al-Dīn이다. 오뱅은 이러한 요청의 동기가 단순한 가문 간의 불화가 아니라, 말릭 무이즈 알딘의 권위주의적 성향에 대한 반감이었을 가능성을 제기했다.[94]

그뒤 무이즈 알딘이 보인 행동은 그가 차가다이 울루스 문제에 직접 개입할 준비가 되었음을 보여주었다. 정보의 출처는 불분명하지만, 767/1368년 티무르는 마한Mākhān으로 피신해 무이즈 알딘과 협상을 벌여 이제는 경쟁자가 된 아미르 후사인에게 대항하고 트란스옥시아나에서 재기하는 데 필요한 지원을 얻어냈던 것 같다. 그러나 이 같은 티무르의 의도는 단박에 성공하지 못해, 북쪽으로 도주해 모굴인들에게 도움을 청해야 했다. 사실 이런 행동은 아미르 후사인을 비롯한 적수들이 자신에게 화해를 요청하도록 유도하는 제스처였다(제9장 참조). 티무르의 행보에 발맞추어 발흐 지방으로 원정을 갔던 무이즈 알딘은 티무르와 아미르 후사인의 화해 소식을 듣고 후퇴했다.[95]

771년 둘카다월 7일/1370년 6월 2일, 무이즈 알딘이 사망하자 그의 뒤를 맏아들 기야스 알딘 피르 알리가 계승했다.[96] 피르 알딘의 동생 샴스 알딘 무함마드는 사라흐스를 분봉지로 받았다. 그런데 형제 사이에 곧 갈등이 일어나, 결국 피르 알리는 무함마드를 사라흐스에서 추방했다. 하지만 그는 호라산 서부에서 사르바다르라는 훨씬 골치 아픈 문제를 마주해야 했다. 무인 알딘 자미가 무이즈 알딘의 대외 정책에 불만을 품은 것이 어쩌면 이즈음인지도 모른다. 무인 알딘 자미는 754/1353년 타가이 테무르 암살을 명분 삼아 무이즈 알딘에게 사르바다르를 공격하라고 촉구했다.[97] 그러나 현전하는 정보로 판단하건대, 무이즈 알딘은 타가이 테무르 암살 이후 벌어진 혼란 속에서 이익을 얻는 데 실패했던 듯하다. 실제로 행동에 옮겼던 인물은 피르 알리인데, 그는 어쩌면 외할아버지 타가이 테무르를 위해 복수하길 바랐는지도 모른다. 피르 알리는 773/1371~1372년 헤라트의 율법학자들에게서 사르바다르에 전면 공격을 시작하라는 파트와를 받아냈다. 그리고 이러한 결정은 결국 사르바다르가 티무르에게 도움을 청하는 결과를 불러왔다.[98]

이란 북부와 동부의 몽골인들

아미르 왈리는 베수트부Besüt 출신 몽골의 아미르였다. 그의 아버지 셰이흐 알리 힌두Shaykh ʿAlī-yi Hindū는 주군으로 섬긴 타가이 테무르 일칸과 함께 754년에 둘카다월/1353년 12월에 사르바다르 측에 의해 살해된 인물이다. 757/1356년 이전 어느 때인가 나사Nasā로 도주한 아미르 알리는 북방으로 돌아와 아스타라바드를 장악하더니 마잔다란에 있던 타가이 테무르의 영토에서 사르바다르를 몰아냈다. 처음에는 살해된 타가이 테무르의 아들 루크만Luqmān을 위한다는 명분을 내세웠으나, 몇 년 지나지 않아 그 핑계는 버리고 루크만을 자신의 영토에서 추방했다.[99] 아미르 왈리는 여러 전선에서 싸움을 벌였다. 자인 알딘은

772/1370~1371년의 상황을 서술할 때 아미르 왈리를 아스타라바드뿐만 아니라 심난, 담간Dāmghān, 라이의 지배자라고 불렀다.[100] 같은 해아미르 왈리는 잘라이르 왕조를 상대로 움직였으며 셰이흐 우와이스와전쟁을 벌였다. 파리유마디는 이 전쟁으로 아미르 왈리가 이라크 아미르 다수를 살해하고 널리 명성을 얻을 수 있었다고 찬양했다.[101] 이듬해셰이흐 우와이스는 재차 아미르 왈리를 공격하기 위해 군사를 모았지만, 형제의 사망으로 타브리즈로 돌아올 수밖에 없었다. 셰이흐 우와이스는 776/1374년 아미르 왈리를 상대로 한 세번째 원정을 준비하던 중세상을 떠났다.[102] 그뒤 아미르 왈리는 무자파르 왕조의 샤 만수르 왕자의 부추김으로 잘라이르 왕조를 공격했다. 배신자 샤 만수르는 술탄 후사인 이븐 우와이스가 보잘것없는 인물인 데다 그의 휘하 아미르들끼리 서로 격렬하게 다툰다고 주장했다.[103] 그러나 783/1381~1382년에집필 작업을 마친 파리유마디는 아미르 왈리와 술탄 후사인이 당시에는 우호적 관계였음을 확인해준다. 파리유마디는 또한 아미르 왈리의영토가 호라산, 마잔다란, 디히스탄Dihistān, 탈리한*Talikhān, 라이, 쿠미스Qūmis에 이르렀다고도 썼다.[104] 그러나 786/1384년에 술탄 후사인의후계자 술탄 아흐마드의 군대가 아미르 왈리의 영토 대부분을 휩쓸어버리자 아미르 왈리는 길란과 마잔다란으로 후퇴할 수밖에 없었다.[105]이는 티무르와의 접전을 목전에 두었던 아미르 왈리의 힘과 위상을 크게 약화하는 결과를 가져왔다.

호라산에는 몽골 군단이 두 개 있었는데, 이들은 각각 자운 쿠르반과 쿠히스탄 몽골이라는 느슨하게 조직된 정치체가 되었다. 위르겐 파울Jürgen Paul은 자운 쿠르반을 "지역 국가regional state"라고 정의했다. 나사와 칼라트, 투스, 아비바르드Abīward, 그리고 때때로 니샤푸르까지 지배한 자운 쿠르반은 때로는 타가이 테무르 일칸이 통치하는 더 큰 정치체에 복속하기도 했다.[106] 두 집단 모두 처음에는 타가이 테무르를 자신들의 군주로 인정했다. 자운 쿠르반Jā'ūn-i Qurbān('100분의 3')이라는 이름은 이들이 다른 여러 몽골 부대에서 일정한 비율로 차출된 병력에서 기원했음을 알려준다. 나탄지에 따르면,[107] 이 병력은 가잔 일칸의 명령으로 창설되어 일칸국의 장군이자 킹메이커 나우루즈 이븐 아르군 아카의 아들에게 맡겨졌는데, 나우루즈가 697/1297년에 헤라트에서 처형되자 투스 인근 칼라트에 배치되었다. 파리유마디는 이 부대의 역사를 개괄적으로 서술하면서, 가잔의 후계자 올제이투가 이 부대(파리유마디는 "자운 쿠르반과 나우루즈부의 작은 천인대千人隊, hazāracha"라고 불렀다)를 나우루즈의 형제인 오이라타이 가잔Oyiratai Ghazan과 핫지Ḥājjī에게 맡겼다고 주장한다.[108] 2차 문헌에서 자운 쿠르반은 흔히 오이라트로 불리지만, 모든 몽골 부대가 그러했듯이 여러 집단에서 일정한 비율로 차출되었기 때문에 다양한 부족 출신으로 구성되었다. 단지 부대의 수장이 오이라트 출신이었을 뿐이다.[109]

나중에 자운 쿠르반의 수장 자리를 두고 오이라트 가잔의 아들 아르군샤와 그 사촌 히야 타가이Ḥiya Taghai 사이에서 다툼이 일어났지만, 737/1336~1337년 이후 타가이 테무르 일칸의 수석 아미르가 된 아르군샤 쪽이 모두에게 인정받는 지도자가 되었다. 그러나 아르군샤는 헤라트 카르트 왕조의 말릭 무이즈 알딘과 끊임없이 갈등을 빚었을 뿐만 아니라, 741/1340~1341년 사르바다르 쪽에 패해 니샤푸르를 잃었다.[110] 아르군샤가 746/1345~1346년에 사망하자 타가이 테무르는 아르군샤의 형제 튀켈 부카Tükel Buqa를 후계자로 내세웠으나, 튀켈 부카는 얼마 지나지 않아 친척인 히야 타가이의 아들 하산 바스리Ḥasan Baṣrī의 손에 살해되었다. 자운 쿠르반은 745/1344~1345년 이후 타카이 테무르를 군주로 인정하지 않은 것으로 보인다.[111] 그러나 하산 바스리가 아르군샤 휘하 아미르의 손에 죽자, 타가이 테무르 일칸은 아르군샤의 아들 무함마드 벡Muḥammad Beg에게 자운 쿠르반을 맡기고 자신의 딸을 그에게 시집보냈다. 얼마 안 가 무함마드 벡은 마슈하드Mashhad와 투스의 총독이었던 몽골 아미르 알리 라마단'Alī-yi Ramaḍān이 일으킨 반란을 맞닥뜨렸다. 이 기회를 틈타 사르바다르의 지도자 야히야 카라비Yaḥyā Karābī가 투스를 점령했다.[112]

알리 라마단이 피살된 뒤 무함마드 벡은 사망한 해인 774/1373년까지 얼마간 줄어든 영토를 지배했다.[113] 빈자리는 동생 알리 벡'Alī Beg이 (이 시점에는, 어쩌면 그 이전부터 자운 쿠르반에서 모두가 인정하는 단일한 수장이 존재하지 않았기에 적절한 표현이라고 할 수 없을지 모르지만[114]) 계승했다. 알리 벡은 젊은 티무르를 모욕한 일화로 유명하다면 유명한 인물이다. 1360년대에 동맹 관계였던 티무르와 아미르 후사인이 적들을 피해 호라산으로 피신했다가 알리 벡의 손에 떨어진 적이 있었는데, 알리 벡은 그 두 사람을 체포해 메르브 인근의 성채인 마한에 구금했다가 무함마드 벡이 질책하자 풀어주었다.[115] 티무르는 이런 홀대를 결코 잊지 않는다.

쿠히스탄에 배치된 몽골 군단은 주나바드Junābād를 본거지로 삼았다. 처음에는 후기 일칸들을 위해 일한 쿠인 타타르Küyin Tatar 노얀의 후손 압둘라 이븐 마울라이'Abd-Allāh b. Ma'ulai가 이들을 통솔했다.[116] 압둘라는 헤라트의 말릭과 갈등을 빚었으나, 결국 타가이 테무르를 위해 사르바다르와 싸우던 중에 전사했다. 그러자 압둘라의 아들 무함마드 벡Muḥammad Beġ(위에 등장한 자운 쿠르반 아미르와는 동명이인)과 사틀므쉬 벡Satılmış Beġ이 차례로 아버지의 자리를 이어받았다. 사틀므쉬 벡은 헤라트의 말릭 무이즈 알딘이 아버지에게서 빼앗은 영토를 되찾는 데 성공한 뒤, 불만을 품은 카르트 왕조의 장령들과 카라우나스의 아미르 무함마드 호자Muḥammad Khwāja, 초반Choban과 동맹을 맺고 헤라트까지 공격했다. 그러나 759/1359년 무이즈 알딘의 군대와 벌인 전투에서 사틀므쉬 벡은 물론 카라우나스의 아미르들까지 모두 전사했다. 사틀므쉬 벡의 추종자들은 사틀므쉬 벡의 아들이 나이가 어리다는 이유로 자파르 벡Ja'far Beġ(하산 바스리의 아들, 즉 자운 쿠르반의 지배 왕조 출신)을 지도자로 받아들였으나, 자파르 벡은 전횡을 저질러서 아미르들 사이에서 고립되었다. 결국 이 아미르들이 주나바드를 무이즈 알딘에게 넘겼고, 자파르 벡은 이라크로 후퇴했다.[117] 이는 쿠히스탄 지방에서 카르트 왕조가 중요한 진전을 이루었음을 뜻했다.

사르바다르

사르바다르 국가는 사브자바르와 니샤푸르라는 도시를 중심으로 형성된 매우 독특한 정치체였다. 이 나라는 토착 지주, 종교적으로 보수적인 도시민, 급진적인 시아파 성향의 다르비시 들이 맺은 변덕스럽고도 불안한 동맹에 기반한 혼합체였기에 상당히 불안정했다.[118] 지도자 자리의 세습이나 지배정당성 유지에 대한 합의 같은 것이 존재하지 않았기 때문에 이 국가는 '공화국'이나 '왕이 없는 왕국' 등으로 불리기도 한다.[119] 사르바다르에서는 군벌과 셰이흐 교단Shaykhiyya(메시아주의 다르비시) 사이에서 끊임없이 긴장이 발생했고 권력의 중심이 두 세력 사이에서 쉼 없이 이동했다. 지주인 사브자바르인과 도시 장인 길드 사이에도 심각한 갈등이 벌어졌다. 사르바다르 정권에서는 폭력적인 쿠데타가 자주 일어나, 지배자 가운데 자연사한 인물은 손으로 꼽을 수 있을 정도다.

사르바다르 국가는 737년 사파르월 12일/1337년 9월 9일, 지방 명사인 압둘라작'Abd al-Razzāq이 사브자바르를 점령하면서 시작되었다. 그로부터 몇 달 전, 그가 바슈틴Bāshtīn에서 세금 징수원을 살해하고 지지자들을 모아서 거둔 성과였다. '사르바다르'라는 이름의 가장 그럴듯한 어원은 페르시아어 '사르 바다르sar ba-dār'*로, 이 말의 의미는 '참수형에 처할 만한 흉악범'이다.[120] 그러나 사르바다르 최초의 실질적 지도자는 압둘라작의 동생이자 후계자인 와지흐 알딘 마수드Wajīh al-Dīn Mas'ūd와 하산 주리Ḥasan Jūrī다. 마수드는 738년 둘카다월/1338년 5~6월(혹은 739년 말/1339년 봄)에 형 압둘라작을 암살하고 권력을 장악했다. 하산 주리는 이곳저곳 떠도는 급진적인 열두 이맘 시아파의 설교자로, 마흐디의 출현이 임박했음을 선포해 사브자바르에서 크게 지지를 받았다. 마수드는 초기에 타가이 테무르의 군주권을 인정하고 그 이름으로 주

• 사르바다르 봉기에서 사람들이 "우리에게는 신의 도움으로 폭군들이 가하는 부정에 맞서 싸우거나 [망나니의] 모탕 위에 머리를 올리는(sar ba-dār) 선택지밖에 없다!"라고 외쳤기 때문에 이런 이름으로 불렸다고 한다.

화를 발행했으나, 사르바다르가 자운 쿠르반을 공격하고 741/1340년에 니샤푸르를 점령하자, 이에 분노한 일칸이 동생 알리 케운 휘하의 군대를 보내 그들을 진압하려 했다. 그러나 이 원정군은 742/1341~1342년에 패배했고 알리 케운도 전사했다. 마수드의 군대는 타가이 테무르의 영토였던 자자름Jājarm, 주르잔Jurjān, 담간, 사바, 심난 등을 점령한 뒤, 초반 왕조가 옹립한 일칸인 술라이만의 이름으로 주화를 발행했다.

그러나 방법과 목표가 극명하게 달랐던 마수드와 하산 주리 사이에는 긴장이 이어졌다. 두 사람의 동맹군이 헤라트로 진군해 자바에서 무이즈 알딘의 군대와 격돌한 743년 사파르월 13일/1342년 7월 18일, 마수드는 전투가 한창 벌어지고 있을 때 하산 주리를 제거했다. 이 일로 하산의 추종자들이 혼란에 빠지는 바람에 사르바다르군은 패했다. 사르바다르는 743년 라잡월/1342년 12월에 마잔다란에서 몽골군을 상대로 승리를 거두고 고위급 몽골 노얀 다수를 제거하는 데 성공했는데도[121] 마잔다란 방면으로 세력을 확장하려던 마수드의 시도는 타가이 테무르에게 충성하는 아물과 루스탐다르Rustamdār의 토착 군주들에 의해 745/1344년에 좌절되었다. 마수드는 사로잡혀 처형되었고, 사르바다르는 다시 한번 타가이 테무르의 종주권을 받아들일 수밖에 없게 되었다.[122]

그러나 자바에서의 군사적 패배나 참혹했던 마잔다란 원정, 사르바다르 내부의 변덕스러운 정치 상황에도 불구하고 사르바다르 세력은 완전히 끝나지 않았다. 마수드의 형제(파리유마디에 따르면 조카)를 비롯해 마수드 바로 뒤의 세 후계자는 사르바다르 군부 파벌에 속했다.

그러나 748/1347년에 하산 주리의 추종자였던 타즈 알딘 알리 치슈미Tāj al-Dīn ʿAlī Chishumī에게 권력이 넘어갔는데,[123] 그는 행정 개혁과 청렴으로 좋은 평을 들은 인물이었다. 알리 치슈미는 시아파였지만 병사들에게 자신의 신앙을 강요하지는 않았기에 그가 재위하는 동안 사르바다르 세력 내에서는 얼마간 단결이 유지되었다. 그러다 752/1351~1352년에 불만을 품은 사브자바르인 장인匠人 하이다르 카사브Ḥaydar Qaṣṣāb가 알리 치슈미를 살해해 지도자 자리가 사브자바르인 귀족 야히야 카라비에게 넘어갔다. 카라비는 충성을 맹세하겠다고 속이고선 타가이 테무르 일칸을 암살한(754/1353) 인물이다. 카라비 자신도 얼마 안 가 살해되었는데(756/1355~1356), 이때부터 자히르 알딘 카라비Ẓahīr al-Dīn Karābī(카라비의 조카, 혹은 파리유마디에 따르면 형제), 하이다르 카사브 Ḥaydar Qaṣṣab, 루트풀라Luṭf-Allāh(마수드의 아들) 등 여러 지배자가 뒤를 잇기 시작했으나 모두가 단명했다. 하이다르를 살해한 하산 담가니Ḥasan Dāmghānī는 짧은 재위기간 동안 자운 쿠르반에게서 투스를 빼앗는 데 성공했다(759/1357~1358년경). 담가니 이후 권좌는 온건한 시아파인 알리 무아이야드에게 넘어갔다.[124] 알리 무아이야드는 처음에 마슈하드에 신정주의 국가를 세웠다가 얼마 지나지 않아 하산 담가니에 의해 추방된 급진적 신비주의자 다르비시 아지즈Darwīsh ʿAzīz와 협력했다. 이 두 정치인은 사르바다르 운동 초기 와지흐 알딘 마수드와 하산 주리의 동맹을 연상케 했는데, 이들과 마찬가지로 그 관계는 헤라트 원정을 앞두고 붕괴했다. 그러나 이번에는 알리 무아이야드가 전투가 시작되기를 기다리지도 않고 다르비시 아지즈와 추종자들을 제거했다는 점이 달랐다.[125] 767/1365~1356년, 알리 무아이야드는 마침내 타가이 테무르의

옛 본거지 아스타라바드를 아미르 왈리에게서 빼앗는 데 성공해 몇 년 동안 그곳을 지켜냈다.[126]

사르바다르 정권은 역사적으로 부정적인 평가를 받았다. 그들이 호라산에서 벌인 군사 활동은 몹시 파괴적이었다. 게다가 여러 몽골 장령과 행정 관리를 살해했을 뿐만 아니라, 속임수를 써서 타가이 테무르를 암살한 사건은 특히 큰 충격을 불러일으켰다.[127] 호라산의 역사가 파리유마디는 사르바다르 세력을 "사악한 가짜 다르비시makhdhūlān-i nā-darwīsh"라며, 이런 노상강도 무리quṭṭāʿ al-ṭarīq를 다르비시라고 부르는 것은 잘못이라고 비판했다.[128] 1340년대에 호라산을 방문한 이븐 바투타도 비슷한 견해를 남겼다. 그는 사르바다르가 호라산에서 순니파를 절멸하려는 시아파 세력이라고 매도했다.[129] 그러나 이븐 바투타의 이 같은 평가는 사르바다르 전체를 대표한다고 하기 어려운 하산 주리와 추종자들의 성향을 근거로 삼은 것이다.[130] 역사학자 시반 마헨드라라자Shivan Mahendrarajah의 연구에 따르면, 사르바다르 정권 초기에 시아파가 지배 세력이었다는 기존 인식은 역사적 증거와 일치하지 않는다. 763/1362년 이전까지 사르바다르 지배자 가운데에는 때때로 순니파도 있었고, 사르바다르에서 발행한 주화에는 자기네 명의이건 순니파 종주국 군주의 명의이건 간에 4대 정통 칼리프의 이름이 새겨졌다. 그러나 그후로 사르바다르의 화폐에 12이맘의 이름이 꾸준히 등장했다. 이는 알리 무아이야드가 추진한 정책으로, 사실상 셰이흐 교단의 극단적 신앙이 반영된 것이었다.[131]

역사학자 오뱅은 사르바다르 정권이 생존할 수 있었던 것은 주변 강국들이 그들을 완충국으로 두고자 했기 때문이라고 보았다.[132] 이렇듯 사르바다르는 사회적으로도 종교적으로도 존경받지 못했음에도 호라산의 다면적 권력 구조에 쉽게 적응했고 외교적 유연성을 발휘해 거기에서 이익을 챙길 능력이 있음을 보여주었다. 사르바다르의 유연성은 곧 이란 세계의 여러 저명한 인물로부터 여러 차례 도와달라는 요청을 받았다는 뜻도 된다. 잔학한 행동으로 악명 높았던 마잔다란의 반란자 아미르 아부 바크르Abū Bakr는 타가이 테무르와 대적하기 위해 사르바다르에 도움을 청했다.[133] 754/1353년에 시라즈에서 쫓겨난 셰이흐 아부 이스학 '인주'는 야히야 카라비를 설득해 무자파르 왕조가 지배하는 야즈드나 케르만을 공격하게 하려 했다.[134] 말릭 바키르 역시 755/1354년에 형제 무이즈 알딘에게 헤라트를 양보해야 하는 상황에서 제일 먼저 사르바다르에 도움을 청했다.[135] 자운 쿠르반 몽골인들도 하산 바스리가 살해되었을 때 하산 바스리의 형제들과 아들이 사브자바르로 도주했고, 반란자 알리 라마단과 '공식' 군주 무함마드 벡도 곧장 카라비에게 도움을 호소했다.[136] 나중에 무자파르 왕조의 샤 야히야는 친척들과 분쟁이 벌어지자 사르바다르에 도움을 청했다. 알리 무아이야드는 고작 기졸騎卒 100명을 보냈지만, 샤 슈자로 하여금 복수심에 불타게 하기에는 충분했다.[137] 마지막으로 카르트 왕조의 왕자 샴스 알딘 무함마드는 형제 기야스 알딘 피르 알리와의 경쟁에서 패하고 사라흐스에서 추방되자 알리 무아이야드 측에 망명했는데 따뜻한 환대를 받았다(그는 나중에 더 나은 기회를 찾기 위해 티무르의 본거지로 떠났다).[138]

알리 무아이야드의 즉위 이전 25년 동안 사르바다르 국가는 열두 명의 군주를 거쳤다. 알리 무아이야드의 비교적 긴 통치(763/1361년 또는 1362년에서 783/1381년까지이며, 중간에 4년은 폐위되었다)와 온건한 교리는 전임자들의 짧은 통치 기간과 상대적 극단주의에 비해 안정적인 모습으로 비칠 수도 있다.[139] 그러나 알리 무아이야드 통치 후반기는 사실 그가 다르비시들에게 펼친 처우와 그런 처우에 반발한 다르비시들이 주변국에 도움을 청하면서 비롯된 위기로 점철되었다. 778/1376~1377년에 시라즈의 샤 슈자 측에 피신했던 다르비시 아지즈의 지지자들은 무자파르 왕조의 군사적 조력 덕분에 사브자바르로 돌아와서는 알리 무아이야드를 축출했다. 그러자 알리 무아이야드는 어쩔 수 없이 오랜 숙적인 아미르 왈리 쪽에 망명해야 했다. 그러나 다르비시 정권의 극단적 행태가 불러일으킨 반감, 알리 무아이야드를 복권시키기 위해 아미르 왈리가 벌인 오랜 군사 작전 덕분에 알리 무아이야드는 781년 라잡월/1379년 10월에 사브자바르로 복귀할 수 있었다.[140] 한편 777/1376년에는 또다른 망명 다르비시들의 지원을 받은 기야스 알딘 피르 알리가 니샤푸르를 점령했다.[141] 게다가 사르바다르와 아미르 왈리의 동맹은 오래가지 못했다. 아미르 왈리와 피르 알리는 서로 적대적 관계였음에도 저마다 사브자바르를 위협하기 시작했다. 알리 무아이야드는 결국 티무르에게 복종을 선언하며 도움을 요청할 수밖에 없었다.

만인의 만인에 대한 투쟁이 낳은 결과

이렇듯 다양한 교전 세력의 분쟁이 이란에 어떠한 영향을 미쳤는지는 이란 북부와 동부의 특정 도시들에서 일어난 변동을 살펴보면 쉽게 이해할 수 있다. 한때 사르바다르의 마수드 지배 아래 있었던 심 난은 추후에 루얀의 우스툰다르였던 잘랄 알다울라 이스칸다르(사망 761/1359~1360)의 손에 넘어갔을 가능성이 있다. 이스칸다르는 2년 후 발생한 마수드의 마잔다란 침공을 저지한 두 군주 중 한 명이다. 이스 칸다르는 카즈빈의 경계에서 멀리 심난에 이르는 영토를 보유하고 라 이를 점령했다고 한다.[142] 나중에 라이는 아미르 왈리에 의해 점령되어 잘라이르 왕조와의 분쟁에 휘말린다. 아미르 왈리와 잘라이르 왕조가 라이를 두고 다투었기 때문에 라이의 주인은 몇 번이나 바뀌었다.[143] 마 수드가 자운 쿠르반에게서 741/1340~1341년에 빼앗은 동쪽의 니샤 푸르는 755/1354년에 자운 쿠르반의 무함마드 벡, 쿠히스탄의 사틀므 쉬 벡과 협력한 카라우나스 아미르들이 황폐하게 만든 지역의 일부였 다.[144] 그럼에도 니샤푸르는 카르트 왕조의 말릭 기야스 알딘 피르 알리 가 점령하는 777/1376년까지 사르바다르 국가의 땅으로 남았다. 니샤 푸르가 피르 알리의 병력이 매년 저지른 파괴적 원정의 피해로부터 회 복되는 데는 몇 년이 걸렸다.[145]

이 시기 군주의 잦은 교체는 현전하는 주화를 통해서만 파악된다. 주화에 새겨진 이름의 변화는 군사적 점령이 아니라 단순히 도시 당국 이 충성의 대상을 바꾸었음을 의미할 수도 있지만, 과도할 정도로 많은 경쟁자 사이에서 (특히) 호라산과 마잔다란의 도시들이 폭력적 경쟁의 희생물이 되지 않았다고 보기는 어렵다. 사르바다르 정권은 이단과의 연관성, 그리고 마수드, 야히야 카라비, 하산 담가니, 알리 무아이야드 와 같은 지도자의 모험적 정책을 볼 때 그 지역에서 가장 불안정한 세 력이었다고 할 수 있다. 이웃들보다 분쟁이 잦았던 이유도 그 때문이었는지 모른다.

후계 국가들 사이에서 일어난 분란, 각 왕조 내부의 분란은 (한스 뢰머Hans Roemer의 표현을 빌리자면) "음침하고 볼썽사납다"라는 평가 외에 다른 표현은 잘 떠오르지 않는다.[146] 실제로 일련의 투쟁을 의미 없는 사건의 소모적인 연속으로 치부하기도 쉽다. 그 원인으로 자신들의 지위와 영향력을 강화할 기회를 찾아 헤매던 무인武人과 그 종사단이 보유한 기동성, 언제고 외부 지배자에게 개입을 요청할 준비가 된 토착민들 등을 거론할 수 있다.[147] 이유가 무엇이건 간에, 이러한 혼란이 포스트 일칸국 시대 저자들이 몽골 제국의 지배를 미화하거나 아부 사이드의 통치기를 가장 행복했던 시기로 회고하게 만든 요인이었음은 분명하다.[148]

그럼에도 권력과 행운의 잦은 변동에 우리가 주목해야 하는 이유는 두 가지다. 우선 이로 인해 티무르의 이란 진군 이전에 서로 다투던 지배자들의 힘이 약해졌다. 샤라프 알딘 야즈디에 따르면, 779~780/1378년 티무르가 신뢰하던 아미르 중 한 명인 핫지 사이프 알딘Ḥājjī Sayf al-Dīn이 히자즈 순례에서 돌아온 직후, 대아미르에게 이란 쪽 '물룩 알타와이프'의 상황을 보고했다고 한다.[149] 사이프 알딘은 귀환길에 호라산을 지났을 수밖에 없었을 텐데, 티무르의 반응은 전하지 않았지만 이 보고가 티무르에게 옥수스강 이남으로 원정하고자 하는 욕구를 자극했을 개연성은 충분하다. 상호 투쟁의 영향을 보여주는 한 가지 사례인, 피르 알리의 사르바다르 정권에 대한 반복적인 공격은 그 자신뿐만 아니라 알리 무아이야드의 입지까지 약화시켰으며, 니샤푸르에서 강력한 수비대를 유지해야 했기에 군사적 자원의 심각한 과부하를 초래했다. 티무르는 기꺼이 이런 상황을 이용했다.[150] 사르바다르의 수장이 티무르의 진군을 구원으로 받아들인 것은 어쨌든 이해할 만하다. 흥미로운 부분은, 788/1386년 티무르가 사르바다르 국가를 멸망시켰을 때, 일칸국 이후 존속한 군소 국가 중 정당성이 가장 부족한 정권이었는데도 그가 사르바다르 지도자들을 상당히 관대하게 대했다는 점이다(어쩌면 정당성이 부족했기에 우대했는지도 모른다). 여하튼 나중에 사르바다르 세력은 티무르의 원정에서 중요한 역할을 한다.

둘째, 일칸국 고지를 뒤흔든 일련의 분란은 많은 이들이 티무르의 대리인들에 의한 지배를 받아들이게 하거나, 나아가 환영하게 만들었을 수 있다. 티무르가 (사르바다르를 제외한) 수많은 지방 및 토착 세력을 노상강도라고 맹렬하게 비난한 것은 단순한 선전宣傳에 지나지 않은지도 모른다. 또 이들이 무슬림에게 가한 해악에 티무르가 분노했다는 주장 역시 위선에 불과했는지도 모른다. 하지만 아부 사이드 일칸의 사망 이후 수많은 지역에서 끊임없이 혼란이 이어졌다는 것만큼은 분명한 사실이다. 티무르의 승전기勝戰記, 그리고 상업을 진작하는 정책에 그가 보인 관심은 이란의 귀족 계급이 그를 초원 유목 세력이나 지방 독재자들의 대안으로 여기게 했을 가능성이 높다. 이는 트란옥시아나의 정착민들이 자신들의 지역 독재자들이나 킵차크 초원의 유목민 및 모굴인 같은 외부 침략자로부터 티무르가 자신들을 지켜주리라 인식했던 것과 같은 맥락이다.[151] 이라크 아잠과 파르스, 그리고 아마도 (다른 어디에서보다) 호라산, 아제르바이잔에서 막강한 대아미르에게 항복하는 선택지는 수십 년 전 잃어버린 평화와 번영을 다시 가져다주는 정도에 그치지 않고 그 이상을 가져다주리라는 기대를 품게 했던 것이다.

'이란'이라는 관념

14세기가 '이란의 막간기'로 묘사되는 데는 크게 두 가지 요인이 있는 것으로 보인다. 첫째, 몽골 제국의 패권 아래에서 이란 지역의 역사를 서술할 때 페르시아어가 아랍어를 대체하게 되었다. 둘째, 7세기 아랍인들이 사산 왕조 페르시아 제국을 정복한 이후 처음으로 일칸들의 지배기에 통일 이란의 관념이 부활했다. 타흐트 술라이만Takht-i Sulaymān에 있는 아바카의 궁전을 서술하면서 피르다우시의《샤나마》에 나오는 묘사를 인용한 예에서 확인할 수 있듯이, 통일 이란은 일칸을 섬긴 페르시아인 저자와 막료 들이 추종하는 이상이었다.[152] 일칸들이 이를 지배 정당성의 본질적 요소로 이해했다고 생각하기는 어렵지만,[153] 초반 왕조의 아슈라프가 자신이 세운 꼭두각시 일칸을 '정의왕al-ʿādil 아누시르반'이라고 선전한 데서 그가 많은 칭송을 받던 대상인 사산 왕조 군주•에 대한 기억을 불러일으키기를 기대했음을 짐작할 수 있다.[154]

일칸국의 붕괴와 함께 '통일 이란'이라는 관념은 현실에서 사라졌다. 그러나 후계 국가들 가운데 강력한 세력이 이란의 통일을 위해 노력했다는 가설이 있다.[155] 실제로 일부는 일칸의 후계자를 자처했다. 타

• 후스라우 1세(Khusraw I, 재위 531~579). 손자 후스라우 2세(Khusraw II, 재위 590~628)와 구분하기 위해 사후에 아누시르반(Anūshīrwān)(파흘라비어로 '영원한 영혼'을 뜻하는 '아노샤그루완(Anōšag-ruwān)'의 아랍·페르시아 문자식 표기)이라는 칭호가 붙었다. 손자의 경우 파르비즈(Parviz)(파흘라비어 '승리'를 뜻하는 '아바르베즈(Abarwēz)'의 아랍·페르시아 문자식 표기)라는 별명으로 불렸다. 경제·재정·행정·종교·군사 등 다양한 영역에서 중요한 개혁을 추진해 많은 성과를 얻었기에 그의 치세는 사산 왕조의 전성기와 동의어로 여겨졌으며, 이슬람 시대에도 이상적인 왕으로 추앙받았다.

가이 테무르는 737년 샤반월/1337년 3~4월과 739년 말/1339년 두 차례 술타니야에 입성했을 때,[156] 그리고 이듬해 아나톨리아에서까지 자신의 이름이 명각된 주화가 발행되었을 때 분명 일칸국 전체를 지배하기를 기대했을 것이다. 그러나 서부에서의 퇴각, 서부 지역에서의 패배와 사르바다르의 부상으로 인해 이러한 가능성을 완전히 상실하고 말았다. 초반 왕조가 아제르바이잔을 장악하고 있을 때 한 동시대인은 아제르바이잔이 "이란 땅의 축qutb이자 칭기스 칸의 피를 이어받은 왕들의 옥좌가 위치한 곳"이라고 표현하기도 했다.[157] (왕조가 달라지는 한이 있더라도) 일칸국을 새롭게 재건하려 했던 세력들 가운데 목표에 가장 가까이 다가간 존재는 잘라이르 왕조일 것이다. 잘라이르 왕조는 〔모계로〕 훌레구의 후손이고, 타브리즈를 비롯해 술타니야와 바그다드 같은 주요 일칸국 거점들을 장악하고 있었기에 일칸국의 계승자로서 가장 유력한 후보로 보였을 것이다.

그러나 이 맥락에서는 무자파르 왕조도 주목할 만하다. 무자파르 왕조는 잘라이르 왕조의 손에서 과거 일칸국의 수도 두 곳을 빼앗으려다 번번이 좌절했는데도 이들의 야심은 더 큰 그림을 품었다.[158] 780/1378~1379년에서 782/1380~1381년에 잘라이르 왕조를 섬기던 피르 바딕이 항복해 무자파르 왕조의 영토를 넓혀준 덕분에, 잠시 샤 슈자의 이름으로 바그다드에서 쿠트바가 진행되었고 주화도 발행될 수 있었다. (아마도) 슈슈타르에서도 비슷한 일이 벌어졌을 것이다.

이 무렵 무자파르 왕조는 사르바다르 영토의 복잡한 정치에 개입했다. 파리유마디에 따르면, 샤 슈자의 지배를 받던 호르무즈, 키시(카이스), 바레인뿐만 아니라 '바다 너머의 땅'(아마 인도 서부의 해안 지역을

가리키는 말일 것이다)에서도 공물kharāj을 받았다고 하는데,[159] 이 지역들
은 모두 교역을 통해 막대한 부를 쌓아 올린 곳이었다. 힐랄리의 역사
서 《신실한 진실의 학생들을 위한 큰길》의 하이라이트는 무자파르 왕
조 역사를 다룬 부분인데, 여기서 무바리즈 알딘은 아부 사이드의 직접
적인 후계자로 묘사되었다. 힐랄리의 책과 무인 알딘 야즈디의 무자파
르 왕조사인 《신의 선물》 모두 샤 슈자에게 가잔 마흐무드가 사용한 칭
호인 '파디샤 이슬람'을 사용했다.[160] 샤 슈자는 무자파르 왕조의 영토를
통일하기 위해 애쓰면서 수많은 난관에 부닥쳤지만, 오뱅의 표현을 빌
리자면 "이란 전체를 자신의 권위 아래 두려는 꿈을 품었다."[161]

그러나 무자파르 왕조는 경쟁자들 가운데 누구도 내세우지 않
던 독특한 주장을 펼치기도 했으니, 바로 그들만의 독특한 칭호였다.
755/1354년, 무바리즈 알딘이 카이로에 있던 압바스 왕조 칼리프 알무
타디드 빌라흐에게서 승인을 얻었을 때 동시대인들이 보여준 반응을
보자. 무인 알딘 야즈디와 그보다 뒷세대인 쿠투비가 보기에 몽골 제국
의 바그다드 파괴 이후 거의 100년 만에 '이라크[아잠]'에서 칼리프를
위한 쿠트바가 재개된 사건은 새 시대로의 이행을 알리는 신호였다. 자
파리의 기록에 따르면, 무바리즈 알딘에게 술탄의 칭호를 부여하는 증
서가 수여되었다는 소식이 널리 퍼져나가니shuhrat yāft, 무바리즈 알딘은
이라크[아잠]와 파르스에서 모든 종류의 변혁bid'at*을 진압해 (이슬람력)
일곱번째 세기의 약속된 자maw'ūd로 불리기까지 했다.[162] 무바라즈 왕조

의 창건자는 이제 신자들의 지도자의 대리인nā'ib-u qāim-i maqām이 되었으며,[163] 힐랄리는 샤 슈자가 대리인khilāfat임을 여러 차례 강조했다.[164]

과거 일칸 가운데 누구도 얻지 않았고 또 추구하지도 않았던 압바스 왕조의 승인이 무자파르 왕조의 지배자들에게 어떤 의미였는지는 알 수 없다.[165] 그런데 이와 유사한 사건이 하나 더 있었다. 카르트 왕조의 무이즈 알딘 피르 후사인이 750/1349년에 자신을 술탄이라 칭하며, 불신자kuffār의 관행을 폐지하고 이제부터는 오직 샤리아의 규정만을 따를 것이라고 선언한 것이다.[166] 비록 이런 행동이 명목에 불과했고 여파가 크지 않았다고는 해도 이슬람식 용어로 지배정당성을 치장했고 압바스 왕조 군주의 옛 영광을 상기시킨 것은 사실이다. 어쩌면 이 시기에는 이런 행동이 이란의 통일과 같은 추상적 관념보다 더 중요했는지도 모른다. 한편 몽골 제국과 일칸의 지배정당성에 대한 이러한 암묵적인 공격을 티무르가 좌시할 수 없었다는 것도 분명하다. 무자파르 왕조와 카르트 왕조는 일칸국 고지에서 가장 강력한 세력으로 꼽혔을 뿐만 아니라, 이런 이념적 허세가 그들을 이웃이나 경쟁자보다 한 수 위로 보이게 해주었다.

어쨌든 이란 전체를 제압하는 것은 이 도전자들이 지닌 자원과 능력을 초월하는 과업이었다. 어느 한쪽이 나머지 모두를 제압하기에는 세력이 비등비등했다.[167] 더구나 반항적인 친족이나 아주 강력한 봉신(사르바다르의 경우 경쟁 이념의 지지자)은 경쟁하는 왕조 못지않게 큰 장애물이었다. 현재로서는 이란 통일이라는 관념에 대해서는, 당시에도 장악하는 것만으로도 상당한 권위를 더해주던[168] 과거 일칸국의 수도들을 점령하는 것이 잘라이르 왕조와 (아제르바이잔에서 잘라이르 왕조를 대체하려 힘쓰던) 무자파르 왕조의 목표였으며, 술타니야를 장악하려는 포부를 드러낸 아미르 왈리도 그럴 생각이 있었다는 정도만 이야기할 수 있다.[169] 티무르는 일칸국 고지 전체를 통합하려 했음이 확실하고, 실제로도 거의 성공할 뻔했다. 그러나 티무르가 정복한 이란 세계는 사마르칸드, 즉 투란에 위치한 차가다이 울루스 칸의 지배를 받을 운명이었다.

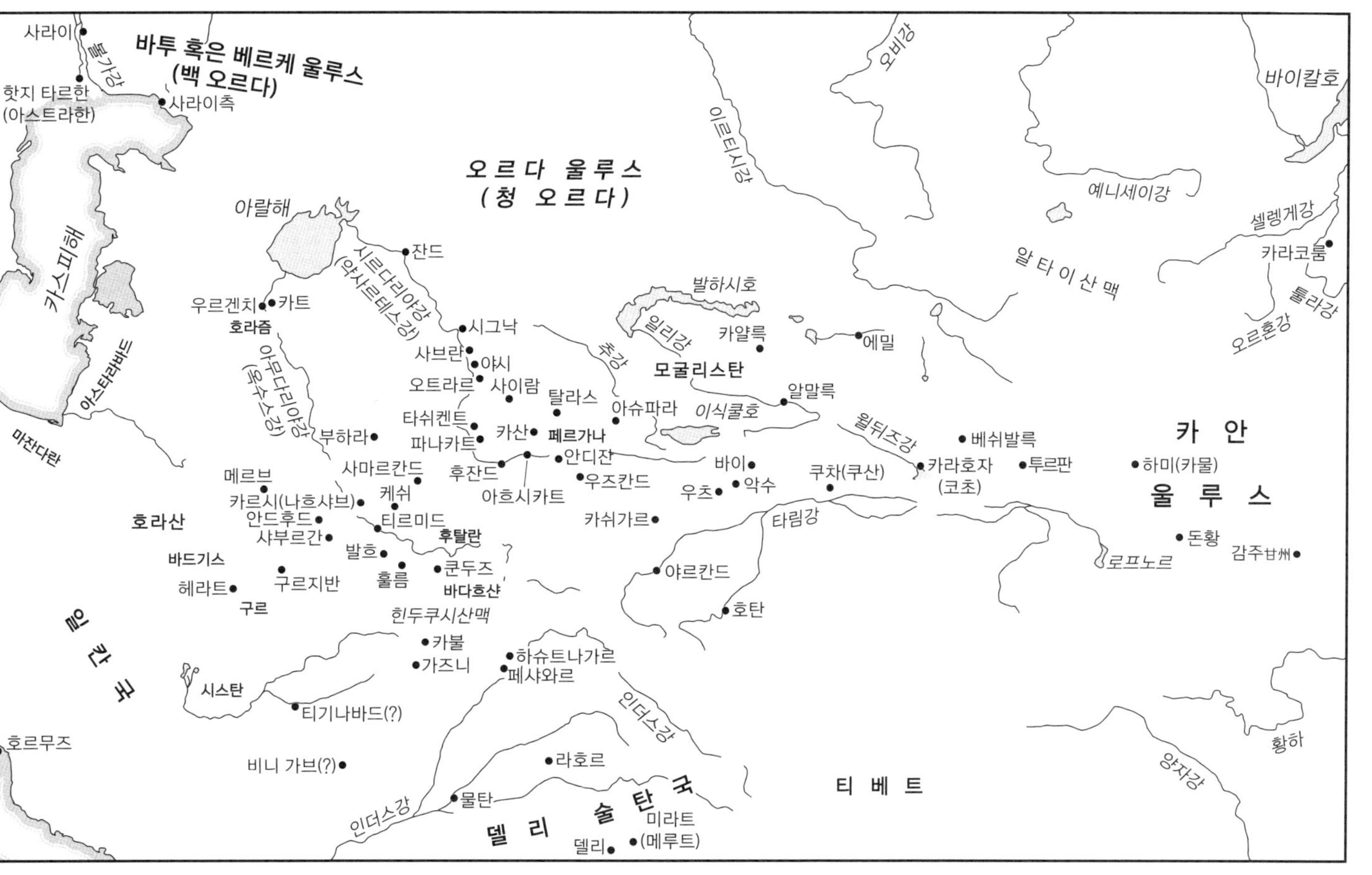

지도3 차가나이 일문의 영토

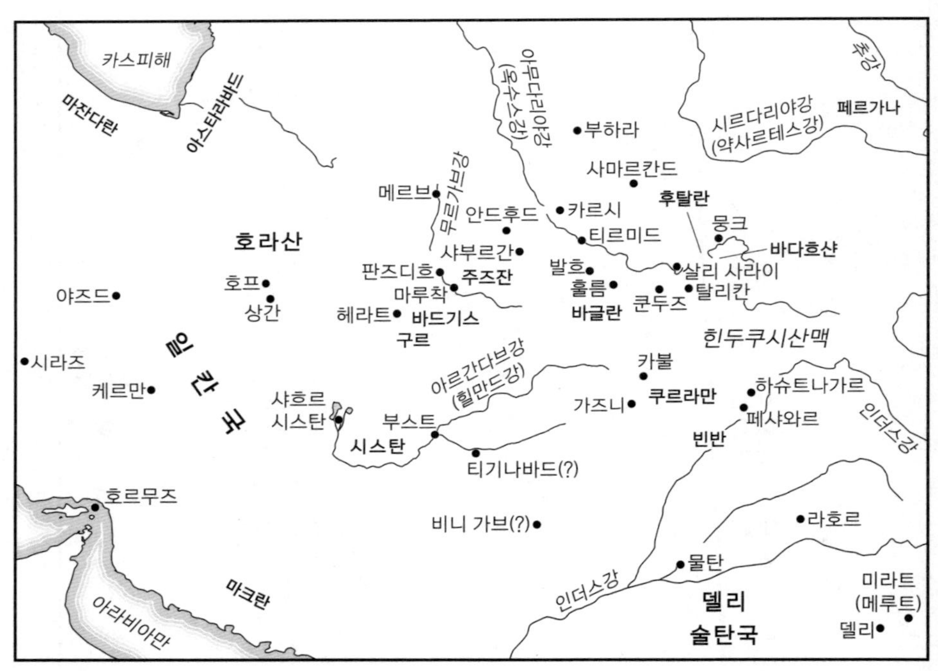

지도4 카라우나스의 영토

제7장

중앙아시아의 몽골인들
차가타이·모굴·카라우나스

이제 티무르가 태어난 차가다이 울루스의 정치체를 살펴보자. 티무르의 동맹이었다가 경쟁자가 된 아미르 후사인과 그가 속한 가문은 '카라우나스'라고 불렸다. 카라우나스는 문제적 용어로, 더 깊이 고찰할 필요가 있다. 원래 이 말은 호라산 동부와 오늘날의 아프가니스탄에 존재했던 몽골계 집단을 가리키는 말이었다. 차가다이 울루스 관련 자료의 품질에 대한 장 오뱅의 평가(《서론》 참조)에도 불구하고 일칸령 이란의 저자들, 특히 밧사프의 저작은 차가다이 일문과 일칸 사이의 관계, 차가다이 울루스의 호라산·아프가니스탄 방면으로의 확장과 관련해 매우 유익한 정보를 제시한다.[1]

유목민과 무슬림 그리고 두 칸국

차가다이 울루스는 조치 일문의 영역과 함께 1260년 통일 몽골 제국에서 갈라져 나온 칸국 가운데 가장 보수적인 세력으로 여겨진다. 다시 말해 상대적으로 도시화가 덜 진행되어 목축 유목 문화의 특성이 강하게 나타나고 초원의 관습법을 더 완고하게 고수했던 지역으로 통한다. 이런 인상은 여러 기록에서 확인할 수 있는데, 차가다이가 야사를 엄격히 집행했다는 이야기가 좋은 예다. 이븐 파들룰라 알우마리는 동시대 차가다이 칸국과 극동의 몽골인들이 조치 일문이나 일칸국의 몽골인들보다 야사를 더 엄격히 준수했다고 기록했다.[2] 이븐 할둔도 다른 지역의 몽골 세력과 달리 차가다이 울루스의 몽골인들이 유목 생활을 고수하면서 사치의 유혹을 뿌리쳤고, 그 덕분에 군사적으로 강인했다고 믿었다(물론 이븐 할둔의 믿음을 뒷받침하는 근거는 없다).[3]

생태 측면에서 보자면, 차가다이 울루스는 도시화한 농경 지대인 트란스옥시아나나 카쉬가리아Kāshgaria와 세미레치예Semirech'e(제트수 Jetısu)의 방대한 목축 지대를 포괄하는 혼성적 성격을 띠었다. 알우마리는 일칸국에서 몽골 군인들이 유목민으로 살아가면서도 생계를 위해 농경지를 할당받았다고 기록했다.[4] 14세기 중반 차가다이 울루스의 사정도 비슷했던 듯하다. 726/1326년에 부하라 지방에서 작성된 와크프 문서에 따르면, 네구베이Negübei, 둘라다이Duladai 같은 몽골식 이름을 가진 아미르가 도시 내 혹은 교외에 정원과 포도원을 소유했다.[5] 또 쾨펙 칸이 나흐샤브Nakhshab 인근에 세운 카르시Qarshī('궁전')가 차가다이 울루스의 중심지 중에서는 최초로, 개방된 초원이 아닌 트란스옥시아나의 계곡과 오아시스 사이에 자리잡았다는 지적도 있다.[6] 티무르가 정치무대에 등장했을 때 차가다이 울루스 서부의 여러 부족이 케쉬, 후잔드Khujand, 그리고 그곳들과 인접한 목초지를 통제하는 상황이었다.

대체로 차가다이 울루스의 분열은 미르자 하이다르 두글라트의 기록에 따라 748/1347년에 일어났다고들 말한다. 서부 칸국은 트란스옥시아나와 오늘날의 아프가니스탄 북부 대부분을 차지했다.[7] 모굴리스탄Moghūlistān('몽골 땅')으로도 불리는 칸국 동부는 세미레치예와 차가다이 일문의 본거지였던 알말릭을 중심지로 삼았다. 하이다르가 기록한 모굴 칸국의 경계는 모호할 뿐만 아니라 자신이 살던 시대의 상황을 반영한 것으로 보인다.[8] 티무르 시대 이전의 동부와 서부의 '경계'는 확인하기가 어렵다. 1404년 무렵《승전기》를 집필한 기야스 알딘 야즈디는 모굴 칸국의 영토가 양기Yangī-탈라스(타라즈)의 경계까지 확장되었다고 언급했다. 하이다르의 시대에 와서는 이 도시가 모굴 칸국의 일부로 간주되었을 것이다.[9] 모굴 칸국의 동쪽 경계는 파악하기 어렵다. 하이다르는 윌뒤즈Yüldüz 일대가 동쪽 경계라고 썼지만,[10] 차가다이 일문의 칸들은 14세기 초에 이미 더 동쪽에 있는 카라호자Qarākhwāja(카라코초Qaraqocho)를 위구르 공국으로부터 빼앗은 상태였다.[11] 하피즈 아브루는 카잔 술탄이 "카라호자까지" 지배했다고 썼다. 또다른 기록에 따르면, 773/1371~1372년에 티무르가 쾨펙 테무르Köpek Temür에게 "멀리 카라호자까지" 차가다이 울루스 동부를 다스리게끔 했다.[12] 나중에 티무르 역시 모굴 칸국을 직접 공격했을 때 카라호자를 약탈했다.[13] 카라호자보다 더 동쪽에 있는 하미(카물)는 13세기 말 카안/원나라 황제에게 투항한 차가다이 일문의 또다른 지파가 지배했다(제2장 참조).[14] 샤라프 알딘 야즈디는 중국 국경이 명나라가 세운 장성이 포함된 군사 전초 기지totqa'ul에 있었다고 기록했으나,[15] 정확한 위치는 불분명하다.

학자들은 칸국 동부가 차가다이 울루스 서부와 현저히 대비된다고 생각한다. 차가다이 울루스의 동부와 서부는 종교적으로 확실히 구분되었다. 티무르가 트란스옥시아나에서 두각을 드러낼 즈음 서부 칸국의 칸과 아미르는 모두 무슬림이었다. 꽤 많은 수의 칸이 수피의 생활 방식에 매료되기까지 했던 것 같다. 예컨대 알말룩 지방의 프란체스코회 선교사 일당을 순교시킨 것으로 악명 높은 알리 술탄(재위 740?~741?/1339? 또는 1340~1341?)은 서유럽 사료에서 "독실한 사라센"이자 '파키르'로 묘사되었다.[16] 카자간이 두번째로 옹립한 칸 바얀 쿨리(재위 749~759?/1348 또는 1349~1358?)는 부하라 인근 파트하바드Fatḥābād에 자리한 사이프 알딘 바하르지Sayf al-Dīn Bākharzī의 영묘 근처에 안장되었는데, 이븐 바투타도 그곳을 방문해 감탄하는 어조의 기록을 남겼다. 칸의 무덤 위치는 바얀 쿨리가 세이흐〔바하르지〕와 그 후예들의 추종자였음을 암시한다.[17] 바얀 쿨리의 후계자 가운데 한 명이었던 카자간의 손자 아미르 후사인이 765/1363~1364년에 옹립한 카불 샤는 "본성은 성자요, 기질은 칼란다르qalandar"라는 평을 얻었는데,[18] 실제로 그는 옹립되기 전까지 수피로 살았다.[19] 차가다이 울루스의 초기 무슬림 칸들 가운데 정체가 가장 불분명하고 논란이 많은 인물은 할릴 술탄 이븐 야사우르(재위 742?~745?/1342?~1345?)다(제4장 참조). 이븐 바투타는 이 인물이 신앙을 위해 군사적 위업을 이루었다고 서술했지만, 이는 과장된 말인 듯하다. 반면 성자전 문헌들hagiographical literature은 할릴 술탄이 어린 시절 다르비시였고 세이흐 바하 알딘 낙슈반드Shaykh Bahā' al-Dīn

Naqshband(사망 791/1389)와 어울렸다고 전한다.[20]

트란스옥시아나의 아미르들은 모두 무슬림이었다. 제3장에서 살펴본 대로, 이슬람화 과정은 타르마시린의 통치 이전부터 진행되었다. 맘루크 제국의 저자들은 타르마시린이 무슬림 아미르를 중용했고 불신자로 남은 자들은 배척했다고 기록했다.[21] 이븐 바투타는 파르반Parwān에서 칸의 수석 아미르 보롤다이Boroldai를 만났는데, 보롤다이가 세이흐들에게 둘러싸여 있었으며, 가즈니에 40개가 넘는 수피 회관[자위야zāwiya]을 건설했다는 이야기를 들었다고 기록했다.[22]

반면 모굴리스탄에서 유목 생활을 고집하던 엘리트층과 평민층의 이슬람화는 서부에 비해 더디게 진행되었다. 차가다이 울루스와 원 제국에서 야사가 더 엄격히 집행되었다고 한 알우마리의 기록은 1330년대 후반에도 차가다이 정치체가 무슬림의 지배를 받지 않았다는 사실(이 시기에 차가다이 울루스의 칸은 창시였고, 차가다이 울루스는 타르마시린의 이슬람화 정책에 대한 반발을 이미 목격한 터였다)을 고려하면 의미심장하다. 미르자 하이다르는 툴렉Tülek이라는 두글라트 아미르(748/1347년에 투글룩 테무르의 즉위에 중요한 역할을 한 하이다르의 조상 볼로드치/풀라드치의 형)가 비밀리에 무슬림이 되었다고 했는데, 이는 투글룩 테무르 칸이 이슬람 신앙을 받아들인 해(751/1350~1351?)보다 고작 3년 전이다.[23] 하이다르는 투글룩 테무르의 개종에 따라 모굴인 12만 명도 무슬림이 되었다고 주장했지만,[24] 나중에 집필한 부분에서는 투글룩 테무르의 손자 무함마드 칸Muḥammad Khān(재위 811?~818?/1408?~1415?)의 통치기까지도 (다시 말해 티무르가 죽은 뒤에도) 모굴인 대다수가 무슬림이 되지 않았다고 시인한다.[25] 칸국 동부에서 1390년경에 차가다이 일문의 또다른 지파

의 왕자(그의 이름에서는 이슬람의 흔적이 보이지 않는다)를 옹립하려는 시도
가 있었는데, 이는 비무슬림 세력이 계속 존재했음을 방증한다는 주장
도 제기되었다.[26] 나아가, 하이다르는 유누스 칸이 즉위한 때(873/1468
~1469)에도 대다수 모굴인이 명목상으로만 무슬림이었고 실제로는 여
전히 이슬람을 받아들이지 않은 상황이었다고 주장했다.[27]

진실이 무엇이건 간에, 티무르 왕조 초기 역사가들인 샤미, 살마니,
나탄지, 샤라프 알딘 알리 야즈디 등은 한목소리로 모굴인을 이교도로
낙인찍었다. 기야스 알딘 야즈디는 모굴인을 "신앙의 적"이라고 불렀
고, 샤라프 알딘은 자타(모굴인)의 "대다수가 이슬람의 행복을 찾지 못
했다"라고 기록했다.[28] 15세기 전반에도 모굴인은 지속적으로 튀르키
스탄Türkıstan, 샤쉬(타쉬켄트), 안디잔 같은 도시들을 약탈하고 무슬림을
포로로 잡아갔는데,[29] 이는 14세기 내내 진행된 연례적인 습격과 다름
없는 행위였다.[30] 트란스옥시아나의 무슬림들 역시 유누스 칸의 통치기
까지 모굴인 포로를 불신자와 마찬가지로 노예로 팔아치웠다.[31] 이런
정황은 결국 이교도인 무굴인의 위협을 저지할 능력을 갖춘 티무르에
게 통치의 정당성을 부여했다.

차가다이 울루스의 동부 지역에서 이슬람을 늦게 받아들인 것은 이
지역이 오랫동안 불교의 영향 아래에 있었기 때문이다.[32] 차가다이 일
문의 칸들은 전통적으로 불교 사원을 후원했다(단, 이 주장의 근거는 대부분
원나라 휘하에서 좀더 동쪽에 위치한 지방을 지배한 경쟁 지파의 사례다).[33] 즉 불
교도가 다수였던 지역에서 이슬람화가 진행된 셈이다. 미르자 하이다
르가 전하는 이야기에 따르면, 로프노르Lop Nor 지방의 카타크Katak에서
는 14세기 중반에 이미 모스크가 건설되었던 것 같지만,[34] 카라호자와

투르판이 이슬람권이 된 시점은 히드르 호자 칸의 성전ghazāt이 성공한 14세기 말이 되어서다.[35] 그럼에도 티무르 왕조의 사절로 823/1420년에 투르판을 거쳐 간 기야스 알딘 낙카시Ghiyāth al-Dīn Naqqāsh는 투르판 거주자의 다수가 여전히 불교도라고 했으며, 모스크는 전혀 언급하지 않았다.[36]

그렇다고 차가다이 울루스의 서부와 동부의 차이를 과장할 필요는 없다. 티무르가 등장할 무렵 서부의 몽골 아미르 다수는 최소한 가축의 이동 방목을 계속해서 행하고 있었다. 그보다 몇십 년 뒤, 루이 곤살레스 데 클라비호는 아무다리야강 바로 남쪽에 거주하는 차가타이 유목민들이 여전히 한 해 내내 야외에서 생활하면서도 곡식·면화·기장을 재배한다고 썼다.[37] 함둘라 무스타우피가 740/1340년경에 집필한 지리학서 《심혼의 환희》에는 시르다리야강 상류에 자리해 동부와 서부 양쪽에 걸쳐 있는 페르가나에서 넓은 경작지를 포함한 촌락 다수가 존재했다는 내용이 있다.[38] 이런 사실은 그로부터 200년이 지난 뒤 바부르가 곡식과 과일이 풍부한 페르가나를 그리워하면서 쓴 글에서도 다시금 확인할 수 있다. 바부르는 여기에다 페르가나 산지에 훌륭한 여름 목초지가 있었다는 정보도 추가했다.[39] 페르가나의 동쪽으로 눈을 돌려보면, 샤라프 알딘 야즈디는 트란스옥시아나의 유목민과 마찬가지로 이쪽 방면의 유목민은 바이Bāī를 여름철 유목지yaylaq(야일락)로, 쿠산 Kūsān(쿠차Kūcha)을 겨울철 유목지qïšlaq(크쉴락)로 활용했음을 알려준다. 이 기록은 페르가나 동부의 유목민들도 트란스옥시아나의 유목민들과 마찬가지로 도시 인근에서 거주했음을 시사한다.[40]

칸국 동부의 경제는 전반적으로 말 사육과 전통적인 목축 유목 생활이 중심이었다. 세미레치예의 대도시들 대부분이 13세기에 방목지를 늘리기 위해 파괴되었는데,[41] 미르자 하이다르는 자신의 시대에도 폐허인 모굴 칸국 도시가 많다고 기록했다.[42] 하이다르에 따르면, 1470년대까지도 모굴의 아미르와 휘하 병력이 도시 생활을 거부하며 카쉬가르에 정착하려는 유누스 칸의 시도를 번번이 좌절시켰다. 이때까지도 모굴인들은 이슬람 신앙을 도시 생활과 동일시했던 것 같다.[43] 하이다르는 악수, 카쉬가르, 야르칸드, 호탄Khotan, 쿠차(쿠산), 우츠Üch 같은 천산산맥 이남의 도시들(나중에 '여섯 도시'라는 뜻의 '알트 샤흐르Altı Shahr'로 불린다)을 모굴리스탄과 구분해 서술했다.[44] 이 구분은 그 직전 시대의 정치적 상황을 얼마간 반영한 것으로 보인다. 당시 타림분지의 오아시스 도시들은 하이다르의 조상인 두글라트 가문의 영지인 망갈라이 쉬베Manghalai Sübe('전진 기지')였다.[45] 두글라트 가문의 영지는 모굴 칸국의 술탄 사이드 칸Sulṭān Saʿīd Khan이 920/1514년에 병합할 때까지 사실상 자치 지역이었다. 그러나 생태 측면에서도 카쉬가르 같은 천산산맥 이남의 도시화한 지역은 모굴리스탄과 상이했고, 오히려 트란스옥시아나에 가까운 특질을 지녔다.[46]

도시 거주민과 유목민 사이에 반감이 존재했다는 사실 역시 부정할 수는 없다. 100여 년 전 타르마시린이 트란스옥시아나의 몽골인들에게 농경을 강요했던 것처럼, 유누스 칸도 휘하 모굴 아미르들에게 도시에 정착하지 않는다면 진정한 무슬림으로 인정받을 수 없다는 생각을 각인시키려 했다.[47] 유누스는 젊은 시절에 28년이나 티무르 왕조령 이란의 여러 도시에서 망명 생활을 한 경험이 있었다(그중에 12년 동안은 학자이자 역사가 샤라프 알딘 알리 야즈디의 제자로 지냈다).[48] 트란스옥시아나에서 모굴 칸국을 방문한 어느 무슬림 성자는 유누스가 전형적인 "초원의 투르크"이겠거니 생각했다가 세련되고 도회적인 군주여서 놀랐다고 전했다.[49] 16세기 초에도 도시에 정착한 투르크인이 유목민을 경멸했다는 증거가 있다. 바부르는 초원 거주자를 대체로 무시했다. 바부르는 단순히 자신의 적인 우즈벡의 무함마드 시바니 칸만 무시했던 것이 아니라(바부르가 보기에 시바니는 이슬람 의식 중에서도 격식에 지나치게 집착했다), 심지어 자신의 외삼촌인 모굴 칸국의 술탄 아흐마드 칸Sulṭān Aḥmad Khan(사망 909/1504)조차 거칠고 무식한 사람으로 치부했다. 한편 바부르의 외사촌 미르자 하이다르는 책의 서두에서 이제 더는 모굴 울루스에 속하지 않게 되어 신께 감사한다며, 모굴 목축민을 무지한 목동이라고 경멸하는 태도를 보였다.[50]

몽골과 투르크

이슬람화는 몽골인에게서 전반적으로 일어난 문화 변용의 한 징후였다. 또다른 징후는 칸과 엘리트층의 투르크화였다. 투르크화라는 것이 몽골 종족이 튀르크의 관습과 식문화를 받아들이고 튀르크어를 사용하게 된 결과인지,[51] 아니면 칭기스 칸의 시대에도 예컨대 위구르·킵차크·캉르·카를룩이 징집되거나 자의로 몽골 제국에 가담했던 데서 확인할 수 있듯이(1360년대 초 투글룩 테무르의 침공에 참여한 아미르 중에 캉르와 카를룩 출신도 있었다[52]) 단순히 절대 다수의 유목민 병력이 튀르크인이었기 때문인지는 알 수 없다. 차가다이 울루스의 몽골인들도 조치 일문의 영토에 대해 알우마리가 설명한 바와 유사한 과정을 거쳤을 가능성이 높다. 즉 정복자들은 자신들이 지배한 비몽골인 유목민 다수파(조치 울루스의 경우 킵차크)에게 동화되었을 것이다.[53] 그러나 종족명 '투르크'가 공통의 정체성이나 역사의식을 공유하지 않는 다양한 집단을 아울러 이르는 데 사용되었다는 사실에 주의해야 한다.[54] 14세기 이후 무슬림 저자들은 '투르크'라는 용어를 이란계 정착민('타직')과 구분해, 유라시아 초원의 유목민 전체를 지칭하는 데 사용했다. 따라서 몽골 역시 투르크의 한 지파로 여겨지는 경우가 많았다.[55]

이븐 바투타의 기록에 따르면, 쾨펙과 타르마시린은 튀르크어를 구사했으며,[56] 타르마시린은 심지어 염송dhikr까지 튀르크어로 했다고 한다.[57] 이 모로코 여행자의 말을 신뢰할 수 있다면, 타르마시린은 스스로를 "투르크인들의 술탄"이라고 소개했다.[58] 그러나 티무르군의 유목민들은 적어도 외형적으로는 여전히 몽골의 특징을 그대로 보유했다. 티무르의 손자 술탄 후사인이 803/1400년 맘루크 술탄국으로 망명했을 때, 맘루크인들은 술탄 후사인에게 몽골 전통에 따라 땋은 머리카락을 자르고 옷도 바꿔 입으라고 요구했다고 한다.[59] 투르판에서 발굴된 자료를 보면, 몽골어는 (한때 불교 문화가 지배적이었던 위구르 지방인 차가다이 울루스의 동부에서는) 14세기 후반까지도 여전히 칸이나 관리가 발행하는 공문서의 언어로 사용되었다.[60] 지역 행정과 관련된 문서는 위구르 튀르크어로 작성된 경우도 있었다.[61] 단, 두아 재위에 발행된 칙령은 위구르 문자로 작성되었을 뿐만 아니라 그 언어도 위구르어였다.[62] 데 클라비호는 트란스옥시아나에서도 몽골어가 쓰인다고 기록했고, 이븐 할둔도 티무르의 명령으로 자신이 마그레브에 대해 쓴 글이 몽골어로 번역되었다고 했으나, 아마 이 두 경우 모두 튀르크어를 몽골어라고 칭했을 것이다. 이 같은 혼동은 데 클라비호가 설명했듯이, 공문서가 몽골 문자(즉 위구르 문자)로 작성된 탓일 것이다.[63] 티무르의 아들 아미란샤의 이름으로 800/1398년에 발행된 위구르 문자 튀르크어와 페르시아어가 함께 사용된 이중 언어 문서, 샤루흐 치세인 825/1422년에 작성된 위구르 문자 튀르크어 문서(소유르갈soyurghal)는 현재까지 전해진다.[64]

모굴/자타와 카라우나스

맘루크령 이집트를 비롯해 근동 지역에서 저술 활동을 펼친 역사가들이 볼 때 티무르의 침략군은 (칭기스 칸과 그 후계자들의 몽골군과 마찬가지로) '타타르'였다.[65] 그러나 티무르 왕조의 역사가와 데 클라비호 같은 유럽 방문자들은 티무르의 병력을 대개 '차가타이'라고 불렀다. 티무르 왕조의 저자들은 차가타이를 트란스옥시아나와 호라산의 정착민인 '타직'과 구별했다. 타직들은 티무르의 군대 내에서 수적으로 상당히 많았으나 중요도는 낮게 평가되었다. 이런 구분은 아미르 후사인의 추종자 가운데 일곱 명에 대해 샤미가 한 말에서 잘 드러난다. 샤미에 따르면, 그 일곱 명 가운데 한 명은 차가타이인이었고, 두 명은 호라산 사람Khurāsānī이었으며, 나머지 넷은 "마 와라 알나흐르 사람〔트란스옥시아나 사람)"이었다.[66]

'차가타이'라는 용어는 소속 부족이나 1360년대 부족 귀족층 내부의 갈등을 초월한 개념으로, 748/1347년에 차가다이 울루스가 두 개의 독립 국가로 분열된 이후 형성된 칸국 서부의 튀르크·몽골 유목민을 지칭하는 데 쓰였다.[67] 이 용어는 유목 문화의 공유, (야사를 비롯한) 칭기스 왕조의 정치 전통에 대한 충성, 이슬람 신봉 등을 중추적 요소로 하는 독특한 문화 정체성의 공유를 함축하는 표현이 되었다.[68] 한편 티무르 왕조의 저자들은 칸국 동부를 '몽골 지방(wilāyat-i Moġul 또는 Moġūlistān)'이라고 불렀으며,[69] 칸국 동부의 유목민은 '모굴Moġūl' 또는 '자타Jata'(체테chete, '도적')라고 부르며 이교도로 간주했다. '자타'라는 표현은 14세기 초반 무렵 문헌에 처음 등장한 듯하다.[70] 그런데 흥미롭게도 후대의 저자인 사이드 자히르 알딘 마라시Sayyid Ẓahīr al-Dīn Marʿashī(사망 892/1487)는 타가이 테무르 일칸의 군대를 '자타'라고 불렀다. 그가 타가이 테무르의 군대를 "사악한 투르크 무리ṭāʾifa-yi ashrār-i atrāk"로 정의한 데서 '자타'에 담긴 경멸의 의미를 간취할 수 있다.[71] 자타가 의미하는 바는 '카작qazaq'과도 비슷해 보인다.[72] 나탄지는 톡타므쉬의 아들 중 한 명이 킵차크 초원을 '카작'처럼 떠돌았으며, "불한당awbāsh들과 카작들"이 그 세력에 가담했다고 서술했다.[73] 그뒤로 '카작'이라는 용어는 '자타'와 마찬가지로 (오늘날 우리가 '카자흐Kazakh'라고 부르는) 특정 몽골 집단을 지칭하는 말로 쓰였지만, 미르자 하이다르가 모굴 칸국의 와이스 칸Ways Khan(사망 832/1428~1429?)과 그 사촌 술탄 사이드의 경력을 묘사할 때 사용한 예에서 확인할 수 있듯이, 16세기까지는 '약탈자'라는 의미로도 쓰였다.[74]

티무르 시대에 들어서면서 여러 울루스의 유목민을 구분하는 새로운 용어가 사용되기 시작한 것 같다. 모굴과 마찬가지로 조치 일문 휘하의 몽골인은 별도의 '족류ethnicity'로 간주되기 시작해, 이르면 1400년경

에 이들은 킵차크 초원에 무슬림 신앙이 확립되는 데 기여했다는 외즈
벡 칸의 이름을 따라 "우즈벡인"으로, 이들의 영토는 "우즈벡의 영토"
로 불리기 시작했다(이전에 조치 일문의 땅이 '베르케의 영토'라 불렸던 것을 상
기시킨다).[75] 하피즈 아브루는 대체로 조치 울루스의 수장을 "우즈벡의
제왕pādishāh-i Ūzbak"이라고 불렀다. 또한 티무르 왕조의 저자들도 몽골
고원의 고향과 그 주민을 '칼막Qalmāq([몽골고원에?] 남은 이들)'이라고 부
르기 시작했는데,[76] 이 명칭은 티무르 시대 이전에는 존재하지 않았다.
나중에 이 표현(후대 유럽어화한 표기로는 '칼묵Kalmuck')은 중가리아의 오
이라트만을 지칭하게 된다.*

　　미르자 하이다르 두글라트에 따르면, 차가다이 울루스 동부의 몽
골인들은 차가다이 울루스 서부의 주민들을 '카라우나스'라고 불렀다.[77]
자타와 마찬가지로 경멸적인 의미를 담고 있었을 가능성이 높으나, 어
떤 논리에 따라 이런 이름이 생겨났는지는 불분명하다. '카라우나스
Caraunas'가 몽골인 아버지와 인도인 어머니 사이에서 태어난 사람을 뜻
한다는 마르코 폴로의 서술[78] 때문에 어떤 역사학자들은 미르자 하이
다르가 사용한 '카라우나스Qara'unas'가 '잡종', '혼혈'을 뜻한다고 보았
다. 즉 당시 '순수한' 몽골인들이 보다 세련된 (혹은 시각에 따라서는 나약
한) 페르시아화한 트란스옥시아나의 몽골인들을 비하하기 위해 사용한

---

* 정체성의 분화가 일어난 이후로도 몽골 제국의 후예들이 동족 의식을 잃지 않았다는 사실
에 유의할 필요가 있다. 예컨대 티무르의 부하 가운데 하나는 우즈벡인과 차가타이인을 아울러
"우리 몽골인"이라 칭했고, 북원의 몽골인들 역시 조치 울루스의 후예를 "우리 일족(töröl)"이
라고 불렀다. 이주엽, 〈몽골 제국과 포스트 몽골 시기 중앙아시아와 킵차크 초원에서의 투르크
정체성〉, 최하늘 옮김, 《中央아시아研究》 26.1 (2021), 213~57 (관련 내용은 234~45); 〈역사
속의 오이라트인은 '서몽골인'이었는가?: 몽골과 관계에 대한 오이라트의 독자성 연구〉 참고.

말이라는 주장이다. 실제로 시인 아미르 후스라우Amīr Khusraw는 델리 술탄 알라 알딘 할지가 1306년경에 포획한 약탈자들을 한꺼번에 처형한 일을 찬양하기 위해 지은 시에서 카라우나스와 몽골을 구분하는 듯한 표현을 쓰기도 했다(단, 운율을 맞추기 위해 그런 표현을 썼을 수도 있다).[79] 그러나 하이다르의 '카라우나스'를 두고 학자들의 해석은 의견이 분분하다.[80]

'카라우나스'라는 용어는 원래 다소 다른 맥락에서 사용되었다. 이전의 100년 동안은 훌레구와 그가 지휘하는 군대가 진군하기 이전 옥수스강과 인더스강 사이에 도달한 몽골 집단을 지칭하는 말이었다. '탐마'(새로 정복된 지방에 주둔군으로 파견된 부대)라고 불린 다른 몽골 군대들과 마찬가지로 카라우나스는 몽골 제국의 군대 전체에서 일정한 비율로 뽑혔기 때문에 휘하의 각 부대는 황가의 각 지파를 대표했다.[81] 따라서 탐마 군단이 다양한 부족 출신으로 구성된 혼성 집단이었다는 사실을 아는 이상 카라우나스가 잡종을 의미한다는 해석을 받아들이지 못할 이유는 없다. 예컨대 라시드 알딘은 초르마군과 함께 이란으로 파견된 군대가 위구르·카를룩·튀르크멘과 카쉬가르·쿠차 출신 병력으로 구성되었다고 언급했다.[82]

이븐 바투타의 정보원이었던 물탄Multān의 세이흐는 카라우나스를 "신드 지방과 투르크의 땅 사이 산간 지대에서 사는 투르크"라고 설명했다.[83] 오늘날의 아프가니스탄에 배치된 부대에 라시드 알딘이 서술한 식으로 튀르크인이 존재했다고 한다면, 카라우나스는 실제로 혼혈로 묘사될 수 있다.[84] 장 오뱅은 카라우나스라는 용어가 지칭하는 범위가 현재의 아프가니스탄에 거주하는 혼합 유목민 집단을 가리키는 개

넘에서 옥수스강 중류 인근 너머는 물론 트란스옥시아나 전체에 거주하는 튀르크·몽골 집단까지 포함하는 개념으로 확장되었다고 추정했다.[85] 이에 대한 나의 잠정적 결론은 이 장의 뒷부분에서 제시하겠다.

카라우나스와 네구데르부

이 문제와 밀접한 연관성이 있는 또다른 문제는 카라우나스와 아프가니스탄 남부에 기반을 둔 또다른 몽골 부대인 네구데르부의 관계다. '네구데르부'라는 명칭은 본래 조치 왕통을 대표해 파견된 그들의 사령관 '네구데르'에서 나왔다. 1261년경, 훌레구가 자신을 돕기 위해 원정군으로 파견된 조치 일문의 분견대를 공격하자, 조치 일문의 분견대는 이란 서부에서 도망쳐 네구데르부에 합류했다. 그뒤 네구데르부는 동쪽의 인도와 접한 변경 지대로 후퇴해, 라시드 알딘의 표현을 빌리자면, "가즈니와 비니 가브Bīnī-yi Gāw 산지에서 힌두스탄Hindūstān의 변경인 물탄과 라호르에 이르는 곳까지" 장악했다.[86] 마르코 폴로는 네구데르부가 "자기 왕국의 주위에서 살고 있는 다른 타타르들과 전쟁을 벌인다"라고 썼다.[87] 네구데르부의 영토는 아마도 13세기 말까지 회색 지대로 남았을 것이고, 그로 인해 인도 방면으로 확장하려던 일칸과 차가다이 울루스 칸의 야망이 꺾였을 것이다. 668/1270년, 차가다이 울루스의 칸 바락이 호라산을 침공하자, 훌레구의 아들이자 후계자 아바카 일칸(재위 663/1265~680/1282)은 바락에게 가즈니·쿠르라만Kurramān·빈반Binbān뿐만 아니라 "인더스강 강변"에 이르는 영토까지 넘기겠다고 제의했다고 하는데,[88] 이 약속에는 아무런 의미도 없었다. 이 지방은 아바카의 통제 아래에 있지 않았으니 말이다.

아바카는 바락이 퇴각할 때 자신에게 투항한 전임 칸 무바락 샤, 보제이Böjei 같은 망명한 차가다이 왕통의 왕자를 차례로 활용해 네구데르부에 대한 간접적 통제를 시도했다.[89] 그러나 차가다이 일문의 배신자들에게 의지하는 계획은 실패했다. 무바락 샤는 신뢰할 수 없는 부하로 판명되었다. 그는 674/1275~1276년 케르만을 공격하던 중 전사했다.[90] 몇 년 뒤, 가즈니 지방의 네구데르부를 지휘하던 보제이의 아들 압둘라'Abd-Allāh는 케르만에서 반란을 일으킨 (쿠틀룩칸 왕조의 히자즈 술탄Ḥijjāj Sulṭān이) 자신에게 접근하자 (이에 호응해 파르스를) 공격했고, 카이두와 차가다이 울루스에서 접근했을 때도 일칸을 곧바로 배신했다. 아바카는 677/1278~678/1279년에 호라산 동부에 머물던 네구데르부를 상대로 보복 원정을 단행했다.[91]

677/1278~678/1279년에 아프가니스탄과 일칸령에 상이한 두 카라우나스 집단이 각각 존재했다는 사실이 흔히 간과되는 바람에 다소 혼동이 생기곤 했다. 이는 아바카가 원정을 통해 적의 수령 일부를 복속시킨 뒤 이들을 데리고 돌아와 자신의 사유 재산(인주injü)으로 삼아 왕조를 보좌하게 하면서 네구데르부의 상당수가 그뒤로 이란 서부에 주둔하게 되었기 때문에 벌어진 결과다.[92] 공식적으로 투멘으로 편성된 이 부대는 대다수 사료에서 카라우나스로 불리는데,[93] 이들은 테구데르 아흐마드와 아바카의 아들 아르군 사이에서 벌어진 내전에서 아르군을 지지하는 등 (항상 건설적이지는 않았겠지만) 향후 일칸국 정치에서 중요한 역할을 했다. 밧사프는 이 카라우나스가 "인간이라기보다 악

마에 가까우며, 몽골인들 가운데 가장 뻔뻔한 이들"이라며 습관적으로 약탈을 일삼았다고 서술했다.[94]

어쩌면 티모시 메이의 추정처럼 네구데르부가 (이 지방의 모든 탐마 부대를 지칭하는 의미로서의) 카라우나스 전체를 지휘하지는 않았는지도 모른다.[95] 그러나 현전하는 사료 중 다수가 카라우나스와 네구데르부를 서로 호환 가능한 용어처럼 사용한다. 라시드 알딘이 677/1278~1279년에 있었던 파르스 공격과 아바카의 보복 원정을 어떻게 서술했는지 살펴보자. 라시드 알딘은 여기서 적을 '카라우나스'라고 지칭했다.[96] 그러나 그는 이 원정 과정에서 아바카가 아르군을 구르와 가즈니 지역으로 보냈을 때 목표로 삼은 대상을 어떤 때는 '카라우나스'로, 또 어떤 때는 '네구데르부'로 부른다.[97] 밧사프는 케르만과 파르스를 공격한 시스탄의 몽골인들을 대체로 네구데르부라고 불렀다.[98] 그러나 밧사프는 두아와 차파르 사이의 쟁투가 극에 달한 705/1305년에 차가다이의 장령 타라가이Taraghai가 인도로 가는 길이 막힌 것을 알고 카라우나스 쪽에 합류했다고 서술했다.[99] 그리고 706/1306년 카이두의 아들 사르반Sarban을 비롯해 중앙아시아의 왕자들이 호라산으로 올 때 카라우나스 병력도 이들과 함께했다고 썼다.[100] 또 한 번은 좀더 서쪽에 존재했던 일칸의 카라우나스를 설명할 때 두 용어가 같은 집단을 지칭하는 데 사용되기도 했다. 698/1299년, 부카의 통솔을 받았던 것으로 보이는 어느 카라우나스 집단은 비니 가브에 있는 네구데르부 쪽에 합류하려고 이라크 아잠의 타룸Ṭārum에서 탈출했으나 목적지까지 도착하지 못하고 헤라트 말릭의 휘하로 들어갔다. 헤라트의 연대기 저자 사이피는 이 도망자들을 네구데르부라고 불렀고, 라시드 알딘은 이들을 카라우나스라

고 불렀다.[101]

하지만 어떤 저자들은 두 용어 가운데 하나만을 사용했다. 무자파르 왕조의 역사를 다룬 사료들은 네구데르부가 일칸국 후기에 야즈드 지방에서까지 약탈을 벌였다고 기록했다. 713/1314년, 젊은 무바리즈 알딘 무함마드 이븐 알무자파르는 마이부드Maybud 총독직을 차지하기 위해 일칸의 궁정으로 향하다가 네구데르부의 공격을 격퇴해야 했고,[102] 야즈드를 장악한 뒤에도 네구데르부와 13년 혹은 14년 동안이나(즉 733/1332~1333년경까지) 분쟁을 벌여야 했다.[103] 14세기 초에 작성된 《시스탄의 역사Ta'rīkh-i Sīstān》에서는 네구데르부가 694/1294년에 약탈을 벌였다는 말이 단 한 차례 등장하지만, 카라우나스라는 용어는 한 번도 등장하지 않는다. 반면 앞서 언급한, 물탄에 살던 이븐 바투타의 정보원처럼, 인도의 사료들은 네구데르부를 전혀 언급하지 않고 카라우나스만 언급했다.[104] 한편 네구데르부는 아프가니스탄의 카라우나스 가운데 한 집단만을 가리키는 표현이었다는 주장도 있다.[105] 이 주장의 진위 여부는 확실히 알 수 없지만, 이제부터는 이 가설을 바탕으로 논의를 진행하고자 한다.

차가다이 울루스 서부의 몽골인들을 카라우나스라고 불렀고, 카라우나스는 '혼혈'을 뜻한다는 마르코 폴로의 설명으로 되돌아가 보자. 이 정보의 신뢰성에는 의문의 여지가 있다.[106] 문맥을 살펴보면, 폴로가 네구데르부 약탈자들에게서 아슬아슬하게 탈출한 시점은 처음 여행을 떠난 1272/1273년경으로 보이는데, 책을 집필한 시점은 그때로부터 20여 년이 지난 뒤이기 때문이다.[107] 한편 이븐 바투타는 미래에 델리 술탄 기야스 알딘 투글룩Ghiyāth al-Dīn Tughluq(재위 720/1320~724/1324)

이 될 가지 말릭Ghāzī Malik을 카라우나스라고 불렀다.[108] 델리에서 활동한 다른 저자들도 투글룩이 알라 알딘 할지의 통치기(695~715/1296~1316)에 호라산에서 델리 술탄국으로 왔다고 기록했다. 17세기 초 인도의 역사가 피리슈타Firishta는 가지 말릭, 즉 투글룩을 튀르크인 맘루크가 펀자브 지방 자트부 출신 여인과의 사이에서 얻은 아들이라고 기록했지만, 훨씬 후대에 작성된 신뢰하기 어려운 기록 한 문장만으로 폴로의 정의에 신빙성을 더해준다고 판단하기는 어렵다.[109] 어쨌든 차가다이 칸국 서부의 몽골인들에게 카라우나스라는 명칭이 붙은 이유는 폴로의 설명과는 다른 이유일 수 있는데, 이제 그것에 대해 살펴보자.

차가다이 일문의 옥수스강 이남 진출

중앙아시아의 몽골인은 수적으로 보았을 때 조치 일문보다 열세였던 것으로 보인다. 예컨대 이븐 파들룰라 알우마리는 금 오르다의 군대가 차가다이 일문의 군대보다 규모가 훨씬 컸다고 썼고, 아르메니아인 헤툼은 차파르의 병력이 고작 40만 명에 불과하지만 조치 일문 칸 톡토아의 병력은 60만 명에 달했다고 전한다.[110] 그런데 알우마리의 한 페르시아인 정보원은, 차가다이 일문 병사 한 명의 전투력은 킵차크 초원 병사 100명의 전투력에 맞먹기 때문에 일칸국에서는 캅카스산맥 너머보다 동쪽 차가다이 일문의 동태에 더 주의를 기울였다고 한다.[111] 여기에는 지형적 요소도 어느 정도 요인으로 작용했을 것이다. 1260년대에 아바카 일칸은 쿠라강Kura 북쪽 기슭에 초소sībe, sübe를 짓고 깊은 해자

堿字를 팠다.[112] 이 조치로 조치 일문의 침공을 완전히 막지는 못했겠지만, 안 그래도 몇 군데 안 되던 캅카스 지방으로 통하는 진군로를 더욱더 강하게 제약해 아제르바이잔과 아란 지방에 끼칠 피해를 억제할 수 있었을 것이다. 반면 차가다이 일문의 병력은 옥수스강만 넘으면 이런 장애물을 마주치지 않았기 때문에 일칸과의 전선을 더 넓게 펼칠 수 있었다.

라시드 알딘은 (이란과 인도 사이 국경 지대의) 카라우나스가 차가다이 울루스에 "오래전부터 (…) 속했다"라고 썼다.[113] 그러나 차가다이 일문과 그 동맹인 카이두의 군대가 옥수스강 이남에 주둔하게 된 것은 13세기 끝자락에 가서다. 687/1288년, 두아의 노얀 야사우르Yasa'ur는 발흐, 샤부르간Shabūrghān, 메르브 지방을 습격하고 호프, 상간Sangān까지 진격했다.[114] 그로부터 얼마 지나지 않아 야사우르는 발흐와 바드기스에 주둔했고, 카이두의 아들 사르반은 샤부르간과 옥수스강 상류 쪽에 본거지를 두었다고 한다.[115] 마침내 1200년대 말, 두아와 카이두는 상당수의 네구데르부 몽골군을 통제하는 데 성공했다. 첫 시도에서 두 사람은 아바카만큼도 성공하지 못했는데, 이때 일은 당시 카이두의 본거지로 도주한 일칸국의 아미르 나우루즈와 관련이 있다. 나우루즈는 옥수스강 이남에 있던 차가다이 일문의 군대를 맡아 690/1291년 호라산 공격에 참여했던 인물이다.[116] 밧사프는 나우루즈가 '시스탄' 지역(여기서는 구르와 가르치스탄Gharchistān을 의미함)에서 작전을 펼쳤다고 기록했는데, 그는 여러 차례 네구데르부의 지휘관으로 묘사된다.[117] 나우루즈는 카이두와 두아의 이름으로 바다흐샨에서 주화를 발행하기도 했다.[118]

바다흐샨의 운명은 유용한 사례다. 바다흐샨은 13세기 거의 내내 카안의 영향권 아래에 있었다.[119] 그러나 라시드 알딘에 따르면, 이 지역은 카이두와 두아로부터 지속적으로 공격을 받았다. 청 오르다의 바얀 칸은 702/1303년에 이들에 대항하는 동맹을 구축하고 테무르 카안의 참여를 모색할 때 바다흐샨의 말릭이 동맹에 참여할 잠재적 동맹이라고 말했다.[120] 그러나 이 시기에 바다흐샨 왕국šāhān-i Badaḫšān은 이미 차가다이 일문의 쿠틀룩 호자Qutlugh Khwāja의 영토로 간주되었다. 716/1316년, 차가다이 울루스의 군대가 호라산을 침공했을 때 바다흐샨에서 파견한 부대도 이 전쟁에 참여했다.[121] 738/1338년, 이븐 파들룰라 알우마리는 바다흐샨을 차가다이 칸국의 일부로 분류했다.[122]

694/1294년, 나우루즈는 중앙아시아의 몽골인을 저버리고 일칸국의 왕자 가잔과 화친을 맺은 뒤 그에게 이슬람을 받아들이라고 설득했고, 잠시나마 부왕副王〔nā'ib〕으로 화려한 경력을 보냈다.[123] 카이두와 두아는 나우루즈의 배신에 강력한 대응책을 펼쳤다. 1294~1298년, 두아의 맏아들 쿠틀룩 호자는 옥수스강 이남에 다섯 개의 투멘(명목상 5만 명)과 함께 배치되었는데, 그중에 두 개는 카이두에서 제공한 부대였다.[124] 밧사프에 따르면, 쿠틀룩 호자는 바다흐샨을 비롯해, 발흐와 이에 딸린 샤부르간·주즈잔Jūzjān·키슈Kishm·안드후드Andkhūd·타야칸Ṭāyaqān·탈리칸Ṭāliqān·파리야브Fāryāb·마루착Marūchaq·판즈디흐Panjdih는 물론이고 메르브까지 아우르는 방대한 영역을 지배했다.[125] 라시드 알딘은 쿠틀룩 호자가 여름은 구르와 가르치스탄에서 보냈고, 겨울은 가즈니에서 보냈다고 썼다. 카샤니는 쿠틀룩 호자의 본거지가 비니 가브라고 했고, 밧사프는 아르간다브Arghandāb 계곡이라고 했다.[126] 라시드 알딘, 카샤니, 밧사프가 언급한 지역은 모두 몇십 년 전만 해도 네구데

르부의 영토였다. 쿠틀룩 호자의 수석 아미르인 타라가이 역시 카라우
나스의 수장이었을 가능성이 있다. 타라가이는 705/1305년에 인도와
의 국경 지대에서 카라우나스에 합류했다.《5족보》에 따르면 타라가이
의 아버지인 콩기라트부의 쿠틀룩 테무르Qutlugh Temür는 차가다이 일문
의 공주 예순진Yesünjin(앞서 언급한 보제이의 누이)과 결혼했다. 또한 쿠틀
룩 테무르는 어쩌면 티기나바드Tigīnābād 지방에서 활동하다가 1260년
대에 바락에게 복속한 동명의 노얀과 동일 인물일 수도 있다.[127]

쿠틀룩 호자의 군대는 인도 방면으로 여러 차례 약탈 원정을 단행
했다.[128] 특히 델리 술탄 알라 알딘 할지가 재위한 699/1299~1300년
과 703/1303년의 공세는 델리 자체를 위협할 정도로 막강했다. 그 가
운데 첫 공세에서 직접 원정을 이끈 쿠틀룩 호자는 돌아오던 길에 부
상으로 사망했으나, 703/1303년경 이후 쿠틀룩 호자의 군대를 지휘한
것으로 보이는 그의 부관 타라가이는 델리를 2개월이나 포위했는데,[129]
델리 술탄국의 역사가들은 쿠틀룩 호자가 직접 이끌 때만큼이나 위협
적이었다고 묘사했다.[130] 쿠틀룩 호자와 사르반은 인도를 공격하는 동
시에 일칸의 동부 영토에도 정기적으로 약탈 원정을 감행했는데, 헤라
트가 주된 목표였다.[131] 700/1300~1301년, 쿠틀룩 호자의 군세는 진
군을 계속해 케르만·파르스·호르무즈에까지 도달했다. 밧사프는 일
칸의 군대가 강압에서든, 혹은 자의에서든(아마 인도에서 막대한 약탈물을
얻을 수 있으리라 기대했을 것이다) 그에게 투항했다고 기록했다.[132]

옥수스강 이남 지역에 대한 차가다이 일문의 관심은 일시적 현상
이 아니었다. 1304년, 차파르가 테무르 카안에게 항복 의사를 표명하
면서 칭기스 칸의 후예들이 에너지를 집중해야 할 몽골 세계 외부 변경

을 열거했을 때, 중앙아시아의 몽골인들이 "신드와 힌두스탄"에 중점을 두어야 한다고 특정한 데는 그럴 만한 이유가 있었다.[133] 705/1305년, 두아는 쿠틀룩 호자가 보유한 병력과 목초지를 또다른 아들이며 나중에 칸이 될 에센 부카에게 맡겼으나,[134] 그뒤 5년 동안 중앙아시아에서 혼란*이 지속되면서 차가다이 일문의 옥수스강 이남으로의 세력 확장은 정체되었다. 1305/1306년경, 쿠틀룩 호자의 병력 내부에서 분란이 일어나 타라가이가 살해되었는데, 이때 에센 부카에게 반대하는 세력이 있었다는 정황이 있다.[135] 알라 알딘 할지의 아들 히드르 칸을 위해 작성되었다고 전하는 보고서에는 하슈트나가르Hashtnaghar와 페샤와르Peshawar에 있던 몽골 군대에 어떤 식으로 혼란이 퍼져나갔는지를 묘사한 부분이 있고, 그 틈을 타 델리 술탄의 군대가 가즈니를 점령했다는 내용도 있다.[136] 다만 이 기록을 얼마나 신뢰할 수 있을지는 확실하지 않다. 이븐 바투타가 물탄에서 읽었다는 비문에 따르면, 미래의 술탄 기야스 알딘 투글룩은 몽골 침략군을 상대로 수많은 승리를 거두었고, 그 결과 몽골인들은 투글룩의 통치기에 인도를 공격하는 것은 감히 꿈도 꾸지 못했다고 한다.[137]

709/1309년경, 에센 부카가 칸으로 즉위하기 위해 북방으로 떠난 뒤 아프가니스탄 방면의 지휘는 동생 이트쿨It-qul에게 넘어갔다.[138] 그 직후인 712/1312년에 쿠틀룩 호자의 아들 다우드 호자Dā'ūd Khwāja가 네구데르부 영토의 지배자가 되어 겨울은 부스트Bust와 티기나바드 지

방에서, 여름은 옥수스강 상류에서 보냈다는 기록이 등장한다. 다우드 호자는 "네구데르부의 카라우나스 잔당을 이끄는" 테무르Temür와 락치르*Lakchir라는 두 노얀의 요청으로 등장한 일칸 군대의 공격을 받아 쫓겨났다.[139] 테무르와 락치르의 아버지 아바치Abachi는 파르스를 침공한 쿠틀룩 호자 군대의 장령이었으므로,[140] 최소한 네구데르부의 일부가 차가다이 일문의 영향권에서 벗어났을 가능성이 있다. 다우드 호자의 굴욕을 앙갚음하기 위해 713년 라마단월 말/1314년 1월 초에 에셴 부카가 착수한 원정이 그를 복권하는 데 성공했는지는 알 수 없다.[141] 올제이투 일칸이 이 일에 곧장 개입하기로 결정한 것은, 그가 710/1310~1311년에 델리에 사절을 보내 델리 술탄의 복속을 요구하는 등 인도 국경 지대 쪽으로 진출할 계획을 이미 세워두었기 때문인지도 모른다.[142] 그러나 이란의 몽골 세력은 이 지역에 대한 지배권을 확립하는 데는 또다시 실패한 것으로 보인다. 몇 년 후, 이 지역의 대부분은 다른 차가다이 일문의 왕자인 야사우르가 지배하게 된다. 야사우르 왕자는 716/1316년에 에셴 부카 및 그의 형제 쾨펙과 갈등을 빚은 뒤 올제이투의 허락을 받아 추종자들과 함께 호라산으로 이주했다. 호라산에서 야사우르는 올제이투의 어린 후계자 아부 사이드에게 대항하는 반란을 일으켜 3년간 이 지역의 지배자들을 괴롭힘으로써 격동적인 활동의 정점을 찍었다. 그러나 야사우르는 헤라트 말릭의 요청에 따라 트란스옥시아나에서부터 차가다이 군대를 이끌고 내려온 쾨펙의 손에 의해 720/1320년에 패사했다.[143]

748/1347년에 나타난 차가다이 울루스의 분열은 그러기 수십 년 전 공동 통치 시기에 이미 예고된 일이었다. 라시드 알딘은 쿠틀룩 호

자가 아버지 두아와 함께 공동 지배자였음을 암시하는 기록을 남겼다.[144] 1320년대 무렵 에센 부카가 쾨펙에게 페르가나와 트란스옥시아나를 맡겼다고 한 대목에서도 또다른 공동 통치의 사례를 확인할 수 있다.[145] 이 시점에 차가다이 칸국의 심장부는 여전히 동부에 있었던 것 같다. 미르자 하이다르는 (옳은지 그른지 현재로서는 알 수 없으나) 두아의 무덤이 야르칸드에 있다고 주장했다.[146] 두아의 후계자 콘첵Könchek(재위 706/1306~1307에서 708/1308~1309)은 윌뒤즈 인근에서 겨울을 보냈으며,[147] 에센 부카는 탈라스에서 여름을 보내고 이식쿨호 인근에서 겨울을 났다.[148] 반면 형에 이어 칸이 된 쾨펙(재위 720?/1320?~726/1326)은 서부 지역을 선호했다. 쾨펙은 트란스옥시아나의 카르시에 새로운 중심지를 조성했는데, 그곳을 제2의 수도로 삼을 것을 염두에 두었는지도 모른다.[149] 하피즈 아브루에 따르면, 쾨펙은 사망한 뒤에 케쉬(나중의 샤흐리사브즈)에 매장되었다.[150] 쾨펙은 또한 칭기스 칸 시대 이래 폐허로 남아 있던 발흐를 재건했다.[151] 쾨펙의 동생이자 후계자 엘지기데이(재위 727/1326~730?/1330?)는 다시 한번 본거지를 동부에 두었으나, 〔칸의 자리에 오른 두아의 아들들 가운데〕 넷째였던 동생 타르마시린(재위 730/1330?~735/1334?)의 통치기에 차가다이 일문의 시선은 다시 한번 옥수스강 남쪽으로 향했다.

724/1324년 타르마시린이 옥수스강을 건너 카불-가즈니 지방에 스스로 자리잡은 것은 야사우르를 제거한 것에 따른 후속 조치였을 수도 있고, 722/1322년 쾨펙의 호라산 침공에 따른 후속 조치였을 수도 있다.[152] 그뒤로 타르마시린은 근거지에서 인도 방면으로 원정을 떠나 쏠쏠하게 수익을 올린다.[153] 726/1326년, 타르마시린은 가즈니에서 하

산 이븐 초반이 이끄는 일칸국 군대의 공격을 받았다. 하산의 군대는 가즈니를 끔찍하게 약탈하며 군인과 민간인을 가리지 않고 학살했으며, 심지어 가즈니에 있던 마흐무드의 영묘까지 파괴했다.[154] 타르마시린이 730/1329~1330년에 두번째이자 최대 규모의 인도 원정에 나선 시기에 그의 거주지dār al-mulk는 티르미드라고 인도 사료들은 기록했지만,[155] 이븐 바투타는 타르마시린이 733/1333년경에 나흐샤브에서 숙영하는 모습을 보았다고 썼다.[156] 어쨌든 이븐 바투타가 타르마시린의 수석 아미르 보롤다이가 가즈니에서 머무른다고 기록한 것이나, 타르마시린의 조카 부잔Buzan이 반란을 일으켰을 때 가즈니로 향했다고 한 것으로 보아, 가즈니가 타르마시린의 본거지였음은 확실해 보인다.[157] 티무르 시대에 보롤다이의 투멘은 카라우나스의 구성원으로 여겨졌다.[158]

차가다이 일문이 이렇게 남쪽으로 관심을 돌린 데는 다른 지역에서 상실한 영토를 벌충하려는 목적도 어느 정도 작용했다. 에센 부카의 통치기에 차가다이 칸국은 동쪽 영토의 일부를 원나라에 빼앗긴 데다,[159] 1323년에 원나라와 화평을 맺은 뒤로 동부 변경에서 약탈과 공격을 감행할 기회도 사라졌다. 마찬가지로 1320년 차가다이 울루스는 시르다리야강 하류 지역의 일부를 조치 일문의 청 오르다에 빼앗겼다. 달리 말하면, 티무르가 등장하기 한참 전에 차가다이 울루스의 중심축은 남쪽과 남서쪽 방면으로 크게 움직였다. 쾨펙이 카르시를 건설한 행위는 차가다이 국가의 새로운 지향점을 잘 반영한다고 할 수 있다.[160] 맘루크 술탄국의 저자들이 타르마시린 칸의 사망 기사에서 그를 "발흐·부하라·사마르칸드·메르브의 지배자"라고 부른 것은 괜히 한 말이 아니었다.[161] 하피즈 아브루는 자신의 지리서에서 호라산의 동북면("발흐·

탈리칸·안드후드·샤르부간에서 바다흐샨·바미얀의 변경까지")이 아부 사이드 일칸의 사망(736/1335) 이후 트란스옥시아나 아미르들의 지배를 받았다고 썼다.[162] 이 시기에 일칸국이 내부 분열에 빠져들면서 남쪽에서 차가다이 일문의 권위에 도전할 몽골계 세력도 사라졌다.

혹여 남쪽 방면에 차가다이 일문에 도전할 만한 존재가 있었다면 아마도 델리의 술탄들이었을 것이다. 술탄 무함마드 이븐 투글룩의 통치기(724/1324~752/1351)에 그의 군대는 페샤와르와 하슈트나가르를 점령했다. 이 원정을 증언하는 현전하는 유일한 사료는 이들이 양초糧草 부족으로 곧 퇴각했다고 전하지만,[163] 734/1333년에 델리 술탄국에 도착한 이븐 바투타는 무함마드의 장령들이 재차 하슈트나가르에 주둔하면서 지나가는 말에 세금 매기는 장면을 목격했다.[164] 730/1329~1330년, 타르마시린의 인도 침략(이 공격은 티무르 이전에 델리 술탄국을 상대로 행해진 최후의 대규모 공세였다)은 델리 술탄의 선제공격에 대한 앙갚음이었는지도 모른다. 차가다이 군대는 펀자브를 휩쓸고 갠지스강 너머까지 진군했으나, 미라트Mīrat(메루트Meerut)를 점령하는 데에는 실패했다. 무함마드가 타르마시린에게 뇌물을 주어 철수하게 했을 가능성도 있다.[165] 만약 그랬다면, 이 사건이 이븐 바투타가 말하는 두 사람의 화해 이면에 존재한 진실일 것이다(제4장 참조).

그뒤로 무함마드는 전략을 바꾸었다. 바로 명성이 자자한 자신의 재화를 인더스강 너머의 여러 몽골 수령과 거물의 마음을 얻기 위해 사용하는 방식으로 바꾼 것이다. 시점을 특정하자면 735/1334년에 타르마시린이 몰락하고 차가다이 울루스의 영토 내에서 분란이 시작된 후였다.[166] 무함마드는 이미 734/1333~1334년에 트란스옥시아나의 사이드·셰이흐·울라마·장인·무인에게 인도로 이주한다면 이동하는 데 드는 비용을 제공하겠다는 칙령을 선포했다.[167] 이븐 바투타가 델리에 도달했을 무렵, 혹은 그 직후에 티르미드의 카디를 포함한 한 무리가 델리로 왔다.[168] 타르마시린의 아들과 딸, 그리고 이 딸의 남편 나우루즈 구레겐Nawrūz Güregen은 수많은 추종자를 거느리고 델리 술탄국으로 건너와 환대를 받았다.[169]

1340년대 중반이 되면 몽골 아미르들은 소문이 자자한 무함마드의 선심 덕을 보려고 매해 겨울을 펀자브에서 보냈다.[170] 이븐 바투타는 델리 술탄국에서 머무르는 몽골인의 수가 4만 명에 달했다고 썼다.[171] 심지어 동시대 인도 저자 디야 알딘 바라니Ḍiyā' al-Dīn Baranī는 "트란스옥시아나 쪽의 몽골 땅(모굴리스탄) 전체"가 무함마드 이븐 투글룩의 "순종적인 종복banda-yi parwarda"이었다고 서술했다.[172] 기야스 알딘 투글룩의 아들 무함마드 자신도 카라우나스 혈통이었다는 사실이 이들의 관계를 더욱더 친밀하게 하는 요인이었는지도 모른다. 헤라트 카르트 왕조의 말릭이었던 무이즈 알딘 피르 후사인 무함마드가 무함마드 이븐 투글룩의 종주권을 인정했으며, 750/1349년에 술탄 칭호를 채택할 때도 무함마드 이븐 투글룩을 불쾌하게 하지 않을까 염려했다는 기록이 있을 정도다.[173]

실권을 쥔 마지막 차가다이 울루스의 칸이자 차가다이 울루스 전체를 지배한 마지막 칸인 카잔 술탄은 747/1346~1347년 아미르 카자간의 반란으로 살해되었다. 그 뒤로 카자간은 11년 동안 차가다이 칸국 서부를 지배했다. 15세기 초의 역사가 나탄지에 따르면, 카자간 역시 카라우나스 족속qawm에 속했다.[174] 인도의 저자 비하마드하니

Bihāmadkhānī는 (842/1438년) 카자간이 델리 술탄과의 "우정과 신복의 길을 열었다"라는 기록을 남겼다.[175] 무함마드 이븐 투글룩이 만년에 이르렀을 무렵 카자간은 알툰 바하두르Altun Bahādur가 지휘하는 몽골군 4000명 또는 5000명을 보내 구자라트에서 일어난 반란을 무함마드 이븐 투글룩이 진압할 수 있도록 도왔다.[176] 무함마드 이븐 투글룩과 인더스강 너머 몽골 아미르들 사이의 조화로운 관계를 고려할 때, 카자간의 봉기와 카잔 술탄의 타도에 (의도하지 않았다고 해도) 최종적으로 델리의 자금 지원을 받았다는 가설은 결코 불가능한 일로 보이지는 않는다. 그러나 새로 등장한 이 협력 관계는 오래가지 않았다. 무함마드가 병에 걸려 752년 무하람월 21일/1351년 3월 20일에 인더스강 인근에서 사망하자, 사촌이자 미래의 후계자 피루즈 샤Fīrūz Shāh는 몽골 지원군의 철수를 허락했다. 델리 군대와 협력해야 한다는 제약에서 풀려난 몽골군은 불안정한 상황에서 이익을 보자는 타르마시린의 사위 나우루즈 구레겐의 꾐에 빠져서 술탄의 숙영지를 공격해 약탈했다가 결국 격퇴당해 본국으로 되돌아갔다.[177]

카라우나스의 차가다이 울루스 서부 패권 장악

1313년에 그랬듯이 카라우나스는 14세기 중반에도 단일한 집단과는 거리가 멀었다. 759/1358년, 카자간은 오로나우트부Orona'ut 출신 카라우나스 아미르인 쿠틀룩 테무르라는 인물에게 살해당했다. 타르마시린의 수석 아미르였던 보롤다이의 아들인 쿠틀룩 테무르는 자기 아버지의 유산을 받게 해달라고 카자간에게 요구했다가 거절당하자 앙심을 품었다.[178] 이 시기에 카라우나스의 아미르들은 차가다이 울루스 서부의 정치에서 굉장히 중요한 역할을 했다. 울루스의 실질적인 수장이었던 카자간은 옥수스강 상류 근처의 아르항, 뭉크, 살리 사라이를 아우르는 영지에서 계속 머물렀다.[179] 14세기 중반부터 서부 칸국은 다시금 오늘날의 아프가니스탄 지역에 깊이 개입했다. 가장 중요한 사례를 들자면, 752/1351년에 카자간은 헤라트의 카르트 왕조 말릭 무이즈 알딘의 야심을 결정적으로 꺾어버렸다. 사르바다르와 카라우나스의 아파르드 아미르들을 상대로 승리를 거둔 무이즈 알딘은 안드후드와 샤부르간 방면을 여러 차례 공략했다.[180] 이븐 바투타의 혼란스러운 설명을 신뢰할 수 있다면, 무이즈 알딘은 차가다이 울루스의 전임 칸 할릴 술탄을 격파해 포로로 잡았다.[181] 무이즈 알딘이 칭기스 왕조 군주권의 규범을 무시하고 술탄을 자칭한 것은 그 직후다(제6장 참조). 카자간이 원정을 단행하자 무이즈 알딘은 복속의 조약을 맺을 수밖에 없었다. 얼마 뒤 헤라트에서 반란이 일어나 형제가 옹립되자, 무이즈 알딘은 753/1352년 카자간에게 도움을 청하기 위해 옥수스강을 건넜다. 결국 그는 외부의 도움 없이 옥좌를 되찾는 데 성공하긴 했다.[182] 그러나 그 뒤 무이즈 알딘은 카자간이 세운 꼭두각시 칸 바얀 쿨리의 이름으로 주화를 발행했다고 알려졌다.[183]

카자간의 아들 압둘라가 잠시 뒤를 이었지만, 760/1359년에 압둘라도 몰락하면서 "파당의 군주들(물룩 알타와이프)"이 저마다 영토를 독립적으로 지배하는 혼란스러운 시기가 시작되었다. 카자간의 가계는 아프가니스탄 북부와 여전히 긴밀하게 연결되어 있었다. 야즈디에 따르면, 압둘라는 트란스옥시아나에서 추방된 이후 "바글란보다 고지대"인 안다라브Andarāb로 피신했다가 그곳에서 사망했다.[184] 한편 나탄지는 압둘라의 자식들이 압둘라가 암살된 이후 카불과 가즈니 지방으로 도피했다고 전했다.[185] 그뒤 나탄지는 카자간의 손자(티무르의 각별한 동맹이기도 했다)인 아미르 후사인의 군사 활동을 다룰 때 카라우나스(혹은 카라우나스의 일부 집단)를 후사인 왕조의 가신이라고 서술했다.[186] 나탄지를 비롯한 티무르 왕조의 저자들은 후사인이 휘하에 대규모 카라우나스 군대를 두었다고 생각했다.[187] 아미르 후사인은 발흐를 통제해 물룩 알타와이프 중에 으뜸으로 꼽혔다.[188] 모굴 칸국의 투글룩 테무르 칸이 두번째로 트란스옥시아나를 휩쓸었을 때 그의 군대는 후사인을 제거하기 위해 쿤두즈Qunduz와 바글란에서 힌두쿠시산맥에 이르기까지 인근 지역을 통째로 쑥대밭으로 만들었다.[189] 761/1360년경, 후사인이 울루스의 실권을 장악한 아미르 부얀 술두스에게 맞서 반란을 일으킨 곳은 카불이다.[190] 티무르와 후사인이 잠시 따로 행동한 764/1362~1363년에도 후사인은 히르만Hīrman(힐만드Hilmand)의 가름시르garmsīr[•]를 약속 장소로 삼고 투멘Tümen이라는 이름의 네구데르부 아미르에게 합류했다.[191] 후사인이 767/1366년 봄에 두번째로 사마르칸드에서 권력을 장악했을 때도 그는 "발흐, 바다흐샨, 쿤두즈, 쿠탈란Quttalān[후탈란Khuttalān], 히사르 샤드만Ḥiṣār-i Shādmān, 안드후이Andkh[ū]y, 샤불간 Shabulghān[샤부르간]의 병력"을 이끄는 수장이었다.[192] 처음에는 티무르의

• 페르시아어로 '따뜻한 곳'을 의미한다. 중세 튀르크·몽골인들 사이에서는 겨울 유목지(튀르크어로 크쉴락(qıṣlāq))를 가리키는 말로 사용되었다.

동맹이었고 나중에는 차가다이 칸국 서부에서 최대의 적수가 되는 후사인은 옥수스강 이남의 방대한 영역에서 세속 권력 기반을 가지고 있었던 것이다. 티무르는 771/1370년에 후사인을 쓰러뜨린 뒤에야 패권을 손아귀에 쥘 수 있었다.

카라우나스 아미르들의 권력 장악은 차가다이 울루스 서부와 모굴 칸국의 분열을 보여주는 신호였다. 서부 지역의 칸과 주요 부족의 아미르들은 점차 카라우나스/네구데르부로 불리는 경우가 늘어났는데, 이는 1347년경 칸국이 두 국가로 쪼개지는 데 밑바탕이 된 요인이다. 차가다이 울루스 동부와 서부 사이의 차이가 이 분열 이전에도 없었던 것은 아니며 분열 이후에 더욱 가속이 붙었을 뿐이다. 부잔이 숙부 타르마시린에게 대항해 반란을 일으킨 장소도 모굴리스탄이다(제4장 참조). 타르마시린이 영토의 동부를 계속해서 방문하지 않아 타도되었다는 이븐 바투타의 서술이 사실이라면,[193] 이 반란은 차가다이 울루스 동부의 몽골 엘리트 일부가 칸의 남방 지향 정책에 품었던 반감을 보여준다고 하겠다.

그러나 카라우나스 아미르들의 야심이 옥수스강 상류에만 국한되었던 것은 아니다. 압둘라 이븐 카자간은 이미 자신의 부친 생전에 조치 일문의 영토인 호라즘의 우르겐치를 공격해 주민들을 어마어마하게 착취했다.[194] 760/1359년, 압둘라가 차가다이 울루스 서부의 수장으로서 옥수스강 이북으로 이동해 사마르칸드에 주둔하겠다고 결정하자 추종자들은 이에 불만을 품었고 해당 지역의 아미르들은 적의를 보였다.[195] 770/1369년, 막 차가다이 울루스 서부의 수장이 된 카자간의 손자 아미르 후사인이 옥수스강 상류에서 이전 몇 년 동안 통제했던 발흐[196]로 본거지를 옮기겠다고 결정했을 때도 이전의 동맹이었던 티무르뿐만 아니라 발흐 북쪽에서 멀지 않은 곳에 기반을 둔 아미르 중 다수가 이 결정에 두려움을 품고 적의를 드러냈다.[197]

짧은 기간이나마 카라우나스 아미르들이 차가다이 칸국 서부의 패권을 차지했기 때문에 차가다이 칸국 동부, 즉 모굴 쪽에서 서부를 싸잡아 '카라우나스'라고 불렀을 수도 있다. 티무르의 집권은 카라우나스 시대와의 뚜렷한 단절을 의미했지만(혹은 티무르와 티무르 왕조는 단절로 보이길 바랐지만) 아이러니하게도 티무르가 휘하에 거느린 병력의 다수를 이룬 것은 카라우나스였다. 비어트리스 맨즈가 보기에, 티무르의 권력의 기반은 비부족 출신 병력이었는데, 이 병력에서 가장 비중이 큰 존재가 카라우나스였다.[198] 맨즈는 나탄지를 제외한 티무르 왕조의 저자들이 카라우나스에 대해 침묵한다는 점에 주목했다. 미켈레 베르나르디니는 더 나아가 티무르가 스스로를 몽골인으로 정의하고자 했고, 티무르를 찬미한 저자들도 티무르를 몽골인으로 재구성하고자 하면서 카라우나스의 역사 전체에 "티무르 왕조 후기에 기록 말살형damnatio memoriae"이 내려졌다고 주장했다(제9장도 참조).[199] 이때부터 카라우나스와 그 아미르들은 단순하게 '투르크인들'로 칭해졌다는 것이다.[200] 맨즈의 표현을 빌리자면, "티무르의 승리는 차가다이 울루스에서 더 오랜 역사를 지닌 북부 세력의 카자간이 747/1346~1347년에 권력을 차지한 이래 카라우나스의 아미르들이 주도한 남부 연맹을 제압했음을 의미했다."[201] 모든 학자가 이 주장에 동의하는 것은 아니지만,[202] 이런 시각은 숙고할 가치가 있다. 핫지 바를라스Ḥājjī Barlās와 부얀 술두스Buyan Süldüs가 압둘라에게 맞선 것은 오랜 군사 엘리트층이 카라우나스의 패권 장악에 가진 반감을 보여주는 사건이었다. 한마디로 핫지 바를라스와 부얀 술두스의 반란은 티무르와 아미르 후사인 사이에서 등장할 대결의 예고편이었다고 할 수 있다.

*

티무르의 대두를 전후로 해서 발생한 사건들은 티무르가 차가다이 일문의 칸들이 시작한 확장 정책을 이어받아 이란 동부와 인도 방면으로 원정하도록 했다. 그러나 압둘라 이븐 카자간과 마찬가지로 티무르가 집권 초기부터 호라즘을 장악하려는 야심을 품었던 것으로 보아, 티무르는 '카라우나스'의 외교 정책을 유지하고 발전시켰다고 볼 수도 있다. 마찬가지로, 티무르가 이전 50년 동안 진행된 남진 정책에서 더 나아가, 차가다이 울루스가 몽골 제국의 중심부에 존재한다는 이점을 적극 활용해 자신이 옹립한 칸의 이름으로 이란 너머로까지 영토를 확장하려는 야심 찬 계획을 추진했다고 볼 수도 있다.

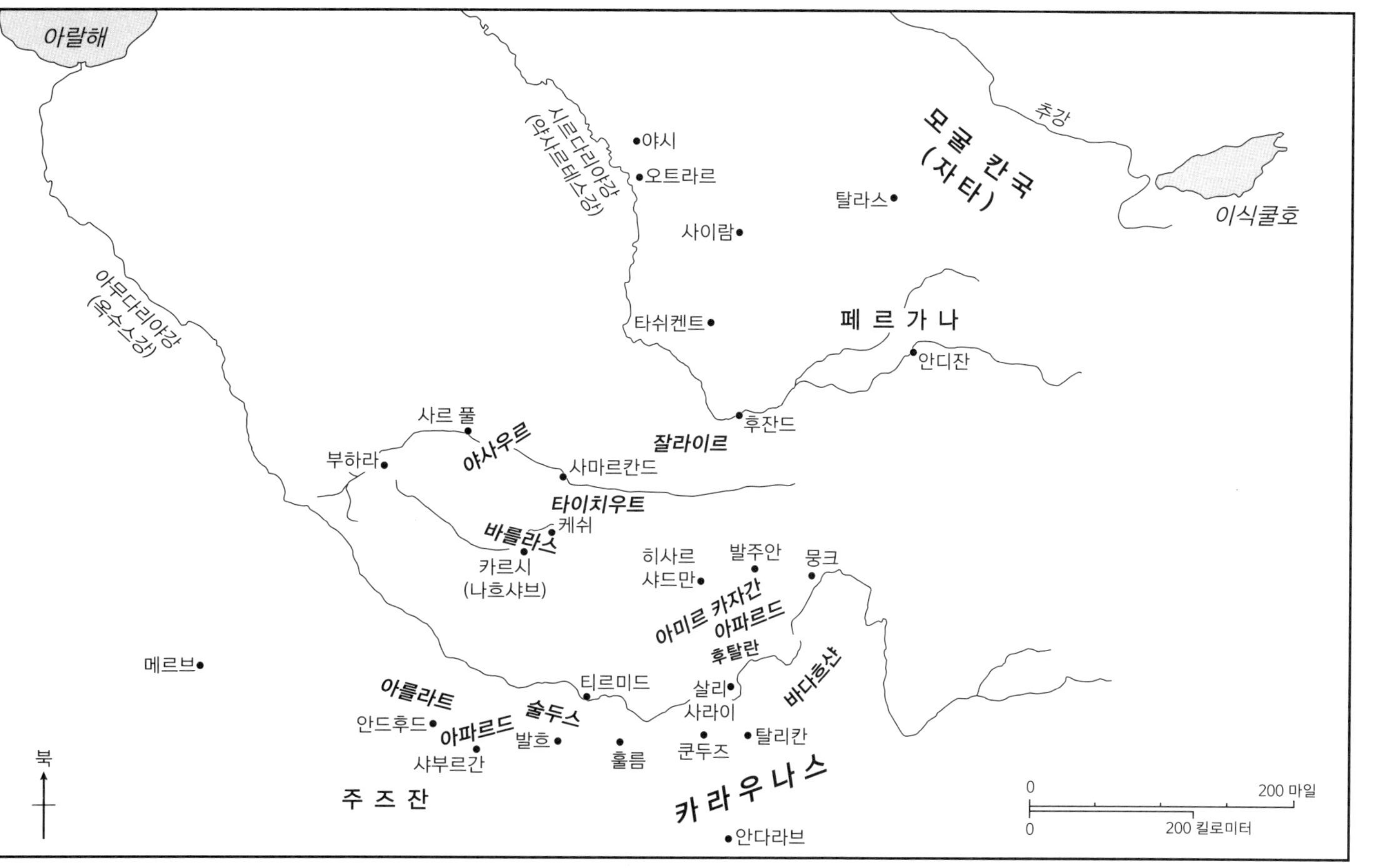

지도5 차가다이 울루스 서부의 지방 세력

제8장

티무르의 조상과 차가다이 칸국의 엘리트

차가다이 울루스에 대한 자료가 부족하다는 장 오뱅의 판단은 실제로 중앙아시아의 몽골 지배 엘리트층에 대해 남아 있는 자료가 많지 않다는 점에서 적확한 측면이 있다. 라시드 알딘은 《집사》에서 칭기스 칸이 차가다이에게 여러 노얀을 할당했으며, 이들이 저마다 '천호'를 지휘했다고 전한다. 그중 두 명은 바를라스(바룰라스)부의 카라차르Qarachar와 잘라이르부의 모게Möge였다.[1] 라시드 알딘의 《5족보》에는 이 두 사람뿐만 아니라 술두스부의 투르치얀＊Turchiyan 노얀, 키쉴릭Qīshlīq 노얀, 소니트부Sönit(나중에 소니테이Sönitei로 개칭)의 소小차가다이Chaghadai-yi Kūchak, 우타르부＊Utar의 부카 두칼라트Buqa Dūqalāt도 언급되는 등 더 많은 정보가 담겼다.[2] 그뒤에 나온 몽골 시대 사료에서는 차가다이 일문 예하의 아미르는 매우 드물게 등장하고, 그나마도 출신 부족은 거의 기록되지 않았다. 이 장에서는 후대 티무르 왕조의 역사가들이 주장한 바를라스 아미르들의 지위를 톺아보고, 티무르의 권력 장악 이전 차가다이 칸국의 엘리트층에 대해 알려진 내용을 재검토한 뒤, 그들 사이에서 티무르 조상들의 위상을 재평가하고자 한다.

티무르의 출신 배경과 가계

바를라스부 타라가이의 아들이며, 따라서 카라차르의 후손인 티무르는 차가다이령 트란스옥시아나의 호자 일가르Khwāja Īlghār라는 마을에서 태어났다.[3] 이 마을은 바를라스부에 속한 케쉬시市(나중의 샤흐리사브즈) 및 케쉬 투멘에 속했다.[4] 티무르의 아버지는 761/1360년 혹은 그 이듬해에 사망했다.[5] 티무르의 어머니 테키네 하툰*Tekine Khātūn에 대해서는 확실한 기록이 남아 있지 않다.[6] 술타니야 대주교 요한네스에 따르면 뒷날 티무르가 자신의 어머니는 낮은 신분 출신이었다고 주장했다지만,[7] 티무르가 젊은 시절의 불우한 환경을 과장해서 이야기한 경향이 있었다는 점을 고려하면 이를 곧이곧대로 믿기는 어렵다.[8] 티무르의 발언과 페르시아어 문헌들에 실린 내용이 일치하지 않는 경우는 이 경우 말고도 많다. 이븐 아랍샤는 자신의 저서 부록에서 《선집Muntakhab》이라는 페르시아 서적(제목이 동일한 나탄지의 역사서와는 관련이 없음이 거의 확실하다)을 언급하면서, 티무르가 모계를 통해 칭기스 칸과 이어지는 것을 보여주는 계보를 그 책에 실었다고 주장했다.[9] 이 증언은 테키네가 상당히 좋은 가계 출신이었을 가능성을 보여주지만, 그랬다면 티무르 왕조의 역사가들이 왜 테키네의 고귀한 혈통을 무시하고 관련 정보를 남기지 않았는지가 의문이다. 《고귀계보》는 야사우르부의 아미르 핫지 마흐무드샤Ḥājjī Maḥmūdshāh가 티무르의 이모가 낳은 아들khālazāda이라고 전한다.[10] 그러나 티무르의 이모가 속한 가문이나 부족 역시 알 수 없으므로 애석하게도 그 이상은 알 길이 없다.

티무르 가문의 다른 구성원으로 넘어가자. 타라가이의 또다른 아내인 카닥 하툰Qadaq Khātūn은 791/1389년까지 살아 있었다.[11] 티무르에게는 여자 형제가 둘 있었다. 누나인 쿠틀룩 테르켄 아가Qutlugh Terken Āghā는 두글라트부의 두 아미르와 차례로 결혼했고, 764/1362~1363년에는 자신의 집에 티무르를 48일 동안 숨겨주었다.[12] 티무르가 딸을 잃었을 때 위로해준 사람도 이 누나였다. 그녀가 죽었을 때(785/1383~1384년) 티무르가 보인 반응으로 미루어볼 때 티무르 역시 누나에 대한 애정이 깊었던 것 같다.[13] 하피즈 아브루의 《역사 정수》와 《고귀계보》는 티무르에게 알림 셰이흐ʿĀlim Shaykh, 소유르가트므쉬Soyurghatmïş, 주키Juki라는 세 형제가 있었다고 전한다.[14] 여기서 언급한 알림 셰이흐는, 티무르가 771/1369~1370년에 울루스의 수장으로 '즉위'할 때 장령과 토바츠tovačï(군대 감독관)로 임명된 사람들을 나열한 야즈디의 기록에 등장하는 알림 셰이흐ʿĀlim Shaykh와 동일 인물일 수도 있다.[15] 다른 두 사람은 연대기에는 전혀 등장하지 않는데, 그들이 요절했기 때문인지도 모른다.[16]

티무르가 태어난 사회는 이슬람화가 상당히 진행된 상태였다. 앞서 설명한 대로, 타르마시린은 몽골 신민들이 이슬람을 받아들이게 하려고 총력을 기울였다. 타라가이는 차가다이 울루스(혹은 차가다이령 트란스옥시아나)의 몽골인들 가운데 상당수가 이슬람을 받아들인 시대의 인물이었다. 《고귀계보》에서 제시하는 카라차르 후손들의 계보는 티무르 위쪽 두 세대 조상 대부분이 무슬림식 인명을 사용했음을 보여준다 (물론 이름만으로 이들이 이슬람을 신봉했다고 판단할 수는 없다).[17] 샤라프 알딘 야즈디는 타라가이를 수흐라바르디 종단의 셰이흐인 샴스 알딘 쿨랄 Shams al-Dīn Kulāl이라는 영적 스승과 연결 지었는데, 쿨랄은 티무르가 경력을 시작할 무렵에 귀중한 응원을 보낸 인물이기도 하다. 후일 티무르는 자기 아버지의 묘를 케쉬에 있는 쿨랄의 영묘로 이장했다.[18]

티무르가 카라차르의 후손이고 몽골 조상을 두었다는 사실에 의심의 여지가 없다는 의견에는 대다수 학자가 동의한다. 내가 아는 한, 티무르의 몽골 혈통에 의심을 표한 가장 최근의 학자는 고故 한스 로베르트 뢰머다. 그는 티무르에게 몽골 조상이 한두 명쯤 있을 수도 있으나 튀르크계일 가능성이 높다고 주장했다.[19] 티무르의 일상 언어가 튀르크어였음은 분명하다. 이런 점은 차가다이 일문의 영토에서 살며 몽골에서 기원한 부족 출신의 다른 구성원들은 물론 차가다이 울루스의 칸들도 마찬가지였을 것이다(제7장 참조). 13세기뿐만 아니라 14세기까지 이어진 몽골 부족 구성원과 튀르크 여성 사이의 혼인은 말할 것도 없고, 종족 정체성을 규정하는 복잡한 요소들, 라시드 알딘이 몽골이라는 집단명이 다양한 종족에게로 확대 적용되었다고 증언한 점 (제2장 참조)을 고려할 때 이런 지적은 다소 뜬금없어 보일 수 있다. 나중에 확인하겠지만, 더 중요한 것은 티무르가 몽골 전통과 제도에 보인 애착이다.

그러나 이 장의 주제는 카라차르와 그 자손들의 지위다. 티무르 왕조 시대의 기록이 대대적으로 윤색되었다고 의심할 만한 근거가 충분하기 때문이다. 후사인 이븐 알리샤 Ḥusayn b. ʿAlīshāh라는 저자가 티무르 사후에 계보도를 작성했는데(단 하나의 필사본만이 존재하며 아직 출간되지 않음), 여기서 그는 카라차르를 몽골 칸 투메네이 Tümenei(《몽골 비사》의 툼비나이 세첸 Tumbinai Secen(툼비나이 "현자")))의 아들이자 칭기스 칸의 증조부인 카불 칸 Qabul Khan의 동생 카출라이 Qachulai의 직계 남성 혈통으로 만듦으로써 칭기스 칸의 가계에 삽입했다.[20] 이 계보는 티무르의 손자 할릴 술탄 이븐 아미란샤의 조치 왕통 조상을 강조하는 것으로 보아 할릴 술탄이 사마르칸드에서 집권한 짧은 기간(807~811/1405~1409)에 작성되었을 가능성이 높다.[21] 샤라프 알딘 알리 야즈디는 한술 더 떴다. 그는 카출라이가 꿈을 꾼 뒤 그 내용을 아버지에게 말하자, 아버지가 카출라이 역시 카불 칸과 마찬가지로 위대한 정복자의 조상이 될 예언이라고 해몽해주었다고 주장했다. 그후 투메네이는 자신의 사후에 군주의 지위는 카불 칸에게, 행정과 군사 업무는 카출라이에게 넘기겠다는 언약을 위구르 문자로 기록하고 여기에 자신의 붉은 인장 āl-i tamgha을 찍었다고 한다.[22]

야즈디가 서술한 테무진/칭기스 칸 일대기에서도 카라차르가 여러 차례 언급되었는데, 이는 카라차르의 위상이 이른 시기부터 높았음을 부각하기 위함이었다. 테무진이 중요한 순간마다 카라차르에게 의견을 물었으며, 케레이트와 벌인 최후의 전투에서 카라차르가 옹 칸과 결투를 벌여 옹 칸을 낙마시켰다는 식이다.[23] 심지어 예수게이가 죽은 뒤 테무진과 그 어머니와 형제가 버림받았을 때 카라차르 역시 어린 아이였고, 카라차르의 아버지 수구 세첸 Sughu Sechen(야즈디의 기록에 따르면 "예수게이 정권의 기둥")이 그러기 얼마 전에 사망했다는 이야기도 실려 있다.[24] 야즈디는 이런 서술을 통해 미래의 칭기스 칸을 곤경에서 구하지 못한 그 두 사람의 책임을 면제하려고 한 듯하다. 야즈디는 또한 투메네이의 언약이 작성되고 몇십 년이 지난 뒤 칭기스 칸이 몽골 부족을 친족들에게 분배할 때 카라차르 역시 그의 친척az abnā-yi aʻmām으로서 정복자의 아들·형제와 함께 자신의 몫을 받았다고 주장했다.[25] 그리고 칭기스 칸이 죽기 직전에 자신의 아들들과 형제들뿐만 아니라 카라차르까지 불러들여 3대에 걸쳐 전해져온 투메네이의 언약을 다시금 확인해주었다고도 썼다. 또 칭기스 칸이 카라차르를 아들 차가다이의 후견인으로 지명해, 칭기스 칸의 생전에 그러했듯이 차가다이 울루스에서도 행정적·군사적 권한을 행사하도록 정해두었다(고 한다).[26] 그리하여 나중에 차가다이가 사냥을 비롯한 여러 유희에 몰두하는 동안에 카라차르가 기꺼이 정부와 군사 업무를 관장했다고 한다.[27] 636/1238~1239년에 부하라에서 몽골 제국에 대항해 마흐무드 타라비Maḥmūd Tārābī가 주도한 민중 봉기를 진압할 때도 카라차르가 일익을 담당했다고 전한다.[28]

그뒤 야즈디는 유감스럽게도 (그러나 편리하게도) 투메네이의 언약이 오고데이 왕통의 알리 술탄이 정권을 찬탈했을 때(740/1339~1340?) 파괴되었다고 썼다.[29] 또한 티무르가 태어나면서 카출라이의 꿈과 투메네이의 해몽이 현실이 되었다고 강조했고,[30] 《서문》과 《승전기》 본문에서도 카라차르가 칭기스 칸과 투메네이라는 공통의 조상을 가졌다고 반복해서 언급했다.[31] 이러한 계보는 《고귀계보》와 하피즈 아브루의 《역사 정수》(830/1426~1427)에도 그대로 채록되었다.[32] 이런 식으로 티무르는 칭기스 칸의 친족이자 몽골 황가의 (먼) 구성원이 되었다.

몽골인들이 이전에는 문자를 사용하지 않다가 1204년 이후에야 몽골어가 위구르 문자로 기록되기 시작했음은 잘 알려진 사실이다. 따라서 야즈디가 언급한 언약이 수십 년 동안 존재했을 가능성은 매우 희박하다. 게다가 티무르 생전에 그가 투메네이의 후손이라는 믿음이 존재했다는 문헌상의 증거는 존재하지 않는다. 티무르 왕조 이전의 어떤 자료도 야즈디의 놀라운 주장을 뒷받침하지 못한다. 궁극적으로 야즈디는 중세 유목민 집단들이 공유하던 정치적 이해관계와 충성심을 표현하기 위해 혈연이라는 관용구를 활용하는 허구[33]를 그대로 재현한 《몽골 비사》와 바룰라스 족속 전체가 칭기스 칸과 공통의 조상을 가졌다고 한 라시드 알딘의 주장에 근거해 그렇게 서술했을 것이다. 라시드 알딘의《집사》에서는 바룰라스부의 혈통이 투메네이의 아들 카출라이까지 거슬러 올라간다고 기록된 반면,[34]《몽골 비사》에서는 투메네이의 증조할아버지의 형제들 가운데 카출라Qachula[원문 그대로]와 카치우Qachi'u가 있었고, 바룰라스부는 이 두 사람의 후손이라고 전한다.[35] 그러나《몽골 비사》와《집사》어디에서도 수구 세첸이나 카라차르가 계보에 삽입되지는 않았다.[36] 또한 라시드 알딘은 간혹 바룰라스의 노얀들을 언급했지만,《부족지》에서 바룰라스를 다룬 단락이 충격적일 정도로 짧다는 점도 의미심장하다.[37]《5족보》에서도 라시드 알딘은 카출라이의 후손들을 서술할 때 카라차르를 누락했고, 단지 카라차르를 차가다이의 아미르 목록에 올리며 "부준차르Būzūnchār(칭기스 칸의 9대조 보돈차르)의 후손ūrūq"이라고 서술했을 뿐이다. 게다가 라시드 알딘은 카라차르를 "바룰라타이 카라차르Barulatai Qarachar"와 "바룰라스의 카라차르"라고 두 번 언급해서 혼란을 일으킨다.[38] 라시드 알딘의 이 서술이 바룰라스부의 기원을 다시 말한 것이 아니라면(그랬을 가능성이 높아 보인다), 아마도 이것이 티무르 왕조 이전 카라차르가 몽골 칸들의 후손임을 밝혀주는 유일한 증거일 것이다.[39]

티무르의 시대, 그리고 그 이후에 저술 활동을 펼친 외부인들은 그의 혈통에 대해 상반된 전승을 수용했다. 16세기 초에 편찬된 《기야스의 역사》는 티무르를 칭기스 칸의 선조 투메네이와 연결하는 계보를 전하면서도, 뒤에서는 티무르의 아버지 타라가이가 농민min al-fallāḥīn이었으며, 티무르의 생애 초기에는 무명이었다고 기록했다.[40] 티무르의 조상에 대한 티무르 왕조의 선전이 널리 퍼지기 전에 활동한 이븐 할둔의 글은 더 혼란스럽다. 이븐 할둔은 칭기스 칸이 몽골 칸들의 혈통에서 나왔다는 것은 확신했지만,[41] 티무르의 혈통은 훨씬 의심스러운 사안이었다. 《성찰의 책》에서 이븐 할둔은 한 곳에서는 티무르가 차가다이 계통nasab에 속한다고 기록했고, 다른 곳에서는 티무르가 "칭기스 칸의 아들인 차가다이의 후손min banī jaqaṭāī"이라고 좀더 명확하게 표현했다.[42] 그러나 또다른 곳에서는 티무르와 그의 족속qawm이 차가다이와 관련이 있다면서도 이 차가다이가 칭기스 칸의 아들인지, 아니면 이름이 같은 다른 몽골인인지는 알지 못한다고 밝혔다.[43] 마지막으로, 이븐 할둔은 티무르가 차가다이 왕통과 정확히 어떤 연관이 있는지는 확실하지 않지만, 다른 지파에 속한다고 생각하는 사람도 있다고 기록했다.[44]

시리아 출신으로 티무르 제국에서 강제 체류 생활을 한 이후 오랜 시간이 지나서야 저술을 남긴 이븐 아랍샤만이 타라가이의 위대함에 대해 서술했다. 흥미롭게도, 이 적대적 증언자는 티무르의 아버지가 귀족 가운데 한 명arkān dawla이거나, 백호百戶의 아미르라는 전승이 가장 진실하다고al-aṣaḥḥu 서술했다. 이때 이븐 아랍샤는《선집》이라는 페르시아어 역사서를 근거로 삼았다. 하지만 이븐 아랍샤는 타라가이가 가난한 제화공iskāf^(an) faqīr^(an) jidd^(an)이었다는 이야기도 있다며, 이것이 타라가이와 그의 아들 티무르가 상식이나 종교에 전반적으로 무지한min … ṭāʾifat awshāb lā ʿaql lahum wa-lā dīn 이유라는 듯 저주를 퍼부으며 그들을 쓸모없는 유목민 무리min al-ḥasham al-raḥḥāla wa l-awbāsh al-baṭāla라고 격하한다.[45] 타라가이가 바를라스부의 수장이었던 핫지 바를라스의 친족이었음을 고려할 때, 이 같은 다른 전승들은 모순으로 보인다. 티무르 왕조의 사료에 따르면, 타라가이가 차가다이 울루스 동부의 아미르 하미드Ḥamīd와 친구 사이였다는 사실도 특기할 만하다.[46] 그러나 루이 곤살레스 데 클라비호는 타라가이가 귀족 혈통이었는데도 휘하에 부하를 서너 명밖에 거느리지 못했다는 이야기를 들었는데, 이는 티무르가 처음에 일곱 명 또는 열 명의 추종자만 거느렸다는 술타니야 대주교 요한네스의 증언과도 일치한다.[47]

한스 로베르트 뢰머는 티무르가 칭기스 황가와의 혼인을 중시하고 '구레겐(황실 사위)'이라는 칭호를 사용했다는 점을 지적했지만, 그 사실 자체가 티무르가 몽골 혈통이라는 주장의 힘을 빼지는 않는다.[48] 칭기스 왕조와의 혼인은 매우 중시되었었고, 그보다 몇십 년 전 라시드 알딘이 정통 몽골 출신으로 간주했던 부족 출신의 아미르 다수도 '구레겐'이라는 칭호를 사용했다. 티무르는 그가 황실의 일원으로 태어나지 '않았고', 투메네이의 혈통도 가짜였기에 이 칭호를 사용했던 것은 아닐까.

카라차르의 지위

카라차르가 칭기스 칸의 부하 중에서도 매우 소중한 인물이었다는 사실은 의심의 여지가 없다.[49] 라시드 알딘과 마찬가지로 《몽골 비사》의 저자 역시 카라차르를 차가다이에게 할당된 천호 지휘관 세 사람 중 하나라고 말했다. 다만, 칭기스 칸이 자신의 아들을 다른 노얀인 코코초스Kököchös에게 맡겼다고 묘사한 점에는 차이가 있다.[50] 나탄지는 카라차르가 차가다이의 손자이자 후계자 카라 훌레구Qara Hülegü(사망 649/1252?)에 의해 아미르(어쩌면 수석 아미르)로 임명되었다고 간략하게만 언급했다.[51] 야즈디가 주로 의존한 사료인 티무르의 역사가 니잠 알딘 샤미도 야즈디처럼 카라차르를 상찬하지는 않았다(806/1404). 샤미가 칭기스 칸이 차가다이를 카라차르에게 맡겼다는 (그리고 이는 카라차르의 후손 티무르가 현재 맡은 역할을 예고한 조치였음을 보여준다) 내용을 쓰기는 했지만, 카라차르가 차가다이 울루스 내에서 지위가 높았다는 점만 강조했다. 예컨대 라시드 알딘은 차가다이가 "야사의 보호자"였다고 했는데, 샤미는 이 표현을 카라차르를 묘사하는 데 사용했다.[52] 《고귀계보》에서 카라차르는 "칭기스 칸의 퇴레에 대한 맹세möchelge 초안을 작성한 사람wādi‘"이라고 서술되었다.[53]

20년 전, 새뮤얼 그루퍼Samuel Grupper는 명나라 왕조가 몽골 지배자를 추방한 1368년 직후에 편찬한 왕조사인 《원사》의 기록을 면밀하게 검토해 논문을 발표했다. 《원사》 열전(권 135)에는 바룰라스 노얀 쿠룸시Qurumshi와 그 아들 에불룬Ebülün의 전기가 포함되어 있는데, 이에 따르면 두 사람의 조상은 원나라 군대에서 중요한 역할을 맡았다.[54] 이 지파의 조상인 불루간 칼자Bulughan Qalja는 카라차르와 마찬가지로 이른 시기에 칭기스 칸에게 합류해 황제의 근위대(케식)로 임명되었고 나중에는 칭기스 칸에 의해 투멘의 지휘관으로까지 승진했다.[55] 불루간 칼자의 후손들도 대대로 근위대를 지내다 천호로 임명되어 여러 전선에 투입되었다. 그루퍼는 티무르 왕조의 사료보다 25여 년 더 일찍 작성된 이 내용이, 티무르가 차가다이 울루스에서 지배적인 지위를 차지하게 된 과정을 설명하는 데 도움이 된다고 생각했다.[56] 그의 표현을 빌리자면, "불루간 칼자 및 그 후손들에 대한 기록과 카라차르 및 그 후손들에 대한 기록은 확실히 비슷한 측면이 있다."[57] 그리고 이어서 이렇게 썼다. "[《원사》에 기록된 바룰라스 노얀들의 역사에 대한] 이 기록들은 독립적으로 작성되었으나, 차가다이 칸국에서도 비슷한 양상이 존재했다는 티무르 왕조 측의 주장을 뒷받침해준다."[58]

그러나 나는 그루퍼의 의견에 회의적이다. 그루퍼의 연구는 칭기스 칸 시대에 또다른 바룰라스 노얀이 군 고위직에 올랐다는 사실 이상을 보여주지는 못한다. 문제는, 카라차르가 차가다이 휘하의 고위 장령이었으며, 원나라의 불루간 칼자처럼 더 광범위한 행정적 권위를 누리는 지위에 오르지 않았다는 것이 아니다. 《고귀계보》의 정보를 바탕으로 카라차르가 차가다이의 케식 사령관이자 최고 판관(야르구츠)이었다는 마리아 서브텔니Maria Subtelny의 추정은 설득력이 있다.[59] 특히 카라차르가 야르구츠로 활동했을 가능성은 친티무르 왕조의 성향을 보이지 않은 사료에서도 확인할 수 있기에 중요하다. 미르자 하이다르는 투글룩 테무르 칸이 자신의 두글라트 조상들에게 부여한 특권들에 대해 서술하면서, 두글라트 아미르가 아홉 가지 죄를 지으면 피고인은 법정

yarghū wa-purish에서 심문을 받고, 법정에서 그가 진술한 내용은 전부 바를라스부를 통해 칸에게 보고된다고 설명했다.[60] 뒤에서도 하이다르는 당시 모굴 칸국에서도 나이 많은 바를라스부 출신 아미르가 "퇴레와 규정tüzük(아마 군사 문제를 관장하는 규칙일 것으로 추정됨)"에 대해 자문했다고 썼다.[61] 바를라스부가 언제나 (꼭 야르구츠 관직이 아니더라도) 야르구나 규정된 절차와 연관이 있었다는 사실은 카라차르의 경력을 이해할 수 있는 중요한 실마리다. 서브텔니의 지적대로, 이는 티무르가 야사(혹은 티무르 시대식 표현을 따르자면 '퇴레')를 중시하게 된 배경에도 영향을 미쳤을 수 있다.[62]

여기서 쟁점은,《원사》의 기록이 카라차르 후손들의 지위와 관련해 어떤 함의가 있는가 하는 것이다. 원 제국에서 바룰라스 노얀 가문이 오랫동안 명성을 누렸다고 해서 중앙아시아에서도 동일한 상황이 이어졌다고 볼 수는 없다. 군사 지휘 체계와 정치적 영향력은 각 울루스마다, 그리고 시대에 따라 달랐기 때문이다. 라시드 알딘의 기록을 보면 일반적으로 군대의 지휘권은 해당 장령이 죽으면 그의 아들이나 형제가 이어받는 경우가 흔했지만, 완전히 다른 부족 출신의 누군가에게 넘어가는 경우도 드물지는 않았다.[63] 각 울루스에서 가문의 위상은 단순히 칭기스 칸 치하에서 조상이 승진했거나 그의 아들들에게 노얀이 배치되었다는 사실만으로 결정되지는 않았다. 오히려 해당 인물과 그 후손들의 공적(혹은 그들을 대체할 가능성이 있는 다른 인물들의 공적)에서 더 깊이 영향을 받았다. 예컨대 칸은 주요 부인들의 가문을 총애하는 경향이 있었다. 혹은 분쟁이 벌어진 뒤에 승자가 자신의 지지자들에게 높은 지위를 부여할 수 있었는데, 여기에는 이전까지 덜 유명한 부족의 '신참자'도 포함될 수 있었다. 1334년 이후 차가다이 울루스의 칸위가 대단히 불안정했다는 점을 고려하면, 차가다이 울루스의 경우도 마찬가지였을 가능성이 크다.

크리스토퍼 애트우드가 강조했듯이, 여러 울루스 내에서 제도적 발전이 서로 다르게 진행되었다는 사실에도 주목할 필요도 있다.[64] 쿠빌라이 시대 이래 원나라에서 케식 수장직은 특정 가문이 독점하는 경향이 있었지만, 가령 일칸국에서는 이런 현상이 나타나지 않았다. 지방 칸국 케식 수장들의 출신 부족이 원나라 케식 수장들의 출신 부족과 다른 경우도 많았다. 이와 관련해 차가다이 일문의 칸들이 어떤 정책을 펼쳤는지를 보여줄 증거는 부족하다.

카라차르에서 티무르에 이르는 시기의 바를라스 아미르

차가다이 울루스에서 카라차르 후손들이 행한 활동[65]에 대해서는 자료의 부족을 감안한다 치더라도 정보가 거의 없는 형편이다.[66] 티무르의 선조 중 한 명인 카라차르의 아들 이질Ijīl은 알루구 칸과 무바락 샤 칸을 차례로 섬겼다고 하는데,[67] 717/1317년 바그다드에서 필사된 《집사》 사본에서 실제로 두 차례 언급되었다. 이 사본에 따르면 이질은 테구데르 왕자를 수행했고, "아바카를 따른 대아미르"였다.[68] 즉 앞서 살펴본 것처럼, 이 아미르는 훌레구의 이란 원정에 파견된 차가다이 일문의 군대 일부를 통솔했고, 테구데르의 반란이 실패한 뒤에 일칸의 부하가 된 것으로 보인다. 존 우즈John Woods는 (다른 사본에서는 전혀 발견되지 않는) 바그다드 사본의 이 문장들이 원본 필사자가 아닌 다른 누군가에 의해 편입되었을 가능성이 있다고 보았다.[69] 이질에 대해서는 더 알려진 바가 없지만, 티무르의 직계 조상 중 한 사람이 트란스옥시아나에서 빛나는 경력을 쌓았을 가능성은 거의 없어 보인다. 그럼에도 샤라프 알딘 야즈디는 이질이 이란으로 떠난 뒤 그 자리를 계승한 아들 아일랑기르Ailangir가 두아가 통치한 세기말까지 이 직무를 수행하며 울루스를 번창시켰다고 썼다.[70]

야즈디의 서술 가운데 현재 우리가 확보한 13세기에서 14세기 초까지의 차가다이 울루스 내부 역사에 대한 희소한 정보와 맞춰볼 만한 것이 있을까? 실제로 카라차르의 아들 일데르Ilder가 636/1238년에 타라비 반란의 잔당을 진압한 두 지휘관 가운데 한 사람과 동일 인물일 가능성은 있다.[71] 그러나 13세기 말에서 14세기 초 사이에 등장하는 다른 바를라스 지배 씨족의 구성원은 테뮬레이*Temülei(혹은 네뮬레이*Nemülei나 남불라이*Nambulai)와 그 아들 다우드Dāʾūd 두 사람뿐인데,《고귀계보》에 따르면 이들은 카라차르의 아들 예순테 몽케*Yesünte Möngke의 후손으로 다른 지파에 속했다. 테뮬레이는 1290년대에 두아가 카이두의 군대와 함께 옥수스강 이남에 주둔시킨 두 투멘 중 하나를 지휘했다(다른 한 투멘은 두아의 아들 쿠틀룩 호자가 맡았다).[72] 다우드는 두아의 부관으로서 1305~1306년 트란스옥시아나에서 발발한 내전에서 활약했다.[73] 그러나 밧사프나 카샤니가 이 내전에 대해 서술할 때 이름을 언급한 다른 차가다이 일문에 소속된 노얀 가운데 바를라스 계보에 등장하는 인물은 없으며,[74] 테뮬레이와 다우드를 제외한 바를라스의 아미르들은 13세기에서 14세기 초까지의 차가다이 칸국과 관련된 연대기 사료에서는 보이지 않는다. 마치 야즈디가 서술한 바와 완전히 다른 정치체의 역사를 보는 게 아닌가 싶을 정도다.

티무르가 경력을 시작할 무렵 바를라스부의 수장은 다우드의 조카 핫지 바를라스였고,[75] 그 영토는 케쉬(샤흐리사브즈) 인근이었다. 《고귀계보》에 따르면 핫지 바를라스는 '울룩 밍ulugh ming'('대천호大千戶')을 지휘했는데, 이 부대는 얼마 뒤에 '울룩 투멘ulugh tümen'으로 불리게 되었다.[76] 비어트리스 맨즈와 우즈는 이 부대가 바로 본래 칭기스 칸이 카라차르에게 하사한 병력일 것이라고 보았고, 안도 시로安藤志朗도 다른 티무르 왕조 사료들에서 등장하는 '카라차르의 투멘'을 '샤흐리사브즈의 투멘'(하피즈 아브루가 바를라스의 세습 병력을 지칭한 이름)과 동일시했다.[77] 여기서 문제는 왜 카라차르가 지휘한 부대에 '대大'라는 수식어가 붙었느냐다. 이 용어는 칭기스 칸이 차가다이에게 물려준 모든 부대에 붙여졌을까? 아니면 《고귀계보》의 정보는 단지 카라차르와 그 후손들의 위상을 높이기 위해 사용된 도구였을까?[78]

새뮤얼 그루퍼의 주장대로 바를라스 아미르들의 지위가 높았다 하더라도 바를라스부의 계서에서 티무르가 그다지 중요한 인물이 아니었다는 점에 주목해야 한다. 티무르 왕조의 저자들은 바를라스부의 지배 지파에 속하지 않은 인물이 어떻게 수장이 될 수 있었는지를 설명하는 데 애를 먹었다. 샤미와 야즈디는 이 어려움을 회피하고자 칸의 침공 이전에 티무르와 핫지 바를라스가 공동으로 케쉬를 지배했다고 서술했지만, 이는 명백한 거짓말이다.[79] 그러나 티무르 왕조의 역사가들이 티무르를 위해 준비한 계보를 기준 삼아 살펴보면 핫지 바를라스와 티무르는 상당히 먼 친척이다. 티무르의 할아버지인 아일랑기르의 아들 보로굴*Borogul과 티무르의 아버지 타라가이는 중앙 정치 무대에서 특별한 역할을 하지 않은 평범한 사람이었던 것 같다.[80] 그러나 이 사실도 야즈디가 타라가이에 대해 쓰면서 티무르에게는 "유명한nāmdār 부친"이 있었다고 표현하는 것을 막지는 못했다.[81] 야즈디는 《서문》에서 티무르의 아버지와 할아버지에 대해 놀라울 정도로 거의 언급하지 않았다. 다만 타라가이가 이슬람의 발전과 무슬림 보호에 전념했고, 타라가이의 집이 학자들의 필요를 충족시켰으며 종교인들과 경건한 사람들의 모임 장소였고, 타라가이가 셰이흐 샴스 알딘 쿨랄의 제자였다는 정도만 서술했을 뿐이다.[82] 본편이라 할 수 있는 《승전기》에서 야즈디는 보로굴과 타라가이가 영토와 투멘을 일부러 친족에게 넘겼다고 서술했다.[83]

761/1360년에 차가다이 울루스 동부의 칸 투글룩 테무르가 트란스옥시아나를 침공하자 핫지가 침략자들을 피해 도주했고 그 덕분에 티무르는 "찬란한 조상들의 영토"를 얻을 수 있었다. 니잠 샤미Niẓām-i Shāmī〔니잠 알딘 샤미〕의 기록대로, 티무르가 바를라스부를 장악할 수 있었던 것은 세습 권리 덕분이 아니라, 재빨리 핫지 바를라스를 버리고 칸에게 복속할 준비가 되었기 때문이다. 샤미에 따르면, 티무르는 핫지 바를라스의 동의를 얻어 케쉬 지방을 약탈로부터 보호한다는 명분을 내세워 칸에게 투항했다.[84] 야즈디는 투글룩 테무르가 자신의 아들 일리야스 호자를 트란스옥시아나의 섭정으로 임명하되 행정은 티무르의 귀중한 판단에 위임했다고 썼는데,[85] 이는 앞서 설명한 카라차르의 역할을 반영하기 위해 고안된 장치임이 확실하다.

카라차르가 자신의 군 지휘권을 후계자에게 물려주는 데 성공했다

하더라도,《고귀계보》에 묘사된 카라차르의 역할에 대한 세부 사항이 완벽히 정확하다 하더라도 여전히 문제는 남아 있다. 바를라스부 지배 가문의 구성원들이 티무르 왕조 저자들의 주장만큼 저명한 존재였다면, 왜 티무르 왕조 이전의 자료들에서는 이들에 대한 언급이 거의 없을까? 라시드 알딘, 밧사프, 카샤니는 1280년대에서 1320년경까지 차가다이 울루스에서 활동한 노얀의 이름을 여럿 열거했으나, 그 가운데 후일 티무르의 선조로 알려질 카라차르의 혈통은 전혀 언급하지 않았다. 물론 침묵이 반드시 부존재를 의미하지는 않으며, 13세기와 14세기 초 차가다이 일문 휘하의 몽골인 귀족층에 대해 우리가 가진 이미지가 대부분 일칸국에서 작성된 사료의 시각에 의해 왜곡되었을 수도 있다. 그러나 바를라스 아미르들은 케쉬 주변의 유목지를 중심으로 활동했고, 케쉬는 옥수스강과 멀리 떨어진 지역이 아니다. 케쉬는 일칸국 저자들의 시야 너머에 존재한 모굴 칸국 아미르들의 공간과는 달랐다.

어쩌면 쾨펙 칸이 트란스옥시아나 카르시 인근에서 거주하기 시작했을 무렵, 다시 말해 일칸국 저자들이 사실상 차가다이 울루스에서 일어난 사건에 대해 더는 보고하지 않게 되었을 무렵 바를라스 아미르들이 차가다이 울루스 서부에서 다시 전면에 나섰을 가능성을 배제할 수는 없다. 그러나 어떤 경우였든 간에 현전하는 증거가 없다. 오로지 이븐 바투타만 약간의 정보를 제공하는데, 앞서 살펴본 대로 타르마시린의 수석 아미르는 차가다이 울루스 서부에 기반을 둔 오로나우트부의 보롤다이였다.[86] 사실 그루퍼가 그 경력을 검토한《원사》의 바를라스 장령들과 가장 비슷한 카라차르의 후손은 예순테 몽케의 후손이지 티무르의 직계 조상들이 아니었다. 그리고 어떤 경우든 차가다이 일문의 칸들과 카라차르의 "후계자들" 사이의 오랜 언약이나 바를라스 아미르가 독점한 행정부와는 상당히 거리가 멀다.

역사 다시 쓰기?: 미르자 하이다르의 두글라트 조상 윤색

야즈디의 카라차르 관련 서술은 미르자 하이다르의 《라시드사》(952/1546)에서 두글라트 조상들에게 부여한 역할과 비슷한 측면이 있다. 하이다르는 라시드 알딘의 기록에서 등장하는 "부카 두칼라트"를 언급하지 않고 칭기스 칸이 "영토를 분할"했을 때 두글라트 아미르 외르튀/외르테 보라Örtü/Örte Bora에게 망갈라이 쉬베라는 광대한 영역을 하사했다고 서술했다(이곳은 이전의 어느 사료에서도 언급되지 않았다). 여기에는 카쉬가르·야르칸드·호탄·우즈칸드Üzkand·아흐시카트Akhsīkat·카산Kāsān·안디잔·악수·아트바슈Atbāsh·쿠산 같은 도시가 포함되어 있었다. 또한 하이다르는 외르튀 보라에게 타르한(몽골어는 다르칸) 지위에 상응하는 특권이 부여되었다는 기록도 남겼다.[87] 또한 외르튀 보라와 그 후손들이 대대로 수석 아미르(울루스베기)의 지위를 세습했다고 언급했다.[88] 《라시드사》 뒷부분에서 하이다르는 차가다이가 이 지위를 하사했고, 이 지방에서 권력을 행사한 최초의 두글라트는 바이두간*Baidughan이라고 썼다.[89]

13세기에 두글라트가 차가다이 칸국 동부에서 (심지어 페르가나 일부까지 포함한) 이렇게 방대한 영역을 지배했을 가능성은 매우 낮다. 《집사》에서 라시드 알딘은 바를라스부와 마찬가지로 두글라트부가 투메네이의 후손이라고 언급했다. 그러나 의아하게도 그는 바를라스에 대해 그랬던 것처럼 칭기스 칸의 시대에도 자신의 시대에도 지위나 명성으로 유명한 두글라트 아미르는 없었다고 평한다.[90] 더 정확히 말하면, 모굴 칸국에서 두글라트부의 권력 부상은 두글라트 투글룩 테무르의 사망 이후에 발생한 과도기에 이루어졌으며, 1330년대 이전에는 확실히 그런 상황이 아니었다는 이야기다.[91] 타르마시린이 자신의 영토 동부를 소홀히 하자 동부의 야심 찬 노얀들이 이에 고무되었고 나중에 차가다이 일문의 계승 후보자가 부족해지자, 이를 기회로 잡아 노얀들이 권력 중개자로 나섰다는 것이다.[92] 하이다르는 748/1347년 외르튀 보라의 후손 볼로드치/풀라드치가 조상이 의심스러운 어린 투글룩 테무르를 옹립한 사건[93]과 볼로드치의 아들 후다이다드Khudāydād가 1388년경 투글룩 테무르의 아들을 가장한 히드르 호자를 옹립한 사건[94]을 언급했는데, 후다이다드의 경우 감숙 지방에 기반을 두었으며, 불교를 신봉하던 차가다이 일문의 경쟁 지파에서 내세운 후보였던 구나시리/구나시린Gunashiri [n]의 권리를 부정했던 것으로 보인다.[95] 하이다르는 볼로드치와 후다이다드가 이러한 공로로 추가 특권을 받았다고 썼다.[96]

물론 티무르 왕조의 저자들이나 미르자 하이다르가 전하는 정보 가운데 일부는 13세기와 14세기의 구전 전승을 반영한다고 볼 수도 있다(16~18세기 카잔 칸국, 카시모프 칸국, 크림 칸국 등에서 작성된 역사서들에 통일된 금 오르다 시대에서부터 전해진 신뢰할 만한 자료가 포함되었을 수 있듯이 말이다).[97] 그러나 티무르 왕조의 지배를 정당화할 필요성, 혹은 하이다르와 두글라트 친족들의 가문과 씨족에 대한 자긍심이 후대의 자료에 반영되었을 가능성이 높은 만큼 주의할 필요가 있다. 후기 조치 일문의 역사서 저자들은 해당 지역에 대한 귀중한 정보를 알아냈을 뿐만 아니라,[98] 각자의 독특한 시각을 취하거나 동시대 엘리트 가문의 잇속을 반영한 경우가 많았기 때문이다. 시린부 벡들의 시각을 반영한 압둘 가파르 크르미'Abd al-Ghaffār Qırımī가 그런 예로,[99] 티무르 왕조 쪽 저자들이나 미르자 하이다르도 그와 비슷했으리라 짐작할 수 있다.[100]

티무르 왕조 이전 차가다이 울루스의 주요 몽골 가문

동시대 일칸국 사료를 통해 확인할 수 있는 티무르 시대 이전 중앙아시아의 역사적 현실로 다시 돌아가자. 차가다이 일문의 칸들은 어떤 종류의 사람들을 군사령관으로 임명했을까? 최고위직으로 임명된 노얀들은 바를라스부(혹은 때로는 두글라트부)가 아닌 술두스부와 잘라이르부 출신이었다.[101] 668/1270년 바락이 이란을 침공했을 때 군사를 지휘한 노얀은 투르치얀 또는 키쉴릭의 아들이거나 손자일 것으로 추정된다. 이 두 사람은 《5족보》에서 차가다이에게 할당된 천호의 지휘관으로 언급되었던 인물이다(《5족보》의 부장 명단에는 《집사》에 실린 천호 일람에는 없는 내용이 추가되었다). 키쉴릭(《몽골 비사》의 키실릭Kišiliq)은 칭기스 칸을 위해 세운 공로 덕분에 다르칸/타르한에 봉해졌고, 후손들 역시 대단한 영예를 누렸다.[102] 티무르의 중요한 지지자였던 기야스 알딘 타르한Ghiyāth al-Dīn Tarkhān도 키쉴릭의 후손이어서 이 지위를 물려받았다.[103] 라시드 알딘은 술두스부의 쾨펙이 두아의 '수석 아미르muqaddam-i umarā'로서 옥수스강 이남에 배치된 차가다이 일문의 병력을 지휘했다고 전한다. 쾨펙

은 1306년경 인도 원정 때 전사했다.[104]

그다음으로 저명한 아미르의 혈통은 차가다이 휘하의 또다른 천호인 잘라이르부의 모게에서 기원했다. 그의 아들 울룩 야사우르Ulugh Yasa'ur('대大'야사우르Yasa'ur-i Buzurg')는 바락의 이란 원정에 참여했으나, 얼마 뒤 칸을 버리고 카이두에게 복속한 인물로 다시 등장한다.[105] 울룩 야사우르는 687/1288년에 두아를 대리해 발흐·샤부르간·메르브를 휩쓴 군대를 지휘했다. 그리고 칸은 울룩 야사우르를 발흐와 바드기스 인근에 주둔한 차가다이 일문 부대의 지휘관으로 임명했다.[106] 야사우르는 690/1291년에 투르키스탄에서 호라산으로 귀환하는 일칸국 아미르 나우루즈의 반란*을 지원하기 위해 파견되었을 때(쾨펙도 이때 파견된 아미르 중 하나다)도 발흐와 바드기스 인근에 주둔한 군대를 지휘한 바 있다.[107] 그가 마지막으로 언급된 것은 695/1295년 이란 동부를 침공한 두아 휘하의 장수였을 때다.[108] 라시드 알딘에 따르면, 야사우르의 아들들이 이 지역에서 활동했다.[109] 그 아들들 가운데 창시 구레겐Changshi Güregen은 일칸국 원정에서 군사령관으로서 중요한 역할을 했고, 누이의 아들인 차가다이 왕통의 왕자 야사우르와도 705/1305년부터 야사우르 왕자가 일칸국으로 떠나는 716/1316년까지 밀접한 관계를 유지했다. 트란스옥시아나에 남아 있던 창시는 1년 뒤에 사망했다.[110] 티무르가 권좌에 오르던 시기의 잘라이르 아미르들과 마찬가지로 창시의 본거지

• 훌레구 울루스의 아르군 칸은 즉위 직후 아들 가잔(당시 13세)에게 호라산을 맡기고, 나우루즈를 가잔의 부관으로 삼아 어린 아들을 대신해 군사 업무와 통치를 담당하게 했다. 그러나 1289년 아르군이 부카 칭상((Būqā Čīngsāng), 부카 승상(丞相))을 처형하자 부카와 친밀하게 지냈던 나우루즈는 두려움을 느끼고 반란을 일으켰다가 중앙아시아로 도주해 카이두와 두아에게 도움을 청했다.

는 후잔드와 페르가나였다.[111] 그러나 창시와 티무르 시대 잘라이르 아미르들 사이의 혈연관계에 대해서는 알려진 바가 없다. 차가다이 일문을 섬긴 다른 잘라이르 아미르에 대한 정보는 남아 있다.[112] 창시의 형제인 카반Qaban과 부카Buqa, 울룩 야사우르의 조카이자 1305~1306년에 두아의 대리인으로 활동한 오루스 부카Orus Buqa가 그런 예다.[113]

차가다이 일문 칸들의 아내들에 대해서는 거의 알려진 바가 없지만, 라시드 알딘은 차가다이 울루스에서 황가 여성과 결혼해 황가의 부마(구레겐) 지위를 얻은 아미르를 여러 명 언급했다. 잘라이르타이Jalayirtai와 울룩 야사우르는 오고데이 왕통의 공주와 혼인할 정도로 지위가 높다고 여겨졌다.[114] "대大아미르"로 불린(따라서 잘라이르부의 수장이었을 것으로 추정됨) 잘라이르의 예수 부카Yesü Buqa는 바락의 조카와 혼인했다.[115] 술두스 쾨펙의 아들 하산Ḥasan은 아릭 보케의 손녀 일쿠틀룩Il-Qutluq을 아내로 얻었다.[116] 술두스의 멩구 테무르Mengü Temür는 차가다이 일문의 칸 무바락샤의 누이와 혼인했다.[117] 또한 몽골 제국 각지에 흩어져 살았던 콩기라트부의 알리 벡ʻAlī Beg은 오고데이의 아들 카단Qadan의 손녀와 혼인했고,[118] 쿠틀룩 테무르는 차가다이의 막내아들 바이주Baiju의 딸 혹은 손녀인 예순진Yesünjin과 결혼했다.[119]

티무르 집권 직전의 통혼은 알려진 바가 거의 없으나 비슷한 상황이었으리라 추정된다. 카잔 술탄의 딸 사라이 물크 카님Sarāy Mulk Khanim•

• '카님'은 칸(ḫān)에 1인칭 소유격 조사 '-Im'이 붙은 여성형(문자 그대로 해석하면 '나의 칸(ḫanim')'))으로, 칸의 아내나 딸에게 붙이는 칭호다. 지역과 시대에 따라 카눔(ḫanum)/카늠(ḫanïm)으로도 표기했으나, 차가타이어에서는 '카님(ḫanim; XANYM)'으로 표기하는 것이 일반적이었고 저자 역시 이 표기를 사용했기에 한국어판에서도 이를 따랐다.

은 아미르 후사인과 결혼했었고, 티무르가 후사인을 실각시킨 뒤에는 티무르의 아내가 되었다.[120] 사라이 물크 카님의 어머니는 타이치우트Tayichi'ut의 무사Mūsā의 누이다.[121] 타르마시린의 딸은 바야지드 잘라이르Bāyazīd Jalāyir의 아내가 되어 알리 다르비시'Alī Darwish를 낳았다.[122] 아마 이 여인은 아미르 후사인의 첫째 부인이 된 세빈츠 쿠틀룩 아가Sevinch Qutlugh Āghā(나중에 바흐람 잘라이르Bahrām Jalāyir와 혼인)와 동일 인물일 것이다.[123] 요컨대 차가다이 왕통과 통혼했다고 알려진 아미르[124] 가운데 바를라스부 출신은 전혀 없다(아마 한 명이라도 있었다면《고귀계보》가 그 사실을 결코 놓치지 않았을 것이다).[125] 이는 바를라스가 더는 손꼽히는 부족이 아니었다는 인상을 풍기지만, 오늘날 우리가 가진 자료가 많지 않다는 사실에도 유의해야겠다.

트란스옥시아나의 비몽골 엘리트

이쯤에서 몽골(혹은 튀르크·몽골) 아미르도 군대의 장령도 아니었던 차가다이 울루스의 엘리트에 대해 짚고 넘어가야겠다. 토착 무슬림 튀르크 왕조는 칭기스 왕조의 정복 이후로도 차가다이 일문의 지배 아래에서도 권력을 유지했다고 알려졌다. 예컨대 카쉬가르·호탄·탈라스·샤슈(타쉬켄트)·알말륵 지역이 여기에 해당한다.[126] 그러나 13세기 말이 지나면 이 무슬림 군주들의 생존은 단 하나의 예외를 제외하면 존재 여부가 확인되지 않는다. 그 예외는 알렉산드로스 대왕의 후예를 자칭한 이란계 왕조로, 1300년부터 차가다이 일문의 봉신이 된 바다흐샨의 샤들이다(제7장 참조). 이 지방 왕조는 티무르가 권좌에 오르기 직전인 752/1351년에 카자간의 헤라트 원정에 참여하는 등 여전히 울루스의 정치에 적극적으로 참여했다.[127]

문관과 무관의 경계를 넘나들었던 타직 관리로 눈을 돌려보면, 티르미드의 사이드들(sādāt-i Tirmidh)이 제일 윗자리를 차지했을 것이다. 이븐 바투타는 할릴 술탄 이븐 야사우르가 차가다이 일문의 옥좌를 위해 도박을 했을 때 가장 먼저 그에게 합류한 무리의 대표로 병력 4000명을 이끈 알라 알물크 후다반드자다'Alā' al-Mulk Khudāwandzāda를 꼽았다. 이때 후다반드자다는 샤리프sharīf(즉 예언자 무함마드의 손자 알후사인 이븐 알리al-Ḥusayn b. 'Alī의 피를 이은 사이드)만이 아니라 "대아미르"이자 티르미드의 군주ṣāḥib로 불렸다. 이븐 바투타는 또한 이 인물을 몇 년 전 트란스옥시아나를 지날 때 만난 적이 있다고 주장했다. 그의 말을 신뢰할 수 있다면, 할릴 술탄은 승리를 거두어 칸으로 즉위한 뒤 알라 알물크를 와지르로 임명하고 나중에는 알말륵으로 보내 그곳을 다스리게 했다.[128] 알라 알물크의 혈통은 남달랐다. 마찬가지로 알라 알물크'Alā' al-Mulk라는 칭호를 지닌 그의 조상 혹은 친척은 호라즘샤 무함마드 이븐 테키쉬Muḥammad b. Tekish가 압바스 왕조 칼리프와의 갈등이 극에 달한 614/1317년 대립칼리프anti-caliph로 옹립될 정도로 중요한 인물이었다.[129] 그러나 할릴 술탄은 알라 알딘이 자신의 옥좌를 노린다는 의심에 빠져 그를 처형하는 바람에 주요 무슬림 세력의 지지를 잃고 말았다고 한다.[130] 그뒤로 이 가문에서는 두 알라 알물크만큼 고귀한 지위에 오른 인물이 나오지 않았다. 티무르가 인도 원정을 마치고 귀환했을 때인 801/1399년과 7년 원정이 끝났을 무렵인 807/1404년에 티무르를 맞이한 티르미드의 지배자 역시 알라 알물크'Alā' al-Mulk로 불렸다.[131] 티르미드 사이드 일족의 다른 구성원들("한자다khānzāda들Khānzadgān"로 불렸다)도 정복자의 수행단에 속했으며, 티무르의 군사 원정에도 참여했다.[132]

튀르크나 타직을 막론하고 차가다이 일문 정치체 내에서 비몽골 무슬림 제후들이 누린 권력 혹은 영향력은 어느 정도였을까? 마수드 벡은 재무 대신ṣāḥib-dīwān으로서 바락과 카이두와 두아를 위해 일했다. 자말 알카르시의 말에 따르면, 그의 아들들도 차례로 그의 지위를 이어받았다. 그러나 14세기의 어느 시점까지 이들이 지위를 지켰는지는 알려진 바가 없다.[133] 후기 차가다이 일문 칸들의 재무 대신들은 사료에 등장하지 않는다. 마찬가지로, 636/1238년 타라비 봉기 이후 명망 높은 왕조인 알 부르한Āl-i Burhān[부르한 가문]을 대체하고 부하라의 사드르ṣadr 지위를 차지해 14세기까지 번창했다는 마흐부브 가문Maḥbūbī에 대해서도 알려진 바가 거의 없다. 부르한 왕조의 자손들은 726/1326년에 부하라의 와크프 기부 증서에 이름을 올린 것으로 보아 그때까지도 어느 정도 중요한 세력이었던 것으로 보인다.[134] 그러나 두 가문 모두 티무르가 역사의 무대에 등장했을 무렵엔 사라진 듯하고, 사드르 직은 정치적 영향력을 거의 잃었다.[135] 마수드 벡의 후손들과 마찬가지로, 1330년대에서 1340년대까지 이어진 혼란이 이들에게 치명적인 타격을 입혔을 것으로 추정된다.

영적 의미에서 엘리트로 분류할 수 있는 집단인 셰이흐와 셰이

• 복수형은 Khānzadgān. 샤미의 원문에는 '한자다(Khānzāda)/혼드자다(Khvāndzāda ← XWANDZAD)'로 되어 있다. 저자도 이 책의 560쪽에서는 '혼드자다'라는 표기를 사용했다. 바실리 바르톨트는 '한자다/혼드자다'를 '후다반드자다(Khudāvandzāda)'의 약어로 보았다.

흐의 수피 추종자들도 살펴보아야 한다. '셰이흐shaykh'란 율법학자들(푸카하fuqahā', 단수형 파키흐faqīh)부터 고행자와 신비주의자까지 포괄할 수 있는 용어다. 14세기 전반기에는 조직적인 수피 종단이 아직 형성되지 않은 상태였다. 예컨대 셰이흐 바하 알딘 낙슈반드Shaykh Bahā' al-Dīn Naqshband(사망 791/1389)에게서 이름과 명성을 빌려온 낙슈반드 종단Naqshbandiyya은 이제 막 등장한 상황이었다. 그러나 이미 독립적인 영향력을 행사하는 신비주의 가문들도 존재했다. 대표적인 예가 성인 사이프 알딘 이븐 알무타하르 바하르지Sayf al-Dīn Saʿīd b. al-Muṭahhar Bākharzī(사망 659/1261)의 후손과 추종자들이다. 이븐 바투타는 부하라 인근 파트하바드Fatḥābād에 있는 성자의 영묘 관리 재단에 어마어마한 기부금이 쏟아졌다고 언급했다. 726~734/1326~1333년, 바하르지의 손자로 영묘에 딸린 수피 회관의 관리자mutawallī였던 셰이흐 야히야Shaykh Yaḥya를 위해 작성된 세 통의 와크프나마waqf-nāma(기증 증서)도 오늘날까지 전해져 온다.[136] 타르마시린의 수행원이었던 이맘이자 율법학자 셰이흐 후삼 알딘 야기는 앞에서 언급했다(제3장).[137] 이븐 바투타는 율법학자 바드르 알딘 마이다니Badr al-Dīn Maydānī가 불신자 쾨펙 칸과 좋은 관계를 유지했다고 썼다. 마이다니는 쾨펙의 먼 친척 야사우르가 이슬람을 받아들이는 데도 기여했다고 전해지며, 716/1316년 야사우르 왕자가 후잔드와 부하라를 약탈하려 했을 때 이를 막았다고 한다.[138] 이븐 아랍샤는 셰이흐 샴스 알딘 파후리Shaykh Shams al-Dīn Fākhūrī(티무르 아버지의 영적 스승이었다는 샴스 알딘 쿨랄과 동일 인물인 듯하다)가 케쉬를 방문한 젊은 티무르를 보고 나라의 초석maʿqid이 되어 크게 영향력을 떨칠 것이라고 예언했다고 기록했다.[139] 차가다이 울루스에서 활동한 수피들에 대해 알려진 바는 거의 없지만, 활동 정보나 지위와 관련한 정보가 더 많이 남아 있는 일칸국의 셰이흐들과 크게 다르지는 않았을 것으로 추정된다.

셰이흐뿐만 아니라 그보다 덜 중요해 보이는 사람들도 전면에 나서서 권위를 행사할 수 있었는데, 특히 위기 상황에서 그러했다. 일리야스 호자의 군대가 사마르칸드를 공격한 766/1365년, 모굴 칸국의 침공에 대한 반응으로 세 사람이 이끄는 민중 봉기가 터져 나왔다. 사료에서 이 셋 가운데 둘은 마울라나자다mawlānāzāda라고 불리는데, 아마 둘 다 울라마 혹은 수피 스승이었을 것이다. 한 사람은 마울라나자다 사마르칸디Mawlānāzāda Samarqandī, 또 한 사람은 마울라나(혹은 마울라나자다) 후르닥 부하리Mawlānā/Mawlānāzāda *Khurdak Bukhārī이며, 나머지 한 사람은 '면직공naddāf' 아부 바크르 칼라비Abū Bakr *Kalawī라고 불렸는데, 이들은 '사르바다르'가 되어 모굴 군대의 도시 진입을 막았다고 한다. 나중에 모굴 군대가 철수하자 이들은 몇 달 동안 독자적으로 사마르칸드를 지배했으나 도시 주민들은 이들의 통치가 강압적이라고 느꼈다. 아미르 후사인은 사마르칸드를 점령한 뒤 이 '사르바다르' 지도자들을 자기 진영으로 꾀어냈다가 체포해 처형했다. 이때 사마르칸디만이 티무르의 개입 덕분에 살아남을 수 있었다.[140] 이 일화에는 호라산의 사르바다르 국가에서처럼 민초의 봉기로 인해 정권이 탄생할 수도 있다는 두려움이 반영되어 있다. 그러나 두 봉기가 연결되어 있었다는 증거는 없다. 다른 한편으로 이 일화는 티무르가 수피 셰이흐에게 보인 존경을 보여준다.

티무르가 등장했을 무렵의 부족 귀족층

카잔 술탄이 아미르 카자간의 손에 패사한 747/1346~1347년 이후 트란스옥시아나에서 차가다이 울루스의 칸들은 실질적으로 권력을 행사하지 못했다. 티무르가 사료에 처음 등장했을 무렵 트란스옥시아나의 권력은 여러 아미르와 부족 수령들이 나누어 가진 상황이었는데, 티무르 왕조의 사료에서는 이들을 "파당의 군주들(물룩 알타와이프)"라고 불렀다. 아나톨리아 동부나 호라산과 지리적 맥락은 다르지만, 이들은 저마다 "최소한 하나의 도시(아니면 성채, 이도 저도 아니면 둘 다)와 농경 배후지, 충분한 목축지를 비롯해 복합적인 공간"을 지배했다.[141] 하지만 이븐 바투타가 떠난 뒤부터 티무르가 대두하기까지의 30여 년을 다룬 사료가 충분치 않기에 부족 엘리트층 내에 연속성이 존재했는지조차 알아내기가 쉽지 않다. 카잔 술탄이 주요 가문 다수를 뿌리째 뒤흔들고 여러 아미르를 처형해 비난받은 점으로 미루어 보아 상당한 격변이 있었으리라 추측할 수 있을 따름이다.[142]

이러한 엘리트층에는 차가다이 시대부터 존재한 부족 집단들의 아미르가 포함되었다. 티무르의 먼 친척 핫지 바를라스는 케쉬(샤흐리사브즈) 지방을 지배했다. 바야지드 잘라이르는 후잔드 인근의 영토를 보유했다. 술두스부는 올제이 부가Öljei Bugha가 이끄는 발흐 지파, 부얀이 이끄는 히사르 샤드만Ḥiṣār-i Shādmān 지파, 이렇게 두 지파로 나뉘었다.[143] 하지만 다른 집단들은 그보다 뒤에 형성되었을 가능성이 있다. 티무르 시대에 울루스에 존재했던 킵차크에 대해서는 알려진 바가 전혀 없다. 다만, 맨즈가 이들이 잘라이르에 복속했을 가능성을 시사하는 증거를 제시했다.[144] 타이치우트의 아미르 무사는 케쉬 인근의 영토를 다스렸는데, 그의 누이가 카잔 술탄과 혼인했으니 어느 정도 높은 지위에 올랐음이 틀림없다. 그러나 타이치우트는 초기 차가다이 울루스와 관련된 어떤 자료에서도 언급되지 않는다.[145] 아미르 히드르Khiḍr는 사마르칸드 인근 사르 풀Sar-i Pul과 파이칸드Pāykand 인근에 목축지를 두었는데, 야사우르부라고 불리는 집단을 통솔했다. 옥수스강 바로 북쪽에 위치한 후탈란과 아르항은 올제이투 아파르드Öljeitü Apardı와 카이후스라우 후탈라니가 나누어서 지배했다. 카이후스라우는 언제나 '후탈란의 지배자(Khuttalānī)'라고 불리지만, 안도 시로는 이 인물이 카라차르의 삼촌의 후손, 즉 바를라스의 또다른 지파에 속한 인물임을 밝혀냈다.[146]

남서쪽으로 눈을 돌려보면, 나이만의 일원이었던 무함마드 호자 아파르드Muḥammad Khwāja Apardı가 샤부르간을 지배했다.[147] 후일 나탄지는 그의 아들 진다 하샴Zinda Ḥasham이 "나이만 군대"를 지휘했다고 썼다.[148] 파리유마디는 카라우나스 아미르들을 열거하면서 올제이투와 무함마드 호자(파리유마디에 따르면, 이 두 사람은 형제다)를 언급했다. (차가다이에 할당된 부족 가운데 언급되지 않은) 나이만은 이 시기에 차가다이 칸국에서 그 중요성이 부각되었는데,[149] 아마 칸들이 옥수스강 이남으로 영토를 넓히면서 그렇게 된 듯하다. 카자간 역시 카라우나스에 속한 인물로, 베수트부 출신일 가능성이 있으며, 뭉크와 살리 사라이 같은 도시에서 옥수스강 상류 지역에 이르는 영역까지 지배하면서 울루스에서 가장 중요한 인물이 되었다. 맨즈는 카자간이 이런 지위를 얻은 것은 후일의 티무르와 마찬가지로 상속이 아닌 임명을 통해서였을 것으로 추정했다.[150] 아를라트부의 수령인 바이람샤Bayrāmshāh와 그의 아들

틸렌치Tilenchi는 안드후드에 기반을 두었고,[151] 아를라트부의 또다른 수령 투르칸*Turkān의 유르트yurt는 1375년경에 옥수스강 이남 구르지반 Gurziwān 방면에 있었다고 한다.[152] 두 사람 모두 아파르드의 영토에서 가까운 곳에 자리잡았기 때문에, 맨즈는 아를라트가 아파르드 아미르들에게 복종했으리라 추정했다.[153]

그들이 13세기 차가다이 울루스에서 어떤 권한과 자원을 가졌는지와 관계없이, 티무르 시대 주요 부족 지도자들은 부족의 군대(이런 군대는 부족명으로 불렸다)뿐만 아니라, 그보다 작은 다른 부족 집단에 더해, 자기네 부족이 지배하는 지역 내 비부족 군대를 지휘하기도 했다. 예컨대 지방에서 징집된 부대는 사료에서 "훌름Khulm 천호" 식으로 불렸다.[154] 부족 지도자들은 또한 토착 정주·도시 인구도 지배하며 그들에게서 세금을 징수했다.[155] 그러나 대다수 부족 지도자들은 자신의 부족 내에서 독점적 지위를 누리지는 못했을 것이다. 술두스만 해도, 압둘라 이븐 카자간을 몰아낸 아미르 부얀은 올제이 부가로부터 완전히 독립적인 세력이었을 것이다. 압둘라 이븐 카자간이 몰락하고 부얀이 집권했을 무렵 올제이 부가는 한때 자신의 가문khānadān에 속했던 수장 지위 sardārī(부족의 수장이나 아미르 알우마라amīr al-umarā, 즉 수석 아미르의 지위, 혹은 둘 다)에 오르려는 욕심에 자신의 길을 갔다고 한다.[156] 잘라이르부에서는 바흐람 잘라이르가 나중에 티무르와 동맹을 맺고 바야지드의 아들들에게서 부족의 수장 자리와 영토를 빼앗았다. 바흐람은 그러고도 모자라서 모굴 칸국에 도움을 청하는 행위도 서슴지 않았다.[157] 제7장에서 언급했듯이, 카자간은 759/1358년에 다른 카라우나스 아미르인 쿠틀룩 테무르의 손에 살해되었다.[158] 부족의 수장 자리를 두고 경쟁하던 후보자들은 지지를 얻기 위해 울루스의 수장 자리를 노리는 서로 다른 후보를 선택해 지지할 수 있었고, 반대로 울루스의 수장 자리를 노리는 후보들이 부족의 위계 내에서 자신을 지지할 만한 인물을 키울 수도 있었다.[159]

또한 상황은 준準부족이라고 부를 만한 다양한 요소로 인해 더 복잡해졌다. 앞서 설명했다시피 몽골 제국의 영토 각지에는 탐마에서 기원한 여러 집단이 존재했는데, 이들은 네구데르부의 경우처럼 최초의 지휘관 이름으로 집단명을 정했다. 예컨대 일칸국 고지에는, 14세기 중기 케르만의 주르마부, 아우간부, 나우루즈부(네구데르부 계통의 집단), 호라산의 자운 쿠르반, 아나톨리아의 사마가르Samāghār, 바람바이Bārambāy 등이 존재했다.[160] 차가다이 울루스에서도 비슷한 현상이 일어났다. 가장 분명한 예시는 1290년대에 두아를 대리해 활동한 아미르 울룩 야사우르에서 기원한, 야사우르부라는 부족일 것이다.[161] 이들은 이 아미르의 외손자인 차가다이 왕통의 배신자 왕자 야사우르(사망 720/1320)를 잠시 추종한 세력으로 여겨지기도 한다.[162] 만약 뒤의 가설이 맞는다면, 야사우르부는 1340년대에 공동으로 칸위에 오른 야사우르 왕자의 아들들인 할릴, 카잔과도 관련이 있었다고 추정할 수 있다. 맨즈는 올제이투 아파르드(와 무함마드 호자)의 아버지로 아파르드Apardı라는 인물이 언급되는 경우가 있기 때문에 아파르드부 역시 어느 장수의 휘하에 있던 분견대에서 기원했을 수 있다는 합리적 가설을 제시한 바 있다.[163]

이븐 아랍샤는 티무르가 등장했을 무렵 트란스옥시아나에 4대 부족이 존재했고 이 부족들에서 칸의 4대 와지르가 임명되었다고 썼는데, 이 4대 부족은 아를라트, 잘라이르, 카우친Qa'uçin, 바를라스다.[164] 라시드 알딘은 아를라트를 오로나우트Ōronāūūt의 세 지파 중 한 갈래로 분류했으므로[165] 카자간을 살해한 쿠틀룩 테무르도 아를라트와 관계가 있었을 수 있다. 이븐 아랍샤의 목록에서 모든 부족이 언급된 것이 아님은 확실하다. 예컨대 그 중요성을 결코 과소평가할 수 없는 술두스조차 누락되었다. 그러나 그 숫자가 '4'인 것으로 보아 이븐 아랍샤가 여기서 지칭하는 대상은 부족의 지도자들이 아니라 케식의 수장들이며, 케식의 수장이 세습되는 지위였음을 반영한 것일 수도 있다.[166] 그런데 이븐 아랍샤의 서술이 정확한지는 알 수 없다. 그가 정부 행정에 대해 정확한 정보를 입수할 수 있는 처지가 아니었을지도 모른다는 점을 늘 염두에 두어야 한다.

'카우친'은 어떤 사료에서도 부족을 지칭하는 의미로 사용되지 않았기 때문에 특히 문제적이다. 어쩌면 이븐 아랍샤는 카우친을 성씨처럼 사용하는 사람이 워낙 많아서 착각했는지도 모른다. 예를 들어 샤미는 알리 카우친'Alī Qa'uçin을 언급했고, 샤라프 알딘 야즈디도 테무게 카우친Temüge Qa'uçin을 몇 번 언급했다.[167] 샤라프 알딘 야즈디는 "카우친들"이라는 표현도 사용했는데, 이는 다양한 부족 출신의 장령을 아울러서 지칭한 용어다.[168] 미르자 하이다르의 시대가 되면 '카우친'은 농민이나 종교인과 구분해 군인을 지칭하는 일반 명사처럼 사용되었다.[169]

우선 몽골어 단어 '쿠친quchin'은 '노병老兵'을 뜻한다.[170] 샤미에 따르면, 투르크인들은 "본래 사적인 병력qushūn-i khāṣṣa-yi aṣlī"을 카우친이라 불렀다. 야즈디 《승전기》에서 카우친을 설명하는 구절에는 조금 다른 표현이 사용되었는데("사적인 천호의 친위 부대〔qūshūn-i būī-yi hazāra-yi khāṣṣa〕"), 여기서는 이 부대가 군대의 중군中軍, qalb을 구성했음을 강조했다.[171] 맨즈는 카우친이 "차가다이 일문 칸 직속의 부대, 혹은 차가다이 칸국 내에서 토지에 기반한 상비군으로 시작"되었다는 가설을 제시했다.[172] 13세기 통일 몽골 제국에서 카안의 숙위가 후임 카안에게 넘어가지도 않았고, 그렇다고 해체되지도 않았으며, 일부 인원이 사망한 카안의 매장지를 지키는 역할을 했다는 것은 널리 알려진 사실이다.[173] 칸의 사적인 친위대는 칸의 사망 이후에도 독자적인 부대로 존속했기 때문에[174] 앞서 인용한 문구에서 샤미가 '본래aṣlī'라는 표현을 사용해 이들이 과거 차가다이 일문 칸들의 친위대였음을 드러내려 했을 수도 있다. 카우친에는 티무르 왕조 사료들에서 엘지기데이의 '부민部民, qawm' 혹은 '부대yāsāqiyān'라고 불린 집단도 포함되었음은 분명하다.[175] 나탄지는 이들이 "쾨펙의 인주"였음을 자랑스레 생각했다고 서술해 그 기원을 언급했다. 이 표현은 "쾨펙 칸의 투멘"과 같은 뜻으로 보이는데, 에센 부카 칸이 형제 쾨펙에게 내린 특전에서 기원했음을 보여준다.[176] 쾨펙의 투멘은 발흐 인근에 배치되었는데, 그 아들 양기Yangi도 어느 시점부터는 발흐를 본거지로 삼았다.[177] 카우친이라는 말이 언급되는 예시의 대부분이 옛 칸과 관련된 표현이 아니라 티무르의 사적인 친위대와 관련된 표현이긴 하지만, 14세기 말 차가다이 울루스의 카우친은 몽골 세계 다른 국가들의 케식에 해당할 개연성이 높아 보인다.[178] 진실이 무엇이건 간에 쾨펙 칸의 투멘은 티무르의 경력 초반부터 휘하에 있었던 것 같다.[179]

티무르가 권력을 장악하기 이전 시기 차가다이 울루스의 엘리트에 대한 정보가 파편적이라는 사실은 인정할 수밖에 없다. 잘라이르·술두스·바를라스의 아미르들이 차가다이가 아버지 칭기스 칸에게서 할당받은 노얀들의 후손이고, 이들이 지휘한 병력이 세대를 거치면서 몇 배로 불어났다고 가정해도 무리는 없다. 그러나 아를라트와 같은 부족들이 어떻게 차가다이 울루스에 포함되었는지는 확실히 알려진 바가 없다. 몇십 년 전, 이에 대해 맨즈는 아를라트가 카이두의 군대에 속했다고 지적했다.[180] 티무르의 부상 과정을 서술하는 사료들에서 다양한 부족 출신 인물들이 트란스옥시아나와 투르키스탄에 존재했음을 확인할 수 있다는 사실 자체가 이 문제가 얼마나 복잡한지를 시사한다. 13세기 말에서 14세기 초까지 차가다이 울루스에 이전에는 존재하지 않던 부족 출신 노얀들이 이주했을 수도 있고, 아니면 카이두에 합류했던 부대들이 차파르의 패배 이후 차가다이 울루스에 흡수되었을 수도 있다. 이도 저도 아니면 두아와 그 후계자들이 옥수스강 이남으로 세력을 넓히는 과정에서 차가다이 울루스에 포섭된 세력이었는지도 모른다. 마지막 가설은 적어도 아를라트와 나이만계 아파르드의 존재를 잘 설명해준다.

티무르 왕조 사료들에 나오는 아미르들의 명단과 그들의 권력 기반, 카라우나스에 대한 언급을 종합해볼 때 14세기 중반의 차가다이 울루스가 칭기스 칸이 둘째 아들에게 물려준 울루스와 얼마나 달라졌는지를 실감할 수 있다. 차가다이 울루스는 옥수스강 이남 오늘날의 아프가니스탄과 투르크메니스탄 방면으로 크게 확장되어 본래 차가다이 일문의 영토에 존재했던 군세와 구분되는 독특한 역사와 특수한 이해관계를 지닌 부대들을 흡수했다. 이 같은 전개의 결과, 남부의 부족(혹은 준부족) 세력들이 한층 더 우세해졌다. 그중에서도 특히 카라우나스가 가장 강력하고 영향력이 컸던 것으로 보인다.

　카라우나스 아미르들의 부상은 트란스옥시아나에 기반을 둔 '기존의' 부족들(특히 바를라스·잘라이르·술두스)의 세력 약화를 초래했다. 이부족들은 칭기스 칸이 군대 및 영토를 분봉할 때 차가다이에게 직접 할당했던 것들로, 차가다이 울루스 내에서 오랜 역사가 있었다.[181] 그러다 티무르의 시대가 되면, 두아 재위기에 활약했던 잘라이르의 야사우르나 술두스의 쾨펙처럼, 기존 부족 출신의 아미르가 옥수스강 이남에서 활약한 예(카자간의 헤라트 원정에 참여한 부얀 술두스는 예외)를 전혀 찾아볼 수 없다.[182] 우리가 아는 한, 이들의 후손들은 이제 대체로 옥수스강 이북의 전통적인 유목지를 중심으로 활동한다. 앞에서 살펴본 대로, 이같은 상황은 서부 칸국의 유목민 귀족층 내에서 새로운 긴장을 불러일으켰다. 티무르는 혈통이나 배경이 아니라, 이러한 갈등 속에서 등장한 기회를 포착하고 이용해 권력자로 대두한 인물이다.

티무르 랑

제9장

대아미르와 새로운 지배 계층의 등장

샤라프 알딘 야즈디는 "승리하는 사히브키란의 습관과 방식은 왕국과 종교의 중요한 일과 정책의 처리에 항상 개인적인 관심을 기울이는 것이었다"라고 썼다.[1] 현대 전기 작가의 좀더 간결한 표현을 빌려 말하자면, "티무르의 제국은 오롯이 한 사람에 의해 운영되는 체제였다."[2] 비어트리스 맨즈의 서술을 인용하자면, "티무르는 정권을 체계 없이 운영한 것이 아니라 극도로 개인적으로" 운영했던 것이다.[3] 기록자들은 티무르의 눈부신 정복 행보에 매료되어 그의 정부 조직이 실제로 어떤 방식으로 운영되었는지 정보를 충분히 기록해두지 않았다고도 할 수 있다. 티무르의 부하들에게 부여된 임무나 직능이 중첩되거나, 혹은 명확하게 정의되지 않았던 것은 권력을 철저히 통제하려는 티무르의 성향 탓이었을 가능성이 높다.[4] 그러나 티무르는 경력의 대부분을 전장에서 쌓았기에 새로운 행정 구조를 구축할 기회도 없었고, 그럴 생각도 없었을 것이다. 티무르는 튀르크인 무사든, 몽골인 무사든, 페르시아어를 사용하는 관료층이든 간에 개인을 통해 통치했다. 권좌에 오른 초기에 티무르는 개인적 추종자에게 의존했는데, (전적으로는 아니었지만) 특히 바를라스부 가문 인물들이 중요한 자리를 차지했다. 경력 후기로 가면 지방 행정은 거의 아들들과 손자들에게 맡겼다. 그가 사망했을 무렵에는 단순히 새로운 지배 왕조가 형성되었을 뿐만 아니라 그의 사후에도 오래 지속될 수 있는 새로운 통치 계층이 형성되었는데, 이 통치 계층은 왕조의 마지막 시기까지 영향력을 유지했다.

티무르의 젊은 시절과 집권

티무르 왕조 측 사료에서 티무르의 생일이라고 제시되는 736년 샤반월 25일/1336년 4월 8일은 목성과 토성이 겹쳐 보여서 천문학적으로 중요한 날이었기 때문에 선택된 것으로 보인다(제12장 참조). 그러나 티무르 생전에 활동한 저자들(이들 가운데 일부는 실제로 티무르와 만나기도 했다)은 모두가 그보다 앞선 날짜를 선호했다. 이븐 할둔은 804/1401~1402년에 쓴 글에서 티무르가 60대 또는 70대였다고 그의 나이를 막연하게 밝혔다.[5] 이븐 아랍샤와 술타니야 대주교 요한네스의 좀더 구체적인 설명에 따르면, 티무르는 728/1327~1328년경에 태어난 것으로 보인다.[6] 그 연도는 알마크리지의 기록과 정확히 일치하는데, 어쩌면 이븐 아랍샤가 알마크리지에게 일러준 날짜인지도 모른다.[7] 이 날짜는 티무르의 본영本營에서 정보를 얻은 다른 사람들의 기록에서도 확인된다. 이븐 알시흐나(와 이븐 아랍샤)에 따르면 티무르는 803/1401년 알레포에서 학자들과 만난 자리에서 자신의 나이가 75세라고 말했다.[8] 벨트라모 디 미냐넬리는 티무르 쪽 관계자들이 1401년에 그의 나이가 74세라고 알려주었다고 썼다.[9] 이 모든 말이 얼추 맞는다면, 티무르는 7세 무렵 타르마시린 몰락 이후의 격변을 목격했고, 할릴과 카잔 형제가 공동 집권 중일 때 전투에 참여할 수 있는 연령(15세에서 16세 사이로, 티무르는 아들·손자가 이 나이에 이르면 처음으로 공직에 임명했다)에 이르렀으며, 아미르 카자간이 카잔을 몰아내고 차가다이 칸국의 동부 지역이 떨어져 나가고 트란스옥시아나에서 중앙의 권위가 위축되었을 때는 20세 정도였을 것이다. 그렇다고 한다면 이 시기에 벌어진 사건들은 분명 티무르의 성장에 영향을 끼쳤으리라 추측할 수 있다.

티무르의 신체에 대한 묘사는 (〈서론〉에서 언급한, 현대에 유해를 토대로 복원된 두상 외에는) 상대적으로 적은 편이다. 가장 상세한 묘사는 이븐 아랍샤가 남겼는데, 그는 티무르를 직접 만나지는 않았으나 젊은 시절 사마르칸드에서 멀리서라도 보았을 가능성이 있다. 이븐 아랍샤는 티무르를 다음과 같이 묘사했다. 티무르는 "키와 몸집이 크고 이마와 머리가 넙데데했으며, 강인하고 활기찼고 (…) 불그레한 피부색에 어깨가 떡 벌어졌으며 (…) 수염이 근사하고 목소리가 시원시원했다."[10] 이 세세한 서술은 이븐 아랍샤가 강박에 가까울 정도로 운율에 집착한 산문으로 쓴 탓에 신뢰도가 떨어진다. 확실히 티무르를 직접 만났을 법한 사람들은 그가 절름발이였고, 말을 탈 때 도움을 받아야 했으며, 가마를 사용했다고 말했다. 루이 곤살레스 데 클라비호는 티무르의 옷차림만 언급했다. 한편 술타니아 대주교 요한네스는 "그는 중간 정도 체격이고 전형적인 타타르인의 얼굴, 스페인풍 수염을 기르고 있었다"라고 서술해, 대아미르의 외모를 대략 짐작할 수 있게 한다. 동시대 프랑스 연대기 저자가 채록한 요한네스의 라틴어 보고서에는 "그리고 작은 키에 표범처럼 짧은 머리칼"이라는 (그 의미만큼이나 근거가 불분명한) 내용이 추가되었다.[11]

앞서 제8장에서 살펴보았듯이, 티무르의 조상에 대한 기록의 진위는 불분명했는데, 티무르 자신의 배경 역시 분명히 드러나지 않는다. 이븐 아랍샤, 술타니야 대주교 요한네스, 시에나 상인 디 미냐넬리 같은 일부 동시대 외부 저자들은 티무르가 젊은 시절 양을 훔치는 도둑이자 도적이었다고 썼다.[12] 이 도적 이미지는 티무르의 적들이 조장한 것(심지어 루시 연대기 전승에서도 확인할 수 있다[13])으로, 티무르 왕조 측 사료들이 티무르 생애 초기 30여 년에 대해 침묵을 지킨다는 점을 떠올리면 더욱 매력적이다. 티무르는 유목 전사의 전통적인 기술을 습득했음이 분명하다. 예컨대 이븐 아랍샤는 티무르가 말의 상태를 정확히 진단하는 능력이 있었다고 말했다.[14] 티무르가 활동 초기에 카자클륵 qazaqlıq('방랑하는 약탈자')이었다는 점에서,[15] 칭기스 칸이 되기 전 테무진의 경험을 상기시키는 측면이 있다. 티무르의 경우, 그 시기의 대부분을 옥수스강 이남 호라산에서 보냈다. 티무르 왕조 측 사료들이 제시하는 1360년대의 수치로 보아, 테무진과 마찬가지로 티무르는 다양한 부족 출신의 극소수 개인적인 추종자(노케르nöker〔노코르nökör의 다른 표기〕)에서 시작해 군세를 키워나갔던 것 같다.[16] 티무르의 지성에 대해서도 어느 정도 알려진 내용이 있다. 이븐 할둔은 티무르가 탁월한 통찰력과 지성shadīd al-fiṭna wa l-dhakāʾ을 가졌다고 판단했고,[17] 이븐 아랍샤는 티무르가 역사에 관심이 많고 과거의 사건들을 놀랄 만큼 정확하게 기억하는 능력이 있다고 언급하는 동시에, 글로 적힌 페르시아어·튀르크어·몽골어(아마 여기서는 위구르 문자를 의미할 것이다)를 이해하는 능력에는 한계가 있었고 (이런 표현이 충분할지 모르겠으나) 아랍어에 상당히 무지했음을 암시했다. 게다가 이 문구를 보면 티무르가 페르시아어 역사 기록도 소리 내어 읽어달라고 요구했다는 것을 알 수 있다.[18]

티무르에게 비상을 위한 첫번째 기회가 찾아온 해는 761/1360년이다. 이해에 차가다이 울루스 동부의 투글룩 테무르가 서부에서 벌어진 혼란을 틈타 트란스옥시아나를 침공했다. 당시 차가다이 울루스 서부에서는 압둘라 이븐 카자간 정권이 전복되었는데, 이 사태를 주도한 부얀 술두스는 유약하고 나태해 울루스의 수장 자리를 차지했음에도 압둘라가 옹립한 칸을 대신할 새로운 칸을 세우는 데 실패했다. 그 결과 실제 권력은 물룩 알타와이프 사이에서 나뉘어 정치적 혼란이 극심했다. 침략군에 바야지드 잘라이르도 합류했는데, 투글룩 테무르 칸은 바야지드가 일부 모굴 아미르들과 함께 차가다이 울루스를 다스리게 했다.[19] 부얀의 동맹 핫지 바를라스는 투글룩 테무르를 군주로 받아들이기를 거부하고 호라산으로 도주했다. 티무르는 아무 거리낌 없이 투글룩 테무르의 부하들에게 항복했다. 샤미와 나탄지는 티무르가 케쉬 지방을 지키기 위해 그렇게 행동했으며, 실행에 앞서 핫지 바를라스에게도 허락을 구했다고 주장했다. 어쩌면 티무르는 당시 모굴 군대에 합류해 길잡이ghajarji 역할을 하던 사촌 핫지 마흐무드샤 야사우르를 보고 고무되어 투글룩 테무르 쪽에 합류했는지도 모른다.[20] 티무르의 태도에 깊은 인상을 받은 칸의 아미르들은 기꺼이 그에게 케쉬 투멘을 맡겼다.[21] 핫지 바를라스와 티무르 사이의 먼 촌수를 생각해볼 때 이 조치는 모굴 측의 절박함을 반영한 노력이었다고 해석할 수도 있을 듯하다. 어쩌면 핫지 바를라스와 더 가까운 촌수였던 바를라스 가문의 다른 유력자들이 새로운 정권에 냉담하게 굴며 협력을 거부했거나 사태를 관망했는지도 모른다. 혹은 티무르가 (이 시점과 관련해서 확실한 정보는 없지만) 상당한 규모의 무사 집단을 거느리고 있어서 모굴 측이 그의 지원을 원했을 가능성도 있다.

어쨌든 투글룩 테무르는 얼마 안 가서 자신의 영토로 철수했다. 그러자 티무르는 히드르 야사우르Khiḍr Yasāʾūrī와 아미르 후사인의 세력에 합류했다. 당시 차가다이 울루스 내 카라우나스 세력들의 지도자였던 아미르 후사인은 삼촌 압둘라를 살해한 부얀 술두스와 전쟁을 벌이고 있었다. 부얀은 바다흐샨으로 도망쳐야 하는 처지로 전락했고, 아미르 후사인이 울루스의 수장 자리를 차지했다. 티무르는 후사인의 누이와 결혼해 정권의 이인자가 되었다. 그런데 핫지 바를라스가 자신의 유산을 되찾기 위해 바야지드 잘라이르와 동맹을 맺고 다시 나타나, 티무르 휘하의 바를라스 아미르 다수를 포섭했다. 이때 바야지드 잘라이르는 잠시 울루스의 수장 자리를 차지했던 것 같다.[22] 그 결과 티무르는 패배한 히드르를 버리고 핫지에게 자신의 자리를 넘겨줄 수밖에 없었다. 그러나 티무르와 히드르는 얼마 지나지 않아 다시 아미르 후사인 아래로 들어갔다가 핫지 바를라스와 바야지드 잘라이르로부터 공격을 받았다. 티무르가 핫지와 또다시 화해할지 모른다고 의심한 히드르가 티무르를 버리자, 티무르는 정말로 핫지와 바야지드 잘라이르의 군세에 가담했다. 이 연합군은 히드르를 쫓아냈다.

762/1362년, 투글룩 테무르가 재차 트란스옥시아나를 침략해 사마르칸드까지 진격했을 때 티무르는 투글룩 테무르에게 저항하지 않았고 다시 케쉬 투멘을 사여받았다.[23] 핫지 바를라스를 축출하고(그는 호라산으로 도망갔다가 살해당했다) 이전에 울루스 수장이었던 부얀 술두스와 바야지드 잘라이르를 처형함으로써 의도치 않게 티무르를 도운 투글룩 테무르 칸은 자신의 아들 일리야스 호자가 아미르 베키축Bekichuk의 감독을 받으며 차가다이 울루스 서부를 다스리도록 조치하고는 모굴 칸국으로 돌아갔다. 베키축이 독단적이고 폭압적인 행보를 취하며 티무르를 소외시키자,[24] 티무르는 또다시 아미르 후사인과 손을 잡았다. 정확한 기간은 알려지지 않았으나, 이 두 사람은 상대적으로 적은 추종자를 거느리고 옥수스강 이남을 얼마간 떠돌았다. 어느 시점에 두 사람은 호라산의 몽골계 집단인 자운 쿠르반의 수장 알리 벡에게 체포되어 두 달 동안 구금되기도 했다(제6장 참조). 또 한 번은 시스탄의 말릭 이즈 알딘‘Izz al-Dīn을 도와 그 경쟁자를 제압했으나, 이즈 알딘은 보상하겠다던 약속을 어겼다. 그러자 두 사람은 이즈 알딘의 군대와 격돌했다. 티무르가 오른팔과 오른쪽 다리에 상처를 입어 ‘절름발이’라는 별명을 얻은 것이 이때다.[25] 언제인지는 알 수 없으나 티무르는 헤라트 카르트 왕조의 말릭 무이즈 알딘 피르 후사인과 직접 협상을 벌이기도 했고, 피르 후사인은 잠시 티무르의 아들 자항기르를 맡아 보살펴주기도 했다.[26]

다시 시간이 흐른 뒤, 아미르 후사인과 티무르는 트란스옥시아나로 돌아와 모굴 군대를 추방했다. 울루스의 수장 자리를 되찾은 후사인은 카불 샤Kābul/Qabūl Shāh를 칸으로 옹립하는 쿠릴타이를 열어 자신의 승리를 확실히 못박았다.(765/1363~1364). 그러나 티무르는 모굴인들과 완전히 결별하지 않았다. 몇 년 뒤, 티무르는 아미르 후사인, 카라우나스 세력과 사이가 멀어지자, 바흐람 잘라이르, 모굴 증원병과 함께 자타에서 돌아온 카이후스라우 후탈라니와 동맹을 맺었다. 그것으로도 모자라, 모굴 칸국의 칸에게서 직접 군사 원조까지 받으려 했다.[27] 이에 놀란 후사인은 후잔드와 타쉬켄트의 셰이흐들에게 중재를 요청했다. 그러다 모굴군이 무슬림에게 보인 처우에 불만을 품은 차에 뒤숭숭한 꿈까지 꾼 티무르는 후사인과 화해하고 모굴인들과의 협력을 끝내는 쪽으로 기울었다고 한다.[28] 미켈레 베르나르디니는 이 시점부터 모굴 정치체에 '자타Jata'('도적')라는 용어가 쓰이기 시작했다고 보았다. 한때 지배정당성의 원천이었던 모굴 칸국의 칸들은 이제 "진정한" 몽골인 티무르에게 위협적인 존재가 되었다.[29]

티무르와 아미르 후사인 사이의 협력 관계는 오래가지 못했다. 티무르의 아내(즉 후사인의 누이)의 죽음을 계기로 갈라진 두 사람 사이는 타쉬켄트 인근 치르칙강Chirchik에서 티무르가 일리야스 호자의 군대와 치른 교전(이른바 "진흙탕 전투")에서 후사인이 지원하지 않으면서 더 악화했다. 그럼에도 티무르와 아미르 후사인은 한동안 계속 협력했는데, 사마르칸드에서 종교인들이 주도한 민란이 일어난 때가 대표적인 예다. 니잠 알딘 샤미는 이 봉기를 "사르바다르 반란"이라고 불렀는데, 아마 호라산에서 폭넓은 호응을 얻은 운동에 비유하는 의미였을 것이다.[30] 771/1370년, 티무르는 마침내 최후의 전투에서 아미르 후사인을 격파해 포로로 잡은 뒤 카이후스라우 후탈라니에게 넘겨버렸다. 카이후스라우는 이전에 자기 형제〔카이쿠바드 후탈라니〕가 아미르 후사인에게 살해당했는데, 이때 그 복수를 했다. 티무르는 후사인의 첫째 부인이자 카잔 술탄 칸의 딸인 사라이 물크 카님과 혼인함으로써 승리를 축하했다. 후사인을 향해 진군하기 전, 티무르는 이미 쿠릴타이를 소집해 차가다이 울루스의 칸으로 동무 가운데 하나였던 오고데이 왕통의 왕자 소유르가트므쉬를 선출해놓은 터였다.[31]

티무르는 동맹이 부담으로 작용하거나 효용이 끝나면 재빨리 폐기하고 다른 세력으로 교체하는 방식으로 차가다이 울루스 서부의 실질적 지배자가 되었다. 그뒤에도 티무르는 거리낌 없이 협정에 등을 돌렸기 때문에, 시바스의 카디 부르한 알딘이나 이븐 아랍샤 같은 외부 관찰자들은 티무르를 신뢰할 수 없는 인물이라고 평했다. 오늘날처럼 이념적 일관성과 충성심이 정치 행위자에게 요구되는 상황에서는 주군을 여러 번 갈아치운 티무르의 행위가 크게 비난받을 만한 것으로 보일 수 있다. 하지만 차가다이 울루스에서는 사사로운 애정이나 적대 의식, 손익 계산이 정치적 지지의 선택에서 주요한 기준이었을지 의문이다. 어쨌든 티무르가 트란스옥시아나에서 이런 식으로 행동한 유일한 지도자는 아니었다. 투글룩 테무르의 두번째 침공 중 중요한 시점에 카이후스라우 후탈라니는 동맹 아미르 후사인을 버리고 모굴 칸에게 넘어간 적이 있다.[32] 베르나르디니가 지적한 대로, 티무르 왕조 측 사료에서는 티무르의 변덕스러운 행보를 두고 군사 작전의 성공을 보장하기 위해 동반자를 찾는 여정으로 해석하는 식으로 긍정적으로 묘사했다. 또 후사인이 신의가 없었다거나 백성의 재산에 대한 탐욕을 보였다며 다른 사람들이 표리부동하게 행동했다거나 책망받을 만했다는 식으로 티무르의 행동을 정당화했다.[33] 이런 사료들은 서약의 맹세가 곧 정의로운 통치의 근간임을 티무르가 굳게 믿었다는 인상을 준다.[34]

부족 체제와 부족의 수령들

아미르 후사인을 상대로 티무르가 승리를 거두었다고 티무르의 권위가 곧장 차가다이 울루스 내에서 우뚝 서지는 않았다. 그뒤로도 10년 이상 티무르는 수많은 반란에 시달렸다.

경쟁자를 제압하기 위해 티무르는 셰이흐 무함마드 이븐 부얀 술두스Shaykh Muḥammad b. Buyan Süldüs, 올제이투와 그 조카인 무함마드 호자의 아들 진다 하샴과 같은 아파르드 지도자들, 카이후스라우 후탈라니, 핫지 마흐무드샤 야사우르처럼 한때 후사인의 동맹이기도 했던 소수의 부족 수령과 아미르의 지원에 의존했다.[35] 비록 티무르가 바를라스부의 영토와 울루 밍('대천호')을 더는 보유하지 않고 핫지 바를라스 지파에게 돌려주었지만,[36] 바를라스부 내부에서는 티무르의 권위가 어느 정도 확립된 상태였다. 그러나 잘라이르부의 경우, 그 지도자 바흐람이 모굴 칸국에 머무르다가 얼마 못 가서 사망하는 바람에 아미르 후사인 정권을 전복할 때 아무런 역할도 하지 못했다. 승리가 확정된 뒤의 어느 시점에 티무르는 바흐람의 아들 아딜샤ʿĀdilshāh를 잘라이르부의 수장으로 인정했다.[37] 그럼에도 이 아미르들의 지속적인 지지가 보장되지는 않았다.

티무르는 부족 수령들의 권력과 자원을 점차 줄이는 조치를 취했다. 일부 부족 수령들은 복속한 후에도 계속해서 티무르에게 도전했기 때문에, 티무르가 그러한 조치를 정당화하기가 오히려 더 쉬웠다는 것을 짚고 넘어가겠다. 야사우르부의 충성심은 다른 세력들에 비해 쉽게 확보된 듯하다. 히드르 야사우르가 사망한 이후 이 집단의 지도부는 그 형제인 알리, 일리야스, 핫지 마흐무드샤가 나누어 가졌는데, 이들 모두 티무르에게 합류했다.[38] 그러나 알리 야사우르는 티무르가 아미르 후사인과 최후의 결별을 단행하는 데 반대했다가 처형되었고,[39] 일리야스에 대해서는 그후로 알려진 소식이 전혀 없다. 티무르의 사촌 핫지 마흐무드샤는 그후 호라즘의 지배자와 함께 짧은 기간 음모를 꾸몄던 일을 제외하면 티무르가 깊이 신뢰한 지지자 가운데 하나로 묘사된다. 어쩌면 핫지 마흐무드샤가 야사우르부의 지휘권을 단독으로 장악했기 때문에 티무르가 야사우르부에 편하게 의지할 생각이 들었는지도 모른다.[40]

가장 문제가 된 지도자는 타이치우트부의 무사와 아파르드부의 진다 하샴이었다. 무사는 아미르 후사인과 최후의 격돌을 치르기 직전에 티무르를 저버렸고,[41] 진다 하샴은 자신의 거점인 샤부르간에서 사실상 처음부터 티무르에게 반기를 들었다. 그는 티무르에게 호의적이었던 아를라트부의 수령 바이람샤와 틸렌치를 처형하라고 명령했고, 탈주를 이유로 티무르에게 소환 명령을 받은 무사를 보호했다. 진다 하샴과 무사는 쿠릴타이에 참석하기를 거부하고 티무르가 직접 샤부르간에 나타난 뒤에야 항복했다. 티무르는 진다 하샴이 샤부르간으로 되돌아가도록 허락했지만, 그는 곧 또다시 반란을 일으켰다가 773/1371~1372년에 티무르의 아미르 체퀴Chekü가 지휘하는 두번째 원정대에게 무릎을 꿇었다. 샤부르간을 빼앗긴 진다 하샴은 무사, 히드르 야사우르의 아들 아부 이스학Abū Isḥāq 등 여러 아미르와 함께 티무르를 생포하려는 음모를 꾸몄다. 무사는 티무르의 첫째 부인인 사라이 물크 카님의 외삼촌이어서 용서받았다. 무사의 아들 함자Ḥamza, 루스탐Rustam-i Mūsā, 무함마드 벡Muḥammad Beg(티무르의 딸과 혼인한다)은 그뒤로 티무르 휘하에서 활동했다.[42] 진다 하샴은 사마르칸드에 수감되었다가 그곳에서 사망했다. 그의 영토는 이제 티무르의 장령이자 나이만계 아파르드부의 아미르인 부얀 테무르 이븐 악 부가Buyan Temür b. Aq Bugha에게 넘어갔다.[43] 그러나 790/1388년 아버지 체퀴의 자리를 계승해 옥수스강 이남의 넓은 지역을 다스리게 된 티무르의 부하 자한샤 바를라스Jahānshāh Barlās는 "보롤다이와 탈리칸과 아파르드부의 군대 전체"를 지휘했다고 묘사되었다.[44] 후탈란의 아파르드부는 여전히 올제이투의 후손들이 통제했다.[45] 올제이투의 아들 호자 유수프Khwāja Yūsuf는 티무르의 장령이었고, 그 손자 호자 알리Khwāja ʿAlī도 마찬가지였다.[46] 또다른 아파르드부 아미르 말라쉬*Malash와 그 아들은 792/1390년에 페르가나에서 티무르의 아들 우마르 셰이흐를 보필했고, 다른 아들도 802/1399년에 페르가나에서 활동한 것으로 확인된다.[47]

티무르의 울루스 내 다른 경쟁자들과 달리, 1361~1362년에 모굴 칸국의 투글룩 테무르 칸을 지지했던 카이후스라우 후탈라니는 아미르 후사인의 숙적이었다. 후사인이 그의 형제를 죽였기 때문이다. 그래서 그는 티무르와 후사인이 갈라설 때 기꺼이 티무르의 군세에 참여할 준비가 된 상태였다.[48] 그러나 카이후스라우는 티무르가 처음으로 호라즘 원정을 벌일 때 도주해 비밀리에 후사인 수피Ḥusayn Ṣūfī의 저항을 선동했다가 774/1372년 티무르가 사마르칸드로 귀환한 뒤에 반역죄로 기소되었다. 법정(야르구)에서 심문을 받은 카이후스라우는 아미르 후사인의 노코르들에게 넘겨졌고, 후사인의 노코르들은 기꺼이 3년 전 카이후스라우의 손에 살해된 옛 주군을 위한 복수를 실행에 옮겼다. 후탈란 투멘은 카이후스라우의 친척인 시르 바흐람Shīr Bahrām의 아들 무함마드 미라카Muḥammad Mīraka의 손에 맡겨졌다.[49] 카이후스라우의 아들 술탄 마흐무드Sulṭān Maḥmūd는 호라즘으로 도주했다가 789/1387년 조치 일문의 톡타므쉬 칸이 이끄는 침략군의 길잡이 노릇을 했다.[50]

야사우르부나 아파르드부와 마찬가지로 술두스부, 잘라이르부도 살아남았다. 앞서 언급했듯이, 술두스부는 두 지파로 구성되었다. 발흐 인근을 다스렸던 올제이 부가의 후계는 아들 밍리 부가Mingli Bugha가 이었으나, 밍리 부가는 765/1364년 아미르 후사인과 티무르에게 대항했다가 처형되었다. 밍리 부가의 어린 아들 피르 알리Pīr ʿAlī는 곧장 아버지의 지위를 이어받지는 못했지만, 나중에 티무르는 피르 알리가 아버지의 재산을 상속받도록 허락했고 피르 알리는 티무르가 사망한 뒤에도 그에게 충성을 바쳤다.[51] 776/1374~1375년, 히사르 샤드만에 자리 잡은 술두스부의 또다른 지파 수장이었던 셰이흐 무함마드 이븐 부얀 술두스는 아딜샤 잘라이르, 아를라트부의 수령 투르칸과 함께 자타 원정 중이던 티무르를 납치하려는 음모를 꾸몄는데, 아딜샤가 이를 누설했다. 야르구에서 유죄 판결을 받은 셰이흐 무함마드는 과거에 자신이 살해한 술두스부 친족의 형제에게 넘겨져 살해되었다. 바야지드 잘라이르의 두 아들 알리 다르비시와 무함마드 다르비시Muḥammad Darwīsh 역시 처형되었다. 그 연유는 분명치 않으나, 이 형제의 아버지가 몇 년 전에 울루스의 수장이었던 점과 연관성이 있었을 수 있다. "술두스부의 일īal과 투멘"은 티무르 추종자 악 테무르Aq Temür에게 돌아갔다. 아딜

• 고대 튀르크어에서 독립적 지도자가 통치하는 정치 단위의 총칭으로 사용된 '엘(el)'의 고전 아랍어식 표기.

샤 잘라이르는 용서를 받아 복권되었다.[52] 그러나 자타 침략군의 사령관으로 배치된 아딜샤는 티무르가 호라즘 원정으로 자리를 비운 사이에 사마르칸드를 점령하려는 도박을 벌였다가 티무르의 아들 자항기르가 이끄는 군대에 의해 쫓겨나 조치 일문의 영토로 도주했다. 티무르는 이참에 잘라이르부를 무력화하기로 마음먹고 그 부족을 쪼개어 여러 부족 출신의 아미르에게 하사했다.[53] 몇 년 뒤, 티무르는 잘라이르부 출신이지만 부족의 지배 가문 구성원은 아닌, 자신의 부하 사르 부가 잘라이르Sarï Buġa Jalāyir에게 잘라이르부를 사여했다. 아딜샤는 이전에 티무르를 도운 전례가 있었는데도[54] 777/1375~1376년에 생포되어 처형되었다.[55]

이상의 과정을 통해 야사우르부와 아파르드부, 후탈란의 지배자들, 술두스부, 잘라이르부 등 차가다이 칸국 서부의 주요 세력이 티무르의 권위 앞에 무릎을 꿇었다. 안도 시로는 1376년에 티무르가 반란의 근원이었던 부족을 모두 제거했다고 주장한 반면, 맨즈는 그로부터 몇 년 뒤인 잘라이르부 해체가 그 분수령이었다고 보았다.[56] 티무르가 권좌에 오르자, 완전히 종식되지는 않았지만 반란의 빈도가 눈에 띄게 감소했다. 예컨대 790/1388년, 오늘날 아프가니스탄 북부의 "보롤다이의 일īl과 부족qabīla"의 장령들이 반란을 일으키자 후탈란의 무함마드 미라카도 그들을 따랐다. 두 반란 모두 티무르의 부관 자한샤가 진압했다.[57] 티무르가 승리했다고 해서 여러 부족의 지배 가문들의 경쟁이나 부족 내부의 경쟁이 최종적으로 끝난 것도 아니었다. 티무르가 (안전 보장 약속을 어기고) 아미르 후사인을 처형하기 위해 그를 카이후스라우 후탈라니에게 넘겼을 때도, 카이후스라우를 죽이기 위해 후사인의 노코르들에게 주었을 때도, 마지막으로 셰이흐 무함마드 술두스가 복수심으로 불타오르는 친지들의 손에 죽게 되었을 때도 티무르는 그저 그 위에서 혈투를 이용했을 뿐이다. 그럼에도 티무르가 차가다이 울루스 내부 정치의 성격을 바꾸었다는 것은 부인할 수 없는 사실이다. 1405년 이후에 벌어진 분란들은 티무르가 지닌 정치적 비전의 한계를 드러낸 동시에 그의 성취도 분명히 드러냈다. 계승 분쟁의 주요 인물은 부활한 부족 수령들이 아니라 티무르가 창조한 새로운 엘리트층의 구성원들, 다시 말해 티무르 왕조의 공자들과 티무르의 추종자들 혹은 그 후손들이었다.[58]

티무르의 부관, 장령, 관원

티무르가 활동 초기에 성공할 수 있었던 데에는 충성스러운 무사 집단 (맨즈와 안도 시로가 신원을 확인한 심복들)의 역할이 컸다. 그러나 이들이 테무진의 초기 추종자들처럼 맹세로 결속되었는지는 명확히 언급된 바가 없다.[59] 바를라스부 출신 체퀴, 후사인Husayn(티무르의 경쟁자였던 카라우나스 아미르와는 동명이인), 티무르의 누이동생〔시린 벡 아가Şīrīn Beġ Aġa〕과 결혼한 두글라트부의 다우드Dā᾽ūd Dughlāt, 아를라트부의 무아이야드 Muʿayyad Arlāt, 티무르의 사촌 핫지 마흐무드샤 야사우르, 킵차크의 압바스ʿAbbās Qıpçak, 나이만의 악 부가Aq Bugha Nayman, 누쿠즈의 사이프 알딘 Sayf al-Dīn Nüküz(후일 핫지 사이프 알딘으로 알려짐), 잘라이르부의 사르 부가, 엘지기데이의 '부민qawm' 또는 투멘에 속했다고 전해지는 킵차크의 키

타이 바하두르Hiṭāy Bahādur Qıpçaq, 바를라스부의 세이흐 알리 바하두르
Shaykh ʿAlī Bahādur, 도르벤의 악 테무르 바하두르Aq Temür Bahādur Dörben 세
사람, 벨구트의 일치 바하두르Ilchi Bahādur *Belgüt[60]와 카우친으로 불린 타
반Taban Qa'uçin(마찬가지로 벨구트 출신일 가능성 있음)과 쿠마리 으낙Qumārī
Ïnaq Qa'uçin 등 다양한 부족 출신으로 구성되었다. 맨즈는 여기에 더해 위
츠 카라Üch Qara, 벨구트의 에예귀 테무르*Eyegü Temür *Belgüt, 기야스 알딘
타르한, 티무르의 육촌 타가이 부가 바를라스Taghai Bugha Barlas까지도 초
기 지지자였을 것으로 보았다.[61] 이들 가운데 위츠 카라는 768/1366∼
1367년 티무르의 군대와 격돌한 아미르 무사(즉 후사인)의 장수라고 언
급되지만, 776/1374∼1375년에는 티무르의 장령이었다.[62] 쿠마리의
형제 테무게 카우친Temüge Qauchin과 무바슈시르Mubashshir는 초기부터
티무르를 위해 일했다는 사실이 확인되므로,[63] 이들도 이 명단에 추가
될 수 있다.

이들 개인적인 지지자들은 사회적 지위도 상당히 다양했다. 이들
가운데 일부는 군대의 지휘자였는데, 사르 부가의 경우에서 확인할 수
있듯이 부족의 분견대를 지휘했을 것이다. 샤미는 아미르 후사인과의
분쟁을 서술할 때 다우드, 체퀴, 사르 부가, 후사인, 사이프 알딘, 압바
스, 악 부가를 "대아미르들"이라고 호칭했다.[64] 기야스 알딘 타르한은
칭기스 칸의 시대까지도 거슬러 올라가는 저명한 가문 태생임이 분명
하다(제8장 참조). 한편 위츠 카라에 대해 살마니는 티무르가 기야스 알
딘 타르한에게서 구입했다고 썼고, 기야스 알딘 타르한은 티무르가 위
츠 카라를 조상들에게서 물려받아 맘루크로 만들었다고 썼으며,[65] 타반
은 단순히 티무르의 노코르라고 지칭했다.[66] 그러나 출신과 관계없이

이들의 지위는 전적으로 티무르에게 충성을 다함으로써 얻은 총애에 기반했다. 위 문단과 아래 단락에서 언급될 이들 대다수는 1360년대부터 티무르와 함께 싸웠고, 샤라프 알딘 알리 야즈디가 기록한 티무르의 "즉위"에서 다양한 직위로 임명된 인물의 명단에서도 이들의 이름을 확인할 수 있다.[67]

티무르는 자신이 속한 부족인 바를라스부에서도 지지자를 끌어모았는데, 그중 대다수가 그의 직계 가족과 개인적인 추종자들 사이에 해당하는 지위를 차지했다.[68] 그러나 이들 가운데 초창기에 합류한 체퀴는 특권적 지위를 누렸다. 카라차르의 아들 시르가Shirgha의 5대손으로 티무르의 먼 친척이었던 체퀴[69]는 762/1361년에 케쉬의 병력이 핫지 바를라스에게 다시 합류하기 위해 티무르를 저버렸을 때 홀로 그의 곁을 지켰다.[70] 그러다가 진다 하샴을 진압할 때 파견되었고, 773/1371~1372년 티무르가 진다 하샴에게서 샤부르간을 빼앗은 뒤부터는 그곳을 통치했다. 이듬해 봄에는 쿤두즈·바글란·카불과 "보롤다이의 일[ii]"이 수여되었는데, 전체적으로 보면 이는 단순히 아파르드부뿐만 아니라 과거 아미르 후사인이 통치하던 카라우나스 병력 전체의 지휘권에 해당했다.[71]

티무르 휘하에는 다른 바를라스부 출신도 많았는데, 일부는 고위직에 오르기도 했다. 이들 중 일부는 분명히 지배 가문 출신으로, 카라차르의 아들들 중 한 사람이거나 그보다 앞선 조상들에게서 이어진 혈통이었다.[72] 나머지는 부족의 평민이었을 것이다. 《고귀계보》에는 티무르의 장령 중 바를라스부 출신이 13명 수록되었다.[73] 이 목록에서 가장 먼저 등장하는 야드가르 바를라스Yādgār Barlās는 802/1399년에 발흐의 다루가였다.[74] 《고귀계보》에 등장하는 13명 가운데 또다른 한 명으로는 티무르의 가까운 친족인 타가이 부가가 있는데, 그는 789~1387년 톡타므쉬의 군대가 부하라를 포위했을 때 이를 지킨 세 아미르 중 한 명이다.[75] 연대기 사료에는 등장하지만 《고귀계보》의 명단에서 언급되지 않은 바를라스부 아미르에는 핫지 바를라스의 형제 자항기르 바를라스Jahāngīr Barlās, 피르 후사인 바를라스Pīr Ḥusayn Barlās,[76] 785/1383~1384년 칸다하르 점령 이후 그곳의 총독으로 임명된 사이팔 바를라스Sayfal Barlās,[77] 이스마일 바를라스Ismāʿīl Barlās,[78] 니하반드Nihāwand의 총독wālī으로 있던 798/1396년에 휘하의 한 노코르에게 배신당하고 살해된 마지드 바를라스Mazīd Barlās,[79] 유수프 바를라스Yūsuf Barlās,[80] 쿠마르샤 바를라스Qumārshāh Barlās,[81] 사이드 바를라스Saʿīd Barlās,[82] 체퀴의 형제 기야스 알딘 바를라스Ghiyāth al-Dīn Barlās의 아들들인 샤 말릭Shāh Malik, 에디퀴Edigü, 누르 말릭Nūr Malik[83] 등이 있다. 후사인 바를라스의 아들로 후다이다드 후사이니Khudāydād Ḥusaynī로 알려진 후다이다드 바를라스Khudāydād Barlās[84]도 고위직에 올랐는데, 그는 티무르 사후 트란스옥시아나에서 벌어진 사건 전개에서 중요한 역할을 했다.

티무르의 초창기 지지자들 중 일부는 오랜 기간 주요 행정직도 역임했다.[85] 티무르는 권좌에 오르자 사르 부가, 후사인 바를라스, 악 부가, 핫지 마흐무드샤, 일치, 다울라트샤 바흐시Dawlatshāh Bakhshī를 디완dīwān 아미르로 임명했다. 이들은 디완 알라dīwān-i aʿlā(재무 부처)가 아니라 티무르 제국에서 국무원이자 대법원으로 기능한 디완 부주르그dīwān-i buzurg, 즉 '대大디완'에 해당했던 것 같다.[86] 야즈디는 군사령관으로서 징집과 군대 감사를 담당한 투바치가리tuwāchīgarī(몽골어는 '토바치

tovachi’, ‘군대 감독관’이라는 뜻) 직위를 받은 체퀴를 필두로 한 여러 인물을 언급한 바 있다. 키타이, 셰이흐 알리, 악 테무르는 특히 단순히 군대의 수령이 아니라 “바하두르들의 지도자”로 불렸다. 바하두르(튀르크어는 ‘바투르batur’, ‘영웅’, ‘용사’라는 뜻)는 아미르 다음가는 지위로 추정된다.[87] 또한 술두스 투멘의 지휘권ayālat은 776/1374~1375년에 악 테무르에게 사여했는데,[88] 나중에 이 지위는 그의 아들 셰이흐 테무르Shaykh Temür에게 이어졌다.[89] 타반은 783/1381~1382년 사브자바르 지방의 다루가로 임명되어 사르바다르 지도자들을 감시하는 역할을 했다.[90]

티무르의 초기 지지자들 중 다수의 아들·형제·친지도 마찬가지로 티무르를 섬겼다. 이들이 이른 시기에 티무르 막하로 들어왔는지, 반대로 티무르가 울루스를 장악하고 난 뒤에 참여했는지 모든 경우를 파악할 수는 없다. 예컨대 후일 티무르의 장령이 되는 압바스의 네 아들[91]과 핫지 사이프 알딘의 네 아들[92]은 후자에 해당한다. 초기의 개인적인 추종자들은 대체로 행정적 책임 없이 군사령관으로 남았던 데 반해 그들의 아들이나 가까운 친척은 행정적 책임까지 맡기도 했다. 악 부가의 아들 테무르 호자Temür Khwāja는 789/1387년 조치 일문의 침공 당시 시르다리야강 강변의 사브란Ṣabrān/Ṣawrān을 맡았다.[93] 악 부가의 또다른 아들 부얀 테무르Buyan Temür는 체퀴의 뒤를 이어 샤부르간의 총독이 되었다.[94] 악 부가의 조카 테무르타슈Temürtash는 783~790/1381~1388년에 티르미드의 다루가로 복무했고, 그뒤인 804/1401~1402년에는 후지스탄에 있는 후바이자Ḥuwayza의 다루가를 맡았다.[95] 그러나 티무르의 정복지 대부분의 통치를 담당한 쪽은 야즈드의 다루가로 임명된 테무게와 같은 카우친, 또는 바하르즈Bākharz의 다루가를 역임한 자항기르

같은 바를라스부의 아미르였다.[96]

1370～1405년, 티무르가 자주 그리고 오래 자리를 비운 동안 사마르칸드와 트란스옥시아나를 지키는 중요한 임무를 맡았던 개인적인 추종자의 신원을 확인하는 작업은 특히 유익하다. 그중에 첫손에 꼽히는 인물은 티무르의 매부 아미르 다우드 두글라트다. 771/1369～1379년, 다우드 두글라트는 사마르칸드의 통치ḍabṭ와 총독 지위darūghagī를 사여받았다고 한다.[97] 티무르가 호라즘 원정에 나선 773/1371～1372년 사마르칸드 관리는 아미르 사이프 알딘에게 맡겨졌다.[98] 777/1376년 봄, 재차 호라즘으로 떠났을 때는 악 부가가 남아서 사마르칸드를 책임졌다.[99] 778/1377년, 청 오르다의 오루스 칸을 치기 위해 원정을 떠났을 때는 체퀴가 사마르칸드를 다스렸다.[100] 788/1386년, 3년 원정이 시작되었을 때 트란스옥시아나의 방위는 술라이만샤 이븐 다우드 Sulaymānshāh b. Dāʾūd와 아미르 압바스가 맡았다.[101] 이상의 인물들을 티무르가 특히 신뢰했음을 미루어 짐작할 수 있으나, 사마르칸드 통치를 오랜 기간 담당하거나 한 차례 이상 담당한 예는 알려지지 않은 것으로 보아 티무르의 신뢰에는 한계가 있었는지도 모른다.[102] 혹은 다른 곳에서 이들의 복무가 티무르에게 절실하게 필요했거나.

몽골 선조들과 마찬가지로, 티무르도 새로운 군사 엘리트층의 충성심을 확보하기 위해 혼인을 활용했다. 다우드 두글라트의 아들로 티무르에게는 조카가 되는 술라이만샤는 티무르의 딸 아가 베키Āghā Beki와 혼인했고, 술라이만샤의 아들 유수프Yūsuf는 티무르의 손자 무함마드 술탄 이븐 자항기르Muḥammad Sulṭān b. Jahāngīr의 딸과 혼인했다.[103] 기야스 알딘 타르한의 딸 가우하르 샤드Gawhar Shād는 후일 샤루흐의 아내로서 크게 영향력을 떨쳤고, 기야스 알딘 타르한의 다른 두 딸도 각각 우마르 셰이흐의 아들인 피르 무함마드Pīr Muḥammad b. ʿUmar Shaykh, 루스탐 Rustam b. ʿUmar Shaykh과 결혼했다.[104] 핫지 사이프 알딘의 두 딸은 아미락 아흐마드 이븐 우마르 셰이흐Amīrak Aḥmad b. ʿUmar Shaykh, 아바 바크르 이븐 아미란샤와 맺어졌다.[105]

티무르가 최고위직을 두글라트부, 잘라이르부, (그리고 당연히) 바를라스부 같은 주요 부족 구성원에게만 한정했다는 주장이 있다. 또한 티무르는 관직을 (반드시 아들·형제는 아니더라도) 이전 보유자와 혈연으로 이어진 사람에게 맡기는 경향이 있었다.[106] 그 결과 후일 샤루흐를 비롯한 지배자들을 위해 일할 명문 귀족이 여러 명 등장하게 되었는데, 이들 가운데 일부는 티무르 왕조와도 밀접하게 연관되어 있었다.[107] 몇 가지 예만 들자면, 체퀴 바를라스가 가장 눈에 띈다.[108] 체퀴가 785/1383~1384년 겨울 사망할 무렵 그가 보유했던 옥수스강 이남에 대한 광범위한 지휘권은 그의 아들 자한샤에게 승계되었다.[109] 타인을 쉽게 신뢰하지 못했던 티무르가 중요한 권력 기반을 한 부자父子가 수십 년에 걸쳐 보유하도록 한 점, 게다가 규모도 상당히 큰 데다 이전에 카자간과 아미르 후사인을 따랐기에 충성심이 의심스러운 군세를 지휘하게 해준 것은 그가 이 부자를 얼마나 깊이 존중했는지를 말해준다. 자한샤는 티무르를 따라 두 차례나 킵차크 초원으로 진군했고, 인도와 시리아를 원정했으며, 앙카라의 전투에도 참여했다.[110] 자한샤의 아들 부룬둑Burunduq은 티무르 만년의 기록에서 아미르로 자주 언급되는데, 807/1404년에는 중국 원정을 위해 티무르의 제국 전체에서 모인 병력의 수를 점검하는 임무를 맡았다.[111] 자한샤의 형제 미드라브Miḍrāb(사망 817/1414~1415)는 799/1397년 샤루흐가 호라산 총독으로 임명될 때 할당된 아미르인데 인도 원정에 종군했으며,[112] 나중에는 샤루흐 휘하에서 디완 아미르 지위에 오르고 쿤두즈와 바글란을 차례로 다스렸다.[113] 체퀴의 셋째 아들 지락Zīrak은 티무르 휘하 장령이었다는 언급이 있다.[114] 티무르는 이 가문의 또다른 지파라 할 수 있는 체퀴의 형 기야스 알딘의 아들 에디귀를 795/1393년에 케르만 총독ḥukūmat으로 임명했다.[115] 《고귀계보》는 체퀴와 자한샤 두 사람 모두 티무르의 수석 아미르amīr al-umarā라고 불렀는데,[116] 이는 이 바를라스계 혈족이 티무르의 다른 부하들보다 높은 지위를 차지했음을 보여준다. 데 클라비호는 티무르의 아미르 가운데 가장 총애받는 인물은 자한샤이며, 그는 전군의 사령관이라고 기록했다.[117]

사르 부가의 후손들도 명문 귀족 가문을 이루었다. 그의 아들 셰이흐 누르 알딘 바하두르Shaykh Nūr al-Dīn Bahādur는 795/1393년 무자파르 왕조 샤 만수르와의 교전에서 지휘관으로 처음 등장했다.[118] 2년 뒤, 이 인물은 톡타므쉬 군사들과의 전투에서 두각을 드러내어 티무르에게서 특별히 치하를 받았다. 798/1395~1396년, 세이흐 누르 알딘은 시라즈로 파견되어 세빈첵Sevinchek을 대신해 파르스 총독이 되었고, 파르스의 다루가로서 800년 둘힛자월/1398년 10월 화려한 선물들과 함께 티무르를 맞았다.[119] 그다음 달에 그는 티무르와 함께 인도 원정에 종군했다. 세이흐 누르 알딘은 시리아 원정 중이던 803/1400~1401년에 다마스쿠스를 접수하기 위해 파견된 아미르들 중 하나였고, 바그다드 공격에서는 티무르의 장령 가운데 처음으로 성벽에 올랐다.[120] 그는 또한 804/1402년에 앙카라와 스미르나Smyrna〔오늘날 튀르키예 이즈미르İzmīr〕

에서 싸웠다.[121] 셰이흐 누르 알딘은 티무르 사후 위기 상황에서도 중요한 역할을 해냈다. 이 가문에서 두각을 드러낸 또다른 인물로 그의 형제 베르디벡Berdibeg이 있다. 그는 톡타므쉬를 상대로 펼친 첫 원정 때 793/1391년 자신의 투멘을 통솔하며 전했다. 그는 2년 뒤 벌어진 무자파르 왕조와의 최후의 대결에서도 티무르의 아미르들 중 한 명으로 다시 등장하며, 799/1396~1397년에는 모굴 칸국 방면 변경에서 활동했고 803/1400~1401년까지 그곳에 머물렀다.[122] 사르 부가의 셋째 아들 핫지 벡Ḥājjī Beġ은 789/1387년에 이스파한을 맡았으며,[123] 친척인 셰이흐 하산Shaykh Ḥasan은 티무르가 인도에서 귀환하던 중 이르야브Īryāb와 샤누잔Shanūzan을 맡긴 인물이다.[124]

티무르는 휘하 장령들에게 충직한 봉사를 바랐고, 이들 가운데 다수는 계속되는 티무르의 작전에 참여하거나 정복지를 통치하기 위해 비싼 값을 치러야 했다. 일치 바하두르Ilchi Bahādur는 773/1371~1372년 처음으로 호라즘을 침공하던 중에 익사했다.[125] 후사인 바를라스는 자타를 침공하던 776/1375년 일리강에 빠져 죽었다.[126] 키타이 바하두르는 778/1376~1377년 오루스 칸과 대치하던 전투에서 쓰러졌고,[127] 그의 아들 무함마드는 789/1387년 이스파한 봉기 때 살해당했다.[128] 타반은 785/1383년 사브자바르에서 일어난 반란 때 피살되었다.[129] 788/1386년 루리스탄 원정에서는 악 테무르와 우마르 이븐 압바스ʿUmar b. ʿAbbās가 병으로 쓰러져 사망했다.[130] 에예귀 테무르, 하리 말릭 이븐 야드가르 바를라스Harī Malik b. Yādgār Barlās, 라마단 호자Ramaḍan Khwāja는 모두 793/1391년 첫번째 킵차크 초원 원정 중에 살해되었다.[131] 아누시르반 이븐 악 부가Anūshīrwān b. Aq Bugha는 티무르의 네번째 호라즘 원정 중이던 781/1379~1380년 치명적 부상을 입었고,[132] 그 형제 부 안 테무르Buyan Temür b. Aq Bugha는 이스파한 공세 과정에서 쓰러졌다.[133] 788/1386년, 티무르가 이란으로 돌아갈 때 트란스옥시아나 방위를 맡 았던 두 사람 가운데 아미르 압바스는 이듬해 톡타므쉬의 침공군에게 저항하다가 치명상을 입었다.[134]

한편 새로운 엘리트 중 일부, 심지어 티무르의 종사단 구성원인데도 불충을 보여 극형을 선고받는 경우도 있었다. 805/1402~1403년 사인 테무르Şayin Temür와 그 형제 무라드Murād는 여러 범죄 혐의로 사형에 처 해졌고, 사인 테무르의 아들과 다른 형제들도 그들을 따라 사형대에 올 랐다.[135] 우스만 이븐 압바스‘Uthmān b. ‘Abbās는 알 수 없는 혐의로 사형되 었는데, 샤라프 알딘 야즈디는 그가 받은 혐의가 실제로는 거짓이었다 고 일축했다.[136] 사르 부가 역시 사마르칸드를 점령하려는 아딜샤 잘라 이르의 도박에 공모했다가 그와 함께 청 오르다로 도망쳐 카마르 알딘 에게 합류했다.[137] 그러나 사르 부가는 2년 뒤인 779/1377~1378년에 돌아와 티무르에게 용서를 빌었다. 그는 단순히 다시 총애를 얻는 데 그치지 않고 그의 부족qawm, 즉 잘라이르부에 대한 지휘권까지 위임받 았다.[138]

티무르가 부족 지도자(알리 야사우르, 카이후스라우, 아딜샤 등은 예외)나 측근 중에서 자신에게 불만을 품은 아미르에게 자주 자비를 베풀었다 는 사실은 충격적이다. 맨즈는 차가다이 울루스에서 전통적으로 사형 집행이 혐오스러운 일로 여겨졌다고 주장했다(만약 그런 전통이 정말로 있 었다면, 부잔 칸이나 카잔 술탄 칸이 모르지 않았으리라). 그보다는 모굴 칸국이 트란스옥시아나의 아미르 대다수를 가혹하게 대하고 바야지드 잘라이르 같은 저명한 인물을 처형해 762/1361년 투글룩 테무르 칸의 패권이 단명했던 일, 아미르 후사인이 카이쿠바드 후탈라니를 성급하게 처형했던 경험 등에서 티무르가 영향을 받았을 가능성이 커 보인다. 그래서 최소한 자신의 지배가 공고해질 때까지는 온건하게 통치하는 편이 낫겠다고 판단했는지도 모른다.[139]

트란스옥시아나 바깥으로의 원정에 나선 티무르는 자신에게 협력한 여러 아미르, 특히 이란 지역의 인물들을 휘하 장령 대열에 추가했다. 예컨대 무함마드 이븐 술탄샤 후라사니Muḥammad b. Sulṭānshāh Khurāsānī는 778/1376~1377년 카르트 왕조에서 도망쳐 나와 티무르에게 합류했는데, 출신은 불분명하다.[140] 잘라이르 왕조를 위해 술타니야를 통치하다가 티무르에게 복속한 아딜 아카는 787/1385년 총독ba-ayālat으로 남겨졌으나, 무함마드 이븐 술탄샤가 군대와 함께 주둔하면서 술타니야를 통제했다.[141] 제10장에서 확인하겠지만, 티무르는 알리 무아이야드나 그 조카 이마드 알딘 마수드ʿImād al-Dīn Masʿūd 같은 사르바다르 지도자를 등용하기도 했다. 특히 마수드에게는 자신의 고향인 호라산 교외를 다스리도록 했다. 티무르는 이런 인물들을 권력 기반이 없는 지역으로 이주시킴으로써 그들의 충성심을 확보하고자 했다. 하지만 이런 동맹들이 만족스러운 성과를 내지는 못했다. 788/1386년, 타브리즈에서 수익을 내지 못한 아딜 아카의 요원들은 고문받다가 처형되었고, 얼마 뒤 아딜 아카까지 사형되었다.[142] 803/1401년에 투항해 후일 사이람Sayrām 총독으로 임명된 시리아 출신 압둘 말릭 이븐 알타크리티ʿAbd al-Malik Ibn al-Takrītī처럼 차가타이 군대와 함께 고향을 떠난 저명 인사들 가운데는 자발적으로 티무르 쪽에 합류한 이들도 있었다.[143]

이제 관원을 살펴보자. 티무르의 서기국 소속 관리 중 일부는 "개인 서기관dabīr-i khāṣṣ" 율 쿠틀룩Yul Qutlugh의 경우처럼 튀르크·몽골인이었다.[144] 그러나 《고귀계보》에서는 율 쿠틀룩이 언급되지 않았고, 티무르의 서기들nawīsandagān로 튀르크인 세 명이 등장하는데 이들은 바흐시bakhshī라고 불렸다.《고귀계보》에는 20여 명의 타직 서기도 등장하는데,[145] 이 인물들에 대해서는 상대적으로 알려진 바가 많지 않다. 티무르 시대 이전 트란스옥시아나에 대해 알려진 내용이 별로 없어서 이들 가운데 누가 티무르 덕분에 등용된 '신참자'인지 식별하기도 어렵다. 가장 먼저 눈에 띄는 인물은 티무르 휘하에서 재무 장관ṣāḥib-dīwān을 맡은 호자 마수드 심나니Khwāja Masʿūd Simnānī로,《고귀계보》에서는 그의 아버지 야히야Yaḥyā, 야히야의 또다른 후손 알리ʿAlī와 함께 서기로 언급된다. 이런 사례는 아미르의 경우와 마찬가지로 티무르의 관원이 되는 데에도 혈연이 중요한 요소였음을 시사한다. 호자 마수드는 803/1401년 바그다드 공성전에서 화살에 맞아 사망했고, 잘랄 이슬람 타바시Jalāl-i Islām Ṭabasī가 잠시 후임으로 재직했던 것 같다. 서기bitikchi로 기록에 처음 등장하는 잘랄 이슬람은 군사 직책도 맡았던 것 같은데, 805/1402년 아나톨리아 원정에서 전사했다. 두 사람 모두 어쩌면 티무르의 원정에 종군한 덕분에 그 존재가 알려졌을지 모른다.[146]

지방 디완 관원들은 사료에서 이름이 언급되기는 하지만 튀르크·몽골인 아미르들과 달리 그들의 출신이나 가족 관계는 전혀 알 수 없다. 이들은 심지어 저항을 단념한 도시들에 대한 배상금māl-i amānī 징수, 납부된 공물의 등록 및 세금 징수 등의 업무마저 독점하지 못하고 차가타이 군사 엘리트들과 함께 임무를 수행해야 했다. 맨즈는 이런 서기

계층의 실상을 면밀하게 검토해, 티무르와 군사 엘리트가 페르시아 관원을 경멸했다고 강조했다. 이런 의견을 반영이라도 하듯, 이런 관리들은 셀주크 왕조는 물론 일칸 휘하에서 전임자들이 누리던 권력과 명예를 누리지 못했다. 공자들이 명령에 복종하지 않을 때면 티무르는 으레 그 원인을 지방에 배치된 페르시아 관원들에게 돌렸다. 게다가 이들에게 내려진 처벌은 튀르크·몽골인 아미르에게 내려진 처벌보다 훨씬 가혹했다.[147] 마찬가지로 티무르 아래에서 일한 타직 건축가들이 티무르의 기대를 충족하지 못한 경우 조금도 자비를 기대할 수 없었다. 예컨대 티무르가 7년 원정에서 돌아왔을 즈음 완공된 사마르칸드의 새 금요 모스크가 기대에 미치지 못하자 책임자 두 사람은 교수형에 처해졌다.[148]

티무르는 휘하 아미르들에게 폭정을 일삼으면 안 된다고 우려를 표하기도 했다. 788/1386년 호라산으로 진격했을 때, 그리고 트란스옥시아나로 돌아오는 길에 지나치는 모든 지역에서 그는 감사pizhūhish를 실시해 압제자들에게 본보기를 보이고 부당한 처우를 받았음을 인정하는 의미에서 트란스옥시아나 주민에게 3년 치 토지세(하라즈)를 면제했다.[149] 806/1404년, 아란의 바일라칸Baylaqān에서 머물렀을 때는 이란과 투란의 명사들을 한 군데에 모아 울라마에게 총독과 세관稅官이 부정과 폭정을 행하지 않았는지 보고하라고 명했다.[150] 이 명령은 단순히 보여주기식 지시가 아니었음이 확실하다. 체첵튀Chechektü〔오늘날 아프가니스탄의 치착투Chīchaktū〕의 다루가 아팍Apaq이 폭정을 자행했다는 죄목으로 호된 처벌을 받았고,[151] 시라즈 지방 디완의 수장은 투옥되어 고문을 받았으니 말이다. 이듬해 헤라트와 사마르칸드에서 이루어진 조사는 두 도시의 디완 구성원들이 처형되는 결과로 이어졌다. 데 클라비호에 따르면, 희생자 가운데 한 사람은 사마르칸드의 수석 행정관이었는데, 티무르가 부재한 6년 동안 그 신뢰를 남용한 죄목으로 교수형에 처해졌다.[152]

티무르의 자손

티무르는 황가를 세웠다. 세월이 흐른 뒤 그는 아들들에게 의지했는데, 그 가운데 셋에게 주요 영토를 분봉했으며, 때가 되자 손자들에게도 그렇게 했다. 우마르 셰이흐는 대략 755/1355년 또는 756/1356년에 태어난 것으로 보이며, 티무르의 장남이었을 가능성이 가장 높다. 그는 771/1369~1370년 아미르 후사인과의 마지막 대결에서 용감하게 활약하며 역사 기록에 처음 등장했다.[153] 777/1375~1376년에 페르가나의 안디잔에 총독ḥākim으로 파견되어[154] 카마르 알딘의 공세로부터 트란스옥시아나를 지켜내는 임무를 수행했다. 아버지가 처음으로 킵차크 초원으로 원정을 떠난 793/1391년에는 쿤두르차Qundurcha에서 치른 전투에서 용맹을 떨쳤다.[155] 페르가나에서 18년을 보낸 우마르 셰이흐는 795/1393년 무자파르 왕조에게서 빼앗은 파르스와 이라크 아잠으로 옮겨 갔으나, 이듬해 후르마투Khurmātū 요새를 공격하다가 전사했다.

티무르의 둘째 아들 자항기르는 첩이 아닌 적법한 아내에게서 태어난 유일한 아들이다. 그는 768/1366~1367년에 티무르가 카르트 왕조와 협상을 벌일 때 대리인으로 파견되면서 역사서에 처음 등장한다.[156] 자항기르의 활동에 대해서는 알려진 바가 상대적으로 적다. 그의 존재감이 가장 크게 드러난 기록은 775/1374년에 호라즘 수피 왕조 지배자의 조카이자 금 오르다 외즈벡 칸의 외손자인 칸자다Khānzāda와 혼인했을 때다. 776/1375년에는 티무르가 세번째로 자타를 침공했을 때 전위를 지휘하면서 활약했다.[157] 777/1375~1376년, 반란을 일으켜 사마르칸드를 점령하려는 아미르 아딜샤와 사르 부가의 시도를 막았으나 병에 걸려 이듬해에 20세의 나이로 사망했다.[158] 그는 미처 분봉도 받지 못한 상태였다.

티무르의 나머지 두 아들은 너무 어려서 티무르가 권좌에 오르는 과정이나 초창기 지배에는 기여하지 못했지만, 티무르보다 오래 살았다. 782/1380~1381년, 티무르는 14세이던 셋째 아미란샤에게 호라산 총독직을 맡겼다.[159] 795/1393년, 아미란샤는 더 거대한 분봉지인 아제르바이잔·다르반드Darband*·바쿠·시르반Shīrwān·길란·라이를 포괄하는 이란 북서부로 전봉轉封되었다.[160] 그리고 잘라이르 왕조에 대한 원정이 성공적으로 마무리된 798/1396년에 그의 분봉지는 "바쿠의 다르반드Darband-i Bākū에서 바그다드, 하마단에서 룸Rūm[아나톨리아]"까지 확대되었다.[161] 802/1398~1399년, 티무르는 비행非行을 이유로 아미란샤에게서 분봉지를 박탈했다(자세한 내용은 뒤에서 서술한다). 779/1377년에 태어났으며 실질적으로 티무르의 후계자 자리를 꿰차는 넷째 아들 샤루흐는 무자파르 왕조령 시라즈에서 원정을 펼친 795/1393년에 처음 역사 무대에 등장한 듯하다.[162] 샤루흐에게는 799/1397년에 호라산·

• 별다른 언급이 없는 한, 본문의 다르반드는 현재 러시아 연방 다게스탄 공화국의 데르벤트(Derbent)를 가리킨다.

시스탄·마잔다란·라이가 할당되었다.[163]

티무르의 네 아들 가운데 먼저 태어난 두 명이 1395년에 사망했기 때문에 정복자는 그들의 후손들을 맡아야 했다. 인도 원정을 앞둔 어느 때에 그는 이렇게 맡아 기른 손자들 가운데 가장 나이가 많은, 자항기르의 맏아들 무함마드 술탄을 후계자로 선택했다.[164] 단순히 나이가 많아서만은 아니었다. 무함마드 술탄은 조치 일문인 외즈벡 칸의 외손녀를 어머니로 둔 칭기스 왕조의 후손이기도 했는데, 카라추에 불과했던 티무르에게 칭기스 혈통은 아주 중요했다. 이 공자는 793/1391년 톡타므쉬를 상대로 펼친 원정에서 기록에 처음 등장했는데, 이때 전위를 지휘하겠다고 자청해 할아버지를 기쁘게 했다고 한다.[165] 800/1397~1398년부터 트란스옥시아나를 맡은 무함마드 술탄은 803/1401년 이란 정복에도 참전했던 것으로 보이지만, 부재했을 때가 잦아 티무르의 원정에서 두각을 드러내지는 못했다. 805년 샤반월 18일/1403년 3월 13일, 아나톨리아 악셰히르Akşehir에서 무함마드 술탄이 29세로 사망한 사건[166]은 티무르에게 개인적으로 큰 슬픔을 안겼을 뿐만 아니라 정치적으로도 심각한 좌절을 안겼다. 무함마드 술탄의 두 아들은 아버지의 지위를 이어받기에는 너무 어렸고, 티무르가 794/1391~1392년부터 가즈니와 카불에서 칸다하르와 인더스강에 이르는 분봉지("마흐무드 가즈나위Mahmūd Ghaznawī의 옥좌"라고 불린 영토)를 거느린 자항기르의 둘째 아들 피르 무함마드를 후계자로 인정하기까지는 얼마간 시간이 필요했다.[167] 이렇게 시간이 걸린 이유는 무함마드 술탄과 달리 피르 무함마드가 칭기스 왕조의 혈통이 이어진 후손이 아니었기 때문인지도 모른다. 결과적으로 자항기르 왕통의 영토는 지리적으로 주변부에 자리한 데다 티무르 왕조의 다른 지파들에 비해 약소하기까지 했는데, 이 두 가지 요인은 1405년 이후의 계승에까지 영향을 미쳤다.

헷갈리게도 우마르 셰이흐의 맏아들의 이름도 피르 무함마드다. 이 피르 무함마드는 아버지가 죽은 뒤 16세의 나이로 파르스 및 파르스에 종속된 지역의 총독으로 임명되었다.[168] 피르 무함마드가 좌천된 시기에 동생 루스탐이 시라즈를 통치했다가, 805/1402~1403년에 피르 무함마드가 시라즈를 돌려받고 루스탐은 이스파한으로 전봉되었다.[169] 이 둘의 동생 이스칸다르 이븐 우마르 셰이흐는 15세이던 802/1399년에 변경 방위 임무를 받고 페르가나 안디잔으로 파견되었다.[170] 실각했던(이에 대해서는 뒤에서 서술한다) 피르 무함마드는 806/1403~1404년에 다시 티무르의 신뢰를 되찾아 하마단, 니하반드, 부루지르드Wurūjird(Burūjird), 소小루르Lur-i Kūčik〔오늘날 이란 루리스탄 북부와 서부에 해당함〕를 통치하게 되었다.[171] 이상의 과정을 통해, 이스칸다르의 경우 아버지와 마찬가지로 멀리 페르가나와 연고가 있기는 했지만, 이란 중부와 서부(대략 무자파르 왕조의 고지)가 우마르 셰이흐 아들들의 영향권이 되었다.

아미란샤의 아들 가운데는 할릴 술탄이 앙카라 전투 이후 모굴 칸국 방면의 국경 방어에 투입되었다.[172] 그러나 얼마 뒤인 806/1403~1404년에 그에게 바일라칸·바르다아Barda'a·간자Ganja·아란·아르메니아·조지아가 사여되었다.[173] 805/1402~1403년, 티무르는 아미란샤의 또다른 아들인 아바 바크르에게 "이라크 아랍의 와시트Wāsiṭ와 바스라Baṣra에 이르는 지역과 쿠르디스탄Kurdistān, 마르딘, 디야르 바크르의 나머지"를 사여했다.[174] 그러다가 806년 샤반월 말/1404년 4월 초에 "아제르바이잔 전체와 룸 지방의 콘스탄티노플까지 그리고 이집트와 경계를 접한 시리아"(샤라프 알딘 야즈디의 표현에 따르자면 "훌레구 울루스")
에 이르는 거대한 분봉지를 그들의 형제 우마르에게 수여했다.[175] 하피
즈 아브루가 샤미 《승전기》 속편에 옮겨둔 이 분봉 관련 문서에는 "라
이에서 아제르바이잔에 이르는" 이라크 아잠뿐만 아니라 "히자즈에서"
이라크 아랍에 이르는 지역, 그리고 "파르스와 케르만에서 호르무즈에
이르는 지역"이 추가되어 있다.[176] 이는 우마르가 아바 바크르의 영토는
물론이요, 우마르 셰이흐의 아들들이 보유한 영지까지 포함해 티무르
제국 서반부 전체의 지배자로 지명되었음을 시사한다. 따라서 티무르
는 손자들 사이에서 긴장을 불러일으킬 위험도 무릅썼다고 볼 수 있다.
어쨌든 간에 아미란샤 왕통은 티무르 제국의 서부와 긴밀하게 연결되
었다(트란스옥시아나에서 기반을 얻은 할릴 술탄을 제외하고). 나중에 확인하
겠지만, 할릴 술탄은 티무르가 사망했을 당시 트란스옥시아나에 머물
렀던 몇 안 되는 공자 가운데 한 사람이다.

샤루흐의 호라산 총독 재임 기간은 상대적으로 길었다. 813/1410년
트란스옥시아나의 주인이 된 이후에도 샤루흐가 티무르의 수도 사마
르칸드로 옮기기보다는 헤라트에 머무르기를 선호했다는 사실이 놀랍
지는 않다. 샤루흐의 아들들도 티무르 제국의 동쪽 끝에서 분봉지를 받
았는데, 두 사람 다 꽤 어린 나이였다. 807/1404년 당시 10세였던 울룩
벡은 타쉬켄트, 사이람, 양기, 아슈파라Āshpara 그리고 "자타의 영토에서
키타이에 이르는" 지역까지의 영역을 받았고, 그보다 몇 달 늦게 태어
난 이복형제 이브라힘 술탄은 안디잔, 아흐시카트, 탈라스 그리고 "카
쉬가르에서 호탄에 이르는 영역"을 받았다.[177]

집권 후반기, 트란스옥시아나를 떠날 때 티무르가 사마르칸드의

관리를 부하들보다는 왕조 구성원에게 맡기는 경향을 보였다는 사실은 의미심장하다. 샤루흐는 796년 둘카다월/1394년 9월에 사마르칸드 통치를 위해 귀환하라는 명령을 받았다.[178] 티무르가 800/1398년에 인도 원정을 떠날 때는 아미란샤의 아들 우마르가 이 임무를 맡았다.[179] 802/1399년, 7년 원정을 시작할 때는 후계자 무함마드 술탄을 사마르칸드에 남겨 트란스옥시아나 전역을 책임지게 했다.[180] 804~805/1401~1403년에는 우마르가 재차 수도를 맡았는데, 이때 티무르는 여러 아미르를 함께 남겨 우마르를 돕도록 조치했다.[181] 그러나 806/1403년에 우마르는 아제르바이잔으로 전봉되었다.

티무르는 자항기르의 요절, 783/1381~1382년 딸 아가 베키의 사망, 785/1383~1384년 아내 딜샤드 아가Dilshād Āghā와 누나 쿠틀룩 테르켄의 잇따른 죽음을 겪을 때마다 매번 국정에 관심을 잃었다가 주변 사람들에게 설득된 뒤에야 업무에 복귀할 정도로 충격을 받았다고 한다.[182] 샤라프 알딘 야즈디에 따르면, 오랜 원정 과정에서 공자들을 만날 때나 손자들이 태어날 때마다 티무르가 보여준 반응을 볼 때 그가 후손들을 매우 소중하게 여겼고 그들의 양육에도 각별히 관심을 가졌음을 짐작할 수 있다.[183] 델리 외곽에서 벌어진 전투에서 손자들의 강인함을 보면서 기쁨의 눈물을 흘렸다는 일화도 전해진다.[184] 공자들의 아내들은 대체로 부족 수령들의 집안이나 신생 티무르 왕조의 귀족층에서 간택되었다. 예컨대 자항기르는 카이후스라우 후탈라니의 딸과 혼인했고, 샤루흐의 첫째 부인 가우하르 샤드는 기야스 알딘 타르한의 딸이었다.[185] 그러나 티무르는 일부 아들과 손자를 위해 칭기스 왕가에서 아내를 구해주기도 했다(제12장 참조).

티무르의 가족일지라도 신뢰할 수 없다는 판단이 들게 하면 좌천을 피할 수 없었다. 가장 악명 높은 예는 아미란샤지만, 당시 상황이 정확히 어땠는지는 불분명하다. 티무르의 후계자들 치하에서 작성된 사료들에 따르면, 이 공자는 798/1395년에 사냥하다가 낙마 사고로 부상을 입은 뒤로 일종의 신경 쇠약을 겪었다고 한다. 그는 (올제이투 일칸의 영묘를 비롯해) 타브리즈와 술타니야의 건축물을 파괴하는 등 극도로 괴팍한 행동을 일삼았다. 루이 곤살레스 데 클라비호는 아미란샤가 이런 행위를 통해 전통적인 수단 혹은 창의적인 수단으로는 얻기 힘든 영원한 명성을 떨치길 바랐다고 주장했다.[186] 아미란샤의 아내 칸자다가 802/1399~1400년에 티무르의 궁정에 찾아와 남편의 비행을 보고하자, 티무르는 즉시 아미란샤를 소환해 그의 측근을 처형했다. 아미란샤는 분봉지만 박탈당했다.[187] 그뒤 몇 년 동안 아미란샤는 아버지 곁에서 머물다가 806/1404년 마침내 아들 아바 바크르와 함께 바그다드에서 지내도록 허락받았다. 그런데 아미란샤가 이렇게 비행을 저질렀음에도 일부 인사들은 티무르 사후 아미란샤를 정당한 후계자로 간주했다.

티무르의 손자 피르 무함마드와 이스칸다르(두 사람 모두 우마르 셰이흐의 아들), 술탄 후사인Sulṭān Ḥusayn(티무르의 딸 아가 베키와 아미르 무사 타이치우트의 아들 무함마드 벡 사이에서 태어난 티무르의 외손자)은 스스로 경력에 오점을 남겼다. 피르 무함마드는 802/1400년 루리스탄과 바그다드로 원정을 떠나라고 티무르가 명령하자 꾀병을 핑계로 거부하고 시라즈에서 측근들과 함께 여러 만행을 저지르며 반항했다. 피르 무함마드가 자리를 비우는 동안 시라즈를 통치하도록 안배된 아미르 중 한 사람인 사이드 바를라스가 피르 무함마드를 쿠한디즈Quhandiz 성채에 투옥하고 티무르에게 이 소식을 알리자, 티무르는 공자의 고문들을 처형하고 시라즈는 피르 무함마드의 동생 루스탐 이븐 우마르 셰이흐에게 맡기라고 지시했다.[188] 피르 무함마드는 3년이 지난 뒤에야 복귀할 수 있었다. 페르가나를 통치하라는 명령을 받은, 피르 무함마드의 또다른 동생 이스칸다르는 공식적으로 무함마드 술탄에게 종속된 처지였는데도 허락 없이 모굴 칸국 영토 깊숙이 약탈 원정에 나섰다가 무함마드 술탄의 명령에 따라 체포되었다. 티무르는 이스칸다르의 아타벡이었던, 자타의 아미르 베키축의 아들 부얀 테무르Buyan Temür-i Bekichuk를 공자의 동무(노코르) 26명과 함께 처형했다. 이스칸다르는 태형에 처해졌다.[189] 끝으로, 술탄 후사인은 더 극악한 범죄로 유죄 판결을 받았다. 803/1400~1401년 다마스쿠스 원정 당시, 술탄 후사인은 맘루크 측으로 넘어가 이집트 술탄을 위해 싸우다가 티무르의 병사들에게 포로로 잡혔다. 티무르는 술탄 후사인의 고문들은 처형했지만 외손자는 살려주었고 나중에는 군사 작전에도 참여하게 했다.[190] 술탄 후사인의 본성에는 비행과 불충이 내재되어 있었다고 쓴 야즈디의 말마따나,[191] 술탄 후사인은 티무르가 죽은 뒤에 또다시 반란을 일으켰다(제15장 참조).

이처럼 티무르는 놀라울 만큼 공자들을 관대하게 대했고, 가혹한 처벌은 그들의 페르시아인 고문이나 측근에게 한정했다.[192] 아미란샤, 피르 무함마드 이븐 우마르 셰이흐, 술탄 후사인, 이 세 사람이 모두 후계자 후보에서 배제된 데에 불만을 품었으리라고 한 앤 브로드브리지Anne Broadbridge의 추정은 아마 정확할 것이다.[193] 앞서 말한 대로, 티무르가 무함마드 술탄을 후계자로 택한 것은 그와 그의 아버지 자항기르의 출생에 근거한 결정이었다. 술탄 후사인의 어머니가 자항기르의 친남

매였으니,[194] 술탄 후사인이 자신이 더 높은 지위를 차지해야 한다고 생각했다고 해도 이상하진 않다. 티무르가 세 공자에게 보여준 관용은 어쩌면 티무르 자신도 왕조 구성원들이 품었을 법한 이러한 불만을 (못 본 체하지는 못하더라도) 이해했음을 드러내주는 것인지도 모른다.

이쯤에서 아미란샤가 저지른 범죄를 면밀하게 살펴볼 필요가 있겠다. 796/1394년, 우마르 셰이흐가 사망하자 아미란샤는 티무르를 제외하고 가문에서 최연장자가 되었다. 게다가 아미란샤는 죽은 자항기르의 아내 칸자다와 혼인했기에 젊은 후계자 무함마드 술탄에게는 의붓아버지가 되었고, 소유르가트므쉬의 딸과도 혼인해 구레겐을 자칭할 자격을 얻었다.[195] 그리고 티무르가 771/1369~1370년 구레겐 칭호를 사용하기 시작한 뒤로 티무르 왕조 구성원 가운데서는 처음으로 실제로 구레겐을 자칭했다. 칭기스 왕조의 공주를 아내로 맞은 티무르 왕조의 다른 구성원들은 감히 티무르의 칭호인 구레겐을 자칭하지 않았던 것 같다.[196] 아미란샤는 자신의 고귀한 지위를 의식한 듯 자치를 주장하기 시작했다. (우마르 셰이흐가 죽고 9개월 뒤인) 796/1394년과 798/1396년에 아미란샤가 발행한 문서들에는 티무르와 후계자의 이름이 모두 누락되어 있다. 그런데 아미란샤에게는 처남이기도 한, 차가다이 울루스의 칸 술탄 마흐무드의 이름은 남아 있다는 점이 흥미롭다.[197] 그러나 800/1398년에 작성된 문서에는 칸의 이름까지 쓰여 있지 않다.[198] 세 문서 가운데 시기적으로 가장 앞선 796/1394년에 발행된 문서는 (낙마 사고가 발생한 798/1395년 이전에 발행되었으므로) 사고 이전부터 아미란샤가 이미 독립의 꿈을 품었음을 보여준다. 그러니까 부상 이야기는 노골적인 반항을 가리는 위장에 지나지 않았을 수 있다. 게다가 티무르가 일칸들의 후계자임을 자처하기 시작했다는 사실(제12장 참조)도 아미란샤의 야심을 부채질했을지 모른다. 아미란샤의 영지는 바로 일칸국의 심장부에 해당하지 않는가.[199] 아미란샤가 자신이 일칸들보다 '칭기스 왕조' 구성원, 어쩌면 이슬람 순니파의 용사로서 더 우월한 지위임을 보이기 위해 올제이투의 영묘를 파괴했다는 추정은 이미 제기된 적이 있다.[200]

공자에게 광대한 영토의 통치를 맡긴다는 말은 곧 그 휘하에 상당한 규모의 군대를 할당한다는 뜻이기도 했다. 782/1380~1381년 아미란샤에게 호라산 총독직이 사여되었을 때 적어도 아미르 열세 명과 전군에서 비례적으로 선발된 기졸 부대qūshūn 50개가 그에게 할당되었는데,[201] 이는 13세기 몽골 제국 카안들의 방식과 정확히 동일하다. 794/1391~1392년, 피르 무함마드 이븐 자항기르가 카불과 가즈니로 파견되었을 때는 아미르 열한 명과 대군이 함께했는데, 야즈디는 여기에 다른 아미르의 아들들과 형제들도 동참했다고 덧붙였다.[202] 마지막으로, 799/1397년에 샤루흐가 호라산 통치 임무를 받으면서 할당받은 아미르들은 이름이 언급된 사람만 열여섯 명이었고, 모든 투멘에서 뽑힌 일정한 규모의 병력도 포함되었다. 또한 이때도 아미르들은 모두 아들이나 형제를 이 장엄한 대열에 보태주어야 했다.[203] 뒤의 두 사례는 티무르가 아미르들의 충성심을 드높이기 위해 각 가문의 구성원을 각기 다른 지방에 파견한 경우였다. 한편 공자들은 지방 총독으로 임명되기 이전부터 제각각 장령 수행단을 거느리고 있었다. 샤라프 알딘 야즈디는 우마르 셰이흐가 795/1393년에 파르스 총독으로 임명된 일을 기록한 대목에서, 페르가나 시절부터 우마르 셰이흐를 보좌한 사적인 아미르들umarā-yi khāṣṣa과 그가 새 직책을 맡은 1년간 감시ba-tūsqāl를 위해 티무르가 붙인 아미르들을 구분했다.[204]

티무르는 공자들이 거둔 성공을 뿔난 눈으로 바라보기도 했다. 나탄지는 780/1378~1379년 티무르가 자타로 출정한 것은 우마르 셰이흐가 카마르 알딘을 상대로 거둔 승리에 대한 질투rashk 때문이었다고 명시했다.[205] 또 피르 무함마드 이븐 자항기르가 신드에서 승리를 거두자, 티무르는 인도를 직접 침공하기까지 했다(제10장 참조). 우마르 셰이흐의 파르스 총독 임명 전후의 상황도 아들·손자에 대한 사랑과 별개로 티무르가 그들을 전적으로 신뢰하지는 않았음을 보여준다고 해석할 만하다. 데 클라비호를 신뢰할 수 있다면, 티무르는 자신이 정해둔 후계 구도에 도전할 법한 인물을 색출하기 위해 두 차례나 자신이 죽었다는 소문을 퍼뜨렸다.[206]

가족 구성원들을 통제하기 위해 티무르가 구사한 또다른 방안은 다음과 같았다. 우선 공자들은 일정한 간격을 두고 한 지방의 총독에서 다른 지방의 총독으로 가도록 조치했는데, 그 의도는 되도록 특정 지방에서 긴밀한 관계를 형성하지 못하게 하는 데 있었다. 물론 이런 방식은 잘못 해석될 여지가 있다. 예컨대 티무르가 795/1393년에 우마르 셰이흐를 파르스에, 아미란샤를 이란 서북부에 배치한 조치는 단순히 새로 복속한 지방들을 신뢰할 만하고 노련한 공자들에게 맡긴다는 의미였을 수도 있다. 둘째, 티무르는 공자들에게 분봉지 내에서 병력 전체를 상대로 행사할 수 있는 권위를 사여하지는 않았던 것 같다.[207] 셋째, 티무르는 원정에 나설 때 공자들에게 할당된 병력을 빌려올 수 있었고, 이를 다른 부대와 잠시 교대하는 방식으로 공자와 군대 사이에 형성될지 모를 유대감을 약화하고 자신에 대한 충성심을 강화했다.[208] 마지막으로, 티무르는 공자들의 분봉지마다 충복을 배치해 영향력을 행사하면서 불복종을 방지하는 습관이 있었다.

네번째 방책이 우마르 셰이흐를 페르가나에 배치한 것과 같은 초기의 분봉 사례들에도 적용되었는지는 알 수 없다. 아미란샤의 반항을 겪으면서 티무르가 손자들에게 영토를 사여할 때 더 신중한 태도를 취했을 수는 있지만, 그럼에도 806/1404년에 우마르 이븐 아미란샤에게 "훌레구 울루스"의 통치를 맡겼을 때 아미란샤가 아버지의 아미르들과 군인들을 물려받지 않은 것은 아니었다. 어쩌면 이 혼란스러운 행보는 티무르 제국 서부가 카라코윤루의 공격에 노출되었다는 취약성 때문이었는지도 모른다. 한편 서쪽으로 향하는 우마르의 여정에는 루스탐 무사, 튀켈 야드가르 바를라스Tükel-i Yādgār Barlās, 주나이드 보롤다이Junayd-i Boroldai, 그리고 티무르가 가장 신뢰한 부하인 아미르 알우마라 자한샤가 함께했다.[209] 같은 해 티무르는 마잔다란에서 사마르칸드로 귀환하면서 (이미 피르 무함마드 이븐 우마르 셰이흐와 그 측근의 과욕을 견제해 자신의 가치를 증명한) 사이드 바를라스를 피르 무함마드의 동생 루스탐에게, 세빈첵을 아바 바크르 이븐 아미란샤에게 붙였다.[210] 이러한 조치에서 우리는 튀르크의 전통인 아타벡 제도를 확인할 수 있다. 셀주크 시대에 처음 등장했고, 마이클 호프가 증명했듯이, 일칸들도 이 제도를 채택했다는 증거가 있다.[211] 예컨대 아미르 야히야Yaḥyā는 796/1393～1394년에 (당시 10세 정도였고 분봉지를 아직 받지 못했던) 할릴 술탄 이븐 아미란샤의 아타박atābak이라고 명시되었고,[212] 우스만 압바스ʿUthmān-i ʿAbbās는 샤루흐의 아타박으로 불렸다.[213] 아타벡 임명은 독이 든 성배가 되는 경우도 있었다. 이스칸다르 이븐 우마르 셰이흐의 아타벡이었던 부얀 테무르 베키축은 802/1399~1400년 공자의 버르장머리 없는 행동에 대한 책임을 물어 처형되었다.[214] 티무르는 간간이 문제가 있는 아미르를 교체하는 추가 예방 조치를 취했지만, 모든 것을 뒤덮던 티무르의 권위가 사라지자 장령들은 저마다 누구에게 충성할지 자유롭게 선택할 수 있게 된다. 자신이 감시하던 (하지만 그다지 유대감이 깊지 않았던) 공자가 되었든, 그 공자의 경쟁자가 되었든 상관없었다.

티무르의 여성들

티무르의 누이들에 대해서는 제8장에서 잠깐 언급했다. 티무르의 처첩 가운데 가장 중요한 인물은 첫째 부인인데,[215] 한 사람은 전남편인 아미르 후사인을 타도한 후에 혼인한 (그리하여 구레겐 칭호를 사용할 수 있게 해준) 카잔 술탄 칸의 딸 사라이 물크 카님이고, 또 한 사람은 사라이 물크 카님의 사촌이자 무사 타이치우트의 딸로 티무르와 780/1378~1379년에 혼인한 투멘 아가Tümen Āghā다.[216] 이 두 사람은 각각 "대大카님"과 "소小카님"으로 불리며 대체로 함께 움직였고, "나머지 여성들"의 수장 노릇을 했다.[217] 사라이 물크 카님의 혈통은 그녀에게 특히 고귀한 지위를 가져다주었다. 이런 점은 티무르가 사라이 물크 카님의 어머니(죽은 카잔 술탄의 아내)를 기리며 모스크를 세운 데서 잘 드러난다.[218] 그런데 이 두 여성은 장막 뒤편의 인물로, 일칸 측 사료에서 언급된 왕실 여성들과 비교할 때 티무르 왕조 측 사료에서 상대적으로 언급되는 빈도가 낮다.[219]

이 두 사람보다 두드러지지는 않지만, 튀켈 카님Tükel Khanim(모굴 칸국 히드르 호자 칸의 딸)이나 촐판 물크 아가Cholpan Mulk Āghā(모굴 아미르의 딸)처럼[220] 이름이 언급된 아내가 더 있는데, 이 두 사람은 티무르가 비교적 늦은 시기에 아내로 맞이한 인물들이다.

티무르 가문의 여성들은 〔이슬람 사회의〕 예절을 잘 지킨 것 같다. 데 클라비호는 사라이 물크 카님이 환관들의 호위를 받으며 얇은 베일을 쓰고 있었지만, 얼굴이 흰색으로 완전히 분칠된 모습을 보았다고 썼다. 13세기 중반 몽골 여성들도 비슷한 방식으로 화장을 했다.[221] 몽골 공주들은 정치적 의사 결정에도 참여했으므로[222] 이슬람화로 티무르 왕조 여성들의 역할이 줄었을 것이라고 추정하면 안 된다. 셀주크 왕조나 호라즘샤 국가처럼 이전 초원 출신으로 이슬람을 받아들인 왕조에서도 왕실 여성들은 중요한 역할을 했다.[223] 일칸의 아내들이나 공주들은 가잔의 개혁으로 재산을 일부 상실했음에도 여전히 영향력을 지녔는데, 고귀한 조상을 두었거나 남성 후계자를 낳은 경우에 특히 그러했다.[224] 티무르 왕조 구성원의 아내들이 진영 설치나 재화 운반, 연회 조직 등을 주재하는 모습은 보이지만[225] 칭기스 왕조의 여성들처럼 쿠릴타이에 참여한 모습은 찾을 수 없는데,[226] 두 예외가 있다. 1404년 티무르의 손자들이 혼인할 때 소집된 쿠릴타이가 그랬고,[227] 티무르 사후 "아미르들이 하툰들 및 샤자다*들과 더불어〔umarāʾ bā ḫawātīn wa šāhzādagān〕" 명나라 공격을 위해 소집된 군세를 어디에 배치할지를 결정한 경우가 그러했다.[228]

티무르 가문의 여성들(대개 어린 쪽에 속한 이들[229])은 티무르의 원정

---

* 여기의 "샤자다(šāhzāda)들", 즉 "왕자들"은 티무르 왕조의 공자들을 가리킨다.

에 동행하기도 했다. 나이 든 여성들은 본거지에서 티무르에게 합류하도록 하거나 술타니야나 사마르칸드로 돌아가게 했다. 이도 저도 아닌 경우, 군사적 승리에 축하의 뜻을 전하기 위해 티무르를 만나러 오기도 했다. 여성들이 티무르의 원정에 동행할 때도 티무르의 최고 부인들인 사라이 물크 카님과 투멘 아가가 반드시 함께하지는 않았다. 예컨대 795년 초/1392년 말 마잔다란을 떠나 이라크로 향할 때 티무르는 그 두 사람에게 움직임이 둔중한 유수진留守陣의 관리를 맡겨 뒤에 남겨두고 출판 물크 아가와 첩실인 두르 술탄 아가Durr Sulṭān Āghā, 니가르 아가Nigār Āghā를 데려갔다.[230] 티무르의 원정 범위에 따라 때로 그 아내들의 여정도 장대한 규모가 되기도 했다. 사라이 물크 카님은 789/1387년에, 투멘 아가는 804/1401~1402년에 사마르칸드를 떠나 아제르바이잔에 설치된 티무르의 숙영지까지 동행했다.[231]

특히 헌신적이었던 아내에 대한 티무르의 감정도 간혹 엿볼 수 있다. 785/1383~1384년에 딜샤드 하툰Dilshād Khātūn이 죽었을 때 정복자는 슬픔에 빠져서 지배자의 의무를 되찾는 데 어려움을 느낄 정도였다고 한다.[232] 사료들에서는 이따금 티무르의 다른 인간적 감정을 짐작할 만한 대목도 찾을 수 있다. 예컨대 델리 외곽에서 벌어진 전투에서 승리한 뒤 출판 물크 아가와 "다른 부인들"은 할지 왕조 시대까지 거슬러 올라가는 기념비적 건축물인 하자르 수툰Hazār Sutūn('천 개의 기둥')을 관광tamāshā하려고 그 도시에 들어갔다.[233]

티무르 왕조 여성들이 보유한 정치적 중요성은 출산, 즉 티무르를 계승할 권리를 전달하는 능력에 있었다고 생각하기 쉽다.[234] 그러나 실제로는 사라이 물크 카님도 투멘 아가도 티무르와의 사이에 자녀가 전혀 없었다. 티무르의 적법한 아내 열여덟 명 가운데 아이를 낳은 것은 극소수다. 자항기르를 제외한 나머지 세 아들은 모두 (티무르가 수적으로 훨씬 많이 보유했던) 첩실 태생이었다.[235] 그럼에도 티무르 왕조의 여성들이 한 역할은 중요했다. 앞서 언급했듯이, 티무르의 딸들과 손녀들은 새로운 군사 엘리트층 구성원과 혼인하기도 했다. 몽골 칸들의 아내들이나 딸들과 마찬가지로, 티무르의 아내들과 며느리들은 자신만의 조직을 두고 데 클라비호 같은 외국 사신 접견에서 중요한 임무를 수행했다. 티무르 왕조의 여성들은 종교 자선 재단에 재산을 기부하기도 했다. 사마르칸드에 사라이 물크 카님이 티무르가 세운 모스크 반대편에 마드라사를 창건했고, 투멘 아가가 하나카흐khānaqāh〔수피의 숙소〕를 세웠다는 것은 널리 알려진 사실이다.[236] 티무르의 누이 쿠틀룩 테르켄은 자신의 사유 재산을 활용해 마드라사들과 숙소들khawāniq을 지었다.[237] 때로는 손자들이 티무르의 아내들과 함께 이동하기도 했다. 예컨대 샤루흐의 아들 울룩 벡과 이브라힘 술탄이 태어났을 때 이 소식을 티무르에게 전한 사람이 사라이 물크 카님이다.[238] 왕조의 여성들 중 일부는 자신이 낳지 않은 공자를 양육하는 중요한 임무를 맡기도 했다. 예를 들어 사라이 물크 카님은 할릴 술탄과 울룩 벡의 양육을 책임졌다.[239] 사라이 물크 카님과 투멘 아가는 각각 무함마드 술탄 이븐 자항기르(무함마드 술탄은 티무르의 누이 쿠틀룩 테르켄 아가의 손에 양육되었다)의 두 아들을 각각 한 명씩 맡아 길렀다.[240] 투멘 아가는 샤루흐의 아들 이브라힘 술탄(후일 야즈디를 후원하는 인물)을 키웠다.[241]

티무르 왕조의 공주들이 정치 문제에 적극적으로 개입한 사례는 소수 알려져 있다. 한 가지 예로 아미란샤의 행보에 불만을 제기하기 위해 그의 아내 칸자다가 802/1398~1399년 티무르의 본거지로 찾아간 사례를 들 수 있다.[242] 아마 칸자다는 자신이 첫번째 결혼에서 얻은 아들인 무함마드 술탄의 후계자 지위와 권위에 아미란샤가 도전한다는 의심을 품었기 때문에 이런 행동을 취했으리라. 사라이 물크 카님은 중재 역할을 두 차례 했다. 먼저 806/1404년에 아미르 세이흐 누르 알딘과 함께 아바 바크르의 요청을 티무르에게 대신 전해주었다. 아바 바크르가 바그다드로 갈 때 아미란샤도 함께 갈 수 있도록 해달라는 청이었다. 그리고 티무르의 말년인 807/1404~1405년에 아미란샤의 아들 할릴 술탄이, 아미르 핫지 사이프 알딘의 첩실 출생이어서 혼인 상대로 부적합한 샤드 물크Shād Mulk와 비밀리에 혼인하자 티무르가 분노해 샤드 물크를 처형하라고 명령했는데, 사라이 물크 카님은 이때 할릴 술탄을 위해 개입했다.[243] 이외에 티무르의 여성들이 통치에 영향력을 떨쳤다거나 비공식적으로 조언을 건넸다고 할 만한 증거는 없다. 그렇다고 그런 조언이 존재하지 않았다는 뜻은 아니다. 그러나 데 클라비호가 대아미르가 칸자다의 혈통 때문에 칸자다를 존중했다고 기록했는데,[244] 티무르의 마음을 움직였다는 사라이 물크 카님과 칸자다 둘 다 칭기스 왕조의 피를 이어받았다는 점을 상기할 때 의미심장한 말이다. 그 두 사람의 호소가 티무르에게 크게 다가왔던 이유가 바로 그 점이었는지도 모른다.

*

집권 초기 티무르는 부족 세력들 내에서 자신의 권위를 확고히 세우고 유지하는 데 어려움을 겪으면서 과거 칭기스 칸처럼 울루스 외부에서 수익성 있는 전쟁을 수행할 필요성을 인식하게 되었다. 이를 통해 티무르는 부하들과 잠재적 경쟁자들의 에너지를 다른 곳으로 돌려서 활용하고 자신은 아주 성공적인 전쟁 지도자라는 이미지를 강화하는 동시에, 대단히 인심 좋은 군주로서 충직하게 복무한 부하들에게 보상할 수 있었다.[245] 다음 장에서는 차가다이 정치체 서부의 영역 바깥에서 티무르가 일군 정복을 살펴본다.

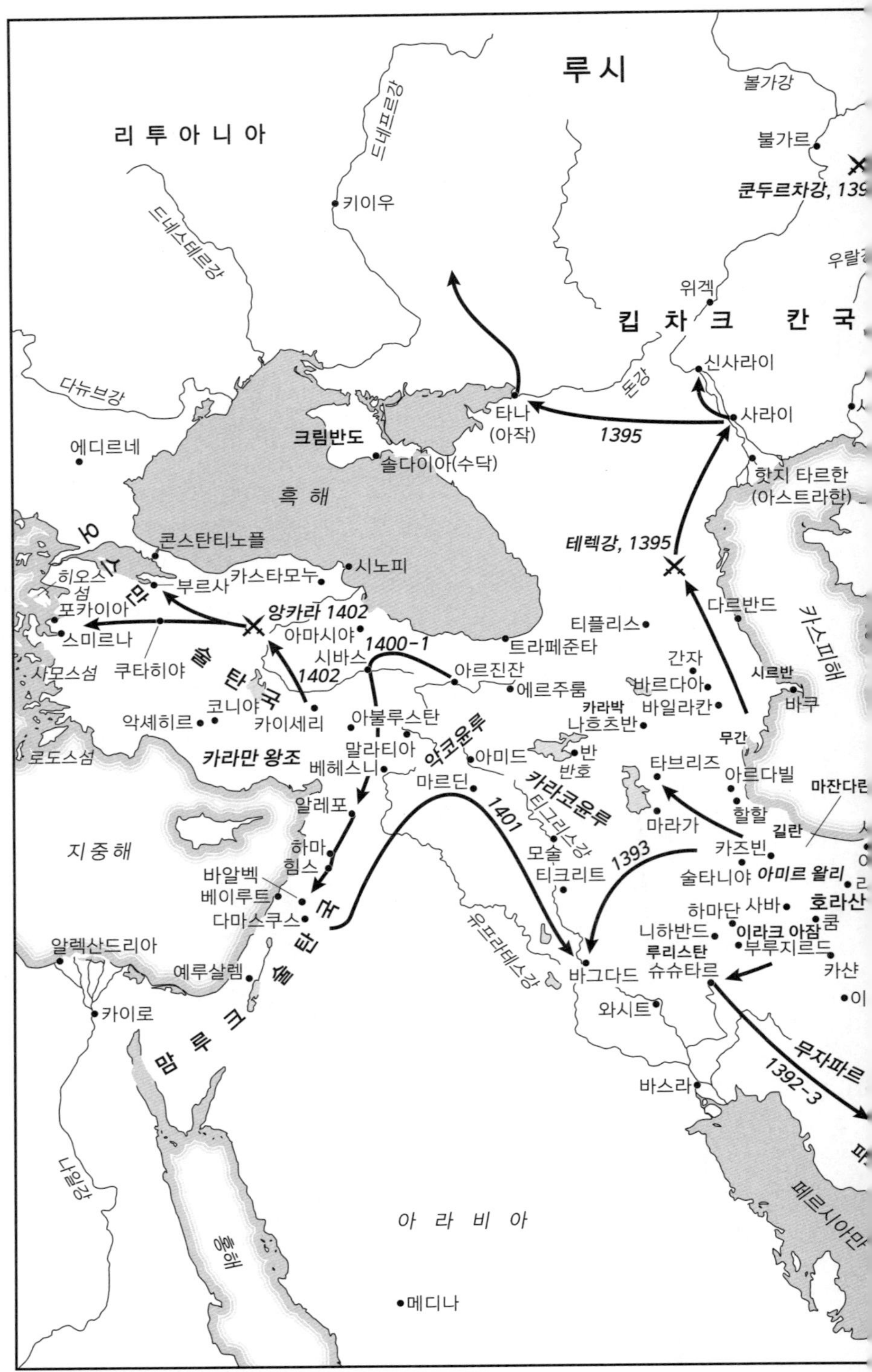

리투아니아
루시
불가강
불가르
쿤두르차강, 139
드네프르강
키이우
우랄강
드네스테르강
위겍
킵차크 칸국
다뉴브강
신사라이
톤강
사라이
타나
(아작)
1395
에디르네
크림반도
핫지 타르한
(아스트라한)
솔다이아(수닥)
흑해
콘스탄티노플
테렉강, 1395
다르반드
카스피해
시노피
카스타모누
부르사
티플리스
히오스섬
앙카라 1402
아마시야
트라페준타
간자
시르반
포카이아
시바스
1400-1
바르다아
바쿠
스미르나
1402
아르진잔
에르주룸
카라박
바일라칸
쿠타히야
사모스섬
코니야
악코윤루
카이세리
아불루스탄
무간
타브리즈
아르다빌
마잔다란
악셰히르
아미드
로도스섬
카라만 왕조
말라티아
카라코윤루
반
반호
마라가
할할
길란
베헤스니
마르딘
티그리스강
카즈빈
아미르 왈리
알레포
1401
모술
술타니야
호라산
지중해
하마
티크리트
1393
힘스
하마단
사바
바알벡
니하반드
이라크 아잠
쿰
베이루트
루리스탄
다마스쿠스
유프라테스강
바그다드
슈슈타르
부루지르드
카샨
알렉산드리아
예루살렘
와시트
무자파르
카이로
맘루크
1392-3
나일강
바스라
페르시아만
아라비아
홍해
메디나

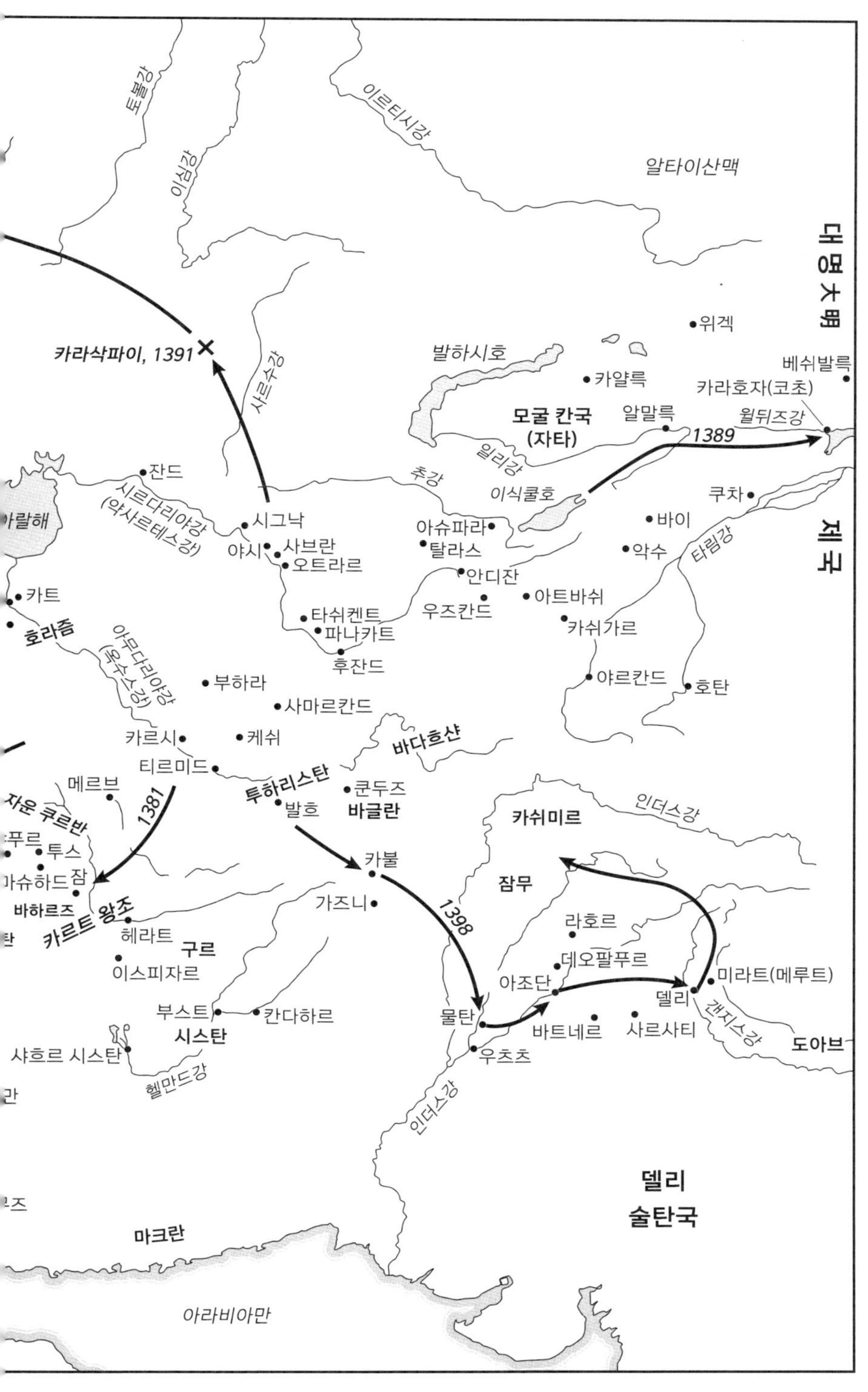
토볼강
옴강
이르티시강
알타이산맥
大明
카라삭파이, 1391
위구
발하시호
카얄륵
베쉬발륵
카라호자(코초)
모굴 칸국
(자타)
알말륵
윌뒤즈강
잔드
시르다리야강
(악사르테스강)
추강
일리강
1389
시그낙
이식쿨호
쿠차
아랄해
사브란
야시
아슈파라
바이
오트라르
탈라스
악수
타림강
카트
안디잔
아트바쉬
호라즘
타쉬켄트
우즈칸드
카쉬가르
아무다리야강
(옥수스강)
파나카트
후잔드
부하라
야르칸드
호탄
사마르칸드
카르시
케쉬
바다흐샨
티르미드
투하리스탄
쿤두즈
인더스강
메르브
1381
발흐
바글란
카쉬미르
자운 쿠르반
푸르
투스
카불
잠무
마슈하드
잠
가즈니
1398
라호르
바하르즈
카르트 왕조
데오팔푸르
미라트(메루트)
헤라트
구르
이스피자르
아조단
델리
갠지스강
부스트
칸다하르
물탄
바트네르
사르사티
도아브
시스탄
우츠츠
샤흐르 시스탄
헬만드강
인더스강
마크란
델리
술탄국
아라비아만
帝國

제국 건설 ①
정복의 여정

제10장에서는 티무르가 외부 세력을 상대로 펼친 군사 작전의 빈도와 범위를 다룬다. 티무르의 정복 전쟁은 다른 어떤 요소보다 티무르의 지배가 지닌 특징을 설명하는 데 중요하다.[1] 티무르의 군사 활동이 서아시아에 미친 영향과 그 성취 방식에 대해서는 제11장에서 논의할 것이다. 티무르의 장기적 목표에 일관성이 있었는지 아닌지에 대한 면밀한 검토는 제11장과 제14장에서 하겠다.

호라즘 정복, 자타와의 전쟁

티무르는 차가타이인들의 지도자로 지낸 첫 12년을 모굴 칸국 원정과 호라즘 원정으로 보냈다. 티무르가 아미르 후사인을 제압했을 무렵 모굴 칸국의 일리야스 호자는 두글라트부의 아미르 카마르 알딘에게 살해당했는데, (일설에 따르면) 왕가 전체가 함께 피살되었다고 한다. 카마르 알딘은 칸을 자칭한 인물이다.[2] 이 만행은 카마르 알딘과 함께하던 여러 아미르 사이에 큰 반감을 불러일으켰고, 티무르는 이 상황에서 이익을 도모할 수 있기를 기대했다. 호라즘은 1260년대 초에 잠시 알루구의 군대가 점령했고, 앞서 확인했듯이 압둘라 이븐 카자간도 잠시 복속시킨 적이 있었으나, 762/1361년에 콩기라트부의 아미르 후사인 수피의 수중에 들어가 조치 일문과 차가다이 일문 양쪽 모두에서 자유로워진 상황이었다.[3]

티무르가 호라즘으로 눈길을 돌린 시점은 773/1372년 봄이다. 그는 후사인 수피에게 카트와 히바를 넘기라고 요구했다. 티무르의 주장에 따르면, 그 두 도시는 전통적으로 세입이 차가다이 왕통에 할당된 곳이므로 차가다이 울루스에 속했다.[4] 일칸국의 역사가 샤반카라이가 호라즘 전역을 칭기스 칸이 차가다이에게 사여한 영토라고 언급했다는 사실도 주목할 필요가 있다.[5] 후사인 수피는 이 요구를 거부했으나 티무르가 직접 원정에 나서자 굴복했다. 호라즘에서 자치를 요구하자 티무르는 두번째 공격을 개시했는데, 그런 와중에 후사인 수피가 사망했다. 후사인의 후계자인 그의 동생 유수프 수피Yūsuf Ṣūfī는 처음에는 티무르에게 저항했으나, 또다른 침공을 맞닥뜨리자 775년 말/1374년 봄에 조카딸을 티무르의 아들 자항기르의 아내로 내어주고 복속했다.[6] 그러나 유수프는 티무르에게 신의를 지키지 않고 티무르가 청 오르다 원정에 정신이 팔려 있던 778/1377년에 부하라로 약탈 원정에 나섬으로써 최후의 원정을 촉발했다. 유수프는 3개월에 걸쳐 수도 우르겐치 공성전을 펼치던 중에 울분에 사로잡힌 채 사망했고, 우르겐치는 무자비하게 약탈당했으며, 호라즘은 781/1379년에 차가다이 울루스에 합병되었다.[7] 그 이후에도 수피 왕조 구성원들과 조치 일문의 톡타므쉬 칸이 공조를 펼치자, 티무르는 790/1388년에 호라즘으로 네번째 원정에 나섰다. 이때 적들이 호라즘을 버리고 킵차크 초원으로 도주하자, 티무르는 호라즘의 수도와 그 인근의 주민들을 사마르칸드로 이주시키라고 명령하고는 퇴각했다.[8]

772/1371년에서 792/1390년까지 티무르는 모굴 칸국 원정을 여덟 차례 이상 단행했는데,[9] 그 가운데 다섯 번은 친정親征이었다. 호라즘의 지배자와 달리 카마르 알딘은 일시적 협상마저 거부했다. 776년 샤우왈월 1일/1375년 3월 5일에 시작된 세번째 자타 원정에서는 카마르 알딘의 군대를 격파하는 데 성공했으나, 그를 잠시 몰아내고 그 영토를 황폐화하는 정도에 그쳤다.[10] 일부 티무르 반대파 차가타이 아미르들의 책동에 고무된 카마르 알딘이 안디잔과 우즈칸드를 공격하자, 티무르는 네번째 자타 원정에 나섰다. 이 원정에서는 대다수 병력이 약탈을 위해 흩어지고 티무르가 단 200명과 함께 아트바쉬Atbāsh 인근에 남아 있다가 4000명 규모의 훨씬 우세한 병력의 기습을 겨우 피한 적도 있다. 이때 차가타이 군대는 카마르 알딘의 군대를 두 차례 물리쳤다.[11] 같은 해에 티무르는 자타로 다섯번째 원정에 직접 나섰는데, 이때는 전위의 지휘관들이 카마르 알딘에게 또 한 차례 최악의 패배를 안겼다.[12] 그럼에도 그뒤인 785/1383년 티무르는 카마르 알딘을 추격하기 위해 자타로 부대를 파견했으나, 이 부대는 적군에게 쩔쩔매다가 귀환했다. 이 굴욕을 앙갚음하기 위해 또다른 원정군을 파견했으나, 카마르

알딘을 찾는 데는 실패했다.[13] 티무르가 그를 이르티시강 너머로 몰아 낸 792/1390년에도 그는 큰 세력을 거느리고 있었다.[14] 하이다르 미르 자에 따르면, 카마르 알딘은 낙마 사고를 당한 뒤에야 그 부상으로 사 망했다고 한다. 그의 시신은 영영 발견되지 않았다.[15] 카마르 알딘의 몰 락으로 차가다이 왕통의 동쪽 지파는 1388년경에 이루어진, 투글룩 테 무르의 아들로 추정되는 히드르 호자의 즉위로 부활했다(제8장 참조). 히드르 호자는 여러 차례 사절을 보내 회유의 제스처를 취했지만, 그의 신의는 결코 믿을 만하지 못했다.

티무르는 모굴 칸국을 합병하기 위해 불요불굴의 노력을 기울였 다. 모굴 칸국은 다른 어느 지역보다 격렬하게 저항했다. 이는 차가다 이 일문의 땅을 자신이 모시는 칸의 이름 아래 다시 통일하려는 욕망 에서 비롯되었음이 분명하다. 그렇지만 모굴인들이 연례행사처럼 트 란스옥시아나를 약탈하고 그곳의 무슬림 주민들을 노예화한 일이 나,[16] 789/1387년의 예처럼 자타의 지배자들이 조치 일문의 침공과 때 를 맞추어 트란스옥시아나를 공격한 것도 고려 사항이었을 것이다.[17] 791/1389년 차가타이 군단 다수를 파견해 모굴 칸국의 여러 경로로 가 로지르게 했을 때 티무르의 목표는 "자타 울루스를 뿌리 뽑는ba-isti'ṣāl" 것이었다.[18] 이때 원정 거리는 엄청났다. 그해에 티무르의 군대는 일리 강 너머 이르티시강과 월뒤즈강을 지나 카라호자에까지 이르렀다.[19] 802/1399~1400년, 티무르의 손자 이스칸다르는 히드르 호자의 사 망과 그 아들들 사이의 불화를 이용하고자 원정에 나서 야르칸드·우 츠·악수·바이·쿠산·타림·호탄까지 휩쓸었다.[20] 하지만 이러한 원정 들 가운데 어느 것도 티무르에게 방대한 양의 전리품 이상을 가져다주지는 못한 듯하다. 다만, 첫번째 원정을 통해 모굴인들을 페르가나에서 추방하는 데 성공했고,[21] 자타 "천호들〔hazār-hā〕"을 휘하 군대에 편입했다.[22] 776/1375년에는 차가다이 왕통의 왕자 살라르Sālar의 무리(일Ⅱ)가 티무르 휘하 장령 후다이다드 후사이니에게 사여되었다는 기록이 있다.[23] 티무르는 또한 자타의 일부 아미르들에게서 충성과 봉사를 받아내기도 했는데, 가장 대표적인 예가 791/1389년 자타 원정에서 차가타이 군대의 길잡이 역할을 했으며 나중에는 이스칸다르의 아타박으로 임명된, 베키축의 아들 부얀 테무르다.[24] 772/1371년, 티무르는 모굴의 아미르인 케레이트부의 쾨펙 테무르를 통해 자타를 지배하고자 했으나 실패했다.[25] 하지만 그뒤로도 자신의 영토 동부에 부관들을 배치해 단순히 모굴인들을 막는 차원을 넘어 티무르 왕조의 지배를 그쪽 방면으로도 확장하고자 했다. 791 또는 792/1389 또는 1390년, 우마르 세이흐가 카쉬가르를 점령했다.[26] 샤라프 알딘 야즈디는 티무르의 명령에 따라 미리 자타에 배치되었다가 802/1399년에 이스칸다르의 침략군에 합류한 여러 아미르의 이름을 언급했다.[27] 탈라스에서 북동쪽으로 120킬로미터 떨어진 아슈파라강Āshpara 근처에 자리한 아슈파라성을 비롯해 시르다리야강 너머에 건설된 성채들에는 799/1396∼1397년 이래 티무르의 손자 무함마드 술탄 휘하의 병력이 주둔하면서 경작을 장려하고 관개 시설을 설치했다.[28] 야즈디는 아슈파라강을 자타와의 경계sarḥadd라고 표현했다.[29] 티무르는 말년에 중국 원정을 준비할 때 사마르칸드와 아슈파라 사이의 농업 개발을 위해 추가 조치를 단행했다.[30] 몇 년 뒤 역사서를 집필한 살마니에 따르면, 명나라 원정의 목적에는 모굴 칸국의 복속도 포함되었다.[31] 이런 맥락에서 티무르가 타쉬켄트,

사이람, 양기, 아슈파라, 그리고 "자타의 영토에서 키타이에 이르는 지역까지"를 손자 울룩 벡에게 할당하고, 안디잔, 아흐시카트Akhsīkat, 탈라스, 그리고 "카쉬가르에서 호탄에 이르는 영역"을 울룩 벡의 동생 이브라힘 술탄에게 할당한 것은 눈여겨볼 만한 일이다.[32] 이를 통해 티무르가 차가다이 칸국 동부의 상당한 지역까지 직접 지배하고자 했음이 분명하다.

조치 일문과의 대결

778/1377년, 자타에 다섯번째 원정을 떠난 티무르에게 청 오르다에서 도망쳐 나온 톡타므쉬 왕자가 청 오르다의 오루스 칸에게 대항하도록 도와달라고 호소했다. 사라이를 점령한 오루스의 세력이 눈에 띄게 성장한 데다 호라즘까지 노리고 있었기에 티무르는 톡타므쉬를 지원하는 쪽으로 기울었다. 티무르는 톡타므쉬를 따뜻하게 맞아준 뒤 사브란과 시그낙을 봉토로 하사했고, 톡타므쉬가 청 오르다의 군대에 두 차례나 참패한 뒤에도 톡타므쉬를 넘기라는 요구를 거부하고 직접 시그낙으로 진군해 오루스 칸에게 대반격을 가했다. 얼마 뒤 오루스가 죽고 그 아들 톡타 카야Toqta Qaya가 잠시 재위한 뒤 또다른 아들 테무르 말릭Temür Malik에게 옥좌가 넘어갔다. 오루스 칸의 사망 소식이 전해지자, 티무르는 톡타므쉬에게 청 오르다뿐만 아니라 조치 울루스 전체를 다스리는 군주 자리를 내주었다. 그후 몇 차례 부침을 겪은 톡타므쉬는 780/1379년 겨울에 야즈디가 카라탈Qārātāl(카라타우Qaratau의 오기로 추정

됨)이라고 부른 곳에서 마침내 테무르 말릭을 격파했다. 이듬해 봄, 톡타므쉬는 킵차크 칸국으로 이동해 사라이를 점령하고 킹메이커 마마이를 완파해 지배 영역을 조치 울루스 전역으로 확대했다.[33]

티무르는 피후견인이 테무르 말릭을 상대로 최후의 승리를 거두었다는 소식에 기쁨을 표했다고 한다.[34] 그러나 몇 년 지나지 않아 조치 일문의 영토를 안정적으로 장악한 새로운 칸이 유순한 봉신으로 남으리라는 기대는 완전히 좌절되었다. 786년 둘힛자월/1385년 1~2월 이후 톡타므쉬는 "대동란" 와중에 중단된 맘루크 술탄국과의 우호라는 조치 일문의 오랜 정책을 부활시키며 새로운 동맹을 모색했다.[35] 잘라이르 왕조의 술탄 아흐마드와도 우호적 관계를 구축했다. 이는 톡타므쉬가 이전 칸이었던 외즈벡이나 자니벡처럼 아제르바이잔과 아란을 노리기 시작했음을 의미할 수 있었다. 자니벡은 1350년대에 실제로 이란의 여러 지방에서 종주권을 인정받았다(제4장 참조). 아니면 톡타므쉬는 단순히 호라즘 흡수, 이란 북부로의 진출, 킵차크 칸국의 경제적 이해관계 위협, 술타니야 점령 등과 같은 티무르의 확장 정책에 자극되었는지도 모른다.[36] 톡타므쉬가 실수한 부분은 후원자를 배신한 시점이다. 티무르는 이미 이란에서 펼친 원정으로 쏠쏠한 수익을 올려 톡타므쉬에게 대응하는 데 동원할 수 있는 자원과 능력이 크게 증진된 상황이었다.

787/1385~1386년, 톡타므쉬는 타브리즈를 비롯한 아제르바이잔의 여러 도시를 약탈했다.[37] 789/1387년에는 티무르가 이란 방면으로 원정을 떠난 것을 틈타 대담하게 트란스옥시아나를 침공해 부하라를 공격했다. 그러자 티무르는 조치 일문의 영토를 침략해, 793년 라잡월 중반/1391년 6월 중반에 톡타므쉬의 친척인 벡 볼로드Beg Bolod의 도주

덕분에 쿤두르차강Qundurcha(오늘날의 오렌부르크 근처)에서 승리를 거두었다.[38] 이 같은 좌절도 톡타므쉬의 야망을 꺾지는 못했다. 그는 맘루크 술탄에게 공식적으로 동맹을 제의하고 리투아니아와 평화 조약을 맺어 다른 방면의 변경에 안정을 가져왔다. 그런 다음 797년 초/1394년 가을에 다르반드와 시르반 방면으로 약탈에 나서, 티무르가 시리아를 공격하려던 계획을 포기하고 북방으로 움직이도록 만들었다. 티무르는 797년 두번째 주마다월 23일/1395년 4월 15일 테렉강Terek에서 톡타므쉬를 상대로 대승을 거두었다. 톡타므쉬는 불라르Būlar(불가르Bulghār) 지방으로 도주했고, 티무르는 킵차크 칸국의 서부로 진군했다. 티무르 왕조의 저자들은 킵차크 칸국 영토를 파괴하고 지도자들umarā에게 굴욕을 안겨주었다고 간결하게 묘사했으나,[39] 사실 모스크바 진격은 실패했다. 루시 사료들을 신뢰할 수 있다면, 동정녀 마리아가 밤에 나타나 티무르를 물러나게 했다. 하지만 실제로는 남쪽 방면에 더 풍요로운 도시들이 존재했다는 사실을 염두에 두었을 가능성이 크다. 티무르는 사라이·크름Qırım*·타나·아스트라한·위겍Ügek**·사라이측Sarāyçıq*** 같은 킵차크 칸국의 부유한 교역 도시를 약탈한 뒤 798/1396년 봄에 아제

르바이잔으로 귀환했다. 샤라프 알딘 야즈디는 사라이의 운명에 대해, 789/1387년에 톡타므쉬가 차가다이 일문의 칸이자 티무르에게는 장인이 되는 카잔 술탄이 트란스옥시아나에 지은 잔지르 사라이Zanjīr Sarāy를 파괴한 보복이라고 명시했다.[40] 티무르도 최소한 세 차례 잔지르 사라이에서 겨울을 보냈음을 고려하면,[41] 톡타므쉬가 의도적으로 잔지르 사라이를 노렸을 수도 있다. 티무르의 파괴적인 원정은 금 오르다의 경제적 기반에 심대한 타격을 입혔다.[42] 1396년에 베네치아 사절단은 타나를 방문했을 때 그 폐허를 목격했는데, 1411년까지도 재건의 흔적이 없었다.[43] 조사파트 바르바로가 40여 년이 지난 뒤에도 아스트라한의 참담한 상황에 비애를 표한 것을 보더라도 그곳이 여전히 회복되지 못했음을 짐작할 수 있다.[44]

티무르는 우선 원정에 동행한 오루스의 아들 코유리착Qoyurichaq을 조치 울루스의 칸으로 임명했으나, 코유리착의 통치는 짧았다.[45] 티무르는 몽골 세계에서 가장 강력한 경쟁자(루이 곤살레스 데 클라비호가 들은 바에 따르면 오스만 술탄보다 더 큰 위협적인 존재였다. 제11장 참조)를 제거하는 데에는 성공했지만, 톡타므쉬와 싸워달라고 티무르에게 호소했던 테무르 쿠틀룩Temür Qutlugh이 이끄는 조치 왕통의 왕자들은 곧장 티무르를 버렸다. 테무르 쿠틀룩은 조치 일문의 영토에서 스스로 칸이 되었다. 한때 티무르에게 복종해 그의 부하로 행동했던 아미르 에디귀도 티무르를 버리고 금 오르다에서 자신의 지배권을 확립해 제 마음대로 칸을 옹립했다.[46] 티무르는 죽기 직전에 에디귀에게 대항하기 위해 톡타므쉬와 동맹을 맺었을 가능성도 있다(제12장 참조). 톡타므쉬는 809/1407년에 시베리아에서 조치 일문의 샤디벡Shādībeg 칸과 전투를

벌이다 사망했지만, 톡타므쉬의 아들들은 나중에 결국 에디귀를 몰아
냈다.[47]

조치 울루스에서 티무르가 추구했던 정책은 모굴 칸국에 대한 정
책과는 달랐다. 샤라프 알딘 야즈디는 797~798/1395~1396년 티무
르는 킵차크 칸국의 "정복과 통제tashkhīr-u taşarruf"를 원했다고 썼지만,
바로 뒤에는 멸망시키길 원했다musta'şal sāzad는 현실적인 목표도 언급
했고, 적들은 살아남더라도 떠돌아다니거나 흩어져서 재산 한 푼 없는
알거지 신세가 되었다고 묘사했다.[48] 티무르의 공격이 초래한 결과 가
운데 하나는 톡타므쉬의 아미르였던 악타우Aqtau 휘하 조치 일문의 몽
골인 대집단이 대대적으로 도주한 것이다. 다른 사료들에 따르면, 이들
은 티무르 휘하 군대에 재차 패배해 다뉴브강 이남 바예지드의 영토로
이주했다고 한다.[49] 또다른 영향(그리고 어쩌면 티무르의 두번째 원정에서 설
정한 최대 목표)은 수익성 좋은 아시아 횡단 교역로가 티무르의 영토, 특
히 수도 사마르칸드를 통하도록 조정되었다는 점이다. 북방 '초원로'가
트란스옥시아나와 이란을 통과하는 좀더 남쪽의 경로로 대체되었다고
말할 수도 있겠다.[50] 그런데 티무르는 여러 성채를 이용해 모굴 유목민
들을 막고 충성스러운 부하들에게 그들을 다스리게 하려고 했던 자타에
서와 달리, 호라즘을 제외한 킵차크 칸국의 다른 지방에서는 결코 지배
하려 시도하지 않았다. 테무르 쿠틀룩은 티무르와 아무 관계없이 지배
했던 것 같다. 테무르 쿠틀룩의 사망 소식이 전해진 802/1399년, 조치
울루스에 외교적으로 개입했던 흔적조차 보이지 않을 정도다.[51] 티무르
는 조치 왕통의 왕자들과 아미르들이 서로 싸우도록, 그리고 이제 힘이
많이 빠진 톡타므쉬에게 저항하도록 내버려두었을 따름이다.

호라산·시스탄·마잔다란 정복

트란스옥시아나의 새로운 주인에게 호라산은 자연스럽게 정복의 목표가 되었다. 마잔다란도 그랬지만, 호라산의 정치권력은 심각하게 분열된 상태였다. 또 호라산은 시스탄처럼 카라우나스의 발상지였을 뿐만 아니라 오랜 기간 차가다이 일문이 노려온 지방이기도 했다. 카라우나스 아미르들은 적어도 1349년경과 759/1358년, 두 차례 호라산을 공격했다. 타가이 테무르 일칸의 아들 루크만Luqmān이 아미르 왈리에게 쫓겨나 트란스옥시아나로 돌아온 뒤에도 그랬다. 루크만은 티무르의 적이었던 아파르드의 아미르 진다 하샴에게서 지원을 얻어냈으나 이 동맹군은 패배해 옥수스강 북쪽으로 퇴각해야 했다.[52] 752/1351년 카자간이 단행한 헤라트 원정, 그리고 나중에 무이즈 알딘 피르 후사인 무함마드가 도움을 청한 일(제7장 참조)은 티무르가 헤라트 왕국을 자신이 실질적 수장인 차가다이 칸국의 일부로 간주할 만한 근거가 되었다.

앞서 살펴본 대로, 젊은 시절의 티무르는 무이즈 알딘과 우호적 관계를 유지했다. 실제로 기야스 알딘 야즈디는 티무르가 과거의 우애를 생각해 무이즈 알딘이 죽을 때까지 헤라트 공격을 연기했다고 주장했다.[53] 그러나 다른 저자들에 따르면, 티무르는 무이즈 알딘과 협상할 때조차 과거 카르트 왕조와의 약속을 신뢰해 헤라트로 망명했다가 그 대가를 치른 나우루즈나 초반 같은 일칸국 아미르들의 운명을 떠올렸다.[54] 어쩌면 티무르는 무이즈 알딘이 케르만을 장악하려 한 시도, 그리고 아미르 후사인이 바다흐샨과의 분쟁을 틈타 발흐 지방을 약탈한 일까지 의식했는지도 모른다.[55]

781/1379~1380년, 무이즈 알딘의 아들이자 후계자 기야스 알딘 피르 샤Ghiyāth al-Dīn Pīr Shāh는 와서 복종하라는 소환을 받았을 때 1년 전 헤라트에 새로 세운 성벽을 믿고 답을 미루었다. 그러다 결국 무릎 꿇고 티무르와 함께 트란스옥시아나로 갔다가 헤라트로 돌아오기 전에 티무르의 딸과 혼인했다.[*] 기야스 알딘이 반란을 준비하자 말릭의 와지르이자 잠 셰이흐 일족이었던 무인 알딘 자미가 이끄는 파당은 반란이 진압되고 티무르에게 보복으로 대학살을 당할까 두려워했다. 결국 이들은 티무르를 불러와 헤라트를 넘겼다.[56] 782/1380년 가을, 티무르는 아들 아미란샤가 이끄는 군대를 헤라트에 보냈고 이듬해에는 자신이 직접 대군과 함께 행차하는 방식으로 대응했다. 헤라트가 포위되자 기야스 알딘에게는 항복 말고는 선택지가 없었다. 783년 무하람월/1381년 4월, 기야스 알딘과 티무르에게 항복하는 데 앞장섰던 사라흐스의 지배자인 그 형제 무함마드[57]는 처음에는 사마르칸드로, 나중에는 안디잔으로 파견되었다가 784년 말/1383년 초 무함마드가 역모에 연루되자 함께 사형에 처해졌다.[58] 791/1389년, 티무르는 아미란샤를 호라산 총독으로 지명했는데, 술에 취한 아미란샤가 카르트 왕조 사람들을 학살해버렸다.[59]

• 저자의 서술과 달리 기야스 알딘과 티무르의 딸이 아니라, 기야스 알딘의 아들 피르 무함마드(Pīr Muḥammad)와 티무르의 조카 세빈츠 쿠틀룩 아가(Sevinç Qutluġ Aġa, 티무르의 여동생 시린 벡 아가가 무아이야드 아를라트와의 사이에서 얻은 딸)가 혼인했다. 세빈츠 쿠틀룩 아가와 결혼한 피르 무함마드는 아버지가 처형될 때 다른 형제 아미르 구리와 달리 살아남았으나, 791/1389년의 학살은 피하지 못하고 두 아들과 함께 살해되었다. 세빈츠 쿠틀룩 아가는 794/1390년 티무르의 아들 우마르 셰이흐와 결혼했다. Woods, *The Timurid Dynasty*, 17; Manz, *The Rise and Rule*, 155~156; Mahendrarajah, *A History of Herat*, 168, 171.

783/1381년, 아미르 왈리와의 투쟁에 휘말린 사르바다르의 지배자 나즘 알딘 호자 알리 무아이야드는 티무르의 침공군에 합류해 항복을 제의하고 그뒤로는 사브자바르에서 티무르의 대리인 자격으로 행동했다.[60] 젊은 시절 티무르를 가혹하게 대해 티무르가 원한을 품었던(제6장 참조) 자운 쿠르반의 지도자 알리 벡[61]도 마찬가지로, 이르면 781/1379~1380년에 티무르의 본거지를 방문해 복속하며 아미란샤가 이끄는 군대의 길잡이 노릇을 하겠다고 제안했다.[62] 그러나 티무르가 호라산에서 퇴각하고 돌아가자 알리 벡은 아미르 왈리 세력에 가담했다. 이 동맹군이 사브자바르를 포위하자, 티무르의 군대는 사브자바르를 도울 수밖에 없었다. 784년 첫번째 라비월/1382년 5월, 티무르가 반복해서 신의를 배신한 알리 벡을 향해 진군하자 몇 번이고 편을 바꾼 이 사내는 마침내 항복할 수밖에 없는 처지가 되었다. 알리 벡은 사마르칸드에서 헤라트의 기야스 알딘이 처형될 무렵에 살해되었다. 티무르는 마잔다란을 784년 둘힛자월/1383년 2~3월에 정복했는데, 기야스 알딘 야즈디는 그곳은 이전의 어떤 "하칸Khaqan"이나 사히브키란도 정복하지 못한 지역이라고 자랑스레 기록했다.[63] 티무르의 원정으로 영토를 잃은 아미르 왈리는 잘라이르 왕조의 술탄 아흐마드 이븐 세이흐 우와이스 쪽으로 망명했다. 나중에 아미르 왈리는 할할Khalkhāl로 향했으나, 할할의 지배자는 아미르 왈리를 티무르군에 넘겼다. 아미르 왈리는 788/1386년에 처형되었다.[64]

785/1383년 가을, 티무르는 시스탄 방면으로 눈길을 돌렸다. 시스탄의 말릭 쿠트브 알딘Quṭb al-Dīn(쿠트브 알딘 2세)은 티무르에게 공물을 바치는 데 동의했으나, 티무르는 말릭의 아버지가 20여 년 전 도움을

받고도 보상하지 않았던 일을 기억하고 있었던 모양이다(제9장 참조).
말릭 샤 후사인Malik Shāh Ḥusayn이 집필한 17세기 지방사 책인《왕들의
부활Iḥyā' al-mulūk》에 서술된 이 침략의 세부적인 과정은 티무르 왕조 측
사료들의 설명과는 다르다. 특히 양측은 성채의 항복과 관련해 상대방
의 신의 없음을 책망한다(이런 맥락에서 이븐 아랍샤는 시스탄 쪽의 입장에 가
까워서, 티무르가 젊은 시절 시스탄에서 얻은 부상을 앙갚음했다고 비난했다). 이
원정은 샤우왈월/11～12월에 샤흐르 시스탄Shahr-i Sīstān〔오늘날 이란이슬
람공화국 시스탄오발루체스탄주의 님루즈Nīmrūz〕의 약탈 및 방화, 부스트Bust
와 그 인근 지역의 파괴로 절정에 달했다. 쿠트브 알딘은 후일 사마르
칸드에서 처형되었다. 티무르의 총애를 얻는 데 성공한 쿠트브 알딘의
친척 타즈 알딘 샤 샤한Tāj al-Dīn Shāh-i Shāhān은 그를 대신해 시스탄의 말
릭으로 임명되었다.[65]

호라산은 아미란샤에게 사여되었다. 루크만은 티무르의 대리인으
로서 아스타라바드를 맡아 다스렸다. 자운 쿠르반의 병력은 여러 아미
르에게 분배되어 처음에는 트란스옥시아나로, 나중에는 타쉬켄트로
옮겨졌다. 호라산의 옛 세력 가운데 사르바다르 지도자들만이 티무르
휘하에 편입되어 그 신뢰에 보답했다. 시스탄에서 티무르를 위해 싸운
알리 무아이야드는 티무르와 함께 원정을 벌이던 788/1386년에 루리
스탄에서 사망했고, 니샤푸르에서 그 자리를 물려받은 그의 조카 이마
드 알딘 마수드는 795/1393년에 슈슈타르 총독으로 임명되었다가 이
듬해에 바그다드 총독으로 발령되었다.[66]

786/1384～1385년, 티무르는 이란 동부 전역을 자신의 지배 아
래에 두었다. 그뒤로 세 차례의 원정을 통해 이란의 나머지 영역도 대

부분을 굴복시켰다. 788~790/1386~1388년의 3년 원정은 잘라이르 왕조령 아제르바이잔과 그리스도교 왕국 조지아에 대한 공격으로 시작되었지만, 주로 무자파르 왕조를 목표로 삼았다. 티무르는 시르반과 길란의 소공국들도 복속시켰다.[67] 794~798/1392~1396년의 5년 원정으로는 마잔다란을 정복하고 조지아를 재차 파괴했고, 잘라이르 왕조로부터 바그다드를 비롯한 여러 도시를 빼앗아 처음으로 맘루크 군대와 대치했으며, 세번째로 조지아를 침공했을 때 톡타므쉬 문제를 마무리 지었다. 802/1399년에 시작된 7년 원정에서는 맘루크령 시리아를 침략하고 오스만 술탄을 격파했으나, 명나라 침략 계획과 티무르의 죽음으로 원래의 목표보다 이르게 마무리되었다.

이란 남부와 중부: 무자파르 왕조 타도

샤 슈자가 이끄는 무자파르 왕조는 이란 남부의 파르스·케르만과 이라크 아잠의 이스파한·야즈드를 지배하고 있었다. 샤 슈자는 777년경/1376년경 사르바다르 국가의 복잡한 정치에 개입했으며 일칸들이 거주했던 술타니야와 타브리즈, 아제르바이잔, 아란 북서부의 목초지를 한 차례 이상 점령할 정도로 야심 찬 지배자였는데도 티무르와 화해할 의향이 있었다. 그는 티무르의 소환에 응해 공물을 바쳤고, 동맹을 맺어 티무르에게 대항하자는 아미르 왈리의 요청도 거부했다.[68] 죽기 전에 티무르에게 어린 아들 자인 알아비딘을 맡겼으나, 자인 알아비딘이 어떤 식으로 경술하게 티무르의 이란 남부 개입을 초래했는지는 앞서 언급했다. 어쨌든 무자파르 왕조 정치의 격동적인 전개가 티무르에게 개입할 구실을 제공했다. 789/1387년, 티무르가 군대를 이끌고 이스파한으로 나아가자 자인 알아비딘의 부하 무자파르 카시Muẓaffar Kāshī는 즉시 항복을 선언하고 도시를 넘겨주었지만, 곧 그 주민들이 반란을 일으켜 티무르가 보낸 대표단을 살해했다. 주민들은 결국 둘카다월 6일/11월 18일에 무시무시한 학살로 보복당했다.[69] 저항하지 않고 항복한 야즈드의 샤 야히야에게 티무르는 시라즈를 사여했다. 이스파한은 샤 야히야의 아들 술탄 무함마드Sulṭān Muḥammad b. Shāh Yaḥyā에게 돌아갔고, 샤 슈자의 손자 술탄 아부 이스학Sulṭān Abū Isḥāq은 시르잔Sīrjān의 지배자로 책봉되었다. 술탄 아흐마드 역시 케르만에서 티무르 앞에 출두했다.[70] 쿠투비를 신뢰할 수 있다면, 술탄 아흐마드는 이르면 787/1385~1386년에 이미 정복자의 사절이 요청한 바에 따라 티무르의 이름을 쿠트바와 주화에 새긴 적이 있었다.[71] 이란 남부에서 종주권을 굳힌 티무르는 톡타므쉬의 급습을 처리하기 위해 트란스옥시아나로 되돌아갔다.

무자파르 왕조의 지배자들 가운데 자인 알아비딘만이 티무르의 본거지를 방문하지 않았다. 그는 시라즈를 떠나 바그다드 방면으로 도주했는데, 시라즈로 옮겨와 샤 야히야를 축출한 사촌 샤 만수르에게 슈슈타르에서 붙잡혀 투옥되었다.[72] 792/1390년, 샤 만수르는 삼촌 술탄 아흐마드에게서 케르만을 빼앗으려 했다가 대패했다.[73] 그동안 자인 알아비딘은 슈슈타르에 있던 지지자들 덕분에 풀려나 이스파한에서 자리를 잡았다.[74] 그러나 술탄 아흐마드, 샤 야히야와 함께 샤 만수르에게 복수하려던 그의 시도는 참담한 실패로 끝났으며, 동맹군은 도주했다. 승리한 샤 만수르는 이스파한을 점령했다. 자인 알아비딘은 도주하다가 생포되어 또다시 투옥되었는데, 이번에는 실명의 형벌까지 받았다.[75]

샤 만수르의 연이은 승리는 마침내 티무르의 주의를 끌었다. 대아미르가 795년 초/1392년 말 무자파르 왕조의 영토로 진군해 파르스에 진입했을 때, 그러기 전 몇 해에 걸쳐 친족들과 전쟁을 벌이며 그들의 영토를 파괴한 전력이 있는 샤 만수르는 당연히 동맹을 찾을 수가 없었다. 그는 격렬하게 저항했으나 결국 시라즈 인근에서 벌어진 전투에서 패사했다.[76] 무자파르 왕조의 분열에 지친 데다 그 분란으로 신민들이 받은 고통에 분노했다는 티무르는 795년 라잡월/1393년 2월에 불운한 자인 알아비딘과 술탄 시블리Sulṭān Shiblī 형제를 제외한 무자파르 왕조의 나머지 구성원 모두를 처형했다. 두 형제는 사마르칸드로 압송되었다.[77] 티무르는 파르스와 이라크 아잠을 아들 우마르 셰이흐에게 사여했고, 케르만은 에디귀 바를라스에게 맡겼다.

걸프 지방의 부유한 호르무즈 공국은 이전 몇십 년 동안 무자파르 왕조에 공물을 바쳤으나, 무자파르의 내분을 틈타 4년 동안 조공을 하지 않았다. 798/1396년, 티무르는 손자 무함마드 술탄이 통솔하는 군대를 보내 체납금을 청구했다. 호르무즈의 군주는 이에 복종해 4년 치 공물을 지불하되 나중에 내겠다고 제안했다. 그러나 나탄지에 따르면 원정의 성공은 한정적이었으며, 장 오뱅은 차가타이인들에게는 수군이 부족했다고 강조했다.[78]

이란 서부에서 거둔 간헐적·부분적 성공:
이란 서부 잘라이르 왕조와 카라코윤루의 부분적 정복

티무르가 일칸국의 심장부에 해당하는 두 도시, 타브리즈와 술타니야를 중심으로 삼은 잘라이르 왕조의 영토를 탐내지 않으리라고 예상한 사람은 없었다. 게다가 잘라이르 왕조의 군주들은 일칸들의 진정한 후계자임을 자처했다. 이렇듯 상황은 티무르의 개입을 부르고 있었다. 잘라이르 왕조의 서부 영토에서는 디야르 바크르에 기반을 둔 신흥 세력 카라코윤루 튀르크멘과의 경합이 진행되고 있었고, 당시 잘라이르 왕조의 지배자였던 게으르고 방종한 술탄 아흐마드 이븐 셰이흐 우와이스는 784/1382년에 폭력적으로 옥좌를 차지하고 휘하 아미르들에게 제멋대로 굴어댄 탓에 불만을 사고 있었다. 게다가 1385년 톡타므쉬가 캅카스 이남에 야심을 드러내자, 티무르는 잘라이르 왕조령을 자신의 손아귀에 넣어야 할 새로운 이유까지 찾게 되었다.

그러나 이 지역에서 티무르는 다른 지역들에서 거둔 만큼 성과를 거두지 못했다. 786/1384년에는 마잔다란을 침공한 뒤 술타니야를 점령했으나, 잘라이르 왕조의 군주는 도주했다. 술탄 아흐마드의 술타니야 탈환 시도는 티무르 휘하로 들어가 총독으로 임명된 옛 아미르, 아딜 아카에 의해 좌절되었다.[79] 티무르는 3년 원정 중이던 788/1386년에 재차 잘라이르 왕조의 영토를 침략해 타브리즈를 점령하고 아딜 아카를 그곳에 대리인으로 세우고 카라박에서 겨울을 보냈다. 또한 카라박에 머물던 시기에 조지아로 원정해 그 왕인 바그라트 5세Bagrat V를 사로잡았고, 그후 789/1387년에 서진을 재개했는데, 이때의 상대는 에르주룸을 비롯한 아르메니아의 여러 도시를 취하고 아르진잔(에르진잔 Erzincan)의 지배자 타하르탄Ṭahartan(혹은 무타하르탄Muṭahhartan)을 복속시 킨 카라코윤루의 지도자 카라 무함마드였다.[80] 비록 타브리즈에 대한 차가타이 측의 통제는 미약했지만, 잘라이르 왕조를 옛 일칸들의 거주 지에서 추방한 것은 상징적 의미가 깊은 승리였다.[81] 그러나 티무르는 무자파르 왕조의 분쟁에 휘말리는 바람에 카라코윤루를 무릎 꿇리는 데는 실패했다. 그렇지만 적어도 카라코윤루의 경쟁 세력인 악코윤루 의 카라 율룩Qarā Yulūk에게서 복종을 얻어내는 데는 성공했는데, 이 인 물은 후일 802~804/1400~1401년에 아나톨리아 원정에서 혁혁한 공을 세워 말라티아Malaṭiya까지 맡았다.[82] 아이러니하지만 몇십 년 뒤 악코윤루는 이란 서부에서 티무르 왕조의 가장 큰 적수가 된다.

티무르는 5년 원정 시기인 795/1393년에 무자파르 왕조 타도를 완료한 뒤 〔잘라이르 왕조 방면으로〕 다시 공세에 나섰다. 티무르에게 선물 은 보냈지만 막상 티무르를 기다리지는 않았던 술탄 아흐마드 잘라이 르는 바그다드를 버리고 맘루크 제국으로 망명했다. 훗날 티무르 전기 를 편찬하는 니잠 알딘 샤미는 자신이 정복자에게 복종한 최초의 바그 다드 주민이라고 주장했지만, 실제로 그가 티무르 막하로 들어간 시점 은 그로부터 8년이 지난 뒤다.[83] 티무르는 사르바다르의 이마드 알딘 마 수드를 바그다드 총독으로 임명하고 술탄 아흐마드는 추격하지 않은 채 바그다드에서 두 달간 머물렀다. 그런 뒤 직접 티크리트Tikrīt·마르 딘·아미드를 함락한 뒤 톡타므쉬를 향해 북방으로 두번째 원정을 떠 났다. 이듬해 마수드는 바그다드에서 물러날 수밖에 없는 처지로 전락 했다. 맘루크 술탄에게서 지원군을 얻어낸 술탄 아흐마드가 카라 무함마드의 후계자로서 카라코윤루의 수장이 된 카라 유수프Qarā Yūsuf의 지원까지 얻어 수도를 되찾았기 때문이다.

잘라이르 왕조에 대한 티무르의 세번째 공격은 803년 둘카다월/1401년 7월에 행해졌다.[84] 바그다드는 끔찍하게 약탈당했고, 셰이흐와 다르비시만이 학살을 면했다. 이때 티무르는 바그다드를 통치할 대리인을 남기지 않았다. 오스만 술탄에게로 피란한 술탄 아흐마드는 티무르가 퇴각한 뒤 수도로 돌아왔으나, 804/1402년에 티무르의 손자 아바 바크르에 의해 다시 쫓겨났다. 차가타이 측이 잘라이르 정치체의 완전한 절멸이라는 목표를 달성하는 데는 실패했다고 할 수 있겠지만, 잘라이르 왕조는 실제로 심각하게 약화되었다. 그러자 잘라이르 왕조 가까이에 자리한 적수이면서 티무르가 상대적으로 주의를 덜 기울인 카라코윤루가 유리한 상황에 놓였다. 술탄 아흐마드는 바그다드를 탈환했으나 카라 유수프에게 그 도시를 내줄 수밖에 없었다. 그는 또 한 번 맘루크령 시리아로 도주했고, 티무르 왕조 측 군대에 의해 바그다드에서 밀려난 카라 유수프도 곧 그곳으로 합류했다. 두 사람은 잠깐 다마스쿠스 총독의 수행원 역할을 해야 했다. 술탄 아흐마드가 마지막으로 바그다드로 귀환한 시간은 짧았다. 그는 이제 타브리즈까지 점령한 카라 유수프에게 또다시 도시를 넘겨야만 했다. 술탄 아흐마드는 티무르보다 6년이나 더 오래 살았지만, 813/1410년 티무르의 후계자들이 아닌 카라코윤루 측에 목숨을 잃었다. 이듬해 카라 유수프는 술탄 아흐마드의 조카손자이자 후계자 술탄 마흐무드 이븐 샤 왈라드에게서 바그다드를 빼앗았다. 잘라이르 왕조의 살아남은 지파는 샤루흐의 봉신으로서 835/1432년까지 후지스탄에서 존속했다.[85]

인도 침공

인도는 13세기 말 이래 차가다이 울루스의 공격 대상이었다. 당시 가장 최근의 대규모 침공은 730/1329~1330년 타르마시린이 벌인 것이었다. 델리 술탄국은 중앙아시아에서 쫓겨난 왕자들과 아미르들의 피란처 역할도 했다. 두아와 차파르가 벌인 전쟁 후반기 무렵 인도아대륙을 침입한 몽골인 중 일부는 1300~1303년 쿠틀룩 호자, 타라가이처럼 공식적으로 조직된 침략군이 아니라 도망자들이었는지도 모른다.[86] 또한 델리 술탄 무함마드 이븐 투글룩이 타르마시린의 몰락 이후 이어진 격변기에 트란스옥시아나에서 유력자와 성직자 들을 인도로 끌어들여 휘하에 편입시키려고 애쓴 과정은 앞서 살펴보았다(제7장 참조). 바흐람 잘라이르는 764년경/1361~1362년경 잠시 인도 방면으로 피란했다.[87] 티무르의 동맹 아미르 후사인 역시 한 차례 이런 피란을 고려했고, 771/1370년 아미르 후사인이 몰락한 뒤 살아남은 그의 두 아들은 실제로 인도로 도망했다(샤라프 알딘 야즈디에 따르면, 거기서 두 사람은 사라져버렸다).[88] 그보다 가까운 시점으로 눈을 돌려보면, 790/1388년에 카라우나스 영토에서 반란을 일으킨 두 아미르가 델리로 피란했다.[89] 티무르가 델리 술탄국 침공을 처음 구상했을 때 이러한 일련의 사건을 기억하고 있었을 개연성은 충분하다.

그런데 티무르는 인도 쪽에서 직접 개입해달라는 요청을 받기도 했다. 그 내용을 알 수는 없으나, 인도 측 저자인 비하마드하니에 따르면 티무르는 델리 술탄 피루즈 샤(사망 790/1388)와 서신을 교환했다.[90] 1389년경 경쟁자에 의해 추방된 피루즈 샤의 막내아들 나시르 알딘 무함마드 샤Nāṣir al-Dīn Muḥammad Shāh b. Fīrūz Shāh가 옥좌를 되찾겠다는 희망마저 잃어버리고 티무르에게 도움을 청하고자 사마르칸드를 향해 길을 나섰다가 도중에 부름을 받아 792/1390년에 옥좌를 차지한 일도 있었다.[91] 796/1394년에 그가 죽고 그의 맏아들이자 후계자인 알라 알딘 시칸다르 샤ʿAlāʾ al-Dīn Sikandar Shāh도 6주 뒤 뒤따라 사망했다. 다음으로 술탄 자리를 물려받은 무함마드 샤의 막내아들 기야스 알딘 마흐무드 샤Ghiyāth al-Dīn Maḥmūd Shāh는 아미르 말루 칸Mallū Khān의 꼭두각시에 불과했는데, 그나마 말루 칸의 권력도 그 형제인 물탄 총독 사랑 칸Sārang Khān에게 도전받는 처지였다. 그러자 고위 장령들이 손발이 잘려나간 술탄국에서 권력을 독점했고 지방의 아미르들은 지방 세입을 제멋대로 유용했다.[92] 이븐 할둔은 티무르가 망명객(앞서 언급한 무함마드 샤일 가능성도 있다)에게서 도와달라는 요청을 받았다고 서술했다.[93] 다른 사료들에서는 단순히 티무르가 피루즈 샤의 사망과 당파 싸움의 시작에서 기회를 보았다는 인상만 풍긴다.[94] 좀더 직접적인 원인은 피르 무함마드 이븐 자항기르의 우츠츠Uchch(오늘날 파키스탄 우츠 샤리프Üč Šarīf) 점령과 물탄 포위였다.[95] 794/1392년, 티무르는 피르 무함마드에게 쿤두즈·바글란·가즈니·카불·칸다하르에서 인더스강에 이르는 방대한 영토를 사여했다.[96] 이 원정은 어쩌면 오롯이 이 공자가 주도하여 시행되었을 가능성도 있는데,[97] 샤미가 이 일화에 대해 완전히 침묵했다는 사실은 어쩌면 티무르가 손자에게 찬사가 너무 많이 돌아가지 못하게 막을 필요를 느꼈다는 민감한 문제를 무심코 보여주는 것인지도 모른다.

피루즈 샤의 후계자들에게 정당한 자리를 찾아주어야 한다는 명분이건, 이슬람의 확산과 이교도 근절이라는 (추후에 내놓은) 명분이건 간에,[98] 인도 원정을 정당화하는 논리는 허울에 지나지 않았을지도 모른다. 티무르는 인도 공격과 약탈이라는 차가다이 일문의 전통을 따르는 동시에 과거보다 더 큰 성공을 거두겠다는 결의를 품었을 가능성이 높다. 현재로서는, 종교적 맥락에서 티무르가 첫째, 델리 정권의 약화로 힌두 수령들이 부활하는 현상을 인식했고,[99] 둘째, 힌두 신민들에게 신앙의 자유를 누리게 해주고 어디에서건 비무슬림에게 부과되어야 할 인두세(지즈야)를 대체로 면제한 델리의 무슬림 지배자들을 처벌하는 것이 자신의 의무라고 생각했다는 정도만 이야기할 수 있다. 기야스 알딘 야즈디는 술탄들이 "공물과 토지세bāj-u kharāj"만 거두었다고 비난했다.[100]

피르 무함마드가 신드에 진입한 800년 첫번째 라비월 초/1397년 말, 델리 술탄국의 상황은 더욱 나빠졌다. 이제는 델리의 마흐무드 샤에게 대항해 일단의 아미르가 피루즈 샤의 증손자 나시르 알딘 누스라트 샤Nāṣir al-Dīn Nuṣrat Shāh를 술탄으로 옹립해 군주가 두 사람이었다.[101] 800년 라마단월 19일/1398년 6월 5일, 사랑 칸에게서 물탄을 빼앗은 피르 무함마드의 바로 후방에는 바트네르Bhatner와 사르사티Sarsatī를 약탈한 티무르의 본군이 뒤따르고 있었다. 누스라트 샤는 도아브Do'āb로 도주했다. 마흐무드 샤와 말루 칸은 801년 두번째 라비월 7일/1398년 12월 16일에 델리 바깥에서 티무르의 군대와 격돌해 참패했다. 티무르가 주민들을 살려주겠다는 약속을 공표했는데도 델리는 끔찍한 약탈에 시달렸다. 이는 일부 부대가 일으킨 혼동이었지 티무르의 명령은 아니었던 듯하다.[102] 샤라프 알딘 야즈디의 표현에 따르면, 지난 200년 동안 외부의 정복자에게 떨어진 경험이 없었을뿐더러 몽골 제국의 대대적인 공격도 막아낸 난공불락의 요새 지구 델리가 함락되었다는 소식은 전 세계에 퍼졌다.[103]

티무르는 인더스강을 건너 하르드와르Hardwar〔하리드와르Haridwar〕와 잠무Jammu를 거쳐 퇴각하기 전 미라트(메루트)를 함락하고 호하르Khōkhar*의 땅과 여러 힌두 영토 등 지나가는 지역을 모조리 유린했다.[104] 티무르는 물탄을 한때 이곳의 총독을 지낸 적이 있고 앞서 자신을 기다렸다가 복속을 표한 히드르 칸Khiḍr Khān에게 맡겼다.[105] 히드르 칸은 사이드를 자처했다는 점에서 부가 점수를 받았을지 모르겠다. 티무르는 늘 상 사이드들에게 존경을 표했다(제13장 참조). 히드르 칸은 815/1412년에 마흐무드 샤가 사망하자 델리를 점령하고 사이드Sayyids 왕조(817~855/1414~1451)를 세운 인물로, 티무르 왕조에 조공을 바치고 샤루흐의 이름으로 쿠트바를 진행했다. 그러나 티무르가 델리를 그에게 사여했다는 이야기는 사이드 왕조 아래에서 집필 활동을 한 시르힌디가 사이드 왕조에 지배정당성을 좀더 확실히 부여하기 위해 지어낸 허구임이 분명하다.[106] 후대의 (그리고 못 미더운) 인도 저자 피리슈타는 심지어 데칸까지도 티무르의 종주권을 인정했다고 주장했는데,[107] 이 주장 역시 허구일 것이다.

---

* 호카르(Khokar)라고도 한다. 펀자브 지방 서북부 젤룸강과 체나브강 사이에서 주로 거주한 산악 부족. 펀자브 지방 체나브강 서쪽에서 주로 거주한 각하르(Gakkhaŕ)와 같은 집단으로 오해되는 경우가 흔한데, 실제로는 별개의 집단이다.

맘루크 술탄국과 오스만 술탄국 공격

이븐 아랍샤는 티무르가 시바스의 지배자 카디 부르한 알딘과 이집트의 맘루크 술탄 알자히르 바르쿡이 각각 800/1398년과 801/1399년에 사망했다는 소식을 들은 뒤 인도 원정을 중단했다고 주장한다.[108] 몽골 아미르 아라트나가 세운 왕조에서 취한 부르한 알딘의 영역은 한때 일칸국에 속했으며, 부르한 알딘의 사후 마찬가지로 한때 일칸의 신하였던 오스만 왕조에 넘어갔다. 맘루크 제국은 단 한 차례도 몽골인들의 손에 들어간 적이 없었다. 그러나 훌레구 일칸의 군대는 658/1260년의 몇 달 동안 맘루크령 시리아를 점령한 적이 있으며, 가잔 마흐무드를 비롯한 후계자들 역시 이 지역을 정복하려 힘을 기울였다. 게다가 1330년대 후반 일칸 측의 세력이 쇠퇴하자 맘루크 술탄은 마르딘의 아르툭 왕조Artuqids를 비롯해 일칸의 종주권을 인정하던 여러 군주에게서 수위권을 인정받았다.[109] 이란 세계 대부분을 지배하게 된 티무르도 일칸들이 전통적으로 지녀온 맘루크 술탄국과의 경쟁의식을 물려받았다고 할 수 있다. 796년 첫번째 라비월/1394년 1월, 포로가 된 티무르의 장령은 (고문을 받고) 카이로에 페르시아인'ajamī 첩자가 있다고 자백했고, 그 결과 일곱 명이 체포되었다(그 가운데 상인도 있었다).[110] 티무르가 어떤 목적으로 이들을 파견했는지, 아니면 단순히 이들이 독자적으로 티무르에게 협조하려는 마음을 품었는지는 알 수 없다. 이 무렵 맘루크 술탄의 궁정에서 티무르의 움직임을 불안한 시선으로 지켜보았음은 확실하다.

티무르가 처음 술탄과 외교 접촉에 돌입한 시점은 787년 둘힛자월/1386년 1월인데 그 목적이 무엇이었는지는 알려지지 않았다.[111] 바르쿡은 교역 관련 협상을 하자는 티무르의 요청을 오만한 어투로 거부했다. 아나톨리아 동부와 자지라의 군주 다수는 티무르의 진군 소식을 듣고 이집트 술탄에게 보호를 부탁했는데, 카라코윤루의 수령 카라 유수프도 여기에 포함되었다. 바르쿡은 한동안 부르한 알딘, 바예지드와도 우호 관계를 맺었다.[112] 이 같은 도발에 더해 795/1393~1394년에 복속을 요구하기 위해 파견된 티무르의 사절들을 알라흐바al-Raḥba에서 처형하고 796/1394년에는 추방된 잘라이르 왕조의 술탄 아흐마드를 따뜻하게 맞아준 데다가, 카라 유수프가 생포해 자신에게 보낸 티무르의 젖형제 아틀라므쉬Atlamış를 구금하기까지 하는 등 개전 명분은 차고 넘쳤다.[113] 야즈디에 따르면, 티무르는 이르면 796년 사파르월/1393년 12월~1394년 1월에 마르딘의 지배자에게 이집트와 시리아로 가겠다는 의사를 밝혔다.[114]

바르쿡이 죽고 그의 어린 아들 알나시르 파라즈가 즉위한 뒤로 맘루크 정권은 티무르에게서 위협받는 지배자들을 지원하는 정책을 버렸을 뿐만 아니라 그중 일부에게는 적대적 태도를 보이기까지 했다.[115] 그럼에도 파라즈는 아틀라므쉬를 계속 구금했다. 말라티아에서 시리아의 주요 도시들에 서신을 보내 바르쿡과 파라즈에 대한 불만을 늘어놓았던 티무르는 803/1400년 가을에 맘루크 술탄국을 침략했다. 먼저 알레포를 함락시켰고(그 포로 가운데 샤미가 있었다) 하마·힘스·바알벡을 차례로 점령하며 진격했다. 그런 다음 다마스쿠스로 이동했는데, 이 도시의 총독은 티무르의 서신을 지닌 사절을 처형한 인물이다. 술탄 파라즈가 명목상 총사령관이었던 맘루크 군대는 다마스쿠스 방어를 위해 이동했으나, 카이로에서 쿠데타가 일어났다는 잘못된 소문을 듣고 혼란에 빠진 아미르들이 어린 술탄을 급히 수도로 돌려보냈다. 병력도 혼란에 빠진 상태로 이집트를 향해 귀환했다. 다마스쿠스는 잠시 버텼지만, 803년 중반/1401년 초에 점령되어 주민 다수가 학살되었고 우마이야 모스크 대부분이 불타는 잔혹한 약탈의 희생양이 되었다.

티무르는 다마스쿠스 밖에 진을 치고 3개월 동안 머물렀다. 파라즈를 따라 카이로를 떠났다가 다마스쿠스에 발이 묶인 마그레브 출신 율법학자이자 현자, 이븐 할둔을 접견한 것도 이때다. 이븐 할둔은 대아미르와의 짧은 만남을 자서전에 기록했다. 소년 이븐 아랍샤가 가족과 함께 노예가 된 것도 이때로, 다른 수많은 다마스쿠스 주민들과 함께 사마르칸드로 강제 이주되었다. 티무르가 바그다드 문제를 마지막으로 처리하고 바예지드와의 대결을 위해 시리아를 떠난 때는 803/1401년 초봄이다. 샤라프 알딘 야즈디에 따르면, 티무르가 오스만 왕조를 제압했다는 소식이 전해지자 파라즈는 아틀라므쉬를 석방했을 뿐만 아니라 쿠트바와 주화에도 티무르의 이름을 새겼다고 한다. 술탄은 사실상 티무르의 이집트·시리아 총독이 된 셈이었다.[116] 파라즈는 (어쩌면 이븐 할둔을 통해 확보한 정보에 따라) 차가타이 침공에 저항하기에는 자신의 세력이 약하지 않을까 생각한 모로코 마린 왕조의 술탄에게 보낸 서신에서 티무르가 화해를 청했기에 받아들이는 것이 의무였다는 식으로 자신의 행보를 정당화했다.[117]

티무르와 바예지드 1세의 관계는 처음에는 겉보기에 우호적이었다. 그러나 잘라이르 왕조, 카르트 왕조, 무자파르 왕조의 지배자들이나 부르한 알딘과 마찬가지로, 14세기 말 오스만 군주들은 몽골 칸들에게 주어져야 할 지위를 찬탈했다고도 볼 수 있었다. 바예지드의 아버지 무라드 1세(사망 791/1389)는 술탄 칭호뿐만 아니라 하칸Khāqān (카안)까지 칭했고, 바예지드 자신도 카이로의 압바스 왕조 칼리프에게 술탄 칭호의 사용을 허락해달라고 요청했다.[118] 게다가 바예지드의 영토는 아나톨리아뿐만 아니라 불가리아를 합병하고 세르비아를 속국 지위로 떨어뜨렸으며 콘스탄티노플의 비잔티움 제국에 속한 여러 지역을 지속적으로 압박하는 등 유럽 남동부에서도 눈부시게 확장되고 있었다. 티무르가 오스만 왕조와 대결을 벌일 만한 좀더 즉각적인 동기도 있었다. 바예지드는 티무르와 교환한 국서에서 자신이 크림반도를 침공하면 킵차크 초원의 타타르인들 가운데에서 지원군을 쉽게 모을 수 있을 것이라고 암시했는데, 당시 타타르인들이 티무르를 증오할 이유는 충분했다.[119] 반대로, 오스만 왕조에 영토를 빼앗긴 튀르크멘 군주들은 티무르의 궁정으로 도피해 도움을 간청하는 상황이었다.[120] 게다가 부르한알딘 사망 이후 양측 모두 아나톨리아 동부에 자리한 그 영토를 탐냈는데, 바예지드가 재빨리 시바스를 점령해버렸다. 또 바예지드는 잘라이르 왕조의 술탄 아흐마드에게 피란처를 제공하고 티무르의 피후견인인 아르진잔의 지배자 타하르탄을 공격해 긴장감이 더 고조되었다.[121] 803/1400년, 티무르는 시바스 습격으로 전쟁을 개시했다. 바예지드는 맘루크 술탄국이 아나톨리아 동부에 행사하던 영향력을 잠식해가고 있었기에, 802/1400년 카이로에 보낸 사절단을 통해 기대했던 이집트와의 협력 가능성도 사라진 상황이었다.[122]

804/1402년, 티무르는 서진을 재개하고 둘힛자월 27일/7월 28일에 앙카라 인근에서 바예지드와 격돌했다.[123] 속국 세르비아의 군주 스

테판 라자레비치Stefan Lazarević가 지휘하는 그리스도교도 세르비아인 보
조군 등 휘하 병력이 격렬하게 저항했는데도[124] 바예지드는 참패했다.
티무르가 오스만 군대에서 상당한 비중을 차지한 타타르(사료에서는 때
때로 "카라 타타르Qarā Tātār"라고 표현함)를 매수하는 데 성공한 것이 그 요
인이었다. 그와 타타르 사이에는 같은 몽골 종족이라는 공감대가 있었
다. 본래 아라트나의 왕조를 섬겼으며 1398년까지 카디 부르한 알딘에
게 종속되었다가 오스만 군대에 막 징집된 처지였던 이들이 전투가 한
창일 때 도주하자, 차가타이의 승리는 명확해졌다.[125] 어쨌든 바예지드
는 그뒤 여생 11개월을 승자의 마차에 실려 수도 부르사Bursa가 파괴되
는 광경을 목격하는 등 포로로 지내야 했지만, 샤라프 알딘 야즈디는
바예지드는 물론 그의 사후 그 가족까지 따뜻한 대우를 받았다고 기록
했다.[126] 샤라프 알딘 야즈디는 이듬해 바예지드가 병사했을 때 티무르
가 눈물을 흘렸다는 기록도 남겼다.[127] 티무르는 바예지드의 영토 일부
를 이전에 해당 지역을 지배한 왕조에 제각각 돌려주고, 나머지 영토는
바예지드의 아들들에게 나누어주었다. 보스포루스 해협 너머 에디르
네Edirne(아드리아노플)를 중심으로 한 오스만령 루멜리Rūmeli•는 에미르

• '루멜리'는 오스만령 발칸반도를 가리키는 말로, 문자 그대로 '로마인들의 땅/나라(Rūm-
eli/Rūm-ili)'를 뜻한다. 원래 무슬림들은 로마 제국(비잔티움 제국)을 로마인들의 나라(Bilād
al-Rūm), 로마인들의 왕국(Mamlakat al-Rūm/Mulūk al-Rūm), 그리스도교화한 로마인들
의 왕국(Mulūk al-Rūm al-mutanṣṣir) 등으로 불렀다. 따라서 이슬람 세계에서 룸(Rūm)이
라는 지리 명칭은 토로스산맥 너머 비잔티움 제국의 영역을 가리키는 용어로 사용되었다. 로
마-비잔티움인들은 그리스어로 자기네 나라를 로마니아(Rhōmania, '로마인의 땅' 또는 '로마
인들의 나라')라고 불렀고, 오스만 왕조에서도 여기서 영향을 받아 자기네가 정복한 발칸반도
의 영토를 아나톨리아 서부의 영토(현대 튀르키예어 아나돌루(Anadolu), 오스만어 아나톨르
(Anatolı))와 구분해, 로마니아의 튀르크어 번역어인 '루멜리'로 불렀다.

쉴레이만 첼레비Emīr Süleymān Çelebī에게, 부르사는 이사 벡ʿĪsā Beğ(이사 첼레비ʿĪsā Çelebī)에게, 룸Rūm(지방)•은 메흐메드 첼레비Meḥmed Çelebī(메흐메드 1세Meḥmed I)에게 사여했다. 메흐메드는 805/1402~1403년에 앙카라에서, 또 806/1403~1404년에 아마시야Amasya에서 티무르의 이름으로 주화를 발행했다.[128] 805년 첫번째 주마다월/1402년 12월, 티무르는 당시 병원기사단의 거점 스미르나(오늘날 이즈미르)를 약탈했다.[129] 그러나 해협을 건널 정도의 수군을 보유하지도 못했거니와 발칸반도에는 그 군대가 의지할 만한 거대한 목초지도 없다고 생각했기 때문인지 거기서 더 진군하지 않고[130] 이란 쪽으로 퇴각했다.

그리스도교권 세력들과 맺은 외교 관계

여기서 바예지드의 그리스도교도 적수들을 티무르가 어떻게 다루었는지 다룰 필요가 있을 것 같다. 이들과의 외교 접촉은 여러 가지 목적이 있었다. 첫째는 그리스도교도 지배자들에게서 공물을 받아내는 것으로, 티무르 왕조 측 저자들은 이를 '지즈야'라고 불렀다. 티무르의 봉신 가운데는 그리스도교 국가인 조지아 왕국의 바그라트 5세와 기오르기 7세Giorgi VII가 있었는데, 이들은 간간이 조공을 바쳤다.[131] 누이가 바그라트 5세의 반려였던 트라페준타 제국의 마누일 3세 메가스 콤니

노스Manouēl III Megas Komnēnos는 티무르가 군대를 보내자 굴복해 갤리선 20척을 내주었다.[132] 또한 그는 (이웃한 튀르크인들에게 조공을 바치던 처지였는데도) 티무르와 콘스탄티노플의 비잔티움 제국 사이에서 가교 역할을 했던 듯하다.[133] 비잔티움 쪽도 표리부동했다.[134] 마누일 2세 팔레올로고스Manouēl II Palaiologos 황제(재위 1391~1425)가 오스만 왕조에 맞서기 위해 지원을 얻고자 서유럽 각지를 전전하는 사이 조카 요아니스 7세 팔레올로고스Iōannēs VII Palaiologos가 섭정을 맡았는데, 데 클라비호는 요아니스가 오스만 왕조가 티무르를 격파하면 콘스탄티노플을 넘기고 술탄의 부하가 되겠노라고 바예지드에게 약속했다고 썼다.[135] 그러나 1401년 요아니스는 티무르와도 사절을 교환했다. 1402년 5월에 요아니스에게 보낸 편지에서 티무르가 확인해준 것처럼, 티무르에게 조공을 바친 쪽은 요아니스일 것이다.[136]

프랑스에서 작성한 보고서를 신뢰할 수 있다면, 티무르는 바예지드 1세가 비잔티움 제국으로부터 빼앗은 영토를 전부 돌려주겠다고 비잔티움 제국에 약속했다(이는 조공의 대가임이 분명하다).[137] 이런 행동은 그리스도교 세력에 대한 원정을 성전ghazw으로 묘사하고, '가지ghāzī'를 자칭하던 태도와는 명백히 모순되는 행보였다.[138] 그럼에도 티무르는 당연히 그리스도교 황제와 비교하면 아나톨리아의 무슬림 군주들에게 더 관대했다. 무슬림 군주들은 단순히 영토를 회복한 정도가 아니라 더 확장할 수 있었다. 예컨대 카라만 왕조의 아미르는 조상 대대로 지배해온 영토 외에도 악셰히르를 추가로 받았다.[139]

티무르는 라틴 그리스도교권 세계와도 외교 관계를 수립했다. 샤라프 알딘 야즈디는 802/1399~1400년에 처음으로 "프랑크"에서 온 사절을 언급했다. 이들은 포로로 잡아두었던 "아미르 무라드Amīr Murād의 아들"(바예지드 1세의 형제?)을 데려왔다.[140] 이 외교 관계는 분명 에게해 연안을 중심으로 이루어졌으리라. 제노바의 식민지였던 페라의 주민들은 티무르가 1401년 8월 처음으로 콘스탄티노플에 사절을 파견했을 때 티무르의 깃발을 게양했다고 알려졌으며, 데 클라비호도 그들이 티무르에게 자금을 보냈다고 썼다.[141] 병원기사단이 주둔했던 스미르나 주민들은 티무르가 요구한 지즈야 납부를 거부했지만, 제노바 식민지 포카이아Phocaea(포차Foça), 히오스섬Chios(사크즈섬Sakız)의 제노바인 군주처럼 에게해 일대의 소국을 지배하던 토착 프랑크 군주들은 공물을 바쳤다(괄호 안의 명칭은 샤미와 야즈디의 표기다).[142]

두번째 목표는 바예지드 1세의 적들에게서 협력을 얻어내는 것이었다. 1401년 8월, 티무르는 도미니코회 프랑키스쿠스Franciscus 수사와 무슬림 한 명을 콘스탄티노플에 사절로 보내 자신의 원정이 임박했음을 알리며 비잔티움 제국과 서구 식민지 주민들이 바예지드와 화해하지 못하게 했다.[143] 비잔티움인들이 페라의 제노바인들과 함께 발칸반도에 있는 오스만 병력이 해협을 건너 바예지드를 지원하지 못하게 하겠다고 약속하는 서신을 티무르에게 보낸 것이 바로 이때일 것이다.[144] 그러나 앙카라 전투 이후 일부 제노바인이 오스만 측이 곤경을 겪는 사이에 이익을 보았지만, 다른 이들은 약속을 어기고 바예지드의 병력이 탈출하도록 도와주었다.[145] 베네치아인들 역시 사모스섬Samos으로 튀르크인들이 피란하도록 했다.[146] 즉 이탈리아인들이 원했던 것은 세력 균형이었는지도 모른다. 그들에게 새로운 적수인 티무르는 미지수였고 오스만 왕조는 익숙한 적수였으므로, 오스만 왕조의 멸망을 원하지 않았을 것이다.[147] 데 클라비호에 따르면, 티무르는 제노바인들이 약속과는 완전히 다른 행동을 해서 그리스도교도를 증오하게 되었다. 이탈리아 연대기 저자들 역시 제노바인들의 표리부동한 행보가 스미르나 공격을 불러왔다면서 제노바인들을 비난했다.[148]

티무르와 서유럽 그리스도교도 군주들의 접촉을 다룬 더 자세한 기록도 있다.[149] 이 기록은 티무르의 아들 아미란샤가 1401년에 도미니코회 수사이자 술타니야 대주교 요한네스를 베네치아와 제노바로 파견하면서 쓰이기 시작되었다. 아버지에 의해 아제르바이잔 총독 자리에서 해임된 아미란샤(제9장 참조)는 유럽에서 우호적인 사절들을 파견하게 만들어 아버지의 총애를 되찾고자 했는지도 모른다. 요한네스는 이 기회에 처음으로 프랑스와 영국의 궁정까지 나아갔다.[150] 1402년, 그는 다시 서유럽 지배자들의 궁정으로 파견되었는데, 이때는 1401년 티무르의 사절로 요아니스 7세에게 보내진 도미니코회의 동료 프랑키스쿠스와 함께였다.[151] 이들은 805년 무하람월 1일/1402년 8월 1일에 티무르가 직접 준비한 것으로 보이는, 앙카라 전투의 승리를 알리는 서신을 가지고 있었다(프랑스 국왕 샤를 6세에게 전달된 이 서신과 동시대에 준비된 라틴어 번역본은 프랑스 국립기록보관소Archives nationales de France에서 소장하고 있다). 프랑스 연대기 저자들은 이 사절들이 1403년 5월에 파리에 도착했다고 기록했으며, 샤를 6세와 영국 국왕 헨리 4세의 답신도 오늘날까지 전해진다.[152] 티무르의 서신이 진본이냐 아니냐는 논란의 여지가 있지만, 이 책에서는 진짜라고 가정하겠다.[153]

티무르와 서구 세계 사이의 외교 교류 중 가장 유명한 사례는 1402년 카스티야 국왕 엔리케 3세에 의해 시작되었다. 그는 티무르와 바예지드의 세력을 비교하기 위해 사절단을 레반트Levant로 파견했다. 이들은 앙카라 전투 이전 어느 시점에 티무르 측에 합류했고, 티무르는 이들을 핫지 무함마드Ḥājjī Muḥammad와 함께 돌려보냈다. 그 답례로 1403년 5월 카스티야 국왕은 티무르에게 루이 곤살레스 데 클라비호를 비롯한 사절단을 파견했다.[154] 야즈디는 "프랑크 왕국들의 군주farmāndih"로부터 '일치ilchi'가 도착했고, 그들이 티무르 손자들의 혼인을 축하하는 연회toy와 쿠릴타이에 참석했다고 기록했다.[155] 그러나 1404년 11월에 떠날 때까지 데 클라비호는 엔리케의 국서에 대한 답신도, 대아미르와의 마지막 접견도 받아내지 못했다. 당시 티무르는 중국 원정 준비에 몰두한 데다 심각한 병환에 시달렸기 때문이다.[156] 데 클라비호의 기록에 따르면, 카스티야 사절단은 중국에서 보낸 사신과 비슷한 시기에 도착했다. 티무르는 이를 "프랑크인의 왕들 가운데 가장 위대한 이"가 자신에게 관심이 있다는 사실을 부하들에게 자랑하는 기회로 활용했다. 명나라 황제의 요구가 굴욕적이었던 만큼, 티무르로서는 명나라 사절단을 카스티야 사절단의 아래에 배치해 이를 되갚아줄 필요가 있었다.[157]

티무르가 멀리 떨어진 세력들에게 조공을 요구했다는 것은 의심의 여지가 없는 사실이지만, 서구 그리스도교권에 접근한 숨겨진 세번째 목적은 몽골 제국의 전임자들과 마찬가지로 자신은 물론 부하들의 이익까지 기대할 수 있는 교역 활동의 촉진에 있었다.[158] 티무르가 그리스도교도에게 신앙의 자유를 선언할 준비가 되었다고 말했을 때 "특히 상인들에게"라는 말을 덧붙일 정도였다.[159] 796/1394년, 티무르가 바르쿡에게 교역 재개를 제안했을 때와 마찬가지로[160] 서유럽 지배자들에게 보낸 국서에서 교역망을 연결하는 것이 바람직하다고 강조했다.[161] 요한네스는 심지어 자신의 《회고록》에서 티무르가 특히 귀하게 여긴 물품들을 목록으로 정리해두기까지 했다.[162]

티무르 최후의 원정

처음에 티무르와 중국의 신생 국가 명나라의 관계는 우호적이었다.[163] 그런데 명나라는 티무르가 사절과 선물을 보낸 것에 대해 중국의 오랜 외교 전통에 따라 조공국 군주가 마땅히 행해야 할 의무라고 해석했다. 티무르가 1394년에 명 태조(홍무제洪武帝, 주원장)에게 보냈다고 전해지는 국서도 그런 맥락으로 왕조의 정사正史인 《명사明史》에 실려 있다.[164] 이 같은 시각 차이를 깨달은 티무르가 분노한 것은 당연했다. 데 클라비호는 불쾌한 전갈을 들고 온 중국 사절단에게 돌아온 적대적 반응을 목격했다.[165] 《명사》에 따르면, 티무르는 이 사신과 5년 뒤 영락제永樂帝의 즉위를 알리러 온 사신 모두 처형했다.[166] 1398년에 사망한 명 태조는 티무르의 궁정에서 통구즈 칸Tongūz Khān('뚱보 돼지 칸')이라는 조롱 섞인 명칭으로 불렸는데, 그 본명인 주원장의 성('붉을 주朱'는 '돼지 저猪'와 발음〔[zhū]〕이 같다)을 가지고 말장난을 한 것이다.[167] 몽골 지배자들에게 대항해 반란을 일으켜서 그들을 중국에서 추방한 뒤에 세운 명나라는 1388년에 몽골고원까지 진군해 토구스 테무르 카안Toghus Temür Qaghan에게 굴욕적인 패배를 안기기도 했다.[168] 명나라는 겉으로는 몽골 문화의 모든 요소를 거부하면서 다른 한편으로는 원나라의 후계자로 보이고자 하는 뻔뻔한 면이 있었다.[169] 티무르는 명 태조가 모굴 칸국을 자국의 영향권 안으로 끌어들이려 했던 사실뿐만 아니라 1391년에 하미(카물)를 지배한 차가다이 왕통의 왕자 구나시리를 명나라가 공격했다는 사실을 분명히 인지했다.[170]

불과 30년 전에 몽골인들을 추방했던 중국을 정복하는 과업은 티무르의 경력에서 자연히 절정으로 여겨질 법했다. 그렇게 된다면 티무르는 "여러 비단길"의 동쪽 끝을 통제할 수 있음을 의미했지만 거기까지 계산했는지 우리로서는 알 길이 없다. 어쨌든 간에 한때 칭기스 왕조의 제국에서 그가 단 한 차례도 자신의 힘을 시험하지 않은 유일한 영역은 옛 원나라 땅이 유일했다. 티무르 쪽으로 망명한 몽골인 왕자도 있었기에 잠재적 카안 후보도 갖춘 셈이었지만(제12장 참조), 1328∼1329년 차가다이 일문의 엘지기데이 칸이 원나라 왕자 코실라를 도와 카안으로 세운 예(제2장 참조)를 그가 알았는지는 알 수 없다. 티무르는 자신이 준비한 후보를 옹립해 동쪽의 몽골인들에게서 충분한 지원을 얻어내기를 기대했을 것이다. 또한 중국으로 진입한 뒤에도 명을 섬기던 수많은 몽골인에게서 추가로 지원을 얻을 것으로 예상했을 수도 있다. 원나라는 옛 몽골 제국에서 지배자가 이슬람을 받아들이지 않은 유일한 지역이었기에 명나라 영토를 성전의 목표물로 생각했을 여지도 있다. 게다가 명 태조가 중국에서 무슬림들을 대대적으로 학살해 이슬람의 씨를 말려버렸다는, 근거 없는 소문까지 돌고 있었다.[171]

티무르 왕조 측 사료들에 따르면, 티무르는 일찍이 800/1398년에 중국 원정을 구상했으나 피르 무함마드 이븐 자항기르가 신드에서 펼친 군사 활동을 알고 난 뒤 계획을 바꾸었다.[172] 명나라와의 전쟁에 착수한 시점은 806/1404년 겨울이 끝날 무렵이었다.[173] 원정을 위해 소집된 엄청난 대군이 시르다리야강변의 오트라르로 진군했으나, 807년 샤반월 18일 저녁/1405년 2월 18일 또는 19일에 티무르는 열병으로 사망하고 말았다.[174] 살마니를 신뢰할 수 있다면, 첫 목표는 모굴 칸국을 복속시켜 "중국Khiṭā 국경까지" 진출하는 것이었다.[175] 티무르의 죽음이 아직 비밀이었을 때 계속 진군하던 아미르들이 보기에 원정은 이미 성공한 것이나 다름없었다. 티무르의 시신을 그 자신의 명으로 세워진 장엄한 영묘인 구르 미르Gūr-i Mīr에 매장하기 위해 사마르칸드로 옮기는 동안, 샤루흐의 아들 이브라힘 술탄이 명목상 사령관이던 중군中軍은 계획대로 오트라르를 떠나 동쪽으로 진군하고 있었다. 그러나 티무르의 외손자 술탄 후사인이 반란을 일으켰다는 소식과 함께 이 계획은 무산되었고 이들도 사마르칸드로 철군했다.[176]

티무르의 죽음은 모굴인들에게 (그리고 아마도 칼막 몽골인들과 명나라 사람들에게도) 안도감을 가져다주었다. 미르자 하이다르 두글라트는 자기 아버지가 몇 번이고 반복해서 들려주었다는 이야기를 기록으로 남겼다. 모굴 칸국의 히드르 호자 칸은 얼마 전 중국으로 향하는 차가타이 군대에 댈 곡물을 준비하라는 명령을 받고 경악하고 있던 차에, 갑자기 흰옷을 입고 검은 말을 탄 남자가 나타나 티무르의 죽음을 알렸다. 구경꾼들이 모여들어 더 자세히 말해달라고 애원했지만 신비로운 말을 탄 남자는 이를 무시하고 전속력으로 달려갔다.[177] 티무르의 계획에 대해 알려진 바를 고려할 때 이 이야기는 사실이 아님이 확실해 보인다. 게다가 히드르 호자는 802/1399년에 사망했으니(제11장 참조) 그가 그 시점에 칸이었을 리는 만무하다.[178] 그러나 모굴 칸국이 티무르의 명령에 재빨리 복종했다 하더라도 고난을 피할 수는 없었을 것이다. 대군이 지나가면 목초지든 농경지든 깡그리 말라버리기 마련이었다. 그들이 저항을 택했다면, 그 결과는 당연히 피비린내 나는 차가다이 울루스의 모굴 칸국 정복이었을 것이다.[179] 명나라도 차가다이 울루스가 원정을 준비한다는 사실을 알았으면서도[180] 영락제는 후일 샤루흐에게 보낸 국서에서 티무르가 충성스러운 속신으로 행동했다고 썼다.[181] 이는 물론 명 황제의 위엄을 보전하려는 외교적 수사修辭였다.

티무르 제국의 범위

알마크리지가 작성한 짤막한 부고 기사에서, 티무르는 이라크 전체, 호라산, 사마르칸드, 인도al-Hind, 디야르 바크르, 아나톨리아bilād al-Rūm, 알레포, 다마스쿠스의 정복자로 묘사되었다.[182] 이는 티무르가 공격한 모든 지역을 열거한 것과는 거리가 멀다. 티무르는 북쪽으로는 킵차크 초원, 동쪽으로는 모굴리스탄의 윌뒤즈까지 원정을 펼쳤다. 알마크리지는 티무르의 지배 영역도 전부를 기록하지는 않았다. 티무르는 호라즘과 페르가나는 물론 카쉬가르까지 차가다이 칸국 동부의 일부 영토를 정복했고, 아제르바이잔·자지라·이라크 등지에서는 불완전하게 복속시킨 수준이었지만 일칸국 고지 대부분을 차지했다(이 지역은 그가 죽고 얼마 뒤 상실했다).

티무르가 원정 중에 갑작스레 관심의 대상을 바꾼 것은 사건에 신속하게 대응할 준비가 되었음을 의미할 수도 있지만, 일관되거나 장기적인 전략이 없었다는 표지일 수도 있다. 티무르는 801/1399년 멀리 이집트에서 바르쿡이 사망했다는 소식을 듣고 인도를 떠났고, 803/1401년 바그다드에서 잘라이르 왕조가 일으킨 반란에 대응하기 위해 시리아에서의 작전을 중단했다. 티무르가 승리를 거두었다고 해서 알마크리지가 언급한 정주 지대의 지역들이 그 영토에 흡수되지도 않았다. 806/1404년 손자 우마르 이븐 아미란샤에게 사여한 영토 가운데 "룸 지방의 이스탄불까지"와 "이집트와 접한 시리아까지"가 포함되었지만,[183] 맘루크령 시리아, 델리 술탄국, 오스만 제국에 대한 티무르의 원정 가운데 어느 것도 그 영토들을 티무르 제국에 곧장 합병하지는 못했다.[184] 맘루크 술탄 파라즈에게서 조공을 비롯한 복속의 표시를 얻어냈던 사례처럼, 티무르는 경쟁자들을 무릎 꿇리고 그들보다 우위에 있음을 확인받는 데 만족했던 듯하다. 제11장에서 논의하겠지만, 티무르의 주요 목표 가운데 하나는 약탈물을 모으는 것이었다.

일부 지방에서는 간접적인 지배를 목표로 삼았다. 인도와 아나톨리아에서 티무르는 주요 적대 세력의 부활을 저지하기 위해 토착 군주들의 세력을 키워주려고 애썼다. 이런 점은 그가 카쉬미르의 술탄을 관대하게 대한 것을 이해하는 데도 도움이 된다.[185] 펀자브에서도 조공을 바치는 지배자들을 확보하는 선에서 만족했다. 아나톨리아에서는 시계를 50년쯤 전으로 돌려, 바예지드 1세의 아들들 사이에 분란을 조장하고 오스만 왕조의 경쟁자들을 다시 복권시켜 사망한 오스만 술탄의 영토 대부분을 그들에게 분배했다. 심지어 이란 땅에서도 티무르는 과거의 일칸들이 했던 것 이상의 직접적인 지배를 선호하지 않았다. 이미 존재하던 지배자가 즉시 항복해 협조를 제안하면 티무르는 그를 자신의 대리인으로 지명했다. 때때로 그는 적에게 패배해 쫓겨났던 군주를 복위시키기도 했는데, 무자파르 왕조에 의해 축출되었던 루르 부주르그Lur-i Buzurg(대大루르)의 지배자들을 다시 세워준 경우가 좋은 예라 할 수 있다.[186] 혹은 현임 군주가 비협조적인 경우 불만을 품은 그의 친지(794/1392년 시스탄의 경우)나 토착 경쟁자(806/1403~1404년 마잔다란 아물의 경우)로 대체할 때도 있었다.[187] 단, 카르트 왕조나 무자파르 왕조처럼 세력이 강력하고 야심도 큰 지방 왕조들은 완전히 절멸당했다. 카르트 왕조의 경우 마지막 군주의 순종적인 사촌은 구르 총독을 맡을 만큼 신임을 받았는데도 그렇게 했다.[188]

초원 지대의 경우, 티무르는 현실적으로 조치 일문의 영토나 모굴리스탄 전체에 직접적인 지배를 관철하리라 기대할 수 없었다. 그가 차가다이 울루스를 다시 통일하기 위해 모굴 칸국 점령을 구상했을 수는 있고, 실제로 1404~1405년 최후의 원정이 중국 진군에 앞서 이를 달성하기 위해 계획되었다는 증거도 있다. 그러나 티무르가 "모굴리스탄 전역과 모든 부족"을 정복해 "모굴인들 전체"가 복속했다거나, (1395년의 승리 이후) 티무르가 톡타므쉬의 영토를 전체까지 지배를 확대했다는 주장은 과장이다.[189] 설사 티무르가 이를 현실화했다 하더라도 아주 짧은 기간에 불과했을 것이다. 782/1380~1381년, 투란의 정복으로 차가다이 울루스와 조치 울루스가 티무르 대리인들의 소유가 되었기 때문에 이란 정복에 나섰다는 샤라프 알딘 야즈디의 서술 역시 지나치게 단순한 주장이다.[190]

북위도 지역에서 티무르의 군사 작전이 보여준 경이로운 속도와 범위는 그가 마주한 문제들을 가리는 효과도 있다. 두 차례 킵차크 원정에서 차가타이 군대는 광야에서 혹독한 시련을 겪었는데, 특히

797~798/1395~1396년 겨울에는 가축을 대부분 잃었다.[191] 자타의 초원에서 카마르 알딘과 벌인 전쟁 이야기나, 킵차크 평원에서 톡타므쉬와 벌인 전쟁 이야기를 읽으면 그 어려움이 어떠했는지 짐작할 만하다. 티무르군에서 정예 전력은 유목민 기마궁수로 구성되었으나 그는 튀르크와 몽골 병력뿐만 아니라 타직 병력도 지휘했다. 이들 타직 병력에는 보병뿐만 아니라 기병도 있었다(제11장 참조). 킵차크 초원에서 톡타므쉬와 겨룬 전쟁에서도 마갑馬甲, bar-gustuwān까지 갖춘 중기병重騎兵이 투입되었다.[192] 따라서 티무르군은 다른 정주민 군대들과 마찬가지로 고도의 기동성을 가진 유목민 군대와 전쟁을 벌이는 데 어려움을 겪었다. 티무르의 후손들도 차례로 이런 난제를 마주했다. 예컨대 티무르의 증손자 술탄 아부 사이드Sulṭān Abū Saʿīd(사망 873/1469)가 무력으로 모굴 이웃들의 약탈을 제압하면서 마주한 장애물이 어떠했는지는 하이다르 두글라트의 기록에 집약되어 있다.[193] 티무르가 자타에서 벌인 전쟁은 아부 사이드가 벌인 전쟁과 비교한다면 조금 더 인상적인 수준이었겠지만, 폰토스-카스피 초원에서 티무르가 벌인 전쟁은 킵차크 칸국의 경제적 기반을 깡그리 파괴하고 톡타므쉬의 적들로 초원을 가득 채우고 떠났다는 점에서 훨씬 더 성공적이었다고 할 수 있겠다.[194]

*

티무르가 명나라를 상대로 유라시아의 다른 지역에서처럼 성공을 거뒀을지, 아니면 북원의 옥좌에 자신의 후보를 앉혔을지는 결코 알 수 없으리라. 명나라를 누르고 승리했다고 해서 중화 문명의 종말을 가져왔으리라고 확신하기도 어렵다.[195] 티무르가 이전에 거둔 성공들은 그를 이슬람 세계의 중부와 동부를 지배하는 거인으로 만들어주었기에 술타니야 대주교 요한네스는 티무르가 결코 패배한 적이 없었다고 주장하기까지 했다.[196] 이븐 아랍샤는 정복자를 패배시킨 세 사람의 이름을 언급했으나[197] 요한네스의 주장은 대체로 사실이었고, 티무르가 울루스의 수장이었던 시기에는 더더구나 그러했다. 설사 사료들이 티무르가 부재했을 때 그 부하들이 패배한 전투를 축소하거나 아예 없는 것처럼 취급했다고 하더라도[198] 티무르가 전장에서 놀라울 만큼 자주 승리를 거둔 것은 사실이다. 다음 장에서는 그가 일련의 승리를 거둔 요인을 분석하고 그 한계를 평가해보고자 한다.

제11장

제국 건설 ②
전쟁의 기능과 수행

이제 티무르가 전쟁을 치른 목적을 평가해보자. 30년이 넘는 기간에 걸쳐 티무르가 수행한 군사 작전을 연대기적으로 살펴보면 일관된 전략이 쉬이 드러나지 않는다. 일반적으로 말해서 그는 제멋대로인 트란스옥시아나 유목민들의 에너지를 집중시키고 흡수하기 위해 전쟁을 벌였다. 그러나 그와 동시에 보다 복잡한 동기에서 비롯된 측면도 분명 존재했다. 호라즘과 모굴 칸국을 상대로 펼친 초기의 원정들은 그가 차가다이 울루스의 재건과 통합을 목표로 하고 있었음을 보여준다. 정확한 시점은 확실하지 않지만, 언제부터인가 그는 자신의 임무가 더 큰 무엇이라고 생각하기 시작했다. 흔히 주장하듯 몽골 제국의 부흥을 목표로 했는지는 제14장의 논의를 위해 남겨두겠다.

공물, 몸값, 약탈

티무르가 쉴 새 없이 벌인 원정의 가장 큰 목적은 엄청난 양의 전리품을 획득하는 것이었다. 피터 골든Peter Golden은 티무르가 "이웃 국가들로 떠나는 일종의 약탈 '관광 여행'"을 벌였다고 평했고, 데이비드 모건은 티무르의 행적을 "엄청난 규모로 자행된, 일련의 약탈 원정"으로 요약했다.[1] 데이비드 크리스천David Christian에 따르면 "목축민, 보병, 화기火器가 혼재된 티무르의 군대는 초원의 전통적인 군대보다 훨씬 값비싼 존재"여서 티무르는 "차가다이 울루스 바깥의 정복지를 약탈의 공간으로 다루었다."[2] 그러나 칭기스 칸의 군대 역시 트란스옥시아나와 호라즘이 몽골 제국의 직접적인 통치 아래에 편입되었을 무렵이면 이미 초원민 외에도 여러 잡다한 병력을 포괄했으며, 그만큼 비용도 많이 들었다는 점을 상기할 필요가 있다. 그런데도 몽골은 광대한 지역에 걸쳐 지배권을 확립하는 데 성공했다. 하지만 티무르의 경우, 약탈을 우선순위로 둔 방침이 실제로 티무르 제국의 형성을 저해하는 요인으로 작용했다. 방대한 영토를 다스리는 것은 골치 아픈 일이었다. 주둔군을 유지하고 세수를 운반하고 수익을 헤아리는 데에는 막대한 비용이 들었다. 어느 지역을 정복하기로 했을 때, 적의 영토를 약탈하듯이 그 땅을 무자비한 방식으로 이용할 수도 없었다. 이러한 이유로 티무르의 군사 작전은 종종 우스꽝스러울 정도로 비효율적으로 보였다. 예컨대 그는 한 지역을 여러 번에 걸쳐 '정복'했다. 도시를 약탈하고 주민들을 수탈한 뒤 철수했다가 몇 년 뒤 같은 방식으로 반복하는 편이 그에게는 더 이득이었다. 크리스토프 바우머Christoph Baumer의 표현을 빌리자면, 티무

르의 정복지는 "제국이라기보다는 전쟁과 영향력의 영역"이었다.[3]

반면 약탈로 얻은 부는 티무르의 원정에 활력을 불어넣고 제국 프로젝트에 추진력을 유지하는 데 기여했는데, 이는 제국의 세입에만 의존해서는 할 수 없는 일이었다. 헤라트의 카르트 왕조, 시스탄의 왕들, 무자파르 왕조, 마잔다란의 사이드 왕조 지배자 들은 모두 티무르의 금고를 두둑하게 채워주었다.[4] 하피즈 아브루에 따르면, 티무르는 마잔다란의 마하나Māhāna 성채에서 낙타 700마리가 옮겨야 할 정도로 많은 은을 얻었다.[5] 또한 티무르의 군대에 항복한 지배자들은 정복 이후부터 정기적으로 조공을 올려야 했다. 그 규모가 어느 정도였는지는 거의 알려지지 않았다. 티무르의 손자 무함마드 술탄이 798/1396년에 호르무즈로 원정할 당시 호르무즈의 연공年貢 총액은 30만 디나르dīnār에 달했고, 호르무즈의 말릭은 4년 치 연체분을 한꺼번에 바치겠다고 약속했다고 하는데, 실행했는지는 불분명하다.[6] 806/1404년, 티무르는 "길라나트Gīlānāt"•로부터 비단 1만 만mann(대략 3만 킬로그램), 말 7000마리, 소 3000마리를 조공으로 받았다.[7] 그보다는 적지만, 니샤푸르 인근의 쿠르드계 유목민 "알라바리Alavari"는 방목권을 대가로 매해 낙타 3000마리와 양 1만 5000마리를 조공으로 바쳤다.[8]

항복한 도시들도 어마어마한 몸값을 치러야 했다. 샤라프 알딘 야즈디는 이스파한의 항복을 서술하면서 이를 "승전군이 치러야 할 편자

• 길란(Gīlān) 지방은 사피드루드강(Safīdrūd)을 기준으로 동쪽인 길란 (비아)피슈(Gīlān-i (Bīā-)pīsh)와 서쪽의 길란 (비아)파스(Gīlān-i (Bīā-)pas)로 나뉘었다. 길란(Gīlān)의 복수형인 길라나트는 이 두 지방을 아울러 부르는 명칭이다. 길라크어(Gīlakī)로 비아(bīā)는 '물'을 뜻하므로, 길란 비아피슈와 길란 비아파스는 각각 '강 이편의 길란'과 '강 저편의 길란'으로 새길 수 있다.

값na'l-bahā인 안전 보장비māl-i amānī"라고 표현했다. 이 몸값은 티무르의 최고위 디완 휘하의 관리들에 의해 체계적으로 징수되었다.[9] 그 과정은 대체로 폭력적이었지만 드물게 예외도 있었다. 796/1394년, 티무르는 손자 무함마드 타라가이Muḥammad Ṭaraġāy(울룩 벡)의 탄생 소식에 몹시 기뻐하며 마르딘 측의 저항을 눈감아주고 몸값도 면제해주었다고 한다.[10] 반면 795/1393년 바그다드 시민들은 여러 명목으로 총 1억 3500만 디르함에 달하는 금액을 내야 했다.[11] 델리는 항복한 뒤 배상금이 결정되었는데, 차가타이 군대가 이를 거두는 과정에서 강력한 저항이 일어나고 소요로 이어지자 광범위한 약탈이 벌어졌다. 야즈디는 루비, 다이아몬드, 갖가지 고급 직물, 귀한 도자기, 금은 화병, 헤아릴 수 없을 정도로 많은 주화를 거두었다고 기록했다. 이때 거둔 전리품은 모두 티무르가 사마르칸드로 귀환한 뒤에 재분배되었다.[12]

티무르가 다마스쿠스 주민들에게서 부를 강탈하기 위해 사용한 파렴치한 수단들을 벨트라모 디 미냐넬리가 묘사한 부분은 정복자의 탐욕과 기만을 폭로하는 데 이븐 아랍샤의 붓만큼이나 비판적이었다. 처음에 티무르는 협상을 위해 찾아온 네 카디에게 자신은 술탄 파라즈와 침략군이 도착하기 이전에 도주한 사람들의 재산을 몰수하는 데에만 관심 있다고 공언했다. 실제로 부하들에 의한 약탈로부터 다마스쿠스 주민들의 재산을 보호하기 위한 조치로서 티무르의 관리들이 입성해 주민들의 재산 목록을 작성했다. 그런데 성채가 함락되었을 때 티무르는 거기서 나온 술탄의 재산 규모에 실망해 휘하 병력의 노고에 금전적으로 보상하라고 요구했다고 한다. 막대한 양의 주화가 찍혀 나오자, 이번에는 이 은화가 (차가다이 울루스에서 주조된 은화와 달리) 순도가 너무 낮다며 더 큰 액수를 요구했다. 이 요구가 합의에 이르자 그는 연달아 두 가지 새로운 문제를 제기했다. 하나는 군대의 후라사니Khurāsānī〔호라산 사람〕 병사들에게도 보상해야 한다는 것이었고, 또 하나는 자신이 도시를 떠나 사마르칸드로 돌아가는 데 드는 비용을 대라는 것이었다. 마침내 티무르가 떠나리라는 기대에 부풀었던 카디들이 추가 기부금을 모았지만, 이들은 또다시 갑작스럽고도 예상치 못한 변덕을 맞닥뜨려야만 했다. 정복자가 다마스쿠스를 병사들에게 넘겨주어, 병사들이 무장한 채 다마스쿠스로 입성해 온갖 방식으로 도시민들에게서 재산을 강탈하기 시작한 것이다.[13]

이상의 세부 사항은 알마크리지의 《여정》을 비롯한 아랍어 사료에서도 충분히 확증되었으니 디 미냐넬리의 서술을 근본적으로 신뢰해도 좋다고 봐도 무방하다.[14] 티무르 왕조 측 저자들은 티무르의 군영에서 합금이었던 은화를 녹여 순은화로 다시 주조해 시리아에서 쉽게 운반할 수 있었다고 썼는데,[15] 이는 정복자의 다른 공성전에서는 확인되지 않은 편의 조치다. 이때 티무르가 취한 행동이 일반적인 것으로 볼 만한지는 판단하기 힘들다. 평화적으로 항복해 배상금까지 제의한 도시가 무자비한 약탈에 시달린 것은 분명히 이례적인 일이었다.[16] 티무르가 다마스쿠스의 도시민들에게 확실히 반감을 품고 있어서 더 가혹하게 대우했을 가능성도 고려할 수 있겠다(제11장과 제13장 참조).

항복한 도시의 주민들이라고 해서 살던 곳에 반드시 그대로 남아 있으리라고 기대할 수도 없었다. 전리품에서 인간은 중요한 자리를 차지했으며, 몽골 제국군이 그러했듯이 티무르의 군대도 정복한 주민들을 뿌리째 뽑아서 이주시키기도 했다. 톡타므쉬도 787/1385년에 아제르바이잔에서 비슷하게 주민 20만 명을 킵차크 초원으로 이주시킨 일이 있다.[17] 우마르 셰이흐도 779/1377~1378년에 카쉬가르를 점령하고 그 주민을 자신의 분봉지에 자리한 도시 거점인 안디잔으로 이주시켰다.[18] 쿠히스탄의 투르시즈Turshīz에 있던 수비대가 항복하자, 티무르는 이들을 관대하게 대우해주면서 그 군사력을 인정해 투르키스탄 방면의 거점들에 배치했다.[19] 806/1403~1404년 사바·쿰·카샨 등지에 할라즈(오늘날의 아프가니스탄 출신)와 아랍인이 주둔했다는 증거도 발견되었다.[20] 아나톨리아의 카라 타타르나 호라산의 자운 쿠르반 몽골인 같은 부족 집단이 통째로 트란스옥시아나로 강제 이주된 경우도 있었다.[21] 카라 타타르의 경우 티무르가 아나톨리아를 떠나기 전까지 이들을 외교적으로 신중히 다루었다고 하피즈 아브루는 기록했다.[22]

티무르의 약탈 원정에서 더 구체적인 목표에는 트란스옥시아나의 도시들을 꾸미고 자신의 궁정을 문화적으로나 경제적으로 더욱더 돋보이는 공간으로 만드는 것도 포함되었다.[23] 루이 곤살레스 데 클라비호는 티무르가 사마르칸드의 인구를 10만 명 혹은 그 이상으로 늘렸다며, 정복자가 사마르칸드 인구를 늘리려는 열망을 품고 있었다고 전한다.[24] 실제로 790/1388년에 우르겐치와 인근의 주민들이 사마르칸드로 강제 이주된 사실은 앞서 언급했다. 데 클라비호가 열거했듯이, 티무르는 다양한 분야의 장인들도 사마르칸드로 이주시켰다. 예컨대 788/1386년 타브리즈에서, 790/1388년과 795/1393년 파르스에서, 또 같은 해에 이라크에서, 803/1401년 다마스쿠스에서 이런 일이 벌어졌다.[25] 데 클라비호는 노예로 전락한 장인들이 티무르의 병사들을 위해 갑옷을 대규모로 생산한 사실도 언급했다.[26] 사마르칸드에 티무르의 새 모스크를 지을 때, 아제르바이잔·파르스·인도 등 여러 지역에서 뽑혀 온 석공들이 투입되었다.[27] 정복자의 사냥 사랑은 다마스쿠스에서까지 매사냥꾼을 모으게 만들었다.[28] 무슬림 성직자들까지 정복된 도시에서 강제 이주되었는데, 꼭 사마르칸드로 이주하라는 법은 없었다. 예를 들어 781/1379~1380년 호라즘에서는 "지식인, 물라, 쿠란 독경자"가 케쉬로 보내졌다. 783/1381년에는 헤라트에서도 200여 명이 그곳으로 보내졌다.[29] 이란에서 정복한 도시들에 사마르칸드 궁전들의 이름을 붙인 것처럼, 티무르의 행동에는 상징적 목적이 있는 경우도 많았다. 예컨대 783/1381년 헤라트를 점령한 뒤에는 그곳의 대문들을 떼어 와서 케쉬 입구에 배치한 일도 있다.[30]

현전하는 사료들은 노예뿐만 아니라 가축 역시 중요한 약탈물이었음을 말해준다. 자항기르는 776/1375년 모굴 칸국에서 돌아올 때 아버지에게 포로·말·양〔barda wa asp wa gusfand〕 등 풍성한 전리품을 선사했고, 티무르 자신도 791/1389년 동부 모굴 칸국으로 원정했을 때 셀 수 없이 많은 포로·말·양·낙타를 확보했다.[31] 샤라프 알딘 야즈디는 793/1391년 쿤두르차강에서 치른 전투 이후 일반 병사들까지 몰고 간다 해도 너무 많은 말과 양을 얻어서 일부를 남겨두고 가야 했다고 썼다. 샤미는 이때 보졸步卒은 저마다 말 10~20마리씩, 기졸騎卒은 저마다 100마리 이상을 몰고 돌아왔다고 기록했다.[32] 797/1395년, 티무르의 두번째 킵차크 칸국 침공 때는 "끝없이 많은 가축과 무리"가 차가타이인의 손에 떨어졌다.[33] 티무르가 778/1376~1377년에 오루스 칸을 공격했다가 엄청난 수의 말을 잃었다는 사실을 과거의 피후견인이었던 톡타므쉬에게 짚어주었던 것처럼,[34] 킵차크 초원에서 작전을 펼치는 동안 악천후 등 여러 요인으로 말을 많이 잃었기에 건강한 말은 특히 중요했다.

대형 유목 집단에게서만 가축을 빼앗은 것은 아니었다. 789/1387년, 795/1392~1393년, 796/1394년, 투르크멘을 상대로 한 디야르 바크르 원정에서 말·낙타·양·소를 엄청나게 데려왔다고 하고, 795/1393년 슈슈타르 지방 원정과 803/1401년 아불루스탄Abulustān〔오늘날의 튀르키예 엘비스탄Elbistan〕인근 원정에서도 마찬가지였다고 한다.[35] 시리아에서 퇴각할 때는 알레포 인근에서 양 20만 마리, 칼라트 알룸Qal'at al-Rūm 지방의 튀르크멘들에게서 양 80만여 마리를 취해, 티무르의 진영에서는 양 한 마리가 1디나르도 안 되는 값에 팔릴 정도였다.[36] 비어트리스 맨즈는 약탈물이 "티무르의 가축 손실을 만회할 정도는 아니었을지도 모른다"라고 추정했다.[37] 그럼에도 티무르는 일반 병사들에게 가축을 자주 분배했다. 예컨대 알레포에서는 시스탄, 힌두스탄, 마잔다란, 호라즘, 시라즈, 토그막Toghmaq(킵차크 초원), 모굴 원정에서 그의 손에 떨어진 것보다 많은 전리품, 가축, 탈것을 나누어 주었다고 선전했다.[38] 이런 방식으로 차가타이 유목민에게 보상해준 것은 원정에서 보급하는 방식이기도 했지만, 그들의 충성심에 대한 보답이기도 했다.

분열된 세상에서 쟁취한 승리

티무르 왕조 측 저자들의 과장법은 차치하더라도 티무르가 직접 지배한 영역은 놀라울 정도로 광범위했고, 그 원정이 행해진 지리적 범위는 실로 비범했다. 알마크리지는 티무르 전기에서 정복자의 등장이 '불화와 분열의 시대ḥāl ikhtilāf wa-iftirāf'에 이루어졌으며, 특히 킵차크 칸국 내부의 분쟁으로 티무르가 이득을 보았다고 단언했다.[39] 이븐 아랍샤 역시 오스만 술탄 바예지드 1세는 티무르의 승리를 적들의 불화 덕분으로 여겼다고 썼다.[40] 카마르 알딘이 모굴 칸국에서 벌인 행위는 차가다이 울루스의 동부와 서부 양측에서 티무르가 성공을 거두는 데 유리한 조건을 조성했다.[41] 또한 제6장에서 살펴본 대로, 잘라이르 왕조와 무자파르 왕조의 내분은 헤라트의 카르트 왕조, 아미르 왈리, 사르바다르 사이의 분란과 더불어 이란의 저항을 약화하는 데 기여했다. 티무르의 적수 가운데 일부가 일찍이 공통의 적을 앞에 두고 협조한 예가 없지는 않았으나, 티무르에게 맞서 단합할 준비가 되었다는 징후는 보이지 않는다. 더욱이 이 끊임없는 내분은 기존 지배자들이 제공하지 못했던 안정을 갈망하는 이들에게 티무르의 침공을 지지하는 계기가 되었다. 티무르는 죽기 불과 몇 해 전까지도 유라시아 전역에서 발생한 정세의 변화를 자신에게 유리하게 계속 활용했다. 특히 801/1398~802/1399년에 걸쳐 테무르 쿠틀룩, 히드로 호자, 바르쿡, 명 태조 등 여러 군주가 사망하면서 각각 조치 울루스, 모굴 칸국, 맘루크 술탄국, 중국 제국에서 정치적 혼란이 발생했고, 그 덕분에 티무르의 세력 확장이 더욱 탄력을 받았다.[42]

이렇듯 내부 분열이 극심했던 시기여서 외부의 세력이 쉽게 승리해 통합을 이룰 수 있었다고 생각하기 쉽다. 칭기스 칸과 그 후계자들 역시 전쟁을 벌인 많은 국가의 내부 파벌이나 외부와의 경쟁을 이용했다. 알마크리지가 언급하지 않은 델리 술탄국의 약화는 그냥 넘긴다 하더라도,[43] 만약 반세기 전이었다면 티무르는 이란 전역을 지배하던 단일 칸국이나 킵차크 초원의 강력하고도 공격적인 세력과 대적해야 했을 것이다. 그러나 이 시기에 이란은 분열된 상태였고, 킵차크 칸국은 (톡타므쉬의 정복 이전까지) 중앙의 권위가 형해화되어 주변부의 도전에 시달렸다. 티무르의 등장을 환영하며 인기 없는 원래 지배자를 몰아내기 위해 그에게 개입해달라고 요청한 사실에서 확인할 수 있듯이, 토착민들 사이의 분란과 긴장도 티무르에게 유용했다. 맘루크 쪽 저자들에 따르면, 술탄 아흐마드의 폭압에 넌더리가 난 신민들이 티무르에게 두 차례나 자기네 도시를 취해달라고 초청했다.[44] 사르바다르, 악코윤루, 오스만 왕조에 의해 추방된 아나톨리아의 군주들도 티무르에게 도움을 청했다.

티무르와 티무르군의 원정 방식

티무르가 전장에서 활용한 전략이 무엇인지는 상대적으로 알려진 바가 적은 편이지만, 몽골인들이 (이전의 많은 이들과 마찬가지로) 사용한 위장 후퇴와 측면 공격을 그도 구사했던 것 같다.[45] 벨트라모 디 미냐넬리는 맘루크 술탄국 알레포 총독의 군대가 티무르군을 공격했을 때, 티무르는 의도적으로 길을 열어주어 시리아 군사들이 지나가게 했다가 포위했다는 이야기를 들었다고 한다.[46] 이 전술은 1241년 무히강Muhi에서 몽골군이 사용했다고 알려진 전술과 같다. 기야스 알딘 야즈디는 시라즈 인근에서 샤 만수르와 치른 최후의 전투를 간략히 설명할 때, 차가타이군의 좌익이 샤 만수르의 우익에 화살비를 촘촘히 흩뿌리며 샤 만수르의 중군과 분리해 포위하는 동안 차가타이군의 우익이 적 좌익의 후방을 잡는 데 성공했다고 썼다.[47] 791/1389년, 자운 쿠르반과 사르바다르 일부가 일으킨 봉기를 진압하기 위해 티무르가 호라산으로 아미란샤를 파견했을 때 아미란샤의 우익과 좌익은 "사냥 방식shikārī-wār"으로 적을 포위했다. 이는 적을 원형으로 에워싼 뒤 점차 포위망을 좁혀나가는 전술(네르게nerge, 제르게jirge)로, 과거 몽골인들이 자주 구사한 방식이다.[48] 티무르는 유사한 전술을 앙카라에서 바예지드 1세에게도 사용했고,[49] 어쩌면 801/1398년 델리 바깥에서 술탄 마흐무드 샤, 말루 칸과 교전할 때도 그렇게 했을 것이다.[50] 단, 델리의 전장은 티무르군에 익숙한 전형적인 전투가 아니었다. 델리 술탄은 티무르군의 병력이 경험해본 적 없던 코끼리를 준비했다. 여기서 티무르가 승리를 거둔 데에는 그가 코끼리에 대비해 마련해둔 예방책이 주효했다. 샤라프 알딘 야즈디는, 티무르가 울타리를 세우고 병력 앞에 해자를 판 다음에 해자 건너편에 물소를 배치하라고 지시했다고 전한다. 또 보병들은 코끼리들의 가공할 돌격을 막기 위해 예상 진로에 마름쇠까지 뿌렸다고 한다. 이븐 아랍샤도 마름쇠에 대해 언급했는데, 그와 루이 곤살레스 데 클라비호 둘 다 차가타이군이 불타는 갈대를 짊어진 낙타를 앞쪽으로 보내 코끼리를 놀라게 했다는 말도 덧붙였다.[51] 그렇지만 이 정도로 상세한 기록은 흔치 않다.

티무르군의 규모에 대한 기록 다수의 내용은 과장된 것이다. 예컨대 술타니야 대주교 요한네스는 티무르군의 병사 수가 총 100만 명에 달했다거나, 알레포를 공격하기 위해 유프라테스강을 건넌 병력이

150만 명이었다고 했다. 이븐 할둔은 모로코 술탄에게 티무르가 지휘하는 병력에는 상한이 없으며 100만 명이 넘을 것 같다고 전했다. 어느 제노바인이 1401년에 크레타의 베네치아인들에게 전한 보고에는 티무르가 (공성 병기 등을 다루는 인원을 제외하고도) 70만 명을 거느렸다고 쓰여 있었다. 시바스 공성전에 100만 명, 앙카라에 160만 명, 중국 원정에 180만 명이 투입되었다는 요한 실트베르거Johann Schiltberger의 수치는 우스꽝스러울 정도의 과장이다.[52] 반대쪽 극단을 살펴보자면, 796/1393~1394년 알레포 총독이 술탄 바르쿡에게 올린 보고에는 티무르가 병사 24만 명을 거느리고 있지만, 그 가운데 3만 명 정도만이 전사라고 할 만하고 나머지는 폭도bawsh에 지나지 않았다고 쓰여 있는데,[53] 여기에서는 맘루크 우월주의의 냄새가 진하게 풍긴다. 이븐 알시흐나는 티무르의 명부에 80만 명이 올라와 있다고 썼고, 이븐 아랍샤도 이 수치를 따랐다.[54] 디 미냐넬리는 80만 명이라는 수치를 언급하지만 이를 부정하면서 여기서 조리사나 석공처럼 다른 노동에 종사하는 인력을 빼면 30만 명에 불과하며, 티무르가 대동한 인원은 3만 명일 것으로 추정했다.[55] 여기서 언급된 3만 명이라는 수치는 아마 티무르의 친위대를 가리키는 것일 수도 있다.

특정 원정에 대해 기록된 일부 수치는 실제와 비슷했던 것 같다. 807년 초/1404년 말, 아미르 부룬둑은 티무르에게 중국 원정을 위해 소집된 병력이 기졸과 보졸을 합해서 20만 명에 달한다고 보고했다.[56] 《생드니 연대기Chroniques de Saint-Denis》의 저자는 앙카라에서 티무르군이 10만 명으로 구성되었다고 썼다. 이탈리아의 어느 연대기 저자는 티무르가 11개 투멘(11만 명)을 이끌고 다마스쿠스를 공격했다는 소식을 들었고, 티무르 자신은 793/1391년에 오늘날 카자흐스탄에 남긴 비문에 20만 명을 이끌고 톡타므쉬를 치기 위해 움직였다고 새겼다.[57] 투멘 단위로 표현된 수치를 접할 때 우리는 그것이 관념적인 숫자임을 상기할 필요가 있다. 전쟁의 사상자 (또는 질병이나 기상 악화) 등을 고려하면 투멘이 정원을 완전히 채운 상태였을 가능성은 낮다.[58]

어쨌든 차가타이군 전체 규모는 거대했음이 확실하다. 이 군대의 구성원에는 중앙아시아 유목민 기병만 있었던 것은 아니다. 몽골 제국군 역시 초기 단계부터 초원 기병만으로 구성되지 않았다. 예를 들어 칭기스 칸은 금 제국으로 원정한 뒤 중국인 보병과 공성 기술자를 호라즘샤를 공격하는 부대에 투입했다. 마찬가지로 티무르군에는 티무르 왕조의 공자들이 통치하던 정주 지대의 영토나 위성 지배자들, 또는 도시 중심지에서 파견된 부대, 가령 인도 원정에 종군한 "호라산 보병들"과 같은 기존 부대와 보졸 부대가 포함되었다.[59] 심지어 보졸을 전담하는 감독관(토바츠tovaçı)까지 있을 정도였다.[60] 일부 부대는 고도의 전문성을 갖추었다. 797/1395년 엘부르즈산맥을 원정했을 때, 806/1404년 조지아를 원정했을 때는 산악전에 특화된 메크리트Mekrit(혹은 베크린 Bekrin?)가 중요한 역할을 했다.[61]

어떤 지배자들은 자신의 영토 인근에서 수행되는 작전에만 참여했던 듯하다. 예를 들어 피르 파디샤 이븐 루크만Pīr Pādishāh b. Luqmān은 길란과 마잔다란 원정에 종군했는데,[62] 시르반샤 셰이흐 이브라힘Shaykh Ibrāhim, 아르진잔의 타하르탄, 악코윤루의 카라 우스만Qarā ʿUthmān은 모두 앙카라에 있었다.[63] 그런가 하면 또다른 이들은 고향에서 놀라울 정도로 멀리 떨어진 곳에서 전투에 임했다.[64] 예를 들어 충성스러운 시스탄 왕 샤 샤한은 796/1394년에 티무르군과 함께 무자파르 왕조의 영토에 있었고, 그후 3년에 걸친 시르잔 포위에서 중대한 기여를 했으며, 그 뒤에도 잘라이르 왕조, 맘루크 술탄국, 오스만 왕조를 원정하는 티무르의 곁을 지켰다.[65] 티무르의 손자 루스탐이 통솔한 파르스 군대는 803년 초/1400년 가을에 베헤스니Behesni 성채를 포위한 티무르군에 합류했다.[66] 중국 원정에 동원된 군대는 마 와라 알나흐르, 투르키스탄, 호라즘, 발흐, 바다흐샨, 호라산, 시스탄, 마잔다란, 아제르바이잔, 이라크에서 파견되었으며, 아나톨리아에서 강제 이주된 카라 타타르도 여기에 포함되었다.[67]

현대 역사학자들은 대체로 델리 전투에서 티무르군이 최소한 적의 두 배는 되었다고 추산한다.[68] 티무르 왕조 측 사료들은 적군이 기졸 1만 명과 보졸 2만 명이었다고 제시하지만,[69] 이를 그대로 받아들이면 전사한 '힌두'의 수가 이스파한이나 시스탄에서 실행된 학살에서 죽은 사람 수를 아무것도 아닌 수준으로 만들었다는 샤미나 기야스 알딘 야즈디의 주장은 성립할 수 없다.[70] 앙카라 전투에서 차가타이군은 대부분이 보병이었던 바예지드 1세의 군대보다 수가 더 많았던 것 같다.[71] 한편 샤라프 알딘 야즈디는 793/1391년에 쿤두르차에서 톡타므쉬의 군대가 티무르군보다 몇 개 코슌qoshun 정도 많았다고 썼고, 데 클라비호 역시 797/1395년에 티무르가 톡타므쉬에게 맞서 이끈 기병 수가 상대보다 적다는 이야기를 접했다.[72] 이 두 증언 모두 그럴싸해 보인다. 앞서 제7장에서 확인했듯이, 14세기 조치 일문의 칸이 동원할 수 있는 군세는 차가다이 일문의 칸이 동원할 수 있는 것보다 많았을 수 있다. 티무르군이 이란 세계의 다양한 지역에서 병력을 흡수했다 해도, 반대로 차가다이 일문의 영토 동부 쪽 인력은 티무르의 통제 밖에 있었다. 카스티야 사절이 톡타므쉬가 바예지드 1세보다 더 무시무시한 적수이고 테렉강Terek에서의 전투가 앙카라 전투의 승리를 덮었다고 판단했던 근거는 아마 이것이었을 것이다.[73]

그러나 단순히 숫자의 문제만은 아니었다. 티무르군의 규모만큼이나 장수로서의 재능,[74] 위험을 감수하려는 의지, 병력의 군율 유지, 충성심을 고취하는 능력도 중요했다. 특히 마지막 요소는 티무르에게 적대적이었던 이븐 아랍샤조차 인정한 점이었다.[75] 킵차크 초원으로 처음 진군했을 때 티무르는 우랄강(야이윽강)을 널리 알려진 도하 지점에서 건너지 않고 전군에 수영으로 강을 건너라고 지시해 톡타므쉬의 매복책을 무위로 돌렸다.[76] 샤미는 티무르가 "전투에서 과거 군주들의 투라tūra와 야삭yāsāq을 이용했다"라고 평했다.[77] 이 표현의 의미가 무엇인지는 정확히 알 수 없다. 그렇다고 티무르가 혁신을 싫어했던 것은 아니다. 샤라프 알딘 야즈디는 쿤두르차강 전투에 앞서 티무르가 전례 없이 군대를 일곱 부대qul로 나눈 것에 깊은 인상을 받았던 듯하다. 물론 야즈디가 강조하고자 했던 점은, 이 조치가 정복자의 신적 영감을 상징하는 숫자 7과 기적적으로 일치했다는 점이다.[78]

하이다르 두글라트에 따르면, 중국 원정에서는 각각의 군사에게 기존에 주어지던 식량(특정되지는 않음)에 더해 젖소 두 마리와 염소 두 마리가 할당되었다.[79] 하피즈 아브루는 첫번째 킵차크 원정 이전인 792/1390년 말 토바츠들이 투르크건 타직이건, 기졸이건 보졸이건 관계없이 1년 치 식량과 장비를 가져오겠다는 서면 맹세möchelge를 받아냈다고 전한다. 그뒤에는 이런 요구 사항이 실행되었는지 검사하겠다면서 무기와 장비와 도구(곡괭이, 삽, 밧줄, 심지어 한 사람당 바늘 100개)를 구체적으로 열거했다. 누구라도 직접 빵(투트마즈tutmaj)을 굽는 것은 금기 사항이었다.[80] 야즈디는 [누구라도 빵을 직접 구울 수 없다는] 이 맹세를 킵차크 원정 도중에 발생한 심각한 식량 부족을 설명하면서 언급했다. 이때 병사들은 스스로 음식을 조리하지 말고 부엌maṭbūkh에서 내오는 죽 bulamāq에 만족하라는 명령을 명확히 받았는데,[81] 데 클라비호가 얇은 밀가루 케이크와 사워 밀크를 섞은 음식이라고 묘사한 것이 바로 이 죽으로 보인다.[82] 이 조치는 효과가 없었음이 증명되었지만, 티무르의 의도는 전투 준비 태세를 극대화하는 것이 아니라 불평등을 근절하는 데 있었음이 분명하다. 티무르는 겨울철 초원에서 원정할 때면 중독 수준으로 사랑한 사냥을 통해 스스로 군대의 식량을 보충했다. 티무르군이 인구가 좀더 조밀한 지역에서 작전을 펼칠 때면 그 땅과 주민에게서 보급을 확보했을 가능성이 높아 보인다.[83] 하이다르에 따르면, 중국 공격을 준비할 때 모굴 칸국의 히드르 호자는 티무르군이 영토를 통과하는 것에 대비해 농작물을 최대한 많이 확보하라는 지시를 받았다.[84]

티무르는 군대에 엄격한 군율을 부과했다. 786/1384년에는 죽음의 고통을 겪더라도 소속 부대(코슌)를 떠나지 않겠다는 맹세(칭기스 칸의 야사 중 한 규정을 떠올리게 한다)를 받았고, 793/1391년 첫번째 킵차크 원정 중에도 같은 내용의 명령을 내렸다.[85] 티무르의 명령 없이 약탈하거나 노예를 취한 병사는 사형에 처해졌다.[86] 이븐 할둔은 한 무리의 약탈자가 도망쳤다는 이유로 다마스쿠스에서 처형되었다는 이야기를 알마크리지에게 들려주었다. 이런 조치가 티무르의 병사들이 각자의 자리를 지키는 경향을 보인 이유 중 하나였을 것이다.[87] 심지어 티무르의

손자 이스칸다르 이븐 우마르 셰이흐조차 802/1400년에 명령 없이 자
타로 원정에 나섰다가 태형에 처해졌다.[88]

샤라프 알딘 야즈디는 티무르가 가만있지 못하는 성격이어서 한번
일에 나서면 어떤 계획이든 중간에 버리기를 꺼렸으며, 절제i'tidāl는 그
의 기질에 낯선 것이었다고 썼다.[89] 티무르 휘하 장령들이 그가 벌이는
모험 중에 어떤 것에는 동참하길 꺼렸다는 기록도 있다. 아마도 맘루크
술탄국과 전쟁을 벌이는 데 반대하는 목소리가 높았을 가능성이 있고,
하피즈 아브루는 아미르들이 티무르에게 바예지드 1세에 대한 공격을
만류했다고 회고했다.[90] 게다가 티무르군은 791/1388년에 윌뒤즈에서
사마르칸드로 3주 안에 행군하라는 명령을 받는다거나,[91] 795/1393년
바그다드로 처음 진군했을 때•처럼[92] 매우 짧은 기간에 엄청난 거리를
이동하라는 명령을 받는 경우가 잦았다. 이들은 혹독한 겨울에도 원정
에 나서라는 압박을 받았는데, 특히 킵차크 초원 원정이 그러했다.[93] 이
븐 아랍샤의 정보원 중 한 사람은 시리아에서 티무르 휘하의 병사 두
명을 만났는데, 이들은 자신들의 죄를 고하면서도 정복자의 군대에 징
집되어 따라야 했던 가혹한 규율을 비롯해 여러 가지 고난을 털어놓았
다.[94] 대아미르는 적이 준비되지 않았을 때 신속하게 움직여 공격해야
했기 때문에 때때로 부하들에게 적절한 휴식을 허락하지 않았다. 그래
서 아미르들은 시리아 원정 전후로 티무르에게 계속 항의했지만, 전혀

• 저자가 인용한 장 오뱅의 논문에 따르면, 795년 샤우왈월 12일/1393년 8월 21일 악볼락
(Āq-Bolāġ, 오늘날의 이란 코르데스턴주에 위치)에서 출발한 티무르군은 500여 킬로미터 거
리를 이동해(특히 마지막 하루는 약 140킬로미터를 이동했다), 같은 해 샤우왈월 20일/8월
29일에 바그다드에 도착했다.

소용없었다.[95]

　그럼에도 이들은 티무르를 따랐다. 한 가지 이유는 티무르가 진군할 때도 괴로움을 함께하고 전투에도 같이 참여했기 때문이다. 충성심과 같은 요소도 무시해서는 안 되겠지만, 티무르가 791/1389년 모굴 칸국에서 얻은 전리품, 바그다드(795/1393), 말라티아 같은 도시에서 받은 배상금, 알레포 성채에서 획득한 전리품, 퀴타히아Kütāhya의 재보 등 승리의 수익을 군사들에게 자주 분배했다는 사실도 강력한 동기가 되었다는 데는 의심의 여지가 없다.[96] 델리에서 티무르 휘하 병사들은 각각 150여 명의 포로(남자·여자·아이)가 할당되었고, 티무르의 개인 노예와 가장 비천한 신분의 병사에게조차 포로 20명이 할당되었다.[97] 797/1395년 혹독한 겨울에 아스트라한에서 대다수 가축을 잃은 티무르는 부하들을 불쌍히 여겨 아스트라한과 사라이에서 얻은 곡물을 비롯해 모든 전리품을 분배했다.[98] 인도에서 퇴각할 때는 전리품의 일부를 할당받은 이들 모두에게 그 절반을 아무것도 얻지 못한 이들에게 나누어주라고 명령했다.[99]

군사 첩보 활동

이전의 몽골인들과 마찬가지로 티무르 역시 탁월한 첩보 능력을 보유했다. 티무르 제국 내에 구축된 역참 제도가 정보를 매우 빠르게 전달했다. 데 클라비호는, 타브리즈와 사마르칸드 사이에 하루 또는 반나절 거리 간격으로 말이 배치되어 있었는데 티무르 제국 전 영역에 이런 체제가 갖추어져 있다면서 티무르가 이를 창안한 것처럼 썼다. 그러나 이는 일칸국 말기 이후 쇠퇴한 몽골 제국 역참 제도를 부활시킨 것으로, 티무르는 그것을 약간 손보았을 뿐이다.[100] 789/1387년, 일치ilchi는 톡타므쉬의 침공 소식을 전하기 위해 사마르칸드에서 시라즈까지의 거리〔약2200킬로미터〕를 고작 17일 만에 주파했다.[101]

대아미르가 몽골 선임자들과 마찬가지로 침략을 고려하던 지역의 정치 상황을 파악하기 위해 노력했음은 확실하다.[102] 그는 여러 차례 카디 부르한 알딘의 군대가 어느 정도 규모이고, 누가 그의 동맹이며, 누가 그의 경쟁자인지 파악하려 했다.[103] 이븐 아랍샤에 따르면, 티무르는 자신의 영토는 물론이고 다른 나라에도 첩자를 배치하고 상인·장인·의사·여행자의 보고에 귀를 기울였다. "악랄한 레슬러와 방종한 곡예사maṣāriʿ sharīr wa-bahlawān fājir", "입심 좋은 칼란다르와 방랑하는 신비주의자qalandarī qawwāl wa-ḥaydarī jawwāl", "매혹적인 물지게꾼과 친절한 족장saqqāʾ ẓarīf wa-ḥidhā laṭīf" 등을 나열한 이븐 아랍샤의 서술은 운율을 살리기 위한 문학적 장치보다는 철저한 조사와 분석에 따른 결과로 보인다.[104] 796/1394년, 카이로에서 간첩 혐의로 체포된 이들 가운데는 상인도 끼여 있었다(제10장 참조).

티무르의 정보가 위와 같은 하층민을 통해서만 전달된 것은 아니다. 앞서 확인했듯이(제6장), 아미르 핫지 사이프 알딘은 780/1379년에 이란의 물룩 알타와이프에 대해 티무르에게 보고했다. 델리 술탄국의 상황이 어떠했는지는 800/1398년에 호하르의 수령 셰이하Shaykhā가 알려주었다.[105] 티무르는 명나라 사절단의 구성원은 물론 중국에서 온 카라반 상인들의 우두머리에게도 중국의 부와 인력에 대해 캐물었다.[106] 이븐 아랍샤에 따르면, 티무르는 룸에서 사람을 보내 아슈파라에 있던 부하 알라흐다드Allāhdād에게 명나라 영토까지 이르는 동부 지역의 지형·경로·지물地物을 보고하라고 명했다. 이 명령 역시 침략 준비였음이 분명하다.[107] 다마스쿠스 바깥에서 머무를 때, 티무르는 이븐 할둔에게 이집트와 모로코 사이의 지형을 기술하라고 명했다.[108] 일부 저자는 티무르가 북아프리카 해안을 따라 진군하는 원정을 계획했다고 추정했는데,[109] 이븐 할둔이 나중에 모로코 술탄에게 티무르의 궁정에 머무른 이유를 해명할 필요를 느낀 이유도 이와 관련이 있을 수 있다(제1장 참조). 물론 티무르가 정복이 아니라 단순히 교역의 기회를 모색했을 가능성도 있다.

티무르의 책략에서 또다른 한 축은 자신의 움직임과 관련된 가짜 정보를 뿌리는 것이었는데, 굉장히 효과적인 전략이어서 그에게 교활하다는 평판을 안겨주었다. 장폴 루는 자료에 서술된 티무르의 계략이 "서부극에나 어울리는" 유치한 행동으로 보일 수 있겠지만, 그것이 성공했다는 사실에 주목해야 한다고 썼다.[110] 루는 티무르의 계책이 완전히 새로운 것이라고 보기는 어렵다고 덧붙이고 싶었는지도 모르겠다. 796/1394년, 디야르 바크르로 진군하던 티무르는 자신이 후퇴하고 있다는 소문을 퍼뜨려 적들이 공격에 대비하지 않도록 유도했다.[111] 이븐 할둔은 티무르의 이맘 압둘잡바르 이븐 알누만 (혹은 누만 알딘) 이븐 사비트 호라즈미ʿAbd al-Jabbār b. al-Nuʿmān (Nuʿmān al-Dīn) b. Thābit Khwārazmī에게서 상대방을 오도하기 위해 군대를 잘못된 방향으로 유인하는 것이 정복자의 습관이라는 말을 들었다.[112] 데 클라비호는 킵차크 초원 원정 중에 티무르가 군중軍中의 여자들을 남자로 변장시켜 진지를 지키게 남겨

두고, 자신과 진짜 병력은 완전히 다른 방면에서 톡타므쉬를 공격하기 위해 몰래 이동했다는 이야기를 들었다고 전했다.[113] 티무르는 적들 사이의 신뢰를 깨트리는 계책을 쓰기도 했다. 예컨대 803/1400년에 알레포 총독이 시리아 침공을 자신에게 사주했다는 내용이 적힌 편지를 알레포에 보냈는데, 티무르는 그 편지가 다른 맘루크 아미르들이 함께 모인 곳에서 읽혀 적들 사이에 의심과 불화가 생기기를 기대했던 것이다.[114]

군비軍備

티무르의 정복을 가능하게 군사 장비는 몽골 제국의 전임자들의 것과 크게 다르지 않았다고 할 수 있지만, 그의 군대에는 칭기스 칸이 갖지 못한 한 가지 요소가 분명히 더 있었다. 1398년 이후 티무르의 군대에는 델리 술탄의 코끼리 축사pīl-khāna에서 데려온 전쟁용 코끼리 120마리가 있었다. 이 코끼리들이 사마르칸드까지 도달하지 못하고 귀환하는 행군 도중에 죽었다는 주장도 제기된 바 있지만,[115] 샤라프 알딘은 사마르칸드에서 티무르의 새로운 모스크 건설을 위해 코끼리 95마리가 징발되었다고 기록했다.[116] 어쨌든 이 코끼리들 중 일부는 이란과 아나톨리아의 여러 도시나 속국의 지배자들에게 분배되었고,[117] (어쩌면 사마르칸드에 있던 코끼리들을 포함해) 나머지는 나중에 실행된 원정에 동원되었으리라 추정된다. 데 클라비호는 코끼리의 엄니에 칼을 부착해 적을 공격하게 했다고 묘사했다.[118] 코끼리는 803/1401년 시리아 원정과

804/1401~1402년 바그다드·아나톨리아 원정에 실제로 동원되었다. 이븐 아랍샤에 따르면, 시리아에서 코끼리들은 포로가 된 적군 병사들을 밟아 죽이는 데 사용되었다고 전한다. 앙카라 전투에서는 코끼리들이 궁수와 나프타 투척병을 등에 지고 다녔다.[119] 실트베르거는 앙카라에서 정복자가 코끼리 32마리를 거느리고 있었다고 전한다.《프랑스 국왕 연대기》는 어느 시점에선가 26마리를 특정했다. 술타니야 대주교 요한네스는 티무르가 총 40마리를 거느리고 있었다고 전한다.[120] 그러나 티무르는 혹독한 날씨 탓에 코끼리들을 중국으로 데려가는 것은 단념했다.[121] 이런 야수를 소유했다는 사실 자체가 군주에게 위신을 더해주었으므로, 과거의 저자들은 전장에서 코끼리가 지닌 가치에 대해 현대 학자들만큼 박하게 평가하지 않았을 것이다.[122] 데 클라비호는 코끼리 한 마리가 전투에서 보졸 1000명보다 낫다는 의견을 표명하기까지 했다.[123]

티무르의 원정 기록에서 반복적으로 나오는 서술 가운데 하나는 성벽이 구축된 도시에 대한 공격이다. 티무르의 공성전 기록은 대체로 매우 성공적이었다고 할 수 있는데(예외는 조지아의 지원을 받아 10년 동안 차가타이군에 저항한 시우닉Siwnikʿ〔오늘날 아르메니아어로는 슈니크Syunik〕의 알린자크Alinjaq〔오늘날 아제르바이잔 공화국의 나흐츠반 자치공화국 앨린재 Əlincə〕),[124] 데 클라비호는 티무르의 군대가 사마르칸드로 데려간 장인들 가운데 숙련된 기술자들maestros de yngenios이 있었다고 언급했다.[125] 문제는 티무르가 화약 병기를 사용했는지 여부다. 후대의 맘루크 측 저자들은 티무르의 치세보다 백 년 정도 뒤인 1517년에 맘루크 제국을 성공적으로 침략한 오스만 왕조가 대포를 사용했던 데 반해 티무르는 그렇지 않았다고 대조해 서술했다. 그러나 이는 이제 통용되지 않는 설명이다.[126] 몽골인들은 13세기 초에 중국인을 통해 화약을 입수해 1250년대에 서아시아에서 활용했는데, 아마 원시적인 소이탄 형태였을 것이다.[127] (몽골인들이 시리아의 맘루크 성채를 공격했을 때 화약이 사용되었다는 증거가 없다는 지적도 있기는 하다.[128])

티무르는 원정에서 그리스의 불*, 즉 나프타naft, ātish-u naft를 활용했음이 확실한데, 조지아의 요새들이나 다마스쿠스의 성채를 공략할 때나 앙카라 전투 등이 그러한 예다.[129] 한편 티무르의 무기고에 화약 무기가 존재했다는 증거도 있다. 이 문제는 현대 페르시아어에서 '총', '대포'를 뜻하는 '라드ra'd'라는 용어의 의미에 달렸다.[130] 이 단어가 처음 등장한 것은 751/1350~1351년 야즈드 공성전에서 인주 왕조의 군대가 도시로 발사체를 놓았다yak tīr ra'd andākhtand는 기록에서다.[131] 나탄지는 티무르가 우르겐치(781/1379)와 바그다드(803/1401)에서 라드를 사용했다고 언급했다.[132] 샤미와 야즈디는 796/1394년 차가타이군의 아브닉Avnīk 성채** 공격에서 라드를 사용했다고 처음 언급했고,[133] 794/1392년 마잔다란 해안에서 벌어진 수상전에서 차가타이 측이 나프타와 라드를 활용했다고 기록했다.[134] 하피즈 아브루는 아미란샤가 791/1389년에 헤라트를 공격하며 '카만 라드kamān-i ra'd'('화전火箭')를 사용했다고 썼다.[135] 야즈디는 티무르의 군사들이 스미르나와 다마스쿠스

---

* 동로마 제국(비잔티움 제국)에서 주로 사용했다고 하는 무기. 본문의 내용처럼 석유 나프타를 주재료로 삼고 여기에 여러 재료를 섞은 액상 발화물로 추정된다.

** 오늘날 튀르키예 공화국 에르주룸주 쾨프뤼쾨이군(Köprüköy)에 위치한 귀젤히사르(Güzelhisar). 비잔티움 시대에는 아브니콘(Abnikon)으로 불렸다.

성채에서, 그리고 806/1404년 피루즈쿠흐Fīrūzkūh•에서 폭발물ra'd, ra'd-andāzī을 활용했다고 전한다.[136]

티무르의 적들 중 일부도 화약 무기를 사용할 수 있었다. 야즈디는 티무르의 알레포 성채 공격이나 804/1402년 무함마드 술탄의 케마흐Kemāḥ 포위에서 양측 모두가 라드를 사용했다고 썼다.[137] 801/1398년, 델리 바깥에서 티무르와 대결한 군대에도 폭발물로 무장한 전사들ra'd-andāzān이 있었다.[138] 샤미는 알레포와 다마스쿠스의 수비대가 티무르군에 대항할 때 사용한 장비 가운데 라드를 언급했고, 하피즈 아브루는 스미르나의 프랑크 수비군의 무장 가운데 카만 라드를 언급했다.[139] 그러나 야즈디는 시리아 군대가 매번 화염방사기와 폭발물ātish-bāzī ra'd-andāzī을 사용했으며 이를 비축해두었다고 언급하면서도[140] 차가타이군은 그런 무기를 거의 사용하지 않았다는 듯한 인상을 풍긴다. 티무르의 투르시즈 공성전(784/1382), 반Vān 공성전(789/1387), 티크리트 공성전(796/1393), 시바스 공성전(803/1400)을 묘사할 때 야즈디가 공성탑 및 땅굴과 함께 투석기manjanīq-u 'arrāda만 언급한다는 점도 의미심장하다.[141]

야즈디가 호르무즈의 지배자로 하여금 공포에 질려서 복속하게 만든 라드에 의한 소음이나 다마스쿠스에서 으르렁거리는 '화전kamān-i ra'd-fighān'을 언급할 때 굳이 천둥소리와 연관된 표현을 사용한 것으로 보아, 나프타와는 다른 무기가 더 있었던 것 같다.[142] 이븐 시하브 야즈

• 오늘날 이란이슬람공화국 테헤란주 피루즈쿠흐군에 위치한 요새. 엘부르즈산맥 끝자락에 자리잡아 강력한 성채로 평가된다. 이슬람 시대 초기 사료들에서는 '비마(Wīma)/바이마(Wayma, 중기 페르시아어는 '벰(Wēm)'이며 '돌'이라는 뜻)'으로 불렸다. 피루즈쿠흐라는 이름은 12세기 초에 처음 등장한다. 일칸국과 티무르 왕조 시대 여름철 유목지로 활용되었는데, 694/1295년에 가잔 칸이 공식적으로 무슬림이 된 장소도 이곳이다.

디에 따르면, 티무르가 죽은 지 고작 1년 뒤인 808/1406년 아제르바이 잔으로 진격한 케르만 군대 가운데는 화전사수火箭射手, takhsh-andāz와 화기火器 요원ra'd-andāz이 150명 있었는데, 이 가운데 100명은 말을 타고 있었다. 마지막 세부 사항 덕분에 이들이 투석기를 보유했을 가능성은 제외된다. 같은 저자가 819/1416년에 야즈드와 아바르쿠흐에서 파병되어 케르만을 공격한 부대를 묘사할 때 이런 병력이 450명 포함되었다고 한 부분의 어조를 보면 그들의 상대적 약진에 대한 놀라움이 느껴진다.[143] 그러나 어느 경우든 간에 이 시기 화약 무기는 여전히 투석기류에 비해 더 효과적이라고 하기는 어려웠음을 상기할 필요가 있다.[144] 설사 티무르군이 이 부문에서 뒤떨어졌다 하더라도 공성전에서 크게 불리함을 겪었다고 말하기는 어려울 것이다.

관대함과 비열함, 그리고 계획적인 공포의 활용

티무르의 원정에 대한 기록을 읽다 보면 참혹하다는 인상을 받을 수 밖에 없다. 티무르가 누구도 탐내지 않을 만한 악명을 얻은 것은 당연해 보인다. 이를 보면 으레 몽골 제국의 정복 원정이 생각나기 마련이다. 칭기스 칸(그리고 티무르의 강력한 적수였던 바예지드 1세 이을드름을 비롯한 다른 여러 정복자들)과 마찬가지로 티무르는 돈과 인력 면에서 큰 비용을 치러야 하는 원정보다는 즉각적인 복종을 더 선호했다.[145] 대개 항복한 군주들은 온화한 대우는 물론이요, 관대한 혜택까지 기대할 수 있었지만, 저항을 택하면 야만적인 폭력이 되돌아왔다.[146] 티무르는 어떤 군주에게든 처음 접근할 때 자신의 선의를 강조하면서 (넌지시) 학살을 피하고 싶다고 짚어주었다. 여러 번 항복했다가 다시 배신한 마르딘 아르투크 왕조의 술탄 알자히르 이사Sulṭān al-Ẓāhir ʿĪsā에게 보여준 관대한 대응은 이런 맥락에서 놀라운 예외라고 할 수 있다.[147]

복수는 초원 사회에서 오랫동안 아주 중요하게 여겨진 관념이다.[148] 티무르는 개인적 원한을 결코 잊지 않았다. 자운 쿠르반의 알리 벡을 상대로 한 복수는 오래 걸렸지만 결국 실현되었다(제10장 참조). 티무르와 아미르 후사인이 시스탄을 떠날 때 티무르에게 화살을 쏜 토착 말릭은 785/1383∼1384년 티무르에게 선물을 들고 왔는데 그를 알아본 티무르가 곧바로 살해했다.[149] 그보다 2년 전, 주바인Juwayn 지방의 후라샤Khūrāsha라는 도시의 주민들은 20년 전 〔762/1361년 투글룩 테무르 칸으로부터 도망친〕 티무르의 친척 핫지 바를라스와 그의 형제를 죽여 그 보복으로 학살되었다.[150]

학살은 저항의 과정에서 티무르군의 고위 인사가 사망하면 특히 광범위하게 행해졌다. 우마르 셰이흐가 796년 첫번째 라비월/1394년 1∼2월에 쿠르디스탄의 후르마투에서 화살에 맞아 절명했을 때, 그 죽음은 토착민의 절멸을 의미했다.[151] 펀자브 데오팔푸르Deopālpūr의 주민 500명은 티무르의 장령 무사피르 카불리Musāfir Kābulī를 배신한 죄로 목숨을 빼앗겼고, 그들의 아내들과 아이들은 포로로 끌려갔다.[152] 칭기스 칸이 그랬듯이 티무르 역시 자신이 보낸 대표단이나 협상단이 살해되거나 이전에 한 항복 약속을 어긴 도시에는 가혹한 조치를 취했다. 예를 들어 샤흐르 시스탄(785/1383), 이스파한(789/1387), 투스(790/1388), 하마(803/1401), 바그다드(803/1401)에서 티무르군은 대학살qatl-i ʿāmm을 자행했다. 한편 헤라트(785/1383)에서는 주민들이 반란에 가담하지 않았다는 사실을 확인하고서 도시를 약탈하고 주민을 노예로 삼으려 했던 본래의 의도를 물리고 몸값을 부과하는 선에서 만족하기로 했으나, 티무르의 부하들이 무자비한 폭력을 통해 그 몸값을 뽑아냈다.[153] 이런 관행에서 유명한 예외는 798/1396년에 반란을 일으킨 야즈드의 경우다. 티무르는 이곳에 학살이나 약탈을 금하는 명령을 내렸을 뿐만 아니라 관습적으로 부과되던 몸값까지 면제했다. 덕분에 야즈드는 얼마 지나지 않아 더 화려하고 인구가 많은 도시로 성장했다. 티무르의 관용은 야즈드가 고급 옷감 생산 중심지로서 중요했다는 사실과 관련이 있을 수 있겠지만, 이미 기아로 주민 3만 명이 사망한 뒤라는 사실도 의식했을 것이다.[154]

도시 주민에게 티무르가 한 약속은 덮어놓고 믿을 만한 것이 아니었다. 타나의 베네치아 식민지 주민들은 티무르의 우정 맹세를 신뢰했지만, 사절단과 함께 돌아온 티무르 대리인단의 고위 인사가 받은 임무는 차가타이군의 공격에 앞서 방비를 확인하는 것이었다.[155] 맘루크 측 저자들 역시 티무르가 다마스쿠스의 사절 타키 알딘 이브라힘 이븐 무플리흐Taqī al-Dīn Ibrāhīm Ibn Mufliḥ에게 다마스쿠스에 대한 찬사를 늘어놓으며 어떻게 다마스쿠스 주민들을 구슬렸는지 전한다. 티무르는 자신은 먹거리와 마실 거리, 귀중품만 대량으로 넘겨받으면 된다고 요구했지만, 주민들은 얼마 지나지 않아 아무리 선물을 내주어도 그가 적절하지 않다고 격하게 반발할 것임을 깨달았다.[156] (모두 적대적인 시각의 관찰자들이 남긴 기록이긴 하지만) 티무르는 또한 샤흐르 시스탄, 티크리트, 아미드, 아브닉, 시바스, 알레포 등에서 안전을 보장해주겠다는 약속을 저버렸다는 비난을 받았다.[157] 몽골인들이 그러했듯이 티무르 역시 장기간의 공성전이 끝났을 때 시간이 너무 오래 소요된 것에 역정이 나서 신의를 저버렸는지도 모른다.[158] 그러나 데 클라비호나 요한네스 대주교처럼 티무르에게 악감정이 없는 저자들조차 티무르가 시바스 측에 수비군의 피를 흘리게 하지 않겠다고 약속했다가 막상 도시가 항복하자 그들을 생매장하면서 자신이 한 약속은 지켰다고 냉소적으로 이죽거렸다고 기록했다.[159] 티무르의 이런 행동을 아무런 고민 없이 기록한 티무르 왕조 측 저자들조차 그의 신의 없는 모습에 대해 침묵을 지켰다는 점은 의미심장하다.

이렇게 학살당한 사람의 수는 기록에 따라 천차만별인데, (물리적 파괴의 정도와 마찬가지로) 과장되었음이 분명하다.[160] 어떤 경우에는 인구가 완전히 절멸당하지 않았음이 분명하다. 장 오뱅이 지적했듯이, 이스파한 주민들은 몇 년 지나지 않아 또다시 몸값을 지불할 정도로 충분히 많이 살아남았다.[161] 부르한 알딘이 티무르의 사절들을 살해한 데다 공성전 과정에서 인명 피해도 많이 발생한 시바스에서 생매장된 사람들의 수는 3000~5000명으로, 그 피해자가 수비대에 국한되었음을 알 수 있다.[162] 요한네스 대주교에 따르면, 시바스 주민은 총 3만 6000명이었다(그리스정교도는 제외된 것으로 추정된다).[163] 때로는 몽골 제국의 희생자 수에 맞먹는 (대개 심하게 부풀려진) 수치가 나오기도 했다. 델리 외곽에서 전투를 치르기 전, 티무르는 펀자브로 진군하면서 생포한 힌두교도 포로 수천 명(티무르 왕조 측 저자들은 10만 명이라고 했지만 실제로는 그 절반 정도였을 것이다)을 학살하라고 명했는데, 이는 이들이 델리군을 돕지 못하게 하기 위해서였다.[164] 물론 적군에게 공포를 심어주겠다는 의도도 있었을 것이다. 804/1401년, 바그다드에서는 (공성전 도중과 함락 당일 사망자 수를 합해) 10만여 주민이 사망했다고 전한다.[165]

티무르의 학살이 몽골 제국의 학살보다 더 극적이었다는 데에는 의심의 여지가 없다. 다만 칭기스 칸은 수천 명의 수급(사망자의 수를 헤아리기 위한 수단)을 취하라고 명령했을 뿐이다.[166] 티무르는 785/1383~1384년 시스탄의 지리흐Zirih, 789/1387년 이스파한, 795/1393년 티크리트, 801/1398년 델리, 803/1400년 알레포, 803/1401년 바그다드 (이븐 아랍샤에 따르면 120개), 805/1402년 스미르나 등에서 해골탑(독루대髑髏台)을 세웠다.[167] 이스파한에서는 모인 수급이 7만 개나 되었다고 한다. 이스파한을 돌아본 하피즈 아브루는 양쪽에 각각 1500개의 해골이 들어가는 탑이 28기가 있었다고 전한다.[168] 알레포의 해골탑은 일부러 머리를 바깥쪽으로 향하게 배치해 특히 소름 끼치는 광경이었다고 한다. 비잔티움 역사가 두카스는 스미르나의 해골탑에 대해 비슷한 내용을 보고했다.[169] 샤라프 알딘 야즈디는, 이스파한에서 직접 살육에 가담하기를 꺼린 일부 병사들이 다른 이들에게서 수급을 구입하는 등 활발한 거래가 이루어져서 처음에는 잘린 머리 하나당 20쾨페키 디나르 Dīnār-i Kibakī[대략 8그램 무게의 은화]를 받았다고 기록했다.[170] 해골탑 자체가 새로운 것은 아니었다. 아미란샤는 그 이전인 781/1389년에 투스에서 해골탑을 세웠고, 헤라트에서 반란을 진압한 784/1383년에도 세웠다.[171] 1349년경, 카르트 왕조의 무이즈 알딘도 헤라트에 살해된 카라우나스 몽골인들의 머리로 해골탑 두 기를 세웠는데,[172] 티무르와 아미란샤의 머릿속에 이 선례가 있었음이 분명하다. 753/1352년, 무자파르 왕조도 몽골인들의 머리로 탑을 세웠고, 그 이전에는 델리 술탄 알라

알딘 힐지도 그렇게 했다.[173]

샤미나 야즈디 같은 저자들은 어려운 과제에 직면했다. 칭기스 칸의 시대에 벌어진 무슬림 학살을 기록한 저자들은 그것을 불신자의 행동으로 묘사하면 그만이었지만, 티무르 왕조 측 역사가들은 티무르의 행적과 그가 무슬림이라는 사실을 조화시켜야 했다. 그들은 주로 관련된 도시들이 반항하거나 이중적인 태도를 보였다는 이유로 만행을 정당화했다. 그렇지만 대량 학살을 전혀 부끄러워하지는 않았다. 티무르의 파괴는 말하자면 신이 그에게 부여한 저항할 수 없는 힘의 표현으로 취급되었다.[174]

티무르 왕조 측 저자들은 두 도시가 맞은 운명에 대해서만큼은 티무르가 전혀 책임이 없다고 보았다. 이들은 델리 약탈이 (무슬림이 인구에서 상당히 중요한 소수를 차지했음에도 불구하고) '힌두' 측의 저항에 병사들이 폭력으로 대응한 결과였으며, 티무르는 승리를 축하하는 연회에 참석하느라 정작 제대로 된 정보를 빨리 얻지 못했다고 설명했다.[175] 다마스쿠스 파괴는 700년도 전에 예언자 무함마드의 사촌이자 사위 알리 이븐 아비 탈립ʿAlī b. Abī Ṭālib에게 대항해 우마이야 왕조를 지지한 시리아인들에 대한 티무르의 반감에서 간접적으로 비롯되었다고 묘사된다. 이 주장에 따르면, 티무르의 감정이 어쩐 일인지 휘하 병사들과 통했고, 그 결과 다마스쿠스에서 이들이 미친 듯이 날뛰다가 화재가 발생했다는 것이다. 그러나 야즈디는 화재가 누군가의 선택이나 계획에 의해 발생한 것이 아니었다고 주장했다. 화재에 충격을 받은 티무르도 시리아인에게 동정심을 품어 다마스쿠스를 비롯해 시리아 전역에서 사로잡은 포로를 모두 석방하라고 명하고는(이는 노골적인 거짓말이다) 이틀

뒤 떠나기로 결심했다는 것이다.[176] 샤미의 자세한 설명도 마찬가지로
화재의 책임이 티무르에게 있지 않았다고 전하지만, 티무르가 이에 배
상하려 했다는 내용이 없는 점이 의미심장하다.[177]

물론 델리나 다마스쿠스에서 일어난 학살의 경우처럼 도시 함락
직후 티무르가 일시적으로 병력에 대한 통제력을 상실하는 경우도 있
었을 것이다. 이븐 알시흐나는 티무르의 한 심복에게 차가타이 병사들
이 알레포에서 살아 있는 무슬림의 목을 베고 있다고 불만을 표하자 이
심복이 티무르에게 이를 보고했고, 살해된 이들의 두개골만으로 탑을
세워야 했는데 명령이 잘못 해석된 것 같다는 답을 가져왔다고 한다.[178]
791/1389년, 투스에서 아미란샤의 병사들이 일정한 개수의 수급을 모
아 오라는 명령을 받아 남녀노소를 가리지 않고 머리를 베어 총 개수를
부풀렸다는 것도 널리 알려진 사실이다.[179] 티무르는 종종 차가타이 군
대가 도시에 들어가 제멋대로 약탈하도록 허락하기 전에 해당 도시의
주민들을 대피시켰는데, 어느 정도는 이런 사태를 예방하기 위해서였
을 수도 있다.

그럼에도 티무르의 보복 행위가 섬뜩함이라는 측면에서 칭기스 칸
보다 기발했다는 데에는 의심의 여지가 없다. 784/1383년, 이스피자
르Isfizār에서 티무르는 주민 2000명을 산 채로 진흙으로 덮고 벽돌탑
을 쌓으라고 명했는데, 이는 1350년대에 사르바다르의 동맹 아부 바크
르가 샤스만Shāsmān에 짓고 있던 성채의 벽에 사로잡은 몽골인들을 산
채로 묻고 진흙으로 덮으라고 했던 일을 생각나게 한다.[180] 비잔티움의
어느 저자는 티무르가 시바스의 명사들에게 선사한 보복의 운명을 특
히 상세히 설명했다. 그들은 머리를 허벅지 사이에 끼운 상태로 산 채

로 구덩이에 던져졌고, 흙이 그 위를 메웠다.[181] 몽골 제국의 경우와 마찬가지로 티무르의 목적은 자신의 권위에 저항하거나 받아들이지 않으려는 유혹을 받지 않도록 명확한 메시지를 전달하는 데 있었다. 샤미의 표현을 빌리자면, 이 처벌은 "몇 세기가 흐른 뒤에도 인류에게 경고의 이야기'ibra"가 될 터였다.[182] 하지만 정도의 차이는 있었다. 몽골인들은 660/1252년에 모술의 지배자에게 보여주었듯이, 신의를 지키지 않은 군주들에게 선사할 소름 끼치는 최후를 고안했다. 도시가 오랫동안 저항했거나, 반란을 일으켰거나, 618/1221~1222년 바미얀이나 니샤푸르처럼 공성전 과정에서 몽골 왕자 혹은 장군이 전사한 경우 앙갚음으로 주민을 모조리 학살하기도 했다.[183] 그러나 이들이 한 지역에서 대량 학살을 벌였던 점을 고려하면, 티무르의 악명을 높여준 그 비인간성은 의미 없어 보일지도 모르겠다.[184] 오뱅은 "다른 시련도 적잖이 겪은 동방의 역사를 생각할 때, 차가타이 전사들의 야만적 성정은 역사에 그리 공포스러운 기억으로 남아 있지 않았을 것이다. 오히려 티무르는 그의 성격에서 가장 도드라진 특징이라 할 수 있는 질서를 중시하고 무엇이든 거대한 쪽을 선호하는 성향으로 더 오래 기억되었다"라고 썼다. 그리고 그뒤에 "티무르는 공포를 무엇보다 탁월한 통치 수단이라 여겼다"라고 설명했다.[185]

재건 활동

폭력적이었던 티무르의 여러 원정은 그가 정복지를 재건하기 위해 기울인 노력을 쉬이 가리는 경향이 있다. 사실 그런 노력 중에서 어떤 것은 13세기 몽골 제국 지도자들의 유사한 시도와 비교할 때 초기의 파괴와 짧은 시차를 두고 이루어졌다는 점이나,[186] 몽골 제국의 정복 시기에 파괴된 도시들을 티무르가 재건한 경우도 있다는 점을 알아둘 필요가 있다. 파나카트Fanākat는 칭기스 칸의 군대가 지나간 이래 경작'imārat의 흔적조차 보이지 않을 정도로 폐허 상태로 남아 있었는데, 794/원숭이 해/1392년에 티무르가 이곳을 재건하라고 명했다(이때 도시명을 샤루히야Shāhrukhiyya로 고치라고 했다). 인근 주민들도 한데 모아 그곳으로 이주시켰다.[187] 티무르는 우르겐치에서도 자신이 파괴하고 3년이 흐른 793년 후반/1391년 말 (부분적으로) 인구를 재정착시키고 도시를 재건했다.[188] 800/1398년에는 구리얀강Ghuriyān에 5파르사흐farsakh(16킬로미터)• 길이의 운하를 건설해 주변의 여러 마을을 번영하게 했다.[189] 하피즈 아브루에 따르면, 무르가브Murghāb 지방의 취락지 중 대부분이 티무르의 정복 이후에 생겨났는데, 이는 티무르의 아미르들이 운하를 건설하고 경작을 장려한 덕분이었다.[190] 샤라프 알딘 야즈디는 티무르가 한 장소에 머무르는 시간이 아무리 짧아도 이동 중에 어떻게 해야 주민들에게 이익이 돌아가게 해서 자신의 이름을 영구히 드높일 수 있을지 의식했다고 전한다.[191] 이는 물론 강력한 경제적 유인을 무시한 서술이다. 티무르는 교역 활성화에 늘 관심을 가졌다. 오뱅은 티무르의 목적이 도시 시장을 다시 활성화해 목축 경제를 지속 가능하게 만드는 데 있었다

• 페르시아의 길이 단위. 오늘날 1파르사흐는 6킬로미터에 해당하나, 중세에는 5.985킬로미터였다. 따라서 저자의 서술과 달리 5파르사흐는 약 30킬로미터다.

고 보았다.[192]

이런 노력은 호라즘이나 트란스옥시아나, 그리고 인접한 호라산에만 한정되지 않았다. 시스탄의 어느 토착 역사가는 788/1386년에 이루어진 샤흐르 시스탄 재건의 공로를 새 말럭인 샤 샤한에게 돌렸는데, 그가 티무르의 본거지에서 돌아온 직후에 이 작업이 이루어진 것으로 보아 정복자의 명령으로 시작되었을 가능성이 높다.[193] 796/1393~1394년, 아미르 세빈첵은 무자파르 왕조의 지배자 샤 슈자에 의해 파괴된 파르스 지방의 쿠한디즈 성을 다시 지었는데, 이는 티무르의 명령에 따른 것임이 분명하다.[194] 806/1403~1404년, 조지아와 아르메니아를 원정한 뒤 티무르는 완전한 폐허였던 바일라칸의 복구 및 재요새화를 구상했다. 그리하여 새로 성을 세워 교외까지 새로운 성벽으로 둘렀고, 많은 주거지, 상점, 목욕탕을 추가했으며, 아라스강과 운하로 연결했다.[195] 바일라칸을 실제로 보지 못했던 데 클라비호는 카라박의 어느 도시에 티무르에 의해 집 2만여 채가 새로 지어졌다고 언급했는데, 아마도 이 이야기를 두고 한 말이었던 것 같다.[196] 그 직후 티무르는 다마반드Damāwand 인근에 있던 길한단Gil-Khandān 요새를 재건했다.[197] 티무르의 생전에 티무르 왕조의 다른 구성원들도 정복된 도시의 재건을 주재했다. 티무르는 저항의 대가로 처참히 파괴했던 바그다드를 그로부터 2년 뒤인 806/1403~1404년에 재건하기로 결정하고 그곳의 총독직을 손자 아바 바크르에게 넘겼으며, 이 공자는 정식으로 그 작업에 착수했다.[198] 티무르에게 이런 조치는 제국의 조세 기반을 강화하는 작업이었을 것이다.

군사적 우위가 모든 곳을 직접적인 지배 영역으로 변환해주지는 않았지만(제14장 참조), 티무르의 정복은 그에게 칭기스 칸을 떠오르게 할 만큼 광범위하고 오래도록 기억될 명성을 가져다주었다. 그러나 티무르는 평민(카라추) 출신으로, 두 지도자는 신분에서 차이가 있었다. 다음 장에서는 티무르가 차가다이 울루스의 수장 자리에 있는 동안 재위한 두 칸과 티무르가 맺은 관계, 티무르의 광대한 정복 여정에서 두 칸이 누린 지위, 몽골 제국 황실의 다양한 지파 구성원에 대한 티무르의 대우 등을 살펴보겠다.

제12장

'카라추' 군벌과 칭기스 황실

티무르는 통치하되 군림하지 않았다.[1] 그가 활동하던 세계에서 군주권은 오직 '황금 씨족(알탄 우룩)', 즉 칭기스 칸의 남계 후손에게만 존재한다는 생각이 일반적이었다. 아무리 명망과 권세가 높다 해도 평민(카라추)이 칭기스 황가와 맞먹는 것은 꿈도 꿀 수 없었다. 미르자 하이다르 두글라트는, 차가다이 칸국 동부 지파의 와이스 칸(사망 832?/1429?)이 오이라트의 수령 에센 타이시Esen Tayishi에게 포로가 붙잡혔을 때 그에게 얼굴도 보여주지 않고 손 내미는 것도 거절함으로써 이 군벌에게서 존경심을 얻어냈다는 이야기를 전한다.[2] 칭기스의 후손만이 계승권을 갖는다는 제한은 칭기스 칸의 야사(티무르의 시대 용어로 말하면 '퇴레')의 규정 가운데 하나로 여겨졌다. 나탄지는 761/1360년에 투글룩 테무르 칸의 한 부하가 티무르에게 왜 친척이자 부족의 수장인 핫지 바를라스가 아닌 투글룩 테무르 칸에게 복종하기로 결정했냐고 묻자, 티무르가 이렇게 답했다고 기록했다. "땅이란 혈통과 정복을 근거로 지배자에게 속한 것이니 (…) '카라추'가 간섭할 일이 아니지 않습니까? 하늘의 명과 칭기스 칸의 퇴레를 따르고 복종할 의무가 있습니다."[3] 티무르는 트란스옥시아나의 권력을 장악한 뒤에도 전임자들인 카자간, 압둘라, 아미르 후사인과 마찬가지로 공식적으로는 칭기스 왕조 구성원의 이름을 빌려 '아미르', 좀더 나중에는 '대아미르' 칭호를 사용하면서 지배했다. 티무르의 아들들과 손자들도 사료를 보면 공식적으로 아미르자다Amīrzāda('아미르의 아들', 나중에는 '미르자Mīrza'로 축약됨)보다 높은 칭호를 받은 적이 없다.

티무르의 주군들

이 장에서는 티무르의 두 칸과 관련된 여러 질문을 다루고자 한다. 그들의 역할은 무엇이었는가? 아스타라바디의 신랄한 평가처럼, 그들은 실권자인 티무르의 지위를 정당화하는 역할,[4] 즉 칭기스 왕조의 지배 정당성이라는 관념을 실제로 구현하는 역할만 수행했는가? 혹은 그 이상의 역할을 했는가? 티무르의 계획과 정책이 실행되는 과정에서 다른 칭기스 왕조 구성원들은 어떻게 행동했는가? 이 같은 물음들은 그동안 2차 문헌에서는 거의 주목받지 못했다. 티무르가 사마르칸드에서 옹립한 칸들은 완전히 무시되는 경향이 있었는데, 아마 티무르의 존재감 자체가 워낙 컸기 때문일 것이다(티무르 자신도 이를 바랐음이 틀림없다).

티무르가 옹립한 두 칸은 모두 오고데이의 후손이다. 소유르가트므쉬(재위 771∼790/1370∼1388)는 카자간이 세운 꼭두각시 칸 다니슈만드차의 아들이고, 술탄 마흐무드(재위 790∼805/1388∼1402)는 소유르가트므쉬의 아들이다.[5] 사실이 이러한데도 티무르의 소유르가트므쉬 옹립을 서술한 사료들은 "차가다이 일문의 부흥aḥyā"이라는 표현을 썼다.[6] 왜 오고데이 왕통이었을까? 칭기스 칸의 첫 두 후계자가 오고데이와 그 아들 구육이었음은 널리 알려진 사실이다. 또한 1251∼1252년에 발생한 톨루이 왕통의 반정 때는 왕공들이 카안의 직위를 오고데이의 혈통으로 한정하기로 약속했다는 주장도 제기된 바 있다.[7] 그래서 티무르가 차가다이 울루스의 군주로 오고데이 왕통을 택한 데 대해 톨루이 반정 이전에 존재했던 통일 칭기스 제국을 부활시키려는 계획과 관련이 있다거나,[8] 티무르가 오고데이 왕통이 보유했던 가독家督을 복구함으로써 칭기스 칸의 유지를 재천명하려는 의도가 있었다는 주장이 제기되었다.[9] 이 문제는 제14장에서 살펴볼 것이다. 확실한 점은, 톨루이 왕통이 오고데이 왕통의 권리를 강탈했다는 사실이 티무르가 외국 군주들과 외교 서신을 주고받을 때 이념적으로 활용할 자원이 되었다는 것이다. 그러나 이 가설이 맞다면, 소유르가트므쉬의 조상인 오고데이의 아들 멜릭Melik이 1251∼1252년에 자신과 더 가까운 일족을 저버리고 톨루이 일문을 지지한 것은 굉장히 역설적이다.[10] 이 모든 우여곡절 속에서도 오고데이의 혈통은 칭기스 칸의 후계자라는 거창한 권위를 일부라도 보전했는지도 모른다. 이런 맥락에서 오고데이의 손자 카이두가 (짧은 기간이라 해도) 중앙아시아에 거대한 제국을 세우고 차가다이 일문의 영토 전체를 손아귀에 넣은 사례를 상기할 필요가 있다.[11]

미켈레 베르나르디니는 티무르가 오고데이 일문의 왕자들을 택한 데 대해 (다니슈만드차라는 잠깐의 예외를 제외하면) 차가다이의 후손들을 칸으로 세운 카라우나스 전임자들의 정책과 의도적으로 거리를 둔 결정으로 보았다. 이는 그럴싸한 추정이다. 하지만 베르나르디니는 티무르가 자타의 차가다이 일문에 품었던 적대감 또한 연관이 있다는 주장도 내놓았다.[12] 여기서 문제는, 소유르가트므쉬가 옹립되었을 때 모굴 칸국에 칸이 존재하지 않았다는 사실이다. 당시에 카마르 알딘이 일리야스 호자를 살해하고 칸을 참칭한 덕분에 티무르는 합법적인 차가다이 울루스의 칸을 무시한다는 비난을 피할 수 있었다.[13] 티무르는 어쩌면 단순히 트란스옥시아나에 적당한 차가다이 일문의 왕자가 없어서 그런 선택을 했을 수도 있다.[14] 《고귀계보》에는 차가다이 왕통의 왕자들이 엄청나게 많이 등장하는데, 그 가운데 일부가 이 시대까지 살아 있었을 수도 있지만 각각의 인물 정보는 거의 없다. 어쩌면 이들 가운데 다수가 자타에 있었는지도 모른다. 실제로 하피즈 아브루는 747/1346~1347년에 아미르들이 필요한 적성ahliyat을 갖춘 차가다이 왕통의 인물을 찾지도 못하고 한 후보자로 의견을 모으지도 못했기 때문에 다니슈만드차가 받아들여졌다고 서술했다.[15] 티무르 시대에 차가다이의 많은 후손이 전염병으로 사망했다는 주장도 있다.[16] 또 차가다이 일문의 다수가 부잔의 손에 살해된 것 같고(제4장 참조), 살아남은 일부도 카잔 술탄의 폭정에 희생되었을 수 있다. 아미르 후사인의 꼭두각시 칸 카불샤(이 인물의 아버지 도르지는 부잔에게 살해되었다)가 일찍이 "시대의 아픔을 두려워하여" 칼란다르가 되어 생존을 꾀해야 했을 정도였다.[17]

칸들은 엄격한 통제를 받았는데, 이는 기본적인 예방 조치였다. 칸들이 때때로 아미르의 지도에 반기를 들었다는 점을 상기할 때 이는 필수적인 조치였는지도 모른다. 카자간은 다니슈만드차의 오르다에 수행원과 근위대kashīktān를 가장한 정보원을 두어 말썽꾼들이 칸과 이야기할 기회를 처음부터 얻지 못하게 했다.[18] 카자간이 그다음으로 군주로 옹립한 바얀 쿨리(재위 749~759?/1348 또는 1349~1358?)는 카자간의 헤라트 원정에 동행했으며,[19] 압둘라 이븐 카자간은 바얀 쿨리를 데리고 함께 사마르칸드로 돌아갔다.[20] 이러한 조치로도 바얀 쿨리가 음모를 꾸미는 것을 막지 못했다. 이런 일을 우려한 압둘라는 칸을 아예 죽여버렸다.[21] 아미르 후사인도 은둔자 출신이었던 카불 샤 칸(재위 765/1363 또는 1364~769/1367 또는 1368)을 원정에 데려갔지만,[22] 카불 샤가 그의 폭정을 참아내지 못하고 사적으로나 공적으로나 견제하려 들자 카불 샤를 죽여버렸다. 나탄지가 자긍심이 아주 높은 사람mukhtāl이라고 평한 아미르 후사인의 그다음 칸 아딜 술탄ʿĀdil Sulṭān은 후사인에게 대항하는 음모를 여러 차례 꾸몄고, 한 번은 반란을 꾀하며 대규모 세력을 규합하기도 했다. 후사인은 여기에 참여한 이들을 장님으로 만들었다고 전해지는데, 이미 한 차례 칸을 살해했기에 또다른 칸까지 죽이기를 꺼려서였다고 한다.[23] 야즈디에 따르면, 아딜 술탄이 티무르에게 후사인이 음모를 꾸미고 있다고 경고했을 때 티무르는 믿지 않으려 했다고 한다. 칸이 후사인에게서 도망쳤을 때도 티무르는 (아마 후사인과의 동맹을 훼손하기를 꺼려서) 케쉬 인근에서 칸을 낚아채 돌려보냈다.[24] 후사인은 아딜 술탄을 옆에 끼고 있다가 771/1369~1370년 자신의 맏아들과 함께 그를 티무르에게 보내 조약을 맺게 했다.[25]

티무르와 그가 세운 칸들 사이의 관계는 어떠했을까? 카자간과 그 후계자들이 옹립한 군주들의 지배하에서 살아본 동시대인들이라면,

티무르가 세운 칸들 역시 오래가지 못할 것이라 예상했을지 모르겠다. 카자간은 소유르가트므쉬의 아버지 다니슈만드차를 살해했고, 압둘라는 바얀 쿨리를 처단했으며, 아미르 후사인은 카불 샤를 제거했다. 티무르도 771/1370년에 후사인이 옹립한 칸 아딜 술탄을 처형했다.[26] 그러나 카라우나스 전임자들(그리고 일칸국 만년의 대아미르들)과 달리 티무르는 자신이 세운 칸을 제거할 필요성을 느끼지 못했다. 소유르가트므쉬와 술탄 마흐무드 두 사람 모두 자연사했다. 이 두 사람의 재위 기간은 합해서 음력으로 34년에 달했는데, 1335년 이후 일칸으로 옹립된 인물들의 재위 기간을 모두 합해도 이보다 짧다. 두 사람 각각의 재위는 두아 칸(재위 681~705/1282~1307) 이후 차가다이 일문의 그 어떤 칸보다 오래 유지되었다.

이렇게 된 이유는 티무르가 자신에게 위협이 되기에는 너무 약한 피후견인을 택했기 때문이라고 간단히 설명할 수 있을지도 모르겠다. 이븐 아랍샤는 맘루크 술탄과 카이로 압바스 칼리프 사이의 관계와 비슷하다며(티무르가 '술탄'으로 불리기도 했다는 사실에서 착안한 듯하다) 티무르가 소유르가트므쉬를 "수렁에 빠진 당나귀처럼" 꽉 움켜쥐었다고 표현했다. 시리아의 연대기 저자 이븐 힛지는 술탄 마흐무드가 전혀 권위를 행사하지 않았다고 묘사했다.[27] 술타니야 대주교 요한네스의 《회고록》에는 티무르가 1년에 한 번 칸에게 경의를 표하기 위해 방문했고, 그 외에는 전혀 관심을 보이지 않은 채 자리보전만 시켰다는 내용이 있는데,[28] 동시대의 다른 사료에서 보이는 내용과 여러모로 상충해서 진실 여부는 알 수 없다. 티무르가 자신의 칸들을 사마르칸드에 연금했다는 미르자 하이다르의 증언 역시 마찬가지다. 실제로 책 뒷부분에서 하이다르는 티무르 왕조의 술탄 아부 사이드(사망 873/1469)의 발언이라면서 한참 뒤에 실행된 조치임을 내비치기도 했다.[29] 요한네스의 《회고록》 라틴어판에는 술탄 마흐무드가 티무르의 측근으로 반복해서 등장하는데,[30] 뒤에서 보겠지만, 술탄 마흐무드 칸은 티무르의 원정에 여러 차례 참전했다.

티무르의 두 칸 모두 외딴 성소에서 간간이 치러지는 의식을 주재하는 역할만 수행하는 하찮은 인물들이 아니었다. 이전의 칸들이 전투에 직접 참여한 증거는 존재하지 않는 반면, 소유르가트므쉬는 무장武將이었던 것 같다. 샤미가 소유르가트므쉬를 대아미르로 묘사한 것으로 보아, 칸의 아들인 그는 즉위하기 이전부터 이미 독자적인 군사 종사단을 보유했음이 분명하다.[31] 그는 아미르 후사인과 벌인 최후의 결전에서 티무르군의 선봉에 섰고,[32] 칸으로 즉위한 뒤에도 티무르의 여러 군사 작전에 참여했다.[33] 소유르가트므쉬는 790/1388년에 호라즘 원정 중에 병으로 부하라에 남았다가 그곳에서 사망했다.[34] 술탄 마흐무드의 경우 티무르가 칸이 통치자로서 능력이 있다고 인정했다는 기야스 알딘 야즈디의 증언을 무시하고 싶은 생각이 들 수도 있지만,[35] 그 역시 독자적인 부대를 이끌었음이 분명하다. 실제 지휘권bāshlāmīshī은 다른 아미르가 행사했을 수도 있지만, 술탄 마흐무드의 투멘을 언급한 사료도 있다.[36] 술탄 마흐무드는 톡타므쉬에게 대항한 대원정, (티무르의 손자 무함마드 술탄과 함께한) 795/1393년 바스라 원정, 인도 원정, 시리아 원정, 바그다드 원정 등에서는 아버지와 마찬가지로 이름만 언급되는 수준이었으나,[37] 804/1402년 앙카라 전투에서는 오스만 술탄을 사로잡는 공을 세우기도 했다.[38]

티무르와 그가 내세운 칸들의 사이는 일종의 동반자 관계였다고 볼 수 있다. 물론 완전히 대등한 관계는 아니었지만, 이들 사이에는 유대감도 자리잡았던 것으로 보인다. 샤미가 790/1388년에 티무르의 오랜 전우였던 소유르가트므쉬의 죽음 뒤에 긴 애도의 글을 덧붙인 이유는 (다른 게 없었다면) 그의 후견인이 칸을 여전히 기억했음을 반영한 것인지 모른다.[39] 하피즈 아브루에 따르면, 소유르가트므쉬가 병에 걸리자 티무르는 누구보다 치료 기술과 경험이 뛰어난 마울라나 이즈 알딘 시라지Mawlānā ʿIzz al-Dīn Shīrāzī를 보내 칸을 보살피게 했다.[40] 나탄지도 티무르와 칸 사이에서 유지된 오랜 우정sawābiq-i ikhlāṣ을 언급했다. 단, 나탄지는 이러한 연유로 티무르가 그뒤로 3년 동안 소유르가트므쉬의 이름으로 쿠트바와 주화 발행을 계속했다고 설명했지만,[41] 사마르칸드에서 발행된 주화 가운데 790년 발행분부터 술탄 마흐무드의 이름이 발견되기 시작한 것으로 보아 사마르칸드에는 해당하지 않았던 조치인 듯하다.[42] 나탄지와 이븐 할둔 모두 술탄 마흐무드의 친모와 혼인한 티무르가 의붓아들을 양육했다고 전하는데,[43] 이는 소유르가트므쉬의 사망 시점에 새로 즉위한 칸이 소년이었음을 암시하는 내용인 듯하다. 이븐 할둔은 티무르와의 첫 만남에서 기대어 앉아 있던 티무르가 자신의 뒤에 서 있던 아미르들 가운데 술탄 마흐무드를 찾으려고 고개를 돌렸다고 썼다.[44] 좋게 해석해보자면, 이는 술탄 마흐무드가 동등한 자들 가운데 두번째 지위쯤 되는 모호한 입지를 지녔다고 볼 수 있다. 그러나 이는 단순히 상대적으로 비공식적인 관계를 보여주는 장면일 수도 있다. 샤라프 알딘 야즈디는 아나톨리아에 약탈을 위해 원정을 떠난 805/1402년 가을에 술탄 마흐무드 칸이 병에 걸려 사망하자[45] 티무르가 울었다는 이야기를 전한다.[46] 그러나 이는 문학적 표현 이상도 이하도 아닐지 모른다. 야즈디는 (덜 그럴싸하게도) 포로 바예지드가 사망했을 때도 티무르가 눈물을 보였다고 주장했으니 말이다(제10장 참조).

티무르 자신은 이븐 할둔에게 자신은 단지 군주ṣāḥib al-takht의 부관일 뿐이라고 말했다.[47] (800/1398년의 아미란샤의 반항을 제외한다면) 차가타이 지배층에서는,《인도 성전기》의 거창한 표현을 빌리자면, "기야스 알학크 왈딘 술탄 마흐무드 칸Ghiyāth al-Ḥaqq wa l-Dīn Sulṭān Maḥmūd Khan, 인류의 황제, 세상 술탄들의 술탄, 대지에서나 대양에서나 왕들 가운데 가장 고귀하신 분"[48]이 지닌 군주권에 대한 의문 부호는 없었던 듯하다.[49] 티무르가 소유르가트므쉬의 권리를 존중했다는 샤미의 기록대로,[50] 칸은 '이슬람의 제왕(파디샤 이슬람)'이라는 칭호를 사용했는데, 이는 개종자 일칸 가잔 마흐무드를 떠올리게 하는 명칭이다. 공문서들은 술탄 마흐무드의 이름으로 발행되었다.[51] 이븐 힛지는 술탄 마흐무드를 "타타르인들의 왕이자 술탄"이라고 불렀으며, 티무르는 그 영역의 행정가mudabbir라고 지칭했다.[52] 이집트의 역사가 이븐 알푸라트는 티무르가 "타타르인들의 아타박atābak"[53]이고(이는 셀주크 시대 아타벡과 마찬가지로 티무르가 군주의 모친과 혼인함으로써 보호자가 되었다는 사실을 반영하는 표현일 수도 있다), 술탄 마흐무드 칸은 티무르의 "주인ustād"이라고 표현했다.[54]

티무르는 자신이 칸을 대신해 원정에 나섰다고 선전했고, 자신이 공격한 군주들에게 칸의 군주권을 인정하라고 요구했다. 샤미에 따르면, 티무르는 톡타므쉬를 향해 킵차크 초원으로 원정을 나서면서 자신이 파디샤 이슬람(이 경우는 술탄 마흐무드 칸)의 야를륵을 따른다고 선언했다.[55] 길란의 지배자 사이드 알리 키야Sayyid ʿAlī Kiyā에게 보낸 국서에서도 칸의 권위를 인정하라는 요구가 보인다.[56] 787/1385~1386년, 마잔다란의 마라시 사이드Mar'ashī Sayyid 지배자는 티무르에게 복속하는 데 동의하며 소유르가트므쉬의 이름으로 주화를 발행하고 쿠트바를 진행하는 데 동의했다.[57] 차가타이 군대가 적의 도시와 요새에 항복을 요구할 때도 칸과 티무르의 이름 모두를 앞세웠다.[58] 이븐 아랍샤는 시바스의 지배자 카디 부르한 알딘, 시노피Sinōpē(오늘날 튀르키예의 시노프)와 카스타모누Kastamonu의 지배자 이스판디야르İsfandyār를 비롯한 아나톨리아의 군주들에게 쿠트바와 주화에 티무르와 칸의 이름을 삽입하라는 요구를 받았다고 기록했다. 또한 이븐 아랍샤에 따르면, 시리아의 도시들에서도 금요기도회의 예배 인도자에게 칸의 이름과 티무르의 이름을 함께 낭송하라고 요구했다.[59] 801/1398년, 델리가 정복되었을 때는 쿠트바가 술탄 마흐무드 칸, 티무르, 티무르의 손자이자 후계자 무함마드 술탄 이븐 자항기르(낭송은 순서대로)의 이름으로 진행되었다.[60] 803/1401년, 다마스쿠스에서도 동일한 과정이 진행되었고, 공성전을 치르는 동안 티무르의 본영에서 발행된 주화에는 세 사람의 이름이 모두 새겨졌다.[61] 이들의 이름은 804/1401년에 발행된 문서의 서두에도 나란히 적혔다.[62] 술탄 파라즈는 (805/1402~1403년) 복종하면서 공식적으로 파디샤 이슬람과 티무르(이 시점에 무함마드 술탄은 이미 사망한 상황이었다)의 이름을 새긴 주화를 찍어내고 이집트와 시리아 전역에서 이들의 이름으로 쿠트바가 진행되도록 했다.[63] 이븐 힛지를 비롯한 맘루크 측 저자들이 술탄 마흐무드의 사망 기사를 짤막하게라도 기록한 이유가 아마 이것일 것이다.[64]

지금까지 알려진 바로는 805/1402년 술탄 마흐무드가 사망한 뒤로 티무르는 더이상 칸을 옹립하지 않았다. 궁극적으로, 티무르가 칸을 두어야겠다는 생각을 얼마나 강하게 갖고 있었는지가 불분명하다. 나탄지에 따르면, 사망한 술탄 마흐무드 칸의 아들 아부 사이드Abū Saʿīd는 당시에 여전히 살아 있었다.[65] 이런 상황, 그리고 칸과 카라추의 차이를 의도적으로 대비한 나탄지의 서술을 생각해보면,[66] 나탄지가 아부 사이드 옹립에 실패한 것을 탐탁지 않아 했다는 사실을 쉬이 간취할 수 있다. 물론 이와 달리 나탄지가 아부 사이드의 부적격성을 에둘러 암시했을 가능성도 있다. 어쩌면 이 왕자는 1402년에 옹립되기에는 너무 어렸는지도 모른다. 이도 저도 아니라면 티무르 자신이 다른 이유로 부적합하다고 판단했을 수도 있다.

안타깝지만, 관련 증거가 너무 부족하다.[67] 나탄지는 또한 티무르가 술탄 마흐무드 칸의 사망 뒤에도 1년 동안 쿠트바와 발행 주화에서 술탄 마흐무드의 이름을 그대로 두었다고 전하는데,[68] 이전에 소유르가트므쉬의 이름을 유지한 경우와 마찬가지일 수도 있고 나탄지의 일방적인 주장일 수도 있다. 술탄 마흐무드의 이름이 티무르가 사망한 807/1404~1405년까지도 사마르칸드에서 발행된 일부 주화에 남아 있다는 사실은 이 서술의 진실성을 뒷받침한다[69] (아나톨리아의 복속국 지배자들이 805년 이후 티무르의 이름만을 주화에 새겨 넣은 경우는 있지만,[70] 이들을 대아미르가 어떻게 생각했는지는 알 수 없다). 물론 티무르가 사마르칸드에는 칸이 필요 없다고 생각했을 수도 있다.[71] 그러나 다른 경우들도 가능하다. 한 가지는, 티무르가 고인이 된 군주(트란스옥시아나에서 3000킬로미터 이상 떨어진 곳에서 사망했다는 사실을 상기할 필요가 있다)에 대한 존경을 표하기 위해 새로운 칸의 옹립을 유예했다는 것이다. 그렇다면 중국 침공 준비와 그에 뒤이은 그 자신의 사망으로 칸의 후계자를 뽑을 기회가 사라졌다고 볼 수 있다. 그러나 극동에 개종자 무슬림이자 술탄 마흐무드와 마찬가지로 오고데이 왕통일 가능성이 있는 부냐시린Bunyashirin, 즉 타이지 오글란Tāizī Oghlan을 티무르 자신에게 예속된 카안으로 세우는 것이 원정의 또다른 목표였을 것으로 보인다는 점도 고려해야 한다(제12장 참조). 만약 그랬다면, 티무르는 이 왕자가 단순히 북원 영토만이 아니라, 술탄 마흐무드를 대신해 자신의 영토 전체에서 군림하는 칸이 되길 바랐기 때문에 칸 옹립을 유예했을 수도 있다.

티무르 이후의 칸위

티무르의 후계자들은 대체로 칭기스 왕조의 칸을 옹립하는 관행을 이어가지 않았다. 그 이유에 대해서는 추정만이 가능할 따름이다. 정복자의 엄청난 명성이 그 왕조에 필요한 지배정당성을 마련하는 데 충분했거나, 단순히 후계자들이 티무르의 권위만으로도 충분해야 한다고 생각했기 때문일 수도 있다. 그러나 마찬가지로, 티무르의 제국이 엄청난 속도로 서로 경쟁하는 (멀리는 파르스와 아제르바이잔까지) 여러 공국으로 분해된 상황에서 (어쨌든 극히 제한된 인력 풀이었던) 오고데이 왕통의 칸을 유지하는 것이 더 어려워졌을 뿐만 아니라 실용적이지도 않았고 심지어 이상한 일로 보였을지도 모른다.

몽골 제국 황가와의 관계는 그뒤로 수십 년 동안 영향력을 유지했지만, 칭기스 왕조를 통한 지배보다는 칭기스 칸과의 (날조된) 공통 조상을 강조하는 데 방점이 찍혔다. 티무르 바로 다음에 사마르칸드에서 후계자로 군림한 손자 할릴 술탄의 짧은 통치는 이 과정에서 중간 단계에 해당한다. 할릴 술탄은 칭기스 왕조를 조상으로 둔 티무르 왕조의 친척, 즉 조치 일문의 칸 외즈벡의 손녀인 어머니가 낳은 티무르의 후계자 무함마드 술탄의 아들(할릴 술탄에게는 이부형제를 통한 조카)인 여덟 살짜리 무함마드 자항기르Muḥammad Jahāngīr를 칸으로 세워 자신의 입지를 강화하려 했다.[72] 제15장에서 살펴보겠지만, 할릴 술탄은 이 같은 조치가 경쟁자 피르 무함마드 이븐 자항기르(새로운 후계자인 무함마드 자항기르의 삼촌이지만, 무함마드 자항기르와 달리 칭기스 왕조의 후손은 아니었고)의 주장에 대항하는 데 최선의 수단이었다고 판단했을 수 있다. 티무르가 두 칸을 옹립한 장소가 사마르칸드였다는 사실도 중요한 요소일 수 있다. 그러나 차가다이 울루스령 트란스옥시아나에서는 적절하거나 바람직하다고 여겨졌을지라도, 방대한 정복지에 흩어져 있던 티무르의 아들들과 손자들에게는 자립이 더 매혹적으로 보였을지도 모른다. 807/1405년, 피르 무함마드 이븐 우마르 셰이흐가 파르스에서 자신의 지위를 확립하기 위해 고심하고 있을 때 일부 인사는 칭기스 칸의 체제(야삭)를 버리고 무자파르 왕조의 전례를 따라 카이로의 압바스 왕조 칼리프의 권위를 인정하라고 조언을 건넸는데, 이는 몽골의 법과 전통을 노골적으로 위반하라는 말이었다.[73] 헤라트의 샤루흐를 시작으로 후대 티무르 왕조 지배자들은 칸뿐만 아니라 다른 형태의 지배정당성도 전혀 의식하지 않았다. 811/1409년, 승리한 샤루흐가 사마르칸드로 입성할 때 할릴 술탄이 옹립한 '칸' 무함마드 자항기르는 토하리스탄 Ṭokhāristān 총독으로 강등되었다.[74] 샤루흐는 카안과 술탄 칭호를 받았고,

심지어는 파디샤 이슬람으로도 불렸다.[75] 819∼820/1416∼1418년, 헤라트에서 발행된 샤루흐의 주화에는 칼리프 칭호도 썼다.[76]

미르자 하이다르 두글라트는 티무르 왕조령 트란스옥시아나에서는 샤루흐의 아들 울룩 벡(사망 853/1449)의 재위까지 계속 칸이 옹립되었다고 썼지만,[77] 이 시기에 티무르 왕조 지배자의 이름에 칸의 이름을 더해 새긴 주화는 전혀 발행되지 않았다.[78] 트란스옥시아나 총독이라는 지위나 몽골 전통의 열렬한 신봉자로 알려졌다는 사실 때문에[79] 특히 울룩 벡이 사마르칸드에서 칭기스 왕조 칸을 옹립했다고 생각할 법도 하다. 하지만 그러지 않았던 것 같다. 물론 사툭Sātūq이라는 칸이 있었고, 울룩 벡이 1429년경 그를 대신할 후보를 세워 차가다이 울루스 동부 지파의 와이스(우와이스Uways) 칸을 공격할 군대를 보낸 것도 사실이다. 그런데 와이스와 사툭 모두 얼마 뒤 살해되었다. 이 이야기는 하이다르의 기록에서만 확인할 수 있기에 반박의 여지가 있지만,[80] 사실 역사성보다는 하이다르가 이야기를 전하는 방식이 더 의문스럽다. 사툭은 와이스 칸의 전임자인 무함마드 칸의 아들로 보이는데, 망명지인 울룩 벡의 궁정에서 사마르칸드의 꼭두각시 칸이 아니라 모굴 칸국을 지배하는 피후견자 칸으로서 유용하다고 여겨졌음이 분명하다.[81] 울룩 벡은 823/1420년에 차가다이 일문 동부 지파의 시르 무함마드Shīr Muḥammad를 모굴 칸국으로 보낸 적이 있는데,[82] 이는 모굴 칸국이나 킵차크 칸국과 맺은 이전의 관계에서 추구하던 정책을 그대로 따른 것이다. 내용이든 목적이든, 하이다르가 전하는 사툭 칸 일화는 그뒤에 언급되는 티무르 왕조의 지배자 아부 사이드의 일화와 비슷하다고 할 수 있다. 이 일화에 따르면, 아부 사이드는 자신의 옥좌를 차가다이 왕통의 유누스와 공유하다가, 모굴 칸국의 약탈을 막기 위해 860/1456년 유누스를 모굴리스탄으로 보내 그의 형제인 에센 부카 2세Esen Buqa II를 몰아내게 했다.[83] 하이다르는 두 경우 모두에서 티무르 왕조 측이 차가다이 울루스 동부 지파의 군주권을 인정했다고 주장했다(아부 사이드가 유누스를 환송하면서 자신의 독립성을 천명했다는 모순된 서술을 함께 남기면서도 그렇게 말했다).

이런 측면에서 샤루흐와 울룩 벡이 지배한 티무르 왕조의 동부는 14세기 중반 이후 잘라이르 왕조의 경우와 유사하다고 할 수 있다. 잘라이르 왕조는 처음에는 칭기스 왕조 구성원을 허수아비 군주로 내세웠다가, 얼마 뒤 칭기스 왕조의 필요성이 사라지자 허수아비 칸을 옹립하지 않았다. 티무르 사후 반세기 동안 허수아비 칸이 존재했음을 암시하는 자료 중에 유일하게 신뢰할 만한 것은 853/1449년 사마르칸드에서 울룩 벡 정권이 전복된 뒤 그의 아들 압둘라티프'Abd al-Laṭīf가 울룩 벡을 심판하기 위해 이름이 기록되지 않은 칭기스 왕조의 한 왕자를 옹립했다는 기록이다.[84] 혼다미르는 이 칸을 "불쌍한 녀석"이라고 불렀는데, 그가 압둘라티프가 취한 조치는 최근의 전례가 아닌 티무르의 관행을 모방한 것이라고 한 점에 주목할 필요가 있다.[85] 어쨌든 이 기록은 이 같은 허수아비 칸에 대한 마지막 언급이다. 칭기스 왕조의 칸이라는 관념이 티무르 왕조 세계의 어느 곳보다 트란스옥시아나에서 더 오래 살아남았을 가능성에 다시 한번 주목할 필요가 있다.

티무르가 죽은 지 한 세대도 지나지 않아 칭기스 왕조의 칸들은 역사 서술의 세계에서 사라졌다. 술탄 마흐무드 칸이 사망한 그해 또는 그 이듬해에 완성된 샤미의 《승전기》에서는 칭기스 칸 왕조의 주권이 일관성 있게 암시되는 반면, 1405년에서 몇 년 지나지 않아 완성된 기야스 알딘 야즈디의 《인도 성전기》를 시작으로, 타즈 알딘 살마니와 샤라프 알딘 알리 야즈디로 이어지는 후대의 저자들은 티무르를 '하칸 Khāqān(카안)'이라고 부른다.[86] 《고귀계보》(830/1426~1427)의 서문에서는 티무르와 그의 실질적 후계자 샤루흐에게 칸khan 칭호를 붙였다.[87] 기야스 알딘 야즈디는 티무르가 옹립한 칭기스 왕조의 두 칸에 대한 언급을 그대로 두었지만, 샤미와 기야스 알딘 야즈디의 저작을 활용한 샤라프 알딘 알리 야즈디는 자신의 기록에서 그 칸들을 삭제하는 쪽을 선택했다. 샤라프 알딘 알리 야즈디는 소유르가트므쉬나 술탄 마흐무드를 '파디샤 이슬람'으로 부르지 않았고, 전임자들의 저작에서 두 사람에 대해 언급한 여러 대목을 삭제했으며, 티무르를 '법률적de jure' 군주의 지위로도 끌어올리고자 했다.[88]

그러므로 그의 기록에 따르자면, 티무르는 771/1369~1370년 발흐 점령 이후 아미르들에게서 최고 주권자가 될 자격이 있다는 인정과 찬사를 받고 스스로 옥좌에 올라 아미르들에게서 충성 서약서를 받았다.[89] 787/1385~1386년 이후 마잔다란에서는 티무르의 이름만이 발행 주화에 추가되었고 쿠트바에서도 그의 이름만 읽혔다.[90] 야즈디는 또한 델리 점령과 다마스쿠스 함락에 대해서도 정복된 도시들의 쿠트바에서 티무르의 이름만이 더해졌다고 서술했다.[91] 마지막으로 티무르에게 복종한 맘루크 술탄 파라즈에 대해서도 805/1402~1403년에 티무르의 이름으로 주화를 발행하고 쿠트바를 진행했다고 썼다.[92] 793/1391년에 최초의 킵차크 원정에 나선 차가타이군에 대해 서술할 때도 술탄 마흐무드 칸이 다른 지휘관들과 마찬가지로 티무르에게 경의를 표했다는 인상을 남겼다.[93] 여기서 그치지 않고 야즈디는 문서 증거를 조작하는 데까지 나아갔다. 796/1393~1394년, 티무르가 바르쿡에게 보낸 국서를 옮겨 적으면서 칸이 이란의 새로운 지배자라고 언급한 부분을 생략하고 티무르로 대체했다.[94] 그러나 의아하게도 티무르가 소유르가트므쉬를 칸으로 옹립한 일이나, 소유르가트므쉬의 후계자로 술탄 마흐무드를 추대한 일, 술탄 마흐무드의 사망 등은 언급함으로써 철저하지도 일관적이지도 않은 모습을 보였다.[95] 티무르와 함께 칭기스 왕조의 칸이 존재했다는 사실은 생각만큼 지워버리기가 쉽지 않았던 모양이다.

망명 온 칭기스 왕조 왕자들에 대한 지원

칭기스 왕조 질서의 주창자로서 티무르는 차가다이 울루스 바깥 지방에서 온 칭기스 왕조 왕자들을 지원했고, 그 대가로 이들이 자신의 권위를 인정하고 원정에 나설 때 병력을 파견하기를 기대했다. 때로는 티무르에게서 지원을 얻고 싶어하는 여러 왕자가 그의 본거지에 모여들었다. 786/1384년, 이란에서 티무르는 타가이 테무르 일칸의 아들이자 최후의 허수아비 일칸 가잔 2세의 형제 루크만을 파디샤 이슬람을 칭호로 사용하는 아스타라바드의 지배자로 세웠고, 나중에는 루크만의 아들 피르 파디샤가 아버지를 계승하도록 했다.[96]

이 피후견인 왕자들 가운데 가장 유명한 (그리고 의심할 여지 없이 가장 골칫거리였던) 인물은 조치 왕통의 톡타므쉬다. 778/1377년, 티무르는 이 왕자를 궁정으로 받아들여 청 오르다의 오루스 칸과 그 아들들 사이에서 옥좌를 차지하도록 도와주었다. 청 오르다뿐만 아니라 킵차크 칸국 전체를 차지하는 데 성공한 톡타므쉬는 조치 일문의 오랜 전통에 따라 트란스캅카스 영유권 주장을 재개해 아제르바이잔 침공으로 은인에게 보답했다. 하지만 티무르가 793/1391년에 보복 원정에 나서자 톡타므쉬는 도주했다. 톡타므쉬가 공격적인 태도를 계속 고수하자, 티무르는 마침내 그에게 대패를 안기고(797/1395) 당시 막하에 있던 오루스 칸의 아들 코유리착을 조치 울루스의 칸으로 세웠다.[97] 1404년, 루이 곤살레스 데 클라비호는 톡타므쉬와 티무르가 이제 화해했고, 톡타므쉬와 그의 아들이 티무르의 영토에 손님으로 와 있다고 썼다(이것은 아마 사실일 것이다). 게다가 데 클라비호는 톡타므쉬의 아들을 티무르의 궁정에서 보았다고 주장했다.[98] 야즈디는 오트라르에서 티무르가 사망했을 무렵 톡타므쉬의 사절이 찾아와 용서를 간청하고 충성을 맹세했다는 이야기를 들려주는데, 톡타므쉬는 아마도 에디귀를 대상으로 공동 작전을 펼치기를 바랐을 것이다. 티무르는 중국 원정이 끝나면 톡타므쉬에게 옥좌를 돌려주겠다고 약속했지만,[99] 그 자신의 사망으로 공허한 약속이 되고 말았다.

또다른 조치 왕통의 두 왕자인 쿠나차Kunacha와 테무르 쿠틀룩, 그리고 에디귀 노얀은 톡타므쉬에게 품은 오랜 적대감 때문에 일찍이 티무르의 막하로 들어왔다. 티무르가 이 두 왕자를 어찌나 깊이 신임했는지, 그들은 티무르의 측근으로 분류될 정도였다. 쿠나차는 티무르와 자주 체스를 두기도 했다.[100] 그러나 테무르 쿠틀룩과 에디귀는 쿤두르차에서 승전한 이후 티무르를 버리고 티무르가 세운 칸인 코유리착을 몰아낸 것 같다.[101] 쿠나차도 얼마 지나지 않아 도망갔는데, 테무르 쿠틀룩이 칸으로 선포되었다는 소식이 그 계기였던 듯하다.[102] 그러나 다른 조치 일문의 왕자들은 티무르에게 충성했고, 티무르의 원정에도 참전했다. 이바즈 오글란Ibaj Oghlan(옛 칸인 오르두 멜릭의 아들 또는 손자)과 부르한 오글란Burhān Oghlan이 대표적인 경우다(그러나 부르한은 결국 직무 유기로 처형되었다).[103] 야룩Yaruq과 바쉬 테무르Bash Temür(또는 타쉬 테무르Tash Temür)라는 조치 왕통의 다른 왕자도 티무르의 막하에 있었다고 한다(후자는 797/1395년에 잠시 칸이 되었고, 크림 칸국의 혈맥도 그에게서 시작되었다).[104]

마지막으로, 티무르는 몽골고원에서 온 적어도 한 명 이상의 왕자에게 망명을 허락했다. 인도 원정 중이던 800년 마지막 달/1398년 여름, '타이지 오글란'이라는 인물이 북원 카안을 상대로 벌인 반란에 실패한 후 '칼막Qalmāq'을 떠나 카불에 있는 정복자의 본영에 도달했다.[105] 그러나 니잠 알딘 샤미는 동방의 카안을 열거하며 올제이 테무르Öljei Temür(부냐시리/부냐시린Bunyashiri[n]으로도 불린다*)라는 또다른 왕자를 마지막으로 언급했다.[106] 한편 샤라프 알딘 야즈디는 자신의 카안 목록에서 올제이 테무르 바로 다음에 타이지를 놓고, 티무르의 궁정에 머무르는 동안 이슬람을 받아들였으며, 티무르 사후 칼막으로 떠나 살해되기

---

* '부냐시리(Buniy-a siri)'라는 이름은 산스크리트어 '뿐냐흐슈리(puṇyaḥśrī)'에서 유래했는데, 뿐냐흐슈리는 '길상(吉祥)', '복록(福祿)'이라는 뜻이다. 몽골어 '올제이(öljei)'의 뜻도 '행운'으로 뿐냐흐슈리와 같기 때문에 몽골 역사서에서는 부냐시리 왕자가 올제이 테무르로도 불렸다고 한다. 김성수, 〈대명과 티베트 불교: 몽골제국과 명조의 계승성을 논함〉, 《인문과학연구》 38 (2024), 167~195 (이 내용은 183); 〈몽골 제국 붕괴 이후 쿠빌라이계의 활동과 그 한계〉, 《몽골학》 39, 29~63 (이 내용은 37~38). 한편 《명실록(明實錄)》에는 부냐시리를 올제이투(完者禿)라 부르기도 하는데, 그 의미도 올제이와 같다.

전 잠시 재위했다고 썼다.[107] 이는 올제이 테무르/부냐시리와 타이지가 동일 인물임을 시사한다. 야즈디는 타이지가 오고데이 왕통의 후손이라고 썼고,《명사》에서는 부냐시리가 원의 후예라고 쓰여 있는데, 명나라에서 '원元'이라는 용어를 칭기스 왕조 전체를 지칭하는 느슨한 의미로 사용했다고 본다면 크게 문제 되지 않는다.[108] 비어트리스 맨즈가 지적했듯이, '타이지'는 올제이 테무르의 한문식 칭호('태자太子')다.[109]

샤미는 티무르의 중국 원정에 대해 서술하면서 자못 경건한 태도로, 신이 올제이 테무르가 옥좌를 얻는 데 도움을 주리라는 희망을 표했다. 이는 중국 지배가 그의 권리이기 때문이었다.[110] 티무르가 이 왕자를 후원한 이유도 아마 이와 다르지 않았을 것이다. 대아미르는 이 왕자에게 고향 몽골고원의 지배권을 부여하려 했음은 물론이고, 명나라 원정이 성공하면 중국의 옥좌까지 맡기려 했을 수도 있다.[111] 틸만 나겔은 이 주장에 회의적이었는데, 티무르의 세계 지배자 주장은 차가다이 왕통, 혹은 엄밀히 말해서 오고데이 왕통만을 대표해서 추진되었기 때문이다.[112] 그러나 티무르가 자신에게 의지하는 칭기스 왕조의 칸을 극동에 세우려 했을 가능성을 배제할 수는 없다. 차가다이 일문의 엘지기데이 칸이 또다른 망명자인 코실라를 1328~1329년에 대원 카안으로 세우려 했듯이 말이다(제2장 참조). 최소한 티무르 왕조 측 저자들의 시각에서는 중국 침공이 성전으로 간주되었으므로 무슬림을 즉위시켜야 할 의무가 티무르에게 있었음은 확실하다. 앞서 언급한 타이지는 이슬람을 받아들였다고 한다. 올제이 테무르/부냐시리는 1407년에 베쉬발릭으로 이동해 몽골고원으로 복귀하기에 앞서 모굴 칸국의 지원을 받으려 애쓰다가 1408년에 굴리치를 대신해 카안이 되었다(제4장 참조).

그후 4년간 재위한 부냐시리는 1412년에 오이라트의 수령 마흐무드 Maḥmūd에게 정권을 빼앗기고 살해되었다.[113]

칭기스 왕조의 후손들이 티무르의 궁정에 존재했다는 사실이 그가 엄청난 명성을 얻는 데 기여했음은 확실하다. 당연히 이 왕자들은 티무르의 본영에서 가장 영예로운 자리를 누렸다. 807/1404~1405년, 티무르가 악술라트Aqsulat에서 톡타므쉬의 사절을 맞을 때 오고데이 왕통의 타이지 오글란, 조치 왕통의 체키레Chekire(요한 실트베르거의 기록에 나오는 '제그레Zegre', 나중에 킵차크 칸국의 칸으로 즉위), 바쉬 테무르는 티무르의 오른편에 앉았다. 티무르 왕조의 공자들은 그보다 낮은 티무르의 왼편에 앉았다.[114] 베를린 디츠 화첩Diez Album*에 수록된, 티무르 사후 2년 또는 3년이 흐른 뒤인 할릴 술탄의 재위기에 그려졌을 것으로 추정되는 한 삽화에는 옥좌에 앉은 군주와 그 아래에 자리한 여러 왕자(이름이 명기)와 아미르가 묘사되어 있다.[115] 여기서도 가장 영예로운 자리인 할릴 술탄의 오른편에는 칭기스 왕조의 네 왕자, 즉 타이지 오글란(일명 올제이 테무르), 칭기스 오글란Chinggis Oghlan(일명 체키레), 조치 왕통의 야드가르 오글란Yādgār Oghlan(고인이 된 테무르 쿠틀룩 칸의 아들), 아자시린 Ajashirin(오늘날 감숙 방면에 있으며 하미 공국을 지배한 차가다이 일문의 또다른 지파 출신)이 있다. 뒤에 언급된 두 왕자는 티무르 왕조 측의 연대기 사료에서는 전혀 등장하지 않는다는 사실이 특기할 만하다.[116] 어쩌면 티

---

* 프로이센 왕국에서 오스만 제국에 파견한 사절이었던 하인리히 프리드리히 폰 디츠 (Heinrich Friedrich von Diez)가 1789년경 콘스탄티노플에서 구매한 화첩. 일칸국과 잘라이르 왕조, 티무르 왕조의 공방에서 제작된 400종 이상의 그림과 소묘, 서예 등으로 구성되었다. 폰 디츠 사후 프로이센 왕립 도서관(오늘날의 독일 베를린 주립 도서관)이 넘겨받아 오늘날까지 소장하고 있다.

무르에게서 운을 찾거나 구제받으려던 칭기스 왕조 구성원의 수는 사
료에서 보이는 것보다 많았을지 모른다.

칸과 대차가다이 울루스

티무르 패권 아래의 차가다이 울루스는 타르마시린이나 카잔 술탄이
지배하던 정치체와는 비교할 수 없을 정도로 거대한 존재로 여겨졌다.
때때로 이 사실은 모호하게 표출된다. 티무르는 796/1393∼1394년 술
탄 바르쿡에게 칭기스 칸의 후손이 나타나 이란의 옥좌를 차지하고 사
악한 자들로부터 무슬림의 영토를 빼앗았다고 주장했다.[117] 그러나 얼
마 지나지 않아 독특한 이념이 출현했다. 아스타라바디에 따르면, 정복
자가 796/1394년 부르한 알딘에게 보낸 국서(지금은 존재하지 않는다)에
는 "그 지방"(아나톨리아 동부)이 칭기스 칸에서 훌레구를 거쳐 술탄 마흐
무드 칸까지 세습되었다는 내용이 들어 있었다고 한다.[118] 티무르는 같
은 해 술탄 바예지드 1세에게 보낸 국서에서, 칭기스 칸이 이란 땅을 차
가다이에게 수여했지만 훌레구와 그 후손들이 이를 강탈했으며, 이제
일칸의 혈통이 끊어진 이상 파디샤 이슬람(즉 술탄 마흐무드 칸)이 조상들
의 정당한 땅을 되찾아야 한다고 주장했다.[119]

　　날짜가 기재되지 않은, 이집트 술탄에게 보내기 위해 작성한 편지
(초고일 가능성 있음)에는 차가다이 울루스 측의 주장이 더 명확하게 설명
되어 있다. 티무르가 쓴 내용에 따르면, 칭기스 칸은 차가다이에게 알
타이에서 사마르칸드와 부하라까지 그리고 가즈니에서 힌두스탄의 경

계까지에 더해 헤라트·라이·파르스·아제르바이잔·바그다드, 그리고 "그가 정복할 수 있는 만큼의 농경 지대"를 영토로 주었다. 티무르는 이어서, 차가다이가 이 거대한 영토를 제대로 정복하지 못하자, 몽케가 훌레구를 보내 정복하지 못한 영역을 취하게 했고, 그뒤로 일칸과 차가다이 일문 사이에 불화가 싹터 오래 지속되었다고 썼다.[120] 이는 물론 오랜 기간 조치 일문이 이란 북서부를 놓고 주장한 권리를 깡그리 무시하는 내용이다. 만약 티무르가 몽골 제국의 세계 질서를 재건하려 했다고 해도, 이는 칭기스 칸이나 13세기 몽골인들이 모든 면에서 친숙하게 느낄 만한 질서는 아니었을 것이다. 티무르는 역사를 다시 쓰면서 과거 맘루크 술탄국과 차가다이 울루스 사이에 외교 접촉이 있었다는 점 (이건 사실이다)도 지적했다. 티무르는 알말릭 알나시르al-Malik al-Nāṣir(술탄 알나시르 무함마드, 사망 741/1341)가 차가다이 일문에 복종을 표하며 이란에 대한 차가다이 일문의 권리를 인정했다고 주장했는데,[121] 실제로는 아부 사이드 일칸의 사후 일칸국의 몽골 세력 일부가 맘루크 술탄의 종주권을 인정하기도 했음을 감안하면 참으로 터무니없는 재구성이라 할 수 있다(제4장 참조). 이런 기괴한 왜곡에 비추어 볼 때, 티무르 왕조를 위해 책을 쓴 샤라프 알딘 야즈디가 차가다이 왕통이든 오고데이 왕통이든 누구를 위해서든 이런 (진짜인지 가짜일지 모를) 주장을 퍼뜨리는 데는 관심을 두지 않고 차가다이가 옥수스강 이북의 땅만을 받았다는 전통 노선을 분명히 한 사실은 의미심장하다.[122]

따라서 티무르가 자신이 세운 두 칭기스 왕조의 군주가 일칸국 고지의 정당한 군주라고 선언한 것은 논리적으로 당연한 일이었다. 물론 787/1385~1386년 마잔다란의 지배자가 항복했을 때 티무르는 그를

루크만 파디샤에게 직접 복속시켰다.[123] 그러나 이는 루크만이 당시 타가이 테무르 일칸의 후계자로서 이웃한 아스타라바드를 지배하게 되었기 때문에 내린 조치였을 것이다. 루크만이 일칸국을 부활시켰다고 볼 만한 증거는 없다. 오히려 그 반대다. 앞서 살펴보았듯이, 바로 그해에 마잔다란의 지배자는 주화에 루크만이 아니라 술탄 마흐무드 칸의 이름을 새기라는 요구를 받았다. 아미란샤는 자신이 담당하게 된 일칸국의 영토에서 1390년대 중반 독립을 시도하며 발행한 문서에 술탄 마흐무드의 이름을 올렸다(제9장 참조).[124] 티무르가 796/1394년에 오스만 술탄 바예지드 1세에게 보낸 편지에서 술탄 마흐무드를 "일칸들의 정원의 빛nūr-i ḥadīqa-yi īlqānī"이라고 지칭한 사실이나, 칸을 위해 정복했다고 쓴 이란의 여러 지방을 열거한 긴 목록도 대★이란이 칸의 영토로 여겨졌음을 알려준다.[125] 803/1401년, 술탄 파라즈가 시리아와 이집트에서 진행되는 쿠트바에서 술탄 마흐무드 칸의 이름을 낭독하게 한 사실도 앞에서 이미 확인했다.

티무르가 규정한 차가다이의 본래 분봉분은 역사적 사실과는 전혀 들어맞지 않았다. 그러나 티무르가 거둔 승리가 이를 동시대의 현실로 바꾸어놓았다. 1320년대, 혹은 바락 칸이 차가다이 울루스 영토의 축소를 두고 불평한 1260년대 이후 '중앙 몽골 국가Dumdadu Mongghol ulus'(제2장 참조)의 운명이 극적으로 바뀐 것에 주목할 필요가 있다. 차가다이 울루스는 이제 남서쪽 방면으로 확장되어 거의 통일 몽골 제국의 경계 가까이 나아갔다. 차가타이인들의 관점에서 생각하면, 781/1380년에서 807/1405년까지는 자기네 울루스가 정점에 이른 것처럼 보였을 것이다.

소유르가트므쉬 칸이나 술탄 마흐무드 칸이 티무르가 다른 지방에 세운 코유리착이나 테무르 쿠틀룩 같은 칭기스 왕조의 칸들과 어떤 관계였는지를 알려주는 자료는 전혀 없다. 따라서 티무르가 오고데이 왕통의 두 피후견자가 지닌 권리를 어떻게 정의했는지도 불분명하다. 이 카라추 군벌은 옛 몽골 제국의 여러 지방에 동등한 지위를 지닌 위성衛星 칸을 세우고 자신은 트란스옥시아나와 이란에 대해 더 직접적인 지배권을 갖는 데 만족했던 것일까?[126] 아니면 자기가 모시는 칸이 나머지 칸들보다 한 수 위라고 생각했던 것일까?

모굴리스탄에는 1380년대 말 이전까지 찬탈자 카마르 알딘이 득세해 칭기스 왕조 출신 칸이 존재하지 않았으므로 소유르가트므쉬는 차가다이 울루스 전체의 칸으로 여겨졌을 것이다. 이러한 상황은 아마 히드르 호자에 의해 차가다이 일문의 동부 지파가 복권된 이후로도 계속되었을 가능성이 높다. 샤라프 알딘 야즈디가 히드르 호자에 대해 언급할 때 칸이라는 칭호를 붙인 단 한 차례만을 제외하면, 대체로 히드르 호자 오글란Khiḍr Khwāja Oghlan〔'히드르 호자 왕자'〕이라고 부르며 모굴리스탄/자타의 칸이 아니라 단지 '총독ḥākim'으로 지칭한 사실은 특기할 필요가 있다.[127] 두아 칸부터 타르마시린 칸의 시대까지 차가다이 울루스의 칸들은 오랫동안 델리에서 진행되는 쿠트바에 자신의 이름이 울려퍼지길 바랐기 때문에 (쫓겨난 투글룩 왕조의 술탄도 같은 이름이어서 혼동의 여지가 있었는데도 불구하고!) 술탄 마흐무드 칸의 이름이 델리의 쿠트바에서 봉독된 것은 자연스러운 일이었다.

일칸국 고지(그리고 일칸들이 정복하고자 했으나 성공하지 못했던 근동 지역)의 경우는 훌레구 왕통이 단절되었던 만큼 상황이 달랐다. 조치 일문이나 북원 영토는 그렇지 않았다. 톡타므쉬나 코유리착, 테무르 쿠틀룩은 티무르 왕조 측 사료에서 차례로 칸으로 묘사된다. 샤미와 샤라프 알딘 야즈디가 15세기 초까지 극동에 존재했던 쿠빌라이 카안의 후계자들을 카안으로 칭했고, 특히 샤미는 올제이 테무르가 몽골고원의 옥좌를 차지하리라는 희망을 밝히기까지 했다.[128] 어쨌든 이븐 아랍샤가 킵차크 초원과 중국(키타Khitā), 투르키스탄의 지배자는 티무르에게 복종하며 주권의 겉치레만 유지한 자들이라고 썼는데, 이는 의문의 여지가 있는 진술이다.[129]

그런데 소유르가트므쉬와 술탄 마흐무드 모두 티무르가 보낸 서신에서 흔히 '파디샤 이슬람'으로 불린다.[130] 이쯤에서 이 칭호의 함의를 생각해볼 필요가 있겠다. 훌레구는 칭기스 칸으로부터 지배권을 부여받지 않았고, 일칸국 역시 의뭉스러운 상황에서 탄생했다. 이 사실을 의식하고 있던 가잔은 파디샤 이슬람 칭호를 통해 조치 일문과 차가다이 일문의 칸들과 동등한 지위임을 주장하고자 했던게 아닐까. 이들은 칭기스 칸의 분봉에 영토 지배 정당성을 확보하고 있두었으나 불신자였다.(제3장 참조) 그로부터 100여 년이 흐른 뒤 술탄 마흐무드 칸에게 파디샤 이슬람이라는 칭호가 적용되었을 때 이 칭호는 적어도 (이제는 무슬림이 된) 금 오르다나 모굴 칸국 칸들과의 관계에서는 어느 정도 의미가 있었는지도 모른다.

가장 이른 시기에 쓰인 티무르 왕조 측 사료 두 종은 술탄 마흐무드가 실제로 칭기스 왕조의 칸들 가운데에서도 한 수 위로 여겨졌음을 암시한다. 기야스 알딘 알리 야즈디는 티무르가 자신이 정복한 모든 무슬림 영토에서 쿠트바와 주화에 술탄 마흐무드의 이름과 칭호를 삽입했다고 말한다.[131] 물론 이 주장은 조치 일문의 영토나 차가다이 일문 동부 지파의 땅을 불신자의 영토로 인식하는 것을 전제로 했을 수도 있지만(제6장, 제13장 참조), 때때로 샤미와 기야스 알딘은 각각 술탄 마흐무드에게 "파디샤 자한Pādishāh-i jahān(세계의 제왕)"이나 "파디샤 아흐두 자만Pādishāh-i ʿahd-u zamān(세계와 시대의 제왕)"처럼 더 높은 수준의 칭호를 붙이기도 했다.[132] 샤미에게 칸은 "일곱 기후대 대부분의 보호자ḥāmī-yi ḥawma-yi haft iqlīm"였고,[133] 티무르는 "이란과 투란, 즉 사람이 거주하는 땅 대부분을 통치하는 국가에서 차가다이의 고귀한 혈통(우룩)을 세운" 존재였다.[134] 이는 장황하기만 하고 공허한 표현일 수도 있지만 (또 샤미는 편리하게도 티무르가 세운 군주가 오고데이 왕통임을 무시했다), 다른 피후견인 몽골 칸들이 술탄 마흐무드 아래에 있다고 여겨졌음을 보여주는 구절일 수도 있다. 티무르의 경우, 맘루크 술탄에게 오고데이 왕통이 불법적인 반정으로 황제의 자리를 잃었음을 상기시켰던 데서도 알 수 있듯이, 실제로 그는 술탄 마흐무드가 다른 칸들보다 상위의 존재라고 생각했음이 확실하다.[135] 따라서 티무르가 자신이 옹립한 두 칸을 다른 칸들보다 관할권도 넓고 그 지위도 고귀하다고 생각했다고 추정할 수 있다. 그러나 이는 추측의 영역으로 남아야 한다.

일칸의 상속인으로서 티무르

앞서 살펴본 대로 셰이흐 우와이스를 필두로 잘라이르 왕조의 지배자들은 핏줄로 연결된 일칸들의 후계자임을 자처했고, 잘라이르 왕조의 궁정인들도 그들을 일칸들의 후계자로 묘사했다. 티무르는 이런 주장의 필요성을 잠재적으로 인식했는지, 말년에는 완전히 다른 근거를 들기는 했지만, 자신이 일칸국의 확장주의 정책을 실행하는 사람이라는 태도를 보였다. 티무르의 전기 작가들이 티무르의 행동을 때때로 가잔 칸의 기억을 떠올리도록 서술했듯이, 샤라프 알딘 야즈디는 티무르가 어린 시절 동무들 사이에서 지휘관 역할을 했다고 썼다. 이는 읽는 이로 하여금 라시드 알딘이 가잔의 어린 시절에 대해 쓴 대목을 상기시킨다.[136] 티무르가 자신이 세운 칸을 단절된 일칸 왕통의 후계자로 묘사한 방식에 대해서는 앞에서 이미 논의했다. 카라 유수프 카라코윤루는 티무르가 스스로 "일칸이라고 주장da'wā-yi īlkhānī"한다고 언급했다.[137] 티무르는 심지어 외교 서신에서도 자신이 일칸 가문az dūdmān-i īlkhāniyya에 속한다고 썼을 뿐만 아니라,[138] 바르쿡의 서기국에서 여러 연대기(대표적으로 이븐 사스라의 연대기)에 옮겨져 살아남은 어느 편지에서는 일칸의 칭호를 사용했다. 이븐 아랍샤의 관련 주장은 앞서 살펴보았다.[139] 796/1394년에 보낸 또다른 편지 역시 바르쿡의 복속을 요구한 것으로, 이는 훌레구가 아이유브 왕조의 시리아 술탄 알나시르 유수프al-Nāṣir Yūsuf에게 보낸 최후통첩을 요약한 것임이 분명하다.[140] 앤 브로드브리지는 맘루크 측에 일칸국의 승리를 위협적으로 상기시키기 위해 의도적으로 훌레구의 편지를 흉내 냈다고 주장했다. 드니즈 에글은 티무르가 자신이 제2의 훌레구로 보이기를 바랐다고 보았다.[141] 진실이 무엇이건 간에, 알나시르 유수프가 훌레구에 보낸 답신의 문구를 포함한 도전적인 답장을 바르쿡이 보내왔다는 점에서 그 편지는 역효과를 불러왔다.[142]

티무르가 736/1336년 무렵에 태어났다는 전설이 등장하기 시작한 것도 중요하다.[143] 1405년 이전에 활동한 '공식' 역사가들 가운데 티무르가 탄생한 날짜나 시기를 기술한 사람은 없다. 그러나 샤라프 알딘 야즈디와 하피즈 아브루를 시작으로, 티무르의 후계자들 밑에서 집필 활동을 한 저자들은 실질적인 마지막 일칸 아부 사이드가 죽은 736년에 티무르가 태어났다고 주장했다. 티무르의 정확한 출생일은 샤반월 25일[1336년 4월 8일]로 특정되었는데, 이날 두 행운의 별인 목성과 토성이 하나로 보이는 현상이 나타나 티무르가 '사히브키란Ṣāḥib-Qirān(상서로운 합의 주인)'임을 증명해주었기 때문이다(제13장 참조).[144] 그 의미는 분명하다. 일칸국의 붕괴를 수습하기 위해 신이 개입했고, 티무르는 그 섭리의 도구이자 일칸의 진정한 후계자라는 것이다. 1405년 이전 이슬람 세계에서 편찬된 사료들 가운데 티무르가 작성하라고 명한 셰이흐 아흐마드 야사비Shaykh Aḥmad Yasawī 영묘의 와크프나마는 티무르가 그해에 탄생했음을 전해주는 유일한 존재다.[145] 티무르 스스로도 803/1401년에 자신의 나이가 75세라고 밝혔던 만큼, 736년으로 탄생 연도를 수정한 것은 (만약 본인이 그렇게 했다고 한다면) 늘그막에 들어서일 것이다.

티무르와 그 신하들이 펼친 선전宣傳에는 일관성이 전혀 없었다.[146] 그는 톨루이 왕통이 차가다이 왕통의 권리를 빼앗고 오고데이 왕통으로부터는 카안의 지위를 찬탈했다고 비난했지만, 그의 궁정은 상황에 따라 톨루이 일문의 주장을 이념적 무기로 활용할 준비가 되었던 것 같다. 칭기스 칸이 톨루이에게 이란 땅을 내려주었고 톨루이의 아들 훌레구가 정복을 완료했다는 허구는 1330년대 후반에 일칸국의 역사가 샤반카라이가 처음 제기했다(제2장 참조).[147] 이 이야기는 이븐 할둔의 《소개》와 이븐 아랍샤의 《칼리프의 열매》에 수록되었는데,[148] 궁극적으로는 티무르 자신의 궁정에서 (이븐 아랍샤의 경우는 아마도 간접적으로) 이 저자들에게 전달된 것 같다. 소멸한 일칸국을 칭기스 칸이 세운 울루스로 만듦으로써 일칸국 전통의 계승자로서 티무르의 지위에 일종의 정당성을 부여하려는 의도였을 수 있다. 혹은, (티무르가 다시 쓴 역사 가운데 하나인) 훌레구 왕통의 단절로 차가다이 일문으로 이전된 권리를 의문의 여지가 없게 만들려고 했을 가능성도 있다.

칭기스 왕조와의 혈연관계

칭기스 왕조 칸의 이름을 빌려 지배하는 데 더해, 티무르는 칭기스 왕조와 혼인 관계를 맺었다. 그의 첫 칭기스 왕조 출신 아내는 차가다이 일문인 카잔 술탄 칸의 딸 사라이 물크 카님이다. 사라이 물크 카님은 본래 아미르 후사인의 아내로, 티무르가 771/1370년에 처단한 경쟁자에게서 물려받았다. 한참 지난 800/1397년에 티무르는 차가다이 울루스 동부의 칸 히드르 호자의 딸 튀켈 카님과 혼인했다.[149] 이 혼인으로 티무르는 구레겐(부마) 칭호를 사용할 수 있게 되었고, 실제 사료에서 "아미르 티무르 구레겐Amīr Tīmūr Güregen"으로 불리는 경우가 많다. 티무르가 776/1375년에 포로가 된 두글라트부의 아미르 샴스 알딘Shams al-Dīn의 딸 딜샤드 아가와 혼인한 이유도 그녀의 어머니가 차가다이 일문의 예순 테무르 칸(사망 740/1339~1340)의 딸이었기 때문인지도 모른다.[150] 티무르 왕조 쪽이 아닌 저자들의 다수가 티무르가 소유르가트므쉬의 남겨진 아내와도 결혼해 술탄 마흐무드 칸의 의붓아버지가 되었다고 언급했지만, 티무르가 집권 초기에 이 혼인을 했다는 서술은 명백히 잘못되었고, 당시 술탄 마흐무드가 소년이었다는 데도 의문의 여지가 있다(그러나 제12장도 확인할 것).[151]

티무르의 칭기스 혈통 아내들 가운데 그에게 자식을 안겨준 사람은 없다. 그가 아들들과 손자들에게 칭기스 왕조 출신 아내들을 구해줌으로써 자신의 가문을 황가와 연결하려고 했던 것은 어느 정도 이런 상황에서 연유했을 것이다. 그의 맏아들 우마르 셰이흐는 차가다이 일문의 바락 칸에게서 뻗어 나온 지파의 구성원이며 공식적으로 우즈칸드를 중심으로 한 분봉령을 보유했던 히드르Khiḍr의 딸, 말리카트 아가Malikat Āghā와 혼인했다. 우마르 셰이흐는 이 혼인으로 페르가나에 대한 지배력을 강화하고자 했던 것 같다. 우마르 셰이흐의 사후 말리카트 아가는 샤루흐와 혼인했다.[152] 아미란샤는 소유르가트므쉬 칸의 딸 우룬 술탄 하니카Ūrūn Sulṭān Khānīka와 결혼했다.[153] 그러기 전, 티무르가 칭기스 왕조와 직접적으로 연결된 지위를 얻지 못했던 시기인 768/1366~1367년경, 그의 아들 자항기르는 카이후스라우 후탈라니가 차가다이 일문 예순 테무르 칸의 딸을 통해 얻은 루키야 하니카Ruqiyya Khānīka와 혼인했고,[154] 775년 말/1374년 초에는 호라즘 수피 왕조의 구성원인 세빈 벡 칸자다Sevin Beg Khānzāda와 결혼해 그녀의 외할아버지인 조치 일문의 칸 외즈벡과 자항기르가 연결되었다.[155] 루이 곤살레스 데 클라비호는 티무르가 칭기스 왕조를 조상으로 둔 칸자다의 혈통 때문에 그녀를 존경했다고 썼다.[156] 이 결합을 통해 자항기르에게서 태어난 무함마드 술탄은 티무르에 의해 나중에 후계자로 지명된다. 무함마드 술탄은 바얀 쿨리 칸의 손녀와 혼인했는데, 그 덕분에 때때로 구레겐이라는 칭호로 불렸다.[157]

칭기스 왕조의 칸 옹립과 달리 칭기스 왕조와의 통혼은 티무르 사후로도 몇 세대나 이어졌다.[158] 티무르가 조치 일문의 후예인 칸자다를 어머니로 둔 자항기르의 아들 무함마드 술탄을 칭기스 왕조를 조상으로 두었다는 이유로 후계자로 지명했다는 데서 칭기스 왕조와의 인척 관계가 얼마나 중요했는지가 분명히 드러난다.[159] 티무르 사후 할릴 술탄은 트란스옥시아나를 장악한 뒤, 마찬가지로 칭기스 칸의 후손인 무함마드 술탄의 아들 무함마드 자항기르를 칸으로 세웠다. 할릴 술탄도 칸자다가 두번째 혼인에서 낳은 아들이었는데도 상대적으로 지지를 덜 받았고, 칭기스 왕조를 조상으로 두지 않은 샤루흐에 의해 몇 년 지나지 않아 권력을 잃은 사실 때문에 칭기스 왕조와의 관계가 더는 중요하지 않게 되었다고 생각할 수도 있다. 하지만 샤루흐의 아들 울룩 벡이 807/1404년 티무르에 의해 무함마드 술탄의 딸인 아가 베키Āghā Beki와 이어졌고, 샤루흐도 자식과 손자 중 일부를 무함마드 술탄의 후손과 혼인시켰으며,[160] 울룩 벡의 아내 가운데 한 사람은 티무르가 칸으로 옹립한 술탄 무함마드의 딸이었다.[161] 그다음 세기에도 혼다미르는 티무르 왕조의 술탄 후사인 바이카라(사망 911/1506)가 부모 양쪽 모두를 통해 우마르 셰이흐와 몽골 제국 황가의 혈통을 이어받았음을 강조하기 위해 적지 않은 분량을 할애할 정도였다.[162]

이 같은 인척 관계의 중요성은 쉬이 확인할 수 있는 데 반해, 티무르의 조상이 칭기스 왕조와 연결되어 있다는 주장이 지닌 중요성은 회미해졌다. 이븐 아랍샤는 티무르가 모계를 통해 칭기스 칸과 연결되어 있다는 계보를 인용했다. 그러나 부계를 통한 혈연관계가 더 강렬한 효과를 냈다. 13세기 《몽골 비사》는 바룰라스부가 몽골인들과 공통의 조상을 가졌다고 전했고, 이 내용은 몇십 년 뒤 라시드 알딘을 통해서도 반복되었다(제8장 참조). 티무르가 그의 칸과 공통의 남계 조상(그러나 차가다이를 통해서였다는 내용은 잘못된 것이다)을 통해 연결되었다는 이븐 할둔의 증언[163]은 티무르가 이르면 803/1401년에 칭기스 왕조의 후손임을 주장했다는 것이 아니라 바룰라스와 보르지긴 황실 사이의 관계를 반영한 것일 수 있다.[164]

티무르와 칭기스 칸의 혈연관계에 대한 기술은 티무르가 죽고 몇 년이 지난 뒤에야 등장한다. 806/1404년, 샤미는 티무르의 조상 카라차르가 차가다이 울루스의 행정을 맡았다고만 주장한 데 반해,[165] 후사인 이븐 알리샤가 기록한 계보나 하피즈 아브루의 《역사 정수》 (830/1426∼1427)에 실린 계보, 샤라프 알딘 야즈디의 《서문》에 실린 계보는 그보다 더 나아갔다. 그들은 카라차르를 투메네이의 아들이자 칭기스 칸의 증조할아버지인 카불 칸의 형제 카출라이의 아들로 둔갑시켰다. 그리고 샤라프 알딘 야즈디는 군주의 지위는 카불 칸의 후손이 맡고 통치권은 카출라이의 후손이 갖는다는 협정을 맺었다고 서술해 티무르와 그가 옹립하고 그 이름을 빌려 지배한 칸들 사이의 관계를 보여주는 공식 선례 및 모델을 창조했다. 796/1394년에서 807/1405년 사이에 태어난 티무르의 손자들에게 붙여진 이름들(카이두Qaidu · 바이송쿠르Baisonqur · 부준차르Buzunchar 등)은 티무르의 바룰라스 조상들뿐만 아니라 칭기스 칸의 조상들이 사용했던 이름이다.[166] 이는 티무르가 노년

에 이르러 끊어지지 않을 남계 혈통을 통해 칭기스 칸의 조상들과 연결
고리를 만들어야 한다는 생각을 이미 했음을 짐작케 한다.

*

이 장을 시작할 때 썼듯이, 사료들은 티무르나 그 후손을 언급할 때 아
미르나 아미르자다라는 칭호를 사용했다. 그러나 이 사료들은 그러면
서도 티무르를 '술탄'이라고 부르기도 했다. 이 칭호는 셀주크 왕조의
군주들이 사용했고 그후 많은 군주가 이어받았으며 무슬림이 된 일칸
들에게도 적용되었다.[167] 비비 카님 모스크Bībī Khānim masjidi의 입구 위에
는 그를 '대술탄'이라고 칭송한 구절이 쓰여 있으며, 793/1391년 톡타
므쉬를 공격하던 중에 킵차크 초원 동부 카라삭파으Qarsaqpaı에 남겨진
비문에는 두 칭호가 섞여서, 티무르는 "투란의 술탄 테무르 벡〔turannıng
sultanı temür beġ〕"으로 불렸다.[168] 이는 정복자가 이런 칭호를 모두 자신을
위해 사용했음을 알려준다.[169] 그 함의에 대해서는 제13장에서 살펴
보자.

제13장

무슬림 술탄과 성전사
신앙, 선전, 처신

티무르가 자신의 정권과 자신을 동시대 사람들에게 어떻게 드러냈는지를 이해하기 위해, 우리는 네 가지 범주의 자료를 참고할 수 있다. 첫째로는 맘루크 술탄 바르쿡과 파라즈, 오스만 술탄 바예지드 1세, 그리고 (경향이 약간 달랐던) 프랑스와 영국의 국왕 등 다른 군주들과 교환한 외교 서신이 있다. 둘째는 '궁정 역사서court history'라고 부를 수 있는 자료로, 티무르 스스로 후원해 자신의 경력을 기록하게 한 샤미의 《승전기》나 기야스 알딘 알리 야즈디의 《인도 성전기》(티무르 사망 전에 집필되기 시작했다)가 대표적인 예다. 셋째로는 나탄지의 《사선》, 야즈디의 《승전기》, 하피즈 아브루(1380년대부터 티무르의 수행단에서 봉직한 인물)의 저작들처럼 티무르의 후계자들 아래에서 편찬된 사료들이 있는데, 이 사료들 역시 중요하다. 하지만 이 부류는 때때로 이전의 증언을 정복자에 대한 전설과 설화로 발전시키거나 티무르 왕조 구성원의 요구에 따라 이전의 기록을 윤색하기도 했다는 사실에 유의해야 한다.[1] 넷째로는 '비공식' 사료에도 의지할 수 있다. 티무르의 본거지를 방문해 그를 만난 카스티야 사절 루이 곤살레스 데 클라비호나 마그레브 출신 철학자 이븐 할둔, 티무르 제국에 억류되었던 이븐 아랍샤나 요한 실트베르거 같은 외부인의 증언이 여기에 해당한다. 이 넷째 자료는 티무르의 측근이 출처지만 '궁정 역사가'들에 의해 굴절되지 않은 사실을 전달할 수도 있기에 중요하다(물론 이븐 아랍샤는 궁정 역사가들이 티무르를 찬미한 강도만큼 적대적 태도를 보였다).[2] 지금 이 장과 뒤의 제14장에서는 티무르 자신의 감정과 열망을 반영한 저자들과 그뒤에 활동한 티무르 후예들의 시각을 반영한 저자들을 반드시 구분해야 한다. 티무르의 주장이 겸손하다고 볼 수는 없지만, 어떤 면에서는 그의 후계자들이 그를 대신해 발전시킨 주장만큼 앞서가지는 않았다.

이슬람의 용사

티무르는 원정에 나설 때면 언제나 이동이 가능한 목재 모스크를 끌고 다니며 신심을 다했다.[3] 샤미와 샤라프 알딘 야즈디는 그가 라마단과 이드'Īd*를 준수했고, 전투 전이건 전투 중이건 간에 직접 엎드려 기도

---

* 이드는 아랍어로 축제, 명절, 절기를 의미하는 단어인데, 여기서는 이슬람 세계에서 중요한 두 가지 명절을 가리킨다. '이드 알피트르('Īd al-Fiṭr, 단식종료제)'는 샤우왈월 1일에 시작된다. 무슬림에게는 '이드 알아드하('Īd al-Aḍḥā, 희생절)' 다음으로 중요한 축제여서, 이 두 축제를 각각 이드 알카비르('Īd al-Kabīr, 큰 명절)', 이드 알사기르('Īd al-Ṣaghīr, 작은 명절)'라고 부르기도 한다.

하면서 신에게 승리를 간구했다고 기록했다. 즉 그들은 티무르가 군대의 규모나 장비가 아니라 신에게 기댄 덕분에 승리를 얻어냈음을 강조하고자 했다.[4] 나탄지는 티무르를 '술탄 가지Sulṭān-i ghāzī'와 같은 존재로 여겼고, 샤라프 알딘 야즈디는 티무르가 경력 초기부터 신앙의 적들과 싸우고 싶어했다고 힘주어 주장했다.[5] 샤미는 티무르가 800/1398년 중국 공격을 고려하기 시작한 시기에 대해 서술하면서 티무르의 목표가 우상 숭배자butparastī의 근절이었다고 썼다.[6] 807/1404~1405년, 명나라 원정에 나섰을 때도 성전ghazw-u jihād에 대한 열망이 너무 강해서 혹독한 겨울 날씨에도 전혀 주저하지 않았다고 한다.[7]

샤미, 기야스 알딘 야즈디, 샤라프 알딘 야즈디는 티무르의 주된 적수가 (대규모 힌두 신민을 아래에 두기는 했지만) 무슬림이었던 인도 침략을 '가주ghazw'*와 '지하드jihād(성전)'로 치장하고 티무르의 군대를 '이슬람의 군대'로 묘사했지만 정당화하기가 쉽지는 않았다.[8] 샤라프 알딘 야즈디는 티무르가 무슬림을 공격한 카토르Kator**의 이교도들을 처벌하기로 결심한 이야기를 서술하면서 티무르에게 "특히 이 여행에서의 훌륭한 마음속 목표는 신앙의 승리와 이슬람의 강화, 그리고 불신자에 대한 성전과 우상들의 파괴였다"라고 썼다.[9] 801/1399년에 미라트(메루트)를 점령한 뒤로 티무르는 다리에 염증이 생겨 고통이 심했는데, 힌두

• '약탈'을 의미하는 아랍어. 본래 아랍 유목민의 소규모 약탈전을 의미했으나, 특히 예언자 무함마드가 이교도들에게 수행한 정복전에 '가즈와(ghazwa)'라는 말이 많이 사용되어서, 후대에는 비무슬림 지역에 대한 정복전 혹은 약탈전을 '가자(ghaza)'라고 불렀다고 한다.

•• 카피리스탄(Kāfiristān, 불신자의 땅)', 즉 대략 오늘날 아프가니스탄 누리스탄주(Nūristān)의 한 지방. 카트와르(Katwar)라고도 한다.

군대가 접근하자 전투가 임박했다는 생각에 고통이 누그러져서 말에 올라 임무를 수행할 수 있었다고도 한다.[10] 샤라프 알딘 야즈디는 티무르가 귀환하던 길에 시발릭Siwālik 지방의 힌두교도를 학살한 일을 두고 이들이 본래는 지즈야를 납부했으나 나중에는 그러지 않았으니 그들의 생명과 재산은 합법적인 성전의 대상이라는 근거를 들어 정당화했다.[11]

티무르의 마지막 작전은 비무슬림이 주류인 중국 명나라를 목표로 삼았고, 앞서 살펴보았듯이 홍무제가 무슬림을 학살했다는 근거 없는 주장으로 정당화되었다. 그러나 베네치아령 타나 약탈을 제외하면 그가 실제로 불신자들을 상대로 실시한 원정은 힌두쿠시, 펀자브, 잠무, 카쉬미르(델리 술탄국과 마찬가지로 무슬림의 지배를 받았으나, 그 군주는 티무르에게 복속을 제의하면서도 티무르를 맞이하기 위해 직접 출두하지는 않았다[12]), 조지아(최소 여섯 차례 공격), 루시(1395년, 원정 기간도 짧았고 애초에 계획한 원정도 아니었던 것 같다), 다게스탄[정교회 그리스도교도 알란(아스Ās) 또는 카이탁Kaitak 같은 그리스도교도 집단],[13] 스미르나(오늘날의 이즈미르, 당시에는 성 요한 병원기사단의 전초 기지였다)에 한정되었다.

티무르와 그의 아첨꾼들 모두가 이슬람을 위한 그의 헌신을 얼마나 강조했건 간에,[14] 인도에서 힌두교 사원을, 조지아와 아르메니아에서 얼마나 많은 교회를 파괴했던 간에,[15] 다마스쿠스에서(그리고 어쩌면 알레포와 부르사에서도) 유대교도를 학살했던 간에,[16] 티무르가 공격한 지배자와 인구의 절대 다수는 무슬림이었다는 사실을 부정할 수는 없다. 장폴 루의 표현대로 "티무르가 자신의 행동을 정당화하고자 찾은 논리가 이슬람에 한정되었던 것"은 결국 티무르의 손에 가장 큰 피해를 본 쪽이 무슬림 국가들이었기 때문인지 모른다.[17] 티무르가 분열시킨 오스만 제국과 달리 델리 술탄국은 1398년의 시점에서 최소한 50여 년 전부터 상당히 쇠퇴하고 있었고 벵골과 마바르처럼 멀리 떨어진 지방을 이미 잃은 상황이긴 했지만 티무르의 침략이 영토 중심부의 분열을 가속화했다. 결국 티무르가 델리를 약탈하고 몇 년 지나지 않아 자운푸르Jaunpur · 말와Mālwā · 칸데시Khāndesh · 칼피Kalpī 등지의 총독이 독립을 선언했다.[18] 게다가 티무르가 펼친 군사 작전 중 두 번은 간접적으로 그리스도교도 세력에게 상당한 이득을 안겨주었다. 804/1402년, 티무르가 바예지드 1세를 제거하고 사망한 술탄의 아들들 사이의 갈등을 조장한 결과, 바예지드의 아들들은 비잔티움 제국에 대한 공격을 중단할 수밖에 없었다. 다시 말해 티무르는 그리스인들에게 50년간의 유예를 선사한 셈이었다.[19] 장기적으로 볼 때, 티무르가 톡타므쉬를 상대로 거둔 승리 덕분에 (티무르 자신이 잠시 모스크바를 위협했다는 점을 생각하면 모순적이지만) 모스크바 대공국은 해방을 맞았다. 좀더 즉각적인 결과는 티무르의 킵차크 칸국 공격이 막 그리스도교로 개종한 리투아니아 대공국의 대두에 도움이 된 일이다.[20] 나탄지에 따르면, 카자간은 754/1353~1354년 아들 압둘라의 우르겐치 약탈 소식에 격분했는데, 아들이 무슬림을 공격했기 때문이다.[21] 이러한 서술은 티무르의 행보에 대한 암묵적인 비판 아니었을까.

티무르는 델리의 지배자들이 힌두 신민들에게 베푼 관용을 비난하면서도 막상 자신은 인도에서 비무슬림 군주나 수비대에 이슬람을 수용하라고 일관되게 요구하지는 않았다. 물론 801/1399년, 포로가 된 잠무의 라자는 이슬람으로 개종하고 소고기를 먹었다고 한다.[22] 스미르나의 그리스도교도들에 대한 공격도 이슬람을 수용하라는 공식 요구와 함께 시작되었다.[23] 조지아 국왕 바그라트 5세는 788/1386년 티무르의 포로가 되었을 때 신앙을 받아들이라는 설득에 넘어가기도 했다.[24] 그러나 바그라트의 아들인 콘스탄티네(바그라트 사후 왕위에 오른 기오르기 7세의 형제이자 경쟁자로, 후일의 콘스탄티네 1세Konstantine I)가 805/1402~1403년 선물 꾸러미를 싸 들고 대아미르와 만났을 때 개종하라는 요구를 받았다는 기록은 없다.[25]

티무르의 업적을 기록한 저자들은 어쩌면 이 같은 내재적 모순을 의식했는지도 모른다. 기야스 알딘 야즈디는 정복자가 옛 동맹 말릭 무이즈 알딘이 사망할 때까지 카르트 왕조에 대한 공격을 미루었다고 쓰면서(제10장 참조), 무이즈 알딘은 무슬림 왕들 가운데 최고의 무슬림이라고 말했다. 이는 티무르가 같은 종교를 신봉하는 탁월한 인물에게 보인 존경을 강조하려는 의도가 담긴 서술일 것이다.[26] 니잠 알딘 샤미와 샤라프 알딘 야즈디는 797/1395년의 아작Azāq(타나) 점령을 언급할 때 주민들 가운데 무슬림을 제외한 나머지 사람들에게 "지하드의 칼"이 내려졌다고 썼다(실제로는 그리스도교도 다수가 포로가 되었다가 나중에 몸값을 내고 풀려났다).[27] 그리하여 델리 인근 로니Lonī에 살던 무슬림들은 801/1398년에 벌어진 학살로부터 무사했다.[28] 시바스와 말라티아에서도 아르메니아인을 비롯한 그리스도교도가 포로로 전락하는 동안 무슬림 주민들은 돈을 내고 안전을 보장받을 수 있었다.[29]

티무르가 진정한 무슬림이 아니라고 주장하는 사람들도 있었다. 아스타라바디가 보기에 티무르의 행동은 법과 종교의 경로, 정직과 경건의 길에서 벗어났을 뿐만 아니라 그는 강간과 살육과 약탈을 일삼은 인물이었다.[30] 티무르를 따르는 타타르인들은 "악령들(아파리트ʿafārīt, 단수형은 이프리트ʿifrīt)"이자 "악마들shayāṭīn", "저주받을 불신자들malāʿīn-i kuffār", "몽골의 불신자들, 차가타이와 타타르의 압제자들"이었다.[31] 이 븐 아랍샤 역시 비슷한 주장을 펼치며 티무르의 최측근 추종자들을 "악 마들al-shayāṭīn", "재물도 종교도 없는 사람들lā dunyā lahum wa-lā dīn"이라고 조롱했다.[32] 그는 티무르의 추종자들이 보여준 헌신을 수피 제자들과 스승 사이의 영적 유대감을 묘사할 때 관습적으로 쓰는 언어로 풍자했 다.[33] 그러고는 티무르를 비롯해 칭기스 칸의 법을 준수하는 사람 모두 가 불신자라는 학자들의 평결을 인용했다.

아스타라바디의 주군 부르한 알딘과 맘루크 술탄, 오스만 술탄도 티무르의 이슬람 신앙을 의심하며 그가 무슬림을 학살하고 학대했다 고 비난했다.[34] 이런 비난에는 근거가 있었다. 796/1393~1394년, 술 탄 바르쿡에게 티무르가 선물한 맘루크 아홉 명 가운데 여덟 명이 바그 다드의 저명한 고위 인사들의 아들, 다시 말해 무슬림 자유인으로 확인 되었다. 말하자면 이들이 노예로 전락한 것은 이슬람 율법에 어긋나는 일이었기에 술탄은 이들을 풀어주었다. 이들의 존재는 바르쿡이 복종 하지 않는다면 그 신민들이 맞이할 운명을 경고하는 의미였는지도 모 른다.[35] 티무르의 군사들은 자주 무슬림, 학자, 장인을 노예로 삼았는데, 특히 장인들이 노예로 전락해 트란스옥시아나로 강제 이주되었다. 이 포로들은 티무르가 죽은 뒤에야 샤루흐의 명으로 풀려나 고향으로 귀환 하도록 허락되었다. 이븐 아랍샤도 이런 경우에 해당했다. 이븐 아랍샤 가 직접 읽었다고 주장한, 바르쿡이 티무르에게 보낸 편지(제12장 참조) 는 사실 티무르가 보낸 편지에 대한 답신이었다.[36] 여기에는 "당신은 우 리가 불신자라고 주장하지만, 우리는 당신네들이 타락했다고 생각한다"

라는 말이 들어 있었다.[37] 어쩌면 이 편지는 티무르가 자신에게 씌워진 불신자 혐의에 예민하게 반응했다는 것을 보여주는 증거일 수도 있다.

맘루크 측 역사가들은 티무르에게 '알랑al-lang'('절름발이')이라는 경멸적인 호칭을 붙였지만, 그에 대한 평가에는 다소 차이가 있다. 제1장에서 살펴보았듯이, 이들은 대체로 이븐 아랍샤에게서 다대한 영향을 받았는데 그렇지 않은 단 한 사람이 있다. 역사가 알마크리지는 이븐 아랍샤를 주요 사료로 이용하면서도 자신만의 견해를 드러내기를 주저하지 않았다. 저서 《여정》에서 《진주 목걸이》로 건너가는 사이 알마크리지가 티무르를 바라보는 시각은 확연히 달라졌다.[38] 그는 이븐 아랍샤와 달리[39] 술탄 파라즈가 조공을 들려 보낸 사절단이 사마르칸드에 도착한 건에 침묵했고, 이븐 카디 슈흐바나 이븐 하자르와 달리 806/1403년에 티무르의 사절이 젊은 술탄에게 가한 모욕도 묘사할 수 없었지만,[40] 《여정》에서의 시리아 원정 묘사는 이집트인 관찰자들의 전통적 관점과 비슷해 보인다. 이 책에 실린 티무르의 부고 기사는 그가 세계의 도시들을 망가뜨리고 불태웠으며, 바그다드를 파괴하고 주민을 통째로 이주시켰다면서 그를 "노상강도qāṭiʿ al-ṭarīq"라고 칭했다(제14장에서 확인하겠지만, 티무르 자신이 적들을 지칭하는 방식을 무의식적으로 따라한 듯하다).[41] 반면 《진주 목걸이》의 티무르 항목 끝자락에서는 티무르를 "신께서 [그분의] 종들이 범한 행위에 대한 벌로써 보내신, 세상에 대등한 존재가 없는 이fardᵃⁿ min afrād al-ʿālam"라고 묘사했다.[42] 여기서 역설이 발생한다. 왜 알마크리지는 이븐 아랍샤의 대단히 비판적인 평가를 듣고 읽었는데도 티무르가 신의 섭리라는 (심지어 대단히 중립적인) 평을 썼을까?[43] 가장 그럴싸한 설명은, 알마크리지가 대단히 존경하고 그 저서도 높이 평가한 이븐 할둔과 오래전에 맺었던 관계에서 여전히 지대한 영향을 받았다는 것이다.[44] 알마크리지가 이븐 할둔 항목을 저술할 때 그가 읽은《소개》에서 티무르는 신에게 총애받는 존재로 묘사된다.[45]

다른 저자들은 정복자에게 신의 계획 속 자리를 내줄 준비가 되어 있지 않았다. 이븐 카디 슈흐바가 볼 때 티무르는 단순히 "타락한 자들의 지도자, 무슬림 도시들의 파괴자, 일신교도들의 피를 짜내는 이"였다.[46] 이븐 힛지는 티무르를 "하와리즈파al-Khāwārij"● 라고 불렀는데,[47] 이는 그가 티무르의 종교관을 인정하지 않았음을 반영한다. 티무르는 "알타기 알바기al-ṭāghī al-bāghī", 즉 '억압적인 폭군'으로도 불렸다('알타기al-ṭāghī'에는 이교의 신격 또는 그 신앙이라는 뜻도 있다).[48] 이로부터 몇 년 뒤, 티무르가 지닌 훌륭한 자질들에 대해 이븐 아랍샤가 서술한 대목을 그대로 빌려온 이븐 타그리비르디도 마찬가지였다. 그도 티무르가 훌륭한 자질을 가졌다는 점은 인정했지만, 그럼에도 티무르에게 "알타기야al-ṭāghiya"와 같은 비판적 별명을 붙이는 데 주저함이 없었다.[49]《샘》의 열전에서, 그는 전통적으로 불신자들에게 쓰인 "라 아나훌라흐la ʿanahu llāh", 즉 "신께서 그를 저주하시길"이라는 구절을 티무르의 이름 뒤에 (두 차례나) 덧붙였다.[50]《빛나는 별들》에 실린 티무르 부고 기사에서는 단 한 차례 악담을 남겼다.[51] 또 저서《샘》에서 알마크리지가 티무르의 탁월함을 기리며 쓴《진주 목걸이》의 구절 "대등한 존재가 없는 이fardᵃn

---

● 하와리즈파는 4대 칼리프 알리 이븐 아비 탈립과 우마이야 왕조의 초대 칼리프 무아위야 이븐 아부 수피얀 사이의 분쟁 속에서 등장한 이슬람 분파로, 당시 알리 측 군세에서 이탈한 비타협적인 세력의 일부다. 중세 무슬림 저자들은 정당한 지도자나 그 지도자가 임명한 관리에게 반란을 일으킨 사람에게 실제 종파와 관계없이 하와리즈파라고 불렀다고 한다.

min afrād"를 그대로 옮겨 오면서도, 신이 자신의 목적을 완수하기 위해 티무르를 보냈다는 알마크리지의 평을 반복해서 기록하지는 않았다. 이 책의 티무르 열전은 지옥al-jaḥīm이 티무르의 거처가 되었다는 공언과 함께 끝난다.[52]

티무르가 신의 도구라는 시각은 알마크리지만의 것이 아니었다. 티무르 자신도 그렇게 생각했다. 1402년 다마스쿠스로 돌아온 벨트라모 디 미냐넬리는 다마스쿠스인 포로의 아첨에 정복자가 자신이 신의 재앙이라고 답했다는 이야기를 들었다.[53] 칭기스 칸이 부하라의 가장 큰 모스크 연단에 올라 도시 주민들에게 신이 그들의 죄를 벌하기 위해 자신을 보냈다고 했다는 주바이니의 서술처럼, 이 일화 또한 실제로 일어난 일은 아닐 것이다(제3장 참조).[54] 두 이야기 모두 현실보다는 동시대 무슬림의 인식에서 더 크게 영향을 받았음이 분명하다. 티무르가 바르쿡에게 보낸 서신 가운데 훌레구가 658/1260년에 아이유브 술탄 알나시르 유수프에게 보낸 최후통첩을 축약해서 보낸 편지(제12장 참조)는 티무르군은 신의 진노가 내린 이들을 지배할 권리를 지닌 군대라는 선언으로 시작했다.[55] 803/1400년, 알레포 주민들에게 보낸 서신에서 티무르는 영원한 신이 세계를 정복하라고 자신에게 명했다고 선언했다.[56] 뒤에서 확인하겠지만, 티무르는 자신의 승리를 신의 은총으로 여겼다. 두 주장 모두 이교도 칭기스 칸의 행보를 반복한 것이었다고 볼 수 있다(제14장 참조). 티무르에게 신은 이슬람의 신인 동시에 내륙 아시아의 텡게리였다.[57]

티무르 왕조 측 역사가들은 티무르와 싸운 몽골계 적대 세력을 비무슬림으로 보았다. 앞서 살펴보았듯이, 자타 모굴인들은 불신자로 여겨졌다. 힐만드 지방에서 티무르의 군세와 충돌한 몽골계 집단인 네구데르부도 이슬람의 은총을 받지 못한 이들로 불렸다.[58] 샤미와 샤라프 알딘 야즈디는 톡타므쉬가 787/1385~1386년 타브리즈로 아홉 개 투멘에 달하는 대군을 보낸 일을 묘사하면서 그들 중 다수가 무슬림이 아니라고 주장했다. 자인 알딘도 이 사건을 회고하면서 불신자 10만 명이 도시를 약탈했다고 묘사했다.[59] 이런 식의 주장에도 근거가 있었다. 1436년에 조치 일문의 영토를 방문한 베네치아 여행가 조사파트 바르바로는 이 땅에 신앙을 뿌리내리게 한 사람은 대아미르 에디귀(사망 822/1419)라는 이야기를 들었고, 루이 곤살레스 데 클라비호도 같은 평가를 기록했다.[60] 그러나 바르바로는 "우상 숭배자들"이 비밀리에 고유의 의식을 수행한다는 이야기도 들었다. 이븐 아랍샤는 동시대 킵차크 초원의 유목민 대다수가 여전히 우상 숭배자였다고 주장했다.[61] 실제로 샤라프 알딘 야즈디는 톡타므쉬의 동맹이었던 다게스탄의 카이타그Qāytāgh(카이탁) 중에서도 그리스도교가 많다는 이유로 그들을 불신자로 낙인찍었다.[62] 알딘 야즈디에 따르면, 톡타므쉬는 티무르와의 전쟁을 위해 루시, 알란, 카파 등에서 병사를 모집하기도 했다.[63] (티무르가 반복해서 언급한) 이 혐의는 그럴싸해 보인다. 1380년, 마마이는 모스크바 원정 당시 '프랑크인', 캅카스인, 알란인을 고용해 병력을 증강했다.[64]

티무르는 서신에서 불신자들을 향한 원정과 마찬가지로 무슬림 적수들을 상대로 한 원정도 '성전'('가자ghazā')이라고 불렀다.[65] 그는 자신의 핵심 수행원이었던 사마르칸드 출신의 하나피 법학파 학자 압둘잡바르 이븐 알누만 호라즈미ʿAbd al-Jabbār b. al-Nuʿmān Khwārazmī에게 함락된 알레포의 울라마들을 심문하라는 명을 내렸다. "누가 순교자인가? 우리 쪽 전사자들인가, 너희 쪽 전사자들인가?" 티무르가 이처럼 까탈스러운 질문을 던지고 마음에 들지 않는 답을 들으면 벌을 내리기로 유명한 것을 익히 알았던 울라마들은 두려움에 떨었다. 그러나 그들의 대변인 이븐 알시흐나는 비슷한 질문에 대한 예언자의 답을 인용해 티무르에게 감동을 안겨주어 난감한 상황을 무마했다.[66]

802/1400년, 맘루크 술탄 파라즈와의 협상 중에 티무르는 '다르 알이슬람Dār al-Islām'('이슬람 세계') 최고의 지배자로서 칼리프를 지명하는 것이 자신의 권리라고 주장했다.[67] 이 주장이 어떻게 나왔는지 가늠하기는 어렵다. 이렇게 지명된 칼리프가 티무르(와 그가 옹립한 칸)에게 새로운 지배정당성을 부여하리라는 기대가 있었던 것일까? 대아미르가 어떤 제안에 불쾌감을 느껴 받아치기 위해 이런 주장을 했던 것일까? 티무르의 주장은 바르쿡과 파라즈가 칼리프를 옹립하는 특권을 누리는 데서 오는 불편한 감정과 자신을 불신자로 여기는 시선에서 비롯된 비정상적인 열등감을 드러냈는지도 모른다.

803/1401년, 이븐 할둔은 압바스 왕조의 한 후손이 다마스쿠스에서 티무르 앞에 나서 자신이 당시 카이로에 있던 허수아비 칼리프 알무타왁킬 알라 알라al-Mutawakkil ʿalā Allāh보다 칼리프에 더 어울리는 자격을 갖추었다고 주장했다는 이야기를 들려준다. 그의 주장은 칼리프가 주로 압바스 가문에서 나와야 한다는 예언자의 전승(하디스)에 (더 정확히 말하면 예언자가 그렇게 말했다고 한 이 압바스 왕조 후손의 주장에) 근거한 것이었다. 티무르는 이븐 할둔을 비롯한 율법학자들에게 이 문제를 위임했는데, 이런 상황이 그들로서는 썩 달갑지 않았다. 그러나 압둘잡바르 호라즈미가 나서자, 이 율법학자들은 청구인과 알무타왁킬의 권리

를 비교하지 않고 해당 전승이 가짜라는 이유를 들어 청구인에게 불리한 판결을 내렸다.[68] 뒤에서 보겠지만 티무르가 칼리프 제도의 역사에 대해 보였던 태도를 고려할 때, 그가 압바스 왕조의 후손을 받아들였을 가능성은 낮다.

티무르는 선택의 여지를 남겨두고 싶었거나, 아니면 인기가 높은 알무타왁킬에게 도전함으로써 맘루크 술탄국을 상대로 승리의 가능성을 위태롭게 하고 싶지 않았는지도 모른다. 바예지드 1세에게 보낸 서신에서 티무르는 칼리프가 바르쿡의 손아귀에서 고통받았다는 사실을 강조했다.[69] 추방당하고, 투옥되고, 두 차례나 폐위된 알무타왁킬이 자신에게 의탁할 준비가 되었다고 판단했을 수도 있다.[70] 티무르가 801년 무하람월 초/1398년 9월 말 (당시 맘루크 술탄의 보호 아래에 있던) 메카와 메디나의 지배자들이 보호를 요청하면서 보낸 사절을 맞았다는 샤라프 알딘 야즈디의 기록을 신뢰할 수 있다면, 이것이 완전히 비현실적인 희망은 아니었을 것이다.[71] 최근 몇십 년 동안 점점 더 많은 무슬림 군주 (이들 가운데는 무자파르 왕조의 샤 슈자, 잘라이르 왕조의 술탄 아흐마드, 오스만 왕조의 바예지드 1세도 있었다)가 칼리프의 추인을 받고자 한 점 때문에 알무타왁킬에게 적대감을 품었는지도 모른다.[72] 그러나 티무르가 알무타왁킬을 보호하려는 생각이 있었다 하더라도 그가 칼리프에게서 지배권을 공인받을 생각이 있었는지는 의문이다.

티무르는 건축에 매우 열정적이었는데, 그가 세운 대다수 건물은 세속적인 목적이 있었다. 예컨대 사마르칸드 요새화나 그곳의 궁전들 (그가 정복한 도시들의 이름이 붙여졌다), 데 클라비호가 감탄해 마지않았던, 악사라이Aqsarāy 궁전을 위시한 케쉬(샤흐리사브즈)를 아름답게 꾸며준 건축물들이 그러했다.[73] 그러나 종교적인 건축물도 있었다. 케쉬의 셰이흐 쿨랄 성묘, 800/1397년에 야시Yasī(이 도시는 후일 튀르키스탄Türkıstan으로 알려진다)에 있던 셰이흐 아흐마드 야사비의 무덤 위에 세운 영묘, 사마르칸드의 호화로운 비비 카님 모스크, 본래는 티무르의 손자이자 후계자 무함마드 술탄 이븐 자항기르를 기리기 위해 세워졌으나 나중에는 티무르 자신과 사이드 바라카Sayyid Baraka의 안식처가 된 구르 미르 등이 여기에 해당한다.[74] 《칸디야Qandiyya》*의 저자는 티무르의 누이인 쿠틀룩 테르켄 아가의 무덤(773/1371~1372년에 건설)과 시린 벡 아가의 무덤(787/1385~1386년에 건설)에 대해 언급했으나, 이 건물들이 티무르의 후원으로 지어졌다고 명시적으로 밝히지는 않았다.[75] 정복자는 사마르칸드의 디마슈크Dimashq 지구에 수피 회관(하니카)을 지었고 투르바트 셰이흐 잠Turbat-i Shaykh Jām의 수피 회관 두 곳을 후원했다고 알려져 있다.[76] 비록 티무르는 후손들이 누린 문화의 후원자라는 명성을 그다지 누리지 못했지만, 하나의 마드라사가 아니라 "수호 성자들과 수피 스승들을 위해 거대한 돔형 성소를 만들었다"라는 주장은,[77] 첫째 부인 사라이 물크 카님이 관련된 마드라사가 그의 승인과 권한 아래 지어졌으리라 추정되므로 조금은 부당하다고 하겠다.[78]

티무르가 지은 건축물들이 지닌 공통점은 보는 이들에게 티무르의 위대함과 권력을 각인시키는 거대한 규모와 공통된 시각적 어휘다. 이는 건축물에 새겨진 비문으로 한층 강조되었다.[79] 절제는 티무르의 본성과 맞지 않는다는 샤라프 알딘 야즈디의 묘사는 정확했다(제11장 참조).

몇몇 일화에 따르면, 건축가들이 세운 건물의 크기나 높이를 처음 봤을 때 만족하지 못한 티무르가 더 크게 만들라고 완강하게 고집을 피웠다고 한다(비비 카님 모스크의 경우가 그러했다).[80] 17세기 초 저자들은 티무르가 아주 작은 글씨로 정성껏 필사한《코란》선물은 받기를 거부했지만, 한 행의 길이가 최소 1큐빗cubit('디라dhirā', 50센티미터 이상으로 추정)에 이르는 대형《코란》을 받고는 기뻐했다는, 비슷한 이야기를 전한다.[81]

누구와도 비교할 수 없는 성전사

티무르는 맘루크 제국과의 대결을 통해 최초의 진정한 무슬림 일칸으로 여겨지던 가잔 마흐무드의 활동을 자신의 행보 위에 덧씌울 수 있었고, 실제로도 그렇게 했다. 티무르가 두 칸을 지칭하는 데 사용한 '파디샤 이슬람'이라는 칭호는 가잔이 이슬람으로 개종하면서 채택했던 바로 그 칭호다. 티무르는 말년에 702/1303년에 가잔이 했던 일과 마찬가지로, 히자즈의 성도聖都 메카와 메디나에 카라반을 보내, 나중에 설치하기로 한 키스와Kiswa를 제작하기 위해 카바Kaʿba*의 치수를 재도록 했다.[82] 그러나 티무르가 군사 활동을 펼친 지리적 범위는 가잔의 활동 범위보다 훨씬 넓었으며, 티무르는 이전의 비몽골인 무슬림 정복자들의 전통 속에서도 자신의 자리를 마련하고 싶어했다. 그 가운데 가장

---

* 카바는 검은 천으로 덮인 커다란 입방체 모양의 돌로 된 구조물로, 메카 대사원의 중앙에 놓인다. 키스와는 카바를 덮는 검은 천으로, 윗부분에 '샤하다' 구절이 무늬로 짜여 있었다. 키스와는 무슬림 공동체 전체를 대표하는 상징이기도 했기에 티무르와 샤루흐도 중시했다.

대표적인 인물은 튀르크계 야민 왕조의 지배자로, 불신자와 무슬림 이단을 상대로 펼친 원정으로 신앙의 전사라는 명성을 쌓은 마흐무드 가즈나위(가즈니의 마흐무드, 사망 421/1030)다.[83] 794/1392년, 티무르는 손자 피르 무함마드 이븐 자항기르에게 칸다하르·카불·가즈니에서 인더스강에 이르는 영토를 분봉하며 이 땅을 "가즈니의 마흐무드의 옥좌"라고 표현함으로써 자신을 이 유명한 인물과 연관 지었다.[84]

티무르가 칭기스 칸보다 빼어난 인물로 묘사될 수 있었던 만큼, 당연히 그는 다른 무슬림 전사들과 비교했을 때 자신이 더 위대한 인물로 보이기를 바랐을 것이다. 아부 나스르 무함마드 이븐 압둘잡바르 알우트비Abū Naṣr Muḥammad b. ʿAbd al-Jabbār ʿal-ʿUtbī가 《야민 왕조의 역사Taʾrīkh-i Yamīnī》에서 서술한 마흐무드 가즈나위의 원정을 인지했던 것으로 보이는 기야스 알딘 야즈디는 티무르의 인도 원정에 대해 서술할 때 티무르의 제국을 마흐무드의 제국과 비교하며 마흐무드의 제국이 부족하다고 평했다.[85] 샤미는 그리스도교도 조지아 왕국에 대한 원정을 서술하면서 티무르가 "마흐무드 가즈나위의 성전ghazawāt을 망각의 선 뒤로 밀어 넣었다"라고 썼다. 샤라프 알딘 야즈디는 806/1403년 조지아 원정에서 티무르가 거둔 승리를 이전의 모든 무슬림 군주가 이 지방에서 거둔 빈약한 업적과 비교했다.[86] 야즈디가 보기에 세계 역사에서 오직 두 사람, 알렉산드로스 대왕(둘카르나인Dhū l-Qarnayn)과 티무르만이 정복을 통해 이슬람을 강화하고 이슬람의 계율을 널리 퍼뜨리는 특권을 누렸다. 물론 야즈디는 은연중에 둘 가운데 티무르의 업적이 더 크다고 주장했다.[87]

티무르가 몰락시킨 군주 가운데 가장 눈에 띄는 인물은 용맹한 이슬람 용사, 오스만 왕조의 바예지드 1세다. 그는 조상들이 시작한 발칸반도의 그리스도교 세력들 방면으로의 확장을 이어나갔다. 그의 원정으로 세르비아 왕국은 속국으로 전락했고, 불가리아 왕국은 멸망했으며, 비잔티움 제국은 멸망 직전에 몰렸다. 그는 성격적 결함 탓에 무슬림 신민들에게 사랑받지는 못했지만,[88] 그의 눈부신 정복 역정은 티무르와 비교해도 전혀 손색이 없어 보인다. 티무르가 한때 일칸국의 서쪽 변방이었던 곳에 강력한 경쟁자가 존재한다는 사실을 견디기 힘들어했던 것은 오히려 그가 오스만 술탄에게 일말의 존경심을 품었기 때문이 아니었을까. 바예지드 1세와 초기에 교환했던 서신에서 티무르는, "저주받을 프랑크 불신자들kuffār-i mulā῾īn-i farang"을 상대로 펼친 성전을 칭찬하고 이 투쟁이 자신의 활동으로 위태로워져서는 안 된다면서 자신이 동쪽에서 불신자들을 상대로 펼치는 원정과 비교했다. 그는 심지어 바예지드의 성전을 도와줄 의향이 있다는 인상까지 풍겼다.[89] 더 나아가, 톡타므쉬의 동맹 가운데 불신자들(그리스도교도 폴란드인과 리투아니아인)이 있다는 점을 근거로 들어, 톡타므쉬는 합법적인 지하드의 대상이 되었다며 바예지드 1세의 협조를 기대한다고 썼다.[90] 샤미와 샤라프 알딘 야즈디는 바예지드를 무릎 꿇게 해서 포로로 잡은 티무르의 원래 의도가 그에게 아나톨리아의 영토를 돌려주어 이전보다 더 효과적으로 성전을 추진할 수 있도록 하는 것이었고, 또 술탄에게 그러겠노라고 약속했다고 주장했다.[91] 한 오스만 저자는 바예지드 1세의 몸값을 두고 벌어진 협상이 술탄의 사망으로 허사로 돌아갔다고 쓰기도 했다.[92]

알리 아누샤흐르Ali Anooshahr는 바예지드 1세와의 대립이 깊어지면서 티무르가 오스만 술탄의 성전사聖戰士로서의 자격을 강렬하게 의식하게 되어 자신이 '가지ghāzi'임을 더 강조해야 하고 다른 가지들보다 더 우월해야 한다는 열망을 품게 되었다고 주장했다.[93] 미켈레 베르나르디니는 이런 맥락에서 인도 원정이 티무르가 스스로를 (바예지드 못지않은) 성전사로 볼 수 있도록 한 분수령으로 파악했다.[94] 아이러니하게도, 오스만 측 연대기 저자 아흐메디는 바예지드 1세가 무슬림 지배자들과 벌인 전쟁을 기록하면서 그 결과로 바예지드가 티무르라는 신의 형벌을 받았다고 주장했다.[95]

티무르의 전기 작가들은 앙카라에 포진한 바예지드 1세의 군대에 '프랑크'인 부대, 특히 세르비아인이 소속되었다는 사실을 언급했다.[96] 샤라프 알딘 야즈디는 바예지드 1세의 아내가 된 세르비아 군주 라자르Lazar의 딸이 이 시점까지 그리스도교도였다가, 포로가 되어 남편과 재회한 뒤 티무르의 보호 아래에서 무슬림이 되는 행운을 얻었다는 거만한 주장을 펼쳤다.[97] 어느 서방의 저자가 의심한 대로, 이런 맥락에서 티무르가 병원기사단령 스미르나를 점령한 것은 바예지드 1세가 불신자들에게서 거둔 승리의 한계를 극명하게 드러내기 위함이었다고 추정할 수 있다.[98] 실제로 티무르 왕조 측 사료들은 스미르나의 그리스도교도 주둔병들이 어느 무슬림 지배자에게도 지즈야나 하라즈kharāj를 납부하지 않았다고 강조했고, 샤라프 알딘 야즈디는 바예지드 1세와 그 아버지 무라드 1세가 스미르나를 점령하기 위해 여러 차례 노력을 기울였으나, 바예지드 1세가 7년 동안 무너뜨리지 못한 성채를 티무르는 2주 만에 함락했다고 덧붙였다.[99]

티무르가 자신의 경력을 되짚어 보았다면, 자신이 가지로서 자격이 부족하다는 사실을 더 확실히 의식하게 되었을 것이다.[100] 문제는 일관성 없는 태도다. 티무르는 그리스도교 군주들을 외교적으로 매혹했고,(제10장 참조) 상대가 무슬림이라고 해서 폭력을 적게 행사하지 않았다. 샤라프 알딘 야즈디는 티무르가 중국으로 진격하겠다는 계획을 처음 표명한 내용을 서술할 때 그가 무법자들을 진압하고 물룩 알타와이프를 무릎 꿇리고 이슬람 세계에 질서를 회복하는 등, 다른 의무를 다 하느라 새로운 모험에 나서기에는 바빴다는 인상을 풍겼다(실제로 그러했다).[101] 그러면서도 야즈디는, 티무르가 수많은 원정이 평범한 무슬림에게 고통을 안겼다는 점을 인식해 성전에 나서겠다는 의지를 품게 되었다고도 전한다. 그보다 몇 년 전에 저작 활동을 펼친 타즈 알딘 살마니는 티무르가 가자(성전)를 일종의 속죄 수단으로 이용하려 했다고 암시했다.[102] 〔이븐 아랍샤에 따르면〕 마흐무드 호라즈미에게서 신이 티무르로 하여금 이토록 어마어마하게 넓은 영토를 정복하게 해주었다는 이야기를 들은 티무르는 눈물을 흘렸다.[103] 이 눈물은 참회의 표시였을까? 807/1404년, 쿠릴타이와 축제 이후 명나라 원정을 준비하면서 티무르는 알코올 소비 등 종교적 금령에 어긋나는 행위를 금지했는데,[104] 이런 조치는 현재까지 알려진 바로는 비무슬림을 상대로 펼친 이전의 작전에서는 찾아볼 수 없다는 점에서 어떤 도덕적 진지함을 엿볼 수 있다. 이는 중국 원정을 준비하는 과정에서 충만했던 도덕적 경건함이 반영된 것이기도 하겠지만, 티무르가 자신의 건강 악화와 다가오는 죽음을 의식했음도 확실하다.[105] 무슬림 가지 바예지드 1세를 상대로 승리한 직후 그는 불신자와 싸운 경력이 거의 없는 무슬림 전사라는 자신의 위상에서 느끼는 불안, 그리고 자신이 맞이할 최후의 운명에 대한 불안 때문에 움직였던 것이 아닐까.

티무르와 그리스도교 세계

이제 성전사를 자처한 티무르의 자세가 그리스도교도에 대한 그의 태도에 어떤 영향을 끼쳤는지, 그리고 그리스도교도들은 티무르를 어떻게 생각했는지 살펴보겠다. 제10장에서 소개한 서유럽 출신 도미니코회 수도사 두 사람이 티무르의 수행단에 있었다는 사실은 다소 의외로 느껴질 수 있다. 그중 더 유명한 술타니야 대주교 요한네스는 최대 12년 동안 티무르의 곁에 머물렀던 것으로 보인다. 또다른 도미니코회 수사 프랑키스쿠스는 요한네스의 후임으로 나흐츠반 주교가 된 것 같다.[106] 1395년, 타나를 거쳐서 온 베네치아 사절단이 티무르 무리에서 본 두 사람은 아마 이 두 사람이었을 것이다.[107] 그리스도교도에 대한 티무르의 시각이 변했다고 가정해야 할 필요는 없다.[108] 베르나르디니가 지적했듯이, 티무르는 라틴 그리스도교도와 동방의 그리스도교도를 서로 완전히 다르게 처우했다.[109] 요한네스와 프랑키스쿠스를 서방 라틴 세계로 보내는 사절로 임명한 것은 우연히 이루어진 일이 아니었을 것이다. (무슬림 개종자까지 포함해!) 몽골 지배자들은 네스토리우스파나 이탈리아 상인들을 비슷한 방식으로 사절로 활용한 바 있다.[110]

오스만 제국과 맘루크 제국을 공격하는 동안 티무르의 군대는 그리스도교도 공동체를 상대로 수많은 잔학 행위를 저질렀다. 시리아어 자료들은 수도원들이 약탈당하고 그곳에 거주하던 모든 사람이 학살되었다고 전한다. 한 주교는 교수형에 처해졌다. 동굴로 피난한 또다른 주교와 수도사와 나머지 일행은 침략자들이 고의로 피운 불에서 나온 연기로 질식사했다. 아버지를 대신해 원정에 나선 아미란샤도 카르타민Qartamīn의 수도사들을 학살했다는 혐의가 있다.[111] 아르메니아인 토브마 메초페치는 그리스도교도의 여러 촌락과 교회, 아르진잔(에르진잔)의 대성당이 파괴되었다고 언급했다. 하지만 바르다페트Vardapet* 요브하네스Yovhannēs를 성자로 떠받든 차가타이인들도 있었고, 어떤 차가타이인들은 아르지슈Arjīsh에 교회 짓는 일을 도왔다고 한다. 1397년, 메초 지방을 재건해 11년 동안 번영케 했다는 티무르 휘하의 한 아미르는 친그리스도교 성향인 것으로 알려졌다.[112]

동방의 그리스도교도 저자들이 티무르에 대해 대체로 현실적인 시각을 보였다면, 라틴 그리스도교 측에서 티무르의 군사 활동에 보인 반응은 다양했다. 앙카라에서 티무르가 승리를 거두자, 비잔티움뿐만 아니라 서방의 일부 인사들까지 그를 잠재적 동맹으로 보기 시작했다. 우연히 시기가 맞아떨어진 결과이긴 했지만, 티무르의 등장은 그리스도교도에게 긍정적으로 받아들여질 구석이 있었다. 티무르의 타나 공격은 (반그리스도교적 정책을 추진하기 위해 기획된 것은 아니라고 하나 그리스도교도의 입장에서는) 티무르가 나쁜 신앙을 가졌음을 보여주는 충격적인 사건이었겠지만, 바로 이듬해에 바예지드 1세가 니코폴리스에서 거둔 승리로 인해 한층 부각된 오스만 제국의 위협이 티무르에 대한 염려를 덮어버렸다.[113] 게다가 이 차가타이인의 손에 무슬림 주민들이 고통받고 있다는 소식은 서아시아에서 새롭게 대두한 세력을 더욱더 긍정적으로 보게 하는 데 분명 도움이 되었을 것이다. 이런 반응은 13세기까지 거슬러 올라가는, 마치 전통과도 같은 것이었다.[114] 유럽과 근동의 그리

• 아르메니아 사도 교회에서 높은 수준의 신학 교육을 받은 성직자에게 붙이는 경칭.

스도교도는 승승장구하는 칭기스 칸의 몽골 제국이 그리스도교 쪽 세력이거나, 최소한 몽골 제국의 진군이 무슬림 세계를 공격하도록 하늘이 준 기회로 생각했다.[115] 이후 서방 세력들과 가잔 일칸 사이의 외교적 교류는 맘루크 술탄국이 팔레스타인에 위치한 십자군 국가를 정복한 뒤에야 일어났다. 티무르가 서방에 외교적 접촉을 시도한 시점도 15세기 초 니코폴리스에서 십자군이 패배한 이후였다. 티무르와 그 군대가 예루살렘을 점령하고 그리스도교도를 받아들였다는 소문이 영국에 도달하기도 했는데, 이는 1299년 가잔의 시리아 정복으로 서방에 퍼진 낙관적 보고와 유사했다.[116] 806년 무하람월~사파르월/1403년 7~9월, 프랑크 군대가 시리아 해안과 알렉산드리아를 약탈한 사건은 유럽 측이 맘루크 측의 곤경을 늦게나마 이용한 결과일 수도 있다.[117]

서유럽에서 티무르와 그의 아들이 긍정적 이미지를 갖도록 널리 알리는 데에는 요한네스 대주교의 역할이 컸다. 사실 요한네스는 그들을 대변하는 선전가나 마찬가지였다.[118] 그럼에도 요한네스는《회고록》에서 티무르가 세계 무슬림 인구의 4분의 1을 살해했다는 추측을 내놓았으며,[119] 그가 저지른 폭력이 무슬림뿐만 아니라 그리스도교도에게도 향했다는 사실을 인정하는 등,[120] 정복자의 잔혹함을 부정하지 않았다. 하지만 저서《세상의 지식에 대한 기록》에서 그는 티무르의 원정이 동방 그리스도교도에게 초래한 재앙에 가까운 영향에 대해서는 침묵했다.[121] 조지아가 황폐해지고 교회들이 파괴된 일을 언급하면서도 이는 남색에 중독된 조지아인들에게 내려진 천벌로 묘사했다.[122] 심지어 그는 티무르가 전반적으로 그리스도교도를 싫어한 것은 그의 남색 혐오에서 기인했다고 떠넘겼다. 그러면서 자신과 프랑키스쿠스가 티무르의 오해를 교정해주어 반감을 완화한 덕분에 이제 그리스도교도들은 신앙을 자유롭게 실천하고 교회를 유지할 수 있게 되었다고 주장했다.[123] 또 티무르의 바예지드 1세 공격을 그리스도교도 동맹을 위한 조치로 묘사하고,[124] 티무르가 생포한 바예지드 쪽 그리스도교도 포로는 모두 풀어주었다고 전했다.[125] 동시대 성직자 디트리히 폰 니하임Dietrich von Nieheim은 이 일이 티무르 덕분이 아니라 페라에서 온 제노아 선박들의 도움 덕분이라는 주장을 내놓았다.[126] 어쨌든 요한네스 대주교가 티무르의 본영에서 떠난 시점은 앙카라 전투 직후로 추정되며, 따라서 이에 대해 믿을 만한 정보를 얻었을 것으로 보인다. 또한 그는 헨리 4세가 보낸 답신에서 티무르에게 그리스도교로의 개종을 권고하는 내용을 삭제했는데, 이로써 그의 현실적인 태도를 짐작할 수 있다.[127]

요한네스 대주교는 자신이 한동안 모시기도 했던 아미란샤에 대해서는 더욱 낙관적인 견해를 제시했다.[128] 《회고록》에서 그는 이 공자가 "완전한 그리스도교도"라고까지 표현했다.[129] 헨리 4세는 아미란샤가 그리스도교도에게 동정을 보였다는 요한네스의 전언에 따뜻한 감사 인사를 전했다.[130] 요한네스는 어쩌면 타브리즈와 술타니야의 모스크 파괴 등을 비롯한 공자의 광증에만 집중해 판단을 내렸는지도 모른다.[131] 아르메니아인 토브마 메초페치(그는 티무르에게 호의적인 인물이 아니었음은 확실하다) 역시 아미란샤가 그리스도교에 호의적이었을 뿐만 아니라 아르지슈에 있는 교회에서 예배를 올리기까지 했다고 썼다.[132] 그런데 이런 이야기는 시리아어 사료들에서 전하는 카르타민의 수도사 학살은 물론이고 아르메니아 왕자 세 명에게 배교를 강요했다는, 토브마 자신이 전한 이야기와도 상충한다.[133]

오스만 술탄의 패배 말고도 요한네스 대주교를 이 정도로까지 열
광시킨 요인이 있었을까? 그 답은《세상의 지식에 대한 기록》에 나오
는, 아르메니아에서 유행하던 예언에서 찾을 수 있다. 그 골자는 다음
과 같다. 궁수들(몽골인들을 부르는 아르메니아식 표현)의 나라 수장으로서
강력한 수령이 출현, 서방으로 진군해 모든 왕과 군주를 정복할 것이
다. 그리고 이 수령은 한동안 그리스도교도를 핍박하겠지만, '가나안'에
도달하면 (더 진군할 곳이 없어지므로) 프랑크 지배자들에게 사절을 파견
해 평화 조약을 맺을 것이다. 이 사절은 그리스도교도 군주들과 협상하
는 과정에서 그리스도교 신앙의 미덕을 파악하고 돌아가 친족들을 개
종시킬 것이다.[134] 이는 4세기의 성인 대★네르세스Nersēs Mets가 남긴 예
언의 최신화된 판본(그리고 약간 변형된 판본)으로, 1255년에 기욤 드 뤼
브루크도 이 예언을 들었다고 전한다. 아르메니아어 필사본 서적들은
이 예언이 14세기와 15세기에도 여전히 살아남았음을 알려준다.[135] 요
한네스 대주교는 이 예언이 부분적으로는 이미 성취되었다고 보았던
것 같고, 로마 교황들이 방치하는 바람에 흔들리던 동방에 대한 가톨릭
선교를 지속할 수 있는 최선의 희망으로 여겼던 것 같다.[136]

그러나 이런 식의 낙관론이 보편적이지는 않았다. 특히 주목할 만
한 부분은 티무르에게 보인 유보적 태도다. 바예지드 1세를 격파했다
는 소식은 분명 환호할 만했지만, 티무르를 오랫동안 기다려온 사제왕
요한Presbyter Johannes•의 표상으로 바꾸려는 시도는 거의 없었다.[137] 이전

에 "타타르Tartar"와 이루어진 외교적 접촉이 아무 성과도 없었다는 사실이 하나의 이유일 것이다. 그리고 티무르가 이슬람 신앙을 숨기려 하지 않는 태도를 보였다는 점도 또다른 이유일 것이다.[138] 비록 서방에서 티무르가 오스만 술탄과의 초기 서신 교환(프랑크에 대한 오스만 측의 공격을 허락한다는 표현이 있었다)에 대해 알았다는 증거가 남아 있지는 않으나, 그가 바예지드 1세만큼이나 그리스도교 세계에 위협적인 존재라는 인식은 점차 확산되었다. 티무르가 그리스도교도인 카이탁의 땅을 유린한 일 때문에 로마 교황 보니파키우스 9세는 바예지드 1세를 상대로 십자군 전쟁을 선언한 지 몇 년 지나지 않은 1401년에 이미 티무르를 상대로 한 십자군 전쟁을 승인했을 정도다.[139] 그로부터 20년여 년이 지나자, 밀라노인 안드레아 비글리아Andrea Biglia(사망 1435)는 티무르를 단순히 이전부터 지속된 몽골 제국의 위협으로 취급했다.[140]

티무르가 예언자 가문에 보인 경외심

티무르의 무슬림 적수들이 그에게 어떤 혐의를 씌웠든, 그리고 그리스도교 세력들과의 관계에서 자신의 역할을 어떻게 생각했든, 티무르는 어떤 면에서 전통적인 무슬림 지배자처럼 행동했다. 그는 아흘 알바이트Ahl al-bayt('가문의 사람들'이라는 뜻으로 사다트sādāt, 즉 '예언자의 후손들'을 지칭하는 표현. 사다트의 단수형은 '사이드sayyid')를 공경했다고 알려져 있다.[141] 티무르의 친한 친구나 체스 상대 가운데서도 그런 이들을 찾을 수 있다.[142] 가장 유명한 예는 티르미드의 사이드들(제8장 참조)로, 773/

1371~1372년 티르미드의 혼드자다Khwāndzāda는 티무르에게 대항하는 음모에 연루되었는데도 사이드인 덕분에 목숨을 건져 히자즈로 순례를 떠나는 정도로 처벌을 면했다.[143] 794/1392년, 티무르가 마잔다란의 마라시 사이드 왕조가 벌인 저항을 처음에 용서한 근거도 이들의 신분이었다. 물론 티무르는 나중에 이들의 추종자 다수가 이단(피다이fidā'ī)이라는 사실을 알게 되어 마음을 바꾸었다고 알려졌다.[144] 806/1404년, 길란 지방 어느 군주의 친족이었던 사이드 리다 키야Sayyid Riḍā Kiyā는 예언자의 혈통이라는 점 덕분에 바쳐야 할 공물을 상당히 경감받았다.[145] 샤라프 알딘 야즈디는 티무르가 예언자의 후손에게 품었던 사랑이 그 행운의 원천이라고 썼다.[146]

수행원으로 있던 여러 사이드 가운데 티무르가 특히 애착을 품은 인물은 사이드 바라카다. 그가 지닌 명성과 대아미르에게 미친 영향력은 알마크리지의 전기 사전에 등재될 정도로 대단했다. 야즈디에 따르면, 사이드 바라카는 메카 샤리프의 가장 중요한 분파에 속했다.[147] 하지만 알마크리지는 사이드 바라카의 출신과 관련해 이견이 있다며, 그가 카이로 출신이라는 말도 있고, 누구는 메카 출신이라고 하고 또 혹자는 메디나 출신이라고 했다는 이야기가 있다고 전했다.[148] 오늘날의 눈으로 보자면 이 인물은 나흐샤브(나사프Nasaf) 출신일 가능성이 가장 높아 보인다.[149] 나탄지에 따르면, 사이드 바라카는 아미르 후사인이 자신에게 어느 와크프의 자산을 하사하려 하지 않자 티무르 쪽에 합류했다. 후사인과 마지막 전투를 치르기 직전, 사이드 바라카가 티무르 앞에 나타나 북과 깃발을 바치자, 티무르는 이를 상서로운 징조로 여기고 즉시 적수를 향해 진군하기로 마음먹었다고 한다. 그후 두 사람은 단단한 우정으로 엮었고, 사이드 바라카는 원하던 와크프의 자산을 공식적으로 받아냈다.[150] 사이드 바라카는 때때로 사료들에서 아미르라는 칭호로도 불렸으며, 거의 매번 티무르의 수행원 노릇을 했다.[151] 샤라프 알딘 야즈디는 그를 티무르의 영광스러운 경력을 예언한 사람으로 묘사하면서, 쿤두르차 전투에서 그가 어떻게 열렬한 기도를 올려 후원자가 승리를 쟁취하도록 했는지를 서술했다(이는 사이드 바라카가 티무르에게 처음 합류한 이야기와 마찬가지로 전적으로 의심스러운 일화다). 이븐 아랍샤도 이 일화를 기록했다. 그는 티무르가 자신의 행운을 전적으로 샴스 알딘 파후리와 셰이흐 자인 알딘 호피Shaykh Zayn al-Dīn Khwāfī, 사이드 바라카 덕으로 돌리곤 했다는 이야기도 들었다고 전했다(이븐 아랍샤의 책 영어 번역본에서는 사이드 바라카 덕분에 '바라카baraka'〔아랍어로 '축복', '은총'〕를 받을 수 있었다는 언어유희가 잘 드러나지 않았다).[152] 785/1383~1384년, 티무르가 아내 딜샤드 아가와 누나 쿠틀룩 테르켄 아가의 잇따른 사망으로 슬픔에 빠져 있을 때 지배자로서 책무를 일깨운 셰이흐 가운데에는 사이드 바라카도 있었다.[153] 806/1403~1404년, 티무르가 겨울을 나던 카라박에서 그가 사망한 일은 티무르에게 크나큰 충격이었다.[154] 티무르가 사망하고 몇 년 뒤, 샤루흐는 사이드 바라카의 유해를 안드후드에 있는 무덤에서 꺼내 사마르칸드의 구르 미르로 이장했다. 티무르가 바라카의 발 아래에 매장되기를 바랐다는 이야기도 있으나, 이는 아마 샤루흐가 정치적 이유로 고안한 허구였을 것이다.[155]

티무르는 예언자의 사촌이자 사위이며 4대 칼리프였던 알리 이븐 아비 탈립을 존경한다고 공공연하게 밝혔다.[156] 그는 40/661년 우마이야 가문의 무아위야 이븐 아부 수피얀Muʿawiya b. Abū Sufyān이 칼리프 자리를 찬탈한 일, 60/680년 예언자의 손자 알후사인 이븐 알리가 카르발라에서 칼리프 야지드 (1세) 이븐 무아위야Yazīd (I) b. Muʿāwiya의 대리인 손에 살해된 사건에 대해 적어도 몇 번은 분노를 드러냈다.[157] 그는 알레포에서 울라마와 이 문제에 대해 논하다가 이븐 알시흐나의 대답으로 분노를 달래기도 했다.[158] 그러나 예언자의 가문에 대해 티무르가 품은 존경심은 도리어 우마이야 왕조와 역사적으로 더 밀접하게 연관된 도시인 다마스쿠스에 끔찍한 결과를 불러왔다. 이 도시가 항복한 직후 중병에 걸린 티무르는 시리아 주민들이 알리를 비롯한 예언자의 가족에게 맞서 우마이야 가문을 지지했다며 비난했다.[159] 이런 태도는 100년 전 몽골인들이 다마스쿠스를 점령한 뒤 가잔 마흐무드의 노얀 마울라이Maʾulai가 이븐 타이미야와 나눈 대화에서 야지드와 시리아 주민들에게 적대감을 드러낸 것이나,[160] 가잔이 아흘 알바이트에 대한 지지를 공언한 것과 놀라우리만큼 유사했다(제3장 참조).

샤라프 알딘 야즈디는 우마이야 왕조와 이 왕조를 지지하는 시리아인에게 티무르가 드러낸 혐오가 병사들에게도 전염되어sirāyat 그 도시에서 전방위적 약탈과 방화가 자행되었으며, 그러던 중 우마이야 대모스크에서도 불이 나 큰 피해가 발생했다고 전한다.[161] 이븐 아랍샤는 이 화재를 두고 호라산의 "거부자들rawāfiḍ", 즉 시아파가 알후사인의

• (알)라피다((al-)Rāfiḍa) 또는 (알)라와피드((al-)Rawāfiḍ)는 순니파가 시아파를 지칭할 때 사용하는 멸칭 가운데 하나다. 본래 시아파가 자파르 알사딕(Jaʿfar al-Ṣādiq)을 받들기를 거부했다(rafaḍa)고 해서 순니파가 사용한 멸칭이다(자파르 알사딕은 시아파의 6대 이맘으로, 다른 전승에 따르면 자파르 알사딕이 아니라 우마이야 왕조에 대항해 반란을 일으킨 자이드 이븐 알리(Zayd b. ʿAlī)라고도 한다). 그러나 일부 시아파는 '악을 거부하는 사람들'이라는 의미에서 이렇게 불린다며 이를 자칭으로 사용했다.

죽음에 복수하려고 벌인 소행이라고 특정했다.[162] 실제로 다마스쿠스의 우마이야 왕조 무덤들을 모독한 행위는, 티무르를 알후사인의 복수자로 칭송한 시아파 사르바다르가 통솔하던 호라산 군대가 벌인 짓으로 알려졌다.[163] 이븐 아랍샤는 티무르가 도시 파괴에 책임이 있는 자들을 처형했다고 썼다. 그러나 미냐넬리(혹은 그의 다마스쿠스 주민 정보원)는 도시 주민들에게 티무르의 정의를 믿게 하려고 차가타이 병사의 옷을 입힌 무슬림 농민들을 처형했다고 주장해 이 일화를 다르게 기록했다.[164] 니잠 알딘 샤미의 기록에서는 티무르의 병이 언급되지 않은 채 단지 다마스쿠스 주민들이 예언자 아내들의 무덤을 방치했다는 이유로 정복자가 주민들에 대한 혐오를 드러냈고, 신원 미상의 인물이 방화했다고만 쓰여 있다.[165]

아무리 명망 높은 울라마라 할지라도 예언자의 가문과 관련된 문제에서 티무르와 의견을 달리하면 위험에 처할 수 있었다. 다마스쿠스에서 한발리 학파의 최고 카디인 타키 알딘 이븐 무플리흐가 이끈 시리아 학자들은 먼저 우마이야파 군대의 손에 순교한 알후사인 이븐 알리를 어떻게 생각하는지 의견을 말하라는 심문을 받았다. 이때 그들은 시리아 주민인 그들 역시 가해자나 매한가지라는 말을 들었다. 티무르가 다시 이들에게 지식과 출생 가운데 무엇이 더 중요하냐는 질문을 던지자, 이들은 자신들이 위험 속으로 빠져들고 있음을 감지하고 침묵했다. 오로지 한발리 학파의 카디 샴스 알딘 무함마드 이븐 아흐마드 알나불루시Shams al-Dīn Muḥammad b. Aḥmad al-Nābulusī만이 용기를 내어 아부 바크르 칼리프가 알리보다 더 우월하다는 생각을 밝혔다. 그뿐만 아니라 그는 티무르의 군대에 시아파와 "혁신을 꾀하는ibtadaʻū bidaʻā" 이들이 있다며, 자신은 시아파의 손에 순교당할 준비가 되어 있다고 목소리를 높였다. 그러자 티무르는 다음부터는 알나불루시를 자기 앞에 데려오지 말라고 명했다.[166]

이븐 할둔은 티무르가 알후사인에게 동정적이고 우마이야 왕조에 적대적이었기 때문에 시아파 성향rafd이라는 의심을 받았음을 확인해 준다.[167] 티무르가 이븐 알시흐나와 함께 만난, 알레포에서 온 이들 중 일부는 티무르를 시아파로 여겼다.[168] 그러나 티무르는 시아파가 아니었다. 예언자의 가문을 칭기스 왕조와 비슷하게 생각한 몽골인들의 시각으로 미루어 볼 때, 티무르가 알리와 알후사인을 옹호한 것은 알탄 우룩에게 그가 지녔던 정치적 충성심과 비슷한 종교적 대응임이 확실해 보인다.[169]

티무르 사후 그가 알리의 후손이라는 윤색이 나온 배경에는 아흘 알바이트를 향해 그가 보여준 경외심이 있었음이 확실하다. 구르 미르에 있는 세 비문(그 가운데 하나는 티무르의 무덤을 장식했다)과 샤 진다Shāh-i Zinda 건축군建築群의 비문은 알리를 몽골의 시조 설화에서 빛에 의해 회임해 보돈차르Bodoncar를 낳은 칭기스 왕조의 선조, 알란 고아와 연결 지었다(제2장 참조). 티무르가 죽은 지 20년이 지난 뒤에 세워진 구르 미르의 비문들은 이 빛을 알리의 후손으로 알려진 완전한 인간으로 상정했는데,[170] 이는 당시 티무르 왕조가 당면한 메시아주의의 도전에 대한 대응이었을 것이다.[171] 시간이 흐르면서 티무르를 알리 가문과 연결하는 계보는 더 상세해졌다. 다울라트샤 사마르칸디Dawlatshāh Samarqandī는 알란 고아의 남편이 알후사인의 아들로, 시아파에서 4대 이맘으로 추앙하는 알리 자인 알아비딘ʿAlī Zayn al-ʿĀbidīn(사망 94/712~713 또는 95/713~714)이라고 주장했다.[172] 최근에 발견된, 15세기 후반에 작성된 것으로 보이는 사본에 포함된 계보도에는 티무르가 알리의 (예언자의 딸 파티마가 아닌 다른 아내를 통해 얻은) 아들 무함마드 이븐 알하나피야 Muḥammad b. al-Ḥanafiyya의 후손이라고 쓰여 있다(이 계보도에서 티무르는 카라한 왕조의 후손이기도 하다).[173]

요컨대 티무르가 죽은 지 몇십 년 지나지도 않아 그는 단순히 칭기스 칸과만 조상을 공유하는 존재를 넘어서게 된 것이다. 그는 몽골 세계의 바깥에 존재하는 이슬람교 최초의 성인까지도 조상으로 두게 되었다. 영적인 데다 비전秘傳의 지식까지 갖춘 알리는 이슬람 세계에서 예언자 다음으로 존경받는 인물이었다.[174] 정확히 말하면 티무르의 계보에서, 생물학적 차원이든 영적인 차원이든, 알리가 칭기스 칸을 거의 대체했다고 볼 수도 있지 않을까.[175] 알란 고아를 알리의 후손과 엮은 행위는 이교도 몽골인들의 전설이 이슬람이라는 틀 속에서 활용된 오랜 과정의 새로운 단계를 보여준다고 하겠다.

티무르와 무슬림 성자들

무슬림 신학자·율법학자·수피 들은 티무르가 역사의 전면에 등장하기 이전부터 돋보이는 존재였다. 사료들, 특히 티무르 왕조 측 사료들에서 무슬림 성직자들은 티무르가 단순히 트란스옥시아나에서 권좌를 잡는 정도가 아니라 더 넓은 지역을 정복하리라고 예언하고 이를 승인한 인물로 묘사됐다.[176] 티무르가 무슬림 영적 조언가들에게 의지하고 또 무슬림 성자들과 자주 어울렸던 것은 이 같은 지지를 염두에 두었음이 확실해 보인다.[177] 몽골 제국 시대는 수피들의 확산을 촉진했다. 그들은 격변과 불안이 만연한 시절에 위안을 주는 존재로 여겨졌던 데다, 정복자들 사이에서 중재 역할도 수행했기 때문이다.[178] 티무르는 경력 초기에 아버지의 조언가였던 셰이흐 샴스 알딘 쿨랄의 지지로 큰 도움을 받았다.[179] 801/1398년에는 델리 외곽에 주둔한 그의 군영에도 울라마들이 있었는데, 역사가 마울라나 나시르 알딘 우마르(제1장 참조)도 그중한 명이었다. 그는 생전 양조차 도살한 적이 없는 사람이었건만 티무르에게서 힌두 포로 15명을 살해하라는 명령을 받았다.[180] 804/1400년, 맘루크 제국의 알레포 총독은 티무르군의 주둔을 허용하자고 동료 아미르들에게 헛되이 호소하면서도 사이드·이맘·울라마 들만이 정복자에게 영향을 끼칠 수 있음을 알았던 것으로 전해진다.[181] 앞서 보았듯이, 티무르는 장령들이 저지른 폭압적인 행위를 파악할 때도 울라마들에게 도움을 청했다. 이스파한의 봉기를 진압하거나(789/1387) 바그다드를 마지막으로 약탈한 때(804/1401)에도 학자들과 성자들은 티무르군의 학살에서 살아남은 소수였다.[182] 탈미나*Talmīna의 사이드들과 울라마들은 동료 주민들에게 부과된 배상금māl-i amānī에서 면제되었다.[183] 포로가 된 학자들은 티무르에게 바쳐져 수하로 포섭되기도 했다. 예컨대 사인 알딘 알리 이븐 무함마드 이븐 투르카 이스파하니Ṣāʾin al-Dīn ʿAlī b. Muḥammad Ibn Turka Iṣfahānī(사망 835/1431, 후일 샤라프 알딘의 스승이된 인물)는 789/1387년에 이스파한을 떠나 사마르칸드로 갔다. 본래 바예지드 1세에게 고용되었던 다마스쿠스 출신 샴스 알딘 무함마드 알자자리Shams al-Dīn Muḥammad al-Jazarī(사망 833/1429)는 부르사에서 포로가 되었는데, 807/1404년 티무르의 손자들이 혼인할 때《코란》을 낭독 하는 역할을 맡았다.[184] 그는 아마 나중에 이븐 아랍샤의 스승이 되었을 것이다.

이븐 할둔은 티무르가 논쟁에 참여하기를 즐겼다고 주장했지만, "자신이 아는 분야든 모르는 분야든 간에"라는 구절이 익살스러운 유 머인지 아니면 신랄한 모순 지적인지 우리로서는 알 길이 없다.[185] 어 쨌든 이런 회의는 몽골 제국 시대의 공개 토론과는 달랐다. 청중은 티 무르의 궁정 사람들로 한정되었으며, 몽골인 군주들이 의장 역할을 하 는 데 그친 반면에 티무르는 토론에 직접 참여했다. 그러나 티무르의 목 적이 몽골 제국 군주들이 이런 토론을 연 목적과 동일하다는 것은 확실 하다. 궁정과 제국에서 자신의 위상을 높이고 자신이 칭기스 칸과 마찬 가지로 신이 역할을 부여한, "가르침을 받지 않은 독특한 천재sui generis" 라는 인상을 주는 것 말이다.[186] 티무르는 역사 이야기 듣기를 즐겼다 고 전해지는데,[187] 실제로 이븐 할둔과의 대화에서는 후스라우(579년 사 망, 사산 왕조의 후스라우 아누시르반Khusraw Anūshīrwān), 카이사르, 알렉산드 로스 대왕, 네부카드네자르Nebuchadnezzar• 같은 과거의 영광스러운 제 왕들이 언급되기도 했다. 이븐 할둔이 9세기에 알타바리가 집필한《역 사Ta'rīkh》를 언급하자 티무르는 "알타바리가 우리에게 무슨 의미가 있

• 일명 '느부갓네살'. '네부카드네자르'는 히브리어식 표기로, 아카드어식으로 적으면 나부쿠 두르리우수르(Nabū-kudurri-uṣur: '나부(Nabū) 신이여, 제 아이를 보호하소서'라는 뜻). 신바 빌로니아 제국의 2대 왕으로 시리아·팔레스타인 정복('바빌론 유수'), 종교 진흥, 상공업 장려 등의 업적을 남겼다. 이슬람 시대에는 부흐트나사르/부흐트나스사르(Bukht-Naṣ[ṣ]ar)라고 불 렸는데, 그 이미지는 매우 복잡했다. 긍정적으로 평가하는 사람들은 네부카드네자르를 님로드 (Nīmrōd), 솔로몬, 알렉산드로스 대왕과 함께 세계 4대 지배자 가운데 한 사람으로 여겼다.

나?"라고 무시하는 어투로 반박했다고 하지만,[188] 가장 권위 있는 초기 무슬림 역사가에게 이처럼 무심했던 것은 오히려 회피로 보인다. 문헌 사료를 읽지 못했을 티무르가 (이븐 할둔과 비교해) 역사 이해가 부족했음을 가리기 위해 이런 연막을 친 것은 아니었을까(제6장 참조).

티무르가 지식인들과 어울리고 싶어했다고 해서 이 계층의 사람들이 잔혹한 처우를 피할 수 있었던 것은 아니다. 앞서 언급한 샴스 알딘 알나불루시의 경우 단순히 티무르 궁정 출입이 금지되는 정도에 그쳤으니 운이 좋았다고 볼 수 있다. 이븐 아랍샤의 기록에는 술탄 파라즈를 따라 이집트로 도주하려고 했다가 체포된 샤피이 학파의 카디, 사드르 알딘 알무나위Ṣadr al-Dīn al-Munāwī가 티무르의 면전에서 티무르의 명령으로 잔혹하게 구타당한 일이 적혀 있다.[189] 이븐 아랍샤는 또 다마스쿠스가 혼란에 빠진 와중에 타키 알딘 이븐 무플리흐가 살해된 사람들 가운데에 있었다고 전했으나, 이 사건은 우발적인 사고였다는 설명을 덧붙였다.[190] 협상이 성사되도록 힘쓰겠다는 티무르의 선의에 설득된 이븐 무플리흐는 자신이 살던 도시와 티무르의 군영을 계속 오갔는데, 이븐 하자르는 1299년 이븐 타이미야가 가잔의 본영을 방문했던 일을 언급하며 성공하지 못한 이븐 무플리흐의 노력에 경의를 표했다.[191] 이븐 힛지는 다마스쿠스가 점령된 시기에 고문받거나 피살된 여러 법관과 학자의 이름을 언급하고 나중에 실종된 사실이 밝혀진 이들을 열거했다.[192] 또 정복자의 포로가 되어 동쪽으로 이동하다가 사망한 이들의 이야기도 알려졌다. 이븐 아랍샤는 이런 처지로 전락한 사람들 가운데 알나불루시와 알무나위가 있었다고 전하는데,[193] 이들은 티무르를 화나게 했으나 당장은 목숨을 건진 상황이었다. 그러다 알무나위는 이동하던 도중에 자브강Zāb[*]에서 익사했다.[194] 하지만 바그다드 약탈 이후 티무르군에서 탈출해 804년 무하람월 말/1401년 9월 초 다마스쿠스로 돌아와 동료의 운명을 증언한 알나불루시도 함께 익사했다는 이븐 아랍샤의 서술은 실수로 보인다.[195] 하나피 학파의 카디, 타키 알딘 압둘라 이븐 알카프리Taqī al-Dīn ʿAbd-Allāh Ibn al-Kafrī는 부상으로 고생하다가 사망했다.[196] 티무르는 시리아를 떠난 803년 샤반월/1401년 3~4월 일부 포로를 풀어주라고 명했는데, 알레포의 카디인 무사 이븐 무함마드 알안사리Mūsā b. Muḥammad al-Anṣārī도 여기에 포함되었다. 하지만 그는 이미 건강이 나쁜 상태여서 그다음 달에 사망했다.[197] 알마크리지에 따르면, 이븐 할둔의 중재로 많은 사람이 이 마그레브 출신 학자와 함께 샤반월에 이집트로 돌아갈 수 있었다.[198]

티무르의 본영에서 열린 토론에서 중요한 역할을 한 인물은 그의 이맘이자 저명한 학자이자 법학자였던 압둘잡바르다. 그는 사마르칸드 하나피 학파 최고 카디의 아들이자 대아미르의 주요 자문관 중 한 사람이었다.[199] 그는 아랍어·페르시아어·튀르크어에 능통해 (이븐 할둔의 경우를 비롯해) 티무르와 무슬림 현자들 사이의 토론에서 통역사 노릇을 했다.[200] 앞서 보았듯이, 티무르의 궁정에서 벌어진 토론에서 학자들은 자신의 발언 때문에 목숨의 위협까지 받을 수 있었다. 이븐 아랍샤는 압둘잡바르가 무슬림들의 피바다에서 뒹굴거린다고 비난했다.[201] 그러나 맘루크 저자들은 압둘잡바르의 업적을 높이 평가했을 뿐만 아니

---

[*] 티그리스강의 두 지류, 대(大)자브강(al-Zāb al-akbar/al-aʿlā, 혹은 북자브강)과 소(小)자브강(al-Zāb al-aṣghar/al-asfal, 혹은 남자브강)을 아울러 이르는 말.

라, 그가 티무르와 동행하는 것을 고통스러워하면서도 무슬림을 위해 봉사했다고 찬양했다.[202] 압둘잡바르는 805/1403년 여름에 병으로 쓰러진 뒤 아나톨리아의 귀젤 히사르Güzel Ḥiṣār에서 사망했다.[203]

티무르는 학식과 관련한 명성이 거의 없다시피 한 종교인들과도 함께 시간을 보냈고 군사 작전에 앞서 이들에게 지지와 기도를 요청하는 데에도 신경 썼다.[204] 그러나 802/1399년에 그가 아르다빌Ardabīl을 통과했다고 알려지긴 했지만,[205] 사파비 왕조Ṣafawid의 조상인 아르다빌 종교 공동체의 수장 호자 알리Khwāja ʿAlī, 그 후계자인 셰이흐 사피 알딘 Ṣafī al-Dīn을 만났다는 이야기는 후대에 조작된 것으로 보인다.[206] 하지만 782/1381년 호라산을 침공했을 때는 신비주의자 바바 상구Bābā Sangū 와 대화하느라 안드후드에 잠시 머물렀고(바바 상구는 고기 한 덩어리를 티 무르에게 던져 말없이 티무르의 성공을 예언했다고 한다), 타이야바드에서는 학 식 높은 셰이흐 자인 알딘을 만났다. 이 원정 후반부에는 호프에서 셰 이흐 자인 알딘을 기다렸다가 자신이 모든 왕을 지배할 운명이라는 확 답을 얻어냈다고 한다.[207] 데 클라비호는 티무르가 에르주룸 인근 한 마 을에서 지도자 격인 다르비시의 곁에 머물렀다는 이야기를 들었다고 전한다.[208] 기야스 알딘 야즈디는 이런 종류의 지지가 병사들보다 티무 르의 승리에 더 크게 공헌했다고 주장했다.[209] 이 명사들은 티무르군이 포위한 거점들의 항복을 중재하는 역할도 했다.

티무르가 관계를 맺은 성자는 살아 있는 사람에게만 한정되지 않았 다. 예컨대 시반 마헨드라라자가 보여주었듯이, 카르트 왕조의 와지르 인 무인 알딘 자미는 셀주크 술탄 산자르의 시대 이래로 "왕들의 보호 자"로 여겨진 셰이흐 아흐마드 자미(사망 536/1141)의 이름을 들먹이며 티무르에게서 잠에 있는 자기네 일족 산하 종교 재단에 대한 후원과 보호를 얻어냈다.[210] 인도 원정 중에 티무르는 아조단Ajodhan〔오늘날 파키스탄 파크팟탄Pākpattan〕에 있는 셰이흐 파리드 알딘Shaykh Farīd al-Dīn의 영묘를 순례하며 도움을 청했다.[211] 사마르칸드로 돌아와서는 쿠삼 이븐 압바스Qutham b. ʿAbbās의 영묘를 방문했다.[212] 그리고 거기서 돌아왔을 때와 802/1399년 7년 원정에 나선 직후, 두 차례 모두 그는 케쉬에서 가난한 사람들에게 자선을 베풀고 샴스 알딘 쿨랄의 영묘를 방문했다. 특히 두번째는 진군하는 동안 잠에 있는 셰이흐 아흐마드의 성지를 비롯한 다른 성자들의 성지도 방문해 원정에 축복을 내려달라고 기도했다.[213] 806~807/1404년 마지막 사마르칸드 행차 당시에도 그는 잠에 잠시 머물렀고, 비스탐Bistām에서 셰이흐 바야지드 비스타미Shaykh Bāyazīd Bistāmī에게 도움을 청하고서는 케쉬의 쿨랄 무덤에서 기도를 올렸다.[214]

티무르와 초자연적 힘: '상서로운 합의 주인'

디 미냐넬리는 티무르가 주변에 천문학과 마술에 능한 인물들을 두었다고 했는데,[215] 티무르가 마술siḥr에 매료되었다는 소문을 들은 이븐 할둔은 사실이 아니라고 명시적으로 부인했다.[216] 793/1391년 첫번째 킵차크 원정에서 티무르는 점성가들이 꼽은 날짜를 택해 출발했고, 794/1392년 5년 원정에 앞서 상서로운 점괘를 확보해두었다.[217] 델리 외곽에서 교전하기 전에 점성가들의 점괘는 거부하고《코란》에서 뽑은 문구로 친 점을 신뢰한 것도 특기할 만하다.[218] 그러나 점성술은 그뒤로도 계속해서 티무르의 계획에 영향을 미쳤다. 예컨대 휘하 아미르들이 염려하는데도 오스만 제국 침공을 단행한 일이나, 807년 첫번째 주마다월 23일/1404년 11월 27일 마지막 원정 출발일을 결정한 사례를 들 수 있다.[219]

티무르 자신도 비교적 이른 시기부터 점성술 예언의 대상이 되었다. 그는 "상서로운 합의 주인(사히브키란)"으로 칭송받았다. 이 칭호는 두 '상위' 행성(지구에서 육안으로 볼 수 있는, 가장 멀리 떨어진 두 행성)인 토성과 목성의 합qirān이 일어나는 현상과 관련이 있다. 점성가들은 오랫동안 행성의 정렬을 통해 역사적 사건을 예측하거나 역사적 사건에 회고적 중요성을 부여하고자 했다.[220] 상서로운 합의 주인이라는 관념은 이슬람 시대 이전 시대로 거슬러 올라가는 전승으로, 이슬람 경전에서는 그 근거를 찾을 수 없으나[221] 이슬람 점성학 문헌과 민중 종교 사상에서 중시되었다. 사히브키란에는 이상적인 군주, 승리하는 지배자, 메시아적 인물 등이 포함되었다. 어떤 사람들은 예언자 무함마드가 토성과 목성이 전갈자리에서 결합한 571년에 태어났다고 생각해, 암묵적으로 그를 사히브키란으로 간주했다.[222] 4대 칼리프 알리 이븐 아비 탈립 역시 사히브키란으로 볼 수 있었다.[223] 가즈니 왕조와 셀주크 왕조의 술탄들을 부르는 데 사용된 이 칭호[224]는 라시드 알딘을 통해 가잔(라시드 알딘이 볼 때 가잔이 지닌 많은 재능은 다른 이들을 모두 능가했다)과 올제이투를 위해서도 활용되었다(카샤니도 올제이투를 사히브키란이라고 칭송했다).[225] 심지어 무슬림 저자들은 이 칭호를 이교도인 칭기스 칸, 오고데이, 훌레구에게까지 사용했다. 한편 아르군의 유대인 와지르, 사드 알다울라는 아르군에게 이 칭호를 사용하라고 촉구했다.[226]

한참 전인 761/1359~1360년, 이븐 할둔은 모로코의 어느 설교자에게서 766/1364〜1365년에 (예언자의 탄생 이후 처음으로 전갈자리에서)[227] 일어날 토성과 목성의 결합이 784/1382〜1383년경 천막 거주자들의 나라에서 새로운 정복자가 수장으로 출현할 것임을 예고한다고 배웠다. 이 예언의 지지자 중 한 사람은 바로 이븐 할둔의 스승이다(제1장 참조). 이븐 할둔은 마흐디가 나타나리라는 민중의 기대는 무시했지만, 행성의 결합과 관련된 점성술에는 관심이 깊었음이 확실하다.[228] 티무르와 처음 만난 자리에서 그는 티무르의 출현이 수십 년 전에 예고되었으며, 자신은 30년 넘게 이 순간을 예견했다고 밝혔다.[229] 티무르는 즉시 이 예언이 선전으로 유용하게 쓰일 수 있겠다고 판단했다. 티무르 왕조 측 저자 가운데 사히브키란 칭호를 티무르에게 처음 적용한 인물은 니잠 알딘 샤미다. 마리아 서브텔니의 주장처럼, 티무르가 스스로를 사히브키란으로 생각했기에 니잠 알딘 샤미가 그 칭호를 적용했을 수도 있다.[230] 후일 티무르는 가장 탁월한 '상서로운 합의 주인'으로 기억된다.

*

티무르의 궁정 역사가들이 전달한 이미지가 무엇이든, 그의 이름으로 내건 주장이 무엇이건 간에 티무르는 이슬람의 관점에서만 생각하지 않았다. 그렇게 하는 것은 그의 본능에 어긋나는 일이자 어리석은 짓이었다. 게다가 그는 자신이 칭기스 칸의 업적을 좇는 사람이자 차가다이 울루스의 몽골 전통 수호자라고 생각했다. 그의 승리는 (이론적으로는) 자신의 이름이 아니라 차가다이 울루스 칸의 이름으로 이루어졌다. 다음 장에서는 티무르의 정권이 얼마나 '몽골적'이었는지 살펴보겠다.

제14장

몽골 제국의 부활?

티무르의 정복은 몽골 제국의 두번째 단계로 여겨지곤 한다. 역사학자들은 여기서 멈추지 않고 아시아의 주요 지역에서 몽골 제국의 지배가 붕괴한 뒤 몽골 제국을 부활시키려는 계획이 있었다고까지 주장했다. 이 장에서는 티무르의 군사 작전과 몽골 제국의 그것이 비슷했는지 살펴보고, 티무르의 제국을 칭기스 칸의 제국과 비교하면서 티무르 자신이 몽골 제국의 부활을 의식했는지(혹은 동시대인들이 그렇게 생각했는지) 살펴보겠다. 그리고 몽골 제국의 전통과 제도, 특히 티무르의 선조들이 따른 관습법의 총체인 야사 또는 퇴레에 티무르가 얼마나 애정을 보였는지도 살펴보겠다.

몽골 제국의 메아리

모든 측면에서 그랬다고는 할 수 없지만, 티무르는 때때로 의식적으로 칭기스 칸의 행보를 모범 삼아 행동했다. 칭기스 칸과 마찬가지로 그는 군대의 기강을 확립하기 위한 조치를 취했고, 기존에 존재하던 부족 지도층을 우회해 자신이 신뢰할 수 있는 사람들(대개 부족의 배경과 무관한 이들이었다)을 군 지휘관으로 임명했다.[1] 그러나 몽골 정복자가 많은 초원 부족을 해체했던 것과 달리, 티무르는 그렇게 하지 않고 트란스옥시아나의 여러 부족을 휘하 부하들이 통솔하도록 하고, 유목민 집단들을 자신의 제국 내에서 다른 곳으로 이주시키는 데 만족했다. 티무르도, 그에게 대적한 튀르크·몽골 정치가들도 대체로 칭기스 칸이 지배한 무대에서 생애의 대부분을 보냈다. 앞서 살펴본 대로, 칭기스 칸이 그랬다고 여겨진 것처럼 티무르는 때때로 잘못을 저지른 사람들에게 내려진 신의 형벌을 자신의 군대가 구현한다고 주장했다(제13장 참조). 그보다 더 중요한 점은 티무르가 승리를 거둔 뒤 자신의 상대적으로 미천한 출신, 젊은 시절의 고난, 가축이나 훔치던 초기 경력을 신이 내린 특별한 은총 수혜의 증거로 제시했다는 사실이다.[2] 우리가 티무르의 초기 경력을 그가 역사 기록을 의뢰한 '궁정' 역사가가 아닌 외부자들을 통해 알 수 있다는 사실도 중요하다. 티무르의 한미한 과거는 페르시아의 이상적인 지배자상에 비추어 보면 낯설 뿐만 아니라 모욕적이었다. 비어트리스 맨즈는 티무르가 자신의 배경을 드러내놓고 말한 것은, 유명한 칸들을 조상으로 두었음에도 젊은 시절에 비슷하게 궁핍한 생활을 했던 칭기스 칸을 모방하려는 충동에서 비롯되었다는 의견을 제시했다.[3]

칭기스 칸과의 유사성을 활용한(혹은 유사성을 만들어내려 한) 사람이 티무르만은 아니었다. 티무르의 동시대인만 보더라도 명 태조(홍무제)는 자신의 미천한 출신을 테무진에 빗대곤 했다. 이는 약하고 부패한 원 왕조에서 명 왕조로 천명이 이전되었음을 북방의 몽골인 이웃들을 비롯한 외국 세력에게 인정받기 위한 행위였다.[4] 당연히 티무르와 명 태조가 자신의 미천한 출생을 강조한 것은 우연이 아니다. 두 사람이 이렇게 비슷한 이념 전술을 펼친 것은 칭기스 칸이 극한의 고난을 이겨내고 권력을 잡았다는 인식이 널리 퍼져 있었음을 알려준다.

티무르 왕조 측 사료들은 티무르의 삶과 칭기스 칸의 삶이 비슷했다는 점을 때때로 미묘한 방식으로 드러냈다. 티무르가 한때의 동맹이자 주군이었던(나중에는 적수가 되었다) 아미르 후사인에게 보여준 관대함[5]은, 후원자였다가 동맹이 되었고 마지막으로 경쟁자가 된 옹 칸의 인색吝嗇에 테무진이 인서仁恕로 대응한 것과 비슷하다고 볼 수 있다.[6] 이븐 아랍샤는 티무르가 태어날 때 손이 피로 뒤덮여 있었는데, 이는 티무르가 강력한 정복자가 될 운명을 타고났음을 의미한다고 주장했다. 이는 테무진이 핏덩어리를 주먹에 쥐고 태어났다는《몽골 비사》의 주장을 빼다 박은 것이다.[7]

티무르 왕조의 역사가들은 적당하게 아첨을 섞은 비교를 제시하기도 했다. 기야스 알딘 야즈디는 티무르의 인도 원정을 그보다 70여 년 전인 730/1329년에 진행된 무슬림 개종자 타르마시린 칸의 델리 술탄국 침공과 한 차례 이상 대조했다. 인도 원정 중인 801년 초/1398년 가을, 티무르는 체나브강Chenab에 다리를 놓아 건넜는데, 이는 상당한 업적이라 할 만했다. 타르마시린은 다리를 엮지 못해 이 강을 그냥 건너

갔으니 말이다.[8] 또한 티무르군은 타르마시린이 함락하는 데 실패한 미라트를 고꾸라뜨렸다.[9] 다만, 타르마시린이 델리를 점령하는 데 실패했음을 기야스 알딘 야즈디가 언급하지 않은 점은 흥미롭다. 하지만 티무르와 칭기스 칸이 비교되는 경우가 더 많았다. 샤라프 알딘 야즈디가 보기에 797/1395년 티무르가 톡타므쉬를 겨냥한 두번째 원정에 나서기에 앞서 열병시킨 군대는 칭기스 칸의 시대 이래 가장 수가 많고 가장 잘 무장된 조직이었다.[10] 때때로 야즈디는 한 걸음 더 나아갔다. 그가 칭기스 칸과 그 후예들의 역사를 상세히 다룬 것은 티무르와 그 왕조가 과거의 어느 누구와도 비교할 수 없이 위대한 존재임을 드러내 보이기 위함이었다. 칭기스 칸의 군대는 튀르크와 몽골 전체를 아울렀다. 그러나 칭기스 칸의 군대는 4대 울루스로 분산되었지만, 티무르는 그중 한 울루스의 병력으로만 칭기스 칸 못지않은 정복을 성취해냈다(이는 티무르가 일칸국 고지 대부분을 복속시킨 사실을 뭉갠 서술이다).[11] 어쩌면 야즈디는 이렇게 덧붙이고 싶었던 것이 아니었을까. 몽골 지배자들은 3대에 걸쳐 제국을 세웠지만 티무르는 이 모든 일을 홀로 해냈다고. 비록 이런 설명은 없지만 과장과 비교는 계속 이어진다. 칭기스 칸은 1221년 인더스강 앞에서 호라즘샤 잘랄 알딘 망부르니 추격을 단념했지만, 티무르는 인더스강 너머로까지 나아갔다.[12] 야즈디는 칭기스 칸이 점령한 도시는 모두 사라졌지만, 티무르가 정복한 도시는 전부 이전보다 더 번성할 수 있게 복구되었다고 망설임 없이 주장했다.[13] 하피즈 아브루는 티무르가 칭기스 칸을 역사의 쓰레기 더미 속으로 밀어냈다고 단언했다.[14]

오늘날의 시각에서 티무르는 자수성가형 인물로 여겨지겠지만(〈서론〉 참조), 그의 추종자나 추앙자에게 이런 시각은 아무 의미가 없었을 것이다. 그들이 보기에는 칭기스 칸이 하늘로부터 복음(쿠트qut)을 받은 특별한 인물이듯, 티무르 역시 하늘의 은총으로 엄청난 성공을 거둔 사람이었다. 티무르가 자신의 장애를 자랑스럽게 생각한 이유도 이런 맥락에서 찾을 수 있다. 803/1400년, 티무르는 알레포에서 이븐 알시흐나 무리에게 자신은 "반쪽짜리 인간"에 불과하지만, 그때까지 자신이 정복한 영토들을 열거하며 그것들이 신의 도움을 받은 증거라고 주장했다.[15] 현자'al-Ḥāfiẓ al-muḥraq' 마흐무드 호라즈미는, 티무르와 자신이 나눈 대화에서 티무르가 자신의 신체적 연약함을 의식했지만 신이 수많은 종족과 영토를 자신에게 복속하게 하고 왕들과 군주들을 자기 아래에 무릎 꿇렸으며 세계를 자신에 대한 공포로 채웠다고 말했다는 이야기를 나중에 이븐 아랍샤에게 들려주었다.[16] 자신이 신의 총애를 받고 있다는 식의 주장은 티무르가 다른 지배자들에게 보낸 서신에서도 엿보인다.[17] 티무르 왕조 측 저자들은 티무르의 부하들이 거둔 성공 역시 대아미르의 행운farr-i iqbāl, iqbāl, dawlat-i qāhira 덕이라고 평하기를 즐겼다.[18] 물론 이런 찬사에는 칭기스 칸 찬양에서는 나타나지 않던 이슬람적 요소가 녹아 있다.

티무르가 경쟁자들에게 보낸 서신에도 위대한 전임자들의 서신과 공통점이 있었다. 그는 군주들에게 평화를 제안했다. 샤미에 따르면, 804/1402년 앙카라에서 전투가 한창일 때 그는 자신이 바예지드 1세에게 신이 기뻐할 화평ṣulḥ을 제의했으나 오스만 술탄이 이를 거부해 신의 명령을 어겼다며 신에게 승리를 위한 기도를 올렸다.[19] 이는 13세기 몽골인들이 "신의 명령"이라며 보낸 최후통첩을 연상시키는 인상적인 대목이다. 몽골 카안들에게 그러했듯이, 티무르에게 '평화'란 복속과 자신의 권위를 인정하는 것을 의미했으리라는 것이 합리적인 추론이다. 티무르의 신과 유목민의 텡게리 사이에서 유사성이 발견되는 경우는 이것만이 아니다.

그러나 티무르의 편지가 매번 복종을 요구했던 것은 아니다. 때때로 그의 어조는 적개심을 누그러뜨릴 만큼 우호적이었다. 칭기스 칸이 호라즘샤 무함마드를 아들들 가운데 가장 소중한 아들이라고 불렀던 것처럼, 티무르는 자신의 피후원자 톡타므쉬나 맘루크 술탄 파라즈, 카스티야 국왕 엔리케 3세를 아들이라고 불렀다.[20] 칭기스 칸이 호라즘샤가 서방을, 자신이 동방을 지배한다고 말했다고 전해지듯, 1395년 초에 바예지드 1세에게 썼다는 서신에서 티무르는 드네프르강 서편 톡타므쉬의 영토 전부를 넘겨주겠다고 제안했다.[21]

티무르가 자신의 영토를 네 아들의 혈통에게 나누어준 조치는 칭기스 칸이 조치·차가다이·오고데이·톨루이에게 영토를 분봉한 행위를 의식적으로 모방한 행위였다는 주장도 있다.[22] 필자 역시 과거에는 이 주장이 그럴싸하다고 여겼는데 지금은 그렇지 않다.[23] 여기서 보이는 유사성은 아무리 좋게 보아도 느슨한 유사성이라고밖에는 말할 수 없다. 앞서 확인했듯이, 칭기스 칸은 자신의 신민과 영토를 첫째 부인 보르테에게서 태어난 네 아들에게만 준 것은 아니다. 칭기스의 어머니와 형제들, 조카 등 다른 혈족들은 오늘날 몽골과 만주의 경계에 속하는 영토와 신민을 할당받았다. '4대 울루스'의 출현은 그보다 나중의 일이다. 4대 울루스 체제 확립은 1251년에서 1260년대 사이에 발생한 혼란의 결과였으나, 나중에는 칭기스 칸이 영토를 처분한 결과로 인식되었다. 16세기 중반, 미르자 하이다르 두글라트는 마치 4대 칸국이 칭기스 칸이 네 아들에게 나누어준 영토에서 직접 기원했다는 듯이 썼는데,[24] 이는 극동 방면의 분봉은 물론이요, 오고데이 울루스의 존재와 나중에 이루어진 일칸국의 탄생을 무시한 서술이다. 칭기스 칸이 톨루이에게 이란을 할당했다는 티무르의 잘못된 인식은 자연히 '4대 울루스'라는 관념을 강화했는데, 이 역시 그의 상호 모순되는 주장 가운데 하나다. 앞서 확인했듯이, 톨루이에게 행해진 분봉에는 불확실한 점이 많다(제2장 참조). 물론 티무르도 그의 옹호자들도, 역사에 대한 관심이 높았음에도 극동에서 어떤 변화가 있었는지 전혀 몰랐을 수도 있다. 쿠빌라이 카안은 13세기 후반 이후 제제諸弟 가문들〔칭기스 칸 동생들의 일족들〕에게서 분봉분을 박탈했다.•[25]

이런 맥락에서 칭기스 칸과의 유사성은 다른 이유에서도 문제가 된다. 티무르의 경우, 나이가 많은 쪽의 두 아들이 요절하고 이들이 각각 여러 남자 후손을 두었기 때문에 티무르의 영토 분봉으로 공국이 4개가 아닌 훨씬 더 많은 수로 나뉘었을 뿐만 아니라 그 과정도 단편적이었다. 티무르가 칭기스 칸과 같은 방식으로 영토를 체계적으로 분봉해야겠다고 생각했다면, 그 시점은 인생 말년이었을 것이다. 그렇다고 해도 티무르가 "영토를 네 군데 주요한 지역으로 나누었다"라는 서술은 위험하다.[26] 티무르는 연배가 높을수록 고향에서 더 멀리 떨어진 지역을 할당한 칭기스 칸의 조치를 모방하지는 않았던 것 같다. 그는 막내아들

• 저자의 서술과 달리, 쿠빌라이 카안의 재위 이후에도 제제 울루스들은 여전히 만주 방면에서 세력을 유지했다. 몽골 제국 시대와 그 이후 이들 세력의 역사에 대해서는 윤은숙,《몽골제국의 만주지배사》(2010)의 제4장과 제5장; 〈14~15세기 우량카이 3衛와 몽골·明 관계〉,《明淸史研究》43 (2015), 1~29; 조병학, 〈後金의 東蒙古 복속과정 연구〉,《몽골학》21 (2006), 141~171(이 내용은 145~152)을 참고.

샤루흐에게 핵심 영토인 트란스옥시아나가 아닌 호라산을 할당했다(이는 이전에 무함마드 술탄에게 트란스옥시아나를 맡긴 조치와 마찬가지로, 트란스옥시아나가 최종 후계자 피르 무함마드 이븐 자항기르의 기반이 되길 바라서였을 것이다). 또한 샤루흐의 아들 울룩 벡과 이브라힘 술탄에게 모굴 칸국과 접한 변경의 땅을 배정한 것도 엄격한 지리적 선에 따라 영토를 넷으로 나누었다는 종래의 학설과 들어맞지 않는다. 어쨌든 티무르가 칭기스 칸을 모범으로 삼아 영토를 나누었다는 주장은, 공자들의 분봉지를 계속해서 옮겨 특정 지역과 특정 공자 사이에 유대감이 싹트지 못하게 하고 또 때때로 공자들끼리 서로 경쟁하게 한 그의 습관[27]이 칭기스 칸의 방식과 극명히 달랐다는 점에서도 실제와 충돌하는 측면이 있다. 아마 티무르도 칭기스 칸과 마찬가지로 네 아들을 두었다는 우연 정도만이 비슷하다고 말하는 편이 나을지도 모르겠다. 물론 각각의 아들이 다른 어머니를 두었으니 칭기스 칸의 발자취와 달랐음은 명확하다.

티무르의 제국 건설 계획

몽골 역사를 의식적으로 반복하고 칭기스 왕조와 위조된 계보로 연결하는 선전과 몽골 제국을 재건하려는 열망은 완전히 다른 문제다. 티무르는 칭기스 칸의 제국을 재건하려는 의도를 가지고 있었을까? 만약 그렇다면, 그는 14세기 초 몽골인들이 중시했던 영토 확장의 임무를 자신의 의무라고 의식했을까? 오늘날 남아 있는 페르시아어 사료들은 칭기스 칸이 세운 제국의 부활을 명시적으로 언급하지는 않는다. 예컨대 샤미는 티무르와 칭기스 칸을 두 가지 근거를 들어 서로 연결 지었다. 샤미에 따르면, 티무르의 제국이라는 나무는 "칭기스 칸의 복음과 고귀한 우룩이라는 정원"에 뿌리를 두고 만개했다. 또한 티무르는 "이 위대한 혈통의 정원들과 저택들에 물을 대었고, 사히브키란께서는 그 군주[칭기스 칸]의 관행과 관습을 새롭게 했으며, 특히 차가다이의 고귀한 후손들을 되살리려는" 노력을 기울였다.[28] 샤미의 표현은 모호하지만, 샤라프 알딘 야즈디에게는 이 문장이 그리 모호하지 않았던 것 같다. 야즈디는 티무르가 영토 확장 활동을 결코 소홀히 하지 않았으며, 지상의 모든 왕국이 그에게는 너무 좁았기에 인간이 거주하는 세계 전체가 자신의 지배 아래에 놓일 때까지 만족하지 못했을 것이라고, 세계는 두 군주가 존재하기에는 너무 작다고 자주 되뇌었다고 썼다.[29] 이런 표현은 자주 쓰이는 문학적 비유로,[30] 기야스 알딘 야즈디가 세계 지배권에 대해 빈번히 암시하고 두 야즈디가 티무르를 제2의 알렉산드로스 대왕으로 칭송한 것과 같은 맥락이다.[31]

티무르의 두 전기 작가는 티무르가 알레포 주민들에게 보낸 서신에서 신이 자신에게 전 세계를 정복하라는 명령을 내렸다고 선언했다고 기술했다.[32] 이븐 아랍샤는 티무르가 셰이흐 자인 알딘 호피와 만난 뒤 자신이 세계의 지배자라고 선포했다고 전한다.[33] 이런 기록 가운데 티무르의 실제 발언을 충실하게 반영하는 것이 있다면, 티무르가 몽골 제국의 부활을 계획했다는 증거로 해석될 수 있을 것이다. 실제로 이븐 알시흐나는 803/1400년 알레포에서 티무르가 자기네 일행을 맞이했을 때 이란·이라크·인도와 "타타르의 땅 나머지" 영토를 전부 정복했다고 (얼마간 과장을 섞어) 선언했다고 회고했다.[34] 바르쿡에게 보낸 편지들에서 티무르는 칭기스 칸의 "이란과 투란" 정복을 언급했고, 시리아 북부로 보낸 자신의 군대를 "투란과 이란의 군대"라고 불렀다.[35] 티무르 왕조 측 저자들도 그의 영토를 같은 표현으로 칭했지만,[36] 사실 '투란' 지역 대부분은 티무르의 통제 밖에 있었다. 793/1391년에 킵차크 초원에 세운 비문에서 티무르는 투란의 술탄으로 불렸다. 그러나 이런 문구의 함의가 결정적이지는 않다.

다시 말해 이 자료들은 티무르가 몽골 제국 고지 전체를 정복하려 했다거나 몽골 제국의 복원자가 되고자 했다는, 2차 문헌에서 널리 퍼진 주장의 근거를 제공하지 않는다.[37] 티무르가 몽골 제국의 복원이라는 꿈을 꾸었다는 시각은 그가 원정을 벌인 거대한 지리적 범위와 몽골 정복자의 경력을 반복한다는 인상을 주려 애썼다는 점을 근거로 삼은 추론 이상은 되기 힘들 것이다. 물론 그가 몽골 제국 재건을 목표로 삼았다고 해도 이는 뿌리 깊은 야망의 표현이라기보다 수사학적 전략, 즉 강력한 결집력을 수월하게 얻기 위한 외침에 지나지 않았을 수 있다. 앞서 확인했듯이, 티무르의 원정은 수익성 좋은 교역로를 장악하기 위해, 또는 추종자들이 차지할 수 있고 그들에게 사여할 수 있는 막대한 약탈물을 확보하기 위해, 그리고 케쉬나 사마르칸드 같은 트란스옥시아나의 도시들을 장식하기 위해 행해졌다. 여기서는 수포로 돌아간, 중국을 겨냥한 티무르 최후의 원정도 중요하다. 중국은 칭기스 왕조의 영토 가운데 그의 관심을 끌지 못한 유일한 땅이다.[38] 그런데 중국 원정은 티무르의 계획에서 가장 특이한 일이다. 명나라를 상대로 승리를 거둔 뒤 하려던 일이 정확히 무엇인지 전혀 알려진 바가 없기 때문이다. 또한 명나라 공격은 (최소한 표면적으로는) 몽골 제국의 재건이 아니라 불신자에 대한 성전을 명분으로 삼았다. 제12장에서 논의한 대로, 티무르는 자신이 옹립한 오고데이 왕통 칸들이 세계에서 어떤 역할을 수행할지에 대해서는 구상했지만, 마찬가지로 오고데이 왕통이었던 (북)원 제위 후보의 권한을 어떻게 정의했는지는 불분명하다.

티무르의 초기 목표가 무엇이었든 간에, 차가다이 울루스 영토 바깥에서 지난 수십 년 동안 비칭기스 왕조(대개 비몽골계이기까지 했다)가 칭기스 왕조의 영토와 주권을 남용한 것은 더 거대한 계획을 위한 구실이 되었다. 1350년대 카자간도 카르트 왕조 말릭의 허세를 꺾기 위해 분연히 일어난 마당에, 카자간의 뒤를 이은 티무르가 그 정도로 만족할리 없었다. 어쨌든 그의 작전 범위 안에서 판단할 때, 803/1401년 그의 야망은 이미 엄청나게 커진 상태였다.

이 같은 야망의 확대는 우발적이고도 기회주의적인 일이었을 것이다. 티무르는 술타니야를 점령한 뒤에야 (물론 티무르가 세운 차가다이 울루스 칸의 지배를 받는) 일칸국 재건을 구상하기 시작했을 것이다. 술타니야는 일칸국의 상징과도 같은 도시였을 뿐만 아니라, 잘라이르 왕조의 야심에 반격을 가하고 아제르바이잔에 톡타므쉬에게 맞설 완충 지대를 구축할 필요도 있었을 것이다. 바르쿡에게 보낸 편지에서, 셰이흐 우와이스의 정의로운 지배를 존중하기 위해 그가 살아 있는 동안에는 잘라이르 왕조를 공격하지 않았다고 한 티무르의 주장을 반드시 받아들일 필요는 없다.[39] 셰이흐 우와이스는 티무르가 호라산으로 진격하기도 전인 776/1374년에 이미 사망했으니 말이다.

분명 티무르의 군사적 활동은 어떤 경우엔 외부의 지원 요청에 대한 응답이었다. 778/1377년, 톡타므쉬의 호소와 그를 성공적으로 청 오르다의 칸으로 세운 사건은 티무르의 정신적 지평을 호라즘 수피 왕조의 반복되는 도전과 카마르 알딘의 지속적인 위협 너머로 넓히는 중요한 단계였다고 보는 시각은 타당하다. 톡타므쉬가 티무르에게 빚을 지면서 북방의 안보를 강화하고 이란 정복을 단행할 기회가 처음으로 생겼다.[40] 인도를 침략한 것도 그보다 몇 년 전에 폐위된 델리 술탄 무함마드 이븐 피루즈 샤에게서 도와달라는 요청을 받았기 때문이라는 증거가 있다. 또한 북원의 왕자 올제이 테무르/타이지 오글란에게 망명처를 제공했을 무렵에 명나라 원정을 구상하기 시작했다는 것도 우연이 아닐 수 있다.

마찬가지로, 티무르는 때때로 다른 지배자들의 위협적인 영토 확장에 대응해야 했다. 샤라프 알딘 야즈디에 따르면, 787/1385~1386년 톡타므쉬가 아제르바이잔을 황폐하게 만들어 무슬림 주민들이 고통받고 있다는 충격적인 소식을 접한 티무르는 처음으로 이란의 지배권을 취하는 것이 자신의 의무라는 확신을 품게 되었다.[41] 여기서 자니벡의 군주권이 아제르바이잔을 비롯한 이란의 여러 영역에서 인정받은 지 불과 30년밖에 지나지 않았음을 상기할 필요가 있다(제4장 참조). 티무르가 두 차례에 걸쳐 킵차크 칸국을 공격한 것은 톡타므쉬의 공격에 대한 보복이었다. 샤라프 알딘 야즈디의 표현을 빌리자면, "톡타므쉬에게 새로이 처벌을 내려, 다시는 자만의 발이 자신(티무르)의 힘과 권력의 한계를 넘나들지 못하도록" 하기 위함이었다.[42]

그러나 그러기 전에도 티무르는 트란스옥시아나에서 외부 정치체로 도주한 반란자들 때문에 외부의 개입에 휘말린 적이 있었다. 예컨대 잘라이르부의 아딜샤, 킵차크의 사르 부가*처럼 반란을 일으킨 아미르들은 처음에는 청 오르다의 오루스 칸에게, 나중에는 모굴리스탄의 카마르 알딘에게로 망명했다.[43] 티무르의 호라산 원정 과정에서도 본거지에서 쫓겨난 적들은 티무르에게 아직 복속되지 않은 영토로 도망쳤다. 칭기스 칸이 자신의 경쟁자를 숨겨주거나 사절을 살해한 이들에 대한 복수심에 이끌려 더 먼 곳까지 나아갔듯이, 티무르도 잘라이르 왕조의 술탄 아흐마드에게 망명처를 제공한 오스만 술탄과 맘루크 술탄의 행동을 개전의 계기로 받아들였다. 게다가 맘루크 측은 술탄 아흐마드와 카라코윤루 수장에게 도움을 주었고, 이에 항의하기 위해 티무르가 보낸 사절들을 처형하기까지 했다. 티무르의 역사가들도 795/1393～1394년 바르쿡이 티무르의 사신들을 살해하고 아미르 아틀라므쉬를 구금한 사건을 호라즘샤의 사주로 보고 칭기스 칸이 보낸 사절들이 살해된 사건과 비교했다.[44]

티무르의 업적과 그의 열망은 티무르 제국의 총면적과 그 생태적 구성이라는 두 가지 중요한 측면에서 몽골 제국 재건이라는 모델에 들어맞지 않는다. 데이비드 모건이 지적했듯이, "티무르의 활동이 자신의 지배 아래 몽골 제국을 재건하려는 시도라고 설명하려는 가설은 티무르가 초원 지대에 위치한 모굴 칸국과 금 오르다에 관심을 보이지 않았던 것을 설명하지 못한다."[45] 다만 살마니가 주장했듯이, 1405년 중국 원정의 목표 가운데 하나가 모굴 칸국 복속이었음을 생각하면 이 지적은 적절하지 않다.[46] 그러나 킵차크 칸국의 경우, 이 지적은 정확하다.

• 앞서 언급했듯이 사르 부가는 잘라이르부 출신이었으나, 그 휘하에 (잘라이르부에 복속한 킵차크 부족 소속으로 보이는) 킵차크 부대가 있었기 때문에 저자가 이런 표현을 사용한 것 같다. Manz, *The Rise and Rule*, 163.

게다가 티무르의 정복지가 몽골 제국 영토의 상당 부분에 해당한다손 치더라도, 여기에는 몽골인들의 고향과 카라코룸이 자리한 오르혼 계곡의 돌궐 성지 외튀겐이으쉬가 빠져 있다. 티무르는 비단길의 모든 구간을 통제하지 못했고(아마 중국 원정은 이 문제를 해결하려는 의도도 있었으리라), 몽골인들이 공물로 귀중한 모피를 받아낸 시베리아 타이가 지대의 '삼림민'(몽골어로 호이인 이르겐)도 지배하지 못했다. 모피 교역이 부분적으로 그의 영토 안에서 이루어졌는지는 모르나, 모피 원산지에 직접 접근하지는 않았던 것 같다.

칭기스 칸 그리고 그의 바로 아래 후계자들과 티무르 사이의 공통점을 찾는 것은 쉽고도 매혹적인 접근이다. 그러나 티무르 제국이, 르네 그루세의 유명한 책에서 다루는 "초원의 제국들", 다시 말해 스키트[*] 이래의 유목민이 지배한 모든 정치체와 어깨를 나란히 하는 존재인 것은 맞지만, 그렇다고 티무르 제국이 초원의 제국은 아니었다.[47] 티무르가 유목 연맹 출신임은 사실이지만, 티무르의 지배는 본질적으로 농경 자원에 기반을 두었다. 그리고 티무르의 정복지는 정주 지대로, 설사 그 지방에 목초지가 있었다 해도 인구의 절대 다수는 정주민이었다. 달리 말해 티무르 제국은 경제적 이익을 더 많이 얻을 수 있는 땅으로 구성되었다.[48] 그래서 모굴 칸국의 영토에서 페르가나나 카쉬가르 같은 지방은 티무르 제국에 편입되었던 것이다. 티모시 메이는 여기에 이념

---

* 표준국어대사전에서는 고대 그리스어 스키타이(Skythai)의 예를 따라 '스키타이'라 표기한다. 그러나 그리스어의 스키타이는 스키트어로 궁수를 뜻하는 스쿠다(skuδa-)/쉬쿠다(škuδa-)에 그리스어의 복수형 어미인 '-ai'를 붙인 것이다. 그래서 한국어 번역에서는 관용적인 '스키타이' 대신 어근에 더 가까운 형태인 '스키트'로 표기했다.

적이고도 실용적인 구분이 작용했다는 기발한 가설을 내놓았다. 그에 따르면 티무르는 카라추 아미르가 칭기스 왕조의 꼭두각시 군주를 세우는 것에 익숙한 영역만 직접 지배를 실현했다. 반대로 몽골 제국의 전통과 칭기스 왕조 칸들의 권력 및 권위가 뿌리를 내리고 있는 조치 일문의 영토와 모굴 칸국에서는 직접 지배를 관철하려 들지 않았다.[49] 그러나 티무르에게는 일관성이 없었다. 설사 이런 구분이 그의 계산 속에 있었다 해도 그것이 모굴 칸국을 더 엄격한 통제 아래에 두려는 계획을 막지는 못했다(제10장 참조).

티무르가 정복의 범위를 제한하기로 결정한 시점(들)이 언제였든 간에,[50] 초원에서 제국을 세운 뒤에 다수의 정주 국가를 정복해 군주권을 확대한 칭기스 칸과는 뚜렷이 대비된다. 또 칭기스 칸은 초원의 본거지에 강한 애착을 지녔던 데 반해, 티무르가 주로 머물렀던 곳은 처음부터 트란스옥시아나의 정주 지대인 사마르칸드와 케쉬/샤흐리사브즈였다. 비록 오랜 군사 작전으로 이 지역에서 길게 보내지 못했지만 말이다.[51] 물론 티무르도 유목 생활 방식을 완전히 저버리지는 않았다. 사료들은 그가 원정 중에도 늘 여름 유목지와 겨울 유목지를 따로 두었다고 전한다. 사마르칸드에서도 겨울은 성채에서 보내고 여름은 도시의 정원에 천막을 치고 보냈다고 한다.[52] 그리고 티무르가 자신을 엄격하게 유목민으로 정의하지 않았다고 해도 가족khāna-kūch과 함께 이동하는 유목민 기병이 티무르 군대의 척추를 이루었다.[53] 13세기 몽골 제국의 군사 활동과 마찬가지로, 티무르의 군사 활동도 상당한 규모의 유목민을 제국의 한쪽 끝에서 다른 쪽 끝으로 이주시켰다(강제적 이주도 드물지 않았다).

티무르의 가장 야심 찬 목표가 무엇이었든 간에 티무르가 통치한 제국은 결코 칭기스 칸 제국의 재건이 아니었다. 이런 맥락에서 중요한 마지막 고려 사항이 있다. 티무르 왕조의 역사가들은 분명 몽골 제국 시대와의 어떤 연속성을 의식하고 있었음이 확실하며, 티무르가 차가다이 울루스 칸의 이름으로 원정을 치렀다는 사실을 잊어서는 안 된다. 티무르가 '몽골의 질서'를 되살리기 위해 노력했다면, 그 질서의 중심은 그가 옹립한 칸이다. 티무르가 후계자들에게 남긴 유산을 "자신의 고향을 중심으로 한 한정된 영토"라고 표현한 맨즈는 어쩌면 이런 측면을 과소평가했을 수 있다.[54] 실제로 트란스옥시아나의 안보와 번영이 티무르의 최우선 과제였음은 확실해 보인다.[55] 그러나 술탄 마흐무드의 이름으로 티무르가 주장한 영토는 차가다이의 본래 상속분을 크게 부풀린, 상상에 기댄 것이었다. 헤라트 장악은 카자간이 카르트 왕조를 상대로 펼친 정책의 재현으로 볼 수 있다. 델리 약탈은 차가다이 일문 칸들의 숙원 사업이었다. 반면 잘라이르 왕조와 무자파르 왕조의 영토에 티무르가 내보인 야심은 그렇지 않았다. 티무르는 칭기스 칸이 차가다이에게 할당했다고 주장한 호라즘과 일칸국 고지 대부분을 정복했다. 티무르 제국은 칭기스 왕조 제국의 부활이 아니라, 제12장에서도 언급했듯이 (차가다이 울루스의 동쪽 절반인 모굴 칸국 영토의 대부분을 제외했지만) 넓게 확장된 차가다이 울루스라고 말하는 편이 가장 적절하다. 아마 티무르가 건설하려 했던 제국의 범위도 이 정도였을 것이다.

13세기 몽골 제국과 관련해 가장 확실하게 말할 수 있는 부분은 티무르가 몽골인들이 지배했던 세계 질서를 어느 정도 재창조하려 했다는 점이며,[56] 질서 회복이 주요 목표였다는 데 의심의 여지는 없다. 그는 잘라이르 왕조의 셰이흐 우와이스나 델리 술탄 피루즈 샤 같은 일부 (이미 고인이 된) 지배자들이 훌륭하고 정의롭게 통치했다고 인정했다.[57] 그러나 이 같은 인정은 그 군주들의 후계자들에게까지 이어지지 않아서, 티무르가 보기에 다른 독립 군주들은 '무질서'를 영속시키는 자들이었다. 티무르는 지방 지배자들이 자행한 압제와 폭정, 순례자와 상인 살해를 지적하며 목청을 높였다.[58] 소小루르의 아타벡이 히자즈로 향하던 중 자신의 영토를 지나가던 순례자 무리를 약탈했다는 소식을 들은 티무르는 몹시 분개하며 직접 그 범죄자를 향해 즉흥적으로 원정을 단행했다고 한다.[59] 또한 같은 이유로 789/1387년 카라코윤루 튀르크멘과 796/1393∼1494년 이라크의 베두인이 티무르에게 공격을 받았고,[60] 나중에 티크리트도 상인과 여행자를 약탈하는 도적 떼를 받아들였다는 이유로 티무르의 먹잇감이 되었다.[61] 루이 곤살레스 데 클라비호는 티무르가 도적 죄를 빌미로 삼아 으드르Iğdır 성채를 점령하고 그 성주를 처형한 사건을 언급했다.[62] 샤라프 알딘 야즈디는 이런 맥락에서 티무르가 펀자브 지방 토하나Tohāna의 자트인들을 공격한 일을 서술할 때 도로의 안전을 확보하려 했다는 결의를 강조했다.[63] 795/1393년, 티무르는 손자 무함마드 술탄에게 이라크 북부의 노상강도들quṭṭāʿ al-ṭarīq을 소탕하는 임무를 맡겼고,[64] 806/1404년에 손자 우마르 이븐 아미란샤에게 제국 서반부에 해당하는 방대한 분봉지를 사여하는 칙령을 내리면서 노상강도를 진압하는 것을 그의 한 가지 임무로 꼽았다.[65]

티무르가 교역을 중시했다는 점을 고려하면, 도적 떼를 다스리는 조치를 내린 것은 상업적 이동을 위한 통행료가 다른 사람이 아닌 자신의 손에 들어오게 하려는 조치였다고 추론하더라도 지나치게 냉소적으로 보이지는 않는다. 옥수스강 북쪽과 다르반드의 철문鐵門이라고 불린 지점들에서 티무르는 상당한 수익을 얻었다.[66] 니잠 알딘 샤미에 따르면, 티무르의 영토 전역에서 실질적으로 치안이 확립되자 자연스럽게 교역도 성행했다.[67] 아첨은 적당히 넘겨들어야겠지만, 술타니야 대주교 요한네스는 티무르가 교역 진흥을 위해 대도시를 제외하고는 여러 가지 관세를 비롯해 세금을 철폐한 정책을 강조했다. 지방 주민들은 때때로 상인이 강도에게 약탈당하면 상품 가치의 두 배를 변상해야 했고, 이에 더해 티무르가 추가로 부과한 다섯 배의 벌금도 내야 했다.[68] 이런 조치는 몽골 제국 초기에 시행되었다고 알려졌다.[69] 티무르의 원정으로 파괴와 살육이 행해진 것은 사실이지만, 그 여파로 지역의 수많은 약탈적이고 혼란스러운 요소도 억제되었거나 제거되었던 것 같다.[70] 티무르가 보낸 편지와 연대기 사료 양쪽 모두 그리 강력하지 않은 적대 세력을 일러 '쿳타 알타리크quṭṭāʿ al-ṭarīq'('노상강도들')라고 했는데, 이 용어는 힌두 부족이나 술탄 피루즈 샤가 남긴 서로 경쟁하는 손자들, 인도의 여러 노예 장령, 아프간인, 쿠르드인, 루르인뿐만 아니라 카라코윤루 수령 카라 유수프나 티크리트의 주둔군에게도 적용되었다.[71]

티무르의 더 유명한 적수들은 강도로 매도될 정도는 아니었지만, 잘라이르 왕조의 술탄 아흐마드의 예에서 확인할 수 있듯이, 혼란스러

운 상황을 진압하지 못했다는 이유로 비난받은 것은 마찬가지다.[72] 일
칸 세계는 티무르가 권력을 잡기 이전의 트란스옥시아나처럼 여러 파
당의 군주(물룩 알타와이프들)의 손에 나뉘어 있었다고 할 수 있다. 실제
로 티무르는 바르쿡에게 보낸 편지에서 이런 표현을 사용했다.[73] 예컨
대 잘라이르 왕조나 오스만 왕조의 군주들처럼 한때 몽골 제국의 지배
아래 있었던 땅을 다스리는 왕조의 군주들은 스스로 술탄이라고 칭할
정도로 용기가 있었다.[74] 과거 750/1349년 카르트 왕조의 무이즈 알딘
후사인이 범한 죄가 바로 이것이었고, 이들의 행보도 이 점을 상기시킬
것임이 자명했다. 카르트 왕조의 말릭은 독립 군주임을 자처했을 때나
델리 술탄에게 보낸 편지에서나 (티무르와 마찬가지로) 물룩 알타와이프
나 불신자처럼 질서를 어지럽히는 세력(이 경우엔 사르바다르가 그러했다)
의 대두를 명분으로 삼기는 했지만 말이다.[75] 다른 일부 지배자들이 지
은 가장 큰 죄목으로는 정의롭게 통치하지 못한 것, (후사인 수피의 경우)
마 와라 알나흐르를 매해 공격해 피바다로 만들고 약탈을 자행한 것,
무슬림을 잡아간 것(모굴 칸국 카마르 알딘의 경우) 등을 들었다.[76]

　　맘루크들에 대해서는 이들이 노예(즉 몽골인들에게서 '도망친' 킵차크
노예)이므로 지배할 자격을 갖추지 못했다는 일칸 측의 수사를 활용했
다.[77] 100여 년 전에 킵차크 노예 칼라운(사망 689/1290)이 세운 왕조를
캅카스 노예 바르쿡이 대체했으니, 티무르의 주장은 더욱 설득력이 있
었다.[78] 티무르는 다른 군주들에게 보낸 편지에서도 자주 카이로의 노
예 지배자들을 경멸하는 표현을 썼다.[79] 당시 델리 술탄국의 실질적 주
인이었던 피루즈 샤의 노예 장령을 대하는 태도에서도 같은 편견이 작
용했다는 것을 확인할 수 있다.[80] 또 티무르가 볼 때도, 티무르의 아첨꾼

들이 볼 때도 칭기스 왕조의 영토 혹은 군주권을 찬탈하지 않은 맘루크 술탄이나 델리 술탄 같은 독립 군주 역시 왈리wālī('군주', '총독')보다 더 높은 칭호를 사용할 자격이 없었다.[81] 단순히 지배한다는 사실만으로도 이들은 비난받을 여지가 있었다고 추정할 수 있다. 티무르와 달리 이들에게는 칭기스 왕조의 칸과 같은 통치 정당화의 수단이 부족했다. 그들이 의지할 수 있는 유일한 자원은 티무르의 우월성을 인정하는 것이었다.

몽골 제국 제도의 유지

티무르 제국이 곧 칭기스 칸의 제국이라고 말할 수는 없지만, 몽골계 국가로 간주될 수 있는 특징을 보여준 것은 사실이다. 제12장의 논의를 요약하자면, 티무르 제국은 티무르의 사망 직전까지 명목상으로는 칭기스 왕조의 후예가 이끄는 국가였고, 대아미르는 혼인을 통해 자신의 후손을 칭기스 왕조와 연결하는 조치를 취했다. 그는 (혹은 그의 후원을 받은 저자들은) 또한 칭기스 칸과 공통의 조상을 두었다고 주장했다. 그가 경쟁자들에게 보낸 편지 내용은 몽골 카안들이 보낸 최후통첩의 메아리라고 볼 수 있다. 이전 역사가들의 눈에 티무르 제국이 '몽골 공동체Mongol commonwealth'의 일부로 여겨졌다는 사실도 덧붙일 수 있다.[82]

티무르의 군대는 십진법에 기초했으며, 몽골군과 마찬가지로 새로운 원정이 실행될 때는 제국의 각 지역으로 파견된 여러 부대에서 비례에 따라 인원을 모집했다. 806/1403~1404년 겨울이 끝나갈 무렵 중국 원정을 준비하기 위해 티무르는 '훌레구 칸의 울루스', 즉 아제르바이잔과 이라크에 주둔하던 아미르와 지휘관에게 군사들과 함께 그들의 아들이나 형제를 사마르칸드로 보내라는 명령을 내렸다. 아마 이들 중 일부는 그 부대를 직접 지휘했을 것이다.[83] 티무르의 경우, 변경에 다소 직접적인 권력을 행사할 수 있는 지역을 설정해 다음 진격을 할 때 바로 직접 통치할 수 있게 하는 '쓰나미 전략'(티모시 메이는 이를 몽골식 팽창주의의 특징이라고 정의했다)이 보이지는 않는다. 아마 그 이유는 티무르의 주요 목표가 직접적인 지배보다는 약탈에 있었기 때문일 것이다. 그러나 몽골식 작전술과 유사한 작전술은 전투 수행은 물론 사냥에까지 적용되었다.[84]

티무르 정권은 통일 몽골 제국 시대의 일부 행정 기관과 용어를 보존했다. 제1장에서 살펴보았듯이, 이란의 행정관들은 이전 정권에서 운용되던 제도를 이어갔다고 가정해야 한다. 정복한 도시에 임명된 총독들은 몽골 제국 시대와 마찬가지로 '다루가'라고 불렸지만, 실제 직능에는 차이가 있었으리라 추정된다.[85] 다른 군사·행정 관직인 코르치 qorchi(전통사箭筒士), 유르트츠yurtçi*(숙영관宿營官)도 몽골 제국에서 가져온 제도다.[86] 전투에서 용기를 보여주거나 임무를 수행할 때 공적을 세운 부하는 '타르한' 지위를 부여받았다. 이런 사람들은 대아미르에게 아무런 제한 없이 접근할 수 있었고, (몽골 제국 시대와 마찬가지로) 그와 그 후손은 최대 아홉 가지 범죄에 대한 조사에서 면제되었다.[87]

세금제도에서 몽골 전통의 어떤 면을 따랐는지 완벽히 파악하기는

---

* 튀르크어다. 몽골어로는 '누툭치(nutuġci)'다.

어렵다. 하피즈 아브루에 따르면, 카자간 아래에서는 아미르나 세리가 "현물로 내는ba-jins 우슈르'ushr[●]나 관습적인 쿱추르" 이상으로는 1디나르의 세금도 거둘 수 없을 정도로 정의로웠다.[88] 따라서 티무르 정부도 이런 세금들을 징수했을 것으로 유추할 수 있다. 하피즈 아브루의 서술은 전통적으로 몽골 제국에서 상업 거래나 장인 활동에 부과한 탐가를 카자간은 부과하지 않았다는 것을 시사한다. 그러나 잘랄 알딘 무함마드 카이니의 주장에 따르면, 율법에 규정되지 않은 세금 가운데 하나가 탐가일 수 있다(이 세금을 티무르는 유지했으나 샤루흐는 폐지했다고 한다). 티무르 관련 사료에서 탐가가 언급되지는 않지만, 맡은 임무 가운데 탐가 징수가 포함되었을 법한 탐가치tamghachi의 존재는 확인된다.[89]

그러나 일부 제도를 가리키는 용어에는 새로운 측면이 있었다. 티무르와 그 후계자들은 '소유르갈soyurghal'이라는 권리를 부여했는데, 몽골 제국 시대에 이 용어는 단지 '은총' 또는 '보상'을 의미했고, 티무르 시대에도 (다른 의미와 함께) 이런 의미를 지니고 있었다. 그런데 소유르갈이 '권리'로 사용된 예가 일칸 측 사료에서는 보이지 않고, 티무르 왕조 측 사료에서 일칸국 시대를 지칭할 때만 확인된다.[90] 소유르갈은 본래 잘라이르 왕조에서 발전한 특수한 제도로, 티무르가 이를 채택했다. 그 의미는 티무르 왕조 구성원에게 사여된 광대한 영지부터 과거의 지배자가 본래 영토를 보유할 수 있게 허락하는 권리, 휘하 아미르들에게 부여된 면세 토지까지 다양했다.[91]

● 이슬람법에 따른 십일조. 무슬림이 보유한 토지나, 무슬림, 딤미, 하르비(ḥarbī, 비무슬림 국가 출신) 상인의 교역 상품에 부과되던 세금이다.

야사 또는 퇴레

앞서 나는 동시대인들이 몽골 제국의 군주권이 칭기스 칸의 야사에 기반을 둔 것으로 이해했다는 사실을 확인했다. 일부 몽골 관습과 칙령은 이슬람화 과정에서 폐기되었을 수 있는데, 구체적으로 어떤 것이 사라졌는지 사료는 알려주지 않는다. 티무르의 행정에서 몽골법은 얼마나 큰 비중을 차지했을까? 카라추 아미르로서는 몽골 군대의 지지를 결집하기 위해 자신이 야사에 충실하다고 주장할 수밖에 없었을 것이다.[92] 14세기 중반에는 이슬람도 지배정당성을 확보하기 위한 수단으로 기능할 수 있게 되었다. 그러나 울루스를 지배하려는 '실력자'는 신앙과 전통적인 몽골법, 두 가지 다에 호소할 필요가 있었다. 라시드 알딘이 가잔을 진정한 무슬림이면서 어린 시절부터 야사를 철저히 숙지해 이를 지키는 진정한 몽골 왕자로 묘사했듯이,[93] '카라추' 티무르에게는 신앙과 야사 양쪽 모두를 활용하는 호소가 더욱 절실했다.[94]

제2장에서 설명한 몽골법의 내용을 요약해보자. '야사Yāsā'(튀르크어는 '야삭yāsāq', 몽골어는 '자삭dzasagh')는 칭기스 칸과 그 후계자들의 명령을 뭉뚱그려서 이르는 말이었다. 몽골 제국 시대의 표준적인 페르시아어 사료는 야사의 개별 조항을 이상할 정도로 언급하지 않았으나, 야사가 무엇보다 군사 업무의 수행 및 통치와 관련이 있다는 인상을 풍긴다. 그러나 조반니 다 피안 델 카르피네와 같은 외부 출처를 살펴보면 야사가 초원의 일부 관습을 강화하는 데도 쓰였음을 알 수 있다. 또 이고르 데 라케빌트츠가 보여주었듯이, 야사라는 단어는 단순한 '명령'이 아닌 '정권'이나 '지배', 심지어 [좋은] 질서'를 의미하기도 했다.

티무르 왕조 시대에 오면 '야사'보다는 7세기 돌궐 제국까지 거슬러 올라갈 만큼 더 오랜 역사를 지닌 '퇴레Töre'(또는 '퇴뤼törü')라는 표현이 더 자주 보인다.[95] 퇴레는 본래 '관습법'을 뜻하는 말이었으나 티무르 시대에 그 의미의 범위가 더 넓어졌다.[96] 사료에서는 "칭기스 칸의 야사"와 "사히브키란의 퇴레"를 함께 언급하므로, 마리아 서브텔니가 제시한 주장처럼, 퇴레는 야사와 중첩되거나 그것을 보완하는 튀르크·몽골 관습의 한 가지 형태일 가능성이 높다.[97] 퇴레는 사냥, 약탈, 군사 훈련, 의식 등 유목 생활과 관련이 있었던 듯하다.[98] 하지만 그렇다고 해서 티무르 왕조 측 저자들이 몽골 제국 시대의 저자들보다 더 많은 정보를 제공하는 것은 아니다. 티무르 왕조 측 사료들에서 언급된 야사와 퇴레의 용례를 살펴보아도 그 두 용어가 뜻하는 바를 파악하기가 어렵다.[99]

티무르가 헤라트의 말릭 기야스 알딘이 "승리의 투라tūrā"에 따라 살지 못했다는 소식을 들었다고 한 나탄지의 서술에서처럼,[100] 때로는 퇴레도 야사와 마찬가지로 몽골법을 총체적으로 지칭한 듯하다. 샤라프 알딘 야즈디는 797/1395년에 티무르의 사절로서 톡타므쉬를 찾아간 샴스 알딘 알말르기Shams al-Dīn Almāligī가 "토라tūra의 관습과 규율을 잘 알고 있었다"라고 썼다.[101] 하피즈 아브루는 티무르의 손자 피르 무함마드 이븐 우마르 셰이흐가 무자파르 왕조의 사례처럼 카이로 압바스 칼리프에게 책봉을 받으라는 조언을 들은 일화를 기록하면서 이를 "몽골의 야삭yāsāq과 승리의 투라tūra로부터의 일탈taghayyur"이라고 표현했다. 이는 알탄 우룩의 구성원에게만 군주권이 부여된다는 관념과 충돌했기 때문일 것이다.[102] 그러나 퇴레와 야삭 둘 다 개별 칙령이나 규정의 의미로도 사용되었다. 킵차크 칸국에서 아미르 에디귀는 "정밀한 퇴레들과 대大야삭들"을 고안했다고 한다.[103] 모굴 측 역사가들은 차가다이 일문 바락 칸의 야삭을 칭기스 칸의 야삭들(복수형이라는 데 유의할 것)과 유사하다고 생각했던 듯하다.[104] 771/1370년, 티무르가 소유르가트므쉬 칸을 옹립함으로써 "유순yūsūn과 야삭yāsāq의 길을 이전의 토대 위에 다시 세웠다"라고 한 니잠 알딘 샤미의 서술[105]은 칭기스 칸이 자신의 사후 옥좌가 오고데이와 그 왕통에게만 돌아가야 한다고 명령했던 일을 암시하는 것일 수 있다.[106] 그러나 나탄지는 야삭을 티무르의 파르만farmān•을 지칭하는 데에도 사용했고,[107] 한 번은 소小루르 지배자의 명령도 야삭이라고 불렀다.[108]

그러나 티무르가 "전장에서 옛 군주들의 투라와 야삭의 용법"을 따랐다고 한 표현처럼[109] 티무르 왕조 측 연대기 사료에서 야삭과 퇴레는 대체로 법이나 지배, 좋은 관행 등 더 일반적인 의미로 자주 사용되었다. 나탄지와 하피즈 아브루는 티무르의 행적과 인격, 야삭을 기록했다.[110] 샤미는 정복자의 "정의와 야삭"을 설명했고,[111] 티무르가 자신의 원칙과 규범yāsāq-u qawā'id에는 사절을 살해하는 법이 없다고 단언했다고 주장했다.[112] 샤미와 샤라프 알딘 야즈디는 대규모 적군을 영토에다 두고 다른 곳으로 가는 것은 관행tūra-u yāsāq이 아니라는 티무르의 발언을 인용하기도 했다.[113] 오스만 술탄 메흐메드 1세가 형제들과 영토를 공유하지 않고 그들을 제거하자, 샤루흐는 818/1416년에 오스만 왕조의 투라를 위해 일칸의 투라를 저버렸다고 책망했다.[114] 바그다

드 대학살(1401)은 야삭(도시가 항복을 거부했을 때 적용되는 규정?)에 따라 진행되었다고 전한다.[115] 나탄지는 773/1371~1372년 티무르가 소집한 쿠릴타이가 칭기스 칸의 투라에 바탕을 둔 일이었다고 묘사했다.[116] 807/1404년의 쿠릴타이 축제에 대해서는 "투라와 관습rasm"이라는 표현이 나오는데,[117] 200여 년이 지난 뒤의 바부르도 친척 바디 알자만 Badīʿ al-Zamān이 자신을 위해 연회를 열어주었을 때 습관처럼 티무르 왕조의 퇴레 준수를 언급한 것과 비슷하다.[118] 나탄지는 아미르 후사인 아래에서 검열관들이 옛 기록의 관례에 따라ba-yūsūn 정렬한 병력을 점검하고 명령을 내렸다yāsāq고 썼다.[119] 그는 또한 혼란기의 시작을 "투라와 야삭의 카펫이 말려 올라갔다"라고 표현했다.[120] 청 오르다의 테무르 말릭 칸이 술과 쾌락에 중독되어 무질서를 초래했을 때는 "승리의 투라의 관례들qawāʿid이 가로막히고 무시당했다"라고 표현했고, 일리야스 호자의 무능과 경험 부족은 "승리의 투라에 완전한 수정과 변경"을 불러왔다고 표현했다.[121]

야사/야삭은 '권위' 혹은 '정권'이라는 뜻으로도 계속해서 사용되었다. 그래서 나탄지는 부얀 술두스가 "권위가 부족했다bī-yāsāqī"라고 썼고,[122] 나중에 티무르의 행보awḍāʿ를 묘사하기 위해 '야삭', '형평성', '현명'과 같은 표현을 썼다.[123] 샤라프 알딘 야즈디는 763/1361~1362년 투글룩 테무르 칸이 트란스옥시아나에 남겨둔 최고 사령관의 폭정으로 칸의 야삭이 효력을 발휘하지 못한다고 서술했다.[124] 그의 주장에 따르면, 아미란샤의 아내 칸자다가 802/1399년에 티무르에게 자신의 남편이 아버지의 야삭을 완전히 거부했다고 불평했다.[125]

퇴레와 샤리아

바샤리 이슈트반이 지적한 대로, 몽골 관습법과 샤리아가 모든 면에서 양립할 수 없는 것은 아니었다. 그러나 이런 시각도 널리 퍼져 있었으니, 무슬림뿐만 아니라 이슬람을 받아들일 필요가 있음을 깨달은 이교도 몽골인들 일부도 몽골 관습법과 샤리아가 양립할 수 없다고 생각했다. 이븐 아랍샤에 따르면, 일부 무슬림은 티무르가 칭기스 칸의 야사를 고수하는 것을 근거로 그를 불신자로 여겼다.[126] 미르자 하이다르는 자신의 조상인 두글라트부의 아미르 후다이다드가 티무르의 손자 울룩 벡에게 "칭기스 왕조의 퇴레" 조항들을 가르쳐달라는 요청을 받았을 때 샤리아를 위해 퇴레를 포기했노라며, 만약 울룩 벡이 샤리아를 버리고 퇴레를 공부하겠다면 지도해줄 수는 있노라고 대답했다는 일화를 들려준다.[127] 샤라프 알딘 야즈디는 야사/야삭과 투라라는 용어를 샤미나 나탄지에 비해 덜 사용했다.[128] 존 우즈가 설명했듯이, 하피즈 아브루는 나탄지의 글을 인용하면서도, 단 한 차례를 제외하고는 나탄지가 야사/퇴레라고 쓴 부분을 모두 고쳐서 야사/퇴레를 삭제했다.[129] 반면 나탄지는 투라를 더 자주 사용했는데, 이는 그의 정보원이 튀르크·몽골 장령들이었기 때문임이 확실하다.[130]

이 저자들에게 이슬람 규범의 회복자를 자처한 샤루흐 시대에 이런 용어를 사용하는 것이 정치적으로 현명하지 못하다고 생각되었을 수도 있다. 그렇다면 티무르 아들의 통치기를 살펴보면 티무르가 퇴레를 얼마나 따랐는지 역으로 짐작할 수 있을 것이다. 티무르가 사망했을 때, 그의 무덤은 이교도 유목민 전통에 따라 무기와 의복과 보석으로 장식되었다. 그러나 샤루흐는 몇 년 뒤 사마르칸드에 입성했을 때 자신이 샤리아에 얼마나 충실한지를 강조하기 위해 이 보물들을 모두 치워버렸다. 이는 유목 군인들의 감정을 자극할 위험을 무릅쓴 조치였다.[131] 하피즈 아브루의 《역사 정수》에 수록된, 815/1412~1413년 명나라 영락제에게 보낸 국서에서 샤루흐는 자신이 샤리아를 실행하고 있다고 주장했다.[132] 동시대 설교가이자 전통주의자 잘랄 알딘 아부 무함마드 카이니가 저술한 간언諫言 문학Mirror for Princes 《샤루흐께 올리는 간언》(820/1417)에 따르면, 샤루흐가 야사를 샤리아로 대체한 시점은 813/1411년이다.[133] 814/1411~1412년, 울룩 벡은 샤루흐의 명으로 티무르의 군사들에 의해 사마르칸드로 끌려온 무슬림 지식인과 장인에게 고향으로 돌아가도 좋다고 허락했다. 이는 (무슬림의 노예화를 금지한) 샤리아 복원과 연관된 조치임이 명백하다.[134]

카이니, 샤라프 알딘 야즈디, 하피즈 아브루 등은 샤루흐를 "쇄신자(무잣디드mujaddid)"라고 묘사했다. 이슬람 전승(하디스)에서 무잣디드는 히즈리력에서 새로운 세기가 시작될 때마다 신앙을 되살리기 위해 신이 보내주는 인물을 의미했다. 이전에는 알가잘리al-Ghazālī(사망 505/1111) 같은 지식인에게만 한정되어 사용되던 이 칭호가 이 시기에는 군주에게 쓰였다.[135] 가잔 마흐무드 일칸(그리고 더 최근에는 티무르가 옹립한 두 칸)이 사용한 '파디샤 이슬람'이라는 칭호를 채택한 샤루흐는 가잔을 지배의 모범으로 삼았다. 라시드 알딘도 가잔이 이슬람 신앙과 몽골 지배, 양쪽 모두에서 새로운 시작을 열었다며 열렬히 칭송했다.[136] 정경正經에 따른 이슬람 관행에 대한 이 같은 강조는 진정한 이슬람으로의 회귀를 강력히 요구하는 후루피파와 같은 메시아 운동의 부상에 대한 대응이었는지도 모른다. 또 1414~1415년에 티무르의 궁정으로 파견된 명나라 사절의 말에 따르면, 헤라트에서 강력하게 시행된 샤루흐의 포도주 소비 금령과 관련성이 있었음이 분명하다.[137]

(샤루흐도 영락제에게 보낸 편지에서 샤리아를 강조했거니와) 카이니 등이 샤리아의 부흥을 강조한 경우만 보면 샤루흐가 몽골 전통에서 등을 돌렸다고 생각하게 된다. 게다가 샤루흐는 칸도 옹립하지 않은 인물이 아니던가. 그러나 맨즈는 티무르의 후계자들이 칭기스 왕조에서 물려받은 유산이나, 칭기스 왕조와 자신들의 연결성을 몇 년 전부터 꾸준히 의식한 방식에 주목했다.[138] 더 최근에는 요나탄 브락이 샤루흐의 입장에 더 세심하게 접근하는 방식을 통해, 티무르 왕조의 군주인 샤루흐와 그의 선전가들이 하늘이 점지한 칭기스 칸의 지배권이라는 인식을 계속 간직하면서 이를 이슬람 담론 안에 통합하고자 한 일칸 측 저자들의 발자취를 따라갔다는 설득력 있는 주장을 펼쳤다(제3장 참조). 이런 맥락에서 티무르의 이미지도 그가 사망한 뒤 몇 년에 걸쳐 발전했음이 분명하다. 그래서 샤미는 761/1360년 모굴 칸국의 아미르들이 티무르를 만났을 때 티무르의 "이마에 있는 지복至福의 징후"를 보고 감명을 받았다고 썼지만, 샤라프 알딘 야즈디는 동일한 일화를 서술하면서 이 표현을 "그의 이마 위에 있는 신성한 영예farr-i īzadī의 빛"으로 고쳤던 것이다.[139] 샤루흐는 무잣디드, 마흐디 같은 칭호를 채택했지만, 신이 지명한 지배라는 칭기스 왕조식 모델을 버린 것이 아니라 이를 통해 칭기스 왕조식 모델을 부분적으로 고치고 정교하게 다듬었다. 그리고 이 과정에서 새로운 종류의 무슬림 왕권이 탄생했다. 이 왕권은 이전의 왕권들에 비해 예언자의 후계자 자리 세습이라든지 무슬림 학자나 율법학자의

승인과 같은 오래된 기준에 의한 제약을 덜 받았다. 그리고 그 빈자리를 채운 것은 성공의 경험empirical success으로 확인할 수 있는 신의 총애라는 몽골인들의 사고방식이다.[140]

그렇다면 샤루흐가 폐지한 것은 정확히 무엇일까? 카이니는 "야르구와 퇴레의 관습들rusūm을 버렸다"라고 썼다. 그렇다면 몽골의 전통적인 재판소인 야르구에 주목할 필요가 있을 것이다. 그러나 카이니의 논문은 경전에 나오지 않는 조세인 칼라나트qalānāt('칼란'에 대해서는 제2장 참조)에 상당한 분량을 할애한다. 이 용어는 십일조'ushr, 토지세 kharāj, 구빈세zakāh,* 지즈야를 제외한 세금을 모두 포괄하는 용어로 정의된다.[141] 따라서 여기에는 상업 거래에 부과되던 세금인 탐가가 포함되었을 것이다. 많은 사람이 탐가를 전통적인 몽골 체제가 샤리아와 양립할 수 없음을 상징하는 제도로 보았다.[142] 이 세금이 티무르 왕조에만 존재했던 것은 아니다. 16세기 초 파들룰라 루즈비한 훈지Faḍl-Allāh Rūzbihān Khunjī는 악코윤루의 술탄 야쿠브Yaʿqūb(사망 896/1490) 치하에서 "이슬람 율법이라는 맑은 물이 칭기스 왕조의 야사라는 탁한 물에 의해 오염되었다"라고 한탄했다. 그래서 샤리아를 제자리로 돌려놓는 과업(특히 탐가 세금tamghāwāt 폐지)은 카디 이사Qāḍī ʿĪsā라는 장관에게 맡겨졌다.[143]

이제 야르구를 살펴보자. 샤루흐는 영락제에게 보낸 편지에서 호라산과 마 와라 알나흐르 전역에서 샤리아가 지켜지고 있으며 자신은 야르구와 칭기스 칸의 법령들qawāʿid을 폐지했다고 말했다. 그런데 이는

• '자카트(zakāt)'라고도 한다. 이슬람 신앙의 다섯 기둥 가운데 하나로, 소유 재산 가운데 생계를 유지하는 데 필요한 것의 초과분을 헌납하는 것을 뜻한다. 구빈세는 보유 재산을 정당화했기 때문에 사실상 재산세 역할을 했다.

샤루흐가 세운 주요 목표에 비하면 부차적인 내용이다. 샤루흐의 목표는 첫째, 자신이 중국인 상인들을 보호하고 있다는 사실을 영락제에게 인식시키는 것, 둘째, 티무르가 홍무제의 종주권을 인정했다는 주장(제10장 참조)을 부인하는 것, 셋째, (티무르가 홍무제의 종주권을 인정했다는 주장에 대한 반격으로) 영락제에게 이슬람을 받아들이고 이슬람 율법을 영토 전체에서 시행하도록 촉구하는 것이었다.[144] 그럼에도 샤루흐의 서신에서 언급된 야르구는 굉장히 구체적이다.

모건은 몽골 제국의 사법 기구가 야르구를 중심으로 운영되었다는 데 주목했다.[145] 이는 티무르 시대에도 마찬가지였다. 야르구는 군사적 실패를 조사하는 법정(790/1388년 티무르가 사마르칸드로 귀환한 이후 톡타므쉬의 침공 당시 휘하 아미르들의 행동을 조사했던 예[146]) 또는 음모나 반란 혐의를 심문하는 법정을 의미했다. 샤라프 알딘 야즈디에 따르면, 티무르는 어린 시절 다른 소년들과 놀면서 지도자 행세를 했는데, 명령을 어긴 사람들을 야르구에서 심판했다고 한다.[147] 아미르 후사인은 티무르에게 제기된 혐의를 조사하라고 야르구에 명했다.[148] 정복자의 손자 무함마드 술탄은 802/1399~1400년에 사촌 이스칸다르 이븐 우마르 셰이흐의 불복종 혐의를 조사하기 위해 야르구를 열었다.[149] 803/1400년, 티무르는 아미란샤 휘하 아미르들과 피르 무함마드 이븐 우마르 셰이흐를 상대로 비슷한 조사를 벌였다.[150] 티무르 시대에 야르구는 흔히 '디완 부주르그'로 불렸거나, 최소한 디완 부주르그의 구성원에 의해 심리가 진행되었을 가능성이 있다.[151] 몽골 제국의 무슬림 신민들은 이런 재판소가 이슬람 율법에 반한다고 생각했다. 특히 증거가 없는데도 유죄를 선고하는 경향이 있고 자백을 받아내려고 고문도 자주 행한다고 보았기 때문이다.[152] 티무르 아래에서 야르구는 카이후스라우 후탈라니나 셰이흐 무함마드 이븐 부얀 술두스 같은 튀르크·몽골 아미르뿐만 아니라[153] (일칸국의 경우처럼) 타직에 대한 재판도 진행했다. 한 야르구에서는 몽골 아미르와 티르미드의 사이드를 한꺼번에 심판했다.[154]

샤루흐는 아마도 카디들의 권위를 재확인하고 이슬람 율법에 더 부합하는 마잘림maẓālim* 사법권을 스스로 행사하는 것을 염두에 두었을 것이다. 동시대인으로 샤라프 알딘 야즈디의 스승이었던 이븐 투르카 이스파하니는 샤루흐 덕분에 야르구가 흔적도 남지 않았을 뿐만 아니라, 비밀리에 행해진 경우가 아니라면 누구도 야르구에 의지하지 않았다고 주장했다.[155] 그러나 카이니의 증언과 마찬가지로 이러한 진술에는 두 가지 문제점이 있다. 일단 샤루흐가 정통파로 귀환한 것을 찬양하려는 의도를 품은 저자들은 티무르를 정경적 이슬람의 옹호자로 묘사하는 데 거의 관심이 없었다. 샤루흐도 티무르의 유산이든, 더 광범위한 튀르크·몽골의 유산에서든 자신을 분리하지 않으려는 의도를 분명하게 드러냈다.[156] 샤루흐가 이슬람 율법을 의식적으로 옹호한 것은 하칸Khāqān/칸Khan 칭호를 사용한 것과 함께 고려되어야 한다. 어떻든 간에 15세기 후반 술탄 후사인 바이카라가 지배하는 헤라트에서 여전히 존재했던 야르구가 샤루흐에 의해 폐지되었을지는 의심스럽다.[157]

몽골 제도의 생존이라는 맥락에서 샤라프 알딘 야즈디가 야사의

---

* '신원(伸寃) 법정'. 칼리프나 베지르, 아미르 같은 행정 책임자가 주관해 샤리아가 적용되지 않는 행정 소송을 처리하는 기관. 주로 고위 관료의 독직과 횡포에 엄격한 즉결 처분이 행해졌다. 또한 신민에게 정의를 보장한다는 명분으로 샤리아에 따르는 카디 법정에서 해결되지 못한 일들이 처리되었기에, 일종의 상급 재판소 역할을 했다.

냉혹한 집행자인 차가다이의 행동을 어떻게 다루었는지도 흥미롭다. 야즈디는 칭기스 칸이 아들들에게 특정 영역의 권한을 나누어준 일을 설명하면서 차가다이가 야사와 야르구를 집행하고 군무를 명령하는 책임을 부여받았다고 썼다. 하지만 주바이니의 책에서 차가다이가 부여받은 책임은 "야사와 법 [집행]yāsā-u siyāsat"이라고만 쓰여 있다.[158] 또한 야즈디는 다른 부분에서 이렇게 서술했다. "야르구와 야삭의 활용을 감독하는 데 있어서 그는 최대한의 부지런함을 발휘하여 사소한 부분까지 세심하게 주의를 기울여야 한다는 사실을 인식했다. 명령을 내릴 때면 그는 단 한 가지도 소홀히 하지 않았다. 봄과 여름에는 누구도 물 속에 들어가지 말아야 하고, 흐르는 물에 손을 담가서도 안 되며, 금이나 은으로 만든 그릇으로 개울에서 물을 떠서도 안 되고, 빨래한 옷을 벌판에 널어두어도 안 된다. (…)"[159] 이 단락에서 야즈디는 다시 주바이니와 의견이 갈린다. 주바이니는 범죄와 기후적 영향에 대해 정확히 동일한 내용을 서술하지만,[160] 이 시점에서 야르구에 대해서는 일언반구도 하지 않는다. 야즈디의 시대에 이교도 몽골 정권에서 살아남은 가장 눈에 띄는 (그리고 불쾌한) 것은 이슬람과 상충하는 특정한 야사가 아니라 야르구였고, 바로 그뒤를 이슬람 율법에서 허가하지 않는 세금들이 따랐던 것이다.[161]

칭기스 왕조의 군주권을 티무르가 어떻게 생각했는지 (사망 시점에는) 의문의 여지가 있었다면, 몽골의 법과 관습에 대한 그의 헌신에는 의문의 여지가 전혀 없었다. 그러나 이에 대해 증언하는 두 종의 사료는 특히 주의해야 할 만큼 적대적이다. 그중에 아지즈 이븐 아르다시르 아스타라바디는 티무르가 샤리아에 적대적이라는 시바스의 지배자 부르한 알딘의 선언을 인용했다.[162] 그리고 이븐 아랍샤는 티무르가 샤리아보다 칭기스 칸의 퇴레를 준수하는 데 더 힘썼다고 강조했다. 즉 이븐 아랍샤에 따르면 티무르는 칭기스 칸의 법을 "신봉하는" 이로, 이슬람의 규정보다 이를 더 신뢰해 철저히 퇴레를 정권의 기반으로 삼았다. 실제로 이븐 아랍샤는 퇴레가 티무르의 종교milla이며, 적수인 자타와 이 점에서는 다를 바 없었다고 썼다.[163] 그는 정복자의 사망 기사에서 긴 운문을 썼는데, 티무르는 칭기스 칸의 교리에 따라 신의 빛과 순수한 신앙을 멸종시키려 한, "불행한 불신자 폭군dhāka l-ẓālim al-naḥs al-kufūr"이라는 내용이다.[164] 이븐 아랍샤는 조치 일문의 영토에서 티무르와 만난 울라마의 판단을 인용하기도 했는데, 그 울라마는 티무르를 비롯해 칭기스 칸의 법을 따르는 사람은 불신자로 보아야 한다고 주장했다.[165] 한편 이븐 아랍샤는 샤루흐가 퇴레와 칭기스 칸의 법령들qawāʿid을 폐지했다는 주장에도 회의적이었다. 티무르 왕조의 군사·종교 엘리트층의 저항을 예상했기 때문이었다.[166] 그러나 《운명의 경이》 어디에서도 퇴레의 조항이 명시되지는 않았다. 이븐 아랍샤가 야사의 규정을 열거한 책은 간언문학류인 《칼리프의 열매》인데, 이 책의 내용은 가짜로 보인다. 어떤 규정은 우스꽝스럽기만 하고 아무 의미도 없다.[167] 이런 왜곡을 제치고 보면, 이븐 아랍샤는 100년 전 이븐 타이미야의 주장을 어느 정도 반영한 셈이다(제3장 참조).

마찬가지로, 티무르를 이슬람 율법shar', sharīʿat이 요구하는 바를 온전히 충족시킨 인물로 묘사한 샤미와 샤라프 알딘 야즈디의 노력도 이런 주장을 반박하기 위한 과장으로 볼 수 있다. 이들이 이슬람에 대한 티무르의 헌신을 인도의 불신자들이나 조지아인, 스미르나의 성 요한 기사단 등에 대한 성전의 의무를 행한 것과 연관시키려 했다는 사실은 의미심장하다.[168] 아마도 진실은 그들이 구상한 장밋빛 그림과 이븐 아랍샤의 맹렬한 비난 사이의 어딘가에 있을 것이다. 티무르는 초원의 주민들이 수백 년에 걸쳐 지켜온 관행들을 준수했다. 예컨대 그의 아들 아미란샤는 형 자항기르가 죽자 수계혼의 관습에 따라 형의 아내와 혼인했고, 우마르 셰이흐 사후에 남겨진 아내는 샤루흐의 아내가 되었다. 티무르는 초원의 주민들이 오랫동안 지녀온 믿음을 받아들였거나, 최소한 그런 믿음을 포기하려는 생각은 하지 않았던 것 같다. 이는 그리 놀라운 일이 아니다. 가잔 일칸은 이슬람을 수용한 뒤에도 이슬람 이전의 관행을 유지했다.[169] 795/1393년 티무르는 공자들, 노얀들과 함께 언덕에 올라 무자파르 왕조의 샤 만수르에게 거둔 승리에 대해 하늘에 감사했는데, 이는 150년 전 이교도 칭기스 칸과 바투가 행했던 관례를 따른 행위임이 분명하다.[170] 또한 그는 이슬람의 관행과는 반대로, 초원의 오랜 전통에 따라 부장품과 함께 묻혔다.[171]

티무르의 유산에서 이슬람 이전의 요소는 티무르가 반쯤 영적인 능력을 지녔다는 주장(티무르 자신이 이런 주장을 했을 수도 있고, 주변에서 그를 위해 조작한 주장일 수도 있다)에서 가장 생생하게 드러난다. 어쩌면 군주가 될 수 있는 신분을 타고나지 못했기 때문에 자신에게 특별한 힘이 있다고 믿었으리라. 서유럽에까지 이른 소문을 신뢰할 수 있다면, 티무르는 천사가 인간의 생각을 알려주기 때문에 아무도 감히 자신에게 맞서는 음모를 꾸밀 수 없으며, 천사의 지시에 따라 사다리를 타고 천국으로 난 40개 계단을 올랐는데, 이 계단 수는 자신이 40년 동안 세계를 지배할 운명이라는 뜻이라고 주장했다.[172]

후원자가 지닌 이슬람 이전의 정서와 관습을 묘사하기가 당혹스러웠을 동시대 티무르 왕조 측 사료들은 이런 맥락에 침묵을 택했다. 샤라프 알딘 야즈디나 서방 그리스도교도 관찰자들에게서 나온 정보는 당시 구전 전승의 인용일 것이다. 이븐 아랍샤마저 티무르가 정직한 조언과 단순한 궤변을 구별하는 특별한 통찰력을 지녔다고 평했다.[173] 티무르가 초자연적 힘을 지녔다는 주장의 전례가 없는 것도 아니다. 예를 들어 천상 승천은 튀르크어 서사시 《행복해지는 지혜Qutadghu bilig》(1069)에서도 보이는 오래된 주제다.[174] 더 느슨하게는 칭기스 칸의 수석 샤먼 텝텡게리(코코추)가 말을 타고 천상에 오를 수 있었다는, 라시드 알딘과 아르메니아인 헤툼이 채록한 주장도 떠올릴 수 있다(라시드 알딘은 대중의 과장이라고 일축했다).[175] 라시드 알딘도 가잔이 뛰어난 통찰력과 사람의 마음을 읽고 미래를 예언하는 능력을 지녔다고 기록했다(제3장 참조). 티무르의 차가타이 유목민 병사들에게는 반쯤 샤머니즘적인 관념이 남아 있었음이 확실하다. 그러나 티무르의 마음이 "숨겨진 비밀의 빛이 있는 곳maṭraḥ-i anwār-i asrār-i ghaybī"이라고 생각한 샤라프 알딘 야즈디는 대아미르의 경험에 무슬림다운 외피를 입히고자 애썼다.[176] 티무르는 때때로 어떻게 행동해야 할지를 알려주는 꿈을 꾸었는데, 야즈디는 이를 예언자에게 주어지는 기적적인 선물이자 가장 위대한 술탄·왕·하칸에게 대대로 부여된 "현상계現象界(혹은 형상形相)의 칼리프권khilāfat-i ṣūrī"이라고 표현했다.[177]

이제 다시 야사/퇴레에 대한 티무르의 견해로 돌아가자. 이븐 아랍샤가 그토록 공들여 몽골법에 대해 서술한 데는 논쟁적인 이유가 있었던게 아닐까. 티무르가 불신자의 군대를 이끄는 불신자라는 그의 주장을 정당화하는 한 논리로서 말이다. 이븐 아랍샤의 동시대인이자 그와 교류했던 알마크리지 역시 맘루크 아미르들이 몽골 야사를 강요한다고 비난했을 때 자신의 의도를 솔직하게 드러내지 않았다. 그는 다만 야사와 시야사트siyāsat가 (그리고 더 중요한 것은 그 용례가) 유사하다는 점에만 근거해 혐의를 제기했다.[178] 야사를 무시하는 칸의 행위가 그 권력에 도전하려는 몽골 아미르들에게 유용한 구실이 되었듯이, 야사를 준수한다는 혐의 역시 몽골의 적들 사이에서 논쟁의 구실이 될 수 있었다.•

좀더 제한적인 의미에서 퇴레에 대한 존중이 16세기까지 이어졌다는 사실을 언급할 필요가 있을 것이다. 앞서 바부르가 퇴레를 올바른 연회 진행과 연관시킨 사실에 대해서는 주목한 바 있다. 퇴레는 다른 공적 맥락에서도 등장했다. 미르자 하이다르는 처음엔 샤루흐를 보필하다가 나중에 술탄 후사인 바이카라 막하로 들어간 아미르 무함마드 부룬둑Muḥammad Burunduq에 대해 언급했다. 이 아미르는 "칭기스 왕조의 퇴레"에 대한 지식이 동시대 사람들보다 뛰어났다. 그러나 하이다르의 아버지가 술탄 후사인의 궁정에 도착했을 때 그는 고작 한쪽 무릎을 꿇어 복종하는 것이 올바른 방식이라고 지도하며 마치 이것이 퇴레에서 중요한 대목이라는 듯이 굴었다.[179] 이를 보면 칭기스 왕조 '체제'는 의례와 의전 문제로 축소된 듯하다. 칸이 즉위할 때 그를 하얀 모전 카펫 위에 올리는 의식도 그러한 예라고 할 수 있다.[180] 만약 이 의식이 여전히

• 15세기 이집트와 시리아의 맘루크 술탄국에서는 시야사트에 따른 법정의 운영으로 율법학자들이 커다란 위협을 느꼈다고 한다. 여기서 시야사트란 술탄의 독자적인 사법권을 의미하는데, 저자가 이 단락에서 인용한 데이비드 아얄론(David Ayalon)의 논문에 따르면, 알마크리지는 시야사트가 점차 강조되는 세태에 분노해 그 위험성을 강조하기 위해 시야사트를 몽골의 야사와 같은 것이라고 주장했다.

무슬림의 종교적 감수성을 자극할 여지가 있었다고 해도, 990/1582년 우즈벡의 압둘라 칸이 옥좌에 오를 때 무슬림 고위 인사들이 메카 인근 잠잠Zamzam 우물•에서 떠온 물을 모전 위에 뿌리는 정도로 수용될 수 있었다.[181] 비무슬림식 예의를 이슬람화하는 일은 생존을 위한 한 가지 방도였다. 또다른 방식은 단순히 버리는 것이었다. 바부르는 퇴레가 "완결된 법칙naṣṣ qāṭiʿ"임을 부인하면서 더이상 유용하지 않은 관례는 폐기할 수 있다고 주장했다.[182] 이런 태도는 200년 전에는 생각조차 할 수 없는 일로, 티무르의 차가타이 추종자들을 격노하게 했을 것이다.

*

지금까지 제9장에서 제14장에 걸쳐 뛰어난 군사적 재능에 더해 비교적 예리한 지배정당성에 대한 감각과 고도로 절충적인 역사적 현실 감각을 겸비해 벼락출세한 책략가의 경력을 살펴보았다. 티무르의 임무는 차가다이 일문의 군주권을 일칸국 고지까지 확장하고 칭기스 왕조의 세계에 일종의 질서를 회복해 혼란에 빠진 사람들을 치유하는 데 있었던 것 같다. 이제 마지막 장에서는 티무르 사후 티무르 제국의 운명을 다룬다.

• 메카 카바 근처에 존재하는 우물. 이슬람 전승에 따르면 아브라함(아랍어는 이브라힘(Ibrāhīm))에게 버림받은 하갈(아랍어는 하자르(Hājar))과 이스마엘(아랍어는 이스마일(Ismāʿīl))이 지니고 있던 물이 바닥난 절망적인 상황에서 나타난 샘물이다. 잠잠 샘물을 마시는 것은 순례의 의례 중 일부다.

제15장

여파
티무르의 후계자들

티무르의 죽음은 장장 15년 동안 지속될 티무르 가문 내의 권력 투쟁을 촉발했다. 이 시기가 끝날 무렵 티무르 제국은 최서단 영토를 상실했다. 그러나 제국 영토의 대부분이라 할 수 있는 트란스옥시아나와 이란 남부·중부는 여전히 티무르 왕조의 손아귀에 있었으며, 티무르의 막내아들 샤루흐가 최고 권위를 지녔음을 인정했다. 제15장에서는 샤루흐의 승리로 끝난 분쟁을 검토한 뒤, 왕조가 끝나는 912~913/1506~1507년까지 티무르 왕조 시대를 톺아보고 이슬람 세계 동부에 남은 티무르의 장기적 유산이 무엇인지 고찰하고자 한다. 그리고 내륙 아시아 유목민 군단의 수장으로서 제국의 건설자가 될 만한 인물 가운데 왜 후대에 티무르만큼 성과를 낸 사람이 없는지, 그 이유를 찾는 시도로 글을 마치려 한다.

제국과 계승

티무르는 죽기 몇 년 전(아마 1398년경), 아들 자항기르가 조치의 혈통인 자유인 아내에게서 얻은 손자, 다시 말해 칭기스 왕조를 조상으로 둔 손자인 무함마드 술탄을 후계자로 세웠다. 이는 고귀한 혈통에 대한 티무르의 인식과 잘 어울리는 선택이었다. 아마 당시 생존 중이었으나 첩실 소생인 두 아들, 아미란샤와 샤루흐를 선택하지 않은 이유도 이것이었으리라. 후계자로 지명된 공자는 유능하고 활기찬 인물이었던 것 같지만, 그렇다고 해도 805/1403년에 사망하지 않고 후계자가 되었어도 그 직무를 충실히 이행할 수 있었으리라고 확언할 수는 없다. 티무르가 무함마드 술탄의 이복형제인 피르 무함마드를 자신의 후계자로 언제 낙점했는지는 명확하지 않다. 살마니의 기록에 따르면, 티무르는 임종 직전에 그런 결정을 내렸다. 샤라프 알딘 야즈디도 티무르가 최후의 순간에 가서야 피르 무함마드를 후계자로 선언했다고 확인해주었다. 야즈디 역시 슬픔에 잠긴 아미르들이 공자에게 지명 소식을 전했다고 기록했다.[1] 만약 티무르가 새로운 후계자 지명을 미루었다면, 아마 피르 무함마드 이븐 자항기르가 무함마드 술탄과 달리 칭기스 왕조의 혈통이 아니었기 때문일 것이다. 그러나 루이 곤살레스 데 클라비호는 티무르가 자항기르를 아꼈던 만큼 피르 무함마드를 매우 사랑했다는 이야기를 들었고, 외국 사절들이 공자에게 존경을 표하기 위해 그의 천막으로 호위를 받으며 찾아갔다고 기록했다.[2] 이는 피르 무함마드가 1404년에 이미 후계자 훈련을 받고 있었음을 암시한다. 진실이 무엇이건, 무함마드 술탄에 비해 할아버지 슬하에서 두각을 덜 드러낸 피르 무함마드는 티무르 제국의 남동부 외딴 지역인 가즈니와 카불, 칸다하르를 다스리고 있었기 때문에 티무르의 모든 유산을 인수하는 데 이상적인 상황은 아니었다.

이 시점에서 던질 수 있는 질문은 티무르가 정확히 무엇을 남겼는가 하는 것이다. 티무르의 제국은 광활한 영토들의 집합체로, 티무르의 생전에도 거의 끊임없이 원정을 펼쳐야 했다. 이 제국은 티무르의 카리스마와 지배적인 존재감이 사라지자마자 붕괴할 가능성이 너무나도 컸다. 달리 말하자면 티무르 제국이 맞이한 운명은 본질적 특성에 따른 결과였다. 근본적으로 멈추지 않는 약탈 원정에 기반을 둔 이 제국은 창건자의 사망과 함께 이 소득원이 차단되자 축소될 수밖에 없었다. 티무르의 제국이 급격히 줄어들고 쪼그라든 또다른 원인은 티무르의 지배가 철저히 일신전속一身專屬적이었기에 영토를 통치하기 위한 적절한 통치 체제가 구축되지 못한 데 있었다. 이는 30년 이상 통합성을 유지하며 엄청난 속도로 확장을 거듭할 제국을 창건해 물려준 칭기스 칸의 업적과 대조적으로 보일 수밖에 없다. 예컨대 스바트 소우체크Svat Souček는 티무르 제국이 견고하지 못했던 것은 공자 개개인에게 영토를 분봉하는 방식 탓이라고 지적했다. 공자들이 저마다 "너무나 많은 행정적·재정적·세습적 독립성"을 보유했기에 그들의 분봉지가 전체 구조 속에서 통합되지 못했다는 것이다.[3] 티무르의 제국에서는, 통일 몽골 제국의 특징이라 할 수 있는 서로를 결속하는 조치가 없었다. 몽골 제국에서는 카안이 왕조의 수장으로서 각 하위 울루스로부터 세금 수익의 일부를 받아야 했고, 반대로 카안은 제왕들에게 중앙qol-un ulus에서 나오는 세입의 일부를 그들의 몫으로 분배해주어야 했는데, 그 때문에

(최소한 몇십 년은) 카안과 제왕들의 이익이 서로 결속되어 있었다.

그러나 다른 차이도 고려할 필요가 있다. 선도자인 칭기스 왕조와 마찬가지로 티무르 왕조는 왕조의 모든 구성원이 군주권을 승계할 자격이 있다는 원칙을 고수했다. 이 역시 티무르 사후에 혼란의 요인이 되었다.[4] 그런 원칙을 세워놓았는데도 티무르는 제한적인 승계 기준을 드러냈는데, 이런 점이 특정 가족 구성원에게 깊은 불만을 불러일으킬 만했다(제9장 참조). 반면 칭기스 칸은 오고데이를 계승자로 낙점하는 것에 대해 다른 아들들에게 동의를 받아낼 수 있었다. 실제로도 1240년대 테무게 옷치긴이 쿠데타를 벌였다가 실패한 경우를 제외하면 1250년까지 오고데이의 후손이 권력을 승계하는 데 큰 문제가 없었던 것으로 보인다. 또한 칭기스 칸의 아들 모두와 손자 대다수는 몽골 고원의 고향에서 태어나 성장했던 데 반해, 1405년에 정치적으로 두각을 드러낸 티무르의 손자 중 여러 명은 일찍이 사마르칸드에서 상당히 떨어진 지방의 분봉지에서 유대감을 형성했다. 그 결과 몽골 전임자들과 비교했을 때 그들은 제국 전체와의 유대 의식이 약했다. 티무르에게 트란스옥시아나는 광범위한 영토의 핵심이었으나, 티무르 왕조의 공자('미르자mīrzā')들, 특히 3세대 구성원들에게 (소수의 유명한 예외를 제외하면) 트란스옥시아나가 지닌 중요성은 지엽적일 수밖에 없었다(샤루흐는 트란스옥시아나를 장악한 뒤에도 그렇게 인식했을 정도다). 그들에게 가장 매력적인 선택지는 자신의 분봉지를 지켜내고 확장하면서 자치를 최대한 확보하는 것이었다.[5]

앞서 나는 제12장에서 티무르가 자신의 후손 중 일부를 어떻게 칭기스 왕조의 공주들과 이어주었는지 살펴보았다. 이렇게 탄생한 여러 결합의 결과로 티무르 왕조의 공자들 사이에 위계가 형성되었다. 칭기스 왕조의 피를 이어받은 쪽은 티무르 사후 친족들, 특히 티무르가 후계자로 지명한 피르 무함마드 이븐 자항기르나 티무르의 최종 후계자인 샤루흐보다 더 높은 지위를 지닌 것처럼 보였을 수 있다. 가장 명확한 예시는 우마르 셰이흐의 아들들인 피르 무함마드, 이스칸다르, 아미락 아흐마드(세 사람 모두 차가다이 왕통의 공주 말리카트 아가 소생)와 아미란샤의 아들들인 할릴 술탄(자항기르 사후 아미란샤가 혼인한 세빈 벡 칸자다 소생), 아바 바크르, 우마르(둘 다 아버지가 구레겐 칭호를 취할 수 있게 해준 소유르가트므쉬 칸의 딸 우룬 술탄 하니카 소생)의 경우다.[6] 티무르 사후 지방의 분란에서 주도적 역할을 한 공자들 모두가 칭기스의 혈통을 이어받은 이들이었던 것은 우연이 아니다. 그들 중 일부는 더 높은 곳을 바라보았다. 할릴 술탄은 807/1405년 할아버지의 의지에 반해 사마르칸드에서 권좌를 찬탈했다. 데 클라비호는 우마르 이븐 아미란샤(티무르는 우마르에게 서방의 방대한 분봉지를 하사했다)가 옥좌를 노린다는 소문을 들었다고 전했고, 다른 사료들에도 우마르가 809/1407년에 한동안 할릴 술탄에게서 사마르칸드를 빼앗으려는 계획을 꾸몄다는 이야기가 기록되어 있다.[7] 아바 바크르 이븐 아미란샤는 제국에서 아버지의 분봉지 너머로까지 세력을 넓히려는 야망을 품었음이 분명하다. 이스칸다르 또한 후일 샤루흐의 가공할 도전자로 부상했다.

칭기스 칸의 사후에도 제국을 위해 헌신한 몽골의 노얀들과 충격적일 만큼 대조되는 티무르 휘하 아미르들의 태도와 행동도 고려할 필요가 있다. 티무르 왕조의 장령들이 티무르를 잊고 헌신하지 않았다는 뜻은 아니다. 실상은 그 반대였다. 그러나 그러한 헌신은 조건부로 티무르의 후손들에게 이어졌다.[8] 티무르가 공자들을 여러 분봉지로 옮겨 다니게 했듯이, 아미르들도 한 공자의 수행단에서 다른 공자의 수행단으로 반복해서 옮기게 함으로써 특정 공자와 강력한 유대감을 형성하지 못하게 만들었다. 또 티무르에게 충성했다고 해도, 아미르들 중 다수가 티무르가 정한 후계 구도를 충실히 받아들였는지는 다른 문제였다. 사실 자항기르 혈통이 군주권을 보유했다는 주장을 흔들림 없이 옹호했다고 알려진 아미르는 고작 후다이다드 후사이니와 셰이흐 누르 알딘, 두 사람에 불과했다. 티무르가 순수한 군사적 성공으로 얻은 신망이 너무나 거대했던 만큼 휘하 아미르들에게 돌아가는 보상도 막대했을 것이다. 이 보상의 흐름이 티무르의 사망으로 중단되자 당연히 그들은 사기가 크게 떨어졌다. 그들의 가장 큰 관심사는 티무르의 유언을 충실하게 이행하는 것도, 현대 역사학자들에게 찬사를 받을 만큼 뛰어난 행정 천재를 찾아내는 것도 아니었다. 그들이 바라는 것은 티무르가 죽기 직전까지 끊임없이 내려주던 이익의 흐름을 유지할 수 있는 지배자를 섬기는 것이었다. 실제로 그뒤 몇 년 동안 아미르들이 한 공자에게서 다른 공자에게로 충성의 대상을 쉽게 바꾸는 행태는 시대의 특징이 아닌가 싶을 정도로 두드러졌다.

할릴 술탄의 사마르칸드 통치

티무르 계승에 도전한 첫번째 공자는 당시 사브란에서 군대의 좌익을 이끌고 주둔하고 있던 외손자 술탄 후사인이었다. 803/1401년 시리아에서 반란을 일으킨 전적이 있었던 그는, 이번에는 좌익 군대를 거의 다 해산하고서 소규모 부대를 이끌고 사마르칸드로 향했다. 사마르칸드에 있던 티무르의 총독 아르군샤Arghūnshāh가 입성을 거부하자 술탄 후사인은 헤라트로 향했다. 이 과정에서 사마르칸드의 권좌를 장악한 쪽은 타쉬켄트에서 티무르군의 우익을 지휘했으나 막상 내려받은 분봉지는 아란·아르메니아·조지아로 구성된 할릴 술탄 이븐 아미란샤다(제9장 참조). 그는 어쩌면 후계자로 지명된 피르 무함마드보다 칭기스 왕조 혈통인 자신이 후계자로서 더 적합하다고 생각했을지도 모른다. 살마니는 술탄 후사인의 찬탈 시도에 놀란 우익의 아미르들이 "기만nīrang kashīda"당해서 할릴 술탄을 티무르의 후계자로 선택했다는 듯이 설명했다. 그러고는 티무르의 유언을 알게 된 이들이 이 결정을 후회했다고 덧붙였다.[9] 아르군샤가 사마르칸드를 할릴 술탄에게 넘겨주기로 결정하자, 할릴 술탄은 807년 라마단월 16일/1405년 3월 18일 그 도시에 입성했다.[10]

일단 사마르칸드의 권좌에 앉은 할릴 술탄은 피르 무함마드 이븐 자항기르와 그 지지자들을 최대의 위협으로 간주했다. 할릴 술탄이 어린아이였던 무함마드 자항기르를 칸으로 옹립하고 그 이름으로 지배하겠다고 주장한 이유도 바로 이것이었다. 이부형제이자 이미 사망한 티무르의 지명 후계자 무함마드 자항기르의 아들 무함마드 술탄은 삼촌 피르 무함마드에게 부족한 칭기스 왕조의 혈통이라는 이점이 있었고, 또한 그의 즉위는 인기가 좋았던 아버지의 기억을 불러일으킬 수도 있었기 때문이다.[11] 할릴 술탄은 지지세를 더 넓히기 위해 티무르의 아내들을 아미르들과 혼인시켰는데, (물론 샤루흐를 위해 쓰인) 사료들은 이 아미르들 다수가 낮은 신분이었을 뿐만 아니라 성격도 문제가 많았다고 전한다. 할릴 술탄은 심지어 이부형제 무함마드 술탄의 아내 칸 술탄 하니카Khān Sulṭān Khānīka에게 금을 잔뜩 쥐여주며 피르 무함마드에게 보내 (두 사람의 결혼이 이슬람 율법에 어긋난다는 것이 명백한데도) 그녀의 손을 잡게 함으로써 피르 무함마드를 매수하고자 했다.[12] 할릴 술탄의 적이었던 아미르 샤 말릭Shāh Malik에게서 대부분의 정보를 얻은 살마니는 티무르 왕조의 여성 구성원에 대한 할릴 술탄의 방침은 샤드 물크Shād Mulk의 조언을 따른 것이라며, 샤드 물크를 "그의 아내를 자칭하는 (…) 갈보saliṭa"이자 "뚜쟁이dallāla"라고 비난했다.[13] 살마니가 샤드 물크의 영향력 행사를 부정적으로 바라보았음은 확실하다. 샤드 물크가 과거 자신을 업신여겼던 두 하툰에게 복수하려 했던 것도 분명하다.[14] 어쨌든 이런 조치는 지지세를 넓히는 데 실패했다. 예컨대 샤드 물크가 임신했을 때 그녀를 돌봐준 '소小카님' 투멘 아가[15]를 고참 아미르 세이흐 누르 알딘에게 주었는데도 누르 알딘은 할릴 술탄을 지지하지 않았다.

피르 무함마드 이븐 자항기르가 할릴 술탄의 제안에 응했는지 그러지 않았는지는 알 수 없다. 칸 술탄 하니카의 수행단에는 술탄 후사인도 있었다. 그는 헤라트를 떠나 할릴 술탄에게 합류했다가 예상대로 아미르 피르 알리 타즈Pīr ‘Alī Tāz와 함께 할릴 술탄을 노리는 음모를 꾸몄다. 공주를 호위하던 아미르들 가운데 두 사람이 살해되었고, 나머지는 술탄 후사인의 위협에 굴복했다. 술탄 후사인은 강제로 칸 술탄 하니카를 자신과 결혼하게 하고 권좌를 잡기 위해 재차 사마르칸드로 이동했다. 할릴 술탄이 807년 둘힛자월/1405년 6월에 이에 대응하자, 강제로 술탄 후사인을 수행하던 아미르들이 반란을 일으켰다. 그러자 술탄 후사인은 발흐로 도망쳤다가 그곳에서 아미르 술라이만샤 이븐 다우드 두글라트의 손에 붙잡혔다. 술라이만샤는 술탄 후사인을 넘기라는 피르 무함마드의 제안을 거부하고 헤라트의 샤루흐에게로 술탄 후사인을 끌고 갔다. 휘하 아미르들이 술탄 후사인의 신의 없음은 타의 추종을 불허한다고 지적하자 샤루흐는 이 상습적인 음모꾼을 처형하고 그 머리를 짚으로 채워 피르 무함마드에게 보냈다.[16] 피르 무함마드가 807~808/1405~1406년 발흐에서 발행된 주화에서 구레겐으로 칭해진 것으로 보아, 그는 칸 술탄 하니카와 결혼함으로써 자신의 신분을 강화했던 듯하다.[17]

할릴 술탄은 술탄 후사인의 도전에서 벗어나자 숨통이 트였다. 샤루흐가 울룩 벡과 샤 말릭을 지휘관으로 삼아 보낸 지원군과 함께 피르 무함마드 자항기르가 트란스옥시아나를 침공하기까지는 몇 달이라는 시간이 필요했다. 그러나 808년 라마단월 4일/1406년 2월 23일에 카르시강Qarshī 전투에서 할릴 술탄의 군대에 패배한[18] 피르 무함마드는 히사르 샤드만(살마니에 따르면 발흐)으로 후퇴했다가 809년 라마단월/1407년 2~3월에 피르 알리 타즈의 손에 암살되었다. 살마니는 피르 무함마드를 죽이는 자에게 그 영토 전부를 주겠다고 약속한 할릴 술탄의 사주가 배후에 있었다고 주장했지만, 이 혐의를 입증해줄 다른 기록은 존재하지 않는다.[19]

최대의 경쟁자가 패배하고 제거되었지만 할릴 술탄은 여전히 심각한 난점을 안고 있었다. 모든 이가 그의 아내 샤드 물크를 혐오하고, 샤드 물크가 할릴 술탄을 휘어잡고 있다고 생각한 것 이상으로 중대한 문제였다.[20] 위르겐 파울이 설명한 대로, 할릴 술탄의 병력(티무르군의 우익)

은 차가다이 울루스 바깥쪽 멀리서 "강제로 이주된 부족들"의 잡다한 집합체로, 그들은 고향으로 돌아가기를 간절히 바랐던 것 같다. 이 부대는 주로 호라산 서부와 마잔다란의 자운 쿠르반 몽골, 아나톨리아의 카라 타타르, 과거 잘라이르 왕조를 섬겼던 이라크의 병력으로 구성되었다.[21] 할릴 술탄을 위해 피르 무함마드 이븐 자항기르와 싸웠던 이 군사들은 나중에 할릴 술탄을 저버린다.

할릴 술탄은 마침 트란스옥시아나에서 머무른 덕을 톡톡히 봤지만, 그곳에서 보낸 시간이 고작 2, 3년밖에 안 되어 현지의 지지를 강력하게 받지는 못했다. 할아버지의 핵심적인 부하들 가운데 부룬둑 이븐 자한샤 바를라스Burunduq b. Jahānshāh Barlās(그러나 이르면 1406년 이후 기록에서 사라진다), 알라흐다드Allāhdād(핫지 사이프 알딘의 형제), 샴스 알딘 이븐 압바스Shams al-Dīn b. ʿAbbās, 아르군샤에게서 충성을 얻는 데 그쳤다. 테무르 호자와 호자 유수프는 술탄 후사인의 손에 살해되었다.[22] 할릴 술탄이 샤루흐를 제외한 나머지 친족의 인정을 받아내지 못했다는 사실도 마찬가지로 중요하다. 그나마 샤루흐가 그를 인정한 것도 피르 무함마드를 격파한 직후의 짧은 기간뿐이다.

할릴 술탄은 처음부터 가장 저명한 세 아미르의 반발에 직면했다. 티무르의 본대에 있었던 잘라이르의 셰이흐 누르 알딘과 샤 말릭은 정복자의 측근이었는데, 티무르의 경력을 기록한 사료들에서 이 두 사람의 이름이 함께 언급되는 경우가 많다.[23] 티무르가 죽은 뒤, 이들은 아르군샤에게 사마르칸드에서 방어 태세를 갖추고 술탄 후사인이 입성하면 체포하라는 전갈을 보냈다. 또한 이들에게는 할릴 술탄의 계승을 인정할 생각이 전혀 없었다. 오히려 두 사람은 티무르의 유언을 고수하고 피르 무함마드 이븐 자항기르를 지지하는 투사가 되었다. 샤 말릭은 그 직후 트란스옥시아나를 떠나 샤루흐 막하로 들어갔고, 세이흐 누르 알 딘은 오랜 동료이자 티무르의 초기 추종자인 바를라스 아미르 후다이 다드 후사이니와 협력해 모굴 칸국 쪽에 할릴 술탄을 공격하라고 부추 겼다.[24] 트란스옥시아나 북부에 기반을 둔 이 두 아미르는 그뒤 3년 동 안 영토를 확실히 장악하려는 할릴 술탄의 노력을 효과적으로 저지했 다.[25] 811/1409년, 이들은 샤루흐와 함께 트란스옥시아나를 공격해 할 릴 술탄을 격파하고 그를 포로로 잡았다.[26] 살마니는 할릴 술탄의 짧은 통치가 끝났을 때 그 영토가 (사마르칸드 바깥으로) 아무다리야강(옥수스 강) 방면으로는 케쉬 이남에 미치지 못했고, 시르다리야강 방면으로는 디작 Dīzak에 불과했다고 그 미약함을 비웃듯이 기록했다.[27]

후다이다드와 세이흐 누르 알딘은 자항기르 왕통의 권리를 일관되 게 옹호하면서 샤루흐가 할릴 술탄의 명목상 '칸'인 무함마드 자항기르 이븐 무함마드 술탄을 티무르 제국의 수장이자 트란스옥시아나의 지 배자로 인정해주기를 기대했다. 자파리는 이들이 이때 무함마드 자항 기르를 군주로 선언했다고 썼다. 그러나 샤루흐의 계획에는 무함마드 자항기르 칸의 자리가 애초에 없었다는 사실을 깨달은 후다이다드는 포로 할릴 술탄과 함께 북방으로 후퇴해 샤루흐에게 대항하기 위해 모 굴 칸국의 무함마드 칸에게 도움을 요청했다. 그러나 얼마 안 가 후다 이다드와 모굴 칸국의 사이가 틀어져 모굴 쪽에서 그를 살해했다. 풀려 난 할릴 술탄은 샤루흐의 본거지로 향했다.[28] 샤루흐는 트란스옥시아나 를 장악하고 자신의 아들 울룩 벡을 그곳의 총독으로 임명했다.

이란 서부와 중부의 분란

술타니야 대주교 요한네스와 데 클라비호 모두 티무르의 살아 있는 두 아들 가운데 연장자였던 아미란샤가 일부 진영에서 정복자의 정당한 상속자로 간주되었다고 주장했다.[29] 하피즈 아브루에 따르면, 파르스의 피르 무함마드 이븐 우마르 셰이흐를 섬기던 일부 인사들이 피르 무함마드에게 아미란샤를 군주로 인정하라고 촉구했다.[30] 그러나 티무르 왕조의 서쪽 끄트머리에 위치한 아미란샤 왕통은 잘라이르 왕조의 술탄 아흐마드나 카라 유수프 카라코윤루 같은 강력한 적수들을 맞닥뜨렸다. 티무르의 죽음으로 맘루크 제국의 알레포 총독에 의해 포로 상태에서 풀려난 이들은 즉시 동쪽으로 향했다. 아미란샤의 아들 아바 바크르는 술탄 아흐마드에 의해 바그다드에서 쫓겨났다. 샥키Shakkī의 지배자와 그때까지 충성을 지킨 시르반샤 셰이흐 이브라힘Shīrwānshāh Shaykh Ibrāhīm은 티무르의 후계자들에 대한 충성을 저버리고 카라 유수프에게 복속했다.

아바 바크르는 아제르바이잔에 있던 동생 우마르에게 의탁했으나, 우마르는 곧 그를 의심해 술타니야에 유폐했다. 아바 바크르가 이 위기에서 탈출해 아미란샤에게 합류하자, 우마르가 자신까지도 가두려고 들지 모른다고 두려워한 아미란샤는 호라산 방면으로 물러났다.[31] 아버지와 아들은 칼푸슈Kālpūsh에서 한동안 머물며 샤루흐와 연락을 주고받다가 결국 샤루흐의 권유에 따라 서쪽으로 돌아갔다. 살마니에 따르면, 할릴 술탄은 그들에게 호라산을 괴롭히라고 촉구하는가 하면 어느 아미르에게 그들의 목표가 호라산 정복이라고 장담하기까지 했다. 샤루흐 역시 나름대로 두 공자가 할릴 술탄의 지원군을 데려오지는 않을지 의심했다.[32] 데 클라비호는 사마르칸드를 장악한 할릴 술탄이 아버지 아미란샤에게 자신과 합류해 티무르의 후계자 자리를 차지하라고 권유했다는 소식을 들었다고 주장하기까지 했다.[33] 그러나 데 클라비호가 단순히 아미란샤가 동진한 동기를 잘못 이해해 이런 기록을 남겼을 가능성도 있다. 이 일화 전체를 어떻게 해석해야 할지는 판단하기가 쉽지 않다. 확실한 점은, 아미란샤가 티무르의 계승자가 될 자격이 있다고 여긴 사람은 그다지 많지 않았으리라는 것이다. 티무르는 아미란샤에게서 이란 북서부의 분봉지를 몰수한 뒤에도 계속 아미란샤를 의심했기 때문이다.

티무르가 사망할 무렵 우마르 셰이흐의 영토는 세 아들, 피르 무함마드, 루스탐, 이스칸다르에게 분할되었고, 이들은 각자 시라즈·이스파한·하마단을 근거지로 삼았다.[34] 이들은 곧 아미란샤 왕통과의 갈등에 휘말렸다. 아바 바크르와 아미란샤가 아제르바이잔에 돌아와 우마르를 몰아내자, 우마르는 이란 남부의 사촌들에게로 망명했다. 이들은 우마르를 위해 연합했지만, 808년 둘힛자월/1406년 5~6월, 아바 바크르와 아미란샤에게 혼쭐이 난 뒤 각자의 도시로 후퇴했다. 우마르는 이제 호라산의 샤루흐에게 몸을 의탁했고, 샤루흐는 그에게 마잔다란을 주었다.[35] (데 클라비호에 따르면) 우마르는 애초에 이곳에서 스스로 군주의 지위에 오르려는 계획을 품고 있었다. 실제로 우마르가 샤루흐에게 반란을 일으키기까지 6개월이 채 걸리지 않았다. 샤루흐가 전쟁을 피하기 위해 매우 노력했는데도 두 사람의 군대는 결국 잠에서 격돌했고, 골칫덩이 공자 우마르 쪽이 패배했다. 우마르는 트란스옥시아나로 향했는데, 전하는 바에 따르면 형제 할릴 술탄을 살해하고 그 자리를 차지하려는 것이 그 목적이었다고 한다. 그러나 우마르는 무르가브 인근에서 체포되어 크게 부상을 입은 채 샤루흐 앞으로 끌려갔다. 그는 극진한 대접을 받으며 치료를 위해 헤라트로 보내졌으나, 이동하던 중인 809년 둘카다월/1407년 5월에 사망했다.[36]

우마르의 사망도 이라크 아잠의 분쟁을 종식시키지는 못했다. 자파리에 따르면, 809년 무하람월/1406년 6~7월 아바 바크르는 승기를 타고 아제르바이잔으로 돌아가기 전에 루스탐에게서 이스파한을 빼앗으려 했다가 실패했다.[37] 피르 무함마드 이븐 우마르 셰이흐는 (무단 공격이 습관이 된 듯한) 이스칸다르가 제멋대로 케르만을 공격한 데에 격노해 야즈드를 빼앗았고, 이스칸다르를 헤라트의 샤루흐에게 보내버렸다. 그러나 이스칸다르는 도중에 풀려나 이스파한의 루스탐에게 합류했다.[38] 이 두 사람은 피르 무함마드에게 도전해 한 달 동안 시라즈를 포위했으나, 인근 지방을 황폐화하는 데 만족하고 이스파한으로 퇴각했다. 피르 무함마드가 이들을 이스파한에서 몰아내자 두 사람은 호라산으로 대피하는 수밖에 없었다.[39]

이 시점까지 아미란샤 왕통은 여전히 아제르바이잔을 장악하고 있었다. 그러나 티무르 왕조의 아제르바이잔 지배는 810/1408년에 아미란샤와 아바 바크르가 카라코윤루의 손에 참패하고 아미란샤가 전사하면서 갑작스럽게 끝났다. 그 결과 아제르바이잔 지방은 튀르크멘 카라 유수프에게 넘어갔다. 피르 무함마드가 형제들과의 분쟁으로 아바 바크르에게 도움을 요청한 시점도 이즈음이었던 듯하다. 그러나 아바 바크르는 군대와 함께 야즈드에 도달할 무렵 피르 무함마드가 이스파한을 점령했다는 소식을 듣고는 케르만으로 방향을 틀었다. 아바 바크르는 케르만에서 총독 우와이스(에디귀 바를라스의 아들이자 후임)에게 지배자로서 한동안 인정받았다. 그런데 우와이스가 입장을 바꿔서 그를 몰아내자, 아바 바크르는 지원 세력을 찾기 위해 시스탄으로 향했으나 샤루흐가 반항적인 시스탄의 말릭을 제압하기 위해 이곳으로 진격한다는 소식을 듣고는 케르만으로 되돌아갔다. 그는 거기서 811년 라마단월/1409년 2월에 살해되었다.[40]

샤루흐의 부상

살마니에 따르면, 티무르가 죽은 뒤 아미르 셰이흐 누르 알딘과 샤 말릭은 왕실 여인들을 호위하며 사마르칸드로 향하고 있었다. 시르다리야강에 도달할 무렵, 그 둘은 피르 무함마드 이븐 자항기르가 너무 멀리 떨어진 곳에 있는 데다가 인도 변경에서의 원정으로 주의가 분산되었다며, 그의 도착이 늦어지면 샤루흐의 주장을 고려해야 한다는 대화를 나누었다.[41] 실제로 샤루흐는 더 가까이에 있었다.[42] 살마니는 이 일화 다음에 샤 말릭이 할릴 술탄을 지지하는 이들에게 샤루흐야말로 티무르의 진정한 후계자라고 항변했다는 이야기도 썼다.[43] 물론 이 의견은 나중에 샤루흐 막하로 들어간 저자 살마니가 '사후'에 작성한 당파적 증언에 불과할지 모른다. 그러나 이는 이들이 티무르의 후계 안배의 비현실성을 이미 인식했을 수 있다는 것을 보여주는 증거도 된다.

하피즈 아브루 역시 샤루흐의 최종적 승리를 예상했다는 듯한 분

위기를 풍겼다. 티무르의 사망 소식이 전해졌을 때 샤루흐의 이름이 호
라산과 이라크 아잠의 쿠트바에 삽입되었다고 한 그의 서술은 너무 일
렀음이 확실하다.[44] 샤루흐 왕통을 위해 저술 활동을 펼친 하피즈 아브
루가, 티무르가 피르 무함마드 이븐 자항기르를 후계자로 지명했다는
말은 하지 않고 샤루흐를 선택했다고만 주장한 점(제1장 참조)도 유의
해야 한다. 티무르가 죽은 뒤 셰이흐 누르 알딘과 샤 말릭이 사마르칸
드로 이동한 대목에서도 하피즈 아브루는 그들의 의도가 영토를 지배
할 "왕자들 가운데 하나 yakī az farzandān"를 선택하기 위함이었다는 굉장
히 모호한 표현을 썼는데,[45] 이런 표현은 마치 티무르가 의도치 않게 후
계자를 직접 선택하지 않았다는 인상을 풍긴다. 마지막으로, 하피즈 아
브루는 샤루흐가 "조상의 영토 yurt-i buzurg"(즉 트란스옥시아나)를 상속받
았다는 이유로 피르 무함마드 이븐 우마르 셰이흐가 샤루흐의 군주권
을 인정했다고 주장했다.[46] 이 주장 역시 의심스럽기 짝이 없다(제14장
참조). 어쨌든 피르 무함마드 이븐 우마르 셰이흐가 809 또는 810/1406
또는 1407년에 야즈드를 점령한 뒤 자신의 동생 이스칸다르를 헤라트
로 보냈다는 사실은 샤루흐와 피르 무함마드가 우호적 관계였음을 보
여준다.[47] 샤루흐는 이 형제의 계부이기도 하다.[48]

살마니의 기록에 따르면, 샤루흐는 티무르의 유언을 굳건히 지켰
다. 그는 술탄 후사인에게 정의를 선사함으로써 피르 무함마드 이븐 자
항기르를 회유하려 했다.[49] 아미란샤에게는 피르 무함마드의 권리를 옹
호하는 편지를 보내, 아미란샤가 트란스옥시아나를 포기하고 물러나
이란 북서부의 분봉지에 만족하도록 할릴 술탄을 설득하게 하려 시도
했다.[50] 앞에서 살펴보았듯이, 811/1409년에 샤루흐는 이러한 정통주

의적 태도를 버렸지만, 1405년 시점에 사마르칸드의 계승에 어떤 입장이었든 간에 이 당시에는 옥수스강 이남의 정세에 완전히 손이 묶여 있었다. 티무르의 종주권 아래 자신들의 땅을 보전한 토착 지배자들은 티무르가 사라지자 티무르 왕조의 왕위 요구자나 미덥지 못한 아미르 중 어느 쪽에 자신의 지지를 비싸게 팔지를 고민해야 하는 상황에 처했다. 일부는 이런 여건을 티무르 왕조의 멍에로부터 벗어날 기회로 여겼다. 처음 반란을 일으킨 무리 중 한 명은 타가이 테무르 일칸의 손자로, 티무르가 아스타라바드에서 그 아버지의 계승자로 임명한 피르 파디샤 이븐 루크만이다. 그는 자신이 칭기스 왕조의 일원이니 이제 독립을 주장할 자격이 있다고 판단했다.[51] 한편 과거 사르바다르 정권의 지도자들은 확고하게 티무르에게 충성했지만, 이제 이마드 알딘 마수드의 아들 술탄 알리Sulṭān ʻAlī는 사브자바르에서 반란을 일으켜 사르바다르 정치체의 재건을 꾀했다. 그는 피르 파디샤의 군세에 합류했으나, 이 연합군은 샤루흐의 군대에 패했다. 술탄 알리는 아미란샤 진영으로 도주했으나 아미란샤는 술탄 알리를 샤루흐에게 넘겨주었다.[52] 샤루흐는 또한 티무르의 충성스러운 피후견자 샤 샤한의 뒤를 이어 시스탄의 말릭이 된 쿠트브 알딘 〔3세〕 무함마드Quṭb al-Dīn 〔III〕 Muḥammad를 제압할 필요가 있었다. 쿠트브 알딘은 골칫덩이 아바 바크르를 보호하면서 쿠트바와 주화 발행에 오로지 자신의 이름만 새길 기회를 노렸다. 쿠트브 알딘이 812/1409년에 복속하면서 시스탄 왕국은 다시 한번 티무르 왕조의 군주권을 인정하게 되었다.[53]

샤루흐는 호라산과 마잔다란의 소요를 진압해야 했기 때문에 원하는 만큼 적극적으로 후계 분쟁에 참여하지 못했다. 그러나 그는 조카들과 달리 트란스옥시아나에서 벌어지는 후계 분쟁에 개입하기를 대체로 삼감으로써 보유한 조세 기반을 보전할 수 있었다.[54] 샤루흐는 아들 울룩 벡과 아미르 샤 말릭이 통솔하는 군대를 보내 피르 무함마드를 도왔으나, 피르 무함마드가 패배하고 피살된 뒤 잠시나마 할릴 술탄을 사마르칸드의 지배자로 인정해주었다. 샤루흐가 트란스옥시아나를 확보한 것도 그가 어떤 묘책을 부린 덕분이 아니었다. 이는 할릴 술탄에 대한 저항을 지속해온 셰이흐 누르 알딘과 후다이다드 후사이니가 결국 할릴 술탄을 생포한 덕분이었다.

그렇지만 제국 전체의 수장 지위는 다른 문제였다. 셰이흐 누르 알딘은 일단 샤루흐와 울룩 벡에게 복속했으나 곧 자항기르 왕통 지지로 돌아섰다. 무함마드 자항기르가 마지못해 이에 호응하자, 셰이흐 누르 알딘은 무함마드 자항기르의 이름으로 샤루흐의 지지자들에게 전쟁을 선포하고 모굴 칸국의 도움을 얻어냈다. 그러나 모굴인들은 재차 샤루흐와 화평을 맺고 셰이흐 누르 알딘을 저버렸다. 그뒤에도 셰이흐 누르 알딘은 저항을 지속했으나 814/1411년 샤루흐를 위해 일하던 옛 동맹 샤 말릭의 손에 살해되고 말았다.[55] 샤루흐는 트란스옥시아나를 손에 넣은 뒤에도 티무르의 유산 전체를 복속시키는 데 몇 년이 더 걸렸다. 그나마도 티무르의 제국을 완전히 수복하지도 못했다. 810/1408년, 아미란샤가 사망하자 샤루흐는 이제 살아 있는 티무르의 유일한 아들이자 의심할 여지 없는 왕조의 최연장자가 되었다. 그러나 패권 장악을 향한 그의 길은 여전히 순탄치 않았다.

이스칸다르 이븐 우마르 셰이흐의 야망

티무르 사후 바로 몇 년 동안 피르 무함마드 이븐 우마르 셰이흐와 그 형제들의 지배 아래에 있던 이란 남부의 정세는 마치 평행 우주를 보는 듯한 인상을 준다. 우마르 셰이흐의 아들들이 아미란샤의 아들들 사이의 분란에 휘말리기는 했지만, 호라산과 트란스옥시아나에서 일어난 분쟁과는 단절되어 있었기 때문이다. 그러나 피르 무함마드에게 패배한 루스탐과 이스칸다르는 호라산으로 도주했다. 루스탐은 샤루흐에게 몸을 의탁했으나 이스칸다르는 그럴 생각이 없어서 처음에는 카불로 향했다가 방향을 돌려 아무다리야강을 건넜다. 그는 한때 아버지의 근거지였던 페르가나의 우즈칸드로 가려 했던 것 같다. 그러나 그의 수행단이 피르 무함마드에게 자비를 구하라고 촉구하자 811년 라마단월/1409년 1월에 파르스로 돌아왔다.[56] 812년 무하람월 3일/1409년 5월 18일, 피르 무함마드 이븐 우마르 셰이흐가 암살되자,[57] 이스칸다르는 시라즈와 야즈드에서 자신의 정권을 세우는 데 성공했다.

이스칸다르는 세 차례에 걸쳐 이스파한 장악을 시도했다. 이스파한은 공식적으로는 여전히 호라산에 머물고 있던 루스탐이 지배하는 도시였다. 첫 시도에서 그는 무자파르 왕조 자인 알아비딘의 아들(어머니를 통해서는 잘라이르 왕조 셰이흐 우와이스의 손자) 술탄 무타심Sulṭān Muʿtaṣim과 맞닥뜨렸다. 무자파르 왕조의 붕괴 이후 시리아로 도주했던 술탄 무타심은 티무르의 사망 소식을 듣고 동쪽으로 돌아와 카라 유수프 카라코윤루의 도움을 얻어냈다. 그리고 이스파한의 카디를 비롯한 여러 세력의 초청을 받아 812/1409년에 튀르크멘 군대와 함께 도시를 손에 넣으려 했으나, 그 직후 이스칸다르의 군대에 패하고 살해되었다.[58] 813/1410~1411년 샤루흐는 루스탐을 돌려보내 이스파한의 지배자 자리로 복귀시켰으며, 할릴 술탄이 이끄는 군대를 보내 루스탐을 지원하게 했다. 하지만 이 조치도 이스칸다르가 이스파한을 장악하려는 시도를 막지 못했다. 루스탐은 카라 유수프에게서 도망쳐 나와 군사 지원을 받고 이스파한으로 돌아왔으나 이스칸다르에게 패해 또다시 호라산으로 피신했다.[59] 814/1411년, 이스칸다르는 케르만을 공격해 복속을 얻어냈고, 815/1412~1413년에는 쿰도 점령했다.[60]

이스칸다르는 이르면 812/1409~1410년부터 술탄 칭호를 사용함으로써 독립 군주의 모습을 갖추기 시작했다. 816/1413~1414년 이스칸다르 궁정에서 작성된 (나탄지의 저작으로 추정되는)《이스칸다르 휘하 아무개의 역사서》에서 그는 반복해서 이 칭호로 불린다. 이스칸다르의 계속된 세력 확대는 샤루흐에게 직접적인 도전으로 다가왔다. 아버지와 칭기스 왕조 혈통의 어머니 양쪽 모두를 통해 페르가나와 인연을 맺은 이스칸다르는 811/1409년에 이스파한에서 쫓겨나 우즈칸드에 정착할 계획을 잠깐 구상했을 정도로 이 지방에 애착이 있었던 것 같다(12장 참조). 806/1403~1404년 이후 이스칸다르가 "모굴 신민과 울루스īl-u ulūs-i mughūl"의 주인이라 불린 것은 그가 고작 16세였던 802~803/1399~1400년에 카쉬가리아를 대담하게 침공했던 일을 떠올리게 한다.[61]《이스칸다르 휘하 아무개의 역사서》는 집필되던 당시에도 이스칸다르의 군대가 모굴 칸국의 진격을 막고 있다고까지 주장했다.[62]

나탄지의 첫번째 수정본과 마찬가지로,《이스칸다르 휘하 아무개의 역사서》에는 이스칸다르가 티무르의 후계자로 지명되었다고 쓰여 있다. 이스칸다르의 행적도 부분적으로 다시 쓰였다. 여기에는 티무르의 사망 직전까지 지명 후계자였던 (그리고 이스칸다르를 열등감에 시달리게 했던) 무함마드 술탄이 티무르를 향해 반란을 일으켰다고 쓰여 있다. 공상은 여기서 끝나지 않았다. 형제들이 어리석게 행동해 스스로의 명예를 더럽히려 하자 이스칸다르가 이를 막기 위해 분연히 일어나 파르스를 차지하고 멀리 타브리즈의 문까지, 메카와 메디나에서 케쉬와 마크란Makrān〔발루치스탄 해안가〕까지, 호라산에서 다르반드까지 정복하고 총독을 임명했다고 쓰여 있다. 잘라이르 왕조의 술탄 아흐마드 같은 지방 왕조들만이 이스칸다르의 권위를 인정한 정도가 아니라, 심지어 중국 황제(실제로 사절을 교환하긴 했다)까지 이스칸다르에게 조공을 바칠 정도였다고 썼다. 티무르와 우마르 셰이흐가 이전 술탄들을 모두 지워버릴 정도의 행적을 남겼듯이, 이스칸다르는 아버지와 할아버지를 능가했다는 것이다.[63]

삼촌과 조카의 대립은 지정학적 차원뿐만 아니라 이념 차원에서도 전개되었다. 제14장에서 언급했듯이, (샤라프 알딘 야즈디를 포함해) 헤라트는 물론 샤루흐의 영역에서 활동하던 지식인들은 샤루흐가 샤리아를 위해 퇴례를 폐지한 무잣디드('쇄신자')라고 선전했다. 이스칸다르는 이스파한에서 세련된 신성 군주권 이념의 발전을 주재했다. 나탄지의 저작과《이스칸다르 휘하 아무개의 역사서》모두 이스칸다르의 궁정에서 유행하던 이념이 반영되어 있다. 나탄지는 이스칸다르를 "최후의 심판의 마흐디mahdī-yi ākhir al-zamān"라고 칭송했고, 티무르가 이스칸다르를 비밀리에 후계자로 지명한 행위는 시아파 교리 낫스naṣṣ(이맘이 후계자를 '지명'하는 행위)를 떠올리게 한다고 주장했다.[64] 이스칸다르와 샤루흐의 선전가들은 티무르가 사히브키란('상서로운 합의 주인')이 되면서 형성된 아우라와 막대한 명망을 활용하고자 했다. 그 과정에서 이 두 사람의 궁정은 새로운 무슬림 군주권 관념을 구축했다.

816/1414년, 샤루흐는 마침내 이스칸다르를 목표로 삼아 움직였다. 이스칸다르의 대다수 아미르는 그의 가혹함에 질릴 대로 질린 상태였기에 저항 없이 샤루흐에게 투항했다. 이스파한은 샤루흐 군대의 손에 떨어졌고, 패배한 공자는 형 루스탐에게 맡겨졌다. 루스탐은 이스칸다르를 장님으로 만들어버렸다. 그뒤 이스칸다르는 샤루흐가 하마단과 루리스탄을 통치하도록 허락한 동생 바이카라Bāyqarā에게 맡겨졌는데, 이 두 공자는 얼마 안 가서 반란을 일으켜 시라즈 점령을 시도했다. 이때 이스칸다르는 생포되어 처형되었다.[65] 바이카라는 시라즈를 차지하고 샤루흐의 아들 이브라힘 술탄이 파르스를 맡는 818/1415년까지 버텼다. 고분고분한 루스탐은 사망하는 827/1424년까지 샤루흐의 총독으로서 이스파한에 남을 수 있었다.[66]

샤루흐의 패권

트란스옥시아나를 장악한 이후 샤루흐는 왕조 구성원들에게 영토를 나누어주는 등 티무르 제국 전체의 주인으로 행세했다. 예컨대 폐위된 '칸' 무함마드 자항기르에게는 투하리스탄을 주었다. 810/1407년, 샤루흐는 피살된 피르 무함마드 이븐 자항기르의 뒤를 이어 남동부 변경을 맡고 있던 카이두Qāīdū b. Pīr Muḥammad b. Jahāngir에게 발흐를 하사했다.[67] 불쌍한 할릴 술탄에게는 812년 둘카다월/1410년 3월에 이라크 아잠과 아제르바이잔 수복 임무가 주어졌다. 그러나 이스칸다르의 군대가 이스파한으로 향하던 할릴 술탄을 가로막는 통에 할릴 술탄은 별수 없이 라이를 거처로 삼았는데, 얼마 뒤인 814년 라잡월 16일/1411년 11월 3일에 사망했다.[68] 하피즈 아브루는 (같은 책의 다른 부분에서는 할릴 술탄이 동생 이스칸다르에게 저항하는 루스탐에게 원군으로 보내졌다는 사실을 언급했으면서도) 이 일화를 서술하면서 이라크 아잠과 아제르바이잔이 사망한 할릴 술탄의 아버지의 통치 아래 있었기 때문에 샤루흐가 이제 할릴 술탄에게 이 영토와 완전한 군주권을 내주려 했다고 서술했다. 그는 심지어 샤루흐가 할릴 술탄을 곧 직접 뒤따라가 돕겠다고 다짐하기까지 했다고 썼다.[69] 아마 실상은 한때의 경쟁자(이자 군주)였던 골칫덩어리를 치워버리려는 획책이었을 것이다.

샤루흐가 친족에게 할당한 영토 중 다수는 각자가 속한 지파의 지리적 영향권에서 멀리 떨어진 곳이었다. 즉 이러한 조치는 티무르의 영토 분할 방식에 반하는 결정이었다. 810/1407~1408년, 샤부르간을 사이드 아흐마드 이븐 우마르 셰이흐Sayyid Aḥmad b. ʿUmar Shaykh에게 소유르갈로 사여한 예[70]나 812/1409~1410년에 우즈칸드와 안디잔을 아미락 아흐마드 이븐 우마르 셰이흐에게 사여한 예[71]가 대표적이다. 이스칸다르가 몰락한 뒤, 샤루흐는 쿰을 무함마드 술탄의 아들 사드 왁카스Saʿd-i Waqqās에게 하사했다. 그러나 사드 왁카스는 얼마 지나지 않아 카라코윤루와 동맹을 맺고 반란을 일으켰다가 818/1415년에 분봉지를 박탈당했다.[72]

카이두는 반란을 일으킨 아미르 피르 알리 타즈를 지지한 바다흐샨의 말릭들을 진압하는 등[73] 처음에는 충성스러운 부하인 양 행동했다. 그러나 이스칸다르와 마찬가지로 곧 자립의 야심을 드러냈다. 결국 카이두는 샤루흐가 누리던 최고 군주 지위에 도전한 최후의 친족으로 기억될 운명이었다. 티무르가 물탄 총독으로 임명한 히드르 칸은 817/1414년에 델리를 장악하고 샤루흐의 종주권을 인정하면서 쿠트바에 그의 이름을 삽입했다(제10장 참조). 그러나 819/1416~1417년, 카이두는 히드르 칸에게 사절을 보내 자신의 이름을 쿠트바와 주화에 넣으라고 요구했다. 히드르 칸은 즉시 이 문제를 헤라트 측에 호소해 쿠트바에 샤루흐의 이름 바로 다음으로 카이두의 이름을 넣어도 좋다는 허락을 얻었다.[74] 이제 가식을 버릴 수밖에 없게 된 카이두는 곧 반란을 일으켰다. 당시 칸다하르로 피란한 친척 바이카라 이븐 우마르 셰이흐가 충동질해서 그런 일을 저질렀는지도 모른다. 821/1418~1419년, 샤루흐는 남동쪽으로 원정에 나서 카이두에게서 영지를 빼앗고 그를 가두었다. 카이두의 영지는 샤루흐의 아들 소유르가트므쉬Soyūrgātmış b. Shāhrukh에게 맡겨졌다.[75]

티무르가 죽고 고작 15년 만에 그의 제국은 축소되어 재구성되었다. 우마르, 아바 바크르, 할릴 술탄의 잇따른 사망으로 아미란샤 지파에 속한 2세대의 주요 인물은 모두 무대를 떠났다. 이스칸다르의 몰락으로 우마르 셰이흐의 후손들이 지녔던 영향력은 대폭 축소됐다. 샤루흐는 이제 형제의 후손에게서 나온 경쟁자들을 걱정할 필요가 없어졌다. 그는 호라산을 직접 지배했다. 그의 아들 울룩 벡은 트란스옥시아나에서 대리인 역할을 했고, 이브라힘 술탄, 소유르가트므쉬, 바이숭구르 등 다른 아들들은 각각 파르스·카불·마잔다란을 통치했으며, 샤루흐의 또다른 아들들이나 아미르들은 샤루흐를 대신해 케르만과 이라크 아잠의 대부분을 다스렸다. 요컨대 샤루흐의 제국은 겉으로 보기에는 티무르의 제국을 재현한 듯이 보였는데, 양자 사이에는 몇 가지 중요한 차이점이 있었다. 우선 영토가 대폭 축소되었고, 티무르가 생전에 정한 영토 분할이 대부분 폐기되었으며, 제국의 중심이 사마르칸드에서 헤라트로 옮겨졌다. 물론 샤루흐가 헤라트를 제국의 중심으로 삼기로 결정한 것은 티무르가 호라산을 샤루흐에게 사여했기 때문이다. 게다가 이 시점에서 헤라트는 티무르 왕조의 영토 중심에 위치했으므로 이 선택은 합리적이었다.

지금까지 일련의 내부 갈등과 급격한 권력 이동에 지면을 많이 할애한 이유는 티무르가 죽은 이후 그 후손들이 공동의 노력을 보이거나 티무르의 유언을 존중하는 태도가 전혀 없었다는 점을 강조하기 위해서다. 스티븐 데일이 지적했듯이, 티무르 왕조의 공자들은 상당히 어린 나이에 영토 통치를 위해 파견되어 가족·형제·이복형제로부터 고립되었으며, 초기 단계에서는 아버지에게 충성하는 인물들이 지배하는 축소판 궁정을 지배했으나 곧 독립적으로 정치적 야망을 키워나갔다.[76] 데일의 평은 티무르 왕조 후기에 한정되지만, 티무르가 죽은 직후의 몇 년 동안에도 동일하게 적용될 수 있다. 살마니는 샤루흐가 (808년경/1405~1406년경) 아제르바이잔에서 호라산으로 진격해 오던 아미란샤에게 보낸 편지를 길게 인용했다. 이 편지의 내용은 티무르가 자신의 영토를 분할함으로써 모든 공자가 각자의 몫에 만족하고 분쟁을 피해 왕조의 적들이 이익을 얻지 않기를 바랐다는 것이다.[77] 여기서 놀라운 내용은 없다. 칭기스 칸도 아들들에게 비슷한 방식으로 단결을 호소했다(제2장 참조). 칭기스 칸의 손자들 사이에서 벌어진 분란이 티무르 왕조 공자들에게 충분히 엄중한 경고가 되지 못했다 하더라도, 내부 알력으로 무너진 잘라이르 왕조나 무자파르 왕조의 전례는 분명 경계해야 했다. 거기서 큰 이득을 본 사람이 바로 티무르가 아니었던가. 살마니는 동생의 편지를 읽은 아미란샤가 그 답으로 퇴각했다고 주장했다.[78] 그러나 티무르 사후 몇 년 동안 이어진 일련의 사건을 살펴보면 이 경고가 대체로 무시되었다는 인상을 준다. 그뒤의 격변은 티무르가 쫓아낸 이들이 조상의 영토를 찾기 위해 벌인 일로 말미암은 것이 아니라(물론 잘라이르 왕조나 카라코윤루는 사르바다르나 무자파르 왕조에 비해 훨씬 큰 성공을 거두긴 했다), 티무르의 후손들이 서로의 분봉지를 빼앗으려는 열망을 이기지 못하고 그들 중 다수가 특정 인물을 최고 권위로 인정하기를 꺼려서 생긴 결과였다. 이런 맥락에서 티무르 왕조가 "사바Sāwa에서 프랑크인들과 시리아의 경계"에 이르는 영토를 잃어버린 데 대해 아바 바크르의 행적만을 비판한《이스칸다르 휘하 아무개의 역사서》는 부당하다.[79] 아바 바크르는 격변의 유일한 동인動因이 아니었으니 말이다.

티무르 이후의 대외관계

샤루흐와 그 후계자들이 왕조 창건자에 비하면 외부 세력들을 상대로 보다 신중한 정책을 취했음은 (상황을 고려할 때 놀랍지는 않지만) 주목할 만하다. 처음 몇십 년 동안 이들은 원거리 군사 작전이나 대규모 약탈 원정은 삼가고 각자 영토의 재정 자원을 개발하고 이웃이나 경쟁자보다 이념적으로 우월하다는 것을 강조하는 데 힘썼다. 티무르의 후계자들은 티무르가 동방에서 벌인 군사 작전에 비해 서방에서 벌인 군사 작전에서 더 적은 이익을 보았다. 오스만 술탄국은 티무르의 공격으로 입은 피해를 놀랄 만큼 빠르게 회복했고, 카라코윤루는 티무르 왕조의 아제르바이잔 지배를 종식시키고 잘라이르 왕조를 대체할 만큼 강력했다. 샤루흐의 시대에도 티무르 왕조의 영토 서부는 카라코윤루의 위협에 계속해서 노출되었을 정도다. 823/1420년, 샤루흐가 아제르바이잔을 탈환하고 838/1435년에 카라코윤루의 지배자 자한샤 이븐 카라 유수프Jahānshāh b. Qarā Yūsuf에게 종주권을 잠시나마 인정하도록 강요함으로써 아미란샤를 위한 복수를 쟁취했지만, 그뒤에도 샤루흐는 계속해서 이 방면을 향한 일련의 원정을 이끌어야 하는 처지였다.

맘루크 술탄국은 티무르 사후 몇 년 동안 내분에 휩싸였지만, 티무르 생전에 속국 지위를 이미 벗어던졌으며, 바르스바이Bārsbāy의 통치기(825~841/1422~1438)에는 근동의 주요 세력 지위를 되찾았다. 티무르 왕조의 공자들은 조상들이 맘루크에게 보인 반감을 고스란히 간직했지만, 주로 메카와 메디나의 성지에 대한 영향력을 두고 이집트의 술탄과 벌인 경쟁에 한정되었다.[80] 828/1424~1425년 이래 샤루흐는 이슬람 세계 동부의 최고 지배자로서 카바에 키스와를 보내겠다는 주장을 더 강력하게 밀고 나갔다.[81] 두 세력의 대치에서는, 티무르와 협력했으나 이제는 그의 후원을 잃어버리고 카이로에 보호를 요청한 악코윤루의 충성을 확보한 맘루크 술탄 쪽이 더 유리한 고지를 점했다.[82]

티무르가 죽은 직후 에디귀는 조치 일문을 위해 호라즘을 탈환했다. 그러나 샤루흐를 대신해 샤 말릭이, 한 차례 실패 후 815/1413년 결국 이 지역을 재정복하는 데 성공했다.[83] 울룩 벡은 모굴 칸국에서 카쉬가르를 되찾았으나, 838/1434~1435년경에 다시 잃고 말았다. 그러나 그의 군사 활동은 전반적으로 시르다리야강 북방의 조치 일문이나 동쪽의 모굴 칸국이 트란스옥시아나에서 벌이는 약탈 위협에 대한 자기방어에 국한되는 경향이 있었다. 티무르 왕조의 지배자들은 이 골칫덩어리 이웃들을 무력화하기 위해 칭기스 왕조의 왕자들을 킵차크 칸국이나 모굴 칸국으로 돌려보내 피후견인이자 동맹으로 자리잡게 한 왕조 창건자의 관행을 이어갔다. 1408년경 아바 바크르 이븐 아미란 샤는 체키레 오글란에게 요한 실트베르거를 비롯한 호위대를 붙여 킵차크 초원으로 보냈다고 한다.[84] 울룩 벡 또한 망명 온 칭기스 왕조 구성원들이 고향에 다시 자리잡을 수 있도록 지원했다. 킵차크 칸국으로는 822/1419년 바락Baraq(코유리착의 아들, 오루스 칸에게는 손자)을 보냈다. 모굴 칸국으로는 823/1420년 시르 무함마드를 보냈고, 1429년경에는 사툭을 보냈다(두 사람 모두 히드르 호자의 손자다).[85] 이 방책은 그다지 성공적이었다고 보기 어렵다. 바락은 한때 청 오르다의 영토였던 시그낙에 대한 영유권을 주장했다. 울룩 벡은 샤루흐의 지시를 무시하고 803/1426~1427년 바락을 상대로 원정에 나섰다가 대패했다. 시르 무함마드는 티무르 왕조의 영토를 약탈하지는 않았지만, 자신의 즉위를 도와준 울룩 벡에게 감사를 표하지도 않았으며,[86] 사툭은 당시 와이스 칸이 재위 중이던 자타령으로 전혀 전진하지 못했다.

　　명나라를 공격해야 한다는 생각은 티무르가 죽고 얼마 가지 않아 사라졌고, 중국과의 외교 관계는 확실히 개선되었다. 할릴 술탄은 할아버지가 투옥했던 명나라 사절을 석방하고 자신의 사신과 함께 중국으로 돌려보냈다. 할릴 술탄에게 다시 파견된 명나라 사절은 티무르의 죽음에 대해 공자에게 조의를 표하는 임무를 맡았다고 한다(이것이 역설적 조치라는 인식은 없었다).[87] 1407년, 히드르 호자의 아들이자 후계자인 모굴 칸 샴 자한Sham'-i Jahān은 티무르 왕조에게서 사마르칸드를 탈환하기 위해 중국에 도움을 요청했으나, 주체朱棣(영락제)는 그를 말리며 자제하라고 촉구했다.[88] 명나라와 티무르 왕조 사이의 정기적인 외교 교류는 샤루흐의 치세에도 계속되었다.[89] 그러나 티무르와의 접촉에서와 마찬가지로, 이러한 교류에서 명조는 티무르 왕조가 보낸 선물을 복속한 군주의 조공으로 해석하는 등 양자의 상이한 인식이 뚜렷이 드러났다(제10장 참조). 815/1412년, 샤루흐가 보낸 편지에 대한 답신에서 영락제는 전 세계를 지배하는 사람은 자신이라고 주장하며 샤루흐와 할릴 술탄(당시 그는 이미 옥좌를 잃었을 뿐만 아니라 사망한 상태였다)에게 서로의 차이를 인정하라고 조언했다.[90] 820/1417년, 헤라트에 도착한 영락제의 또 다른 사절에 대한 보답으로 샤루흐가 새로이 사절을 파견했는데, 이 시기 서역에서 중국으로 향한 사절단 가운데 가장 큰 규모여서 사행이 3년(822/1419년부터 825/1422년까지)이나 걸렸다. 사절단의 일원이었던 기야스 알딘 낙카슈Ghiyāth al-Dīn Naqqāsh가 이 사행에 대한 기록을 남겼고, 이 기록은 하피즈 아브루의 《역사 정수》에 채록되었다.[91]

영토가 크게 쪼그라든 델리 술탄국은 사이드 왕조Sayyids라 불리게 되는 히드르 칸의 후계자들 아래에서 티무르 왕조의 종주권을 계속 인정했다.[92] 인도의 역사가 비하마드하니는 저서를 집필할 당시(842/1438～1439) 샤루흐의 명령이 거의 40년째 델리에 내려오고 있으며, 델리의 지배자인 히드르 칸의 손자 무함마드 이븐 무바락 샤Muḥammad b. Mubārak Shāh(재위 837~849/1434~1445)는 여전히 순종적이었다고 서술했다.[93] 티무르가 잠시 점령하고 떠난 지방들 가운데 오직 델리 정치체만이 그의 후계자들에게 오랜 기간 속국으로 남아 있었다는 사실이 흥미롭다.

후기 티무르 왕조

결과적으로 샤루흐 왕통의 패권은 샤루흐 사후까지 이어지지 못했다.[94] 샤루흐의 죽음(850/1447)과 그 아들이자 후계자인 울룩 벡의 죽음(853/1449) 이후 피비린내 나는 왕조 내부의 분란이 벌어졌다. 이 분란은 1405~1420년을 연상시킬 정도로 격렬했다. 855/1451년, 트란스옥시아나의 권좌는 아미란샤의 손자인 술탄 아부 사이드의 차지가 되었다.[95] 술탄 아부 사이드는 862/1458년에 호라산까지 영향력을 넓혔다. 샤루흐의 남겨진 아내 가우하르 샤드는 이 분쟁의 희생자였다. 술탄 아부 사이드는 가우하르 샤드가 샤루흐의 한 손자와 내통한다는 의심을 품고 처형했다. 술탄 아부 사이드는 사망할 무렵(873/1469) 옥수스강 이북의 권력은 아들들에게 넘겨줄 수 있었다. 그러나 호라산은 우마르 셰이흐 왕통에 속한 술탄 후사인 바이카라의 손에 떨어졌다(873/1469~911/1506). 이처럼 티무르 사후 거의 70년이 지나는 동안 티무르 왕조 영토에서 중요한 영역이었던 호라산과 트란스옥시아나의 주인은 티무르의 네 아들 가운데 세 아들의 후손들 사이에서 계속 바뀌었다. 비어트리스 맨즈의 지적대로, 정복자 자신이 후계자로 점찍은 자

항기르의 후손들이 "주요한 지배자를 배출하지 못한 유일한 왕통"이라는 사실은 역설적이다.[96]

티무르 왕조의 영토는 아제르바이잔을 재점령하고 이란 방면으로 차츰 세력을 확대한 서쪽의 카라코윤루로부터 계속해서 위협받았다. 856/1452년 이스파한을 점령하고 이듬해에는 파르스와 케르만까지 손에 넣은 자한샤는 심지어 862/1458년 술탄 아부 사이드가 헤라트를 점령하기 몇 달 전 샤루흐의 손자들에게서 잠시 헤라트를 빼앗기도 했다. 그러나 이 시점에서 카라코윤루는 후방 악코윤루의 지배자 우준 하산Ūzūn Ḥasan으로부터 심대한 위협을 받다가 결국 872/1467년에 우준 하산이 자한샤를 패사시켰다. 873/1468~1469년, 술탄 아부 사이드는 티무르 왕조의 잃어버린 영토를 되찾으리라는 희망에 카라코윤루를 도와 새로운 경쟁 세력을 공격한다는 그릇된 판단을 내렸다. 술탄 아부 사이드는 아제르바이잔에서 유인책에 당해 크게 패하고 포로가 된 뒤 우준 하산의 막하로 들어간 티무르 왕조 공자의 손에 넘겨졌다. 이 공자는 술탄 아부 사이드를 살해해 증조할머니 가우하르 샤드의 처형을 앙갚음했다. 그 결과 우준 하산은 카라코윤루의 영토(그전에 티무르 왕조의 영토였던 곳)인 이라크 아잠, 파르스, 케르만 지방을 장악했다.[97] 이렇게 해서 티무르 왕조는 몇십 년 만에 호라산 서쪽의 영토를 완전히 상실했다.

티무르 왕조의 동쪽 영토는 조치의 아들인 시반의 후손 아불하이르(사망 1468?)가 청 오르다의 옛 영토에 세운 왕조인 또다른 신흥 세력, 우즈벡과 맞닥뜨렸다. 아불하이르의 죽음으로 우즈벡의 진격은 잠시 멈추어 섰으나, 그 손자 무함마드 시바니가 부활시켰다. 시바니는 자신이 티무르 왕조의 가공할 적수임을 증명했다. 906/1501년, 우즈벡 세력은 술탄 아부 사이드의 손자이며 티무르의 5대손인 자히르 알딘 무함마드 바부르에게서 사마르칸드를 빼앗았고, 912~913/1506~1507년 헤라트에서 서로 투닥거리던 술탄 후사인 바이카라의 아들들까지 휩쓸었다. 티무르 왕조령 호라즘은 1510년경 시반 왕통의 또다른 왕자가 이끄는 우즈벡 집단에게 점령당했다. 이렇게 해서 탄생한 국가가 바로 히바 칸국이다. 무함마드 시바니가 916/1510년 메르브 인근에서 사파비 왕조의 이스마일Ismāʿīl(이스마일 1세)에게 패사한 뒤 우즈벡인들은 호라산을 사파비 왕조에 빼앗겼고, 910/1504년 페르가나의 분봉령에서 물러나 카불에서 웅거하던 바부르는 트란스옥시아나에서 몇 년 동안 정착할 수 있었다. 그러나 920/1514년, 바부르는 마지막으로 카불을 향해 후퇴할 수밖에 없는 처지가 되었다. 바부르는 이곳에서 1519년부터 완전히 다른 방면으로 야심을 키워나갔는데, 이런 점은 1398년 그 조상 티무르의 작전을 연상시킨다. 바부르가 펀자브에서 여러 차례 행한 군사 정찰은 932/1526년 파니파트에서 델리 술탄 이브라힘 로디를 격파하고 북인도를 정복하는 토대가 되었다.

티무르 왕조가 남긴 장기적 유산

티무르가 탄탄한 제도적 틀을 갖춘 제국을 남기는 데 실패했음에도 티무르의 후손들은 물론이고 적들까지도 티무르를 모방할 가치가 있는 인물로 여겼다는 것은 놀라운 일이다. 칭기스 왕조의 이념 가운데 남은 것이 무엇이었건 간에, 그 잔재는 이제 새로운 변화를 맞이했다. 토머스 올슨의 표현을 빌리자면, "공통된 역사적 기억"을 "다른 방식의 정치적 신화와 모델"이 대체했다.[98] 이러한 대안 가운데 가장 널리 퍼진 모델의 중심은 바로 티무르다. 티무르는 광대한 영토에 걸쳐 자신의 권위를 확장하면서 한 번도 패배한 적이 없다는 명성을 얻었고 동시대의 가장 강력한 무슬림 군주들을 무릎 꿇렸다. 그리고 (칭기스 칸과 달리) 티무르의 승리는 이슬람의 깃발 아래에서 이루어졌다.

티무르 왕조의 영광은 바부르(사망 937/1530)의 극적인 경력 덕분에 새로이 탄력을 얻었다. 바부르는 델리 술탄국을 정복하고 무굴 제국을 세움으로써 왕조의 운을 되살려냈다. 바부르의 세력이 이후 무굴 제국으로 불리게 된 이유는 이 침략자가 모굴 칸국에서 기원했기 때문이 아니다. 북인도의 주민들은 애초에 바부르 일당을 13세기 이래 계속해서 옥수스강 너머에서 침략해 온 몽골인으로 인식해서 그들을 '무굴(몽골)'이라 불렀다. 실제로 무굴 제국의 황제들은 티무르와 (차가다이 왕통에 속하는 모굴 칸국의 공주인 바부르의 어머니를 통해) 칭기스 칸 모두를 자신들의 조상으로 여겼다. 다만 티무르 왕조 쪽의 혈통과 유산을 더 높이 평가했을 뿐이다. 중요한 점은 바부르의 야심에서 티무르 왕조의 트란스옥시아나 영토가 여전히 중심을 차지하고 있었다는 것이다. 바부르는 심지어 델리나 아그라가 아니라 카불에 묻히기를 바랐다. 그의 뒤를 이은 무굴 황제들도 18세기까지 사마르칸드에 있는 티무르의 무덤을 유지하는 데 기여했고, 트란스옥시아나에 있는 티무르 왕조의 고향을 회복하는 것은 무굴 제국령 인도에서 여전히 위대한 이상으로 간주되었다.[99] 그 이상을 실현하려 했던 유일한 무굴 황제 샤 자한Shāh Jahān(재위 1037~1068/1628~1658)은 티무르를 모범으로 삼았음이 분명한 인물이다.[100]

티무르 왕조의 명성을 가꾸어나간 이들이 무굴 황제들만은 아니었
다. 물론 데일의 표현대로, 무굴 제국은 "티무르 왕조의 지배정당성을
열렬히 신봉하고 티무르 왕조의 르네상스를 꾸준히 주재한 진정한 티
무르 왕조"였다.[101] 그러나 동시대 이란 사파비 왕조의 연대기 저자들도
티무르를 사파비 왕조의 지배정당성을 확보하는 수단으로 활용했다.
이런 경향은 특히 압바스 1세Abbās I(재위 995~1038/1587~1629)의 치세
에 더 강했다.[102] 1740년대 사파비 왕조의 후계자인 나디르 샤 아프샤
르Nādir Shāh Afshār도 티무르를 모범으로 삼았다.[103] 오스만 왕조 역시 티
무르 왕조의 문화적 업적과 자신들과 연결하기 위해 열심이었다. 심지
어 오스만 역사가 중 일부는 티무르가 앙카라에서 술탄 바예지드 1세
를 격파한 일에 대해, 두 사람 가운데 티무르 쪽이 더 정당한 지배자였
으므로 바예지드가 알아서 티무르에게 숙여야 했다고 생각할 정도였
다.[104] 그런데 우즈벡 국가의 창건자인 아불하이르를 위해 쓰인 세계사
에서는 티무르 왕조 시기가 간략히 다루어지고 티무르를 묘사한 삽화
가 전혀 없다. 이들의 역사 초기에는 칭기스 왕조의 핏줄이 티무르 왕
조 시대와의 연결고리보다 더 중요하게 여겨졌다. 그러나 우즈벡인들
조차 시간이 흐를수록 티무르 왕조의 후기 문화를 받아들이는 편이 트
란스옥시아나 신민들이 자신들의 지배를 더 수월하게 인정하게 한다
고 판단해, 의식적으로 이를 수용했다.[105] 마지막으로, 19세기 초 벼락
출세한 페르가나 호칸드Hŏ'ḳand 국가의 지배자들은 (페르가나를 지배한 최
후의 티무르 왕조 공자인) 무굴 황제 바부르를 통해 자신들을 티무르와 연
결하는 계보를 작성하고 궁정에서 15세기 티무르 왕조의 헤라트와 같
은 문화적 개화를 흉내 내려 애썼다.[106]

그 이후의 내륙 아시아 정복자들

존 다윈John Darwin의 표현을 빌리자면, 티무르는 "유라시아 역사의 과도기적 인물"이었다.[107] 그는 칭기스 칸과 마찬가지로 유목민 병력이 척추를 이루는 군대를 지휘하며 유라시아를 종횡하는 교역망을 지배하고자 했다. 비록 정주 세계에서 경제·군사 자원을 뽑아 왔고 간간이 수도 사마르칸드에서 반쯤 정주 방식으로 살아갈 수도 있었지만, 티무르는 내륙 아시아에서 나타나 대이란(티무르의 경우 그 너머까지)에 영향력을 행사한 일련의 튀르크 혹은 튀르크·몽골 유목민 정복자 가운데 마지막 인물로 볼 수 있다.

티무르 이후 그와 같은 인물이 유라시아라는 무대에 등장하지 않은 이유는 무엇일까? 그 이후로도 정복자가 되려는 야심을 품은 인물이 부족하지는 않았다. 그러나 16세기 이후 유라시아의 패권을 잡은 쪽은 내륙 아시아가 아니라 그 주변부였다. 이들은 티무르가 침략했거나 정복을 계획했던 지방들을 지배했다. 아나톨리아, 근동, (최종적으로는) 북아프리카에서는 부활한 오스만 제국이, 이란에서는 사파비 제국이, 유라시아의 북서부에서는 모스크바 제국이, 인도 아대륙 대부분의 지역에서는 무굴 제국이, 중국에서는 대명 제국(1644년 이후로는 그 후계 제국인 대청 제국)이 그런 존재였다.

티무르 왕조를 트란스옥시아나에서 축출하고 그 동맹인 모굴 칸국을 격파하고 호라산의 티무르 왕조 국가를 전복한 우즈벡의 무함마드 시바니 칸은 사마르칸드를 수도로 삼은 또다른 세계 제국을 곧 세울 것처럼 보였다. 그러나 916/1510년 그가 사파비 왕조에 의해 패사하면서 그럴 가능성은 사라졌다. 게다가 우즈벡의 영토에서는 분봉 체제가 칸의 권력을 강력하게 제약하는 형태로 부활했다. 이런 정치 구조는 왕조의 땅을 넓히려는 공동의 노력에 도움이 되지 않았다.[108] 이런 맥락에서 우즈벡 칸국의 정치 구조는 1405년 이후 티무르 왕조에서 나타난 정치 구조와 크게 다를 바 없었다. 우즈벡인들은 사파비 왕조에 패한 이후에도 남쪽으로 영토를 확장하려는 야심을 품었다. 그러나 곧 티무르 왕조의 바부르가 카불에서 벵골까지 지배하는 무굴 제국을 창건하면서 그 길이 가로막혀 이 야심은 재차 좌절되었다. 게다가 이들은 북쪽과 북동쪽에 자리잡은 유목 부족인 카자흐인들과 싸우는 데 더 힘을 쏟아야 했다. 본래 우즈벡 연맹의 일부였던 카자흐인들은 1450년 후반 조치의 아들 토카 테무르의 후예를 따라 자립했다.[109] 16세기 초에 카자흐인들은 가공할 세력을 이루어 오늘날 카자흐스탄이라 불리는 지역 전체를 지배했다. 그러나 우즈벡도 카자흐도 느슨한 연맹 이상으로는 나아가지 못했다. 그리고 양자 모두 오이라트의 위협에 무력한 처지였다.

오이라트 연맹은 서편의 무슬림 이웃들이 칼막Qalmāq(이 이름의 어원 가설에 대해서는 제7장 참조)이라고 부른 몽골 부족들이 결성했는데, 14세기 말 몽골고원 서부에서 북원 카안들의 권력에 도전하면서 처음으로 역사의 전면에 등장했다. 마흐무드Maḥmūd(사망 1416), 토곤Toġon(사망 1438), 에센Esen(사망 1454, 토곤의 아들이자 후계자) 등 오이라트의 수장들은 여러 차례 북원의 계승에 간섭하려 들고 자신들이 세운 카안을 통한 지배를 시도했다.[110] 50년 전의 티무르와 마찬가지로, 에센이 몽골 제국의 복원을 꿈꾸었다는 주장도 있다. 그러나 에센의 경우는 잘못된 가설이다.[111] 에센은 모굴 칸국의 와이스 칸은 물론 명나라 황제에게도 패배를 안겨주고 포로로 만들 정도의 군사적 업적을 세웠다(1449).[•] 그러나 1452년에 에센이 (카라추인 그에게는 자격이 없었는데도) 카안을 자칭하자 휘하 지휘관 다수가 등을 돌렸고 결국 그는 피살되었다. 그후 오이라트는 수십 년에 걸쳐 이웃의 우즈벡과 카자흐를 공격했으나, 시간이 흐를수록 내부 분란에 빠져들어 결국 16세기 중반 몽골의 할하부Qalq-a를 지배하던 북원의 후예 다얀 카안Dayan Qa'an과 그 손자 알탄 칸Altan Khan의 권위[••]를 인정할 수밖에 없게 되었다.[112]

그러다 17세기 초에 에르데니 바아투르 콩타이지Erdeni Baatur Khongtaiji(사망 1653)라는 수령이 출현해 오이라트를 재통합하는데, 나중에 이 세력은 준가르Zunghar로 알려진다. 콩타이지의 후계자 갈단Galdan(사망 1697)은 칭기스 왕조의 혈통이 아니었는데도 칸 칭호를 취했다(달라이 라마Dalai Lama〔달라이 라마 5세〕가 1678년에 칸으로 책봉했다).[•••] 준가르인들은 갈단의 지휘 아래 타림 분지의 부유한 도시들을 합병하고 차가다이 울루스 동부 지파의 지배를 끝장냈다. 그러나 갈단은 청나라 군대에 처참하게 패했다. 그의 조카 체왕랍탄Tsewang-Rabtan(사망 1727)은 준가르 세력을 얼마간 되살릴 수 있었지만, 청의 강희제康熙帝(재위 1661~1722)와 건륭제乾隆帝(재위 1735~1795)는 준가르인들의 강력한 적수였다. 마침내 1757~1758년 건륭제의 군대는 준가르 연맹을 파괴하고 엄청난

[•] 명나라 영종(英宗)이 당한 '토목의 변(土木之變)'을 가리킨다.

[••] 저자의 서술과 달리 다얀 카안은 북원 전체의 카안이었고, 알탄 칸은 투메드부의 수장이었다.

[•••] 갈단은 오이라트 연맹 코슈드부(Qošuud) 토로바이쿠 구시 칸(Törö-Baiqu Güüśi Qan)의 외손자이며, 구시 칸은 칭기스 칸의 동생인 조치 카사르의 후손이다. 따라서 갈단이 칸 칭호를 쓴 것을 칭기스 통원칙의 전적인 부정으로만 생각할 수는 없다.

수의 성인 남성을 학살했다.[113]

준가르는 내륙 아시아 역사에서 마지막 초원 제국이었다. 하지만 티무르 사후 200~300년이 지난 뒤에 내륙 아시아에서 가장 성공적인 지도자를 찾으려 한다면 다른 방면, 즉 더 동쪽으로 눈을 돌려 중국 청나라 왕조의 선구자이자 창건자로, 말 사육을 사냥 및 농경과 혼합한 '반半유목'[114] 경제를 영위하던 만주 여진의 수령에게 눈길을 돌려야 한다. 만주의 홍타이지Hong taiji(사망 1643)는 1627년에 몽골고원 동부의 할하 부족들*을 복속시키고 북원의 직계 후손인 차카르 투멘의 릭단 카안Ligdan Qa'an**을 타도했다(1634). 1636년, 홍타이지는 스스로 황제를 칭하고 왕조의 이름을 대청大淸으로 고치고 명나라 정복에 착수했다. 중국을 정복하는 과업은 홍타이지가 죽은 직후인 1644년에 완수되었다.[115] 홍타이지의 후계자들은 내륙 아시아의 상당 부분을 자신들의 지배 아래에 두고 준가르를 제압했으며, 무슬림 지역인 카쉬가리아를 정복해 이곳을 신강성新疆省으로 만들었다. (몽골고원의 초원 자원과 만주 접경 지대의 혼합/정주 자원 양쪽 모두에서 끌어온) 만주의 군사 기계military machine 와 중국 경제 및 제도의 조합은 내륙 아시아 유목민들이 대적할 수 없는 것임이 드러났다. 대청 제국이라는 강력한 세력을 맞닥뜨린 준가르는 결국 버텨내지 못했다.

---

* 오늘날 몽골 공화국의 모태가 되는 '7 오톡 할하'가 아닌 알추 볼로드(Alchu Bolod)의 후손들이 지배한 '5 오톡 할하/5부(部) 할하(tabun otoġ Qalq-a)'를 가리킨다.

** 릭단은 다얀 카안에서 이어지는 북원 카안이므로, "북원의 직계 후손"이라는 저자의 표현은 적확하지 않다.

유목 세력의 쇠락

유목 연맹의 위협이 종식된 원인으로 종종 화기의 발달이 언급된다. 전통적인 기마궁수는 화기 앞에서 무력했다는 주장이다.[116] 그러나 실제는 그렇게 간단하지 않았다. 청나라나 러시아 같은 적수들만큼은 아니었을지 모르나, 준가르인들도 대포를 사용할 수 있었다. 여하튼 화약 무기가 가져온 변화는 느렸다. 로버트 어윈은 최소한 15세기와 16세기에는 화기가 결정적 이점이 없었다는 설득력 있는 주장을 내놓았다. 바부르가 보유한 화기는 932/1526년에 파니파트에서 무굴 측이 승리를 거두는 데 별다른 공헌을 하지 못했던 것 같다.[117] 실제로 17세기까지도 크림 타타르의 기졸騎卒은 (기동성은 물론이고) 사거리와 발사 속도의 측면에서 폴란드나 러시아의 포수砲手보다 나았다.[118]

서유럽 그리스도교도들이 1497년 이후 인도양으로 진출하면서 장거리 해상 교역이 활성화됨으로써 새로운 세계가 출현했기 때문에 티무르 이후 내륙 아시아에서 위대한 정복자가 나오지 않았다는 주장도 만연하다. 이 새로운 세계에서 유목민 정복자는 시대착오적 존재로 전락했다는 것이다. 그러나 이 주장도 사실이 아니다. 존 다윈이 주장했듯이, 그런 세계는 300년이 지난 뒤에야 모습을 드러내기 시작했다.[119] 이 300년 동안 아시아 사회에 유럽인들이 끼친 영향은 아시아 사회가 유럽에 끼친 영향에 비하면 오히려 한정적이다.[120] 유라시아 북부를 통하는 노선이든, 중앙아시아와 인도 사이의 노선이든, 내륙 교역은 해상 교역과 상호 보완적으로 작동하면서 거대한 규모를 유지했고, 중앙아시아산 말에 대한 인도의 꾸준한 수요와 인도산 면화·면직물·염료에 대한 중앙아시아의 수요가 합쳐진 덕분에 최소한 18세기까지는 지속되었다.[121] 게다가 모스크바 제국의 시베리아 확장은 새로운 교역 기회를 창출해, 초원 지대와 정주 지대 사이에 새로운 북방 노선이 생겨났다.[122]

18세기까지는 유목민의 패권이 가능했던 것 같다.[123] 초원 제국의 종말을 불러온 진짜 요인은 해상 교역의 도전이 아니라 모스크바-러시아 제국과 대청 제국이 내륙 아시아 북부와 시베리아 타이가로 세력을 확장함에 따라 공물(특히 모피)을 받지 못하게 되고 장거리 육상 교역에서 유목민의 수익분이 감소한 데 있었다. 두 제국은 더욱 철두철미한 통치 방식을 채택해 이전의 어느 제국보다 대규모로 기병 전력을 동원할 수 있게 되었다. 이제 목축민들은 이전과 달리 기마 병력의 동원에서 누리던 우위를 상실하게 된 것이다.[124] 올슨의 지적대로, "13세기 몽골인들은 스텝과 농경 지역의 모든 자원을 동원해 유라시아 지역 대부분을 복속시켰다. 18세기에는 같은 방식으로 러시아 제국과 대청 제국이 유목 세력을 복속시켰다."[125]

결론

티무르가 트란스옥시아나에서 차가다이 울루스의 수장으로 등극할 무렵은 몽골 세계가 수십 년째 위기에 시달리던 시기다. 일칸국은 1335년에 아부 사이드가 사망한 이후 이어진 내분으로 붕괴했다. 그 영토 대부분은 비몽골계 지배자들의 손에 떨어졌다. 게다가 그들 다수는 군주를 자칭하고 카이로의 압바스 왕조 칼리프의 책봉이라는 형태로 몽골 세계 바깥에 있는 권위의 대안을 찾는 등, 몽골인들이 세운 지배정당성의 규범에 반기를 들었다. 북쪽을 보면, 바투 혈통의 단절로 킵차크 칸국에서는 조치 왕통의 여러 분파에 속한 칸들이 서로 분란을 벌이는 사이 그 친족인 청 오르다의 칸들이 독립을 얻어내고 사라이를 비롯해 중심지를 장악하기까지 했다. 티무르가 권좌에 오르기 고작 2년 전 중국에서는 몽골의 지배가 종말을 맞이했고 명나라에게 패배한 카안은 고향 몽골고원으로 쫓겨 돌아가는 처지로 전락했다. 차가다이 울루스는

20여 년 전에 둘로 나뉘었는데, 나중에 모굴 칸국으로 알려지는 동부 분파는 차가다이 왕통 칸들의 통치를 받는다. 차가다이 울루스의 서부에 해당하는 트란스옥시아나에서는 아미르들이 실질적으로 권력을 장악했는데, 특히 카라우나스는 칸을 마음대로 세우고 폐했다.

티무르는 바를라스부의 아미르가 아니며, 왕조 성립 이전 티무르 가문의 역사에 대해서는 티무르 왕조 측 저자들이 윤색한 내용을 곧이곧대로 신뢰할 수는 없다. 만약 티무르의 조상 카라차르가 차가다이 울루스에서 가장 높은 지위였다면, 바를라스부의 지배 가문은 티무르의 시대 한참 전에 그 지위를 상실했을 것이다. 실제로 (차가다이 울루스 내부 사정을 언급하는) 이전의 사료들은 바를라스부에 대해 거의 언급하지 않았다. 티무르 왕조 측 저자들이 티무르의 아버지와 할아버지에 대해 뭐라고 썼든 간에, 티무르는 가문의 지류에 속한 처지였다. 티무르는 근본적으로 차가다이 울루스 동반부의 칸인 투글룩 테무르의 '모굴' 침략군에 투신해 (일시적으로) 부족의 수장 자리에 오른 벼락출세자에 지나지 않았다. 그뒤 그는 모굴 칸국을 버리고 카라우나스 아미르들의 후계자인 아미르 후사인에게 가담했다. (잠시 모굴 측에 추파를 던진 때를 제외하고) 후사인의 추종자 가운데 한 명으로서 추방과 고난의 도망자(카작) 시기를 보낸 티무르는 후사인이 울루스의 수장이 될 수 있도록 도왔다. 정확한 시점은 알 수 없지만(투글룩 테무르의 막하로 들어가기 전이라는 것은 확실하다), 티무르는 차츰 자신만의 전사 무리를 구축했고, 후사인이 점차 지지를 상실하자 이를 기회로 삼아 (이전에 모굴 칸국에 그러했듯이) 마침내 동맹을 저버리고 자신만의 패권을 확립했다.

지배 기간과 울루스 외부에서 거둔 군사적 승리의 규모 측면에서 티무르는 다른 튀르크·몽골의 '대아미르'들(과거 트란스옥시아나와 일칸국에 있던 대아미르들이나 조치 일문의 영토에서 집권한 마마이, 에디귀 같은 동시대인)과 달랐다. 그는 트란스옥시아나에서 모든 적수를 제거하거나 무릎 꿇렸다. 그런 뒤 모굴리스탄에서 멀리 시리아와 아나톨리아까지 존재하던 강력한 경쟁 세력을 전부 제거하거나 복종시켰다. 물론 티무르 제국은 13세기 몽골인들의 광대한 정복지에 비하면 상당히 작은 규모다. 그의 정복지 중 다수는 티무르의 직접적인 지배를 받지도 않았다. 때로는 정복한 영토로 돌아와 권위를 재확인할 필요도 있었다. 티무르는 몽골 제국의 공포 전략이 우스꽝스러울 보일 정도로 심한 폭력 행위를 벌인 적도 적지 않았다. 또한 칭기스 칸이나 그 후계자들과 달리 제국의 생존을 담보할 구조를 세우는 데 무관심했다. 그러나 그는 자신이 파괴한 지역을 복원하고 농경지를 확대하며 교역을 재개하는 데 관심을 쏟기도 했다. 또한 이러한 노력이 고향 트란스옥시아나에 국한되지 않았다는 점은 강조할 필요가 있다. 따라서 티무르가 이룩한 업적이 전혀 없다고는 할 수 없다.

티무르가 거의 쉴 새 없이 군사 활동을 벌인 목적이 무엇이었는지는 대체로 불분명하다. 다만, 그가 차가타이 아미르들과 그 추종자들의 야심을 소모시키고 그 에너지를 흡수하며 자신의 명성과 영광을 추구하기를 바랐다는 점은 확실하다. 그의 정복 역정을 되짚어볼 때, 그 야심은 누군가 도움을 요청하거나 외부의 공격 징후 같은 기회의 도래와 함께 성장했다고 보는 편이 합리적이리라. 그러나 찾기 어려운 문헌 증거로 입증하는 일보다 몽골 제국의 재건을 꾀했다고 주장하는 편이 더 간편하기는 하다. 실제로 칭기스 칸과 티무르의 공통점을 찾기는 쉽다.

그러나 티무르 자신이 의도적으로 몽골 정복자의 기억을 불러일으키려 노력했다고 해서 티무르가 칭기스 칸을 모방했다는 것을 뜻하지는 않는다. 티무르의 선전가들은 두 정복자를 하나의 틀에 넣기보다는, 티무르가 (마흐무드 가즈나위 같은 이전의 성전사들은 말할 것도 없고) 칭기스 칸의 업적을 뛰어넘는다고 묘사하는 것을 더 선호했다.

확실히 말할 수 있는 것은, 티무르가 수십 년 전 차가다이 일문의 지배자들이 밀어붙인 확장주의를 (훨씬 큰 규모로) 되살리려 했다는 것이다. 특히 그는 차가다이 일문(그리고 오고데이 일문)이 처했던 부당한 상황을 바로잡기 위해 노력했다. 티무르의 원정과 영토 요구는 차가다이 울루스의 칸을 대신해 이루어졌다. 모굴 칸국으로의 원정은 장기적으로 차가다이 울루스의 통일을 목표로 삼았던 것 같다. 펀자브 공격과 델리 파괴는 14세기 초 차가다이 일문 칸들의 야심을 수십 년이 지난 뒤에 실현한 것이었다. 만약 티무르가 정말로 몽골 지배의 재확립을 꿈꾸었다면, 그 시점은 동아시아의 명나라에 도전하기로 결심한 만년이 되어서다. 정복 경력에서 상대적으로 초기 단계부터 식별되는 그의 큰 목표는 모든 수준에서 일종의 '칭기스 왕조의 질서'를 회복하는 것이었다. 구체적으로, 상인과 순례자에게 피해를 입혀 평화를 저해하는 지방 세력을 진압하고, 한때 칭기스 왕조 영토의 지배를 참칭하거나 (헤라트의 카르트 왕조나 이란 남부·중부의 무자파르 왕조처럼) 군주권을 오용한 군주들을 추방하는 것이었다. 티무르가 칭기스 왕조의 질서와 군주권을 구현한 방식은 자신이 섬기는 칸을 통해서였다.

티무르가 권좌에 오른 때는 칭기스 왕조의 질서가 크게 쇠퇴한 시기였다. 킵차크 초원(톡타므쉬 즉위 이전)과 트란스옥시아나에서는 칭기스 왕조 혈통의 칸들이 실권을 잃은 상태였다. 이란에는 아예 칭기스 왕조 군주가 존재하지 않았으며, 극동에서 카안은 중국에 대한 지배권을 상실했다. 그러나 최소한 몽골 제국의 북쪽 지방에서는 칭기스 황가에 대한 충성과 헌신이 계속되었다는 증거가 있다. 티무르가 자신이나 자기 자손을 칭기스 왕조와 혼인으로 엮으려 했다는 사실도 (나중에 칭기스 칸의 조상과 자신이 남계로 이어져 있다는 계보를 묵인했을 가능성과 마찬가지로) 이를 입증한다.

칭기스 칸이 후계자로 지명한 오고데이의 후손으로, 티무르가 세운 두 칸은 아마 일반적인 생각보다 더 큰 권위를 누렸을 것이다. 티무르와 동시대인인 샤미가 남긴 역사서에서는 이 칸들의 흔적을 지우려는 노력이 엿보이지만 후대 티무르 왕조 측 저자들의 노력이 그리 철저하지는 못했다. 이 칸들은 티무르와 함께 싸웠고(특히 술탄 마흐무드 칸은 정복자의 주요 원정에 여러 번 적극적으로 참여한 것 같다), 티무르도 이들과 강렬한 유대감을 가졌을 수 있다. 다른 대아미르들과 달리 티무르는 자신이 옹립한 두 군주를 예우하고 인간적으로 대했다. 그가 술탄 마흐무드의 후계자를 지명했다는 증거가 없고, (오래 지속되지도 못하고 조건까지 달린 할릴 술탄의 예를 제외하면) 그의 후계자들이 칭기스 왕조의 칸을 옹립했다는 증거도 없지만, 티무르가 영구적으로 칸을 옹립하지 않으려 했다고 단정할 수는 없다. 그는 술탄 마흐무드 사후에도 잠시 그의 이름으로 주화를 발행했기에 다른 가능성도 배제할 수 없다. 따라서 티무르가 너무 일찍 죽었다는 해석도 가능하다. 혹은 북원 영토에서 자신의 영토로 망명한 또다른 오고데이 왕통의 후보자를 명나라 원정 과정에서 옹립하려고 계획했던 것은 아닐까.

티무르는 칭기스 왕조의 군주를 세우고 황가와 자신의 가문 사이의 연결고리를 강화했을 뿐만 아니라 세계 정복자의 이미지를 가꾸고 칭기스 왕조 정치 체제를 주도면밀하게 활용했다. 그러기 위해 그가 제시한 몽골사의 내용은 때로는 역사적 사실과 상반되었고, 어떤 때는 그가 제시한 내용들 사이에서도 서로 모순이 있었다. 이런 선전의 효과가 무엇이었는지는 확실하지 않다. 어쨌든 이는 정복자의 정치적·외교적 세련미가 아니라 칭기스 왕조의 과거가 지닌 중요성이 지속적으로 작용했음을 보여준다. 초자연적 체험과 하늘로부터 특별한 통찰력을 선물받았다는 주장은 이슬람 시대 이전 몽골 시대에 유행하던 이야기를 반영한 것인데, 이런 이야기가 티무르의 차가타이 유목민 군사들에게 공감을 불러일으켰을 것이다. 전반적으로 역사 왜곡과 하늘의 총애라는 주장은 모두 (티무르가 옹립한 군주들이 차가다이 왕통은 아니었으나) 차가다이 울루스를 위해 활용되었다. 차가타이의 시각에서는 1370년에서 1405년까지가 울루스 역사의 정점이었을 것이다.

티무르는 창의적이고 수완이 뛰어난 장수로 유명하지만, 그의 군사 전술에 대해서는 거의 알려진 바가 없다. 그가 거둔 수많은 승리는 (티무르가 때때로 그들에게 과도한 요구를 했는데도) 대체로 그에게 헌신한, 잘 훈련된 군사들 덕택이었고, 티무르는 전리품을 병사들에게 아낌없이 나누어주었다. 대진운이라는 관점에서도 티무르는 행운아였다. 동시대 관찰자들은 티무르가 분열의 시대를 살아가면서 이득을 보았음을 눈치챘다. 대이란 지역에서 티무르의 적대 세력들은 자기네들끼리도 사이가 나빴다. 특히 이란 방면의 세력들 가운데 강한 축에 드는 세력(특히 잘라이르 왕조와 무자파르 왕조)은 내부 분란으로 골머리를 앓았다.

이러한 투쟁으로 말미암은 피폐함이 티무르에게 평화와 정의로운 질서의 재건자라는 아우라를 둘러주었는데, 이러한 면모가 악명 높은 잔학성에도 불구하고 티무르의 지배를 수용하는 분위기가 조성되는 데 공헌했을 수 있다. 이웃들의 극심한 압박에 시달리던 호라산 서부의 사르바다르 같은 일부 지방 세력은 티무르에게 쉽게 복종했다. 적어도 이란에서는 티무르에게 대항하는 동맹을 형성하려는 지배자가 존재했다는 증거가 없다. 따라서 티무르는 그들을 하나하나 차례로 제거할 수 있었다.

아시아의 대다수 지방에서 몽골 제국 지배의 붕괴에 (경제적 격변, 기후 불안정, 반복되는 전염병 발생 등) 광범위한 환경 변화가 기여했다는 가설을 인정한다고 하더라도, 이런 요소가 후대 티무르의 성공에 기여했는지는 분명하지 않다. 전염병이 티무르의 공세 이전 40년 동안 조치 일문의 영토를 최소한 세 차례 타격했다는 데는 의심의 여지가 없지만, 티무르의 피후견인이자 나중에 적수가 되는 청 오르다의 톡타므쉬가 마마이를 제압하고 킵차크 칸국 전체를 지배할 수 있게 해주었다는 정도만 확실하게 말할 수 있을 뿐이다. 전염병은 같은 시기 잘라이르 왕조의 영토도 두 차례 휩쓸었지만, 더 넓은 이란 세계에 준 충격(사실 전염병의 발생과 범위에도 굉장히 많은 의문이 뒤따른다)은 불분명하다. 일부 2차 문헌들의 주장과 달리, 특히 티무르의 고향인 중앙아시아에서 발생한 전염병에 대한 자료가 부족한 상황에서 티무르가 적수들보다 이점을 누렸다고 주장할 만한 근거는 없다.

비어트리스 맨즈가 보여주었듯이, 티무르는 (국가의 구조가 비록 느슨했고 공식적인 군주는 칭기스 왕조 구성원이었음에도 이런 표현을 사용할 수 있다면) 자신의 제국을 다스리는 데 충직한 추종자 무리를 활용했다. 이 추종자들은 1360년대 트란스옥시아나에서 발생한 분란의 와중에 모인 전사들로, 티무르는 권좌에 오르는 과정에서 이들을 승진시켰다. 이들은 부족의 수령들이 점진적으로 물러나거나 제거됨에 따라 새로운 지배 계층을 구성했다. 이들의 후손들은 차례로 티무르의 후계자들을 섬겼으므로, 이 새로운 엘리트들은 16세기까지 지속되었다고 말할 수 있다. 수십 년이 흐른 뒤, 티무르는 자기 아들들과 손자들도 고위 관직자로 기용했다. 신중함을 타고났다고밖에는 볼 수 없는 티무르는 자기 후손들도 액면 그대로 신뢰하지 않았다. 티무르 왕조의 젊은 공자들은 그들을 감시하고 (아마도) 필요시 행보를 보고할 수 있는 믿을 만한 아미르들과 함께 광대한 영토의 통치를 위해 파견되었다. 그렇다고 하더라도 공자들을 총독으로 임명한 결정은 장기적으로 여러 지역에서 어떤 공자와 특정 지역 사이에 강한 유대감이 형성되는 결과를 낳았다. 그에 따라 하나의 통일된 왕조 사업의 일원이라는 공자들의 인식은 약해졌다.

티무르의 신중함은 후계 준비 과정에서도 드러난다. 티무르가 가장 신뢰했던 것으로 보이는 손자 무함마드 술탄을 후계자로 지명한 시점은 상당히 늦었는데(거의 70세 정도 되었을 때), 무함마드 술탄을 선택한 이유는 크게 두 가지다. 이 공자의 어머니가 칭기스 왕조의 후손이었고, 아버지 자항기르는 티무르의 아들들 가운데 유일하게 합법적인 아내의 소생이었다. 그러나 무함마드 술탄이 요절하자 티무르는 죽기 직전까지 새로운 후계자를 선택하지 않았던 것 같다. 또한 티무르가 자항기르의 또다른 아들인 피르 무함마드를 후계자로 선택한 것은 잘못된 결정이었다는 것이 학자들의 중론이다. 이미 출생과 혈통을 강조해 문제를 복잡하게 만든 탓에 의도치 않게 후손들 사이에 어떤 위계 의식이 자리잡은 상황이었기에 티무르의 후손들은 피르 무함마드가 후계자라는 것을 인정하려 하지 않았다. 이는 가장 적합한 후보를 미리 결정하고 다른 아들들의 헌신을 확보할 수 있었던 칭기스 칸의 경우와 뚜렷한 차이를 보이는 대목이다.

칭기스 칸에 비하면 티무르가 덜 인간적이고 무자비하고 잔인한 행위를 저지르는 경향이 있었다는 것이 일반적인 인식이지만, 역설적으로 사료에서 인간성의 흔적을 찾기 쉬운 쪽은 오히려 티무르다. 여러 저자들은 그가 아내나 아들이 죽었을 때뿐만 아니라, 술탄 마흐무드 칸이나 포로인 바예지드 1세 같은 인물이 죽었다는 사실을 알았을 때 눈물을 훔쳤다고 썼다. 심지어 델리 외곽에서 손자들의 만개한 기량을 직접 목격하거나, 신의 총애로 수많은 승리를 거둔 것을 회상할 때도 눈물을 흘렸다고 묘사했다. 샤라프 알딘 야즈디를 신뢰할 수 있다면, 티무르는 그런 승리들이 무슬림에게 가한 고통에도 회한을 느꼈던 것 같다.

티무르가 칭기스 칸을 비롯한 13세기와 14세기 초의 몽골 지배자들 대다수와 큰 차이를 보인 면모 중 한 가지는 종교적 신념과 관련이 있다. 티무르는 무슬림으로서 자의식이 강했다. 티무르의 신하들과 휘하 역사가들은 선도자였던 개종자 가잔 마흐무드 일칸과 마찬가지로 이슬람 신앙에 티무르가 보인 진정성에 찬사를 보냈다. 반대로 그의 적들은 티무르가 이슬람의 가르침과 실천에 익숙하지 않은 불신자라고 비난했다. 특히 신앙을 위해 싸우는 성스러운 전사로 명성이 자자했던 오스만 술탄이 이렇게 공격했을 때 티무르는 이를 민감하게 받아들였을 수 있다. 최종적으로, 가잔이나 타르마시린 같은 몽골 개종자·지배자의 진심을 평가할 때와 마찬가지로, 이런 비난의 기저에 얼마나 진실이 숨어 있는지는 알 수 없다. 티무르가 이슬람의 이름으로 벌인 전쟁이 비무슬림만을 향한 것은 아니었다고 하지만, 이런 점은 그 이전 무슬림 군주들도 마찬가지다. 그리스도교 지배자들과 외교 접촉을 한 맥락도 마찬가지다. 이를 둘러싼 환상은 거의 전적으로 각지를 떠돌아다닌 술타니야 대주교 요한네스의 공이다. 그러나 티무르의 경우 공식적인 동맹이 이루어지지 않았으므로, 이에 대해서는 티무르의 우선순위가 교역 진흥에 있었다고 판단할 근거가 충분하다.

어떤 종교를 신봉했느냐 하는 문제의 핵심은 티무르의 통치가 부분적으로 퇴레/야사에 기반을 두었다는 데 있었다. 칭기스 칸과 그 후계자들과 관련된 관습법의 총체는 튀르크·몽골 유목민에게는 존중의 대상이었지만, 무슬림이 볼 때 샤리아와 충돌했다. 티무르의 시대에 그것의 내용이 무엇이었는지는 13세기의 내용에 비해 불확실하다. 티무르의 후손인 바부르의 시대에 퇴레는 일부 궁정 예절과 관련 있었다고 하지만, 티무르의 경우에도 그랬는지는 알 수 없다. 티무르는 교역과 수공업 활동에 부과하는 세금인 탐가는 유지한 것 같다. 법은 몽골의 전통 절차인 야르구에 따라 집행되었는데, 이를 폐지했다는 샤루흐의 주장은 (이 주장 자체가 진실인지와는 상관없이) 그 아버지의 시대에 야르구가 존속했음을 알려주는 증거다. 티무르가 (티무르의 시대에 야사의 수호자로 여겨졌던) 차가다이의 울루스 출신이었음을 고려할 때 다른 경우는 생각할 수 없다. 티무르는 이교도 몽골 지배 시대까지 거슬러 올라가는 여러 의식을 시행하거나 아들들의 수계혼을 장려하는 등 이슬람 수용 이전의 여러 관행도 그대로 유지했다. 그가 부장품과 함께 매장된 사실은 초원 풍습에 대한 애착을 단적으로 보여준다.

티무르에 대한 오늘날의 인상은 매우 다양한 자료에서 비롯되었는데, 그 가운데 상당수는 그에게 적대적이다. 그러나 그가 추종자 대부분에게는 관대한 주군으로, 이븐 할둔을 포함해 그를 만난 여러 인물에게는 인상적이고 매력적인 인물로, 신민 대다수에게는 독실하고 비타협적인 이슬람의 영웅으로 보였을 가능성을 배제해서는 안 된다. 티무르의 이중성과 충격적일 정도로 잔혹한 행위를 두 가지 거대한 목표를 위한 수단, 즉 신앙의 승리와 무질서의 진압을 이루기 위한 수단으로 본 무슬림 관찰자가 적지 않았다. 이런 맥락에서, 티무르의 행보를 14세기 중반 칭기스 왕조 세계에 닥친 위기에 대한 부분적 해결책으로 보는 것이 완전히 공상만은 아닐 것이다.

이 책에서 반복되는 주제는 합성의 과정이다. 튀르크·몽골 세계와 카불에서 호라산의 도시들을 지나 아제르바이잔과 파르스까지 이어지는 페르시아풍 '오이쿠메네'의 합성, 정경에 따른 이슬람 관행과 이교적 초원 풍습의 합성, 그리고 (아마도 그 이후까지 이어질) 유라시아 유목민이 지닌 제국 이념과 (특히 무슬림의 지배를 확대하는) 의무를 강조하는 무슬림 군주권의 전통적인 양상 및 이미지의 합성처럼 말이다. 현전하는 이질적인 사료들에서 제시하는 티무르의 정치적 페르소나에서 엿보이는 이중적 특성보다 이러한 합성을 더 생생하게 보여주는 예는 없다. 우선 티무르의 출신과 초기 경력을 보자. 그는 비천한 시작은 물론이요, 신체적 장애마저 자신이 (신의 도움으로) 비범한 권력자가 되는 것을 막지 못했다고 자랑스러워했다. 그러나 그의 초창기 배경은 외부 관찰자들의 기록에서만 확인할 수 있다. 티무르나 그 후계자들이 의뢰한 페르시아어 사료들은 이에 대해 뚜렷이 침묵을 지킨다. 이런 사료들에 이처럼 별로 유망해 보이지 않는 선행 사건이 언급되는 것이 오히려 더 부자연스러울지도 모르겠다. 둘째, 티무르의 지배정당성은 단순히 끝없이 이어지는 군사적 승리만이 아니라, 티무르 자신은 하늘로부터 받은 선물이라고 주장한, 다른 유명한 무슬림 정복자들마저 빛이 바랠 정도인 독특한 능력을 지녔다고 하는 영적인 (어쩌면 '샤머니즘'이라는 표현이 더 어울릴지 모를) 주장에도 기초했다. 셋째, 그러한 이중성은 1391년 최초의 킵차크 원정 중에 세운 비문에 새겨진 "투란의 술탄 테무르 벡"이라는 칭호에서도 드러난다. '카라추' 몽골 장군으로서 티무르는 차가다이 울루스 칸의 부하였고, 그 칭호도 한 단계 떨어지는 아미르/벡을 쓸 수밖에 없었다. 한편 그는 무슬림 통치자로서 전통적으로 무슬림 군주에게 주어진 모든 속성을 (나아가 칼리프를 임명할 자격까지) 다 누리며 스스로 술탄이라 칭했다.

몽골 제국에 비하면 티무르의 지배 영역이 상대적으로 작아 보인다는 사실도, 이미 생전에 정치 윤리나 신앙에 대한 헌신이 의심받았다는 사실도, 그의 사후 티무르 제국이 맞이한 운명도 그후 발칸반도에서 갠지스강과 시르다리야강에 이르는 곳까지 군림한 무슬림 군주들이 티무르를 모범으로 삼는 것을 막지는 못했다. 티무르가 광범위한 지역에서 거둔 승리들, 칭기스 전통 속에서 자신의 모험을 신이 지지한다는 티무르의 주장, 이슬람적 지배 정당화 수단의 주도면밀한 활용, 이전에 없던 규모로 성전을 실시한 전사라는 이미지, 이 모든 요소가 결합되어

패러다임이라고 부르는 것이 마땅할 만큼 사후의 명성을 그에게 선사
했다. 티무르의 위업은 이슬람 세계의 중부와 동부에서 정치적 권위의
성격과 특질을 바꾸었다고 할 수 있다.

연표

624/1227	칭기스 칸 사망
626-39/1229-41	오고데이 카안 재위
644-6/1246-8	구육 카안 재위
649/1251	톨루이 일문, 황위 장악
649-57/1251-9	몽케 카안 재위
658/1260	훌레구 휘하의 장수 케드부카, 아인 잘루트에서 맘루크 왕조에게 패배
658-62/1260-4	몽골고원을 중심으로 쿠빌라이와 아릭 부케 사이에서 내전 발발
658?/1260?	아인 잘루트에서 몽골군 패배; 훌레구, 일칸국 창건
663-80/1265-82	일칸 아바카 재위
668/1269-70	차가다이 일문의 칸 바락, 호라산 침공
670/1271	오고데이의 손자 카이두, 중앙아시아에서 상위 칸으로 등극
681-3/1282-4	일칸 테구데르 아흐마드 재위
681?-706/1282?-1307	차가다이 일문의 칸 두아 재위
683-90/1284-91	일칸 아르군 재위
694/1295	가잔의 이슬람 개종과 일칸 즉위
1290년대 후반	카이두와 두아, 카라우나스를 세력권에 편입
702/1303	카이두의 죽음과 차파르의 계승
703-16/1304-16	일칸 올제이투 재위
705/1305	두아와 차파르의 지지 세력 사이에 전쟁 발발

716-36/1316-35   일칸 아부 사이드 재위

727 또는 728/1327-8   티무르 탄생 (윤색된 탄생년 736년도 참고)

730/1329-30   차가다이 일문의 칸 타르마시린, 인도 침공

735/1334   타르마시린 정권 전복

736-58/1335-57   꼭두각시 일칸들의 시대

741/1340   무자파르 왕조의 무바리즈 알딘 무함마드, 케르만 점령

747/1346-7   차가다이 일문의 칸 카잔 술탄, 정권 전복; 카라우나스 아미르들, 트란스옥시아나의 패자로 등극

748/1347-8   차가다이 칸국, 동부 지파('모굴 칸국', '자타')의 출현으로 분열

754/1353   일칸 타가이 테무르, 사르바다르에 의해 암살; 무자파르 왕조, 인주 왕조와 시라즈를 두고 갈등

758/1357   조치 일문의 칸 자니벡, 아제르바이잔을 정복해 초반 왕조를 멸망시킴

759/1358   카라우나스 아미르 카자간 피살; 잘라이르 왕조의 셰이흐 우와이스, 타브리즈 점령

761-2/1360-1   모굴 칸국의 투글룩 테무르 칸, 두 차례에 걸쳐 트란스옥시아나 침공

764/1362-3   투글룩 테무르 칸 사망, 그의 아들 일리야스 호자가 계승

765/1363-4   카라우나스 아미르 후사인, 티무르의 도움으로 모굴 군대를 추방하고 트란스옥시아나에 있는 차가다이 울루스의 실질적인 수장으로 등극

1368   명나라, 중국에서 몽골 원 왕조 축출

1369?   일리야스 호자, 카마르 알딘에게 피살

771/1369-70   티무르, 아미르 후사인을 대체하고 소유르가트므쉬를 칸으로 옹립, 차가다이 일문의 공주 사라이 물크 카님과 혼인

777/1375   티무르의 아들 자항기르 사망

778/1377   톡타므쉬, 티무르에게 도움 요청

780/1379	톡타므쉬, 킵차크 칸국 장악
781/1379	티무르, 호라즘 합병
782/1380-1	티무르의 삼남 아미란샤, 호라산 총독으로 임명
783/1381	사르바다르 복속; 헤라트 합병
785/1383	시스탄, 속신으로 전락
786/1384	티무르, 술타니야 점령
787/1385-6	톡타므쉬, 아제르바이잔 유린
788/1386	포로가 된 아미르 왈리 처형
788-90/1386-8	티무르, 이란 북서부와 캅카스 지방에서 3년간 원정 수행
789/1387	톡타므쉬, 트란스옥시아나 침공 및 부하라에서 공성전
790/1388	소유르가트므쉬 사망, 술탄 마흐무드 칸으로 옹립; 티무르, 우르겐치 주민을 사마르칸드로 이주시킴
791/1389	카르트 왕조의 생존자들 모두 처형
793/1391	티무르, 처음으로 킵차크 초원에 원정 단행; 쿤두르차강에서 톡타므쉬 격파
794/1391-2	피르 무함마드 이븐 자항기르, 카불 총독으로 임명
794-8/1392-6	티무르의 5년 원정
795/1392-3	무자파르 왕조 붕괴; 티무르의 맏아들 우마르 셰이흐, 파르스 총독으로 임명; 티무르, 처음으로 바그다드 점령
796/1394	우마르 셰이흐 사망; 아미란샤, 반항하기 시작
797/1395	티무르, 킵차크 초원으로 두번째 원정 단행; 테렉강에서 톡타므쉬 격파하고 조치 일문의 주요 도시들 약탈
799/1397	티무르의 막내아들 샤루흐, 호라산 총독으로 임명
800-1/1398-9	티무르, 인도를 침공해 델리를 약탈
801/1399	맘루크 술탄 바르쿡 사망, 그 아들 파라즈가 승계
802/1399-1400	아미란샤의 분봉지 박탈
802/1399	티무르, 서쪽으로 가장 멀리까지 진출하는 7년 원정 시작
803/1400-1	티무르, 맘루크령 시리아 침공; 알레포와 다마스쿠스 약탈; 이븐 할둔, 티무르의 본영 방문

803/1401	바그다드 약탈
1401	서유럽 국가들과 처음으로 외교 접촉
804/1402	앙카라에서 오스만 술탄 바예지드 1세 격파
805/1402-3	술탄 마흐무드 칸과 티무르의 손자이자 후계자 무함마드 술탄 이븐 자항기르, 아나톨리아에서 사망
1403	술타니야 대주교 요한네스, 티무르의 사절로서 서유럽에 도착
1404	카스티야 사절 루이 곤살레스 데 클라비호, 티무르의 본영 방문
807/1405	티무르, 명나라 원정을 준비하던 중에 오트라르에서 사망; 할릴 술탄, 사마르칸드 점령; 잘라이르 왕조의 술탄 아흐마드, 바그다드로 복귀
808/1406	할릴 술탄, 피르 무함마드 이븐 자항기르 격파
809/1407	피르 무함마드 이븐 자항기르 피살
810/1408	아미란샤, 카라코윤루에 패배하고 전사; 아제르바이잔 상실
811/1409	할릴 술탄, 패배해 포로로 전락; 샤루흐, 트란스옥시아나의 지배자로 임명받고 아들 울룩 벡을 총독으로 임명
812/1409	피르 무함마드 이븐 우마르 셰이흐 피살; 형제 이스칸다르가 파르스의 지배자로 인정받음
813/1410	카라코윤루의 카라 유수프, 잘라이르 왕조의 술탄 아흐마드를 격파하고 살해
816/1414	샤루흐, 이스칸다르의 정권 전복; 샤루흐의 지배권 파르스까지 확대
821/1418-9	샤루흐, 카이두 이븐 피르 무함마드에게서 카불을 빼앗음으로써 티무르의 제국에서 남은 영토 전체를 자신의 군주권 아래에 통합

(T는 티무르의 피후견인 혹은 티무르의
궁정에 머무른 사실이 알려진 왕자를 의미)
테무진
칭기스 칸
(사망 1227)
조치
(사망 1225?)
차가다이
(사망 1244/5)
오고데이
(1229~1241)
토레게네와 결혼
표2
오르다
바투
배르케
구육
(1246~1248)
오굴 카이미쉬와 결혼
코돈
코추
카시
카라차르
카단
멜
표2
사르탁
호자
나쿠
호쿠
시레문
카이두
압둘
표3
차파르
사르반
투
쿠춘
테무르치
(알려지지
않은 계보)
알루구이 테무르
(사망 1361)
올제이 테무르
(부냐시리, '타이지')
(1408~1412)T

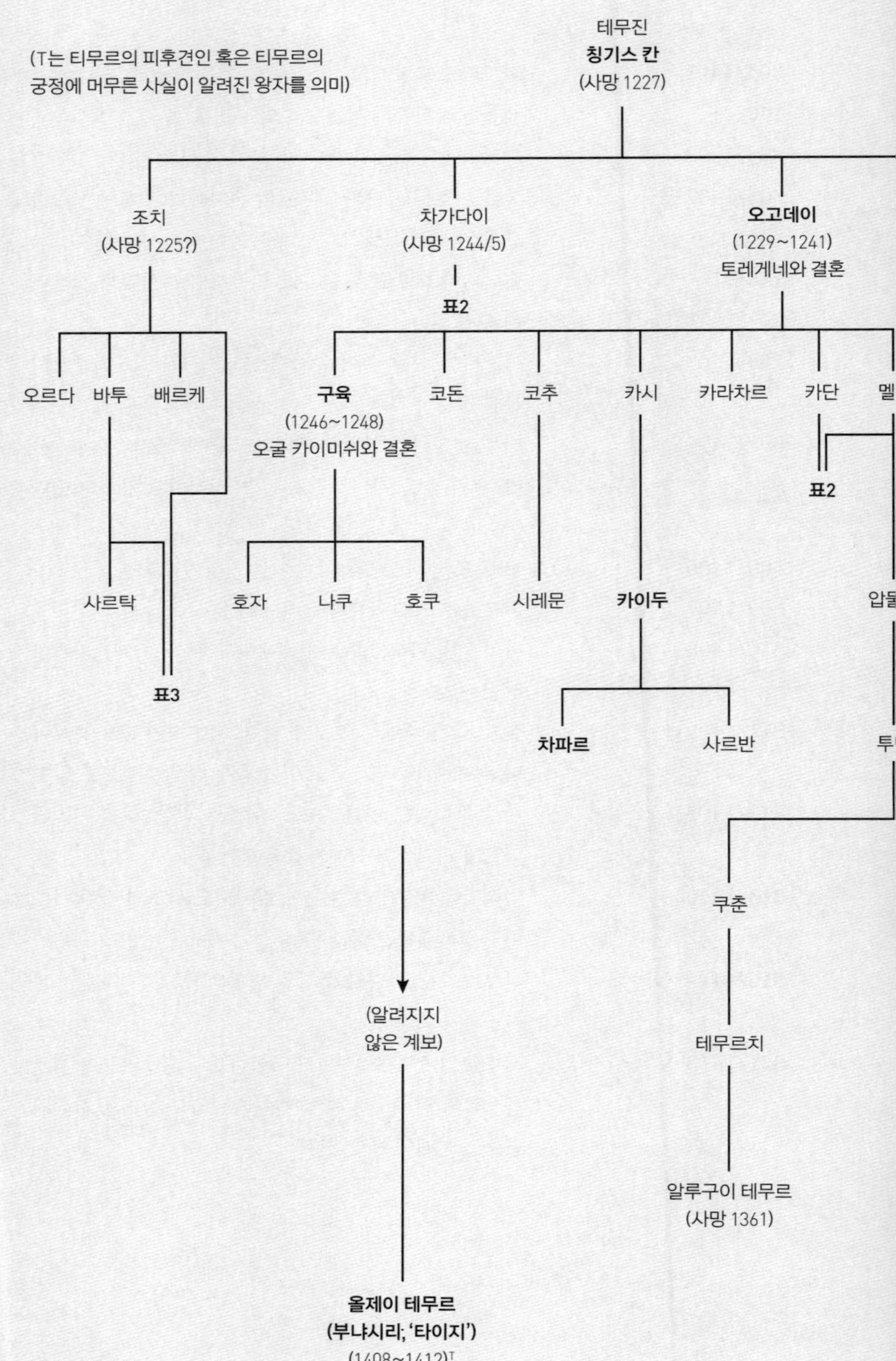

표1 카안

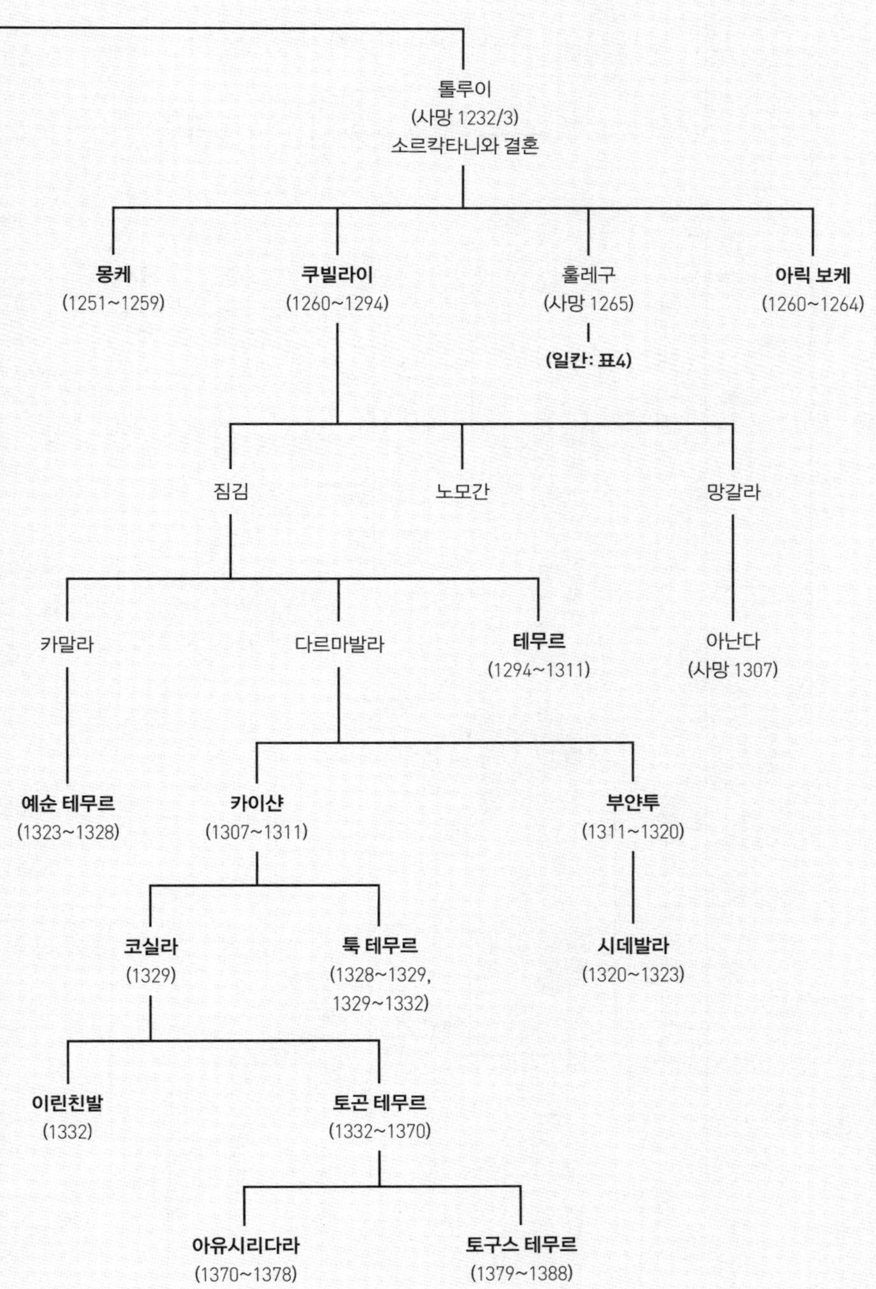

(부록의 모든 계보도에서 '사망'이 기재되지 않은
괄호는 재위 기간을 의미)

톨루이
(사망 1232/3)
소르칵타니와 결혼

몽케
(1251~1259)

쿠빌라이
(1260~1294)

훌레구
(사망 1265)

(일칸: 표4)

아릭 보케
(1260~1264)

짐김

노모간

망갈라

카말라

다르마발라

테무르
(1294~1311)

아난다
(사망 1307)

예순 테무르
(1323~1328)

카이샨
(1307~1311)

부얀투
(1311~1320)

코실라
(1329)

툭 테무르
(1328~1329,
1329~1332)

시데발라
(1320~1323)

이린친발
(1332)

토곤 테무르
(1332~1370)

아유시리다라
(1370~1378)

토구스 테무르
(1379~1388)

2A

(T는 티무르의 피후견인 혹은 티무르의 궁정에 머무른 사실이 알려진 왕자를 의미)
(연도는 대체로 추정)
(부록의 모든 계보도에서 '사망'이 기재되지 않은 괄호는 재위 기간을 의미)
칭기스 칸
차가다이 (사망 1244/5)
오고데이
모치 예베
모에투겐
예수 몽케 (1246~1251)
사르반
바이다르
카다카이
바이주
카단
멜릭
테구데르
보제이[1]
부리
예순 토아
카라 훌레구 (사망 1245~1246, 1251~1252) 오르키나와 결혼
네구베이 (1271~?)
알루구 (1260~1266)
예베
투르찬
압둘라[1]
아비쉬카 (1260)
(표2B)
카닥치
무바락 샤 (1252~1260, 1266)
추베이
카반
에센 테무르
힌두
부카 테무르[2] (?~1282)
날리코아 (1308~1309)
부쿠
빌릭치
놈 쿨리
부얀타쉬
쿠레스베
다니슈만드차[3] (1346~1348)
오르구 테무르
알리
둘카르나인
부얀 쿨리
부얀 테무르
술라이만
알리 술탄 (1339~1340)
소유르가트므쉬[3] (1370~1388)
야사우르
놈 쿨리
풀라드 테무르
아수타이
술탄 마흐무드[3] (1388~1403)
할릴 술탄 (1341~1344/5)
카잔 술탄 (1341~1346)
구나시린
엥케 테무르
아자시린[T]
사라이 물크 카님 (티무르의 아내)
(카물의 군주들)

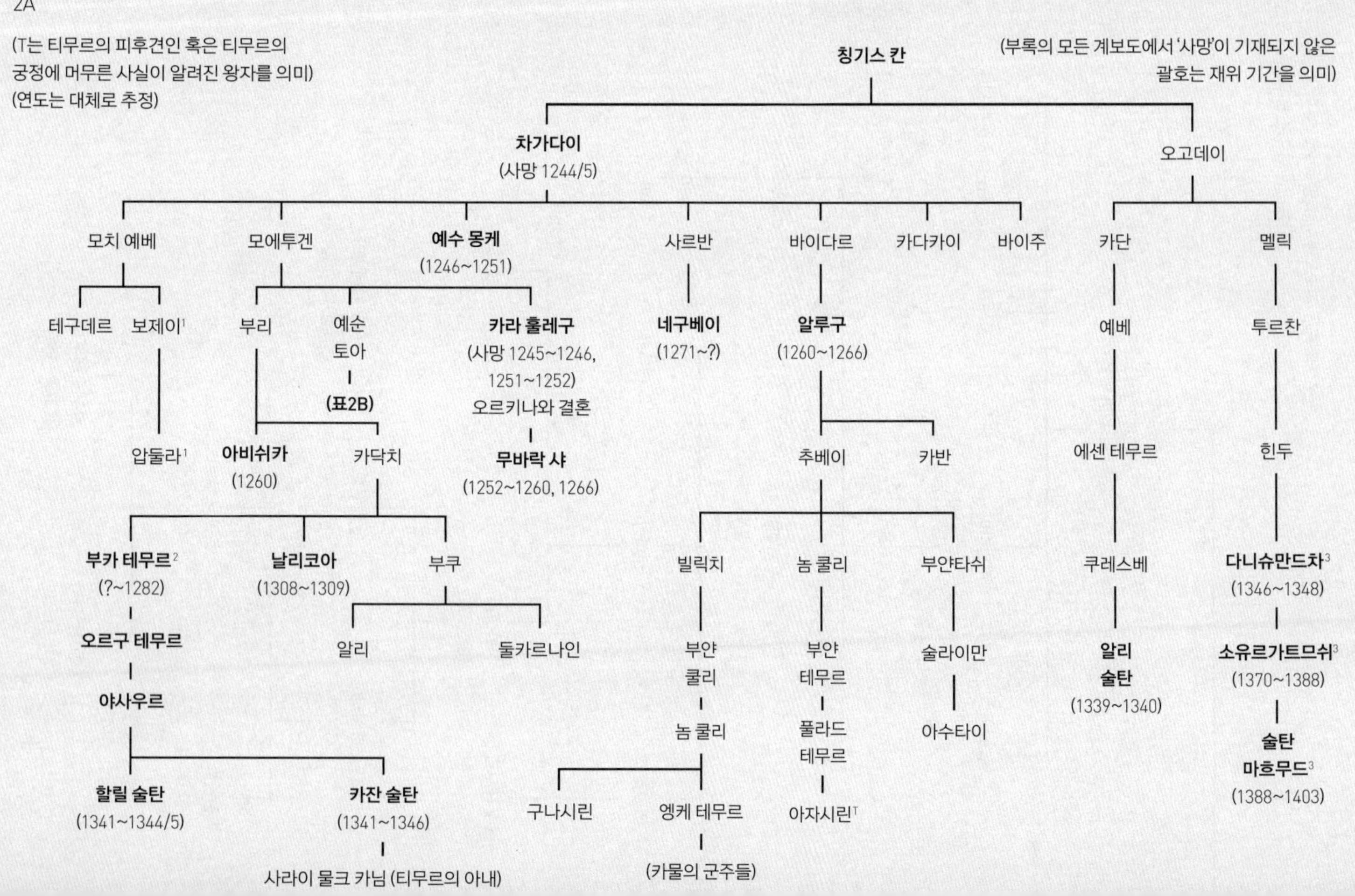

2B

(연도는 대체로 추정)

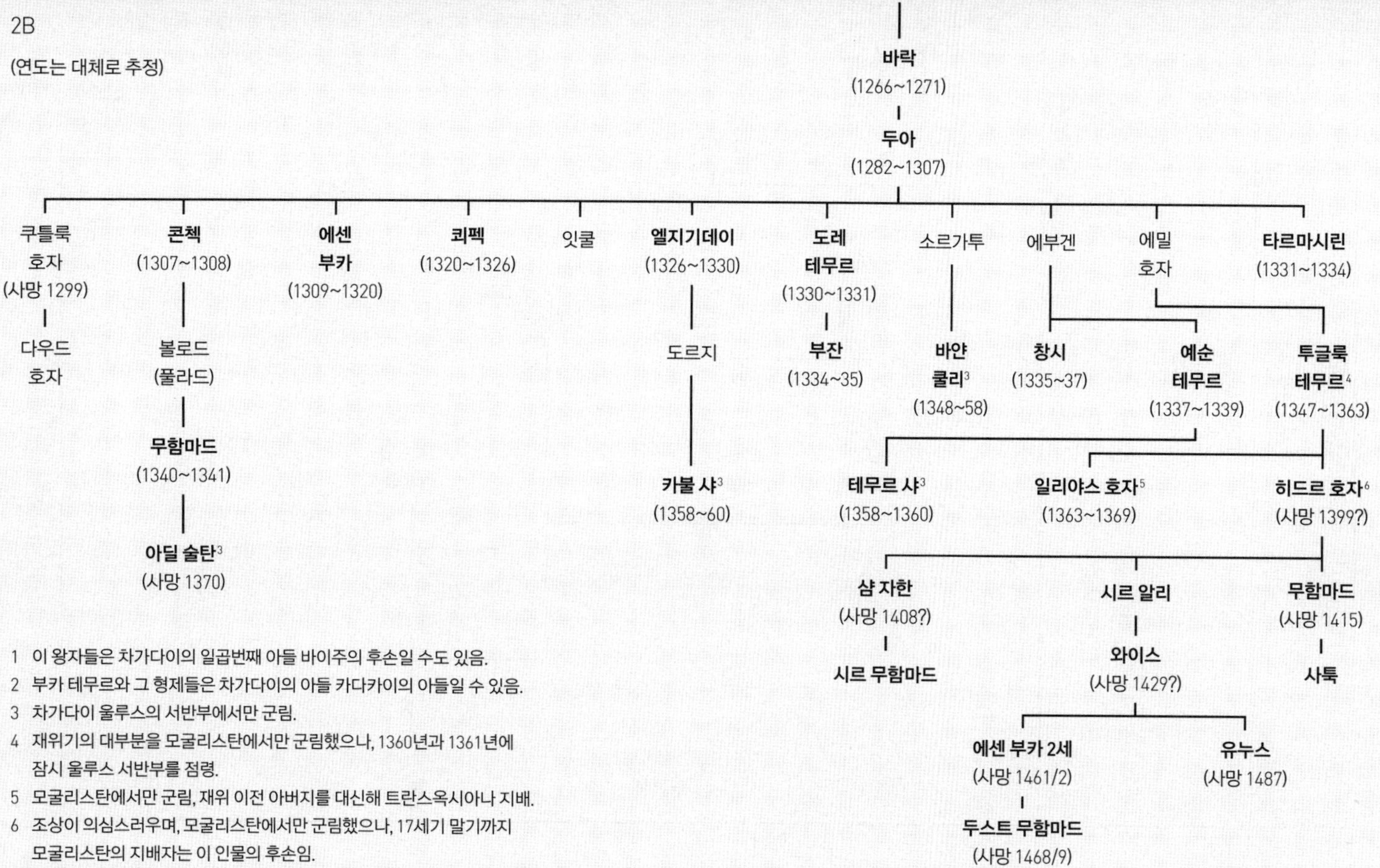

바락
(1266~1271)

두아
(1282~1307)

쿠틀룩
호자
(사망 1299)

다우드
호자

콘첵
(1307~1308)

볼로드
(풀라드)

무함마드
(1340~1341)

아딜 술탄[3]
(사망 1370)

에센
부카
(1309~1320)

쾨펙
(1320~1326)

잇쿨

엘지기데이
(1326~1330)

도르지

카불 샤[3]
(1358~60)

도레
테무르
(1330~1331)

부잔
(1334~35)

소르가투

바얀
쿨리[3]
(1348~58)

테무르 샤[3]
(1358~1360)

에부겐

창시
(1335~37)

에밀
호자

예순
테무르
(1337~1339)

일리야스 호자[5]
(1363~1369)

타르마시린
(1331~1334)

투글룩
테무르[4]
(1347~1363)

히드르 호자[6]
(사망 1399?)

샴 자한
(사망 1408?)

시르 무함마드

시르 알리

와이스
(사망 1429?)

에센 부카 2세
(사망 1461/2)

두스트 무함마드
(사망 1468/9)

유누스
(사망 1487)

무함마드
(사망 1415)

사툭

1 이 왕자들은 차가다이의 일곱번째 아들 바이주의 후손일 수도 있음.
2 부카 테무르와 그 형제들은 차가다이의 아들 카다카이의 아들일 수 있음.
3 차가다이 울루스의 서반부에서만 군림.
4 재위기의 대부분을 모굴리스탄에서만 군림했으나, 1360년과 1361년에
   잠시 울루스 서반부를 점령.
5 모굴리스탄에서만 군림, 재위 이전 아버지를 대신해 트란스옥시아나 지배.
6 조상이 의심스러우며, 모굴리스탄에서만 군림했으나, 17세기 말기까지
   모굴리스탄의 지배자는 이 인물의 후손임.

표2 차가다이 울루스의 칸

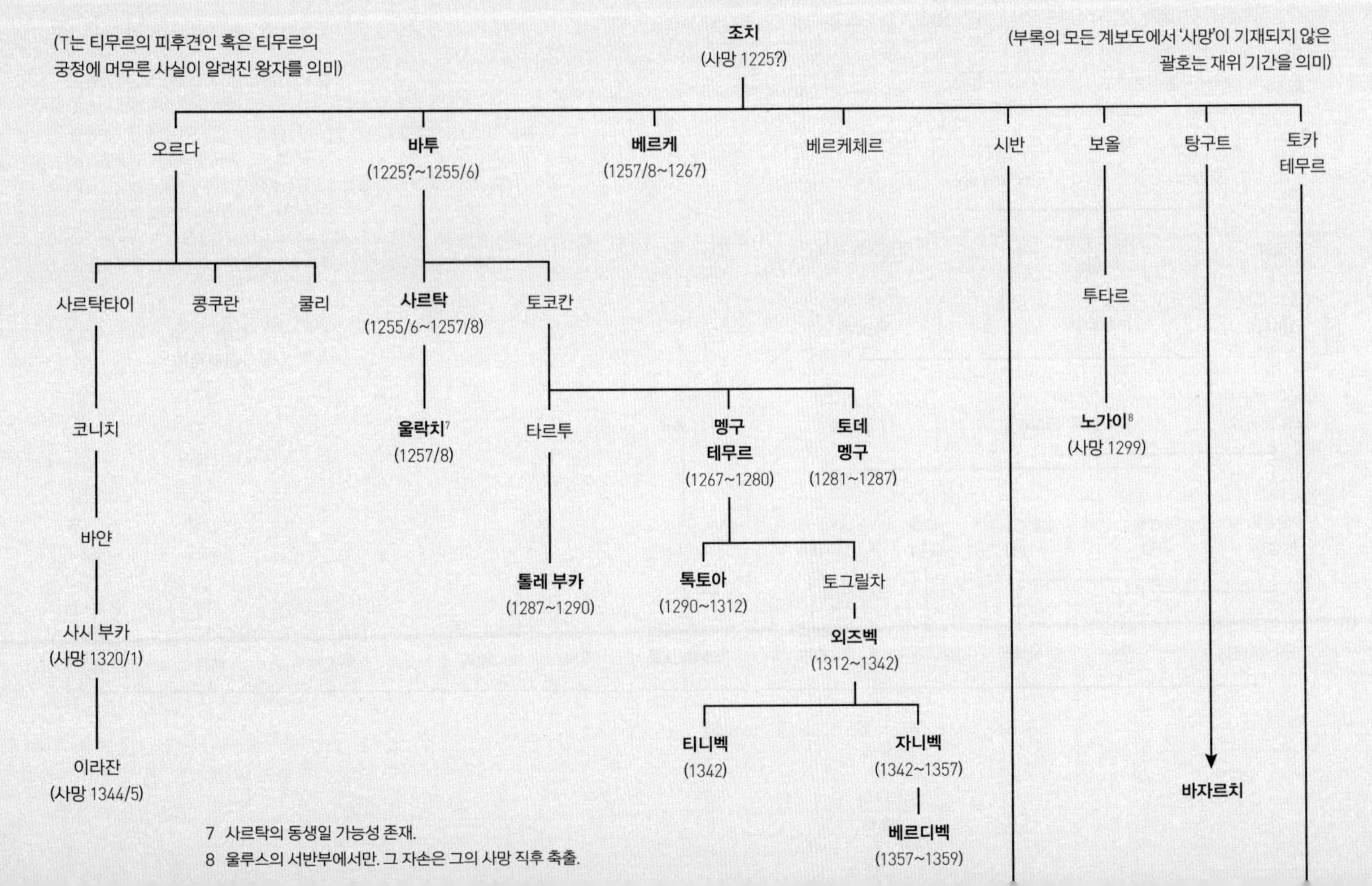

(T는 티무르의 피후견인 혹은 티무르의 궁정에 머무른 사실이 알려진 왕자를 의미)
(부록의 모든 계보도에서 '사망'이 기재되지 않은 괄호는 재위 기간을 의미)
조치
(사망 1225?)
오르다
바투
(1225?~1255/6)
베르케
(1257/8~1267)
베르케체르
시반
보올
탕구트
토카 테무르
사르탁타이
콩쿠란
쿨리
사르탁
(1255/6~1257/8)
토코칸
투타르
코니치
울락치7
(1257/8)
타르투
멩구 테무르
(1267~1280)
토데 멩구
(1281~1287)
노가이8
(사망 1299)
바얀
톨레 부카
(1287~1290)
톡토아
(1290~1312)
토그릴차
사시 부카
(사망 1320/1)
외즈벡
(1312~1342)
티니벡
(1342)
자니벡
(1342~1357)
이라잔
(사망 1344/5)
베르디벡
(1357~1359)
바자르치
7 사르탁의 동생일 가능성 존재.
8 울루스의 서반부에서만. 그 자손은 그의 사망 직후 축출.

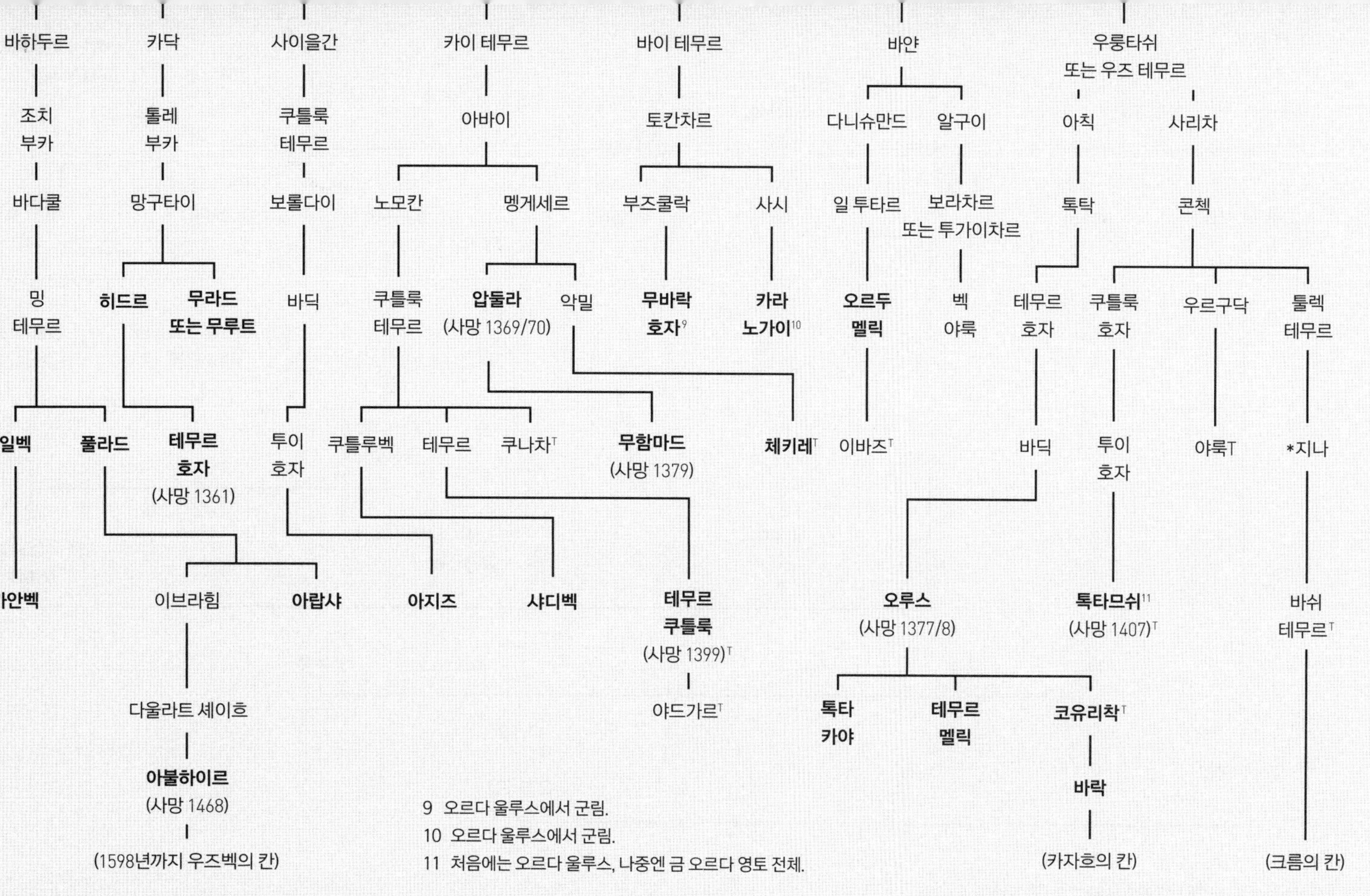

9 오르다 울루스에서 군림.
10 오르다 울루스에서 군림.
11 처음에는 오르다 울루스, 나중엔 금 오르다 영토 전체.

표3 조치 일문

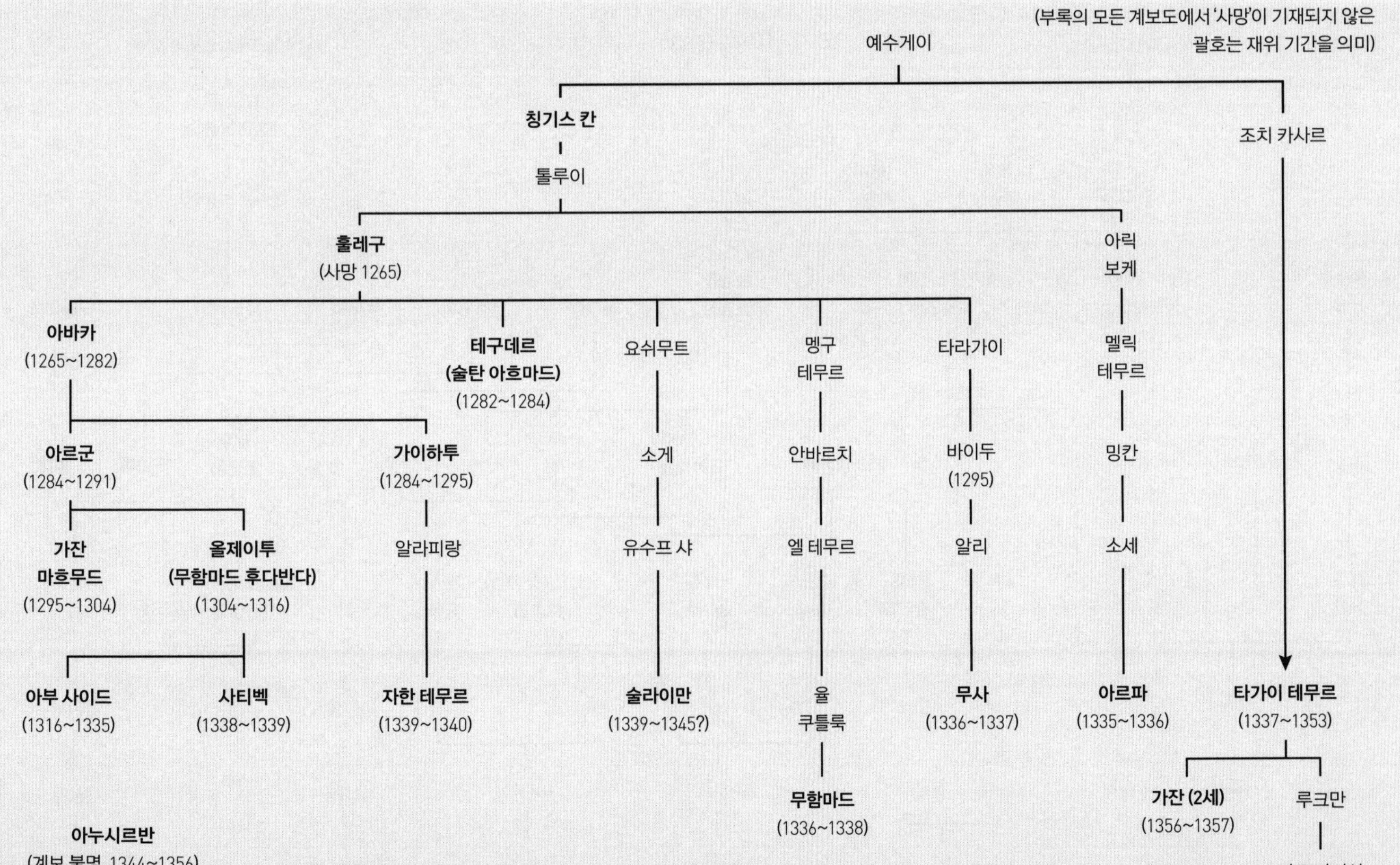

(부록의 모든 계보도에서 '사망'이 기재되지 않은 괄호는 재위 기간을 의미)
예수게이
칭기스 칸
조치 카사르
톨루이
훌레구
(사망 1265)
아릭 보케
아바카
(1265~1282)
테구데르
(술탄 아흐마드)
(1282~1284)
요쉬무트
멩구 테무르
타라가이
멜릭 테무르
아르군
(1284~1291)
가이하투
(1284~1295)
소게
안바르치
바이두
(1295)
밍칸
가잔 마흐무드
(1295~1304)
올제이투
(무함마드 후다반다)
(1304~1316)
알라피랑
유수프 샤
엘 테무르
알리
소세
아부 사이드
(1316~1335)
사티벡
(1338~1339)
자한 테무르
(1339~1340)
술라이만
(1339~1345?)
율 쿠틀룩
무사
(1336~1337)
아르파
(1335~1336)
타가이 테무르
(1337~1353)
아누시르반
(계보 불명, 1344~1356)
무함마드
(1336~1338)
가잔 (2세)
(1356~1357)
루크만
피르 파디샤

(바그다드에서, 1358년 이후에는 타브리즈와 술타니야에서도 군림)
(연도가 붙은 인물은 바그다드를 지배한 왕조의 수장)
(부록의 모든 계보도에서 '사망'이 기재되지 않은
괄호는 재위 기간을 의미)
셰이흐 하산
(1345?~1356)
셰이흐 우와이스
(1356~1374)
하산
술탄 후사인
(1374~1382)
술탄 아흐마드
(1382~1410)
술탄 바야지드
셰이흐 알리
알라 알다울라
샤 왈라드
후사인 2세
(사망 1431)
술탄 마흐무드
(1410~1411)
술탄 우와이스
술탄
무함마드
(마지막 세대는 후지스탄만 지배)

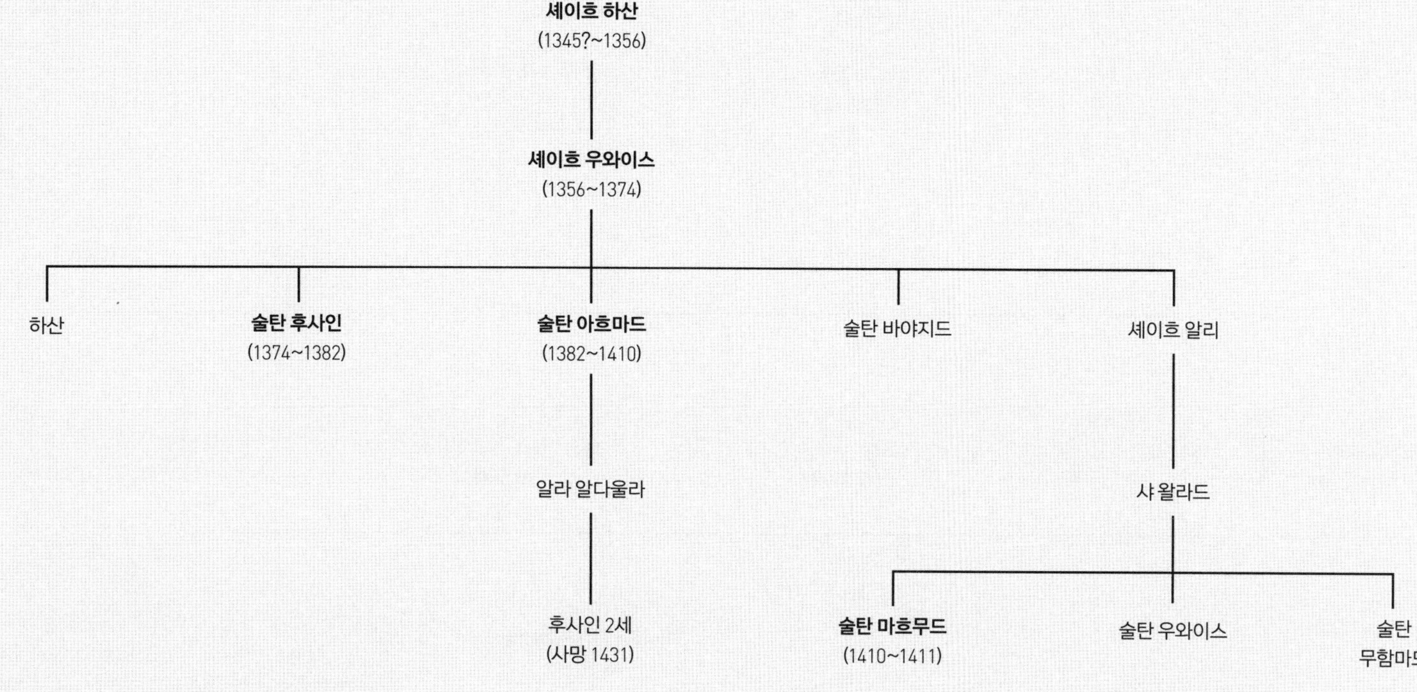

표5 잘라이르 왕조

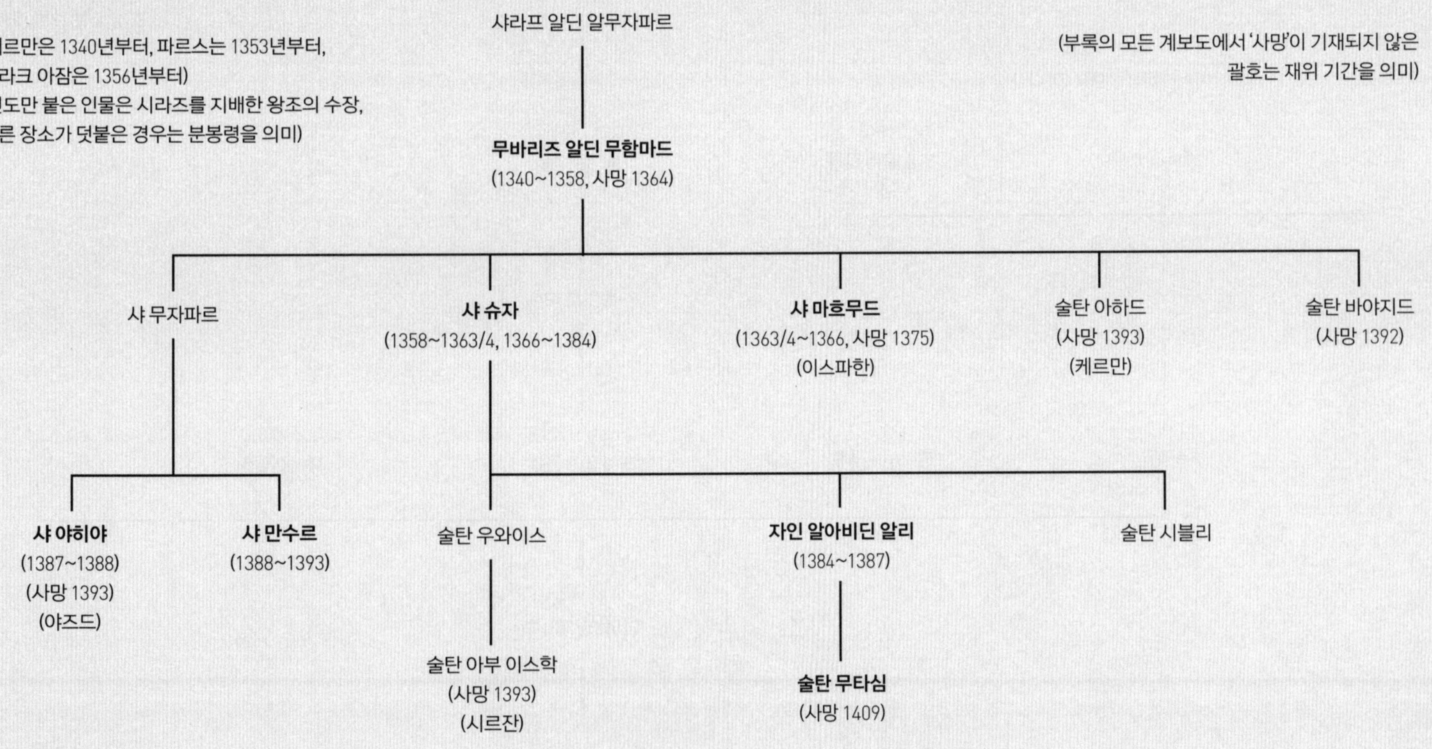

표6 무자파르 왕조

티무르
(사망 1405)
(부록의 모든 계보도에서 '사망'이 기재되지 않은 괄호는 재위 기간을 의미)
우마르 셰이흐
(사망 1394)
자항기르
(사망 1376)
아미란샤
(사망 1408)
샤루흐
(사망 1447)
피르 무함마드
(사망 1409)
루스탐
(사망 1424)
이스칸다르
(사망 1414)
바이카라
무함마드 술탄
(사망 1403)
피르 무함마드
(사망 1407)
아바 바크르
(사망 1409)
우마르
(사망 1407)
할릴 술탄
(사망 1411)
무함마드
만수르
무함마드 자항기르
카이두
아부 사이드
(사망 1469)
술탄 후사인 바이카라
(사망 1506)
우마르 셰이흐
울룩 벡
(무함마드 타라가이)
이브라힘 술탄
소유르가트므쉬
바이숭구르
바부르
(사망 1530)
압둘라티프
(사망 1450)
(1858년까지의 무굴 황제)

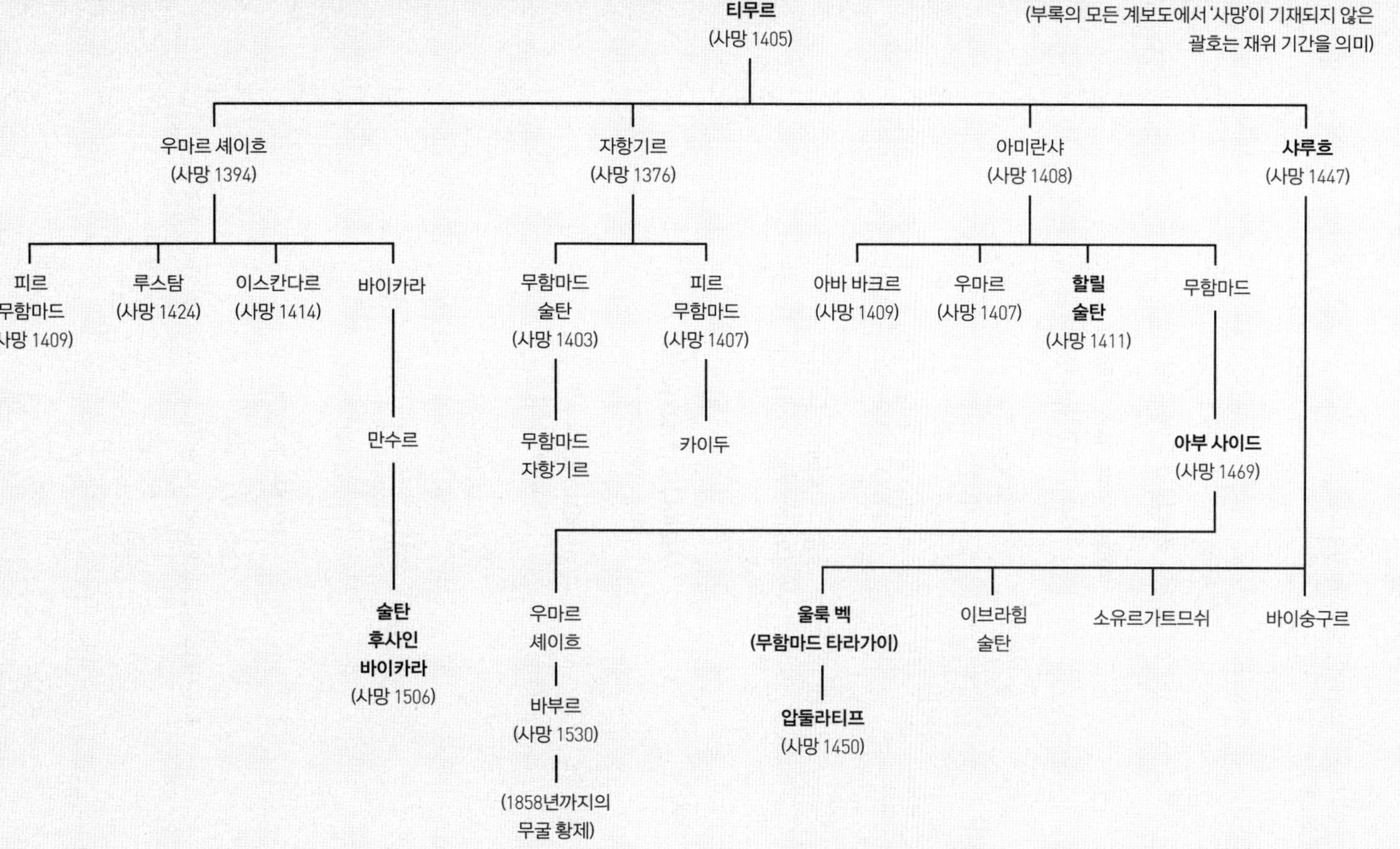

표7 티무르 왕조

(부록의 모든 계보도에서 '사망'이 기재되지 않은
괄호는 재위 기간을 의미)

카르트 왕조 (헤라트)

무이즈 알딘 피르 후사인 무함마드
(1332~1351 그리고 1354~1370)

말릭 바키르
(1351~1354)

기야스 알딘 피르 샤
(1370~1381)

무함마드
[사라흐스 지배 1370~1381]

사르바다르 (사브자바르)
[최고 지배자만 열거]

와지흐 알딘 마수드
(1338/9~1344)

타즈 알딘 알리 치슈미
(1347~1351/2)

야히야 카라비
(1351/2~1355/6)

호자 알리 무아이야드
(1361~1381)

표8 카르트 왕조(헤라트)와 사르바다르(사브자바르)의 지배자 목록

감사의 말

우선 출간 기획서를 열정적으로 반겨준 헤더 매캘럼과 예일대학교 출판부에 고마운 마음을 밝히며 감사 인사를 시작해야 할 것 같다. 또 출판부를 통해 최종본을 검토해준 헤더와 그 동료인 레이철 론즈데일, 루시 버컨, 케이티 어커트에게도 감사하다.

이 책을 쓰면서 여러 곳에 신세를 졌는데, 영국의 주요 연구 도서관에 크게 의지했다. 특히 영국 도서관, 런던대학교 동양·아프리카 연구대학, 런던 아가 칸 도서관, 웰컴 도서관, 케임브리지대학교 도서관, 케임브리지 니덤 연구소 도서관, 케임브리지 고대 인도·이란 재단, 옥스퍼드 보들리 도서관과 니자미 간자비 도서관, 옥스퍼드대학교 중국 센터, 옥스퍼드 이슬람 연구소의 쿠웨이트 도서관, 맨체스터대학교 존 라이랜즈 도서관, 버밍엄대학교 도서관, 에든버러대학교 도서관, 글래스고대학교 도서관, 스코틀랜드 국립 도서관의 임직원에게 감사를 표한다.

특히 위에서 언급한 기관들에서 영국 국립·대학 도서관 연합회 Society of College, National and University Libraries, SCONUL 조직을 통해 책을 빌릴 수 있어서 대단한 영광이었음을 밝혀두고자 한다. 전작에서도 이 제도를 누리는 것이 이루 말할 수 없는 특권임을 밝힌 바 있다. 그러나 이번에는 코로나19가 발생하고 영국 국립·대학 도서관 연합회마저 2020년

3월에 폐쇄되어 영국 최고 도서관들에 직원과 학생마저 접근할 수 없는 상황이 20개월이나 지속되는 바람에 학계의 활동 자체가 심각한 타격을 입었음을 생각하면 그 가치를 다시금 강조할 이유는 충분하다. 2021년 11월, 영국 국립·대학 도서관 연합회가 복구되고 일부 기관이 이용자를 받아주었을 때 얼마나 기쁘던지.

영국 외부의 도서관들도 큰 도움을 주셨다. 프랑스 국립 도서관에서는 필사본들인 mss. Supplément persan 1278(샤반카라이,《계보 집성》), Supplément persan 1651(나탄지,《사선》), Arabe 1544(알아이니,《진주 목걸이》), Arabe 3423(익명의 편찬자가 엮은 문헌집jung/safīna으로, 티무르의 파트흐나마 세 편이 포함된 것)의 디지털 사본을 제공해주었다. 오스트리아 국립 도서관에서는 ms. A.F. 112(잘랄 알딘 아부 무함마드 카이니,《샤루흐께 올리는 간언》)의 디지털 사본을 내주었다. 몇 년 전 그라츠대학교 도서관에서는 내게 ms. 1221(술타니야 대주교 요한네스의《세상의 지식에 대한 기록》) 디지털 사본을 제공해주기도 했다. 그보다 더 오래전에는 서유럽에서 멀리 떨어진 이스탄불의 쉴레이마니예 도서관, 누루오스마니예 도서관, 토프카프 궁전 박물관, 그리고 인도 우타르프라데시주 람푸르의 라자 도서관에서도 많은 도움을 받았다. 이상 기관들의 임직원들이 보여준 후의에 깊은 감사 인사를 올린다.

학계 동료들에게서도 이루 말할 수 없이 큰 도움을 받았다. 나아마 아롬 박사, 한나 바커 박사, 요나탄 브락 박사, 콘스탄틴 골레프 박사, 마이클 호프 박사, 조지 레인 박사, 찰스 멜빌 교수, 로렌초 푸블리치 교수, 필립 슬래빈 박사, 야나 발트로바 박사, 베르 마르톤 박사는 내가 그 존재조차 몰랐거나 구할 수 없었던 문헌과 논문을 알려주고 PDF 사본도 제공해주었다. 티보르 포르치오 박사는 자신이 준비하고 있던, 중세 중앙아시아의 흑사병에 대해 언급한 티베트어 불교 문헌《시타타샤스 트라》의 영역본을 내게 전해주기까지 했다. 또한 모니카 그린 박사는 자신의 글뿐만 아니라 흑사병 연구 자료까지 공유해주었다. 나히안 팬 시 박사는 이븐 샤키르의《역사의 눈》필사본과 시브트 이븐 알자우지 의《시간의 거울》교주본 앞부분의 디지털 사본을 보내주었다.

지난 몇 년 동안 출판할 가능성이 있어 보이는 몇몇 출판사에 보낼 기획서와 〈서론〉의 초고를, 또 근래에는 완성된 초고를 읽고 긍정적으 로 답해준 익명의 독자들에게도 감사하다. 그들의 격려는 내게 큰 힘이 되었고, 그들의 지적은 내가 잘못된 결론에 이를 뻔한 위험을 몇 차례 나 막아주었다. 굳이 적을 필요도 없겠지만, 그럼에도 남은 오류는 모 두 나의 책임이다.

과거에도 그랬듯이, 내 아내 리베카는 항상 나에게 버팀목이 되어 주었다. 그녀는 티무르와 그 부하들(수많은 적과 그가 양산한 피해자에 대해 서는 언급하지 않겠다)이 우리의 일상 속으로 들어오는 것을 허락해주었 을 뿐 아니라 나아가 환영해주기까지 했다. 아내는 영국 공공기관에서 일하는 사람에게는 벅찬 일이었을 텐데도 〈서론〉부터 시작해 모든 장 의 초고가 완성될 때마다 매번 읽고 개선 방향을 짚어주었다. 앞서 언 급한 사태로 모든 연결이 끊어진 상황에서 그녀는 가장 엄중한 비평가 가 되어야 한다는 임무까지 짊어주었다. 실로 막대한 신세를 졌다.

몽골 제국을 공부하는 사람이라면(혹은 그저 관심 있는 사람일지라도) 누구나 알 정도로 유명하며 가장 탁월하고 널리 인정받는 학자이자 내 좋은 친구 데이비드 모건에게 이 책을 바친다. 그의 경력은 몽골인들을 언급할 때 가장 많이 인용되는 개설서(1986, 개정판 2007)[*]나 중세 페르시아 통사(1988, 개정판 2016)[**] 정도로 요약되지 않는다. 〈티무르 제국: 몽골 제국의 실패한 부활 시도인가?〉(2000)라는 제목의 혁신적인 논문[***]에서 그는 나의 이 책에서 다룬 문제들 가운데 일부를 다루었다. 2019년 10월, 그의 타계는 나를 비롯한 많은 이들에게 큰 아픔이었다.

2023년 5월

스태퍼드셔 매들리에서

---

[*] Morgan, David O., *The Mongols* (Oxford, 1986); 2nd edn (Oxford, 2007); 권용철 옮김, 《몽골족의 역사: 몽골 초원에서 중국, 중동, 러시아를 넘어 유럽으로》(2012). 한국어판은 2판을 저본으로 삼았다.

[**] Morgan, David O., *Medieval Persia, 1040-1797* (1988); 2nd edn (Oxford, 2016).

[***] Morgan, David O., "The Empire of Tamerlane: An Unsuccessful Re-Run of the Mongol Empire?" in John Maddicott, ed., *Medieval State. Essays Presented to James Campbell* (London, 2000), 233-41.

지금은 오스만 제국사를 공부하고 있는 학생이지만, 대학원 과정을 시작할 무렵만 하더라도 나는 티무르 (왕조) 연구자가 되고 싶었다. 물론 티무르가, 1대에 정복한 영토로 따졌을 때 세계 최대의 정복자라는 점이 매력적이기도 했지만, 더 매혹적으로 다가왔던 부분은 전문적인 연구서가 손꼽을 정도로 적었다는 사실이었다. 이 책의 저자 피터 잭슨도 〈서론〉에서 자세히 설명하듯이 종래 티무르와 관련된 서적은 그의 파괴적인 정복 전쟁을 중점적으로 다룬 통속적인 전기가 주를 이루었다. 비어트리스 맨즈가 자신의 박사학위논문의 개정판이라 할 수 있는 《티무르의 대두와 지배 The Rise and Rule of Tamerlane》를 1989년 발표하면서 영어권 최초의 전문적 연구서가 출간되었지만, 이후로도 상황은 그다지 나아지지 않아서 오랫동안 맨즈의 저작이 유일한 선택지로 남아 있었다.

상황이 이렇다 보니 티무르의 이미지는 약탈과 살상, 파괴로 점철되어 있거나, 아예 전설의 영역으로 날아가 있었다. 전설의 대표적인 사례로 티무르 영묘 발굴과 관련된 이야기가 있다. 1941년 6월 21일 소련의 연구팀이 티무르의 안식처인 구르 아미르를 열고 있을 때 어느 노인이 왕의 저주가 있으리라고 외쳤다. 게다가 티무르의 관에는 "누구든지 내 무덤을 건드리면 전쟁의 악마가 그에게 닥칠 것이다"라는 저주의 말까지 적혀 있었다. 그러나 소련 연구팀은 관에 새겨진 경고를 신경 쓸 계제가 아니었다. 스탈린이 티무르의 유해를 확인하길 바라고 있었기 때문이다. 그러나 유골을 꺼낸 바로 다음 날인 6월 22일 새벽 나치 독일이 소련을 침공했다. 깜짝 놀란 스탈린은 티무르의 유해를 다시 봉인하라고 명령했고, 이듬해인 1942년 티무르는 다시 안식을 찾을 수 있었다. 그 덕분에 소련이 당시까지 불리했던 스탈린그라드 공방전에서 전세를 뒤집고 승리했다는 것이 전설의 결말이다.

옮긴이 역시 호사가인지라 안타깝게 느끼지만, 이 전설은 실제 역사적 사실에는 전혀 들어맞지 않는다. 우선 시기적으로 맞지 않다. 발굴단의 일원이었던 미하일 게라시모프의 자서전•에 따르면 구르 아미르 발굴 작업은 1941년 6월 16일부터 24일까지 진행되었다. 또한 발굴 과정은 작업이 시작되기 전인 6월 15일부터 끝난 다음 날인 25일까지 타쉬켄트에서 발행되는 일간지《동방의 진실 Pravda Vostoka》을 통해 매일 공개되었다. 유해가 본래의 자리로 돌아간 시점도 맞지 않다. 발굴이 끝난 뒤에 유해와 유물은 타쉬켄트로 옮겨져 모든 사무작업이 완료되는 1943년 10월까지 그곳에 머물렀다. 이 모든 일이 끝난 다음에야 티무르 왕조 군주들의 유해는 다시 안식을 찾을 수 있었다. 물론 이 과정에서 누군가 나타나 발굴단에 저주의 말이나 경고를 건넸다는 기록도 남아 있지 않다. 티무르의 관에 적혀 있었다는 구절도 저주와는 전혀

• Gerasimov, Mikhail M. *The Face Finder*. Trans. Alan Houghton Brodrick. (Hutchinson & Co. 1971).

관계가 없었다. 제13장에서 저자가 자세히 설명한바, 티무르의 관에는 티무르의 조상이 칭기스 왕조의 선조에서 나온 지파였다는 내용이 새겨져 있었다. 찰스 쇼Charles Shaw라는 학자의 연구에 따르면 이 전설이 문헌에서 처음 확인되는 시점은 소련 말기인 1990년대에 들어서였고, 2000년대에 세계적으로 유명세를 얻었다고 한다. 이런 전설이 진실인 양 유통되고 있다는 사실은, 그 자체로 티무르에 대한 관심도가 얼마나 높은지를, 동시에 티무르가 얼마나 제대로 알려지지 않은지를 잘 보여준다.

그러니만큼 피터 잭슨이라는 대학자가 티무르에 관한 책을 준비하고 있다는 소식을 들었을 때 기대할 수밖에 없었다. 잭슨은 몽골 제국사 연구에서 세계적인 권위자로, 그의 저작은 몽골 제국사를 이해하는 기초가 된다. 예컨대 그의 〈몽골 제국의 해체The dissolution of the Mongol empire〉와 〈울루스에서 칸국으로: 몽골 국가들의 탄생, 1220년경부터 1290년경까지 From ulus to khanate: The making of the Mongol states, c. 1220-c. 1290〉는 통일 몽골 제국이 어떻게 지역 정권으로 분할되었는지를 그려낸 중요한 연구로, 여기서 잭슨이 제시한 서사는 오랫동안 몽골 제국사 연구자들 사이에 큰 수정 없이 통용되었다. 저자의 또다른 대표작인 《몽골 제국과 서방 The Mongols and the West》은 그가 거의 무제한적인 언어 능력을 가지고 있음을 웅변하듯 보여준 작품으로, 이를 통해 그는 몽골 제국 시대뿐만 아니라 로마 그리스도교 세계와 중세 십자군 시대에 대한

• Shaw, Charles. "The Gur-i Amir Mausoleum and the Soviet Politics of Preservation." *Future Anterior: Journal of Historic Preservation, History, Theory, and Criticism* 8, part 1 (2011): 42-63.

권위자로도 자리잡았다. 몽골 제국의 정복과 (몽골 제국 서반부, 즉 조치 울루스와 차가다이 울루스, 훌레구 울루스의) 이슬람 세계로의 통합 과정을 다룬《몽골 제국과 이슬람 세계The Mongols and the Islamic World》또한 이미 고전에 반열에 오른 저작이다.

이 책《칭기스 칸에서 티무르까지》는《몽골 제국과 이슬람 세계》의 연장선상에 있다. 몽골 세계와 티무르 세계 사이의 전환은 어떻게 이루어졌는가? 티무르를 칭기스 칸의 후계자로 간주할 수 있는가? 묻기는 간단하지만 답하기는 복잡한 질문들이 핵심을 이룬다. 저자는 그렇다/아니다라는 이분법적 대답을 넘어 몽골 제국과 티무르의 정체성을 구성하는 요소들과 그 전승에 대한 깊이 있는 성찰로 독자를 초대한다. 책은 ① 칭기스 왕조의 여러 왕통 사이에 존재한 정치적 긴장과 그 결과 ② 몽골 제국을 규정하는 규범으로서의 '야사'와 그 준수 ③ 이슬람으로의 개종 양상과 그 결과라는 쟁점을 중심으로, 훌레구 울루스와 차가타이 울루스의 붕괴 이후 티무르가 부상하기까지 '14세기의 위기'와 '전환'의 시기를 집중적으로 조명하며 이 시기가 티무르의 '지배'에 어떤 영향을 미쳤는지 천착한다. 저자가 보기에 티무르의 지배는 칭기스 칸이 세운 제국의 '반복'은 아니었지만, 그것은 몽골 제국이 중앙유라시아와 이슬람 세계에 가져온 정치적·종교적·경제적 변화의 맥락 안에서만 이해할 수 있는 현상이었다.

책은 서론과 결론, 그리고 3개 부, 15개 장으로 구성된다. 각 부는 몽골 시대부터 몰락 이후, 티무르 시대까지 연대순으로 짜였다. 몽골 제국의 지배를 다루는 제1부는 4개 장으로 이루어진다. 제2장은 칭기스 칸의 몽골 제국 창건부터 1335년 훌레구 울루스의 몰락까지의 상황을 개괄한다. 여기서 저자는 특히 칭기스 칸의 야사로 대표되는 몽골 제국의 법과 제국 내에서 계승과 자원 분배를 두고 존재했던 긴장에 특히 주목했다. 제3장에서는 몽골 제국 서반부의 이슬람화에 대해 검토하며 1차 사료 및 과거 연구들에서 강조해온 하향식 이슬람화 서사가 역사적 사실에 들어맞지 않다는 점을 밝힌다. 제4장과 제5장에서는 14세기 중반 몽골 제국이 경험한 '위기'에 대해 다룬다. 제4장은 칭기스 왕조의 정치력이 약화되고 카라추(평민) 대아미르들이 부상한 배경에 대한 내용이다. 티무르 역시 카라추 출신 대아미르였던 만큼 이 장의 내용은 티무르의 삶과 유산을 이해하기 위해 핵심적인 부분이다. 14세기의 경제 격변과 흑사병에 대해 분석한 제5장은 종래 몽골 제국사 연구에서 이 정도로 종합적으로 흑사병 문제를 검토한 유례가 없었다는 점에서 특히 중요하다. 여기서 저자는 최신 고유전학 연구 결과까지 반영해 흑사병이 유라시아 전역에 미친 영향을 논의하되, 이란 지역은 맘루크 제국이나 유럽에 비해 상대적으로 피해가 적었을 가능성을 제기하며 신중한 입장을 취한다. 이는 전염병이 티무르의 부상에 결정적인 진공 상태를 제공했다기보다는, 지역에 따라 불균등한 영향을 미침으로써 기회를 제공했을 가능성을 시사한다.

티무르가 등장하기 직전 이란과 중앙아시아의 정치 상황을 개관하는 제2부는 책에서 가장 독특한 부분이라 할 수 있는데, 3개 장으로 구성된다. 제6장에서는 훌레구 울루스 붕괴 이후 대이란 지역에 등장한 몽골 계통 지방 왕조들과 카르트 왕조 및 무자파르 왕조 같은 이란계 왕조, 악코윤루나 아나톨리아의 베일릭 등 튀르크멘 왕조에 대해 다룬다. 이 장은 대체로 연대기적 서술로 이루어졌으나, ('이란의 막간'과 같은 표현이 주는 인상과 달리) 각 왕조가 어떤 계통이었건 간에 칭기스 왕조의 신하로 그 역사를 시작했고, 칭기스 왕조와 통혼 관계를 맺고 있었으며, 몽골 정치 문화의 세례를 받았다는 점을 강조하며 마무리된다. 제7장과 제8장에서는 차가다이 일문의 영토를 주로 다룬다. 티무르가 차가다이 울루스에서 태어나서 성장했기에 특히 중요하다고 할 수 있다. 제7장의 상당 부분은 차가다이 울루스 내에 존재했던 카라우나스 집단'들'(복수형인 데 주의)에 대해 다루고 있다. 저자는 카라우나스라는 명칭의 뒤에 어떤 사람들이 존재했는지, 그리고 이 집단'들'이 중앙아시아와 이란에서 어떤 역할을 했는지에 대해 깊숙이 파고든다. 특히 이 카라우나스 집단들이 차가다이 울루스의 남진을 실질적으로 견인했으며, 티무르가 대두하기 직전 시기에 트란스옥시아나 지역의 '구' 튀르크·몽골 집단과 일종의 권력 투쟁을 벌였다는 결론은, 이 권력 투쟁이 티무르의 부상을 설명하는 주요 요인이 될 수 있다는 점에서 주목할 만하다. 제8장은 차가다이 울루스 내의 유목민 엘리트층에 대한 탁월한 설명이라는 점에서도 가치가 높지만, 차가다이 울루스 내에서 티무르의 소속 부족과 가문이 어떤 지위에 있었는지를 다룬다는 점에서도 귀중하다. 여기서 저자는 얼마 되지 않는 1차 사료와 2차 문헌을 샅샅이 검토한 끝에, 바를라스부는 차가다이 울루스 내에서 그다지 중요한 부족이 아니었으며 티무르의 일족은 그런 바를라스부 내에서도 지배적인 일문이 아니었다는 결론에 이른다.

본문의 절반가량을 차지하는 제3부에 들어오면 마침내 티무르의 경력이 논의된다. 제9장에서는 티무르가 차가다이 울루스 내의 부족 수령들과 어떻게 상호작용하며 새로운 지배 엘리트를 창출해냈는지를

690

다룬다. 티무르 왕조의 여성을 다룬 내용으로 하나의 절을 구성한 점도 눈에 띄는데, 전작들에서 젠더나 여성의 주체성 문제에 대한 고려가 부족하다는 일각의 평가에 대한 잭슨 나름의 대답일지도 모르겠다. 티무르의 원정들을 다룬 제10장은 지역에 따라 서술되었다. 기본적으로 티무르의 관심을 끈 지역부터 시작해 중국 원정으로 끝나기 때문에 서술은 대략적인 연대순을 따르지만, 일부 지방은 티무르가 수차례 원정했기 때문에 시간이 앞뒤를 오가기도 한다. 제11장에서는 티무르의 전쟁이 어떻게 제국의 건설로 이어졌는지를 설명한다. 여기서 저자는 티무르가 원정을 벌인 가장 큰 이유는 약탈이었다는 결론에 이른다. 또한 (군사사 분야가 아닌) 정통 역사학 서적으로는 드물게도 티무르군의 장비와 전략·전술, 티무르의 군재 등에 대한 서술도 짧게나마 있다는 점이 눈길을 끈다. 한편 일반적인 인상과는 달리 티무르가 정복 이후 빠르게 도시와 농지 재건에 나섰다는 지적도 의미심장하다.

제12장은 티무르와 칭기스 왕조 사이의 관계에 대해 논한다. 저자가 보기에 티무르를 이해하는 데 가장 중요한 요소 가운데 하나는 티무르가 칭기스 왕조가 아닌 카라추(평민)였다는 사실이다. 그 때문에 티무르는 최소한 형식적으로는 칭기스 왕조의 인물을 칸으로 세워 복종하는 형식을 취했다. 또한 저자는 특히 티무르가 옹립한 칸들이 설사 꼭두각시였다고 해도, 종래의 추정보다는 더 큰 권력과 권위를 보유했음을 보여준다. 술탄 마흐무드 칸 사후 티무르가 칸을 옹립하지 않은 데 대해서도 티무르가 독립적인 군주권 수립을 시도했다고 판단하기 어렵다고 보는 듯하다. 반면 티무르의 후계자들은 확실히 칭기스 왕조의 칸을 세워 모시기를 바라지 않았다. 한편 티무르는 스스로를 일칸들의

계승자로도 여겼는데, 저자는 이런 인식이 술타니야를 정복한 뒤에야 나타났다고 본다. 제13장에서는 티무르의 이슬람 신앙과 이슬람 이념의 활용이 논의된다. 저자는 티무르가 신실한 무슬림이었으나, 동시에 튀르크·몽골식 신앙 체계의 핵심 요소도 간직하고 있었다는 결론을 내린다. 이 과정에서 저자는 티무르가 사히브키란('상서로운 합의 주인')으로 여겨졌다는 사실을 하나의 절을 할당하면서까지 강조한다. 사히브키란은 새로 이슬람 세계에 진입한 튀르크·몽골 지배자들의 정치사상을 이슬람 세계의 어휘로 번역하기 위해 페르시아 관리들이 재발견한 칭호였다. 특히 티무르 시기 확립된 사히브키란 개념은 근대 초기 이슬람풍 세계의 제국들의 정치사상에서도 중요한 기능을 수행했다.

제14장에서는 티무르가 칭기스 칸의 제국을 재건했는가, 만약 그랬다면 어떻게 재건하려 했는가라는 문제를 정면으로 다룬다. 티무르와 칭기스 칸 사이에는 분명 연속성이 존재한다. 우선 경력부터 여러모로 비슷했다. 두 사람 모두 소수의 추종자와 함께 가축 약탈 같은 수단도 서슴지 않았던 카작(모험가) 시절을 보내며 지배자가 되기까지 길고 험난한 길을 걸었다. 또한 티무르는 전장에서 의식적으로 칭기스 칸의 잔학한 행보를 참고했고, 칭기스 칸으로부터 전해져 내려오는 야사와 퇴레를 높이 받들며 그의 계승자를 자임했다. 칭기스 칸과 마찬가지로 티무르는 하늘과 직접 소통하는 능력을 가지고 있다고 주장하기도 했다. 물론 중요한 차이점도 있다. 칭기스 칸의 제국과 달리 티무르의 제국은 초원 제국이 아니었고 주로 정주·농경 지대의 자원에 의존했다. 칭기스 칸은 친지들에게 초원 지대만을 분봉해주었지만, 티무르는 아들과 손자 들에게 일칸들의 영토와 차가다이 울루스 남서부 지방만을

나누어주었다. 이러한 사항을 근거로 저자는 티무르가 몽골 제국을 재건하려 했다는 일각의 주장은 지나치게 단순화된 감이 있다며, 그보다는 자신이 옹립한 칸을 중심으로 칭기스 칸이 세운 '몽골의 질서'를 부활시키기 위해 노력했다는 표현이 더 정확하다고 지적한다. 마지막으로, 제15장에서는 티무르의 후계자들과 티무르의 유산, 그리고 티무르 이후의 내륙아시아 정복자들에 대해서 논한다.

이상 《칭기스 칸에서 티무르까지》의 내용을 굵직한 주제를 중심으로 정리해보았다. 실제로는 이 짧은 후기에서 다 정리하기 힘들 정도로 저자는 책 전반에 걸쳐 이 분야의 크고 작은 쟁점을 거의 모두 검토하고 또 각각에 대해 신중한 판단을 제시했다. 이 책이 출간된 이후 발표된 여러 서평들은 공통적으로, 이 분야를 전문적으로 연구하는 학자들에게마저도 이 책에 끝없이 등장하는 수많은 왕조와 제도, 쟁점에 대한 세심하고도 신중한 고찰이 압도적으로 다가왔다는 사실을 지적한다. 하지만 이는 언뜻 보기에는 일화처럼 보이는 구체적인 예시들의 축적을 통해서만 역사가 파악될 수 있다고 보는 정통 역사학 연구의 품격이기도 하다. 또한 적절하게 배치된 6개의 지도와 8개의 계보도를 비롯해 용어집, 연대기, 풍부한 색인 등을 잘 참고한다면 독자들은 연구의 맥락을 놓치지 않을 수 있을 것이다.

이렇듯 이 책 《칭기스 칸에서 티무르까지》는 잭슨의 이전 저작들과 마찬가지로 학계의 교과서 같은 존재가 되리라고 확신한다. 앞서 언급했듯, 티무르의 군사 원정과 행정 관행, 문화적 선호 등이 이슬람 세계의 역사를 어떻게 형성했는지에 대한 개관을 제공하는 연구는 거의 존재하지 않았다. 그뿐만 아니라 몽골 시대 이후부터 티무르의 등장 이

전까지의 중앙아시아와 이란 세계의 역사 등 오직 이 책에서만 확인할 수 있는 내용이 가득하다. 또한 전체 분량의 3분의 1가량을 차지하는 후주와 참고문헌은 보다 세밀하고 전문적인 연구로 이끌어주는 풍부한 자료의 원천이기도 하다. 그런 동시에 이 책은 꽤 읽기 쉬운 책이기도 하다. 잭슨은 한문을 제외한 거의 모든 원전 사료를 종합적으로 이해하고 최근 연구를 광범위하게 섭렵함으로써, 몽골 제국과 티무르 왕조에 관한 현재의 논쟁과 질문 속으로 독자들을 솜씨 좋게 안내한다. 또한 책의 명료한 구성과 군더더기 없는 문체는 잭슨이 제시하는 엄청난 예시들에도 불구하고 주요 결론을 쉽게 파악할 수 있게 해준다. 요컨대 이 책은 몽골 시대 이후의 중앙아시아와 이란에 대해 연구하는 전문적인 학자부터 초학자와 역사를 좋아하는 독자 모두에게 필독서다.

그러나, 혹은 그런 만큼, 책을 번역하는 과정은 결코 쉽지 않았다. 저자의 명징한 서술에도 불구하고 그의 광범위한 학식은 책을 번역하는 내내 한계와 마주치는 느낌을 주었다. 수많은 귀한 도움이 아니었다면 이 작업을 결코 마무리하지 못했을 것이다. 토론토대학교의 이주엽 선생님의 도움이 아니었다면 책을 번역하는 과정에서 야즈디《승전기》(모함마드 압바시 교주본)를 직접 확인할 수 없었을 것이다. 한국외국어대학교의 이영희 선생님 덕분에 샤미《승전기》와 야즈디《승전기》튀르키예어 번역본(야즈디《승전기》의 경우 편역)을 참고할 수 있었다. 한국외국어대학교의 장수현 선생님께서는 책에서 언급된 한문 및 중국어 자료를 확인하는 데 도움을 주셨다. 한국어판이 원서보다 나은 점이 있다면, 한문 사료를 직접 확인했다는 부분일 것이다. 장수현 선생님께서는 또한 번역 원고를 면밀히 검토해 누락 사항과 오류를 지적하고 개선점을 제안하는 등 많은 도움을 주시기도 했다. 티베트 관련 자료를 확인하는 데는 서울대학교 이승종 선생님께 조언을 구했다. 번역서라는 특성상 참고문헌에 모두 추가할 수는 없었지만, 한국의 여러 선학께도 당연히 많은 학은學恩을 입었다. 특히 이주연 선생님의 박사학위논문 〈티무르朝의 史書, 야즈디 撰 《勝戰記》(Ẓafar-nāma)의 譯註〉가 없었다면 이 책의 번역에 감히 도전할 생각을 품지도 못했으리라 생각한다.

《칭기스 칸에서 티무르까지》 한국어판 출간을 흔쾌히 수락해주신 도서출판 책과함께의 류종필 대표님과 이정우 주간님께도 감사의 말씀 올린다. 번역 원고를 몇 차례나 검토하며 어이없는 실수를 지적해주시고 또 철저하고 사려 깊은 교열 작업을 진행해주신 권준 선생님과 문해순 선생님께도 감사의 뜻을 전한다. 그러나 남아 있을지 모를 오류는 당연히 오롯이 옮긴이의 책임일 것이다. 그리고 대학원과 유학이라는 자유로운 인생을 허락하고 또 항상 따뜻하게 지켜봐주는 가족들에게도 고맙다. 마지막으로 이 책을 읽어주시는 모든 독자께도 감사드린다.

2026년 이스탄불에서

최하늘

자료 관련 약어

문헌 자료

CC
Rashīd al-Dīn, *Jāmiʿ al-tawārīkh*, trans. Thackston, *Compendium of Chronicles* (2012 edn)

Clavijo
Clavijo, *Embajada a Tamorlán*: (1859) trans. Markham; (1928) trans. Le Strange

CO
Ḥāfiẓ-i Abrū, *Cinq opuscules de Ḥāfiẓ-i Abrū*, ed. F. Tauer

DPT
Yazdī, Ghiyāth al-Dīn ʿAlī, *Rūz-nāma-yi ghazawāt-i Hind*, trans. Semenov, *Giiāṣaddīn ʿAlī. Dnevnik pokhoda Tīmūra v Indiiu*

DzhT
Rashīd al-Dīn, *Jāmiʿ al-tawārīkh*, ed. Romaskevich et al., *Dzhāmi ʿat-tavārikh*, I, part 1; ed. Alizade, *Dzhāmi ʿat-tavārikh*, II, part. 1; ed. Alizade, *Dzhāmi ʿat-tavārikh*, III

GW
Waṣṣāf, *Tajziyat al-amṣār*, partial trans. by Hammer-Purgstall, *Geschichte Wassaf's*

HA
Ḥāfiẓ-i Abrū

HWC
Juwaynī, *Taʾrīkh-i jahān-gushā*, trans. Boyle, *The History of the World-Conqueror*

IA
Ibn ʿArabshāh, *ʿAjāʾib al-maqdūr*: (1979) ed. ʿUmar; (1986) ed. al-Ḥimṣī; 아래의 *TGA* 항목도 확인

IB
Ibn Baṭṭūṭa, *Tuḥfat al-nuẓẓār*

IKPI
M.Kh. Abuseitova et al. (general eds), *Istoriia Kazakhstana v persidskikh istochnikakh*, 5 vols (Almaty, 2005–07): I (Jamāl al-Qarshī, *al-Mulḥaqāt bi l-Ṣurāḥ*); III (anon., *Muʿizz al-ansāb*); V

(*Izvlecheniia iz sochinenii XIII–XIX vekov*)

IKT Ibn Khaldūn, *al-Taʿrīf bi-Ibn Khaldūn*, partial trans. by Fischel, *Ibn Khaldūn and Tamerlane*

JT Rashīd al-Dīn, *Jāmiʿ al-tawārīkh* (따로 표시가 없다면, eds. Rawshan and Mūsawī)

Khwāfī Khwāfī, Fasīḥ al-Dīn Aḥmad, *Mujmal-i Faṣīḥī*: (1962) ed. Farrukh; (2007) ed. Naṣrābādī

MA Anonymous, *Muʿizz al-ansāb*

Masālik Ibn Faḍl-Allāh al-ʿUmarī, *Masālik al-abṣār* (따로 표시가 없다면, partial edn and trans. by Lech, Das mongolische Weltreich)

MFW Rubruck, *Itinerarium*, trans. and ed. P. Jackson with D. Morgan, *The Mission of Friar William of Rubruck*

Mignanelli Mignanelli, Beltramo di, *De ruina Damasci*: (1764) ed. Baluze; (2013) ed. Helmy in *Tra Siena*

MM Christopher Dawson (ed.), *The Mongol Mission*

MP Marco Polo, *Le Devisement du monde* (따로 표시가 없다면, ed. Ménard)

Naṭanzī Naṭanzī, *Muntakhab al-tawārīkh*: (1957) ed. Aubin; (2004) ed. Istakhrī

PC Plano Carpini, *Ystoria Mongalorum*, ed. Menestò et al.

PSRL *Polnoe sobranie russkikh letopisei*

RIS L.A. Muratori (ed.), *Rerum Italicarum Scriptores*, 25 vols in 28 parts (Milan, 1723–51); 2nd series, *Raccolta degli storici italiani*, ed. Giosuè Carducci et al., 34 vols (Città di Castello and Bologna, 1900–75)

RN Yazdī, Ghiyāth al-Dīn ʿAlī, *Rūz-nāma-yi ghazawāt-i Hind*: (1915) ed. Zimin; (2000) ed. Afshār

Sayfī Sayfī (Sayf b. Muḥammad b. Yaʿqūb al-Harawī), *Taʾrīkh-nāma-yi Harāt*: (1944) ed. aṣ-Ṣiddīqī; (2004) ed. Ṭabāṭabāʾī Majd

SF Van Den Wyngaert (ed.), *Sinica Franciscana*, I

SGK   Rashīd al-Dīn, *Jāmiʿ al-tawārīkh*, trans. Boyle, *The Successors of Genghis Khan*

SH   *Mongghol'un niucha tobcha'an* (The Secret History of the Mongols), trans. with commentary by De Rachewiltz

Shāmī, *ZN*   Shāmī, Nīẓām al-Dīn, *Ẓafar-nāma*

SMIZO   V.G. Tizengauzen (ed.), *Sbornik materialov, otnosiashchikhsia k istorii Zolotoi Ordy*

SP   Rashīd al-Dīn, *Shuʿab-i panjgāna*

Taʿrīf   Ibn Khaldūn, *al-Taʿrīf bi-Ibn Khaldūn*: (1951) ed. al-Ṭanjī; (2008) ed. and trans. Cheddadi; 아울러 위의 *IKT*도 확인

TGA   Ibn ʿArabshāh, *ʿAjāʾib al-maqdūr*, trans. J.H. Sanders, *Tamerlane or Timur, the Great Amir*

TGNN   Anonymous, *Tawārīkh-i guzīda-yi nuṣrat-nāma*

TJG   Juwaynī, *Taʾrīkh-i jahān-gushā*

TN   Jūzjānī, *Ṭabaqāt-i Nāṣirī*

Waṣṣāf   Waṣṣāf, *Tajziyat al-amṣār*: (1853) Bombay lithograph edn; (2009) partial edn by Nizhād

WR   Rubruck, *Itinerarium*, ed. Chiesa

Yazdī, *ZN*   Yazdī, Sharaf al-Dīn ʿAlī, *Ẓafar-nāma*: (1957) ed. ʿAbbāsī; (1972) ed. Urunbaev; (2008) ed. Ṣādiq and Nawāʾī

Zayn al-Dīn   Zayn al-Dīn b. Ḥamd-Allāh Mustawfī Qazwīnī, *Dhayl-i Taʾrīkh-i guzīda*: (1990) ed. and trans. Kazimov and Piriiev; (1993) ed. Afshār

ZT   Ḥāfiẓ-i Abrū, *Zubdat al-tawārīkh*

학술지, 연속 기획물, 참고서

AEMA   *Archivum Eurasiae Medii Aevi*

AF   Asiatische Forschungen

AHSS   *Annales. Histoire, Sciences Sociales*

AKM   Abhandlungen für die Kunde des Morgenlandes

Al-Masāq	*Al-Masāq. Islam and the Medieval Mediterranean*
ANSMN	*American Numismatic Society Museum Notes*
AOH	*Acta Orientalia Academiae Scientiarum Hungaricae*
AS	*Asiatische Studien*
BEC	*Biblothèque de l'École des Chartes*
BEO	*Bulletin d'Études Orientales de l'Institut Français de Damas*
BI	Bibliotheca Islamica
BIAL	Brill's Inner Asian Library
BSOAS	*Bulletin of the School of Oriental and African Studies*
CAC	*Cahiers d'Asie Centrale*
CHC	*The Cambridge History of China*: VI: *Alien Regimes and Border States 907–1368*, ed. Herbert Franke and Denis Twitchett (Cambridge, 1994); VIII: *The Ming Dynasty, 1368–1644*, ed. Denis Twitchett and Frederi W. Mote (Cambridge, 1998), 2 parts; IX, part 2: *The Ch'ing Dynasty to 1800*, ed. Willard J. Peterson (Cambridge, 2016)
CHE	Carl F. Petry (ed.), *The Cambridge Histry of Egypt*, I: *Islamic Egypt, 640–1517* (Cambridge, 1998)
CHI	*The Cambridge History of Iran*: V: *The Saljuq and Mongol Periods*, ed. J.A. Boyle (Cambridge, 1968); VI: *The Timurid and Safavid Periods*, ed. Peter Jackson and Laurence Lockhart (Cambridge, 1986)
CHIA	Nicola Di Cosmo, Allen J. Frank and Peter B. Golden (eds), *The Cambridge History of Inner Asia. The Chinggisid Age* (Cambridge, 2009)
CHT	Kate Fleet (ed.), *The Cambridge History of Turkey*, I: *Byzantium to Turkey, 1071–1453* (Cambridge, 2009)
CSIC	Cambridge Studies in Islamic Civilization
CSSH	*Comparative Studies in Society and History*
CWH	*The Cambridge World History*: V: *Expanding Webs of Exchange*

and Conflict, 500 CE–1500 CE, ed. Benjamin Z. Kedar and Merry
E. Wiesner-Hanks (Cambridge, 2015); VI: *The Construction of
a Global World, 1400–1800 CE*, ed. Jerry H. Bentley, Sanjay
Subrahmanyam and Merry E. Wiesner-Hanks (Cambridge, 2015),
part 1: *Foundations*; part 2: *Patterns of Change*

D&R   Documents et recherches sur l'économie des pays byzantins,
islamiques et slabes et leurs relations commerciales au Moyen Age

DTS   V.M. Nadeliaev et al. (eds), *Drevnetiurkskii slovar'* (Leningrad,
1969)

EDT   Sir Gerard Clauson (ed.), *An Etymological Dictionary of Pre-
Thirteenth-Century Turkish* (Oxford, 1972)

EI²   *Encyclopaedia of Islam*, 2nd edn, ed. Ch. Pellat, C.E. Bosworth et
al., 13 vols (Leiden, 1954–2009)

EI³   Encyclopaedia of Islam Three, ed. Marc Gaborieau et al. (Leiden
and Boston, MA, 2007–in progress)

EIr   *Encyclopaedia Iranica*, ed. Ehsan Yarshater (New York and Costa
Mesa, CA, 1982–in progress)

EMME   Christopher P. Atwood (ed.), *Encyclopaedia of Mongolia and the
Mongol Empire* (New York, 2004)

ES   *Eurasian Studies*

EV   *Épigrafika Vostoa*

GAL   Carl Brockelmann (ed.), *Geschichte der arabischen Litteratur*, 2
vols, 2nd edn (Leiden, 1943–49), and 3 supplement vols (Leiden,
1937–42)

GMS   Gibb Memorial Series

HCCA, IV   C.E. Bosworth and M.S. Asimov (eds), *History of Civilizations of
Central Asia*, IV. *A.D. 750 to the End of the Fifteenth Century*, part
1: *The Historical, Social and Economic Setting* (Paris, 1998), part 2:
The Achievements (Paris, 2000)

HJAS   *Harvard Journal of Asiatic Studies*

HPL	Edrard G. Browne, *A History of Persian Literature under Tartar Dominion (A.D. 1265–1502)*, A Literary History of Persia, III (Cambridge, 1920)
HS	Hakluyt Society 출판물
HT	Mirkasym Usmanov and Rafael Khakimov (eds), *The History of The Tatars since Ancient Times*, 7 vols (Kazan, 2017)
IHC	Islamic History and Civilization: Studies and Texts
Iran	*Iran. Journal of the British Institute of Persian Studies*
IrSt	*Iranian Studies*
IU	Islamkundliche Untersuchungen
IUUAS	Indiana University Uralic and Altaic Series
JA	*Journal Asiatique*
JAH	*Journal of Asian History*
JAOS	*Journal of the American Oriental Society*
JESHO	*Journal of the Economic and Social History of the Orient*
JGH	*Journal of Global History*
JNES	*Journal of Near Eastern Studies*
JPS	*Journal of Persianate Studies*
JRAS	*Journal of the Rotal Asiatic Society*
JSAI	*Jerusalem Studies in Arabic and Islam*
JSYS	*Journal of Song-Yuan Studies*
JTS	*Journal of Turkish Studies*
ME	*Medieval Encounters*
MM	The Medieval Mediterranean: Peoples, Economies and Cultures, 400–1453
MO	*Manuscripta Orientalia*
Mongolica	*Mongolica. An International Annual of Mongolian Studies*
MS	*Mongolian Studies*
MSR	*Mamlūk Studies Review*
MTB	*Memoirs of the Research Department of the Toyo Bunko*

Muqarnas   *Muqarnas: An Annual on the Visual Cultures of the Islamic World*

NCHI, III   David O. Morgan and Anthony Reid (eds), *The New Cambridge History of Islam*, III: *The Eastern Islamic World, Eleventh to Eighteenth Centuries* (Cambridge, 2010)

NZO   *Numizmatika Zolotoi Ordy*

OM   *Oriente Moderno*

Orient   *Orient. Reports of the Society for Near Eastern Studies in Japan*

PIA   Papers on Inner Asia

PL   C.A. Storey, *Persian Literature. A Bio-biblographical Survey* (London, 1927–in progress)

PL²   C.A. Storey, *Persian Literature. A Bio-biblographical Survey*, trans. and extended edn by Iu.É. Bregel', *Persdskaia literatura. Bio-biblograficheskii obzor*, 3 vols (Moscow, 1972)

PNAS   *Proceedings of the National Academy of Sciences of the United States of America*

QGIA   Quellen zur Geschichte des islamischen Ägyptens

REMMM   *Revue des Mondes Musulmans et de la Méditerranée*

SEA   Studies on East Asia

SOL   Sammlung Orientalischer Arbeiten

SRS   Silk Road Studies

StIr   *Studia Iranica*

StIsl   *Studia Islamica*

TDPKV   *Trudy dvadtsat' piatogo kongressa vostokovedov Moskva 9–16 avgust a 1960*, 5 vols (Moscow, 1963)

TMEN   Gerhard Doerfer (ed.), *Türkische und mongolische Elemente im Neupersischen*, 4 vols, VOK 16, 19, 20 and 21 (Wiesbaden, 1963–75)

TP   *T'oung Pao. International Journal of Chinese Studies*

TS   *Tiurkologicheskii Sbornik*

TSCIA   Toronto Studies on Central and Inner Aisa

Turcica	*Turcica. Revue d'Études Turques*
***Turkestan*[1]**	V.V. Bartol'd, *Turkestan v épokhu mongol'kago nashestviia*, 1st edn, 2 vols (St Petersburg, 1898–1900)
***Turkestan*[3]**	W. Barthold, *Turkestan down to the Mongol Invasion*, 3rd edn by C.E. Bosworth, with additional chapter trans. by T. Minorsky, GMS, n.s., 5 (London, 1968)
UAJ	*Ural-Altaische Jahrbücher*
VOK	Akademie der Wissenschaften und der Literatur: Veröffentlichungen der orientalischen Kommission
ZAS	*Zentralasiatische Studien*
ZDMG	*Zeitschrift der Deutschen Morgenländischen Gesellschaft*
ZOO	*Zolotoordynskoe Obozrenie*
ZOTs	*Zolotoordynskaia Tsivilizatsiia*

기타

Ar.	아랍어
b.	빈bin/이븐ibn [아랍어와 페르시아어 인명의 경우. 앞의 '표기' 단락을 보라]
BL	영국 도서관British Library
BN	프랑스 국립 도서관Bibliothèque Nationale de France
CE	서력기원
Ch.	중국어
Mo.	몽골어
Pers	페르시아어
RRL	람푸르 라자 도서관Kitāb-khāna-i Razā, Rāmpur
TSM	이스탄불 톱카프 궁전 박물관Topkapı Sarayı Müzesi, İstanbul
Tu.	튀르크어

주

서론

1 David O. Morgan, *The Mongols*, 2nd edn (Oxford, 2007), 176 〔권용철 옮김,《몽골족의 역사: 몽골초원에서 중국, 중동, 러시아를 넘어 유럽으로》(모노그래프, 2012), 263〕. 같은 저자, *Medieval Persia 1040-1797* (London, 2016), 92.

2 Chase F. Robinson, *Islamic Civilization in Thirty Lives. The First 1,000 Years* (London, 2018), 216. Christopher Markiewicz, *The Crisis of Kingship in Late Medieval Islam. Persian Emigres and the Making of Ottoman Sovereignty*, CSIC (Cambridge, 2019), 156-8도 보라.

3 Lucien Bouvat, *L'Empire mongol (2ème phase)*, Cavaignac Histoire du Monde, VIII³ (Paris, 1927). 이 책은 단순히 티무르와 이란 및 중앙아시아를 지배한 그의 후손들뿐만 아니라 인도의 무굴 제국까지도 아울러 다루었다.

4 Richard M. Eaton, *India in the Persianate Age 1000-1765* (London, 2019), 101. 내가 아는 한, 이러한 정의가 처음 사용된 연구는 Maria E. Subtelny, 'Tamerlane and his descendants: From paladins to patrons', in *NCHI*, III, 169-200 (특히 170)이다.

5 Christopher I. Beckwith, *Empires of the Silk Road. A History of Central Eurasia from the Bronze Age to the Present* (Princeton, NJ, 2009), 197, n. 44 〔이강한·류형식 옮김,《중앙유라시아 세계사: 프랑스에서 고구려까지》(소와당, 2014), 367 및 367-8 주43〕에서 벡위드(Beckwith)는 사례를 과대 해석한 측면이 있는 것 같다.

6 Morgan, *The Mongols*, 5 〔권용철 옮김,《몽골족의 역사》, 28의 번역을 약간 수정했음〕.

7 Svat Soucek, *A History of Inner Asia* (Cambridge, 2000), 125에서 적확하게 지적했다.

8 Beatrice F. Manz, *The Rise and Rule of Tamerlane* (Cambridge, 1989), 21-2, 36-7, 109; Idem, 'Historical introduction', in Manz (ed.), *Central Asia in Historical Perspective* (Boulder, CO, San Francisco and Oxford, 1994), 4-24 (이에 대한 설명은 5에서 확인할 것). Maria E. Subtelny, 'The symbiosis of Turk and Tajik', 같은 책, 45-61 (이에 대한 설명은 46-7).

9 Morgan, *Medieval Persia*, 88에서 적절히 지적했다.

10 본문에서 필자가 쓴 '페르시아풍(Persianate)'은 Nile Green (ed.), *The Persianate World. The Frontiers of a Eurasian Lingua Franca* (Oakland, CA, 2019), xii-xv에서 언급한 좁은 의미로 쓰인 것이다. Nile Green, 'Introduction: The frontiers of the Persianate world

(ca. 800-1900)', 같은 책, 1-71 (페르시아풍의 정의에 대해서는 1-9, 23-5)도 확인하라.

11 가장 중요한 작품은 영어로 쓰인 연구가 아닌 Paul Ratchnevsky, *Činggis-Khan. Sein Leben und Wirken* (Wiesbaden, 1983)이다. 고(故) 토머스 니비슨 하이닝(Thomas Nivison Haining)은 이 책을 단순히 번역하는 데 그치지 않고, 탁월한 솜씨로 중요한 사료를 직접 번역하고 옮긴이 주까지 덧붙여 *Genghis Khan. His Life and Legacy* (Oxford, 1991)를 펴냈다. [라츠네프스키의 칭기스 칸 전기 한국어판인 《칭기스칸》(김호동 옮김, 지식산업사, 1992) 역시 주요한 사료를 직접 번역한 저서다. 한편 하이닝은 독일어 원서 각 주의 35퍼센트 정도를 다시 가다듬어 본문으로 추가했기 때문에 일부 내용은 한국어판과 구성에 차이가 있다.] Michal Biran, *Chinggis Khan* (Oxford, 2007)은 얼마 되지 않는 차이로 두번째 순서를 차지했다. 이 책은 '무슬림 세계의 창조자들(Makers of the Muslim World)' 시리즈의 일부로 출간된 만큼 이슬람 세계에 남긴 유산에 분량을 더 할애했는데, 특히 '무슬림 세계에서 칭기스 칸의 이미지 변화'라는 장(章)은 이전의 다른 전기들에서 찾아볼 수 없는 독특한 시각을 제시한다.

12 W. Barthold, *Four Studies on the History of Central Asia*, trans. V. And T. Minorsky, 3 vols in 4 parts (Leiden, 1956-62), II: *Ulugh-Beg*에서 티무르에 대한 내용은 12-55. 러시아어 원서(*Ulugbek i ego vremia*, 1918년 초간)는 V.V. Bartol'd, *Sochineniia*, ed. B.G. Gafurov, 9 vols in 10 parts (Moscow, 1963-77), II, part 2, 37-73.

13 A.Iu. Iakubovskii, 'Timur (opyt kratkoi kharakteristiki)', *Voprosy Istorii* 8-9 (1946), 42-73.

14 Kristian Aerke, 'Au miroir des peurs occidentales', in Vincent Fourniau (ed.), *Samarcande 1400-1500. La Cité-oasis de Tamerlan: coeur d'un empire et d'une Renaissance* (Paris, 1995), 55-72 (희곡에 대해서는 61-3, 오페라에 대해서는 66-8)을 보라. 희곡의 경우 Adam Knobler, 'Timur the (Terrible/Tartar) trope: A case of repositioning in popular literatüre and history', *ME* 7 (2001), 101-12 (특히 105-7)도 확인할 것.

15 긍정적인 변화의 바람이 불고 있기는 하다. 티무르는 Michael Prestwich, *Medieval People. Vivid Lives in a Distant Landscape from Charlemagne to Piero della Francesca* (London, 2014), 236-9에서 다루어졌다. 이 책에서 그는 잔 다르크, 구텐베르크, 마르그리트 당주(Marguerite d'Anjou)[영국 국왕 헨리 6세의 왕비. 장미 전쟁에서 유약한 남편과 어린 아들을 대신해 랭커스터파를 이끈 여걸]와 함께 '변혁기: 1400년부터 1500년까지(An Age of Transition 1400-1500)'를 대표하는 인물로 꼽혔다. 전이라면 생각할 수 없는 고귀한 동시대인들과 함께 언급된 것이다.

16 Tilman Nagel, *Timur der Eroberer und die islamische Welt des späten Mittelalters* (Munich, 1993).

17 *Tamerlano* (Rome, 2022).

18 마로치의 《태멀레인(Tamerlane)》에 대한 서평에서 한 지적이다. Robert Irwin, 'Quite the gentlman', *London Review of Books* 27, no. 10 (19 May 2005), 9-10.

19 Jean-Paul Roux, *Tamerlan* (Paris, 1991), 16의 솔직한 고백을 보라.

20 Alexandre Papas and Marc Toutant, *L'Asie centrale de Tamerlan* (Paris, 2022).

21 Denis Sinor, 'The greed of the northern barbarian', in Larry V. Clark and Paul A. Draghi

(eds), *Aspects of Altaic Civilization II: Proceedings of the XVIII PIAC* (Bloomington, IN, 1978), 171-82; repr. in Sinor, *Studies in Medieval Inner Asia* (Aldershot, 1997). 더 최근의 교정 작업에 대해서는 Beckwith, *Empires of the Silk Road*, intro., xxi-xxv 및 320-55〔이강한·류형식 옮김,《중앙유라시아 세계사》, 38-43, 561-617〕; Ruth I. Meserve, 'On medieval and early modern science and technology in Central Eurasia', in Michael Gervers and Wayne Schlepp (eds), *Cultural Contact, History and Ethnicity in Inner Aisa, TSCIA* 2 (Toronto, 1997), 49-70; Beatrice F. Manz, *Nomads in the Middle East* (Cambridge, 2021), 16-176; 그리고 가장 최근의 연구서인 Warwick Ball, *The Eurasian Steppe: People, Movements, Ideas* (Edinburgh, 2021), 특히 1장을 확인하라.

22 특히 Thomas T. Allsen, *Culture and Conquest in Mongol Euraisa*, CSIC (Cambridge, 2001)〔조원 옮김,《몽골의 유라시아 정복과 문화》(도서출판 길, 2025)〕; 같은 저자, 'The Mongols as vectors for cultural transmission', in *CHIA*, 135-54; David Morgan, 'The Mongol empire in World history', in Linda Komaroff (ed.), *Beyond the Legacy of Genghis Khan*, IHC 64 (Leiden, 2006), 425-37; Marie Favereau, 'The Mongol Peace and gloval mediecal Eurasia', *Comparativ: Zeitschrift für Globalgeschichte und vergleichende Gesellschaftsforschung* 28 (2018), part 4, 49-70.

23 예컨대, 토인비의 판단을 인용한 Adam Knobler, 'The rise of Tīmūr and Western diplomatic response, 1390-1405', JRAS, 3rd series, 5 (1995), 341-9 (특히 341 n.1)와 Robinson, *Islamic Civilization in Thirty Lives*, 212.

24 Hilda Hookham, *Tamburlaine the Conqueror* (London, 1962), 79.

25 Aerke, 'Au miroir des peurs occidentales', 56-7, 65.

26 Lisa Golombek, 'Tamerlane, Scourge of God', *Asian Art* 2, part 2 (Spring 1989), 30-61 (특히 32-53)을 보라. 이러한 비교는 Justin Marozzi, *Tamerlane. Sword of Islam, Conqueror of the World* (Hammersmith, 2004), 168을 보라.

27 Morgan, *Medieval Persia*, 92.

28 인용한 구절은 모건의 말이다. 같은 책, 97.

29 예를 들자면, René Grousset, *The Empire of the Steppes. A History of Central Asia*, tr. Naomi Walford (New Brunswick, NJ, 1970), 431 〔이 내용은 416-8에 해당하는 것 같다. 김호동·유원수·정재훈 옮김,《유라시아 유목제국사》(사계절, 1998), 587-9〕; Morgan, *The Mongols*, 81 〔권용철 옮김,《몽골족의 역사》, 135-6〕; 같은 저자, *Medieval Persia*, 86.

30 Marozzi, *Tamerlane*, 84.

31 Hookham, *Tamburlaine*, 인용한 구절은 3, 5.

32 같은 책, 2, 3, 6과도 비교해보라.

33 Jerry Brotton, *This Orient Isle: Elizabethan England and the Islamic World* (London, 2016), 161-5. Marozzi, *Tamerlane*, 54-63도 아울러 확인하라.

34 다른 모순적 면모들에 대해서는 다음을 보라. Lucien Kehren, *Tamerlan, L'Empire du Seigneur de Fer* (Neuchâtel, 1978), 13; Roux, *Tamerlan*, 22; Beatrice F. Manz, 'Tamerlane's career and its uses', *JWH* 13 (2002), 1-25 (이 내용은 2, 5).

35 Maria E. Subrelny, *Timurids in Transition. Turko-Persian Politics and Acculturation in*

Medieval Iran (Leiden, 2007), 12.

36 Tilman Nagel, 'Tamerlan im Verständnis der Renaissance', in Michele Bernardini (ed.) *La civiltà Timuride come fenomeno internazionale* (Rome, 1996 = OM 76/n.s., 15), I, 203-12.

37 Knobler, 'Timur the (Terrible/Tartar) trope', 107-11. 기번의 인용에 대해서는 David Morgan, 'The empire of Tamerlane: An unsuccessful re-run of the Mongol empire?', in J.R. Maddicott and D.M. Palliser (eds), *The Medieval State: Essays Presented to James Campbell* (London and Rio Grande, 2000), 233-41 (이 내용은 233). 그러나 기번은 티무르를 긍정적으로 평가하기도 했는데, 이에 대해 간략히 분석한 Aerke, 'Au miroir des peurs occidentales', 65-6과도 비교해보라.

38 Marshall G.S. Hodgson, *The Venture of Islam. Conscience and History in a World Civilization*, 3 vols (Chicago, IL, 1974), II: *The Expansion of Islam in the Middle Periods*, 430.

39 İlker Evrim Binbaş, *Intellecual Networks in Timurid Iran. Sharaf al-Din ʿAlī Yazdī and the Islamicate Republic of Letter* (Cambridge, 2016), 290-1; Jo Van Steenbergen, 'Introduction: State formation in the fifteenth century and the Western Eurasian canvas: Problems and opportunities', in Van Steenbergen (ed.), *Trajectories of State Formation across Fifteenth-Century Islamic West-Asia. Eurasian Parallels, Connections and Divergences*, Rulers and Elite: Comparative Studies in Governance 18 (Leiden and Boston, MA, 2020), 1-20 (특히 5-6).

40 Jo Van Steenbergen, 'From Temür to Selim: Trajectories of Turko-Mongol state formation in Islamic West-Asia's long fifteenth century', in Van Steenbergen (ed.), *Trajectories of State Formation*, 27-87 (인용한 문장은 29).

41 Markiewicz, *The Crisis of Kingship*, 3. 아울러 같은 책, 20-1과 4장('The Timurid Vocabulary of Sovereignty')도 확인할 것.

42 Stephen Dale, *The Garden of the Eight Paradises. Bābur and the Culture of Empire in Central Asia, Afghanistan and India (1483-1530)* (Leiden and Boston, MA, 2004), 서문 (특히 12-14), 23-7, 36-66. Stephen Dale, *Babur. Timurid Prince and Mughal Emperor, 1483-1530* (Cambridge and Delhi, 2018), 3-9.

43 Stephen Dale, 'Autobiography and biography: The Turco-Mongol Case: Bābur, Ḥaydar Mīrzā, Gulbadan Begim and Jāhāngīr', in L. Marlow (ed.), *The Rhetoric of Biography. Narrating Lives in Persianate Societies* (Boston and Cambridge, MA, 2011), 89-105 (특히 97-102).

44 Maria Szuppe, 'Historiography, v. Timurid period', *EIr*, XII, 356-63 (이 내용은 360). Nagel, *Timur der Eroberer*, 11. 이 책이 티무르 자신에 의해 구술되지는 않았지만, 티무르 사후에 편찬된 실제 기록에 근거했다는 시각에 대해서는 다음을 보라. Irfan Habib, 'Timur in the political tradition and historiography of Mughal India', in Maria Szuppe (ed.), *L'Héritage Timouride. Iran-Asie Centrale-Inde, XVe-XVIIIe siècles* (Tashkent and Aix-en-Provence, 1997 = CAC 3-4), 297-312 (이 내용은 305-9).

45 M. Treu, 'Eine Ansprache Tamerlans', *Byzantinische Zeitschrift* 19 (1910), 15-28; 발췌 번역은 다음을 보라. Karl Dieterich (ed.), *Byzantinische Quellen zur Länder- und Völkerkunde (5.-15. Jhd.)*, Quellen und Forschungen zur Erd- und Kulturkunde 5, 2 vols (Leipzig, 1912), II, 28-9; Ed. Kurtz, 'Zu der Ansprache Tamerlans', *Byzantinisch-Neugriechische Jahrubücher* 3 (1922), 77-9도 참고할 것.

46 죽기 직전에 남긴 유언이라는 Yazdī, *ZN*, (1957), II, 465-6, 467-8/(2008), II, 1290-1, 1292-3 (이주연 역주, 〈티무르朝의 史書, 야즈디 撰 《勝戰記》(Ẓafar-nāma)의 譯註〉, 서울대학교 박사학위논문 (2020), 1033, 1034)은 가장 유명한 예외일 것이다.

47 예컨대 Beatrice F. Manz, 'Tamerlane and the symbolism of sovereignty', IrSt 21 (1988), 105-22 (이 내용은 107-8)의 논의를 보라. '티무르의 성격에 대한 간략한 묘사'에 대해서는 Hans R. Roemer, 'Tīmūr in Iran', in *CHI*, VI, 42-97 (이 내용은 83-91)을 확인할 것. Roux, *Tamerlan*, 165-85에는 더 긴 설명이 있다.

48 Dale, 'Autobiography and biography', 89. 이야기체 사료들에 대해 경고하는 Dale, *The Garden of the Eight Paradises*, 10-11도 확인할 것.

49 Peter Jackson, *The Mongols and the Islamic World. From Conquest to Conversion* (New Haven, CT, and London, 2017).

50 A. Azfar Moin, The Millennial Sovereign. Sacred Kingship and Sainthood in Islam (New York, 2012), 33-5.

51 Johann P. Arnason, 'State formation and empire building', in *CWH*, V, 483-512 (이 내용은 493) (류충기 옮김, 〈국가의 형성과 제국의 건설〉, 《케임브리지 세계사 10: 교역과 분쟁 2 ― 교류의 증대와 종교의 확산》(소와당, 2024), 187-236 (이 내용은 205)).

52 이 시기의 문화적 위업에 대한 개관은 다음을 보라. Soucek, *A History of Inner Asia*, 128-36; *HCCA*, IV, part 2, chaps 16-18; Sheila S. Blair and Jonathan M. Bloom, *The Art and Architecture of Islam, 1250-1800* (New Haven, CT, and London, 1994), 41-50, 55-69. Maria E. Subtelnu, 'The Timurid legacy: A reaffirmation and a reassessment', in Szuppe (ed.), *L'Héritage Timouride*, 9-19 (이 내용은 10-14)는 티무르 왕조의 후원이 남긴 덜 알려진 유산을 조망했다. 더 간략한 설명은 다음을 확인할 것. David J. Roxburgh, 'The Timurids and Turkmen', in Roxburgh (ed.), *Turks. A Journey of a Thousand Years, 600-1600* (London, 2005), 190-260 (이 내용은 198-200)과 Lisa Balabanlilat, *Imperial Identity in the Mughal Empire. Memory and Dynastic Politics in Early Modern South and Central Asia* (London and New York, 2012), 13-17.

53 가장 중요한 것들만 나열하자면 다음과 같다. Peter B. Golden, *Central Asia in World History* (Oxford, 2011) (이주엽 옮김, 《중앙아시아사: 볼가강에서 몽골까지》(책과함께, 2021)); Christopher I. Beckwith, *Warriors of the Cloisters. The Central Asian Origins of Science in the Medieval World* (Princeton, NJ, 2012); Christoph Baumer, *The History of Central Asia*, III: *The Age of Islam and the Mongols* (London and New York, 2016); David Christian, *A History of Russia, Central Asia and Mongolia*, II: *Inner Eurasia from the Mongol Empire to Today, 1260-2000* (Hoboken, NJ, and Chichesterm 2018). 아울러 David Christian, 'Inner Eurasia as a unit of world history', *JWH* 5 (1994), 173-213도

참고할 것.

54 Pamella K. Crossley, *Hammer and Anvil. Nomad Rulers at the Forge of the Modern World* (Lanham, MD, 2019), 3.

55 S. Frederick Starr, *Lost Enlightenment. Central Asia's Golden Age from the Arab Conquest to Tamerlane* (Princeton, NJ, 2013) 〔이은정 옮김,《잃어버린 계몽의 시대: 중앙아시아의 황금기, 아랍 정복부터 티무르 시대까지》(길, 2021)〕.

56 칭기스 칸에 대해서는 Biran, *Chinggis Khan*, 139, 142-5, 148-53을 보라. 티무르는 다음을 참고할 것. Ron Sela, *The Legendaty Biographies of Tamerlane. Islam and Heroic Apocrypha in Central Asia* (Cambridge, 2011).

57 Veronika Veit, 'The eastern steppe: Mongol regimes after the Yuan (1368-1636)' in *CHIA*, 157-81 (특히 171). 더 개괄적인 설명은 다음을 보라. Johan Elverskog, *Our Great Qing. The Mongols, Buddhism, and the State in Late Imperial China* (Honolulu, HI, 2006).

58 Moin, *The Millennial Sovereign*, chap. 2 참고.

59 Dale, *The Garden of the Eight Paradises*, 470; *Babur*, 215-16.

60 R.D. McChesney, 'The Chinggisid restoration in Central Asia: 1500-1785', in *CHIA*, 277-302; 'Islamic culture and the Chinggisid restoration: Central Asia in the sixteenth and seventeenth centuries', in *NCHI*, III, 239-65.

61 Stephen Kinzer, 'A kinder, gentler Tamerlane inspires Uzbekistam', *New York Times*, 10 Nov. 1997; Marozzi, *Tamerlane*, 169-73. 티무르의 잔혹 행위에 대해 티무르 왕조 역사가들이 내보인 솔직함에 대해서는 다음을 보라. Roux, *Tamerlan*, 191-2와 Beatrice F. Manz, 'Unacceptable violence as legitimation in Mongol and Timurid Iran', in Robert Gleave and István T. Kristó-Nagy (eds), *Violence in Islamic Thought from the Mongols to European Imperialism* (Edinburgh, 2018), 79-103 (특히 98-101).

62 Manz, 'Tamerlane's career and its uses', 15-24; Subtelny, 'The Timurid legacy', 15-17.

63 Paul G. Geiss, *Pre-Tsarist and Tsarist Central Asia. Communal Commitment and Political Order in Change* (London and New York, 2003), 247-8과 Marozzi, *Tamerlane*, 169-73을 참고할 것.

제1장 몽골 시대와 티무르 왕조 시대의 사료

1 Christopher P. Atwood, 'The date of the "Secret History of the Mongols" reconsidered', JSYS 37 (2007), 1-48. 그러나 Igor de Rachewiltz, 'The dating of the *Secret History of the Mongols* —a reinterpretation', *UAJ*, n.F., 22 (2008), 150-84도 아울러 참고할 것. Atwood, 'Informants and sources fort he Secret History of the Mongols', MS 29 (2007), 27-39도 확인할 것.

2 본문에서 언급된 사료들을 포함한 서구권의 자료에 대해서는 Peter Jackson, 'Western European sources', in Michal Biran and Kim Hodong (eds), *The Cambridge History of the Mongol Empire* (Cambridge, 2023), II, 194-237을 보라.

3 주즈자니에 대해서는 David O. Morgan, 'Persian historians on the Mongols', in Morgan

(ed.), *Medieval Historical Writing in. He Christian and Islamic Worlds* (London, 1982), 109-24 (특히 110-13) 참고할 것.

4 Ulrich Haarmann, *Quellenstudien zur frühen Mamlukenzeit*, IU 1 (Freiburg im Breisgau, 1970); Donald P. Little, 'Historiography of the Ayyūbid and Mamlūk epochs', in *CHE*, 412-44 (특히 418-32)를 보라.

5 주즈자니는 티니벡(Tinibeġ, 742년/1342년에 잠시 집권)이 금 오르다의 칸이라고 썼다. Ibn Faḍl-Allāh al-ʿUmarī, *al-Taʿrīf bi l-muṣṭalaḥ al-sharīf* (Cairo, 1312/1894), 47/ed. Samīr al-Durūbī (al-Karak, 1413/1992), 62.

6 Donald P. Little, 'Al-Ṣafadī as a biographer of his contemporaries', in Little (ed.), *Essays on Islamic Civilization Presented to Niyazi Berkes* (Leiden, 1976), 190-210; repr. in Litte, *History and Historiography of the Mamluks* (Londen, 1986).

7 A. Miquel, 'Ibn Baṭṭūṭa', *EI*[2], III, 735-6, 여행기 작성 완료 시점은 부정확하다. IB, IV, 448-9, 451 (tr. Gibb [and Beckingham], 977, 978 〔정수일 역주,《이븐 바투타 여행기: 여러 지방과 여로의 기사이적을 본 자의 진귀한 기록》, 전2권 (창비, 2001) 2권, 423, 425〕)과 비교해보라. David O. Morgan, 'Ibn Baṭṭūṭa and the Mongols', *JRAS*, 3rd series, 11 (2001), 1-11 (특히 2-3, 9, 10)도 확인하라. 나는 이븐 바투타의 이야기가 지닌 문제, 특히 중국을 방문했다는 주장과 관련한 문제를 다루는 논문을 준비하고 있다.

8 여기서 다루는 페르시아어 사료들에 대한 개설 성격의 글로는 Charles Melville, 'The Mongol and Timurid periods, 1250-1500', in Melville (ed.), *A History of Persian Literature*, X: *Persian Historiography* (London and New York, 2012), 155-208이 있다. 몽골 시대의 사료에 대해서는 Charles Melville, 'Historiography, iv. Mongol period', *EIr*, XII, 348-56과 졸저 *The Mongols and the Islamic World*의 1장을 보라. 티무르 왕조의 사료와 관련해서는 다음을 보라. John E. Woods, 'The rise of Tīmūrid historiography', *JNES* 46 (1987), no. 2, 81-108; Michele Bernardin, 'The historiography concerning Timur-i Lang: A bibliographical survey', in Samuela Pagani (ed.), *Italo-Uzbek Scientific Cooperation in Archaeology and Islamic Studies: An Overview, Rome, January 30, 2001* (Rome, 2003), 137-96 (이 글은 존 우즈의 글에 비하면 그 깊이가 얕지만 비무슬림과 중세 이후 저자들의 저작까지 포괄하는 등 훨씬 넓은 범위의 사료를 망라한다); Szuppe, 'Historiography, v. Timurid period'.

9 George Lane, *Early Mongol Rule in Thirteenth-Century Iran. A Persian Renaissance* (London and New York, 2003), 178-81.

10 이 중요한 역사가에 대해서는 Stefan Kamola, *Making Mongol History. Rashid al-Din and the Jamiʿ al-Tawarikh* (Edinburgh, 2019)라는 탁월한 연구서를 참고하라.

11 Christopher P. Atwood, 'Rashīd al-Dīn's Ghazanid Chronicle and its Mongolian sources', in Timothy May, Dashdondig Bayarsaikhan and Christopher P. Atwood (eds), *New Approaches to Ilkhanid History* (Leiden, 2020), 53-121 (이 내용은 53). 더 오래된 꼬리표인 *Turkestan*[3], 46과 비교해보라.

12 《가잔의 축복사》가 활용한 사료들에 대해서는 Kazuhiko Shiraiwa 〔白岩一彦〕, 'Rashīd al-Dīn's primary sources in compiling the *Jāmiʿ al-tawārīkh*: A tentative survet', in

Anna Akasoy, Charles Burnett and Ronit Yoeli-Tlalim (eds), *Rashīd al-Dīn. Agent and Mediator of Cultural Exchanges in Ilkhanid Iran*, Warburg Institute Colloquia 24 (London and Turin, 2013), 39-56 (이 내용은 40-52); 더 상세한 내용은 Atwood, 'Rashīd al-Dīn's Ghazanid Chronicle and its Mongolian sources', 62-112를 보라.

13 A.H. Morton, 'The letters of Rashīd al-Dīn: Īlkhānid fact or Timurid fiction?', in Reuven Amitai-Preiss and David Morgan (eds), *The Mongol Empire and Its Legacy*, IHC 24 (Leiden, 1999), 155-99.

14 비교는 Morgan, 'Persian historians on the Mongols', 131-21을 보라. 주바이니에 대해서는 Lane, *Early Mongol Rule*의 6장을 참고할 것.

15 Judith Pfeiffer, 'The canonization of cultural memory: Ghāzān Khan, Rashīd al-Dīn, and the construction of the Mongol past', in Akasoy, Burnett and Yoeli-Tlalim (eds), *Rashīd al-Dīn. Agent and Mediator*, 57-70 (이 내용은 59).

16 Judith Pfeiffer, '"A turgid history of the Mongol empire in Persia": Epistemological reflections concerning a critical edition of Vaṣṣāf's *Tajziyat al-amṣār va tazjiyat al-a'ṣār*', in Judith Pfeiffer and Manfred Kropp (eds), *Theoretical Approaches to the Transmission and Edition of Oriental Manuscripts. Proceedings of a Symposium Held in Istanbul March 28-30, 2001*, Beiruter Texte und Studien 111 (Berlin and Würzburg, 2007), 107-29.

17 Ron Sela, 'Rashīd al-Dīn's historiographical legacy in the Muslim world', in Akasoy, Burnett and Yoeli-Tlalim (eds), *Rashīd al-Dīn. Agent and Mediator*, 213-22 (이 내용은 216).

18 같은 글, 217.

19 A.M. Muginov, 'Istoricheskii trud Mukhammeda Shebāngāra'ī', *Uchenye Zapiski Instituta Vostokovedeniia* 9 (1954), 220-40; Jean Aubin, 'Un chroniqueur méconnu, Šabābkāra'ī', *StIr* 10 (1981), 213-24 (이 내용은 218-21)과 repr. in Aubin, *Études sur l'Iran médiéval. Géographie historique et société*, ed. Denise Aigle, StIr Cahier 60 (Paris, 2018), 143-54 (이 내용은 148-50)을 보라. 1343년 판본은 BN ms. Supplément persan 1278을 활용했다.

20 이에 대한 개설로는 Charles Melville, 'Persian local histories: Views from the wings', *IrSt* 33 (2000), 7-14를 참고할 것.

21 특히 헤라트의 경우, 사이피(사이프 이븐 무함마드 이븐 야쿠브 하라비Sayf b. Muḥammad b. Ya'qūb Harawī)의 《헤라트사*Ta'rīkh-nāma-yi Harāt*》(722년경/1322년경까지)가 있다. 다른 지역사 사료의 서지 사항은 처음 인용될 때 주석에서 밝혀두었다.

22 연대는 Faryūmadī, *Dhayl-i Majma' al-ansāb*, ed. (샤반카라이의 《계보집성*Majma' al-ansāb*》 포함) Mīr Hāshim Muḥaddith (Tehran, 1363 sh./1984), 313-14를 따랐다. 무핫디스(Muḥaddith)는 《계보집성 속편*Dhayl-i Majma' al-ansāb*》이 337쪽부터 시작되었다고 보았지만, 이는 너무 뒤쪽으로 잡은 것이다. 1360년대와 1370년대의 사건들이 이 앞부분에 이미 서술되었기 때문이다. Charles Melville, *The Fall of Amir Chupan and the Decline of the Ilkhanate, 1327-37: A Decade of Discord in Mongol Iran*, PIA 30

(Bloomington, IN, 1999) 9 n.14는 샤반카라이의《계보집성 *Majma' al-ansāb*》이 305쪽에서 끝난다고 보았는데, 본문도 이를 따랐다.

23 Charles Melville, 'Ḥamd Allāh Mustawfī's *Ẓadarnāmah* and the historiography of the late Ilkhanid period', in Kambiz Eslami (ed.), *Iran and Iranian Studies: Essays in Honor of Iraj Afshar* (Princeton, NJ, 1998), 1-12 (이 내용은 2)의 지적을 따랐다.

24 Osamu Otsuka〔大塚修〕, 'Research on the continuations of the *Tārīkh-i Guzīda* with a special reference to the newly discovered "Continuation" concerning Jalayerid history 〔『選史』續編の研究 ― 新出史料『ジャイラ―イル朝史(選史續編)』を中心に〕', 《アジア・アフリカ言語文化研究 (*Journal of Asian and African Studies*)》85 (2013), 171-205: 교주校註는 194-205 (원본 사본 BN ms.Supplément persan 172, fos 334b-344b).

25 *Mawāhib*: PL2, II, 784-5. *Manāhīj*: PL, I, 85; *HPL* 360.

26 이 작품은 함둘라 무스타우피 카즈비니의《선사》사본의 뒤에 첨부되었다. Maḥmūd Kutubī, *Ta'rīkh-i āl-i Muẓaffar*, ed. 'Abd al-Ḥusayn Nawā'ī (Tehran, 1335 sh./1956), 33을 보라.《선사》에 대한 서술은 127을 확인할 것.

27 Jean Aubin, 'Le Khanat de Čaġatai et le Khorassan (1334-1380)', *Turcica* 8 (1976), part 2, 16-60 (특히 16). 차가다이 왕조사 서술의 어려움에 대해서는 Woods, 'The rise of Tīmūrid historiography', 81도 참고할 것.

28 P. Jackson, 'Djamāl Karshī', *EI*[2], XII, 240.

29 Michal Biran, 'The mental maps of Mongol Central Asia as seen from the Mamluk Sultanate', in *Chinese and Aisan Geographical and Cartographical Views on Central Asia and Its Adjacent Regions* (Wiesbaden, 2015 = *JAH* 49), 31-51; 'The Mamluks and Mongol Central Asia', in Reuven Amitai and Stephan Cenermann (eds), *The Mamluk Sultanate from the Perspective of Regional and World History*, Mamluk Studies 17 (Göttingen, 2019), 367-89 (이 내용은 376-85).

30 존재가 기록되었으나 현전하지 않는 역사서들의 목록은 Woods, 'The rise of Tīmūrid historiography', 83과 Binbaş, *Intellectual Networks*, 166-9를 보라. 티무르의 회고록이라는 주장이 존재하는《티무르 어록》(또는《티무르의 사건들》)에 대해서는 본문의 〈서론〉을 보라.

31 Shāmī, *ZN*, I, 192.

32 같은 글, I, 139.

33 같은 글, I, 227.

34 HA, *Dhayl-i Ẓafar-nāma*, ed. Felix Tauer, 'Continuation du Ẓafarnāma de Niẓāmuddīn Šāmī par Ḥāfiẓ-i Abrū', *Archiv Orientální* 6 (1934), 429-65 (이 내용은 430).

35 Yazdī, *ZN*, (1957), II, 403/(2008), II, 1236 〔이주연 역주, 〈야즈디《勝戰記》譯註〉, 986〕.

36 *RN* (1915), 25-7/(2000), 47-9 (*DPT*, 51-2). Woods, 'The rise of Tīmūrid historiography', 93-5.

37 *RN* (1915), 207/(2000), 188 (*DPT*, 191). 또한 샤루흐만 찬양되는 *RN* (1915), 36/(2000), 47 (*DPT*, 51)도 비교해보라. 존 우즈의 지적처럼 인용된 부분이 반드시 817/1414년의 파르스 점령 이후로 작성 시점을 한정할 필요는 없을 것 같다. 샤루흐가 811/1409년 트란스옥

시아나와 티무르의 수도 사마르칸드를 손에 넣은 사건만으로도 충분히 설명이 가능하다.

38 Tāj al-Dīn Salmānī, *Shams al-ḥusn*, ed. and tr. Hans Robert Roemer, *Šams al-Ḥusn, eine chronik vom Tode Timurs bis zum Jahre 1409*, VOK 8 (Wiesbaden, 1956), facsimile text, fos 24a, 51b (독일어 편역은 23, 38). Woods, 'The rise of Tīmūrid historiography', 88-9와 *PL2*, II, 815-17도 확인할 것.

39 《이스칸다르 휘하 아무개의 역사서》에만 나오는 구절은 Naṭanzī (1957), 409-35. 따라서 개정본은 1-407.

40 Denise Aigle, 'Les tableaux du Muntaḫab al-tavārīḫ-i Muʿīnī: une originalité dans la tradition historiographique persane', *StIr* 21 (1992), 67-83과 'The historical *taqwīm* in Muslim East', in Aigle, *The Mongol Empire betwwen Myth and Reality. Studies in Anthropological History* (Leiden and Boston, MA, 2015), 89-104 (이 내용은 97-100).

41 Ed. and tr. As 'Anonymous synoptic account of the Timurid house', in Wheeler M. Thackston (ed.), *Album Prefaces and Other Documents on the History of Calligraphers and Painters* (Leiden, Boston, MA, and Cologne, 2001), 88-98 (이전에는 번역본만이 Thackston [ed.], *A Century of Princes. Sources on Timurid History and Art* [Cambridge, MA, 1989], 237-46에 수록됨). Shiro Ando 〔安藤志朗〕, 'Die timuridische Historiographie II — Šaraf al-Dīn ʿAlī Yazdī', StIr 24 (1995), 219-46 (이 내용은 232-3)도 보라. 만약 나탄지가 저자라고 한다면, 이 짧은 내용은 두번째 판본에 포함된 일람표 (jadwal)의 초고일 수 있다.

42 Jean Aubin, 'Le mécénat timouride à Chiraz', *StIsl* 8 (1957), 71-88 (이 내용은 76-7); repr. in Aubin, *Études*, 155-68 (특히 159). Woods, 'The rise of Tīmūrid historiography', 90, 92-3. 나탄지에 대해서는 Priscilla P. Soucek, 'Eskandar b. ʿOmar Šayx n. Timur: A biography', in Bernardini (ed.), *La civiltà Timuride*, I, 73-87 (이 내용은 82).

43 이스칸다르의 궁정에 모인 지식인 서클의 구성원 및 이브라힘 술탄을 위한 야즈디의 활동에 대해서는 각각 Binbaş, *Intellectual Networks*, 89 ff.와 42-50을 확인하라.

44 Yazdī, *ZN*, (1972), fos 7b-8a/(2008), I, 21-2. Binbaş, *Intellectual Networks*, 205-6.

45 Yazdī, *ZN*, (1972), fo. 66b/(2008), I, 182. 이 날짜에 대해서는 Binbaş, *Intellectual Networks*, 239, 244도 보라.

46 Binbaş, *Intellectual Networks*, 203-12, 214-16, 244-6. 또한 'The histories of Sharaf al-Dīn ʿAlī Yazdī: A formal anlysis', *AOH* 65 (2012), 391-417도 아울러 참고할 것.

47 Binbaş, *Intellectual Networks*, 229-34. 빈바쉬가 활용한 이 귀한 사본은 마쉬하드에 있는데, 나는 이를 직접 확인할 수 없었다. 그러나 Ando, 'Die timuridische Historiographie II', 223-34를 보라.

48 Yazdī, *ZN*, (1957), I, 416, 573과 II, 479/(2008), I, 695, 849와 II, 1304 〔이주연 역주, 〈야즈디 《勝戰記》 譯註〉, 515-6, 651-2, 1044〕를 보라. 칭기스 칸의 톨루이 왕통에 대한 예지는 *JT*, I, 618과 II, 785 (*SGK*, 17, 164; *CC*, 215, 272 〔김호동 역주, 《라시드 앗 딘의 집사 3: 칸의 후예들》(사계절, 2005), 15-6, 264〕); Jackson, *The Mongols and the Islamic World*, 100을 보라.

49 본문에 언급된 원정들에 대한 하피즈 아브루의 회고적 서술은 ZT, I, editor's introduction,

pp. Pānzdah-hafdah에 수집되어 있다.

50 하피즈 아브루의 저작에 대한 조사와 평가는 Woods, ʻThe rise of Tīmūrid historiography’, 96-9; Felix Tauer, ʻḤāfiẓ-i Abrū’, *EI2*, III, 57-8; Maria Eva Subtelny and Charles Melville, ʻḤāfeẓ-e Abru’, *EIr*, XI, 507-9를 보라.

51 Sela, ʻRashīd al-Dīn’s historiographical legacy’, 217-18.

52 무자파르 왕조를 제외한 나머지 군주/왕조에 대한 짤막한 설명은 모두 *CO*에서 간단히 확인할 수 있다.

53 예컨대 *ZT*, I, 234-7에는 751~752/1350~1352년 델리 술탄국에서 일어난 독립된 사건들이 삽입되어 있다.

54 Binbaş, *Intellectual Networks*, 246-7.

55 개설적인 설명으로는 Sholeh A. Quinn, ʻThe *Muʻizz al-Ansāb* and the *Shuʻab-i Panjgānah* as sources fort he Chaghatayid period of history: A comparative analysis’, *CAJ* 33 (1989), 229-53; İlker Evrim Binbaş, ʻStructure and function of the genealogical tree in Islamic historiographu (1200-1500)’, in İlker Evrim Binbaş and Nurten Kılıç-Schubel (eds), *Horizons of the World: Festschrift for İsenbike Togan / Hudûdü’l-Âlem: İsenbike Togan’a Armağan* (İstanbul, 2011), 465-544 (특히 517-21); Aigle, ʻThe historical *taqwīm* in Muslim East’, 94-7을 보라. 일부 사본은 《고귀계보》가 15세기 후반부에 최종적인 형태를 갖추었을 가능성을 보여준다. 칭기스 왕조의 계보에서 주요 사본 가운데 두 종(그 가운데 오래된 사본은 프랑스 국립 도서관BN에서 소장하고 있으며, 쇼드몬 보히도브(Şodmon Vohidov)는 이 사본을 토대로 *IKPI*, III에서 교주(校註)했다)이 보이는 차이에 대해서는 Shiro Ando 〔安藤志朗〕, *Timuridische Emire nach dem Muʻizz al-ansāb. Untersuchung zur Stammersaristokratie Zentralasiens im 14. und 15. Jahrhundert*, IU 153 (Berlin, 1992), 21-31이 탁월하게 해석했다.

56 *ZT*, I, 36-44.

57 Woods, ʻThe rise of Tīmūrid historiography’, 91-2.

58 같은 글, 95. Binbaş, *Intellectual Networks*, 226.

59 Felix Tauer, ʻAnalyse des matières de la première moitié du Zubdat-u-tawārīḫ de Ḥāfiẓ-i Abrū’, in Felix Tauer, Věra Kubičková and Ivan Hrbek (eds), *Charisteria Orientalia praecipue ad Persiam pertinentia* (Prague, 1956), 345-73. 야즈디와 하피즈 아브루의 관계에 대해서는 Binbaş, *Intellectual Networks*, 234-6을 보라.

60 Woods, ʻThe rise of Tīmūrid historiography’, 106.

61 Binbaş, *Intellectual Networks*와 같은 저자가 ʻThe Timurids and the Mongol empire’, in Timothy May and Michael Hope (eds), *The Mongol World* (London and New York, 2022), 936-52 (특히 945-6)에서 요약한 바를 참고할 것.

62 이 시각의 차이에 대해서는 Beatrice F. Manz, ʻFamily and ruler in Timurid historiography’, in Devin DeWeese (ed.), *Studies on Central Asian History in Honor of Yuri Bregel*, IUUAS 167 (Bloomington, IN, 2001), 57-78을 확인할 것.

63 ʻAnonymous synoptic account’, in Thackston (ed.), *Album Prefaces*, 92, 93.

64 Naṭanzī (1957), 433/(2004), 316. ʻAnonymous synoptic account’, 90. Soucek, ʻEskandar

b. 'Omar Šayx', 76-7. Binbaş, *Intellectual Networks*, 195-8과 같은 저자의 'Condominial sovereignty and condominial messianism in the Timurid empire: Historiographical and numismatic evidence', *JESHO* 61 (2018), 172-202 (특히 179-80).

65 Naţanzī (1957), 414/(2004), 303. Shāmī, *ZN*, I, 71과 Yazdī, *ZN*, (1957), I, 196/(2008), I, 452 (이주연 역주, 〈야즈디《勝戰記》譯註〉, 292)와 비교해보라.

66 Woods, 'The rise of Tīmūrid historiography', 89-90. Binbaş, 'Condominial sovereignty', 182-3은 나탄지가 역사서를 집필한 과정에 대한 전통적인 해석에 의문을 제기했다.

67 John E. Woods, 'Turco-Iranica II: Notes on a Timurid decree of 1396/798', JNES 43 (1984), 331-7 (특히 334-5). Woods, 'The rise of Tīmūrid historiography', 92.

68 예컨대 Shāmī, *ZN*, I 147을 같은 글의 I, 74와 비교해보라.

69 Woods, 'The rise of Tīmūrid historiography', 103-4.

70 Manz, 'Family and ruler', 59. 흥미로운 점은 이런 당파성이 나중의 채식 필사본에서도 드러난다는 사실이다. 1480년대 우마르 셰이흐의 후예인 술탄 후사인 바이카라(Sulţān Husayn Bāyqarā)의 궁정에서 제작된 야즈디《승전기》에는 우마르 셰이흐를 기리는 삽화가 두 점이나 들어 있다. Charles Melville, 'Visualising Tamerlane: History and its image', *Iran* 57 (2019), 83-106 (특히 86).

71 Kamola, *Making Mongol History*, 179-81과 'A sensational and unique novelty: The reception of Rashid al-Din's World History', *Iran* 58 (2020), 50-61 (특히 57-8)을 보라. 사본의 차가다이 왕통 계보도에 하피즈 아브루가 가한 교정에 대해서는 Kamonla, 'Untangling the Chaghadaids: Why we should and should not trust Rashīd al-Dīn', *CAJ* 62 (2019), 69-90 (특히 80)을 보라.

72 Melville, 'Hamd Allāh Mustawfī's *Ẓafarnāmah*', 1-5.

73 *JT*, I, 32 (*DzhT*, I, part 1, 59-60)를 직접 번역했다. *CC*, 12 및 *JT*, III, ed. Quatremère, 61, 63 (김호동 역주, 《라시드 앗 딘의 집사 1: 부족지》(사계절, 2002), 79: "그렇다면 칭기스 칸의 통치의 시작보다 더 중요해서 그것을 따로 '시점'으로 정의할 만한 사건과 사실이 있겠는가")과 비교해보라.

74 Beatrice F. Manz, 'Mongol history rewritten and relived', in Denise Aigle (ed.), *Figures mythiques des mondes musulmans* (Aix-en-Provence, 2000 = *REMMM* 89-90), 129-49 (이 내용은 143-5).

75 Patrick Wing, *The Jalayirids: Dynastic State Formation in the Mongol Middle East* (Edinburgh, 2016), 14-15.

76 'Abd al-Ḥusayn Nawā'ī (ed.), *Asnād-u mukātabāt-i ta'rīkhī-yi Īrān az Taymūr tā Shāh Ismā'īl* (Tehran, 1341 sh./1962)에 채록되었다.

77 BN ms. Arabe 3423: 델리 승전보 fos 391b-392b (801년 라잡월 1일/1399년 3월 9일자. Nawā'ī [ed.] *Asnād*, 69-73에도 수록); 시리아 승전보 fos 398a-400a (803년 첫번째 라비월 8일/1400년 10월 27일자)/ 앙카라 승전보 fos 400b-402a (805년 무하람월 1일/1402년 8월 1일자). 내가 아는 한 Jean Aubin, 'Comment Tamerlan prenait les villes', *StIsl* 19 (1963), 83-122만이 이 문헌을 검토한 유일한 연구다.

78 C.E. Bosworth, 'al-Ḳalḳashandī', *EI2*, IV, 509-11.

79 티무르와 만날 때까지 이븐 할둔이 했던 활동에 대해서는 Allen J. Fromherz, *Ibn Khaldun, Life and Times* (Edinburgh, 2010), 39-106; Walter J. Fischel, *Ibn Khaldūn in Egypt. His Public Functions and His Historical Research (1382-1405): A Study in Islamic Historiography* (Berkeley and Los Angeles, CA, 1967), 15-44를 보라. 더 간략한 글로 는 M. Talbi, 'Ibn Khaldūn, Walī al-Dīn 'Abd al-Raḥmān', *EI2*, III, 825-31 (이 내용은 825-8)과 Abdesselam Cheddadi, 'Ibn Khaldūn, 'Abd al-Raḥmān', *EI3* (2018), fasc. 4, 83-100 (이 내용은 83-6)이 있다.

80 R.D. McChesney, 'A note on the life and Works of Ibn 'Arabshāh', in Pfeiffer and Quinn (eds), *History and Historiography of Post-Mongol Central Asia*, 205-49 (사마르칸드 를 떠날 때까지 이븐 아랍샤의 생애에 대해서는 209-23). 자자리에 대해서는 İlker Evrim Binbaş, 'A Damascene eyewitness to the Battle of Nicopolis: Shams al-Dīn Ibn [원문 그대로] al-Jazarī (d. 833/1429)' in Nikolaos G. Chrissis and Mike Carr (eds), *Contact and Conflict in Frankish Greece and the Aegean, 1204-1453. Crusade, Religion and Trade between Latins, Greeks and Turks*, Crudades Subsidia5 (Farnham and Burlington, VT, 2014), 153-75 (이 내용은 156-64) 참고. 알리 주르자니와 샴스 알딘 무함마드 자자 리를 다룬 자료로는 Binbaş, *Intellectual Networks*, 92-3가 있다.

81 IA (1979), 9, 25, 83, 204, 314, 351/(1986), 48-9, 72, 139, 336, 450, 481 (*TGA*, 6, 23, 78, 187, 294, 324-5). McChesney, 'A note', 237-9 그리고 n.103. 집필 시점에 대해서는 Ito Takao (伊藤隆郎), 'Al-Maqrīzī's biography of Tīmūr', *Arabia* 62 (2015), 308-27 (특히 313-14) 참고.

82 IA (1979), 136-44/(1986), 211-22 (*TGA*, 125-32); 다른 문헌 인용의 예시는 (1979), 44/(1986), 96 (*TGA*, 42)을 확인할 것.

83 McChesney, 'A note', 206-7의 평가를 확인할 것.

84 IA (1979), 315/(1986), 451-2 (*TGA*, 295-6).

85 같은 책 (1979), 333-5, 338, 349/(1986), 466-8, 470, 479 (*TGA*, 311-13, 314, 322).

86 같은 책 (1979), 330-2/(1986), 465 (*TGA*, 309-10).

87 Marozzi, *Tamerlane*, 85-8과 비교해보라.

88 IA (1979), 128/(1986), 195 (*TGA*, 118). 티무르가 '알닷잘'이라고 규정한 다른 사례에 대 해서는 Aḥmad b. Muḥammad Ibn 'Arabshāh, *Fākihat al-khulafā' wa-mufākahat al-ẓurafā'*, ed. Muḥammad Rajab al-Najjār (al-Kuwayt, 1997), 364/ed. Ayman 'Abd al-Jābir al-Buḥayrī (Cairo, 1421/2001), 355를 확인할 것.

89 IA (1979), 102, 184, 194, 252/(1986), 165, 306 (ṭāgh로 읽음), 320, 391 (*TGA*, 97, 169, 178, 231도 참고할 것).

90 같은 책 (1979), 155-7, 316-18/(1986), 252-5, 452-4 (*TGA*, 143-5, 296-8).

91 같은 책 (1979), 157-8/(1986), 256-7 (*TGA*, 145). *Ta'rīf* (1951), 370-1/(2008), 243 (*IKT*, 35)와 Fischel, *Ibn Khaldūn in Egypt*, 79 n.81도 참고할 것.

92 Robert Irwin, *Ibn Khaldun. An Intellectual Biography* (Princeton, NJ, and Oxford, 2018), 100의 지적에 따름. 이븐 할둔과 티무르의 접견에 대해 이븐 아랍샤가 한 증언에서 의심스러운 부분에 대해서는 *IKT*, 2-3과도 비교해보라.

93 McChesney, 'A note', 240. Ito, 'Al-Maqrīzī's biography of Tīmūr', 312.

94 이븐 할둔의 성공적인 계책에 대해서는 IA (1979), 317-18/(1986), 453-4 (*TGA*, 297-8)과 Muhsin Mahdi, *Ibn Khaldûn's Philosophy of History. A Study in the Philosophic Foundation of the Science of Culture* (London, 1957), 59-60을 보라. Fischel, *Ibn Khaldūn in Egypt*, 61-5는 이 사건에 대한 이븐 아랍샤의 기록을 신뢰하지 않았다. 티무르를 속였다고 하는 또다른 인물은 조치 왕조의 아미르 에디귀다. IA (1979), 89/(1986), 147 (*TGA*, 83-4). 더 자세한 내용은 다음을 보라. Shāmī, *ZN*, I, 125; Yazdī, *ZN* (1957), I, 393-4/(2008), I, 671-2 [이주연 역주, 〈야즈디《勝戰記》譯註〉, 492-4]; John of Sulṭāniyya, *Mémoire*, ed. H. Moranvillé, 'Mémoire sur Tamerlan et sa cour par un Dominicain, en 1403', *BEC* 55 (1894), 441-64 (특히 658).

95 Hookham, *Tamburlaine*, 238의 지적이다. *Ta'rīf* (1951), 378-9/(2008), 252 (*IKT*, 43)를 참고할 것.

96 Taqī al-Dīn Abū Bakr b. Aḥmad Ibn Qāḍī Shuhba, *Ta'rīkh*, ed. 'Adnān Darwīsh, 4 vols (Damascus, 1977-97), IV, 182.

97 IA (1979), 316/(1986), 452 (*TGA*, 296 참고). 더 나아가, 이븐 아랍샤는《칼리프의 열매》에서 이븐 할둔이 "역사가들의 기둥('umdat al-mu'arrikhīn)"이라고까지 상찬한다 (Ibn 'Arabshāh, *Fākihat al-khulafā'*, ed. al-Buḥayrī, 357. Irwin, *Ibn Khaldun*, 100, 217 n.40에서 재인용. ed. al-Najjār, 365도 확인).

98 IA (1979), 316/(1986), 452 (*TGA*, 296).

99 *Ta'rīf* (1951), 229/(2008), 145. Ibn Khaldūn, *al-Muqaddima*, tr. Franz Rosenthal, *Ibn Khaldûn. The Muqaddimah: An Introduction to History*, 2nd edn, 3 vols (Princeton, NJ, 1967, repr. London and Henley, 1986), I, 77-8, 82 [김정아 역주,《무깟디마: 이슬람 역사와 문명에 대한 기록》(소명출판, 2020), 79-81]. 여기서 언급한 구절들에 대한 해설은 Irwin, *Ibn Khaldun*, 40-1을 확인할 것.

100 Irwin, *Ibn Khaldun*, 62는 이븐 할둔이《무깟디마》집필에 앞서 북아프리카의 역사를 정리하기 위해《성찰의 책》의 이 장(章)들을 집필했을 가능성('여러 가능성 가운데 하나')을 제시했다.

101 *Ta'rīf* (1951), 370, 374/(2008), 243, 246 (*IKT*, 35, 38), Ibn Qāḍī Shuhba, *Ta'rīkh*, IV, 182.

102 Ibn Khaldūn, *Kitāb al-'ibar wa-dīwān al-mubtada' wa l-khabar fī ayyām al-'arab wa l-'ajam wa l-barbar wa-man 'āṣarahum min dhawī l-sulṭān al-akbar*, ed. Yūsuf As'ad Dāghir, *Ta'rīkh al-'allāma Ibn Khaldūn*, 7 vols (Beirut, 1956-61), V, 1098-1191을 보라. Reuven Amitai, 'Ibn Khaldūn on the Mongols and their military might', in Kurt Franz and Wolfgang Holzwarth (eds), *Nomad Military Power in Iran and Adjacent Areas in Islamic Period* (Wiesbaden, 2015), 193-208 (특히 195)은《성찰의 책》몽골 부분의 출전 가운데 현전하지 않는 것은 없다고 잠정적으로 결론을 내린다.

103 Ibn Khaldūn, *Kitāb al-'ibar*, V, 258, 262, 1121 (호라즘샤(Khwārazmshāh) 잘랄 알딘(Jalāl al-Dīn) 군대와 벌인 전투에서 톨루이가 전사함); 362 (톨루이가 칭기스 칸에게서 대칸 직위를 승계. 이는 칭기스 칸의 후계자 오고데이의 카안 즉위에 앞서 톨루이

가 2년 동안 감국(監國)을 맡았던 사실과 연관이 있을 수 있다). 앞의 오류는 맘루크 술탄국의 백과사전 편찬자 시하브 알딘 아흐마드 이븐 압둘와하브 알누와이리(Shihāb al-Dīn Aḥmad b. ʿAbd al-Wahhāb al-Nuwayrī, 사망 733/1333)의 *Nihāyat al-arab fī funūn al-adab*(문학 예술에 있어서의 궁극적 목적) [ed. Saʿīd ʿĀshūr with Muḥammad Muṣṭafā Ziyāda and Fuʾād ʿAbd al-Muʿṭī al-Ṣayyād (Cairo, 1405/1985), 328]에서 비롯된 것으로 보인다. Reuven Amitai, ʿAl-Nuwayrī as historian of the Mongols', in Hugh Kennedy (ed.), *The Historiography of Islamic Egypt (c. 950-1800)* (Leiden, 2001), 23-36 (특히 30-1); repr. Amitai, *The Mongols in the Islamic Lands* (Aldershot, 2007). 두번째 착오의 근원은 알려지지 않았다. 가즈니와 바미얀이 오르다 울루스에 속한다는 이븐 할둔의 서술은 바이바르스 알만수리나 알누와이리의 설명을 인용한 것일지 모른다. 이들의 설명은 사실일 가능성이 있다. 이에 대해서는 본문 111쪽을 확인.

104 Walter J. Fischel, ʿIbn Khaldīb's sources fort he history of Jenghiz Khān and the Tatars', *JAOS* 76 (1956), 91-9 (특히 96-7).

105 *Taʿrīf* (1951), 361-65/(2008), 228-38. 몽골인에 대한 서술은 (1951), 360/(2008), 235부터 시작한다.

106 같은 책 (1951), 383/(2008), 255 (*IKT*, 47과 118 n.239). 뒤에도 언급하겠지만, 간략한 접견 내용은 이븐 카디 슈흐바(Ibn Qāḍī Shuhba)의 기록으로 전해진다.

107 *Taʿrīf* (1951), 368/(2008), 239 (*IKT*, 31). *IKT*, 68-9 n.41에서 월터 피셸(Walter J. Fischel)은 이 서술이 IA의 내용과 상충한다고 지적하지만, 티무르가 이븐 할둔의 다마스쿠스 체류에 대해 첩자들을 통해 알았을 가능성도 있다. Fischel, *Ibn Khaldūn in Egypt*, 45와 Mahdi, *Ibn Khaldûn's Philosophy of History*, 58-9. Doris Behrens-Abouseif, *Practising Diplomacy in the Mamluk Sultanate. Gifts and Material Culture in the Medieval Islamic World* (London, 2014), 72도 이븐 할둔의 주장을 수용했다.

108 Taqī al-Dīn Aḥmad b. ʿAlī al-Maqrīzī, *Durar al-ʿuqūd al-farīda fī tarājim al-aʿyān al-mufīda*, ed. Maḥmūd al-Jalīlī, 4 vols (Beirut, 1423/2002), II, 397: *khālaṭa l-ʿaākir wa-ṭalaba minhum anna yūṣilūhu bi-iḥḍārihi....* Ibn Taghrībirdī, *al-Manhal al-ṣāfī*, ed. Muḥammad Muḥammad Amīn, Saʿīd ʿAbd al-Fatḥ ʿĀshūr et al. 9 vols so far (Cairo, 1984-1423/2002), VII, 208에도 비슷하지만 더 간략한 진술이 있다. Taqī al-Dīn Aḥmad b. ʿAlī al-Maqrīzī, *al-Sulūk li-maʿrifat duwal al-mulūk*, ed. Muṣṭafā Ziyāda and Saʿīd ʿAbd al-Fattāḥ ʿĀshūr, 4 vols in 12 parts (Cairo, 1934-72), III, part 3, 1052와 비교해보라.

109 *Taʿrīf* (1951), 368/(2008), 239 (*IKT*, 31). 이는 Fischel, *Ibn Khaldūn in Egypt*, 45의 지적을 따랐다.

110 *Taʿrīf* (1951), 381/(2008), 254 (*IKT*, 45). 이븐 할둔은 행정관들과 관리들의 사면만 거론했을 수도 있다. 같은 책 (1951), 378/(2008), 250 (*IKT*, 42).

111 al-Maqrīzī, *Durar al-ʿuqūd*, II, 397-8: *anta ʿaynī* (문자 그대로 옮기면 '당신은 나의 눈입니다'). 티무르가 회견에서 사용했을 페르시아어에도 이 표현이 있다.

112 *Taʿrīf* (1951), 380, *samiʿtu an sulṭānahum Tamur saʾala ʿannī fa-lam yasaʿu illa liqāwahi*/(2008), 253 (*IKT*, 45).

718

113 《소개》라는 저작의 성격에 대해서는 다음을 보라. Walter J. Fischel, 'Ibn Khaldūn's
Autobiography in the light og external Arabic sources', in Studi orientalistici in onore
di Giorgio Levi della Vida (Rome, 1956), I, 287-308.

114 Ta'rīf (1951), 378, 381 /(2008), 252, 254 (IKT, 43, 45).

115 같은 책 (1951), 370-1, 372/(2008), 243, 244 (IKT, 35, 36).

116 같은 책 (1951), 382/(2008), 255 (IKT, 46). 이 단락에는 모호한 구절이 보인다. IKT,
116-17 nn.230-2에 있는 피셸의 주석을 보라.

117 같은 책 (1951), 370-1, 374, 380/(2008), 243, 247, 253 (IKT, 35, 39, 45). 알레포에 대
해서는 같은 책 (1951), 365/(2008), 238. Josephine Van den Bent, '"None of the kings
on Earth is their equal in 'aṣabiyya": The Mongols in Ibn Khaldūn's works', Al-Masāq
28 (2016), 171-86 (특히 181).

118 이하 내용은 Irwin, Ibn Khaldun, 98-9를 참고할 것. 같은 저자의 'Al-Maqrīzī and
Ibn Khaldūn, historians of the unseen', MSR 7 (2003), 217-30 (특히 219), repr. İn
Irwin, Mamlūk and Crusaders. Men of the Sword and Men of the Pen (Farnham and
Burlington, VT, 2010)과도 비교해보라.

119 Ta'rīf (1951), 371, 372/(2008), 244, 245 (IKT, 35-6, 37). 알아빌리에 대해서는 Irwin,
Ibn Khaldun, 26-7을 보라.

120 Ibn Khaldūn, Kitāb al-'Ibar, V, 1143-4. 실제 호라산 침공은 782/1380~1381년에 일
어났다.

121 Talbi, 'Ibn Khaldūn', EI2, III, 827-8의 설명이다. Mahdi, Ibn Khaldûn's Philosophy
of History, 193-4 n.7은 'umān badawī라는 표현을 '원시 사회'로 새겨야 한다고 주장
했다. 그러나 Irwin, Ibn Khaldun, 185와 Stephen Frederic Dale, The Orange Trees of
Marrakesh. Ibn Khaldun and the Science of Man (Camridge, MA, 2015), 27-8도 보라.

122 Ibn Khaldūn, al-Muqaddima, tr. Rosenthal, I, 179-80, 320-1 〔김정아 역주, 《무깟디마》,
156-7, 268-9〕. Dale, The Orange Trees of Marrakesh, 173, 180-1; 'Ibn Khaldun, the
Yüan and Îl-khân dynasties', in Peter B. Golden et al. (eds), Festschrift for Thomas T.
Allsen in Celevration of His 75th Birthday (Wiesbaden, 2015 = AEMA 21 [2014-15]),
43-52 (이 내용은 45-6).

123 Ta'rīf (1951), 372/(2008), 245 (IKT, 36-7). Dale, The Orange Trees of Marrakesh,
149-50.

124 심지어 예로 든 지역에서도 관찰할 수 있는 이 모델의 한계에 대해서는 Dale, 'Ibn Khaldun,
the Yüan and Îl-khân dynasties', 49-52를 확인할 것. Marie Favereau, The Horde. How
the Mongols Changed the World (Cambridge, MA, 2021), 305-6 〔김석환 옮김, 《말 위
의 개척자, 황금 천막의 제국: 세계를 뒤흔든 호르드의 역사》(까치, 2022), 414-5〕은 이
븐 할둔의 이론이 몽골인들에게는 들어맞지 않는다고 강하게 주장했다. 아울러 다음도
참고할 것. André Wink, 'Post-nomadic empires: From the Mongols to the Mughals',
in Peter Fibiger Bang and C.A. Bayly (eds), Tributary Empires in Global History
(Basingstroke, 2011), 120-31 (특히 121-2); Dale, The Orange Trees of Marrakesh,
204; Jos Gommans, 'The warband in the making of Eurasian empires', in Maaike Van

Berkel and Jeroen Duindam (eds), *Prince, Pen, and Sword: Eurasian Perspectives* (Leiden, 2018), 297-383 (이 내용은 306-7, 322-5); Manz, *Nomads in the Middle East*, 17-18.

125 Amintai, 'Ibn Khaldūn on the Mongols', 197-201.

126 혹은 적어도 시간이 흐르면서 공통의 조상이 존재하지 않는다는 사실마저 흐려지고 잊혔다. Ibn Khaldūn, *al-Muqaddima*, tr. Rosenthal, I, 264-78, 284 (김정아 역주,《무깟디마》, 220-33, 238).

127 같은 책, I, 292-3 (김정아 역주,《무깟디마》, 245-6).

128 Habib, 'Timur in the political tradition and historiography of Mughal India', 297-9.

129 V.L. Ménege, 'The beginning of Ottoman historiography', in Bernard Lewis and P.M. Holt (eds), *Historians of the Middle East* (Oxford and London, 1962), 162-79. Wing, *The Jalayrids*, 11-12는 15세기 후반부터 16세기까지 오스만 사료들을 간결하지만 유용하게 개관한다.

130 Dimitri Kastritsis, 'The Alexander Romance and the rise of the Ottoman empire', in A.C.S. Peacock and Sara Nur Yıldız (eds), *Islamic Literature and Intellectual Life in Fourteenth- and Fifteenth-Century Anatolia*, Istanbuler Texte und Studien 34 (Würzburg, 2016), 243-83 (이 내용은 258-60). Kemal Salay, 'Aḥmedī's history of the Ottoman dynasty', in *Richard Nelson Frye Festschrift I. Essays Presented to Richard Nelson Frye on His Seventieth Birthday by His Colleagues and Students* (Cambridge, MA, 1992 =*JTS* 16), 129-200.

131 이 작품에 대한 상세한 분석으로는 다음이 있다. Heinz Helmut Giesecke, *Das Werk des ʿAzīz ibn Ārdašīr Āstrābāḏī. Eine Quelle zur Geschichte des Spätmittelalters in Kleinasien*, SOL 2 (Leipzig, 1940).

132 Sami G. Massoud, *The Chronicles and Annalistic Sources of the Early Mamluk Circassian Period*, IHC 67 (Leiden and Boston, MA, 2007)에 따르면 이들과 15세기 후반의 저자들은 특정한 연도에서 자신이 다루는 사건(티무르의 시리아 원정과 일치하는 경우는 없다)을 기반으로 조사를 진행했다. 이들 중 일부는 Little, 'Historiograghy of Ayyūbid and Mamlūk epochs', 432-42에서도 다루어졌다.

133 윌리엄 브리너(William M. Brinner)의 교주·역주본 서문 [Muḥammad ibn Muḥammad ibn Ṣaṣrā, *A Chronicle of Damascus 1389-1397 by Muḥammad ibn Muḥammad ibn Ṣaṣrā. The Unique Bodleian Library Manuscript of al-Durra al-Muḍīʾa fī l-Dawla al-Zāhirīya*, ed. and trans. William M. Brinner (Berkeley and Los Angeles, CA, 1963), xiii-xiv]을 보라.

134 이븐 카디 슈흐바는 이븐 두크마크의 804년과 805년 서술을 그대로 빌려왔다. Massoud, *The Chronicles and Annalistic Sources*, 153.

135 같은 책, 81-3, 167-72, 183-9는 이븐 힛지의 저작 및 나중의 이븐 카디 슈흐바가 교정한 내용과의 관계 등을 다룬다.

136 *GAL, Supplement*, III, 177을 확인할 것.

137 이에 대해서는 Irwin, 'Al-Maqrīzī and Ibn Khaldūn', 225-30을 참고하라. 알마크리지의

720

경력 전반에 대한 연구는 Nasser Rabbat, 'Who was al-Maqrīzī? A biographical sketch', *MSR* 7 (2003), part 2, 1-19를 보라.

138 연대에 대해서는 Massoud, *The Chronicles and Annalistic Sources*, 160을 참고할 것.

139 al-Maqrīzī, *al-Sulūk*, III, part 2, 537. 사망 기사는 같은 책, IV, part 1, 26을 보라.

140 F. Rosenthal, 'Ibn Ḥadjar al-ʿAskalānī', *EI2*, III, 776-8.

141 Massoud, *The Chronicles and Annalistic Sources*, 54-60, 116-19, 162-7.

142 Ibn Qāḍī Shuhba, *Taʾrīkh*, IV, 428-42. (라마단월 4일이라는 내용이 추가되긴 했지만) 이븐 힛지에게서 인용한 내용은 같은 책, IV, 437을 보라. 마그레브에 대한 내용은 같은 책 IV, 182로, 이는 접견에 동석한 카디 시하브 알딘 이븐 알이즈(Qāḍī Shihāb al-Dīn Ibn al-ʿIzz)의 증언을 인용했다.

143 Ibn Taghrībirdī, *al-Nujūm al-zāhira fī mulūk Miṣr wa l-Qāhira*, 16 vols (Cairo, 1348-92/1929-72) XII, 253-70; tr. William Popper, *History of Egypt 1382-1469 A.D.*, 8 vols, University of California Publications in Semitic Philology, 13-14, 17-19, 22-24 (Berkeley and Los Angeles, CA, 1954-63), II, 54-63.《빛나는 별들》에서 티무르 사망 기사는 같은 책, XIII, 160-3 (tr. Popper, II, 203-6)을 보라.

144 Jacqueline Sublet & Muriel Rouabah, 'Une famille de textes autour d'Ibn Ḥallikān entre VIIᵉ/XIIIᵉ et XIᵉ/XVIIᵉ siècle. Documents historiques et biographiques arabes conserves à l'IRHT', *BEO* 58 (2008-9), 69-86. 이 문단에서는 이븐 하자르 알아스칼라니의《8세기 중요한 인물들 가운데 숨겨진 진주(al-Durar al-kāmina fī aʿyān al-miʾat al-thāmina)》를 언급하지 않았는데, 이슬람력 9세기에 들어서서 사망한 인물들은 누락되었기 때문이다. 따라서 티무르 항목은 존재하지 않는다. 그나마 다른 표제어들도 내용은 소략한 편이다.

145 al-Maqrīzī, *Durar al-ʿuqūd*, I, 501-59 (no. 377). 알잘릴리(al-Jalīlī)의 교주본(Beirut, 1423/2002)을 활용했다. 이 교주본은 이전의 두 교주본보다 더 정교할 뿐만 아니라, 티무르 항목이 포함된 유일한 교주본이다. Ito, 'Al-Maqrīzī's biography of Tīmūr', 309-11을 확인할 것.

146 할릴 술탄: al-Maqrīzī, *Durar al-ʿuqūd*, II, 66-77 (no. 452). 샤루흐: II, 120-2 (no. 510). 술탄 아흐마드: I, 228-43 (no. 156. 실제 전기는 233에서 시작함). 에디귀: I, 432-6 (no. 353). 바예지드: I, 439-53 (no. 358). 톡타므쉬: I, 495-501 (no. 376). 샤 만수르: III, 427-53 (no. 1366).

147 al-Maqrīzī, *Durar al-ʿuqūd*, I, 287, 558. Joseph Drory, 'Maqrīzī in *Durar al-ʿuqūd* with regard to Timur Leng', in U. Vermeulen, K. D'Hulster and J. Van Steenbergen (eds), Egypt and Syria in the Fatimid, Ayyubid and Mamluk Eras, VII. *Proceedings of the 16th, 17th and 18th International Colloquium Organized at Ghent University in May 2007, 2008, and 2009* (Leuven, Paris and Walpole, MA, 2013), 393-401. Ito, 'Al-Maqrīzī's biography of Tīmūr', 312.

148 McChesney, 'A note', 238.

149 Shihāb al-Dīn Abū l-Daḍl Aḥmad b. ʿAlī Ibn Ḥajar al-ʿAsqalānī, *Inbaʾ al-ghumr bi-ibnāʾ al-ʿumr fī l-taʾrīkh*, ed. Ḥasan Ḥabashī, 3 vols (Cairo, 1389-92/1969-72), II,

301-4/ ed. Muḥammad ʿAbf al-Muʿīd Khān, 9 vols (Hyderabad, A.P. 1387-96/1967-76), V, 231-6. 이븐 하자르가 티무르의 꼭두각시 칸 소유르가트므쉬와 조치 왕조의 톡타므쉬를 착각한 내용은 *ʿIbar*에서도 나온다. 이에 대해서는 12장의 주 151을 보라.

150 Ibn Taghrībirdī, *al-Manhal al-ṣāfī*, II, 131-45.

151 Ito, ʿAl-Maqrīzī's biography of Tīmūr', 321-2. 그러나《진주 목걸이》에 바탕을 둔《샘》의 이븐 할둔 전기는 내용이 상당히 축약되었다. Anne F. Broadbridge, ʿRoyal authority, justice and order in society: The influence of Ibn Khaldūn on the writings of al-Maqrīzī and Ibn Taghrībirdī', *MSR* 7 (2003), part 2, 231-45 (특히 240).

152 Ibn Taghrībirdī, *al-Manhal al-ṣāfī*, IV, 80과 *Durar al-ʿuqūd*, I, 498, 양쪽 모두 톡타므쉬를 베르디벡의 아들이라고, 그 누이를 마마이의 아내라고 말한다.

153 Dale, *The Orange Trees of Marrakesh*, 256-7. 또한 Broadbridge, ʿRoyal authority', 234-40도 참고할 것.

154 Ito, ʿAl-Maqrīzī's biography of Tīmūr', 324-5와 appendix의 발췌문 비교를 보라.

155 al-Maqrīzī, *Durar al-ʿuqūd*, I, 551-3, 555. Ito, ʿAl-Maqrīzī's biography of Tīmūr', 314-15.

156 al-Maqrīzī, *Durar al-ʿuqūd*, II, 397-8.

157 요한네스는 이탈리아 출신이었다고 전해진다. 작자 미상, *Chronographia regum Fran-corum*, ed. H. Moranvillé, 3 vols (Paris, 1891-7), III, 205. 따라서 종래의 학설과 달리 이 요한네스는 전임 나흐츠반 주교로 프랑스 출신인 '요한네스 데 갈로니폰티부스'와 동명이인임이 확실하다. R. Loenertz, ʿEvêques dominicains des deux Arménies', *Archivum Fratrum Praedicatorum* 10 (1940), 258-81 (이 내용은 258-9).

158 Anthony Luttrell, ʿTimur's Dominican envoy', in Colin Heywood and Colin Imber (eds), *Studies in Ottoman History in Honour of Professor V.L. Ménage* (Istanbul, 1994), 209-29 (이 내용은 211-13, 215-17). 요한네스와 그의 동료 프랑키스쿠스(Franciscus)에 대해서는 pp. 305-6, 374을 보라.

159 *Chronographia regum Francorum*, III, 206-23.

160 대부분의 분량은 Anton Kern, ʿDer "Libellus de notitia orbis" Iohannes' III. (de Galonifontibus?) O.P. Erzbischofs von Sultanyeh [원문 그대로]', *Archivum Fratrum Praedicatorum* 8 (1938), 82-123에서 교주가 이루어졌다. 누락되거나 축약된 부분에 대해서는 Universitätsbibliothek Graz ms. 1221 (fos 41a-127a)을 활용했다.

161 Clavijo (1859), 97, 108-9, 162/(1928), 165, 184, 272.

162 David J. Roxburgh, ʿRuy Gonzalez de Clavijo's narrative of courtly life and ceremony in Timur's Samarqand, 1404', in Palmira Brummett (ed.), *The "Book" of Travels: Genre, Ethnology, and Pilgrimage, 1250-1700* (Leiden, 2009), 113-58. 더 개괄적인 설명은 Beatrice F. Manz and Margaret L. Dunaway, ʿClavijo', *EIr*, V, 692-3을 참고할 것.

163 Mignanelli (1764), 139a/(2013), 334-5. Walter J. Fischel, ʿA new Latin source on Tamerlane's conquest of Damascus (1400/1401) (B. de Mignanelli's "Vita Tamerlani" 1415', *Oriens* 9 (1956), 201-32 (이 내용은 230)에 일부가 번역되었다. 저자에 대해서는 Angelo M. Piemontese, ʿBeltramo Mignanelli senese biografo di Tamerlano',

in Bernardini (ed.), *La viciltà Timuride*, I, 213-26을 보라. 더 상세한 전기적 서술은 Mignanelli (2013), 3-87을 보라.

164 Mignanelli (1764), 136a-b, 137a, 138a/(2013), 323-4, 325, 326, 331, 332 (tr. in Fischel, 'A new Latin source', 218-19, 220, 221, 225, 226).

165 T'ovma Metsobets'i, *Patmut'iwn lank-T'amuray ew yajordats' iwrots'*, tr. Robert Bedrosian, *T'ovma Metsobet'si's History of Tamerlane and His Successors* (New Yor, 1987), 1-6, 15-23, 34-5, 37, 49-56.

166 같은 책, 51, 52-3.

167 개관으로는 N. Nicoloudis, 'Byzantine historians on the wars of Timur (Tamerlane) in Central Asia and the Middle East', *Journal of Oriental and African Studies* (Athens), 8 (1996), 83-94를 보라.

168 Jean M. Fiey, 'Sources syriaques sur Tamerlan', *Le Muséon* 101 (1988), 13-20. 바르 에브라야(bar 'Ebrāyā)의 《연대기(*Maktbānut zabnē*)》의 Bodleian ms. Hunt. 52 사본에 포함된 잔편(殘編) 3종은 월리스 버지(E.A. Wallis Budge)가 바르 에브라야의 책을 교주하고 번역하면서 함께 번역했다. Bar Hebraeus, *The Chronography of Gregory Abû'l Faraj ... commonly known as Bar Hebraeus* (London and Oxford, 1932), II, appendices, xxx-liii.

169 Beatrice F. Manz, 'Johannes Schiltverger and other outside sources on the Timurids', in Encarnación Sanchez García, Pablo Martín Asuero and Michele Bernardini (eds), *España y el Oriente islámico entre los siglos XV y XVI (Imperio Ottomano, Persia y Asia central). Actas del congreso Università degli Studi di Napoli 'l'Orientale' Nápoles 30 de septiembre-2 de octubre de 2004* (Istanbul, 2007), 53-62.

170 Binbaş, *Intellectual Networks*, 211-12.

171 이들 역사가에 대해서는 (샤루흐 재위 중심이긴 하지만) Beatrice F. Manz, *Power, Politics and Religion in Timurid Iran* (Cambridge, 2007), 56-62를 참고할 것.

172 호피에 대해서는 같은 책, 64-7을 보라.

173 뒤의 두 역사서에 대해서는 *PL*, I, 90-1을 보라. 그러나 이븐 시하브는 중요하지 않다고 보았는지 생략되었다.

174 이븐 시하브의 경력에 대해서는 Beatrice F. Manz, 'Nomad and settled in the Timurid military', in Reuven Amitai and Michal Biran (eds), *Mongols, Turks, and Others: Eurasian Nomads and the Sedentary World*, BIAL 11 (Leiden and Boston, MA, 2005), 425-57 (특히 448)을 참고할 것.

175 Ibn Fatḥ-Allāh al-Baghdādī, *al-Ta'rīkh al-Ghiyāthī*, ed. Ṭāriq Nāfi' al-Ḥamadānī (Baghdad, 1975), 77. Melville, *The Fall of Amir Chupan*, 10.

176 바그다드 출신이었던 만큼, 잘라이르 왕조에 대한 서술(*al-Ta'rīkh al-Ghiyāthī*, 81-144)이 무자파르 왕조에 대한 서술(같은 책, 147-65)보다 훨씬 상세하다.

177 B. Spuler, 'Abu 'l-Ghāzī Bahādur Khān', *EI2*, I, 120-1.

178 *TGNN*의 연대에 대해서는 아크라모프(A.M. Akramov)가 자신의 교주본에 쓴 서문 [(Tashkent, 1967), 24-5]을 확인할 것.

179 István Vásáry, 'The beginnings of coinage in the Blue Horde', *AOH* 62 (2009), 371-
85 (특히 381, n.13)와 Uli Schamiloglu, 'The *Umdet ül-ahbar* and the Turkic narrative
sources for the Golden Horde and the later Golden Horde', in Hasan B. Paksoy (ed.),
Central Asian Monuments (Istanbul, 1992), 81-93 (이 내용은 88)을 보라.

180 미르자 하이다르의 생애에 대해서는 W. Barthold, 'Ḥaydar Mīrzā', *EI2*, III, 317을 보
라. 《라시드사》는 휠러 색스턴(Wheeler M. Thackston)이 1996년에 발표한 교주·번역본
을 이용했다. 2012년 발표된 번역본(*Classical Writings of the Medieval Islamic World:
Persian Histories of the Mongol Dynasties*, I)의 경우 페르시아어 원문이 빠졌기 때문
이다.

181 두 역사서를 간략하게 비교한 연구로는 Eiji Mano 〔間野英二〕, 'The *Baburnama* and the
Tarikh-i Rashidi: Their mutual relationship', in Lisa Golombek and Maria Subtelny
(eds), *Timurid Art and Culture. Iran and Central Asia in the Fifteenth Century*, Studies
in Islamic Art and Architecture (Supplements to *Muqarnas*, 6) (Leiden, 1992), 44-7이
있다.

182 *TR*, I (text), 4-5, 106, 109-10, II (trans.), 3, 85, 89.

183 E.A. Polyakova, 'Timur as described by the 15th century court historiographers', *IrSt*
21 (1988), nos 1-2, 31-44 (특히 36-43).

제2장 몽골 제국의 통일·확장·분열: 1200?-1335

1 이하 내용은 Manz, *Nomads in the Middle East*, 82-108을 따랐다.

2 D. Sourdel, Ghulām, i. The Caliphate', *EI2*, III, 1079-81; C.E. Bosworth, '… ii. Persia',
같은 책, 1081-4; P. Hardy, '… iii. India', 같은 책, 1084-5. D. Ayalon, 'Mamlūk', *EI2*, VI,
314-21.

3 개설적인 글로는 C. Edmud Bosworth, 'The steppe peoples in the Islamic world', in
NCHI, III, 21-77; 'The political and dynastic history of the Iranican World (A.D. 1000-
1217)', in *CHI*, V, 1-202.

4 이하의 가설은 Nicola Di Cosmo, 'State formation and periodization in Inner Asian
history', *JWH* 10 (1999), 1-40 (이 내용은 8-26)에서 가져왔다.

5 유목 국가의 형성에서 부족 무리와 비교할 때 군사 집단이 지닌 중요성에 대해서는 다
음을 보라. Jürgen Paul, 'The state and the military — a nomadic perspective', in Irene
Schneider (ed.), *Militär und Staatlichkeit. Beiträge des Kolloquiums am 29. und 30.04.
2002*, Orientwissenschaftliche Hefte 12 (Halle, 2003), 25-68 (이 내용은 40-4).

6 Kam Tak-sing 〔甘德星〕, 'The term Mongyol revisited', *CAJ* 60 (2017), 183-206은 '몽골'
이라는 집단명에 대한 가장 최신의 이론을 제시했다.

7 이 이야기와 계보에 대해서는 SH, §§ 17-18, 20-21, 43-50 (tr. De Rachewiltz, I, 3-5,
8-10 〔유원수 역주, 《몽골 비사》(사계절, 2004), 26, 26-7, 32-4〕)과 *JT*, I, 223-5 (*CC*,
82-3 〔김호동 역주, 《라시드 앗 딘의 집사 2: 칭기스 칸 기》(사계절, 2003), 23-4〕)를 보라.
그런데 *JT*, I, 293 (*CC*, 102 〔김호동 역주, 《칭기스 칸 기》, 106〕)에서 라시드 알딘은 칭기스
칸을 보돈차르의 8대손이라고 했다.

8 SH, § 254 (De Rachewiltz, I, 183 〔유원수 역주,《몽골 비사》, 261-2〕). *TJG*, I, 15-16, 26 (*HWC*, 21-3, 36). WR, 84 (*MFW*, 124 〔김호동 역주, 〈루브룩의《몽골 기행》〉,《몽골 제국 기행: 마르코 폴로의 선구자들》(까치, 2015), 163-401 (이 내용은 230)〕). *TN*, II, 99 (tr. Raverty, 937-42). 다른 출전에 대해서는 Thomas T. Allsen, *Commodity and Exchange in the Mongol Empire. A Cultural History of Islamic Textiles* (Cambridge, 1997), 12-13.

9 칭기스 칸의 경력에 대해서는 Ratchnevsky, *Genghis Khan* 〔김호동 옮김,《칭기스칸》〕; Brian, *Chinggis Khan*을 보라. 더 간략하지만 마찬가지로 탁월한 글로는 Thomas T. Allsen, 'The rise of the Mongolian empire and Mongolian rule in North China', in *CHC*, VI, 321-413 (이 내용은 333-43)도 있다.

10 Igor de Rachewilt, 'The title Činggis Qan/Qaγan re-examined', in Walther Heissig and Klaus Sagaster (eds), *Gedanke und Wirkung. Festschrift zum 90. Geburtstag von Nikolaus Poppe*, AF 108 (Wiesbaden, 1989), 281-9. Jackson, *The Mongols and the Islamic World*, 64.

11 SH, §§ 202, 203 (De Rachewiltz, I, 133, 135 〔유원수 역주,《몽골 비사》, 196-7, 200〕).

12 Paul D. Buell, 'The role of the Sino-Mongolian frontier zone in the rise of Cinggis-Qan', in Henry G. Schwarz (ed.), *Studies on Mongolia: Proceedings of the first North American Conference on Mongolian Studies*, SEA 13 (Bellingham, WA, 1979), 63-76.

13 PC, 323 (*MM*, 68 〔김호동 역주, 〈카르피니의《몽골의 역사》〉,《몽골 제국 기행: 마르코 폴로의 선구자들》(2015), 35-161 (이 내용은 156)〕).

14 Peter B. Golden, 'The Türk imperial tradition in the pre-Chinggisid era', in David Sneath (ed.), *Imperial Statecraft: Political Forms and Techniques of Governance in Inner Asia, Sixth-Twentieth Centuries*, SEA 26 (Bellingham, WA, 2006), 23-61 (이 내용은 27 이하)을 보라.

15 Peter B. Golden, 'Imperial ideology and the sources of political unity amongst the pre-Činggisid nomads of western Eurasia', *AEMA* 2 (1982), 37-76 (이 내용은 72). repr. in Golden, *Nomads and Their Neighbours in the Russian Steppe: Turks, Khazars and Qipchaqs* (Aldershot and Burlington, VT, 2003).

16 *TJG*, I, 28 (*HWC*, 39). 같은 이야기를 전하는 훌레구가 프랑스 국왕 루이 9세에게 보낸 국서(國書, 1262)는 Peter Jackson, *The Mongols and the West, 1221-1410*, 2nd edn (London and New York, 2018), 220에서 인용된 바 있다. 그러나 SH, § 244 (De Rachewiltz, I, 168 〔유원수 역주,《몽골 비사》, 241〕)에는 이와 관련해 어떠한 언급도 없다 (같은 책, II, 761에 데 라케빌트츠가 작성한 주석을 보라). 코코추의 경력에 대해서는 Ratchnevsky, *Genghis Khan*, 98-100 〔김호동 옮김,《칭기스 칸》, 91-3〕을 참고할 것.

17 Golden, 'Imperial ideology', 40-72.

18 예컨대 *TJG*, I, 17 (*HWC*, 25)에 따른 설명이다. *EMME*, 530도 확인할 것.

19 Thomas T. Allsen, 'Spiritual geography and political legitimacy in the eastern steppe', in Henri J.M. Claessen and Jarich G. Oosten (eds), *Ideology and the Formation of Early States* (Leiden, 1996), 116-35 (이 내용은 124-8). Allsen, 'A note on Mongol imperial ideology', in Volker Rybatzki, Alessandra Pozzi, Peter W. Geier and John R. Krueger

(eds), *The Early Mongols: Language, Culture and History. Studies in Honor of Igor de Rachewiltz on the Occasion of His 80th Birthday*, IUUAS 173 (Bloomington, IN, 2009), 1-8 (특히 2). Timothy May, 'Nökhöd to noyad: Chinggis Khan's social revolution', *Mongolica* 19 (40) (2006), 296-308 (특히 298-300). 이전 초원 정치체에서의 외튀겐이 으쉬에 대해서는 Allsen, 'Spiritual geography'과 Golden, 'The Türk imperial tradition', 48-50을 보라.

20 WR, 86, "habent pro regali" (*MFW*, 125 〔김호동 역주, 〈루브룩의《몽골 기행》〉,《몽골 제국 기행: 마르코 폴로의 선구자들》(까치, 2015), 163-401 (이 내용은 231-2)〕).

21 John W. Dardess, 'From Mongol empire to Yüan dynasty: Changing forms of imperial rule in Mongolia and Central Asia', *Monumenta Serica* 30 (1972-3), 117-65 (이 내용은 118-21). Christopher P. Atwood, 'Imperial itinerance and mobile pastoralism: The state and mobility in medieval Inner Asia', *Inner Asia* 17 (2015), 293-349.

22 Michal Biran, 'The Mongol transformation: From the steppe to Eurasian empire', in Johann P. Arnason and Björn Wittrock (eds), *Eurasian Transformations, Tenth to Thirteenth Centuries. Crystallizations, Divergences, Renaissances* (Leiden and Boston, MA, 2004 =ME 10), 339-61 (이 내용은 342, 347).

23 같은 글, 345-6, 349.

24 Eric Voegelin, 'The Mongol orders of submission to European powers, 1245-1255', *Byzantion* 15 (1940-1), 378-413 (특히 386-9의 인용문들); 이를 개정한 글은 Ellis Sandoz (ed.), *Collected Works of Eric Voegelin*, X: 1940-1952 (Columbia, MO, 2000), 76-125 (이 내용은 91, 96-7); Igor de Rachewiltz, 'Some remarks on the ideological foundations of Chinggis Khan's empire', *Papers on Far Eastern History* 7 (1973), 21-36을 보라.

25 구육이 1247년 교황의 사절 아셀랭(Ascelin)을 통해 전달한 최후통첩 [Simon of Saint-Quentin, *Historia Tartarorum*, ed. Jean Richard, *Simon de Saint-Quentin. Histoire des Tartares* (Paris, 1965), 115-16 (Vincent of Beauvais, *Speculum historiale*, xxxii, 52에서 발췌)]과 몽케가 루이 9세에게 보낸 최후통첩 [WR, 274 (*MFW*, 248 〔김호동 역주, 〈루브룩의《몽골 기행》〉, 369-70〕)]을 보라. 두 국서 모두 Voegelin, 'The Mongol orders of submission', 389, 391 (그리고 409도 참고)에 수록되었다. 이 정형적인 구절은 (칭기스 칸이 아니라 구육의 이름이 나오긴 하지만) PC, 293 (*MM*, 43 〔김호동 역주, 〈카르피니의《몽골의 역사》〉, 121〕)에도 인용되었다.

26 칭기스 왕조가 지닌 청사진의 '영적' 측면에 대해서는 Antti Ruotsala, *Europeans and Mongols in the Middle of the Thirteenth Century: Encountering the Other* (Helsinki, 2001), 105-6과 Sh. Bira, 'Mongolian Tenggerism and modern globalism: A retrospective outlook on globalisation', *JRAS*, 3rd series, 14 (2004), 1-12라는 탁월한 연구가 있다. 그리고 최근에는 Jonathan Brack, 'Chinggisid pluralism and religious competition: Buddhists, Muslims, and the question of violence and sovereignty in Ilkhanid Iran', *Modern Asian Studies* 56 (2022), 815-39 (이 내용은 821-3)라는 탁월한 성과도 나왔다.

27 이 두 용어에 대해서는 Paul Pelliot, 'Les Mongols et la papauté', *Revue de l'Orient*

Chrétien 23, 24 and 28 (1922-3, 1924 and 1931-2), 26, 126-7 (쪽수는 각 논문이 수록된 호에 따라 다르다); Antoine Mostaert and Francis W. Cleaves, 'Trois documents mongols des archives secrètes vaticanes', *HJAS* 15 (1952), 419-506 (이 내용은 485, 492-3); SH, I, 550, 551에 딸린 데 라케빌트츠의 주석을 보라.

28 Pelliot in 'Les Mongols et la papauté', 15-16에 실린 페르시아어 원문의 번역 (프랑스어 번역문은 21). Igor de Rachewiltz, *Papal Envoys to the Great Khans* (London and Stanford, CA, 1971), 214의 영어 번역문도 아울러 참고하라. 〔한국어 번역문은 김호동 역주, 〈참고 자료 3: 카르피니를 통해서 구육 칸이 교황 인노켄티우스 4세에게 보낸 친서〉, 《몽골 제국 기행: 마르코 폴로의 선구자들》(까치, 2015), 445-7 (이 내용은 446-7)을 인용〕

29 Kim Hodong 〔김호동〕, 'Was 'Da Yuan' a Chinese dynasty?', *JSYS* 45 (2015), 279-305 (특히 286-7); 'Formation and changes of uluses in the Mongol empire', in Michal Biran (ed.), *Mobility Transformations and Cultural Exchange in Mongol Eurasia* (Leiden, 2019 = *JESHO* 62, nos 2-3), 269-317 (이 내용은 271-2, 274-5).

30 반면 Allsen, 'The rise of the Mongolian empire', 351-2는 1211~1212년의 작전이 순전히 약탈물을 확보하기 위함이었고, 금나라 영토에 몽골 주둔군이 배치된 시점도 1215년 이전은 아니라고 보았다.

31 SH, § 203 (tr. De Rachewiltz, I, 135 〔유원수 역주, 《몽골 비사》, 200〕. 아울러 같은 책, II, 770-1에 있는 데 라케빌트츠의 주석도 확인할 것).

32 Julian, 'Epistula de vita Tartarorum', in Heinrich Dörrie (ed.), 'Drei Texte zur Geschichte der Ungarn und Mongolen: die Missionsreisen des fr. Iulianus O.P. ins Ural-Gebiet (1234/5) und nach Rußland (1237) und der Bericht des Erzbischofs Peter über die Tartaren', *Nachrichten der Akademie der Wissenschaften in Göttingen, phil.-hist. Klasse* (1956), no. 6, 125-202 (이 내용은 172).

33 David O. Morgan, 'The Mongols and the eastern Mediterranean', in Benjamin Arbel, Bernard Hamilton and David Jacoby (eds), *Latins and Greeks in the Eastern Mediterranean after 1204* (London, 1989 = *Mediterranean Historical Review* 4, no. 1), 198-211 (이 내용은 200). Morgan, *Medieval Persia*, 61도 참고. Biran, *Chinggis Khan*, 73도 참조하라.

34 이하 내용은 *TJG*, I, 31-2 (*HWC*, 42-3)를 참고할 것.

35 *TMEN*, I, 175-8 (no. 54: "Inbegriff der Untertanen eines Herrschers").

36 Anne F. Broadbridge, *Women and the Making of the Mongol Empire*, CSIC (Cambridge, 2018), 230-1을 보라.

37 일부 학자는 이를 '백(白) 오르다(Aq Orda)'라고 부르기도 한다. 예컨대 K.Z. Ashrafyan, 'Central Asia under Timur from 1370 to the early fifteenth century', in *HCCA*, IV, part 1, 319-45 (특히 328).

38 *TJG*, III, 3 (*HWC*, 549)와 WR, 42 (*MFW*, 92) 〔김호동 역주, 〈루브룩의 《몽골 기행》〉, 195-6〕.

39 *TJG*, I, 31-2, 146 ("톨리(Toli)의 영지는 (…) 그 인근이었다"라고 한 *HWC*, 43의 해석은 원문은 물론 186의 내용과도 합치되지 않는다). Jackson, *The Mongols and the Islamic*

World, 102를 참고할 것.

40 *Masālik*, 원문, 1, 15 (독일어 번역, 91, 100).

41 SH, §§ 269-70 (tr. De Rachewiltz, I, 200-1 〔유원수 역주,《몽골 비사》, 283〕; II, 988의 주
석도 확인)을 보라.

42 Peter Jackson, 'From *ulus* to khanate: The making of the Mongol states, c. 1220-c.
1290', in Amitai-Preiss and Morgan (eds), *The Mongol Empire and Its Legacy*, 12-
38 (이 내용은 21-3). 더 상세한 내용은 Thomas T. Allsen, 'Sharing out the empire:
Apportioned lands under the Mongols', in Anatoly M. Khazanov and André Wink (eds),
Nomads in the Sedentary World (Richmond, Surrey, 2001), 172-90을 보라.

43 Qiu Yihao 〔邱軼皓〕, 'Independent ruler, indefinable role: Understanding the history of
the Golden Horde from the perspectives of the Yuan dynasty', in Marie Favereau (ed.),
La Horde d'Or et l'islamisation des steppes euroasiatiques (Aix-en-Provence, 2018 =
REMMM 143, part 1), 29-48 (이 내용은 33-8).

44 Rukn al-Dīn Baybars al-Manṣūrī al-Dawādār (d. 725/1325), *Zubdat al-fikra fī ta'rīkh
al-hijra*, ed. D.S. Richards, BI 42 (Beirut, 1998), 365; al-Nuwayrī, XXVII, 377-8 (매
우 상세함). Peter Jackson, 'The dissolution of the Mongol empire', *CAJ* 22 (1978), 186-
244 (이 내용은 244).

45 Naṭanzī (1957), 427/(2004), 311.

46 *TJG*, I, 24 (HWC, 32). SH, § 153 (tr. De Rachewiltz, I, 76; 〔유원수 역주,《몽골 비사》,
121〕몽골식 용어에 대해서는 같은 책, I, 567의 주석을 보라). PC, 298 (*MM*, 47) 〔김호동
역주, 〈카르피니의《몽골의 역사》〉, 125-6〕은 약탈 때문에 전투를 너무 빨리 중단하는 행
위에 대한 처벌이 사형이었음을 알려준다.

47 Thomas T. Allsen, 'Preliminary remarks on redistribution in the Mongolian empire',
Mongolica 18 (39) (2006), 35-48 (특히 36-7). 이 조치에 대해서는 SH, § 153 (tr. De
Rachewiltz, I, 76 〔유원수 역주,《몽골 비사》, 121〕); İsenbike Togan, *Flexibility and
Limitation in Steppe Formations. The Kerait Khanate and Chinggis Khan* (Leiden, New
York and Cologne, 1998), 90-1, 99를 보라.

48 Togan, *Flexibility and Limitation in Steppe Formations*, 111-12, 118, 124-5.

49 케식에 대한 개괄적 설명은 Ch'i-ch'ing Hsiao 〔蕭啟慶〕, *The Military Establishment
of the Yüan Dynasty* (Cambridge, MA, 1978), 34-8; Thomas T. Allsen, 'Guard and
government in the reign of the Grand Qan Möngke, 1251-59', *HJAS* 46 (1986), 495-
521 (이 내용은 514-15); S.M. Grupper, 'A Barulas family narrative in the Yuan Shih:
Some neglected prosopographical and institutional sources on Timurid origins', *AEMA* 8
(1992-4), 11-97 (이 내용은 38-52); Charles Melville, 'The keshig in Iran: The survival
of the royal Mongol household', in Komaroff (ed.), *Beyond the Legacy of Genghis
Khan*, 135-64; Michael Hope, 'The Keshig', in May and Hope (eds), *The Mongol World*,
370-81을 보라. Gommans, 'The warband', 316-21은 케식의 계속된 확대가 칭기스 칸이
거둔 성공의 열쇠로, 특히 유목민 전사의 힘을 빼지 않으면서도 정주민을 통합하는 데 기여
했다는 탁월한 설명을 제시한다.

50 *TMEN*, II, 460-74 (no. 879); *EMME*, 133; Marie Favereau, 'Tarkhan: A nomad institution in an Islamic context', in Favereau (ed.), *La Horde d'Or et l'islamisation*, 165-89를 확인할 것.

51 Peter B. Golden, '"I will give the people unto thee": The Činggisid conquests and their aftermath in the Turkic world', *JRAS*, 3rd series, 10 (2000), 21-41 (특히 22-6). Thomas T. Allsen, 'Technologies of governance in the Mongolian empire: A geographic overview', in Sneath (ed.), *Imperial Statecraft*, 117-40 (특히 134-5). 아울러 칭기스 칸이 자신의 가족들을 견제하기 위해 이 새로운 엘리트층을 양성했다고 본 May, 'Nökhöd to noyad', 300-7도 확인할 것.

52 SH, §§ 186-187 (tr. De Rachewiltz, I, 108-9 〔유원수 역주, 《몽골 비사》, 163〕).

53 Ratchnevsky, *Genghis Khan*, 93 〔김호동 옮김, 《칭기스칸》, 88〕.

54 예컨대 콩기라트부 출신 노얀들이 얼마나 다양한 왕공들 휘하에 배치되었는지를 보라. *JT*, I, 159-60 (*DzhT*, I, part 1, 395; *CC*, 60 〔김호동 역주, 《부족지》, 269〕). 일칸국의 군사 귀족층에 대한 설명도 확인하라. 같은 책, II, 975 (*DzhT*, III, 22; *CC*, 340 〔김호동 역주, 《라시드 앗 딘의 집사 4: 일 칸들의 역사》(사계절, 2018), 38-9〕). '잘라이르 디아스포라'에 대해서는 Wing, *The Jalayrids*, 39-42을, 개설적인 설명은 Michal Biran, 'Introduction', in Biran (ed.), *In the Service of the Khans: Elites in Transition in Mongol Eurasia* (Bern, 2017 = AS 71, part 4), 1051-7 (특히 1054)을 참고할 것.

55 몽골어 오르다(orda)/튀르크어 오르두(ordu), '군영(軍營)'. *TMEN*, II, 32-9 (no. 452: "Palastzelt, Heerlager")를 확인할 것.

56 *JT*, I, 67-8 (*DzhT*, I, part 1, 134-6; *CC*, 27-8 〔김호동 역주, 《부족지》, 131-3〕).

57 Morgan, *The Mongols*, 79 〔권용철 옮김, 《몽골족의 역사》, 133의 번역을 일부 수정함〕.

58 이 문제에 대해서는 Wing, *The Jalayrids*, 34-5와 Joseph Fletcher, 'The Mongols: Ecological and social perspectives', *HJAS* 46 (1986), 11-50 (이 내용은 37)의 논의를 참고하라.

59 Wing, *The Jalayrids*, 3-4, 17, 39-43에서 강조되었다.

60 Golden, 'I will give the people unto thee', 38-9.

61 Timothy May, 'Mongol conquest strategy in the Middle East', in Bruno De Nicola and Charles Melville (eds), *The Mongols' Middle East. Continuity and Transformation in Ilkhanid Iran* (Leiden, 2016), 13-37 (특히 13-14, 22-3). Biran, *Chinggis Khan*, 64.

62 바스칵은 군정 총독, 다루가(치)는 문민 총독이었다는 Donald Ostrowski, 'The tamma and the dual-administrative structure of the Mongol empire', *BSOAS* 61 (1998), 262-77의 주장에는 동의할 수 없다. 바스칵과 다루가(치)가 같은 관직의 다른 표기였다는 설명에 대해서는 István Vásáry, 'The origin of the institution of *basqaq*s', *AOH* 32 (1978), 201-6; repr. in Vásáry, *Turks, Tatars and Russians in the 13th-16th Centuries* (Aldershot and Burlington, VT, 2007)를 참고할 것.

63 파르스·케르만·헤라트의 지방 왕조에 대해서는 Lane, *Early Mongol Rule* 5장을 보라.

64 W.E. Henthorn, *Korea: The Mongol Invasions* (Leiden, 1963), 194. Thomas T. Allsen, 'The Yüan dynasty and the Uighurs of Turfan in the 13th century', in Morris Rossabi (ed.),

China among Equals. The Middle Kingdom and Its Neighbors, 10th-14th Centuries (Berkeley and Los Angeles, CA, 1983), 243-80 (이 내용은 261). Reuven Amitai, 'Mongol provincial administration: Syria in 1260 as a case study', in Iris Shagrir, Ronnie Ellenblum and Jonathan Riley-Smith (eds), *In laudem Hierosolymitani. Studies in Crusades and Medieval Culture in Honour of Benjamin Z. Kedar*, Crusades, Subsidia 1 (Aldershot, 2007), 117-43 (이 내용은 139).

65 I.P. Petrushevsky, 'The socio-economic condition of Iran under the Īl-K͟hāns', in *CHI*, V, 483-537 (이 내용은 529-30)과 John Masson Smith, Jr, 'Mongol and nomadic taxation', *HJAS* 30 (1970), 46-85 (이 내용은 50-60)의 해석과는 다르다. 쿱추르에 대해서는 Thomas T. Allsen, *Mongol Imperialism. The Policies of the Grand Qan Möngke in China, Russia, and the Islamic Lands, 1251-1259* (Berkeley and Los Angeles, CA, 1987), 163-70을 보라. 몽골 시대와 포스트 몽골 시대의 세제에 대해서는 Bert G. Fragner, 'Social and internal economic affairs', in *CHI*, VI, 491-567 (이 내용은 533 ff.) 을 확인할 것.

66 Márton Vér, 'The origins of the postal system of the Mongol Empire', *AEMA* 22 (2016), 227-39.

67 David Morgan, 'Reflections on Mongol communications in the Ilkhanate', in Carole Hillenbrand (ed.), *Studies in Honour of Clifford Edmund Bosworth*, II: *The Sultan's Turret. Studies in Persian and Turkish Culture* (Leiden, 2000), 375-85. Adam J. Silverstein, *Postal Systems in the Pre-Modern Islamic World* (Cambridge, 2007)의 4 장 (특히 144-8). Hosung Shim (심호성), 'The jam system: The Mongol institution for communication and transportation', in May and Hope (eds), *The Mongol World*, 382-93. 역로(驛路)에 대해서는 Hosung Shim, 'The postal roads of the Great Khans in Central Asia under the Mongol-Yuan empire', *JSYS* 44 (2014), 405-69 (심호성, 〈몽골帝國期 東部 중앙아시아 驛站 교통로의 변천〉,《東洋史學研究》118 (2012), 87-151]를 확인할 것.

68 Paul D. Buell, 'Sino-Khitan administration in Mongol Bukhara', *JAH* 13 (1979), 121-51 (특히 141-7).

69 *JT*, I, 665 (*SGK*, 55-6; *CC*, 230 [김호동 역주,《칸의 후예들》, 86-8]).

70 알탄 우룩이라는 용어에 대해서는 Henry Serruys, 'Mongol altan "gold" = "imperial"', *Monumenta Serica* 21 (1962), 357-78 (이 내용은 359-60)을, 그리고 알탄(altan)이라는 용어 전반에 대해서는 Allsen, *Commodity and Exchange*, 61-3을 보라.

71 *JT*, I, 144 (*DzhT*, I, part 1, 350-1; *CC*, 55 [김호동 역주,《부족지》, 247-8]).

72 구레겐의 지위에 대해서는 Ishayahu Landa, 'Imperial sons-in-law on the move: Oyirad and Qonggirad dispersion in Mongol Eurasia', *AEMA* 22 (2016), 161-97; *TMEN*, I, 475-7 (no. 340)를 참고.

73 카라추에 대해서는 *TMEN*, I, 397-8 (no. 274: 'Nichtadliger, …')을 확인할 것.

74 *Masālik*, 원문, 6-7 (독일어 번역, 95).

75 따라서 조치 왕조의 사절이었던, 키야트 출신 악 부카(Aq Buqa)는 715/1315년 타브리즈에서 잘라이르 아미르 후사인(잘라이르 왕조의 창건자 셰이흐 하산 부주르그의 아버

지)이 앉아 있는 자신에게 잔을 넘기는데도 이를 결례라며 욕을 퍼부었다. Jamāl al-Dīn Abū l-Qāsim ʿAbd-Allāh Qāshānī, *Ta'rīkh-i Uljāytū Sulṭān*, ed. Mahin Hambly (Tehran, 1348 sh./1969), 175.

76 David Christian, *A History of Russia, Central Asia and Mongolia*, II: *Inner Eurasia from the Mongol Empire to Today, 1260-2000* (Malden, MA, and Oxford, 2018), 15-18.

77 Allsen, *Mongol Imperialism*, 213-16.

78 Golden, 'I will give the people unto thee', 24-5.

79 Dörrie (ed.), 'Drei Texte', 177.

80 이 분류는 *JT*, I, 16, 40, 43, 65, 145 (*DzhT*, I, part 1, 30, 76, 82, 129-30, 352; *CC*, 7, 18, 27, 56 〔김호동 역주,《부족지》, 62-3, 93, 97, 125, 249〕)을 확인할 것. 바룰라스에 대해서는 같은 책, I, 201 (*DzhT*, I, part 1, 530-1; *CC*, 74 〔김호동 역주,《부족지》, 326-7〕)에 간략히 언급되었다.

81 같은 책, I, 78 (*DzhT*, I, part 1, 163-4. *CC*, 32의 번역을 약간 수정했다. 〔본문의 번역은 김호동 역주,《부족지》, 151을 따름〕) 아울러 Kim, 'Formation and changes of uluses', 273-4의 지적도 확인할 것.

82 J. Holmgren, 'Observations on marriage and inheritance practices in early Mongol and Yüan society, with particular reference to the levirate', *JAH* 20 (1986), 127-92. Louis Hambis, 'Une coutume matrimoniale chez les Mongols et les peuples de Haute-Asie', in *Mélanges offerts à Jean Dauvillier* (Toulouse, 1979), 385-93. Alice Sárközi, 'Levirate among the Mongols', in Elena V. Boikova and Rostislav B. Rybakov (eds), *Kinship in the Altaic World: Proceedings of the 48th Permanent Altaistic Conference, Moscow, 10-15 July 2005* (Wiesbaden, 2006), 259-67.

83 Igor de Rachewiltz, 'Some reflections on Činggis Qan's ǰasaγ', *East Asian History* 6 (1993), 91-104 (특히 97); István Vásáry, 'Yāsā and Sharīʿa: Islamic attitudes towards the Mongol law in the Turco-Mongolian world (from the Golden Horde to Timur's time)', in Gleave and Kristó-Nagy (eds), *Violence in Islamic Thought*, 58-78 (특히 69)을 보라. 마찬가지로, 칭기스 칸과 칭기스 왕조 구성원 다수가 묻힌 몽골고원의 부르칸 칼둔산 인근의 성소는 "대금구(大禁區, ghuruq-i buzurg)", 즉 제국의 성역으로 불렸다. Vásáry, 'Yāsā and Sharīʿa', 72. 튀르크어 고룩(ghoruq)/코룩(qoruq)에 대해서는 *TMEN*, III, 444-50 (no. 1462: 'Reservat, tabu, Verbotenes…', 특히 446의 예문)을 보라.

84 가장 최근에 정리된 글은 다음이다. Denise Aigle, 'The Yasa', in May and Hope (eds), *The Mongol World*, 319-30.

85 David Ayalon, 'The Great *Yāsa* of Chingiz Khān: A re-examination (A)', *StIsl* 33 (1971), 99-140; repr. in Ayalon, *Outsiders in the Lands of Islam. Mamluks, Mongols and Eunuchs* (London, 1988).

86 D.O. Morgan, '"The "Great *Yāsa* of Chingiz Khān" and Mongol law in the Īlkhānate', *BSOAS* 49 (1986), 163-76 (특히 167-8); repr. in G.R. Hawting (ed.), Muslims, Mongols and Crusaders (London and New York, 2005), 198-211 (특히 202-3).

87 *TJG*, I, 17-18 (*HWC*, 25). Morgan, 'The Great *Yāsā* of Chingiz Khān', 166; repr. in

Hawting (ed.), *Muslims, Mongols and Crusaders*, 201.

88 *JT*, I, 488 [*CC*, 10: "새로 법령을 제정했다(laid down new regulations)"]. Morgan, 'The Great Yāsā of Chingiz Khān', 165; repr. in Hawting (ed.), *Muslims, Mongols and Crusaders*, 200의 번역과도 비교해보라. [김호동 역주, 《칭기스 칸 기》, 326-7: "새로운 규정과 규범(yōsūn)과 법령(yāsāq)을 정해"]

89 *JT*, I, 663 (*SGK*, 54; *CC*, 230 [김호동 역주, 《칸의 후예들》, 85]).

90 Waṣṣāf (1853), 560 2-5행/(2009), 378 (구절을 누락함).

91 같은 책 (1853), 17 21-22행 (*GW*, I, 원문 35, 번역 35). Morgan, 'The Great Yāsā of Chingiz Khān', 169; repr. in Hawting (ed.), *Muslims, Mongols and Crusaders*, 204.

92 PC, 263-4 (*MM*, 25 [김호동 역주, 〈카르피니의 《몽골의 역사》〉, 85-6])에서는 원정 중에 보급이 부족한 급박한 상황에서 병사는 피와 내장을 비롯해 동물에서 섭취할 수 있는 어떤 부위도 버리면 안 된다는 법규(statutum)도 언급된다.

93 같은 책 264, 284-5, 293 (*MM*, 25, 38, 43 [김호동 역주, 〈카르피니의 《몽골의 역사》〉, 85-6, 112, 121]). *TJG*, I, 17 (cf. *HWC*, 24)에서 칭기스 칸이 "야사와 자신이 내린 판결에 따라 (bar ḥasb-i yāsā wa-ḥukmī ki lāzim kardast)" 자신에게 저항한 지배자라면 그게 누구든 그 피후견인·가족·병사 들과 함께 모두 죽였다고 했을 때의 야사는 이 법령임이 분명하다.

94 PC, 264 (*MM*, 25 [김호동 역주, 〈카르피니의 《몽골의 역사》〉, 86]). 쿠릴타이에 관해서는 Florence Hodous, 'The *Quriltai* as a legal institution in the Mongol empire', *CAJ* 56 (2012-13), 87-102를 확인할 것.

95 PC, 264 (*MM*, 25 [김호동 역주, 〈카르피니의 《몽골의 역사》〉, 86])는 옷치긴이 칭기스 칸의 조카라고 잘못 전한다. *TJG*, I, 199, 210 (*HWC*, 244, 255).

96 Muḥammad b. ʿAlī Shabānkāraʾī, *Majmaʿ al-ansāb*, ed. Mīr Hāshim Muḥddith (Tehran, 1363 sh./1984), 303. Wing, *The Jalayirids*, 82.

97 목록은 PC, 234-40 (*MM*, 11 [김호동 역주, 〈카르피니의 《몽골의 역사》〉, 58])을 보라. 음식을 뱉는 행위를 금지한 것을 위의 주 92에서 언급한, 동물에서 섭취할 수 있는 어느 부위도 버리면 안 된다는 명령과 비교해보라.

98 *TJG*, I, 161 "yāsā-u ādhin"; I, 227 "yāsā-u āyīn" (*HWC*, 204, 272). 정주 문화 태생의 외부 관찰자들이 법과 관행을 구분하지 못했다고 주장한 Denise Aigle, 'Mongol law versus Islamic law: Myth and reality', in her *The Mongol Empire between Myth and Reality*, 134-56 (특히 134, 137-40)과 'Le Grand Jasaq de Gengis-Khan, l'empire, la culture mongole et le Shariʾa', *JESHO* 47 (2004), 31-79 (특히 33, 41-2, 47-8)와 비교해보라. PC, 205 (*MM*, 17 [김호동 역주, 〈카르피니의 《몽골의 역사》〉, 68])에서와 같이 때때로 구분했는지 의심스러운 경우도 있으나, 대체로 굉장히 유사했던 것 같다.

99 Manz, *Nomads in the Middle East*, 135.

100 Christopher P. Atwood, '*Ulus* emirs, *keshig* elders, signatures, and marriage partners: The evolution of a classic Mongol institution', in Sneath (ed.), *Imperial Statecraft*, 141-73. Jackson, *The Mongols and the Islamic World*, 115. 더 개설적인 설명은 İsenbike Togan, 'Variations in the perception of jasagh', in D.A. Alimova (ed.), *Markazii Osiyo tarikhi zamonavii medievistika talkinida (Professor Roziia Mukminova*

khotirasiga bagishlanadi) / History of Central Asia in Modern Medieval Studies (In Memoriam of Professor Roziya Mukminova) (Tashkent, 2013), 67-101을 참고할 것.

101 Ken'ichi Isogai 〔磯貝健一〕, '*Yasa* and *Shari'a* in early 16th century Central Asia', in Szuppe (ed.), *L'Héritage timouride*, 91-103.

102 *TJG*, I, 149, 155 (*HWC*, 189-90, 196). Morgan, 'The Great Yāsā of Chingiz Khān', 171; repr. in Hawting (ed.), Muslims, Mongols and Crusaders, 206.

103 Waṣṣāf (1853), 561 12-18행/(2009), 378-9.

104 TJG, I, 211 (HWC, 256). David Morgan, 'The "Great Yasa of Chinggis Khan" revisited', in Amitai and Biran (eds), *Mongols, Turks, and Others*, 291-308 (특히 302-3).

105 Waṣṣāf (1853), 504 15-16행/(2009), 254 (*GW*, IV, 282)

106 *JT*, II, 1060 (*DzhT*, III, 102; *CC*, 368 〔김호동 역주,《일 칸들의 역사》, 154〕).

107 De Rachewiltz, 'Some reflections on Činggis Qan's jasaɣ', 97, 98. 더 넓은 의미로 사용된 예는 SH, §189 〔유원수 역주,《몽골 비사》, 167〕와 SH, II, 683의 주석을 보라.

108 *JT*, I, 602-3 (*CC*, 211 〔김호동 역주,《칭기스 칸 기》, 450〕). 대금구에 대해서는 위의 주 83을 보라.

109 Jackson, *The Mongols and the Islamic World*, 114. Togan, 'Variations in the perception of jasagh', 67에서 이센비케 토간(İsenbike Togan)은 자삭을 '새로운 질서(new order)'로 새겼다.

110 Peter B. Golden, 'Courts and court culture in the proto-urban and urban developments among the pre-Chinggisid Turkic peoples', in David Durand-Guédy (ed.), *Turko-Mongol Rulers, Cities and City Life* (Leiden, 2013), 21-73 (이 내용은 41-2).

111 일반적으로 '케벡(Kebek)'으로 읽지만, *SP*, fo. 120a의 "KWPAK"과 Qāshānī, *Ta'rīkh-i Uljāytū Sulṭān*, 148의 "KWBK"을 고려해 '쾨펙(Köpek)'으로 썼다 (이 독법은 14세기에 작성된 İstanbul ms. Ayasofya 3019, fo. 65b에서도 확인할 수 있다).

112 Dardess, 'From Mongol empire to Yüan dynasty', 119.

113 사라이 위치의 불확실성에 대해서는 Daniel C. Waugh, 'Archaeology and the material culture of the Ulus Jochi (Golden Horde)', in May and Hope (eds), *The Mongol World*, 588-621 (이 내용은 597)을 보라.

114 Thomas T. Allsen, 'The Princes of the Left Hand: An introduction to the history of the ulus of Orda in the thirteenth and early fourteenth centuries', *AEMA* 5 (1985-7), 5-40 (이 내용은 27-8).

115 Charles Melville, 'The itineraries of Sultan Öljeitü, 1304-16', *Iran* 28 (1990), 55-70. Bernard O'Kane, 'From tents to pavilions: Royal mobility and Persian palace design', *Ars Orientalis* 23 (1993), 249-68 (이 내용은 249-50).

116 Anatoly M. Khazanov, 'Nomads and cities in the Eurasian steppe region and adjacent countries: A historical overview', in Stefan Leder and Bernhard Streck (eds), *Shifts and Drifts in Nomad-Sedentary Relations, Nomaden und Sesshafte* 2 (Wiesbaden, 2005), 163-78 (이 내용은 171-3).

117 Naṭanzī (1957), 106/(2004), 86-7. Ḥamd-Allāh Mustawfī Qazwīnī, *Nuzhat al-qulūb*, partial edn and trans. by Guy Le Strange, *The Geographical Part of the Nuzhat al-Qulūb*, GMS 23 (Leiden and London, 1915-19), I (원문), 245, II (영어 번역), 239. Jackson, *The Mongols and the Islamic World*, 207과 494 n.188.

118 Timothy May, *The Mongol Empire* (Edinburgh, 2018), 76-7.

119 Fletcher, 'The Mongols: Ecological and social perspectives', 17; 계승에 대해서는, 24-8. Marie Favereau Doumenjou and Liesbeth Geevers, 'The Golden Horde, the Spanish Habsburg monarchy, and the construction of ruling dynasties', in Van Berkel and Duindam (eds), *Prince, Pen, and Sword*, 452-512 (이 내용은 463-5)의 분석도 보라.

120 Kim, 'Formation and changes of uluses', 305-6.

121 1259년까지의 공동 통치(condominium)에 대해서는 V.V. Trepavlov, 'Sopravitel'stvo v mongol'skoi imperii (XIII v.)', *AEMA* 7 (1987-91), 249-78 (특히 253-9); B. Akhmedov, 'Central Asia under the rule of Chinggis Khan's successors' (revised by D. Sinor), in *HCCA*, IV, part 1, 261-8 (이 내용은 263-4)을 참고할 것.

122 *JT*, II, 977 (*DzhT*, III, 24; cf. *CC*, 340-1 〔김호동 역주,《일 칸들의 역사》, 42-3〕). Allsen, 'Sharing out the empire', 173-4는 이 기록을 톨루이 왕통이 북중국과 이란 땅을 취하려 했다는 증거로 파악했다. 몽케가 실제로 새로운 두 칸국을 창설하려 했다는 의견에 대해서는 *Mongol Imperialism*, 47-51을 보라.

123 Jackson, 'The dissolution of the Mongol empire', 212-20과 *The Mongols ant the Islamic World*, 120-3.

124 Anonymous, *Akhbār-i mughūlān dar anbāna-yi Quṭb*, ed. Īraj Afshār (Qum, 1389 sh./2009), 40; tr. George Lane, *The Mongols in Iran. Quṭb al-Dīn Shīrāzī's Akhbār-i Moghūlān* (London and New York, 2018), 60.

125 Masālik, 원문 2, 20 (독일어 번역 91, 103-4). Thomas T. Allsen, 'Changing forms of legitimation in Mongol Iran', in Gary Seaman and Daniel Marks (eds), *Rulers from the Steppe: State Formation on the Eurasian Periphery* (Los Angeles, CA, 1991), 223-41 (이 내용은 234).

126 Allsen, *Mongol Imperialism*, 37-42.

127 Shabānkāra'ī, *Majma' al-ansāb*, 247, "mamālik-i ghrbī ki ān mamlikat-i Īrān-zamīn ast az āb-i Āmūya tā ḥadd-i Shām-u Miṣr wa-takhtgāh-i khalīfa". 같은 책, 259에서 '서쪽 지방들'은 톨루이의 분봉지를 묘사하기 위해 또 한 번 등장한다. 톨루이의 어머니에 대해서는 같은 책, 244-5, 247, 256을 보라. 아울러 *Majma' al-ansāb*, BL ms. Add. 16696, fos 107b-108a와도 비교해보라. 743/1343년 샤반카라이가 개정한 책을 요약한 이 사본에 대해서는 Aubin, 'Un chroniqueur méconnu', 221 (repr. in his *Études*, 150-1) 을 참고할 것.

128 Sayfī (1944), 49, 50-1/(2004), 87, 89.

129 사건의 전개에 대해서는 Jackson, *The Mongols ant the Islamic World*, 142-7을 보라.

130 최근의 연구로는 Marie Favereau, *La Horde d'Or et le sultanat mamelouk. Naissance d'une alliance* (Cairo, 2018)과 'The Golden Horde and the Mamluks: The birth of a

diplomatic set-up (660-5/1261-7)', in Frédéric Bauden and Malika Dekkiche (eds), *Mamluk Cairo, a Crossroads for Embassies. Studies on Diplomacy and Diplomatics*, IHC 161 (Leiden and Boston, MA, 2019), 302-26이 있다. 맘루크 술탄국과의 교역에 대해서는 Reuven Amitai, 'Diplomacy and the slave trade in the eastern Mediterranean: A re-examination of the Mamluk-Byzantine-Genoese triangle in the late thirteenth century in light of the existing early correspondence', *OM* 88 (2008), 349-68을 참고할 것.

131 Jackson, *The Mongols and the West*, 203-4.

132 Dardess, 'From Mongol empire to Yüan dynasty', 124-6.

133 Szilvia Kovács and Márton Vér, 'Mongols and the Silk Roads: An overview', in *The Mongols and the Silk Roads* (Budapest, 2021 = *AOH* 74, part 1), 1-10 (이 내용은 5).

134 Clavijo (1859), 128/(1928), 213-14가 이보다 부정확한 이야기를 들은 시점이다. Kim, 'The unity of the Mongol empire and continental exchanges over Eurasia', *Journal of Central Eurasian Studies* 1 (2009), 15-42 (특히 33-4)는 현대의 오해를 강하게 비판했다.

135 *TR*, I (원문), 106, 248, II (영어 번역), 85, 194. I (원문), 241, II (영어 번역), 187-8과도 비교해보라.

136 Allsen, 'The Princes of the Left Hand', 특히 18-26. Trepavlov, 'Sopravitel'stvo v mongol'skoi imperii', 263-5, and Kanat Uskenbay, 'Left Wing of the Ulus of Jochi in the 13th-the beginning of the 15th centuries', in Rafael Khakimov, Vadim Trepavlov and Marie Favereau (eds), *Zolotaia Orda v mirovoi istorii* (Kazan, 2016), 영어 번역본 *The Golden Horde in World History* (Oxford and Kazan, 2017), 203-12 (이 내용은 205, 207)의 논의도 확인할 것.

137 Kim, 'Formation and changes of *uluses*', 308-10는 Jackson, 'From *ulus* to khanate', 32-5보다 더 자세한 정보를 제공한다.

138 카이두의 제국에 대한 최고의 연구는 Michal Biran, *Qaidu and the Rise of the Independent Mongol State in Central Asia* (Richmond, Surrey, 1997)이다.

139 사례는 Jackson, *The Mongols and the Islamic World*, 182-3과 485 n.4를 확인할 것.

140 Allsen, 'The Yüan dynasty and the Uighurs', 254-60.

141 P.N. Petrov, 'Khronologiia pravleniia khanov v Chagataiskom gosudarstve v 1271-1368 gg. (po materialam numizmaticheskikh pamiatnikov)', in S.G. Kliashtornyi, T.I. Sultanov and V.V. Trepavlov (eds), *Istoriia i kul'tura tiurkskikh narodov Rossii i sopredel'nykh stran* (Moscow, 2009 = *TS* 2007-8), 294-319 (특히 302-3)는 바다흐샨 병탄이 쾨펙의 치세에 일어난 사건으로 보았다. 그러나 320-1쪽을 보라.

142 Mona Hassan, *Longing for the Lost Caliphate. A Transregional History* (Princeton, NJ, 2016), 71-4.

143 Waṣṣāf (1853), 398/(2009), 10 (*GW*, IV, 12-13). *Masālik*, 원문 15 (독일어 번역 100); 같은 책, 원문 78 (독일어 번역 143-4)에서 알우마리는 타브리즈와 마라가만을 언급했지만, 이 두 지역이 홀레구의 원정에 종군한 조치 왕통의 군대를 유지를 유지하는 데 할당되

었다고 명확히 밝혔다.

144 Dai Matsui 〔松井太〕, 'Dumdadu Mongɣol Ulus "The Middle Mongolian Empire"', in Rybatzki et al. (eds), *The Early Mongols*, 111-19에 유럽 사료를 포함한 여러 예시가 제시되었다. 1360년대까지의 차가다이 울루스의 역사에 대해서는 다음을 보라. Michal Biran, 'The Mongols in Central Asia from Chinggis Khan's invasion to the rise of Temür: The Ögödeid and Chaghadaid realms', in *CHIA*, 46-66과 Michael Hope, 'The Middle Empire', in May and Hope (eds), *The Mongol World*, 298-316.

145 Michal Biran, 'The Battle of Herat (1270): a case of inter-Mongol warfare', in Nicola Di Cosmo (ed.), *Warfare in Inner Asian History (500-1800)* (Leiden, 2002), 175-219 (이 내용은 211).

146 *JT*, II, 1067, 1068-9 (*DzhT*, III, 110; *CC*, 370 〔김호동 역주,《일 칸들의 역사》, 164, 165-6〕). 같은 책, I, 770 (*SGK*, 152; *CC*, 267 〔김호동 역주,《칸의 후예들》, 242〕)에 따르면, 바락은 휘하 병력의 수효가 울루스가 감당할 수 있는 수준을 넘어섰다고 말했다고 한다.

147 Qāshānī, *Ta'rīkh-i Uljāytū Sulṭān*, 203-4, 208. Liu Yingsheng 〔劉迎勝〕, 'War and peace between the Yuan dynasty and the Chaghadaid khanate (1312-1323)', in Amitai and Biran (eds), *Mongols, Turks, and Others*, 339-58 (이 내용은 344, 349).

148 Maria Szuppe, 'Le Khorassan aux XIVᵉ-XVIᵉ siècles: la littérature savante comme expression de l'unité avec la Transoxiane', in *La Persia e l'Asia centrale da Alessandro al X secolo*, Atti dei Convegni Lincei 127 (Rome, 1996), 149-64 (이 내용은 152-3).

149 Sayfī (1944), 127-8/(2004), 164. 639년/1241~1242년은 그 앞에서 사이피가 제시한 다른 연대들과 마찬가지로 신뢰할 수 없다.

150 Waṣṣāf (1853), 12, 17-22행 (*GW*, I, 원문 23-4, 독일어 번역 25)

151 Biran, 'The Battle of Herat (1270)', 201-2.

152 카이두에게 합류했거나 그를 버린 군주들에 대해서는 Biran, *Qaidu*, 41, 50, 82과 O. Karaev, *Chagataiskii ulus. Gosudarstvo Khaidu. Mogulistan. Obrazovanie Kyrgyzsko-go naroda* (Bishkek, 1995), 30을 참고할 것.

153 Kim, 'Formation and changes of uluses', 303-5를 보라.

154 Kim Hodong, 'Unity and continuity of the Mongol empire', *Mongolica* 18 (39) (2006), 57-65. Kim, 'The unity of the Mongol empire'. Kim, 'Formation and changes of *ulus*es', passim. Favereau, 'The Mongol Peace'.

155 Qāshānī, *Ta'rīkh-i Uljāytū Sulṭān*, 34; Allsen, 'Spiritual geography', 128에서 재인용.

156 Kim, 'Unity and continuity of the Mongol empire', 32. Kim, 'Was "Da Yuan" a Chinese dynasty?', 287-9. Kim, 'Unity and continuity', 57-8.

157 Francesca Fiaschetti, 'The borders of rebellion: The Yuan dynasty and the rhetoric of empire', in Francesca Fiaschetti and Julia Schneider (eds), *Political Strategies of Identity Building in Non-Han Empires in China*, AF 157 (Wiesbaden, 2014), 127-45 (특히 129-30, 133, 138-41). Fiaschetti, 'The Six Duties: Yuan diplomatic interactions with East and Southeast Asia', *AEMA* 23 (2017), 81-101; Michael C. Brose, 'Realism and idealism in the Yuanshi chapters on foreign relations', in Daniel Boucher, Neil

Schmid and Tansen Sen (eds), *China at the Crossroads: A Festschrift in Honor of Victor H. Mair* (Taipei, 2006 = *Asia Major*, 3rd series, 19), 327-47도 보라.

158 헝가리: *JT*, I, 667 (*CC*, 231 〔김호동 역주, 《칸의 후예들》, 90-1〕). 일본 · "루착 (Lūchak)" · "하이남(Khaynām, 하이난海南?)": 같은 책, I, 911-12 (*CC*, 316 〔김호동 역 주, 《칸의 후예들》, 425〕). 루착과 하이남의 경우 중국 남쪽과 동남쪽의 주요 섬들을 지 칭하는 듯하다. 루착은 유구(流求, 대만)일 가능성도 있다. Fiaschetti, 'The borders of rebellion', 138 n.88. 그러나 Pelliot, *Notes on Marco Polo* (Paris, 1959-73), II, 767-70 은 루착이 동남아시아의 다른 어떤 곳일 것으로 추정했다.

159 Qaraṭāy al-'Izzī al-Khaznadārī, *Ta'rīkh majmū' al-nawādir mimmā jarā li l-awā'l wa l-awākhir* (1330년경),

160 Reuven Amitai-Preiss, 'An exchange of letters in Arabic between Abaγa Īlkhān and Sultan Baybars (A.H. 667/A.D. 1268)', *CAJ* 38 (1994), 11-33 (이 내용은 17-18, 20), Amitai, *The Mongols in the Islamic Lands*에 재수록. 더 개설적인 설명은 Amitai-Preiss, 'Mongol imperial ideology and the Ilkhanid war against the Mamluks', in Amitai-Preiss and Morgan (eds), *The Mongol Empire and Its Legacy*, 57-72 (이 내용 은 62-72), Amitai, The Mongols in the Islamic Lands에 재수록; Jackson, *The Mongols and the West*, 219-21을 보라.

161 Waṣṣāf (1853), 528. Peter Jackson, *The Delhi Sultanate. A Political and Military History*, CSIC (Cambridge, 1999), 225.

162 Reuven Amitai, *Holy War and Rapprochement. Studies in the Relationship between the Mamluk Sultanate and the Mongol Ilkhanate (1260-1335)* (Turnhout, 2013), 50-3. Na'ama O. Arom, '"In-ger" and "outer" diplomacy — Ilkhanid contacts with the Mongols and the outside world, 1260-1282', in Francesca Fiaschetti (ed.), *Diplomacy in the Age of Mongol Globalization* (Leiden, 2019 = ES 17), 286-309 (이 내용은 295-8). Arom, 'Arrowheads of Hülegü Khan: Envoys and diplomacy in his invasion of the Middle East, 1255-1262', in May et al. (eds), *New Approaches to Ilkhanid History*, 249-71 (이 내용은 259-66).

163 Biran, 'The Mamluks and Mongol Central Asia', 369-70.

164 Waṣṣāf (1853), 454 10-15행/(2009), 137-8 (*GW*, IV, 150-1)

165 Antoine Mostaert and Francis Woodman Cleaves (eds), *Les Lettres de 1289 et 1305 des ilkhan Aryun et Öljeitü à Philippe le Bel*, Harvard-Yenching Institute, Scripta Mongolica Monograph series 1 (Cambridge, MA, 1962), 56-7. Shim, 'The postal roads of the Great Khans', 440-4 〔심호성, 〈몽골帝國期 東部 중앙아시아 驛站 교통로의 변천〉, 114-8〕를 보라. 더 세부적인 사항과 '탈루 바다'에 대해서는 다음을 보라. Denis Sinor, 'The mysterious "Talu Sea" in Öljeitü's letter to Philip the Fair of France' (1972), *Inner Asia and Its Contacts with Medieval Europe* (London, 1977)에 재수록.

166 Anonymous, *De statu, conditione ac regimine magni canis*, ed. Christine Gadrat, '*De statu, conditione ac regimine magni canis*: l'original latin du ≪Livre de l'estat du grant can≫ et la question de l'auteur', *BEC* 165 (2007), 355-71 (특히 366); 14세기

프랑스어 번역은 ed. M. Jacquet, 'Le Livre du Grant Caan, extrait d'un manuscrit de la Bibliothèque du Roi', *JA* 6 (1830), 57-72 (특히 59), 그리고 영어 번역은 tr. in Sir Henry Yule, *Cathay and the Way Thither: Being a Collection of Medieval Notices of China*, *new edn by Henri Cordier*, 4 vols, HS, 2nd series, 33, 37, 38, 41 (London, 1913-16), III, 89-103 (특히 89). 쾨펙은 1323년의 화약 이후 칸발릭에게 조공을 바쳤다. Liu, 'War and peace', 352-3. '조공'은 물론 중국식 외교 의전에 따른 단순한 예물일 가능성도 있고, 중앙아시아의 세입 가운데 전통적인 카안의 몫으로, 지방 칸국들에 보내던 중국 세입에 대한 대가였을 수도 있다.

167 Shabānkāra'ī, *Majma' al-ansāb*, 221. Ibn Faḍl-Allāh al-'Umarī, *al-Ta'rīf*, Cairo edn, 46/ed. al-Durūbī, 62.

168 Zhào Zhū Chén 〔趙竹成〕, 'The Golden Horde and the Yuan dynasty', in Khakimov et al. (eds), *The Golden Horde in World History*, 352-6 (특히 355); Qiu, 'Independent ruler, indefinable role', 41-3에서 소개된 예시들을 보라.

169 Allsen, 'Changing forms of legitimation in Mongol Iran', 226-32.

170 Thomas T. Allsen, 'Notes on Chinese titles in Mongol Iran', *MS* 14 (1991), 27-39.

171 그러나 Liu, 'War and peace', 352에 서술된 것처럼 쾨펙이 보낸 사절 바이주(Baiju)가 영종(英宗, 시데발라Shidebala, 1321~1323)에게서 원수(元帥) 관작을 수여한 예가 있음을 상기하라.

172 *Masālik*, 원문 26 (독일어 번역, 109).

173 Shim, 'The postal roads of the Great Khans', 454 〔심호성, 〈몽골帝國期 東部 중앙아시아 驛站 교통로의 변천〉, 127〕. 그러나 심호성은 이 원인이 중국에서 발생한 역병이라고 보았다. 중국의 역병에 대해서는 5장을 보라.

174 John W. Dardess, *Conquerors and Confucians. Aspects of Political Change in Late Yüan China* (New York and London, 1973), 19-20, 26-30은 코실라의 즉위를 "몽골 제국 내 상위 울루스 사이에 중요한 정치적 교류가 있었던 최후의 사례들 가운데 하나"(27)라고 묘사했다. Liu, 'War and peace', 350.

175 Qāshānī, *Ta'rīkh-i Uljāytū*, 203. Kim, 'Unity and continuity', 63-4 (여기서는 알우마리의 글이 잘못 인용되었다). Michal Biran, 'Diplomacy and chancellery practices in the Chagataid khanate: Some preliminary remarks', *OM* 88 (2008), 369-93 (이 내용은 389). Liu, 'War and peace', 342.

176 Dai Matsui, 'A Mongolian decree from the Chaghataid Khanate discovered at Dunhuang', in Peter Zieme (ed.), *Aspects of Research into Central Asian Buddhism. In Memoriam Kōgi Kudara*, SRS 16 (Turnhout, 2008), 159-78 (이 내용은 160-1). Matsui, 'An Uigur decree of tax exemption in the name of Duwa-Khan', *Šinžlex Uxvany Akademiin Mebee* [*Proceedings of the Mongolian Academy of Sciences*] (2007), no. 4, 60-8 (이 내용은 61-2). Herbert Franke, 'Ein mongolischer Freibrief aus dem Jahre 1369', *UAJ* 47 (1975), 64-71 (특히 64). 그러나 György Kara, 'Mediaeval Mongol documents from Khara Khoto and East Turkestan in the St. Petersburg branch of the Institute of Oriental Studies', *MO* 9 (2003), part 2, 3-40 (특히 1339년자 예순

테무르의 칙령을 인용한 28)와 Márton Vér, 'Chancellery and diplomatic practices in Central Asia during the Mongol period as shown in Old Uyghur and Middle Mongolian documents', in Fiaschetti (ed.), *Diplomacy in the Age of Mongol Globalization*, 182-201 (특히 MongHT 72 문서를 인용한 186 n.16)의 예외와도 비교해보라. 한편 원나라 조정 아래에 있던 차가다이 왕통의 서녕왕(西寧王) 아수타이의 관리들은 '링치'라는 용어를 사용했다. Peter Zieme and György Kara (ed. and trans.), *Ein uigurisches Totenbuch*, AF 63 (Wiesbaden, 1979), 162-3.

177 P.N. Petrov, 'Nakhodki monet XIV v. bliz Khorgosa', in *Monety i medali (Sbornik statei po materialam kollektsii otdela numizmatiki)*, II (Moscow, 2004), 168-238 (특히 174-7, 181-3). Petrov, 'Khronologiia', 301-2, 305, 308, 311, 314.

178 자니벡: Bertold Spuler, *Die Goldene Horde. Die Mongolen in Rußland 1223-1502*, 2nd edn (Wiesbaden, 1965), 261 (743/1342~1343년에 발행된 주화); Broadbridge, *Kingship and Ideology*, 161. 아부 사이드: Reuven Amitai, 'Political legitimation in the Ilkhanate: More thoughts on the Mongol imperial ideology, the introduction of Muslim justifications, and the revival of Iranian ideals', in May et al. (eds), *New Approaches to Ilkhanid History*, 209-48 (특히 223-4).

179 다른 울루스의 지배자들이 카안/카간/대칸의 칭호를 결코 사용하지 않았다는 주장은 오해다. Kim, 'The unity of the Mongol empire', 33 및 Favereau, 'The Mongol Peace', 52와 비교해보라.

180 Paul D. Buell and Eugene N. Anderson, *A Soup for the Qan: Chinese Dietary Medicine of the Mongol Era as Seen in Hu Szu-hui's Yin-shan Cheng-yao* (London and New York, 2000), 6.

181 Morgan, 'The Great Yāsā of Chingiz Khān', 173-6; repr. in Hawting (ed.), Muslims, Mongols and Crusaders, 208-11.

182 *TJG*, I, 30 (*HWC*, 41-2).

183 Clavijo (1859), 128-9/(1928), 214.

184 *TJG*, I, 143, "madār-i kār-u yāsā-yi īshān" (*HWC*, 181-2의 번역을 약간 수정함)

185 *JT*, I, 582 (*CC*, 201 〔김호동 역주, 《칭기스 칸 기》, 427: "이후로 태어날 〔나의〕 후손들 가운데 많은 군주가 나올 것이다. 만일 그들을 위해 일하는 대인들과 용사들과 아미르들이 법령을 굳게 준수하지 않는다면, 군주의 일은 쇠퇴하고 단절되어 버릴 것이다"〕). 같은 책, I, 581 (*CC*, 200 〔김호동 역주, 《칭기스 칸 기》, 427: "또한 이후로 천 년, 만 년이 흐른다고 하더라도 만일 앞으로 태어나서 권좌에 오를 자손들이 모든 피조물 가운데 가장 고귀한 칭기스 칸의 규범과 법령을 준수하고 바꾸지 않는다면, 하늘도 그들의 행운을 위해 도움을 내릴 것이요 (…)"〕)과도 비교해보라.

186 같은 책, II, 1479 (*DzhT*, III, 511; *CC*, 512 〔김호동 역주, 《라시드 앗 딘의 집사 5: 이슬람의 제왕―가잔 칸과 그의 시대》(사계절, 2023), 369〕). Morgan, 'The Great Yāsā of Chingiz Khān', 172; repr. in Hawting (ed.), *Muslims, Mongols and Crusaders*, 207과 비교해보라.

187 Waṣṣāf (1853), 452 20행-453 6행/(2009), 134-5 (*GW*, IV, 147-8). 같은 책, (1853),

454 21-24행/(2009), 138 (*GW*, IV, 150)과 비교해보라.

188 Thomas T. Allsen, 'Eurasia after the Mongols', in *CWH*, VI, part 1, 159-81 (이 내용은 161) 〔류충기 옮김, 〈몽골 이후의 유라시아〉, 《케임브리지 세계사 11: 세계화의 시대 1 — 기본 모델과 거대 지역단위》(소와당, 2024), 285-324 (이 내용은 290)〕.

제3장 이슬람화

1 David Cook, 'Apocalyptic incidents during the Mongol invasions', in Wolfram Brandes and Felicitas Schmieder (eds), *Endzeiten. Eschatologie in den monotheistischen Weltreligionen* (Berlin, 2008), 293-312. Devin DeWeese, '"Stuck in the throat of Chingīz Khān": Envisioning the Mongol conquests in some Sufi accounts from the 14th to 17th centuries', in Judith Pfeiffer and Sholeh A. Quinn (eds, with Ernest Tucker), *History and Historiography of Post-Mongol Central Asia and the Middle East. Studies in Honor of John E. Woods* (Wiesbaden, 2006), 23-60 (이 내용은 25-7). John Dechant, 'Depictions of the Islamization of the Mongols in the *Manāqib al-ʿārifīn* and the foundation of the Mawlawī community', *Mawlana Rumi Review* 2 (2011), 135-64 (이 내용은 143). Jackson, *The Mongols and the Islamic World*, 322 (자말 알카르시 인용). A.C.S. Peacock, *Islam, Literature and Society in Mongol Anatolia*, CSIC (Cambridge, 2019), 81-2 (아부 바크르 루미Abū Bakr Rūmī), 224 (나즘 알딘 라지Najm al-Dīn Rāzī). Leonard Lewisohn, 'Sufism in late Mongol and early Timurid Persia, from ʿAla' al-Dawla Simnānī (d. 736/1326 〔원문 그대로〕) to Shāh Qāsim Anvār (d. 837/1434)', in Sussan Babaie (ed.), *Iran after the Mongols*, The Idea of Iran 8 (London and New York, 2019), 177-209 (이 내용은 181-2).

2 *TJG*, I, 81 (*HWC*, 105). 칭기스 칸이 이런 연설을 실제로 행하지 않았다고 본 Timothy May, 'The Mongols as the Scourge of God in the Islamic world', in Gleave and Kristó-Nagy (eds), *Violence in Islamic Thought*, 32-57 (특히 32-3, 47, 52)은 정확하다.

3 *TN*, II, 92-4, 97-8 (세계가 실제로 종말을 맞지 않았다는 이유로 핸리 래버티(Henry G. Raverty)의 번역에서는 누락되었다. 869, 935); 긴 카시다(qaṣīda)〔정형시로, 주로 주제는 송가〕는 II, 205-10 (Cook, 'Apocalyptic incidents', 308-9에서 일부 번역). 주즈자니의 생각에 대해서는 May, 'The Mongols as the Scourge of God', 44-7을 보라.

4 Jackson, *The Mongols and the Islamic World*, 6-7장.

5 *JT*, II, 1332 (*DzhT*, III, 373; *CC*, 463 〔김호동 역주, 《이슬람의 제왕》, 181-2〕).

6 Samuel M. Grupper, 'The Buddhist sanctuary-vihāra of Labnasagut and the Il-qan Hülegü: An overview of Il-qanid Buddhism and related matters', *AEMA* 13 (2004), 5-77. Arezou Azad, 'Three rock-cut cave sites in Iran and their Ilkhanid Buddhist aspects reconsidered', in Anna Akasoy, Charles Burnett & Ronit Yoeli-Tlalim (eds), *Islam and Tibet — Interactions along the Musk Routes* (Farnham & Burlington, VT, 2011), 209-30. 더 개설적인 설명은 Roxann Prazniak, 'Ilkhanid Buddhism: Traces of a passage in Eurasian history', *CSSH* 56 (2014), 650-80; Jonathan Brack, 'Rashīd al-Dīn: Buddhism in Iran and the Mongol Silk Roads', in Michal Biran, Jonathan Brack

740

and Francesca Fiaschetti (eds), *Along the Silk Roads in Mongol Eurasia: Generals, Merchants, and Intellectuals* (Oakland, CA, 2020), 215-37 〔이재황 옮김, 이주엽 감수, 〈라시드 앗 딘: 이란의 불교와 몽골 실크로드〉, 《몽골제국, 실크로드의 개척자들: 장군, 상인, 지식인》(책과함께, 2021), 331-65〕; Jonathan Z. Brack, *An Afterlife for the Khan. Muslims, Buddhists, and Sacred Kingship in Mongol Iran and Eurasia* (Oakland, CA, 2023), 19-24를 참고할 것.

7 *JT*, III, 1210, 1211, 1253-4 (*DzhT*, III, 252, 253, 295; *CC*, 417, 418, 437 〔김호동 역주, 《이슬람의 제왕》, 25-6, 28, 81〕, 마지막의 부분에서 '아르군'은 아바카와 착각한 것이다).

8 Qur'ān, iv, 26. J. Schacht, 'Nikāḥ, 1. In Classical Islamic Law', *EI2*, VIII, 27.

9 Jackson, *The Mongols and the Islamic World*, 305-6. PC, 239 (*MM*, 11 〔김호동 역주, 〈카르피니의 《몽골의 역사》〉, 56-7〕)는 그리스도교도인 루시 공후들이 형수와 결혼하기를 강요받았다고 전한다.

10 Paul Ratchnevsky, 'The levirate in the legislation of the Yuan dynasty', in *Asiatic Studies in Honour of Dr. Jitsuzō Tamura on the Occasion of His Sixty-Fourth Birthday* (Kyoto, 1968), 45-62.

11 더 개설적인 설명은 Peter Jackson, 'The Mongols and the faith of the conquered', in Amitai and Biran (eds), *Mongols, Turks, and Others*, 245-90 (이 내용은 260-2)을 보라. 무슬림식 도축법이 이 야사들의 목표였음은 *TJG*, I, 161, 163, 227 (*HWC*, 204, 206, 272)에서 분명히 확인할 수 있다.

12 Togan, 'Variations in the perception of jasagh', 72-3. Jackson, *The Mongols and the Islamic World*, 309-10. Aigle, 'Mongol law versus Islamic law', 152-5는 만약 초원의 관행이 무슬림 인구 전체에 적용되었다면 현전하는 무슬림 사료들은 이 문제를 더 자세히 다루었을 것이라고 지적했다. Aigle, 'Le Grand *Jasaq*', 67-70도 확인할 것.

13 *JT*, II, 921 (*SGK*, 294; *CC*, 319 〔김호동 역주, 《칸의 후예들》, 437〕). Francis Woodman Cleaves, 'The rescript of Qubilai prohibiting the slaughtering of animals by slitting the throat', in *Richard Nelson Frye Festschrift* I, 67-89 (이 내용은 72)를 보라.

14 Abū Bakr b. ʿAbd-Allāh Ibn al-Dawādārī (1330년경 활동), *Kanz al-durar wa-jāmiʿ al-ghurar*, VIII, ed. Ulrich Haarmann, *Der Bericht über die frühen Mamluke*n (Cairo, 1391/1971), 99. Ibn Abī l-Faḍāʾil (al-Mufaḍḍal), *al-Nahj al-sadīd wa l-durr al-farīd* (759/1358년), ed. Edgar Blochet, 'Moufazzal Ibn Abil-Fazaïl. Histoire des Sultans Mamlouks', Part 1, Patrologia Orientalis 12 (1919), 343-550 (이 내용은 459).

15 몽골이 종교에 보인 태도에 대한 더 자세한 분석은 졸고 'The Mongols and religion: Ancestral pluralism, selective appropriation—and cynical manipulation?', forthcoming in *CAJ* 〔*CAJ* 67, nos 1-2, 75-103로 출간〕를 확인하라. 몽골인들의 이슬람화에 대한 더 자세한 논의는 Jackson, *The Mongols and the Islamic World*, 12-13장을 참고할 것.

16 Qiu Yihao, 'Jaʿfar Khwāja: Sayyid, merchant, spy, and military commander of Chinggis Khan', in Biran, Brack and Fiaschetti (eds), *Along the Silk Roads*, 143-59 〔이재황 옮김, 이주엽 감수, 〈자파르 화자: 사이이드, 상인, 스파이, 그리고 칭기스 칸의 장군〉, 《몽골제국, 실크로드의 개척자들: 장군, 상인, 지식인》(책과함께, 2021), 223-47〕.

17 *TN*, II, 152, 167 (tr. Raverty, 1107, 1146). Jackson, *The Mongols and the Islamic World*, 306-7, 319를 보라.

18 *Turkestan3*, 468. Biran, 'The Mongols in Central Asia', 63-4. Hope, 'The Middle Empire', 299.

19 Devin DeWeese, *Islamization and Native Religion in the Golden Horde. Baba Tükles and Conversion to Islam in Historical and Epic Tradition* (University Park, PA, 1994), 27-8, 33-5의 분석을 참고하라. 용어는 다음을 참고할 것. Alan Strathern, 'Global patterns of ruler conversion to Islam and the logic of empirical religiosity', in A.C.S. Peacock (ed.), *Islamisation. Comparative Perspectives from History* (Edinburgh, 2017), 21-55 (이 내용은 25-6). 더 자세한 논의는 다음을 보라. Strathern, *Unearthly Powers. Religious and Political Change in World History* (Cambridge, 2019)의 1장과 Jonathan Brack, 'Disenchanting Heaven: Interfaith debate, sacral kingship, and conversion to Islam in the Mongol empire, 1260-1335', *Past and Present* 250 (2021), 11-53 (이 내용은 17-25); Brack, 'Chinggisid pluralism', 817-18.

20 WR, 256 (*MFW*, 236 〔김호동 역주, 〈루브룩의《몽골 기행》〉, 356-7〕).

21 *TJG*, I, 18: "'ulamā-u zuhhād-i har ṭā'ifarā ikram-u i'zāz-u tabjīl mīkardast wa-dar ḥaḍrat-i ḥaqq-i ta'ālā ānrā wasīlatī mīdānist (그는 모든 종파의 학자들과 수행자들을 존경하고 존중하며 숭배했으며, 이를 전능하신 하나님의 궁전으로 가는 수단으로 생각했다)." *HWC*, 26의 번역도 참고할 것.

22 같은 책, I, 11, 18-19 (*HWC*, 15-16, 26). 아울러 *Masālik*, 원문 10 (독일어 번역 97).

23 이 표현은 Morgan, *The Mongols*, 40 〔권용철 옮김, 《몽골족의 역사》, 79〕에서 빌려왔다.

24 Elizabeth Endicott-West, 'Notes on shamans, fortune-tellers and *yin-yang* practitioners and civil administration in Yuan China', in Amitai-Preiss and Morgan (eds), *The Mongol Empire and Its Legacy*, 224-39를 보라.

25 Allsen, *Culture and Conquest in Mongol Eurasia*, 200-1. 〔조원 옮김, 《몽골의 유라시아 정복과 문화》, 311-2〕.

26 Kirakos Ganjakets'i, *Patmut'iwn Hayots'*, tr. Robert Bedrosian, *Kirakos Ganjakets'i's History of the Armenians* (New York, 1986), 295; tr. L.A. Khanlarian, *Kirakos Gandzaketsi. Istoriia Armenii*, Pamiatniki Pis'mennosti Vostoka 53 (Moscow, 1976), 219.

27 WR, 158, 170, 172 (*MFW*, 179, 187 〔김호동 역주, 〈루브룩의《몽골 기행》〉, 290, 298〕). 같은 책, 108, 140 (*MFW*, 141, 167-8 〔김호동 역주, 〈루브룩의《몽골 기행》〉, 249-50, 275〕)과도 비교해보라.

28 Christopher P. Atwood, 'Buddhists as natives: Changing positions in the religious ecology of the Mongol Yuan dynasty', in Thomas Jülch (ed.), *The Middle Kingdom and the Dharma Wheel. Aspects of the Relationship between the Buddhist Saṃgha and the State in Chinese History* (Leiden, 2016), 278-321 (이 내용은 279); Jackson, 'The Mongols and the faith of the conquered', 275-7 참고.

29 칭기스 칸의 장수들은 구출룩의 신민들에게 신앙의 자유를 약속했다고 한다. *TJG*, I, 50

(*HWC*, 66-7). 그러나 Michal Biran, *The Empire of the Qara Khitai in Eurasian History. Between China and the Islamic World*, CSIC (Cambridge, 2005), 195는 구출룩이 무슬림들에게 배교를 강요했다는 기록에 의문을 표했다.

30 Ibn Abī l-Ḥadīd ('Izz al-Dīn Abū Ḥāmid 'Abd al-Ḥamīd b. Hibat-Allāh), *Sharḥ Nahj al-bilāgha*, partial edn and trans. by Moktar Djebli, *Les Invasions mongoles en Orient vécues par un savant médiéval arabe* (Paris, 1994), Ar. text, 56-7 (trans., 60-2). David Durand-Guédy, *Iranian Elites and Turkish Rulers. A History of Iṣfahān in the Saljūq Period* (London and New York, 2010), 295-7. 혼다미르는 1221년 라이에서도 비슷한 일이 있었다고 기록했다. Richard Foltz, 'Ecumenical mischief under the Mongols', *CAJ* 43 (1999), 42-69 (이 내용은 44)에서 재인용.

31 WR, 248 (*MFW*, 231 〔김호동 역주, 〈루브룩의 《몽골 기행》〉, 350-1〕).

32 이하 내용에 대해서는 Christopher P. Atwood, 'Validation by holiness or sovereignty: Religious toleration as political theology in the Mongol world empire of the thirteenth century', *International History Review* 26 (2004), 237-56 (특히 252-3)을 참고할 것.

33 Jackson, 'The Mongols and the faith of the conquered', 266-8.

34 예컨대 Atwood, 'Validation by holiness or sovereignty', 255; Michal Biran, 'The Mongol Empire and inter-civilizational exchange', in *CWH*, V, 534-58 (특히 546) 〔류충기 옮김, 〈몽골 제국과 문명 교류〉, 《케임브리지 세계사 10: 교역과 분쟁 2 — 교류의 증대와 종교의 확산》(소와당, 2024), 269-309 (이 내용은 289-91)〕. May, *The Mongol Empire*, 156-7의 말마따나, 유대교도와 마찬가지로 조로아스터교도와 마니교도 역시 "충분한 정치적 영향력을 가지지 못했기에" 면세 혜택을 받지 못했다.

35 *TJG*, III, 8-9 (*HWC*, 552-3).

36 Judith Pfeiffer, 'Confessional ambiguity vs. confessional polarization: Politics in the negotiation of religious boundaries in the Ilkhanate', in Pfeiffer (ed.), *Politics, Patronage and the Transmission of Knowledge in 13th-15th Century Tabriz* (Leiden and Boston, 2014), 129-68 (특히 136-7). 아울러 Pfeiffer, 'Reflections on a "double rapprochement": Conversion to Islam among the Mongol elite during the early Ilkhanate', in Komaroff (ed.), *Beyond the Legacy of Genghis Khan*, 369-89 (특히 376-8).

37 Jackson, *The Mongols and the Islamic World*, 314-15.

38 *TJG*, I, 9, 159 (*HWC*, 13-14, 201).

39 *TR*, I (원문), 10, II (영어 번역), 8. Kim Hodong, 'Muslim saints in the 14th to the 16th centuries of eastern Turkestan', *International Journal of Central Asian Studies* 1 (1996), 295-322 (이 내용은 288-9). 하이다르의 정보원이 언급한 사건은 1328~1329년 코실라 카안의 카라코룸 점령일 수도 있지만, 1260년대 초 쿠빌라이와 아릭 보케의 내전이나 1289년 카이두의 카라코룸 공격이 그 배경일 가능성도 있다.

40 *TN*, II, 151 (tr. Raverty, 1106-7).

41 *TJG*, I, 11 (*HWC*, 16).

42 *TN*, II, 212-18 (tr. Raverty, 1282-93).

43 Jean Richard, 'La conversion de Berke et les débuts de l'islamisation de la Horde d'Or',

REI 35 (1967), 173-84, and repr. in Richard, *Orient et Occident au moyen age: contacts et relations (XIIe-XVe s.)* (London, 1976); István Vásáry, 'History and legend in Berke Khan's conversion to Islam', in Denis Sinor (ed.), *Aspects of Altaic Civilization III* (Bloomington, IN, 1990), 230-52, and repr. in Vásáry, *Turks, Tatars and Russians*; Devin DeWeese, 'Problems of Islamization in the Volga-Ural region: Traditions about Berke Khan', in Ali Çaksu and Radik Mukhammetshin (eds), *Proceedings of the International Symposium on Islamic Civilisation in the Volga-Ural Region, Kazan, 8-11 June 2001* (Istanbul, 2004), 3-13을 보라.

44 *TJG*, I, 226 (*HWC*, 270-1).

45 Amitai, *Holy War and Rapprochement*, 63-4.

46 Simon of Saint-Quentin, *Historia Tartarorum*, ed. Richard, 47 (Vincent of Beauvais, xxx, 84에서 재인용). 장 리샤르(Jean Richard) 번역본의 47-8 n.5도 확인하라. Amitai, *Holy War and Rapprochement*, 66은 이런 개종자들이 몽골군에 복무한 튀르크인이라고 주장했다.

47 *TJG*, I, 11 (*HWC*, 16).

48 Sara Nur Yıldız, 'Baiju: The Mongol conqueror at the crossfire of dynastic struggle', in Biran, Brack and Fiaschetti (eds), *Along the Silk Roads*, 44-63 (이 내용은 55-6) 〔이 재황 옮김, 이주엽 감수, 〈바이주: 왕권 경쟁 한복판의 몽골 정복자〉, 《몽골제국, 실크로드의 개척자들: 장군, 상인, 지식인》(책과함께, 2021), 75-105 (이 내용은 92-3)〕. Ishayahu Landa, 'New light on early Mongol Islamisation: The case of Arghun Aqa's family', *JRAS*, 3rd series, 28 (2018), 77-100 (이 내용은 82-4).

49 *TN*, II, 153 (tr. Raverty, 1109).

50 *TJG*, I, 222 (*HWC*, 267).

51 *TN*, II, 176 (tr. Raverty, 1171-2). 바투가 사이프 알딘 바하르지를 대단히 존경했다는 이야기에 관해서는 161쪽을 보라.

52 *TJG*, III, 79 (*HWC*, 600); I, 11 (*HWC*, 16)과도 비교해볼 것. *TN*, II, 179 (tr. Raverty, 1181). 칭기스 왕조 구성원들이 개종하리라 기대하는 네스토리우스파 그리스도교도들의 낙관론에 기욤 드 뤼브루크가 보인 경멸도 확인할 것. WR, 82, 172 (*MFW*, 122, 187 〔김호동 역주, 〈루브룩의 《몽골 기행》〉, 229, 298〕).

53 Baybars al-Manṣūrī, *Zubdat al-fikra*, 82 (번역에는 *SMIZO*, I, 아랍어 원문 77, 러시아어 번역 99도 참고했다).

54 Ibn Faḍl-Allāh al-ʿUmarī, *al-Taʿrīf*, Cairo edn, 47/ed. al-Durūbī, 63.

55 IB, III, 36-8 (tr. Gibb, 558-9 〔정수일 역주, 《이븐 바투타 여행기》 1권, 533-4〕). 후삼 알딘 야기의 정체에 대해서는 Michal Biran, 'The Chaghadaids and Islam: The conversion of Tarmashirin Khan (1331-34)', *JAOS* 122 (2002), 742-52 (이 내용은 746-7과 n.43)을 참고.

56 이 일화에 대해서는 Jean Richard, *La Papauté et les missions d'Orient au Moyen Age (XIIIᵉ-XVᵉ siècles)* (Rome, 1977), 163-4; S. Maureen Burke, 'The Martyrdom of the Franciscans by Ambrogio Lorenzetti', *Zeitschrift für Kulturgeschichte* 65 (2002), 460-

92를 보라.

57 연대에 대해서는 *TR*, I (원문), 18-19, II (영어 번역), 14를 보라.

58 Judith Pfeiffer, 'Aḥmad Tegüder's second letter to Qalā'ūn (682/1283)', in Pfeiffer and Quinn (eds), *History and Historiography of Post-Mongol Central Asia*, 167-202 (이 내용은 173-4). Jackson, *The Mongols and the Islamic World*, 366-7.

59 Pfeiffer, 'Reflections on a "double rapprochement"', 371-2의 제안에 따랐다.

60 WR, 194 (*MFW*, 199 (김호동 역주, 〈루브룩의《몽골 기행》〉, 313-4)).

61 Jonathan Brack, 'Theologies of auspicious kingship: The Islamization of Chinggisid sacral kingship in the Islamic world', *CSSH* 60 (2018), 1141-71 (이 내용은 1151). Brack, 'Disenchanting Heaven', 24. Ishayahu Landa, 'The Islamization of the Mongols', in May and Hope (eds), *The Mongol World*, 642-61 (이 내용은 645, 647).

62 Herbert Franke, *From Tribal Chieftain to Universal Emperor and God. The Legitimation of the Yüan Dynasty* (Munich, 1978 = *Sitzungsberichte der bayerischen Akademie der Wissenschaften, philosophisch-historische Klasse*, 2), 79.

63 Liu Haiwei (劉海威), 'Rulership and representations: Reconsidering the religious identity of Prince Ananda', *CAJ* 64 (2021), 165-81와 Vered Shurany, 'Prince Manggala—the forgotten Prince of Anxi', in Biran (ed.), *In the Service of the Khans*, 1169-88 (이 내용은 1177-81)을 보라.

64 Shams al-Dīn Abū 'Abd-Allāh Muḥammad b. 'Uthmān al-Dhahabī, *Ta'rīkh al-Islām wa-wafayāt al-mashāhīr wa l-a'lām*, ed. 'Umar 'Abd al-Salām Tadmurī, 53 vols (Beirut, 1415-24/1995-2004), LIII, 330. 아울러 Ṣalāḥ al-Dīn Khalīl b. Aybak al-Ṣafadī, *al-Wāf ī bi l-wafayāt*, ed. Helmut Ritter et al., *Das biographische Lexikon des S. alāh.addīn Ḫ alīl b. Aybak aṣ-Ṣafadī*, 32 vols, BI 6 (Istanbul, Leipzig, Wiesbaden and Beirut, 1931-2013), X, 382-3와 같은 저자의 *A'yān al-'aṣr wa-a'wān al-naṣr*, ed. Fāliḥ Aḥmad al-Bakkūr, 4 vols (Beirut, 1419/1998), I, 523.

65 DeWeese, *Islamization and Native Religion*, 108-13은 다양한 사료를 검토한 결과다. Favereau, *The Horde*, 217-18 (김석환 옮김, 《말 위의 개척자, 황금 천막의 제국》, 297-8). 로만 하우탈라(Roman Hautala)는 무슬림 연대기들의 증언을 지나치게 신뢰하면 안 된다고 경고했다. 'Comparing the Islamisation of the Jochid and Hülegüid uluses: Muslim and Christian perspectives', in Favereau (ed.), *La Horde d'Or et l'islamisation*, 65-79 (특히 73-6).

66 *TR*, I (원문), 12, II (영어 번역), 10.

67 같은 책, I (원문), 36, II (영어 번역), 31. 무함마드 칸에 대해서는 305쪽을 보라.

68 Baybars al-Manṣūrī, *Zubdat al-fikra*, 82 (SMIZO, I, 아랍어 원문, 77, 러시아어 번역, 99도 참고할 것).

69 Jackson, *The Mongols and the Islamic World*, 343-4.

70 그러나 가잔과 그 후계자들이 국내 무슬림 신민들을 염두에 두고 무슬림 군주를 자처했다는 Allsen, 'Changing forms of legitimation in Mongol Iran', 234-5의 주장에도 동의한다.

71 *JT*, II, 1289-90 (*DzhT*, III, 332-3; *CC*, 449-50 (김호동 역주, 《이슬람의 제왕》, 129-

30〕). Waṣṣāf (1853), 372, 20행-373 11행 (*GW*, III, 273-4).

72 Anne F. Broadbridge, *Kingship and Ideology in the Islamic and Mongol Worlds*, CSIC (Cambridge, 2008), 65-6.

73 병력: *JT*, I, 29 (*DzhT*, I, part 1, 56; *CC*, 12 〔김호동 역주, 《부족지》, 77-8〕). 노얀들: 같은 책, II, 1255 (*DzhT*, III, 297; *CC*, 438 〔김호동 역주, 《이슬람의 제왕》, 84〕). Waṣṣāf (1853), 317, 3행 (GW, III, 141).

74 *TR*, I (원문), 13, II (영어 번역), 11.

75 Ḥamd-Allāh Mustawfī Qazwīnī, *Ta'rīkh-i guzīda*, ed. ʿAbd al-Ḥusayn Nawāʾī (Tehran, 1339 sh./1960), 586. *Masālik*, 원문 38, 41 (독일어 번역 117, 119).

76 *Masālik*, 원문 38-9 "fa-minhum man kana qad" (독일어 번역 117, 119).

77 같은 책, 원문 41 (독일어 번역 119).

78 John E. Woods, *The Timurid Dynasty*, PIA 14 (Bloomington, IN, 1990), 12. Biran, 'The Chaghadaids and Islam', 751은 밧사프를 인용했다. 더 자세한 설명은 Devin DeWeese, 'Islamization in the Mongol empire', in *CHIA*, 120-34 (특히 131)를 보라.

79 Charles Melville, '*Pādishāh-i Islām*: The conversion of Sultan Maḥmūd Ghāzān Khān', in Melville (ed.), *Persian and Islamic Studies in Honour of P.W. Avery* (Cambridge, 1990 = Pembroke Papers 1), 159-77 (특히 171). Amitai, *Holy War and Rapprochement*, 64-9. 베르케의 개종에 대해서는 DeWeese, 'Problems of Islamization', 10-11의 논의를 살펴보라.

80 Landa, 'The Islamization of the Mongols', 653.

81 Reuven Amitai, 'Towards a pre-history of the Islamization of the Turks: A re-reading of Ibn Faḍlān's *Riḥla*', in Étienne de la Vaissière (ed.), *Islamisation de l'Asie centrale. Processus locaux d'acculturation du VIIᵉ au XIᵉ siècle*, StIr cahier 39 (Paris, 2008), 277-96. Gerald Mako, 'The Islamization of the Volga Bulgars: A question reconsidered', *AEMA* 18 (2011), 199-223도 확인할 것.

82 Bruno De Nicola, 'The role of the domestic sphere in the Islamisation of the Mongols', in Peacock (ed.), *Islamisation*, 353-76 (특히 357-64).

83 Waṣṣāf (1853), 518 13-16행 (BALYĠW는 오기로 보인다)/(2009), 285 (*GW*, IV, 315). Qāshānī, *Ta'rīkh-i Uljāytū Sulṭān*, 147. 날리코아의 어머니에 대해서는 SP, fo. 118b도 참고할 것.

84 István Vásáry, 'The institution of foster-brothers (*emildäš* and *kökeldäš*) in the Chingisid states', *AOH* 36 (1982), 549-62; repr. in Vásáry, *Turks, Tatars and Russians*. Jackson, *The Mongols and the Islamic World*, 349-50.

85 Landa, 'New light on early Mongol Islamisation', 90-3.

86 Kirakos, tr. Bedrosian, 327/tr. Khanlarian, 235.

87 Landa, 'New light on early Mongol Islamisation', 98-9를 보라.

88 TN, II, 195 (tr. Raverty, 1247). Jamāl al-Qarshī, *al-Mulḥaqāt bi l-Ṣurāḥ*, ed. and trans. Sh.Kh. Vokhidov and B.B. Aminov, in *IKPI*, I (Almaty, 2005), 아랍어 원문 165 (러시아어 번역 120); 또한 in *Turkestan1*, I, 136. Masālik, 원문 16 (독일어 번역 101). al-

Dhahabī, *Ta'rīkh al-Islām*, XLVIII, 387과 다음 각주도 참고할 것.

89 al-Dhahabī, *Siyar a'lām al-nubalā'*, ed. Bashshār 'Awwād Ma'rūf and Muḥyī Halāl al-Sirḥān (Beirut, 1405/1985), XXIII, 366. 바하르지를 존경했다고 하는 다른 칭기스 왕조 구성원들에 대해서는 Biran, 'The Mamluks and Mongol Central Asia', 384를 확인할 것.

90 *TJG*, III, 9 (*HWC*, 552-3).

91 Reuven Amitai-Preiss, 'Sufis and shamans: Some remarks on the Islamization of the Mongols in the Ilkhanate', *JESHO* 42 (1999), 27-46; repr. in Amitai, *The Mongols in the Islamic Lands*. Devin DeWeese, 'Khwaja Ahmad Yasavi as an Islamising saint: Rethinking the role of sufis in the Islamisation of the Turks of Central Asia', in Peacock (ed.), *Islamisation*, 336-52도 아울러 참고할 것.

92 Pfeiffer, 'Reflections on a "double rapprochement"', 377-88을 보라.

93 DeWeese, *Islamization and Native Religion*, 140-2.

94 Baybars al-Manṣūrī, *Zubdat al-fikra*, 11을 인용한 Amitai, *Holy War and Rapprochement*, 65. al-Dhahabī, *Ta'rīkh al-Islām*, LV [내 식대로 매기면, XLVII], 454-5를 인용한 Landa, 'New light on early Mongol Islamisation', 97-8.

95 Amitai, *Holy War and Rapprochement*, 66-7.

96 Landa, 'New light on early Mongol Islamisation', 99.

97 祥邁,《至元辨偽錄》, tr. in P.Y. Saeki, *The Nestorian Documents and Relics in China*, 2nd edn (Tokyo, 1951), appendix XV(A).

98 더 자세한 분석은 Jackson, *The Mongols and the West*, 314-16을 확인할 것.

99 Strathern, 'Global patterns of ruler conversion', 26-7 등.

100 Judith Pfeiffer, 'Conversion versions: Sultan Öljeytü's conversion to Shi'ism (709/1309) in Muslim narrative sources', *MS* 22 (1999), 35-67.

101 Qāshānī, *Ta'rīkh-i Uljāytū Sulṭān*, 99. Pfeiffer, 'Confessional ambiguity', 145, 159와 'Conversion versions', 40, 41. Nagel, *Timur der Eroberer*, 71-3.

102 Qāshānī, *Ta'rīkh-i Uljāytū Sulṭān*, 93. 같은 책, 99에서 올제이투는 가잔이 시아파를 택했다고 주장했다. Pfeiffer, 'Confessional ambiguity', 143-8 and 'Conversion versions', 40. 가잔의 생각에 대해서는 Michael Hope, *Power, Politics, and Tradition in the Mongol Empire and the Īlkhānate of Iran* (Oxford, 2016), 174-7을 확인할 것.

103 Igor de Rachewiltz, 'Heaven, Earth and the Mongols in the time of Činggis Qan and his immediate successors (c. 1160-1260) — a preliminary investigation', in Noël Golvers and Sara Lievens (eds), *A Lifelong Dedication to the China Mission. Essays Presented in Honor of Father Jeroom Heyndrickx, C.I.C.M., on the Occasion of His 75th Birthday and the 25th Anniversary of the F. Verbiest Institute K.U. Leuven*, Leuven Chinese Studies 17 (Leuven, 2007), 107-44 (특히 127). 알라 알다울라 심나니('Alā' al-Dawla Simnānī)와 라시드 알딘이 이러한 비유를 다룬 방식에 대해서는 Brack, 'Chinggisid pluralism', 832, 837-8을 보라.

104 Dechant, 'Depictions of the Islamization of the Mongols', 151-2.

105 *TJG*, I, 16-17 (*HWC*, 23-4). Brack, 'Theologies of auspicious kingship', 1149-50.

106 *JT*, II, 1345, 1348 (*DzhT*, III, 386, 389; *CC*, 467-9 〔김호동 역주,《이슬람의 제왕》, 198, 202〕). Hope, *Power, Politics, and Tradition*, 179-80. Pfeiffer, 'Confessional ambiguity', 154-5. Brack, 'Theologies of auspicious kingship', 1163-4.

107 Shabānkāral'ī, *Majma' al-ansāb*, 223.

108 Waṣṣāf (1853), 241, 3-4행 (*GW*, II, 214-15). 몽골 지배자들이 예언자의 능력을 지녔다는 다른 예시들에 대해서는 Brack, 'Theologies of auspicious kingship', 1164-5를 확인할 것.

109 Brack, 'Theologies of auspicious kingship', 특히 1152-60.

110 특히 *JT*, I, 27; II, 951-2 (*DzhT*, I, part 1, 51; *SGK*, 324; *CC*, 11, 330 〔김호동 역주,《부족지》, 75;《칸의 후예들》, 474〕)을 보라.《집사》와 비슷한 성격의 다른 참고 자료에 대해서는 Jackson, *The Mongols and the Islamic World*, 374-5를, 후대 역사가들의 비슷한 서술은 376을 보라.

111 *TJG*, I, 1 (*HWC*, 3의 번역을 일부 수정했음). Dechant, 'Depictions of the Islamization of the Mongols', 147-51도 확인할 것.

112 Brack, 'Theologies of auspicious kingship', 1167이 지적한 대로다.

113 Christopher P. Atwood, 'Explaining rituals and writing history: Tactics against the intermediate class', in Isabelle Charleux et al. (eds), *Representing Power in Ancient Inner Asia: Legitimacy, Transmission and the Sacred*, SEA 30 (Bellingham, WA, 2010), 95-129.

114 Franke, *From Tribal Chieftain*, 특히 52, 54-7. 불교 사상계가 이후 이 문제를 어떻게 발전시켰는지에 대해서는 같은 책, 64 등; Elverskog, *Our Great Qing*을 보라. Brack, 'Theologies of auspicious kingship', 1167을 보라.

115 Jens Wilkens, 'Buddhism in the West Uyghur kingdom and beyond', in Carmen Meinert (ed.), *Transfer of Buddhism across Central Asian Networks (7th to 13th Centuries)* (Leiden and Boston, MA, 2016), 191-249 (특히 240-2). 보살은 깨달음을 얻었으나〔중생을 교화하여 구제하기 위해〕윤회의 세계에 남은 존재를 말한다.

116 Michael Weiers, 'Die Mongolen und der Koran', in Rybatzki et al. (eds), *The Early Mongols*, 209-17 (이 표현은 215).

117 Brack, 'Theologies of auspicious kingship', 1167-8.

118 Hope, *Power, Politics, and Tradition*, 176-80. Peacock, *Islam, Literature and Society*, 221. Brack, 'Theologies of auspicious kingship', 1159.

119 Brack, 'Theologies of auspicious kingship', 1168. 그의 'Chinggisid pluralism', 830-8과 *An Afterlife for the Khan*의 3-4장도 참고할 것.

120 Mustafa Banister, '"Nought remains to the Caliph but his title": Revisiting Abbasid authority in Mamluk Cairo', *MSR* 18 (2014-15), 219-45와 그의 저작 *The Abbasid Caliphate of Cairo, 1261-1517* (Edinburgh, 2021). Hassan, *Longing for the Lost Caliphate* 2장.

121 John E. Woods, *The Aqquyunlu: Clan, Confederation, Empire*, revised edn (Salt Lake City, UT, 1999), 7. 그러나 14세기 후반 이후의 예시에 대해서는 369과 619의 n.72를

확인할 것.

122 Yazdī, *ZN* (1957), I, 69-9/(2008), I, 302 〔이주연 역주, 〈야즈디《勝戰記》譯註〉, 155-6〕.

123 *TJG*, III, 38 (*HWC*, 573).

124 WR, 86 (*MFW*, 127 〔김호동 역주, 〈루브룩의《몽골 기행》〉, 233-4〕).

125 *TN*, II, 214 (tr. Raverty, 1285).

126 al-Dhahabī, *Siyar al-aʿlām al-nubalāʾ*, XXIII, 366.

127 Baybars al-Manṣūrī, *Zubdat al-fikra*, 82 (아울러 *SMIZO*, I, 아랍어 원문 77, 러시아어 번역 99도 참고할 것).

128 Waṣṣāf (1853), 110 5행 (*GW*, I, 원문 225, 독일어 번역 209).

129 같은 책 (1853), 324 10-13행 (*GW*, III, 159).

130 DeWeese, 'Problems of Islamization', 13의 서술을 보라.

131 Devin DeWeese, 'Cultural transmission and exchange in the Mongol empire: Notes from the biographical dictionary of Ibn al-Fuwaṭī', in Komaroff (ed.), *Beyond the Legacy of Genghis Khan*, 11-29 (특히 21).

132 IB, III, 47-8 (tr. Gibb, 565 〔정수일 역주, 《이븐 바투타 여행기》 1권, 539〕). Biran, 'The Chaghadaids and Islam', 748. Hautala, 'Comparing the Islamisation', 72는 타르마시린이 "토착 그리스도교도와 불교도의 종교적 자치를 심대하게 제약했다"라고 보았다.

133 Shams al-Dīn Abū ʿAbd-Allāh Muḥammad al-Jazarī, *Ḥawādith al-zamān wa-anbāʾihi wa-wafayāt al-akābir wa l-aʿyān min abnāʾihi*, ed. ʿUmar ʿAbd al-Salām Tadmurī, 3 vols (Ṣaydā, 1419/1998), I, 286.

134 Jackson, *The Mongols and the Islamic World*, 369-70.

135 ʾGos lo-tsā-ba gŽon-nu-dpal, *Debther sñon-po*, tr. George N. Roerich, *The Blue Annals*, 2 vols (Calcutta, 1949; repr. in 1 vol., Delhi, 1979), 504.

136 같은 책, 501, 502, 504.

137 Irina Shingiray, 'An Islamicate body: A case study of a nomadic burial from the core territory of the Golden Horde', in Favereau (ed.), *La Horde d'Or et l'islamisation*, 83-105. 셀주크 제국의 경우는 Nicholas Morton, 'The Saljuq Turks' conversion to Islam: The Crusading sources', *Al-Masāq* 27 (2015), 109-18 (이 내용은 112)을 보라.

138 al-Ṣafadī, *al-Wāfī bi l-wafayāt*, XXV, 229-30. Reuven Amitai-Preiss, 'Ghazan, Islam and Mongol tradition: A view from the Mamlūk Sultanate', *BSOAS* 59 (1996), 1-10 (특히 2-3); repr. in Hawting (ed.), *Muslims, Mongols and Crusaders*, 253-62 (특히 254-5), and in Amitai, *The Mongols and the Islamic Lands*. 무슬림 일칸들이 벌인 다른 수계혼의 예시는 Jackson, *The Mongols and the Islamic World*, s364를 확인하라.

139 DeWeese, *Islamization and Native Religion*, 118-21.

140 *TR*, I (원문), 56, II (영어 번역), 47-8; James Millward, 'Eastern Central Asia (Xinjiang): 1300-1800', in *CHIA*, 260-76 (이 내용은 264)에서 재인용. 두스트 무함마드는 이로부터 얼마 지나지 않아 죽었다.

141 흥미롭게도 1414-15년 티무르 왕조의 영토를 방문한 명나라의 사신은 동생이 죽은 형의 아내와 결혼하는 일이 (헤라트에서는?) 일반적이라고 적었다. Morris Rossabi, 'A

translation of Ch'en Ch'eng's *Hsi-yü fan-kuo chih*', *Ming Studies* 17 (1983), 49-59 (이 부분은 51) 〔신원철 역주, 〈서역번국지 번역〉, 《서역행정기·서역번국지 역주》(동문연, 2022), 73-149 (이 부분은 82)〕.

142 *TR*, I (원문), 55, 65-6, II (영어 번역), 47, 54-5.

143 같은 책, I (원문), 267, II (영어 번역), 207. 이는 옝겔릭(yengelik) 관습에 따른 것이었다고 한다. 옝겔릭에 대해서는 *TMEN*, IV, 206-7 (no. 1907: yengä, 'Stiefmutter: Gattin des älteren Bruders bzw. des Vaters…' 〔계모: 형 또는 아버지의 아내 (…)〕); *EDT*, 950.

144 Salmānī, *Shams al-ḥusn*, 원문 fo. 164b (독일어 번역 120).

145 Devin DeWeese, 'Muslims and infidel nomads in Timurid Central Asia: Four stories from the religious frontiers of Mawarannahr in the 14th and 15th centuries', in István Zimonyi and Osman Karatay (eds), *Central Eurasia in the Middle Ages. Studies in Honour of Peter B. Golden*, Turcologica 104 (Wiesbaden, 2016), 91-102 (특히 91-2)의 유익한 논평을 보라.

146 예컨대 'Introduction', in Arietta Papaconstantinou (ed., with Neil McLynn and Daniel L. Schwartz), *Conversion in Late Antiquity: Christianity, Islam, and Beyond* (Farnham and Burlington, VT, 2015), xvi-xvii.

147 James C. Russell, *The Germanization of Early Medieval Christianity. A Sociohistorical Approach to Religious Transformation* (Oxford, 1994).

148 DeWeese, *Islamization and Native Religion*, 51-9에서 이 문제에 대한 설득력 있는 의견이 제시된다.

149 예시는 Peacock, *Islam, Literature and Society*, 66-7을 확인할 것.

150 IB, III, 39-40 (tr. Gibb, 560, 565 〔정수일 역주, 《이븐 바투타 여행기》 1권, 535, 539〕).

151 Jackson, *The Delhi Sultanate*, 234를 보라.

152 Yazdī, *ZN* (1972), fo. 81a/(2008), I, 217: "az ḫulya-yi islām 'ārī būd". 15세기 초에도 부잔의 통치기는 여전히 격변의 시기였다는 상투적 표현으로 서술되었다. Naṭanzī (1957), 112-13/(2004), 91.

153 Ḥamd-Allāh Mustawfī Qazwīnī, *Ẓafar-nāma*, facsimile edn by Naṣr-Allāh Pūrjawādī and Nuṣrat-Allāh Rastagār, *Ẓafar-nāma von Ḥamdallāh Mustaufī und Šāhnāma von Abu'l-Qāsim Firdausī*, 2 vols (Tehran, 1377 sh., and Vienna, 1999), II, 1292, 12행; partial trans. by Leonard J. Ward, 'The Ẓafar-Nāmah of Ḥamdallāh Mustaufī and the Il-Khan Dynasty of Iran', unpublished Ph.D. thesis, University of Manchester, 1983, 3 vols, II, 269.

154 테구데르 아흐마드의 손에 살해된 율라 테무르(*Yula Temür)의 아들 부카(Buqa)에 대해서는, 같은 책, II, 1165 (Ward trans., II, 4에서 아들은 '바카이(Baqā'ī)', 아버지는 '볼라드 티무르(Bolād Timūr)'). 율라 테무르에 대해서는 다음을 보라. SP, fo. 146b; Ḥamd-Allāh Mustawfī Qazwīnī, *Ta'rīkh-i guzīda*, 595, 814.

155 *JT*, II, 1176 〔1126의 오기로 보임〕 (*DzhT*, III, 170; *CC*, 389 〔김호동 역주, 《일 칸들의 역사》, 242는 "그가 이슬람을 받들었기 때문에 그를 '술탄 아흐마드(Sulṭān Aḥmad)'라고 불렀다"라고 해석함〕). Reuven Amitai, 'The conversion of Tegüder Ilkhan to Islam',

JSAI 25 (2001), 15-43 (특히 17), and repr. in Amitai, *The Mongols in the Islamic Lands*는 이 가운데 첫번째 해석("테구데르가 무슬림처럼 기도를 올렸기 때문에 그는 술탄 아흐마드(Sulṭān Aḥmad)라고 불렸다")을 택했다.

156 *JT* (eds. Rawshan and Mūsawī)와 *CC*에서는 누락되었으나, *DzhT*, III, 616 (출처는 프랑스 국립 도서관의 사본과 레닌그라드 동방학 연구소(Institut Vostokovedeniia, Leningrad) 소장 사본).

157 Budge, *The Chronography of Gregory Abû'l Faraj*, I (영어 번역), 505. Step'anos Orbelian, *Patmut'iwn nahangin Sisakan*, tr. M.-F. Brosset, *Histoire de la Siounie* (St Petersburg, 1864-6), I, 260도 확인할 것. 그러나 Peacock, *Islam, Literature and Society in Mongol Anatolia*, 67이 바이두가 반감을 품었다는 근거로 인용한 Karīm al-Dīn Maḥmūd b. Muḥammad Āqsarā'ī, *Musāmarat al-akhbār*, ed. Osman Turan, *Müsâmeret ül-ahbâr. Mogollar zamanında türkiye Selçukluları tarihi* (Ankara, 1944), 185-6도 아울러 참고할 것.

158 이하 서술에 대해서는 다음을 보라. Denise Aigle, 'A religious response to Ghazan Khan's invasions of Syria: The three "Anti-Mongol" fatwās of Ibn Taymiyya', in Aigle, *The Mongol Empire between Myth and Reality*, 283-305; Aigle, 'Ghazan Khan's invasions of Syria: Polemics on his conversion to Islam and the Christian troops in his army', 같은 책, 255-82. 그리고 Pfeiffer, 'Confessional ambiguity', 158-9도 참고할 것.

159 Ibn al-Dawādārī, *Kanz al-durar*, IX, ed. Hans Robert Roemer, *Der Bericht über den Sultan al-Malik an-Nāṣir Muḥammad ibn Qala'un* (Cairo, 1379/1960), 32. Quṭb al-Dīn Mūsā b. Muḥammad al-Yūnīnī (d. 726/1326), Dhayl *Mir'āt al-zamān*, partial edn and trans. by Li Guo 〔郭黎〕, *Early Mamluk Syrian Historiography*, 2 vols, IHC 21 (Leiden, Boston, MA, and Cologne, 1998), I (영어 번역), 158, II (원문), 119. 아울러 더 완전한 교열본인 edn. 'Abbās Hānī Jarrākh, in Sibṭ Ibn al-Jawzī, *Mir'āt al-zamān*과 al-Yūnīnī, *Dhayl Mir'āt al-zamān* (Beirut, 1434/2013), XXI, 120도 확인할 것. K.V. Zetterstéen (ed.), *Beiträge zur Geschichte der Mamlūkensultane in den Jahren 690-741 der Hiǵra nach arabischen Handschriften* (Leiden, 1919), 76. Brack, 'Chinggisid pluralism', 838. Aigle, 'A religious response', 301에는 쿠틀룩샤가 칭기스 칸을 예언자들의 인장으로 묘사했다는 서술이 있으나, 이 발언은 사료를 통해 확인되지 않았다.

160 Pfeiffer, 'The canonization of cultural memory', 58-62에 적힌 유디트 파이퍼의 논평을 보라.

161 게이하투 일칸은 Morgan, 'The Great Yāsā of Chingiz Khān', 171; repr. in Hawting (ed.), *Muslims, Mongols and Crusaders*, 206을 확인할 것. IB, IV, 300 (tr. Gibb and Beckingham, 908 〔정수일 역주,《이븐 바투타 여행기》2권, 344〕)에 따르면 언급된 원나라 황제에 대항해 일어난 반란에서도 이 명분이 드높여졌으나, 진위 여부는 불분명하다.

162 IB, III, 40-1 (tr. Gibb, 560-1 〔정수일 역주,《이븐 바투타 여행기》1권, 535-6〕).

163 테구데르 아흐마드의 경우는 Waṣṣāf (1853), 132, 14-15행 (*GW*, I, 원문 270, 독일어 번역 252). 이 혐의는 아미르 아룩(Aruq)의 발언으로 기록되었다. 타르마시린에 대해서는 다음을 보라. al-Dhahabī, *Ta'rīkh al-Islām*, LIII, 330; al-Ṣafadī, *al-Wāfī bi l-wafayāt*,

X, 382-3, 그리고 *A ʿyān al-ʿaṣr*, I, 523.

164 Waṣṣāf (1853), 327, 18-19행 (*GW*, III, 167도 참고).

165 Qāshānī, *Taʾrīkh-i Uljāytū Sulṭān*, 98.

166 Morgan, *The Mongols*, 142 (권용철 옮김, 《몽골족의 역사》, 221)과 *Medieval Persia*, 73. *Qurʾān*, iv, 27; Schacht, 'Nikāḥ, 1', *EI2*도 확인할 것.

167 Cleaves, 'The rescript of Qubilai', 73과 88 n116.

168 Qāshānī, *Taʾrīkh-i Uljāytū Sulṭān*, 98. 카샤니의 저서 가운데 ms. Ayasofya 3019에는 이 부분이 "yāsāq-u yusūn-i naw" (fo. 43b)라고 쓰여 있으나, 형용사 'naw'가 출판본에서 누락되었다. Morgan, 'The "Great Yasa of Chinggis Khan" revisited', 304 n.38 참고.

169 Vásáry, 'Yāsā and Sharīʿa', 67에 인용된 Qāshānī, *Taʾrīkh-i Uljāytū Sulṭān*, 145.

170 *JT*, II, 1278 (*DzhT*, III, 320; *CC*, 446 (김호동 역주, 《이슬람의 제왕》, 114)). 한편 라시드 알딘은 쿠틀룩샤가 al-Ṣafadī, *al-Wāfī bi l-wafayāt*, XIII, 348과 *A ʿyān al-ʿaṣr*, II, 666-7에서 불신자로 분류되고 있음을 알았다.

제4장 몽골 세계의 위기 ① : 쇠퇴하는 칭기스 왕조의 지배

1 IB, III, 31 (tr. Gibb, 556 (정수일 역주, 《이븐 바투타 여행기》 1권, 531)). 나머지 두 대왕은 모로코의 술탄과 이집트의 술탄이었다. 같은 책, II, 382 (tr. Gibb, 482-3 (정수일 역주, 《이븐 바투타 여행기》 1권, 478))를 확인할 것.

2 같은 책, III, 201 (tr. Gibb, 648-9 (정수일 역주, 《이븐 바투타 여행기》 2권, 69)). 이븐 바투타의 정보원은 물탄에서 만난 수흐라바르디 종단의 셰이흐 루큰 알딘(Rukn al-Dīn)이었다.

3 국호, 특히 1388년 이후의 국호 문제에 대해서는 David M. Robinson, *In the Shadow of the Mongol Empire. Ming China and Eurasia* (Cambridge, 2020), 49-52을 참고하라.

4 David M. Robinson, *Ming China and Its Allies. Imperial Rule in Eurasia* (Cambridge, 2020), 29, 31.

5 혼다미르가 기록한 카안 목록에서는 1412년 이후 아릭 보케 왕통의 카안 세 명이 집권한 것으로 되어 있다. Khwānd-Amīr, *Ḥabīb al-siyar fī akhbār afrād al-bashar*, ed. Jalāl Humāʾī, 4 vols (Tehran, 1333 sh./1954), III, 73-4; tr. Wheeler M. Thackston, *Classical Writings of the Medieval Islamic World. Persian Histories of the Mongol Dynasties*, II (London and New York, 2012), 41. 그러나 1388년 카안위를 찬탈한 예수데르(Yesüder)도 아릭 보케 왕통에 속할 확률이 있다. M. Honda (本田實信), 'On the genealogy of the early Northern Yüan', *UAJ* 30 (1958), 232-48 (특히 236-47). 더 자세한 논의는 Robinson, *In the Shadow of the Mongol Empire*, 82-4를 확인할 것.

6 John Masson Smith, Jr, 'Dietary decadence and dynastic decline in the Mongol empire', *JAH* 34 (2000), 35-52. 그러나 이러한 과잉이 일칸국과 달리 다른 칭기스 왕조 국가들에서 동일한 결과를 불러오지는 않은 것 같다. 그렇지만 "지배 가문의 유전 구성에 뭔가 문제가 있었을" 수 있다고 본 Charles Melville, 'The end of the Ilkhanate and after: Observations on the collapse of the Mongol world empire', in De Nicola and Melville (eds), *The Mongols' Middle East*, 309-35 (이 부분은 318-19)도 아울러 고려하라.

7 George Qingzhi Zhao (趙清治), 'Population decadence and dynastic decline in the

752

Mongol Empire', in Michael Gervers and Wayne Schlepp (eds), *Continuity and Change in Central and Inner Asia* (Toronto, 2002), 21-33. 그러나 Broadbridge, *Women and the Making of the Mongol Empire*, 227에는 이와 반대되는 의학적 의견이 인용되었다.

8 David O. Morgan, 'The decline and fall of the Mongol empire', *JRAS*, 3rd series, 19 (2009), 427-37 (이 의견은 433)을 보라. 그러나 아부 사이드의 후계 문제가 일칸국의 붕괴를 초래한 유일한 원인이 아니었다는 시각은 Melville, 'The end of the Ilkhanate', 특히 312-13, 318-22를 참고할 것.

9 Ötemish Ḥājjī, *Chingīz-nāma*, ed. and transcribed by Takushi Kawaguchi 〔川口琢司〕, Hiroyuki Nagamine 〔長峰博之〕 and Mutsumi Sugahara 〔自己紹介〕, *Ötämiš Ḥājī. Čingīz-nāma* (Tokyo, 2008), 원문 32에는 사인 칸(Sayin Khan, 바투의 시호(諡號))의 왕통 가운데 누구도 남지 않았다고 쓰여 있다. Naṭanzī (1957), 85/(2004), 70에도 마찬가지다. Ilnur Mirgaleev, 'The Time of Troubles in the 1360s and 1370s', in Khakimov et al. (eds), *The Golden Horde in World History*, 689-92 (이 내용은 690)를 확인할 것.

10 Favereau, *The Horde*, 275 〔김석환 옮김, 《말 위의 개척자, 황금 천막의 제국》, 374-5〕.

11 Michael Hope, 'The *atābak*s in the Mongol empire and the Ilkhanate of Iran (602-736/1206-1335)', in May et al. (eds), *New Approaches to Ilkhanid History*, 321-45 (이 내용은 338-40). 셀주크 왕조에서 처음 등장한 아타벡('아버지 벡/아미르': 어린 왕자의 보호자)라는 칭호가 그 이전에는 어떠했는지에 대해서는 다음 자료를 보라. Cl. Cahen, 'Atabak', *EI2*, I, 731-2.

12 따라서 Jean Aubin, *Émirs mongols et vizirs persans dans les remous de l'acculturation*, StIr Cahier 15 (Paris, 1995), 85에서 미성년기의 아부사이드는 "le premier des Ilkhâns-fantoches 〔최초의 꼭두각시 일칸〕"로 서술되었다.

13 Hope, *Power, Politics, and Tradition*, 190-4, 196을 참고할 것.

14 티모시 메이는 저서 *The Mongol Empire*의 13장에 "결론: 칭기스 왕조의 종말과 카라추의 대두"라는 제목을 붙였다. Woods, *The Aqquyunlu*, 7-8의 논의도 확인할 것.

15 Peter B. Golden, *An Introduction to the History of the Turkic Peoples. Ethnogenesis and State-Formation in Medieval and Early Modern Eurasia and the Middle East*, Turcologica 9 (Wiesbaden, 1992), 240.

16 Veit, 'The eastern steppe', 161-3. May, *The Mongol Empire*, 344-6. Hok-lam Chan 〔陳學霖〕, 'Naqaču the Grand Marshall, a Mongol warlord in Manchuria during the Yuan-Ming transition', in Rybatzki et al. (eds), *The Early Mongols*, 31-46.

17 파란만장했던 1335~1357년 시기에 대한 연구로는 Bertold Spuler, *Die Mongolen in Iran: Politik, Verwaltung und Kultur der Ilchanzeit 1220-1350*, 4th edn (Leiden, 1985), 107-15; Wing, *The Jalayirids* 5장이 있다. 1337년 연말의 몇 달에 대해서는 Melville, *The Fall of Amir Chupan*, 45-59가 아주 상세히 다루었다.

18 샤라프 알딘 마흐무드샤와 와지르 딸의 결혼에 대해서는 Naṭanzī (1957), 170/(2004), 140을 보라.

19 출산일은 Ḥamd-Allāh Mustawfī Qazwīnī, *Dhayl-i Ta'rīkh-i guzīda*, ed. V.Z. Piriiev (Baku, 1978), 원문 440과 tr. M.D. Kazimov and V.Z. Piriiev (Baku, 1986), 98에서만 특

정되어 있다. Shabānkāra'ī, Majma' al-ansāb, 293에는 다만 아부 사이드가 죽고 7개월 뒤의 일이라고만 쓰여 있다.

20 Ḥamd-Allāh Mustawfī Qazwīnī, *Dhayl*, ed. Piriiev, 원문 436, 437; tr. Kazimov and Piriiev, 92, 93-4.

21 일자는 같은 책, ed. Piriiev, 원문 440; tr. Kazimov and Piriiev, 97. P. Jackson, 'Arpā Khan', *EIr*, II, 518-19.

22 Jean Aubin, 'Le *quriltai* de Sultân-Maydân (1336)', *JA* 279 (1991), 175-97, and repr. in Aubin, Études, 279-97. 장 오뱅은 2차 문헌의 표기에 따라 토가 테무르(Togha Temür)라는 표기를 선호했다. 그러나 이 책에서는 John Masson Smith, Jr, *The History of the Sarbadār Dynasty 1336-1381 A.D. and Its Sources* (The Hague and Paris, 1970), 181-2의 재구를 따랐다. Ḥamd-Allāh Mustawfī Qazwīnī, *Dhayl*, ed. Piriiev, 원문 443/tr. Kazimov and Piriiev, 101은 셰이흐 하산에 대적한 인물이 셰이흐 알리임을 분명히 밝혀 놓았다. 타가이 테무르가 (테무게) 옷치긴의 후손이라는 Wing, *The Jalayirids*, 85의 서술은 오류다.

23 혹자는 조치 카사르가 만남에 늦게 나타난 데 격노한 칭기스 칸이 카사르의 후예 중 누구도 칸위에 오를 수 없다는 야사를 공포했고 이 때문에 카사르 왕통이 카라추 아미르들과 동등한 지위로 분류되었다는 Waṣṣāf (1853), 561, 12-18행/(2009), 378-9의 서술과 샤반카라이의 거짓 주장이 유사하다고 생각할 수도 있겠다. 그러나 지금까지 알려진 바에 따르면 밧사프는 저술 작업을 아부 사이드가 죽기 전인 727/1326~1327년 또는 728/1327~1328년에 마쳤다. 망실된 카사르의 죄목들에 대한 기록은 Atwood, 'Rashīd al-Dīn's Ghazanid Chronicle', 100-2를 확인하라. 이 책에서는 (카사르가 테무게 옷치긴보다 어리다고 썼지만) 밧사프의 서술을 따르고, 칭기스 칸의 다른 동생들의 후손들은 아미르들 사이에 자리가 배치된 반면 카사르의 후손들만이 왕자들 사이에 앉기를 허락받았다는 *JT*, I, 275 (*CC*, 97 〔김호동 역주, 《칭기스 칸 기》, 84〕)의 그와 대조되는 간략한 진술을 따르지 않았다.

24 Michael Hope, 'The political configuration of late Ilkhanid Iran: A case study of the Chubanid Amirate (738-758/1337-1357)', *Iran*, DOI: 10.1080/05786967.2021.1889930 (자신의 논문을 보내준 마이클 호프 박사에게 감사를 표한다), 1-17 (이 부분은 10).

25 Abū Bakr Quṭbī Ahrī, *Ta'rīkh-i Shaykh Uways*, ed. and tr. J.B. Van Loon, *Ta'rīkh-i Shaikh Uwais. An Important Source for the History of Ādharbaijān in the Fourteenth Century* (The Hague, 1954), 원문 166, 영어 번역 67에서 특정된 기간이다.

26 이 기간은 같은 책, 원문 167, 영어 번역 68에서도 제시되었다. 그러나 술라이만의 이름으로 발행된 주화는 이보다 더 오랜 기간 발행되었다 (뒤의 내용을 확인할 것).

27 Hans R. Roemer, 'The Jalayirids, Muzaffarids and Sarbadārs', in *CHI*, VI, 1-41 (이 내용은 22-4)과 C.P. Melville, 'Sarbadārids', *EI2*, IX, 47-8을 함께 참고할 것.

28 Anonymous, *Dhayl-i Ta'rīkh-i guzīda*, ed. Otsuka, 원문 194를 보라. 757년 무하람월 [1356년 1~2월] 아누시르반의 죽음에 대해서는 같은 책, 195를 확인하라. 756/1355년까지도 발행된, 아누시르반의 이름으로 발행된 주화에 대해서는 Alexander V. Akopyan and Farbod Mosanef, 'Between Jūjīds [원문 그대로] and Jalāyirids: The coinage of the

Chopānids, Akhījūq and their contemporaries, 754-759/1353-1358', *Der Islam* 92 (2015), 197-246 (이 내용은 210-11)을 참고하라.

29 Stephen Album, 'Studies in Ilkhanid history and numismatics, I. A late Ilkhanid hoard (743/1342)', *StIr* 13 (1984), 49-116 (이 부분은 84, 95). Ḥamd-Allāh Mustawfī Qazwīnī, *Dhayl*, ed. Piriiev, 원문 462/tr. Kazimov and Piriiev, 125는 자한 테무르가 1341년 봄 이전에 버림받았음을 확인해준다. 자한 테무르의 짧은 통치에 대해서는 Charles Melville, 'Jahān Timūr', *EIr*, XIV, 385-6을 보라.

30 Album, 'Studies in Ilkhanid history and numismatics, I', 100.

31 같은 글, 80.

32 이하의 내용에 대해서는 Broadbridge, *Kingship and Ideology*, 139-45; Patrick Wing, 'The decline of the Ilkhanate and the Mamluk Sultanate's eastern frontier', *MSR* 11, part 2 (2007), 77-88 그리고 Wing, *The Jalayirids*, 89-91을 확인하라. 패트릭 윙은 맘루크 측의 시각에 대해서는 주로 15세기 저자인 알마크리지의 견해를 따랐다. 그러나 알유수피와 알슈자이는 최소한 알마크리지보다 상황을 더 자세히 서술했다. 알유수피가 755/1354년까지에 대해 서술한 세계사에서 733~738년을 다룬 부분만이 현존한다. 이에 대해서는 Donald Presgrave Little, 'The recovery of a lost source for Baḥrī Mamlūk history: Al-Yūsufī's Nuzhat al-nāẓir fī sīrat al-Malik al-Nāṣir', *JAOS* 94 (1974), 42-54를 보라. 알슈자이의 *Ta'rīkh al-Malik al-Nāṣir Muḥammad b. Qalāwūn al-Ṣāliḥī wa-awlādihi* 집필 시점에 대해서는 edn and trans. by Barbara Schäfer (Wiesbaden, 1977-85), II (독일어 번역), 5를 참고하라. 알슈자이는 알유수피의 저작을 주요 참고 자료로 이용했다.

33 Anne F. Broadbridge, 'Diplomatic conventions in the Mamluk Sultanate', *Annales Islamologiques* 41 (2007), 97-118 (이 부분은 108). 더 개괄적인 서술은 Broadbridge, *Kingship and Ideology*, 139.

34 Broadbridge, *Kingship and Ideology*, 148-56. 알나시르 무함마드의 후계자들에 대한 개괄적 설명은 Carl F. Petry, The Mamluk Sultanate: A History (Cambridge, 2022), 20-3을 참고할 것.

35 IB, III, 256-8 (tr. Gibb, 677-9 (정수일 역주, 《이븐 바투타 여행기》 2권, 99-100)). 핫지 케운에 대해서는 알려진 바가 없으며, 《고귀계보》에도 나타나지 않는다.

36 더 자세한 목록은 Roemer, 'The Jalayirids, Muzaffarids and Sarbadārs', 4를 확인할 것.

37 Zayn al-Dīn (1990), 원문 481 (러시아어 번역 108)/(1993), 57-8.

38 Wing, *The Jalayirids*, 104은 Ahrī, *Ta'rīkh-i Shaykh Uways*, 원문 177, 영어 번역 77을 인용해 아슈라프의 대응에 대해 서술했다. 가잔(2세)에 대해서는 Akopyan and Mosanef, 'Between Jūjīds and Jalāyirids', 209, 213-16, 218-19를 보라. Anonymous, *Dhayl-i Ta'rīkh-i guzīda*, ed. Otsuka, 원문 195에는 가잔이 아누시르반 칸의 아들이라고 서술되었다. 그러나 *MA*, fo. 12a, ed. Vokhidov, 원문 25(러시아어 번역 28)에서 타가이 테무르의 아들들 가운데 '카잔 파디샤(Qazān Pādishāh)'가 언급된 것으로 보아 이는 오류로 보인다. *Dhayl-i Majma' al-ansāb*, 328-9에는 타가이 테무르의 형제 알리 케운이 자바(Zāwa)에서 사르바다르에 패배했을 때 이 왕자도 포로가 되었다는 사실을 알려준다. 그러므로 그뒤로 가잔이 역사에서 사라졌다는 Aubin, 'Le khanat de Čaġatai', 38-9의 가설은 수용할 수 없다.

39 Anonymous, *Dhayl-i Ta'rīkh-i guzīda*, ed. Otsuka, 원문 195. 침공 시기와 관련해 같은 책, 196. Woods, *The Aqquyunlu*, 8에는 아누시르반이 조치 일문이 침공했을 때 살해당했다고 서술되어 있으나 이는 오류다.

40 A.I. Grachev, 'O ≪pravlenii≫ khana Dzhanibeka v Dzhurdzhane', *NZO* 1 (2011), 94-102.

41 Philip Remler, 'Ottoman, Isfandiyarid, and Eretnid coinage: A currency community in fourteenth century Anatolia', *ANSMN* 25 (1980), 169-188 (이 내용은 171-2). Jürgen Paul, 'Mongol aristocrats and beyliks in Anatolia: A study of Astarābādī's Bazm va Razm', in Johann Büssow, David Durand-Guédy and Jürgen Paul (eds), *Nomads in the Political Field* (Rome, 2011=*ES* 9, parts 1-2), 105-58 (이 내용은 118-19). Peacock, *Islam, Literature and Society*, 61-2.

42 Jürgen Paul, 'Zerfall und Bestehen: Die Ğaun-i Qurban im 14. Jahrhundert', *AS* 65 (2011), 695-733 (이 내용은 707). 그러나 Faryūmadī, *Dhayl-i Majma' al-ansāb*, 323과도 비교해보라.

43 Stephen Album, 'Power and legitimacy: The coinage of Mubāriz al-Dīn Muḥammad ibn al-Muẓaffar at Yazd and Kirman', *Le Monde Iranien et l'Islam* 2 (1974), 157-71 (이 내용은 159).

44 같은 책, 161. Melville, 'The end of the Ilkhanate', 326.

45 Broadbridge, Kingship and Ideology, 156-7과 n.89. Akopyan and Mosanef, 'Between Jūjīds and Jalāyirids', 219. Wing, *The Jalayirids*, 94에는 셰이흐 하산이 자신의 이름으로 주화를 발행하지 않았다고 서술되어 있다. 그러나 Michael Weiers, 'Münzaufschriften auf Münzen mongolischer Il-Khane aus dem Iran, Teil drei', *UAJ*, n.F., 5 (1985), 168-86 (이 내용은 181-2)과 비교해보라.

46 Ja'farī (Ja'far b. Muḥammad Ḥusaynī), *Ta'rīkh-i Yazd*, ed. Īraj Afshār (Tehran, 1338 sh./1960), 35. Mu'īn al-Dīn Yazdī, *Mawāhib-i ilāhī dar ta'rīkh-i āl-i Muẓaffar*, BL ms. Add. 7632, fo. 133b와 Kutubī, *Ta'rīkh-i āl-i Muẓaffar*, 45, 모두 이 시점을 755/1354년이라고 전한다. Album, 'Power and legitimacy', 167-8. Ahrī, *Ta'rīkh-i Shaykh Uways*, 원문 176 (영어 번역 76)에는 무바리즈 알딘 자신이 알무타디드 빌라(al-Mu'taḍid billāh)라는 이름으로 칼리프 자격을 주장했다고 쓰여 있는데, Wing, *The Jalayirids*, 103은 이를 그대로 신뢰하는 실수를 저질렀다.

47 Faryūmadī, *Dhayl-i Majma' al-ansāb*, 316.

48 Aubin, 'Le khanat de Čaġatai', 31. Shivan Mahendrarajah, *A History of Herat from Chingiz Khan to Tamerlane* (Edinburgh, 2022), 137-43.

49 티무르의 손자 피르 무함마드 이븐 우마르 셰이흐가 카이로의 칼리프로부터 책봉을 받고자 했을 가능성이 있다는 주장에 대해서는 *ZT*, III, 44의 주석을 보라.

50 Naṭanzī (1957), 318-19/(2004), 244.

51 세부 사항들은 al-Shujā'ī, I (원문), 214, 234, II (독일어 번역), 249, 267-8에서 얻었다. 히드르벡 살해에 대해서는 Ahrī, *Ta'rīkh-i Shaykh Uways*, 원문 176, 번역 76을 보라.

52 István Vásáry, 'The Jochid realm: The western steppe and Eastern Europe', in *CHIA*,

67-85 (이 내용은 79).

53 Ahrī, *Ta'rīkh-i Shaykh Uways*, 원문 173, 영어 번역 76. Wing, *The Jalayirids*, 103도 이를 인용했다.

54 *MA*, fo. 22a, ed. Vokhidov, 원문 45 (러시아어 번역 42). 루시 사료들은 열두 형제를 명시한다. Kutubī, *Ta'rīkh-i āl-i Muẓaffar*, 57에는 '여러(chand)'라는 표현이 쓰였다. Natanzī (1957), 85/(2004), 70도 확인하라.

55 Zayn al-Dīn (1990), 원문 486 (러시아어 번역 114)/(1993), 71. 혼란스러운 상황에 대한 소식(루시 사료는 이를 히드르의 진격과 연결 짓는다)은 761/1360년 봄 초엽에 아제르바이잔에 도달한 것 같다. 베네치아의 문헌 두 편에서 뽑아낸 귀중한 연대 자료에 대해서는 S.P. Karpov, 'Nachalo smuty v Zolotoi Orde i perevorot Navruza', *ZOO* 6 (2018), 528-36을 보라.

56 Spuler, *Die Goldene Horde*, 109-21; M.G. Safargaliev, *Raspad Zolotoi Ordy* (Saransk, 1960), 111-36. '대동란'이라는 표현에 대해서는 Charles J. Halperin, *Russia and the Golden Horde. The Mongol Impact on Medieval Russian History* (Bloomington, IN, 1985), 54 〔권용철 옮김, 《킵차크 칸국: 중세 러시아를 강타한 몽골의 충격》(글항아리, 2020), 122〕를 참고할 것.

57 Shāmī, *ZN*, I, 13. Yazdī, *ZN* (1972), fo. 66b/(2008), I, 182.

58 여러 칸에 대한 상세한 내용은 R.Iu. Pochekaev, *Tsari ordynskie. Biografii khanov i pravitelei Zolotoi Ordy*, 2nd edn (St Petersburg, 2012), 140-88을 확인할 것. Safargaliev, *Raspad*, 111-12과 n.1에서는 베르디벡의 죽음부터 톡타므쉬까지의 기간에 재위한 칸이 25명이 넘었다고 추산했다. Baumer, *The History of Central Asia*, III, 269에는 베르디벡과 톡타므슈의 즉위 사이에 19명의 칸이 존재했다고 보았다.

59 Pochekaev, *Tsari ordynskie*, 142-3은 쿨나가 바투의 후손이지만 외즈벡 왕통은 아니었다고 추정했다. 같은 책, 146-7은 나우루즈가 바자르치(주 66을 보라)와 동일인이라고 주장했다. 따라서 그의 계보는 같은 책, 402 표1과 같이 추정되었다. Christian, *A History of Russia, Central Asia and Mongolia*, II, 53에서는 나우루즈가 베르디벡의 형제이자 바투 왕통의 마지막 인물로 여겨졌다. 그러나 베네치아 측 자료는 나우루즈를 사기꾼이라고 부른다. Karpov, 'Nachalo smuty', 531. Natanzī (1957), 85-6/(2004), 70에 따르면 킬디벡의 혈통은 알려지지 않았다. 루시 사료는 그가 자신은 자니벡의 아들이라고 했다고 전한다. *Patriarshaia ili Nikonovskaia letopis'*, in PSRL, X, 189; tr. Serge A. and Betty Jean Zenkovsky, *The Nikonian Chronicle*, III. *From the Year 1241 to the Year 1381* (Princeton, NJ, 1986), 188-9; Ötemish Ḥājjī, *Chingīz-nāma*, ed. Kawaguchi et al., 원문 38에서는 그가 가짜였지만 옹립되었다고 전한다. 이를 따른 R.Iu. Pochekaev, 'K voprosu o perekhode vlasti v gosudarstvakh Chingizidov (4). Zolotaia Orda v 1358-1362 gg.: dinasticheskii krizis i fenomen samozvanstva', *ZOTs* 2 (2009), 39-49 (이 내용은 45-6)와 *Tsari ordynskie*, 151에서 이 킬디벡은 "킬디벡 사칭"으로 불린다. 조카에 대해서는 *MA*, fo. 22a-b, ed. Vokhidov, 원문 45-6 (러시아어 번역 42; *SMIZO*, II, 51-2는 발췌 번역). A.P. Grigor'ev, 'Zolotoordynskie khany 60-70-kh godov XIV v.: khronologiia pravlenii', *Istoriograf iia i Istochnikovedenie Istorii Stran Azii i Afriki* 7 (1983), 9-54

(이 내용은 50)는 늦으면 767/1365~1366년까지 킬디벡의 이름으로 주화가 발행되었다고 주장한다. 그러나 Iu.E. Varvarovskii, Ulus Dzhuchi v 60-70-e gody XIV veka (Kazan, 2008), 81과도 비교해보라.

60 Zhaksylyk Sabitov and Roman Reva, 'Sravnenie svedenii ≪Muizz al-ansab≫ i ≪Tavarikh-i guzida-yi Nusrat-nama≫ o khanakh ulusa Dzhuchi s dannymi numizmatikh', *ZOO* 4 (2016), 102-14를 보라. 밍 테무르에 대해서는 *TGNN*, 원문 162 (fo. 69b); tr. in S.K. Ibragimov (ed.), *Materialy po istorii kazakhskikh khanstv XV-XVIII vekov (izvlecheniia iz persidskikh i tiurkskikh sochinenii)* (Alma-Ata, 1969), 34를 참고하라. 나는 *Shajarat al-atrāk*, tr. M.Kh. Abuseitova, in *IKPI*, V, 101-5의 표에 제시된 조치 일문의 계보 및 *MA*의 변종으로 여겨지는 나탄지의 조치 일문 계보를 대체로 따르지 않았다. 이 문제에서 나탄지를 신뢰할 수 없는 이유에 대해서는 Safargaliev, *Raspad*, 114-16과 Zh.M. Sabitov, 'Anonim Iskendera kak genealogicheskii istochnik', *ZOTs* 1 (2008), 117-21을 참고하라. *MA*에서 제시된 조치 일문의 계보는 *SMIZO*, II에서 잘못 인용되었는데, 이는 T.I. Sultanov, '*Mu'izz al-ansāb* and spurious Chingīzids', *MO* 2, no. 3 (Sept. 1996), 3-7 (이 내용은 5)과 같다. 쇼드놈 보히도프(Şodnom H. Vokhidov)의 러시아어 번역에서 추가된 오류도 있다. 신뢰해도 좋은 계보는 Pochekaev, *Tsari ordynskie*, tables 1-3이다.

61 *Patriarshaia ili Nikonovskaia letopis'*, in PSRL, X, 232 (tr. Zenkovsky, III, 186).

62 히드르와 테무르 호자는 *TGNN*, 원문 165 (fo. 71a; in Ibragimov, *Materialy*, 37)에서 등장한다. 그러나 시반의 아들 카닥(Qadaq)의 손자인 히드르의 아버지 망쿠타이(Mangqutai)는 *MA*, fo. 23a, ed. Vokhidov, 원문 47 (러시아어 번역 43)에서 자식을 두지 못했다고 서술되었다. Vásáry, 'The beginnings of coinage', 381 n.16에서 인용된 Ötemish Ḥājjī, *Chingīz-nāma*도 확인할 것. *Patriarshaia ili Nikonovskaia letopis'*, in PSRL, X, 233과 XI, 2 (tr. Zenkovsky, III, 189, 191)는 무라드("아무라트(Amurat)")를 히드르의 형제라고 부르기 때문에, 이 인물은 *TGNN*의 "무루트(Murūt)"와 샤미 및 야즈디의 "무루드(Murūd)"일 수밖에 없다.

63 *TGNN*, 원문 166 (fo. 71b; tr. in Ibragimov, *Materialy*, 37-8)에 시반의 아들 사이을간(*Sayılġan)의 후손으로 서술되었으며, 다른 사료에는 나오지 않는 아지즈 바바('Azīz Baba)와 동일 인물일 가능성이 매우 높다. 이에 따른 계보는 Pochekaev, *Tsari ordynskie*, 403의 표2를 확인할 것. 그는 765/1363~1364년에서 768/1366~1367년 사이에 신(新) 사라이와 아작(Azāq)에서 주화를 발행했다. B.D. Grekov and A.Iu. Iakubovskii, *Zolotaia Orda i ee padenie* (Moscow and Leningrad, 1950), 278-9; Grigor'ev, 'Zolotoordynskie khany', 50.

64 *MA*, fo. 27a, ed. Vokhidov, 원문 55 (러시아어 번역 44; *SMIZO*, II, 60에서도 발췌 인용). TGNN, 원문 174 (fo. 75b; tr. in Ibragimov, *Materialy*, 43). Grigor'ev, 'Zolotoordynskie khany', 29, 31은 오르두 멜릭을 테무르 호자의 형제, 즉 히드르의 아들로 잘못 추정했다.

65 *MA*, fo. 28a, ed. Vokhidov, 원문 57 (러시아어 번역 46)은 압둘라를 압달('Abdal)이라고 호칭했다. *SMIZO*, II, 62의 발췌 번역은 이 인물의 부계 혈통을 다룰 때 오류를 범했다. *TGNN*, fo. 74a (tr. in Ibragimov, *Materialy*, 41; 압둘('Abdul))과 비교해보라. Spuler, *Die*

Goldene Horde, 112; Golden, *An Introduction*, 300; Pochekaev, 'K voprosu', 46-7과 *Tsari ordynskie*, 159, 179, 402의 표1; 그리고 Mirgaleev, 'The Time of Troubles', 690은 압둘라를 외즈벡의 후손으로 추정했다.

66 *MA*에서 누락된 바자르치의 조상은 *TGNN*, 원문 166 (fo. 71b; tr. in Ibragimov, *Materialy*, 38)에 기록되어 있다. Ötemish Ḥājjī, *Chingīz-nāma*, ed. Kawaguchi et al., 원문 38에서 이 인물은 조치의 아들 보알(Bo'al)의 후손으로 서술되었다. Shāmī, *ZN*, I, 13, Yazdī, *ZN* (1972), fo. 66b/(2008), I, 181, 그리고 Khwānd-Amīr, *Ḥabīb al-siyar*, III, 76 (tr. Thackston, 43)은 이 인물을 조치 일문의 칸이라고 했다. Safargaliev, *Raspad*, 112 n.1은 주화를 남기지도 않았고 루시 사료에서도 언급되지 않은 바자르치 칸과 같은 이들에 대해 "대단히 의심스럽다"라고 적었다. 바자르치와 나우루즈가 동일 인물이라는 설에 대해서는 후주 59를 참고할 것.

67 Pochekaev, *Tsari ordynskie*, 194. 아랍샤는 시반 왕통의 친척 카안벡(Qaghanbeg)을 축출했다. 같은 책, 185.

68 I.M. Mirgaleev, 'Succession to the throne in the Golden Horde: Replacement of the Batuids by the Tuqai-Timurids', *ZOO* (2017), no. 5, 344-51의 345 n.1의 설명은 *MA*의 서술로 보아 오류가 아닌가 싶다.

69 Allen J. Frank, 'The western steppe: Volga-Ural region, Siberia and the Crimea', in *CHIA*, 237-59 (이 내용은 240-1).

70 Grigor'ev, 'Zolotoordynskie khany', 34 표2; Vásáry, 'The Jochid realm', 80은 압둘라와 무라드도 신사라이에서 군주로 인정받았다고 보았다. 사라이에 대해서는 Vásáry, 'Golden Horde', *EI3* (2016), fasc. 3, 110을 참고할 것.

71 George Vernadsky, *The Mongols and Russia* (New Haven, CT, 1953), 251, 253 〔김세웅 옮김,《몽골 제국과 러시아》(도서출판 선인, 2016), 361-2, 364-5〕. Robert O. Crummey, *The Formation of Muscovy 1304-1613* (Harlow, 1987), 45.

72 Grigor'ev, 'Zolotoordynskie khany', 33, 38-9. Pochekaev, *Tsari ordynskie*, 174-80은 이 풀라드의 정체를 밝히고 같은 이름을 가진 동시대 다른 지방 지배자들과 구별했다. 그는 시반의 아들 바하두르(Bahādur)의 후손이다. *MA*, fo. 23a, ed. Vokhidov, 원문 47 (러시아어 번역 42; *SMIZO*, II, 54-5에도 발췌 번역); TGNN, 원문 162 (fo. 69b; tr. in Ibragimov, *Materialy*, 35). Varvarovskii, *Ulus Dzhuchi*, 86-7은 풀라드가 칭기스 왕조 사람이 아니라고 보았다.

73 Grigor'ev, 'Zolotoordynskie khany', 45-6, 50과 Pochekaev, *Tsari ordynskie*, 185-7. 1377년 아랍샤가 청 오르다에서 귀환한 것에 대해서는 *Patriarshaia ili Nikonovskaia letopis'*, in PSRL, XI, 27 (tr. Zenkovsky, III, 233)을 참고할 것.

74 예를 들어 나루차트(Naruchat') 지방(모흐샤(Mokhsha), 즉 모르도바)의 타가이(Taghai) 혹은 토가이(Toghai)는 칭기스 왕조 사람인지 아닌지 알 수 없다. 타가이의 주화에서는 술탄이나 칸 같은 칭호가 쓰이지 않았다. *Patriarshaia ili Nikonovskaia letopis'*, in PSRL, X, 233 그리고 XI, 5 (tr. Zenkovsky, III, 189, 196-7); V.L. Egorov, *Istoricheskaia geografiia Zolotoi Ordy v XIII-XIV vv.* (Moscow, 1985), 208; A.V. Pachkalov, 'K voprosu ob imennykh monetakh Mamaia', *NZO* 2 (2012), 117-19 (이 내용은 118). 1370년경 이후

불가르는 하산(Ḥasan)이라는 이름의 아미르가 지배했다. *Patriarshaia ili Nikonovskaia letopis'*, in PSRL, XI, 12, 25 (tr. Zenkovsky, III, 208, 229); Egorov, *Istoricheskaia geografiia*, 102-5.

75 Spuler, *Die Goldene Horde*, 120, 121, 123. Varvarovskii, *Ulus Dzhuchi*, 90-1. Safar-galiev, *Raspad*, 125-7과도 비교해보라. 핫지 체르케스의 세력 확대 시점에 대해서는 학자들의 의견이 갈린다.

76 Safargaliev, *Raspad*, 120-1; Varvarovskii, *Ulus Dzhuchi*, 108-16; Devin DeWeese, 'Mapping Khwārazmian connections in the history of Sufi traditions: Local embeddedness, regional networks, and global ties of the Sufi communities of Khwārazm', *ES* 14 (2016), 37-97 (이 내용은 70-1)을 보라. 수피 왕조의 이전 역사에 대해서는 Isayahu Landa, 'From Mongolia to Khwārazm: The Qonggirad migrations in the Jochid ulus (13th-15th c.)', in Favereau (ed.), *La Horde d'Or et l'islamisation*, 215-31 (이 내용은 216-18)을 참고할 것. '수피(Ṣūfī)'라는 왕조명에 대해서는 아직 설명하기가 마땅치 않다.

77 Janet Martin, *Treasure of the Land of Darkness. The Fur Trade and Its Significance for Medieval Russia* (Cambridge, 1986), 32-3.

78 Pachkalov, 'K voprosu ob imennykh monetakh Mamaia'.

79 Grigor'ev, 'Zolotoordynskie khany', 34 표2, 50 표4를 확인.

80 같은 책, 50-1의 표4. 마마이가 무함마드 불락을 옹립한 것은 *PSRL*, XI, 12 (tr. Zen-kovsky, III, 207)에 따르면 6878년[1370년]에 일어난 사건이다. 무함마드 불락은 어쩌면 *MA*, fo. 28a, ed. Vokhidov, 원문 57 (러시아어 번역 46), 그리고 *TGNN*, fo. 74b (tr. in Ibragimov, *Materialy*, 41)에서 압달의 아들로 등장하는 무함마드일지 모른다. Pochekaev, *Tsari ordynskie*, 163과 402의 표1은 사파르갈리예프(M.G. Safargaliev)의 주장을 따라 이 인물을 티니벡의 아들로 추정했다.

81 Mirgaleev, 'The Time of Troubles', 691. Varvarovskii, *Ulus Dzhuchi*, 89와 Pochekaev, *Tsari ordynskie*, 163의 논의도 살펴보라. 이 혼인의 출전은 Ibn Khaldūn, *Kitāb al-'Ibar*, V, 1141 (*SMIZO*, I, 원문 373, 러시아어 번역 389 발췌 번역)로, 이븐 할둔은 여기서 공주의 이름도 제시하지 않았고, 공주의 형제가 톡타므쉬라는 오류도 범했다.

82 Pochekaev, *Tsari ordynskie*, 156, 157.

83 Ötemish Ḥājjī, *Chingīz-nāma*, ed. Kawaguchi et al., 원문 37. Vásáry, 'The beginnings of coinage', 382를 보라. *Shajarat al-atrāk*, in IKPI, V, 103은 노가이(여기서는 '투카이(Tukai)')가 '샤히(Shahi)'(사시(Sasi)?)의 아들이었다고 전한다.

84 Vásáry, 'The beginnings of coinage', 378-80은 시기와 관련한 이전의 오류를 교정했다. 무바락 호자는 *MA*, fo. 25b, ed. Vokhidov, 원문 52 (러시아어 번역 44)와 *TGNN*, 원문 173 (fo. 75a; tr. in Ibragimov, *Materialy*, 42; SMIZO, II, 60의 발췌 번역도 아울러 참고할 것)에서 토카 테무르의 맏아들 바이 테무르(Bai Temür)의 후손으로 기록되었다. 더 상세한 내용은 Uskenbay, 'Left Wing of the Ulus of Jochi', 208을 보라. 무바락 호자 칸이 이 시기 토카 테무르 왕통의 무바락 호자가 아니라 1329년경 청 오르다를 지배한 오르다의 후예인 또다른 무바락 호자였다는 Pochekaev, *Tsari ordynskie*, 111과 327 n.265의 주장은

수용할 수 없다. 킵차크 칸 자니벡의 이름으로 발행되긴 했으나, 753/1352~1353년 시르 다리야강 인근 바르친(Bārchin, 즉 바르친릭켄트(Barchinlighkent))에서 이루어진 청 오르다의 주화 발행에 대해서는 George M. Mellinger, 'The silver coinage of the Golden Horde: 1310-1358', *AEMA* 7 (1987-91), 152-211 (이 내용은 183-4)을 보라. Spuler, *Die Goldene Horde*, 102 n.7은 이 도시가 호라산에 있었다고 보는 실수를 범했다.

85 Pochekaev, *Tsari ordynskie*, 165, 182-3. Varvarovskii, *Ulus Dzhuchi*, 91 (알칼카샨디를 인용함). Favereau, *The Horde*, 275, 278 〔김석환 옮김, 《말 위의 개척자, 황금 천막의 제국》, 375〕. 오루스는 오랫동안 오르다 왕통으로 생각되었으나, Vásáry, 'The beginnings of coinage'는 이런 생각이 오류임을 밝혀냈다. *MA*, fos 25b-26b, ed. Vokhidov, 원문 52-3 (러시아어 번역 44, 45; *SMIZO*, II, 61, 62의 발췌 번역)에 따르면, 오루스와 톡타므쉬 둘 다 토카 테무르의 아들 우룽타쉬(Ürüngtash)의 5대손이다. *TGNN*, 원문 172 (fo. 74b; tr. in Ibragimov, *Materialy*, 41-2)를 통해 두 사람이 각각 토카 테무르의 아들 우즈 테무르(Uz Temür), 아마도 《고귀계보》의 우룽타쉬와 동일 인물일 것이다)의 셋째 아들과 넷째 아들의 후손임을 알 수 있다. DeWeese, 'Toḳtamish', *EI2*, X, 560-3 (이 내용은 560-1); R.Iu. Reva, 'Saiid-Akhmad I i Giias ad-Din I (istoriografiia otkrytiia, genealogiia, novoobnaruzhennye monetnye vypuski', *NZO* 4 (2014), 48-60 (55의 표)은 몇 대 후손인지를 두고 약간 다른 의견을 제시했다. 시그낙에서 오루스가 발행한 주화는 770년[1368~1369년] 이후의 것이다. Vásáry, 'The beginnings of coinage', 379.

86 Spuler, *Die Goldene Horde*, 129-30, 133-5. Roemer, 'Tīmūr in Iran', 72-3.

87 격변기 조치 일문의 역사와 에디귀의 경력에 대해서는 Frank, 'The western steppe', 237-41을 보라.

88 대규모 공세는 외즈벡이 죽기 직전인 742/1342년에 펼쳤다(가 무산되었다)고 하는 공격까지 거슬러 올라갈 수 있다. 이에 대해서는 al-Shujā'ī, I, (원문) 214, 234, (독일어 번역), 249, 268을 참고할 것.

89 Shams al-Dīn Muḥammad b. Maḥmūd Āmulī, *Nafā'is al-funūn fī 'arā'is al-'uyūn*, ed. Abū l-Ḥasan Sha'rānī and Sayyid Ibrāhīm Miyānajī, 3 vols (Tehran, 1377-9/1958-60), II, 263.

90 나는 본문에서 *MA*, fo. 32a, ed. Vokhidov, text, 65 (BWRAN; 러시아 번역 50도 참고)에 제시되고 *TGNN*, text, 191 (fo. 83a)에서 확인할 수 있는 표기를 썼다. Yazdī, *ZN* (1972), fo. 81a 4행/(2008), I, 217은 부잔이 자타에서 왔음을 확인해준다. 타르마시린의 몰락 시점과 그의 통치는 al-Dhahabī, *Ta'rīkh al-Islām*, LIII, 329, 그리고 그 이후에 나온 al-Ṣafadī, *al-Wāfī bi l-wafayāt*, X, 383와 *A'yān al-'aṣr*, I, 523 등 맘루크 사료에서만 확인할 수 있다.

91 Četin Džumagulov, 'Die syrisch-türkischen (nestorianischen) Denkmäler in Kirgisien' (tr. Peter Zieme), *Mitteilungen des Instituts für Orientforschung* 14 (1968), 470-80 (이 내용은 478)의 네스토리우스파 비문에 따른 것이다. 일시에 대해서는 Aubin, 'Le khanat de Čaġatai', 24-5 n.34의 교정도 참고하라.

92 IB, III, 48-9 (tr. Gibb, 565 〔정수일 역주, 《이븐 바투타 여행기》 1권, 539〕).

93 Naṭanzī (1957), 102, 112/(2004), 83, 91. *Shajarat al-atrāk*, Harvard University,

Houghton Library ms. 6F, fo. 113b는 타르마시린의 후계자가 올제이투 일칸의 아들 'RJΓAM이었다고 전한다. 그러나 이는 타르마시린이 올제이투의 삼촌('khān'을 'khāl'(페르시아어, '외삼촌')로 읽은 결과)이었다고 한 Yazdī, *Muqaddima*, in *ZN* (1972), fo. 81a/(2008), I, 217의 기묘한 서술에서 비롯된 오류일 것이다. 실제로 타르마시린에게는 올제이투라는 이름의 딸이 있었다. *MA*, fo. 32a, ed. Vokhidov, 원문 65 (러시아어 번역 50). 아니면 일칸과 아미르 올제이투 아파르드를 혼동한 결과일 수도 있다. 《튀르크인들의 계보》와 야즈디의 《승전기》(부잔의 도르지 살해를 언급했다)를 모두 검토해보면 두 사본에서 몇 행이 누락되었다는 것을 알 수 있다.

94 *Masālik*, 원문 22 (독일어 번역 105).

95 Yazdī, *ZN* (1957), I, 33/(2008), I, 262 〔이주연 역주, 〈야즈디 《勝戰記》 譯註〉, 115〕. 여덟 명이라는 수치는 부잔과 할릴 술탄(어쩌면 알리 술탄)을 제외한 경우에만 나올 수 있는 수치다.

96 Naṭanzī (1957), 112-13/(2004), 91. Aubin, 'Le khanat de Čaġatai', 17도 참조.

97 창시와 예순 테무르의 활동 연대에 대해서는 Michael Fedorov, 'On the exact date of Yesün Temür's accession to the throne, according to numismatic data', *Iran* 39 (2001), 301-2; Kara, 'Mediaeval Mongol documents from Khara Khoto', 28-30; Michael Fedorov, 'A hoard of fourteenth century Chaghatayid silver coins from North Kirghizstan', *Numismatic Chronicle* 162 (2002), 404-19 (이 내용은 416). Petrov, 'Khronologiia', 308을 참고할 것.

98 Petrov, 'Khronologiia', 309. 풀라드는 무함마드의 아버지이지, 한때 학설에서 제기되었던 것처럼, 무함마드의 다른 이름이 아니다. Shāmī, *ZN*, I, 13; Yazdī, *ZN* (1972), fo. 81a, 81b/(2008), I, 218, 220; *MA*, fo. 32b, ed. Vokhidov, 원문 66 (러시아어 번역 52); *TGNN*, 원문, 188-9 (fos 81b-82a). 알리 술탄의 조상에 대해서는 *MA*, fos 42b-43a, ed. Vokhidov, 원문 86-7 (러시아어 번역 59)을 확인할 것.

99 Petrov, 'Khronologiia', 310-11은 이 두 칸이 동일 인물이었다는 설이 잘못되었음을 입증했다. 15세기 초 성자전인 Ṣalāḥ al-Dīn b. Mubārak Bukhārī, *Anīs al-ṭālibīn wa-'uddat al-sālikīn*, ed. Tawfīq Subḥānī (Tehran, 1371 sh./1992), 85는 할릴이 다르비시(darwīš)였다며, 그를 셰이흐 바하 알딘 낙슈반드(Shaykh Bahā' al-Dīn Naqshband)와 연결 지었다. 이 자료에 따르면 할릴은 6년 동안 재위했다.

100 IB, III, 49-50 (tr. Gibb, 566 〔정수일 역주, 《이븐 바투타 여행기》 1권, 540〕).

101 Kazuhide Katō 〔加藤和秀〕, 'Kebek and Yasawr — the establishment of the Chaghatai khanate', *MTB* 49 (1991), 97-118 (이 내용은 104-11); Mahendrarajah, *A History of Herat*, 105-11.

102 Petrov, 'Khronologiia', 311.

103 Sayfī (1944), 768/(2004), 762는 주키가 아버지와 함께 살해되었다고 전하지만, 후대의 저자들은 쾨벡이 주키와 카잔을 살려주었다고 주장했다. HA, *Dhayl-i Jāmi' al-tawārīkh*, ed. Khān-bābā Bayānī, 2nd edn (Tehran, 1350 sh./1971), 159; Mīr-Khwānd, *Ta'rīkh Rawḍat al-ṣafā* (Tehran, 1338-9 sh./1959-60), V, 503. 따라서 주키 역시 카잔과 마찬가지로 살아남았을 수 있다. 또한 야사우르가 아들을 다섯 두었으나 그 누구도 할

릴이라 불리지 않았다고 한 *TGNN*, 원문 187 (fo. 81a)도 상기할 필요가 있다. Hope, 'The Middle Empire', 310은 이 아들들 가운데 한 사람이 무슬림식 이름을 택했을 가능성을 제시했다.

104 보통은 무이즈 알딘 후사인(Muʿizz al-Dīn Ḥusayn)이라고 불린다. 이 인물의 인명 교정에 대해서는 Aubin, 'Le khanat de Čaġatai', 19와 n.17을 확인할 것.

105 IB, III, 48-9, 51 (tr. Gibb, 565, 567 〔정수일 역주,《이븐 바투타 여행기》1권, 539, 541〕). 이 증언의 신빙성은 이븐 바투타의 여로와 관련이 있다. 그뒤인 IB, IV, 4 (tr. Gibb and Beckingham, 775 〔정수일 역주,《이븐 바투타 여행기》2권, 199〕)에서 이븐 바투타는 743년 사파르월/1342년 7월에 인도를 떠나 중국으로 향했다고 증언하지만, 책의 어디에서도 이븐 바투타가 델리 술탄국으로 돌아왔다거나 헤라트를 방문했다는 기록이 없기 때문이다.

106 Petrov, 'Khronologiia', 312-13.

107 같은 책, 211.

108 Shāmī, *ZN*, I, 14. Yazdī, *ZN* (1957), I, 29/(2008), I, 257 〔이주연 역주, 〈야즈디《勝戰記》譯註〉, 109〕도 참고할 것. Naṭanzī (1957), 197, 200, 261/(2004), 162, 164, 205; 같은 책, (1957), 197/(2004), 162에서 나탄지는 카자간을 카라우나스라고 부른다.

109 Naṭanzī (1957), 113/(2004), 92. 같은 책, (1957), 117/(2004), 96의 서술과도 비교해보라.

110 다니슈만드차가 사망한 시점은, ZT, I, 210과 Shāmī, *ZN*, II, 9에 HA가 단 추가 설명에 따르면 748년 말[1348년 초]이다. 나는 본문에서 대개 선호되는 '부얀(Buyan)'이 아니라 '바얀'을 택했다.

111 Ahrī, *Taʾrīkh-i Shaykh Uways*, 원문 177, 영어 번역 76.

112 '자타'가 무엇을 의미하는지 추정하는 것에 관해서는 *TMEN*, III, 55-6 (no. 1071)을 보라.

113 *ZT*, I, 185는 747/1346~1347년 아미르 카자간이 두번째로 카잔을 타도하려고 하기 전에 카잔의 영토 "대부분(akthar)"이 카잔의 손에서 빠져나갔다고 말했는데, "대부분"은 공허한 표현이다.

114 TR, I (원문), 18, II (영어 번역), 14.

115 같은 책, I (원문), 8-9, II (영어 번역), 6-7. Bābur, *Bābur-nāma* 또는 *Waqāʾi*, tr. Annette Susannah Beveridge, *The Bābur-nāma in English* (London, 1921-2; repr. in 1 vol., 1969), 19/tr. Wheeler M. Thackston, *The Baburnama. The Memoirs of Babur, Prince and Emperor* (New York, 2002)도 마찬가지로 투글룩 테무르가 에센 부카의 아들이라고 전한다.

116 Shāmī, *ZN*, I, 13 (초기 개정판). Yazdī, *ZN* (1972), fo. 81b, and (1957), I, 33/(2008), I, 219, 262 〔이주연 역주, 〈야즈디《勝戰記》譯註〉, 114〕. *MA*, fo. 32b, ed. Vokhidov, 원문 66 (러시아어 번역 51)은 두흐투이에게 다른 자식이 없었다고 전한다. Barthold, *Four Studies*, I, 138과 *Zwölf Vorlesungen*, 208-9 (=Bartol'd, *Sochineniia*, II, part 1, 79-80 그리고 V, 165-6, respectively)도 투글룩 테무르의 의문스러운 계보에 대해 평했다. DeWeese, 'Islamization in the Mongol empire', 132도 확인할 것.

117 따라서 티무르 왕조의 저자들은 투글룩 테무르와 그 아들이자 후계자 일리야스 호자를 차가다이 일문의 칸 가운데 테무르 샤와 카불 샤 사이에 배치했다. Shāmī, *ZN*, I, 13;

Yazdī, *ZN* (1972), fo. 81b/(2008), I, 219.

118 Kim Hodong, 'The early history of the Moghul nomads: The legacy of the Chaghatai khanate', in Amitai-Preiss and Morgan (eds), *The Mongol Empire and Its Legacy*, 290-318 (이 내용은 314-18)은 이를 강조했다.

119 Michele Bernardini, 'The Mongol puppet lords and the Qarawnas', in Robert Hillenbrand, A.C.S. Peacock and Firuza Abdullaeva (eds), *Ferdowsi, the Mongols and the History of Iran: Art, Literature and Culture from Early Islam to Qajar Persia. Studies in Honour of Charles Melville* (London and New York, 2013), 169-76 (이 내용은 172).

120 Michele Bernardini, *Mémoire et propagande à l'époque timouride*, StIr cahier 37 (Paris, 2008), 51, 61의 표현을 빌려왔다. "파당의 군주들(mulūk al-ṭawā'if)"은 본래 아르사케스 왕조 시대 지방의 지배자들을 일컫는 표현이었다. M. Morony, 'Mulūk al-ṭawā'if', *EI2*, VII, 551-2를 확인할 것.

121 Shāmī, *ZN*, I, 15 (이 표현은 I, 10에서도 사용되었다); Yazdī, *ZN* (1957), I, 33/(2008), I, 262 〔이주연 역주, 〈야즈디 《勝戰記》 譯註〉, 114〕. 아울러 Naṭanzī (1957), 197, 204/ (2004), 162, 167와도 비교해 보라. Michele Bernardini, 'La prise du pouvoir par Tamerlan dans l'ulus Chaghatay', in Marie-France Auzépy and Guillaume Saint-Guillain (eds), *Oralité et lien social au Moyen Âge: Occident, Byzance, Islam: parole donnée, foi jurée, serment. Actes du colloque international organisé à Paris du 10 au 12 mai 2007* (Paris, 2008), 137-45 (이 내용은 139).

122 Yazdī, *ZN* (1957), I, 67/(2008), I, 299 〔이주연 역주, 〈야즈디 《勝戰記》 譯註〉, 154〕. 투글룩 테무르의 사망 시점에 대해서는 Naṭanzī (1957), 125/(2004), 101; Bernard O'Kane, 'Chaghatai architecture and the tomb of Tughluq Temür at Almaliq', Muqarnas 21 (2004), 277-87을 확인할 것. 그러나 Petrov, 'Khronologiia', 316은 주화를 근거로 765/1363~13764년에 투글룩 테무르가 죽었다는 의견을 제시했다.

123 TR, I (원문), 28, II (영어 번역), 20. Kim, 'The early history of the Moghul nomads', 299-300, 303-7. *TR*은 시점은 알려주지 않는다. Naṭanzī (1957), 125/(2004), 102는 일리야스 호자의 살해가 765/1363~1364년의 사건이라고 전하지만, 모굴 칸국의 공문서 중에는 1369년에 해당하는 닭의 해에 일리야스 호자의 이름으로 발행된 것이 있다. Herbert Franke, 'Zur Datierung der mongolischen Schreiben aus Turfan', *Oriens* 15 (1962), 399-410 (이 내용은 408-10).

124 Kim, 'The early history of the Moghul nomads', 315.

125 P.N. Petrov, 'Badakhshan XIII-XIV vv. pod vlast'iu mongol'skikh khanov', *Zapiski Vostochnogo Otdeleniia Rossiiskogo Arkheologicheskogo Obshchestva*, n.s., 2 (2006), 496-540 (이 내용은 518-19, 536); Petrov, 'Khronologiia', 317.

126 개괄적인 논의는 Jackson, *The Mongols and the Islamic World*, 243을 참고.

127 Allsen, 'The Yüan dynasty and the Uighurs of Turfan' 260. Peter Zieme, *Religion und Gesellschaft im uigurischen Königreich von Qočo. Kolophone und Stifter des alttürkischen buddhistischen Schrifttums aus Zentralasien*, Abhandlungen der

rheinisch-westfälischen Akademie der Wissenschaften 88 (Opladen, 1992), 52-3.

128 Melville, 'The end of the Ilkhanate', 특히 319-22, 328-30 (인용문은 330). 찰스 멜빌은 대체로 이란의 상황만만 고려했다.

129 같은 책, 319, 323.

130 Naṭanzī (1957), 158. Woods, *The Aqquyunlu*, 7-8. "복음(ughūr)"의 경우 Naṭanzī (2004), 127처럼 ughul (몽골어로 오굴(oghul), '아들 · 왕자'라는 뜻)로 읽어야 한다는 주장도 있다. Broadbridge, *Kingship and Ideology*, 160과 n.101을 참고하라. 튀르크어 우구르(ughur)에 대해서는 *TMEN*, II, 152-3 (no. 604: 'Glück')을 보라. Jonathan Brack, 'A Mongol Mahdi in medieval Anatolia: Rebellion, reform, and divine right in the post-Mongol Islamic world', *JAOS* 139 (2019), 611-29 (이 내용은 625)는 '우구르'를 '카리스마'로 새겼다.

131 *Masālik*, 원문 20 (독일어 번역 104).

132 Ibn Faḍl-Allāh al-'Umarī, *al-Ta'rīf*, Cairo edn, 44/ed. al-Durūbī, 58.

133 Ibn Fatḥ-Allāh al-Baghdādī, *al-Ta'rīkh al-Ghiyāthī*, 69.

134 *Masālik*, 원문 20 (독일어 번역 104).

135 Hope, *Power, Politics, and Tradition*, 172-4와 Bruno De Nicola, *Women in Mongol Iran. The Khātūns, 1206-1335* (Edinburgh, 2017), 164-5를 보라.

136 Shabānkāra'ī, *Majma' al-ansāb*, 306.

137 IB, III, 70 (tr. Gibb, 578 〔정수일 역주, 《이븐 바투타 여행기》 1권, 552의 "가이티무르"는 "탸기타무르"의 오자〕). P. Jackson, 'Ṭogha Temür', *EI2*, X, 552-3; Paul, 'Zerfall und Bestehen', 707 n.55을 확인할 것.

138 Shabānkāra'ī, *Majma' al-ansāb*, 294. 나는 무야와마(muyāwama)의 번역어로 Wing, *The Jalayirids*, 75의 '주간 노동자'보다 '주간 친위대'를 선호한다.

139 Ḥamd-Allāh Mustawfī Qazwīnī, *Dhayl*, ed. Piriiev, 원문 437-8/tr. Kazimov and Piriiev, 94. 투켈 쿠틀룩은 다른 사료는 물론 *MA*에도 나오지 않는다.

140 이 일화는 Shabānkāra'ī, *Majma' al-ansāb*, 301을 따랐다. al-Dhahabī, *Ta'rīkh al-Islām*, LIII, 331 (no. 1000)은 무사 자신이 직조공을 자칭했고, 두쿠카(Daqūqā)〔키르쿠크에서 남동쪽으로 40킬로미터 떨어진 곳에 있는 도시로, 바그다드와 모술을 잇는 길 위에 있었다〕에서 살았다고 전한다. 또한 al-Ṣafadī, *al-Wāfī bi l-wafayāt*, XXVI, 534-5 (no. 370)는 무사가 직조공(alḥiyāka)이었음을 확인해주고, *A'yān al-'aṣr*, IV, 2107은 ["kana nassākhᵃⁿ (그는 서기였다)"]라고 잘못 썼다. 또한 Ibn Fatḥ-Allāh al-Baghdādī, *al-Ta'rīkh al-Ghiyāthī*, 69 (ḥā'ikan). Melville, *The Fall of Amir Chupan*, 46과 n.135를 보라.

141 al-Dhahabī, *Ta'rīkh al-Islām*, LIII, 353 (no. 1062); 그리고 al-Ṣafadī, *al-Wāfī bi l-wafayāt*, IV, 293 (no. 1823)과 *A'yān al-'aṣr*, IV, 1826. 《부고 기사 모음》은 무함마드가 아부 사이드 사후 그 첩실에게서 태어난 자식이라고 전한다. 《시대의 명사들》에 실린 전체 기사는 무함마드의 어머니가 안바르지(Anbarjī)가 사망할 무렵에 임신 중이었던 첩실이라고 전한다. 하지만 실제로는 안바르지는 무함마드의 증조할아버지다.

142 Zayn al-Dīn (1993), 35, 그리고 HA, *Dhayl-i Jāmi' al-tawārīkh*, 224. 본문에서 내가

"케운의 후손"으로 읽은 부분을 Wing, *The Jalayirids*, 92가 《샤나마》풍, 즉 이슬람 도 래 이전 이란식 왕권 전통을 생각나게 하는 "카비얀(Kāvīyān)"('카바흐(Kāvah)의 후손' 이라는 뜻으로, 카바흐는 《샤나마》에서 이스파한 사람들을 규합해 자학(Zahāk)에 저항 한 영웅이다)으로 읽은 것은 수용할 수 없다. Zayn al-Dīn (1993)은 이 부분을 "카비얀 (kāwiyān)"으로 읽었지만, Zayn al-Dīn (1990), 원문 473에서와 마찬가지로 필사본에 서는 "카우난(kā'ūnān)"으로도 읽을 수 있음을 보여준다. Woods, *The Aqquyunlu*, 8과 Broadbridge, *Kingship and Ideology*, 159도 마찬가지로 이를 "케운의 후손"으로 새겼다. 러시아 번역 98(1990)은 '쿱차츠(qubchachı)'를 "킵차크(Qipchaq)"로 잘못 읽었다. 쿠차 츠에 대해서는 *TMEN*, I, 385-6 (no. 263: 'Kleidungskämmerer')을 보라. Ahrī, *Ta'rīkh-i Shaykh Uways*, 원문 171, 영어 번역 71은 아누시르반이 "투르클리스(Turklīs) 부(īl)"의 일원이었다고 전한다. Yazdī, ZN (1972), fo. 74b/(2008), I, 200에는 아누시르반이 칭기 스 칸의 후손이 아니라는 기묘한 서술이 있다. Melville, 'The end of the Ilkhanate', 324, n.54과 Hope, 'The political configuration', 13은 이에 따라 아누시르반을 칭기스 왕조의 인물로 간주하지 않았다. 누시르반(Nūshīrwān)은 몽골 황실 가문에서 많이 쓰이지 않았 던 것 같지만, 거의 동시대인인 오고데이 왕통에도 이 이름을 가진 왕자도 있다. *MA*, fo. 44a, ed. Vokhidov, 원문 89 (러시아어 번역 60).

143 Shabānkāra'ī, *Majma' al-ansāb*, 301. 그러나 al-Dhahabī, *Ta'rīkh al-Islām*, LIII, 331 (no. 1000) 그리고 al-Ṣafadī, *al-Wāfī bi l-wafayāt*, XXVI, 535 및 *A'yān al-'aṣr*, IV, 2107과도 비교해보라.

144 무함마드: al-Dhahabī, *Ta'rīkh al-Islām*, LIII, 353 (no. 1062). Melville, *The Fall of Amir Chupan*, 51 n.153(아흐마드 타브리지(Aḥmad Tabrīzī)를 인용한 부분도 같은 책) 에서 인용된 대로, 15세기 이븐 하자르도 알다하비의 설명을 따랐다. 무함마드가 스무 살 이었다는 al-Ṣafadī, *al-Wāfī bi l-wafayāt*, IX, 293 ("kana ṣabī^{an} min abnā' al-'ishrīn") 과 *A'yān al-'aṣr*, IV, 1826 (거의 같은 설명임)의 기록은 아마 필사자들이 'ashara와 sinīn을 혼동한 결과일 것이다. al-Shujā'ī, I (원문), 17 (ṣaghīr), II (독일어 번역), 33; Ibn Fatḥ-Allāh al-Baghdādī, *al-Ta'rīkh al-Ghiyāthī*, 73-4 (kana ṭifl^{an}). 술라이만: al-Shujā'ī, I (원문), 57 (ṣabī), 100 (ṣabī wa-ṣaghīr), II (독일어 번역), 81, 130.

145 al-Dhahabī, *Ta'rīkh al-Islām*, LIII, 324 (no. 974, "nasha'a fī ghumār al-nās jundiyy^{an}")과 al-Ṣafadī, *al-Wāfī bi l-wafayāt*, VIII, 334 (no. 3760) 및 *A'yān al-'aṣr*, I, 269 (단순히 "nasha'a fī ghumār al-nās"). Roemer, 'The Jalayirids, Muzaffarids and Sarbadārs', 2는 아르파를 실제 권한을 가졌던 마지막 일칸으로 간주한다. Melville, *The Fall of Amir Chupan*, 61-2도 확인할 것.

146 Muḥammad b. Maḥmūd Āmulī, *Nafā'is al-funūn*, II, 263.

147 Shabānkāra'ī, *Majma' al-ansāb*, 301-2.

148 Melville, *The Fall of Amir Chupan*, 63 ("거센 성격으로 보였다")도 보라.

149 Aubin, 'Le quriltai de Sultân-Maydân', 191 (repr. in his *Études*, 292): "personnalité falote et bornée (덜렁거리고 완고한 성격)", "강한 성격은 아니다"라고 한 Roemer, 'The Jalayirids, Muzaffarids and Sarbadārs', 20도 확인할 것.

150 *CO*, 원문 17, "ū dar ḥukūmat istiqlālī nadāsht wa-dar umūr-i pādishāhī ḍa'f-u wahnī

paydā gashta". Paul, 'Zerfall und Bestehen', 706 n.51의 독일어 번역도 참고.

151 Faryūmadī, *Dhayl-i Majma' al-ansāb*, 320, 327. 이븐 야민(Ibn Yamīn, 사망 769/1368) 이 *Dīwān-i ash'ār*, ed. Ḥusayn 'Alī Bāstānī-Rād ([Tehran, 1344 sh./1965]), index, *s.v.* 'Ṭaghāītimūr'에서 많은 찬사를 늘어놓은 사실도 주목할 필요가 있다. 이 시인은 742/1341년 사르바다르에 충성하기 위해 타가이 테무르를 저버린 인물이기 때문이 다. J. Rypka, 'Ibn-i Yamīn', *EI2*, III, 968-9; 같은 저자, *History of Iranian Literature* (Dordrecht, 1968), 261.

152 al-Shujā'ī, I (원문), 49, II (독일어 번역), 72.

153 Barthold, *Zwölf Vorlesungen*, 172 (=Bartol'd, *Sochineniia*, V, 139)는 1300년경의 상황 을 서술한다. 1380년대와 1390년대의 예시에 대해서는 Shāmī, *ZN*, I, 161과 Yazdī, *ZN* (1957), I, 208, 286, 393-4, 541/(2008), I, 466, 557, 671-2, 816 [이주연 역주, 〈야즈디 《勝戰記》譯註〉, 304-5, 386-7, 492-4, 626]을 보라.

154 Yazdī, *ZN* (1957), I, 286/(2008), I, 557 [이주연 역주, 〈야즈디《勝戰記》譯註〉, 386-7].

155 Robinson, *In the Shadow of the Mongol Empire*, 86-8.

156 *Patriarshaia ili Nikonovskaia letopis'*, in *PSRL*, XI, 43, 44, 46, 47-9 (tr. Zenkovsky, III, 259, 261, 265-6, 267-70). 그러나 이는 오류일 수도 있으니 Pochekaev, *Tsari ordynskie*, 351-2 n.481을 확인할 것.

157 Yazdī, *ZN* (1957), I, 73-4/(2008), I, 307 [이주연 역주, 〈야즈디《勝戰記》譯註〉, 161]. Naṭanzī (1957), 129/(2004), 104와도 비교. DeWeese, 'Islamization in the Mongol empire', 132. 주화에 표기된 인명에 대해서는 Petrov, 'Khronologiia', 317을 보라.

158 Shāmī, *ZN*, I, 38.

159 Bernardini, 'The Mongol puppet lords', 173-4. 더 자세한 사항은 12장을 확인할 것.

160 러시아인 관찰자의 지적을 인용한 Allsen, 'Eurasia after the Mongols', 160 [류충기 옮김, 〈몽골 이후의 유라시아〉, 289-90]의 예가 있다. Jackson, The Mongols and the Islamic World, 118과도 비교해보라. 이보다 훨씬 이전인 아나톨리아의 셀주크 왕조에서도 비슷 한 상황이 전개된 적이 있다. Peacock, *Islam, Literature and Society*, 60을 보라.

161 Woods, *The Aqquyunlu*, 20-3에서 제시한 모델을 보라. 이는 형에게서 동생에게로 군주 자리가 수평 이동한 것을 비롯해 횡적 계승의 양상을 소개한 May, *The Mongol Empire*, 33과도 비교해볼 수 있다.

162 가잔은 재위 초기에 왕자 일곱 명을 처형했는데, 그 가운데 사형 다섯 건이 같은 달에 실 행되었다. Waṣṣāf (1853), 329 3-4행 (*GW*, III, 170). 외즈벡에 관해서는 다음을 보라. Qāshānī, *Ta'rīkh-i Uljāytū Sulṭān*, 144-5; 'Alam al-Dīn Abū Muḥammad al-Qāsim b. Muḥammad al-Birzālī, *al-Muqtafā li-ta'rīkh al-shaykh Shihāb al-Dīn Abū Shāma*, ed. 'Umar 'Abd al-Salām Tadmurī, 4 vols (Ṣaydā, 1427/2006), IV, 93 (아울러 발췌 번 역인 *SMIZO*, I, 원문 173, 러시아어 번역 174도 확인할 것).

163 Favereau, *The Horde*, 262-3 [김석환 옮김, 《말 위의 개척자, 황금 천막의 제국》, 356-8].

164 날리코아. Barthold, *Four Studies*, I, 131와 n.3 (=Bartol'd, *Sochineniia*, II, part 1, 74와 n.60)은 날리코아가 차가다이의 손자일 수도 있다고 주장했다. 그러나 *JT*, I, 753 (*SGK*, 139; *CC*, 261 [김호동 역주, 《칸의 후예들》, 214])과 *SP*, fo. 118b에는 날리코아가 부리

(Büri)의 손자라고 쓰여 있다. 아울러 *MA*, fos 29b-30a, ed. Vokhidov, 원문 60-1 (러시아어 번역 48)도 확인할 것. 이 경우는 라시드 알딘이 추후에 한 교정을 반영한 듯하다. Kamola, 'Untangling the Chaghadaids', 76, 82, 85. 따라서 바르톨드의 주장이 사실일 가능성이 있다. 그런데도 두아 지파는 칸위에 대해서 자신들이 내건 주장이 날리코아 지파의 주장보다 더 정당하다고 선전했다. Qāshānī, *Ta'rīkh-i Uljāytū Sulṭān*, 147; Waṣṣāf (1853), 518/(2009), 286 (*GW*, IV, 315).

165 경쟁 지파에 대해서는 Russell G. Kempiners, 'Vaṣṣāf's *Tajziyat al-amṣār wa Tazjiyat al-a'ṣār* as a source for the history of the Chaghadayid khanate', *JAH* 22 (1988), 160-87 (이 내용은 176-80)을 보라. 그러나 러셀 켐피너스(Russell G. Kempiners Jr.)는 날리코아와 그의 가까운 친족들이 부리의 후손이라고 보았다.

166 *JT*, I, 713 (*SGK*, 102 〔김호동 역주, 《칸의 후예들》, 157-8〕. *CC*, 247에서는 "나얀(Nayan)"으로 전사되었다). 이 분란에 대해서는 Barthold, *Four Studies*, I, 127 (=Bartol'd, *Sochineniia*, II, part 1, 70)을 확인하라. 연대는 al-'Aynī, *'Iqd al-jumān*, in *SMIZO*, I, 원문 483 (러시아어 번역 512-13)을 따랐다.

167 Kim, 'Formation and changes of uluses', 307-8. David M. Robinson, *Empire's Twilight. Northeast Asia under the Mongols*, Harvard-Yenching Institute Monograph Series 68 (Cambridge, MA, 2009), 96-7. 알루구 테무르의 조상은 宋濂 等, 《元史》 卷108 〔〈諸王表〉〕, ed. and tr. Louis Hambis, *Le Chapitre CVIII du Yuan che. Les fiefs attribués aux membres de la famille impériale et aux ministres de la cour mongole d'après l'histoire chinoise off icielle de la dynastie mongole*, Monographies du TP 3 (Leiden, 1954), 92와 nn.2-6에서 제시된다. *SP*, fo. 127b와 *MA*, fo. 43b, ed. Vokhidov, 원문 88 (러시아어 번역 60)의 정보도 함께 고려할 때 알루구 테무르는 오고데이의 아들 멜릭의 후손이다.

168 Melville, *The Fall of Amir Chupan*, 61-2의 논의를 보라.

169 Faryūmadī, *Dhayl-i Majma' al-ansāb*, 306-7의 목록을 확인하라. Aubin, 'Le quriltai de Sultân-Maydân', 181 (repr. in his Études, 283-4)의 논평도 참고할 것.

170 Melville, *The Fall of Amir Chupan*, 40.

171 McChesney, 'The Chinggisid restoration in Central Asia', 279.

172 Wing, *The Jalayirids*, 103-4.

173 HA, *Ta'rīkh-i salāṭīn-i Kart*, ed. Mīr Hāshim Muḥaddith (Tehran, 1389 sh./2010), 179-80; *CO*, 원문 38을 인용한 Woods, *The Aqquyunlu*, 8.

174 Naṭanzī (1957), 125/(2004), 102. 아울러 같은 책, (1957), 206/(2004), 168에서 티무르의 입을 빌려 표현된 감정과도 비교해보라. 트란시옥시아나에서 지속된 칭기스 왕조의 중요성에 대해서는 Bernardini, 'La prise du pouvoir par Tamerlan', 141을 보라.

175 Yazdī, *ZN* (1957), I, 71/(2008), I, 305 〔이주연 역주, 〈야즈디 《勝戰記》 譯註〉, 159〕, "khānrā wafādārī ki dar jibillat-i atrāk markūz ast". 그러나 Shāmī, *ZN*, I, 26-7은 일리야스 호자가 아예 포획된 적이 없다고 전한다.

176 *Patriarshaia ili Nikonovskaia letopis'*, in PSRL, XI, 46 (tr. Zenkovsky, III, 265-6). 그러나 주 156도 아울러 비교할 것.

177 아르군: *JT*, II, 1135 (*DzhT*, III, 179; *CC*, 392 〔김호동 역주, 《일 칸들의 역사》, 253-4〕).

아부 사이드: Shabānkāra'ī, *Majma' al-ansāb*, 286-7; Ibn al-Wardī, *Tatimmat al-Mukhtaṣar fī akhbār al-bashar*, ed. Ahmad Rif'at al-Badrāwī (Beirut, 1389/1970), II, 444; al-Ṣafadī, *al-Wāfī bi l-wafayāt*, X, 323, and *A'yān al-'aṣr*, I, 497; Melville, 'The end of the Ilkhanate', 329과 n.68. 아부 사이드가 지은 시의 예시는 Ahrī, *Ta'rīkh-i Shaykh Uways*, 원문 155-6, 영어 번역 57을 확인할 것.

178 *Masālik*, 원문 73, 102 (독일어 번역 141, 159). 일칸국에서 몽골인이 투르크계 피지배층에게 동화되는 과정에 대해서는 Reuven Amitai, 'Where have all the Mongols gone? On the arrival and disappearance of Mongolian speakers in southwest Asia during the thirteenth and fourteenth centuries', in Anne Dunlop (ed.), *The Mongol Empire in Global History and Art History*, I Tatti Research Series 5 (Firenze, 2023), 33-71을 참고하라.

179 Waṣṣāf (1853), 202, 11-12행 (*GW*, II, 127에서는 주르마부의 이름이 누락됨); Ann K.S. Lambton, *Continuity and Change in Medieval Persia. Aspects of Economic, Administrative and Social History, 11th-14th Century* (London, 1988), 25에서 재인용.

180 Zayn al-Dīn (1990), 원문 472 (러시아어 번역 97)/(1993), 33. Woods, *The Aqquyunlu*, 17; Monika Gronke, 'The Persian court between palace and tent: From Timur to 'Abbas I', in Golombek and Subtelny (eds), *Timurid Art and Culture*, 18-22 (이 내용은 18)도 확인할 것.

181 IB, III, 69-73 (tr. Gibb, 577-9 〔정수일 역주,《이븐 바투타 여행기》1권, 552-4〕). 이 일화에 대해서는 Aubin, 'Le khanat de Čaġatai', 21-2, 25; Mahendrarajah, *A History of Herat*, 254를 보라.

182 al-Ṣafadī, *al-Wāfī bi l-wafayāt*, VIII, 334와 *A'yān al-'aṣr*, I, 269. 아르파가 그리스도교 신앙을 가졌다는 이야기에 대해서는 A.G. Galstian (trans.), *Armianskie istochniki o Mongolakh* (Moscow, 1962), 81을 확인하라. 즉위 시의 칭호에 대해서는 Shabānkāra'ī, *Majma' al-ansāb*, 294를 참고할 것.

183 Shabānkāra'ī, *Majma' al-ansāb*, 294. Ahrī, *Ta'rīkh-i Shaykh Uways*, 원문 158, 영어 번역 59.

184 al-Shujā'ī, I (원문), 214, 234, II (독일어 번역), 249, 268. DeWeese, *Islamization and Native Religion*, 95-6 n.57. Jackson, *The Mongols and the Islamic World*, 332.

185 al-Dhahabī, *Ta'rīkh al-Islā*m, LIII, 330. al-Ṣafadī, *al-Wāfī bi l-wafayāt*, X, 382-3. 같은 저자, *A'yān al-'aṣr*, I, 523.

186 우상 신전: Anonymous, *Dhayl-i Jāmi' al-tawārīkh*, BL ms. Or. 2885, fo.422a. 벽화: Naṭanzī (1957), 112/(2004), 90-1.

187 IB, III, 48 (tr. Gibb, 565 〔정수일 역주,《이븐 바투타 여행기》1권, 539-40〕).

188 Reuven Amitai, 'The resolution of the Mongol-Mamluk war', in Amitai and Biran (eds), *Mongols, Turks, and Others*, 359-90 (특히 373-84). 아울러 같은 저자의 *Holy War and Rapprochement*, 82의 논평도 보라. Melville, 'The end of the Ilkhanate', 322는 1323년의 평화 조약이 이란에서 몽골 정치체가 쇠퇴하는 데 기여했을 가능성을 조심스레 제시했다.

189 Liu, 'War and peace', 351-3.

190 IB, III, 43 (tr. Gibb, 562 〔정수일 역주, 《이븐 바투타 여행기》 1권, 537〕). *Masālik*, 원
문 40은 다만 몽골인들이 자신들의 지배자들 사이의 분쟁에 말려들었고, 무함마드 이
븐 투글룩에 대한 두려움과 내부의 분쟁 때문에 〔인도 공격을〕 중단했다("wa-ikhtalafat
kalimat ahl hādhihi l-bilād ʿalā mulūkihā fa-nkaffū li-baʾs dhālika l-sulṭān wa-
ikhtilāf dhāt al-bayn")라고 전한다. 클라우스 레히는 이 문장의 주어가 차가다이 일문의
몽골인임을 놓쳐서 "Die Inder waren mit ihren Fürsten uneins 〔인도인들은 제후들과 갈
등을 빚었다〕" (독일어 번역 118)라고 해석했다. 무함마드 이븐 투글룩의 즉위 시점에 대
해서는 Jackson, *The Delhi Sultanate*, 330-1 (appendix V)을 보라.

191 權衡, 《招捕總錄》, tr. Helmut Schulte-Uffelage, *Das Keng-shen Wai-shih. Eine Quelle
zur späten Mongolenzeit*, Ostasiatische Forschungen: Monographien 2 (Berlin, 1963),
86-7. Kim, 'Formation and changes of uluses', 307-8도 확인할 것.

제5장 몽골 세계의 위기 ②: 경제적 격변과 인구 재앙

1 종래의 시각에 따르면 최초의 전염병 범유행(pandemic)은 740년경에 끝이 났고 2차 범유
행은 14세기에 시작되었다. 그러나 1050년대에 중앙아시아에서 근동에 이르기까지 전염
병의 영향을 받았다는 막대한 증거가 존재한다(유럽은 이에 해당하지 않았다). 뒤의 내용과
주 68을 확인할 것.

2 Jong Kuk Nam 〔남종국〕, 'Rethinking trade between Europe and the Mongol realm
during the Pax Mongolica', in Dunlop (ed.), *The Mongol Empire in Global History and
Art History*, 167-83을 보라. 나는 *The Mongols and the Islamic World*, 8장에서 이 개념을
더욱 발전시키고자 시도했다.

3 예를 들면 Janet Lippman Abu-Lughod, *Before European Hegemony. The World System
A.D. 1250-1350* (Oxford, 1989), 특히 158, 177, 182 〔박홍식·이은정(李恩廷) 옮김, 《유
럽 패권 이전: 13세기 세계체제》(까치, 2006), 183-4, 204-5, 210-1〕와 같은 저자의 'The
world system in the thirteenth century: Dead-end or precursor?', in Michael Adas (ed.),
Islamic and European Expansion. The Forging of a Global Order (Philadelphia, PA,
1993), 75-102가 있다.

4 '원(原)지구화(proto-globalisation)' 같은 표현은 지나치게 시대착오적으로 느껴졌기에 나
는 '상호 연결성'이라는 용어를 채택했다.

5 Waṣṣāf (1853), 169-70, 303 (GW, II, 53; III, 110).

6 John of Marignolli, *Relatio*, in SF, I, 546; new edn in Irene Malfatto, 'Le digressioni
sull'Oriente nel *Chronicon Bohemorum* di Giovanni de' Marignolli' (Firenze, 2013),
20, http://ecodicibus.sismelfirenze.it/index.php/iohannes-demarignollis-chronicon-
bohemorum-excerpta-de-rebus-orientalibus;dc; (이 판본의 존재를 짚어준 야나 발트로
바(Jana Valtrová) 박사께 감사를 표한다); Yule, *Cathay*, III, 256에도 해당 단락의 번역문
이 있다.

7 Roberto S. Lopez, 'Trafegando in partibus Catagii: altri Genovesi in Cina nel Trecento',
in Lopez, *Su e giù per la storia di Genova* (Genoa, 1975), 171-86. Michel Balard,

'Precursori di Cristoforo Colombo: i Genovesi in estremo rientenel XIV secolo', 149-64;
repr. (with addenda) in Balard, *La Mer Noire et la Romanie génoise (XIIIe-XVe siècles)*
(London, 1989). Gabriella Airaldi, 'I Genovesi in Cina all'epoca Yuan', in Franco Cardini
and Maria Luisa Ceccarelli Lemut (eds), *Quel mar che la terra inghirlanda. In ricordo di
Marco Tangheroni* (Pisa, 2007), I, 59-65.

8   중국: WR, 132 (*MFW*, 162 〔김호동 역주, 〈루브룩의《몽골 기행》〉, 269-70〕); Richard von
    Glahn, *Fountain of Fortune. Money and Monetary Policy in China, 1000-1700* (Berkeley
    and Los Angeles, CA, 1996), 56-7. 고려: WR, 200 (*MFW*, 203 〔김호동 역주, 〈루브룩
    의《몽골 기행》〉, 317-8〕). 아나톨리아: A.P. Martinez, 'Bullionistic imperialism: The Īl-
    Xānid mint's exploitation of the Rūm-Saljūqid currency, 654-695 H./1256-1296 A.D.',
    in E. Halasi-Kun and Gy. Hazai (eds), *Tibor Halasi-Kun Memorial Volume* (Wiesbaden,
    1994 = *Archivum Ottomanicum* 13 [1993-4]), 169-276 (이 부분은 169)에서 인용한
    Āqsarā'ī, *Musāmarat al-akhbār*, 73, 82.

9   예컨대 *JT*, I, 123; II, 1022 (*DzhT*, I, part 1, 285; III, 65; *CC*, 47, 356 〔김호동 역주, 《부족
    지》, 214; 《일 칸들의 역사》, 105-6〕). 이들 용어에 대해서는 Paul Pelliot, 'Le prétendu mot
    "*iascot*" chez Guillaume de Rubrouck', *TP* 27 (1930), 190-2; Larry V. Clark, 'The Turkic
    and Mongol words in William of Rubruck's Journey (1253-1255)', *JAOS* 93 (1973),
    181-9 (이 내용은 186)를 보라. 주괴에 대해서는 Allsen, *Mongol Imperialism*, 180-2를 확
    인할 것.

10 *TJG*, I, 162-3, 165-84, 186-9 (*HWC*, 205-6, 208-28, 230-1, 233). WR, 178, 192, 226,
    234 (*MFW*, 190, 198, 218, 224 〔김호동 역주, 〈루브룩의《몽골 기행》〉, 302, 312, 335,
    314〕)도 참고하라.

11 Von Glahn, *Fountain of Fortune*, 57-8.

12 송이 축적한 막대한 양의 은에 대해서는 Kuroda Akinobu 〔黒田明伸〕, 'The Eurasian silver
    century, 1276-1359: Commensurability and multiplicity', *JGH* 4 (2009), 245-69 (이 내
    용은 258-9)를 보라.

13 Von Glahn, *Fountain of Fortune*, 60-2.

14 Francesco Balducci Pegolotti, *La pratica della mercatura*, ed. Allan Evans (Cambridge,
    MA, 1936), 22-3.

15 Kuroda, 'The Eurasian silver century', 249-63.

16 Jackson, *The Delhi Sultanate*, 201-8. 금 가치 하락에 대해서는 Martinez, 'Bullionistic
    imperialism', 178을 보라.

17 Simon Digby, 'The currency system', in Tapan Raychaudhuri and Irfan Habib (eds), *The
    Cambridge Economic History of India, I: c.1200-c.1750* (Cambridge, 1982), 96-100.
    은 가치 하락과 명목 화폐에 대해서는 H. Nelson Wright, *The Coinage and Metrology of
    the Sultāns of Delhī* (Delhi, 1936), 162-7; Jackson, *The Delhi Sultanate*, 261-2를 참고
    하라. 델리의 역사가 디야 알딘 바라니는 *Ta'rīkh-i Fīrūzshāhī (c. 758/1357)*, ed. Saiyid
    Ahmad Khán (Calcutta, 1862), 475와 tr. Ishtiyaq Ahmad Zilli (Delhi, 2015), 292에서
    명목 화폐와 병사에 지급해야 할 임금을 연결 지었다. 그 이전 바라니의 저작 교정에 대

해서는 RRL Persian ms. 2053, 302와 in Bodleian mss. Elliott 353, fo. 201b, S. Digby Or. 54, fo. 167b를 확인하라. 다양한 판본에 대해서는 Iqtidar Husain Siddiqui, *Perso-Arabic Sources of Information on the Life and Conditions in the Sultanate of Delhi* (New Delhi, 1992), 151-66을 보라.

18 Ḥamd-Allāh Mustawfī Qazwīnī, *Nuzhat al-qulūb*, ed. and tr. Le Strange, I (원문), 230, II (영어 번역), 222. 맥락은 기 르 스트레인지(Guy Le Strange)가 일본으로 추정한 와콰 (Wāqwāq) 제도(다른 설에 대해서는 F. Viré, 'Wāḳwāḳ', *EI2*, XI, 103-9를 보라)가 인도 로 금을 수출했다는 내용이지만, 이 진술은 지리적으로 더 넓은 의미를 담고 있다.

19 Martinez, 'Bullionistic imperialism', 177과 236-7 n.42를 확인할 것.

20 Hassanein Rabie, *The Financial System of Egypt A.H. 564-741/A.D. 1169-1341* (Oxford, 1972), 193-4. Jere Bacharach, 'Monetary movements in medieval Egypt, 1171-1517', in J.F. Richards (ed.), *Precious Metals in the Later Medieval and Early Modern Worlds* (Durham, NC, 1984), 159-81 (이 내용은 167).

21 예컨대 724/1324년 말리를 방문한 술탄의 경이로운 금 배분을 들 수 있다. Warren Schultz, 'Mansa Mūsā's gold in Mamluk Cairo: A reappraisal of a World Civilizations anecdote', in Pfeiffer and Quinn (eds), *History and Historiography of Post-Mongol Central Asia*, 428-47.

22 A.P. Martinez, 'Regional mint outputs and the dynamics of bullion flows through the Īl-Khānate', in Pierre Oberling (ed., with Geraldine Cecilia Butash), *Turks, Hungarians and Kipchaks. A Festschrift in Honor of Tibor* alasi-Kun (Cambridge, MA, 1984 =*JTS* 8), 121-73 (이 내용은 139).

23 A.P. Martinez, 'The wealth of Ormus and of Ind: The Levant trade in bullion, intergovernmental arbitrage, and currency manipulations in the Il-Xanate, 704-751/ 1304-1350', *AEMA* 9 (1995-7), 123-251 (이 내용은 134-6).

24 Ḥamd-Allāh Mustawfī Qazwīnī, *Nuzhat al-qulūb*, ed. and tr. Le Strange, I (원문), 27, II (영어 번역), 33.

25 1251년 무렵 중가리아 볼라드(Bolad)로 강제 이주된 뒤 광업에 종사한 독일인들에 대해서 는 WR, 110, 112 (*MFW*, 144-6 [김호동 역주, 〈루브룩의 《몽골 기행》〉, 252-4])를 보라.

26 Michael Fedorov, 'The newly discovered Chaghatayid mint of Kenjek (Kenchek)', *Revue Numismatique* 158 (2002), 367-74 (특히 373). E.A. Davidovich, *Klady drevnikh i srednevekovykh monet Tadzhikistana* (Moscow, 1979), 241-2.

27 *Masālik*, 원문 47 (독일어 번역 123). 차가다이 울루스의 화폐 개혁에 대해서는 Biran, 'The Mongols in Central Asia', 61-2를 보라.

28 *Masālik*, 원문 41 (독일어 번역 119). 타르마시린이 무쿠스를 폐지한 조치에 대해서는 al-Dhahabī, LIII, 330; al-Ṣafadī, *al-Wāfī bi l-wafayāt*, X, 383; 같은 저자, *Aʻyān al-ʻaṣr*, I, 523도 아울러 확인할 것.

29 John Norris, 'East or west? The geographic origin of the Black Death', *BHM* 51 (1977), 1-24 (이 부분은 13-14). 이런 시각은 C.R. Beazeley, *The Dawn of Modern Geography* (London, 1897-1900), III, 376까지 거슬러 올라갈 수 있다. Virgil Ciocîltan, *The Mongols*

and the Black Sea Trade in the Thirteenth and Fourteenth Centuries, tr. Samuel Willcocks (Leiden, 2012), 111-12도 자니벡의 공격이 교역 침체를 불러왔다고 보았다.

30` Ole J. Benedictow, *The Black Death 1346-1353. The Complete History* (Woodbridge, 2004), 49-50. John T. Alexander, *Bubonic Plague in Early Modern Russia. Public Health and Urban Disaster* (Oxford, 2003), 13이 지적했듯이 꼭 이 때문만은 아니지만, 이 시나리오는 팬데믹이 1352년까지 루시 땅에 도달하지 않았던 이유를 설명하기 위해 나온 것이다.

31 Pegolotti, *La pratica della mercatura*, 22.

32 Paschal de Vittoria, 'Epistola', in *SF*, 504 (tr. in Yule, Cathay, III, 86).

33 Richard, *La Papauté et les missions d'Orient*, 162-4.

34 Jackson, *The Mongols and the West*, 271.

35 Anonymous, *Dhayl-i Ta'rīkh-i guzīda*, ed. Otsuka, 원문 195-6.

36 al-Maqrīzī, *al-Sulūk*, II, part 3, 863.

37 Şerban Papacostea, 'Les Génois et la Horde d'Or: le tournant de 1313', in Damien Coulon, Catherine Otten-Froux, Paule Pagès and Dominique Valérian (eds), *Chemins d'Outre-mer. Études d'histoire sur la Méditerranée médiévale offertes à Michel Balard* (Paris, 2004), II, 651-9 (이 내용은 651-2); Nicola Di Cosmo, 'Black Sea emporia and the Mongol empire: A reassessment of the Pax Mongolica', *JESHO* 53 (2010), 83-108 (이 내용은 97-8)의 논평, 그리고 Favereau, *The Horde*, 248 〔김석환 옮김,《말 위의 개척자, 황금 천막의 제국》, 338-9〕을 보라.

38 Marignolli, *Relatio*, in *SF*, I, 536/ed. Malfatto, 8 (tr. in Yule, Cathay, III, 228). 조반니 데 마리뇰리는 일행이 (1342년에 도착한) 칸발릭에서 거의 3년 동안 머물다가 성 스테파누스 축일([1344년] 12월 26일)에 출항했다고 밝혔다. *SF*, I, 530/ed. Malfatto, 4 (tr. in Yule, Cathay, III, 216). Shim, 'The postal roads of the Great Khans', 457 〔심호성,〈몽골帝國期 東部 중앙아시아 驛站 교통로의 변천〉, 130〕에는 데 마리뇰리가 중국을 떠난 날짜가 1346~1367년이라고 서술되어 있다. 이븐 바투타가 정말로 중국을 방문했을지 의심스러운 정황을 고려할 때, 같은 시기에 이븐 바투타도 중국을 떠났다고 한 심호성의 주장은 매우 위험하다.

39 Raimondo Morozzo della Rocca, 'Notizie da Caffa', in G. Barbieri (ed.), *Studi in onore di Amintore Fanfani* (Milan, 1962), III: *Medioevo*, 265-95 (이 내용은 279, 286).

40 Benjamin Z. Kedar, *Merchants in Crisis. Genoese and Venetian Men of Affairs and the Fourteenth-Century Depression* (New Haven, CT, and London, 1976), 15와 174 n.45.

41 Eliyahu Ashtor, *Levant Trade in the Later Middle Ages* (Princeton, NJ, 1983), 65-70. 그러나 맘루크인들과의 교역을 재개하는 데 반대하는 이들도 있었다.

42 Robert-Henri Bautier, 'Les relations économiques des Occidentaux avec les pays d'Orient au Moyen Âge: points de vue et documents', in M. Mollat du Jourdain (ed.), *Sociétés et compagnies de commerce en Orient et dans l'Océan indien. Actes du VIIIe colloque international d'histoire maritime, Beyrouth 5-10 septembre 1966* (Paris, 1970), 263-331 (이 내용은 295-7).

43 Giosafa Barbaro, *Viaggi*, § 52, ed. and tr. E.Ch. Skrzhinskaia, *Barbaro i Kontarini o Rossii. K istorii italo-russkikh sviazei v XV v.* (Leningrad, 1971), 원문 132 (러시아 번역 문 157); tr. William Thomas, in Henry Edward John Stanley, Baron Stanley of Alderley (ed.), *Travels to Tana and Persia by Josafa Barbaro and Ambrogio Contarini*, HS, 1st series, [49a] (London, 1873), 31.

44 R.S. Humphreys, 'Egypt in the world system of the later Middle Ages', in *CHE*, 445-61 (이 내용은 456)의 논평을 보라. 아울러 Jackson, *The Delhi Sultanate*, 255-6도 확인할 것.

45 Nils Chr. Stenseth et al., 'Plague dynamics are driven by climate variation', *PNAS* 103, no. 35 (2006년 10월 29일), 13110-15. Boris V. Schmid et al., 'Climate-driven introduction of the Black Death and successive plague reintroductions into Europe', *PNAS* 112, no. 10 (2015년 3월 10일), 3020-5. 이 분야 연구의 전반적인 경향에 대해서 는 Monica H. Green, 'Editor's introduction', in Green (ed.), *Pandemic Disease in the Medieval World. Rethinking the Black Death* (Kalamazoo, MI, 2015 = *The Medieval Globe* 1 [2014년 가을호]), 9-25 (이 내용은 10-15), 그리고 Green, 'Taking pandemic seriously: Making the Black Death global', 같은 책, 27-61을 확인할 것. 가장 최근의 글로는 James Belich, *The World the Plague Made. The Black Death and the Rise of Europe* (Princeton, NJ, and Oxford, 2022), 33-78이 있다. 구체적으로 유라시아 서부 초 원의 기후 변화에 대해서는 Uli Schamiloglu, 'Climate change in Central Eurasia and the Golden Horde', *ZOO* 4 (2016), 6-25를 보라.

46 Richard Stothers, 'Volcanic dry fogs, climate cooling, and plague pandemics in Europe and the Middle East', *Climatic Change* 42 (1999), 713-23 (이 내용은 719-20). Clive Oppenheimer, 'Ice core and palaeoclimatic evidence for the timing and nature of the great mid-13th century volcanic eruption', *International Journal of Climatology* 23 (2003), 417-26. Franck Lavigne et al., 'Source of the great AD 1257 mystery eruption unveiled, Samalas volcano, Rinjani volcanic complex, Indonesia', *PNAS* 110, no. 42 (2013년 10월 15일), 16742-7. 그러나 Bruce M.S. Campbell, The Great Transition. Climate, Disease and Society in the Late-Medieval World (Cambridge, 2016), 55-8의 조심스러운 논평도 특기하라.

47 Yali Li 〔李亞利〕, Gideon Shelach-Lavi and Ronnie Ellenblum, 'Short-term climatic catastrophes and the collapse of the Liao dynasty (907-1125): Textual evidence', *JIH* 49, no. 4 (2019년 봄호), 591-610.

48 이것의 개괄적 전개에 대해서는 Campbell, *The Great Transition*, 특히 198-252를 보라.

49 Shāmī, *ZN*, I, 69, 75-6, 112-14, 117, 123; Yazdī, *ZN* (1957), I, 188-9, 415, 551, 553; II, 452, 457/(2008), I, 441, 694, 825-6; II, 1279-80, 1283 〔이주연 역주, 〈야즈디 《勝戰 記》譯註〉, 283, 515, 633-5, 1023-4〕을 보라. 시르다리야강에 대해서는 같은 책, (1957), I, 206-7; II, 458/(2008), I, 465; II, 1284 〔이주연 역주, 〈야즈디 《勝戰記》譯註〉, 304, 1027- 8〕를 확인할 것.

50 Campbell, *The Great Transition*, 249-51과 Philip Slavin, 'Death by the lake: Mortality crisis in early fourteenth-century Central Asia', *Journal of Interdisciplinary History* 50,

no. 1 (2019년 여름호), 59-90 (이 내용은 70-3)을 보라.

51 Emmanuel Le Roy Ladurie, 'A concept: The unification of the globe by disease (fourteenth to seventeenth centuries)', in Emmanuel Le Roy Ladurie, *The Mind and Method of the Historian*, tr. Siân and Ben Reynolds (Brighton and Chicago, IL, 1981), 28-83 (인용문은 30). S.A.M. Adshead, *Central Asia in World History* (Basingstoke, 1993), 95.

52 서유럽: Rosemary Horrox, *The Black Death* (Manchester, 1994), Introduction, 3 (영국은 "평균 사망률이 47퍼센트 혹은 48퍼센트에 달했으리라"); 흑사병이 처음 발병한 1348~ 1489년과 1360년대 초 지역별로 더 세분화된 수치는 Le Roy Ladurie, 'A concept'에서 44퍼센트 (프로방스)와 54퍼센트 (사부아)로 제시되었다. 근동: Michael W. Dols, *The Black Death in the Middle East* (Princeton, NJ, 1977), 212-23; 같은 저자, 'The general mortality of the Black Death in the Mamluk empire', in A.L. Udovitch (ed.), *The Islamic Middle East, 700-1900. Studies in Economic and Social History* (Princeton, NJ, 1981), 397-428 (이 내용은 411-17).

53 David Herlihy, *The Black Death and the Transformation of the West*, ed. Samuel K. Cohn, Jr (Cambridge, MA, 1997), 특히 46-9와 Stuart J. Borsch, *The Black Death in Egypt and England. A Comparative Study* (Austin, TX, 2005), 113-17을 확인할 것.

54 이슬람 세계 근동의 경우, 관련 사료에 대한 간략한 소개는 Dols, *The Black Death*, 40-2 를, 더 구체적인 논의는 320-9 (부록 3)를 보라. Stuart Borsch, 'Black Death', *EI3* (2014), fasc. 3, 57-60의 논의도 유용하다.

55 Stephanie Haensch et al., 'Distinct clones of *Yersinia pestis* caused the Black Death', *Public Library of Science, Pathogens* 6, no. 10 (7 Oct. 2010): www.doi.org/10.1371/ journal.ppat.1001134 [2018년 11월 14일에 마지막으로 확인]. Kirsten I. Bos et al., 'A draft genome of Yersinia pestis from victims of the Black Death', *Nature* 478 (2011년 10월 27일), 506-10. Pierre Toubert, 'La Peste Noire (1348), entre histoire et biologie moléculaire', *Journal des Savants* (2016), 17-31 (이 내용은 19-20). Green, 'Editor's introduction', 14. 역사적 매장지에서 페스트균 DNA를 확인하기 위한 잇따른 조사들에 대해서는 Lester K. Little, 'Plague historians in lab coats', *Past and Present* 213 (Nov. 2011), 267-90을 확인하라.

56 Maria Spyrou et al., 'The source of the Black Death in fourteenth-century Central Eurasia', *Nature* 606, no. 7915 (2022년 6월 23일), 718-24. Philip Slavin, 'A rise and fall of a Chaghadaid community: Demographic growth and crisis in "late-medieval" Semirech'ye (Zhetysu), *circa* 1248-1345', *JRAS*, 3rd series, 33 (2023), 513-44 (이 내용 은 521). 필립 슬래빈(Philip Slavin)은 'Death by the lake', 63 ff.에서 이미 문제의 유행병 이 전염병이었다고 강력하게 주장한 바 있다.

57 Cui Yujun 〔崔玉軍〕 et al., 'Historical variations in mutation rate in an epidemic pathogen, Yersinia pestis', *PNAS* 110, no. 2 (8 Jan. 2013), 577-82. Green, 'Taking pandemic seriously', 38-9와 같은 저자의 'Climate and disease in medieval Eurasia', in *Oxford Research Encyclopedia of Asian History* (Oxford, 2018): https://doi.org/10.

1093/acrefore/9780190277727.013.6.

58 Cui et al., 'Historical variations', 578-9. Campbell, *The Great Transition*, 244-52. Green, 'Taking pandemic seriously', 37. 아래 주63에서 인용한 Hymes의 글도 확인할 것.

59 Galina Eroshenko et al., 'Yersinia pestis strains of ancient phylogenetic branch o.ANT are widely spread in the high-mountain plague foci of Kyrgyzstan', *Public Library of Science ONE* 12 (2017) [2021년 1월 18일에 접속]. Slavin, 'Death by the lake', 61-2, 82-3. 흑사병 대한 과학적 조사의 유용한 개괄로는 Monica H. Green, 'The four Black Deaths', *American Historical Review* 125 (2020), 1601-31 (이 내용은 1607-15)이 있다.

60 Ronnie Ellenblum, *The Collapse of the Eastern Mediterranean. Climate Change and the Decline of the East, 950-1072* (Cambridge, 2012), 68-9, 100-2.

61 WR, 34 (*MFW*, 84 〔김호동 역주, 〈루브룩의《몽골 기행》〉, 189〕). John Masson Smith, Jr, 'Mongol campaign rations: Milk, marmots, and blood?', in Oberling (ed.), *Turks, Hungarians and Kipchaks*, 223-8 (특히 227). Slavin, 'Death by the lake', 74.

62 Thomas T. Allsen, 'Population movements in Mongol Eurasia', in Reuven Amitai and Michal Biran (eds), *Nomads as Agents of Cultural Change. The Mongols and Their Eurasian Predecessors* (Honolulu, HI, 2015), 119-51 (이 내용은 136).

63 Robert Hymes, 'Epilogue: A hypothesis on the East Asian beginnings of the *Yersinia Pestis* polytomy', in Green (ed.), *Pandemic Disease in the Medieval World*, 285-308 (이 내용은 289-93).

64 Green, 'The four Black Deaths', 1621-3.

65 Lawrence I. Conrad, '*Ṭā'ūn* and *wabā'*: Conceptions of plague and pestilence in early Islam', *JESHO* 25 (1982), 268-307.

66 Nahyan Fancy and Monica H. Green, 'Plague and the fall of Baghdad (1258)', *Medical History* 65 (2021), 157-77.

67 알수유티의 저작에 대해서는 Yaron Ayalon, *Natural Disasters in the Ottoman Empire. Plague, Famine, and Other Misfortunes* (Cambridge, 2015), 26-7을 보라.

68 Shihāb al-Dīn Abū l-Faḍl Aḥmad b. 'Alī Ibn Ḥajar al-'Asqalānī, *Badhl al-mā'ūn fī faḍl al-ṭā'ūn*, ed. Aḥmad 'Iṣām 'Abd al-Qādir al-Kātib (al-Riyāḍ, 1411/1991), 368. Jalāl al-Dīn Abū l-Faḍl 'Abd al-Raḥmān al-Suyūṭī, *Mā rawāhu l-wā'ūn fī akhbār al-ṭā'ūn*, BL ms. Or. 3053, fo. 21a. Lawrence I. Conrad, 'Arabic plague chronologies and treatises: Social and historical factors in the formation of a literary genre', *StIsl* 54 (1981), 51-93 (이 부분은 74)에서 인용한 이븐 아비 하잘라(Ibn Abī Ḥajala)의 서술(13세기의 3분기 부분)도 확인하라. 그러나 1050년대 중반 트란스옥시아나·호라산·아제르바이잔·이라크 아잠·후지스탄·바그다드·이집트를 강타한 유행병(이 또한 비슷하게 와바 아짐 (wabā 'aẓīm〔대(大)전염병〕이라 불렀다)은 전 세계에 영향을 미친 것으로 여겨졌다. 'Abd al-Raḥmān Ibn al-Jawzī (d. 597/1201), *al-Muntaẓam fī ta'rīkh al-mulūk wa l-umam*, ed. F. Krenkow (Hyderabad, Deccan, 1357-9/1938-40), VIII, 179-80과 Ellenblum, *The Collapse of the Eastern Mediterranean*, 101-2에 인용된 사료들을 확인할 것.

69 *Ta'rīf* (1951), 15, 19, 55/(2008), 26, 31, 57 ("키질하는 전염병"이 "la grande peste 〔대

776

(大)전염병)"이라 옮겨졌다). Fromherz, *Ibn Khaldun*, 40-1, 49.

70 Ibn Khaldūn, *al-Muqaddima*, tr. Rosenthal, I, 64 〔김정아 역주,《무깟디마》, 69〕.

71 예컨대 Benedictow, *The Black Death*, 50-1. Dols, *The Black Death*, 35-8은 그 기원을 중앙아시아로 보았다. William H. McNeill, *Plagues and Peoples* (Oxford, 1977), 151-2, 160-2 〔김우영 옮김,《전염병의 세계사》(이산, 2005), 170-1, 180-1〕는 전염병이 1252~1253년 몽골 제국의 정복이 이루어진 이래 감염병이 주기적으로 유행한 운남(雲南)이 전염병의 기원이며, 중국에서 폰토스-카스피 초원으로 이어지는 좀더 북쪽의 경로가 출현하면서 페스트균(Pasteurella pestis) 간균이 초원의 설치류에게 처음 전파되었다고 주장했다. 기원에 대한 다양한 학설의 충돌에 대해서는 Nükhet Varlık, *Plague and Empire in the Early Modern Mediterranean World. The Ottoman Experience, 1347-1600* (Cambridge, 2015), 94-7을 참고할 것.

72 Hannah Barker, 'Laying the corpses to rest: Grain, embargoes and *Yersinia pestis* in the Black Sea, 1346-48', *Speculum* 96 (2021), 97-126.

73 Ibn al-Wardī, *Tatimmat al-Mukhtaṣar*, II, 489.

74 Nikephoros Gregoras, *Rhomaïkē historia*, xvi, 1.5, tr. Jan Louis Van Dieten, *Nikephoros Gregoras. Rhomäische Geschichte* (Stuttgart, 1973-2007), III, 175. Christos S. Bartsocas, 'Two fourteenth century Greek descriptions of the "Black Death"', *Journal of the History of Medicine and Allied Sciences* 21 (1966), 394-400 (이 내용은 395)에도 발췌 번역이 실려 있다.

75 Rafaino Caresini, *Chronica* [to 1388], ed. Ester Pastorello, 'Raphayni de Caresinis cancellarii Venetiarum Chronica', in *RIS*, n.s., XII, part 2 (Bologna, 1938-58), 4: "inguinaria pestis incipiens in partibus Tartarorum".

76 출전은 Sergei Karpov, 'Black Sea and the crisis of the mid XIVth century: An underestimated turning point', Thesaurismata. *Bollettino dell'Istituto ellenico di studi bizantini e postbizantini di Venezia* 27 (1997), 65-77의 68 n.6을 확인하라.

77 연대에 대해서는 Dols, *The Black Death*, 57-63을 보라. 아나톨리아를 통한 전염병의 확산에 대해서는 Varlık, *Plague and Empire*, 99-107의 논의가 있다.

78 Ibn al-Wardī, *Risālat al-naba' 'an al-wabā*, tr. Michael Dols, 'Ibn al-Wardī's *Risālah al-naba' 'an al-waba*': A translation of a major source for the history of the Black Death in the Middle East', in Dickran K. Kouymjian (ed.), *Near Eastern Numismatics, Iconography, Epigraphy and History. Studies in Honor of George C. Miles* (Beirut, 1974), 443-55 (이 내용은 448). Ibn al-Wardī, *Tatimmat al-Mukhtaṣar*, II, 497. "암흑의 땅"에 대해서는 IB, II, 399-402 (tr. Gibb, 491-2 〔정수일 역주,《이븐 바투타 여행기》 1권, 485-6〕); MP, tr. Ricci, 387-8/tr. Latham, 305-6/tr. Kinoshita, 211-12 〔김호동 역주,《마르코 폴로의 동방견문록》, 542-3〕 (필리프 메나르(Philippe Ménard)의 교주본에는 이 내용이 없다); Martin, *Treasure of the Land of Darkness*, 21-2. Yazdī, *ZN* (1957), I, 539/(2008), I, 814 〔이주연 역주,〈야즈디《勝戰記》譯註〉, 623〕는 불라르(Būlar, 볼가 불가리아: Egorov, *Istoricheskaia geografiia*, 96을 확인할 것)가 줄라마트 인근이라고 주장한다.

79 *Historia Roffensis*, tr. in Horrox, *The Black Death*, 70. Henry Knighton, *Chronica de*

eventibus Angliae a tempore regis Edgari usque mortem regis Ricardi Secundi, ed. G.H. Martin, Knighton's Chronicle 1337–1396 (Oxford, 1995), 94–5. *Pskovskie letopisi*, ed. A. Nasonov, I (Moscow and Leningrad, 1941; repr. The Hague, 1967), 22; *Patriarshaia ili Nikonovskaia letopis'*, in *PSRL*, X, 224 (tr. Zenkovsky, III, 169); Lawrence N. Langer, 'The Black Death in Russia: Its effects upon urban labor', *Russian History* 2 (1975), 53–67 (이 부분은 56). 아울러 Geoffrey le Baker, *Chronicon*, tr. David Preest, *The Chronicle of Geoffrey le Baker of Swinbrook* (Woodbridge, 2012), 86 (tr. in Horrox, *The Black Death*, 80에도 발췌 번역이 수록됨)의 범유행이 "인도인과 투르크인" 사이에서 시작되었다는 서술과도 비교해보라.

80 따라서 당시 카안의 궁정에서 귀환하던 교황 사절 데 마리뇰리는 중국, 말라바르(Malabar), 마바르 등 세 지역을 인도로 묘사했다. Marignolli, *Relatio*, in *SF*, I, 543/ed. Malfatto, 17 (tr. in Yule, *Cathay*, III, 248). 피렌체의 연대기 저자 조반니 빌라니는 가잔 일칸의 영토를 '인도'라고 생각했다. Nuova cronica, xiii, 84, ed. Giuseppe Porta (Parma, 1990–1), III, 486.

81 Matteo Villani, *Cronica*, i, 2, ed. Giuseppe Porta (Parma, 1995), I, 9. 마테오의 형인 조반니 빌라니(마찬가지로 1348년 흑사병으로 사망함)도 카타이를 언급했으나, 그곳이 전염병의 발원지라고 주장하지는 않았다. Giovanni Villani, *Nuova cronica*, xiii, 84, ed. Porta, III, 486. 멀리 중국이나 '인도'와 관련해 서유럽에 퍼진 풍문에 대해서는 Philip Ziegler, *The Black Death* (London, 1969), 13–15; Samuel K. Cohn, Jr, *The Black Death Transformed. Disease and Culture in Early Renaissance Europe* (London, 2002), 101–2 를 보라. 남중국을 '상인도'로 부른 예는 오도리코 다 포르데노네(Odorico da Pordenone)의 서술을 인용한 Folker E. Reichert, *Begegnungen mit China. Die Entdeckung Ostasiens im Mittelalter* (Sigmaringen, 1992), 97과 n.200, 그리고 227을 확인할 것.

82 'Corpus chronicorum Bononiensium III: Cronaca A', in RIS, n.s., XVIII, part 1, 583–4 (tr. in Klaus Bergdolt, ed., *Die Pest 1348 in Italien. Fünfzig zeitgenössische Quellen* [Heidelberg, 1989], 95); 'Cronaca B', 같은 책, 584–5. František of Prague, *Chronica Pragensis*, ed. as 'Kronika Františka Pražského', in Josef Emler (ed.), *Prameny dějin českých. Fontes rerum Bohemicarum*, IV (Prague, 1884), 449–50/new edn by Jana Zachová, *Chronicon Francisci Pragensis/Kronika Františka Pražského*, Prameny dějin českých/Fontes rerum Bohemicarum, nová řada, I (Prague, 1997), 203–4, 그리고 *Chronicon Estense*, in RIS, n.s., XV, part 3, 160 (tr. in Bergdolt, Die Pest 1348, 89)에서 보이는 유사한 서술. 카타이에서 뱀과 두꺼비의 비가 내렸다거나, '인도'에서 하늘에서 불이 떨어졌다는 등의 풍문에 대해서는 Gabriele de' Mussi, *De morbo*, ed. A.G. Tononi, 'La peste dell'anno 1348', *Giornale Ligustico di Archeologia*, Storia e Letteratura 11 (1884), 139–52 (이 내용은 151; tr. in Horrox, *The Black Death*, 25)와 'Continuatio Novimontensis', ed. Wilhelm Wattenbach, in *MGHS*, IX (Hannover, 1851), 674 (tr. in Horrox, 59)를 보라. 곤충의 창궐에 대해서는 Giovanni Villani, *Nuova cronica*, xiii, 84, ed. Porta, III, 486–7을 확인하라. 이런 설화는 이슬람 쪽의 사료에서도 찾아볼 수 있다. Sarah Kate Raphael, *Climate and Political Climate. Environmental Disasters in the*

Medieval Levant (Leiden, 2013), 106-11.

83 Gabriele de' Mussi, *De morbo*, 145 (tr. in Horrox, *The Black Death*, 18).

84 Matsui, 'Dumdadu Mongγol Ulus', 114-15. 서유럽에서 이런 표현이 사용된 예를 덧붙이면, Paschal de Vittoria, 'Epistola', 504, 506 (tr. in Yule, Cathay, III, 85, 87, 88)이 있다. 그러나 루이 곤살레스 데 클라비호의 경우처럼 호라산과 그 인접 지역을 이르는 옛 명칭을 그대로 사용해 이런 표현을 사용한 예도 있다. 티무르를 메디아인으로 표현한 예는 John of Sulṭāniyya, *Libellus de notitia orbis*, Universitätsbibliothek Graz ms. 1221, fos 57a (mediusque homo), 58a (medio homine); partial edn by Kern, 'Der "Libellus de notitia orbis" Iohannes' III.', 99를 확인할 것.

85 Ibn al-Wardī, *Risālat al-naba'*, tr. Dols, 448 (그러나 마이클 돌스(Michael W. Dols)는 *The Black Death*, 38과 n.4에서와 마찬가지로 "외즈벡의 영토"를 "우즈벡인의 땅"으로 잘못 해석했다). Ibn al-Wardī, *Tatimmat al-Mukhtaṣar*, II, 497-8.

86 대표적인 예로는 Ibn Ḥajar, *Badhl*, 371 ff.와 al-Suyūṭī, *Mā rawāhu l-wā'ūn*, fos 21a ff.가 있다.

87 Ibn al-Wardī, *Tatimmat al-Mukhtaṣar*, II, 499.

88 *Troitskaia letopis'*, ed. M.D. Priselkov (Moscow, 1950), 368. *Ermolinskaia letopis'*, in PSRL, XXIII, 108; *Moskovskii letopisnyi svod kontsa XV veka*, in PSRL, XXV, 175; *Patriarshaia ili Nikonovskaia letopis'*, in PSRL, X, 217 (tr. Zenkovsky, III, 157)도 확인할 것.

89 Benedictow, *The Black Death*, 50는 (다른 루시 연대기로부터) 이 단락을 인용했지만, 지명과 종족명을 잘못 해석했다 (같은 책, n.44). "오르나치": (Zenkovsky, III, 157, n.86도 지적한 대목이다) 이 지역은 돈강 하구에 위치한 곳이 아니며 우르겐치의 루시식 명칭이다. 이는 1237년 도미니코회 수사 율리아누스의 "호르나치(Hornach)"에서도 확인할 수 있는 부분이다 (출처는 율리아누스의 루시 쪽 정보원임이 확실하다). Dörrie, 'Drei Texte', 169-71, 174. 1244/1245년 루시의 고위 성직자 페트루(Petrŭ)가 교황청에서 언급한 '오르나크(Ornac)'와도 비교해보라. 같은 책, 189, 190. 이 이름은 (조반니 다 피안 델 카르피네의 일행이었던) 데 브리디아(C. de Bridia)의 《타타르인들의 역사(*Historia Tartarorum*)》 (1247) 〔김호동 역주, 〈참고 자료 1 《타타르의 역사》〉, 《몽골 제국 기행: 마르코 폴로의 선구자들》(까치, 2015), 403-37 (이 내용은 419)〕에서도 등장하며, George D. Painter, in Painter et al. (eds), *The Vinland Map and the Tartar Relation*, new edn (New Haven, CT, and London, 1995), 102-4는 그 정체를 정확히 확인해주었다. 베세르멘인에 대해서는 T.I. Tepliashina, 'Étnonim besermiane', in V.A. Nikonov (ed.), *Étnonimy* (Moscow, 1970), 177-88을 보라. PC, 270, 314, 331 (*MM*, 28-9, 59, 70-1 〔김호동 역주, 〈카르피니의 《몽골의 역사》〉, 93-6, 143, 159〕)은 베세르멘 지방(terra Biserminorum)을 "오르나스(Ornas)"(=오르나치/우르겐치), 양기켄트(Yangikent), 바르친릭켄트(Barchinlighkent)처럼 시르다리야강을 따라 위치한 도시들과 함께 언급한다.

90 Khwāfī (1962), II, 71/(2007), II, 935 (tr. Iusupova, 73-4는 '콜레라'로 해석함). 날짜를 목요일로 특정한 것은 정확했다. 주르자니야가 구르간지(Gurganj)/우르겐치의 옛 아랍어식 이름이라는 데 대해서는 B. Spuler, 'Gurgandj', *EI2*, II, 1141-2를 참고할 것.

91 D. Chwolson, *Syrisch-Nestorianische Grabinschriften aus Semirjetschie* (St Petersburg,
    1890 = *Mémoires de l'Académie Impériale de St.-Pétersbourg*, 7ᵉ série, XXXVII, no.
    8), 129-30. Chwolson, *Syrisch-Nestorianische Grabinschriften aus Semirjetschie,
    neue Folge* (St Petersburg, 1897), 31-2, 35-8. 1341~1342년의 묘비들에 대해서는 같
    은 책, 39-40을 확인할 것. Wassilios Klein, *Das nestorianische Christentum an den
    Handelswegen durch Kyrgyzstan bis zum 14. Jh.*, SRS 3 (Turnhout, 2000), 287-9. 세 곳
    의 위치에 대해서는 같은 책, 110-11과 Slavin, 'Death by the lake', 62-4를 보라.

92 Slavin, 'A rise and fall of a Chaghadaid community', 540, 541.

93 Barker, 'Laying the corpses to rest', 116.

94 IA (1979), 82/(1986), 138-9 (*TGA*, 77).

95 Bautier, 'Les relations économiques des Occidentaux', 315. Pegolotti, *La pratica della
    mercatura*, 21. 이 노선은 사라이와 사라이측((Sarāyçıq, '사라칸코(Saracanco)')을 지나갔
    다. Paschal de Vittoria, 'Epistola', 502, 503-4 (tr. in Yule, Cathay, III, 82, 84-5)도 확인
    할 것.

96 Ibn Khātima, *Taḥṣīl al-gharaḍ al-ḥāṣid fī tafṣīl al-maraḍ al-wāfid*, tr. Taha Dinānah,
    'Die Schrift von Abī [원문 그대로] Ja'far Aḥmed ibn ʿAlī ibn Muḥammed ibn ʿAlī ibn
    Ḥātimah aus Almeriah über die Pest', *Archiv für Geschichte der Medizin* 19 (1927),
    27-81 (이 부분은 41). Ibn al-Khaṭīb, *Muqniʿat al-saʾil ʿan al-maraḍ al-hāʾil*, ed.
    and tr. M.J. Müller, 'Ibnulkhatīb's Bericht über die Pest', *Sitzungsberichte der königlich
    bayerischen Akademie der Wissenschaften, philosophisch-philologische Classe* (1863),
    part 2, 1-34 (원문 8-9, 독일어 번역 22).

97 《이븐 바투타 여행기》에는 전염병이 중국에서 시작되었다고 하는 이야기가 없다. 따라서
    이것이 구전 증언이었을 가능성을 고려해야 한다. 750년/1349년에 두 사람 모두 그라나
    다에 있었다. 이븐 바투타는 그라나다에서 누구를 만났는지 IB, IV, 370-3 (tr. Gibb and
    Beckingham, 942-4 〔정수일 역주,《이븐 바투타 여행기》2권, 385-8〕)에서 나열했다. 비
    록 여기에 알하팁이 포함되지는 않았지만 말이다. 이븐 알하팁은 이븐 하자르의《8세기 주
    요 명사들의 숨겨진 진주(Durar al-kāmina fī aʿyān al-miʾa al-thāmina)》에서 이븐 바투
    타에 대한 정보의 출전으로 언급된다.

98 al-Maqrīzī, *al-Sulūk*, II, part 3, 773. 그리고 남중국(Ṣin)에 흑사병이 도달했다는 소식
    은 같은 책, 774. 이 단락들은 G. Wiet, 'La grande peste Noire en Syrie et en Égypte', in
    Études d'orientalisme dédiées à la mémoire de Lévi-Provençal (Paris, 1962), I, 367-84
    (해당 내용은 368, 369)에서 발췌 번역되었다. Norris, 'East or west?', 8은 '키타(Khiṭā)'가
    카라 키타이 고지(故地)를 가리키는 의미로 사용되었을 수도 있다는 의견을 냈지만, 거란/
    요나라를 지칭하는 경우로 사용된 예가 더 오래되었다는 점을 고려하면 북중국, 그리고 어
    쩌면 몽골고원까지 아울러 가리키는 용어로 사용되었을 가능성이 더 커 보인다. 흑사병이
    1331~1332년 몽골고원에서 시작되었다고 본 Dols, *The Black Death*, 38 n.3. Shim, 'The
    postal roads of the Great Khan', 454-6 〔심호성, 〈몽골帝國期 東部 중앙아시아 驛站 교통
    로의 변천〉, 127-8〕과도 비교해보라.

99 Geoffrey Le Baker, *Chronicon*, tr. Preest, 86 (Horrox, *Black Death*, 80-1 에서도 발췌 번

역됨). 이 문단은 흑사병이 1349년에 아시아에서 시작되었다는 오류로 시작한다는 문제가
   있다.

100 이에 대해서는 Tana Li, 'The Mongol Yuan dynasty and the climate, 1260-1360',
   in Martin Bauch and Gerrit Jasper Schenk (eds), *The Crisis of the 14th Century.
   Teleconnections between Environmental and Societal Change?* (Berlin and Boston,
   MA, 2020), 153-68을 보라.

101 George D. Sussman, 'Was the Black Death in India and China?', *BHM* 85 (2011), 319-
   55 (이 내용은 347-8). 조지 서스먼(George D. Sussman) 자신도 지적했듯이, 물론 근거
   가 된 18세기의 자료는 "지방 각지에서 발생한 사건들이 몇 세기나 지난 뒤에야 종합되
   었다"는 점에서 조심스럽게 다루어져야 한다(346-7). Campbell, *The Great Transition*,
   247은 1331년 하북(河北)에서 발생한 역병도 흑사병이 아니라고 생각했다. 1340년의 경
   우에 대해서는 아래의 내용 및 주 104를 확인할 것.

102 Paul D. Buell, 'Qubilai and the rats', *Sudhoffs Archiv* 96 (2012), no. 2, 127-44 (인용한
   문장은 129). 다른 문제에 대해서는 Timothy Brook, *The Troubled Empire. China in the
   Yuan and Ming Dynasties* (Cambridge, MA, 2010), 64-5 〔조영헌 옮김,《하버드 중국
   사 원·명: 곤경에 빠진 제국》(너머북스, 2014), 132-4〕; Abu-Lughod, *Before European
   Hegemony*, 341-2 〔박흥식·이은정 옮김,《유럽 패권 이전》, 373-4〕; Sussman, 'Was the
   Black Death in India and China?', 352-5를 보라. Richard Smith, 'Trade and commerce
   across Afro-Eurasia', in *CWH*, V, 233-56 (이 내용은 248)〔류충기 옮김,〈아프리카-유
   라시아의 무역과 상업〉,《케임브리지 세계사 9: 교역과 분쟁 1 — 글로벌 세계와 유라시
   아 문화》(소와당, 2024), 417-56 (이 내용은 444)〕의 의견에 따르면, "중국과 인도의 상
   당 지역이 [흑사병의] 여파에서 벗어나" 있었던 것 같다. Belich, *The World the Plague
   Made*, 47, 56-60은 서스먼과 마찬가지로 인도가 흑사병에 시달리지 않았다고 보았다.

103 그러나 야나 자호바(Jana Zachová)는 프란티셰크 프라슈스키(František Pražský)의 연
   대기 교주본 서문에서(František, *Chronicon*, iii), 있을 법하지 않은 중국의 자연 현상들
   에 대해 데 마리뇰리가 기술한 부분을 빌려왔다는 의견을 밝혔다. 데 마리뇰리의 귀환 연
   대에 대해서는 주 38을 확인할 것.

104 Herbert Franke (trans.), *Beiträge zur Kulturgeschichte Chinas unter der Mongolen-
   herrschaft. Das* Shan-kü sin-hua *des Yang Yü*, AKM 32/2 (Wiesbaden, 1956), 58 〔"나
   는 태사동첨(太史同僉)을 역임하여 특별히 하늘의 일을 관찰하라는 명을 받았다. 후지원
   (後至元) 6년[1340년] 7월 초하루 [중략] "지금 섬서(陝西)에는 재난과 역병이 있으며, 복
   리(腹裏)에는 도적이 있고, 복건(福建)에는 반란이 일어났으니 (…)" (余任太史同僉, 特旨
   令知天象事. 後至元六年七月朔… "今陝西災疫, 腹裏盜賊, 福建反叛…".") 楊瑀,《山居新話》
   余大鈞 點校 (北京, 2006), 卷1, 208〕.

105 Ibn al-Wardī, *Risālat al-naba*', tr. Dols, 448. 15년이라는 수치에 대해서는 같은 저자,
   Tatimmat al-Mukhtaṣar, II, 497을 보라. Ibn al-Khaṭīb, *Muqni'at al-sa'īl*, 원문 9, 독일
   어 번역 22.

106 Li Bozhong 〔李伯重〕, 'Was there a "fourteenth-century turning point"? Population,
   land, technology, and farm management', in Paul Jakov Smith and Richard von Glahn

(eds), *The Song-Yuan-Ming Transition in Chinese History* (Cambridge, MA, 2003), 135-75 (이 부분은 138)의 논평을 보라.

107 John Chaffee, 'Muslim merchants and Quanzhou in the late Yuan-early Ming: Conjectures on the ending of the medieval Muslim trade diaspora', in Angela Schottenhammer (ed.), *The East Asian 'Mediterranean'. Maritime Crossroads of Culture, Commerce and Human Migration* (Wiesbaden, 2008), 115-32. Tansen Sen, 'The formation of Chinese maritime networks to Southern Asia, 1200-1450', *JESHO* 49 (2006), 421-53. Idem, *Buddhism, Diplomacy, and Trade. The Realignment of India-China Relations, 600-1400* (Lanham, MD, 2016), 234-8. 앞의 내용도 참고할 것.

108 Ibn Khātima, *Taḥṣīl*, tr. Dinānah, 41.

109 Hymes, 'Epilogue: A hypothesis', 299-300. Buell, 'Qubilai and the rats', 142-3은 벼룩과 흑사병 간균은 바닷길에서 살아남을 수 없다며 이 가능성을 일축했다. 그러나 이는 쉽게 판단할 수 없는 일이다.

110 나는 기브(H.A.R. Gibb)가 《이븐 바투타 여행기》 번역본(IB, II, 529)과 'Notes sur les voyages d'Ibn Baṭṭūṭa en Asie mineure et en Russie', in *Études d'orientalisme*, I, 125-33에서 주장한 바와 같이, 이븐 바투타가 734년 무하람월 1일[1333년 9월 12일] 인더스 강에 도달했다고 서술한 부분인 IB, III, 92, 93 (tr. Gibb, 592, 593 〔정수일 역주, 《이븐 바투타 여행기》 1권, 564; 2권, 13〕)이 진실이라는 가정하에 이렇게 썼다. 다른 학자들도 대체로 이를 받아들였지만, Ivan Hrbek, 'The chronologyof Ibn Baṭṭūṭa's travels', *Archiv Orientálni* 30 (1962), 409-86 (이 내용은 411, 453, 485도 확인함)은 여기에 반박했으나 안타깝게도 자신의 견해를 증명하기에는 제시한 증거가 불충분했다.

111 사망자 수에 대해서는 'Abd al-Malik 'Iṣāmī, *Futūḥal-salāṭīn* (1350년경), ed. A.S. Usha (Madras, 1948), 469, 471. Baranī, *Ta'rīkh-i Fīrūzshāhī*, 481 (tr. Zilli, 296); 첫 번째 판본인, RRL Persian ms. 2053, 290-1과 Bodleian mss. Elliott 353, fo. 194a; S. Digby Or. 54, fo. 162a는 무함마드의 아미르 다수가 병에 걸려 사망했음을 확인해준다. IB, III, 333-4, 443 (tr. Gibb, 717, 765 〔정수일 역주, 《이븐 바투타 여행기》 2권, 134-5〕). 15세기 Yaḥyā b. Aḥmad Sirhindī, *Ta'rīkh-i Mubārakshāhī*, ed. S.M. Hidayat Husain (Calcutta, 1931), 106은 다만 무함마드가 병에 걸려 퇴각했다고만 썼다. 틸랑 원정이 일어난 정확한 시점에 대해 Stephan Conermann, *Die Beschreibung Indiens in der „Riḥla" des Ibn Baṭṭūṭa. Aspekte einer herrschaftssoziologischen Einordnung des Delhi-Sultanates unter Muḥammad Ibn Tuǵluq*, IU 165 (Berlin, 1993), 86; Jackson, *The Delhi Sultanate*, 268을 보라. Sussman, 'Was the Black Death in India and China?', 335는 이 전염병이 "흑사병일 가능성은 높지 않다"라고 생각했다. 1329~1339년에 발생한 다른 전염병들(이 가운데 최소한 한 건은 중국에서 전파되었다)에 대해서는 Simon Digby, 'Before Timur came: Provincialization of the Delhi Sultanate throughthe fourteenth century', *JESHO* 47 (2004), 298-356 (이 내용은 326과 n.48)을 확인하라.

112 IB, IV, 200-1 (tr. Gibb and Beckingham, 863 〔정수일 역주, 《이븐 바투타 여행기》 2권, 296-7〕). 기야스 알딘이 744년 또는 745년에 사망했다는 화폐학적 증거는 S.A.Q. Husaini, 'The history of Madura Sultanate', *Journal of the Asiatic Society of Pakistan*

2 (1957), 90-130 (이 내용은 105,128-9)을 참고할 것. 그러나 Conermann, *Die Beschreibung Indiens*, 9-10은 이븐 바투타가 마바르에 도달한 시점은 이보다 1년 뒤인 746년 첫번째 주마다월/1345년 9월이라고 보았다. 같은 책, 90-1도 확인할 것.

113 자파르: IB, IV, 310 (tr. Gibb and Beckingham, 913 〔정수일 역주,《이븐 바투타 여행기》 2권, 354〕); 시라즈: 같은 책, II, 63 (tr. Gibb, 306 〔정수일 역주,《이븐 바투타 여행기》1권, 305-6〕); 바그다드: 같은 책, IV, 313 (tr. Gibb and Beckingham, 915 〔정수일 역주,《이 븐 바투타 여행기》2권, 357〕). 그러나 Ross E. Dunn, *The Adventures of Ibn Battuta. A Muslim Travelerof the Fourteenth Century*, 2nd edn, repr. with new preface (Berkeley and Los Angeles, CA, 2012), 288, n.4는 이븐 바투타가 시리아와 이집트를 방문했다고 주장한 이 날짜가 흑사병의 진행에 대한 다른 증언들과 맞아떨어진다고 주장했다.

114 Barker, ʻLaying the corpses to restʻ에 나오는 대로, 자니벡과 이탈리아인들이 평화 조약 을 맺으면서 곡물 교역이 재개되었다.

115 Ibn al-Wardī, *Tatimmat al-Mukhtaṣar*, II, 497, 502. IB, III, 334; IV, 319-24; 마바르에 서 발생한 전염병에 대해서는 200-1을 보라. Ahmad Fazlinejad and Farajollah Ahmadi, ʻThe Black Death in Iran, according to Iranian historical accounts from the fourteenth through the fifteenth centuries', *JPS* 11 (2018), 56-71은 ʻ와바'를 ʻ콜레라'로 번역했다.

116 Khwāfī (1962), II, 52-3/(2007), II, 918-19 (Iusupova trans., 62는 ʻ와바'를 콜레라로 번역했다).

117 이에 대한 연구는 T.F. Khaidarov, ʻRusskie letopisi kakistochnik po épidemii chumy v Zolotoi Orde', *ZOTs* 9 (2016), 96-101을 확인할 것.

118 Morgan, *Medieval Persia*, 83. Lambton, *Continuity and Change*, 25 및 James L.A. Webb, Jr, ʻGlobalization of disease, 1300-1900', in *CWH*, VI, part 1, 54-75 (이 내용은 61) 〔류충기 옮김, 〈질병의 세계화, 1300~1900년〉,《케임브리지 세계사 11: 세계화의 시 대 1》(소와당, 2024), 111-145 (이 내용은 124)〕과도 비교해보라.

119 Ahrī, *Taʼrīkh-i Shaykh Uways*, 원문 173, 영어 번역 73. Zayn al-Dīn (1990), 원문 475 (러시아어 번역 100)/(1993), 41. 그리고 HA, *Dhayl-i Jāmiʻ al-tawārīkh*, 226과 Khwāfī (1962), II, 73/(2007), II, 936 (tr. Iusupova, 74-5). Fazlinejad and Ahmadi, ʻThe Black Death in Iran', 64-6.

120 al-Maqrīzī, *al-Sulūk*, II, part 3, 774 (tr. in Wiet, ʻLa grande peste Noire', 369)는 셰 이흐 하산이 이 일화를 맘루크 술탄에게 보낸 편지에서 언급했음을 알려준다. Jean-Noël Biraben, *Les Hommes et la peste en France et dans les payseuropéens et méditer-ranéans* (Paris and The Hague, 1975-6), I, 53은 1347년에 바그다드에서 전염병이 기 록된 예가 없다고 주장했는데, 이를 간과한 것이다. Ahrī, *Taʼrīkh-i Shaykh Uways*, 원 문 173, 영어 번역 73은 아슈라프의 원정이 748/1347년 봄에 일어났다고 서술했다. Zayn al-Dīn (1990), 원문 475 (러시아어 번역, 100)/(1993), 42; HA, *Dhayl-i Jāmiʻ al-tawārīkh*, 226; Khwāfī (1962), II, 74/(2007), II, 937 (tr. Iusupova, 75)도 이를 따랐다. Fazlinejad and Ahmadi, ʻThe Black Death in Iran', 66은 아슈라프의 군대가 바그다드로 흑사병을 옮겨 왔다고 주장했다.

121 Faryūmadī, *Dhayl-i Majmaʻ al-ansāb*, 327-8 (연도에 대한 언급은 없다). Aubin, ʻLe

khanat de Čaġatai', 38. 타가이 테무르의 두 아들, 압둘아지즈와 아부 사이드에 대해서는 *MA*, fo. 14a, ed. Vokhidov, 원문 25 (러시아어 번역 28)를 확인할 것.

122 Sayyid Ẓahīr al-Dīn Marʿashī, *Taʾrīkh-i Ṭabaristān-u Rūyān-u Māzandarān*, ed. Muḥammad Ḥusayn Tasbīḥī (Tehran, 1345 sh./1966), 120. Khwānd-Amīr, *Ḥabīb al-siyar*, III, 336-7 (tr. Thackston, 189-90)은 파흐르 알다울라가 통치하던 시기에 전염병이 발생했다고 썼으나, 왕이 사망한 해가 그보다 이른 745/1344년이라고 한 오류를 범했다. 토착 사료들은 파흐르 알다울라가 750/1349년에 사망했음을 분명히 확인해준다. continuation of Ibn Isfandiyār, *Taʾrīkh-i Ṭabaristān*, abridged trans. by Edward G.Browne, GMS 2 (Leiden and London, 1905), 269; Awliyāʾ-Allāh Āmulī, *Taʾrīkh-i Rūyān*, ed. Manūchihr Sutūda (Tehran, 1348 sh./1969), 205; Marʿashī, *Taʾrīkh-i Ṭabaristān-u Rūyān-u Māzandarān*, 121. 그래서 H.L. Rabino, *Mázandarán and Astarábád*, GMS, n.s., 7 (London, 1928), 35는 흑사병이 743/1342~1343년과 750/1349~1350년, 두 차례 이 지방을 덮쳤다는 실수를 범했다. Fazlinejad and Ahmadi, 'The Black Death in Iran', 66도 마찬가지다.

123 Malik Shāh Ḥusayn Sīstānī, *Iḥyāʾ al-mulūk*, ed. Minūchihr Sutūda (Tehran,1344 sh./1966), 95. Clifford Edmund Bosworth, *The History of the Saffarids ofSistan and the Maliks of Nimruz (247/861 to 949/1542-3)* (Costa Mesa, CA,and New York, 1994), 443.

124 Fazlinejad and Ahmadi, 'The Black Death in Iran', 68에서 재인용.

125 Zayn al-Dīn (1990), 원문 487 (러시아어 번역 115, "po prichine kholery i chumy")/ (1993), 72. HA, *Dhayl-i Jāmiʿ al-tawārīkh*, 239도 이를 따랐다. Khwāfī (1962), II, 93/ (2007), II, 956 (tr. Iusupova, 88)과도 비교해보라.

126 Zayn al-Dīn (1990), 원문 490 (러시아어 번역 119는 '와바'를 또 '콜레라'로 옮겼다)/ (1993), 86. Wing, *The Jalayirids*, 117에서 재인용. HA, *Dhayl-i Jāmiʿ al-tawārīkh*, 243과 Khwāfī (1962), II, 103/(2007), II, 966 (tr. Iusupova, 95)도 이를 따랐다.

127 ʿAzīz b. Ardashīr Astarābādī, *Bazm-u razm*, ed. Kilisli Rıfat Beg, with introductionby Mehmet Fuat Köprülüzade (Istanbul, 1928), 174, 175, 180. R.M. Shukurov, *Velikie Komniny i vostok (1204-1461)* (St Petersburg, 2001), 203. Michaēl Panaretos, *Peri tōn tēs Trapezountos basileōn*, ed. and tr. Scott Kennedy, in *Two Works on Trebizond. Michael Panaretos. Bessarion* (Cambridge, MA,2019), 영어 번역 53.

128 *ZT*, II, 578 (하피즈 아브루가 내용을 보충한 Shāmī, *ZN*, II, 49).

129 테헤란대학교 소장본 Zayn al-Dīn (1993), 149. Zayn al-Dīn (1990)이 활용한 레닌그라드 사본에는 이 대목이 없다.

130 al-Maqrīzī, *Durar al-ʿuqūd*, I, 239과 *al-Sulūk*, III, part 2, 829. Ibn Qāḍī Shuhba, *Taʾrīkh*, I, 542.

131 Jaʿfarī (Jaʿfar b. Muḥammad Ḥusaynī), *Taʾrīkh-i kabīr*, partial trans. by Abbas Zaryab, 'Der Bericht über die Nachfolger Timurs aus dem Taʾrīḫ-i kabīr des Ǧaʿfarī ibn Muḥammad al-Ḥusainī', unpublished doctoral dissertation, Johannes Gutenberg-Universität Mainz, 1960, 47.

132 Ahmad Fazlinejad and Farajollah Ahmadi, 'The impact of the Black Deathon Iranian trade (1340s-1450s A.D.)', *Iran and the Caucasus* 23 (2019), 221-32 (이 내용은 229).

133 맘루크령과 관련해서는 Michael W. Dols, 'The Second Plague Pandemic and its recurrences in the Middle East: 1347-1894', *JESHO* 22 (1979), 162-89 (이 내용은 168-9)를 보라.

134 Zayn al-Dīn (1990), 원문 489 (러시아어 번역 118)/(1993) 82. HA, *Dhayl-i Jāmi' al-tawārīkh*, 242도 이를 따랐다.

135 Uli Schamiloglu, 'Preliminary remarks on the role of disease in the history ofthe Golden Horde', *Central Asian Survey* 12 (1993), 447-57 (특히 451-2); 453의 내용과도 비교해보라. 유럽의 상황은 예컨대 David Mengel, 'A plague on Bohemia? Mapping the Black Death', *Past and Present* 211 (May 2011), 3-34 (특히 31-3)를 확인할 것.

136 전염병을 비롯한 여러 고난에 대한 그리스도교권 서방과 무슬림 근동의 대조적인 반응에 대한 분석은 Ayalon, *Natural Disasters*, 40-8을 보라. 같은 책 46에서 야론 아얄론 (Yaron Ayalon)은 전염병을 "그저 또다른 자연 현상"이라고 표현했다. 이븐 아비 하잘라 (Ibn Abī Ḥajala, 사망 776/1375)는 외부자로서 서술한 흑사병 논문에서 몽골 제국의 침공과 최근의 팬데믹을 유사한 환난으로 평가했다. Conrad, 'Arabic plague chronologies and treatises', 74. Roux, *Tamerlan*, 212는 이 두 사건을 "두 개의 대격변"으로 분류했다. 같은 책, 305와도 비교해볼 것.

137 보고서는 R. Loenertz, 'La première restauration de la Sociétédes Frères Pérégrinants (1373-1375)', *Archivum Fratrum Praedicatorum* 3 (1933), 5-55 (이 내용은 46)에 인쇄되어 있다. Loenertz, *La Société des Frères Pérégrinants, Étude surl'Orient dominicain* (Rome, 1937), 194-6는 그러나 이 문구의 의미에 대해 의문을 제기한다 (같은 책 n.82). Richard, *La Papautéet les missions d'Orient*, 181; 술타니야 지방의 크기에 대해서는 같은 책, 171-5를 참고할 것.

138 "이 질병이 몽골인들에게 피해를 입히긴 했지만 가벼운 풍토병 수준에 머물렀던 것으로 보인다"라고 한 Soucek, *A History of Inner Asia*, 116을 예로 들 수 있다.

139 Giovanni Villani, *Nuova cronica*, xiii, 84, ed. Porta, III, 486. 1346년의 흑사병으로 "셀 수 없이 많은 타르타르인과 사라센"이 죽었다고 주장한 Gabriele de' Mussi, *De morbo*, 144 (tr. in Horrox, *The Black Death*, 16)와 비교해보라.

140 Uli Schamiloglu, 'The end of Volga Bulgarian', in *Varia Eurasiatica. Festschrift für Professor András Róna-Tas* (Szeged, 1991), 157-63.

141 Ibn al-Wardī, *Tatimmat al-Mukhtaṣar*, II, 489.

142 'Chronicon Dubnicense', in Flórián Mátyás (ed.), *Historiae Hungaricae fontes domestici*, III (Leipzig, 1884), 148.

143 McNeill, *Plagues and Peoples*, 191 〔김우영 옮김, 《전염병의 세계사》, 211-2〕. 마찬가지로 Abu-Lughod, 'The world systemin the thirteenth century', 87은 몽골인들이 중국에서 쫓겨난 시기가 "원나라의 통치를 강제한 '외국' 군대에서 전염병 사상자가 많았던 사실과 무관하지 않다"라고 주장했다.

144 Schamiloglu, 'Preliminary remarks', 450-1. Uli Schamiloglu, 'The rise of the Ottoman

Empire: The Black Death in medieval Anatolia and its impact on Turkish civilization', in Neguin Yavari, Lawrence G. Potter and Jean-Marc RanOppenheim (eds), *Views from the Edge. Essays in Honor of Richard W. Bulliet* (New York, 2004), 255-79 (이 내용은 271)에서 샤밀오글루는 오스만 제국의 팽창과 비잔티움 제국의 쇠퇴에 관해서도 같은 주장을 전개했다. Ayalon, *Natural Disasters*, 48-53과 Machiel Kiel, 'The incorporation of the Balkans into the Ottoman Empire, 1353-1453', in *CHT*, I, 138-91 (이 내용은 145)도 확인할 것. 그러나 이에 비판적이었던 Peacock, *Islam, Literature and Society*, 239-40과 n.88과도 비교해보라. al-Maqrīzī, *al-Sulūk*, II, part 3, 774를 인용한 Paul, 'Mongol aristocrats and beyliks in Anatolia', 110과 n.19도 확인할 것. 이상의 논쟁에 대한 상세한 해설은 Varlık, *Plague and Empire*, 107-18을 보라.

145 Belich, *The World the Plague Made*, 41-2, 79를 참고하라.

146 WR, 92 (*MFW*, 131 〔김호동 역주, 〈루브룩의 《몽골 기행》〉, 237〕)과 22 (*MFW*, 74 〔김호동 역주, 〈루브룩의 《몽골 기행》〉, 178〕). IB, II, 381 (tr. Gibb, 482 〔정수일 역주, 《이븐 바투타 여행기》 1권, 477〕).

147 Janet Martin, *Medieval Russia 980-1584*, 2nd edn (Cambridge, 2007), 223에서도 지적된 바다.

148 Nikephoros Gregoras, xvi, 1.5, tr. Van Dieten, III, 176과 Bartsocas, 'Two fourteenth century Greek descriptions', 395; Emperor John Cantacuzenos, 같은 책, 396.

149 al-Maqrīzī, *al-Sulūk*, II, part 3, 773, 774 (tr. in Wiet, 'La grande peste Noire', 368, 369).

150 'Imād al-Dīn Abū l-Fidā Ismā'īl b. 'Umar Ibn Kathīr (d. 774/1373), *al-Bidāyawa l-nihāya fī l-ta'rīkh* (Cairo, 1351/1932-[no final date]), XIV, 226 (tr. inWiet, 'La grande peste Noire', 383).

151 1346년: Yazdī, *ZN* (1957), I, 21-2/(2008), I, 250 〔이주연 역주, 〈야즈디 《勝戰記》 譯註〉, 100〕. 1365년: Shāmī, *ZN*, I, 31. Yazdī, *ZN* (1957), I, 84/(2008), I, 319 〔이주연 역주, 〈야즈디 《勝戰記》 譯註〉, 172〕. Naṭanzī (1957), 127/(2004), 103과도 비교해보라.

152 *TMEN*, IV, 209-11 (no. 1911: "Epizootie, Viehsterben im Winter durch Unzugänglichkeit des Futters 〔수역(獸疫), 겨울철에 먹이가 부족해서 생기는 가축 폐사〕"). 13세기와 14세기의 예시는 Lambton, *Continuity and Change*, 166과 n.39를 확인할 것.

153 Waṣṣāf, 271 (*GW*, III, 33).

154 Faryūmadī, *Dhayl-i Majma' al-ansāb*, 328.

155 Smith, *The History of the Sarbadār Dynasty*, 75. 단, 존 마슨 스미스 주니어(John Masson Smith Jr.)는 (743/1342년) 칸이 사르바다르에 패한 것에 더 큰 방점을 찍는다.

156 'Chronicon Dubnicense', 148.

157 Paul W. Knoll, *The Rise of the Polish Monarchy. Piast Poland in East Central Europe, 1320-1370* (Chicago, IL, 1972), 138, 140.

158 *Troitskaia letopis'*, 380. *Patriarshaia ili Nikonovskaia letopis'*, in *PSRL*, XI, 3 (tr. Zenkovsky, III, 192).

159 *PSRL*, XI, 21 (tr. Zenkovsky, III, 222). 아르메니아의 경우는 Avedis K. Sanjian (trans. and ed.), *Colophons of Armenian Manuscripts, 1301-1480. A Source for Middle Eastern History* (Cambridge, MA, 1969), 99. 이 두 전염병에 대해서는 Langer, 'The Black Death in Russia', 57을 확인하라(다만 로렌스 랭거(Lawrence Langer)는 1364년 사라이에서 질병이 전파되었다고 썼는데, 이는 전염병의 경로 가운데 볼가강의 지류인 수라강(Sura[사라강Sara])을 언급한 *PSRL*, XI을 오독한 결과로 보인다). 14세기 조치 일문의 영토에서 루시로의 전염병 전파에 대해서는 Alexander, *Bubonic Plague in Early Modern Russia*, 12-15를 참고하라. 이 두 전염병이 근동에 미친 영향에 대해서는 Michael Dols, 'Al-Manbijī's "Report of the Plague": A treatise on the plague of 764-65/1362-64 in the Middle East', in Daniel Williman (ed.), *The Black Death: The Impact of the Fourteenth-Century Plague. Papers of the Eleventh Annual Conference of the Center for Medieval & Early Renaissance Studies* (Binghampton, NY, 1982), 65-75 (이 내용은 67); Varlık, *Plague and Empire*, 119를 보라.

160 T.F. Khaidarov and D.A. Dolbin, 'Vtoraia pandemiia chumy v Zolotoi Orde i ee posledstviia', *ZOO* (2014), no. 4, 96-112 (이 내용은 102-6).

161 Schamiloglu, 'Preliminary remarks', 453-4; 'The impact of the Black Death on the Golden Horde: Politics, economy, society, civilization', *ZOO* 5 (2017), no. 2, 325-43 (이 내용은 335-6).

162 Iskander Izmaylov, 'Great Troubles', in *HT*, III, 726.

163 *Patriarshaia ili Nikonovskaia letopis'*, in *PSRL*, XI, 21 (tr. Zenkovsky, III, 222).

164 예컨대 Starr, *Lost Enlightenment*, 478-9 〔이은정 옮김, 《잃어버린 계몽의 시대》, 736-7〕; Belich, *The World the Plague Made*, 81을 보라.

165 Uli Schamiloglu, 'Beautés du mélange', in Fourniau (ed.), *Samarcande 1400-1500*, 191-204 (이 내용은 197)는 차가다이 왕조 구성원이 모두 절멸했다는 가정을 제시했다. Aubin, 'Le khanat de Čaǧatai', 38은 전염병이 카자간 집권기 차가다이인들의 무기력함("atonie")을 설명해줄 수 있다고 추정했는데, 이는 헤라트의 말릭에 의한 카라우나스 공격에 대응하는 데 실패한 사건을 암시하는 듯하다. 같은 글, 29를 확인할 것.

166 1341년 사마르칸드를 강타한 전염병에 대한 이븐 하티마의 사료 가운데 하나에 근거한 Biraben, *Les hommes et la peste*, I, 52의 서술은 근거가 없다. Ibn Khātima (tr. Dīnānah, 41)는 단지 사마르칸드에서 온 정보원의 말을 인용해 키타(Khiṭā)라는 용어의 중요성을 언급했을 뿐이다. Adshead, *Central Asia in World History*, 98도 이 오류를 반복했을 뿐만 아니라, 제프리 르 베이커도 이를 입증한다고 말하는 실수를 범하기까지 했다(주 79를 보라). Fancy and Green, 'Plague and the fall of Baghdad', 176 n.96에서 인용한 이븐 알샤키르 알쿠투비(Ibn Shākir al-Kutubī, 사망 764/1363)의 749/1349년 사마르칸드의 전염병 기록은 이븐 샤기르가 13세기 중반 십트 이븐 알자우지(Sibṭ Ibn al-Jawzī)의 449/1057~1058년 트란스옥시아나에서 발생한 전염병 기록을 그대로 베꼈을 뿐이므로 무의미하다. 나히안 팬시(Nahyan Fancy)와 모니카 그린(Monica H. Green)은 *Medical History*에 오류 정정을 요청했다(2022년 10월 18일 모니카 그린과의 개인 연락).

167 티보르 포르초(Tibor Porció) 박사가 준비 중인 티베트어 문헌의 영어 번역본을 통해 이

정보를 확보할 수 있었다.

168 'Gos lo-tsā-ba gŽon-nu-dpal, *Debther sṅon-po*, tr. Roerich, *The Blue Annals*, 500-1, 504.

제6장 일칸 이후의 이란과 이라크

1 Awliyā'-Allāh Āmulī, *Ta'rīkh-i Rūyān*, 179. 집필 시점에 대해서는 Melville, 'The Caspian provinces', 47, 51을 확인할 것.

2 Faryūmadī, *Dhayl-i Majma' al-ansāb*, 341-7. Beatrice F. Manz, 'Iranian elites under the Timurids', in Van Steenbergen (ed.), *Trajectories of State Formation*, 257-82 (이 내용은 267).

3 Shivan Mahendrarajah, 'The Iranian interlude: From Mongol decline toTimur's invasion', in Babaie (ed.), *Iran after the Mongols*, 159-76.

4 Manz, 'Iranian elites under the Timurids', 266.

5 Osamu Otsuka, 'The Hazaraspid dynasty's legendary Kayanid ancestry: The flowering of Persian literature under the patronage of local rulers in the late Il-khanid period', *JPS* 12 (2019), 181-205 (특히 183-4, 192-3, 198-9).

6 Beatrice Forbes Manz, 'The local and the universal in Turko-Iranian ideology', in Charles Melville (ed.), *The Timurid Century*, The Idea of Iran 9 (London and New York, 2020), 25-43 (이 내용은 30-1)이 이미 지적한 내용이다.

7 이 주제에 대해서는 Hope, 'The political configuration', 2-7, 9-14의 설명이 탁월하다.

8 Peacock, *Islam, Literature and Society*, 63. Wing, *The Jalayirids*, 132과 143 n.15. H.L. Rabino, 'Coins of the Jalā'ir, Ḳarā Ḳoyūnlū, Musha'sha' and Āḳ Ḳoyūnlū dynasties', *Numismatic Chronicle*, 6th series, 10 (1950), 94-139 (위구르 문자로 셰이흐 우와이스의 이름이 명각된 771년의 주화는 105).

9 Melville, *The Fall of Amir Chupan*, 17 (표2)을 보라. 셰이흐 하산이 모계로 일칸 왕조와 연결되어 있다는 내용은 같은 책 56과 Wing, *The Jalayirids*, 18.

10 Wing, *The Jalayirids*, 101.

11 같은 책, 15, 129-34. Charles Melville, 'History and myth: The Persianization of Ghazan Khan', in Éva M. Jeremiás (ed.), *Irano-Turkic Cultural Contacts in the11th-17th Centuries* (Piliscsaba, [2002] 2003), 133-60 (아즈다리(Azhdarī)의 운문 역사서에 대해서는 142).

12 Anonymous, *Dhayl-i Ta'rīkh-i guzīda*, ed. Otsuka, 원문 197.

13 Broadbridge, *Kingship and Ideology*, 162. Daniel Zakrzewski, 'An idea of Iranon Mongol foundations: Territory, dynasties and Tabriz as royal city (seventh/thirteenth to ninth/fifteenth century)', in Melville (ed.), *The Timurid Century*, 45-76 (이 부분은 59).

14 예를 들어 Nāṣir al-Dīn Muḥammad b. 'Abd al-Raḥīm Ibn al-Furāt, *Ta'rīkh al-duwal wa l-mulūk*, IX, part 2, ed. Costi K. Zurayk and Nadjla Izzeddin (Beirut, 1938), 344-6 등 (술탄 아흐마드). Shihāb al-Dīn Abūl-'Abbās Aḥmad Ibn Ḥijjī, *Ta'rīkh*, ed. Abū Yaḥyā 'Abd-Allāh al-Kandarī, 2 vols (Beirut, 1424/2003), I, 65, 70 (술탄 아흐마드).

al-Maqrīzī, *al-Sulūk*, III, part 3, 1020 (술탄 아흐마드). al-Maqrīzī, *Durar al-ʿuqūd*, I, 438 (no. 357, 세이흐 우와이스). al-ʿAynī, *ʿIqd al-jumān*, partial edn by Aymān ʿUmar Shukrī, *al-Sulṭān Barqūq muʾassis Dawlat al-mamālīk al-jarākisa 784-801 H./1382-1398 min khilāl makht.ūt. ʿIqd al-jumān fī taʾrīkh ahl al-zamān li-Badr al-ʿAynī* (Cairo, 2002), 367, 440 (술탄 아흐마드); 376 (술탄 아흐마드와 세이흐 우와이스). Ibn Taghrībirdī, *al-Nujūm al-zāhira*, XIII, 181, 182 (tr. Popper, II, 216. 술탄 아흐마드). 하피즈 아브루마저 한 차례 세이흐 우와이스를 "술탄 우와이스 칸(Sulṭan Uways Khān)"으로 쓴 경우가 있다. *ZT*, II, 766.

15 Faryūmadī, *Dhayl-i Majmaʿ al-ansāb*, 325-6은 무바리즈 알딘의 어머니가 오르두 부카 아미르의 이모였음을 확인해준다. 오르두 부카는 몽골 아미르 닉루즈(Nikruz)의 조카다. Ahrī, *Taʾrīkh-i Shaykh Uways*, 원문 166, 영어 번역 67. Kutubī, *Taʾrīkh-i āl-i Muẓaffar*, 7에서 무바리즈 알딘의 어머니는 투르크라고만 불리는데, 이 시기 투르크라는 말은 몽골인들에게도 적용되는 표현이었다.

16 *CO*, 원문 32, 49, 65 (앞의 두 단락은 HA, *Taʾrīkh-i salāṭīn-i Kart*, 172, 192에도 등장한다). Aubin, 'Le khanat de Čaġatai', 32, 49. 카르트 왕조가 몽골인들과 맺은 다른 통혼 관계의 예는 Lawrence Goddard Potter, 'The Kart dynasty of Herat: Religion and politics in medieval Iran', unpublished PhD thesis, Columbia University, 1992, 145에 정리되어 있다.

17 Faryūmadī, *Dhayl-i Majmaʿ al-ansāb*, 324-5.

18 IB, III, 70 (tr. Gibb, 578 〔정수일 역주,《이븐 바투타 여행기》1권, 552-3. "가이타무르"는 "퇴기타무르"의 오자〕).

19 Faryūmadī, *Dhayl-i Majmaʿ al-ansāb*, 324, 325-6. HA, *Taʾrīkh-i salāṭīn-i Kart*, 173 (CO, 원문 32도 확인). Kutubī, *Taʾrīkh-i āl-i Muẓaffar*, 65. Aubin, 'Le khanatde Čaġatai', 50. Beatrice Forbes Manz, 'Military manpower in late Mongol andTimurid Iran', in Szuppe (ed.), *LʾHéritage Timouride*, 43-55 (이 내용은 50-1).

20 Faryūmadī, *Dhayl-i Majmaʿ al-ansāb*, 330.

21 같은 책, 320. 파리유마디는 무이즈 알딘 피르 후사인 무함마드가 직접 이들과 동행했다고 썼으나, 이 주장이 성립할 수 없다고 주장한 Aubin, 'Le khanat de Čaġatai', 39 n.169과도 비교해보라.

22 Lawrence Goddard Potter, 'Herat under the Karts: Social and political forces', in Yavari, Potter and Oppenheim (eds), *Views from the Edge*, 184-207 (이 내용은 195).

23 Yazdī (Muʿīn al-Dīn), *Mawāhib-i ilāhī dar taʾrīkh-i āl-i Muẓaffar*, ed. Saʿīd Nafīsī (Tehran, 1326 sh./1947), 207; Kutubī, *Taʾrīkh-i āl-i Muẓaffar*, 32-3을 보라. Kutubī, 같은 책, 9-10과 HA, *Jughrāfiyya*, partial edn by Ṣādiq Sajjādī (Tehran, 1377-8 sh./1997-9), II, 200은 네구데르부의 수장인 나우루즈(Nawrūz)가 718/1318~1319년경 무바리즈 알딘과의 싸움에서 전사했다고 전한다. 아니면 Faryūmadī, *Dhayl-i Majmaʿ al-ansāb*, 342의 말대로 이들은 1340년대에 이스파한에서 활동한 몽골 아미르의 이름에서 자기네 집단명을 따왔을 수 있다. 이도 저도 아니면 이 집단은 일칸국의 아미르 나우루즈(사망 697/1297)의 추종자들이 그 기원일 수도 있다. 이에 대해서는 뒤의 내용을 확인할 것.

24 주르마부와 아우간부의 기원에 대해서는 HA, *Jughrāfiyya*, ed. Sajjādī, III, 129-30을 보라. 이 두 집단의 불복종에 대해서는 같은 책, 113-22.

25 같은 책, III, 187-8. 하피즈 아브루의 상세한 서술은 Jean Aubin, *Deux sayyids de Bam au XVᵉ siècle. Contribution à l'histoire de l'Iran timouride*, Akademie der Wissenschaften und der Literatur in Mainz, Abhandlungden der geistes- undsozialwissenschaftlichen Klasse 7 (Wiesbaden, 1956), 20-1에서 그대로 활용되었다.

26 Manz, *Nomads in the Middle East*, 147.

27 Wing, *The Jalayirids*, 88, 93.

28 Charles Melville, 'Anatolia under the Mongols', in *CHT*, 51-101 (이 내용은 94-7). 아나톨리아 북동부의 베일릭에 대해서는 Shukurov, *Velikie Komniny*, 201-27이 참고할 만하다.

29 Paul, 'Mongol aristocrats and beyliks in Anatolia', 121-32 등 (특히 125, 128, 129).

30 IA (1979), 194/(1986), 321 (*TGA*, 178). Peacock, *Islam, Literature and Society*, 51.

31 Colin J. Heywood, 'Filling the black hole: The emergence of the Bithynian atamanates', in Kemal Çiçek et al. (eds), *The Great Ottoman-Turkish Civilisation*, 4 vols (Ankara, 2000), I: *Politics*, 107-15; repr. in Heywood, *Ottomanica and Meta-Ottomanica. Studies in and around Ottoman History, 13th-18th Centuries* (Istanbul, 2013), 91-105. Rudi P. Lindner, 'The settlement of the Ottomans', in Jürgen Paul (ed.), *Nomad Aristocrats in a World of Empires*, Nomaden und Sesshafte 17 (Wiesbaden, 2013), 131-42 (이 내용은 132)와 비교해보라.

32 Astarābādī, *Bazm-u razm*, 382. Jackson, *The Mongols and the Islamic World*, 404-5. 그러나 Ali Anooshahr, *The Ghazi Sultans and the Frontiers of Islam. A Comparative Study of the Late Medieval and Early Modern Periods* (London and New York, 2009), 134는 아스타라바디가 사용한 '몽골'이라는 명칭이 남용에 가까울 정도로 느슨하게 사용된 표현이라고 보았다.

33 Hiroyuki Ogasawara 〔小笠原弘幸〕, 'The Chingizids in the Ottoman historiography', in Ekrem Čaušević, Nenad Moačanin and Vjeran Kursar (eds), *Perspectives onOttoman Studies* (Münster, 2010), 865-72. Baki Tezcan, 'The memory of the Mongols in early Ottoman historiography', in H. Erdem Çıpa and EmineFetvacı (eds), *Writing History at the Ottoman Court. Editing the Past, Fashioningthe Future* (Bloomington, IN, 2013), 23-38.

34 Rudi P. Lindner, 'How Mongol were the early Ottomans?', in Amitai-Preissand Morgan (eds), *The Mongol Empire and Its Legacy*, 282-9. Linda T. Darling, 'Persianate sources on Anatolia and the early history of the Ottomans', *Studies on Persianate Societies/ Parūhash dar jawāmi'-i fārsī-zabān* 2 (1383 sh./2004), 126-44 (이 내용은 139-42). 메흐메드 2세의 칭호에 대해서는 Marc D. Baer, *The Ottomans. Khans, Caesars and Caliphs* (London, 2021), 92-4를 확인하라.

35 또한 Ja'farī, *Ta'rīkh-i Yazd*, 35에 따르면 카즈빈은 무자파르 왕조의 무바리즈 알딘 무함마드에 의해 잠시 정복당하기도 했다.

36 Shabānkāra'ī, *Majma' al-ansāb*, 296-9에 상세히 서술되어 있다.

37 John Limbert, 'Inju dynasty', *EIr*, XIII, 143-7을 보라.

38 초반 왕조의 역사에 대해서는 Charles Melville and 'Abbas Zaryāb, 'Chobanids', *EIr*, V, 496-502과 Hope, 'The political configuration'을 확인할 것.

39 Ahrī, *Ta'rīkh-i Shaykh Uways*, 원문 176-7 (영어 번역 76). Anonymous, *Dhayl-i Ta'rīkh-i guzīda*, ed. Otsuka, 원문 195.

40 빠르게 진행된 일련의 사건에 대해서는 Wing, *The Jalayirids*, 104-6을 참고할 것. 셰이흐 우와이스가 마라가에 도착한 날짜 샤반월 29일[8월 8일]과 타브리즈에서 즉위한 날짜 라마단월 24일[8월 31일]은 Anonymous, *Dhayl-i Ta'rīkh-i guzīda*, ed. Otsuka, 원문 198, 199에서 확인할 수 있다.

41 Faryūmadī, *Dhayl-i Majma' al-ansāb*, 318. 포스트 일칸국 시대에도 이란의 다르 알물크(dār al-mulk)로서 타브리즈가 지닌 중심성이 지속된 것에 대해서는 Zakrzewski, 'An idea of Iran on Mongol foundations', 46-59을 참고할 것. 타브리즈의 상업적 번영에 대해서는 Sheila S. Blair, 'Tabriz: International entrepôt under the Mongols', in Pfeiffer (ed.), *Politics, Patronage and the Transmission of Knowledge*, 321-56과 Patrick Wing, '"Rich in goods and abounding in wealth": The Ilkhanid and post-Ilkhanid ruling elite and the politics of commercial life at Tabriz, 1250-1400', 같은 책, 301-20을 보라.

42 잘라이르 왕조의 계보는 *JT*, I, 68 (*DzhT*, I, part 1, 135-8; *CC*, 28 〔김호동 역주,《부족지》, 132-5에서는 "일루게(Īlügā)"와 "일루게이 노얀(Īlügāī Nōyān)"으로 표기했음〕); Wing, *The Jalayirids*, 3장을 보라. 패트릭 윙은 자신의 저서에서 '엘게이'를 '일가(Īlgā)'로 표기했다.

43 호자 미르잔의 반란과 이후 그의 경력에 대해서는 Wing, *The Jalayirids*, 108-10을 참고하라.

44 Zayn al-Dīn (1990), 원문 489-90 (러시아어 번역 119)/(1993), 85.

45 술탄 후사인의 통치에 대해서는 Wing, *The Jalayirids*, 148-51을 보라.

46 Faryūmadī, *Dhayl-i Majma' al-ansāb*, 313은 셰이흐 알리를 셰이흐 우와이스의 맏아들이라고 부른다.

47 Zayn al-Dīn (1990), 원문 491-2 (러시아어 번역 121-2)/(1993), 95-6. Kutubī, *Ta'rīkh-i āl-i Muẓaffar*, 92-4.

48 Kutubī, *Ta'rīkh-i āl-i Muẓaffar*, 96-7은 이 원정을 상당히 세밀하게 서술했다.

49 Zayn al-Dīn (1990), 원문 493, 494, 496 (러시아어 번역 123, 124-5, 127)/(1993), 100, 102-3, 108-9. Kutubī, *Ta'rīkh-i āl-i Muẓaffar*, 98에는 이 과정이 간략하게 서술되었다. Wing, *The Jalayirids*, 153-6은 이 이야기를 조명했다.

50 Zayn al-Dīn (1990), 원문 496-7 (러시아어 번역 128)/(1993), 112-13.

51 Jean Aubin, 'La fin de l'état sarbadâr du Khorassan', *JA* 262 (1974), 95-118 (이 내용은 102), and repr. in his *Études*, 311-30 (이 내용은 317).

52 Zayn al-Dīn (1990), 원문 497 (러시아어 번역 128)/(1993), 109, 111. Kutubī, *Ta'rīkh-i āl-i Muẓaffar*, 98, 99.

53 Zayn al-Dīn (1990), 원문 497-8 (러시아어 번역 129)/(1993), 112-13. 술탄 아흐마드의 부탁에 대해서는 Kutubī, *Ta'rīkh-i āl-i Muẓaffar*, 99와 비교해보라.

54 Astarābādī, *Bazm-u razm*, 16-17. Wing, *The Jalayirids*, 151에서 재인용함.

55 주요 베일릭에 대해서는 Manz, *Nomads in the Middle East*, 142-4가 유용하다.

56 악코윤루와 카라코윤루의 초기 역사에 대해서는 Hans R. Roemer, 'The Türkmen dynasties', in *CHI*, VI, 147-88 (해당 내용은 150-5, 159-60)과 Sara Nur Yıldız, 'Post-Mongol pastoral polities in eastern Anatolia during the late Middle Ages', in Deniz Beyazit (ed.), *At the Crossroads of Empires. 14th-15thCentury Eastern Anatolia. Proceedings of the International Symposium Held in Istanbul, 4th-6th May 2007* (Paris, 2012), 27-48 (해당 내용은 36-8)을 보라.

57 Faryūmadī, *Dhayl-i Majma' al-ansāb*, 314. Cl. Cahen, 'Eretna', *EI2*, II, 705-7도 확인할 것.

58 Paul, 'Mongol aristocrats and beyliks in Anatolia', 137-47을 참고할 것.

59 정확한 상황은 알려지지 않았다. 같은 글, 128 n90과 132-3. 카디 부르한 알딘의 조상에 대해서는 A.C.S. Peacock, 'Metaphysics and rulership in late fourteenth-centurycentral Anatolia: Qadi Burhān al-Dīn of Sivas and his Iksīr al-sa'ādāt', in Peacock and Yıldız (eds), *Islamic Literature and Intellectual Life*, 101-36 (Astarābādī, *Bazm-u razm*, 41-7을 인용한 해당 내용은 101-2). 카디 부르한 알딘의 경력은 J. Rypka, 'Burhān al-Dīn, Ḳāḍī Aḥmad', *EI2*, I, 1327-8에 잘 요약되어 있다.

60 Paul, 'Mongol aristocrats and beyliks in Anatolia', 151-3. 본문에서 인용한 내용은 147.

61 오스만 국가의 대두에 대해서는 Rudi P. Lindner, 'Anatolia, 1300-1451', in *CHT*, 102-37을 보라. 1402년까지 오스만 왕조의 정복에 대한 개요는 Colin Imber, *The Ottoman Empire, 1300-1650. The Structure of Power*, 2nd edn (Basingstoke, 2009), 7-16에서, 상세한 설명은 Ernst Werner, *Die Geburt einer Großmacht — Die Osmanen (1300-1481). Ein Beitrag zur Genesis des türkischen Feudalismus* (Vienna, Cologne and Graz, 1985), 163-82에서 확인할 수 있다.

62 무자파르 왕조의 역사에 대한 개요는 P. Jackson, 'Muẓaffarids', *EI2*, VII, 820-2를 참고하라. 왕조의 전사에 대해서는 Kutubī, *Ta'rīkh-i āl-i Muẓaffar*, 3-5를 확인할 것.

63 Kutubī, *Ta'rīkh-i āl-i Muẓaffar*, 11. HA, *Jughrāfiyya*, ed. Sajjādī, III, 95.

64 Faryūmadī, *Dhayl-i Majma' al-ansāb*, 343에는 (날짜에 대한 언급은 없지만) 사건의 과정이 서술되어 있다. Kutubī, *Ta'rīkh-i āl-i Muẓaffar*, 17-18은 케르만의 지배자가 740/1339~1340년 피르 후사인을 대변하던 무바리즈 알딘에 의해 쫓겨났으나, 헤라트에서 온 군대의 도움으로 복권되었고 무자파르 왕조가 다시 케르만을 점령했다고 설명한다. 쿠투비는 두번째 정복이 741년 두번째 주마다월[1341년 11~12월]이라고 명시했으나, 그 뒤(48)에서는 742년[1341~1342년]의 사건이었다고 썼다.

65 Kutubī, *Ta'rīkh-i āl-i Muẓaffar*, 50-2.

66 Ja'farī, *Ta'rīkh-i Yazd*, 35. 자파리의 목록에는 쿠흐 키야(Kūh-i Kiyā)와 루드 가름(Rūd-i Garm)이라는 알려지지 않은 지명 두 개가 등장한다. 그러나 Aḥmad b. Ḥusayn b. 'Alī Kātib, *Ta'rīkh-i jadīd-i Yazd*, ed. Īraj Afshār, 2nd edn (Tehran, 2537 shāhanshāhī/1978), 85-6에서는 이 두 지명이 아바르쿠흐와 우루지르드(Wurūjird, 부루지르드(Burūjird))로 대체되어 있다.

67 Kutubī, *Ta'rīkh-i āl-i Muẓaffar*, 57-9에 자세한 경과가 기록되어 있다. Ahrī, *Ta'rīkh-i*

Shaykh Uways, 원문 182 (영어 번역 82)는 아히축과 무바리즈 알딘 사이의 전투가 860년 샤우왈월 2일(759년의 오류로, 이에 맞추어 환산하면 1358년 9월 8일. 그러나 이 날짜 역시 너무 늦은 시점으로 보인다. 주40 및 하술한 무바리즈 알딘의 폐위 날짜와 비교해보라)에 일어났고, 무자파르 군대가 타브리즈에 단 하루만 머물렀음을 전해준다.

68 시의 영문 번역은 *HPL*, 276-8을 보라. 샤 슈자의 시는 같은 책 164.

69 무바리즈 알딘의 폐위와 말년은 Kutubī, *Ta'rīkh-i āl-i Muẓaffar*, 59-63. 샤 슈자의 인명 교정은 Aubin, 'La fin de l'état sarbadâr', 101-2 n.32 (repr. in his *Études*, 316 n.32)를 따랐다.

70 ʿAlā-yi Qazwīnī Hilālī (ʿAlī b. al-Ḥusayn b. ʿAlī), *Manāhīj al-ṭālibīn fī maʿārifal-ṣādiqīn*, BL ms. IO Islamic 1660, fo. 653b. 샤 슈자의 재위에 대한 연구는 P. Jackson, 'Sh̲āh-i Sh̲udjāʿ', *EI2*, IX, 198-9.

71 Kutubī, *Ta'rīkh-i āl-i Muẓaffar*, 65, 66-7.

72 일련의 사건에 대한 상세한 서술은 같은 책, 68-71, 73-5. 그러나 Hilālī, *Manāhīj alṭālibīn*, fo. 657a는 이 일들이 766년에 벌어졌고, 샤 마흐무드는 두번째 라비월 15일[1365년 1월 10일] 시라즈에 정착했다고 전해준다.

73 Kutubī, *Ta'rīkh-i āl-i Muẓaffar*, 79. 혼인에 대해서는 49도 확인할 것.

74 전투가 벌어진 날짜는 Yazdī (Muʿīn al-Dīn), *Mawāhib-i ilāhī*, BL ms. Add. 7632, fos 215b-216a과 Kutubī, *Ta'rīkh-i āl-i Muẓaffar*, 80.

75 Kutubī, *Ta'rīkh-i āl-i Muẓaffar*, 78-84.

76 같은 책, 91-2. 날짜는 91.

77 Hilālī, *Manāhīj al-ṭālibīn*, fo. 660a에는 이 날짜가 첫번째 주마다월[9∼10월]이라고 되어 있다.

78 Kutubī, *Ta'rīkh-i āl-i Muẓaffar*, 82. Roemer, 'The Jalayirids, Muzaffarids and Sarbadārs', 16.

79 Kutubī, *Ta'rīkh-i āl-i Muẓaffar*, 79, 84, 88, 92. 혼인 관계는 Faryūmadī, *Dhayl-i Majmaʿ al-ansāb*, 319에서만 언급된다.

80 Kutubī, *Ta'rīkh-i āl-i Muẓaffar*, 94-6. Faryūmadī, *Dhayl-i Majmaʿ al-ansāb*, 319에는 이 일화가 간략히 요약되어 있다.

81 Kutubī, *Ta'rīkh-i āl-i Muẓaffar*, 87, 92, 98, 100.

82 같은 책, 100.

83 같은 책, 101. 샤 슈자의 사망일은 같은 책 108에 나와 있다.

84 같은 책, 108-9. 이스파한 주민들의 불만에 대해서는 같은 책, 113과 Roemer, 'The Jalayirids, Muzaffarids and Sarbadārs', 15를 확인할 것.

85 IA (1979), 29-31, 37-8/(1986), 79-81, 88-9 (*TGA*, 27-30, 36). 국서의 내용은 Kutubī, *Ta'rīkh-i āl-i Muẓaffar*, 104-8; Yazdī, *ZN* (1957), I, 308-11/(2008), I, 582-5 〔이주연 역주, 〈야즈디《勝戰記》譯註〉, 410-3〕; Yūsuf-i Ahl, *Farā'id-i Ghiyāthī*, partial edn by Hishmat Muʾayyad, 2 vols (Tehran, 2536 shāhanshāhī/1977 and 1358 sh./1979), I, 66-70에 약간씩 다르게 수록되었다.

86 Yazdī, *ZN* (1957), I, 311/(2008), I, 585 〔이주연 역주, 〈야즈디《勝戰記》譯註〉, 413〕.

87 어떻든 간에 가잔 일칸의 통치 시기에 시스탄은 일칸의 손아귀에서 벗어났다. Bosworth, *The History of the Saffarids of Sistan*, 436; Ja'farī, *Ta'rīkh-i Yazd*, 27; Aḥmad b. Ḥusayn, *Ta'rīkh-i jadīd-i Yazd*, 76.

88 HA, *Ta'rīkh-i salāṭīn-i Kart*, 179, CO, 원문 38을 인용한 Aubin, 'Le khanatde Čaġatai', 29과 n.53.

89 타가이 테무르 일칸(사망 754/1353)이 살아 있는 동안 무이즈 알딘이 군주권을 주장하기 꺼렸다고 하는 Faryūmadī, *Dhayl-i Majma' al-ansāb*, 320의 내용은 명백히 오류다. HA, *Ta'rīkh-i salāṭīn-i Kart*, 179 (그리고 CO, 원문 179)에 따르면 무이즈 알딘은 타가이 테무르의 딸과 결혼했으면서도 타가이 테무르를 상위 군주로서 인정하기를 꾸준히 거부했다.

90 HA, *Ta'rīkh-i salāṭīn-i Kart*, 179 (CO, 원문 32에도 같은 내용이 있음). Shivan Mahendrarajah, *The Sufi Saint of Jam. History, Religion, and Politics of a Sunni Shrine in Shi'i Iran*, CSIC (Cambridge, 2021), 64-5.

91 Aubin, 'Le khanatde Čaġatai', 34. Shivan Mahendrarajah, 'A revised history of Mongol, Kart, and Timurid patronage of the shrine of Shaykh al-Islam Ahmad-i Jam', *Iran* 54 (2016), part 2, 107-28도 확인할 것.

92 Faryūmadī, *Dhayl-i Majma' al-ansāb*, 306, 310.

93 Aubin, 'Le khanatde Čaġatai', 30, 32, 34-5.

94 같은 글, 35.

95 같은 글, 45-7. 주된 근거는 Yazdī, *ZN* (1957), I, 112-13, 130/(2008), I, 351-3, 371 [이주연 역주, 〈야즈디《勝戰記》譯註〉, 201-3, 219-20]과 Naṭanzī (1957), 253-4, 271-2/ (2004), 200, 212-13.

96 사망 날짜의 출처는 HA, *Ta'rīkh-i salāṭīn-i Kart*, 179이고, Mahendrarajah, *The Sufi Saint of Jam*, 65도 이에 따랐다. CO, 원문 50에는 둘카다월 3일이라고 적혀 있다.

97 Yūsuf-i Ahl, *Farā'id-i Ghiyāthī*, I, 354-8을 인용한 Shivan Mahendrarajah, 'The Sarbadars of Sabzavar: Re-examining their "Shi'a" roots and alleged goal to "destroy Khurasanian Sunnism"', *Journal of Shi'a Islamic Studies* 5 (2012), 379-402 (이 내용은 392-3).

98 HA, *Ta'rīkh-i salāṭīn-i Kart*, 196 (CO, 원문 52에도 같은 내용이 있음). Mahendra-rajah, 'The Sarbadars of Sabzavar', 393-4. 복수가 동기였다는 추측은 Smith, *The History of the Sarbadār Dynasty*, 150에 실려 있다.

99 아미르 왈리의 선조에 대해서는 Faryūmadī, *Dhayl-i Majma' al-ansāb*, 320 (아미르 왈리의 아버지가 타가이 테무르와 함께 살해되었다는 사실도 언급했음); CO, 원문 9를 보라. Yazdī, *ZN* (1957), I, 282/(2008), I, 553 [이주연 역주, 〈야즈디《勝戰記》譯註〉, 383]에만 셰이흐 알리가 나사에서 사망했다고 쓰여 있다.

100 Zayn al-Dīn (1990), 원문 490 (러시아어 번역 119)/(1993), 87. CO, 원문 11도 이와 같다.

101 Faryūmadī, *Dhayl-i Majma' al-ansāb*, 330-1. 파리유마디는 아미르 왈리를 '기야스 알둔야 왈딘 샤 왈리(Ghiyāth al-Dunyā wa l-Dīn Shāh Walī)'라고 부르지만, 간혹 '술탄 왈리(Sulṭān Walī)'라고도 불렀다.

794

102 세이흐 우와이스와 아미르 왈리 사이의 대립에 대해서는 Wing, *The Jalayirids*, 114-15를 보라.

103 Zayn al-Dīn (1990), 원문 492 (러시아어 번역 122-3)/(1993), 97-8.

104 Faryūmadī, *Dhayl-i Majmaʿ al-ansāb*, 331. 아미르 왈리와 술탄 후사인 사이의 우정에 대해서는 313-14를 확인할 것.

105 Zayn al-Dīn (1990), 원문 498 (러시아어 번역 129)/(1993), 113.

106 Paul, ʿZerfall und Bestehenʾ, 721-6의 논의를 보라. 자운 쿠르반의 영토에 대해서는 같은 글, 701-2.

107 Naṭanzī (1957), 154/(2004), 124.

108 자운 쿠르반의 초기 역사에 대해서는 Faryūmadī, *Dhayl-i Majmaʿ al-ansāb*, 323-4; Paul, ʿZerfall und Bestehenʾ, 704-12를 보라. 자운 쿠르반 아미르들의 계보에 대해서는 Aubin, ʿLe khanat de Čaġataiʾ, 60을 보라.

109 Paul, ʿZerfall und Bestehenʾ, 700.

110 *CO*, 원문 19. Smith, *The History of the Sarbadār Dynasty*, 114.

111 화폐학적 증거를 바탕으로 한 Smith, *The History of the Sarbadār Dynasty*, 125의 판단을 보라. Paul, ʿZerfall und Bestehenʾ, 707.

112 (날짜는 기록되지 않았으나) 사건의 진행은 Faryūmadī, *Dhayl-i Majmaʿ al-ansāb*, 323-4에서 확인할 수 있다. 알리 라마단에 대해서는 Paul, ʿZerfall und Bestehenʾ, 709-11을 보라.

113 이 날짜에 대해서는 Paul, ʿZerfall und Bestehenʾ, 713을 보라.

114 같은 글, 712.

115 Shāmī, *ZN*, I, 20-1. Yazdī, *ZN* (1957), I, 51-2/(2008), I, 282-3. Naṭanzī (1957), 121 (티무르와 아미르 후사인을 체포한 인물의 이름이 핫지 벡(Ḥājjī Beġ)이라고 쓰여 있음), 211-13/(2004), 98-9, 171-2. Aubin, ʿLe khanat de Čaġataiʾ, 43.

116 마울라이(《집사》 한국어 번역본에서는 "물라이(Mūlāī)")의 출신 부족에 대해서는 *JT* I, 89 (*DzhT*, I, part 1, 192; *CC*, 35 [김호동 역주, 《부족지》, 165]). 가잔은 694/1295년 본래 호라산에서 복무했던 마울라이를 디야르 바크르의 총독으로 임명했다. 같은 책, II, 1260 (*DzhT*, III, 301; *CC*, 439 [김호동 역주, 《이슬람의 제왕》, 90]).

117 Faryūmadī, *Dhayl-i Majmaʿ al-ansāb*, 321-2에서 서술된 내용을 따랐다. HA, *Taʾrīkh-i salāṭīn-i Kart*, 188-90 (*CO*, 원문 46-7에도 같은 내용)은 그보다 덜 세밀하게 일련의 사건을 전한다. Aubin, ʿLe khanat de Čaġataiʾ, 42와 카르트 왕조가 승리를 거둔 정확한 시점을 제시한 Mahendrarajah, *A History of Herat*, 156-7을 보라.

118 사르바다르 운동의 뚜렷한 특질에 대한 최고의 논의는 다음을 보라. Jean Aubin, ʿAux origines dʾun mouvement populaire médiéval: le chekhismedu Bayhaq et du Nishâpourʾ, *StIr* 5 (1976), 213-24 (repr. in his *Études*, 299-309).

119 Aubin, ʿLa fin de lʾétat sarbadârʾ, 95, 96 (repr. in his *Études*, 311, 312); Roemer, ʿThe Jalayirids, Muzaffarids and Sarbadārsʾ, 39를 보라.

120 이하 내용은 사르바다르의 역사를 명확하고 간결하게 서술한 Roemer, ʿThe Jalayirids, Muzaffarids and Sarbadārsʾ, 16-39를 따른 것이다. Smith, *The History of the Sarbadār*

*Dynasty*는 여전히 표준이 되는 연구서이지만, 존 매슨 스미스 주니어의 분석은 여러 측면에서 도전받고 있는 형편이다. 압둘라작의 봉기와 그가 피살된 날짜는 Faryūmadī, *Dhayl-i Majmaʿ al-ansāb*, 347-9에 서술된 (루트풀라 이븐 마수드[757~759/1356~1358]까지의) 사르바다르 지배자들의 연대를 따랐다.

121 Faryūmadī, *Dhayl-i Majmaʿ al-ansāb*, 325에서만 언급된다. 파리유마디가 제시한 날짜를 고려할 때 알리 케운이 전사한 전투와는 다른 전투라고 판단했다.

122 Smith, *The History of the Sarbadār Dynasty*, 120.

123 흔히 샴스 알딘(Shams al-Dīn)으로 불리는데, 이는 잘못이다. Aubin, ʿLe khanat de Čaġataiʾ, 33 n.75를 확인할 것.

124 Aubin, ʿLa fin de lʾétat sarbadârʾ, 96과 n.4 (repr. in his *Études*, 312)에 따르면 무아이야드는 부칭(父稱)이다.

125 Roemer, ʿThe Jalayirids, Muzaffarids and Sarbadārsʾ, 32.

126 Smith, *The History of the Sarbadār Dynasty*, 83-4, 148-9, 152. 아미르 왈리는 775/1373~1374년에 아스타라바드로 돌아왔다.

127 *CO*, 원문 8.

128 Faryūmadī, *Dhayl-i Majmaʿ al-ansāb*, 332. Aubin, ʿLa fin de lʾétat sarbadârʾ, 102 (repr. in his *Études*, 317)와도 비교해볼 것.

129 IB, III, 64-6 (tr. Gibb, 574-5 〔정수일 역주,《이븐 바투타 여행기》1권, 549-50〕).

130 Smith, *The History of the Sarbadār Dynasty*, 77-80.

131 Mahendrarajah, ʿThe Sarbadars of Sabzavarʾ, 394. Faryūmadī, *Dhayl-i Majmaʿ al-ansāb*, 334를 보라.

132 Aubin, ʿLa fin de lʾétat sarbadârʾ, 95 (repr. in his *Études*, 311).

133 Faryūmadī, *Dhayl-i Majmaʿ al-ansāb*, 346-7.

134 Aubin, ʿLe khanat de Čaġataiʾ, 38과 n.106.

135 Faryūmadī, *Dhayl-i Majmaʿ al-ansāb*, 321.

136 같은 글, 323. Paul, ʿZerfall und Bestehenʾ, 711.

137 Kutubī, *Taʾrīkh-i āl-i Muẓaffar*, 89. Aubin, ʿLa fin de lʾétat sarbadârʾ, 102 (repr. in his *Études*, 316-17).

138 Faryūmadī, *Dhayl-i Majmaʿ al-ansāb*, 321.

139 Smith, *The History of the Sarbadār Dynasty*, 147; Roemer, ʿThe Jalayirids, Muzaffarids and Sarbadārsʾ, 32-3의 논평을 보라.

140 이 날짜는 Faryūmadī, *Dhayl-i Majmaʿ al-ansāb*, 333, 334에 기록되어 있다.

141 더 자세한 내용은 Aubin, ʿLa fin de lʾétat sarbadârʾ, 99-103 (repr. in his *Études*, 314-18)을 보라.

142 Awliyāʾ-Allāh Āmulī, *Taʾrīkh-i Rūyān*, 179. Marʿashī, *Taʾrīkh-i Ṭabaristān-u Rūyān-u Māzandarān*, 41. 같은 책, 48로 보아 이스칸다르는 카즈빈도 점령했음이 확실하다. 마수드와의 분쟁에서 이스칸다르가 한 역할에 대해서는 Smith, *The History of the Sarbadār Dynasty*, 120을 보라.

143 Zayn al-Dīn (1990), 원문 494, 498 (러시아어 번역 125, 129)/(1993), 104, 113. 앞의 내

용도 확인할 것.

144 Faryūmadī, *Dhayl-i Majmaʿ al-ansāb*, 320. 이 공세에 대해서는 앞의 내용과 주 21도 보라.

145 *CO*, 원문 54. Mahendrarajah, ʻThe Sarbadars of Sabzavarʼ, 394.

146 Roemer, ʻThe Jalayirids, Muzaffarids and Sarbadārsʼ, 3. 무자파르 왕조 내부의 경쟁에 대해서는 (적대적인 입장이었지만) Shāmī, *ZN*, I, 135를 보라.

147 Manz, ʻMilitary manpower in late Mongol and Timurid Iranʼ, 46-53.

148 Ahrī, *Taʾrīkh-i Shaykh Uways*, 원문 149 (번역 51). Muḥammad b. Maḥmūd Āmulī, *Nafāʾis al-funūn*, II, 262-3. Awliyāʾ-Allāh Āmulī, *Taʾrīkh-i Rūyān*,178-81, 204. 아부 사이드의 사망에 대한 Anonymous, *Dhayl-i Taʾrīkh-i guzīda*, ed. Otsuka, 원문 194의 기사와 David Morgan, ʻIranʼs Mongol experienceʼ, in Morris Rossabi (ed.), *How Mongolia Matters: War, Law, and Society*, BIAL 36 (Leiden, 2017), 57-68 (이 부분은 68) 및 Hope, ʻThe political configurationʼ, 9-10의 서술을 비교해보라. 아부 사이드의 통치, 특히 초반을 제거한 이후를 바라보는 다른 시각은 다음에서 확인할 수 있다. Melville, *The Fall of Amir Chupan*, 특히 6-7과 29-42 (ʻDisintegration of the Ilkhanateʼ).

149 Yazdī, *ZN* (1957), I, 215/(2008), I, 476 〔이주연 역주, 〈야즈디《勝戰記》譯註〉, 313〕. Aubin, ʻLe khanat de Čaġataiʼ, 50-1과 n.159. 핫지 사이프 알딘은 티무르의 아들 자항기르가 죽은 뒤인 778/1376~1377년에 순례를 떠났다. Yazdī, *ZN* (1957), I, 201/(2008), I, 457 〔이주연 역주, 〈야즈디《勝戰記》譯註〉, 298〕.

150 Mahendrarajah, ʻThe Sarbadars of Sabzavarʼ, 394.

151 Morgan, *Medieval Persia*, 85와 같은 저자의 ʻThe decline and fall of the Mongol empireʼ, 435. Aubin, ʻComment Tamerlanʼ, 89-92; Roemer, ʻTīmūr in Iranʼ,48; Roux, Tamerlan, 285도 확인.

152 Dorothea Krawulsky, ʻThe revival of the name Īrān under the Mongol Īlkhānsʼ, in her *The Mongol Īlkhāns and Their Vizier Rashīd al-Dīn* (Frankfurtam Main, 2011), 43-51. Bert G. Fragner, ʻIlkhanid rule and its contributions to Iranian political cultureʼ, in Komaroff (ed.), *Beyond the Legacy of Genghis Khan*, 68-80 (특히 72-4). Fragner, ʻIran under Ilkhanid rule in a world history perspectiveʼ, in Denise Aigle (ed.), L'*Iran face à la domination mongole* (Tehran,1997), 121-31, and repr. in Fragner, *Selected Writings*, ed. Velizar Sadovski and Antonio Panaino (with Sara Circassia and Bettina Hofleitner), Indo-Iranica, Series Purpurea 1-2 ([Milan], 2009-10; reissued as 1 vol., 2014), 149-59. Assadullah Souren Melikian-Chirvani, ʻConscience du passé et résistance culturelle dans l'Iran mongolʼ, in Aigle (ed.), L'*Iran face à la domination mongole*, 135-77. Charles Melville, ʻThe royal image in Mongol Iranʼ, in Lynette Mitchell and Charles Melville (eds), *Every Inch a King. Comparative Studies on Kings and Kingship in the Ancient and Medieval Worlds* (Leiden andBoston, MA, 2013), 343-69 (이 내용은 347-9). Jackson, *The Mongols and the Islamic World*, 325-7. 가장 최근의 논의는 Melville, ʻConcepts ofgovernment and state formation in Mongol Iranʼ, in Babaie (ed.), *Iran after the Mongols*, 33-54 (이 내용은 42-7).

153 Amitai, 'Political legitimation in the Ilkhanate', 특히 210-24, 232-5를 보라. Tomoko Masuya 〔桝屋友子〕, 'Images of Iranian kingship on secular Ilkhanid tiles', inBabaie (ed.), Iran after the Mongols, 95-113 (here 110), suggests that thescenes depicted at Takht-i Sulaymān meant nothing to the Ilkhans.

154 Broadbridge, *Kingship and Ideology*, 159.

155 예컨대 J.M. Smith, Jr, 'D̲j̲alāyir, D̲j̲alāyirid', *EI2*, II, 401 (셰이흐 하산 부주르그); Smith, *The History of the Sarbadār Dynasty*, 121 (초반 왕조); Roemer, 'The Jalayirids, Muzaffarids and Sarbadārs', 5 (셰이흐 하산 부주르그), 14, 15 (무자파르 왕조); Aubin, 'La fin de l'état sarbadâr', 101-2 (repr. in his *Études*, 316) (샤 슈자).

156 1337년: Ḥamd-Allāh Mustawfī, *Dhayl*, ed. Piriiev, 원문 443/tr. Kazimov and Piriiev, 101. 1339년: Faryūmadī, *Dhayl-i Majma' al-ansāb*, 310-11. 타가이 테무르가 일칸국 전체의 지배를 목표 가운데 하나로 삼았다는 Roemer, 'The Jalayirids, Muzaffarids and Sarbadārs', 17, 21의 서술은 진실이었을 것으로 보인다.

157 Ibn Faḍl-Allāh al-'Umarī, *al-Ta'rīf*, Cairo edn, 44/ed. al-Durūbī, 58. 그보다 몇 년 전인 *Masālik*, 원문 88에서 알우마리는 타브리즈를 "이란 전체의 배꼽(umm)"이라고 표현했다 (독일어 번역 150에서 'umm'은 '어머니'로 번역되었다).

158 Roemer, 'The Jalayirids, Muzaffarids and Sarbadārs', 11의 논평을 보라.

159 Faryūmadī, *Dhayl-i Majma' al-ansāb*, 319. 이 시기 걸프 지방에 대해서는 Jean Aubin, 'Les princes d'Ormuz du XIIIᵉ au XVᵉ siècle', *JA* 241 (1953), 77-138 (해당 내용은 108-9)을 보라.

160 Hilālī, *Manāhīj al-ṭālibīn*, fos 648b, 653b. Yazdī (Mu'īn al-Dīn), *Mawāhib-iilāhī*, passim.

161 Aubin, 'La fin de l'état sarbadâr', 101-2 (repr. in his *Études*, 316)

162 Ja'farī, *Ta'rīkh-i Yazd*, 35. Aḥmad b. Ḥusayn, *Ta'rīkh-i jadīd-i Yazd*, 86도 확인할 것. '약속된 이'는 무잣디드, 즉 이슬람력의 매 세기가 시작되는 때에 나타난다고 하는 '쇄신자'를 뜻하는 것으로 보인다. E. Van Donzel, 'Mudjaddid', *EI2*, VII, 290. 무바리즈 알딘은 700년 두번째 주마다월/1301년 2~3월 태어났다. Kutubī, *Ta'rīkh-i āl-i Muẓaffar*, 5.

163 Yazdī (Mu'īn al-Dīn), *Mawāhib-i ilāhī*, fo. 133a-b. Kutubī, *Ta'rīkh-i āl-i Muẓaffar*, 45.

164 Hilālī, *Manāhīj al-ṭālibīn*, fos 649a ff.

165 칼리프의 재가를 얻어낸 무바리즈 알딘을 찬양한 저자들이 모두 지방민이라고는 하지만, 쿠투비와 자파리는 무자파르 왕조가 몰락한 뒤에 집필했으므로 이 사건의 중요성을 과장해야 한다는 압박은 받지 않았을 것이다. 두 사람의 동시대인이자 티무르 왕조의 궁정 역사가인 하피즈 아브루가 칼리프의 승인에 대해 간략히만 언급하고 그나마도 1405년 피르 무함마드에게 전달된 조언 가운데 하나라는 완전히 다른 연대기적 맥락에서 언급했다는 사실은 주목할 만하다.

166 Mahendrarajah, *A History of Herat*, 139-42. 무이즈 알딘 피르 후사인의 칙령은 Yūsuf-i Ahl, *Farā'id-i Ghiyāthī*, ms. Fâtih 4012, fo. 447a-b에 수록되었다. Aubin, 'Le khanat de Čaġatai', 32-3은 청중이 어떻게 받아들였는지와는 별개로 무이즈 알딘이 언급한 '불

신자들'이 이교도 몽골인이 아니라 이단자 사르바다르인을 가리키는 표현이었다고 보았
다. Woods, *The Aqquyunlu*, 8은 무이즈 알딘이 이교도 몽골과 이단 사르바다르, 양쪽 모
두를 의식했다고 생각했다.

167 Subtelny, 'Tamerlane and his descendants', 169-70의 언급을 보라.

168 Wing, *The Jalayirids*, 93, 105에서 강조된 바 있다.

169 Paul, 'Zerfall und Bestehen', 704는 아미르 왈리도 제국을 세우려는 야심을 품었다고 보
았다.

제7장 중앙아시아의 몽골인들: 차가타이·모굴·카라우나스

1 밧사프가 알려주는 정보에 대해서는 Kempiners, 'Vaṣṣāf's *Tajziyat al-amṣār*를 보라.

2 *Masālik*, 원문 41 (독일어 번역 118-19). 그러나 조금 뒤에서 알우마리는 몽골계 국가 모두
가 야사를 준수한다는 말도 했다. 같은 책, 원문 47 (독일어 번역 123).

3 *Ta'rīf* (1951), 363/(2008), 237. Amitai, 'Ibn Khaldūn on the Mongols', 197이 제시한 의
심도 확인할 것.

4 *Masālik*, 원문 95 (독일어 번역 154-5). Amitai, 'Ibn Khaldūn on the Mongols', 202.

5 특히 O.D. Chekhovich (ed.), *Bukharskie dokumenty XIV veka* (Tashkent, 1965), 72,
75, 76, 77, 84, 85, 87 (러시아어 번역 150-1, 154, 155, 156, 163,164, 165)과 Biran, 'The
Mongols in Central Asia', 61과 n.34에 인용된 사례들을 확인할 것.

6 Michal Biran, 'Rulers and city life in Mongol Central Asia (1220-1370)', in Durand-
Guédy (ed.), *Turko-Mongol Rulers, Cities and City Life*, 257-83 (이 내용은 271).

7 비어트리스 맨즈는 'The ulus Chaghatay before and after Temür's rise to power: The
transformation from tribal confederation to army of conquest', *CAJ* 27 (1983), 79-100과
저서 *The Rise and Rule*에서 차가다이 칸국 서부를 '울루스 차가타이'라고 불렀고, 다른 학
자들도 이 의견을 따른다. 그러나 모굴 칸국 역시 마찬가지로 자신들이 차가다이 울루스의
일부라고 생각했으리라는 점을 고려하면 올바른 표현이 아니어서 나는 본문에서 이 표현을
쓰지 않았다.

8 *TR*, I (원문), 301, II (영어 번역), 226-7. K.A. Pishchulina, *Iugo-vostochnyi Kazakhstan
v seredine XIV-nachale XVI veka (voprosy politicheskoi i sotsial'no-ékonomicheskoi
istorii)* (Alma-Ata, 1977), 12-13도 이에 대해 의문을 제기했다.

9 *RN* (1915), 17/(2000), 22 (*DPT*, 29). *TR*, I (원문), 300, II (영어 번역), 226.

10 *TR*, I (원문), 53, II (영어 번역), 45. 시점은 에센 부카 2세(Esen Buqa II, 사망 866/1461~
1462)의 치세다.

11 Qāshānī, *Ta'rīkh-i Uljāytū Sulṭān*, 34. 차가다이 울루스가 카라호자 방면으로 확장한 것
에 대해서는 Allsen, 'The Yüan dynasty and the Uighurs of Turfan', 258-60과 Baumer,
The History of Central Asia, III, 245를 참고할 것.

12 Naṭanzī (1957), 296/(2004), 229-30. *ZT*, I, 182, 461 (그리고 Shāmī, *ZN*, II, 6, 30).

13 Shāmī, *ZN*, I, 115. Yazdī, *ZN* (1957), I, 342/(2009), I, 622 〔이주연 역주, 〈야즈디《勝戰記》
譯註〉, 446-7〕.

14 이 지파의 역사에 대해서는 Paul Pelliot, 'Le Ḫōja et le Sayyid Ḥusain de l'Histoire des

Ming', *TP* 38 (1948), 81-292 (이 내용은 134-8 n.103)를 보라.

15　Yazdī, *ZN* (1957), II, 160/(2008), II, 1004 [이주연 역주, 〈야즈디《勝戰記》譯註〉, 789]. 토트카울(totqa'ul)에 대해서는 TMEN, I, 251-3 (no. 124, totqāvul: "Straßenwächter, Feldgendarm")을 참고할 것.

16　*Chronica XXIV generalium ordinis Minorum* [1370년대 초], in *Analecta Franciscana*, III (Quaracchi, 1897), 531, "quidam religiosus saracenus Alisoldani nomine". Bartolomeo da Pisa, *De conformitate vitae beati Francisci ad vitam domini Iesu* [1385/90], in *Analecta Franciscana*, IV (Quaracchi, 1906), 335, "quidam pessimus falcherius saracenus ⋯ nomine Alisolda"; tr. *Yule, Cathay and the Way Thither*, III, 32 (falcherius 이 "매사냥꾼"으로 잘못 번역되었다).

17　Yazdī, *ZN* (1957), I, 30/(2008), I, 259-60 [이주연 역주, 〈야즈디《勝戰記》譯註〉, 111]. Bakhtiyar Babajanov, 'Monuments épigraphiques de l'ensemble de Fath.âbâd à Boukhara', *CAC* 7 (1999), 195-210. DeWeese, 'Islamization in the Mongol empire', 131-2. Biran, 'Rulers and citylife', 277. IB, III, 27-8 (tr. Gibb, 554 [정수일 역주,《이븐 바투타 여행기》1권, 528-9]).

18　Naṭanzī (1957), 129/(2004), 104, "mardī-yi abdāl-nihād qalandar-mizāj".

19　Yazdī, *ZN* (1957), I, 73-4/(2008), I, 307 [이주연 역주, 〈야즈디《勝戰記》譯註〉, 161].

20　IB, III, 48-51 (tr. Gibb, 565-7 [정수일 역주,《이븐 바투타 여행기》1권, 539-41]). 두 사람의 관계는 Bukhārī, *Anīṣ al-ṭālibīn*, 84-5에 기록되어 있다. Devin DeWeese, 'The *Mashā'ikh-i Turk* and the *Khojagān*: Rethinking the links between the Yasavī and Naqshbandī Sufi traditions', *Journal of Islamic Studies* 7 (1996), part 2, 180-207 (이 내용은 195-6); repr. in DeWeese, *Studies on Sufism in Central Asia* (Farnham and Burlington, VT, 2012).

21　al-Dhahabī, *Ta'rīkh al-Islām*, LIII, 330. 그러므로 다음을 보라. al-Ṣafadī, *al-Wāfī*, X, 382-3과 *A'yān al-'aṣr*, I, 523.

22　IB, III, 42, 87-8 (tr. Gibb, 561-2, 589 [정수일 역주,《이븐 바투타 여행기》1권, 536, 562]).

23　*TR*, I (원문), 12-13, II (영어 번역), 10.

24　같은 책, I (원문), 13, II (영어 번역), 11.

25　같은 책, I (원문), 36, II (영어 번역), 31은 무함마드 칸을 히드르 호자의 아들이라고 부르는데, 이는 *ZT*, III, 413, *TGNN*, 원문 189 (fo. 82a-b) 및 Bābur, *Bābur-nāma*, tr. Beveridge, 19/tr. Thackston, 12와 동일한 서술이다. Yazdī, *ZN* (1957), II, 159/(2008), I, 1003 [이주연 역주, 〈야즈디《勝戰記》譯註〉, 787]과도 비교해보라. 그러나 *MA*, fo. 33b, ed. Vokhidov, 원문 68 (러시아어 번역 51)은 무함마드 칸을 히드르 호자의 손자(아버지의 이름은 제시되지 않음)로 설정했다. 무함마드의 즉위 날짜는《명실록》에서 확인할 수 있다. Emil Bretschneider, *Mediaeval Researches from Eastern Asiatic Sources. Fragments towards the Knowledge of the Geography and History of Central and Western Asia from the 13th to the 17th Century*, 2 vols (London, 1888; repr. 1910), II, 239-40. 무함마드 칸의 사망 소식은 샤루흐가 파르스에 머무르던 때인 818년 두번째 주마다월/1415년 10~11월에 샤

루흐에게 전달되었다. *ZT*, III, 599.

26 Landa, 'The Islamization of the Mongols', 650. 이 일화에 대해서는 Kim, 'The early history of the Moghul nomads'를 보라.

27 *TR*, I (원문), 114, II (영어 번역), 93.

28 *RN* (1915), 18/(2000), 22, "aʻdā-yi dīn" (*DPT*, 30). Salmānī, *Shams al-ḥusn*, text, fos 24a, 132b (독일어 번역 22, 94). Naṭanzī (1957), 127, 228, 411/(2004), 103, 182, 299. Yazdī, *ZN* (1957), I, 122, 261/(2008), I, 363, 530 〔이주연 역주, 〈야즈디《勝戰記》譯註〉, 212, 361〕. 이 가운데 한 사례는 티무르가 모굴인들 휘하에 있을 때 일이라는 점이 흥미롭다. 카마르 알딘의 군대가 "이교도(bī-dīn)"라고 불린 Yazdī, *ZN* (1957), I, 189/(2008), I, 442 〔이주연 역주, 〈야즈디《勝戰記》譯註〉, 284〕도 확인할 것. 엥케 투라(Engke Tura)의 트란스옥시아나 침공군 역시 불신자로 불렸고, 트란스옥시아나에서 후퇴할 때는 불신자의 땅(kāfiristān)으로 돌아갔다고 기록되었다. 같은 책, (1957), I, 319, 322, 339/(2008), I, 594, 599, 619 〔이주연 역주, 〈야즈디《勝戰記》譯註〉, 422, 425, 443〕. Shāmī, *ZN*, I, 107도 참고할 것.

29 *TR*, I (원문), 42, II (영어 번역), 37.

30 *RN* (1915), 17/(2000), 22 (*DPT*, 29-30)

31 *TR*, I (원문), 63, 114, II (영어 번역), 52, 93.

32 Landa, 'The Islamization of the Mongols', 650의 지적. Johan Elverskog, *Buddhism and Islam on the Silk Road* (Philadelphia, PA, 2010), 191-2 〔김인성 옮김,《불교와 이슬람, 실크로드에서 만나다》(한울, 2024), 272-5〕의 분석을 보라.

33 Wilkens, 'Buddhism in the West Uyghur kingdom and beyond', 228-30, 233-4.

34 *TR*, I (원문), 10, II (영어 번역), 8.

35 같은 책, I (원문), 32, II (영어 번역), 28.

36 *ZT*, IV, 821; K.M. Maitra (ed. and trans.), *A Persian Embassy to China* (Lahore, 1934; repr. New York, 1970), 12-13에 발췌 번역. S. Soucek, 'Turfan', *EI2*, X, 676-7. James A. Millward, *Eurasian Crossroads. A History of Xinjiang* (London, 2007), 69 〔김찬영·이광태 옮김,《신장의 역사》(사계절, 2013), 124-5〕.

37 Clavijo (1859), 112/(1928), 190; (1928), 195 (클레멘츠 마컴의 1859년 번역본에는 이 부분이 없다)와도 비교해보라.

38 Ḥamd-Allāh Mustawfī Qazwīnī, *Nuzhat al-qulūb*, ed. and tr. Le Strange, I (원문), 247, II (영어 번역), 239.

39 Bābur, *Bābur-nāma*, tr. Beveridge, 1-12/tr. Thackston, 3-7. Scott C. Levi, *The Rise and Fall of Khoqand, 1709-1876. Central Asia in the Global Age* (Pittsburgh, PA, 2017), 12.

40 Yazdī, *ZN* (1957), II, 160/(2008), II, 1004 〔이주연 역주, 〈야즈디《勝戰記》譯註〉, 788〕. 지명이 각각 PAY와 KWSN으로 표기되어 있다.

41 WR, 114 (*MFW*, 147 〔김호동 역주, 〈루브룩의《몽골 기행》〉, 255〕). Biran, 'Rulers and city life', 264. Slavin, 'Death by the lake', 68-70.

42 *TR*, I (원문), 110, 301, II (영어 번역), 89, 226.

43 같은 책, I (원문), 57, 60-1, 114, II (영어 번역), 48, 51, 93. *The Garden of the Eight*

Paradises, 165-6. 모굴인 다수가 취락에서 살지도 않았을 뿐만 아니라 농경에 종사하지도 않았다고 한 *TR*, I (원문), 111, II (영어 번역), 90도 확인할 것. Millward, 'Eastern Central Asia', 265.

44 윌뒤즈: *TR*, I (원문), 53, II (영어 번역), 45. 악수: 같은 책, I (원문), 12, 57, 58, II (영어 번역), 10, 48, 49. 카쉬가르: 같은 책, I (원문), 46, 247, II (영어 번역), 39, 193. 두 도시 모두에 해당하는 사례는 같은 책, I (원문), 119, 301, II (영어 번역), 96, 227.

45 같은 책, I (원문), 9, II (영어 번역), 7 (색스턴은 '수바(sūba)'를 '수야(sūya)'로 읽었다). 수베(sübe)/스바(sıba)에 대해서는 다음을 보라. *TMEN*, I, 349-51 (no. 227: "Wall, umwallter Platz, ⋯ Grenze [벽, 벽이 둘러진 곳, [중략] 경계]"). 하이다르는 '망갈라이 쉬베'가 "태양을 향한 곳"이라는 의미라고 했지만, 이는 잘못된 설명이다. 이 책에서는 Kim, 'The early history of the Moghul nomads', 300 n.42의 주장에 근거해 설명했다. Barthold, *Four Studies*, I, 138 ("전방 지역")과 Millward, 'Eastern Central Asia', 262 n. 3 ('전방의 요충지')도 참고하라.

46 개략적인 설명은 Millward, 'Eastern Central Asia', 260을 확인할 것.

47 *TR*, I (원문), 114, II (영어 번역), 93. 타르마시린의 경우 Biran, 'The Chaghadaids and Islam', 749와 3장의 내용을 보라.

48 *TR*, I (원문), 46-7, 52-3, II (영어 번역), 40, 45. Binbaş, *Intellectual Networks*, 49-50.

49 *TR*, I (원문), 62-3, II (영어 번역), 52.

50 Bābur, *Bābur-nāma*, tr. Beveridge, 329/tr. Thackston, 249. 같은 책, Beveridge trans., 105/Thackston trans., 77도 참고. *TR*, I (원문), 5, 110, II (영어 번역), 4, 89. Dale, *The Garden of the Eight Paradises*, 161-5.

51 이에 대해서는 다음을 확인할 것. Buell and Anderson, *A Soup for the Qan* [최덕경 역주, 《음선정요 역주》(세창출판사, 2021)], passim.

52 Yazdī, *ZN* (1957), I, 33, 44-5/(2008), I, 262, 274-5 [이주연 역주, 〈야즈디《勝戰記》譯註〉, 115, 128 ('쿠를쿠트(Kurulkūt)/쿠를루쿠트(Kurlukut)'로 표기함)]. '카를룩'은 첫 글자가 카프(qāf)로 시작하지만, 야즈디의 'KRLKWT'를 조심스럽게 카를룩으로 새겨보았다.

53 *Masālik*, 원문 73 (독일어 번역 141)과 Schamiloglu, 'Beautés du mélange', 192-4의 논평을 보라.

54 Joo-Yup Lee [이주엽], 'Some remarks on the Turkicisation of the Mongols in post-Mongol Central Asia and the Qipchaq steppe', *AOH* 71 (2018), 121-44 (이 내용은 124-37).

55 David Ayalon, 'The European-Asiatic steppe: A major reservoir of power for the Islamic world', in *TDPKV*, II, 47-52; repr. in Ayalon, *The Mamlūk Military Society* (London, 1979). Mihály Dobrovits, 'The Turco-Mongolian tradition of common origin and the historiography in fifteenth century Central Asia', *AOH* 47 (1994), 269-77. 가장 최근에 나온 종합적인 자료로는 다음이 있다. Joo-Yup Lee, 'The historical meaning of the term Turk and the nature of the Turkic identity of the Chinggisid and Timurid elites in post-Mongol Central Asia', *CAJ* 59 (2016), 101-32 (특히 118-21). '종족'의 구분은 상상 이상으로 유동적이었다. 맘루크 술탄국 내에서 '몽골'·'타타르'·'투르크' 등의 종족

명은 해당 인물의 고향이 맘루크 술탄과 관계가 좋다거나, 혹은 해당 인물이 이슬람을 받아들였다거나 하는 식의 이유에 따라 달리 사용되었다. Koby Yosef, 'Cross-boundary hatred: (Changing) attitudes towards Mongol and "Christian" mamlūks in the Mamluk Sultanate', in Amitai and Conermann (eds), *The Mamluk Sultanate from the Perspective of Regional and World History*, 149-214 (특히 156-87).

56 IB, III, 32, 33 (tr. Gibb, 556, 557 〔정수일 역주,《이븐 바투타 여행기》1권, 531, 532〕).

57 같은 책, III, 36 (tr. Gibb, 558 〔정수일 역주,《이븐 바투타 여행기》1권, 533〕).

58 같은 책, III, 37 (tr. Gibb, 559 〔정수일 역주,《이븐 바투타 여행기》1권, 534는 타르마시린이 아니라 셰이흐 후삼 알딘 야기가 이 발언을 했다고 보았다〕).

59 IA (1979), 152/(1986), 243 (*TGA*, 140). 본문 서술은 Anne F. Broadbridge, 'Spy or rebel? The curious incident of the Temürid Sulṭān-Ḥusayn's defection to the Mamluks at Damascus in 803/1400-1', *MSR* 14 (2010), 29-42 (이 내용은 31)과 Barthold, *Zwölf Vorlesungen*, 217 (=Bartol'd, *Sochineniia*, V, 171)의 해석에 따랐다.

60 Franke, 'Zur Datierung'; 같은 저자, 'Ein mongolisches Brieffragment aus Turfan', *ZAS* 5 (1971), 17-26; 같은 저자, 'Ein mongolischer Freibrief aus dem Jahre 1369'; Matsui, 'A Mongolian decree from the Chaghataid Khanate'. 이 문제는 Manz, *The Rise and Rule*, 7 과 n.11에서도 논의되었다. Nagel, *Timur der Eroberer*, 99는 몽골어가 모굴 칸국에서는 지배적인 언어(구어?)였을 수도 있다고 본다.

61 2020년 7월 10일, 몽골 줌 세미나에서 발표된 Dr. Márton Vér, 'Interregional mobility in Eastern Central Asia as seen in the Old Uyghur and Middle Mongolian sources and the mid-fourteenth century crisis'에서 이 정보를 접했다.

62 Matsui, 'An Uigur decree of tax exemption'. Biran, 'Diplomacy and chancellery practices in the Chagataid khanate', 388-9.

63 Clavijo (1859), 120/(1928), 201. IA (1979), 346, 348/(1986), 477, 479 (*TGA*, 321-2) 와도 비교해볼 것. *Ta'rīf* (1951), 374/(2008), 246 (*IKT*, 38. 이븐 할둔이 쓴 보고서의 언어에 대해서는 89-90 n.120에 있는 월터 피셀의 논평과 McChesney, 'A note', 222를 보라). 그러나 Ibn Qāḍī Shuhba, *Ta'rīkh*, IV, 182는 이 보고서가 티무르에게는 페르시아어 (bi l-'ajamī)로 낭독되었다고 전한다. István Vásáry, 'Bemerkungen zum uigurischen Schrifttum in der Goldenen Horde und bei den Timuriden', *UAJ* 7 (1987), 115-26 (이 내용은 123); repr. in Vásáry, *Turks, Tatars and Russians*.

64 Dai Matsui, Ryoko Watabe 〔渡部良子〕 and Hiroshi Ono 〔小野寛〕, 'A Turkic-Persian decree of Timurid Mīrān Šāh of 800 ah/1398 ce', *Orient* 50 (2015), 53-75. J. Deny, 'Un *soyurgal* du Timouride Šāhruḫ en écriture ouigoure', *JA* 245 (1957), 253-66.

65 이 장의 이하 내용은 전에 발표한 'The Mongols of Central Asia and the Qara'unas', *Iran* 56 (2018), 91-103을 기본으로 하되, 결론을 약간 고쳐 썼다.

66 Shāmī, *ZN*, I, 20. *ZT*, I, 327 (Shāmī, *ZN*, II, 16에도 수록됨). Beatrice F. Manz, 'The development and meaning of Chaghatay identity', in Jo-Ann Gross (ed.), *Muslims in Central Asia. Expressions of Identity and Change* (Durham, NC, and London, 1992), 27-45 (이 내용은 37). Jean-Louis Bacqué-Grammont, 'Le tchaghataï, une nouvelle

identité', in Fourniau (ed.), *Samarcande 1400-1500*, 161-5.

67 따라서 Naṭanzī (1957), 124-5/(2004), 101은 "자카타이(Jaqaṭāī) 군대"를 '모굴'과 구분 했다.

68 Manz, 'The development and meaning of Chaghatay identity', 특히 31-6, 42. Manz, 'The empire of Tamerlane as an adaptation of the Mongol empire: An answer to David Morgan, "The empire of Tamerlane: An unsuccessful re-run of the Mongol empire?"', in Timothy May (ed.), *The Mongols and Post-Mongol Asia. Studies in Honour of David O. Morgan* (Cambridge, 2016 = *JRAS*, 3rd series, 26, nos 1-2), 281-91 (이 내용은 286).

69 Shāmī, *ZN*, I, 15. 샤미가 '자타'라는 어휘를 사용한 빈도는 후대 저자들에 비하면 적은 편 이다.

70 Jamāl al-Qarshī, *al-Mulḥaqāt bi l-Ṣurāḥ*, 아랍어 원문 193 (러시아어 번역 143). 이 교 주본은 ['자타(JTA'YA)'를] 'JBA'YH'로 읽고 이를 '세금 징수관'으로 옮겼다. Barthold, *Turkestan1*, I, 146과 *Four Studies*, II, 11 및 n.6 (=*Sochineniia*, II, part 2, 36 및 n.47)은 이 부분을 'JTA'YH'로 읽었다.

71 Marʿashī, *Taʾrīkh-i Ṭabaristān-u Rūyān-u Māzandarān*, 41.

72 *TR*, I (원문), 106, II (영어 번역), 85. '카작'과 같은 의미라는 의견에 대해서는 다음을 보라. Barthold, *Zwölf Vorlesungen*, 215 (=*Sochineniia*, V, 170)과 Peter B. Golden, 'Migrations, ethnogenesis', in *CHIA*, 109-19 (이 부분은 117). 튀르크어 '카작(qazaq, '떠돌다'라는 뜻 을 지닌 'qaz-'에서 유래한 말일 수 있음)' 및 이와 관련된 추상 명사 '카자클륵(qazaqlıq)' 에 대해서는 다음을 보라. Subtelny, *Timurids in Transition*, 29-30과 n.73; Yuri Bregel, 'Uzbeks, Qazaqs and Turkmens', in *CHIA*, 221-36 (이 내용은 225 및 n.16); Joo-Yup Lee, *Qazaqlïq, or Ambitious Brigandage, and the Formation of the Qazaqs. State and Identity in Post-Mongol Central Eurasia* (Leiden, 2016), 특히 21-36 및 같은 저자의 'The political vagabondage of the Chinggisid and Timurid contenders to the throne and others in post-Mongol Central Asia and the Qipchaq steppe: A comprehensive study of *qazaqlïq*, or the *qazaq* way of life', *CAJ* 60 (2017), 59-95 (이 내용은 59-62).

73 Naṭanzī (1957), 87, 102/(2004), 72, 82. 티무르의 손자 술탄 후세인이 "카작식으로" 사마 르칸드로 향했다는 Yazdī, *ZN* (1957), II, 482/(2008), II, 1306 [이주연 역주, 〈야즈디《勝 戰記》譯註〉, 1046 (여기서는 "카작 길"로 해석한다)]을 보라.

74 *TR*, I (원문), 36-7, 39, 91, II (영어 번역), 32-3, 34, 73.

75 Beatrice F. Manz, 'Multi-ethnic empires and the formulation of identity', *Ethnic and Racial Studies* 26 (2003), 70-101 (이 내용은 87과 n.16). Yazdī, *ZN* (1972), fo. 68b/ (2008), I, 186-7('우즈벡'이라는 표현이 외즈벡이 즉위하기 한참 전인 690/1291년 조치 일문의 병력을 지칭하는 데 사용되었음)과 Naṭanzī (1957), 104/(2004), 85에서도 확인할 수 있듯이 이 표현은 때때로 시대착오적으로 사용되기도 했다.

76 Yazdī, *ZN* (1972), fo. 65b과 (1957), II, 32, 33, 477, 513/(2008), I, 279, 878, 879; II, 1301, 1333. 튀르크어 '칼막(qal-, '남다')'에 대해서는 *EDT*, 615-16을 보라. Golden, *An Introduction*, 315는 바르톨트의 해석에 따라 '칼막'을 '이교도로 남은 이들'로 해석했다. 더 자세한 논의는 Joo-Yup Lee, 'Were the historical Oirats "Western Mongols"? An exami-

nation of their uniqueness in relation to the Mongols', *EM* 47 (2016), 1-24 (이 내용은 6-8) 〔최하늘 옮김, 〈역사 속의 오이라트인은 '서몽골인'이었는가?: 몽골과 관계에 대한 오이라트의 독자성 연구〉, 아카루트 2021년 해외논문번역지원사업 (2022)〕를 확인할 것.

77 *TR*, I (원문), 106, II (영어 번역), 85.

78 MP, I, 158 (tr. Ricci, 42, 43; tr. Latham, 34; tr. Kinoshita, 29 〔김호동 역주, 《마르코 폴로의 동방견문록》, 131-2, 134〕).

79 Amīr Khusraw Dihlawī, *Khazā'in al-futūḥ*, ed. Mohammad Wahid Mirza (Calcutta, 1953), 46. Jackson, The Delhi Sultanate, 328 (부록 3)을 보라.

80 주요 학설에 대해서는 Ando, *Timuridische Emire*, 52-3을 확인할 것.

81 Jean Aubin, 'L'ethnogénèse des Qaraunas', *Turcica* 1 (1969), 65-94 (이 내용은 66-78), and repr. in Aubin, *Études*, 251-77 (이 내용은 252-63)은 온갖 학설의 근거 역할을 한다.

82 *JT*, I, 74 (*DzhT*, I, part 1, 154; *CC*, 30 〔김호동 역주, 《부족지》, 145〕).

83 IB, III, 201 (tr. Gibb, 649 〔정수일 역주, 《이븐 바투타 여행기》 2권, 69를 저자의 표현에 맞추어 일부 수정했다〕).

84 A.P. Martinez, 'Some notes on the Īl-xānid army', *AEMA* 6 (1986 [1988]), 129-242 (이 내용은 230-2)는 카라우나스가 '혼혈'보다는 '비천한', '불한당'에 가깝지 않겠느냐는 의견을 제시했다.

85 Aubin, 'Le khanat de Čaġatai', 17, 18-19. Roemer, 'Tīmūr in Iran', 43 및 n.1과 Roux, *Tamerlan*, 53도 장 오뱅의 설명에 따랐다. 그러나 Manz, *The Rise and Rule*, 161 (부록 A)은 이에 회의적인데, 이는 적절한 태도다.

86 *JT*, I, 738-9 (*SGK*, 123; *CC*, 256 〔김호동 역주, 《칸의 후예들》, 196〕). Aubin, 'L'ethnogénèse', 80-1 (repr. in his *Études*, 264-5); Jackson, *The Delhi Sultanate*, 115를 보라. 비니 가우는 오늘날 퀘타(Quetta) 인근으로 추측된다. 네구데르와 네구데르부에 대한 더 자세한 논의는 Timothy May, 'The Ilkhanate and Afghanistan', in May et al. (eds), *New Approaches to Ilkhanid History*, 272-320 (이 내용은 285-91)을 참고할 것.

87 MP, I, 159 (tr. Ricci, 43; tr. Latham, 34; tr. Kinoshita, 30 〔김호동 역주, 《마르코 폴로의 동방견문록》, 133-5〕). 마르코 폴로는 네구데르를 마찬가지로 1260년대 이란에서 한 부대를 지휘했던 차가다이 왕통의 왕자 테구데르와 혼동한다. 이 혼동은 2차 문헌들에서도 대체로 반복되는 편인데, 이에 대해서는 Pelliot, *Notes on Marco Polo*, I, 190-6을 보라. Hirotoshi Shimo 〔志茂碩敏〕, 'The Qarāūnās in the historical materials of the Īlkhanate', *MTB* 35 (1977), 131-81 (이 내용은 161-2)은 네구데르와 테구데르를 구분하지만, 어떤 근거에서인지 알 수 없으나 테구데르의 부대가 네구데르의 부대에 합류했다고 주장하는 문제가 있다. Martinez, 'Some notes', 236-40도 테구데르(논문에서는 '네구데르'라 지칭함)가 차가다이 울루스의 칸에 의해 카라우나스를 통솔하도록 파견되었다며, 네구데르부라는 이름은 인명이 아니라 '유목화하다'를 뜻하는 몽골어 네구델(negüdel)에서 나왔을 가능성이 있다는 기묘한 주장을 펼쳤다.

88 *JT*, II, 1080 (*DzhT*, III, 122 〔김호동 역주, 《일 칸들의 역사》, 182〕. Thackston, *CC*, 374에서는 "빈반"이 누락되었다).

89 같은 책, I, 759, 772 (*SGK*, 153-4; *CC*, 263, 268 〔김호동 역주, 《칸의 후예들》, 220, 245〕).

Arom, ‘“In-ger” and “outer” diplomacy’, 301-2. 보제이는 헤라트 인근에서 바락이 패배한 이후 투항했다. *MA*, fo. 29b, ed. Vokhidov, 원문 60 (러시아어 번역 48)은 HRAT를 HRAM으로 잘못 읽었다. 《고귀계보》에는 *SP*, fo. 118b 및 *JT*, I, 752-3 (*SGK*, 144; *CC*, 260 〔김호동 역주, 《칸의 후예들》 225 주40〕)과 마찬가지로 보제이가 차가다이의 아들 모에투겐(Mö’etügen)의 아들인 바이주(Baiju)의 아들이라고 서술했으나, 일부 《집사》 사본에서 바이주는 차가다이의 아들이라고 쓰여 있다. 한편 *JT*, II, 1109 (*DzhT*, III, 152; *CC*, 384 및 n.1 〔김호동 역주, 《일 칸들의 역사》, 219〕)에서는 (여기서는 ‘모치(Mochi)’라는 이름으로 서술된) 보제이가 차가다이의 손자라고 쓰여 있다. Kamola, ‘Untangling the Chaghadaids’, 75-6은 이 기록이 라시드 알딘이 나중에 수정하기 전의 원본이었음을 증명했다. 나중에 수정된 내용이 《5족보》로 이어졌고, 《고귀계보》는 이를 그대로 베꼈다. Quinn, ‘*Mu‘izz al-Ansāb*’, 234-5.

90 Aubin, ‘L’ethnogénèse’, 83 (repr. in his *Études*, 267). 오뱅이 인용한 사료에 더해 *Ta’rīkh-i shāhī-yi Qarākhitā’iyyān*, ed. Muḥammad Ibrāhīm Bāstānī-Pārīzī (Tehran, 2535 shāhanshāhī/1977), 248-50도 참고할 것.

91 Jackson, ‘The Mongols of Central Asia’, 93. 아바카의 원정에 대해서는 Aubin, ‘L’ethnogénèse’, 85을, 원정 시점에 대해서는 같은 글, n.4 (repr. in his *Études*, 269 n.111) 을 확인할 것.

92 *JT*, II, 772, 1109-10, 1210-11 (*SGK*, 153-4; *DzhT*, III, 153, 252; *CC*, 268, 384, 417 〔김호동 역주, 《칸의 후예들》, 245; 《일 칸들의 역사》, 220; 《이슬람의 제왕》, 26〕). Pelliot, *Notes on Marco Polo*, I, 189-90. Martinez, ‘Some notes’, 224-5. Arom, ‘“In-ger” and “outer” diplomacy’, 302. Grupper, ‘A Barulas family narrative’, 53-9의 논의도 자세하지만, 일칸국의 카라우나스를 오늘날 아프가니스탄에 남은 카라우나스와 구별하지 못했다. 실제로 이 논문은 일칸국의 카라우나스를 통솔하도록 임명된 노얀만 다룬다.

93 *JT*, I, 160, 178 (*DzhT*, I, part 1, 398, 456-7; *CC*, 61, 67 〔김호동 역주, 《부족지》, 270, 296〕): 바드기스(Bādghīs) 지방의 카라우나스. 같은 책, I, 195 (*DzhT*, I, part 1, 509; *CC*, 72 〔김호동 역주, 《부족지》, 317〕): ‘카라우나스 투멘’. 같은 책, II, 1131, 1144-5 (*DzhT*, III, 175, 190; *CC*, 391, 395 〔김호동 역주, 《일 칸들의 역사》, 248, 265〕): 겨울철은 바그다드에서 유목하고 여름철은 시야흐 쿠흐(Siyāh Kūh)에서 유목한 집단. 같은 책, II, 1136, 1137 (*DzhT*, III, 180, 181; *CC*, 392, 393 〔김호동 역주, 《일 칸들의 역사》, 254, 255-6〕): 1284년 나우루즈 휘하의 카라우나스 부대. 같은 책, II, 1147 (*DzhT*, III, 193; *CC*, 396 〔김호동 역주, 《일 칸들의 역사》, 269〕). 같은 책, II, 1222, 1224, 1225, 1228-9, 1242 (*DzhT*, III, 264, 267, 271, 284; *CC*, 422, 423, 424-5, 432 〔김호동 역주, 《이슬람의 제왕》, 43, 44, 46, 50, 67〕): 가잔이 호라산 총독으로 지내던 시절 호라산의 카라우나스. 마지막 집단의 경우 가잔이 일칸이 된 뒤에는 부카의 지휘를 받으며 이라크 아잠에서 주둔했다(뒤의 내용 및 주 101도 확인할 것).

94 일칸 휘하의 카라우나스에 대해서는 Aubin, ‘L’ethnogénèse’, 76-7, 87-90 (repr. in his *Études*, 261, 270-3); Jackson, ‘The Mongols of Central Asia’, 93-4를 보라. Shimo, ‘The Qarāūnās’는 일부 가설은 조심스럽게 대할 필요가 있다고 주장하지만, 뒤에서는 이 부대와 관련된 다양한 자료를 소개한다. 이들의 역사에 대한 더 간결한 소개는 May, ‘The

Ilkhanate and Afghanistan', 292-4를 확인할 것.

95 May, 'The Ilkhanate and Afghanistan', 289.

96 *JT*, I, 754, 758, 772; II, 1109, 1211 (*SGK*, 139, 142, 154; *DzhT*, III, 153, 252; *CC*, 261, 262, 268, 384, 417 〔김호동 역주, 《칸의 후예들》, 215, 219, 245; 《일 칸들의 역사》, 219-20; 《이슬람 제왕》, 26〕). 마지막 사례에서는 이들이 파르스를 공격한 존재라고 적시한다.

97 카라우나스: 같은 책, II, 1211 (*DzhT*, III, 252; *CC*, 418 〔김호동 역주, 《이슬람의 제왕》, 26〕). 네구데르부: 같은 책, II, 1108-9 (*DzhT*, III, 152; *CC*, 383-4 〔김호동 역주, 《일 칸들의 역사》, 219-20〕).

98 Waṣṣāf (1853), 198-9, 201-3 (*GW*, II, 118-20, 126-7, 129). 같은 책, (1853), 527 13행/(2009), 306에서 밧사프는 네구데르부에 속한 몽골인이 인도를 공격했다고 암시한다.

99 같은 책, (1853), 510 15-17행/(2009), 268 (*GW*, IV, 296-7).

100 같은 책, (1853), 511 9행 및 513 3-4행/(2009), 269, 273 (*GW*, IV, 298, 303).

101 Sayfī (1944), 431-4, 438/(2004), 454-6, 459. *JT*, II, 1288 (*DzhT*, III, 330; *CC*, 449 〔김호동 역주, 《이슬람의 제왕》, 127〕). 이 일화에 대해서는 Aubin, 'L'ethnogénèse', 88-9 (repr. in his *Études*, 272-3)를 보라.

102 Kutubī, *Taʾrīkh-i āl-i Muẓaffar*, 7-8. Faryūmadī, *Dhayl-i Majmaʿ al-ansāb*, 318과 비교해보라.

103 Kutubī, *Taʾrīkh-i āl-i Muẓaffar*, 9-11. HA, *Jughrāfiyya*, ed. Sajjādī, II, 202도 참고할 것.

104 인도에서의 용법에 대해서는 Jackson, *The Delhi Sultanate*, 328 (부록 3)에서 언급한 사료들을 확인할 것.

105 Manz, *The Rise and Rule*, 161 (appendix A). May, 'The Ilkhanate and Afghanistan', 289, 295. Bosworth, *The History of the Saffarids of Sistan*, 420-2 (다만 423에서 두 이름이 1270년대 이후 동의어로 사용되기 시작했다고 덧붙였다). Aubin, 'L'ethnogénèse', 84-5 (repr. in his *Études*, 268)는 두 용어가 상호 호환 가능하다고 보았다. Pelliot, *Notes on Marco Polo*, I, 194도 가능한 일이라고 생각했다.

106 Aubin, 'L'ethnogénèse', 68-9 (repr. in his *Études*, 254-5)는 이 설명으로 납득한 것 같다. 그렇지만 같은 저자, 'Le khanat de Čaġatai', 17과도 비교해보라.

107 *MP*, I, 159 (tr. Ricci, 43; tr. Latham, 35; tr. Kinoshita, 30 〔김호동 역주, 《마르코 폴로의 동방견문록》, 135〕). 이 추정은 Pelliot, *Notes on Marco Polo*, I, 189, 196의 주장을 따른 것이다.

108 IB, III, 201 (tr. Gibb, 648-9 〔정수일 역주, 《이븐 바투타 여행기》 2권, 69〕). Aubin, 'L'ethnogénèse', 93 (repr. in his *Études*, 276-7).

109 투글룩의 출신에 대해서는 Jackson, *The Delhi Sultanate*, 178; André Wink, *Al-Hind. The Making of the Indo-Islamic World*, III: *Indo-Islamic Society 14th-15th Centuries* (Leiden and Boston, MA, 2004), 130-1; Sunil Kumar, 'Transregional contacts and relationships: Turks, Mongols, and the Delhi Sultanate in the thirteenth and fourteenth centuries', in Ismail K. Poonawala (ed.), *Turks in the Indian Subcontinent, Central and West Asia. The Turkish Presence in the Islamic World* (Oxford, 2017), 161-90 (이 내용은 176-7); Michael Hope, 'The Mongols in South Asia', in May and Hope (eds),

The Mongol World, 890-906 (이 내용은 896)을 보라. 더 자세한 논의로는 R.C. Jauhri, 'Ghiyāthu'd-Dīn Tughluq—his original name and descent', in Horst Krüger (ed.), *Kunwar Mohammad Ashraf. An Indian Scholar and Revolutionary 1905-1962* (Berlin, 1966), 62-6이 있다.

110 *Masālik*, 원문 39 (독일어 번역 117). Hayton of Gorighos, *La Flor des estoires de la terre d'Orient*, ed. Ch. Dulaurier, in *Recueil des Historiens des Croisades. Documents arméniens*, II (Paris, 1906), 프랑스어 원문 214, 215 (동시대인인 Nicolas Faucon의 라틴어 번역본 335). 본문에 언급된 수치와 다른 수치들에 대해서는 Biran, *Qaidu*, 85-6을 보라. Spuler, *Die Goldene Horde*, 376은 금 오르다 병력의 최대 상한이 6만 명이라고 보았는데, 내가 보기에 이는 지나치게 낮은 수치다.

112 *JT*, II, 1062-3 (*DzhT*, III, 104; *CC*, 368 〔김호동 역주, 《일 칸들의 역사》, 158〕). al-Yūnīnī, *Dhayl Mir'āt al-zamān* (Hyderabad, A.P., 1374-80/1954-61), II, 363/ed. Jarrākh, XVIII, 5는 더 자세한 정보를 제공하지만, 건설 시점을 665/1267년으로 제시했다. 수베(sübe)/시베(sībe)에 대해서는 이 장의 주 45를 보라.

113 *JT*, I, 758 (*SGK*, 142; *CC*, 262 〔김호동 역주, 《칸의 후예들》, 219〕).

114 같은 책, II, 1163 (*DzhT*, III, 207; *CC*, 402 〔김호동 역주, 《일 칸들의 역사》, 289〕).

115 야사우르: 같은 책, I, 606-7 (*CC*, 212 〔김호동 역주, 《칭기스 칸 기》, 453. 여기서는 "이수르 노얀(Yīsūr Nōyān)"으로 표기함〕); II, 1226 (*DzhT*, III, 578; *CC*, 423-4 〔김호동 역주, 《이슬람의 제왕》, 47〕에서 더 자세히 서술함). 사르반: Waṣṣāf (1853), 509 25행-510 2행/(2009), 266 (*GW*, IV, 295). Rawshan and Mūsawī edn에서 이 세부 사항은 서술되지 않았으나, Jahn edn, 26 및 *DzhT*, III, 577 (*CC*, 424 〔김호동 역주, 《이슬람의 제왕》, 47〕)을 확인할 것. 이름은 경우에 따라 YSAWR · YASA'WR · YYSWR 등으로 다양하게 표기되었다. 중앙아시아 몽골인들의 남진은 Kempiners, 'Vaṣṣāf's *Tajziyat al-amṣār*', 180-4에서 상세히 설명되었다.

116 *JT*, II, 1226에서는 매우 소략하게 서술되었으니, *DzhT*, III, 268, 577-8 (*CC*, 423-4 〔김호동 역주, 《이슬람의 제왕》, 47〕)을 확인할 것. 나우루즈가 카이두 쪽에 투신한 것에 대해서는 Biran, *Qaidu*, 57-9를 참고할 것.

117 Waṣṣāf (1853), 314, 8-10행 (*GW*, III, 134-5에서는 이 문장이 잘못 해석되었다)과 20. 아울러 같은 책, 253, 11-12행의 "ba-ṭaraf-i Sīstān paywasta būd wa-bar lashgar-i Nikūdār ḥākim shuda būd" (*GW*, II, 243)도 참고할 것. '시스탄'의 용법에 대해서는 Aubin, 'L'ethnogénèse', 91 (repr. in his *Études*, 274)을 보라.

118 Landa, 'New light on early Mongol Islamisation', 94-6. 690/1291년과 691/1292년 바다흐샨에서 주조된 화폐에는 이미 두아의 표장(標章, 탐가)인 φ가 새겨져 있다. Petrov, 'Badakhshan', 499-501을 보라.

119 宋濂 等, 《元史》 卷9 〔《世祖6》〕를 인용한 Pelliot, *Notes on Marco Polo*, I, 64-5.

120 *JT*, II, 957 (*SGK*, 329; *CC*, 332 〔김호동 역주, 《칸의 후예들》, 480〕).

121 Sayfī (1944), 629-30/(2004), 635-6. Petrov, 'Khronologiia', 302-3은 바다흐샨이 차가다이 울루스에 복속한 시점이 쾨펙의 치세(1320?~1326)였다고 보았다.

122 *Masālik*, 원문 38 (독일어 번역 116). 단, 같은 책, 원문 46 (독일어 번역 123)에서는 바다

흐샨 왕국이 독립 국가인 것처럼 서술되었다.

123 Michael Hope, 'The "Nawrūz King": The rebellion of Amir Nawrūz in Khurasan (688-694/1289-94) and its implications for the Ilkhan polity at the end of the thirteenth century', *BSOAS* 78 (2015), 451-73을 보라.

124 《집사》에서 손상된 문장의 교정에 대해서는 Aubin, 'L'ethnogénèse', 84 및 n.2 (repr. in his *Études*, 267-8 및 n.103)와 Kempiners, 'Vaṣṣāf's *Tajziyat al-amṣār*', 182-3을 보라.

125 Waṣṣāf (1853), 368 1-2행 (*GW*, III, 262-3). Aubin, 'L'ethnogénèse', 92 (repr. in his *Études*, 275).

126 *JT*, I, 758 (*SGK*, 142; *CC*, 262 〔김호동 역주, 《칸의 후예들》, 219〕). Qāshānī, *Ta'rīkh-i Uljāytū Sulṭān*, 201. Waṣṣāf (1853), 367 25행 (*GW*, III, 262). 비니 가우에 대해서는 위의 주 86을 확인할 것.

127 *SP*, fo. 118b. 단, 타라가이는 다른 아내를 통해 태어난 아들이다. 쿠틀룩 테무르에 대해서는 Aubin, 'L'ethnogénèse', 82 및 n.3 (repr. in his *Études*, 266 및 n.96); Fakhr al-Dīn Abū Sulaymān Dā'ūd b. Abī l-Faḍl Banākatī, *Rawḍat ūlī l-albāb fī ma'rifat al-tawārīkh wa l-ansāb*, ed. Ja'far Shi'ār (Tehran, 1348 shamsī/1969), 398과 573의 주 119를 보라. Qāshānī, *Ta'rīkh-i Uljāytū Sulṭān*, 36은 타가이를 "쿠틀룩 호자의 오르다의 아미르"라고 불렀다. 뒤의 주 129도 참고하라. 일칸국의 사료들은 쿠틀룩 테무르가 아바카 · 게이하투 · 올제이투 등 일칸과 차례로 결혼한 엘투즈미슈(Eltüzmish)의 아버지임을 알려준다. 이 결혼들 가운데 아바카와의 혼인은 아마 아바카가 호라산 동부로 원정한 677~677/1278~1279년에 이루어졌을 것이다. 티기나바드에 대해서는 "칸다하르와 매우 가까운 곳에 위치했음이 분명하다"라고 판단한 Clifford Edmund Bosworth, *The Later Ghaznavids: Splendour and Decay. The Dynasty in Afghanistan and Northern India 1040-1186* (Edinburgh, 1977), 149-51을 확인할 것.

128 차가다이 일문의 인도 방면 공세를 개괄한 글로는 Hope, 'The Mongols in South Asia', 893-4가 있다.

129 Waṣṣāf (1853), 510 6행/(2009), 267, "ki lashgar-i Qutlugh Khwājarā mīdānist" (*GW*, IV, 296는 이를 "welcher das Heer Qotlogh Chodschas kannte 〔쿠틀룩 호자의 군대를 알았던〕"로 해석했다).

130 이 두 차례 침공에 대해서는 Jackson, *The Delhi Sultanate*, 221-4를 확인할 것.

131 Waṣṣāf (1853), 368 2-3행 (*GW*, III, 263). *JT*, I, 628, 758 (*SGK*, 25, 142; *CC*, 218, 262 〔김호동 역주, 《칸의 후예들》, 31-2, 219〕).

132 Waṣṣāf (1853), 368 3행 (*GW*, III, 263). 같은 책, 368-71 (*GW*, III, 263-70)은 이란 남부에 대한 공세 (단, 연도가 699년으로 잘못 쓰여 있다). *JT*, II, 1109 (*DzhT*, III, 152; *CC*, 384 〔김호동 역주, 《일 칸들의 역사》, 219-20〕)는 쿠틀룩 호자의 파르스 침공을 간략히 언급했다.

133 Waṣṣāf (1853), 454 13행/(2009), 138 (*GW*, IV, 150). 몽골 제국의 인도 침공에 대한 Wink, *Al-Hind*, III, 119-21의 논평도 흥미롭다.

134 Waṣṣāf (1853), 510 3-4행 및 517 5행/(2009), 267, 283 (*GW*, IV, 295-6, 312).

135 같은 책, (1853), 517 6-7행/(2009), 283 (*GW*, IV, 312).

136 Jackson, 'The Mongols of Central Asia', 96. 페샤와르에서 남서쪽으로 25킬로미터 거리
인 하슈트나가르에 대해서는 IB, tr. Gibb, 591 n.212를 보라.

137 IB, III, 202 (tr. Gibb, 649 〔정수일 역주, 《이븐 바투타 여행기》 2권, 69〕). 투글룩과 몽골
인 사이의 전투에 대해서는 Jackson, *The Delhi Sultanate*, 229, 231을 확인하라. 〔투글룩
이 몽골인들을 상대로 수많은 승리를 거두었다는 내용이 이븐 바투타의 기록이고, 투글
룩의 통치에 몽골인들이 감히 인도를 공격할 생각을 하지 못했다는 내용은 Jackson, *The
Delhi Sultanate*, 231에서 인용된 바라니의 서술이다.〕

138 Qāshānī, *Ta'rīkh-i Uljāytū Sulṭān*, 149-50. 이트쿨에 대해서는 *SP*, fo. 120a; *MA*, fo.
32b (Īt-qūlī), ed. Vokhidov, 원문 66 (러시아어 번역 51은 '이트(Īt)'를 '아야트(Āят)'
로 읽었다). 이트쿨은 705년/1305년 타라가이의 군세에도 가담했던 인물이다. Waṣṣāf
(1853), 510 9-10행/(2009), 267 (*GW*, IV, 296).

139 Qāshānī, *Ta'rīkh-i Uljāytū Sulṭān*, 201. 다른 기록을 참고했음이 확실한 기록은 각주
152. Ms. Ayasofya 3019, fos 66b, 88b는 교주본의 'LKMYR'가 '락치르'로 읽혀야 한다
는 생각을 뒷받침해준다.

140 Waṣṣāf (1853), 368 10행 (*GW*, III, 263). 아바치의 헤라트와 키르만 공격에 대해서는
Aubin, 'L'ethnogénèse', 88 (repr. in his *Études*, 272); Jackson, 'The Mongols of Central
Asia', 96을 확인할 것.

141 차가다이 일문의 원정에 대해서는 Qāshānī, *Ta'rīkh-i Uljāytū Sulṭān*, 208-11을 보라.
같은 책 153과 164에는 더 간략하게 서술되어 있다.

142 Waṣṣāf (1853), 528/(2009), 308. Jackson, *The Delhi Sultanate*, 225.

143 야사우르가 호라산에서 펼친 격동적인 경력은 Katō, 'Kebek and Yasawr', 104-11과
Mahendrarajah, *A History of Herat*, 105-11에서 논의되었다. L.V. Stroieva, 'Bor'ba
kochevoi i osedloi znati v chagataiskom gosudarstve v pervoi polovine XIV v.', in
Pamiati akademika Ignatiia Iulianovicha Krachkovskogo. Sbornik statei (Leningrad,
1958), 206-20 (이 내용은 211-15)과도 비교해보라. 야사우르가 시스탄을 어떻게 다루
었는지는 Bosworth, *The History of the Saffarids of Sistan*, 437-8을 확인할 것.

144 *JT*, I, 300 (*CC*, 104-5 〔김호동 역주, 《칭기스 칸 기》, 113〕).

145 Qāshānī, *Ta'rīkh-i Uljāytū Sulṭān*, 150. Claus-Peter Haase, 'Von der "Pax Mongolica"
zum Timuridenreich', in Stephan Conermann and Jan Kusber (eds), *Die Mongolen
in Asien und Europa* (Frankfurt am Main, 1997), 139-60 (이 내용은 157)을 보라.
Trepavlov, 'Sopravitel'stvo v mongol'skoi imperii', 260은 에센 부카의 통치도 공동 통
치로 볼 수 있다고 생각했지만, 두아의 통치와 할릴 술탄 및 카잔 술탄의 공동 통치는 놓
쳤다.

146 *TR*, I (원문), 245, II (영어 번역), 190-1. 여기서 하이다르는 아버지 바락이 개종한 것을
근거로 삼아 두아 역시 무슬림일 것으로 추측했다.

147 Qāshānī, *Ta'rīkh-i Uljāytū Sulṭān*, 54.

148 같은 책, 210. 다만 ms. Ayasofya 3019, fo. 93a에 따라 'SNKWK을 'SYKWL로 읽었다.

149 Biran, 'Rulers and city life', 271. 14세기 초 차가다이 울루스의 중심지가 진동하듯이 동
서를 오간 것에 대해서는 Dardess, *Conquerors and Confucians*, 27-8을 참고하라.

150 HA, *Jughrāfiyya* (트란스옥시아나에 대한 부분), Bodleian ms. Fraser 155, fo. 172a.

151 Yazdī, *ZN* (1972), fo. 80a/(2008), I, 215.

152 al-'Aynī, *'Iqd al-jumān: SMIZO*, I, 원문 494 (러시아어 번역 524-5)에서만 언급된다.

153 HA, *Jughrāfiyya*, BL ms. Or. 1577, fo. 294b. 이런 세부 사항은 하피즈 아브루의 다른 역사서에서는 보이지 않고, 그 근거도 알 수 없다. 720년대에 바라니와 이사미('Iṣāmī)가 언급한 몽골 침공에 대해서는 Jackson, *The Delhi Sultanate*, 231을 보라(다만, 타르마시린의 이름이 언급되지는 않는다).

154 Ḥamd-Allāh Mustawfī Qazwīnī, *Ta'rīkh-i guzīda*, 617. 같은 저자, *Ẓafar-nāma*, II, 1463 20-1464 9행. HA, *Dhayl-i Jāmi' al-tawārīkh*, 167-8도 이 의견을 따랐으나, 하피즈 아브루는 *Jughrāfiyya*, BL ms. Or. 1577, fos 294b-295a에서 더 상세하게 설명했다.

155 Baranī, *Ta'rīkh-i Fīrūzshāhī*의 초기 교정본인 RRL, Persian ms. 2053, 288; Bodleian mss. Elliot 353, fo. 192a; S. Digby Or. 54, fo. 161a에 의거함. Muḥammad Bihāmadkhānī (842/1438-9년 집필), *Ta'rīkh-i Muḥammadī*, BL ms. Or. 137, fo. 400b도 이를 따랐다 (저자에 대해서는 *PL*, I, 90을 확인할 것).

156 IB, III, 28-30 (tr. Gibb, 555 〔정수일 역주, 《이븐 바투타 여행기》 1권, 529-30〕).

157 같은 책, III, 41-2 (tr. Gibb, 561 〔정수일 역주, 《이븐 바투타 여행기》 1권, 536〕).

158 Naṭanzī (1957), 262/(2004), 206과 비교해보라. Manz, *The Rise and Rule*, 34.

159 Liu, 'War and peace', 348-50. 그 이후의 상황에 대해서는 Hope, 'The Middle Empire', 307-8도 확인할 것.

160 Biran, 'Rulers and city life', 271.

161 al-Dhahabī, *Ta'rīkh al-Islām*, LIII, 329. al-Ṣafadī, *al-Wāfī bi l-wafayāt*, X, 382. 같은 저자, *A'yān al-'aṣr*, I, 523.

162 HA, *Jughrāfiyya*, BL ms. Or. 1577, fo. 308a.

163 'Iṣāmī, *Futūḥ al-salāṭīn*, 423-4. 일반적으로 725년이라고들 하는 무함마드의 즉위 연도에 대해서는 216쪽과 4장의 주 190을 확인할 것.

164 IB, II, 373; III, 90 (tr. Gibb, 478, 591 〔정수일 역주, 《이븐 바투타 여행기》 1권, 474, 563〕).

165 Jackson, *The Delhi Sultanate*, 232를 보라. 오랫동안 진위를 의심받아온 이 침공 기록에 대해서는 같은 저자, 'The Mongols and the Delhi Sultanate in the reign of Muḥammad Tughluq (1325-1351)', *CAJ* 19 (1975), 118-57 (이 내용은 119-26)을 참고할 것. 이 논문에서 논의된 사료에 더해 공격이 730년 초/1329년과 1330년 사이의 겨울에 이루어졌음을 알려주는 al-Jazarī, *Ḥawādith al-zamān*, II, 377도 참고할 것. 뇌물 수수 혐의에 대해서는 Hope, 'The Mongols in South Asia', 894를 보라.

166 이하의 내용을 개설적으로 서술한 것으로는 다음이 있다. Jackson, 'The Mongols and the Delhi Sultanate', 147-51; Aubin, 'Le khanat de Čaġatai', 22; Iqtidar Husain Siddiqui, 'Sultan Muḥammad bin Tughluq's foreign policy: A reappraisal', *Islamic Culture* 62 (1988), 1-22 (이 내용은 17-19); Jackson, *The Delhi Sultanate*, 233-4; and Hope, 'The Mongols in South Asia', 897-8.

167 Jalāl al-Dīn Yūsuf-i Ahl, *Farā'id-i Ghiyāthī*, SK ms. Fâtih 4012, fos 456a-457b. 이

사본의 내용은 (면수가 조금 다르게 책정되기는 했지만) Aubin, 'Le khanat de Čaġatai', 22에 인용되었다.

168 이들의 이름에 대해서는 IB, III, 120-1, 374-5, 393-5 (tr. Gibb, 606, 735, 743-4 〔정수일 역주, 《이븐 바투타 여행기》 2권, 26-7, 157-8, 166-7〕). 이 무리의 일부 인물에게 무함마드가 보여준 관용에 대해서는 Baranī, *Ta'rīkh-i Fīrūzshāhī*, 461 (tr. Zilli, 284).

169 IB, III, 43, 46 (tr. Gibb, 562, 564 〔정수일 역주, 《이븐 바투타 여행기》 1권, 537, 538-9〕). 《이븐 바투타 여행기》 사본들에서 아들의 이름이 'BŠAY'라고 쓰여 있으나, *MA*, fo. 32a, ed. Vokhidov, 원문 65 (러시아어 번역 50)의 형태로 보아 'BAŠAYTY' ('파샤이타이(Pashaitai), '파샤이의 아들'?)일 가능성도 있다. Jackson, *The Delhi Sultanate*, 234. 대략 카불 북쪽에 거주한 부족 파샤이(Pashai)에 대해서는 Pelliot, *Notes on Marco Polo*, II, 799-800을 보라. Baranī, *Ta'rīkh-i Fīrūzshāhī*, 533-4에는 무함마드 이븐 투글룩이 사망한 1351년에 나우루즈가 델리 술탄국에 머무르며 무함마드의 후원을 누렸다는 내용이 있다. (참고로 Zilli trans., 327는 '나우로즈(Nauroz)'를 누락하고 단순히 '카르간(Kargan)'이라고만 부르는 실수를 범했다). 나우루즈 쿠레겐의 델리 술탄국 체류는 무함마드 사후에 일어난 사건들을 다루는 *ZT*, I, 235에 나온다.

170 Baranī, *Ta'rīkh-i Fīrūzshāhī*, 499 (Zilli trans., 307). 같은 책, 462 (Zilli trans., 284)의 내용과도 비교해보라.

171 IB, III, 46 (tr. Gibb, 564 〔정수일 역주, 《이븐 바투타 여행기》 1권, 538〕).

172 첫번째 판본인 Bodleian ms. S. Digby Or. 54, fo. 166a의 내용. ms. Elliot 353, fo. 199b에서는 "az īn sūī"가 누락되고 "wa-banda"가 "parwarda"를 수식했다.

173 Aubin, 'Le khanat de Čaġatai', 32. '종주권'에 대해서는 IB, III, 74 (tr. Gibb, 580 〔정수일 역주, 《이븐 바투타 여행기》 1권, 554는 종주권이라는 용어를 사용하지 않고 무이즈 알딘 "후싸인왕은 인도왕 편에 서게 되었으며"로 옮겼다〕). 무이즈 알딘이 무함마드 이븐 투글룩에게 보냈다는 서신은 Yūsuf-i Ahl, *Farā'id-i Ghiyāthī*, ed. Mu'ayyad, I, 182-5에서 읽을 수 있다.

174 Naṭanzī (1957), 197/(2004), 162.

175 Bihāmadkhānī, fo. 328b.

176 Baranī, *Ta'rīkh-i Fīrūzshāhī*, 524 (Zilli trans., 321은 "파르간(Farghan)"으로 읽었다). 같은 책, 533 (Zilli trans., 327)의 내용과도 비교해보라. 최초의 판본에서 군세의 수치는 3000명 또는 4000명이라고 쓰여 있다. Bodleian mss. Elliot 353, fo. 207b 및 S. Digby Or. 54. Bihāmadkhānī, fo. 405a에는 '기천 명'이라고만 되어 있다. *ZT*, I, 235에는 수효가 명시되지 않았다.

177 Baranī, *Ta'rīkh-i Fīrūzshāhī*, 533-7 (Zilli trans., 327-30).

178 Yazdī, *ZN* (1957), I, 29-30/(2008), I, 258 〔이주연 역주, 〈야즈디 《勝戰記》 譯註〉, 109〕. Naṭanzī (1957), 262/(2004), 206.

179 Shāmī, *ZN*, I, 14. Yazdī, *ZN* (1957), I, 29/(2008), I, 257 〔이주연 역주, 〈야즈디 《勝戰記》 譯註〉, 109〕; Naṭanzī (1957), 197, 200, 261/(2004), 162, 164, 205와도 비교해보라. Manz, 'The ulus Chaghatay', 83.

180 Khwāfī (1962), III, 66/(2007), II, 931, 744/1343~1344년. 그러나 Aubin, 'Le khanate

de Čaġatai', 29는 이 연도가 첫 공격 날짜를 의미할 수도 있다고 보았다. 아파르드부의 아미르들이 전사한 전투에 대해서는 Faryūmadī, *Dhayl-i Majmaʻ al-ansāb*, 322를 보라.

181 IB, III, 50-1, 64 (tr. Gibb, 566-7, 574 〔정수일 역주, 《이븐 바투타 여행기》 1권, 541, 549〕). 무이즈 알딘의 술탄 칭호 사용과 헤라트에 대한 카자간의 원정에 대해서는 다음을 보라. Yazdī, *ZN* (1957), I, 24-8/(2008), I, 252-6 〔이주연 역주, 〈야즈디 《勝戰記》 譯註〉, 103-8〕; Aubin, 'Le khanat de Čaġatai', 29-36; Jackson, 'The Mongols and the Delhi Sultanate', 154-5; Potter, 'The Kart dynasty of Herat', 50-1.

182 HA, *Taʾrīkh-i salāṭīn-i Kart*, 185-7 (CO, 원문 43-5도 같음). Faryūmadī, *Dhayl-i Majmaʻ al-ansāb*, 320-1. 그러나 무이즈 알딘이 차가다이 울루스 쪽의 도움을 받았다는 주장은 오류다. Aubin, 'Le khanat de Čaġatai', 36. Mahendrarajah, *The Sufi Saint of Jam*, 64-5.

183 Aubin, 'Le khanat de Čaġatai', 36. Potter, 'The Kart dynasty of Herat', 51.

184 Yazdī, *ZN* (1957), I, 31/(2008), I, 260 〔이주연 역주, 〈야즈디 《勝戰記》 譯註〉, 112에는 "바클란(Baqlān) 상류를 통해 안다라브(Andarāb)로 갔으며 그곳에서 사망할 때까지 지냈다"로 옮겨졌다〕.

185 Naṭanzī (1957), 197/(2004), 162.

186 같은 책 (1957), 204/(2004), 167, "qarāʻūnāsān ki parwarda-yi ān khānwāda būdand". 하피즈 아브루가 내용을 보강한 Shāmī, *ZN*, II, 12도 같은 내용이다.

187 Shāmī, *ZN*, I, 47, 50. 같은 책, 43도 확인할 것. Naṭanzī (1957), 243, 247, 270-1, 283, 284/(2004), 193, 196, 212, 220. Yazdī, *ZN* (1957), I, 96, 106-7, 120-1, 127-8/(2008), I, 332, 345, 361, 369 〔이주연 역주, 〈야즈디 《勝戰記》 譯註〉, 185, 196, 210, 218〕. *ZT*, I, 417 (그리고 하피즈 아브루가 내용을 보강한 Shāmī, *ZN*, II, 12)도 이와 같다.

188 Shāmī, *ZN*, I, 15. 그러나 Yazdī, ZN (1957), I, 32/(2008), I, 261 〔이주연 역주, 〈야즈디 《勝戰記》 譯註〉, 113〕은 당시 발흐가 술두스부의 올제이 부가의 손아귀에 있었다고 전한다.

189 Naṭanzī (1957), 210/(2004), 170. *ZT*, I, 325-6도 이에 따랐다 (Shāmī, *ZN*, II, 15도 동일). Shāmī, *ZN*, I, 19; Yazdī, *ZN* (1957), I, 45/(2008), I, 275 〔이주연 역주, 〈야즈디 《勝戰記》 譯註〉, 128〕와 비교해보라.

190 Yazdī, ZN (1957), I, 37/(2008), I, 267 〔이주연 역주, 〈야즈디 《勝戰記》 譯註〉, 119〕.

191 같은 책 (1957), I, 53, 55/(2008), I, 285, 287 〔이주연 역주, 〈야즈디 《勝戰記》 譯註〉, 138, 140〕.

192 Naṭanzī (1957), 232/(2004), 185-6.

193 IB, III, 40-1 (tr. Gibb, 560-1 〔정수일 역주, 《이븐 바투타 여행기》 1권, 535-6〕).

194 Naṭanzī (1957), 201-2/(2004), 165가 가장 상세한 정보를 전해준다. Yazdī, *ZN* (1957), I, 29/(2008), I, 257 〔이주연 역주, 〈야즈디 《勝戰記》 譯註〉, 108-9〕. Khwāfī (1962), II, 80/(2007), II, 944 (tr. Iusupova, 79)는 이 사건이 754/1353~1354년에 일어났다고 전해준다. 카자간은 아들의 행동에 반대했다고 한다.

195 Yazdī, *ZN* (1957), I, 30/(2008), I, 259 〔이주연 역주, 〈야즈디 《勝戰記》 譯註〉, 110〕. Shāmī, *ZN*, I, 52의 서술과도 비교해보라. Manz, *The Rise and Rule*, 44.

196 Shāmī, *ZN*, I, 15. HA, *Jughrāfiyya*, BL ms. Or. 1577, fo. 308a는 아미르 후세인을 "마 와

라 알나흐르와 발흐"의 지배자라고 부른다. IA (1979), 6/(1986), 45 (*TGA*, 3-4)는 발흐를 아미르 후세인의 거주지(takht mulkihi)라고 부른다.

197 Shāmī, *ZN*, I, 51-2. Yazdī, *ZN* (1957), I, 131/(2008), I, 372-3 〔이주연 역주, 〈야즈디《勝戰記》譯註〉, 221-2〕. Manz, 'The ulus Chaghatay', 94-5 및 *The Rise and Rule*, 54-5. 그러나 Gronke, 'The Persian court between palace and tent', 18은 반대가 그 위치 때문이 아니라 고정된 수도를 정하기로 한 데서 비롯되었다고 주장하기도 했다.

198 Aubin, 'Le khanat de Čaġatai', 19. Manz, *The Rise and Rule*, 58.

199 Manz, *The Rise and Rule*, 160 (appendix A). Bernardini, 'The Mongol puppet lords', 174-5.

200 Bernardini, *Mémoire et propagande*, 61-2. 미르혼드와 혼다미르 등 티무르 왕조 후기 역사가들의 입장에 대해서는 같은 책, 65-9.

201 Manz, The Rise and Rule, 161, (appendix A). 같은 책, 43도 확인할 것.

202 Ando, *Timuridische Emire*, 62-4.

제8장 티무르의 조상과 차가다이 칸국의 엘리트

1 *JT*, I, 606 (*CC*, 211-12 〔김호동 역주, 《칭기스 칸 기》, 453〕).

2 *SP*, fo. 117b (부카 두칼라트의 이름 가운데 두칼라트 부분이 "DWQLAMD"[?]로 나타난다). 모계에 대해서는 *JT*, I, 72 (*DzhT*, I, part 1, 149; *CC*, 30 〔김호동 역주, 《부족지》, 141-2〕)도 확인할 것. 모계는 같은 책, I, 606, 762에서는 이름이 "몽케(Möngke)"로 되어 있다 (*SGK*, 145; *CC*, 212, 265 〔김호동 역주, 《칭기스칸기》, 453; 《칸의 후예들》, 233〕도 참고할 것).

3 티무르 왕조 측 사료에서 제시되는 티무르의 조상들에 대해서는 John E. Woods, 'Timur's genealogy', in Michael M. Mazzaoui and Vera B. Moreen (eds), *Intellectual Studies on Islam. Essays Written in Honor of Martin B. Dickson* (Salt Lake City, UT, 1990), 85-125 (이 내용은 91-9)를 보라. 직계 가족에 대해서는 Woods, *The Timurid Dynasty*, 17을 확인할 것.

4 IA (1979), 3/(1986), 39 (*TGA*, 1)에서만 케쉬에서 남서쪽으로 13킬로미터 거리에 있는 이 마을을 특정한다. M.E. Masson and G.A. Pugachenkova, 'Shakhri Siabz pri Timure i Ulug-Beke', tr. J.M. Rogers as 'Shahr-i Sabz from Tīmūr to Ūlūgh Beg - I', *Iran* 16 (1978), 103-26 및 '… - II', Iran 18 (1980), 121-43 (이 내용은 '… - I', 109).

5 타라가이의 사망일자에 대해서는 V.V. Bartol'd, 'O pogrebenii Timura', in his *Sochineniia*, II, part 2, 423-54, tr. J.M. Rogers, 'V.V. Bartol'd's article O pogrebenii Timura ("The burial of Tīmūr")', *Iran* 12 (1974), 65-87 (이 내용은 67 및 n.7)을 참고하라.

6 Yazdī, *ZN* (1957), I, 8/(2008), I, 234 〔이주연 역주, 〈야즈디《勝戰記》譯註〉, 82의 "타키나 하툰(Takina Khātūn)"〕에서 언급됨. 테키네 하툰에 대해 서로 대립되는 기록에 대해서는 Woods, 'Timur's genealogy', 97을 참고할 것.

7 John of Sulṭāniyya, *Mémoire*, ed. Moranvillé, 447.

8 아버지의 지위를 낮추어 설명하려 노력했을 가능성에 대해 논한 Manz, 'Tamerlane and the symbolism', 116-17과 비교해보라.

9 IA (1979), 7, 'min jihat al-nisā'/(1986), 45 (*TGA*, 4의 "모계로 칭기스 칸과 분리되지 않

았다"라는 문장은 오역이다). Ibn Qāḍī Shuhba, *Ta'rīkh*, IV, 429에도 동일한 문장이 있다. al-Maqrīzī, *Durar al-'uqūd*, I, 507과 Ibn Taghrībirdī, *al-Manhal*, IV, 104에는 티무르의 어머니가 칭기스 칸의 후손이라고만 쓰여 있다. Hodgson, *The Venture of Islam*, II, 429는 티무르가 "최소한 모계로 칭기스 왕조와 연결되어 (…) 있을지도 모른다"라고 추측했다.

10 *MA*, fo. 96b, ed. Vokhidov, 원문 190 (러시아어 번역 117). Woods, 'Timur's genealogy', 97. Ando, *Timuridische Emire*, 117 n.50은 Manz, *The Rise and Rule*, 165의 내용을 교정했다. 하피즈 아브루가 내용을 보강한 Shāmī, *ZN*, II, 12는 핫지 마흐무드샤를 타이부카 (Taibuqa)의 아들이라고 부른다.

11 Yazdī, *ZN* (1957), I, 351/(2008), I, 631 [이주연 역주, 〈야즈디《勝戰記》譯註〉, 455].

12 Shāmī, *ZN*, I, 21. Yazdī, *ZN* (1957), I, 54/(2008), I, 286-7 [이주연 역주, 〈야즈디《勝戰記》譯註〉, 140]. Karl Jahn, 'Timur und die Frauen', *Anzeiger der Österreichischen Akademie der Wissenschaften, phil.-hist. Klasse*, 111 (1974), 515-29 (이 내용은 517). 쿠틀룩 테르켄의 남편에 대해서는 *MA*, fo. 95a, ed. Vokhidov, 원문 187 (러시아어 번역 115)을 확인할 것.

13 Shāmī, *ZN*, I, 90. Yazdī, *ZN* (1957), I, 260/(2008), I, 529-30 [이주연 역주, 〈야즈디《勝戰記》譯註〉, 360]. Priscilla P. Soucek, 'Tīmūrid women: A cultural perspective', in Gavin R.G. Hambly (ed.), *Women in the Medieval Islamic World. Power, Patronage and Piety* (New York, 1998), 199-226 (이 내용은 201-2). 쿠틀룩 테르켄 아가의 무덤에 대해서는 Muḥammad b. 'Abd al-Jalīl Samarqandī, *Qandiyya*, in Īraj Afshār (ed.), *Qandiyya wa-samariyya. Dū risāla dar ta'rīkh-i mazārāt-u jughrāfiyyā-yi Samarqand* (Tehran, 1367 sh./1988), 165를 보라. 오늘날 전해진 내용이 15세기에 확립된 것으로 보이는 이 책에 대해서는 Barthold, *Turkestan3*, 15-16을 참고할 것.

14 *MA*, fo. 95a, ed. Vokhidov, 원문 187 (러시아어 번역 115). ZT, I, 42. Woods, *The Timurid Dynasty*, 19.

15 Yazdī, *ZN* (1957), I, 161-2/(2008), I, 407 [이주연 역주, 〈야즈디《勝戰記》譯註〉, 254의 "알람 샤이흐(Ālam Shaykh)"]. 토바츠에 대해서는 *TMEN*, I, 260-4 (no. 133, 'Truppeninspektor [군대 감독관]'); Manz, *The Rise and Rule*, 173-4를 참고할 것.

16 샤미는 티무르의 두 형제에 대해 언급했다. 싯딕(Ṣiddīq)은 1360년대 중반 티무르의 지지자 가운데 한 사람으로 등장한다. 아미르 알리(Amīr 'Alī)는 782/1380~1381년 호라산 원정에 종군했다. 싯딕: Shāmī, *ZN*, I, 22. 알리: 같은 책, I, 82, 88. 그러나 야즈디《승전기》의 해당 부분에서 싯딕 바를라스(Ṣiddīq Barlās)는 카라차르의 아들 일데르의 후손(즉 먼 친척)으로 설명되고, 아미르 알리는 티무르의 여동생과 무아이야드 아를라트 사이에서 태어난 아들로 그려진다. Yazdī, *ZN* (1957), I, 58, 230/(2008), I, 289, 493 [이주연 역주, 〈야즈디《勝戰記》譯註〉, 143-4 ("일다르(Ildar)의 후손 중 한 명인 사딕 바를라스(Ṣaddīq Barlās)"), 330 ("아미르 무바야드의 아들 아미르자다 알리(Amīrzāda 'Alī)")].

17 Woods, *The Timurid Dynasty*, 12를 보라. Bartol'd, 'O pogrebenii Timura', 424 (tr. Rogers, 67)는 티무르의 할아버지 보로굴(*Borogul)이 무슬림이었다는 의견에 의문을 표했다.《고귀계보》의 알리가르(Aligarh) 사본은 보로굴의 아버지인 아일랑기르가 티무르의 조상 중에서 처음으로 이슬람을 믿었다고 전한다. Ando, *Timuridische Emire*, 70-1. 그러나 이 사본은 한참 지난 후대(19세기 중기)에 작성되었다. 같은 책, 18-19.

18 Yazdī, *ZN* (1972), fo. 83a/(2008), I, 223 〔이주연, 〈티무르의 聖廟순례와 마와라안나흐르의 토착 수피〉, 《中央아시아硏究》 25.1 (2020), 59-94 (이 내용은 74-5)〕. 같은 책 (1957), I, 475-6/(2008), I, 756 〔이주연 역주, 〈야즈디 《勝戰記》 譯註〉, 572-3〕도 확인할 것. 야즈디는 이름을 쿨라르(Kulār)라고 썼다. 샴스 알딘 쿨랄에 대해서는 Bartol'd, 'O pogrebenii Timura', 425-6 (tr. Rogers, 67-9과 nn.13 및 24)을 보라 Jürgen Paul, 'Scheiche und Herrscher im Khanat Čaġatay', *Der Islam* 67 (1990), 278-321 (이 내용은 291-9)은 (바르톨트와 달리) 샴스 알딘 쿨랄이 아미르 쿨랄(Amīr Kulāl)과는 다른 인물이라고 주장했다.

19 Hans R. Roemer, 'Zur Herkunft Timurs', in Bernardini (ed.), *La civiltà timuride come fenomeno internazionale*, I, 5-8. Grousset, *The Empire of the Steppes*, 409 〔김호동·유원수·정재훈 옮김, 《유라시아 유목제국사》, 577〕와 Hodgson, *The Venture of Islam*, II, 428-9, 430의 더 오래된 논평과도 비교해보라.

20 TSM, ms. Hazine 2152. Emel Esin, 'Ḥanlar Ulaḳi (The succession of kings): On the illustrated genealogy, with Uygur inscriptions, of Mongol and Temürid dynasties, at the Topkapı Library', in Heissig and Sagaster (eds.), *Gedanke und Wirkung*, 113-27 (이 내용은 116-24. 단, 'ḤSYN'이 'ČYN'으로 잘못 읽혔다); Anna Caiozzo, 'Propagande dynastique et célébrations princières, mythes et images à la cour timouride', *BEO* 60 (2011), 177-202 (이 내용은 180). 이 계보도는 Thackston (trans.), *A Century of Princes*, xvi에서도 확인할 수 있다.

21 Woods, 'Timur's genealogy', 85, 109-14. Binbas., 'Structure and function of the genealogical tree', 509-14.

22 이 설명은 야즈디가 《세계정복자의 역사》를 위해 지은 《서문》에 쓰여 있다. Yazdī, *ZN* (1972), fos 24a-25a/(2008), I, 64-6. Woods, 'Timur's genealogy', 91. 이야기의 전개에 대해서는 Manz, 'Family and ruler', 66-7을 확인하라. 이 단락 및 이하의 내용은 Biran, *Chinggis Khan*, 122-3, 125를 참고할 것.

23 Yazdī, *ZN* (1972), fos 28a, 28b, 29a, 29b/(2008), I, 75, 76-7, 78, 80.

24 같은 책, (1972), fos 26b-27a/(2008), I, 71. Woods, 'Timur's genealogy', 92는 수구에 대한 야즈디의 서술을 신뢰해도 되는가 하는 중요한 의문을 제기했다.

25 Yazdī, *ZN* (1972), fo. 33a/(2008), I, 91.

26 같은 책, (1972), fos 61b, 62a, 75a/(2008), I, 168-9, 170, 200-1. Woods, 'Timur's genealogy', 92-3.

27 Yazdī, *ZN* (1972), fo. 75b/(2008), I, 202. *MA*, fo. 81a-b, ed. Vokhidov, 원문 159-60 (러시아어 번역 104) 및 이 단락을 영어로 번역하여 인용한 Subtelny, *Timurids in Transition*, 19와 비교해보라.

28 Yazdī, *ZN* (1972), fo. 76b/(2008), I, 205. 이 반란에 대한 야즈디의 서술은 *TJG*, I, 85-90 (*HWC*, 109-15)에 기초했으나, 《세계정복자사》에는 막상 카라차르가 전혀 언급되지 않는다. Binbaş, *Intellectual Networks*, 207 n.31. 그러나 카라차르의 아들 일데르는 《세계정복자사》에서 이 전투와 관련되어 언급되었을 수 있다.

29 Yazdī, *ZN* (1972), fo. 81a 15-18행/(2008), I, 218. Woods, 'Timur's genealogy', 95.

30 Yazdī, *ZN* (1957), I, 9/(2008), I, 235-6 〔이주연 역주, 〈야즈디 《勝戰記》 譯註〉, 83-4〕.

816

31 같은 책, (1972), fos 22b, 23a, 24a, 83b; (1957), II, 518/(2008), I, 60, 61, 63, 224; II, 1337 〔이주연 역주, 〈야즈디《勝戰記》譯註〉, 1075〕. 칭기스 왕조와 티무르 왕조가 공통의 조상을 가진다고 더 조심스레 암시한 같은 책, (1972), fo. 7b/(2008), I, 20과 비교해보라.

32 *MA*, fos 6b-7a, 79a, 81a, 82a-b, 94a, 95a, ed. Vokhidov, 원문 14-15, 155, 159, 161, 185, 187 (러시아어 번역 26-7, 103-5, 114, 115). *ZT*, I, 35, 36.

33 Rudi Paul Lindner, 'What was a nomadic tribe?', *CSSH* 24 (1982), 689-711 (이 내용은 696-701); Peter B. Golden, 'Ethnogenesis in the tribal zone: The shaping of the Turks', *AEMA* 16 (2008-9), 73-112 (특히 74-5, 104-5), and repr. in Golden, *Studies on the Peoples and Cultures of the Eurasian Steppes*, ed. Cătălin Hriban (Bucharest, 2011), 17-63 (여기서는 19-20, 54-5)을 보라. 그러나 이러한 허구는 존재하지 않는 경우도 있다. Paul, 'The state and the military', 28.

34 *JT*, I, 245, 247 (*CC*, 88, 89 〔김호동 역주, 《칭기스 칸 기》, 49-50, 51. 단, 한국어 번역본에서 "카출라이"는 "카출리(Qāčūlī)"로 표기됨〕).

35 SH, §§ 45-6 (tr. De Rachewiltz, I, 9 〔유원수 역주, 《몽골 비사》, 32-3〕). Woods, 'Timur's genealogy', 88-91은 이 사료들의 서로 다른 증언을 검토한다.

36 존 우즈가 지적한 대로(같은 글, 90), SH, § 120 (tr. De Rachewiltz, I, 47 〔유원수 역주, 《몽골 비사》, 83: "바룰라스에서 소코 현자가 아들 카라차르와 왔다")〕)은 수구 세첸을 언급한 티무르 왕조 이전의 유일한 역사서다.

37 *JT*, I, 201 (*DzhT*, I, part 1, 530-1; *CC*, 74 〔김호동 역주, 《부족지》, 362-3〕). Manz, *The Rise and Rule*, 156.

38 *SP*, fo. 127b. 카출라이의 후손은 fo. 100a-b에 열거되어 있다. Woods, 'Timur's genealogy', 90-1.

39 Eiji Mano 〔間野英二〕, 'Amir Timūr Kürägän: The Timurid genealogy and Timur's position', *Tōyōshi Kenkyū* 34, no. 4 (March 1976), 4-5의 영어 초록은 계보 자체는 사실이되, 이 계보가 티무르보다는 그의 후손에게 더 중요했다고 생각했다. 이 논문 〔間野英二, 〈アミル・ティムル・キュレゲン: ティムル家の系譜とティムルの立場〉, 《東洋史研究》 34巻 4號, 591-615〕 의 일본어 본문을 읽을 수 없다는 사실이 애석할 따름이다.

40 각각 Ibn Fatḥ-Allāh al-Baghdādī, *al-Ta'rīkh al-Ghiyāthī*, 169, 170.

41 이븐 할둔은 다른 저술에서도 이런 의견을 드러냈다. 《성찰의 책》에서는 *Kitāb al-'Ibar*, V, 1117; Van den Bent, 'None of the kings', 177.

42 Ibn Khaldūn, *Kitāb al-'Ibar*, V, 1033, 1179. 이 교열본은 자카타이(Jaqaṭāī)를 지속적으로 자파타이(Jafaṭāī)라고 읽는다.

43 같은 책, V, 1081-2.

44 같은 책, V, 1129.

45 IA (1979), 4, 6-7/(1986), 42, 45 (*TGA*, 1-2에서 '제화공'은 '대장장이'로, "ṭā'ifat awshāb"는 "혼종 무리"로 옮겨졌다. 같은 책, 4도 참고). 이븐 아랍샤는 또한 타라가이의 아버지의 이름이 "BĠAY'(Abaghai?)였다는 수수께끼 같은 증언도 남겼다. 후대에 타라가이의 지위를 높이려는 노력에 대해서는 Sela, *The Legendary Biographies of Tamerlane*, 58을 보라.

46 Shāmī, *ZN*, I, 27.

47 Clavijo (1859), 125-6/(1928), 210. John of Sulṭāniyya, *Mémoire*, ed. Moranvillé, 441.

48 Roemer, 'Zur Herkunft Timurs', 6.

49 *JT*, I, 589 (*CC*, 205 〔김호동 역주,《칭기스 칸 기》, 435〕).

50 SH, §243 (tr. De Rachewiltz, I, 167 〔유원수 역주,《몽골 비사》, 240〕). 카라차르 외 다른 두 천호의 경우, 몽케(Möngke)는 라시드 알딘의 모게(Möge)에 해당하겠지만, 이도쿠다이(Idoqudai)는《집사》와《5족보》어디에서도 나타나지 않는다. 카라차르가 다만 천호의 지휘관 95명 중 하나로만 언급된 SH, §202 (tr. I, 133 〔유원수 역주,《몽골 비사》, 197: "29 카라차르"〕)와도 비교해보라. 코코초스는 바아린부(Ba'arin) 출신이다. SH, §120 (tr. De Rachewiltz, I, 47 〔유원수 역주,《몽골 비사》, 83〕).

51 Naṭanzī (1957), 103/(2004), 84.

52 Shāmī, *ZN*, I, 10, 12-14, 58.

53 *MA*, fo. 81a, ed. Vokhidov, 원문 159 (러시아어 번역 104). Manz, 'Tamerlane and the symbolism', 111; Subtelny, *Timurids in Transition*, 21-2. 모첼게(möchelge)에 대해서는 Subtelny, 'The binding pledge (*möchälgä*): A Chinggisid practice and its survival in Safavid Iran', in Colin P. Mitchell (ed.), *New Perspectives on Safavid Iran, Empire and Society* (London and New York, 2011), 9-29를 확인할 것.

54 이하의 내용은 Grupper, 'A Barulas family narrative', 21-33; Subtelny, *Timurids in Transition*, 18-22; 'Tamerlane and his descendants', 171-2를 참고할 것.

55 그루퍼는 바룰라스부의 노얀 불루간 칼자가 SH, §202 (tr. De Rachewiltz, I, 167 〔유원수 역주,《몽골 비사》, 197: "28 볼로간"〕)에서 천호 지휘관으로 언급된 불루간과 동일인이라고 추정했다.

56 Grupper, 'A Barulas family narrative', 36, 79-81. 그러나 Atwood, '*Ulus* emirs', 특히 158-9도 확인할 것.

57 Grupper, 'A Barulas family narrative', 35.

58 같은 글, 37. 결론에 있는 같은 글, 79-80도 아울러 참고할 것.

59 Subtelny, *Timurids in Transition*, 21-2. 같은 저자의 'Tamerlane and his descendants', 171-2와도 비교해보라. 야르구츠에 대해서는 Florence Hodous, 'Jarqu and jarquchin', in May and Hope (eds), *The Mongol World*, 331-40을 확인할 것.

60 *TR*, I (원문), 34, II (영어 번역), 30

61 같은 책, I (원문), 249, II (영어 번역), 194. 튀쥑(tüzük)에 대해서는 *TMEN*, II, 613 (no. 963: "Regel, Vorschrift 〔규칙, 규정〕")을 참고할 것.

62 Subtelny, *Timurids in Transition*, 22-4; 'Tamerlane and his descendants', 172.

63 두 유형 모두를 확인할 수 있는 예시로는 *JT*, I, 73-5 (*DzhT*, I, part 1, 152-7; *CC*, 30-1 〔김호동 역주,《부족지》, 145-7〕)이 있다.

64 Atwood, '*Ulus* emirs', 147-50, 154-6.

65 (티무르의 후손을 제외한) 카라차르의 다섯 아들의 후손에 대해서는 *MA*, fos 82a-95a, ed. Vokhidov, 원문 161-87 (러시아어 번역 105-15)과 *ZT*, I, 37-44를 보라. Ando, *Timuridische Emire*, 68-83도 이들에 대해 조사했다.

66 이 문제에 대한 간략한 소개는 Manz, *The Rise and Rule*, 156-7을 확인할 것.

818

67 Yazdī, *ZN* (1972), fos 77b-78a/(2008), I, 208-9.

68 *JT*, I, 606 (*CC*, 211-12는 이 이름을 '에칙(Echig)'으로 읽었다. 〔김호동 역주, 《칭기스칸 기》, 453: "이질 노얀[Ījīl Nōyān"]). 같은 책, I, 201 (*DzhT*, I, part 1, 531; *CC*, 74 〔김호동 역주, 《부족지》, 327: "이지발 노얀(Ījibāl Nōyān)"])과도 비교해보라. 또한 Woods, 'Timur's genealogy', 94; Ando, *Timuridische Emire*, 69의 설명도 확인할 것.

69 Woods, 'Timur's genealogy', 94.

70 Yazdī, *ZN* (1972), fos 77b-78a/(2008), I, 208-9.

71 카즈비니와 그를 따른 *HWC*, 114의 "YLDR'를 "YLDZ'로 받아들인다면, *TJG*, I, 89. 일데르에 관해서는 *MA*, fo. 82a, ed. Vokhidov, 원문 161 (러시아어 번역 105); Woods, *The Timurid Dynasty*, 9를 참고할 것.

72 이 인명〔테물레이/네물레이/남불라이]의 표기는 불분명하다. Waṣṣāf (1853)는 이 인명을 'TYLAY'와 'NAMBLH'를 섞어가며 사용하지만, 저자의 친필 사본인 Istanbul ms. Nuruosmaniye 2740/1-2 (옛 문서 분류 번호: 3207), fo. 195a에는 NMBLAY (*GW*, IV, 295는 표기를 임의로 수정), fos 196a, 201a, 206a에서는 'NAMBLH'로 표기되어 있다. Waṣṣāf (2009)는 'NAMBLH'로만 썼다. 이 인물은 카라차르의 손자다. *MA*, fo. 88a, ed. Vokhidov, 원문 173 (러시아어 번역 108)에서 이 인물의 이름은 'NYMWLY'로 나타나지만, fo. 90a, ed. Vokhidov, 원문 177에서는 'TYMWLY'로 표기되었다. (그러나 러시아어 번역 110에서는 이런 형태로 쓰이지 않았다); *ZT*, I, 39에서는 'TYMWLY'로 표기되었다. Yazdī, *ZN* (1957), I, 31/(2008), I, 260 〔이주연 역주, 〈야즈디 《勝戰記》 譯註〉, 111-2〕은 'NMWLH'라고 표기했다. 테물레이는 1302~1303년 겨울에도 여전히 생존한 상태였다. Qāshānī, *Taʾrīkh-i Uljāytū Sulṭān*, 18 (ms., fo. 9b√에 따라 'TMWLA'로 읽음).

73 Waṣṣāf (1853), 513, 517/(2009), 274, 283 (*GW*, IV, 303, 312).

74 단, 관련 서술에서 등장하는 두아 휘하의 또다른 장령 아시탄(*Ashitan)이 같은 이름을 가진 카라차르의 바를라스 친족과 동일 인물일 가능성도 있다. 같은 책, (1853), 516/(2009), 280 (*GW*, IV, 309-10); *MA*, fo. 79a, ed. Vokhidov, 원문 155 (러시아어 번역 103)를 확인할 것.

75 *MA*, fo. 88a, ed. Vokhidov, 원문 173 (러시아어 번역 108). 핫지 바를라스의 조상에 대해서는 Yazdī, *ZN* (1957), I, 31/(2008), I, 260 〔이주연 역주, 〈야즈디 《勝戰記》 譯註〉, 111-2〕; Ando, *Timuridische Emire*, 75-6 및 279의 표도 아울러 참고하라.

76 투멘 칼란(tümen-i kalān)이라고 불리기도 한다. Yazdī, *ZN* (1957), II, 66/(2008), I, 914 〔이주연 역주, 〈야즈디 《勝戰記》 譯註〉, 710〕.

77 *MA*, fos 88a ("ming"), 89a ("tümen"), ed. Vokhidov, 원문 173, 175 (러시아어 번역 108, 109). Manz, *The Rise and Rule*, 31. Woods, 'Timur's genealogy', 96. 하피즈 아브루의 표현("aban ʿan jadd")에 대해서는 *ZT*, I, 320 (그리고 하피즈 아브루가 내용을 보강한 Shāmī, *ZN*, II, 13)을 보라. Ando, *Timuridische Emire*, 75-6은 이 표현들에 대해 논한다.

78 Manz, *The Rise and Rule*, 180 n.42는 울루 밍을 비롯한 여러 용어에 대해 해당 사료가 얼마나 바를라스 전승에 가까운지, 또 다른 부족들을 외부자의 관점으로 다루고 있는지를 가늠할 수 있는 척도로 보았다.

79 Shāmī, *ZN*, I, 15. Yazdī, *ZN* (1957), I, 31-2/(2008), I, 261 〔이주연 역주, 〈야즈디 《勝戰記》

譯註〉, 113〕. Subtelny, *Timuridsin Transition*, 22의 지적대로 케쉬를 티무르의 '세습 투멘'
으로 묘사하는 것도 같은 맥락이라고 볼 수 있다. Ando, *Timuridische Emire*, 75의 비판적
태도도 적확했다.

80 Manz, *The Rise and Rule*, 45; 'Tamerlane and the symbolism', 116-17.

81 Yazdī, *ZN* (1957), I, 7, 476, 566; II, 141/(2008), I, 234, 756, 843, 985 〔이주연 역주, 〈야
즈디《勝戰記》譯註〉, 81 ("훌륭한 부친"), 573, 646 ("이름난 부친"), 771 ("저명한 부친")〕.
같은 책, (1957), II, 419/(2008), II, 1252의 "존엄하신 부친(pidar-i saʿīd)"도 있다 〔이주
연 역주, 〈야즈디《勝戰記》譯註〉, 999의 "사이드의 부친"은 실수다〕.

82 같은 책, (1972), fo. 83a/(2008), I, 223. 신실한 사람들과 타라가이의 우정에 대해서는 같
은 책, (1957), I, 7/(2008), I, 234 〔이주연 역주, 〈야즈디《勝戰記》譯註〉, 81〕.

83 같은 책, (1957), II, 518-19/(2008), II, 1338 〔이주연 역주, 〈야즈디《勝戰記》譯註〉, 1075.
본문의 보로굴은 이 번역본에서 "바르쿨(Barkul/BRKL)"로 표기됨〕. Woods, 'Timur's
genealogy', 96.

84 Shāmī, *ZN*, I, 16, 18-19. Bernardini, 'La prise du pouvoir par Tamerlan', 140-1.

85 Yazdī, *ZN*, (1957), I, 45-6/(2008), I, 277 〔이주연 역주, 〈야즈디《勝戰記》譯註〉, 129〕.

86 같은 책 (1957), I, 29/(2008), I, 258 〔이주연 역주, 〈야즈디《勝戰記》譯註〉, 109〕. 오로나우
트에 대해서는 Paul Pelliot and Louis Hambis, *Histoire des campagnes de Gengis Khan.
Cheng-wu Ts'in-tcheng-lou*, vol. I only published (Leiden, 1951), 73-4를 보라. IB, III,
29에는 톡부가(*Toqbugha) (혹은 어쩌면 톡토가(Toqtogha → Toqto'a); tr. Gibb, 555, "탁
부가(Taqbughā)" 〔정수일 역주, 《이븐 바투타 여행기》1권, 530, "타끄바가"〕)라는 인물이
타르마시린의 부관(nāʾib)으로 나오는데, 내용의 맥락으로 볼때 차가다이 울루스 전체에
서 칸의 대리인 지위를 누렸던 것이 아니라 카르시 인근 칸의 오르두에서 부사령관의 역할
을 했다는 의미에서 부관이라고 소개된 것 같다.

87 *TR*, I (원문), 9, 33-4, II (영어 번역), 7-8, 29. 망갈라이 쉬베에 대해서는 308쪽과 제7장
주45를 확인할 것.

88 *TR*, I (원문), 34, 91, II (영어 번역), 30, 73-4.

89 같은 책, I (원문), 241, II (영어 번역), 188.

90 *JT*, I, 206-7 (*DzhT*, I, part 1, 549; *CC*, 77 〔김호동 역주, 《부족지》, 334〕). *SP*, fo. 117b의
설명은 더 간략하다.

91 Pishchulina, *Iugo-vostochnyi Kazakhstan*, 44-5; Kim, 'The early history of the Moghul
nomads', 300-1을 보라.

92 두글라트 아미르 중 차가다이 일문의 공주와 결혼했다고 알려진 가장 오래된 인물이 1360년
대 중반의 수석 아미르(아미르 알우마라(amīr al-umarā)·아카 울루기(āqā ūlughī))이자
찬탈자 카마르 알딘의 동생 샴스 알딘(Shams al-Dīn)이라는 사실은 의미심장하다. *MA*,
fo. 33a, ed. Vokhidov, 원문 67 (러시아어 번역 51). 샴스 알딘의 지위는 Naṭanzī (1957),
125/(2004), 102를 통해 특정된다. 아카 울루기(āqā ūlughī)라는 표현에 대해서는 *TMEN*,
I, 135를 보라. 그러나 샴스 알딘의 관직 임명이나 혼인이 카마르 알딘의 패권 장악 이후의
일인지에 대해서는 알 수 없다.

93 *TR*, I (원문), 9-10, II (영어 번역), 7-8. 투글룩 테무르의 의심스러운 계보에 대해서는

DeWeese, 'Islamization in the Mongol empire', 132; Jackson, *The Mongols and the Islamic World*, 358을 보라.

94 *TR*, I (원문), 28, 31-2, II (영어 번역), 20, 28. 거의 동시대인인 Naṭanzī (1957), 130-1/ (2004), 106은 이때의 킹메이커가 미락 아카(Mīrak Āqā)였다고 했는데, 그에 따르면 미락 아카는 울루스의 아타벡이자 후다이다드의 아버지(그러나 하이다르의 사건 묘사를 토대로 살펴보면 이 인명은 후다이다드의 어머니를 생각나게 한다)였다. 아울러 같은 책 (1957), 418/(2004), 305와도 비교해보라. *ZT*, I, 522 (또한 하피즈 아브루가 내용을 보강한 Shāmī, *ZN*, II, 39)는 후다이다드의 어머니를 아미라 아카(Amīra Āqā)라고 불렀다. Naṭanzī (1957), 115, 130/(2004), 93, 106와 Yazdī, *ZN* (1957), I, 337/(2008), I, 617 〔이 주연 역주, 〈야즈디《勝戰記》譯註〉, 440〕, 모두 히드르 호자의 아버지가 정말로 투글룩 테무르라고 보았던 것 같다.

95 반대파에 대해서는 Kim, 'The early history of the Moghul nomads', 특히 307-13과 같은 저자의 'The rise and fall of the Hami kingdom (ca. 1389-1513)', in *Land routes of the Silk Roads and the cultural exchanges between the East and West before the 10th century* (十世紀前的絲綢之路和東西文化交流) (Beijing, 1996), 89-95 (이 내용은 90-2)를 보라. 알루구의 아들 추베이의 후손인 구나시리는 이후 하미(카물)의 왕으로 등장한다. Morris Rossabi, 'Ming foreign policy: The case of Hami', in Sabine Dabringhaus and Roderich Ptak (eds, with Richard Teschke), *China and Her Neighbours. Borders, Visions of the Other, Foreign Policy 10th to 19th Century* (Wiesbaden, 1997), 79-97 (이 내용은 83이나, 이 인물을 "부냐시리(Bunyashiri)"라 부른 것은 실수임), and repr. in Rossabi, *From Yuan to Modern China and Mongolia. The Writings of Morris Rossabi* (Leiden and Boston, MA, 2014), 19-37 (이 내용은 23); Ralph Kauz, *Politik und Handel zwischen Ming und Timuriden. China, Iran und Zentralasien im Spätmittelalter* (Wiesbaden, 2005), 32-3. Robinson, *Ming China and Its Allies*, 165는 구나시리가 후보로 세워진 이유가 티무르의 위협 때문이라고 보았다.

96 이 다양한 특권에 대해서는 *TR*, I (원문), 33-4, II (영어 번역), 28-31을 확인할 것.

97 Schamiloglu, 'The *Umdet ül-ahbar*'. 호칸드의 어정뱅이 칸들에게 티무르 왕조의 권위를 덧입히기 위해 고안된 후대의 사료에 대해서는 646쪽을 보라.

98 Uli Schamiloglu, 'The *Qaraçi* beys of the later Golden Horde: Notes on the organisation of the Mongol world empire', *AEMA* 4 (1984), 283-97. 그러나 Atwood, 'Ulus emirs'도 아울러 참고할 것.

99 Schamiloglu, 'The *Umdet ül-ahbar*', 91-2.

100 19세기 초 히바 칸들에게 바쳐진 역사서에서 조치 울루스의 콩쿠라트(콩라트(Qongrat)) 조상들에게 부여한 역할에 대한 또다른 분석으로는 다음이 있다. Yuri Bregel, 'Tribal tradition and dynastic history: The early rulers of the Qongrats according to Munis', *Asian and African Studies* 16 (1982), 357-98 (특히 395-6); İsenbike Togan, 'The Qongrat in history', in Pfeiffer and Quinn (eds), *History and Historiography of Post-Mongol Central Asia*, 61-83 (이 내용은 79-80).

101 *SP*, fo. 127b.

102 SH, §§ 187, 219 (tr. De Rachewiltz, I, 108-9, 150. 아울러 294-5의 주석도 참고하라 〔유원수 역주, 《몽골 비사》, 163-4, 220-1〕). *TJG*, I, 27-8 (*HWC*, 36-8). *JT*, I, 384 (*CC*, 131 〔김호동 역주, 《칭기스 칸 기》, 205-6〕)와도 비교해보라. 그러나 같은 책, I, 172 (*DzhT*, I, part 1, 436; *CC*, 65 〔김호동 역주, 《부족지》, 287〕)에서 키쉴릭 타르한이 술두스가 아니라 오이라트 킬룽구트(Oyirat Kilungghut)〔"오로나우트 킬키누트(Ōronāūūt Kilkinūt)"의 오기로 보임〕에 속한다고 쓴 점, 그리고 *SP*, fo. 117b에서 술두스의 키쉴릭이 키쉴릭 타르한과 별개의 인물이라고 쓴 점에도 주의할 필요가 있다. Ando, *Timuridische Emire*, 118의 논의를 보라.

103 Yazdī, *ZN* (1957), I, 177/(2008), I, 426 〔이주연 역주, 〈야즈디 《勝戰記》 譯註〉, 271〕. 아울러 같은 책 (1972), fo. 28b/(2008), I, 77도 확인할 것. Manz, The *Rise and Rule*, 186 n.31. 바로 앞의 주석에서 인용한 《고귀계보》의 내용과도 비교해보라.

104 *JT*, II, 942 (*SGK*, 313; *CC*, 327 〔김호동 역주, 《칸의 후예들》, 461〕). 'Işāmī, *Futūḥ al-salāṭīn*, 318은 쾨펙을 "sar-āhang-i ān kishwar"〔그 지방의 선봉〕라고 부른다. Jackson, *The Delhi Sultanate*, 227-8.

105 *JT*, I, 606, 762; II, 1077, 1080-1 (*SGK*, 145; *DzhT*, III, 118, 122; *CC*, 211-12, 265 〔"예순(Yesün)"은 오류임〕, 373, 375 〔김호동 역주, 《칭기스 칸 기》, 453; 《칸의 후예들》, 233; 《일 칸들의 역사》, 177, 183. 한국어 번역본에서는 모두 "이수르 노얀(Yīsūr Nōyān)"으로 표기됨〕); Waṣṣāf (1853), 71, 76 (*GW*, I, 원문 142, 151-2, 독일어 번역 135, 144-5). 울룩 야사우르는 칭기스 칸의 7년 원정에 참전한 야사우르나 초르마군 휘하에서 인도 북서부에서 작전을 펼치다 1244년 시리아 북부를 침공한 야사우르, 훌레구를 따라 이란에 진입한 야사우르와 혼동하면 안 된다. 또한 외손자인 차가다이 왕통의 왕자 야사우르(사망 720/1320)와도 반드시 구분해야 한다.

106 *JT*, II, 1163 (*DzhT*, III, 207; *CC*, 402 〔김호동 역주, 《일 칸들의 역사》, 289〕).

107 같은 책, I, 606-7 (*CC*, 212 〔김호동 역주, 《칭기스 칸 기》, 453〕); II, 1226 (*DzhT*, III, 578; *CC*, 423 〔김호동 역주, 《이슬람의 제왕》, 47. 5권에서는 앞 권과 달리 "야사우르(Yasāūr)"로 표기〕에서 더 자세히 다룸). Waṣṣāf (1853), 314 10행 (*GW*, III, 135는 야사우르의 이름을 누락했다).

108 Sayfī (1944), 409/(2004), 433. 그러나 Wing, *The Jalayirids*, 42에 따르면 야사우르는 일칸군의 포로가 되지 않았다. 이는 그의 아들 가운데 하나가 맞이한 운명이다.

109 *JT*, I, 607 (*CC*, 212 〔김호동 역주, 《칭기스 칸 기》, 453〕).

110 Qāshānī, *Ta'rīkh-i Uljāytū Sulṭān*, 35-6, 153, 208-10, 211. 야사우르 왕자의 도주 이후의 활동에 대해서는 214-15, 217. 죽음에 대해서는 226. Waṣṣāf (1853), 513, 515-16, 518, 519/(2009), 274, 275, 279-81, 285-6 (*GW*, IV, 308, 309, 310, 314, 315, 316)과도 비교해보라. Biran, *Qaidu*, 75, 83은 창시를 또다른 장령 장키(Jangqi)와 동일 인물로 보는데, 별개의 인물 같다.

111 Qāshānī, *Ta'rīkh-i Uljāytū Sulṭān*, 36. 705/1305년 어느 시점에 창시와 외조카 야사우르 왕자가 후잔드로 도주했다는 사실은 의미심장하다. Waṣṣāf (1853), 515/(2009), 280 (*GW*, IV, 309).

112 *JT*, I, 67 (*DzhT*, I, part 1, 134-5; *CC*, 28 〔김호동 역주, 《부족지》, 132〕)을 보라.

113 창시의 형제들: Qāshānī, *Taʾrīkh-i Uljāytū Sulṭān*, 208, 215. 오루스 부카: 같은 책, 39에 따르면 차파르의 형제들 가운데 하나를 사로잡는 데 오루스 부카가 중요한 역할을 했다.

114 *SP*, fos 126a (야사우르가 "잘라이르부의 예케 예수구르(Yeke Yesügür)"로 등장), 127b. 잘라이르타이의 혼인에 대해서는 *MA*, fo. 43b, ed. Vokhidov, 원문 88 (러시아어 번역 60)도 아울러 확인할 것.

115 *SP*, fo. 119b. 이러한 세부 사항들은《고귀계보》에서 누락되었다. Ando, *Timuridische Emire*, 109.

116 *JT*, II, 942 (*SGK*, 313; *CC*, 327 〔김호동 역주,《칸의 후예들》, 461〕). *SP*, fo. 137b에서 일 쿠틀룩의 남편은 술두스의 하산이라고 나와 있으나 (단, 하산이 쾨펙의 아들이라고 특정되지는 않았다),《집사》에서는 이름이 언급되지 않았다.

117 *JT*, II, 1215 (*DzhT*, III, 256; *CC*, 419 〔김호동 역주,《이슬람의 제왕》, 31〕).

118 *SP*, fo. 127b. *MA*, fo. 42b, ed. Vokhidov, 원문 86 (러시아어 번역 59은 이 이름들을 뒤죽박죽 섞어버렸다). 알리 벡은 705년경/1305년경 델리 술탄국에 대한 공격을 이끌었다. Jackson, *The Delhi Sultanate*, 227.

119 *SP*, fo. 118b. Banākatī, *Rawḍa*, 398. Qāshānī, *Taʾrīkh-i Uljāytū Sulṭān*, 7 (여기서 예순진의 어머니 예순진(Yesünjin)은 'BBSWNḤṢ'로, 바이주는 'MANQW'로 표기되어 있다. ms. Ayasofya 3019, fo. 4b에서도 이름 표기가 바뀌었다). 쿠틀룩 테무르의 아들 타라가이는 마찬가지로 구레겐이라 불렸는데, 나중에 쿠틀룩 호자의 부관으로 등장하는 동명의 인물과 동일 인물일 가능성이 있다. 쿠틀룩 테무르는 1260년 알루구에게 복속했고 바락의 이란 침공에도 참전했다. Waṣṣāf (1853), 12 17-21행 (*GW*, I, 원문 23-4, 독일어 번역 25); *JT*, II, 1077-8 (*DzhT*, III, 119; *CC*, 373-4 〔김호동 역주,《일 칸들의 역사》, 178〕). 아울러 322쪽, 제7장 주 127도 확인할 것. [120] Yazdī, *ZN* (1957), I, 155/(2008), I, 400 〔이주연 역주, 〈야즈디《勝戰記》譯註〉, 246〕.

121 같은 책, (1957), I, 172/(2008), I, 420 〔이주연 역주, 〈야즈디《勝戰記》譯註〉, 266〕. 무사의 부락(oimaq)에 대해서는 같은 책, (1957), I, 100/(2008), I, 337 〔이주연 역주, 〈야즈디《勝戰記》譯註〉, 189〕를 보라.

122 같은 책, (1957), I, 87/(2008), I, 323 〔이주연 역주, 〈야즈디《勝戰記》譯註〉, 176〕.

123 같은 책, (1957), I, 155/(2008), I, 400 〔이주연 역주, 〈야즈디《勝戰記》譯註〉, 246의 "순즈 쿠틀룩 아가(Sūnj Qutlugh Aghā)"〕. 두 공주가 동일 인물일 가능성이 있다는 주장은 Manz, *The Rise and Rule*, 158에서 볼 수 있다.

124 알루구 칸의 딸을 아내로 취했다고 하는 되르벤부(Dörben)의 코데게(Ködege)는 이름만 언급되었다. *SP*, fo. 122a; *MA*, fo. 37a, ed. Vokhidov, 원문 75 (이름은 'KWKH'로 표기됨. 코데게와 그 아내는 러시아어 번역 54에서는 누락됨).

125 Manz, *The Rise and Rule*, 157에서 지적한 대로다.

126 Jackson, *The Mongols and the Islamic World*, 243을 보라.

127 Yazdī, *ZN* (1957), I, 25/(2008), I, 253 〔이주연 역주, 〈야즈디《勝戰記》譯註〉, 104〕. HA, *Taʾrīkh-i salāṭīn-i Kart*, 180 (*CO*, 원문 39도 같은 내용). Aubin, 'Le khanat de Čaġatai', 35.

128 IB, III, 48-50 (tr. Gibb, 565-6 〔정수일 역주,《이븐 바투타 여행기》1권, 539-41〕). 알

라 알물크 후다반드자다와 이븐 바투타의 만남에 대해서는 같은 책, III, 57 (tr. Gibb, 570 〔정수일 역주,《이븐 바투타 여행기》1권, 545〕)을 확인할 것.

129 Bosworth, 'The political and dynastic history of the Iranian world', 184. 티르미드 사이드 일족에 대한 개괄은 W. Barthold, 'Tirmi<u>dh</u>', *EI2*, X, 543을 참고할 것.

130 IB, III, 50 (tr. Gibb, 566 〔정수일 역주,《이븐 바투타 여행기》1권, 541〕).

131 Yazdī, *ZN* (1957), II, 140, 419/(2008), I, 984; II, 1251 〔이주연 역주,〈야즈디《勝戰記》譯註〉, 770, 999에서는 후다반드자다 알라 알말릭(Khudāvand-zāda ʿAlā' al-Malik)〕.

132 같은 책 (1957), I, 157, 179; II, 98, 396/(2008), I, 402, 428, 943; II, 1229 〔이주연 역주, 〈야즈디《勝戰記》譯註〉, 248, 273, 736, 979에서는 후다반드자다(Khudāvand-zāda)〕.

133 Jamāl al-Qarshī, *al-Mulḥaqāt bi l-Ṣurāḥ*, 아랍어 원문 177-8 (러시아어 번역 130). 아울러 *Turkestan1*, I, 140에서도 발췌 번역되어 있다.

134 Chekhovich (ed.), *Bukharskie dokumenty*, 원문 55-6 (러시아어 번역 135-6). 조금 이전 시기에 해당하지만, A.K. Arends, A.B. Khalidov and O.D. Chekhovich (eds), *Bukharskii vakf XIII v.* (Moscow, 1979), 페르시아어 번역본의 팩시밀리본 도판 22(러시아어 번역 77-8)도 보라. 부르한 가문에 대해서는 C.E. Bosworth, 'Āl-e Borhān', *EIr*, I, 753-4를 보라.

135 *TJG*, I, 86, 88 (*HWC*, 110, 112). C.E. Bosworth, 'Ṣadr, I. In Transoxiana', *EI2*, VIII, 748-9. Biran, 'The Mamluks and Mongol Central Asia', 381.

136 IB, III, 27 (tr. Gibb, 554 〔정수일 역주,《이븐 바투타 여행기》1권, 528-9〕). Biran, 'The Chaghadaids and Islam', 746. 와크프나마는 Chekhovich (ed.), *Bukharskie dokumenty* (문서 1, 2, 4)에 수록되었다.

137 IB, III, 30, 33 (tr. Gibb, 556, 557 〔정수일 역주,《이븐 바투타 여행기》1권, 530-1, 532〕).

138 IB, III, 32 (tr. Gibb, 556 〔정수일 역주,《이븐 바투타 여행기》1권, 531. 이 단락에서 언급된 "카브크"는 "케벡"(본문의 "쾨펙")의 오기〕). Qāshānī, *Taʾrīkh-i Uljāytū Sulṭān*, 213-14는 야사우르 왕자가 이 도시들을 유일하게 파괴하지 않았다고 주장했다 (인쇄본은 SK Ayasofya ms. 3019, fo. 94b에 따라 교정되어야 한다). 그러나 Aḥmad b. Maḥmūd Muʿīn al-fuqarāʾ, *Taʾrīkh-i Mullāzāda*, ed. Aḥmad Gulchīn-i Maʿānī as *Taʾrīkh-i Mullāzāda dar dhikr-i mazārāt-i Bukhārā*, 2nd edn (Tehran, 1370 shamsī/1991), 64 (*Turkestan1*, I, 171에도 발췌 번역이 있음)의 언급에 따르면 부하라 약탈은 716년 라잡월[1316년 9월 말]의 사건이었다.

139 IA (1979), 5-6/(1986), 43-4 (*TGA*, 2-3). Paul, 'Scheiche und Herrscher', 297-8은 두 인물이 동일인이라고 명시했다.

140 이에 대해서는 V.V. Bartolʾd, 'Narodnoe dvizhenie v Samarkande v 1365 g.' (1907), tr. J.M. Rogers, 'Narodnoye dvizheniye v Samarkande v 1365 g. ("A popular uprising in Samarqand in 1365")', *Iran* 19 (1981), 21-31을 보라. 사마르칸드의 사르바다르 운동을 기록한 이른 시기의 사료로는 Shāmī, *ZN*, I, 32 (매우 간략)와 Yazdī, *ZN* (1957), I, 84, 86/(2008), I, 319, 321-2 〔이주연 역주, 〈야즈디《勝戰記》譯註〉, 172, 174〕가 있다.

141 Paul, 'Mongol aristocrats and beyliks in Anatolia', 109 (인용한 구절 포함).

142 Naṭanzī (1957), 113, 197/(2004), 91, 162. *ZT*, I, 182-3 (Shāmī, *ZN*, II, 6에도 포함).

Bernardini, 'The Mongol puppet lords', 170, 172.

143 Yazdī, *ZN* (1957), I, 31, 38/(2008), I, 260, 268 〔이주연 역주, 〈야즈디 《勝戰記》 譯註〉, 111, 120〕.

144 잘라이르의 사르 부가는 766/1364~1365년 "킵차크 부민(qawm)"을 이끄는 인물로 등장한다. Yazdī, *ZN* (1957), I, 77/(2008), I, 313 〔이주연 역주, 〈야즈디 《勝戰記》 譯註〉, 165〕. Manz, *The Rise and Rule*, 76, 120, 163을 보라.

145 Ando, *Timuridische Emire*, 62. Manz, *The Rise and Rule*, 32.

146 Ando, *Timuridische Emire*, 85-6.

147 Shāmī, *ZN*, I, 15. Naṭanzī (1957), 204/(2004), 167. Yazdī, *ZN* (1957), I, 31-2/(2008), I, 261 〔이주연 역주, 〈야즈디 《勝戰記》 譯註〉, 113〕. 샤미를 제외한 다른 사료들은 무함마드 호자 아파르드가 샤부르간을 장악하고 있었다고 전한다. 무함마드 호자 아파르드가 나이만에 속한다고 한 야즈디의 서술로 보아, 이 인물은 아마 나탄지 사료의 하미드 호자 (Ḥamīd Khwāja)와 동일인일 것이다. 아파르드에 대해서는 Ando, *Timuridische Emire*, 57-9를 참고할 것.

148 Naṭanzī (1957), 273/(2004), 213.

149 Faryūmadī, *Dhayl-i Majmaʿ al-ansāb*, 320.

150 Manz, *The Rise and Rule*, 160. 야즈디 《승전기》 교열본들에서 'BYGT'와 'TBYT/ TYBT'로 표기된 명사를 'BYST'로 읽었다. 베수트는 카불 지방과 연관되어 언급된다. Manz, *The Rise and Rule*, 157-8. 오루스(Ōrūs)라는 이름을 가진 베수트 노얀은 아바카 일칸을 위해 헤라트와 바드기스 지방에서 활동했다. *JT*, I, 209 (*DzhT*, I, part 1, 557-9; *CC*, 77-8 〔김호동 역주, 《부족지》, 337〕). Aubin, 'Le khanat de Čaġatai', 18, n.7과 Manz (앞에 인용한 곳과 같음)는 부락명에 대해 분명한 의견을 밝히지 않은 데 반해 Ando, *Timuridische Emire*, 54는 이를 "투바이트(Tubayt)"로 읽었으나, 이런 형태를 뒷받침해주는 증거는 어디에서도 찾을 수 없다.

151 Naṭanzī (1957), 117/(2004), 96. 바이람샤에 대해서는 Shāmī, *ZN*, I, 62; Yazdī, *ZN* (1957), I, 164/(2008), I, 410 〔이주연 역주, 〈야즈디 《勝戰記》 譯註〉, 257〕; Ando, *Timuridische Emire*, 60을 확인할 것.

152 Yazdī, *ZN* (1957), I, 195/(2008), I, 450 〔이주연 역주, 〈야즈디 《勝戰記》 譯註〉, 290〕. Ando, *Timuridische Emire*, 110, 169를 보라.

153 Manz, 'The ulus Chaghatay', 84 및 n.11과 *The Rise and Rule*, 155.

154 Yazdī, *ZN* (1957), I, 147/(2008), I, 392 〔이주연 역주, 〈야즈디 《勝戰記》 譯註〉, 238〕.

155 Manz, 'The Ulus Chaghatay', 79, 85-6과 *The Rise and Rule*, 36-40.

156 Naṭanzī (1957), 204/(2004), 167. *ZT*, I, 317 (Shāmī, *ZN*, II, 12에서도 같은 내용이 나옴). 아미르 알우마라라는 지위가 왜 나오는지 의아하다면, 두아의 수석 아미르 술두스의 쾨펙을 생각해볼 수 있다.

157 Yazdī, *ZN* (1957), I, 89, 119-20/(2008), I, 325-6, 359 〔이주연 역주, 〈야즈디 《勝戰記》 譯註〉, 178, 209〕.

158 같은 책 (1957), I, 29-30/(2008), I, 258 〔이주연 역주, 〈야즈디 《勝戰記》 譯註〉, 109〕. Naṭanzī (1957), 262/(2004), 206.

159 Manz, 'The ulus Chaghatay', 86-7. *The Rise and Rule*, 41-2, 63의 논평과 Fletcher, 'The
   Mongols: Ecological and social perspectives', 27도 참고하라. 이전 시기 칸의 옹립과 교
   체에도 이 원칙은 적용될 수 있을 것이다.

160 Paul, 'Mongol aristocrats and beyliks in Anatolia', 115-21과 'Zerfall und Bestehen',
   727-8을 보라. Golden, *An Introduction*, 304-5. 나우루즈부에 대해서는 Muʿīn al-Dīn
   Yazdī, *Mawāhib-i ilāhī*, 207; Kutubī, *Taʾrīkh-i āl-i Muẓaffar*, 32를 확인할 것.

161 Jackson, *The Mongols and the Islamic World*, 402-3의 가설.

162 예컨대 Barthold, *Zwölf Vorlesungen*, 218-19 (=Bartolʾd, *Sochineniia*, V, 172); Manz,
   The Rise and Rule, 164; *Nomads in the Middle East*, 147; Katō, 'Kebek and Yasawr',
   109; Ando, *Timuridische Emire*, 117; Nagel, *Timur der Eroberer*, 98 (여기서는 야사우
   르를 두아의 아들로 보는 오류를 범했다); Lee, *Qazaqlïq*, 63-4.

163 Yazdī, *ZN* (1957), I, 121/(2008), I, 361 〔이주연 역주, 〈야즈디 《勝戰記》 譯註〉, 210〕.
   Manz, 'The ulus Chaghatay', 84 및 n.9와 *The Rise and Rule*, 155 〔154의 오기임〕.
   Ando, Timuridische Emire, 57.

164 IA (1979), 7/(1986), 47 (*TGA*, 4).

165 *JT*, I, 166 (*DzhT*, I, part 1, 416; *CC*, 63 〔김호동 역주, 《부족지》, 279〕). 오로나우트에 대
   해서는 앞의 내용 및 주 86을 참고할 것.

166 Atwood, 'Ulus emirs', 158-9의 추정을 따랐다.

167 Shāmī, *ZN*, I, 255. Yazdī, *ZN* (1957), I, 53, 162, 559, 563/(2008), I, 285, 407, 835, 839
   (뒤의 두 쪽에서는 'TMWK'로 되어 있음) 〔이주연 역주, 〈야즈디 《勝戰記》 譯註〉, 139,
   254의 "티무카 카우친(Timūka Qauchīn)"과 641, 643의 "타무크 카우친"〕. 이외의 서술
   에서 야즈디는 성씨를 생략했고, 이는 Shāmī, *ZN*, I, 21, 23, 24도 마찬가지다. 테무게에
   대해서는 Ando, *Timuridische Emire*, 89-90을 보라. 카우친이라는 용어에 대한 논의는
   Manz, *The Rise and Rule*, 161-3을 참고할 것.

168 Yazdī, *ZN* (1957), I, 462-3, 573/(2008), I, 742-3, 850 〔이주연 역주, 〈야즈디 《勝戰記》
   譯註〉, 559, 652〕.

169 *TR*, I (원문), 246, II (영어 번역), 192.

170 *TMEN*, I, 423 (no. 295, "alt, ursprünglich; Gardetruppe, bestehend aus alterprobten
   Kriegern 〔오래되고 검증받은 노병으로 구성된 경비병〕")은 아래 주 178에서 인용한 샤
   미의 문구에서 인용한 것이다. Atwood, 'Ulus emirs', 159 ("오래된 것") 및 *EMME*, 541
   ("몽골 제국의 인구 조사에 따라 창설된 지방 부대")과 비교해보라.

171 Shāmī, *ZN*, I, 134. Yazdī, *ZN* (1957), I, 436/(2008), I, 715 〔이주연 역주, 〈야즈디
   《勝戰記》 譯註〉, 535〕. 튀르크어 '보이(boi)'에 대해서는 *TMEN*, II, 358-61 (no. 812,
   "spezielle Leibgarden [wahrscheinlich solche, die dem eigenen Stamme des Herrschers
   angehörten] 〔특별 경비병 [아마도 통치자가 속한 부락에 속한 사람들]〕").

172 Beatrice F. Manz, 'The office of darugha under Tamerlane', in Joseph Fletcher, Richard
   Nelson Frye, Yuan-chu Lam and Omeljan Pritsak (eds, with Carolyn I. Cross), *Niġuča
   Bičig. An Anniversary Volume in Honor of Francis Woodman Cleaves* (Cambridge,
   MA, 1985 =*JTS* 9), 59-69 (here 67, n.54). *The Rise and Rule*, 163 (아울러 36도 참고할

826

것)의 결론도 이와 같았다. *TR*, II, 192 n.2에서 색스턴은 "카우친은 원래 카안을 지키는 친위대였다"라고 썼다.

173 Atwood, 'Ulus emirs', 152-3. *EMME*, 541에서는 카우친을 "지방 부대"라고 부르며 숙위와 구분했다.

174 Melville, 'The *keshig* in Iran', 161의 지적.

175 이 수수께기 속 집단은 Ando, *Timuridische Emire*, 88 ff에서 논의되었다. Salmānī, *Shams al-ḥusn*, 원문 fo. 162b (독일어 축약 번역 118)도 참고할 것.

176 Naṭanzī (1957), 107/(2004), 87. Barthold, *Zwölf Vorlesungen*, 218 (=Bartol'd, *Sochineniia*, V, 172).

177 Shāmī, *ZN*, I, 30에서는 "쾨펙 제왕의 피후견인(tawābiʿ)"이라고 했다. Yazdī, *ZN* (1957), I, 83, 462; II, 25/(2008), I, 319, 742, 871 〔이주연 역주, 〈야즈디《勝戰記》譯註〉, 171, 559, 673〕. Manz, *The Rise and Rule*, 34, 49-50, 83. 양기는 타르마시린이 폐위될 무렵 발흐를 본거지로 삼았다. IB, III, 42 (tr. Gibb, 562 〔정수일 역주, 《이븐 바투타 여행기》 1권, 536의 "얀끼(Yanqī)"〕).

178 Shāmī, *ZN*, I, 194. "bā qūshūn-i khwud ki az qāwchīnān-i bandagī-yi ḥaḍrat būdand." 하피즈 아브루를 인용한 Manz, *The Rise and Rule*, 163도 확인할 것.

179 Shāmī, *ZN*, I, 30. Yazdī, *ZN* (1957), I, 83/(2008), I, 319 〔이주연 역주, 〈야즈디《勝戰記》譯註〉, 171〕.

180 Manz, *The Rise and Rule*, 155.

181 이 중요한 구분은 Manz, 같은 책, 43 이하를 보라.

182 같은 책, 44에서 지적한 바와 같다.

제9장 대아미르와 새로운 지배 계층의 등장

1 Yazdī, *ZN* (1957), II, 410-11/(2008), II, 1243 〔이주연 역주, 〈야즈디《勝戰記》譯註〉, 992의 번역을 약간 수정함〕.

2 Marozzi, *Tamerlane*, 206.

3 Manz, *The Rise and Rule*, 19.

4 Beatrice F. Manz, 'Administration and the delegation of authority in Temür's dominions', *CAJ* 20 (1976), 191-207 (이 내용은 196). Manz, *The Rise and Rule*, 18, 118-27, 167-75 과도 비교해보라.

5 *Taʿrīf* (1951), 382/(2008), 255 (*IKT*, 47).

6 IA (1979), 315/(1986), 451 (*TGA*, 295): (사망할 무렵) 80세에 가까웠다. John of Sulṭāniyya, *Mémoire*, ed. Moranvillé, 463: (1404년) "대략" 75세. (1402~1403년) 75세였다는 *Chronographia regum Francorum*, 213도 참고할 것.

7 al-Maqrīzī, *Durar al-ʿuqūd*, I, 501, 507. 이를 참고한 Ibn Taghrībirdī, *al-Manhal al-ṣāfī*, IV, 103도 마찬가지다. Ibn Ḥajar, *Inbāʾ al-ghumr*, ed. Ḥabashī, II, 299/ed. Khān, V, 225 는 티무르가 79세였다고 썼다. 개괄적인 설명은 Ito, 'Al-Maqrīzī's biography of Tīmūr', 312-13, 323을 참고하라.

8 Abū l-Walīd Muḥammad b. Maḥmūd Ibn al-Shiḥna, *Rawḍat al-manāẓir fī ʿilm al-*

awā'il wa l-awākhir [Ibn al-Athīr, *al-Kāmil fī l-ta'rīkh* (Būlāq, 1290/1873), IX의 여백
에 인쇄됨], 218. IA (1979), 141/(1986), 216 (*TGA*, 129).

9 Mignanelli (1764), 138b/(2013), 332 (tr. in Fischel, 'A new Latin source', 227). John of
Sulṭāniyya, *Mémoire*, ed. Moranvillé, 463은 티무르가 75세였다고 전한다. *Chronographia
regum Francorum*, III, 213도 상동. Giorgio Stella, *Annales Genuenses* [c. 1405], ed.
Giovanna Petti Balbi, RIS, n.s., XVII, part 2 (Bologna, 1975), 260은 티무르가 시리아와
오스만 왕조를 공격할 때 70세쯤이었을 것으로 보았다.

10 IA (1979), 314/(1986), 450-1 (*TGA*, 295 참고). 이 묘사의 대부분은 Roux, *Tamerlan*,
163에 대체로 그대로 실렸다.

11 John of Sulṭāniyya, *Mémoire*, ed. Moranvillé, 463. *Chronographia regum Francorum*,
III, 213과도 비교해보라. 이는 실제로 칭기스 칸을 만나지는 못했지만 남송의 사절로서
1221년 몽골 제국의 장수 무칼리(Muqali)를 만난 조공(趙珙)이 《몽달비록(蒙韃備錄)》에
서 묘사한 칭기스 칸과 거의 같다. 이는 동시대의 유일한 기록이다. "타타르 군주 테무진의
경우, 체격이 장대하고 훤칠하면서 이마가 넓고 구레나룻이 기다랗고 인물이 웅장하다 [惟
今韃主忒沒眞者, 其身魁偉而廣顙長鬋, 人物雄壯, 所以異也]" Christopher P. Atwood (trans.
and ed., with Lynn Struve), *The Rise of the Mongols. Five Chinese Sources* (Indianapolis,
IN, 2021), 73 [趙珙, 《蒙韃備錄》(鄭州, 2019), 70].

12 IA (1979), 4, 9-10/(1986), 42, 49 (*TGA*, 2, 6). Clavijo (1859), 77-8, 125-6/ (1928),
137, 210-12. John of Sulṭāniyya, *Mémoire*, ed. Moranvillé, 441-2. Mignanelli (1764),
138b/(2013), 332-3 (tr. in Fischel, 'A new Latin source', 227-8).

13 *Patriarshaia ili Nikonovskaia letopis'*, in *PSRL*, XI, 158; tr. Serge A. and Betty J.
Zenkovsky, *The Nikonian Chronicle*, IV. *From the Year 1382 to the Year 1425* (Prince-
ton, NJ, 1988), 94. 이 문헌은 티무르의 낮은 신분도 강조했다.

14 IA (1979), 6/(1986), 44 (*TGA*, 3).

15 Lee, *Qazaqlïq*, 66-70, and 'The political vagabondage', 특히 61-2, 66-8을 참고할 것.

16 Ando, *Timuridische Emire*, 272를 보라. 내륙아시아 정치체에서 전사 집단이 지닌 중요성
에 대해서는 Gommans, 'The warband'를 확인할 것.

17 *Ta'rīf* (1951), 382/(2008), 255 (*IKT*, 47). John of Sulṭāniyya, *Mémoire*, ed. Moranvillé,
461의 "et se delicte moult en argumens et questions"와도 비교할 것. 예컨대 Yazdī, *ZN*
(1957), II, 268, 396/(2008), II, 1105, 1229 [이주연 역주, 〈야즈디 《勝戰記》 譯註〉, 874,
979]가 있다.

18 IA (1979), 319/(1986), 455 (*TGA*, 299). Ibn Qāḍī Shuhba, *Ta'rīkh*, IV, 182 (이븐 할둔
의 마그레브 보고서의 페르시아어 번역); IV, 438에서 이븐 카디 슈흐바가 이븐 아랍샤
의 증언을 티무르가 문맹이어서 읽지도 쓰지도 못한 것으로 이해했음을 알 수 있다. 이는
Roemer, 'Tīmūr in Iran', 44의 생각이기도 하다. Kehren, *Tamerlan*, 171은 티무르가 케쉬
에서 성장할 때 수피인 아버지 친구들에게서 얼마간 교육을 받았을 가능성에 대해 논했다.
Roux, *Tamerlan*, 182는 이 맥락의 '문맹'이 티무르가 아랍어를 잘 알지 못했다는 의미에서
사용되었다고 보았다.

19 *ZT*, I, 319(그리고 하피즈 아브루가 내용을 보충한 Shāmī, *ZN*, II, 12)만이 바야지드의 역

할을 증언한다.

20 Shāmī, *ZN*, I, 16. Yazdī, *ZN* (1957), I, 36/(2008), I, 265 〔이주연 역주, 〈야즈디 《勝戰記》 譯註〉, 118〕. 몽골어 '가자르지(ghajarji)'에 대해서는 *TMEN*, I, 376-7 (no. 253: "Wegführer: derjenige, der einem Expeditionsheer in einem fremden Lande das Gelände erklärt…")을 참고할 것.

21 Shāmī, *ZN*, I, 16은 사여했다는 표현을 사용했다. Naṭanzī (1957), 117-18 (케쉬 '하자라 (hazāra) 〔천호(千戶)〕'가 언급됨), 205-6/(2004), 96, 168도 참고하라. 티무르의 항복에 대해서는 Bernardini, 'La prise du pouvoir par Tamerlan', 140-1을 참고하라. 티무르의 집 권을 다룬 이하의 단락은 Manz, *The Rise and Rule*, 45-57에 기반해 서술했다.

22 Shāmī, *ZN*, I, 17. Yazdī, *ZN* (1957), I, 42/(2008), I, 272 〔이주연 역주, 〈야즈디 《勝戰記》 譯註〉, 124-5〕. 두 저자 모두 "dar masnad-i ḥukūmat mutamakkin 〔통치의 위(位)에 자리 하다〕"이라는 구절을 써놓았는데, 이를 단순히 잘라이르부의 수장을 의미한다고 보기는 어 렵다.

23 Shāmī, *ZN*, I, 18. Yazdī, *ZN* (1957), I, 45/(2008), I, 275 〔이주연 역주, 〈야즈디 《勝戰記》 譯註〉, 128〕.

24 Shāmī, *ZN*, I, 19. Yazdī, *ZN* (1957), I, 47/(2008), I, 279 〔이주연 역주, 〈야즈디 《勝戰記》 譯註〉, 131〕.

25 Shāmī, *ZN*, I, 21-2. Yazdī, *ZN* (1957), I, 55-7/(2008), I, 287-9 〔이주연 역주, 〈야즈디 《勝 戰記》 譯註〉, 140-3〕. Manz, *The Rise and* Rule, 48.

26 Mahendrarajah, *A History of Herat*, 157-61을 보라.

27 Shāmī, *ZN*, I, 46, 49. Yazdī, *ZN* (1957), I, 121, 124/(2008), I, 362, 365 〔이주연 역주, 〈야 즈디 《勝戰記》 譯註〉, 211, 214〕. Naṭanzī (1957), 250/(2004), 195와도 비교해보라.

28 Shāmī, *ZN*, I, 47-51. Yazdī, *ZN* (1957), I, 122, 125-9/(2008), I, 363, 366-71 〔이주연 역주, 〈야즈디 《勝戰記》 譯註〉, 212, 215-9〕. Shāmī, *ZN*, I, 46-7와 Naṭanzī (1957), 250/ (2004), 195는 바흐람 잘라이르가 티무르에게 보급품을 보내지 못했거나 티무르를 무례하 게 대했다고 암시했다.

29 Bernardini, 'La prise du pouvoir par Tamerlan', 142. 같은 저자의 *Mémoire et propagande*, 61-2도 참고할 것. 그보다 이른 시점에 '자타'가 쓰인 것에 대해서는 312쪽을 보라.

30 Shāmī, *ZN*, I, 32. Bartol'd, 'Narodnoe dvizhenie', tr. Rogers를 보라.

31 Michele Bernardini, 'Il colpo di Stato di Timur a Balḫ nel 1370', *OM* 85 (2005 = n.s., 24), 309-25를 확인할 것.

32 Shāmī, *ZN*, I, 18-19. Yazdī, *ZN* (1957), I, 45/(2008), I, 275 〔이주연 역주, 〈야즈디 《勝戰 記》 譯註〉, 128〕. 동맹 관계 변화의 양상에 대해서는 Manz, *The Rise and Rule*, 47, 64를 보라.

33 Bernardini, 'La prise du pouvoir par Tamerlan', 141-2, 143-4. 미켈레 베르나르디니의 서술과 달리 사료들은 때로는 맹세의 계약 같은 표현을 사용했다. 예컨대 티무르와 후사인 이 "맹세 계약('ahd-u paymān)"을 갱신했다고 한 Shāmī, *ZN*, I, 25-6, 50-1이 있다.

34 Shāmī, *ZN*, I, 51.

35 같은 책, I, 57, 58.

36 Manz, *The Rise and Rule*, 81와 187 n.45. 더 자세한 설명은 Ando, *Timuridische Emire*, 76-7.

37 Yazdī, *ZN* (1957), I, 189/(2008), I, 442 〔이주연 역주, 〈야즈디《勝戰記》譯註〉, 284〕.

38 Shāmī, *ZN*, I, 35. Yazdī, *ZN* (1957), I, 90/(2008), I, 326 〔이주연 역주, 〈야즈디《勝戰記》譯註〉, 178〕.

39 Shāmī, *ZN*, I, 56. Yazdī, *ZN* (1957), I, 143/(2008), I, 387 〔이주연 역주, 〈야즈디《勝戰記》譯註〉, 234〕. *ZT*, I, 439 (하피즈 아브루가 내용을 보충한 Shāmī, *ZN*, II, 27도 확인할 것)는 더 자세한 설명을 제공한다.

40 Manz, *The Rise and Rule*, 165.

41 Shāmī, *ZN*, I, 57.

42 Yazdī, *ZN* (1957), I, 203, 225, 241; II, 402-3/(2008), I, 461, 488, 507; II, 1235 〔이주연 역주, 〈야즈디《勝戰記》譯註〉, 300, 324, 341, 985〕.

43 Manz, *The Rise and Rule*, 59-60. 아를라트 수령들에 대해서는 Ando, *Timuridische Emire*, 60. 주요 사료는 Shāmī, *ZN*, I, 61-4; Yazdī, *ZN* (1957), I, 163-9, 171-3/(2008), I, 409-15, 417-21 〔이주연 역주, 〈야즈디《勝戰記》譯註〉, 253-67〕; Naṭanzī (1957), 292-5/(2004), 227-9.

44 Yazdī, *ZN* (1957), I, 327/(2008), I, 605 〔이주연 역주, 〈야즈디《勝戰記》譯註〉, 234의 번역을 한국어판 본문에 맞는 표기로 수정했다〕.

45 Manz, *The Rise and Rule*, 155 (appendix A).

46 Yazdī, *ZN* (1957), I, 177-8, 462/(2008), I, 426, 742 〔이주연 역주, 〈야즈디《勝戰記》譯註〉, 271-2, 559〕.

47 같은 책 (1957), I, 354; II, 159/(2008), I, 635; II, 1005 〔이주연 역주, 〈야즈디《勝戰記》譯註〉, 458, 790〕. Ando, *Timuridische Emire*, 262. 말라슈는 795/1393년 우마르 셰이흐와 함께 시라즈로 이동했다. Yazdī, *ZN* (1957), I, 441/(2008), I, 720 〔이주연 역주, 〈야즈디《勝戰記》譯註〉, 539〕.

48 Manz, *The Rise and Rule*, 54.

49 Shāmī, *ZN*, I, 66-7. Yazdī, *ZN* (1957), I, 178, 181/(2008), I, 427, 430 〔이주연 역주, 〈야즈디《勝戰記》譯註〉, 272, 275〕.

50 Yazdī, *ZN* (1957), I, 181, 320/(2008), I, 430-1, 595 〔이주연 역주, 〈야즈디《勝戰記》譯註〉, 276, 423〕. *ZT*, II, 670 (하피즈 아브루가 보강한 Shāmī, *ZN*, II, 63).

51 Manz, *The Rise and Rule*, 49-50, 79, 133과 198 n.9.

52 Yazdī, *ZN* (1957), I, 192-3/(2008), I, 446-7 〔이주연 역주, 〈야즈디《勝戰記》譯註〉, 289〕. Shāmī, *ZN*, I, 70, 71의 서술은 훨씬 간략할 뿐만 아니라 바야지드의 아들들이 처형된 사실도 누락했다. 반란에 대한 Naṭanzī (1957), 414-16/(2004), 302-3은 그 내용이 또 약간 다르다.

53 Yazdī, *ZN* (1957), I, 196-7/(2008), I, 451-2 〔이주연 역주, 〈야즈디《勝戰記》譯註〉, 292〕. Shāmī, *ZN*, I, 71에서는 잘라이르부의 해체가 언급되지 않았다.

54 Manz, *The Rise and Rule*, 76, 82.

55 Yazdī, *ZN* (1957), I, 202/(2008), I, 458-9 〔이주연 역주, 〈야즈디《勝戰記》譯註〉, 299〕.

56 Ando, *Timuridische Emire*, 111. Manz, *The Rise and Rule*, 62.

57 Shāmī, *ZN*, I, 110. Yazdī, *ZN* (1957), I, 324-7/(2008), I, 602-5 〔이주연 역주, 〈야즈디《勝戰記》譯註〉, 427-32〕. Manz, *The Rise and Rule*, 78-9.

58 Manz, *The Rise and Rule*, 88-9, 128-9, 144-5. 그러나 피르 알리 타즈의 반란은 부락에 기반한 일일 수도 있으므로 예외로 볼 수 있다. 같은 책, 133-4를 보라.

59 Beckwith, *Empires of the Silk Road*는 이런 결의를 나눈 추종자 무리를 '코미타투스 (comitatus)'라는 용어로 규정한 바 있다. 그 이전에 존재한 이런 무리의 예시에 대해서는 같은 책, 12-23 〔이강한·류형식 옮김, 《중앙유라시아 세계사》, 65-82〕.

60 문헌의 'BLKWT'는 조심스럽게 *SH*, § 42의 '벨구누트(Belgünüt)'라는 부락과 동일시할 수 있다. 이에 대해서는 Pelliot and Hambis, *Histoire des campagnes de Gengis Khan*, 398; Lajos Bese, 'On some ethnic names in 13th century Inner-Asia', *AOH* 42 (1988), 17-42 (이 내용은 20). 그러나 Ando, *Timuridische Emire*, 103의 시각과도 비교해보라.

61 Manz, *The Rise and Rule*, 74-5. 같은 책의 45-6, 57도 비교해보라. Ando, *Timuridische Emire*, 65에는 좀 더 긴 명단이 있다. 같은 책, 84, 89-90 및 101-2, 103-4에서는 셰이흐 알리, 악 테무르, 키타이, 일치 바하두르, 타반의 부락이 비정된다. 에예귀 테무르(안도의 "이쿠 티무르(Īkū Tīmūr))"에 대해서는 같은 책, 105-6을 확인할 것.

62 Shāmī, *ZN*, I, 46, 69. Yazdī, *ZN* (1957), I, 118-19, 189/(2008), I, 357, 359, 442 〔이주연 역주, 〈야즈디《勝戰記》譯註〉, 207, 208-9, 284〕. 아미르 후사인 아래에 있었다는 사실에 대해서는 Naṭanzī (1957), 245-7/(2004), 194-5도 확인할 것.

63 테무게: Shāmī, *ZN*, I, 21, 23, 24. 친척 관계에 대해서는 Yazdī, *ZN* (1957), I, 161-2, 225/(2008), I, 407, 488 〔이주연 역주, 〈야즈디《勝戰記》譯註〉, 254, 324〕. 무바슈시르: Shāmī, *ZN*, I, 38, 66.

64 Shāmī, *ZN*, I, 38. 사르 부가에 대해서는 Manz, *The Rise and Rule*, 75를 보라.

65 Salmānī, *Shams al-ḥusn*, 원문 fo. 108b (독일어 번역, 80-1). 그러나 Manz, *Power, Politics and Religion*, 36 n.74가 지적한 대로, 살마니는 "티무르의 아미르들을 노예로 묘사하기를 즐기는" 경향이 있었다. 아마 우츠 카라와 그 가족의 품성에 대해서도 의문을 제기할 기회를 잡았을지 모른다.

66 Shāmī, *ZN*, I, 29. Yazdī, *ZN* (1957), I, 80/(2008), I, 315 〔이주연 역주, 〈야즈디《勝戰記》譯註〉, 168〕.

67 Shāmī, *ZN*, I, 38-9. Yazdī, *ZN* (1957), I, 161-2/(2008), I, 407 〔이주연 역주, 〈야즈디《勝戰記》譯註〉, 254-5〕.

68 Manz, *The Rise and Rule*, 119-20.

69 MA, fo. 91a, ed. Vokhidov, 원문 179 (러시아어 번역 111, 112). Ando, *Timuridische Emire*, 279.

70 Yazdī, *ZN* (1957), I, 41/(2008), I, 270 〔이주연 역주, 〈야즈디《勝戰記》譯註〉, 123〕.

71 샤부르간: 같은 책 (1957), I, 168/(2008), I, 414 〔이주연 역주, 〈야즈디《勝戰記》譯註〉, 261-2〕; 쿤두즈 등: 같은 책 (1957), I, 176/(2008), I, 424 〔이주연 역주, 〈야즈디《勝戰記》譯註〉, 270의 번역을 일부 수정해서 인용했다〕. Shāmī, *ZN*, I, 63. Manz, *The Rise and Rule*, 58.

72 바를라스 아미르들에 대한 조사로는 Ando, *Timuridische Emire*, 68-87이 있다.

73 *MA*, fo. 96a, ed. Vokhidov, 원문 189 (러시아어 번역 117).

74 Yazdī, *ZN* (1957), II, 154/(2008), II, 998 〔이주연 역주, 〈야즈디《勝戰記》譯註〉, 782〕.

75 같은 책 (1957), I, 320/(2008), I, 594 〔이주연 역주, 〈야즈디《勝戰記》譯註〉, 422-3〕. Manz, *The Rise and Rule*, 79. Ando, *Timuridische Emire*, 71.

76 자항기르 바를라스와 피르 후사인 바를라스 두 사람 모두 Yazdī, *ZN* (1957), I, 225/(2008), I, 488 〔이주연 역주, 〈야즈디《勝戰記》譯註〉, 324〕에서 언급되었다. 자항기르 바를라스와 그 후손에 대해서는 Ando, *Timuridische Emire*, 77을 보라.

77 Yazdī, *ZN* (1957), I, 275/(2008), I, 545 〔이주연 역주, 〈야즈디《勝戰記》譯註〉, 376〕. Shāmī, *ZN*, I, 110에서는 사이풀 바를라스의 출신 부락이 누락되었다. Ando, *Timuridische Emire*, 83을 확인.

78 Shāmī, *ZN*, I, 144, 203. Yazdī, *ZN* (1957), I, 467; II, 122/(2008), I, 747, 966 〔이주연 역주, 〈야즈디《勝戰記》譯註〉, 563, 756〕.

79 Yazdī, *ZN* (1957), I, 560-1/(2008), I, 836 〔이주연 역주, 〈야즈디《勝戰記》譯註〉, 641-2〕. Shāmī, *ZN*, I, 166은 마지드 바를라스의 출신 부락을 언급하지 않았다.

80 Yazdī, *ZN* (1957), II, 412/(2008), II, 1244 〔이주연 역주, 〈야즈디《勝戰記》譯註〉, 993〕.

81 같은 책 (1957), I, 232/(2008), I, 498 〔이주연 역주, 〈야즈디《勝戰記》譯註〉, 332〕.

82 같은 책 (1957), II, 167, 416/(2008), II, 1010-11, 1249 〔이주연 역주, 〈야즈디《勝戰記》譯註〉, 794, 997〕.

83 같은 책 (1957), I, 304, 313, 441, 473, 577; II, 272/(2008), I, 578, 587, 720, 754, 854; II, 1109 〔이주연 역주, 〈야즈디《勝戰記》譯註〉, 406, 414, 579, 570, 656, 878 (한국어 번역본에서 에디귀 바를라스는 "이드쿠 바룰라스"로 되어 있음)〕. 이들의 가족 관계는 *ZT*, I, 42에서도 확인할 수 있다. 샤 말릭 바를라스와 에디귀 바를라스에 대해서는 Ando, Timuridische Emire, 83을, 누르 말릭 바를라스에 대해서는 같은 책, 132를 참고할 것.

84 Yazdī, *ZN* (1957), I, 191/(2008), I, 444 〔이주연 역주, 〈야즈디《勝戰記》譯註〉, 286〕. 더 자세한 사항은 Ando, *Timuridische Emire*, 86-7을 보라.

85 이하 내용은 Yazdī, *ZN* (1957), I, 161-2/(2008), I, 407 〔이주연 역주, 〈야즈디《勝戰記》譯註〉, 254〕 참고할 것.

86 Manz, *The Rise and Rule*, 169.

87 이 칭호에 대해서는 같은 책, 120; *TMEN*, II, 366-77 (no. 817: 'Held…').

88 Yazdī, *ZN* (1957), I, 193/(2008), I, 447 〔이주연 역주, 〈야즈디《勝戰記》譯註〉, 289〕.

89 같은 책 (1957), I, 364, 389/(2008), I, 645, 667 〔이주연 역주, 〈야즈디《勝戰記》譯註〉, 469, 489〕. Manz, *The Rise and Rule*, 82.

90 Yazdī, *ZN* (1957), I, 240/(2008), I, 505 〔이주연 역주, 〈야즈디《勝戰記》譯註〉, 339〕.

91 압바스의 아들들에 대해서는 Ando, *Timuridische Emire*, 99-101을 확인할 것.

92 같은 책, 95. 사이프 알물룩(Sayf al-Mulūk)과 압둘사마드('Abd al-Ṣamad)에 대해서는 Yazdī, *ZN* (1957), I, 261/(2008), I, 530 〔이주연 역주, 〈야즈디《勝戰記》譯註〉, 361. 압둘사마드의 경우 Yazdī, *ZN* (1957), I, 573/(2008), I, 850 (이주연 역주, 〈야즈디《勝戰記》譯註〉, 651)에서 언급된다〕.

93   Yazdī, *ZN* (1957), I, 317/(2008), I, 592 〔이주연 역주, 〈야즈디 《勝戰記》 譯註〉, 420〕.

94   같은 책 (1957), I, 173/(2008), I, 421 〔이주연 역주, 〈야즈디 《勝戰記》 譯註〉, 267〕. Manz,
      The Rise and Rule, 60.

95   Yazdī, *ZN* (1957), I, 237, 325/(2008), I, 502, 602 〔이주연 역주, 〈야즈디 《勝戰記》 譯註〉,
      337, 428〕.

96   Manz, *The Rise and Rule*, 122-3. 테무게: Yazdī, *ZN* (1957), I, 441, 559/(2008), I, 720,
      835 〔이주연 역주, 〈야즈디 《勝戰記》 譯註〉, 539, 641〕를 보라. 여기서 테무게의 이름은
      'TMWK'〔《승전기》 한국어 역주본에서는 "타무크 카우친"으로 되어 있음〕라고 쓰여 있다.
      자항기르: *MA*, fo. 88b, ed. Vokhidov, 원문 173 (러시아어 번역 108)을 보라.

97   Yazdī, *ZN* (1957), I, 161/(2008), I, 407 〔이주연 역주, 〈야즈디 《勝戰記》 譯註〉, 254〕.

98   같은 책 (1957), I, 176/(2008), I, 424 〔이주연 역주, 〈야즈디 《勝戰記》 譯註〉, 270〕.

99   같은 책 (1957), I, 194, 196/(2008), I, 450, 451 〔이주연 역주, 〈야즈디 《勝戰記》 譯註〉,
      290, 292〕. Shāmī, *ZN*, I, 71은 이때 악 부가가 사마르칸드에 있는 성채의 지휘관(ḥākim)
      이었다고 썼다.

100   Yazdī, *ZN* (1957), I, 206/(2008), I, 464 〔이주연 역주, 〈야즈디 《勝戰記》 譯註〉, 254〕.

101   같은 책 (1957), I, 287/(2008), I, 559 〔이주연 역주, 〈야즈디 《勝戰記》 譯註〉, 388〕.

102   Manz, *The Rise and Rule*, 121-2의 개설을 보라.

103   Yazdī, *ZN* (1957), I, 350/(2008), I, 630 〔이주연 역주, 〈야즈디 《勝戰記》 譯註〉, 455〕.
      MA, fo. 115b, ed. Vokhidov, 원문 222 (러시아어 번역 135). Manz, *The Rise and Rule*,
      78과 *Power, Politics and Religion*, 22.

104   Manz, *Power, Politics and Religion*, 22, 38-9, 43-4. Woods, *The Timurid Dynasty*,
      20, 21.

105   Manz, *The Rise and Rule*, 186 n.31. Woods, *The Timurid Dynasty*, 23, 34.

106   Ando, *Timuridische Emire*, 74, 109와 Manz, *The Rise and Rule*, 123-4보라.

107   샤루흐의 영지를 예로 들자면, 대표적으로 세이흐 알리 바하두르, 다우드 두글라트, 핫지 사
      이프 알딘의 가족이 보인다. Manz, *Power, Politics and Religion*, 22-3, 38-9도 참고하라.

108   체퀴의 가문에 대해서는 Ando, *Timuridische Emire*, 78-83과 280의 표를 보라.

109   Yazdī, *ZN* (1957), I, 275/(2008), I, 545 〔이주연 역주, 〈야즈디 《勝戰記》 譯註〉, 376〕.

110   Shāmī, *ZN*, I, 115-17, 160-2. Yazdī, *ZN* (1957), I, 370, 378, 387, 535, 542/(2008), I,
      650, 658, 666, 810, 816 〔이주연 역주, 〈야즈디 《勝戰記》 譯註〉, 473-4, 481, 488, 620,
      626〕. Ando, *Timuridische Emire*, 80-1.

111   Yazdī, *ZN* (1957), II, 450/(2008), II, 1277 〔이주연 역주, 〈야즈디 《勝戰記》 譯註〉, 1021〕.

112   같은 책 (1957), I, 573; II, 66, 77, 257, 268/(2008), I, 850, 914, 924; II, 1093, 1106 〔이주
      연 역주, 〈야즈디 《勝戰記》 譯註〉, 652, 710, 719, 865, 875의 "미즈랍(Mizrāb)/무자라브/
      미즈라브"〕.

113   *MA*, fo. 92a, ed. Vokhidov, 원문 181 (러시아어 번역, 112). Manz, *The Rise and Rule*, 81
      은 자한샤가 티무르가 살아 있는 내내 카라우나스 군대의 지휘권을 보유하지 않았다고
      보는 것 같다. 미드라브에 대해서는 Manz, *Power, Politics and Religion*, 43, 114를 확인
      할 것.

114　Yazdī, *ZN* (1957), I, 441, 499, 533; II, 304/(2008), I, 720, 779, 809; II, 1139〔이주연 역주, 〈야즈디《勝戰記》譯註〉, 539, 593, 619, 903〕.

115　같은 책 (1957), I, 441/(2008), I, 720〔이주연 역주, 〈야즈디《勝戰記》譯註〉, 539〕. *MA*, fo. 91a, ed. Vokhidov, 원문 179 (러시아어 번역 111).

116　*MA*, fos 91a, 92a, ed. Vokhidov, 원문 179, 181 (러시아어 번역 112).

117　Clavijo (1859), 128/(1928), 213. 그러나 Ando, *Timuridische Emire*, 80-2는 다우드 두글라트와 그의 아들 술라이만샤의 명망 높은 지위를 지적하며, 체퀴와 자한샤 부자가 차례로, 즉 독점적으로 수석 아미르직을 보유했다는 서술에 의문을 제기했다.

118　이하 내용 및 셰이흐 누르 알딘의 경력에 대한 간단명료한 연구는 같은 책, 111-13을 참고할 것.

119　Shāmī, *ZN*, I, 171-2. Yazdī, *ZN* (1957), II, 33-4/(2008), I, 879-80〔이주연 역주, 〈야즈디《勝戰記》譯註〉, 681〕.

120　Shāmī, *ZN*, I, 241. Yazdī, *ZN* (1957), II, 260, 263/(2008), II, 1096, 1099〔이주연 역주, 〈야즈디《勝戰記》譯註〉, 868, 870〕.

121　Shāmī, *ZN*, I, 255, 267. Yazdī, *ZN* (1957), II, 303-4, 310, 336/(2008), II, 1138, 1144, 1169〔이주연 역주, 〈야즈디《勝戰記》譯註〉, 903, 908, 930〕.

122　Shāmī, *ZN*, I, 123. Yazdī, *ZN* (1957), I, 363, 383, 388, 441; II, 17, 153, 159, 250/(2008), I, 644, 662, 667, 720, 863; II, 997, 1003, 1086〔이주연 역주, 〈야즈디《勝戰記》譯註〉, 468, 485, 489, 538, 665, 781, 787, 859의 "비르디벡(Bīrdī-Bīg)"〕. Ando, *Timuridische Emire*, 116에서 간략히 언급된다. 베르디벡은 아나톨리아에서 티무르를 위해 싸운 동명이인 아미르와 구분해야 한다. Shāmī, *ZN*, I, 255.

123　Yazdī, *ZN* (1957), I, 315/(2008), I, 589〔이주연 역주, 〈야즈디《勝戰記》譯註〉, 417〕. Shāmī, *ZN*, I, 105과 대조.

124　Yazdī, *ZN* (1957), II, 137/(2008), I, 981〔이주연 역주, 〈야즈디《勝戰記》譯註〉, 768〕. 이르얍에 대해서는 A.D.H. Bivar, 'Naghar and Īryāb: Two little-known Islamic sites of the north-west frontier of Afghanistan and Pakistan', *Iran* 24 (1986), 131-8을 참고하라.

125　Shāmī, *ZN*, I, 67. Yazdī, *ZN* (1957), I, 179; II, 278/(2008), I, 428; II, 1116〔이주연 역주, 〈야즈디《勝戰記》譯註〉, 273, 883-4〕.

126　Shāmī, *ZN*, I, 69. Yazdī, *ZN* (1957), I, 189, 191/(2008), I, 443, 444〔이주연 역주, 〈야즈디《勝戰記》譯註〉, 284, 286〕.

127　Shāmī, *ZN*, I, 76. Yazdī, *ZN* (1957), I, 207/(2008), I, 466〔이주연 역주, 〈야즈디《勝戰記》譯註〉, 305〕.

128　Yazdī, *ZN* (1957), I, 313/(2008), I, 587〔이주연 역주, 〈야즈디《勝戰記》譯註〉, 415〕.

129　Shāmī, *ZN*, I, 91. Yazdī, *ZN* (1957), I, 262/(2008), I, 532〔이주연 역주, 〈야즈디《勝戰記》譯註〉, 362〕.

130　Shāmī, *ZN*, I, 99. Yazdī, *ZN* (1957), I, 288/(2008), I, 560〔이주연 역주, 〈야즈디《勝戰記》譯註〉, 389〕.

131　Shāmī, *ZN*, I, 122. Yazdī, *ZN* (1957), I, 377-8/(2008), I, 657-8〔이주연 역주, 〈야즈디

《勝戰記》譯註〉, 480-1의 "이쿠 티무르 발쿠트(Aīkū Timūr Balkūt)"는 이 책의 "에예귀 테무르 벨구트").

132 Shāmī, *ZN*, I, 80-1. Yazdī, *ZN* (1957), I, 219/(2008), I, 481 〔이주연 역주, 〈야즈디 《勝戰記》譯註〉, 317〕.

133 Yazdī, *ZN* (1957), I, 313/(2008), I, 587 〔이주연 역주, 〈야즈디 《勝戰記》譯註〉, 415〕.

134 같은 책 (1957), I, 287, 320/(2008), I, 559, 595 〔이주연 역주, 〈야즈디 《勝戰記》譯註〉, 388, 423〕.

135 같은 책 (1957), II, 329/(2008), II, 1162 〔이주연 역주, 〈야즈디 《勝戰記》譯註〉, 923〕.

136 같은 책 (1957), I, 544/(2008), I, 819 〔이주연 역주, 〈야즈디 《勝戰記》譯註〉, 628〕.

137 Shāmī, *ZN*, I, 71-2. Yazdī, *ZN* (1957), I, 196-7/(2008), I, 451-2 〔이주연 역주, 〈야즈디 《勝戰記》譯註〉, 292-3〕.

138 Yazdī, *ZN* (1957), I, 202/(2008), I, 459 〔이주연 역주, 〈야즈디 《勝戰記》譯註〉, 299〕. Manz, *The Rise and Rule*, 76이 부락의 지휘권이 사르 부가에게 부여된 시점을 781~782/1379~1380년이라고 서술한 이유를 찾지 못했다. 사르 부가의 개략적인 경력에 대해서는 Ando, *Timuridische Emire*, 110-11을 보라.

139 Manz, *The Rise and Rule*, 49, 64를 보라.

140 Yazdī, *ZN* (1957), I, 207/(2008), I, 465 〔이주연 역주, 〈야즈디 《勝戰記》譯註〉, 304〕.

141 같은 책 (1957), I, 284/(2008), I, 556 〔이주연 역주, 〈야즈디 《勝戰記》譯註〉, 385〕. Shāmī, *ZN*, I, 97과 비교.

142 Zayn al-Dīn (1990), 원문 501 (러시아어 번역 133)/(1993), 122. Wing, *The Jalayirids*, 157.

143 IA (1979), 175, 232/(1986), 293, 372 (*TGA*, 161, 213).

144 Yazdī, *ZN*, (1957), I, 199/(2008), I, 455 〔이주연 역주, 〈야즈디 《勝戰記》譯註〉, 295〕.

145 *MA*, fo. 97a, ed. Vokhidov, 원문 191 (러시아어 번역 118).

146 Manz, *The Rise and Rule*, 111, 168 (appendix C). Manz, 'Administration and the delegation of authority', 138. 비틱치 잘랄 이슬람에 대해서는 Yazdī, *ZN* (1957), II, 94/(2008), I, 938 〔이주연 역주, 〈야즈디 《勝戰記》譯註〉, 732〕. 호자 마수드 심나니와 잘랄 이슬람 모두 *MA*, fo. 97a, ed. Vokhidov, 원문 191에서 언급되었다 (러시아어 번역 118에서 타바시는 탈라비(Ṭalabī)로 잘못 읽혔다).

147 Manz, *The Rise and Rule*, 113-18.

148 Yazdī, *ZN* (1957), II, 421/(2008), II, 1255 〔이주연 역주, 〈야즈디 《勝戰記》譯註〉, 1001〕.

149 같은 책, (1957), I, 565, 569-70/(2008), I, 843, 846 〔이주연 역주, 〈야즈디 《勝戰記》譯註〉, 646, 648〕.

150 Shāmī, *ZN*, I, 287-8. Yazdī, *ZN* (1957), II, 387-9/(2008), II, 1220-2 〔이주연 역주, 〈야즈디 《勝戰記》譯註〉, 972-3〕. Aubin, 'Comment Tamerlan', 90을 보라.

151 Yazdī, *ZN* (1957), II, 418/(2008), II, 1251 〔이주연 역주, 〈야즈디 《勝戰記》譯註〉, 998〕.

152 Manz, *The Rise and Rule*, 115. Clavijo (1859), 149-50/(1928), 249-50. 죄목에 대해서는 두 번역이 약간 다르다.

153 우마르 셰이흐는 771년[1369~1370년] 16세였고, 796년 첫번째 라비월/1394년 1~

2월 사망할 때 40세였다고 한다. Shāmī, *ZN*, I, 58; Yazdī, *ZN* (1957), I, 149, 474/(2008), I, 395, 755 〔이주연 역주, 〈야즈디 《勝戰記》 譯註〉, 240-1, 571〕; Naṭanzī (1957), 273-4/(2004), 213-14. Manz, *The Rise and Rule*, 185 n.24는 우마르 셰이흐가 맏이인지 확실치 않다고 보았으나 Woods, *The Timurid Dynasty*, 14 n.34의 내용도 비교해보라.

154 Yazdī, *ZN* (1957), I, 196/(2008), I, 452 〔이주연 역주, 〈야즈디 《勝戰記》 譯註〉, 292〕.

155 같은 책 (1957), I, 388/(2008), I, 667 〔이주연 역주, 〈야즈디 《勝戰記》 譯註〉, 489〕.

156 같은 책 (1957), I, 113/(2008), I, 352 〔이주연 역주, 〈야즈디 《勝戰記》 譯註〉, 203〕.

157 Shāmī, *ZN*, I, 69-70. Yazdī, *ZN* (1957), I, 189-90/(2008), I, 442-3 〔이주연 역주, 〈야즈디 《勝戰記》 譯註〉, 284-5〕.

158 Shāmī, *ZN*, I, 71, 73. Yazdī, *ZN* (1957), I, 196, 199-201/(2008), I, 452, 455-7 〔이주연 역주, 〈야즈디 《勝戰記》 譯註〉, 292, 296-7〕.

159 Yazdī, *ZN* (1957), I, 225/(2008), I, 488 〔이주연 역주, 〈야즈디 《勝戰記》 譯註〉, 324〕. 미란샤의 짤막한 전기로는 Beatrice F. Manz, 'Mīrānshāh b. Tīmūr', *EI2*, VII, 105가 있다.

160 Yazdī, *ZN* (1957), I, 445/(2008), I, 724 〔이주연 역주, 〈야즈디 《勝戰記》 譯註〉, 543〕.

161 같은 책 (1957), I, 558-9/(2008), I, 834 〔이주연 역주, 〈야즈디 《勝戰記》 譯註〉, 640〕.

162 Shāmī, *ZN*, I, 132-4.

163 Yazdī, *ZN* (1957), I, 573/(2008), I, 849 〔이주연 역주, 〈야즈디 《勝戰記》 譯註〉, 652〕. Shāmī, *ZN*, I, 167의 서술은 그보다 간결하다. 샤루흐의 출생에 관해서는 Yazdī, *ZN* (1957), I, 210-12/(2008), I, 469-72 〔이주연 역주, 〈야즈디 《勝戰記》 譯註〉, 307-10〕를, 샤루흐의 경력 전반에 대해서는 Beatrice F. Manz, 'Shāh Rukh b. Tīmūr', *EI2*, IX, 197-8 을 보라.

164 Manz, *Power, Politics and Religion*, 17 n.7을 확인할 것.

165 Shāmī, *ZN*, I, 119.

166 Yazdī, *ZN* (1957), II, 351/(2008), II, 1183 〔이주연 역주, 〈야즈디 《勝戰記》 譯註〉, 942〕 과 *ZT*, II, 986 (하피즈 아브루가 내용을 보충한 Shāmī, *ZN*, II, 181)에서 제시된 날짜.

167 Yazdī, *ZN* (1957), I, 401/(2008), I, 679 〔이주연 역주, 〈야즈디 《勝戰記》 譯註〉, 500〕. *ZT*, III, 54는 여기에 발흐, 투하리스탄(Ṭukhāristān)·카틀란(Qatlān, 후탈란)을 추가로 기재했다.

168 Yazdī, *ZN* (1957), I, 475/(2008), I, 755 〔이주연 역주, 〈야즈디 《勝戰記》 譯註〉, 572〕.

169 같은 책 (1957), II, 367/(2008), II, 1197-8 〔이주연 역주, 〈야즈디 《勝戰記》 譯註〉, 954〕.

170 같은 책 (1957), II, 153/(2008), II, 997 〔이주연 역주, 〈야즈디 《勝戰記》 譯註〉, 781〕. 이스칸다르 이븐 우마르 셰이흐의 나이에 대해서는 같은 책 (1957), II, 159/ (2008), II, 1003 〔이주연 역주, 〈야즈디 《勝戰記》 譯註〉, 787〕.

171 같은 책 (1957), II, 399/(2008), II, 1232 〔이주연 역주, 〈야즈디 《勝戰記》 譯註〉, 982〕.

172 같은 책 (1957), II, 321/(2008), II, 1154 〔이주연 역주, 〈야즈디 《勝戰記》 譯註〉, 916〕.

173 같은 책 (1957), II, 386/(2008), II, 1219 〔이주연 역주, 〈야즈디 《勝戰記》 譯註〉, 971〕.

174 같은 책 (1957), II, 368-9/(2008), II, 1199 〔이주연 역주, 〈야즈디 《勝戰記》 譯註〉, 956의 번역을 저자의 영어 번역에 맞추어 약간 수정했다〕.

175 같은 책 (1957), II, 393, 395, 402/(2008), II, 1225-6, 1227, 1235 〔이주연 역주, 〈야즈디

《勝戰記》譯註〉, 976-7, 978, 985. 985의 인용문은 저자의 영어 번역에 맞추어 약간 수정
했다].

176 HA, *Dhayl-i Ẓafar-nāma*, ed. Tauer, 'Continuation du Ẓafarnāma', 434.

177 Yazdī, *ZN* (1957), II, 449/(2008), II, 1276 〔이주연 역주, 〈야즈디《勝戰記》譯註〉, 1020〕.
     Manz, *The Rise and Rule*, 87. 샤미《승전기》는 이 분봉이 이루어지기 전 편찬이 마무리
     되었다.

178 Yazdī, ZN (1957), I, 516/(2008), I, 793 〔이주연 역주, 〈야즈디《勝戰記》譯註〉, 606〕.

179 같은 책 (1957), II, 21, 141/(2008), I, 867, 985 〔이주연 역주, 〈야즈디《勝戰記》譯註〉,
     669, 771〕.

180 같은 책 (1957), II, 153/(2008), II, 997 〔이주연 역주, 〈야즈디《勝戰記》譯註〉, 781〕.

181 같은 책 (1957), II, 272-3, 321/(2008), II, 1110, 1154 〔이주연 역주, 〈야즈디《勝戰記》譯
     註〉, 878-9, 915〕.

182 같은 책 (1957), I, 200-2, 242-3, 260-1/(2008), I, 456-8, 508-9, 529-30 〔이주연 역
     주, 〈야즈디《勝戰記》譯註〉, 296-9, 342-4, 359-61〕.

183 Manz, 'Family and ruler', 62; *Power, Politics and Religion*, 10-11, 그리고 그뒤로 이어
     지는 내용을 보라.

184 Shāmī, *ZN*, I, 191. Yazdī, *ZN* (1957), II, 85/(2008), I, 931-2 〔이주연 역주, 〈야즈디《勝
     戰記》譯註〉, 725〕.

185 Woods, *The Timurid Dynasty* (특히 티무르의 아들들의 아내들이 언급된 20, 29, 33, 43)
     를 보라.

186 Clavijo (1859), 95-6/(1928), 162-3.

187 가장 자세한 증언은 Yazdī, *ZN* (1957), II, 147-8, 150-1, 155-7/(2008), II, 991, 994-
     5, 1000-1 〔이주연 역주, 〈야즈디《勝戰記》譯註〉, 776-7, 779, 784-5〕. Clavijo (1859),
     95-6/(1928), 162-4에도 세부 사항이 나와 있다. 앞서 언급한 대로, 우마르 이븐 아랍샤
     휘하에 있던 샤미는 이 일화에 대해 암시조차 하지 않았다.

188 Yazdī, *ZN* (1957), II, 167-8/(2008), II, 1011-12 〔이주연 역주, 〈야즈디《勝戰記》譯註〉,
     795〕.

189 같은 책 (1957), II, 159-61, 275/(2008), II, 1003-5, 1113 〔이주연 역주, 〈야즈디《勝戰
     記》譯註〉, 787-90, 881〕. Soucek, 'Eskandar b. ʿOmar Šayx', 77-8.

190 Broadbridge, 'Spy or rebel?', 특히 30-2, 40을 보라.

191 Yazdī, *ZN* (1957), II, 482/(2008), II, 1306 〔이주연 역주, 〈야즈디《勝戰記》譯註〉, 1046〕.
     ZT, III, 11도 확인할 것.

192 Manz, *The Rise and Rule*, 114.

193 Broadbridge, 'Spy or rebel?', 35-9. Beatrice F. Manz, 'Temür and the early Timurids to
     c. 1450', in *CHIA*, 182-98 (이 내용은 186)도 확인할 것.

194 Woods, *The Timurid Dynasty*, 17. Binbaş, *Intellectual Networks*, 232.

195 *MA*, fo. 44a, ed. Vokhidov, 원문 89 (러시아어 번역 60). Woods, *The Timurid Dynasty*,
     33.

196 Woods, 'Turco-Iranica II', 332-5; Binbaş, *Intellectual Networks*, 175-8. 티무르 자신

도 1401년 시리아에서 발송한 승전보(*fatḥ-nāma*)에서 구레겐으로 지칭되었다. *Safina*, BN ms. arabe 3423, fo. 399b. Manz, 'Tamerlane and the symbolism', 110 n.17에 따르면 아미란샤는 구레겐을 사용한 유일한 공자일 수도 있다. 후사인 이븐 알리샤의 계보도에서 구레겐으로 지칭된 유일한 인물인 것은 확실하다. Woods, 'Timur's genealogy', 112. Binbaş, *Intellectual Networks*, 177은 아미란샤가 구레겐이라는 칭호를 사용한 것은 칸 자다와 혼인함으로써 가능했지만, 현재까지 알려진 바로는 전남편인 자항기르가 구레겐 칭호를 사용했다는 증거는 없다.

197 1394년: Gottfried Herrmann, 'Zur Intitulatio timuridischer Urkunden', in Wolfgang Voigt (ed.), *XVIII. Deutscher Orientalistentag vom 1. bis 5. Oktober 1972 in Lübeck. Vorträge*, ZDMG Supplement II (Wiesbaden, 1974), 498-521 (이 내용은 504). 1396년: Woods, 'Turco-Iranica II'. 아미란샤의 혼인 관계에 대해서는 Woods, *The Timurid Dynasty*, 33을 확인하라. 이 시기 쿠트바와 주화에서 티무르, 무함마드 술탄, 술탄 마흐무드 칸이 호명된 방식에 대해서는 510쪽을 보라.

198 Matsui, Watabe and Ono, 'A Turkic-Persian decree of Timurid Mīrān Šāh', 특히 55-7.

199 Binbaş, *Intellectual Networks*, 177-8.

200 Brack, *An Afterlife for the Khan*, 115-17을 참고할 것.

201 Yazdī, *ZN* (1957), I, 225/(2008), I, 488 〔이주연 역주, 〈야즈디《勝戰記》譯註〉, 324〕.

202 같은 책 (1957), I, 401/(2008), I, 679 〔이주연 역주, 〈야즈디《勝戰記》譯註〉, 500〕.

203 같은 책 (1957), I, 573-4/(2008), I, 850 〔이주연 역주, 〈야즈디《勝戰記》譯註〉, 652〕.

204 같은 책 (1957), I, 441/(2008), I, 720 〔이주연 역주, 〈야즈디《勝戰記》譯註〉, 539〕. 몽골어 '투스칼(tūsqāl)'에 대해서는 *TMEN*, I, 268-9 (no. 137: "Schutz, Geleit, Geleitschutz 〔보호, 에스코트, 호위〕")를 보라.

205 Naṭanzī (1957), 420/(2004), 306-7. Manz, 'Administration and the delegation of authority', 204.

206 Clavijo (1859), 188/(1928), 317.

207 Manz, 'Administration and the delegation of authority', 193-4.

208 Manz, *The Rise and Rule*, 84-8. 같은 저자의 'Administration and the delegation of authority', 194, 195도 비교해볼 것.

209 Yazdī, *ZN* (1957), II, 402-3/(2008), II, 1235 〔이주연 역주, 〈야즈디《勝戰記》譯註〉, 985〕.

210 같은 책 (1957), II, 416-17/(2008), II, 1249 〔이주연 역주, 〈야즈디《勝戰記》譯註〉, 997에서 "순자크"는 본문의 '세빈책'〕.

211 Hope, 'The *atābak*s in the Mongol empire', 특히 326-41. 그러나 앞의 182쪽과 제4장 주 11도 확인할 것. 마찬가지 맥락에서 Manz, 'Administration and the delegation of authority', 192는 이런 아미르들이 다만 "단순한 보호자"로 지명되었다고 주장했다.

212 Yazdī, *ZN* (1957), I, 463/(2008), I, 743 〔이주연 역주, 〈야즈디《勝戰記》譯註〉, 559〕.

213 같은 책 (1957), I, 515/(2008), I, 792 〔이주연 역주, 〈야즈디《勝戰記》譯註〉, 605〕.

214 같은 책 (1957), II, 161/(2008), II, 1005 〔이주연 역주, 〈야즈디《勝戰記》譯註〉, 790〕. Soucek, 'Eskandar b. 'Omar Šayx', 78.

215 티무르의 처첩들은 Woods, The Timurid Dynasty, 17-18에 열거. 그들의 지위에 대해서는 Soucek, 'Tīmūrid women'나, 그보다 간략한 서술인 Laura Parodi, 'L'eredità mongola e altaica nell'Asia centrale islamica', in Gabriella Airaldi et al. (eds), *I Mongoli dal Pacifico al Mediterraneo* (Genoa, 2004), 241-58 (이 내용은 241-2)을 참고.

216 사라이 물크 카님에 대해서는 Soucek, 'Tīmūrid women', 202-6을 보라. 투멘 아가 또한 차가다이 왕통의 핏줄이었을 수 있다. 그녀의 어머니이자 무사의 아내 아르주 물크 아가(Ārzū Mulk Āghā)는 바야지드 잘라이르의 딸로, 알리 다르비시에게는 누이가 된다. Yazdī, *ZN* (1957), I, 87, 105/(2008), I, 323, 342 〔이주연 역주, 〈야즈디《勝戰記》譯註〉, 176, 194〕. 바야지드의 아내 가운데는 타르마시린의 딸도 있었다고 전해지는데, 어쩌면 이 여인이 알리 다르비시의 어머니일 수도 있겠지만 아르주 물크 아가가 알리 다르비시와 동복누이임이 분명하다고 이야기할 수 있는 근거는 없다.

217 Shāmī, *ZN*, I, 129, 136. Yazdī, *ZN* (1957), I, 406, 407-8, 414 ff., 444, 449, 487, 494, 518, 522-3, 566; II, 139-40, 360, 409-10, 480/(2008), I, 684, 686, 693 ff., 723, 728, 768, 774, 794, 799-800, 843, 983-4; II, 1191, 1242-3, 1304 〔이주연 역주, 〈야즈디《勝戰記》譯註〉, 505, 507, 514와 그 다음쪽, 542, 547, 583, 588, 607, 610-1, 643, 769-70, 949, 991-2, 1045〕. 칭호에 대해서는 Jahn, 'Timur und die Frauen', 520-1을 참고할 것.

218 Clavijo (1859), 141, 166/(1928), 234, 280-1. 사라이 물크 카님의 지위에 대해서는 Soucek, 'Tīmūrid women', 202-3; Jahn, 'Timur und die Frauen', 527 및 522-3의 서술을 보라.

219 Jahn, 'Timur und die Frauen', 521. Judith Pfeiffer, ' "Not every head that wears a crown deserves to rule": Women in Il-Khanid political life and court culture', in Rachel Ward (ed.), *Court and Craft. A Masterpiece from Northern Iraq* (London, 2014), 23-9 (이 내용은 26). 한편, 하툰(khatun)과 공주 들이 중요한 역할을 수행했다는 데는 의심의 여지가 없다. 개설로는 다음이 있다. Broadbridge, *Women and the Making of the Mongol Empire*.

220 출판 물크 아가의 아버지는 에르케뉘트의 핫지 벡(Ḥājjī Beg Erkenüt)이다. 이 인물에 대해서는 Shāmī, *ZN*, I, 15; Yazdī, *ZN* (1957), I, 33, 79, 124/(2008), I, 262, 314, 365 〔이주연 역주, 〈야즈디《勝戰記》譯註〉, 115, 167, 214〕를 확인할 것.

221 Clavijo (1859), 154, 155/(1928), 258, 259. 13세기의 경우는 WR, 40, 52 (*MFW*, 89, 100 〔김호동 역주, 〈루브룩의《몽골 기행》〉, 193, 205〕)를 보라.

222 Pfeiffer, ' "Not every head" ', 23. Bruno De Nicola, 'Elite women in the Mongol empire', in May and Hope (eds), *The Mongol World*, 422-39 (특히 423-9).

223 이에 대한 개괄적 설명으로는 De Nicola, *Women in Mongol Iran*의 1장을 참고할 것.

224 Lambton, *Continuity and Change*, 289-90, 293-4. Pfeiffer, ' "Not every head" ', 25. De Nicola, *Women in Mongol Iran*, 3장과 4장.

225 예시는 Soucek, 'Tīmūrid women', 202, 203.

226 Lambton, *Continuity and Change*, 289-90. De Nicola, 'Elite women in the Mongol empire', 424, 427 및 *Women in Mongol Iran*, 98-9.

227 연회에 대한 루이 곤살레스 데 클라비호의 서술, 특히 Clavijo (1859), 149, 159/(1928),

248, 267을 보라. Yazdī, *ZN* (1957), II, 422/(2008), II, 1256 〔이주연 역주, 〈야즈디《勝戰記》譯註〉, 1002〕은 이 연회를 쿠릴타이라고 지칭했다.

228 Yazdī, *ZN* (1957), II, 476-8/(2008), II, 1301-3 〔이주연 역주, 〈야즈디《勝戰記》譯註〉, 1042-3. 저자의 영문 번역에 맞추어 한국어 역주본의 표현을 수정했다〕.

229 Jahn, 'Timur und die Frauen', 526 및 n.41.

230 Shāmī, *ZN*, I, 129. Yazdī, *ZN* (1957), I, 418/(2008), I, 697 〔이주연 역주, 〈야즈디《勝戰記》譯註〉, 517〕.

231 Shāmī, *ZN*, I, 102. Yazdī, *ZN* (1957), I, 301; II, 269-70/(2008), I, 574-5; II, 1107 〔이주연 역주, 〈야즈디《勝戰記》譯註〉, 402, 876〕. 두 카눔의 여정 중 일부에 대해서는 Bartold, *Four Studies*, II, 45-6 (=Bartol'd, *Sochineniia*, II, part 2, 64-5)을 참고할 것.

232 Yazdī, *ZN* (1957), I, 260-1/(2008), I, 529-30 〔이주연 역주, 〈야즈디《勝戰記》譯註〉, 360〕. Shāmī, *ZN*, I, 90에는 딜샤드 하툰의 죽음만이 언급되어 있다.

233 Yazdī, *ZN* (1957), II, 94/(2008), I, 938 〔이주연 역주, 〈야즈디《勝戰記》譯註〉, 732〕.

234 Beatrice F. Manz, 'Women in Timurid domestic politics', in Guity Nashat and Lois Beck (eds), *Women in Iran from the Rise of Islam to 1800* (Urbana and Chicago, IL, 2003), 121-39 (이 내용은 130-1)와 Broadbridge, 'Spy or rebel?', 36-9를 보라.

235 Woods, *The Timurid Dynasty*, 18-19에서 열거되었다.

236 사라이 물크: Yazdī, *ZN* (1957), II, 421, 448, 449/(2008), II, 1255, 1275, 1276 〔이주연 역주, 〈야즈디《勝戰記》譯註〉, 10001, 1019, 1020〕. 사라이 물크 카눔의 마드라사에 대해서는 Soucek, 'Tīmūrid women', 206-10을 보라. 투멘 아가: Shāmī, 〔*ZN*,〕 I, 211; *RN* (1915), 203/(2000), 185 (*DPT*, 188); Yazdī, *ZN* (1957), II, 143, 145/(2008), I, 986, 988-9 〔이주연 역주, 〈야즈디《勝戰記》譯註〉, 772, 774〕.

237 Shāmī, 〔*ZN*,〕 I, 90. Yazdī, *ZN* (1957), I, 260/(2008), I, 529 〔이주연 역주, 〈야즈디《勝戰記》譯註〉, 360〕. Soucek, 'Tīmūrid women', 201-2.

238 Shāmī, *ZN*, I, 150, 157. Yazdī, *ZN* (1957), I, 481, 505/(2008), I, 762, 784 〔이주연 역주, 〈야즈디《勝戰記》譯註〉, 577-8, 597-8〕.

239 Yazdī, *ZN* (1957), I, 278/(2008), I, 549 〔이주연 역주, 〈야즈디《勝戰記》譯註〉, 379〕. 사라이 물크 카눔이 양육을 맡은 다른 갓난 아기들에 대해서는 Soucek, 'Tīmūrid women', 204를 확인할 것.

240 Woods, *The Timurid Dynasty*, 29, 43. 이에 대한 개설적인 설명은 Manz, 'Women in Timurid domestic politics', 126을 참고할 것.

241 Yazdī, *ZN* (1957), I, 515/(2008), I, 792 〔이주연 역주, 〈야즈디《勝戰記》譯註〉, 605〕. Binbaş, *Intellectual Networks*, 43.

242 Yazdī, *ZN* (1957), II, 151/(2008), II, 995 〔이주연 역주, 〈야즈디《勝戰記》譯註〉, 779〕. Soucek, 'Tīmūrid women', 211.

243 이 두 일화에 대해서는 Yazdī, *ZN* (1957), II, 406, 454/(2008), II, 1239, 1280-1 〔이주연 역주, 〈야즈디《勝戰記》譯註〉, 988, 1024-5〕을 각각 살펴보라. Soucek, 'Tīmūrid women', 204-5. Clavijo (1928), 247에는 칸자다가 아미란샤와 티무르의 관계를 돈독하게 만들었다고 쓰여 있지만, 카스티야어 원문에서 이를 뒷받침해줄 만한 근거를 찾지는

못했다. Clavijo (1859), 148에는 이런 서술이 없다.

244 Clavijo (1859), 148/(1928), 247-8. 칸자다의 경력에 대해서는 Soucek, 'Tīmūrid women', 210-13을 참고하라.

245 Manz, *The Rise and Rule*, 66-7에서 강조한 부분을 따랐다.

제10장 제국 건설 ①: 정복의 여정

1 티무르의 원정에 대한 간결하고도 탁월한 검토로는 Manz, *The Rise and Rule*, 69-73와 Subtelny, 'Tamerlane and his descendants', 174-8이 있다. 이란에서의 정복에 대해서는 Roemer, 'Tīmūr in Iran'.

2 *TR*, I (원문), 28, II (영어 번역), 20.

3 Shāmī, *ZN*, I, 65는 티무르가 울루스를 장악했을 때가 후사인 수피가 호라즘을 지배한 지 5년째 되었다고 썼으나, Yazdī, *ZN* (1957), I, 173/(2008), I, 422 〔이주연 역주, 〈야즈디《勝戰記》譯註〉, 267〕에는 5년 또는 6년이라고 서술되어 있다. 후사인은 어쩌면 743년 두번째 주마다월 말/1342년 11월에 호라즘 총독으로 임명되었는지도 모른다. DeWeese, 'Mapping Khwārazmian connections', 73을 보라.

4 Naṭanzī (1957), 427/(2004), 311은 이 점에서 300-1/233보다 더 명확하다. *ZT*, I, 465 (그리고 하피즈 아브루가 내용을 보충한 Shāmī, *ZN*, II, 31-2)는 하라즈를 언급했다. Shāmī, *ZN*, I, 65 및 Yazdī, *ZN* (1957), I, 173, 324/(2008), I, 422, 601 〔이주연 역주, 〈야즈디《勝戰記》譯註〉, 267, 427〕과 비교해볼 것. Nagel, *Timur der Eroberer*, 142. Manz, 'Temür and the early Timurids', 184는 티무르의 주장이 근거 없다고 보았고, Woods, 'The rise of Tīmūrid historiography', 104는 호라즘 원정을 정당화하기 위한 나탄지의 조작이라 일축했다. 그러나 이러한 세입의 분배가 이전에 존재했다는 112쪽의 내용과 비교해볼 것.

5 나중에 내용을 요약하며 개작한 *Majma' al-ansāb*, BL ms. Add. 16696, fo. 107b. 738/1337년에 편찬된 판본에는 이 내용이 없다.

6 일련의 원정은 Shāmī, *ZN*, I, 66-8, 71-2과 Yazdī, *ZN* (1957), I, 175-88/(2008), I, 423-39 〔이주연 역주, 〈야즈디《勝戰記》譯註〉, 268-83〕에 서술되어 있다.

7 Shāmī, *ZN*, I, 79-81. Yazdī, *ZN* (1957), I, 214-21/(2008), I, 475-83 〔이주연 역주, 〈야즈디《勝戰記》譯註〉, 312-9〕.

8 Shāmī, *ZN*, I, 107-8. 티무르가 호라즘으로 떠난 뒤 명목상 칸이었던 소유르가트므쉬가 사망하고 티무르가 귀환할 때 술탄 마흐무드가 즉위했다는 내용에서 연도를 유추할 수 있다. 같은 책, I, 110-11. Yazdī, *ZN* (1957), I, 322-4/(2008), I, 600-1 〔이주연 역주, 〈야즈디《勝戰記》譯註〉, 426-7〕에는 연도가 명시되어 있다.

9 모굴 칸국 원정은 Barthold, *Four Studies*, I, 140-3 (러시아어 원문으로는 Bartol'd, Sochineniia, II, part 1, 81-4)에서 검토되었다.

10 Shāmī, *ZN*, I, 69-70은 원정이 777/1375년(토끼해)에 이루어졌다고 전한다. Yazdī, *ZN* (1957), I, 188-90/(2008), I, 441-4 〔이주연 역주, 〈야즈디《勝戰記》譯註〉, 283-6〕.

11 Shāmī, *ZN*, I, 72-4. Yazdī, *ZN* (1957), I, 197-9/(2008), I, 453-5 〔이주연 역주, 〈야즈디《勝戰記》譯註〉, 293-4〕.

12 Shāmī, *ZN*, I, 74의 내용은 매우 소략하다. Yazdī, *ZN* (1957), I, 203/(2008), I, 461-2 〔이

주연 역주, 〈야즈디《勝戰記》譯註〉, 300-1〕.

13 Yazdī, *ZN* (1957), I, 261/(2008), I, 530-1 〔이주연 역주, 〈야즈디《勝戰記》譯註〉, 361-2〕.

14 같은 책 (1957), I, 354-5/(2008), I, 635-6 〔이주연 역주, 〈야즈디《勝戰記》譯註〉, 458-60〕.

15 *TR*, I (원문), 31, II (영어 번역), 27-8.

16 *RN* (1915), 17/(2000), 22 (*DPT*, 30).

17 Shāmī, *ZN*, I, 106-7. Yazdī, *ZN* (1957), I, 318/(2008), I, 593 〔이주연 역주, 〈야즈디《勝戰記》譯註〉, 446-9, 451〕.

18 Yazdī, *ZN* (1957), I, 342-3, 347/(2008), I, 622-3, 627 〔이주연 역주, 〈야즈디《勝戰記》譯註〉, 421의 번역을 저자의 영문 번역에 맞추어 수정했음〕.

19 Shāmī, *ZN*, I, 115. Yazdī, *ZN* (1957), I, 341, 342, 345, 347, 354, 355/(2008), I, 621, 622, 625, 627, 635, 636 〔이주연 역주, 〈야즈디《勝戰記》譯註〉, 445-6, 446-7, 449-50, 451-2, 458-9, 459-60〕.

20 Yazdī, *ZN* (1957), II, 159-61/(2008), II, 1003-5 〔이주연 역주, 〈야즈디《勝戰記》譯註〉, 787-9〕.

21 페르가나에 대해서는 Naṭanzī (1957), 296/(2004), 229; *ZT*, I, 461 (아울러 Shāmī, *ZN*, II, 30)을 보라.

22 Yazdī, *ZN* (1957), I, 189-90/(2008), I, 443 〔이주연 역주, 〈야즈디《勝戰記》譯註〉, 284〕.

23 같은 책 (1957), I, 191/(2008), I, 444 〔이주연 역주, 〈야즈디《勝戰記》譯註〉, 286〕. 두아의 조카 살라르 오글란(Sālār Oghlan)은 타쉬켄트를 분봉지로 소유했다. *MA*, fo. 31b, ed. Vokhidov, 원문 64 (러시아어 번역 49).

24 부얀 테무르: Yazdī, *ZN* (1957), I, 342, 441, 577; II, 159, 161/(2008), I, 622, 720, 853; II, 1003, 1005 〔이주연 역주, 〈야즈디《勝戰記》譯註〉, 446, 539, 655, 787, 790에서는 "자타 벡직의 아들 바얀 티무르"〕 (두 교주본 모두에서 세번째 경우 "부얀 테무르'와' 베키축 〔Buyān Temür 'wa' Bekīčuk [BYAN TMWR W BYKYJK]〕"이라고 잘못 기재되었다 〔한국어 역주본도 마찬가지임〕). 카마르 알딘의 형제 쿠틉 알딘(Quṭb al-Dīn): 같은 책 (1957), I, 463/(2008), I, 742 〔이주연 역주, 〈야즈디《勝戰記》譯註〉, 559〕. Manz, *The Rise and Rule*, 102.

25 Shāmī, *ZN*, I, 64와 하피즈 아브루가 내용을 보강한 같은 책, II, 30-1에는 이 사건이 773년의 일이며, 티무르의 대리인도 외룅 테무르(Örüng Temür)로 쓰여 있다 (다만 쾨펙 테무르가 나중에 불만을 품었다는 언급은 있다). Yazdī, *ZN* (1957), I, 169-72/(2008), I, 417-18 〔이주연 역주, 〈야즈디《勝戰記》譯註〉, 262-3에서는 "케벡 티무르(Kipik Timūr)"〕. Naṭanzī (1957), 296-8/(2004), 229-31. 사료들은 쾨펙 테무르가 칸으로 옹립되었다는 Nagel, *Timur der Eroberer*, 136-7, 147의 주장을 지지하지 않는다. 쾨펙 테무르는 다만 "지배와 질서 유지(ba-ḍabṭ-u nasq)"를 위해 티무르의 대리인으로 임명되었던 것 같다. 모굴 칸국과 첫번째 호라즘 원정의 연대에 대해서는 Aubin, 'Le khanat de Čaġatai', 49 n.149를 참고할 것.

26 Shāmī, *ZN*, I, 117. 앞의 연도는 하피즈 아브루가 같은 책, II, 75에 추가한 것이다. 뒤의 연도는 Yazdī, *ZN* (1957), I, 348/(2008), I, 628 〔이주연 역주, 〈야즈디《勝戰記》譯註〉, 559〕

에 쓰여 있다.

27 Yazdī, *ZN* (1957), II, 159/(2008), II, 1003 〔이주연 역주, 〈야즈디《勝戰記》譯註〉, 787〕.

28 같은 책 (1957), II, 17/(2008), I, 863 〔이주연 역주, 〈야즈디《勝戰記》譯註〉, 665〕. *RN* (1915), 45a (연도가 800/1398년으로 기재됨. *RN* (2000)에서는 이 내용이 누락됨) 및 Shāmī, *ZN*, I, 170과 비교해보라. IA (1979), 49/(1986), 102-3 (*TGA*, 47). 관개 시설 설치에 대해서는 Manz, *The Rise and Rule*, 116을 참고할 것.

29 Yazdī, *ZN* (1957), II, 256/(2008), II, 1092 〔이주연 역주, 〈야즈디《勝戰記》譯註〉, 864〕.

30 IA (1979), 245-6/(1986), 384 (*TGA*, 225).

31 Salmānī, *Shams al-ḥusn*, 원문 fo. 23a-b (독일어 번역 22).

32 Yazdī, *ZN* (1957), II, 449/(2008), II, 1276 〔이주연 역주, 〈야즈디《勝戰記》譯註〉, 1020〕. Salmānī, *Shams al-ḥusn*, 원문 fo. 23a-b (독일어 편역 22)는 이 분봉이 모굴 칸국 영토(전체)에 대한 것이라고 주장했다. Manz, *The Rise and Rule*, 87.

33 Yazdī, *ZN* (1957), I, 203-9, 212-14/(2008), I, 461-8, 473-4 〔이주연 역주, 〈야즈디《勝戰記》譯註〉, 300-6, 310-2〕. Shāmī, *ZN*, I, 74-8의 서술은 훨씬 간략하고, 티무르가 조치 울루스 전체를 사여했다는 식의 서술도 없다. 두 저자 모두 마마이를 "마막(Mamāq)"이라고 부른다. 두 사료에 기재된 778년이라는 연도는 1년 빠른 것으로, Safargaliev, *Raspad*, 141-2에서 교정되었다.

34 Shāmī, *ZN*, I, 78. Yazdī, *ZN* (1957), I, 213/(2008), I, 474 〔이주연 역주, 〈야즈디《勝戰記》譯註〉, 311〕.

35 Ibn Qāḍī Shuhba, *Ta'rīkh*, I, 139, 155. al-Maqrīzī, *al-Sulūk*, III, part 2, 524, 531. Broadbridge, *Kingship and Ideology*, 172.

36 Ilnur Mirgaleev, 'The reign of Khan Toqtamysh', in *HT*, III, 738.

37 이하 내용은 같은 글, 738-43; Spuler, *Die Goldene Horde*, 129-35 참고.

38 I.M. Mirgaleev, 'Bek Bulat: From a military commander to a rebel', *ZOO* 4 (2016), no. 4, 784-9. 벡 볼로드는 *MA*, fo. 28a, ed. Vokhidov, 원문 57 (러시아어 번역 46)에 토카 테무르의 후손으로 등장하는 "풀라드(Pūlād)"일 가능성이 있다. 톡타므쉬는 후일 벡 볼로드를 처형했다.

39 Shāmī, *ZN*, I, 161. Yazdī, *ZN* (1957), I, 542/(2008), I, 817 〔이주연 역주, 〈야즈디《勝戰記》譯註〉, 626〕. Crummey, *The Formation of Muscovy*, 64를 보라.

40 Yazdī, *ZN* (1957), I, 552/(2008), I, 826 〔이주연 역주, 〈야즈디《勝戰記》譯註〉, 635〕. Manz, 'Mongol history rewritten', 140-1.

41 780/1378~79년·781/1379~80년·787/1385~86년: Yazdī, *ZN* (1957), I, 215-16, 221, 286/(2008), I, 476-7, 483, 557 〔이주연 역주, 〈야즈디《勝戰記》譯註〉, 314, 319, 386〕.

42 Martin, *Treasure of the Land of Darkness*, 33-4.

43 F. Thiriet (ed.), *Régestes des délibérations du Sénat de Venise concernant la Romanie*, I: *1329-1399* (Paris and The Hague, 1958), 217 (no. 930). 복구 시도가 없었다는 데 대해서는, 같은 책, II: *1400-1430* (Paris and The Hague, 1959), 96-7 (no. 1403)을 보라. 도시의 성벽을 다시 두르는 작업은 금 오르다의 칸들에 의한 공격을 두 차례나 겪은 뒤인 1419년에야 시작되었다. Bernard Doumerc, 'Les Vénitiens à La Tana au XVᵉ siècle', *Le*

Moyen Age 94 (1988), 363-79 (이 내용은 365); M.E. Martin, 'Venetian Tana in the later fourteenth and early fifteenth centuries', *Byzantinische Forschungen* 11 (1987), 375-9 (이 내용 376-7)는 타나의 쇠락이 과장되었다고 주장했다. 최근 발표된 Nicola Di Cosmo and Lorenzo Pubblici, *Venezia e i Mongoli. Commercio e diplomazia sulle vie della seta nel medioevo (secoli XIII-XV)* (Rome, 2022), 156-60, 162, 169-73도 확인할 것.

44 Barbaro, *Viaggi*, §52, ed. and tr. Skrzhinskaia, *Barbaro i Kontarini o Rossii*, 원문 132 (러시아어 번역 157); tr. Thomas, in Stanley of Alderley (ed.), *Travels to Tana and Persia*, 31.

45 Yazdī, *ZN* (1957), I, 538/(2008), I, 813 [이주연 역주, 〈야즈디 《勝戰記》 譯註〉, 622-3. 여기서 코유리착은 "카비르 착(Qavīr Chāq)"으로 표기됨]. Safargaliev, *Raspad*, 176; Pochekaev, *Tsari ordynskie*, 218; Khakimov et al. (eds), *The Golden Horde in World History*, 696을 보라.

46 Spuler, *Die Goldene Horde*, 136-54. Vásáry, 'The Jochid realm', 85. Frank, 'The western steppe', 238-40. Pochekaev, *Tsari ordynskie*, 13장. 테무르 쿠틀룩의 조상에 대해서는 제12장 주 100을 보라.

47 Spuler, *Die Goldene Horde*, 141. Frank, 'The western steppe', 238, 239-40. *Patriarshaia ili Nikonovskaia letopis'*, in *PSRL*, XI, 198 (tr. Zenkovsky, IV, 156)에는 톡타므쉬가 6914년[=1407년] 1월로 기록되어 있다. 톡타므쉬의 만년에 대해서는 DeWeese, 'Toḳtamïsh, *EI2*, X, 563을 보라. 톡타므쉬의 사망이 티무르의 사망과 같은 해에 일어났다는 Favereau, *The Horde*, 288 [김석환 옮김, 《말 위의 개척자, 황금 천막의 제국》, 392]의 내용은 오류다.

48 Yazdī, *ZN* (1957), I, 541, 553/(2008), I, 815, 829 [이주연 역주, 〈야즈디 《勝戰記》 譯註〉, 625, 636. 저자의 영어 번역에 따라 일부 표현을 수정하여 인용했음].

49 IA (1979), 90-1/(1986), 148 (*TGA*, 85). Spuler, *Die Goldene Horde*, 137과 샤미, 야즈디와 비잔티움 연대기 저자 라오니코스 할코콘딜리스(Laonikos Chalkokondylēs)의 기록을 세밀하게 분석해 이 집단의 동향을 탁월하게 재구성한 Aurel Decei, 'Établissement de Aktav de la Horde d'Or dans l'empire ottoman, au temps de Yildirim Bayezid', in *Zeki Velidi Togan'a armağan* (Istanbul, 1950-5), 77-92, Jackson, *The Mongols and the West*, 186을 참고할 것.

50 Martin, *Treasure of the Land of Darkness*, 33.

51 Shāmī, *ZN*, I, 212-13. Yazdī, *ZN* (1957), II, 158/(2008), II, 1002 [이주연 역주, 〈야즈디 《勝戰記》 譯註〉, 786].

52 Faryūmadī, *Dhayl-i Majmaʿ al-ansāb*, 330. Aubin, 'Le khanat de Čaġatai', 48.

53 *RN* (1915), 20/(2000), 26 (*DPT*, 33).

54 Shāmī, *ZN*, I, 43. Yazdī, *ZN* (1957), I, 113/(2008), I, 351-2 [이주연 역주, 〈야즈디 《勝戰記》 譯註〉, 201-2].

55 Yazdī, *ZN* (1957), I, 130/(2008), I, 371 [이주연 역주, 〈야즈디 《勝戰記》 譯註〉, 219-20]. 무이즈 알딘의 개입에 대해서는 Aubin, 'Le khanat de Čaġatai', 19-20을, 케르만 장악 시도에 대해서는 같은 글 26을 보라.

56 Shivan Mahendrarajah, 'Tamerlane's conquest of Herat and the "politics of notables"', *StIr* 46 (2017), 49-76. Mahendrarajah, 'A revised history of Mongol, Kart, and Timurid

patronage', 117-18와 *A History of Herat*, 168-70도 아울러 참고할 것. 무인 알딘 자미의 편지는 Yūsuf-i Ahl, *Farā'id-i Ghiyāthī*, ed. Mu'ayyad, I, 173-81과 II, 556-9에 수록되어 있다.

57 Yazdī, *ZN* (1957), I, 228/(2008), I, 491 〔이주연 역주, 〈야즈디《勝戰記》譯註〉, 327-8〕.

58 같은 책 (1957), I, 241, 258-9/(2008), I, 507, 525, 527 〔이주연 역주, 〈야즈디《勝戰記》譯註〉, 341, 357, 359〕.

59 Mahendrarajah, *A History of Herat*, 171.

60 Aubin, 'La fin de l'état sarbadâr', 104-6 (repr. in his *Études*, 318-20).

61 Paul, 'Zerfall und Bestehen', 714.

62 Yazdī, *ZN* (1957), I, 223-4, 226/(2008), I, 486, 489 〔이주연 역주, 〈야즈디《勝戰記》譯註〉, 322-3, 325〕.

63 *RN* (1915), 23/(2000), 31 (*DPT*, 36).

64 Yazdī, *ZN* (1957), I, 290/(2008), I, 562 〔이주연 역주, 〈야즈디《勝戰記》譯註〉, 391〕.

65 Bosworth, *The History of the Saffarids of Sistan*, 448-52. 티무르 왕조 측의 주요 사료는 Shāmī, *ZN*, I, 91-3과 Yazdī, *ZN* (1957), I, 262-72/(2008), I, 531-42 〔이주연 역주, 〈야즈디《勝戰記》譯註〉, 362-73〕. 시스탄 측의 시각은 Sīstānī, *Iḥyā' al-mulūk*, ed. Sutūda, 103-6을, 이븐 아랍샤의 증언에 대해서는 490쪽과 제11장 주 157을 보라.

66 Shāmī, *ZN*, I, 131, 145. Yazdī, *ZN* (1957), I, 428, 469/(2008), I, 707, 749 〔이주연 역주, 〈야즈디《勝戰記》譯註〉, 527, 565〕. Aubin, 'La fin de l'état sarbadâr', 112, 114 (repr. in his *Études*, 325, 327). Roemer, 'Tīmūr in Iran', 50.

67 Shāmī, *ZN*, I, 101. Yazdī, *ZN* (1957), I, 297/(2008), I, 570 〔이주연 역주, 〈야즈디《勝戰記》譯註〉, 527, 598-9〕.

68 IA (1979), 34/(1986), 84-5 (*TGA*, 32-3). 티무르의 무자파르 왕조 처리에 대해서는 Roemer, 'The Jalayirids, Muzaffarids and Sarbadārs', 16과 'Tīmūr in Iran', 59-63을 참고할 것.

69 Yazdī, *ZN* (1957), I, 314/(2008), I, 589 〔이주연 역주, 〈야즈디《勝戰記》譯註〉, 417〕에 제시된 날짜. *RN* (1915), 30/(2000), 39 (*DPT*, 43-4)에는 5일/1387년 11월 17일 일요일. Aubin, 'Comment Tamerlan', 101-2 n.9를 보라.

70 Yazdī, *ZN* (1957), I, 316/(2008), I, 590-1 〔이주연 역주, 〈야즈디《勝戰記》譯註〉, 419〕.

71 Kutubī, *Ta'rīkh-i āl-i Muẓaffar*, 111-12.

72 같은 책, 113-16.

73 같은 책, 117.

74 같은 책, 118. Yazdī, *ZN* (1957), I, 424-5/(2008), I, 704 〔이주연 역주, 〈야즈디《勝戰記》譯註〉, 523-4〕.

75 Kutubī, *Ta'rīkh-i āl-i Muẓaffar*, 119-20. Yazdī, *ZN* (1957), I, 425-7/(2008), I, 705-7 〔이주연 역주, 〈야즈디《勝戰記》譯註〉, 524-6〕.

76 샤 만수르의 활동에 대해서는 Kutubī, *Ta'rīkh-i āl-i Muẓaffar*, 120-6을 보라. 최후의 전투에 대해서는 서로 내용이 다른 *RN* (1915), 35-7/(2000), 47-9 (*DPT*, 51-2); Shāmī, *ZN*, I, 132-4를 비교해볼 것.

77 Yazdī, *ZN* (1957), I, 441/(2008), I, 719-20 [이주연 역주, 〈야즈디《勝戰記》譯註〉, 538-
40]에 따르면 두번째 주마다월 23일/1393년 5월 6일 월요일에 처형되었다. Shāmī, *ZN*,
I, 135에는 두번째 주마다월 12일/4월 25일 화요일(실제로는 금요일)이라고 쓰여 있고,
하피즈 아브루의 수정판(같은 책, II, 106)에서는 라잡월 12일/5월 25일로 수정되었다.
Kutubī, *Ta'rīkh-i āl-i Muẓaffar*, 127은 라잡월 3일이라고 전한다. Roemer, 'Tīmūr in
Iran', 63은 라잡월 10일/5월 22일(목요일)이라고 결론 내렸다.

78 이 원정에 대한 논의는 Aubin, 'Les princes d'Ormuz', 111-13을 참고하라. 당연하다면 당
연한 이야기이지만, Naṭanzī (1957), 19/(2004), 23은 자신의 후원자 이스칸다르 이븐 우
마르 셰이흐에게 호르무즈가 보여준 유순함과 비교하며 이를 서술했다.

79 Zayn al-Dīn (1990), 원문 498-9 (러시아어 번역 129-30)/(1993), 113-15. Ibn Fatḥ-
Allāh al-Baghdādī, *al-Ta'rīkh al-Ghiyāthī*, 104-5.

80 Shāmī, *ZN*, I, 103, 104. Yazdī, *ZN* (1957), I, 303, 306/(2008), I, 577, 580 [이주연 역주,
〈야즈디《勝戰記》譯註〉, 404-5, 408].

81 Wing, *The Jalayirids*, 157-8을 참고할 것.

82 Michele Bernardini, 'The army of Timur during the Battle of Ankara', in Franz and
Holzwarth (eds), *Nomad Military Power*, 209-32 (이 내용은 215, 220). 말라티아: Yazdī,
ZN (1957), II, 198/(2008), II, 1039 [이주연 역주, 〈야즈디《勝戰記》譯註〉, 819]. 악코윤루
와 티무르의 관계에 대해서는 Manz, *The Rise and Rule*, 103과 Patrick Wing, 'Submission,
defiance, and the rules of politics on the Mamluk Sultanate's Anatolian frontier', *JRAS*,
3rd series, 25 (2015), 377-88 (이 내용은 378)을 보라.

83 Shāmī, *ZN*, I, 139. Woods, 'The rise of Tīmūrid historiography', 85.

84 1401년 티무르가 바그다드에 내린 처분에 대해서는 Jean Aubin, 'Tamerlan à Baġdād',
Arabica 9 (1962), 303-9 (이 내용은 307-9)를 보라.

85 술탄 아흐마드의 만년과 잘라이르 왕조의 최후에 대해서는 Wing, *The Jalayirids*, 165-75
에서 다룬다. 후지스탄의 지배자들에 대해서는 Yıldız, 'Post-Mongol pastoral polities in
eastern Anatolia', 35-6도 아울러 참고할 것.

86 Jackson, *The Delhi Sultanate*, 228-9.

87 Yazdī, *ZN* (1957), I, 55/(2008), I, 287 [이주연 역주, 〈야즈디《勝戰記》譯註〉, 140].

88 아미르 후사인: Shāmī, *ZN*, I, 31; Naṭanzī (1957), 227/(2004), 182. Yazdī, *ZN* (1957), I,
82/(2008), I, 318 [이주연 역주, 〈야즈디《勝戰記》譯註〉, 171]. 후사인의 아들들: 같은 책
(1957), I, 154/(2008), I, 399 [이주연 역주, 〈야즈디《勝戰記》譯註〉, 245].

89 Yazdī, *ZN* (1957), I, 330/(2008), I, 607 [이주연 역주, 〈야즈디《勝戰記》譯註〉, 433].

90 Bihāmadkhānī, BL ms. Or. 137, fo. 442b; partial trans. by Muhammad Zaki, *Tarikh-i-
Muhammadi by Muhammad Bihamad Khani* (Aligarh, 1972), 60.

91 같은 책, fos 422b-423a (tr. Zaki, 32-3).

92 같은 책, fo. 432b (tr. Zaki, 47). Sirhindī, *Ta'rīkh-i Mubārakshāhī*, 160-1. 티무르의 침
략 이전 델리 술탄국의 상황에 대한 연구로는 다음이 있다. Simon Digby, *War-Horse and
Elephant in the Delhi Sultanate. A Study of Military Supplies* (Oxford and Delhi, 1971),
74-80; Gavin R.G. Hambly, 'The twilight of Tughluqid Delhi: Conflicting strategies in

a disintegrating imperium', in R.E. Frykenberg (ed.), *Delhi through the Ages. Essays in Urban History, Culture and Society* (Oxford and Delhi, 1986), 45-62 (이 내용은 47-52).

93 *Ta'rīf* (1951), 364: "thumma ḍṭaraba mulūk al-Hind wa staṣarakha khārij^um minhum bi l-amīr Tamur/(2008), 238.

94 Shāmī, *ZN*, I, 187-8. IA (1979), 101/(1986), 162-3 (*TGA*, 95). Ibn Taghrībirdī, *al-Nujūm al-zāhira*, XII, 261-2 (tr. Popper, II, 58)도 이븐 아랍샤의 의견을 따랐다.

95 *RN* (1915), 43-4/(2000), 57-8 (*DPT*, 60). Yazdī, *ZN* (1957), II, 19/(2008), I, 865-6 [이주연 역주, 〈야즈디《勝戰記》譯註〉, 666-7]. Sirhindī, *Ta'rīkh-i Mubārakshāhī*, 162-3 에 따르면 물탄은 라마단월 19일에 항복했다 (아래의 주 참조).

96 *RN* (1915), 43/(2000), 57 (*DPT*, 59-60). Yazdī, *ZN* (1957), I, 401; II, 18-19/(2008), I, 679, 865 [이주연 역주, 〈야즈디《勝戰記》譯註〉, 500, 667]은 사여된 영토를 더 구체적으로 열거한다.

97 Subtelny, 'Tamerlane and his descendants', 176처럼 티무르가 공자를 펀자브로 보냈다는 시각도 있다.

98 티무르가 801/1399년 피르 무함마드 이븐 우마르 셰이흐에게 보낸 파트흐나마와 샤미의 서술 사이에서 보이는 강조점의 변화에 주목한 Anooshahr, *The Ghazi Sultans*, 118-20 (피르 무함마드 이븐 우마르 셰이흐의 이름은 언급하지 않았으나, "그의 아들 중 하나"라고 했는데, 이는 오류다)을 보라.

99 *RN* (1915), 107a, 107b-108b/(2000), 107 (*DPT*, 110). Yazdī, *ZN* (1957), II, 19/(2008), I, 866 [이주연 역주, 〈야즈디《勝戰記》譯註〉, 667-8].

100 *RN* (1915), 45a. 더 개괄적인 설명은 같은 책, (1915), 44/(2000), 58 (*DPT*, 60); Shāmī, *ZN*, I, 170; Yazdī, *ZN* (1957), II, 19-20/(2008), I, 866 [이주연 역주, 〈야즈디《勝戰記》譯註〉, 667-8]을 보라. *ZT*, II, 825 (그리고 하피즈 아브루가 내용을 추가한 Shāmī, *ZN*, II, 136도 확인할 것)에는 단순히 힌두교도의 권력이 커졌다고만 서술되어 있다. 델리 술탄국 힌두교도 신민들의 지위에 대해서는 Jackson, *The Delhi Sultanate*, 제14장 내용과 비교해보라.

101 Sirhindī, *Ta'rīkh-i Mubārakshāhī*, 159-60. Hambly, 'The twilight of Tughluqid Delhi', 48-50.

102 사건의 대략적인 전개에 대해서는 Aubin, 'Comment Tamerlan', 110-11.

103 Yazdī, *ZN* (1957), II, 92/(2008), I, 937 [이주연 역주, 〈야즈디《勝戰記》譯註〉, 730-1]. 티무르 이전 델리가 함락당한 마지막 사례는 구르 왕조의 무이즈 알딘 무함마드 이븐 삼 (Mu'izz al-Dīn Mu'izz al-Dīn b. Sām)의 588/1192년 델리 정복이다.

104 인도 원정에 대한 상세한 연구로는 Kishori Saran Lal, *Twilight of the Sultanate. A Political, Social and Cultural History of the Sultanate of Delhi from the Invasion of Timur to the Conquest of Babur, 1398-1526*, revised edn (New Delhi, 1980), 16-40 이 있다. 그보다 간략한 서술은 Digby, *War-Horse and Elephant*, 80-1과 Jackson, *The Delhi Sultanate*, 313을 보라. 더 넓은 맥락에서의 분석은 Wink, *Al-Hind*, III, 124-5를 참고할 것.

105 Yazdī, *ZN* (1957), II, 130/(2008), I, 974-5 [이주연 역주, 〈야즈디《勝戰記》譯註〉, 764].

106 Sirhindī, *Ta'rīkh-i Mubārakshāhī*, 166-7. Habib, 'Timur·in the political tradition and historiography of Mughal India', 299-300; Jackson, *The Delhi Sultanate*, 318-19; Wink, *Al-Hind*, III, 134을 보라. Bihāmadkhānī, fo. 306b (tr. Zaki, 93)는 약탈 이후 히드르 칸에게 델리 총독직(shaḥnagī-u amārat)이 사여되었다고 썼지만, 누가 주었는지는 특정하지 않았다.

107 Wink, *Al-Hind*, III, 145.

108 IA (1979), 107/(1986), 169-70 (*TGA*, 100). *Ta'rīf* (1951), 365/(2008), 238에는 같은 맥락이지만 바르쿡의 죽음만이 언급되어 있다.

109 Broadbridge, *Kingship and Ideology*, 151-6.

110 (첩자 한 명만 언급된) Ibn Ḥijjī, I, 37보다 상세한 Ibn al-Furāt, *Ta'rīkh al-duwal wa l-mulūk*, IX, part 2, 369와 Yosef, 'Cross-boundary hatred', 174에 인용된 al-Maqrīzī, *al-Sulūk*, III, part 2, 802를 보라.

111 al-Maqrīzī, *al-Sulūk*, III, part 2, 537. Ibn Qāḍī Shuhba, *Ta'rīkh*, I, 189.

112 이들의 관계에 대해서는 Broadbridge, *Kingship and Ideology*, 172-3을 확인할 것.

113 Yazdī, *ZN* (1957), II, 200/(2008), II, 1041 [이주연 역주, 〈야즈디《勝戰記》譯註〉, 820]. Shāmī, *ZN*, I, 221-2의 서술은 더 간략하다.

114 Yazdī, *ZN* (1957), I, 471/(2008), I, 751 [이주연 역주, 〈야즈디《勝戰記》譯註〉, 567].

115 Broadbridge, *Kingship and Ideology*, 188-9.

116 Shāmī, *ZN*, I, 274-5. Yazdī, *ZN* (1957), II, 356-7/(2008), II, 1187-8 [이주연 역주, 〈야즈디《勝戰記》譯註〉, 946-7]. Broadbridge, *Kingship and Ideology*, 192-7과 같은 저자의 'Royal authority', 235-6.

117 U. Vermeulen, 'Timur Lang en Syrie: la correspondance entre le Mamlūk Farağ et le Mérinide Abū Saʿīd', in U. Vermeulen and D. De Smet (eds), *Egypt and Syria in the Fatimid, Ayyubid and Mamluk Eras*, II. *Proceedings of the 4th and 5th International Colloquium organized at the Katholieke Universiteit Leuven in May 1995 and 1996* (Leuven, 1998), 303-11. 이븐 할둔이 모로코의 술탄에게 보낸 서신에 대해서는 79쪽을 보라.

118 Werner, *Die Geburt einer Großmacht*, 163-4, 174. Heath W. Lowry, *The Nature of the Early Ottoman State* (Albany, NY, 2003), 83, 86-7 및 148-50 (부록 1).

119 Ilnur Mirgaleev, 'Tatary Desht-i Kypchaka v perepiske Aksak Timura s Baiazidom', *ZOTs* 8 (2015), 299-303 (이 내용은 300).

120 Bernardini, 'The army of Timur', 214.

121 Michele Bernardini, 'Motahharten entre Timur et Bayezid: une position inconfortable dans les remous de l'histoire anatolienne', in Gilles Veinstein (ed.), *Syncrétismes et hérésies dans l'Orient seldjoukide et ottoman (XIVᵉ-XVIIIᵉ siècle). Actes du Colloque du Collège de France, octobre 2001*, Collection Turcica 9 (Paris, 2005), 199-211. Rhoads Murphey, 'Bayezid I's foreign policy plans and priorities: Power relations, statecraft, military conditions and diplomatic practice in Anatolia and the Balkans', in Chrissis and Carr (eds), *Contact and Conflict*, 177-215 (이 내용은 196, 199-200).

122 Broadbridge, 'Royal authority', 242-3.

123 1402년 티무르의 원정에 대해서는 Marie-Mathilde Alexandrescu-Dersca, *La Campagne de Timur en Anatolie (1402)*, 2nd edn (London, 1977), 4-5장을 보라. 전투가 일어난 날짜도 같은 책, 116-19 (부록 3)를 따랐다.

124 같은 책, 73-8. Murphey, 'Bayezid I's foreign policy plans', 194.

125 IA (1979), 194-6, 198-9/(1986), 320-2, 328 (*TGA*, 178-9, 182). Yazdī, *ZN* (1957), II, 358/(2008), II, 1189 〔이주연 역주, 〈야즈디 《勝戰記》 譯註〉, 947〕. Paul, 'Mongol aristocrats and beyliks in Anatolia', 125-6. Bernardini, 'The army of Timur', 215-16. 카라 타타르에 대해서는 알려진 바가 별로 없다. 이들에 대해서는 Jürgen Paul, 'Khalīl Sulṭān and the "Westerners" (1405-1407)', *Turcica* 42 (2010), 11-45 (이 내용은 16-20)를 참고할 것.

126 Yazdī, *ZN* (1957), II, 315-16, 330, 350/(2008), II, 1148-9, 1163, 1182 〔이주연 역주, 〈야즈디 《勝戰記》 譯註〉, 911-2, 923-4, 941〕. 철창에 대해서는 Marcus Milwright and Evanthia Baboula, 'Bayezid's cage: A re-examination of a venerable academic controversy', *JRAS*, 3rd series, 21 (2011), 239-60을 확인할 것. 같은 글, 258-9에서 저자들은 바예지드 1세가 철창에 갇힌 처지였다는 설화가 이븐 아랍샤의 서술을 잘못 이해한 결과라고 주장했으나 (Marozzi, *Tamerlane*, 335-7도 마찬가지), 이븐 아랍샤의 기록을 참고했을 법하지 않은 루시 사료들에서도 이런 서술이 있다는 점도 고려할 필요가 있다.

127 Yazdī, *ZN* (1957), II, 349/(2008), II, 1181-2 〔이주연 역주, 〈야즈디 《勝戰記》 譯註〉, 940-1〕. 바예지드가 병에 걸렸을 때 티무르가 명의를 붙여주었다고 쓴 Shāmī, *ZN*, I, 271과 비교해보라. Marozzi, *Tamerlane*, 358은 바예지드를 위해 티무르가 흘린 눈물을 "악어의 눈물"로 보았으나 Roux, *Tamerlan*, 178은 야즈디의 서술을 글자 그대로 받아들였다.

128 Dimitris J. Kastritsis, *The Sons of Bayezid. Empire Building and Representation in the Ottoman Civil War of 1402-1413* (Leiden and Boston, MA, 2007), 44-50. 메흐메드 〔첼레비〕에 대해서는 Colin Heywood, 'A mid-fifteenth century Byzantine and Ottoman coin hoard from Rumeli: The Ottoman component (a preliminary report)', in Hillenbrand (ed.), *Studies in Honour of Clifford Edmund Bosworth*, II, 109-23 (이 내용은 113); repr. in Heywood, *Ottomanica and Meta-Ottomanica*, 141-53 (이 내용은 144)도 아울러 참고할 것.

129 J. Delaville Le Roulx, *Les Hospitaliers à Rhodes (1310-1421)* (London, 1974), 283-6. Jürgen Sarnowsky, 'Die Johanniter und Smyrna 1344-1402 (Teil I)', *Römische Quartalschrift* 86 (1991), 215-51 (이 내용은 232-3).

130 Anthony Luttrell, 'The crisis in the Bosphorus following the battle near Ankara in 1402', in Rosario Villari (ed.), *Controllo degli stretti e insediamenti militari nel Mediterraneo* (Rome and Bari, 2002), 155-66 (이 내용은 159-60).

131 이들과 티무르의 복잡다단한 관계에 대해서는 W.E.D. Allen, *A History of the Georgian People from the Beginning down to the Russian Conquest in the Nineteenth Century* (London, 1932), 123-5를 보라.

132 티무르가 요아네스 7세 팔레올로고스에게 1402년 5월 15일에 보낸 편지, Alexandrescu-

Dersca, *La Campagne de Timur*, 123 (부록 1). William Miller, *Trebizond. The Last Greek Empire of the Byzantine Era 1204-1461*, new edn (Chicago, IL, 1969), 71-2. Shukurov, *Velikie Komniny i vostok*, 271.

133 Clavijo (1859), 61/(1928), 111. 마누일 3세 메가스 콤니노스의 중재 역할에 대해서는 Shukurov, *Velikie Komniny i vostok*, 269-71을 보라.

134 비잔티움 측이 티무르를 어떻게 다루었는지는 John W. Barker, *Manuel II Palaeologus 1391-1425. A Study in Late Byzantine Statesmanship* (New Brunswick, NJ, 1969), 504-8에서 논의되었다. 바예지드 1세의 패배에 대한 비잔티움 측 저자들 및 마누일 2세 팔레올로고스 황제의 반응에 대해서는 Siren Çelik, *Manuel II Palaiologos (1350-1425). A Byzantine Emperor in a Time of Tumult* (Cambridge, 2021), 246-9를 확인할 것.

135 Clavijo (1859), 24/(1928), 52.

136 Shāmī, *ZN*, I, 264. 티무르가 이 사실을 조지아 국왕에게 알려주는 같은 책, I, 279과도 비교해보라. Yazdī, *ZN* (1957), II, 331/(2008), II, 1164-5 〔이주연 역주, 〈야즈디 《勝戰記》 譯註〉, 925〕. 티무르가 요아니스 7세 팔레올로고스에게 보낸 국서는 Alexandrescu-Dersca, *La Campagne de Timur*, 123-4 (부록 1).

137 *Chronique du Religieux de Saint-Denys, contenant le règne de Charles VI, de 1380 à 1422*, ed. Louis François Bellaguet, 6 vols (Paris, 1839-52), III, 50.

138 예컨대 HA, *Dhayl-i Ẓafar-nāma*, ed. Tauer, 443.

139 Yazdī, *ZN* (1957), II, 328/(2008), II, 1161-2 〔이주연 역주, 〈야즈디 《勝戰記》 譯註〉, 922 의 '아크 샤흐르(Aq Šahr)'〕. Shāmī, *ZN*, I, 204에는 카라만 왕조의 아미르가 복속했다고 만 쓰여 있다.

140 Shāmī, *ZN*, I, 217. Yazdī, *ZN* (1957), II, 182-3/(2008), II, 1025 〔이주연 역주, 〈야즈디 《勝戰記》 譯註〉, 807〕. Shukurov, *Velikie Komniny i vostok*, 270은 이 1400년 9월경 시바 스를 점령할 무렵의 일로 추정했다. 같은 책, n.36에서는 "무라드의 아들"이라는 인물에 대해 의견을 제시했다.

141 Stella, *Annales Genuenses*, 260. Felicitas Schmieder, *Europa und die Fremden. Die Mongolen im Urteil des Abendlandes vom 13. bis in das 15. Jahrhundert, Beiträge zur Geschichte und Quellenkunde des Mittelalters 16* (Sigmaringen, 1994), 185 n.588은 이 서술이 사실이 아니라고 보았다. Michel Balard, *La Romanie génoise (XIIᵉ-début du XVᵉ siècle)* (Genoa, 1978), I, 101 또한 다른 사료들에서는 이런 내용을 확인할 수 없다고 지적했다. 조공을 보냈다는 이야기는 Clavijo (1859), 76/(1928), 135를 보라.

142 Shāmī, *ZN*, I, 268-9. Yazdī, *ZN* (1957), II, 343, 344/(2008), II, 1175-6, 1177 〔이주연 역주, 〈야즈디 《勝戰記》 譯註〉, 935-6, 936〕. Alexandrescu-Dersca, *La Campagne de Timur*, 90.

143 N. Iorga, 'Notes et extraits pour servir à l'histoire des croisades au XVᵉ siècle', *Revue de l'Orient Latin* 4 (1896), 25-118, 226-320, 503-622 (이 내용은 245)와 George T. Dennis (ed.), 'Three reports from Crete on the situation in Romania, 1401-1402', *Studi Veneziani* 12 (1970), 243-65 (이 내용은 245. 영어 번역은 253), and repr. in *Dennis, Byzantium and the Franks 1350-1420* (London, 1982)에 수록된 1401년 9월 10일자 베

네치아 보고서.

144 Clavijo (1859), 76/(1928), 135에 따름.

145 1402년 10월 12일 제라르도 사그레도(Gerardo Sagredo), Alexandrescu-Dersca, *La Campagne de Timur*, 131-2 (부록 3). Clavijo (1859), 77/(1928), 136은 비잔티움인들도 이 배신에 협조했다고 전한다. Balard, *La Romanie génoise*, I, 102도 아울러 참고할 것.

146 F. Thiriet (ed.), *Délibérations des assemblées vénitiennes concernant la Romanie*, II (Paris and The Hague, 1971), 95 (no. 1017).

147 Kedar, *Merchants in Crisis*, 129-30의 분석을 보라.

148 Clavijo (1859), 77/(1928), 136. 스미르나에 대해서는 Andreas de Redusiis de Quero, *Chronicon Tarvisinum*, col. 801을 확인할 것.

149 티무르와 서유럽의 관계는 Knobler, 'The rise of Tīmūr'; Schmieder, *Europa und die Fremden*, 180-7; Jackson, *The Mongols and the West*, 239-43에서 검토되었다.

150 아미란샤는 805/1403년 유럽 군주들에게 보낸 서신에서 요한네스 대주교를 베네치아와 제노바로 보냈다고 언급했다. Baron Silvestre de Sacy, 'Mémoire sur une correspondance inédite de Tamerlan avec Charles VI', *Mémoires de l'Institut Royal de France. Académie des Inscriptions et Belles-Lettres* 6 (1822), 470-522 (이 내용은 479). 티무르에게 보낸 답서에서 헨리 4세 또한 이전에 아미란샤를 대표해 요한네스 대주교의 방문을 언급했다. Sir Henry Ellis (ed.), *Original Letters Illustrative of English History*, 3rd series, I (London, 1846), 56. 아미란샤가 사절을 보낸 시점은 이들이 1401년 3월 말 베네치아에 있었다는 사실에서 추론할 수 있다. Luttrell, 'Timur's Dominican envoy', 210 n.7.

151 요한네스는 자신의 동료를 프랑키스쿠스 사스루(Franciscus *Ssathru)라고 불렀는데, Alexandrescu-Dersca, *La Campagne de Timur*, 39, n.4는 이 인물이 티무르가 요아니스 7세에게 보낸 서신의 이탈리아어 판본에 언급된 '산드론(Sandron)'과는 별개의 인물임을 입증했다. 이 인물은 1401년 티무르가 콘스탄티노플로 처음 보낸 프랑키스쿠스와 일행이었다. 같은 책, 123 (부록 1); Iorga, 'Notes et extraits', 245.

152 *Chronographia regum Francorum*, III, 205-6에는 요한네스가 파리에 도착한 날짜가 명시되어 있다. 헨리 4세가 티무르에게 보낸 편지는 Ellis (ed.), *Original Letters*, 56-8에 수록되어 있다. *Chronique du Religieux de Saint-Denys*, ed. Bellaguet, III, 134와도 비교해볼 것. 샤를 6세의 답신은 1403년 6월 15일자. De Sacy, 'Mémoire sur une correspondance inédite', 522.

153 A. Soudavar, 'The concepts of "*al-aqdamo aṣaḥḥ*" and "*yaqin-e sābeq*", and the problem of semi-fakes', *StIr* 28 (1999), 255-73 (이 내용은 256-60)은 티무르가 프랑스 국왕에게 보냈다고 하는 편지가 티무르 왕조의 외교 관습을 거의 고려하지 않았다는 점, 페르시아어가 이상한 점, 질이 떨어지는 종이에 작성된 점 등을 지적하며 티무르의 궁정으로 돌아가지 않았다고 생각되는 요한네스 자신이 위조했을 가능성이 크다고 보았다. 만약 이게 사실이라고 해도(아볼랄라 수다바르(Abolala Soudavar)도 유보적 입장이었다는 데 주목하라), 이 서신이 서방과의 교역만 언급하는 데 반해 라틴어 번역본은 바예지드 1세를 공동의 적이라고 하면서 군사 동맹의 열망을 표명한 것은 매우 모순적이다. 티

무르가 샤를 6세에게 보낸 서신은 De Sacy, 'Mémoire sur une correspondance inédite', 473 (페르시아어 원문), 479 (라틴어 번역본). 같은 글, 480에 수록된 아미란샤의 서신 및 같은 글, 522에 수록된 샤를 6세가 티무르에게 보낸 답신과도 비교해보라. 편지의 번역본은 조작했으면서 원문은 손대지 않은 이유에 대한 설명이 필요하다.

154 Clavijo (1859), 4-5/(1928), 24-5.

155 Yazdī, *ZN* (1957), II, 421-2, 443, 449/(2008), II, 1255-6, 1271, 1276 [이주연 역주, 〈야즈디 《勝戰記》 譯註〉, 1001-2, 1015, 1020].

156 Clavijo (1859), 166-9/(1928), 280-5.

157 같은 책 (1859), 133-4/(1928), 221, 222-3. Papas and Toutant, *L'Asie centrale de Tamerlan*, 95는 티무르가 샤를 6세에게 보낸 국서가 카스티야 국왕에게 보여준 관심보다 더 낮은 수준의 존경심을 반영한다고 주장했다.

158 *Chronographia regum Francorum*, III, 206, 211. Luttrell, 'Timur's Dominican envoy', 220-1.

159 John of Sulṭāniyya, *Mémoire*, ed. Moranvillé, 462. *Chronographia regum Francorum*, III, 216도 이를 따랐다.

160 티무르가 바르쿡에게 보낸 국서 내용은 Shāmī, [*ZN*], I, 221과 Yazdī, *ZN* (1957), I, 458/(2008), I, 738 [이주연 역주, 〈야즈디 《勝戰記》 譯註〉, 554]에서 인용되었다. 국서의 내용은 Wing, *The Jalayirids*, 162에서 영어로 발췌 번역되었다.

161 티무르가 샤를 6세에게 보낸 국서는 De Sacy, 'Mémoire sur une correspondance inédite', 473 (페르시아어 원문), 474 (라틴어 번역) 및 479 (라틴어 번역). 아미란샤가 샤를 6세에게 보낸 편지는 같은 글, 480. Ellis (ed.), *Original Letters*, 57에 수록된 헨리 4세가 티무르에게 보낸 국서에는 양자의 영역을 상인들이 자유롭게 오갈 수 있게 하자는 티무르의 요구가 언급되었다. 이런 주장은 아라곤 국왕 마르틴 1세가 1404년 4월 1일 티무르에게 보낸 국서에서도 확인할 수 있다. Antoni Rubió i Lluch (ed.), *Diplomatari de l'Orient Català (1301-1409)* (Barcelona, 1947), 700.

162 John of Sulṭāniyya, *Mémoire*, ed. Moranvillé, 463-4.

163 티무르와 명나라의 외교 관계는 Kauz, *Politik und Handel*, 55-75 (그리고 24-5)와 Robinson, *In the Shadow of the Mongol Empire*, 259-63에서 검토되었다. Zsombor Rajkai, 'Early fifteenth-century Sino-Central Asian relations: The Timurids and Ming China', in Zsombor Rajkai and Ildikó Bellér-Hann (eds), *Frontiers and Boundaries. Encounters on China's Margins*, AF 156 (Wiesbaden, 2012), 87-105는 이전의 문헌들을 재검토하고 중화 제국의 이론과 현실 사이의 차이를 분석했다.

164 《명사(明史)》에 실린 관련 기록의 번역은 Bretschneider, *Mediaeval Researches*, II, 258-60 [張廷玉 等, 《明史》(北京: 中華書局, 1974) 卷332, 〈西域 4〉 8598. 한국어 번역은 권인용 역주, 송정수 교열, 〈명사(明史) 권332 서역(西域) 4: 살마아한·사록해아·달실간·새람·양이전 등 역주〉, 《명사 외국전 역주 4: 서역전》(동북아역사재단, 2012), 361-471 (이 내용은 372-4)].

165 Clavijo (1859), 133-4, 172-3/(1928), 222-3, 290-1. Kauz, *Politik und Handel*, 68-9.

166 Shih-shan Henry Tsai [蔡石山], *Perpetual Happiness. The Ming Emperor Yongle*

(Seattle, WA, and London, 2001), 188.

167 Shāmī, *ZN*, I, 213. Yazdī, *ZN* (1972), fo. 65b/(2008), I, 179. Clavijo (1859), 135/(1928), 223. *TMEN*, II, 585-7 (no. 945); *DTS*, 575, s.v. ʻtoŋuzʼ, dikaia svinʼia를 보라. 이 말장난을 이해할 수 있게 설명해준 한스 반 에스(Hans Van Ess) 교수에게 감사드린다.

168 Edward L. Dreyer, *Early Ming China. A Political History 1355-1435* (Stanford, CA, 1982), 71-6, 140-3, 173-5. Morris Rossabi, ʻThe Ming and Inner Asiaʼ, in Denis Twitchett and Frederick W. Mote (eds), *CHC*, VIII: *The Ming Dynasty, 1368-1644*, Part 2 (Cambridge, 1998), 221-71 (이 내용은 224-8). Robinson, *In the Shadow of the Mongol Empire*, 81, 163-4.

169 David M. Robinson, ʻThe Ming court and the legacy of the Yuan Mongolsʼ, in Robinson (ed.), *Culture, Courtiers, and Competition. The Ming Court (1368-1644)* (Cambridge, MA, 2008), 365-421 (이 내용은 368-70 등); Robinson, *In the Shadow of the Mongol Empire* 등을 보라.

170 David M. Robinson, ʻControlling memory and movement: The early Ming court and the changing Chinggisid worldʼ, in Biran (ed.), *Mobility Transformations and Cultural Exchange*, 503-24 (이 내용은 512-13, 518); Robinson, *In the Shadow of the Mongol Empire*, 259, 265-9 및 *Ming China and Its Allies*, 165. 구나시리/구나시린에 대해서는 355쪽과 제8장 주 95를 보라.

171 Shāmī, *ZN*, I, 213. Yazdī, *ZN* (1957), II, 158/(2008), II, 1002 〔이주연 역주, 〈야즈디《勝戰記》譯註〉, 787〕에는 학살에 대한 언급이 전혀 없다는 점이 의미심장하다.

172 *RN* (1915), 45a. *RN* (2000)에는 이 내용이 없다. Shāmī, *ZN*, I, 170도 이 내용에 따랐다. 이 저자들은 무함마드 술탄이 모굴 칸국 방면에서 펼친 활동이 원정 준비의 일환이었다고 주장했지만, 계획 변경과 인도 방면에서 피르 무함마드가 펼친 활약 사이를 이어줄 연결고리를 누락했다. 원문에는 "khitāī-u XTN"이라는 구절이 있는데, 맥락상 호탄이 들어가기는 어색해 보인다. 원래 ʻČYNʼ, 즉 친(Chīn, 남중국)이라 쓰여 있으나 발음 구별 부호가 잘못 표시되었던 것은 아닐까? Yazdī, *ZN* (1957), II, 19/(2008), I, 866 〔이주연 역주, 〈야즈디《勝戰記》譯註〉, 667〕. al-Maqrīzī, *Durar al-ʻuqūd*, I, 545는 티무르가 중국 공격을 아나톨리아 원정 중에 처음 구상했다는 인상을 준다.

173 Yazdī, *ZN* (1957), II, 402/(2008), II, 1234 〔이주연 역주, 〈야즈디《勝戰記》譯註〉, 984〕.

174 이 날짜는 Salmānī, *Shams al-ḥusn*, 원문 fo. 34a-b (독일어 번역 28). *ZT*, I, 33 (및 하피즈 아브루가 내용을 보충한 Shāmī, *ZN*, II, 204)에는 〔샤반월〕 16일이라 되어 있으나, 그뒤인 같은 책, II, 1034에는 샤반월 중순과 (시구 속에서) 17일이라고 쓰여 있다. IA (1979), 254/(1986), 393 (*TGA*, 233)는 샤반월 17일, al-Maqrīzī, *Durar al-ʻuqūd*, I, 547에는 19일이라고 나와 있다. Ito, ʻAl-Maqrīzīʼs biography of Tīmūrʼ, 311 n.18의 짧은 논의를 보라. 〈티무르 가문 개설〉에는 샤반월 14일[2월 15일]로 쓰여 있다. Thackston (ed.), *Album Prefaces*, 90.

175 Salmānī, *Shams al-ḥusn*, 원문 fos 23a-25a, 27a (독일어 번역 22-3, 24).

176 Yazdī, *ZN* (1957), II, 477-84/(2008), II, 1301-8 〔이주연 역주, 〈야즈디《勝戰記》譯註〉, 1042-8〕. Salmānī, *Shams al-ḥusn*, 원문 fos 27a-b, 31b, 41a-43b (독일어 번역 24-5,

26, 30-2). Bartol'd, 'O pogrebenii Timura', 443 (tr. Rogers, 80).

177 *TR*, I (원문), 32-3, II (영어 번역), 29.

178 하이다르는 책의 다른 부분에서도 히드르 호자가 티무르보다 늦게 죽었다고 썼다. 같은 책, I (원문), 32, 33, II (영어 번역), 28-9.

179 Millward, 'Eastern Central Asia', 263.

180 《명실록》은 1405년 3월 24일에 향후 있을 공격을 대비하라는 황제의 명령이 내려졌음을 알려준다. [[영락 3년(永樂三年) 봄(春) 2월(二月) 경인(庚寅)일] "감숙 총병관 좌도독(甘肅總兵官左都督) 송성(宋晟)에게 회회 도올(回回倒兀)[하미위 회회 타르한 다우드(Tarḫān Dā'ūd, 哈密衞回回打剌罕倒兀)?]이 '사마르칸드(撒馬兒罕) 회회(回回)[즉 티무르]와 베쉬발릭(別失八里) 샴 자한(沙迷查干) 왕이 길을 빌려 군대를 이끌고 동쪽으로 향하고 있다'고 말했으니, '그들이 감히 제멋대로 행동하기는 어려울 것이나 변경 경비를 게을리해서는 안 된다. 당 태종(唐太宗)의 병력이 한창일 때에도 돌궐(突厥)이 곧장 위교(渭橋)[장안(長安) 부근 위수(渭水)에 있었던 다리]까지 도달한 적이 있음을 거울로 삼으라. 마땅히 병사와 말을 훈련시키고 신중히 척후하며 비축된 양식을 헤아려 미리 준비하라'고 단단히 타일러 경계했다. (敕甘肅總兵官左都督宋晟曰回回倒兀言撒馬兒罕回回與別失八里沙迷查幹王假道率兵東向彼必未敢肆志如此然邊備常不可怠昔唐太宗兵力方盛而突厥徑至渭橋此可鑒也宜練士馬謹斥堠計糧儲預為之備)" 張輔 等,《明太宗實錄》(臺北: 中央研究院歷史語言研究所, 1962), 卷39, 658-9 (永樂3年 春 2月 庚寅)]이 세부 정보를 랄프 카우츠(Ralph Kauz) 교수가 2023년 5월 12일 본에서 열린 '칭기스 왕조의 대위기: 역사·배경·결과(The Great Chinggisid Crisis: History, Context, Aftermath)' 국제학술대회에서 발표한 '티무르의 죽음에 따른 티무르 제국의 위기(Timur's death and the subsequent crisis of his empire)'를 통해 접할 수 있었다. Bretschneider, *Mediaeval Researches*, II, 261 [張廷玉 等,《明史》卷332〈西域 4〉, 8599; 권인용 역주, 송정수 교열,〈명사 권332 서역 4〉, 374-5]과도 비교해볼 것.

181 *ZT*, III, 460. 이 국서는 Nawā'ī (ed.), *Asnād*, 131-2에도 수록되었다. 더 자세한 사항은 Robinson, *Ming China and Its Allies*, 44-5를 참고할 것.

182 al-Maqrīzī, *al-Sulūk*, IV, part 1, 26.

183 Yazdī, *ZN* (1957), II, 402/(2008), II, 1235 [이주연 역주,〈야즈디《勝戰記》譯註〉, 985].

184 Morgan, 'The empire of Tamerlane', 235. Manz, 'The empire of Tamerlane as an adaptation', 287.

185 Simon Digby, 'After Timur left: North India in the fifteenth century', in Francesca Orsini and Samira Sheikh (eds), *After Timur Left. Culture and Circulation in Fifteenth-Century North India* (Oxford and New Delhi, 2014), 47-59 (이 내용은 48-9)의 논평을 보라.

186 여러 예시들 가운데 루리스탄과 아나톨리아의 경우, Manz, *The Rise and Rule*, 91-2를 보라.

187 Yukako Goto [後藤裕加子], 'Tīmūr and local dynasties in Iran', in Jeremiás (ed.), *Irano-Turkic Cultural Contacts*, 67-77 (이 내용은 74-5).

188 *ZT*, II, 591 (하피즈 아브루가 내용을 보충한 Shāmī, *ZN*, II, 50). HA, *Ta'rīkh-i salāṭīn-i*

Kart, 214 (=*CO*, 원문, 68).

189 *RN* (1915), 18, 42/(2000), 23, 55 (*DPT*, 30, 57). 톡타므쉬의 영토에 대해서는 Yazdī, *ZN* (1957), I, 541-2/(2008), I, 815-16 〔이주연 역주, 〈야즈디《勝戰記》譯註〉, 625-6〕도 확인할 것.

190 Yazdī, *ZN* (1957), I, 225/(2008), I, 488 〔이주연 역주, 〈야즈디《勝戰記》譯註〉, 324〕.

191 같은 책 (1957), I, 360-1, 551, 553/(2008), I, 642, 825-7 〔이주연 역주, 〈야즈디《勝戰記》譯註〉, 465-6, 634-6〕.

192 두 차례 킵차크 원정에서 보병(piyāda, piyādagān)에 대한 언급으로는 같은 책 (1957), I, 373, 383, 531/(2008), I, 653, 663, 807 〔이주연 역주, 〈야즈디《勝戰記》譯註〉, 476, 485, 618〕과 *ZT*, II, 729 (그리고 하피즈 아브루가 내용을 추가한 Shāmī, *ZN*, II, 93)를 보라. 말의 갑옷에 대한 언급(처음의 두 예시는 킵차크 원정이 배경)은 Shāmī, *ZN*, I, 252과 Yazdī, *ZN* (1957), I, 362, 375, 486/(2008), I, 643-4, 655, 767 〔이주연 역주, 〈야즈디《勝戰記》譯註〉, 467 ("투구(bargustwān)"로 해석), 478 ("갑옷(bargustwān)"으로 해석), 582 ("투구"로 해석)〕을 확인할 것.

193 *TR*, I (원문), 50, II (영어 번역), 42-3.

194 Martin, *Treasure of the Land of Darkness*, 33-4.

195 예컨대 Grousset, *The Empire of the Steppes*, 300 〔김호동·유원수·정재훈 옮김, 《유라시아 유목제국사》, 432〕.

196 John of Sulṭāniyya, *Mémoire*, ed. Moranvillé, 454. *Chronographia regum Francorum*, III, 220도 동일함.

197 IA (1979), 36-7/(1986), 87-8 (*TGA*, 34-5).

198 *ZT*, I, 19 (그리고 하피즈 아브루가 내용을 보충한 Shāmī, *ZN*, II, 195)는 티무르의 부하들 (bandagān-i dawlat)도 패배하지 않았다고 주장한다.

제11장 제국 건설 ② : 전쟁의 기능과 수행

1 Golden, *Central Asia in World History*, 96 〔이주엽 옮김, 《중앙아시아사》, 208〕. Morgan, *The Mongols*, 176-7 〔권용철 옮김, 《몽골족의 역사》, 265〕.

2 Christian, *A History of Russia, Central Asia and Mongolia*, II, 57.

3 Baumer, *The History of Central Asia*, III, 279.

4 세부 출전은 Aubin, 'Comment Tamerlan', 102-3.

5 *ZT*, II, 748 (하피즈 아브루가 내용을 보충한 Shāmī, *ZN*, II, 101).

6 Shāmī, *ZN*, I, 168. Yazdī, *ZN* (1957), I, 579/(2008), I, 854 〔이주연 역주, 〈야즈디《勝戰記》譯註〉, 656〕. Aubin, 'Les princes d'Ormuz', 113.

7 Yazdī, *ZN* (1957), II, 398/(2008), II, 1230-1 〔이주연 역주, 〈야즈디《勝戰記》譯註〉, 980-1〕. Goto, 'Tīmūr and local dynasties', 73. 대(大)만〔mann-i buzurg〕(대략 3킬로그램)이라는 단위는 14세기 후반 이후 이란에서 사용된 듯하다. Walther Hinz, 'Ein orientalisches Handelsunternehmen im 15. Jahrhundert', *Die Welt des Orients* 1 (1947-52), 314-40 (이 내용은 325-6).

8 Clavijo (1859), 107/(1928), 181.

9 Yazdī, *ZN* (1957), I, 312/(2008), I, 586 〔이주연 역주, 〈야즈디《勝戰記》譯註〉, 414의 "승
전군의 약탈을 막는 몸값으로 안전을 담보하는 세금"을 저자의 해석에 맞추어 수정함〕.
Aubin, 'Comment Tamerlan', 97-104의 예시들. '편자 값'에 대해서는 *TJG*, II, 147 (*HWC*,
415 및 n.14 〔"왕이 어느 지역을 지나가며 그때 타고 있던 말의 편자 값으로 해당 지역의 지
배자에게서 받아내는 공물"〕)를 확인할 것.

10 Shāmī, *ZN*, I, 150. Yazdī, *ZN* (1957), I, 482-3/(2008), I, 763 〔이주연 역주, 〈야즈디《勝戰
記》譯註〉, 579〕.

11 Ibn Qāḍī Shuhba, *Ta'rīkh*, I, 475.

12 Yazdī, *ZN* (1957), II, 95, 143/(2008), I, 939, 987 〔이주연 역주, 〈야즈디《勝戰記》譯註〉,
732-3, 773〕.

13 Mignanelli (1764), 136a-138a/(2013), 322-31 (tr. in Fischel, 'A new Latin source',
217-25)이 전하는 그림은 맘루크 사료들의 증언(뒤의 내용을 보라)과도 일치한다. 티무르
가 다마스쿠스를 다룬 방식은 Aubin, 'Comment Tamerlan', 100, 106-7 등에서도 논의되
었다.

14 al-Maqrīzī, *al-Sulūk*, III, part 3, 1039-46. 이 일화는 Stefan Heidemann, 'Tīmūr's
campmint during the siege of Damascus in 803/1401', in Rika Gyselen and Maria
Szuppe (eds), *Matériaux pour l'histoire économique du monde iranien*, StIr cahier 21
(Paris, 1999), 179-206 (이 내용은 182-5)에 요약되어 있다.

15 Yazdī, *ZN* (1957), 243/(2008), II, 1081 〔이주연 역주, 〈야즈디《勝戰記》譯註〉, 854〕. *ZT*,
II, 926의 서술은 더 간략하다. Heidemann, 'Tīmūr's campmint', 190-6.

16 Aubin, 'Comment Tamerlan', 97은 이 원칙에 예외는 없었다고 단언했다.

17 Zayn al-Dīn (1990), 원문 500 (러시아어 번역 132)/(1993), 118.

18 *ZT*, I, 522. 하피즈 아브루가 보강한 Shāmī, *ZN*, II, 39-40도 확인할 것.

19 Yazdī, *ZN* (1957), I, 254/(2008), I, 521 〔이주연 역주, 〈야즈디《勝戰記》譯註〉, 354〕.

20 같은 책 (1957), II, 405/(2008), II, 1238 〔이주연 역주, 〈야즈디《勝戰記》譯註〉, 988〕.

21 예시는 Aubin, 'Comment Tamerlan', 104-5를 보라.

22 *ZT*, II, 988-9. Shāmī, *ZN*, I, 275-6 (하피즈 아브루가 보강한 같은 책, II, 182)과도 비교해
볼 것.

23 Baumer, *The History of Central Asia*, III, 279는 사마르칸드와 케쉬 그리고 그보다는 우
선순위가 떨어지지만 부하라를 꾸미는 것이 티무르가 가진 "유일한 장기적 목표"였다고 보
았다.

24 그래서 Clavijo (1859), 120, 170-1/(1928), 202, 287-8은 이 수치가 사마르칸드의 총
인구라고 했다. 티무르 치하 사마르칸드의 발전에 대해서는 Schamiloglu, 'Beautés du
mélange', 200-1을 보라.

25 Clavijo (1859), 171, 172/(1928), 287-8, 290. Yazdī, *ZN* (1957), I, 290, 320, 442, 456;
II, 242/(2008), I, 562, 597, 720-1, 735, 1080 〔이주연 역주, 〈야즈디《勝戰記》譯註〉, 391,
423-4, 540, 553, 853〕. 적어도 파르스와 이라크에서 강제로 이주된 장인들은 가족도 함께
데려와야 했다. 다마스쿠스에 대해서는 IA (1979), 175-7/(1986), 293-5 (*TGA*, 161-2)
도 확인할 것.

26 Clavijo (1859), 171, 174/(1928), 288, 293.

27 Yazdī, *ZN* (1957), II, 144/(2008), I, 988 〔이주연 역주, 〈야즈디《勝戰記》譯註〉, 773-4〕.

28 IA (1979), 176/(1986), 293 (*TGA*, 161).

29 Yazdī, *ZN* (1957), I, 220, 237/(2008), I, 482, 502 〔이주연 역주, 〈야즈디《勝戰記》譯註〉, 319, 336-7〕. *ZT*, II, 32는 장인들을 사마르칸드와 케쉬로 옮기는 것이 티무르의 정책이었다고 말한다. (하피즈 아브루가 내용을 보충한 Shāmī, *ZN*, II, 203도 동일한 내용임).

30 HA, *Jughrāfiyya*, Bodleian ms. Fraser 155, fo. 171b.

31 Yazdī, *ZN* (1957), I, 190, 346/(2008), I, 443, 627 〔이주연 역주, 〈야즈디《勝戰記》譯註〉, 285, 451. 285에서 해당 구절은 "물자와 말과 양 등의 많은 전리품"으로 해석되었다〕.

32 같은 책 (1957), I, 394/(2008), I, 673 〔이주연 역주, 〈야즈디《勝戰記》譯註〉, 494〕. Shāmī, *ZN*, I, 125.

33 Yazdī, *ZN* (1957), I, 542/(2008), I, 816 〔이주연 역주, 〈야즈디《勝戰記》譯註〉, 626〕.

34 같은 책 (1957), I, 358/(2008), I, 640 〔이주연 역주, 〈야즈디《勝戰記》譯註〉, 464〕.

35 같은 책 (1957), I, 304, 423, 447, 471; II, 197/(2008), I, 578, 702, 725, 751; II, 1038 〔이주연 역주, 〈야즈디《勝戰記》譯註〉, 405-6, 522, 544-5, 567, 818〕.

36 같은 책 (1957), II, 250-1, 252/(2008), II, 1087, 1088-9 〔이주연 역주, 〈야즈디《勝戰記》譯註〉, 860, 861〕.

37 Beatrice F. Manz, 'Temür and the problem of a conqueror's legacy', *JRAS*, 3rd series, 8 (1998), 21-41 (이 내용은 28).

38 시리아의 파트흐나마(*Fath-nāma*), in *Safina*, BN ms. arabe 3423, fo. 400a.

39 al-Maqrīzī, *Durar al-'uqūd*, I, 507.

40 IA (1979), 187/(1986), 312 (*TGA*, 171-2).

41 이 중요한 지적은 다음 자료에 실려 있다. Kim, 'The early history of the Moghul nomads', 299과 May, *The Mongol Empire*, 344.

42 Shāmī, *ZN*, I, 213. Yazdī, *ZN* (1957), II, 158-9/(2008), II, 1002-3 〔이주연 역주, 〈야즈디《勝戰記》譯註〉, 787〕. 히드르 호자가 799년[1396~1397년]에 사망했다는 Naṭanzī (1957), 131/(2004), 107은 신뢰하기 어렵다(게다가 30년의 재위 끝에 죽었다고 쓰여 있는데, 이건 어떻게 해석해도 오류다).

43 IA (1979), 101/(1986), 162-3 (*TGA*, 95)에서는 언급되었다.

44 Wing, *The Jalayirids*, 160, 163. 이 책에서 언급된 출처에 더해 al-Maqrīzī, *Durar al-'uqūd*, I, 234 (타브리즈), 235 (바그다드); Ibn Qāḍī Shuhba, *Ta'rīkh*, I, 473도 확인할 것.

45 군대와 무장 등에 대한 논의는 Ashrafyan, 'Central Asia under Timur', 325-8.

46 Mignanelli (1764), 134/(2013), 316 (tr. in Fischel, 'A new Latin source', 210). Élodie Vigouroux, 'Comment Tamerlan a pris Alep en 803/1400', *Annales Islamologiques* 55 (2021), 303-25, n. 70; https://doi.org/10.4000/anisl.10223

47 *RN* (1915), 36/(2000), 47-8 (*DPT*, 51).

48 Yazdī, *ZN* (1957), I, 336-7/(2008), I, 616 〔이주연 역주, 〈야즈디《勝戰記》譯註〉, 440〕. 몽골식 사냥에 대한 고전적 묘사는 *TJG*, I, 19-20 (*HWC*, 27-8)에서 확인할 수 있다. 네르게(혹은 제르게(jerge))에 대해서는 *TMEN*, I, 291-3 (no. 161)을, 몽골 전술에서의 활용

에 대해서는 *TJG*, III, 10, 53-4 (*HWC*, 554, 585); Timothy May, *The Mongol Art of War.*
Chinggis Khan and the Mongol Military System (Barnsley, 2007), 46 〔신우철 옮김, 《몽
골 병법: 칭기즈칸의 세계화 전략》(코리아닷컴, 2009), 100-1〕을 보라.

49 Yazdī, *ZN* (1957), II, 312/(2008), II, 1146 〔이주연 역주, 〈야즈디 《勝戰記》 譯註〉, 909〕.
Alexandrescu-Dersca, *La Campagne de Timur*, 75와도 비교해보라.

50 Lal, *Twilight of the Sultanate*, 27을 보라.

51 Yazdī, *ZN* (1957), II, 79-80/(2008), I, 926 〔이주연 역주, 〈야즈디 《勝戰記》 譯註〉, 721〕.
IA (1979), 103-5/(1986), 165-7 (*TGA*, 97-8). Clavijo (1859), 153/(1928), 255. Digby,
War-Horse and Elephant, 80-1은 야즈디의 설명을 따랐다.

52 John of Sulṭāniyya, *Mémoire*, ed. Moranvillé, 450, 454-5. *Chronographia regum*
Francorum, III, 209, 221도 동일함. *Ta'rīf* (1951), 382/(2008), 255 (*IKT*, 46). *Chronique*
du Religieux de Saint-Denys, ed. Bellaguet, III, 46은 티무르가 총 110만 명의 군세와 함
께했다고 보았다. Dennis, 'Three reports from Crete', 245 (254에서는 "7만 명"으로 오역
함). 실트베르거의 수치는 각각 Johan Schiltberger, *Reisebuch*, tr. J. Buchan Telfer, *The*
Bondage and Travels of Johann Schiltberger, a Native of Bavaria, in Europe, Asia, and
Africa, 1396-1427, HS, 1st series, 58 (London, 1879), 20, 21, 28에서 확인할 수 있다
(Bernardini, 'The army of Timur', 218은 앙카라 원정의 수치를 16만 명으로 재구했다).
이를 비롯한 여러 수치에 대한 논의는 Roux, Tamerlan, 296-7을 보라. 앙카라 전투에 투
입된 티무르군의 규모에 대한 과장된 수치들은 Alexandrescu-Dersca, *La Campagne de*
Timur, 112-13 (부록 1)에 인용되어 있다.

53 Ibn al-Furāt, *Ta'rīkh al-duwal wa l-mulūk*, IX, part 2, 370. Ibn Qāḍī Shuhba, *Ta'rīkh*, I,
507.

54 Ibn al-Shiḥna, 210. IA (1979), 136/(1986), 211-12 (*TGA*, 125)도 동일함.

55 Mignanelli (1764), 138b/(2013), 332 (tr. in Fischel, 'A new Latin source', 227).

56 Yazdī, *ZN* (1957), II, 450/(2008), II, 1277 〔이주연 역주, 〈야즈디 《勝戰記》 譯註〉, 1021〕.

57 앙카라: *Chronique du Religieux de Saint-Denys*, xxiii, 10, ed. Bellaguet, III, 48. 다마스
쿠스: Andreas de Redusiis de Quero, *Chronicon Tarvisinum* [1428년까지], in *RIS*, XIX
(Milan, 1731), coll. 735-866 (이 내용은 col. 800. 수치가 110만 명으로 잘못 해석되었다).
비문: N.N. Poppe, 'Karasakpaiskaia nadpis' Timura', *Gosudarstvennyi Érmitazh. Trudy*
Otdela Vostoka/Travaux du Département Oriental 2 (Leningrad, 1940), 185-7.

58 May, *The Mongol Art of War*, 27 〔신우철 옮김, 《몽골 병법》, 70〕은 투멘의 평균 규모를 명
목상 수치의 60퍼센트로 보았다. Atwood, in *EMME*, 541은 40퍼센트라고 서술함. 〔《원사
(元史)》에 따르면 투멘은 세 종류로 나뉘는데, 상만호(上萬戶)는 7000명 이상, 중만호(中萬
戶)는 5000명 이상, 하만호(下萬戶)는 3000명 이상을 관할하였다고 한다. 또한 몽케가 육
반산에 주둔할 때의 병력 수를 "군사만 호십만(軍四萬號十萬)"이라 하였고, 당시 성도에서 작
전하던 니우린도 휘하에 1만 5000명의 병력밖에 없었지만 "호오만(號五萬)"했다는 기사가
있는 것으로 보아, 1개 투멘의 평균 규모는 30~40%였다고 할 수 있다. 김호동, 《몽골제국
과 고려: 쿠빌라이 정권의 탄생과 고려의 정치적 위상》(서울대학교출판문화원, 2007), 32.〕

59 Shāmī, *ZN*, I, 179. Yazdī, *ZN* (1957), II, 47-8/(2008), I, 895-6 〔이주연 역주, 〈야즈디 《勝

戰記》譯註〉, 694]. "호라산 군대(sipāh, lashgar)"가 언급된 다른 예는 같은 책 (1957), II, 38, 118, 153, 174, 378, 415/(2008), I, 884, 963; II, 996, 1017, 1210, 1248 [이주연 역주, 〈야즈디《勝戰記》譯註〉, 685, 753, 781, 800, 964, 996]을 보라. 다마스쿠스 성채 공성전의 "호라산과 시스탄 사람들"에 대해서는 같은 책 (1957), II, 241/(2008), II, 1079 [이주연 역주, 〈야즈디《勝戰記》譯註〉, 852]을 보라. 도시의 병력에 대한 논의는 Manz, 'Nomad and settled'를, 티무르 군의 보병에 대한 논의는 Manz, *The Rise and Rule*, 98-9를 보라.

60 Yazdī, *ZN* (1957), II, 300/(2008), II, 1135 [이주연 역주, 〈야즈디《勝戰記》譯註〉, 900].

61 같은 책 (1957), I, 547; II, 375/(2008), I, 820; II, 1207 [이주연 역주, 〈야즈디《勝戰記》譯註〉, 630, 961은 이 부락의 명칭을 "메르키트"로 새김]. 이 부락의 이름 표기는 여러 가지다.

62 같은 책 (1957), II, 417/(2008), II, 1250 [이주연 역주, 〈야즈디《勝戰記》譯註〉, 997].

63 같은 책 (1957), II, 304/(2008), II, 1138 [이주연 역주, 〈야즈디《勝戰記》譯註〉, 903]. Bernardini, 'The army of Timur', 215, 220. 시르반샤에 대한 더 자세한 설명은 Manz, *The Rise and Rule*, 93.

64 예를 들면 Bernardini, 'The army of Timur', 219-20에서 분석된 앙카라 전투 참여자들의 신상을 보라. 시리아 침략의 경우는 이븐 아랍샤를 인용한 다음 자료를 보라. Michele Bernardini, 'Niẓām al-Dīn Shāmī's description of the Syrian campaign of Tīmūr', in Bauden and Dekkiche (eds), *Mamluk Cairo, a Crossroads for Embassies*, 381-409 (이 내용은 392-3). 다른 예시들은 Manz, The *Rise and Rule*, 93.

65 Yazdī, *ZN* (1957), I, 473, 559; II, 222, 241, 304/(2008), I, 754, 835; II, 1060-1, 1079, 1139 [이주연 역주, 〈야즈디《勝戰記》譯註〉, 570, 640, 837, 852, 903]. Shāmī, *ZN*, I, 228, 255; Naṭanzī (1957), 360/(2004), 268, 312; Sīstānī, *Iḥyā' al-mulūk*, 106; Bosworth, *The History of the Saffarids*, 452도 참고할 것.

66 Yazdī, *ZN* (1957), II, 205/(2008), II, 1046 [이주연 역주, 〈야즈디《勝戰記》譯註〉, 825].

67 같은 책 (1957), II, 450/(2008), II, 1277 [이주연 역주, 〈야즈디《勝戰記》譯註〉, 1021]. 티무르 사후 할릴 술탄이 이끌던 군대를 묘사한 "투르크와 타직과 이라크와 룸의 군사들"이라는 표현에도 주의할 것. 같은 책 (1957), II, 484/(2008), II, 1308 [이주연 역주, 〈야즈디《勝戰記》譯註〉, 1048]; Paul, 'Khalīl Sulṭān and the "Westerners"', 25 n.66.

68 Lal, *Twilight of the Sultanate*, 28.

69 Shāmī, *ZN*, I, 189-90. *RN* (1915), 115/(2000), 112 (*DPT*, 115). Yazdī, *ZN* (1957), II, 78/(2008), I, 925 [이주연 역주, 〈야즈디《勝戰記》譯註〉, 720]에는 [기수 1만 명과] 보졸 4만 명.

70 Shāmī, *ZN*, I, 191. *RN* (1915), 119/(2000), 114 (*DPT*, 117).

71 Alexandrescu-Dersca, *La Campagne de Timur*, 68. 같은 책, 112-15 (부록 1과 부록 2)에 제시된 추정치도 비슷한 수준이다.

72 Yazdī, *ZN* (1957), I, 385/(2008), I, 664 [이주연 역주, 〈야즈디《勝戰記》譯註〉, 486]. Clavijo (1859), 176/(1928), 296.

73 Clavijo (1859), 175-6/(1928), 296, 298.

74 Roux, *Tamerlan*, 185-7의 간명한 설명을 보라.

75 IA (1979), 315, 348/(1986), 451, 479 (*TGA*, 295, 322). 이에 대해서는 Manz, *The Rise and Rule*, 74의 논평과도 비교해볼 것.

76 Yazdī, *ZN* (1957), I, 372-3, 374/(2008), I, 653, 654 〔이주연 역주, 〈야즈디《勝戰記》譯 註〉, 476-7, 478〕.

77 Shāmī, *ZN*, I, 188. 델리 바깥의 전투를 설명하다가 나온 말이다. 아울러 *RN* (1915), 108b/ (2000), 107 (*DPT*, 110-11)과 Yazdī, *ZN* (1957), II, 71/(2008), I, 919 〔이주연 역주, 〈야 즈디《勝戰記》譯註〉, 714〕도 참고할 것.

78 Yazdī, *ZN* (1957), I, 381/(2008), I, 661 〔이주연 역주, 〈야즈디《勝戰記》譯註〉, 483-4〕. Naṭanzī (1957), 348/(2004), 261는 이 전투에서 군이 9개 부대(ghūl)로 나누어졌다고 서 술한다.

79 *TR*, I (원문), 32, II (영어 번역), 29. 하이다르 두글라트는 이를 야즈디의 저서에서 인용했 다고 했지만, 야즈디《승전기》에서는 이런 세부 사항을 찾을 수 없다.

80 *ZT*, II, 729 (그리고 하피즈 아브루가 보강한 Shāmī, *ZN*, II, 93). 투트마즈(tutmaj), 즉 '국 수'에 대해서는 Buell and Anderson, *A Soup for the Qan*, 부록 2, 625-6을 보라.

81 Yazdī, *ZN* (1957), I, 361/(2008), I, 642 〔이주연 역주, 〈야즈디《勝戰記》譯註〉, 465〕. 튀르 크어 불막(bulmaq)/불라막(bulamagh)에 대해서는 *TMEN*, II, 321-3 (no. 770: 'eine Art dünnflüssiger Mehlbrei 〔일종의 얇은 밀가루 페이스트〕'); Buell and Anderson, *A Soup for the Qan*, 부록 2, 625 (bulamïq/bulgamac: '얇은 포리지, 밀가루죽').

82 Clavijo (1859), 113/(1928), 191.

83 예컨대 같은 책 (1859), 97/(1928), 165. Aubin, 'Comment Tamerlan', 103-4.

84 TR, I (원문), 32, II (영어 번역), 29. 앞의 각주 79도 확인할 것.

85 Shāmī, *ZN*, I, 95. Yazdī, *ZN* (1957), I, 279, 373/(2008), I, 550, 653 〔이주연 역주, 〈야즈디 《勝戰記》譯註〉, 380, 477〕. John of Sulṭāniyya, *Mémoire*, ed. Moranvillé, 453도 이런 명령 을 넌지시 언급한다. *Chronographia regum Francorum*, III, 219도 마찬가지다.

86 IA (1979), 177/(1986), 295 (*TGA*, 162). 명령에 불복종하는 이들은 처형한다는 John of Sulṭāniyya, *Mémoire*, ed. Moranvillé, 453과 *Chronographia regum Francorum*, III, 219 의 간략한 언급과 비교해볼 것.

87 al-Maqrīzī, *Durar al-ʿuqūd*, I, 555.

88 Yazdī, *ZN* (1957), II, 275/(2008), II, 1113 〔이주연 역주, 〈야즈디《勝戰記》譯註〉, 881〕. Soucek, 'Eskandar b. ʿOmar Šayx', 78.

89 Yazdī, *ZN* (1957), I, 342, 417; II, 420/(2008), I, 622, 696; II, 1254 〔이주연 역주, 〈야즈디 《勝戰記》譯註〉, 446, 516, 1000. 1000의 "(그분의) 건강 상태의 평형이 깨져 약간의 예기치 못한 병이 생겨났다"를 저자는 "[티무르의] 기질은 절제의 길로부터 벗어나 있었으므로 약 간의 병이 돌연히 생겨났다"라고 해석한 것 같다〕.

90 *ZT*, II, 952. 하피즈 아브루가 보강한 Shāmī, *ZN*, II, 175도 아울러 참고할 것. Aubin, 'Comment Tamerlan', 86과 n.4.

91 Yazdī, *ZN* (1957), I, 349/(2008), I, 629 〔이주연 역주, 〈야즈디《勝戰記》譯註〉, 453〕. Barthold, *Four Studies*, I, 143 (=Bartolʹd, *Sochineniia*, II, part 1, 83)에 따르면 보통 의 카라반이라면 2개월이 걸리는 여정이었다고 한다. John of Sulṭāniyya, *Mémoire*, ed.

Moranvillé, 454 및 *Chronographia regum Francorum*, III, 220의 일반적인 서술도 참고 할 것.

92 Aubin, 'Tamerlan à Baġdād', 303.

93 예를 들어 Yazdī, *ZN* (1957), I, 206-7, 551/(2008), I, 465, 825 〔이주연 역주, 〈야즈디 《勝戰記》 譯註〉, 304, 634〕. 그러나 776/1375년 자타로의 원정이나 나중의 중국 원정은 겨 울 기후가 너무 혹독해서 연기할 수밖에 없었다고 한다. 같은 책 (1957), I, 188-9; II, 452, 457-8/(2008), I, 441-2; II, 1279-80, 1283 〔이주연 역주, 〈야즈디 《勝戰記》 譯註〉, 283- 4, 1023, 1026〕.

94 IA (1979), 356-7/(1986), 485-6 (*TGA*, 328-30).

95 Shāmī, *ZN*, I, 222. Yazdī, *ZN* (1957), II, 203, 223/(2008), II, 1044, 1062 〔이주연 역주, 〈야 즈디 《勝戰記》 譯註〉, 823, 838〕. 병사들은 하마가 항복한 뒤 20일 동안 쉴 수 있었다. 같은 책 (1957), II, 222/(2008), II, 1061 〔이주연 역주, 〈야즈디 《勝戰記》 譯註〉, 837〕. 더 자세한 내용은 Manz, *The Rise and Rule*, 73을 보라.

96 Shāmī, *ZN*, I, 141. 하피즈 아브루가 내용을 보충한 같은 책, II, 75. Yazdī, *ZN* (1957), I, 341; II, 198, 221, 324/(2008), I, 621; II 1039, 1060, 1157 〔이주연 역주, 〈야즈디 《勝戰記》 譯註〉, 445, 818-9, 836, 918〕. 알레포에서 얻은 전리품을 분배한 것에 대해서는 Shāmī, *ZN*, I, 228과 Aubin, 'Comment Tamerlan', 108에 인용된 시리아 파트흐나마 (*Safīna*, BN ms. arabe 3423, fo. 400a. 논문에는 400b로 표기)도 아울러 참고하라. 델리의 경우와 가축 의 사례는 앞의 내용을 보라.

97 Shāmī, *ZN*, I, 193 (여기서는 150명이 아니라 "100명 이상"). *RN* (1915), 127/(2000), 121-2 (*DPT*, 124). Yazdī, *ZN* (1957), II, 95/(2008), I, 939 〔이주연 역주, 〈야즈디 《勝戰 記》 譯註〉, 733〕. Aubin, 'Comment Tamerlan', 106.

98 Yazdī, *ZN* (1957), I, 553/(2008), I, 826-7 〔이주연 역주, 〈야즈디 《勝戰記》 譯註〉, 635〕.

99 Shāmī, *ZN*, I, 202. 200의 내용과 비교해볼 것. Yazdī, *ZN* (1957), II, 119/(2008), I, 964 〔이 주연 역주, 〈야즈디 《勝戰記》 譯註〉, 753〕.

100 Clavijo (1859), 90=2, 105-6/(1928), 155-8, 177-80. Silverstein, *Postal Systems*, 162-3을 참고할 것.

101 Yazdī, *ZN* (1957), I, 317/(2008), I, 591-2 〔이주연 역주, 〈야즈디 《勝戰記》 譯註〉, 420〕.

102 *ZT*, I, 27-8 (그리고 하피즈 아브루가 내용을 보충한 Shāmī, *ZN*, II, 200-1).

103 Astarābādī, *Bazm-u razm*, 449. Bernardini, 'The army of Timur', 212.

104 IA (1979), 320-1/(1986), 456. 일부 용어는 의미가 불투명해서 본문에서 나의 해석은 잠정적인 것이다 (TGA, 300-1을 참고하라). 이븐 아랍샤가 산문을 쓸 때 정확성보다는 운율을 살리는 쪽을 선호했음은 확실하다. Roemer, 'Tīmūr in Iran', 51-2는 다르비시와 칼란다르를 명시했다. Ibn Ḥajar, *Inbā' al-ghumr*, ed. Ḥabashī, II, 303-4/ed. Khān, V, 236도 확인할 것.

105 Yazdī, *ZN* (2008), I, 878 〔이주연 역주, 〈야즈디 《勝戰記》 譯註〉, 679〕 (1957년 교주본에 는 이 내용이 없다).

106 Clavijo (1859), 173-4/(1928), 292.

107 IA (1979), 213-14/(1986), 351-2 (*TGA*, 196-7).

108 *Ta'rīf* (1951), 370, 374/(2008), 243, 246 (*IKT*, 35, 38). 이 보고서가 어떤 언어로 작성되었는지에 대해서는 제7장 주 63을 보라. al-Maqrīzī, *Durar al-'uqūd*, II, 397에 따르면 이븐 할둔은 이집트와 마그레브 사이에 존재하는 세력들, 그곳에 있는 사막과 수자원의 이용 현황, 아랍 부족들과 부족들 사이의 거리 등을 서술하라는 명을 받았다. IA (1979), 317-18/(1986), 453-4 (*TGA*, 297)는 티무르가 이븐 할둔의 지식을 시험해보았을 뿐이라고 보았으나, 같은 저자의 *Fākihat al-khulafā'*, ed. al-Najjār, 366/ed. al-Buḥayrī, 357은 전략적 목적이 있었다고 주장한다.

109 Rafael Valencia, 'Ibn Jaldún y Tamerlán', in Jesús Viguera Molins (ed.), *Ibn Jaldún: El Mediterráneo en el siglo XIV. Auge y declive de los Imperios*, 2 vols (Seville, 2006), I: *Estudios*, 178-81 (이 내용은 179). Muhsin J. al-Musawi, *The Medieval Islamic Republic of Letters. Arabic Knowledge Construction* (Notre Dame, IN, 2015), 29 (심지어 스페인까지도 염두에 두었다고 보았다). Dale, *The Orange Trees of Marrakesh*, 149.

110 Roux, *Tamerlan*, 187.

111 Yazdī, *ZN* (1957), I, 469/(2008), I, 749 [이주연 역주, 〈야즈디《勝戰記》譯註〉, 565]. 더 일반적인 서술은 IA (1979), 323-4/(1986), 458-9 (*TGA*, 302-3).

112 al-Maqrīzī, *Durar al-'uqūd*, I, 552-3. 예시는 IA (1979), 59-60/(1986), 113-14 (*TGA*, 56).

113 Clavijo (1859), 176/(1928), 297-8.

114 Vigouroux, 'Comment Tamerlan a pris Alep', n. 159; https://doi.org/10.4000/anisl.10223.

115 Digby, *War-Horse and Elephant*, 81. 사이먼 딕비(Simon Digby)는 코끼리들이 티무르의 모스크를 건설하는 데 쓰일 석재를 인도에서 사마르칸드까지 운반했다는 식으로 서술한 Naṭanzī (1957), 372/ (2004), 275-6을 오독해 모스크에 "인도인이 돌이나 대리석을 깎았던 흔적은 없다"라고 지적했다.

116 Yazdī, *ZN* (1957), II, 139, 143, 144/(2008), I, 983, 986-7, 988 [이주연 역주, 〈야즈디《勝戰記》譯註〉, 769, 772, 774]. *ZT*, I, 22. 1404년 쿠릴타이의 코끼리들에 대해서는 Yazdī, *ZN* (1957), II, 436/(2008), II, 1266 [이주연 역주, 〈야즈디《勝戰記》譯註〉, 1010]을 보라. Schiltberger, 26에는 티무르가 인도에서 코끼리 100마리와 함께 퇴각했다고 쓰여 있다.

117 Yazdī, *ZN* (1957), II, 91-2/(2008), I, 936 [이주연 역주, 〈야즈디《勝戰記》譯註〉, 730]에 도시들이 열거되어 있다.

118 Clavijo (1859), 157-8/(1928), 264-5. 델리 술탄들 역시 코끼리를 이렇게 무장시켜 범죄자 처형에 활용했다. IB, III, 223, 330-1, 354 (tr. Gibb, 661, 715-16, 726 [정수일 역주, 《이븐 바투타 여행기》 2권, 84, 132-3, 144]). 더 개설적인 설명은 Digby, *War-Horse and Elephant*, 50-4.

119 Shāmī, *ZN*, I, 226, 255, 294. IA (1979), 154/(1986), 248 (*TGA*, 142). 알레포·다마스쿠스·앙카라에 코끼리들이 있었다는 기록은 Yazdī, *ZN* (1957), II, 213, 216, 235, 305/ (2008), II, 1054, 1055, 1073, 1140 [이주연 역주, 〈야즈디《勝戰記》譯註〉, 831, 832, 847, 904]을, 앙카라의 경우 Alexandrescu-Dersca, *La Campagne de Timur*, 73을 아울러

참고할 것.

120 Schiltberger, 21. *Chronographia regum Francorum*, III, 200. John of Sulṭāniyya, *Mémoire*, ed. Moranvillé, 450. 술타니야 대주교 요한네스가 제시한 이 수치는 *Chrono-graphia regum Francorum*, III, 209에 그대로 수록되었다.

121 Yazdī, *ZN* (1957), II, 459/(2008), II, 1285 [이주연 역주, 〈야즈디《勝戰記》譯註〉, 1028].

122 Digby, *War-Horse and Elephant*, 20-2를 보라.

123 Clavijo (1859), 158/(1928), 265-6.

124 Yazdī, *ZN* (1957), II, 256/(2008), II, 1093 [이주연 역주, 〈야즈디《勝戰記》譯註〉, 865].

125 Clavijo (1859), 171/(1928), 288.

126 David Ayalon, *Gunpowder and Firearms in the Mamluk Kingdom. A Challenge to a Mediaeval Society*, 2nd edn (London and Totowa, NJ, 1978), 128 n.245에 인용된 이븐 준불(Ibn Zunbul). 그러나 다음 자료도 비교해보라. Robert Irwin, ʻGunpowder and firearms in the Mamluk Sultanate reconsidered', in Michael Winter and Amalia Levanoni (eds), *The Mamluks in Egyptian and Syrian Politics and Society*, MM 51 (Leiden, 2004), 117-39 (이 내용은 132-9). 사료들은 오스만 왕조가 일러야 1422년 이후에 화기(火器)를 사용했음을 보여준다. Kelly DeVries, ʻGunpowder weapons at the siege of Constantinople, 1453', in Yaacov Lev (ed.), *War and Society in the Eastern Mediterranean, 7th-15th Centuries*, MM 9 (Leiden, 1997), 343-62 (이 내용은 353-4). 티무르가 터키에서 "조총을 만들던 그들의 화기 제작자들"을 데려갔다는 Clavijo (1928), 288의 번역은 부정확하고 편향적이다. Clavijo (1859), 171 ('궁수들')과 비교해볼 것. 카스티아어 원문에는 "vallesteros (쇠뇌 사수)"라고 쓰여 있다.

127 Tonio Andrade, *The Gunpowder Age. China, Military Innovation, and the Rise of the West in World History* (Princeton, NJ, 2016), 3장 (특히 44-7). Iqtidar Alam Khan, ʻComing of gunpowder to the Islamic world and north India: Spotlight on the role of the Mongols', *JAH* 30 (1996), 27-45 (이 내용은 35-9). Thomas T. Allsen, ʻThe circulation of military technology in the Mongolian empire', in Di Cosmo (ed.), *Warfare in Inner Asian History*, 265-93. Stephen G. Haw, ʻThe Mongol empire — the first "Gunpowder Empire"?', *JRAS*, 3rd series, 23 (2013), 449-61.

128 Reuven Amitai, ʻArmies and their economic basis in Iran and the surrounding lands, c.1000-1500', in *NCHI*, III, 539-60 (이 내용은 556).

129 Shāmī, *ZN*, I, 215, 267. 다마스쿠스: *Taʻrīf* (1951), 374/(2008), 246 (*IKT*, 38). 단, 여기서 언급된 "nufūṭ"[naft의 복수형](월터 피셸은 "나프타 투사체(naphtha guns)"로 번역함)가 대포를 의미한다는 설도 있다. Cheddadi, in (2008), 270 n.7. 앙카라: Shāmī, *ZN*, I, 255. 단, ZT, II, 961 (하피즈 아브루가 내용을 보강한 Shāmī, *ZN*, II, 177도 확인할 것)은 이 구절을 활용하면서도 "kamān-i raʻd"를 "naft-andāzī"로 고쳐 썼다. 펠릭스 타우어(Felix Tauer)는 샤미《승전기》색인에서 "kamān-i raʻd"를 "거대한 석궁, 대포"로 번역했다. 카만 라드(kamān-i raʻd),라는 용어에 대한 더 자세한 설명은 Iqtidar Alam Khan, *Gunpowder and Firearms. Warfare in Medieval India* (Oxford and New Delhi, 2004), 42를 참고할 것. 나프타에 대해서는 V. Christides, ʻNaft. 2. In the mediaeval Byzantine

and Arab-Islamic worlds', *EI2*, VII, 884-6을 보라.

130 아랍어 라드(ra'd)의 어근은 '천둥이 치다'를 뜻하는 'R'D'이다. Ayalon, *Gunpowder and Firearms*, 18에 따르면 화약과 관련해서는 이 어근에서 나온 라와이드(rawā'id, 라아다 (ra'āda)의 복수형)라는 용어가 쓰였다.

131 Kutubī, *Ta'rīkh-i āl-i Muẓaffar*, 34.

132 Naṭanzī (1957), 305, 381/(2004), 236, 281. *TMEN*, III, 428은 이 가운데 첫번째 예에 사용된 라드(ra'd)를 "대포(Geschütze)"로 새겼다.

133 Shāmī, *ZN*, I, 155. Yazdī, *ZN* (1957), I, 493/(2008), I, 773 〔이주연 역주, 〈야즈디《勝戰記》譯註〉, 588〕.

134 Yazdī, *ZN* (1957), I, 412/(2008), I, 690 〔이주연 역주, 〈야즈디《勝戰記》譯註〉, 511〕.

135 *ZT*, II, 703 (하피즈 아브루가 내용을 보충한 Shāmī, *ZN*, II, 79도 확인할 것).

136 Yazdī, *ZN* (1957), II, 239, 339, 408/(2008), II, 1077, 1172, 1174, 1240-1 〔이주연 역주, 〈야즈디《勝戰記》譯註〉, 851, 932, 934, 990〕. 그러나 *ZT*, II, 922는 다마스쿠스에서 라드 (ra'd)가 성채의 주둔병 쪽에서만 사용되었다고 언급한다.

137 Yazdī, *ZN* (1957), II, 219, 290/(2008), II, 1058, 1127 〔이주연 역주, 〈야즈디《勝戰記》譯註〉, 835, 893〕.

138 Shāmī, *ZN*, I, 190. *RN* (1915), 115/(2000), 112 (*DPT*, 115는 "총포"라고 번역함). Yazdī, *ZN* (1957), II, 78/(2008), I, 925 〔이주연 역주, 〈야즈디《勝戰記》譯註〉, 720〕. Digby, *War-Horse and Elephant*, 80은 "폭발물을 던지는 자들"이라고 번역했다.

139 Shāmī, *ZN*, I, 227, 231, 234. *ZT*, II, 977 (그리고 하피즈 아브루가 내용을 보강한 Shāmī, *ZN*, II, 179).

140 Yazdī, *ZN* (1957), II, 229/(2008), II, 1068 〔이주연 역주, 〈야즈디《勝戰記》譯註〉, 843〕.

141 같은 책 (1957), I, 254, 306, 461; II, 194/(2008), I, 520, 579, 741; II, 1036 〔이주연 역주, 〈야즈디《勝戰記》譯註〉, 353, 407, 558, 816〕. 802/1400년 조지아 원정을 서술한 부분에서는 "투척기와 노포와 다른 전쟁 도구들(manjanīq-u 'arrāda-u dīgar asbāb-i jang)"이라는 구절을 확인할 수 있다. 같은 책 (1957), II, 178/(2008), II, 1021 〔이주연 역주, 〈야즈디《勝戰記》譯註〉, 803〕. 마찬가지로, 802/1399년 이스칸다르 공자의 악수(Āqsū) 공성전과 관련해서도 "사다리와 노포와 그 외의 것들(nardubānhā-u 'arrādahā-u naẓā'ir-i ān)"만이 언급되었다. 같은 책 (1957), II, 159/(2008), II, 1003 〔이주연 역주, 〈야즈디《勝戰記》譯註〉, 788〕.

142 같은 책 (1957), I, 578; II, 240/(2008), II, 853, 1078 〔이주연 역주, 〈야즈디《勝戰記》譯註〉, 654, 851〕.

143 Tāj al-Dīn Ḥasan Ibn Shihāb Yazdī, *Jāmi' al-tawārīkh-i Ḥasanī*, ed. Ḥusayn Mudarrisī Ṭabāṭabā'ī and Īraj Afshār (Karachi, 1987), 27, 42. Manz, *Power, Politics and Religion*은 이를 각각 "포수(砲手)"(124)와 "화전 사수"(125)로 옮겼다.

144 Irwin, 'Gunpowder and firearms', 120, 126-7. Ayalon, *Gunpowder and Firearms*, 28-9 와 Rhoads Murphey, *Ottoman Warfare, 1500-1700* (London, 1999), 13-16도 확인할 것.

145 티무르: Roemer, 'Tīmūr in Iran', 54; Murphey, 'Bayezid I's foreign policy plans', 198. 바예지드 1세: 같은 글, 185-94.

146 Aubin, 'Comment Tamerlan', 95-8과 Roemer, 'Tīmūr in Iran', 55-7의 논평을 보라.

147 Shāmī, *ZN*, I, 265-6. Yazdī, *ZN* (1957), I, 561; II, 255, 365-6/(2008), I, 837; II, 1091, 1196 〔이주연 역주, 〈야즈디《勝戰記》譯註〉, 642, 863-4, 953〕. 티무르와 알자히르 이사의 관계는 Murphey, 'Bayezid I's foreign policy plans', 197-8에서 논의되었다.

148 See Larry V. Clark, 'The theme of revenge in the *Secret History of the Mongols*', in Clark and Draghi (eds.), *Aspects of Altaic Civilization*, II, 33-57; Roberte Hamayon, 'Mérite de l'offensé vengeur, plaisir du rival vainqueur. Le mouvement ascendant des échanges hostiles dans deux sociétés mongoles', in Raymond Verdier (ed.), *La Vengeance. Études d'ethnologie, d'histoire et de philosophie*, II. *Vengeance et pouvoir dans quelques sociétés extra-occidentales* (Paris, 1980), 107-40; Florence Hodous, 'The impact of the Mongol vengeance system on sedentary peoples', in *Old Tibet and Its Neighbours* (Wiesbaden, 2018 = *CAJ* 61), 163-80을 보라.

149 Yazdī, *ZN* (1957), I, 271/(2008), I, 541 〔이주연 역주, 〈야즈디《勝戰記》譯註〉, 372〕.

150 같은 책 (1957), I, 239/(2008), I, 505 〔이주연 역주, 〈야즈디《勝戰記》譯註〉, 339〕. 핫지 바를라스 형제가 피살된 사건에 대해서는 같은 책 (1957), I, 44/(2008), I, 274 〔이주연 역주, 〈야즈디《勝戰記》譯註〉, 127-8〕.

151 Shāmī, *ZN*, I, 147-8. Yazdī, *ZN* (1957), I, 474/(2008), I, 755 〔이주연 역주, 〈야즈디《勝戰記》譯註〉, 571〕.

152 Shāmī, *ZN*, I, 183.

153 더 자세한 설명은 Aubin, 'Comment Tamerlan', 112-13. 투스와 샤흐르 시스탄에 대해서는 116-17도 확인할 것.

154 Yazdī, *ZN* (1957), I, 562-3/(2008), I, 838-9 〔이주연 역주, 〈야즈디《勝戰記》譯註〉, 643-4〕. Aubin, 'Comment Tamerlan', 113-14를 보라.

155 Andreas de Redusiis de Quero, *Chronicon Tarvisinum*, col. 804.

156 al-Maqrīzī, *al-Sulūk*, III, part 3, 1046-8. Ibn Taghrībirdī, *al-Nujūm al-zāhira*, XII, 239-43 (tr. Popper, II, 46-9).

157 샤흐르 시스탄: IA (1979), 25/(1986), 72 (*TGA*, 23). 티크리트: 같은 책 (1979), 69/(1986), 124 (*TGA*, 65). 아브니크: 같은 책 (1979), 73/(1986), 129 (*TGA*, 69). 알레포 성채: IA (1979), 138/(1986), 214 (*TGA*, 127)와 이를 참고한 Ibn al-Shiḥna, 212. 아미드: Astarābādī, *Bazm-u razm*, 454-5. 시바스: 아래를 보라.

158 Jackson, *The Mongols and the Islamic World*, 163-4를 참고할 것.

159 Clavijo (1859), 75/(1928), 133. John of Sulṭāniyya, *Mémoire*, ed. Moranvillé, 454. *Chronographia regum Francorum*, 220도 이것을 따름. Schiltberger, 20. Compare too IA (1979), 126/(1986), 193-4 (*TGA*, 116-17)나 더 간략한 Ibn al-Shiḥna, 210, Budge, *The Chronography of Gregory Abû'l Faraj*, II, appendices, xxxii와도 비교. 시바스의 사례에 대한 검토는 Alexandrescu-Dersca, *La Campagne de Timur*, 42-5를 보라. 누가, 몇 명이나 생매장당했는지에 대해서는 주 162를 확인할 것.

160 예컨대 Roux, *Tamerlan*, 193-5.

161 Aubin, 'Comment Tamerlan', 120. Roux, *Tamerlan*, 210.

162 3,000명: Ibn al-Shiḥna, 210-11; IA (1979), 126/(1986), 194 (*TGA*, 117); Ibn Ḥijjī, I, 451; Ibn Ḥajar, *Inbā’ al-ghumr*, ed. Ḥabashī, II, 133/ed. Muḥammad ‘Abd al-Mu‘īd Khān, IV (repr. Beirut, 1406/1986), 189-90. 4,000명: Shāmī, *ZN*, I, 219, Yazdī, *ZN* (1957), II, 196/(2008), II, 1037 〔이주연 역주, 〈야즈디 《勝戰記》 譯註〉, 817〕 (두 사람 모두 수비대 대다수가 아르메니아인이라고 기록함); T‘ovma Metsobet‘si, tr. Bedrosian, 53. 5,000명: Schiltberger, 20. Clavijo (1859), 75/(1928), 133. Budge, *The Chronography of Gregory Abû’l Faraj*, II, appendices, xxxii에 수록된 작성자 미상의 시리아어 문서는 도시의 지도층만 피해자가 되었다고 전한다.

163 John of Sulṭāniyya, *Mémoire*, ed. Moranvillé, 454. *Chronographia regum Francorum*, 220도 이 견해를 따랐다.

164 Shāmī, *ZN*, I, 188. *RN* (1915), 110b/(2000), 108 (*DPT*, 111-12). Yazdī, *ZN* (1957), II, 72/(2008), II, 920 〔이주연 역주, 〈야즈디 《勝戰記》 譯註〉, 715〕. 현실적인 수치는 Lal, *Twilight of the Sultanate*, 319-20 (부록 A).

165 티무르의 포로가 된 맘루크 장령을 인용한 Ibn Taghrībirdī, *al-Nujūm al-zāhira*, XII, 266 (tr. Popper, II, 60). 이븐 타그리비르디는 또한 알마크리지(al-Maqrīzī, *Durar al-‘uqūd*, I, 531를 보라)를 인용해 9만 명이라는 수치를 기록했다. 알마크리지는 아마 IA (1979), 183/(1986), 305 (*TGA*, 168)를 참고했을 것이다. Naṭanzī (1957), 382/(2004), 282는 50투멘(50만 명)이라는 불가능한 수치를 제시한다.

166 몽골인들이 이런 식으로 사상자를 집계한 데 대해서는 Jackson, *The Mongols and the Islamic World*, 171을 참고할 것.

167 지리흐: Yazdī, *ZN* (1957), I, 264/(2008), I, 534 〔이주연 역주, 〈야즈디 《勝戰記》 譯註〉, 364〕. 이스파한: Shāmī, *ZN*, I, 105; Yazdī, *ZN* (1957), I, 314/(2008), I, 588 〔이주연 역주, 〈야즈디 《勝戰記》 譯註〉, 416〕. 티크리트: Shāmī, *ZN*, I, 143-4. 델리(티무르의 지시는 없었음): Shāmī, *ZN*, I, 193; *RN* (1915), 128/(2000), 122 (*DPT*, 124); Yazdī, *ZN* (1957), II, 95/(2008), I, 940 〔이주연 역주, 〈야즈디 《勝戰記》 譯註〉, 733〕. 알레포·바그다드·스미르나: IA (1979), 136, 184, 209/(1986), 209, 305, 347 (*TGA*, 125, 168, 192). 바그다드는 Ibn Ḥijjī, I, 503을, 스미르나는 Doukas, *Historia Turco-Byzantina* [to 1462], tr. Harry J. Magoulias, *Decline and Fall of Byzantium to the Ottoman Turks* (Detroit, MI, 1975), 98도 아울러 확인할 것. 다른 예는 Aubin, ‘Comment Tamerlan’, 116, 119를 볼 것.

168 *ZT*, II, 667 (also in, cited by Aubin, ‘Comment Tamerlan’, 115와 Nagel, *Timur der Eroberer*, 174에 인용된 Shāmī, *ZN*, II, 62도 확인). 7만 명이라는 수치는 Shāmī, *ZN*, I, 105와 Yazdī, *ZN* (1957), I, 314/(2008), I, 588 〔이주연 역주, 〈야즈디 《勝戰記》 譯註〉, 416〕. 이 사건에 대해서는 Aubin, ‘Comment Tamerlan’, 114-15를 참고할 것.

169 al-Maqrīzī, *al-Sulūk*, III, part 3, 1034. Ibn Taghrībirdī, *al-Nujūm al-zāhira*, XII, 225 (Popper’s trans., II, 39에서는 “bārazatan”이 “튀어나왔다”로 번역되었다). Aubin, ‘Comment Tamerlan’, 119. Vigouroux, ‘Comment Tamerlan a pris Alep’, nn.116-121. Nagel, *Timur der Eroberer*, 328. John of Sulṭāniyya, *Mémoire*, 456에 바그다드의 해골 탑도 마찬가지였다는 보고가 실려 있다. Doukas, tr. Magoulias, 98.

170 Yazdī, *ZN* (1957), I, 314/(2008), I, 588 〔이주연 역주, 〈야즈디 《勝戰記》 譯註〉, 416〕. 바

그다드에서 1인당 수급을 두 개씩 가져오라는 지시 때문에 티무르군의 병사들이 여자들의 머리까지 베어야 했던 것과 비교해보라. IA (1979), 183/(1986), 305 (*TGA*, 168).

171 투스: *ZT*, II, 711-12 (그리고 하피즈 아브루가 내용을 보충한 Shāmī, *ZN*, II, 88). 헤라트: Yazdī, *ZN* (1957), I, 259/(2008), I, 526-7 〔이주연 역주, 〈야즈디《勝戰記》譯註〉, 359〕. Roux, Tamerlan, 204; Manz, 'Unacceptable violence', 97을 참고할 것.

172 *CO*, 원문 38을 인용한 HA, *Ta'rīkh-i salāṭīn-i Kart*, 179. Aubin, 'Comment Tamerlan', 118-19에서 재인용함.

173 무자파르 왕조: 하피즈 아브루를 인용한 Aubin, 'Comment Tamerlan', 119 n.7. 알라 알딘 힐지: Jackson, *The Delhi Sultanate*, 230-1.

174 Manz, 'Unacceptable violence', 79-80, 96-101.

175 Shāmī, *ZN*, I, 192. *RN* (1915), 126/(2000), 121 (*DPT*, 123). Yazdī, *ZN* (1957), II, 93/(2008), I, 938 〔이주연 역주, 〈야즈디《勝戰記》譯註〉, 731-2〕.

176 Yazdī, *ZN* (1957), II, 245, "bī qaṣd-u ikhtiyār-i kasī", 246/(2008), II, 1083, 1084 〔이주연 역주, 〈야즈디《勝戰記》譯註〉, 856, 857〕.

177 Shāmī, *ZN*, I, 235-7.

178 Ibn al-Shiḥna, 225-7. IA (1979), 142-3/(1986), 219 (*TGA*, 131)와도 비교해보라.

179 *ZT*, II, 712 (그리고 하피즈 아브루가 내용을 보강한 Shāmī, *ZN*, II, 88)에 이런 뉘앙스가 엿보인다.

180 *CO*, 원문 10. 아부 바크르의 사례는 495쪽을 확인할 것. 이스피자르 등지에서 벌어진 잔혹 행위에 대해서는 Aubin, 'Comment Tamerlan', 83을 보라. 또 그보다 더 개설적인 Manz, 'Tamerlane and the symbolism', 118-19 및 'Unacceptable violence', 97-8도 보라.

181 Doukas, tr. Magoulias, 89-90. Alexandrescu-Dersca, *La Campagne de Timur*, 45.

182 Shāmī, *ZN*, I, 91. 같은 책, I, 219에서 샤미는 시바스에 대해서도 같은 표현을 썼다. Yazdī, *ZN* (1957), I, 263; II, 196/(2008), I, 533; II, 1037 〔이주연 역주, 〈야즈디《勝戰記》譯註〉, 363, 817〕과도 비교해볼 것.

183 Jackson, *The Mongols and the Islamic World*, 158 (바미얀과 니샤푸르), 264-5 (모술).

184 Barthold, *Four Studies*, II, 39-40 (=Bartol'd, 'Ulugbek', in *Sochineniia*, II, part 2, 60)의 논평을 보라. Morgan, *The Mongols*, 81, 176 〔권용철 옮김, 《몽골족의 역사》, 136, 263〕과 *Medieval Persia*, 86; Roemer, 'Tīmūr in Iran', 55도 아울러 확인할 것.

185 각각 Aubin, 'Comment Tamerlan', 121, 122.

186 이 점에 대해서는 Jackson, *The Mongols and the Islamic World*, 176-80을 참고하라.

187 Yazdī, *ZN* (1957), II, 451/(2008), II, 1278 〔이주연 역주, 〈야즈디《勝戰記》譯註〉, 1022〕.

188 같은 책 (1957), I, 324/(2008), I, 601 〔이주연 역주, 〈야즈디《勝戰記》譯註〉, 427〕.

189 Ibid. (1957), II, 31/(2008), I, 877 〔이주연 역주, 〈야즈디《勝戰記》譯註〉, 678-9〕.

190 HA, *Jughrāfiyya*, partial edn and trans. by Dorothea Krawulsky, *Ḥorāsān zur Timuridenzeit nach dem Tārīḫ-e Ḥāfeẓ-e Abrū (verf. 817-823h.) des Nūrallāh 'Abdallāh b. Luṭfallāh al-Ḥvāfī genannt Ḥāfeẓ-e Abrū*, 2 vols (Wiesbaden, 1982-4), I (원문), 32, II (독일어 번역), 30-1; partial edn by Ghulām-riḍā Warhrām, *Jughrāfiyya-yi ta'rīkhī-yi Khurāsān* (Tehran, 1370 sh./1991), 22.

191 Yazdī, *ZN* (1957), II, 385/(2008), II, 1218 〔이주연 역주, 〈야즈디《勝戰記》譯註〉, 970〕. 티무르가 자신이 파괴한 지역에서 농업을 확대하고 인구를 재정착시키는 데 관심을 보인 것과 관련해서는 다음을 보라. Ismail Aka, 'The agricultural and commercial activities of the Timurids in the first half of the 15th century', in Bernardini (ed.), *La civiltà Timuride*, I, 9-21 (이 내용은 10-12). 그리고 더 간략한 Papas and Toutant, *L'Asie centrale de Tamerlan*, 114, 122-4도 확인할 것.

192 Aubin, 'Comment Tamerlan', 94. Papas and Toutant, *L'Asie centrale de Tamerlan*, 118도 확인할 것.

193 Sīstānī, *Iḥyā' al-mulūk*, 106. Bosworth, *The History of the Saffarids*, 452.

194 Yazdī, *ZN* (1957), I, 473/(2008), I, 754 〔이주연 역주, 〈야즈디《勝戰記》譯註〉, 570〕.

195 Shāmī, *ZN*, I, 289, 291. Yazdī, *ZN* (1957), II, 384-7/(2008), II, 1218-20 〔이주연 역주, 〈야즈디《勝戰記》譯註〉, 970-2〕.

196 Clavijo (1859), 186. Clavijo (1928), 312와 비교해보라.

197 Yazdī, *ZN* (1957), II, 407/(2008), II, 1240 〔이주연 역주, 〈야즈디《勝戰記》譯註〉, 989〕.

198 같은 책 (1957), II, 368-9, 393/(2008), II, 1199, 1225 〔이주연 역주, 〈야즈디《勝戰記》譯註〉, 955-6, 976〕. Shāmī, *ZN*, I, 278, 290의 설명은 더 소략하다. 이를 비롯한 다른 사례들에 대해서는 Aubin, 'Comment Tamerlan', 92-3을 보라.

제12장 '카라추' 군벌과 칭기스 황실

1 Woods, 'Timur's genealogy', 99-109는 어떤 논의건 간에 가장 근본적인 시작점이 된다. 이 장 내용은 이전에 발표한 'Tamerlane and the Chinggisids', in Dunlop (ed.), *The Mongol Empire in Global History and Art History*, 73-96을 발전시킨 것이다.

2 *TR*, I (원문), 40, II (영어 번역), 35.

3 Naṭanzī (1957), 206/(2004), 168. 본문의 해석은 Woods, 'Timur's genealogy', 101에서 인용된 같은 구절의 해석과는 약간 다르다. *ZT*, I, 319-20 및 하피즈 아브루가 내용을 보충한 Shāmī, *ZN*, II, 12-13과도 비교해볼 것.

4 Astarābādī, *Bazm-u razm*, 460.

5 이들은 *MA*, fos 43b-44a, ed. Vokhidov, 원문 88-9 (러시아어 번역 60)에 열거되었다. Binbaş, 'The Timurids and the Mongol empire', 938 및 947 n.13은 1398년 사마르칸드에서 주조된 주화가 다른 사료에서는 전혀 언급되지 않는 "술탄 아흐마드 이븐 잘랄 알딘 소유르가트므쉬(Sulṭān Aḥmad b. Jalāl al-Dīn Soyurġatmïš)" 칸의 이름으로 발행된 점에 주목했다. 나는 이 구절은 실수이고 "술탄 마흐무드(Sulṭān Maḥmūd)"로 읽는 것이 맞을 것으로 본다.

6 Shāmī, *ZN*, I, 58. *ZT*, I, 441-2 (아울러 하피즈 아브루가 내용을 보강한 Shāmī, *ZN*, II, 27).

7 Jackson, *The Mongols and the Islamic World*, 98-9를 보라.

8 Manz, 'Tamerlane and the symbolism', 112과 'Temür and the problem', 23, 25. Morgan, 'The empire of Tamerlane', 236-7. Soucek, *A History of Inner Asia*, 125는 오고데이 왕통을 택한 데 대해 "순전히 칭기스 왕조를 세운다는 표피"를 두르기 위한 쉬운 방책이었을 뿐이라고 평했지만, 다른 해석도 가능하다.

9 Binbaş, 'The Timurids and the Mongol empire', 938. 그래서 일케림 에브림 빈바쉬는 두 칸이 "꼭두각시 칸"이 아니라 "티무르 제국 사법 조직의 기둥"이라고 주장했다.

10 *TJG*, III, 38, 69-70 (*HWC*, 573, 595).

11 소유르가트므쉬가 카이두의 후손은 아니다. MA, fos 44b-45a, ed. Vokhidov, 90-1 (러시아어 번역 60-1)의 표에 제시된 카이두의 혈통에서 뒷세대가 없는 것으로 보아, 당시 서남아시아에서 살아남은 카이두의 후손은 없었는지도 모른다. 차파르를 비롯한 카이두의 후손 다수는 14세기 초에 원나라로 망명했다.

12 Bernardini, 'The Mongol puppet lords', 174-5. Haase, 'Von der "Pax Mongolica" zum Timuridenreich', 160과도 비교해보라.

13 Manz, 'Temür and the problem', 23의 지적을 따랐다. 일리야스 호자의 사망 시점에 대해서는 203쪽과 제4장 주 123을 보라.

14 Manz, 'Tamerlane and the symbolism', 112-13을 따랐다.

15 *ZT*, I, 184, 210. 하피즈 아브루가 보강한 Shāmī, *ZN*, II, 7도 확인할 것.

16 Schamiloglu, 'Beautés du mélange', 197.

17 Yazdī, ZN (1957), I, 73-4/(2008), I, 307, "az wahm-i āsīb-i taghallubāt-i rūzgār" 〔이주연 역주, 〈야즈디 《勝戰記》 譯註〉, 161의 번역을 저자의 서술에 맞추어 수정함〕. 도르지 피살에 대해서는 같은 책 (1972), fo. 81a/(2008), I, 217을 보라.

18 Naṭanzī (1957), 199/(2004), 163-4.

19 Yazdī, *ZN* (1957), I, 25, 26/(2008), I, 253, 254 〔이주연 역주, 〈야즈디 《勝戰記》 譯註〉, 104, 106〕. HA, *Ta'rīkh-i salāṭīn-i Kart*, 182 (also in *CO*, 원문 41).

20 Yazdī, *ZN* (1957), I, 30/(2008), I, 259 〔이주연 역주, 〈야즈디《勝戰記》 譯註〉, 110〕.

21 Bernardini, 'The Mongol puppet lords', 171.

22 Yazdī, *ZN* (1957), I, 120, 123, 124/(2008), I, 361, 363, 365 〔이주연 역주, 〈야즈디《勝戰記》 譯註〉, 210, 212, 214〕.

23 Naṭanzī (1957), 129, 260/(2004), 104-5, 204-5. Bernardini, 'The Mongol puppet lords', 173. 사건의 연대순은 두드러지게 혼란스럽다. Yazdī, *ZN* (1957), I, 73-4/(2008), I, 307 〔이주연 역주, 〈야즈디《勝戰記》 譯註〉, 161〕에는 카불 샤 옹립이 765년의 일이라고 서술되어 있다. Naṭanzī (1957), 221/(2004), 178은 761년 라잡월 중순/1360년 6월 초라고 전하는데, 이 시점은 지나치게 이른 것으로 보인다. 또한 연대기 사료들은 아딜 술탄이 카불 샤의 후계자라고 전하지만, 아딜 술탄의 이름으로 발행된 주화가 767/1365~1366년에 발행되었고, 카불 샤의 이름으로 발행된 주화는 769/1367~1368년부터 나오는 것으로 보아 이들의 재위 순서가 반대이거나, 두 사람이 공동 통치했을 가능성도 높다. Petrov, 'Khronologiia', 317.

24 Shāmī, *ZN*, I, 55. Yazdī, *ZN* (1957), I, 138, 142/(2008), I, 380, 385 〔이주연 역주, 〈야즈디《勝戰記》 譯註〉, 229, 233〕. Naṭanzī (1957), 260/(2004), 206.

25 Yazdī, *ZN* (1957), I, 151/(2008), I, 396 〔이주연 역주, 〈야즈디《勝戰記》 譯註〉, 242〕. Roux, *Tamerlan*, 70은 이 대목에서 실수를 범했다. 장폴 루는 아미르 후사인의 칸이 여전히 카불 샤라고 생각했을 뿐만 아니라, "고인이 된 아미르 후사인에게 전적으로 헌신했다 (tout dévoué à feu l'émir Husaïn)"라고 묘사하기까지 했다.

26 Shāmī, *ZN*, I, 60. Yazdī, *ZN* (1957), I, 154/(2008), I, 399 〔이주연 역주, 〈야즈디《勝戰記》
　　譯註〉, 245〕. 두 저자 모두 살해된 칸의 이름을 여기서 제시하지 않았지만, Naṭanzī (1957),
　　114, 129/(2004), 93, 104-5는 분명히 이 인물이 아딜 술탄이라고 밝힌다.

27 IA (1979), 16, "fī asrihi ka l-ḥimār fī l-ṭīn"/(1986), 57 ("진흙에 빠진 지네처럼"이라고
　　옮긴 *TGA*, 13도 참고할 것). Ibn Ḥijjī, II, 587. Ibn Ḥajar, *Inbā᾿ al-ghumr*, ed. Ḥabashī, II,
　　254/ed. Khān, V, 125와 Ibn Qāḍī Shuhba, *Taʾrīkh*, IV, 336도 이 견해를 따랐다.

28 John of Sulṭāniyya, *Mémoire*, ed. Moranvillé, 445.

29 *TR*, I (원문), 45, II (영어 번역), 39 (하이다르는 여기서 소유르가트므쉬가 이라크에서 사
　　망했다는 잘못된 정보를 삽입하는 실수도 저질렀다). 술탄 아부 사이드의 발언을 인용한
　　같은 책, I (원문), 52, II (영어 번역), 44와 비교해볼 것.

30 *Chronographia regum Francorum*, III, 209-10.

31 Shāmī, *ZN*, I, 38 (두 차례). 소유르가트므쉬가 지휘관(sardārān)이자 대아미르라고 불린
　　ZT, I, 398, 399도 참고할 것.

32 Shāmī, *ZN*, I, 57. Naṭanzī (1957), 272, 282/(2004), 213, 219. Yazdī, *ZN* (1957), I, 98,
　　100, 144/(2008), I, 334, 337, 390 〔이주연 역주, 〈야즈디《勝戰記》譯註〉, 187, 190, 235-
　　6〕과도 비교해보라.

33 Shāmī, *ZN*, I, 67. Naṭanzī (1957), 315/(2004), 242. Yazdī, *ZN* (1957), I, 251/(2008), I,
　　518 〔이주연 역주, 〈야즈디《勝戰記》譯註〉, 351〕. 하피즈 아브루가 내용을 보충한 Shāmī,
　　ZN, II, 33. Bernardini, 'The Mongol puppet lords', 173.

34 Naṭanzī (1957), 340/(2004), 256; 같은 책 (1957), 129/(2004), 105에서 나탄지는 이 일
　　이 786년[1384~1385년]에 일어났다고 썼다. *ZT*, II, 681 (그리고 하피즈 아브루가 보강한
　　Shāmī, *ZN*, II, 69). Shāmī, *ZN*, I, 110-11과 Yazdī, *ZN* (1957), I, 330/(2008), I, 608 〔이주
　　연 역주, 〈야즈디《勝戰記》譯註〉, 433〕에서는 칸이 후방에 남았음을 명시적으로 밝히지 않
　　고 티무르가 호라즘에 있는 동안 부하라에서 사망했다고만 전한다.

35 *RN* (1915), 53b/(2000), 65 (*DPT*, 68).

36 Yazdī, *ZN* (1957), I, 345/(2008), I, 625 〔이주연 역주, 〈야즈디《勝戰記》譯註〉, 449〕. 같은
　　책 (1957), I, 366, 381-2/(2008), I, 646, 661 〔이주연 역주, 〈야즈디《勝戰記》譯註〉, 470,
　　484〕 및 Shāmī, *ZN*, I, 123과도 비교해보라. 튀르크어 바쉴라므쉬으(başlamışı)에 대해서
　　는 *TMEN*, II, 247-8 (no. 700)을 참고할 것.

37 톡타므쉬를 상대로 한 원정: Naṭanzī (1957), 348/(2004), 261; Shāmī, *ZN*, I, 123, 161;
　　Yazdī, *ZN* (1957), I, 366/(2008), I, 646 〔이주연 역주, 〈야즈디《勝戰記》譯註〉, 470〕. 바스
　　라: Ibn al-Furāt, IX, part 2, 348; al-ʿAynī, *ʿIqd al-jumān*, ed. Shukrī, *al-Sulṭān Barqūq*,
　　368 (무함마드 술탄 공자를 티무르의 아들이고, 이 전투에서 포로가 되었으며, 칸은 전사
　　했다는 부정확한 서술이 있다. 440에서는 1년 뒤인 800년, 칸을 단순한 명목상의 군주리
　　고 언급했다). 인도: *RN* (1915), 99/(2000), 99-100 (*DPT*, 102); Shāmī, ZN, I, 185, 186;
　　Yazdī, *ZN* (1957), II, 34, 65-6/(2008), I, 881, 913-14 〔이주연 역주, 〈야즈디《勝戰記》譯
　　註〉, 682, 709-10〕. 시리아와 바그다드: Ibn Ḥijjī, II, 587; Ibn Qāḍī Shuhba, *Taʾrīkh*, IV,
　　336; Yazdī, *ZN* (1957), II, 213, 232, 257, 266/(2008), II, 1053, 1071, 1093-4, 1103 〔이
　　주연 역주, 〈야즈디《勝戰記》譯註〉, 831, 845, 865, 872〕.

38 Yazdī, *ZN* (1957), II, 314/(2008), II, 1147 〔이주연 역주, 〈야즈디《勝戰記》譯註〉, 911〕.
   Iakubovskii, 'Timur', 71. Alexandrescu-Dersca, *La Campagne de Timur*, 79. 여기서 언
   급된 사료들에 Naṭanzī (1957), 115/(2004), 93도 더해야 한다. 그러나 Clavijo (1859),
   164/(1928), 275는 바예지드 포획의 공로를 티무르의 손자이자 후계자 무함마드 술탄에
   게 돌린다. Shāmī, *ZN*, I, 258은 단지 바예지드가 포로가 되었다고만 전한다. Bernardini,
   'The Mongol puppet lords', 174에서는 술탄 마흐무드의 군사 활동에 주목한다.

39 Shāmī, *ZN*, I, 111.

40 *ZT*, II, 681.

41 Naṭanzī (1957), 129-30/(2004), 105. Woods, 'Timur's genealogy', 105-6은 이 조치가
   합법적인 칭기스 왕조의 군주 톡타므쉬가 공격에 나서는 것을 막기 위함이라고 추정했다.
   햇수는 과장되었음이 확실하다. 다음 주를 보라.

42 A.O. Bragin, P.N. Petrov and A.M. Kamyshev, 'Klad serebrianykh monet nachala XV v.
   iz Kashgar-Kyshtaka Kyrgyzstane', NZO 4 (2014), 107-13. *ZT*, II, 682는 술탄 마흐무
   드가 790년 후반에 즉위했다고 명시한다. 소유르가트므쉬의 사망 시점은 샤미가 말한 것
   이 정확하고, 나탄지가 제시한 786년[1384~1385년]은 오류인 것 같다.

43 Naṭanzī (1957), 114/(2004), 93, "tarbiyat farmūd". *Ta'rīf* (1951), 364, "kafalahū", 382,
   "kafala ṣāḥib al-takht"/(2008), 237, 255 (두번째 기록의 영어 번역은 *IKT*, 46) 아마 al-
   Maqrīzī, *Durar al-'uqūd*, I, 498도 이 의견을 따랐을 것이다.

44 *Ta'rīf* (1951), 373/(2008), 245 (*IKT*, 37).

45 Natanzī (1957), 130/(2004), 105, 그리고 Ibn Ḥijjī, II, 587. 그리고 이 의견을 따른 Ibn
   Ḥajar, *Inbā' al-ghumr*, ed. Ḥabashī, II, 254/ed. Khān, V, 125, Ibn Qāḍī Shuhba, *Ta'rīkh*,
   IV, 336, Ibn Taghrībirdī, *al-Nujūm al-zāhira*, XIII, 32 (tr. Popper, II, 114-15)에서 제시
   된 시점. Yazdī, *ZN* (1957), II, 332/(2008), II, 1165 〔이주연 역주, 〈야즈디《勝戰記》譯註〉,
   926〕에는 술탄 마흐무드 사망 기사가 첫번째 라비월 초/9월 말과 첫번째 주마다월 초/12
   월 티무르의 스미르나 공격 사이에 배치되었다. 칸이 죽었다는 소식은 (아마도 바예지드
   의 사망 소식과 함께) 805년 둘카다월 말/1403년 6월 중순 이집트 술탄의 궁정에서 귀환
   중이던 티무르의 사절을 통해 전달되었을 것이다. Ibn Ḥijjī, II, 586. *Shajarat al-atrāk*, fo.
   116b는 술탄 마흐무드가 티무르의 사후까지도 통치했다는 잘못된 정보를 전한다.

46 Yazdī, *ZN* (1957), II, 332/(2008), II, 1165 〔이주연 역주, 〈야즈디《勝戰記》譯註〉, 926〕.
   Iakubovskii, 'Timur', 71은 두 사람의 관계가 좋았다고 썼다.

47 *Ta'rīf* (1951), 372-3/(2008), 245 (*IKT*, 37).

48 *RN* (1915), 53b/(2000), 65 (*DPT*, 68). 이보다 더 했으면 더 했지 덜 하지 않은, 티무르가
   바예지드에게 보낸 서신의 칭호와도 비교해볼 것. Sarī 'Abd-Allāh Efendi, *Munsha'āt*, in
   Zeki Velidi Togan, 'Timur's Osteuropapolitik', *ZDMG* 108 n.F., 33 (1958), 279-98 (이
   내용은 296). 이 단락의 영어 번역은 Woods, 'Timur's genealogy', 106.

49 Naṭanzī (1957), 130/(2004), 105에서 말한 바와 같다.

50 Shāmī, *ZN*, I, 111.

51 Herrmann, 'Zur Intitulatio timuridischer Urkunden', 504-5를 보라. Woods, 'Turco-
   Iranica II', 332-3에 수집된 증거들도 확인할 것.

52 Ibn Ḥijjī, II, 587. Ibn Qāḍī Shuhba, *Ta'rīkh*, IV, 336과도 비교해볼 것.

53 Ibn al-Furāt, *Ta'rīkh al-duwal wa l-mulūk*, IX, part 1, ed. Costi K. Zurayk (Beirut, 1936), 7, 9, 12 등. Bernardini, Mémoire et propagande, 52 및 'The Mongol puppet lords', 173.

54 Ibn al-Furāt, IX, part 2, 343, 348 (술탄 마흐무드가 사망했다는 잘못된 보고와 함께).

55 Shāmī, *ZN*, I, 118.

56 Woods, 'Timur's genealogy', 105에서 재인용함.

57 Shāmī, *ZN*, I, 97. Goto, 'Tīmūr and local dynasties', 74.

58 Aubin, 'Comment Tamerlan', 99.

59 IA (1979), 94, 129, 207-8/(1986), 152, 197-8, 343 (*TGA*, 88-9, 119, 190). Ibn Taghrībirdī, *al-Nujūm al-zāhira*, XII, 269 (tr. Popper, II, 62)에는 카라만 왕조 아미르도 비슷한 지시를 받았다는 언급이 있다. 술탄 마흐무드의 이름이 새겨진 아르진잔의 타하르탄이 발행한 주화에 대해서는 다음을 보라. İlker Evrim Binbaş, 'Did the Hurufis mint coins? Articulation of sacral kingship in an Aqquyunlu coin hoard from Erzincan', in Peacock and Yıldız (eds), *Islamic Literature and Intellectual Life*, 137-70 (이 내용은 148, n.48).

60 *RN* (1915), 124/(2000), 119 (*DPT*, 121). Woods, 'The rise of Tīmūrid historiography', 104와 'Turco-Iranica II', 333에서 인용된 Shāmī, *ZN*, I, 192는 더 명시적이다.

61 al-Maqrīzī, *al-Sulūk*, III, part 3, 1048과 Ibn Taghrībirdī, *al-Nujūm al-zāhira*, XII, 242 (tr. Popper, II, 48)는 티무르의 이름 낭송을 누락했을 뿐 아니라 후계자가 아들이었다는 등의 오류를 범했다. Heidemann, 'Tīmūr's campmint', 194, 199-200.

62 Herrmann, 'Zur Intitulatio timuridischer Urkunden', 505, 508.

63 Shāmī, *ZN*, I, 274.

64 Ibn Ḥijjī, II, 587. Ibn Ḥajar, *Inbā' al-ghumr*, ed. H. abashī, II, 254/ed. Khān, V, 125, Ibn Qāḍī Shuhba, *Ta'rīkh*, IV, 336, Ibn Taghrībirdī, *al-Nujūm al-zāhira*, XIII, 32 (tr. Popper, II, 114-15)는 이 의견을 따랐다.

65 Natanzī (1957), 130/(2004), 105. 아부 사이드는 *MA*, fo. 44a, ed. Vokhidov, 원문 89 (러시아어 번역 60)에 나온다.

66 Naṭanzī (1957), 125/(2004), 102.

67 Herrmann, 'Zur Intitulatio timuridischer Urkunden', 509-10의 논의를 보라.

68 Naṭanzī (1957), 130/(2004), 105.

69 Davidovich, *Klady*, 267; Linda Komaroff, 'The epigraphy of Timurid coinage: Some preliminary remarks', *ANSMN* 31 (1986), 207-32 (이 내용은 211, n.9).

70 Woods, 'Timur's genealogy', 121 n.75. Herrmann, 'Zur Intitulatio timuridischer Urkunden', 510은 하피즈 아브루가 샤미《승전기》를 보충하며 추가한 문서를 인용했다. 그러나 하피즈 아브루가 집필할 때는 명목상의 칸을 언급하는 일이 그다지 자주 있지도 않았을뿐더러 이 문서의 진본이 없는 상황에서 하피즈 아브루가 '조작하지' 않았다고 확신할 수도 없다.

71 Woods, 'Timur's genealogy', 114는 807/1405년 칸을 옹립한 티무르의 손자 할릴 술탄의 행보가 이전 3년 동안 티무르가 독립적으로 지배했다는 가설을 지지해준다고 보았다.

Roux, Tamerlan, 174는 티무르가 "[칸의] 그림자 뒤에 숨는 것"이 더는 실익이 없다고 판단했기 때문에 술탄 마흐무드를 대신할 존재를 옹립하지 않았다고 생각했다.

72 ZT, III, 12. Komaroff, 'The epigraphy of Timurid coinage', 216 및 n.21. Manz, *Power, Politics and Religion*, 20. 799/1396~1397년 겨울 무함마드 자항기르의 탄생에 대해서는 Yazdī, *ZN* (1957), I, 570/(2008), I, 847 〔이주연 역주, 〈야즈디《勝戰記》譯註〉, 649〕을 확인할 것.

73 ZT, III, 44. Binbaş, *Intellectual Networks*, 252. R.Iu. Pochekaev, 'Pravovoe nasledie mongol'skoi imperii v gosudarstve Timuridov (po dannym letopisei, numizmaticheskogo i aktogo materiala)', in V.P. Nikonorov (ed.), *Tsentral'naia Aziia ot Akhemenidov do Timuridov. Arkheologiia, istoriia, étnologia, kul'tura. Materialy mezhdunarodnoi nauchnoi konferentsii, posviashchennoi 100-letiiu so dnia rozhdeniia Aleksandra Markovicha Belenitskogo, Sankt-Peterburg, 2-5 noiabria 2004 goda* (St Petersburg, 2005), 291-4 (이 내용은 291).

74 Manz, *Power, Politics and Religion*, 25.

75 같은 책, 10 및 Manz, 'Mongol history rewritten', 143과 'Temür and the early Timurids', 196. Sheila S. Blair, 'Timurid signs of sovereignty', in Bernardini (ed.), *La civiltà Timuride come fenomeno internazionale*, II, 551-76 (이 내용은 559). Denise Aigle, 'Epilogue: The Mongol empire after Genghis Khan', in her *The Mongol Empire between Myth and Reality*, 306-22 (이 내용은 312).

76 Komaroff, 'The epigraphy of Timurid coinage', 217-18. Binbaş, *Intellectual Networks*, 260. '힐라파트(khilāfat)' 개념에 대해서는 168쪽을 보라.

77 TR, I (원문), 52, II (영어 번역), 44. 이 주장은 티무르 왕조의 군주 아부 사이드(사망 873/1469)의 입에서 나왔다고 쓰여 있다.

78 예컨대 Komaroff, 'The epigraphy of Timurid coinage', 216-21을 보라. 칭기스 왕조의 칸이 유지되었다는 서술에 회의적이었던 Manz, 'Temür and the early Temürids', 194는 정확했다.

79 그러나 Beatrice F. Manz, 'Ulugh Beg, Transoxiana and Turco-Mongolian tradition', in Markus Ritter, Ralph Kauz and Birgitt Hoffmann (eds), *Iran und iranisch geprägte Kulturen*도 확인하라.

80 TR, I (원문), 45-6, II (영어 번역), 39. See Woods, 'Timur's genealogy', 116; Beatrice F. Manz, 'Ulugh Beg', *EI2*, X, 813; Manz, 'Ulugh Beg, Transoxiana and Turco-Mongolian tradition', 21; 'Temür and the early Timurids', 194를 보라. 시점은 Barthold, *Four Studies*, II, 86, 104 (=Bartol'd, *Sochineniia*, II, part 2, 98, 113)의 의견을 따랐는데, 바실리 바르톨트는 하이다르의 증언을 신뢰했다.

81 이 인물은 Sātuq in *MA*, fo. 33b, ed. Vokhidov, 원문 68 (러시아어 번역 51)에서 사툭으로 나타나며, *TGNN*, 원문 190 (fo. 82b)에는 "STQ"라고 쓰여 있다. 이 인물은 823년 라잡월/1420년 7월 또다른 와이스 칸의 경쟁자 시르 무함마드(다음 주를 보라)와 함께 사마르칸드에 도달해 그곳에 억류된 사릭 오글란(Sāriq Oghlan)과 동일 인물일 것이다. ZT, IV, 747-8, 877-8.

82 시르 무함마드의 출발과 자타에서의 칸 즉위에 대해서는 *ZT*, IV, 748, 878을 참고할 것.

83 *TR*, I (원문), 51-2, 127, II (영어 번역), 44, 102.

84 Barthold, *Four Studies*, II, 86, 138 (=Bartol'd, *Sochineniia*, II, part 2, 99, 158). Manz, *Power, Politics and Religion*, 266.

85 Khwānd-Amīr, *Ḥabīb al-siyar*, III, 33 (tr. Thackston, 360).

86 예컨대, Salmānī, *Shams al-ḥusn*, 원문 fos 7b, 31a-b, 33b, 34b (독일어 편역, 17, 26, 28). Yazdī, *ZN* (1972), fo. 83a 및 (1957), I, 573/(2008), I, 224, 849 〔이주연 역주, 〈야즈디《勝戰記》譯註〉, 651〕.

87 *MA*, fo. 2a-b, ed. Vokhidov, 원문 3-4 (러시아어 번역 18, 20). Woods, *The Timurid Dynasty*, 3.

88 Woods, 'The rise of Tīmūrid historiography', 104-5. Manz, 'Tamerlane's career and its uses', 7.

89 Yazdī, *ZN* (1957), I, 155-9/(2008), I, 400-5 〔이주연 역주, 〈야즈디《勝戰記》譯註〉, 246-52〕. Shāmī, *ZN*, I, 58, 61의 서술과 비교해보라.

90 Yazdī, ZN (1957), I, 285/(2008), I, 557 〔이주연 역주, 〈야즈디《勝戰記》譯註〉, 386〕.

91 각각 같은 책 (1957), II, 92, 239/(2008), I, 936-7; II, 1077 〔이주연 역주, 〈야즈디《勝戰記》譯註〉, 729-31, 850〕.

92 같은 책 (1957), II, 356/(2008), II, 1187 〔이주연 역주, 〈야즈디《勝戰記》譯註〉, 946〕.

93 같은 책 (1957), I, 366/(2008), I, 646-7 〔이주연 역주, 〈야즈디《勝戰記》譯註〉, 370〕.

94 같은 책 (1957), I, 458/(2008), I, 737-8 〔이주연 역주, 〈야즈디《勝戰記》譯註〉, 554-5〕. 이 대목의 영어 번역은 Wing, *The Jalayirids*, 162. Shāmī, *ZN*, I, 221에서 인용된 구절과 비교해볼 것. 샤미《승전기》에서의 해당 대목에 대해서는 뒤에도 인용되어 있다 (주 117도 확인할 것).

95 Yazdī, *ZN* (1957), I, 149, 330; II, 332/(2008), I, 394, 608; II, 1165 〔이주연 역주, 〈야즈디《勝戰記》譯註〉, 240, 433, 926〕.

96 두 왕자: Naṭanzī (1957), 159/(2004), 128-9. 루크만: Yazdī, *ZN* (1957), I, 282, 285/(2008), I, 553, 557 〔이주연 역주, 〈야즈디《勝戰記》譯註〉, 383, 386〕. 피르 파디샤: Shāmī, *ZN*, I, 127; Yazdī, *ZN* (1957), I, 409/(2008), I, 687-8 〔이주연 역주, 〈야즈디《勝戰記》譯註〉, 508〕.

97 Yazdī, *ZN* (1957), I, 538/(2008), I, 813 〔이주연 역주, 〈야즈디《勝戰記》譯註〉, 622-3〕.

98 Clavijo (1859), 177/(1928), 299-300. 톡타므쉬의 아들에 대해서는 같은 책 (1859), 133/(1928), 221을 확인할 것. 티무르는 톡타므쉬의 사절을 1404년 9월에 접견했다. 같은 책 (1859), 130/(1928), 217.

99 Yazdī, *ZN* (1957), II, 459/(2008), II, 1285-6 〔이주연 역주, 〈야즈디《勝戰記》譯註〉, 1028〕.

100 Shāmī, *ZN*, I, 107, 113, 124-5. Yazdī, ZN (1957), I, 333, 335, 357, 392, 394/ (2008), I, 612, 614, 639, 671, 672 〔이주연 역주, 〈야즈디《勝戰記》譯註〉, 436, 437, 426, 492, 493-4. 야즈디《승전기》 한국어 번역본에서 쿠난차 오글란은 "쿤자 오글란(Kūnja Ūghlān)"으로 표기됨〕. 본문에서 사용된 인명 표기 '쿠난차'는 Naṭanzī (1957), 342 (KNAJH), 364

(KNAČH)/(2004), 257, 271에서 취했는데, 특히 후자의 경우 *ZT*, II, 676으로 이어졌다 (여기서는 'KUNAJH'로 발음한다. 하피즈 아브루가 내용을 보충한 Shāmī, *ZN*, II, 70도 참고할 것). 쿠난차는 토카 테무르의 5대손이자 테무르 쿠틀룩 및 미래의 또다른 칸 샤디벡(Shadibeg)의 삼촌이다. *MA*, fo. 27b, ed. Vokhidov, 원문 56 (러시아어 번역 46); *TGNN*, fo. 73b (tr. in Ibragimov, *Materialy*, 40). 그러나 Yazdī, *ZN* (1957), I, 357/(2008), I, 639 〔이주연 역주, 〈야즈디《勝戰記》譯註〉, 426〕는 테무르 쿠틀룩을 테무르 말릭 칸(Temür Malik Khan)의 아들(즉, 오루스 칸의 손자)로, 따라서 토카 테무르 왕통의 또다른 지파에 속한 인물로 소개한다.

101 Pochekaev, *Tsari ordynskie*, 218.

102 Shāmī, *ZN*, I, 125, 159. Yazdī, *ZN* (1957), I, 394, 398/(2008), I, 672, 676 〔이주연 역주, 〈야즈디《勝戰記》譯註〉, 493-4, 497〕. 그러나 같은 책의 다른 곳에서는 쿠난차가 797/1395년 테렉강 전투에서 톡타므쉬의 지휘관 중 한 명으로 언급된다. 같은 책 (1957), I, 533, 534/(2008), I, 808, 810 〔이주연 역주, 〈야즈디《勝戰記》譯註〉, 618, 620〕. 아마 이는 오류일 것이다.

103 Shāmī, *ZN*, I, 115, 139-40, 142, 152, 156, 172, 174. Naṭanzī (1957), 356, 362, 367, 431/(2004), 266, 269, 273, 314. Yazdī, *ZN* (1957), I, 342, 452-5, 459, 462, 487, 500; II, 23, 26-8, 30, 34, 166/(2008), I, 622, 730-4, 739, 742, 768, 780, 869, 873-4, 876, 880-1; II, 1010 〔이주연 역주, 〈야즈디《勝戰記》譯註〉, 446, 549-52, 556, 559, 583, 593-4, 671, 675, 682, 794〕. 이바즈 오글란은 *TGNN*, 원문 174 (fo. 75b; tr. in Ibragimov, *Materialy*, 43의 Имадж 〔이마즈(Imadzh)〕는 오류다)에서는 오르두 멜릭의 아들로, *MA*, fo. 27a, ed. Vokhidov, 원문 55 (러시아어 번역 44)에서는 손자로 등장한다. 부르한 오글란과 다른 조치 왕통의 분파 사이의 관계는 불분명하다.

104 바쉬 테무르: Yazdī, *ZN* (1957), II, 304, 423, 459/(2008), II, 1139, 1257, 1285 〔이주연 역주, 〈야즈디《勝戰記》譯註〉, 903, 1002, 1028〕; *ZT*, II, 960. 이 인물에 대해서는 *MA*, fo. 27b, ed. Vokhidov, 원문 56 (러시아어 번역 45); Reva, 'Saiid-Akhmad I i Giias ad-Din I', 55의 표를 보라. 크림의 칸이 된 후손들에 대해서는 같은 글과 Frank, 'The western steppe', 256을 확인할 것. 야륵으로 톡타므쉬와 같은 지파(톡타므쉬의 아버지의 친척)로 보이는데, Yazdī, *ZN* (1957), II, 137/(2008), I, 981 〔이주연 역주, 〈야즈디《勝戰記》譯註〉, 768〕에서는 이름이 'YARQ'으로 표기되었고, *MA*, fo. 25b, ed. Vokhidov, 원문 52 (러시아어 번역에서는 누락)에서는 'YARWQ'으로 표기되었다.

105 여기에는 혼동의 여지가 있다. *RN* (1915), 57/(2000), 68 (*DPT*, 71)과 Shāmī, *ZN*, I, 172, 하피즈 아브루가 내용을 보강한 같은 책, II, 138 (아울러 *ZT*, II, 830)은 타이지 오글란이 "키타(Khiṭā)에서 온 사절"이라고 전한다. 그러나 더 상세한 정황을 전하는 Yazdī, *ZN* (1957), II, 33/(2008), I, 879 〔이주연 역주, 〈야즈디《勝戰記》譯註〉, 680-1〕에는 타이지 오글란이 카안에 대항해 반란을 일으켰다가 망명한 왕자라고 명시되어 있다. 티무르 곁에 머문 타이지 오글란의 행적에 대해서는 같은 책 (1957), II, 423, 459/(2008), II, 1257, 1285 〔이주연 역주, 〈야즈디《勝戰記》譯註〉, 1002-3, 1028〕를 보라.

106 Shāmī, *ZN*, I, 13. 올제이 테무르가 부냐시리와 동일 인물이라는 의견에 대해서는 Louis Hambis, *Documents sur l'histoire des Mongols à l'époque des Ming*, Bibliothèque de

l'Institut des Hautes Études Chinoises 21 (Paris, 1969), xxv; Honda, 'On the genealogy of the early Northern Yüan', 239를 확인할 것.

107 Yazdī, *ZN* (1972), fo. 65b/(2008), I, 179: 여기서 야즈디가 사용한 "그를 매로 만들었다 (ūrā shūnqār kardand)"라는 구절의 의미에 대해서는 *TMEN*, I, 360; III, 275를 참고할 것.

108 부냐시린〔본아실리(本雅失里)〕: Hambis, *Documents sur l'histoire des Mongols*, 20-2 (21에서는 올제이 테무르〔완자첩목아(完者帖木兒)〕가 부냐시린 휘하 몽골 장령의 이름이라고 언급된다). 〔Hambis, *Documents sur l'histoire des Mongols*, 7-92는 《명사》 권 327 〈달단(韃靼)〉의 프랑스어 번역이다. 한국어 번역은 김선혜 역주, 송정수 교열, 〈명사 (明史) 권327 외국(外國) 8: 「달단전(韃靼傳)」 역주〉, 《명사 외국전 역주 4: 서역전》 665- 798 (이 내용은 693-7, 695)〕 오고데이 왕통으로 기록된 타이지: Yazdī, *ZN* (1957), II, 459/(2008), II, 1285. Khwānd-Amīr, *Ḥabīb al-siyar*, III, 74 (tr. Thackston, 41)는 야 즈디 《승전기》를 인용하며 타이지가 올제이 테무르와 동일 인물이라고 했다 (휠러 색스 턴은 이 인명을 "엘치테무르(Elchi-Temür)"로 옮겼다). Hookham, *Tamburlaine*, 269 는 두 사람을 별개의 인물로 보았다. 두 인물을 동일인으로 판단한 예로는 다음이 있 다. Honda, 'On the genealogy of the early Northern Yüan', 243-4; Shiro Ando, 'Zum timuridischen Staatswesen: Eine Interpretation des Miniaturentwurfs in Diez A. Fol. 74', in Rudolf Veselý and Eduard Gombár (eds), *Ẓafar Nāme. Memorial Volume of Felix Tauer* (Prague, 1996), 17-33 (이 내용은 18-19). 비어트리스 맨즈도 마찬가지 의 견을 피력했다(다음 주를 보라).

109 Manz, 'Ulugh Beg, Transoxiana and Turco-Mongolian tradition', 23 및 n.20, 그리 고 'Temür and the early Timurids', 187 n.14 (두 경우 모두 올제이 테무르는 '올제이투 (Öljeitü)'라고 불렸다).

110 Shāmī, *ZN*, I, 13.

111 Kauz, *Politik und Handel*, 76. Manz, 'The empire of Tamerlane as an adaptation', 287.

112 Nagel, *Timur der Eroberer*, 411. 바실리 바르톨트 역시 회의적이었다. Barthold, *Four Studies*, II, 50-1 (=Bartol'd, *Sochineniia*, II, part 2, 69).

113 Honda, 'On the genealogy of the early Northern Yüan', 243. Veit, 'The eastern steppe', 162. Rossabi, 'The Ming and Inner Asia', 227-30. Robinson, *In the Shadow of the Mongol Empire*, 263-4. 베쉬발릭 체류는 1408년 명나라 영락제가 그곳에 머무르는 올 제이 테무르/부냐시리에게 보낸 서신에서 확신할 수 있다. 이 편지는 《명사》에 수록되었 다. Robinson, *Ming China and Its Allies*, 30-2, 36-7을 보라.

114 Yazdī, *ZN* (1957), II, 459/(2008), II, 1285 〔이주연 역주, 〈야즈디 《勝戰記》 譯註〉, 1028〕. 14세기 칸이었던 압달(압둘라)의 조카 체키레는 《고귀계보》에서는 누락되었고, *TGNN*, fo. 74a (tr. in Ibragimov, *Materialy*, 41)에서만 등장한다. 체키레의 대략적인 경력에 대 해서는 Khakimov et al. (eds), *The Golden Horde in World History*, 708과 15장 주 84를 확인할 것.

115 이하 내용에 대해서는 Ando, 'Zum timuridischen Staatswesen', 17-22와 연대 추정이 있 는 27을 참고할 것. 체키레라는 인명의 다양한 형태에 대해서는 Ando, 'Die timuridische Historiographie II', 225를 보라.

116 야드가르와 아자시린에 대해서는 각각 *MA*, fos 28a, 37b, ed. Vokhidov, 원문 57, 76 (러시아어 번역 46)에서는 야드가르가 알구이(Alghui)로 잘못 기재되었다. 54에서 아자시린의 이름은 Абāшӣрӣн〔아바시린(Abāshīrīn)〕으로 표기되었다). 아자시린을 1388~1389년 명 제국에서 활동하던 같은 이름의 또다른 몽골 왕자(칭기스 칸의 동생 테무게 옷치긴의 후손〔아자스리(Ajasri), 아찰실리(阿扎失里)로도 표기〕)와 혼동해서는 안 된다.

117 티무르가 바르쿡에게 보낸 국서는 Shāmī, *ZN*, I, 221에서 인용했다. 이 서신은 Yazdī, *ZN* (1957), I, 458/(2008), I, 737-8 〔이주연 역주, 〈야즈디 《勝戰記》 譯註〉, 554-5〕에서 재인용되었으나, 칭기스 칸의 후손에 대한 언급은 누락되었다. 앞의 내용과 주 94를 참고할 것.

118 Astarābādī, *Bazm-u razm*, 460.

119 티무르가 바예지드에게 보낸 국서는 Sarī ʿAbd-Allāh Efendi, *Munshaʾāt*: Togan, 'Timur's Osteuropapolitik', 295-6에 수록되었다. 이 내용은 Woods, 'Timur's genealogy', 106에서 일부 인용되었으며 영어로 번역되었다.

120 티무르가 바르쿡에게 보낸 서신은 Nawāʾī (ed.), *Asnād*, 76, 77. 편지의 앞부분은 Woods, 'Timur's genealogy', 107에서 번역되었는데, 존 우즈는 작성 시점을 1390년대 중반으로 추정했다. 이 판본에 대해서는 Broadbridge, *Kingship and Ideology*, 178-9와 n.53을 참고할 것.

121 Nawāʾī (ed.), *Asnād*, 76-7. 차가다이 울루스와 맘루크 제국 사이의 산발적인 외교 접촉에 Biran, 'Diplomatic and chancellery practices', 376-7과 'The Mamluks and Mongol Central Asia', 371 및 n.19에 달린 미할 비란의 논평을 참고하라.

122 Yazdī, *ZN* (1972), fo. 75a/(2008), I, 200.

123 같은 책 (1957), I, 285/(2008), I, 557 〔이주연 역주, 〈야즈디 《勝戰記》 譯註〉, 386〕.

124 Herrmann, 'Zur Intitulatio timuridischer Urkunden', 504, 508-9. 티무르가 정복한 이란 땅에 대한 술탄 마흐무드 칸의 군주권이 명시적이었음을 감안하면, Manz, 'Mongol history rewritten', 141에서 티무르의 피후견인 가운데 하나로 "일칸국 왕위를 주장하는 자"(특히 루크만)로 티무르가 언급되었다는 것은 곡해다.

125 티무르가 바예지드 1세에게 보낸 편지는 Sarī ʿAbd-Allāh Efendi, *Munshaʾāt*: Togan, 'Timur's Osteuropapolitik', 296. 일부 내용은 Woods, 'Timur's genealogy', 106에서 영어로 번역되어 인용되었다. "마잔다라나트(Māzandarānāt)·길라나트(Gīlānāt)·쿠르디스탄·루리스탄(Lūristān)·슐리스탄(Shūlistān)·후지스탄(Khūzistān)·파르스·양(兩)이라크·호르무즈·키르만·키츠(Kīch)·마크란(Makrān)·디야르바크르·아제르바이잔"이 정복지로 열거되었다.

126 "세 칭기스 왕조의 칸을 피후견인으로 둠으로써 티무르는 자신을 중심으로 한 몽골 제국의 상징적인 부활을 꾀했다"라고 한 Manz, *Nomads in the Middle East*, 149의 서술과 비교해보라.

127 칸: Yazdī, *ZN* (1957), II, 9/(2008), I, 855 〔이주연 역주, 〈야즈디 《勝戰記》 譯註〉, 657〕. 그러나 바로 그뒤에 히드르 호자를 단지 "오글란"으로 불렀다. 그 아랫급의 칭호들: 같은 책 (1957), I, 344, 345, 346 (그러나 바로 그다음의 시에서는 "자타에서 칸이었던"이라고 수식된 사실에도 유의할 것); II, 158/(2008), I, 624, 625, 626; II, 1002 〔이주연 역주, 〈야즈디 《勝戰記》 譯註〉, 449, 451, 787〕. 히드르 호자의 '통치자 지위'는 티무르의 명목상 군

주(앞서 언급한 대로, 샤라프 알딘 야즈디의 글에서는 그런 존재가 없다는 듯이 치부되었
다)가 아니라 티무르의 임명을 받은 총독이라는 듯이 서술되었다.

128 Shāmī, *ZN*, I, 13. Yazdī, *ZN* (1972), fo. 65b/(2008), I, 178-9.

129 IA (1979), 328/(1986), 463 (*TGA*, 307).

130 티무르가 바예지드 1세에게 보낸 편지는 Sarī ʿAbd-Allāh Efendi, *Munsha'āt*: Togan,
'Timur's Osteuropapolitik', 296. Shāmī, *ZN*, I, 118, 171, 274. 같은 책, I, 123, 223에서는
간단히 "파디샤"라고만 칭해진다. 뒤의 내용과 주 134도 확인할 것.

131 *RN* (1915), 53b-54b/(2000), 65-6 (*DPT*, 68-9).

132 Shāmī, *ZN*, I, 186과 *RN* (1915), 124/(2000), 119 (*DPT*, 121).

133 Shāmī, *ZN*, I, 171.

134 같은 책, I, 10. 또한 같은 책, I, 12에서는 소유르가트므쉬와 술탄 마흐무드가 이란과 투란
의 지배자(salṭanat)로 옹립되었다고 재차 강조한다. 처음 언급한 단락은 Lewis, *Islam*, I,
103에 영어 번역이 실려 있다.

135 티무르가 바르쿡에게 보낸 편지, Nawā'ī (ed.), *Asnād*, 76. Woods, 'Timur's genealogy',
107에서 영어 번역문이 인용되었다.

136 Yazdī, *ZN* (1957), I, 11-12/(2008), I, 238 [이주연 역주, 〈야즈디《勝戰記》譯註〉, 88]. 이
부분은 Bernardini, *Mémoire et propagande*, 64-5에서 번역되었다. 가잔에 대해서는 *JT*,
II, 1210 (*DzhT*, III, 251-2; *CC*, 417 [김호동 역주, 《이슬람의 제왕》, 24-5])을 참고할 것.

137 카라 유수프가 바예지드 1세에게 보낸 서신, Nawā'ī (ed.), *Asnād*, 87.

138 티무르가 바예지드 1세에게 보낸 서신, 같은 책, 99. Woods, 'Timur's genealogy', 100에
서 인용함. 해석에 대해서는 같은 글, 109를 참고할 것.

139 바르쿡이 티무르에게 보낸 서신: IA (1979), 98/(1986), 157 (*TGA*, 92). 이 편지 내용이
수록된 사료들에 대해서는 William M. Brinner, 'Some Ayyūbid and Mamlūk documents
from non-archival sources', *Israel Oriental Studies* 2 (1972), 117-43 (이 내용은 123-
4)을 보라. "al-ḥaḍrat al-īlkhāniyya"라는 구절은 al-Maqrīzī, *al-Sulūk*, III, part 2, 805
에 전해지는 판본에서는 보이지 않는다. Ibn Taghrībirdī, *al-Nujūm al-zāhira*, XII, 51
(cf. Popper trans., I, 142 and n.18)에서는 "al-īlkhāniyya" 부분이 "al-khāniyya"라고 되
어 있다. 그러나 Muḥammad b. Muḥammad Ibn Ṣaṣrā, *al-Durrat al-muḍī'a fī l-dawlat
al-Ẓāhiriyya*, ed. and tr. William M. Brinner, *A Chronicle of Damascus 1389-1397
by Muḥammad ibn Muḥammad ibn Ṣaṣrā*, 2 vols (Berkeley and Los Angeles, 1963),
I (영어 번역), 198, II (아랍어 원문), 147과 Brinner, 'Some Ayyūbid and Mamlūk
documents', 136, n.4의 서술, Broadbridge, *Kingship and Ideology*, 181도 참고하라.

140 Denise Aigle, 'Hülegü's letters to the last Ayyubid ruler of Syria: The construction of
a model', in Aigle, *The Mongol Empire between Myth and Reality*, 199-218 (이 내
용은 213-15). Brinner, 'Some Ayyūbid and Mamlūk documents', 특히 122, 126 (단,
Broadbridge, Kingship and Ideology, 181, n.70이 지적하듯, 윌리엄 브리너(William M.
Brinner)은 이 사절을 앞선 시기에 온 사절과 혼동했다).

141 Broadbridge, *Kingship and Ideology*, 182. Aigle, 'Hülegü's letters to the last Ayyubid
ruler', 214.

878

142 Brinner, 'Some Ayyūbid and Mamlūk documents', 122. Broadbridge, *Kingship and Ideology*, 182-3.

143 Manz, 'Tamerlane and the symbolism', 113-14 n.33이 이 문제를 처음 제기했다. Nagel, *Timur der Eroberer*, 175-6과 Bernardini, *Mémoire et propagande*, 53-5도 확인할 것.

144 Yazdī, *ZN* (1957), I, 8/(2008), I, 234 〔이주연 역주, 〈야즈디《勝戰記》譯註〉, 82〕. 이에 따라 샤라프 알딘 야즈디는 티무르가 771/1370년 '즉위'했을 때가 태양력으로 34세이고, 사망했을 때가 71세라고 썼다. 같은 책 (1957), I, 158; II, 469/(2008), I, 403; II, 1295 〔이주연 역주, 〈야즈디《勝戰記》譯註〉, 250, 1036〕. *ZT*, I, 8, 44에 쓰인 출생 시점도 동일하다 (하피즈 아브루가 내용을 보강한 Shāmī, *ZN*, II, 187, 205도 마찬가지다). Naindeep Singh Chann, 'Lord of the Auspicious Conjunction: Origins of the Ṣāḥib-Qirān', *Iran and the Caucasus* 13 (2009), 93-110 (이 내용은 98)을 확인할 것.

145 Manz, 'Tamerlane and the symbolism', 113-14 n.33.

146 Broadbridge, *Kingship and Ideology*, 169, 178-9, 181에서 특히 강조한 것을 따랐다.

147 Manz, 'Mongol history rewritten', 135.

148 *Ta'rīf* (1951), 381/(2008), 254 (*IKT*, 45); 그 앞인 같은 책 (1951), 361/(2008), 236에서 이븐 할둔은 칭기스 칸이 톨루이를 단지 "호라산의 옥좌"에 올렸다고만 썼다. Ibn 'Arabshāh, *Fākihat al-khulafā'*, ed. al-Najjār, 582, 587/ed. al-Buḥayrī, 565, 569.

149 본문에서 언급된 사례를 비롯해 티무르의 혼인 관계는 Woods, *The Timurid Dynasty*, 17-18에서 열거되었다.

150 Shāmī, *ZN*, I, 70. Yazdī, *ZN* (1957), I, 190-1/(2008), I, 443-4 〔이주연 역주, 〈야즈디《勝戰記》譯註〉, 285-7〕. Naṭanzī (1957), 414/(2004), 302. 딜샤드 아가의 부모에 대해서는 *MA*, fo. 33a, ed. Vokhidov, 원문 67 (러시아어 번역 51)을 참고할 것. 티무르의 아내들 〔첩실〕 가운데는 딜샤드 아가라는 사람이 한 명 더 있다.

151 John of Sulṭāniyya, *Mémoire*, ed. Moranvillé, 444 (울루스를 장악하려다가 살해된 티무르 칸의 아들이라고 잘못 설명되었다). *Chronographia regum Francorum*, III, 208도 상동. Mignanelli (1764), 138b/(2013), 333 (tr. in Fischel, 'A new Latin source', 228). *Ta'rīf* (1951), 363-4 (칸의 이름이 "사틀므쉬(Sātılmış)"라고 쓰여 있다), 373, 382 (세부 사항은 더 혼란스러우며, 아내의 이름이 "수르가트미시(Ṣurghatmish)"로 잘못 쓰여 있다)/(2008), 237, 245, 255 (아울러 압데셀람 체다디(Abdesselam Cheddadi)의 색인에서 "Satlamash"도 참고); 뒤의 두 부분은 *IKT*, 37, 46에서 영어로 번역되어 있다. Ibn Khaldūn, *Kitāb al-'Ibar*, V, 1142에도 이 혼인에 대한 왜곡된 출전들이 보이는데, 가령 소유르가트므쉬를 톡타므쉬와 혼동했다. (같은 책, V, 1129도 확인할 것). 이에 따른 Ibn Ḥajar, *Inbā' al-ghumr*, ed. Ḥabashī, II, 254, 301/ed. Khān, V, 125, 231에서 술탄 마흐무드는 "마흐무드 칸 알툭타미시(Maḥmūd Khān al-Ṭuqtamishī)"로 불리고, 그 아버지는 톡타므쉬라고 명시되어 있다. Ibn Ḥijjī, II, 587은 술탄 마흐무드가 티무르의 사위 (ṣihr)라고 쓰여 있다. 사실 술탄 마흐무드 칸은 우마르 셰이흐의 딸과 결혼했다. Naṭanzī (1957), 114/(2004), 93와 *MA*, fo. 101b, ed. Vokhidov, 원문 198 (러시아어 번역 121에서는 그녀의 어머니가 술탄 마흐무드 칸의 딸이라고 잘못 번역되었다). 아울러 Naṭanzī (1957), 130/(2004), 105와 Woods, *The Timurid Dynasty*, 28도 참고할 것.

152 Woods, *The Timurid Dynasty*, 20, 43, and 'The rise of Tīmūrid historiography', 93. 말
리카트 아가의 아버지에 대해 차가다이 울루스 동부의 히드르 호자의 칸이라고 서술하
는 혼동도 자주 일어난다. 예컨대 Aubin, 'Le mécénat timouride', 76 (repr. in Aubin,
Études, 159); Soucek, 'Eskandar b. ʿOmar Šayx', 74, 77; 'Eskandar Solṭān', *EIr*, VIII,
603. *MA*, fo. 31b, ed. Vokhidov, 원문 64 (러시아어 번역 49-50)는 말리카트 아가의 정
확한 계보를 제공된다. 우마르 셰이흐가 티무르의 맏이였다는 의견에 대해서는 402쪽과
제9장 주 153을 확인할 것.

153 *MA*, fo. 44a, ed. Vokhidov, 원문 89 (러시아어 번역 60). Woods, *The Timurid Dynasty*,
33.

154 Yazdī, *ZN* (1957), I, 120/(2008), I, 360 〔이주연 역주, 〈야즈디 《勝戰記》 譯註〉, 210〕. 루
키야의 모계 조상은 언급하지 않고 혼인만을 기록한 Shāmī, *ZN*, I, 47과 비교해볼 것.

155 Woods, *The Timurid Dynasty*, 29. 이 결혼에 대해서는 Shāmī, *ZN*, I, 67-8과 Yazdī, *ZN*
(1957), I, 180-8/(2008), I, 428-39 〔이주연 역주, 〈야즈디 《勝戰記》 譯註〉, 274-83〕를
참고할 것.

156 Clavijo (1859), 148. Clavijo (1928), 247-8에서는 "티무르의 조상인 군주의 후손"이라
고 심각하게 잘못 옮겨졌다.

157 *MA*, fos 33a, 113b-114b, 119a, ed. Vokhidov, 원문 67, 220-1, 228 (러시아어 번역
52, 134-5, 137)에는 그녀의 아버지가 술탄 말릭(Sulṭān Malik)과 무함마드 오글란
(Muḥammd Oghlan) 등 다양한 이름으로 불린다. Woods, *The Timurid Dynasty*, 29는 '무
함마드 오글란'이라는 이름을 취했다. 무함마드 술탄의 구레겐 칭호 사용에 대해서는 룸
을 정복한 뒤 티무르가 공표한 파트흐나마(*Safina*, BN ms. arabe 3423, fos 400b, 401a)
를 확인할 것.

158 더 많은 예시는 Manz, 'Women in Timurid domestic politics', 122-3을 보라. 한편
Binbaş, *Intellectual Networks*, 283은 티무르 사후 칭기스 왕조의 권위가 무너져 "칭기스
왕조 공주들과의 혼인이 지닌 가치가 얼마간 떨어졌다"라고 서술했다.

159 Manz, 'Women in Timurid domestic politics', 130; *Power, Politics and Religion*, 16-17.

160 Manz, 'Women in Timurid domestic politics', 123, 130. Beatrice F. Manz, 'Ulugh Beg',
EI2, X, 812-14 (이 내용은 812).

161 *MA*, fo. 44a, ed. Vokhidov, 원문 89 (러시아어 번역 60).

162 Khwānd-Amīr, *Ḥabīb al-siyar*, IV, 113-14 (tr. Thackston, 404).

163 *Taʿrīf* (1951), 382, "muttaṣil al-nasab maʿahū ilā Jaqaṭāī fī ābāʾ…. wa-hādhā Tamur …
huwa ibn ʿammihim"/(2008), 255 (*IKT*, 46). 티무르의 조상에 대해 이븐 할둔이 남긴 서
로 모순되는 서술은 344쪽을 보라.

164 루이 곤살레스 데 클라비호는 티무르의 아버지가 "앞서 언급한 차가타이의 혈통(linaje)"
이라고 서술했는데, 여기서는 무의미한 말이다. 문맥으로 보아 데 클라비호가 사용한 "차
가타이"는 지배 왕조가 아니라 차가타이인 전체를 의미한다는 정황이 뚜렷하기 때문이다.
카스티아어 원문인 ed. Francisco López Estrada (Madrid, 1943), 150을 확인할 것. "자가
타이(Zagatay)라 불리는 핏줄"이라는 Clavijo (1859), 125, "차가타이 핏줄과 혈연으로
연결된"이라고 더 심각하게 오독한 Clavijo (1928), 210과 비교해보라. 데 클라비호가 사

용한 '차가타이'라는 용어의 다소 광범위한 정의에 대해서는 같은 책 (1859), 69/(1928), 122를 확인할 것. Manz, 'The development and meaning of Chaghatay identity', 36-7.

165　Shāmī, *ZN*, I, 10, 58.

166　Woods, 'Timur's genealogy', 99 및 100의 표3.

167　Manz, 'Tamerlane and the symbolism', 106. '술탄(Sulṭān)' 칭호에 대해서는 J.H. Kramers and C.E. Bosworth, 'Sulṭān', *EI2*, IX, 849-51을 참고할 것.

168　Poppe, 'Karasakpaiskaia nadpis' Timura', 185-6. Thomas W. Lentz and Glenn D. Lowry, *Timur and the Princely Vision. Persian Art and Culture in the Fifteenth Century* (Los Angeles, 1989), 25에서는 '벡(Beg)' 칭호가 누락되었다.

169　Golombek, 'Tamerlane, Scourge of God', 55-6. 나탄지가 사용한 "술탄 가지(Sulṭān-i ghāzī)"라는 용어에 대해서는 이를 인용한 537쪽을 보라.

제13장 무슬림 술탄과 성전사: 신앙·선전·처신

1　Manz, 'Family and ruler', 57-68.

2　Manz, 'Tamerlane and the symbolism', 109-10.

3　Clavijo (1859), 162/(1928), 272.

4　예컨대 Shāmī, *ZN*, I, 41, 166, 257; Yazdī, *ZN* (1957), I, 385, 562; II, 307, 403/(2008), I, 664, 837-8; II, 1142, 1236 〔이주연 역주, 〈야즈디《勝戰記》譯註〉, 486-7, 642-3, 906, 986〕.

5　Yazdī, *ZN* (1957), I, 292/(2008), I, 564 〔이주연 역주, 〈야즈디《勝戰記》譯註〉, 392-3〕. 아울러 같은 책 (1957), I, 500; II, 161-2/(2008), I, 780; II, 1006 〔이주연 역주, 〈야즈디《勝戰記》譯註〉, 593, 790〕과도 비교해보라. 여기서 사용된 단어는 '가자(ghazā)'로, 엄격하게 해석하자면 '성전(jihād)'보다는 (대체로 그 대상이 불신자인 경우가 많았지만) '약탈'이 정확하다. Michael Bonner, *Jihad in Islamic History: Doctrines and Practice* (Princeton, NJ, 2006), 2; I. Mélikoff, 'Ghāzī', *EI2*, II, 1043-5; T.M. Johnstone, 'Ghazw', 같은 책, 1055-6. 그러나 야즈디는 두 용어를 서로 대체할 수 있다고 본 것 같고, 때로는 함께 사용하기도 했다. 다만, 함께 쓴 용례는 샤미에 비하면 적은 편이다.

6　Shāmī, *ZN*, I, 170.

7　Yazdī, *ZN* (1957), II, 457/(2008), II, 1284 〔이주연 역주, 〈야즈디《勝戰記》譯註〉, 1027〕.

8　Shāmī, *ZN*, I, 170-1. Yazdī, *ZN* (1957), II, 21, 76/(2008), I, 866, 867, 923. *RN* (1915), 43-4, 45a-46a. 아울러 같은 책 (2000), 58-9 (*DPT*, 60)와도 비교해보라. Aubin, 'Comment Tamerlan', 90은 비판적인 입장이었다. 티무르의 인도 침공 이유에 대해서는 443-5쪽을 보라.

9　Yazdī, *ZN* (1957), II, 23/(2008), I, 869 〔이주연 역주, 〈야즈디《勝戰記》譯註〉, 670-1을 저자의 영어 번역에 맞추어 일부 수정함〕.

10　Shāmī, *ZN*, I, 196. Yazdī, *ZN* (1957), II, 103-4/(2008), I, 948 〔이주연 역주, 〈야즈디《勝戰記》譯註〉, 740〕.

11　Yazdī, *ZN* (1957), II, 120/(2008), I, 964 〔이주연 역주, 〈야즈디《勝戰記》譯註〉, 754〕.

12　Shāmī, *ZN*, I, 204. Yazdī, *ZN* (1957), II, 41/(2008), I, 887. Lal, *Twilight of the Sultanate*,

38-9.

13 티무르가 797/1395년 아스(Ās) 등 비무슬림 주민들에게 행한 원정에 대해서는 Yazdī, *ZN* (1957), I, 545-50, 554-7/(2008), I, 819-23, 830-2 [이주연 역주, 〈야즈디 《勝戰記》 譯註〉, 628-33, 636-8]를 참고하라. 카이탁에 대해서는 Jean Richard, 'Les missionnaires latins chez les Kaïtak du Daghestan (XIVe-XVe siècles)', in *TDPKV*, III, 606-11 (이 내용은 607-8); repr. in Richard, *Les Relations entre l'Orient et l'Occident au Moyen Age. Études et documents* (London, 1977)을 보라.

14 예를 들어 Shāmī, *ZN*, I, 285-6나 Nawāʾī (ed.), *Asnād*, 69에 수록된 델리 점령을 손자 피르 무함마드 이븐 우마르 셰이흐에게 전하는 티무르의 파트흐나마. BN ms. arabe 3423에 수록된 파트흐나마의 작성 시점은 801년 라잡월 20일/1399년 3월 28일로, 나와이의 판본과는 약간 다르다. Aubin, 'Comment Tamerlan', 90 및 n.3을 확인할 것.

15 Yazdī, *ZN* (1957), II, 164/(2008), II, 1008 [이주연 역주, 〈야즈디 《勝戰記》 譯註〉, 792]의 열정적인 찬양을 보라.

16 부르사의 유대인에 대해서는 John of Sulṭāniyya, *Mémoire*, ed. Moranvillé, 456을 보라. 알레포는 Mignanelli (1764), 135a-b/(2013), 318-20 (tr. in Fischel, 'A new Latin source', 213-14). Michael Shterenshis, *Tamerlane and the Jews* (London, 2002), 97-8은 이러한 증언이 그리스도교도 저자들에게서 나왔음을 지적하며 그들의 반유대교 편견을 반영한다고 일축했다. 이들이 세부 사항을 왜곡한 탓에 서로 충돌하는 서술도 있다고 한다. 다마스쿠스 유대인들이 겪은 운명이 베이루트에 머물던 상인에 의해 기록되어, 로도스섬에서 몽펠리에의 다티니 회사 상인에게 1401년 5월 1일 자 편지로 전달되었다는 사실은 의미심장하다. 이를 짚어준 로렌초 푸블리치(Lorenzo Pubblici) 박사의 친절에 감사드린다 (2023년 5월 15일 자 이메일).

17 Roux, *Tamerlan*, 314.

18 Eaton, *India in the Persianate Age*, 105-8, 120, 122-3. Jackson, *The Delhi Sultanate*, 319-20. Digby, 'After Timur left', 50을 보라.

19 Klaus-Peter Matschke, *Die Schlacht bei Ankara und das Schicksal von Byzanz. Studien zur spätbyzantinischen Geschichte zwischen 1402 und 1422* (Weimar, 1981), 9-39. Lindner, 'Anatolia, 1300-1451', 130-2.

20 Martin, *Medieval Russia*, 224-5, 241-2.

21 Naṭanzī (1957), 202/(2004), 165-6.

22 Yazdī, *ZN* (1957), II, 125-6/(2008), I, 970 [이주연 역주, 〈야즈디 《勝戰記》 譯註〉, 758-9].

23 Shāmī, *ZN*, I, 267. Yazdī, *ZN* (1957), II, 336/(2008), II, 1169-70 [이주연 역주, 〈야즈디 《勝戰記》 譯註〉, 930].

24 Shāmī, *ZN*, I, 101와 Yazdī, *ZN* (1957), I, 296-7/(2008), I, 569-70 [이주연 역주, 〈야즈디 《勝戰記》 譯註〉, 398]의 기록을 따랐다. Roux, *Tamerlan*, 315는 이 개종을 진심으로 받아들이면 안 된다고 주장했다.

25 Yazdī, *ZN* (1957), II, 366/(2008), II, 1197 [이주연 역주, 〈야즈디 《勝戰記》 譯註〉, 954].

26 *RN* (1915), 20/(2000), 26: "az mulūk-i islām ba-kamāl-i musulmānī⋯. bar sar āmada būd" (*DPT*, 33).

27 Shāmī, *ZN*, I, 162. Yazdī, *ZN* (1957), I, 544/(2008), I, 818 〔이주연 역주, 〈야즈디 《勝戰
記》 譯註〉, 627-8의 내용을 저자의 영어 번역에 맞추어 일부 수정함〕. 타나의 그리스도교
도들이 맞이한 운명에 대해서는 Michele Bernardini, 'Tamerlano, i Genovesi e il favolosa
Axalla', in Michele Bernardini, Clara Borrelli, Anna Cerbo and Encarnación Sánchez
García (eds), *Europa e Islam tra i secoli XIV et XVI*, 2 vols (Naples, 2002), I, 391-426
(이 내용은 397)과도 비교해보라.

28 Yazdī, *ZN* (1957), II, 69/(2008), I, 916 〔이주연 역주, 〈야즈디 《勝戰記》 譯註〉, 712〕.

29 같은 책 (1957), II, 196, 198/(2008), II, 1037, 1039 〔이주연 역주, 〈야즈디 《勝戰記》 譯註〉,
817, 818-9〕.

30 Astarābādī, *Bazm-u razm*, 450.

31 같은 책, 17, 19, 22, 448, 455 ("kafara-yi mughūl-u ẓalama-yi chaghatāī-u tātār"). 티
무르와 차가타이인들에 대한 아스타라바디의 묘사에 대해서는 Bernardini, *Mémoire et
propagande*, 80-9; 'The army of Timur', 212를 보라.

32 IA (1979), 4/(1986), 42-3 (*TGA*, 2).

33 같은 책 (1979), 348/(1986), 479 (*TGA*, 322). Subtelny, *Timurids in Transition*, 13.

34 부르한 알딘은 Astarābādī, *Bazm-u razm*, 451, 457-8 (부르한 알딘이 바르쿡에게 보낸 편
지를 인용); Broadbridge, *Kingship and Ideology*, 174. 바르쿡이 제기한 다양한 혐의에 대
해서는 같은 책, 184-5. 바예지드 1세는 Mirgaleev, 'Tatary Desht-i Kypchaka', 301.

35 Ibn al-Furāt, *Ta'rīkh al-duwal wa l-mulūk*, IX, part 2, 362. Ibn Qāḍī Shuhba, *Ta'rīkh*, I,
503. al-Maqrīzī, *al-Sulūk*, III, part 2, 797. Broadbridge, *Kingship and Ideology*, 177-8
과 Behrens-Abouseif, *Practising Diplomacy*, 70-1을 확인할 것.

36 IA (1979), 99/(1986), 158 (*TGA*, 93).

37 혹은 "당신이 거짓말쟁이라고 생각한다." 같은 책 (1979), 98, "qad za'amtum annanā kafara
fa-qad thubita 'indanā annakum fajara"/(1986), 157 (*TGA*, 92에서는 "당신은 사악하다"
라고 번역함). Ibn Ṣaṣrā, *al-Durrat al-muḍī'a*, ed. and tr. Brinner, II (아랍어 원문), 147
(윌리엄 브리너의 번역은 같은 책, I, 197)과 al-Maqrīzī, *al-Sulūk*, III, part 2, 804에 수록
된, 사용한 단어가 약간 다르고 마지막 구절이 "al-kafara al-fajara"인 편지와 비교해보라.
아울러 Brinner, 'Some Ayyūbid and Mamlūk documents', 133도 참고할 것.

38 Drory, 'Maqrīzī in *Durar al-'uqūd*', 394-9.

39 IA (1979), 240/(1986), 380 (*TGA*, 220).

40 Broadbridge, 'Royal authority', 235-6.

41 al-Maqrīzī, *al-Sulūk*, IV, part 1, 26.

42 al-Maqrīzī, *Durar al-'uqūd*, I, 559. See the comment of Drory, 'Maqrīzī in *Durar al-
'uqūd*', 401.

43 하지만 al-Maqrīzī, *Durar al-'uqūd*, III, 31에서는 티무르를 "알타기야(al-ṭāghiya, 폭군)"
라고 묘사했다는 점에 유의하라.

44 같은 책, II, 403. Broadbridge, 'Royal authority', 234. Rabbat, 'Who was al-Maqrīzī?', 11.

45 Ito, 'Al-Maqrīzī's biography of Tīmūr', 315. *Ta'rīf* (1951), 383/(2008), 255 (*IKT*, 47)를
보라. IA (1979), 128/(1986), 196 (*TGA*, 118)은 다만 티무르에게 운이 따랐고 신의 의지

가 그를 움직였다고 쓰는 데 만족했다.

46 Ibn Qāḍī Shuhba, *Ta'rīkh*, IV, 429, "ra's al-mufsidīn wa-mukharrib bilād al-muslimīn wa-sāfik dimā' al-muwaḥḥidīn".

47 예컨대 Ibn Hijjī, I, 45, 48, 58. Ibn Qāḍī Shuhba, *Ta'rīkh*, I, 507, 513도 이 견해를 따랐다. 아울러 Ibn Hajar, *Inbā' al-ghumr*, ed. Ḥabashī, II, 299/ed. Khān, V, 225도 참고할 것. 티무르가 하와리즈파가 반대한 대상이었던 칼리프 알리를 깊이 존경했다는 사실을 고려할 때 이런 평가는 모순적이다. G. Levi della Vida, 'Khāridjites', *EI2*, IV, 1074-7을 확인할 것.

48 Ibn Qāḍī Shuhba, *Ta'rīkh*, I, 512. 이 용어의 중요성에 대해서는 T. Fahd, 'Ṭāghūt, 1.', *EI2*, X, 93-4를 보라.

49 타기야: Ibn Taghrībirdī, *al-Manhal al-ṣāfī*, IV, 103; III, 348; 같은 저자, *al-Nujūm al-zāhira*, XIII, 160 (tr. Popper, II, 203). 알마흐둘(al-makhdhūl, '버림받은 자'): Ibn Taghrībirdī, *al-Manhal al-ṣāfī*, II, 140.

50 Ibn Taghrībirdī, *al-Manhal al-ṣāfī*, IV, 130, 138.

51 Ibn Taghrībirdī, *al-Nujūm al-zāhira*, XIII, 161, "halaka ilā la'nati llāh wasukhṭihi" (tr. Popper, II, 204).

52 Ibn Taghrībirdī, *al-Manhal al-ṣāfī*, IV, 138.

53 Mignanelli (1764), 138b/(2013), 332 (tr. in Fischel, 'A new Latin source', 227).

54 그러나 주바이니 자신도 칭기스 칸의 이런 시각을 공유했다는 점에 대해서는 *TJG*, I, 1 (*HWC*, 3)을 보라.

55 Brinner, 'Some Ayyūbid and Mamlūk documents', 128. Nawā'ī (ed.), Asnād, 75-6에 수록된, 티무르가 바르쿡에게 보낸 편지; Ibn Ṣaṣrā, al-Durrat al-muḍī'a, ed. and tr. Brinner, II (아랍어 원문), 147 (윌리엄 브리너의 영어 번역은 I, 196); IA (1979), 98/(1986), 155-6 (*TGA*, 91)과도 비교해보라.

56 Shāmī, *ZN*, I, 228. Yazdī, *ZN* (1957), II, 220-1/(2008), II, 1059 〔이주연 역주, 〈야즈디《勝戰記》譯註〉, 836〕.

57 Aubin, 'Comment Tamerlan', 87을 확인할 것.

58 Yazdī, *ZN* (1957), I, 271/(2008), I, 541 〔이주연 역주, 〈야즈디《勝戰記》譯註〉, 372〕.

59 Shāmī, *ZN*, I, 97. Yazdī, *ZN* (1957), I, 286/(2008), I, 557 〔이주연 역주, 〈야즈디《勝戰記》譯註〉, 386-7〕. Zayn al-Dīn (1990), 원문 499 (러시아어 번역 131)/(1993), 117.

60 Barbaro, *Viaggi*, §§ 13-14, ed. and tr. Skrzhinskaia, *Barbaro i Kontarini o Rossii*, 원문 117 (러시아어 번역 140-1); tr. Thomas, in Stanley of Alderley (ed.), *Travels to Tana and Persia*, 80-9. Clavijo (1859), 177/(1928), 300. 에디귀가 한 역할에 대해서는 DeWeese, *Islamization and Native Religion*, 339-42를 참고할 것.

61 IA (1979), 78/(1986), 135 (*TGA*, 73). Barbaro, *Viaggi*, § 26, ed. and tr. Skrzhinskaia, *Barbaro i Kontarini o Rossii*, 원문 122 (러시아어 번역 146); tr. Thomas, in Stanley of Alderley (ed.), *Travels to Tana and Persia*, 16.

62 Yazdī, *ZN* (1957), I, 528/(2008), I, 804-5 〔이주연 역주, 〈야즈디《勝戰記》譯註〉, 615〕. R. Wixman, 'Ḳaytaḳ', *EI2*, IV, 846-7을 확인하라.

63 Yazdī, *ZN*, (1957), I, 331/(2008), I, 611 〔이주연 역주, 〈야즈디《勝戰記》譯註〉, 434-5〕.

884

이 단락은 Bernardini, 'Tamerlano, i Genovesi e il favoloso Axalla', 392에서도 인용되었다.

64 Timur to Bayezid, in Sarī ʿAbd-Allāh Efendi, *Munshaʾāt*: Togan, 'Timur's Osteuropa-politik', 294에 수록된 티무르가 바예지드 1세에게 보낸 편지. 같은 글, 280-1, 284 및 아래 내용과 주 90의 내용과도 비교해보라. 마마이가 이들에게서 병력을 모집했다는 것에 대해서는 *Patriarshaia ili Nikonovskaia letopis'*, in *PSRL*, XI, 47 (tr. Zenkovsky, III, 267)을 확인할 것.

65 Nawāʾī (ed.), *Asnād*, 20에 수록된 티무르가 무자파르 왕조의 샤 야히야에게 보낸 편지. 같은 책, 109에 수록된 티무르가 바예지드 1세에게 보낸 편지. 이를 비롯한 다른 출전에 대해서는 Manz, 'Tamerlane and the symbolism', 111-12과 'Temür and the problem', 23, 25-6을 보라.

66 Ibn al-Shiḥna, 213-15. IA (1979), 139-40/(1986), 214-15 (*TGA*, 127-8)도 이 의견을 따랐다.

67 IA (1979), 130/(1986), 198 (*TGA*, 119).

68 *Taʿrīf* (1951), 374-6/(2008), 247-9 (*IKT*, 39-41). 이 일화에 대해서는 Hassan, *Longing for the Lost Caliphate*, 125-6을 참고할 것.

69 Sarī ʿAbd-Allāh Efendi, *Munshaʾāt*, in Togan, 'Timurs Osteuropapolitik', 298.

70 알무타왁킬의 파란만장한 경력과 그가 누린 인기에 대해서는 Hassan, *Longing for the Lost Caliphate*, 89-93을 참고하라. 더 간략한 서술로는 Broadbridge, *Kingship and Ideology*, 150, 171 및 n.12가 있다. 후기 칼리프들의 전반적인 기능에 대해서는 Banister, *The Abbasid Caliphate of Cairo*와도 비교해볼 것.

71 Yazdī, *ZN* (1957), II, 41/(2008), I, 887 〔이주연 역주, 〈야즈디《勝戰記》譯註〉, 687-8〕.

72 Hassan, *Longing for the Lost Caliphate*, 97. Broadbridge, *Kingship and Ideology*, 150, 175. Ibn Khaldūn, *Kitāb al-ʿIbar*, III, 1113은 인도의 군주들이 그렇게 했다는 사실도 인지했다. 그들 가운데 필두는 델리의 술탄 무함마드 이븐 투글룩과 그 후계자 피루즈 샤다. 칼리프로부터 추인을 얻자는 생각은 티무르의 한 손자의 궁정에서도 나왔다.

73 Clavijo (1859), 123-5/(1928), 207-10. 사마르칸드의 요새화에 대해서는 HA, *Jughrāfiyya*, Bodleian ms. Fraser 155, fo.169b를 보라. 티무르의 건축 활동에 대해서는 Lentz and Lowry, *Timur and the Princely Vision*, 29, 34-6; Golombek, 'Tamerlane, Scourge of God', 34-53을, 케쉬에서의 건축 활동에 대해서는 다음을 보라. Yazdī, *ZN* (1957), I, 221-2, 566 (악사라이)/(2008), I, 483-4, 843 〔이주연 역주, 〈야즈디《勝戰記》譯註〉, 320-1, 646〕; M.E. Masson and G.A. Pugachenkova, 'Shakhri Siabz pri Timure i Ulug Beke', *Trudy Sredneaziatskogo Gosudarstvennogo Universiteta* 49 (1953), 17-96; tr. J.M. Rogers as 'Shakhri Syabz pri Timure i Ulug Beke ("Shahr-i Sabz from Tīmūr to Ūlūgh Beg")', *Iran* 16 (1978), 103-26 및 18 (1980), 121-43. 표준적인 연구서의 설명은 Lisa Golombek and Donald Wilber, *The Timurid Architecture of Iran and Turan*, 2 vols (Princeton, NJ, 1988), I, 254-63, 271-8, 281, 284-8.

74 Lentz and Lowry, Timur and the Princely Vision, 36, 42-3; Elena Paskaleva, 'The Bibi Khanum mosque in Samarqand: Its Mongol and Timurid architecture', *The Silk Road* 10 (2012), 81-98을 확인할 것.

75 Samarqandī, *Qandiyya*, 165-6.

76 사마르칸드: Yazdī, *ZN* (1957), I, 416/(2008), I, 695 〔이주연 역주, 〈야즈디 《勝戰記》 譯註〉, 515〕. 잠: Mahendrarajah, *The Sufi Saint of Jam*, 109.

77 A. Azfar Moin, 'Sovereign violence: Temple destruction in India and shrine desecration in Iran and Central Asia', *CSSH* 57 (2015), 467-96 (인용된 부분은 480).

78 티무르의 아내들이 지은 건축물들은 Lentz and Lowry, *Timur and the Princely Vision*, 41 을 확인할 것. Soucek, 'Tīmūrid women', 210은 사라이 물크 카늼을 비롯한 티무르 왕조 여성들의 건축 후원을 "개인적인 사업으로 봐야 할지, 황가의 기념물 건설이라는 거대한 사업의 일환으로 봐야 할지"라는 물음을 제기했다.

79 Golombek, 'Tamerlane, Scourge of God', 51-7. Lisa Golombek, 'Discourses of an imaginary arts council in fifteenth-century Iran', in Golombek and Subtelny (eds), *Timurid Art and Culture*, 1-17 (이 내용은 1-6)도 참고하라.

80 Yazdī, *ZN* (1957), II, 421/(2008), II, 1255 〔이주연 역주, 〈야즈디 《勝戰記》 譯註〉, 1001〕. Morgan, 'The empire of Tamerlane', 237.

81 V. Minorsky (trans.), *Calligraphers and Painters. A Treatise by Qāḍī Aḥmad, son of Mīr-Munshī (circa A.H. 1015/A.D. 1606)* (Washington, DC, 1959), 64. Lentz and Lowry, *Timur and the Princely Vision*, 45에서도 인용함. 큐빗에 대해서는 W. Hinz, 'Dhirāʿ', *EI2*, II, 231-2를 확인하라. 데 클라비호와 이븐 아랍샤가 전하는 건축 관련 일화 들은 Golombek, 'Tamerlane, Scourge of God', 52를 참고할 것.

82 Mamlūk sources as utilised in Aḥmad Darrāg, *L'Égypte sous le règne de Barsbay, 825-41/1422-38* (Damascus, 1961), 162에서 인용된 맘루크 측 사료를 인용한 Manz, 'Mongol history rewritten and relived', 145.

83 마흐무드 가즈나위가 사후에 누린 명성에 대해서는 IB, III, 88 (tr. Gibb, 589-90 〔정수 일 역주, 《이븐 바투타 여행기》 1권, 562에서는 "쑬퇀 마흐무드 브 싸브카트킨"〕)의 서술 이 좋은 예라 할 수 있다. C.E. Bosworth, 'Maḥmūd of Ghazna in contemporary eyes and in later Persian literature', *Iran* 4 (1966), 85-92 (특히 87-90), and repr. in Bosworth, *The Medieval History of Iran, Afghanistan and Central Asia* (London, 1977); Charles Melville, 'The royal image in Mongol Iran', in Lynette Mitchell and Charles Melville (eds), *Every Inch a King. Comparative Studies on Kings and Kingship in the Ancient and Medieval Worlds* (Leiden, 2013), 343-69 (이 내용은 355-6). 마흐무드가 티무르의 모델이 되었다는 주장에 대해서는 Bernardini, *Mémoire et propagande*, 90을 참고할 것.

84 *RN* (1915), 43/(2000), 57 (*DPT*, 59-60). Yazdī, *ZN* (1957), I, 401/(2008), I, 679 〔이주 연 역주, 〈야즈디 《勝戰記》 譯註〉, 500〕. Roemer, 'Tīmūr in Iran', 70, 94를 보라. 마찬가지 로, 798/1396년 티무르가 아들 아미란샤에게 분봉한 이란 쪽의 영토(추후 803/1401년에 무함마드 술탄에게 주어졌고, 806/1403년에 아미란샤의 아들 우마르에게 할당되었다)는 "훌레구의 옥좌"라고 묘사되었으나, 이는 후대의 자료인 Yazdī, *ZN* (1957), I, 445; II, 250, 395, 402/(2008), I, 724; II, 1086, 1227, 1235 〔이주연 역주, 〈야즈디 《勝戰記》 譯註〉, 543, 859, 978, 985〕의 표현이다. Manz, 'Mongol history rewritten', 140 n.22.

85 *RN* (1915), 26/(2000), 34-5 (*DPT*, 39). 기야스 알딘 야즈디가 마흐무드 가즈나위에 대해

한 말은 Bernardini, *Mémoire et propagande*, 95-100에서 논의되었다. 기야스 알딘 야즈디가 우트비의 저작을 암시하고 있다는 것에 대해서는 같은 책, 99-100을 보라.

86 Shāmī, *ZN*, I, 283. Yazdī, *ZN* (1957), II, 377, 383-4/(2008), II, 1210, 1216-17 〔이주연 역주, 〈야즈디《勝戰記》譯註〉, 963, 968-7〕.

87 Yazdī, *ZN* (1972), fo. 3b/(2008), I, 9. 샤라프 알딘 야즈디가 티무르를 알렉산드로스 대왕과 엮는 것에 대해서는 Binbaş, *Intellectual Networks*, 254-7 (문제의 단락을 인용한 부분은 255)을 보라. Naṭanzī (1957), 215/(2004), 276도 티무르의 승리가 알렉산드로스 대왕이 거둔 승리를 지워버렸다고 썼다. *ZT*, I, 11도 이 견해를 따랐다 (하피즈 아브루가 내용을 보강한 Shāmī, *ZN*, II, 190도 확인할 것).

88 이에 대해서는 Baer, *The Ottomans. Khans, Caesars and Caliphs*, 52-3을 보라.

89 Nawā'ī (ed.), *Asnād*, 96, 105-6, 121와 Sarī 'Abd-Allāh Efendi, *Munsha'āt*: Togan, 'Timur's Osteuropapolitik', 294에 수록된 티무르가 바예지드 1세에게 보낸 편지. 같은 글, 280-1, 284과도 비교해보라. Yazdī, *ZN* (1957), II, 188/(2008), II, 1030 〔이주연 역주, 〈야즈디《勝戰記》譯註〉, 812〕에 수록된 티무르가 바예지드 1세에게 보냈다는 서신. 다른 예시는 Shāmī, *ZN*, I, 218, 258; Yazdī, *ZN* (1957), II, 280, 286, 296, 315/(2008), II, 1117-18, 1123, 1132, 1148 〔이주연 역주, 〈야즈디《勝戰記》譯註〉, 885, 890, 897, 911-2〕을 확인할 것.

90 Sarī 'Abd-Allāh Efendi, *Munsha'āt*: Togan, 'Timur's Osteuropapolitik', 297에 수록된 티무르가 바예지드 1세에게 보낸 편지. 같은 글, 284도 확인하라. 본문의 앞부분 및 주 63-4와도 비교해볼 것.

91 Shāmī, *ZN*, I, 271. Yazdī, *ZN* (1957), II, 330, 349/(2008), II, 1163, 1182 〔이주연 역주, 〈야즈디《勝戰記》譯註〉, 923-4, 941〕.

92 Alexandrescu-Dersca, *La Campagne de Timur*, 86과 n.4 (네쉬리(Neşri)를 인용함).

93 Anooshahr, *The Ghazi Sultans*, 120-8. 그러나 Bernardini, *Mémoire et propagande*, 89는 시바스의 지배자 부르한 알딘의 맹렬한 비난이 최초의 계기라고 보았다.

94 Bernardini, *Mémoire et propagande*, 151.

95 Kastritsis, 'The Alexander Romance and the rise of the Ottoman empire', 259-60.

96 Shāmī, *ZN*, I, 255. 같은 책, 258과도 비교해보라. Yazdī, *ZN* (1957), II, 306/(2008), II, 1140-1 〔이주연 역주, 〈야즈디《勝戰記》譯註〉, 904-5〕. 두 책 모두 "피라스 라스(pisar-i *Las, '라스의 아들')"와 그 병력을 특히 강조했다. Bernardini, 'The army of Timur', 219.

97 Yazdī, ZN (1957), II, 328/(2008), II, 1161 〔이주연 역주, 〈야즈디《勝戰記》譯註〉, 922〕.

98 Andreas de Redusiis de Quero, *Chronicon Tarvisinum*, col. 801. Sarnowsky, 'Die Johanniter und Smyrna', 215, 232과 Kastritsis, *The Sons of Bayezid*, 45를 보라.

99 Shāmī, *ZN*, I, 267. Yazdī, *ZN* (1957), II, 335-6, 340-1/(2008), II, 1169, 1174 〔이주연 역주, 〈야즈디《勝戰記》譯註〉, 929, 934〕. 이 단락의 영어 번역은 Kastritsis, *The Sons of Bayezid*, 45-6 n.16. 프랑크인들이 이 성채를 "위대한 카바"라도 되는 양 지키고 있었다는 *ZT*, II, 976 (그리고 하피즈 아브루가 내용을 보강한 Shāmī, ZN, II, 179)과도 비교해보라.

100 Bernardini, *Mémoire et propagande*, 79-80.

101 Yazdī, *ZN* (1957), II, 401-2/(2008), II, 1234 〔이주연 역주, 〈야즈디《勝戰記》譯註〉, 984〕.

102 같은 책 (1957), II, 445-7/(2008), II, 1272-4 〔이주연 역주, 〈야즈디《勝戰記》譯註〉, 1017-8〕. Salmānī, *Shams al-ḥusn*, 원문 fo. 23b (독일어 편역 22).

103 IA (1979), 342/(1986), 473 (*TGA*, 317).

104 Yazdī, *ZN* (1957), II, 443/(2008), II, 1271 〔이주연 역주, 〈야즈디《勝戰記》譯註〉, 1015〕. 그러나 John of Sulṭāniyya, *Mémoire*, ed. Moranvillé, 452는 포도주 음용이 티무르의 본영에서는 (전반적으로?) 금지되었고, 헤픈 여자들의 존재도 그러했다고 주장한다. *Chronographia regum Francorum*, III, 218과도 비교해볼 것.

105 Marozzi, *Tamerlane*, 361의 추정을 따랐다. 1404년 티무르의 건강이 악화되었다는 주장에 대해서는 Clavijo (1859), 166-8/(1928), 280-2를 확인할 것.

106 Luttrell, 'Timur's Dominican envoy', 211-15.

107 Andreas de Redusiis de Quero, *Chronicon Tarvisinum*, col. 803. 여기서 두 사람은 프란체스코회 소속으로 묘사되는데, 이는 잘못된 정보일 수도 있다.

108 Jean Dauvillier, 'La papauté, l'union des Eglises et les missions en Orient durant le Moyen Age: A propos d'un ouvrage récent', *Revue d'Histoire Ecclésiastique* 74 (1979), 640-51 (이 내용은 650)는 그리스도교에 대한 티무르의 시각이 달라졌다고 생각했다.

109 Bernardini, 'Motahharten entre Timur et Bayezid', 207.

110 Jackson, *The Mongols and the West*, 211.

111 Budge, *The Chronography of Gregory Abû'l Faraj*, II, appendices, xxxi, xxxiii-xxxiv, xxxvii. Fiey, 'Sources syriaques sur Tamerlan', 18.

112 이 모든 모순적인 서술에 대해서는 T'ovma Metsobets'i, tr. Bedrosian, 10, 26, 34, 38, 46-7을 확인할 것.

113 Knobler, 'The rise of Tīmür', 342.

114 Adam Knobler, 'Pseudo-conversions and patchwork pedigrees: The Christianization of Muslim princes and the diplomacy of Holy War', *JWH* 7 (1996), 181-97; *Mythology and Diplomacy in the Age of Exploration* (Leiden and Boston, MA, 2017)의 2장을 보라.

115 David Morgan, 'Prester John and the Mongols', in Charles F. Beckingham and Bernard Hamilton (eds), *Prester John, the Mongols and the Ten Lost Tribes* (Aldershot, 1996), 159-70 (이 내용은 159-63).

116 Knobler, 'The rise of Tīmür', 344, 348-9; *Mythology and Diplomacy*, 25. 가잔이 예루살렘을 점령하고 '개종'했다는 소식에 대해서는 Sylvia Schein, 'Gesta Dei per Mongolos 1300: The genesis of a non-event', *English Historical Review* 94 (1979), 805-19를 확인할 것.

117 Ibn Ḥijjī, II, 597-8. Ibn Qāḍī Shuhba, *Ta'rīkh*, IV, 340-2 (이들을 제노바인과 키프로스인이라고 불렀다). al-Maqrīzī, *al-Sulūk*, III, part 3, 1114-16.

118 Schmieder, *Europa und die Fremden*, 181-2. Jackson, *The Mongols and the West*, 243-7.

119 John of Sulṭāniyya, *Mémoire*, ed. Moranvillé, 451. 시바스 주민들이 맞이한 운명(그리스인들은 아무런 해도 입지 않았다고 한다)에 대해서는 454, 다마스쿠스에서 카디와 울라마들을 화형시켰다는 주장에 대해서는 455를, 바그다드에서의 학살과 부르사의 유대인들을 화형시켰다는 내용에 대해서는 456을 보라. 아울러 (안톤 케른(Anton Kern)의 편집

본에서는 누락된) 같은 저자, Libellus de notitia orbis, Universitätsbibliothek Graz ms. 1221, fo. 88b의 호라산에서 "non remansit in ea civitas vel villa quam non vastavit et trucidavit crudeliter〔그가 약탈하거나 잔혹하게 학살하지 않은 도시는 없었다〕"라는 내용도 확인할 것. *Chronographia regum Francorum*, III, 217.

120 John of Sulṭāniyya, *Mémoire*, ed. Moranvillé, 453. 이 구절은 라틴어 번역본에서는 생략되었다. *Chronographia regum Francorum*, III, 219.

121 지나칠 정도로 간략한 암시에 대해서는 John of Sulṭāniyya, *Libellus de notitia orbis*, ed. Kern, 118. 이는 모술을 다룰 때 언급되었다.

122 같은 책, 112.

123 John of Sulṭāniyya, *Mémoire*, ed. Moranvillé, 462. *Chronographia regum Francorum*, III, 216. 두 판본의 내용은 약간 다른데, 프랑스어본에는 티무르의 남색 혐오가 무슬림을 대상으로 한 것이라고 쓰여 있다. 그러나 이는 필사자의 착오에서 기인한 주장일 수도 있다.

124 John of Sulṭāniyya, *Libellus de notitia orbis*, ed. Kern, 104.

125 *Chronographia regum Francorum*, III, 205 (요한네스의 글을 인용했다고 되어 있지만,《회고록》에는 이렇게까지 세세한 내용이 없다). 이 소문의 가능한 진원지에 대해서는 Jackson, *The Mongols and the West*, 244-5. Clavijo (1928), 25 (아울러 340 n.3. 같은 책 (1859), iii-iv도 참고할 것)는 티무르가 본래 바예지드 1세의 손아귀에 있던 여자 포로들을 카스티야 국왕에게 선물로 보냈다고 언급했다.

126 Dietrich von Nyem, *De scismate libri tres*, ed. G. Erler (Leipzig, 1890), 171-2.

127 Ellis (ed.), *Original Letters*, 3rd series, I, 57, note f. Luttrell, 'Timur's Dominican envoy', 221.

128 John of Sulṭāniyya, *Libellus de notitia orbis*, ed. Kern, 121. 요한네스가 아미란샤에 대해 보인 태도에 대한 논의는 Binbaş, *Intellectual Networks*, 181-4를 보라.

129 John of Sulṭāniyya, *Mémoire*, ed. Moranvillé, 446. *Chronographia regum Francorum*, III, 213.

130 F.C. Hingeston (ed.), *Royal and Historical Letters during the Reign of Henry the Fourth, King of England and of France, and Lord of Ireland, I: A.D. 1399-1404*, Rolls Series 18 (London, 1860), 425-6 (no. cl).

131 Clavijo (1859), 95-6/(1928), 162-3의 증언. Yazdī, *ZN* (1957), II, 148/(2008), II, 991〔이주연 역주, 〈야즈디《勝戰記》譯註〉, 777〕은 정확히 어떤 건물이 파괴되었는지 특정하지 않았다.

132 T'ovma Metsobets'i, tr. Bedrosian, 56-7.

133 같은 책, 55. 그럼에도 토브마 메초페치는 56에서 아미란샤가 "실로 자비롭고 자애롭다"라고 썼다.

134 John of Sulṭāniyya, *Libellus de notitia orbis*, Universitätsbibliothek Graz ms. 1221, fo. 57a (안톤 케른의 편집본에서는 이 단락이 누락됨, 99).

135 WR, 304, 306 (*MFW*, 266-7〔김호동 역주, 〈루브룩의《몽골 기행》〉, 389-91〕; 또한 266 n.2도 확인할 것). Sanjian (trans.), *Colophons of Armenian Manuscripts*, 94를 보라. 색

인의 'Nerses' 표제어도 참고할 것.

136 Luttrell, 'Timur's Dominican envoy', 218-19, 227.

137 Schmieder, *Europa und die Fremden*, 187. Bernardini, 'Tamerlano, i Genovesi', 404-5.

138 가잔이 이슬람으로 개종했다거나(1295년), 그 형제이자 후계자 올제이투가 개종했다는 소식이 14세기 초에 서방에 닿았던 것 같지는 않다. Jackson, *The Mongols and the West*, 215.

139 Richard, *La Papauté et les missions d'Orient*, 253-4; 'Les missionnaireslatins chez les Kaïtak', 608. 교황 보니파키우스 9세가 바예지드 1세를 대상으로 한 십자군을 허락한 것에 대해서는 Aziz Suryal Atiya, *The Crusade of Nicopolis* (London, 1934), 33-4를 참고하라.

140 Margaret Meserve, 'Italian humanists and the problem of the crusade', in Norman Housley (ed.), *Crusading in the Fifteenth Century. Message and Impact* (Basingstoke, 2004), 13-38 (이 내용은 20)을 보라.

141 Naṭanzī (1957), 151, 288/(2004), 122, 224; Yazdī, *ZN* (1957), I, 146/(2008), I, 391-2 〔이주연 역주, 〈야즈디 《勝戰記》 譯註〉, 237〕; Binbaş, *Intellectual Networks*, 282-3. Aubin, 'Comment Tamerlan', 99.

142 Clavijo (1859), 141-2, 166/(1928), 235, 279-80. 그러나 책의 뒷부분에서는 티무르가 사이드들이 사마르칸드의 새로운 거리를 건설하느라 재산이 파괴된 주민들을 위해 중재에 나선 것에 격노해 이를 거부했다고 서술되었다.

143 Shāmī, *ZN*, I, 64-5. Naṭanzī (1957), 299/(2004), 232. 단, 같은 책 (1957), 411/(2004), 299-300에서 나탄지는 혼드자다, 그리고 그와 함께 음모를 꾸민 셰이흐 아불라이스 사마르칸디를 메카로 보냈다고 썼다. *ZT*, I, 463 (하피즈 아브루가 내용을 보강한 Shāmī, *ZN*, II, 31)에는 셰이흐 아불라이스만 히자즈로 보냈다고 쓰여 있다.

144 Shāmī, *ZN*, I, 128. Yazdī, *ZN* (1957), I, 413-14/(2008), I, 691-2 〔이주연 역주, 〈야즈디 《勝戰記》 譯註〉, 512-3〕.

145 Yazdī, *ZN* (1957), II, 398/(2008), II, 1230-1 〔이주연 역주, 〈야즈디 《勝戰記》 譯註〉, 980-1〕.

146 같은 책 (1957), I, 171/(2008), I, 420 〔이주연 역주, 〈야즈디 《勝戰記》 譯註〉, 265-6〕.

147 Yazdī, *ZN* (1957), I, 145/(2008), I, 390 〔이주연 역주, 〈야즈디 《勝戰記》 譯註〉, 236〕. Shāmī, *ZN*, I, 57은 그를 단순히 메카의 사이드라고 불렀다.

148 al-Maqrīzī, *Durar al-'uqūd*, I, 455-6 (no. 363).

149 Ashirbek Muminov and Bakhtiyar Babadzhanov, 'Amīr Temur and Sayyid Baraka', *CAJ* 45 (2001), 28-62 (특히 29-43).

150 Naṭanzī (1957), 282-3/(2004), 219-20. Shāmī, *ZN*, I, 57. Yazdī, *ZN* (1957), I, 145-6/(2008), I, 390-1 〔이주연 역주, 〈야즈디 《勝戰記》 譯註〉, 236-7〕. Manz, *The Rise and Rule*, 56. Nagel, *Timur der Eroberer*, 116-17, 141.

151 Shāmī, *ZN*, I, 123, 126. Yazdī, *ZN* (1957), I, 157, 260, 386; II, 396/(2008), I, 402, 530, 665; II, 1228 〔이주연 역주, 〈야즈디 《勝戰記》 譯註〉, 248, 360, 487, 979〕. al-Maqrīzī, *Durar al-'uqūd*, I, 456. 사이드 바라카의 역할에 대해서는 Paul, 'Scheiche und

Herrscher', 302-5과 Devin DeWeese, 'Sayyid Baraka', *EI3* (2017), fasc. 1, 138-43을 보라.

152 Yazdī, *ZN* (1957), I, 386/(2008), I, 665 〔이주연 역주, 〈야즈디《勝戰記》譯註〉, 487-8〕. IA (1979), 8, 16-17/(1986), 48, 59-60 (*TGA*, 5, 14). 샴스 알딘 쿨랄과 동일인으로 보이는 샴스 알딘 파후리에 대해서는 같은 책 (1979), 5-6/(1986), 43-4 (*TGA*, 2). Shāmī, *ZN*, I, 123-4는 바라카를 비롯해 여러 사이드가 기도를 올렸다고 간략하게 언급했다.

153 Yazdī, *ZN* (1957), I, 260-1/(2008), I, 529-30 〔이주연 역주, 〈야즈디《勝戰記》譯註〉, 359-61〕.

154 같은 책 (1957), II, 398-9/(2008), II, 1231-2 〔이주연 역주, 〈야즈디《勝戰記》譯註〉, 981-2〕.

155 Muminov and Babadzhanov, 'Amir Temur and Sayyid Baraka', 43-5. Bartol'd, 'O pogrebenii Timura', 448 (tr. Rogers, 83)과도 비교해보라. 이 이야기는 Yazdī, *ZN* (1957), I, 146; II, 510-11/(2008), I, 391; II, 1331 〔이주연 역주, 〈야즈디《勝戰記》譯註〉, 237, 1068〕에 쓰여 있다.

156 예컨대 Nawā'ī (ed.), *Asnād*, 69에는 피르 무함마드 이븐 우마르 셰이흐에게 파트흐나마가 전해졌다고 쓰여 있다.

157 Ibn al-Shiḥna, 216-17, 221-2. IA (1979), 140, 141-2, 159-60/(1986), 216, 217, 261 (*TGA*, 129, 130, 147)도 동일하다. See L. Veccia Vaglieri, 'al-Ḥusayn b. 'Alī b. Abī Ṭālib', *EI2*, III, 607-15를 보라.

158 Ibn al-Shiḥna, 216, 217. IA (1979), 140, 141-2/(1986), 216, 217 (*TGA*, 129, 130)도 동일하다.

159 Yazdī, *ZN* (1957), II, 243-4/(2008), II, 1082 〔이주연 역주, 〈야즈디《勝戰記》譯註〉, 855〕.

160 Ibn al-Dawādārī, *Kanz al-durar*, IX, 36. al-Yūnīnī, Dhayl *Mir'āt al-zamān*, ed. and tr. Guo, I (영어 번역), 163-4, II (원문), 124/ed. Jarrākh, XXI, 124-5. Zetterstéen (ed.), *Beiträge zur Geschichte der Mamlūkensultane*, 78-9. Aigle, 'A religious response', 295.

161 Yazdī, *ZN* (1957), II, 244-5/(2008), II, 1082-3 〔이주연 역주, 〈야즈디《勝戰記》譯註〉, 855-6〕. 모스크가 얼마나 피해를 입었는지는 불분명하다. Elodie Vigouroux, 'La Mosquée des Omeyyades de Damas après Tamerlan: Chronique d'une renaissance (1401-1430)', *BEO* 61 (2012), 123-59 (이 내용은 125-7)를 보라. 다마스쿠스와 그곳의 모스크가 이미 791/1389년에 발생한 맘루크 제국의 내분으로 상당한 타격을 입었다는 것을 기억할 필요가 있다. Ira Marvin Lapidus, *Muslim Cities in the Later Middle Ages* (Cambridge, MA, 1967), 27-8은 이미 티무르 이전에 파괴되었다고 말한다.

162 IA (1979), 171-2/(1986), 285 (*TGA*, 158). McChesney, 'A note', 210-11.

163 Naṭanzī (1957), 379 [Aubin, 'La fin de l'état sarbadâr', 115 (repr. in his *Études*, 327)에 인용됨]/(2004), 280. 공성전 과정에서 시아파 사르바다르가 통솔한 호라산 부대의 존재감에 대해서는 Yazdī, *ZN* (1957), II, 241/(2008), II, 1079 〔이주연 역주, 〈야즈디《勝戰記》譯註〉, 852〕를, 이들의 시각에 대해서는 Kazuo Morimoto 〔森本一夫〕, 'An enigmatic genealogical chart of the Timurids: A testimony to the dynasty's claim to Yasavi-

ʿAlid legitimacy?', *Oriens* 44 (2016), 145-78 (이 내용은 169-70, 장 칼마르드(Jean Calmard)를 인용함)을 보라.

164 Mignanelli (1764), 136b-137a/(2013), 326 (tr. in Fischel, 'A new Latin source', 220). IA (1979), 159/(1986), 260 (*TGA*, 146)의 내용과 비교해보라.

165 Shāmī, *ZN*, I, 235-6. Bernardini, 'Niẓām al-Dīn Shāmī's description', 403-4.

166 IA (1979), 159-62/(1986), 261-5 (*TGA*, 147-9). '혁신'에 대해서는 J. Robson, 'Bidʿa', *EI2*, I, 1199를 참고하라. 영어 번역본 *TGA*, 149에서는 이 말이 자유롭다는 의미로 옮겨졌다.

167 *Taʿrīf* (1951), 382/(2008), 255 (*IKT*, 47).

168 Ibn al-Shihna, 218. IA (1979), 140/(1986), 216 (*TGA*, 129)도 이 의견을 따랐다.

169 다소 부적절해 보일 수 있는데도 이븐 아랍샤가 칭기스 왕조를 이슬람 사회에서의 쿠라이시부와 비교한 이유도 이것일 수 있다. IA (1979), 16/(1986), 56 (*TGA*, 13). 일칸 시대의 이와 유사한 시각에 대해서는 164쪽을 보라.

170 A.A. Semenov, 'Nadpisi na nadgrobiiakh Tīmūra i ego potomkov v Gur-i Emire', *EV* 2 (1948), 49-62와 3 (1949), 45-54. Binbaş, *Intellectual Networks*, 278-84.

171 대표적으로 누르바흐시파(Nūrbakhsh)와 후루피파(Ḥurūfī)가 있다. Markiewicz, *The Crisis of Kingship*, 165.

172 Dawlatshāh Samarqandī, *Tadhkirat al-shuʿarā* (892/1487), ed. Edward G. Browne (Leiden and London, 1901), 322/ed. Muḥammad ʿAbbāsī (Tehran, 1337 sh./1958), 360; extract tr. in Thackston (ed.), *A Century of Princes*, 15. 알리 자인 알아비딘에 대해서는 S. Husain M. Jafri, *The Origins and Early Development of Shiʿa Islam* (London and New York, 1979), 237-46을 참고하라.

173 Morimoto, 'An enigmatic genealogical chart of the Timurids', 특히 162-70.

174 Denise Aigle, 'The transformation of a myth of origins, Genghis Khan and Timur', in Aigle, *The Mongol Empire between Myth and Reality*, 121-33 (특히 131-2).

175 Moin, *The Millennial Sovereign*, 37-9.

176 Paul, 'Scheiche und Herrscher', 317-18.

177 티무르와 협력한 세이흐들은 Paul, 같은 글, 296-313에서 열거되었다.

178 이 주제를 논한 글은 아주 많다. 그중에서도 가장 최근에 나온 Lewisohn, 'Sufism in late Mongol and early Timurid Persia'를 참고하라.

179 IA (1979), 5-6, 8/(1986), 43-4, 48 (*TGA*, 2-3, 5).

180 마울라나 나시르 알딘 우마르: *RN* (1915), 110b/(2000), 108 (*DPT*, 111-12)에는 힌두 포로 10명이라고 쓰여 있다. Shāmī, *ZN*, I, 188과 Yazdī, *ZN* (1957), II, 72-3/(2008), I, 920 〔이주연 역주, 〈야즈디《勝戰記》譯註〉, 715〕에는 15명이라고 나와 있다. 델리를 공격하던 시기 군대에 있던 다른 울라마들: *RN* (1915), 115/(2000), 112 (*DPT*, 115); Yazdī, *ZN* (1957), II, 79/(2008), I, 926 〔이주연 역주, 〈야즈디《勝戰記》譯註〉, 720-1〕.

181 Yazdī, *ZN* (1957), II, 209/(2008), II, 1050 〔이주연 역주, 〈야즈디《勝戰記》譯註〉, 828〕.

182 각각 같은 책 (1957), I, 313; II, 265-6/(2008), I, 587-8; II, 1101 〔이주연 역주, 〈야즈디《勝戰記》譯註〉, 415-6, 872〕. 바그다드: Shāmī, *ZN*, I, 241.

183 Shāmī, *ZN*, I, 179.

184 이븐 투르카: Binbaş, *Intellectual Networks*, 37-8. 알자자리: Binbaş, 'A Damascene eyewitness', 161; Abdurrahman Atçıl, 'Mobility of scholars and formation of a self-sustaining scholarly system in the lands of Rūm during the fifteenth century', in Peacock and Yıldız (eds), *Islamic Literature and Intellectual Life*, 315-32 (이 내용은 320). 더 간략한 설명은 McChesney, 'A note', 215-17.

185 *Ta'rīf* (1951), 382/(2008), 255 (*IKT*, 47). John of Sulṭāniyya, *Mémoire*, ed. Moranvillé, 461의 "et se delicte moult en argumens et questions [논쟁과 질문의 즐거움]"와 비교해 보라. 예컨대, Yazdī, *ZN* (1957), II, 268, 396/(2008), II, 1105, 1229 [이주연 역주, 〈야즈디《勝戰記》譯註〉, 874, 979].

186 al-Musawi, *The Medieval Islamic Republic of Letters*, 30-1. 몽골 제국 시대의 논쟁에 대해서는 Brack, 'Disenchanting Heaven', 26-8 (인용한 구절은 27); George Lane, 'Intellectual jousting and the Chinggisid wisdom bazaars', in May (ed.), *The Mongols and Post-Mongol Asia*, 235-47을 보라.

187 *ZT*, I, 15.

188 *Ta'rīf* (1951), 372-3/(2008), 245-6 (*IKT*, 36-8. "mā 'alaynā min al-ṭabarī"라는 구절은 *IKT*, 87 n.107의 해석에 의존하되 월터 피셸의 번역을 약간 수정했다.

189 IA (1979), 157-8/(1986), 256-7 (*TGA*, 145).

190 같은 책 (1979), 175/(1986), 291-3 (*TGA*, 160-1). Ibn Ḥajar, *Inbā' al-ghumr*, ed. Ḥabashī, II, 150-1/ed. Khān, IV, 248에는 이븐 무플리흐의 죽음이 803년 샤반월 말/1401년 4월 초 비카(Biqā') 지방에서 일어났다고만 간략히 언급되었다. al-Maqrīzī, *al-Sulūk*, III, part 3, 1075 및 *Durar al-'uqūd*, I, 125 (no. 43), 그리고 Ibn Taghrībirdī, *al-Nujūm al-zāhira*, XIII, 25 (tr. Popper, II, 111) 및 *al-Manhal al-ṣāfī*, I, 165에도 마찬가지로 같은 달 그가 사망했다고 서술되었다.

191 Ibn Ḥajar, *Inbā' al-ghumr*, ed. Ḥabashī, II, 150/ed. Khān, IV, 248. Ibn Qāḍī Shuhba, *Ta'rīkh*, IV, 196-7도 동일하다. 이븐 무플리흐의 노력에 대해서는 al-Maqrīzī, *al-Sulūk*, III, part 3, 1046-7; Drory, 'Maqrīzī in *Durar al-'uqūd*', 397을 보라.

192 실종자들에 대해서는 Ibn Ḥijjī, I, 483-5, 487-8, 490-1; 509-10을 보라. 다른 이들의 이름은 Ibn Ḥajar, *Inbā' al-ghumr*, ed. Ḥabashī, II, 167/ed. Khān, IV, 285; al-'Aynī, *'Iqd al-jumān*, BN ms. arabe 1544, fo. 52a; IA (1979), 174-5/(1986), 293 (*TGA*, 160); Ibn Ḥajar, *Inbā' al-ghumr*, ed. Ḥabashī, II, 189/ed. Khān, IV, 329-30; Ibn Qāḍī Shuhba, *Ta'rīkh*, IV, 240; al-Maqrīzī, *al-Sulūk*, III, part 3, 1071에서 언급된다.

193 IA (1979), 174/(1986), 291-3 (*TGA*, 160)은 알무나위와 알나불루시 모두 익사했다고 되어 있으나 뒤의 주 195를 보라. 두 인물 모두 Ibn Qāḍī Shuhba, *Ta'rīkh*, IV, 183의 다마스쿠스에서 끌려간 인물 목록에 포함되었다.

194 Ibn Ḥijjī, I, 499 (샤우왈월). Ibn Qāḍī Shuhba, *Ta'rīkh*, IV, 234-5. al-Maqrīzī, *al-Sulūk*, III, part 3, 1073. Ibn Taghrībirdī, *al-Nujūm al-zāhira*, XIII, 25 (tr. Popper, II, 111). Ibn Taghrībirdī, *al-Manhal al-ṣāfī*, IX, 215-16 (no. 1990). al-Maqrīzī, *Durar al-'uqūd*, III, 31-2 (no. 914)에서는 알무나위가 어떤 대우를 받았는지 상세히 묘사되었다.

195 Ibn Ḥijjī, I, 515. Ibn Qāḍī Shuhba, *Ta'rīkh*, IV, 255도 마찬가지. 알나불루시가 돌아와 805년 무하람월/1402년 8월에 사망했다는 이야기에 대해서는 al-Maqrīzī, *Durar al-'uqūd*, III, 324 (no. 1249)를 보라. 또한 Ibn Taghrībirdī, *al-Manhal al-ṣāfī*, IX, 280 (no. 2043)에는 무하람월 22일이라고 쓰여 있다. Ibn Ḥajar, *Inbā' al-ghumr*, ed. Ḥabashī, II, 250/ed. Khān, V, 116, 119; al-Maqrīzī, *al-Sulūk*, III, part 3, 1108은 간략하게 알나불루시가 무하람월 12일 [8월 11일]에 사망했다고만 전한다.

196 Ibn Ḥijjī, I, 505. Ibn Taghrībirdī, *al-Nujūm al-zāhira*, XIII, 21 (tr. Popper, II, 109)은 이븐 알카프리가 티무르의 포로였다고 전한다. Ibn Ḥajar, *Inbā' al-ghumr*, ed. Ḥabashī, II, 166/ed. Khān, IV, 285에는 그가 티무르라는 시련(maḥna) 이후에 죽었다고 쓰여 있다. al-Maqrīzī, *al-Sulūk*, III, part 3, 1072는 그가 이동 중에 사망했고, 사망 시기가 803년 둘카다월이라고 전하는데, 이 시점은 Ibn Ḥijjī; al-Maqrīzī, *Durar al-'uqūd*, III, 342 (no. 664); Ibn Qāḍī Shuhba, *Ta'rīkh*, IV, 217에서 전하는 803년 둘힛자월과 충돌한다 [즉 1401년 6월 또는 7월].

197 Ibn Ḥajar, *Inbā' al-ghumr*, ed. Ḥabashī, 195/ed. Khān, IV, 345. Ibn Qāḍī Shuhba, *Ta'rīkh*, IV, 249-50. Shams al-Dīn Abū l-Khayr Muḥammad b. ʿAbd al-Raḥmān al-Sakhāwī, *al-Ḍaw' al-lāmiʿ li-ahl al-qarn al-tāsiʿ*, ed. Ḥusām al-Dīn al-Qudsī, 12 vols (Cairo, 1353-5/1934-6), X, 190 (no. 796).

198 al-Maqrīzī, *al-Sulūk*, III, part 3, 1056.

199 어쩌면 이븐 바투타는 압둘잡바르를 조치 일문 외즈벡 칸의 본영에서 만났을지도 모른다. 또 압둘잡바르는 알우마리의 정보원일 가능성이 있는 셰이흐 알라 알딘 알누만 이븐 다울라트샤 알호라즈미(Shaykh ʿAlā al-Dīn al-Nuʿmān b. Dawlatshāh al-Khwārazmī) (사망 740/1339)와 같은 가문에 속할 수도 있다. IB, II, 449 (tr. Gibb, 516 [정수일 역주, 《이븐 바투타 여행기》 1권, 509의 "하와리즘 출신의 법학자이자 이맘이며 학자인 누아만 딘"]). *Masālik*, 원문, 77-80 (독일어 번역, 143-5. 클라우스 레히(Klaus Lech)의 서문, 30-1도 확인). DeWeese, *Islamization and Native Religion*, 125-9. 압둘잡바르의 가계에 대해서는 Ibn Taghrībirdī, *al-Manhal al-ṣāfī*, VII, 143 (no. 1359). 그 아버지의 이름에 대해서는 *RN* (1915), 115/(2000), 112 (*DPT*, 115); Yazdī, *ZN* (1957), II, 79/(2008), I, 926 [이주연 역주, 〈야즈디 《勝戰記》 譯註〉, 720-1]을 참고하라.

200 IA (1979), 159-60/(1986), 261 (*TGA*, 147). *Ta'rīf* (1951), 369, 372, 375, 379/(2008), 242, 244, 247, 252 (*IKT*, 31, 36, 39, 43).

201 IA (1979), 159, 162/(1986), 261, 265 (*TGA*, 147, 149).

202 Ibn Taghrībirdī, *al-Manhal al-ṣāfī*, VII, 144. al-Sakhāwī, *al-Ḍaw' al-lāmiʿ*, IV, 35 (no. 103). al-Maqrīzī, *Durar al-'uqūd*, I, 551-3, 555에는 압둘잡바르가 전혀 다루어지지 않았는데도 뒤의 자료를 인용한 구절이 있다. 다만, 알마크리지는 같은 책, I, 529에서 이븐 할둔을 통해 압둘잡바르에 관한 소식을 들었다고 언급했다. Ibn Ḥajar, *Inbā' al-ghumr*, ed. Ḥabashī, II, 244/ed. Khān, V, 103-4는 압둘잡바르의 학식을 강조하는 대목이 있다.

203 Yazdī, *ZN* (1957), II, 335/(2008), II, 1168 [이주연 역주, 〈야즈디 《勝戰記》 譯註〉, 928]. al-Maqrīzī, *al-Sulūk*, III, part 3, 1109에는 압둘잡바르의 사망이 둘카다월/5~6월이라

고 쓰여 있다.

204 Manz, 'Tamerlane and the symbolism', 112. Aubin, 'Comment Tamerlan', 89.

205 Yazdī, *ZN* (1957), II, 157/(2008), 1001 〔이주연 역주, 〈야즈디《勝戰記》譯註〉, 785〕.

206 Heribert Horst, 'Tīmūr und Ḫōğä ʿAlī: Ein Beitrag zur Geschichte der Ṣafawiden', *Akademie der Wissenschaften und der Literatur. Abhandlungen der geistes- und sozialwissenschaftlichen Klasse* (1958), no. 2, 26-39, 44, 47-8. Hans Robert Roemer, 'The Safavid period', in *CHI*, VI, 205-6; Paul, 'Scheiche und Herrscher', 299-301; Maria Szuppe, 'L'évolution de l'image de Timour et des Timourides dans l'historiographie safavide du XVIᵉ au XVIIIᵉ siècle', in Szuppe (ed.), *L'Héritage timouride*, 319-22도 참고할 것.

207 IA (1979), 24/(1986), 70-1 (*TGA*, 22-3).

208 Yazdī, *ZN* (1957), I, 228, 229/(2008), I, 491, 492 〔이주연 역주, 〈야즈디《勝戰記》譯註〉, 327, 328〕. Clavijo (1928), 139; (1859), 79는 그 의미가 약간 모호하다.

209 *RN* (1915), 11/(2000), 13 (*DPT*, 23). Manz, 'Tamerlane and the symbolism', 117.

210 Mahendrarajah, *The Sufi Saint of Jam*, 45-7.

211 Yazdī, *ZN* (1957), II, 55/(2008), I, 903 〔이주연 역주, 〈야즈디《勝戰記》譯註〉, 700-1〕.

212 Shāmī, *ZN*, I, 211. Yazdī, *ZN* (1957), II, 143/(2008), I, 986 〔이주연 역주, 〈야즈디《勝戰記》譯註〉, 772〕. 튀멘 아가는 이 건축군(建築群)에 하나카흐를 지었다. Lentz and Lowry, *Timur and the Princely Vision*, 41-2. 이전 세대에서 이 성지가 인기가 높았으며 몽골인 방문객들까지 있었다는 내용은 IB, III, 54 (tr. Gibb, 568 〔정수일 역주, 《이븐 바투타 여행기》 1권, 542-3〕)를 참고하라.

213 Yazdī, *ZN* (1957), II, 141, 154-5/(2008), I, 985; II, 997-9 〔이주연 역주, 〈야즈디《勝戰記》譯註〉, 771, 782-3〕.

214 같은 책 (1957), II, 417-19/(2008), II, 1250-1 〔이주연 역주, 〈야즈디《勝戰記》譯註〉, 997-9〕.

215 Mignanelli (1764), 135b/(2013), 320 (tr. in Fischel, 'A new Latin source', 214). John of Sulṭāniyya, *Mémoire*, ed. Moranvillé, 461 및 *Chronographia regum Francorum*, III, 210에 수록된 라틴어 판본과 비교해보라. Dietrich von Nyem, *De scismate*, 173에도 비슷한 소문들이 수록되어 있는데, 정보원을 복수형으로 썼지만 그 출처가 술타니야 대주교 요한네스일 가능성도 있다.

216 *Taʿrīf* (1951), 382/(2008), 255 (*IKT*, 47).

217 각각 Yazdī, *ZN* (1957), I, 371, 407/(2008), I, 651, 686 〔이주연 역주, 〈야즈디《勝戰記》譯註〉, 474, 506-7〕.

218 Shāmī, *ZN*, I, 188-9. *RN* (1915), 110a/(2000), 109 (*DPT*, 112). Yazdī, *ZN* (1957), II, 73-5, 86/(2008), I, 920-2, 932 〔이주연 역주, 〈야즈디《勝戰記》譯註〉, 715-7, 726〕.

219 각각 Yazdī, *ZN* (1957), II, 283-4, 451/(2008), II, 1121-2, 1278 〔이주연 역주, 〈야즈디《勝戰記》譯註〉, 888, 1022〕. 룸을 공격하기로 한 결정에 대해서는 Alexandrescu-Dersca, *La Campagne de Timur*, 52-3도 참고하라.

220 이는 Moin, The Millennial Sovereign, 특히 26-31에서 논의되었다. 이러한 기대는 몽골

제국의 침공 이후 유대인 학자들에게까지 퍼져나갔다. Moshe Idel, 'Mongol invasions and astrology: Two sources of apocalyptic elements in 13th century Kabbalah', in Aldina Quintana, Raquel Ibáñez-Sperber and Ram Ben-Shalom (eds), *Between Edom and Kedar. Studies in Memory of Yom Tov Assis* (Jerusalem, 5774/2014 = *Hispania Judaica Bulletin* 10, part 1), 145-68 (이 내용은 150-1). 이 자료는 나아마 아롬 박사 (Dr. Na'ama Arom)가 짚어주셨다.

221 Chann, 'Lord of the Auspicious Conjunction', 93-9.

222 Ibn Khaldūn, *al-Muqaddima*, tr. Rosenthal, II, 213 〔김정아 역주,《무깟디마》, 559-60〕.

223 Moin, *The Millennial Sovereign*, 39.

224 Bernardini, *Mémoire et propagande*, 55-6.

225 가잔: *JT*, II, 1348 (*DzhT*, III, 389. *CC*, 469의 "행운의 결합 아래에서 태어난 지배자들"과 비교해보라 〔김호동 역주,《이슬람의 제왕》, 202는 "별들이 회합하는 길조의 소유자"로 번역〕); Banākatī, *Rawḍa*, 468. 올제이투: Qāshānī, *Ta'rīkh-i Uljāytū Sulṭān*, 19. Brack, 'Theologies of auspicious kingship', 1160; 'Chinggisid pluralism and religious competition', 835-6; *An Afterlife for the Khan*, 66-78을 참고할 것.

226 칭기스 칸: Jamāl al-Qarshī, *al-Mulḥaqāt bi l-Ṣurāḥ*, 아랍어 원문 162 (러시아어 번역본 118에서 이 구절의 해석은 모호하다); *JT*, I, 288 (*CC*, 101 〔김호동 역주,《칭기스 칸 기》, 101은 "지복의 군주"로 번역함〕). 오고데이(암시): *TJG*, I, 190 (*HWC*, 234). 훌레구: *JT*, II, 1489 (*DzhT*, III, 520. CC, 515, "별의 축복을 받으신 군주"도 참고 〔김호동 역주, 《이슬람의 제왕》, 382: "한 시대의 위대한 군주(ṣāḥib-i qirān)")〕). 아르군: Broadbridge, *Kingship and Ideology*, 44. Markiewicz, *The Crisis of Kingship*, 169-70과 Brack, *An Afterlife for the Khan*, 67-8 및 올제이투의 고유한 미덕에 대한 라시드 알딘의 주해를 논의한 4장도 참고하라.

227 Matthew Melvin-Koushki, 'Early modern Islamicate empire: New forms of religiopolitical legitimacy', in Armando Salvatore et al. (eds), *The Wiley Blackwell History of Islam* (Hoboken, NJ, 2018), 353-75 (이 내용은 358).

228 Ibn Khaldūn, *al-Muqaddima*, tr. Rosenthal, II, 211-13 〔김정아 역주,《무깟디마》, 558-9〕. 민중의 믿음에 대해서는 같은 책, II, 196-7 〔김정아 역주,《무깟디마》, 549〕. Moin, *The Millennial Sovereign*, 28-9.

229 따라서 티무르에게 사히브키란이라는 칭호를 사용했을 가능성이 매우 높다는 점을 간취할 수 있다. Moin, *The Millennial Sovereign*, 27-8, 31. 이 대화에 대해서는 *Ta'rīf* (1951), 372-3/(2008), 244-5 (*IKT*, 36-7).

230 Subtelny, *Timurids in Transition*, 12. 한편 Moin, *The Millennial Sovereign*, 31-2는 이 칭호가 공개적으로 사용된 시점은 티무르의 사후일 것으로 추정했다.

제14장 몽골 제국의 부활?

1 Morgan, *Medieval Persia*, 86. Gommans, 'The warband', 336-7.

2 티무르의 회고는 IA (1979), 5-6, 8/(1986), 43-4, 47-8 (*TGA*, 2-3, 5)을 보라. 더 간략한

서술로는 John of Sulṭāniyya, *Mémoire*, ed. Moranvillé, 447이 있다.

3　Manz, 'Tamerlane and the symbolism', 115-17. Beatrice F. Manz, 'The legacy of Timur', *Asian Art* 2, part 2 (Spring 1989), 10-30 (이 내용은 26)도 확인할 것.

4　Robinson, *In the Shadow of the Mongol Empire*, 212-14; 명 태조가 자신의 비천한 출신을 강조한 것에 대해서는 같은 책, 170, 194, 215, 232, 234도 참고하라.

5　Shāmī, *ZN*, I, 32-3, 55-6. Yazdī, *ZN* (1957), I, 141/(2008), I, 385 〔이주연 역주, 〈야즈디 《勝戰記》譯註〉, 232-3〕. Bernardini, 'La prise du pouvoir par Tamerlan', 143-4.

6　옹 칸: SH, §§ 152, 157, 177 (tr. De Rachewiltz, I, 75, 79, 99 〔유원수 역주, 《몽골 비사》, 119-20, 124, 146-51〕). Pelliot and Hambis (eds), *Histoire des campagnes de Gengis Khan*, 264-5 〔賈敬顏 校注, 陳曉偉 整理, 《聖武親征錄 (新校本)》》(南京: 中華書局, 2020), 51-2〕. *JT*, I, 387-91 (*CC*, 133-4 〔김호동 역주, 《칭기스 칸 기》, 210-8〕). Allsen, 'Preliminary remarks on redistribution', 36. 아미르 후사인과 더 비슷한 예로는 테무진에게 의형제, 동맹, 그리고 마지막에는 적이 된 자무카를 꼽을 수 있다. Morgan, *Medieval Persia*, 85. 자무카에 대해서는 Ratchnevsky, *Genghis Khan*, 19-20, 37-9 〔김호동 옮김, 《칭기스칸》, 26, 41-2〕를 참고하라.

7　IA (1979), 3/(1986), 41 (*TGA*, 1). SH, § 59 (〔유원수 역주, 《몽골 비사》, 39〕 tr. De Rachewiltz, I, 13. 321의 역주도 확인하라. 이런 테마는 알타이계 종족들에서 오랜 내력을 가지고 있다). Bernardini, *Mémoire et propagande*, 57-8. 티무르의 젊은 시절이 가잔 칸과 비슷하게 서술된 것에 대해서는 앞의 528쪽을 보라.

8　*RN* (1915), 72/(2000), 80 (*DPT*, 84). Yazdī, *ZN* (1957), II, 45/(2008), I, 893 〔이주연 역주, 〈야즈디 《勝戰記》譯註〉, 691〕.

9　*RN* (1915), 133, 136/(2000), 126, 128 (*DPT*, 129, 131). Shāmī, *ZN*, I, 194. Yazdī, *ZN* (1957), II, 99-100/(2008), I, 944, 946 〔이주연 역주, 〈야즈디 《勝戰記》譯註〉, 737, 738-9〕. 타르마시린 칸의 미라트 포위에 대해서는 'Iṣāmī, *Futūḥ al-salāṭīn*, 463-5를 보라.

10　Yazdī, *ZN* (1957), I, 527/(2008), I, 803 〔이주연 역주, 〈야즈디 《勝戰記》譯註〉, 613-4〕.

11　같은 책 (1972), fo. 82a/(2008), I, 221.

12　같은 책 (1957), II, 41/(2008), I, 887 〔이주연 역주, 〈야즈디 《勝戰記》譯註〉, 687〕.

13　같은 책 (1972), fo. 82a-b/(2008), I, 221. 이 주장을 어느 정도 정당화할 수 있다는 이야기에 대해서는 앞의 496-8쪽을 보라.

14　*ZT*, I, 13-14 (하피즈 아브루가 내용을 보강한 Shāmī, *ZN*, II, 191). Manz, 'Family and ruler', 64에서 《선집》 이스탄불 사본의 해당 구절이 인용되었다.

15　Ibn al-Shiḥna, 215. IA (1979), 140/(1986), 215 (*TGA*, 128)도 이 의견을 따랐다.

16　IA (1979), 341-2/(1986), 472-3 (*TGA*, 317). Polyakova, 'Timur as described by the 15th century court historiographers', 35에도 이 이야기가 인용되어 있다. 이 대화는 약간의 수정을 거쳐 al-Maqrīzī, *Durar al-'uqūd*, I, 558에 수록되었고, Taghrībirdī, *al-Manhal al-ṣāfī*, IV, 138에는 축약된 이야기가 실렸다.

17　Nawā'ī (ed.), *Asnād*, 75에 수록된 티무르가 바르쿡에게 보낸 편지를 인용한 Manz, 'Tamerlane and the symbolism', 117.

18　예컨대 Yazdī, *ZN* (1957), I, 195, 208, 213; II, 160/(2008), I, 451, 466, 474; II, 1004 〔이

주연 역주, 〈야즈디《勝戰記》譯註〉, 291-2, 305, 311-2, 789〕.

19 Shāmī, *ZN*, I, 257.

20 톡타므쉬: 같은 책, I, 102; Yazdī, *ZN* (1957), I, 300, 359/(2008), I, 574, 640 〔이주연 역주, 〈야즈디《勝戰記》譯註〉, 401, 463-4〕. 파라즈: Emmanuel Piloti, *De modo, progressu, ordine ac diligenti providentia habendis in passagio Christianorum pro conquesta Terre Sancte*, ed. and tr. P.-H. Dopp, *L'Égypte au commencement du quinzième siècle d'après le Traité d'Emmanuel Piloti de Crète* (Cairo, 1950), 120. 그러나 티무르가 바예지드 1세에게 보낸 편지를 인용한 Broadbridge, *Kingship and Ideology*, 194와도 비교해보라. 엔리케 3세: Clavijo (1859), 133, 134, 165/(1928), 221, 222-3, 277 (223에서 "su fijo, quera su amigo"은 "티무르와 그 아들의 좋은 친구"라고 애매모호하게 새겨졌다). Manz, 'Tamerlane and the symbolism', 121의 논평을 보라.

21 Sarī 'Abd-Allāh Efendi, *Munsha'āt*에 수록된 티무르가 바예지드 1세에게 보낸 편지; Togan, 'Timur's Osteuropapolitik', 297. 편지 작성 시점에 대해서는 같은 글, 280에 쓰인 토간의 논의를 확인하라. Roemer, 'Tīmūr in Iran', 72. 칭기스 칸과 호라즘샤에 대해서는 *TN*, II, 103 (tr. Raverty, 966)을 보라.

22 Manz, *The Rise and Rule*, 87-8. 맨즈의 'Tamerlane and the symbolism', 119; Power, Politics and Religion, 14; 'Temür and the early Timurids', 188도 확인. Morgan, 'The empire of Tamerlane', 238.

23 예컨대 Jackson, *The Mongols and the West*, 235와 *The Mongols and the Islamic World*, 384.

24 TR, I (원문), 107, II (영어 번역), 85. Jackson, *The Mongols and the Islamic World*, 183.

25 이에 대해서는 Jackson, 'From ulus to khanate', 33-4를 참고하라. 티무르 왕조 측 역사가 샤미와 샤라프 알딘 야즈디는 이 조치를 전혀 언급하지 않고 네 아들의 영토만을 기록했다. Yazdī, *ZN* (1972), fo. 26b/(2008), I, 71은 칭기스 칸의 형제들을 다만 예수게이의 아들들 이라고만 언급하고 그들의 후손이 많다고 덧붙였다. 샤미는 형제들의 존재를 전혀 거론하 지 않았다.

26 이 구절은 Manz, *The Rise and Rule*, 87-8. Morgan, 'The empire of Tamerlane', 238도 확 인하라.

27 Manz, *The Rise and Rule*, 87.

28 Shāmī, *ZN*, I, 12.

29 Yazdī, *ZN* (1957), I, 18, 225; II, 422-3/(2008), I, 244-5, 488; II, 1256-7 〔이주연 역주, 〈야즈디《勝戰記》譯註〉, 95, 324, 1002〕.

30 이런 비유는 예컨대 델리 술탄 무함마드 이븐 투글룩의 만족을 모르는 야심에 대해 서술한 Baranī, *Ta'rīkh-i Fīrūzshāhī*, 458 (tr. Zilli, 281-2)에서도 확인할 수 있다.

31 *RN* (1915), 45b, 132, 138, 165/(2000), 58, 125, 131, 155 (*DPT*, 61, 127, 134, 158). 티무 르 왕조 측 저자들이 은연중에 알렉산드로스 대왕을 암시한 사례로는 550쪽을 보라.

32 Shāmī, *ZN*, I, 228. Yazdī, *ZN* (1957), II, 220-1/(2008), II, 1059 〔이주연 역주, 〈야즈디《勝 戰記》譯註〉, 836〕.

33 IA (1979), 24/(1986), 71 (*TGA*, 22-3).

34 Ibn al-Shiḥna, 215. IA (1979), 140/(1986), 215 (*TGA*, 128)도 이에 따름.

35 각각 Nawā'ī (ed.), *Asnād*, 76, and *Safīna*, BN ms. arabe 3423, fo. 399b.

36 "이란과 투란"이라는 구절은 특히 티무르의 영토와 관련된 경우에 많이 사용되었고, 때로는 여기에 "그리고 사방천지 대부분의 땅"이라는 표현이 추가되기도 했다. 예를 들면, Shāmī, *ZN*, I, 9, 10, 12; *RN* (1915), 1/(2000), 1 (*DPT*, 12); Yazdī, *ZN* (1972), fo. 5a/(1957), II, 243, 331, 387, 465, 468/(2008), I, 13; II, 1081, 1164, 1220, 1291, 1293 〔이주연 역주, 〈야즈디 《勝戰記》 譯註〉, 845, 924, 972, 1033, 1035〕 (마지막의 두 사례는 티무르의 발언을 그대로 옮겨 적었다고 한다); Kutubī, *Ta'rīkh-i āl-i Muẓaffar*, 104; *MA*, fo. 81b, ed. Vokhidov, 원문 160 (러시아어 번역 105); Ibn Shihāb Yazdī, *Jāmiʿ al-tawārīkh-i Ḥasanī*, 13.

37 이런 견해는 2차 문헌에서 아주 많이 보이는데, 나의 연구도 여기에 포함된다. 예컨대 Jackson, *The Mongols and the West*, 235; *The Mongols and the Islamic World*, 11. 더 미묘한 제안에 대해서는 Manz, *The Rise and Rule*, 1-2과 주 45에서 인용한 데이비드 모건의 연구, 그리고 Roux, *Tamerlan*, 284 및 특히 312, "Je ne crois plus maintenant que Timur ait véritablement voulu reconstituer l'empire gengiskhanide⋯. 〔나는 이제 티무르가 칭기스 칸의 제국을 재건하고 싶어했다고 생각하지 않는다〕"를 보라

38 Kim, 'Unity and continuity', 65는 티무르가 중국 정복을 통해 "제국의 통합을 재건"하려 했다고 보았다.

39 Nawā'ī (ed.), *Asnād*, 77에 수록된 티무르가 바르쿡에게 보낸 편지. Broadbridge, *Kingship and Ideology*, 179.

40 Nagel, *Timur der Eroberer*, 183.

41 Yazdī, *ZN* (1957), I, 286/(2008), I, 558 〔이주연 역주, 〈야즈디 《勝戰記》 譯註〉, 378〕. Shāmī, *ZN*, I, 98에는 티무르가 단지 이 소식에 화를 냈다고만 쓰여 있다.

42 Yazdī, *ZN* (1957), I, 522/(2008), I, 800 〔이주연 역주, 〈야즈디《勝戰記》 譯註〉, 610-1〕.

43 Shāmī, *ZN*, I, 71-2. Yazdī, *ZN* (1957), I, 196/(2008), I, 452 〔이주연 역주, 〈야즈디 《勝戰記》 譯註〉, 292-3〕.

44 Shāmī, *ZN*, I, 221-2. Yazdī, *ZN* (1957), II, 199/(2008), II, 1040-1 〔이주연 역주, 〈야즈디 《勝戰記》 譯註〉, 820〕. Nagel, *Timur der Eroberer*, 322-3. Broadbridge, *Kingship and Ideology*, 180과 n.64.

45 Morgan, *Medieval Persia*, 88. 같은 저자의 'The empire of Tamerlane', 235도 확인하라.

46 Salmānī, *Shams al-ḥusn*, 원문 fo. 23a-b (독일어 번역 22).

47 Grousset, *The Empire of the Steppes* 〔김호동·유원수·정재훈 옮김, 《유라시아 유목제국사》〕, 11장. 이 책의 프랑스어 원서(《초원의 제국들: 아틸라·칭기스 칸·티무르(L'Empire des steppes. Attila, Gengis-Khan, Tamerlan)》) 초판은 1939년에 출판되었다.

48 비어트리스 맨즈의 지적이다. Manz, *The Rise and Rule*, 1-2; 'Temür and the problem', 27-9; *Nomads in the Middle East*, 149-50, 154를 보라. Di Cosmo, 'State formation and periodization', 35. Roux, *Tamerlan*, 284.

49 May, *The Mongol Empire*, 307. 마마이가 조치 일문의 영토 서부에서 권위를 얻은 것은 상대적으로 나중의 일이었다.

50 Beatrice F. Manz, 'Tīmūr Lang', *EI2*, X, 512는 티무르가 1390년대 중반 무렵 초원 지대를 영토로 합병하지 않기로 결정했을 것으로 추정했다. 같은 저자의 *Nomads in the Middle East*, 149도 확인할 것. 'Temür and the early Timurids', 186에서 맨즈는 이 결정이 티무르군이 크게 곤란을 겪은 톡타므쉬에 대한 첫번째 대규모 원정(793/1391년) 때부터 시작되었다는 의견을 제시했다. 같은 저자의 'Empire of Tamerlane', 287도 참고할 것. Golden, *An Introduction*, 311은 티무르가 차가다이 울루스 외부의 유목민들을 징집하기 위해 거의 아무런 노력도 기울이지 않았다고 주장했다. 같은 저자, *Central Asia in World History*, 96 〔이주엽 옮김, 《중앙아시아사》, 207-8〕과도 비교해보라.

51 Donald N. Wilber, 'The Timurid court: Life in gardens and tents', *Iran* 17 (1979), 127-33 (이 내용은 128)에는 티무르가 사마르칸드에서 머문 연도가 열거되어 있다 ("이 체류의 대부분은 몇 달을 넘지 않았다").

52 Yazdī, *ZN* (1957), I, 570-1/(2008), I, 846-8 〔이주연 역주, 〈야즈디 《勝戰記》 譯註〉, 649-50〕. Wilber, 'The Timurid court'; Gronke, 'The Persian court between palace and tent', 18-19; O'Kane, 'From tents to pavilions', 250-1을 보라.

53 티무르의 아들 가운데 하나와 함께 지방 방위를 위해 파견된 군대들의 예시는 Yazdī, *ZN* (1957), I, 225, 573/(2008), I, 488, 850 〔이주연 역주, 〈야즈디 《勝戰記》 譯註〉, 324, 652〕. Clavijo (1859), 112, 115-16/(1928), 190-1, 196. 1405년 모굴 칸국과 중국을 목표로 한 원정의 경우 Salmānī, *Shams al-ḥusn*, 원문 fo. 25a (독일어 번역 23). Manz, *The Rise and Rule*, 37. 그러나 7년 원정 전야에 내려진 티무르의 명령에 병사들이 원하는 경우 집안 여성들을 데려와도 좋다는 내용이 있었다는 점에서 중요한 장기 원정에서만 일어난 예외적인 일로 해석될 여지가 있다. Clavijo (1859), 172/(1928), 290.

54 Manz, 'The empire of Tamerlane as an adaptation', 288.

55 Christopher Mott, *The Formless Empire. A Short History of Diplomacy and Warfare in Central Asia* (Yardley, PA, 2015), 43, 46의 논평을 보라.

56 Manz, 'Tamerlane and the symbolism', 106, 112의 지적이다.

57 셰이흐 우와이스: Nawā'ī (ed.), *Asnād*, 77에 실린 티무르가 바르쿡에게 보낸 편지. IA (1979), 67/(1986), 122 (*TGA*, 63)에는 셰이흐 우와이스의 미덕에 대해 들은 이야기가 쓰여 있다. Faryūmadī, *Dhayl-i Majmaʿ al-ansāb*, 330-1도 확인할 것. 피루즈 샤: Nawā'ī (ed.), *Asnād*, 69-70에 수록된 델리 함락 이후 티무르가 공표한 파트흐나마.

58 Nawā'ī (ed.), *Asnād*, 70에 수록된 파트흐나마. 같은 책, 75-6에 실린 티무르가 바르쿡에게 보낸 편지. 같은 책, 109에 있는 티무르가 바예지드 1세에게 보낸 편지.

59 Shāmī, *ZN*, I, 98. Yazdī, *ZN* (1957), I, 288/(2008), I, 560 〔이주연 역주, 〈야즈디 《勝戰記》 譯註〉, 388-9〕.

60 Yazdī, *ZN* (1957), I, 302-3, 467/(2008), I, 576-7, 747 〔이주연 역주, 〈야즈디 《勝戰記》 譯註〉, 404-5, 563-4〕.

61 Shāmī, *ZN*, I, 141-2. Yazdī, *ZN* (1957), I, 458-67/(2008), I, 738-46 〔이주연 역주, 〈야즈디 《勝戰記》 譯註〉, 555-62〕. *ZT*, II, 770에는 이에 더해 이들이 순례자들을 박대했다고 쓰여 있다.

62 Clavijo (1859), 81/(1928), 142.

63 Yazdī, *ZN* (1957), II, 64/(2008), I, 911-12 〔이주연 역주, 〈야즈디《勝戰記》譯註〉, 708〕.

64 같은 책 (1957), I, 456/(2008), I, 734-5 〔이주연 역주, 〈야즈디《勝戰記》譯註〉, 553〕.

65 HA, *Dhayl-i Ẓafar-nāma*, ed. Tauer, 435.

66 Clavijo (1859), 122/(1928), 204-5.

67 Shāmī, *ZN*, I, 9. A.K.S. Lambton, 'Early Timurid theories of state: Ḥāfiẓ Abrū and Niẓām al-Dīn Šāmī', in *Mélanges offerts à Henri Laoust*, II (Damascus, 1978 =BEO 30), 1-9 (이 내용은 8-9)에도 인용되어 있다.

68 John of Sulṭāniyya, Mémoire, ed. Moranvillé, 459-60; *Chronographia regum Francorum*, III, 211, 212.

69 이는 중국의 경우 확실히 존재한 사례다. Atwood (trans.), *The Rise of the Mongols*, 147 〔宋子貞, 〈中書令耶律公神道碑〉, 李修生 主編,《全元文》1 (南京, 1999), 卷8, 169-178 (이 내용은 174)〕. 같은 책 111 〔彭大雅·徐霆, 〈黑韃事略〉,《全宋筆記》第7編 (上海: 大象出版社, 2016): 2,243-63 (이 내용은 253)〕의 내용과도 비교해보라.

70 예컨대 Yazdī, *ZN* (1957), I, 456, 468/(2008), I, 734-5, 748 〔이주연 역주, 〈야즈디《勝戰記》譯註〉, 553, 564〕. 이 지점은 Aubin, 'Comment Tamerlan', 91에서 정확하게 지적되었다.

71 피루즈 샤의 노예들: *Safina*, BN ms. arabe 3423, fo. 391b (그리고 Aubin, 'Comment Tamerlan', 90에 인용된 Nawā'ī [ed.], *Asnād*, 70)에 수록된 티무르의 파트흐나마. 카라 유수프: Nawā'ī (ed.), *Asnād*, 109에 수록된 티무르가 바예지드 1세에게 보낸 편지; Yazdī, *ZN*, (1957), II, 280/(2008), II, 1117-18 〔이주연 역주, 〈야즈디《勝戰記》譯註〉, 885〕; Shāmī, *ZN*, I, 248, 249, 293. 힌두 부락들: 같은 책, I, 175, 176. 아프간인: *RN* (1915), 53, 58/(2000), 65, 68 (*DPT*, 68, 72); Yazdī, *ZN* (1957), I, 273; II, 36, 38/(2008), I, 543, 882, 885 〔이주연 역주, 〈야즈디《勝戰記》譯註〉, 374, 683, 683〕. 루르인: Yazdī, *ZN* (1957), I, 288, 421, 562/(2008), I, 560-1, 700, 837 〔이주연 역주, 〈야즈디《勝戰記》譯註〉, 389, 520, 642〕. 쿠르드인: Shāmī, *ZN*, I, 144; Yazdī, *ZN* (1957), I, 456 (458도 참고); II, 267/(2008), I, 734 (738도 참고); II, 1103 〔이주연 역주, 〈야즈디《勝戰記》譯註〉, 553 (555-6도 참고), 873. 한국어 번역본 873에는 "군대에서 분리되어 있던 사람을 공격하고 길을 끊은" 사람들이 쿠르드인이라는 부분이 누락되었다〕. 쿠르드인과 루르인을 아울러 칭한 경우: Sarī 'Abd-Allāh Efendi, *Munsha'āt*에 수록된 티무르가 바예지드 1세에게 보낸 편지: Togan, 'Timur's Osteuropapolitik', 295. 티크리트: Shāmī, *ZN*, I, 144; Yazdī, ZN (1957), I, 464/ (2008), 744 〔이주연 역주, 〈야즈디《勝戰記》譯註〉, 560〕. 다르반드의 노상강도들: 같은 책 (1957), I, 448/(2008), I, 727 〔이주연 역주, 〈야즈디《勝戰記》譯註〉, 546〕. 더 일반적인 경우: *RN* (1915), 26-7/(2000), 35-6 (DPT, 39-40); Shāmī, *ZN*, I, 263; Yazdī, *ZN* (1957), II, 446/(2008), II, 1272-3 〔이주연 역주, 〈야즈디《勝戰記》譯註〉, 1017〕 (qāṭi'ān-i ṭarīq); Manz, 'Tamerlane and the symbolism', 111 (예시는 n.24).

72 Sarī 'Abd-Allāh Efendi, *Munsha'āt*에 수록된 티무르가 바예지드 1세에게 보낸 편지: Togan, 'Timur's Osteuropapolitik', 295.

73 Shāmī, *ZN*, I, 221와 Yazdī, *ZN* (1957), I, 458/(2008), I, 737 〔이주연 역주, 〈야즈디《勝戰記》譯註〉, 555〕. 같은 책 (1957), I, 225/(2008), I, 488의 "ba-Īrān-zamīn dar har mamlakatī ṭā'ifa'ī khurūj karda būdand" 〔이주연 역주, 〈야즈디《勝戰記》譯註〉, 323의 "이

란 땅에는 각 왕국마다 각기 어떤 무리들이 일어나 통치의 기반을 무너뜨리고"] 및 같은 책 (1957), I, 215, 286/(2008), I, 476, 558 〔이주연 역주, 〈야즈디《勝戰記》譯註〉, 313, 387〕과 도 비교해보라.

74 잘라이르 왕조의 지배자들이 술탄이라 칭해진 주화에 대해서는 Rabino, 'Coins of the Jalā'ir', 105-6을 참고하라.

75 Yūsuf-i Ahl, *Farā'id-i Ghiyāthī*, I, 147. 같은 논거를 제시하는 같은 책, I, 183-4 및 *Farā'id-i Ghiyāthī*, ms. Fâtih 4012, fo. 447a-b와도 비교해보라. Aubin, 'Le khanat de Čaġatai', 31, 32-3.

76 후세인 수피: *RN* (1915), 19/(2000), 23-4 (*DPT*, 31). 모굴 칸국: 같은 책 (1915), 17/ (2000), 22 (*DPT*, 29-30).

77 일칸들이 맘루크 술탄들을 업신여긴 것에 대해서는 Broadbridge, *Kingship and Ideology*, 13, 29-30, 33-4, 74-5, 79; Amitai, *Holy War and Rapprochement*, 50을 보라. 맘루크들 을 도망 노예로 보는 시각에 대해서는 Charles J. Halperin, 'The Kipchak connection: The Ilkhans, the Mamluks and Ayn Jalut', *BSOAS* 63 (2000), 229-45를 확인하라.

78 바르쿡의 권력 장악에 대해서는 Petry, *The Mamluk Sultanate*, 23-5를, 티무르의 반응에 대해서는 Bernardini, 'Niẓām al-Dīn Shāmī's description', 386-7에 번역·인용된 Yazdī, *ZN* (1957), II, 201-2/(2008), II, 1042-3 〔이주연 역주, 〈야즈디《勝戰記》譯註〉, 821-2〕 을 참고하라. 티무르의 주장과 달리 바르쿡은 즉위하기 위해 자신의 주군을 살해하지는 않 았다.

79 Broadbridge, *Kingship and Ideology*, 170, 174, 179-80, 188, 194.

80 Nawā'ī (ed.), *Asnād*, 70에 수록된, 티무르가 델리를 정복하고 난 뒤에 선포한 파트흐나마.

81 예컨대 *RN* (1915), 38-9/(2000), 50, 52; Sarī 'Abd-Allāh Efendi, *Munsha'āt*, in Togan, 'Timur's Osteuropapolitik', 298; *Safīna*, BN ms. arabe 2423, fo. 398a에 수록된, 시리아 정복의 파트흐나마.

82 Binbaş, 'The Timurids and the Mongol empire', 945-7.

83 Yazdī, *ZN* (1957), II, 399/(2008), II, 1232 〔이주연 역주, 〈야즈디《勝戰記》譯註〉, 982〕.

84 Shāmī, *ZN*, I, 144, 237, 293.

85 Manz, 'The office of *darugha* under Tamerlane', 59-69.

86 Subtelny, 'Tamerlane and his descendants', 178-9.

87 Shāmī, *ZN*, I, 107, 122-3. Yazdī, *ZN* (1957), I, 322, 379-80/(2008), I, 599, 659 〔이주 연 역주, 〈야즈디《勝戰記》譯註〉, 425, 482〕. Ando, *Timuridische Emire*, 118, n.51. 타르한 을 비롯해 몽골 제국에서 물려받은 여러 기구에 대해서는 Binbaş, 'The Timurids and the Mongol empire', 941을 확인하라.

88 *ZT*, I, 211 (하피즈 아브루가 내용을 보강한 Shāmī, *ZN*, II, 10도 마찬가지).

89 Manz, *The Rise and Rule*, 171 (부록 C).

90 Reuven Amitai, 'Turko-Mongolian nomads and the *iqṭā'* system in the Islamic Middle East (ca. 1000-1400 AD)', in Khazanov and Wink (eds), *Nomads in the Sedentary World*, 152-71 (이 내용은 164).

91 이 제도에 대해서는 일일이 열거하기 힘들 정도로 많은 연구 자료가 있다. I.P. Petrushevskii,

'K istorii instituta soiurgala', *Sovetskoe Vostokovedenie* 6 (1949), 227-46; tr. August N. Samie and John E. Woods, 'On the history of the institution of the *Soyūrghāl*', *JESHO* 64 (2021), 1035-71; *TMEN*, I, 351-3 (no. 228: "erbliches steuerfreies Lehen" 〔세습 면세 봉토〕); Ann K.S. Lambton, 'Soyūrghāl', *EI2*, IX, 731-4; Manz, 'Administration and the delegation of authority', 202-3; D.T. Potts, *Nomadism in Iran from Antiquity to the Modern Era* (Oxford, 2014), 211-12; Fragner, 'Social and internal economic affairs', 504 ff.; Binbaş, 'The Timurids and the Mongol empire', 941. 이 용어의 다른 용례들에 대해서는 Halil İnalcık, 'Autonomous enclaves in Islamic states', in Pfeiffer and Quinn (eds), *History and Historiography of Post-Mongol Central Asia*, 112-34 (이 내용은 119-24)를 참고하라.

92 Hope, *Power, Politics, and Tradition*, 196.

93 야사에 대한 가잔의 지식은 *JT*, I, 29; II, 1210 (*DzhT*, I, part 1, 55; III, 251; *CC*, 11, 417 〔김호동 역주, 《부족지》, 77 ("규범[yōsūn]과 법령[yāsāḳ]"); 《이슬람의 제왕》, 24-5〕). Jackson, *The Mongols and the Islamic World*, 375-6을 참고할 것.

94 Manz, 'Mongol history rewritten and relived', 143의 논평을 보라.

95 Golden, *An Introduction*, 302. Golden, 'The Türk imperial tradition', 36-8. Roman Iu. Pochekaev, '*Törü*: Ancient Turkic law "privatised" by Chinggis Khan and his descendants', *Inner Asia* 18 (2016), 182-95.

96 *TMEN*, I, 264-7 (no. 134: "Recht, Gesetz, Gewohnheitsrecht" 〔법, 법률, 관습법〕). Golden, 'The Türk imperial tradition', 38. Vásáry, '*Yāsā* and *Sharī'a*', 72-3.

97 Subtelny, *Timurids in Transition*, 15-17의 논의를 (n.22와 함께) 참고하라. 더 간략한 설명은 같은 저자, 'Tamerlane and his descendants', 172-3.

98 Papas and Toutant, *L'Asie centrale de Tamerlan*, 105의 설명을 보라.

99 라시드 알딘과 마찬가지로 티무르 왕조 측 저자들은 "ba-yāsā[q] rasānīdan (사형하다, 처형하다)"라는 구절보다는 '야삭'을 단독으로 사용한 경우가 많았다. 또한 '[보조] 병력'을 뜻하는 "야사키얀(yasāqiyān)"이라는 표현도 있다. Shāmī, *ZN*, I, 291. Yazdī, *ZN* (1957), I, 485/(2008), I, 765 〔이주연 역주, 〈야즈디 《勝戰記》 譯註〉, 581에서는 "야사를 집행하는 이들"〕. Naṭanzī (1957), 323, 394/ (2004), 247, 289와도 비교해보라. *TMEN*, IV, 78-9는 단순히 "병사", "보조 병사"로 새겼다. 야사/야삭 및 거기서 파생된 표현은 폭넓은 의미를 내포했음이 확실하다.

100 Naṭanzī (1957), 318-19/(2004), 244.

101 Yazdī, *ZN* (1957), I, 526/(2008), I, 802 〔이주연 역주, 〈야즈디 《勝戰記》 譯註〉, 612-3〕.

102 *ZT*, III, 44. Woods, 'Timur's genealogy', 115; Pochekaev, 'Pravovoe nasledie', 291를 확인할 것.

103 Naṭanzī (1957), 99/(2004), 80. Vásáry, '*Yāsā* and *Sharī'a*', 73.

104 Naṭanzī (1957), 104-5/(2004), 85.

105 Shāmī, *ZN*, I, 58.

106 Naṭanzī, BL ms. Or. 1566, fo. 231b의 서술(장 오뱅과 파르빈 이스타흐리(Parvīn Istakhrī)의 교주본, 양쪽 모두에 포함되지 않았다)과 Yazdī, *ZN* (1972), fo. 61b/(2008),

I, 169.

107　예컨대 Naṭanzī (1957), 323, 341, 346, 369/(2004), 247, 257, 260, 274.

108　같은 책 (1957), 64/(2004), 57.

109　Shāmī, *ZN*, I, 188. *RN* (1915), 108b/(2000), 107 (*DPT*, 110-11). Yazdī, *ZN* (1957), II, 71/(2008), I, 919 〔이주연 역주, 〈야즈디《勝戰記》譯註〉, 714의 표현을 저자의 영어 번역에 맞추어 수정함〕.

110　Naṭanzī (1957), 275/(2004), 215. *ZT*, I, 8, 34 (하피즈 아브루가 보강한 Shāmī, *ZN*, II, 188, 204도 동일함).

111　Shāmī, *ZN*, I, 9, 98.

112　같은 책, I, 230.

113　같은 책, I, 147. Yazdī, *ZN* (1957), I, 472/(2008), I, 751 〔이주연 역주, 〈야즈디《勝戰記》譯註〉, 568〕.

114　Nawā'ī (ed.), *Asnād*, 164. İlker Evrim Binbaş, 'Timurid experimentation with eschatological absolutism: Mīrzā Iskandar, Shāh Niʿmatullāh Walī, and Sayyid Sharīf Jurjānī in 815/1412', in Orkhan Mir-Kasimov (ed.), *Unity in Diversity. Mysticism, Messianism and the Construction of Religious Authority in Islam*, IHC 105 (Leiden and Boston, MA, 2014), 277-303 (이 내용은 280)에서도 인용됨.

115　Naṭanzī (1957), 382/(2004), 282.

116　같은 책 (1957), 291/(2004), 226.

117　Yazdī, *ZN* (1957), II, 436/(2008), II, 1266 〔이주연 역주, 〈야즈디《勝戰記》譯註〉, 1010〕.

118　Bābur, *Bābur-nāma*, tr. Beveridge, 298-9/tr. Thackston, 224.

119　Naṭanzī (1957), 222/(2004), 178.

120　같은 책 (1957), 402/(2004), 294.

121　같은 책 (1957), 93 (테무르 말릭을 '테무르 벡'이라고 불렀다), 125/(2004), 77, 101-2. 이 용례들 중 첫번째에 대해서는 Vásáry, *'Yāsā and Sharīʿa'*, 73을 참고하라.

122　Naṭanzī (1957), 204/(2004), 167.

123　같은 책 (1957), 275/(2004), 215.

124　Yazdī, *ZN* (1957), I, 47/(2008), I, 279, "bar qarār namānd" 〔이주연 역주, 〈야즈디《勝戰記》譯註〉, 131: "혼란스러워지는 것을 보고"〕. 이는 SH, §189 〔유원수 역주, 《몽골 비사》, 167: "우리 카돈 구르베수의 다스림은 날로 가혹해졌습니다 (Qatun⟨n⟩u bidan-u Gürbesu-yin ǰasaġ qurca bolbi)"〕의 용법과 비교할 만하다. 이에 대해서는 2장의 주 107을 확인하라.

125　Yazdī, *ZN* (1957), II, 151/(2008), II, 995 〔이주연 역주, 〈야즈디《勝戰記》譯註〉, 779〕. 이런 용법은 칭기스 왕조 이후의 맥락에 국한되지 않는다. 야즈디는 오구즈 칸의 손자 가운데 하나가 아버지와 할아버지의 제도(yāsāq)에 따라 병력을 운용했다고 썼고, 칭기스 칸의 할아버지 바르탄 바가투르(Bartan Baghatur)는 아버지 카불 칸의 지배(yāsāq)를 '쇄신했다'라고 표현했다. Yazdī, *ZN* (1972), fos 20b, 26a/(2008), I, 54, 69.

126　Vásáry, *'Yāsā and Sharīʿa'*, 67-8. Binbaş, 'The Timurids and the Mongol empire', 942-3에서 지적된 중요한 사항들도 확인할 것.

127 *TR*, I (원문), 43, II (영어 번역), 38 (일부 수정). Manz, 'Ulugh Beg, Transoxiana and Turco-Mongolian tradition', 21이 지적한 대로 이 이야기 자체는 후대의 창작일 가능성이 높다.

128 사이드 미르 모함마드 사딕과 압둘 호세인 나바이 교주본의 찾아보기에서 '야삭(yāsāq)' 표제어 아래의 많은 용례가 사실은 이 용어가 아니라 '명령'(즉 '야를릭')이 사용된 예라는 것을 지적해야겠다.

129 Woods, 'The rise of Tīmūrid historiography', 98-9.

130 Vásáry, '*Yāsā* and *Sharī'a*', 73. 나탄지의 정보원에 대해서는 앞의 63쪽과 제1장의 주 42를 보라.

131 Bartol'd, 'O pogrebenii Timura', in his *Sochineniia*, II, part 2, 445, 446, 448 (tr. Rogers, 81, 82, 83).

132 *ZT*, III, 467. 샤루흐가 보낸 편지의 아랍어본보다 길이가 긴 페르시아어본은 카말 알딘 압둘라작 사마르칸디의 《두 항성의 상승》과 (앞 판본에서 약간의 수정을 거쳐) Nawā'ī (ed.), *Asnād*, 133-5에 수록되었다.

133 Jalāl al-Dīn Muḥammad Qāyinī, *Naṣā'iḥ-i Shāhrukhī*, Österreichische Nationalbibliothek, Vienna, ms. A.F. 112, fo. 2a-b. 카이니와 그 저작에 대해서는 다음을 보라. Maria Eva Subtelny, 'The Sunni revival under Shāh-Rukh and its promoters: A study of the connection between ideology and higher learning in Timurid Iran', in *Proceedings of the 27th Meeting of Haneda Memorial Hall. Symposium on Central Asia and Iran, August 30, 1993* (Kyoto, [1994]), 14-23 (이 내용은 17-21); Maria Eva Subtelny and Anas B. Khalidov, 'The curriculum of Islamic higher learning in Timurid Iran in the light of the Sunni revival under Shāh-Rukh', *JAOS* 115 (1995), 210-36 (이 내용은 217부터); Subtelny, *Timurids in Transition*, 107-10; Binbaş, *Intellectual Networks*, 263도 확인할 것.

134 Yūsuf-i Ahl, *Farā'id-i Ghiyāthī*에 수록된 문서를 인용한 Woods, 'Timur's genealogy', 115.

135 Binbaş, *Intellectual Networks*, 262-4, 265. 라시드 알딘이 활용한 Waṣṣāf (1853), 539. 그러나 14세기 중반 무자파르 왕조의 무바리즈 알딘 무함마드에게 적용되었을 가능성에 대해서는 296-7쪽과 제6장 주 162를 보라. '무잣디드 왕권'에 대해서는 Brack, *An Afterlife for the Khan*, 93-5를 참고할 것.

136 Manz, 'Mongol history rewritten', 143-5. Aigle, 'Epilogue. The Mongol empire after Genghis Khan', 312. 영락제에게 보낸 국서에서 샤루흐는 "이슬람의 술탄(sulṭān-i Islām)"이라는 칭호로 불렸다.

137 Subtelny, 'The Sunni revival'. Subtelny and Khalidov, 'The curriculum', 211-12. 포도주 음용 금지에 대해서는 Rossabi, 'A translation of Ch'en Ch'eng's *Hsi-yü*', 51 [신원철 역주, 〈서역번국지 번역〉, 82]을 보라.

138 Manz, 'Temür and the problem', 34-8; 'Family and ruler', 65-6.

139 Shāmī, *ZN*, I, 16. Yazdī, *ZN* (1957), I, 36/(2008), I, 266 [이주연 역주, 〈야즈디 《勝戰記》 譯註〉, 118의 번역을 저자의 영문 번역에 맞추어 약간 수정함].

140 Brack, 'Theologies of auspicious kingship', 1146, 1148, 1161-4, 1169-70. Brack, 'A Mongol Mahdī in medieval Anatolia', 627. Brack, *An Afterlife for the Khan*의 내용이다.

141 Qāyinī, *Naṣā'iḥ-i Shāhrukhī*, fos. 199a-b, 200a. fo. 200a-b에서 카이니는 종교 재단 (awqāf)은 이런 세금에서 면제되어야 한다고 촉구했다. Subtelny, 'The Sunni revival', 20과 *Timurids in Transition*, 109, 161을 보라.

142 Binbaş, *Intellectual Networks*, 264-5.

143 Faḍl-Allāh b. Rūzbihān Khunjī, *Ta'rīkh-i 'ālam-ārā-yi Amīnī*, ed. John E. Woods (London, 1992), text, 355-6. 본문의 인용은 Subtelny, *Timurids in Transition*, 25의 번역을 따랐다. 카디 이사의 개혁에 대해서는 Vladimir Minorsky, 'The Aq-Qoyunlu and land reforms', *BSOAS* 17 (1955), 449-62; repr. in Minorsky, *Iranica. Twenty Articles* (Tehran, 1964), 228-41; Woods, *The Aqquyunlu*, 144-5. Manz, 'Temür and the problem', 38의 개략적인 서술도 확인할 것.

144 *ZT*, III, 467. 티무르가 충성스러운 신하였다고 주장한 영락제의 편지는 같은 책, III, 460. Brack, 'Theologies of auspicious kingship', 1143-6을 보라. 샤루흐와 명나라의 관계에 대해서는 5장을 참고하라.

145 Morgan, 'The Great *Yāsā* of Chingiz Khān', 173-6; repr. in Hawting (ed.), *Muslims, Mongols and Crusaders*, 208-11. 일칸 아래에서 야르구의 작동에 대한 연구는 Spuler, *Die Mongolen in Iran*, 316-20도 참고할 것.

146 Yazdī, *ZN* (1957), I, 321-2/(2008), I, 599 〔이주연 역주, 〈야즈디《勝戰記》譯註〉, 425〕.

147 같은 책 (1957), I, 11/(2008), I, 238 〔이주연 역주, 〈야즈디《勝戰記》譯註〉, 88〕.

148 Shāmī, *ZN*, I, 33.

149 Yazdī, *ZN* (1957), II, 161, 275/(2008), II, 1005, 1113 〔이주연 역주, 〈야즈디《勝戰記》譯註〉, 789-90, 881〕.

150 각각 같은 책, (1957), II, 165-6, 191/(2008), II, 1009-10, 1033 〔이주연 역주, 〈야즈디《勝戰記》譯註〉, 793, 814〕.

151 Manz, *The Rise and Rule*, 169, 171-2를 확인하라. Yazdī, *ZN* (1957), II, 165-6, 191/ (2008), II, 1009, 1033 〔이주연 역주, 〈야즈디《勝戰記》譯註〉, 793, 814〕에서는 디완 부주르그가 야르구를 운영한 것처럼 서술되었다.

152 A.K.S. Lambton, 'Yarghu', *EI2*, XI, 284-6; Subtelny, *Timurids in Transition*, 24를 보라.

153 Shāmī, *ZN*, I, 67. Yazdī, *ZN* (1957), I, 181, 193/(2008), I, 430, 446 〔이주연 역주, 〈야즈디《勝戰記》譯註〉, 275, 289〕.

154 Naṭanzī (1957), 299, 411/(2004), 232, 299-300.

155 Ṣā'in al-Dīn 'Alī b. Muḥammad Ibn Turka Iṣfahānī, *Chahārdah risāla-yi fārsī*, ed. Sayyid 'Alī Mūsā Bihbahānī and Sayyid Ibrāhīm Dībāchī (Tehran, 1351 sh./1972), 171, "ba-yamn-i 'āṭifat-i īn pādishāh-i dīn-parwar dar hīch jā nām-u nishān-i ū namānda 〔신앙을 기르는 파디샤[즉 샤루흐] 덕분에 이름과 흔적 같은 것도 결코 남지 않았다〕". Subtelny, *Timurids in Transition*, 27 n.64; Binbaş, *Intellectual Networks*, 148-9, 264를 보라. 이븐 투르카에 대해서는 같은 책, 140-50.

156 Aigle, 'Epilogue. The Mongol empire after Genghis Khan', 313.

157 Binbaş, 'The Timurids and the Mongol empire', 943-4는 특히 흥미로운 논의다. Subtelny, Timurids in Transition, 25-7, 95과 Manz, 'Mongol history rewritten', 144-6도 확인하라. 티무르의 후계자들 아래에서 몽골법이 고수되었다거나 버려졌다고 한 의견들에 대한 개괄은 Pochekaev, 'Pravovoe nasledie'를 보라.

158 Yazdī, ZN (1972), fo. 33a/(2008), I, 91. TJG, I, 29 (HWC, 40)와 비교해보라. 주바이니의 저서가 야즈디의 《서문》에 사료로 쓰였다는 주장에 대해서는 Binbaş, Intellectual Networks, 207을 확인할 것. Lambton, 'Early Timurid theories of state', 5, n.19에 따르면, "몽골 시대 시야사트(siyāsat)는 주로 고압적인 처벌과 처형이라는 느낌으로 사용되었다." Christian Lange, Justice, Punishment and the Medieval Muslim Imagination, CSIC (Cambridge, 2008), 14, 42도 참고하라.

159 Yazdī, ZN (1972), fo. 75a/(2008), I, 201.

160 TJG, I, 161-2 (HWC, 204-5). 이 단락은 《집사》에 축약된 형태로 채록되었다 〔김호동 역주, 《칸의 후예들》, 116〕.

161 Binbaş, 'The Timurids and the Mongol empire', 941-2의 논의를 보라. Subtelny, 'Tamerlane and his descendants', 173도 확인할 것.

162 Astarābādī, Bazm-u razm, 451.

163 IA (1979), 20, 233, 319/(1986), 65, 373, 455 (TGA, 18, 214, 299).

164 같은 책 (1979), 255-6/(1986), 395 (TGA, 234도 참고).

165 같은 책 (1979), 320/(1986), 455 (TGA, 299). Ibn Qāḍī Shuhba, Ta'rīkh, IV, 438-9도. 이와 동일하다.

166 IA (1979), 320/(1986), 456 (TGA, 299). Subtelny, Timurids in Transition, 26.

167 Robert Irwin, 'What the partridge told the eagle: A neglected Arabic source on Chinggis Khan and the early history of the Mongols', in Amitai-Preiss and Morgan (eds), The Mongol Empire and Its Legacy, 5-11, and repr. in Irwin, Mamlūks and Crusaders. 로버트 어윈은 《칼리프의 열매》 1832년 교주본을 활용했다. 칭기스 칸의 법령에 대한 부분은 무함마드 라잡 알낫자르(Muḥammad Rajab al-Najjār)의 〔1997년〕 교주본은 550-3이고, 아이만 압둘자비르 알부하이리(Ayman 'Abd al-Jābir al-Buḥayrī)의 〔2001년〕 교주본은 534-7이다. Morgan, 'The "Great Yasa of Chinggis Khan" revisited', 306-7도 확인할 것.

168 예컨대 Shāmī, ZN, I, 198, 279, 286; Yazdī, ZN (1957), II, 181, 343-4, 377, 383-4/(2008), II, 1024, 1176, 1211, 1216-17 〔이주연 역주, 〈야즈디 《勝戰記》 譯註〉, 805-6, 935-6, 964, 968-70〕.

169 JT, II, 1307-8, 1348 (DzhT, III, 350-2, 389-90; CC, 456, 469 〔김호동 역주, 《이슬람의 제왕》, 151-3, 202〕). Amitai-Preiss, 'Ghazan, Islam and Mongol tradition', 9; repr. in Hawting (ed.), Muslims, Mongols and Crusaders, 261. Jackson, The Mongols and the Islamic World, 363-4.

170 Yazdī, ZN (1957), I, 437/(2008), I, 716 〔이주연 역주, 〈야즈디 《勝戰記》 譯註〉, 535〕. Aubin, 'Comment Tamerlan', 86-7. 〔칭기스 칸: 김호동 역주, 《칭기스 칸 기》, 312. 바투: 김호동 역주, 《칸의 후예들》, 90〕

171 Parodi, 'L'eredità mongola e altaica', 242. 더 상세한 내용은 Bartol'd, 'O pogrebenii Timura', 443-50 (tr. Rogers, 80-5)을 보라.

172 John of Sulṭāniyya, *Mémoire*, ed. Moranvillé, 447, 462-3. *Chronographia regum Francorum*, III, 216-17.

173 IA (1979), 315/(1986), 451-2 (*TGA*, 295-6).

174 50단짜리 계단에 대해서는 Yūsuf Khāṣṣ Ḥājib, *Qutadghu Bilig*, tr. Robert Dankoff, *Wisdom of Royal Glory (Kutadgu Bilig). A Turko-Islamic Mirror for Princes* (Chicago, IL, and London, 1983), 236-7; Jean-Paul Roux, 'Quelques objets numineux des Turcs et des Mongols, 4. La coupe', *Turcica* 12 (1980), 40-65 (이 내용은 58-9), and repr. in Roux, *Études d'iconographie islamique* (Paris and Leuven, 1982), 101-2를 보라.

175 *JT*, I, 167 (*DzhT*, I, part 1, 420-1; *CC*, 63 [김호동 역주, 《부족지》, 281]). 같은 책, I, 571 (*CC*, 197 [김호동 역주, 《칭기스 칸 기》, 417: "신령한 힘과 이적의 능력을 갖고 있다는 쿠케추 텝 텡그리"])에서는 텝텡게리가 지닌 기적적인 힘에 대해 그보다 덜 구체적으로 언급한다. Hayton, *La Flor des estoires*, 프랑스어 원문 148, 152 (동시대 라틴어 번역본 284, 287).

176 Yazdī, *ZN* (1957), II, 107/(2008), I, 951 [이주연 역주, 〈야즈디 《勝戰記》 譯註〉, 743의 번역을 저자의 표현에 맞추어 수정함].

177 같은 책 (1957), I, 69-9/(2008), I, 302 [이주연 역주, 〈야즈디 《勝戰記》 譯註〉, 155-6]; Aubin, 'Comment Tamerlan', 88, n.4이 (1887년 교주본에서) 인용한 구절. 힐라파트 수리 (khilāfat-i ṣūrī)에 대해서는 Binbaş, *Intellectual Networks*, 257-9, 266-8을 참고할 것.

178 David Ayalon, 'The Great *Yāsa* of Chingiz Khān: A re-examination (C2)', *StIsl* 38 (1973), 107-56 (이 내용은 107-27); repr. in Ayalon, *Outsiders in the Lands of Islam*. 몽골 제국 시대의 "ba-yāsā rasānīdan"과 마찬가지로, "siyāsat farmūdan"은 12세기 이래 '사형하다'라는 의미로 쓰였다. Lange, *Justice, Punishment and the Medieval Muslim Imagination*, 42 및 n.96.

179 *TR*, I (원문), 167, II (영어 번역), 132.

180 Ron Sela, *Ritual and Authority in Central Asia. The Khan's Inauguration Ceremony*, PIA 37 (Bloomington, IN, 2003), 28-32. 우즈벡 쪽 관행에서 보이는 다른 예시들은 McChesney, 'The Chinggisid restoration in Central Asia', 283-6을 확인하라.

181 R.D. McChesney, 'Zamzam water on a white felt carpet: Adapting Mongol ways in Muslim Central Asia, 1550-1650', in Michael Gervers and Wayne Schlepp (eds), *Religion, Customary Law, and Nomadic Technology*, TSCIA 4 (Toronto, 2000), 63-80.

182 Dale, *The Garden of the Eight Paradises*, 171, 209. Parodi, 'L'eredità mongola e altaica', 245.

제15장 여파: 티무르의 후계자들

1 다시 말하면 티무르의 사망 소식만이 전달된 것은 아니었다. Salmānī, *Shams al-ḥusn*, 원문 fo. 33a (독일어 번역 27). Yazdī, *ZN* (1957), II, 466, 473/(2008), II, 1291, 1298 [이주

908

연 역주, 〈야즈디 《勝戰記》 譯註〉, 1033, 1039]. 후대의 기록인 Jaʿfarī, *Taʾrīkh-i kabīr*, tr. Zaryab, 32는 티무르가 후계자를 지명한 그날 밤에 사망했다고 전한다. Manz, *The Rise and Rule*, 128과 *Power, Politics and Religion*, 17은 티무르가 임종 자리에서야 결정을 내렸다고 정리했다.

2 Clavijo (1859), 152-3/(1928), 254-5. 당시 피르 무함마드는 쿠릴타이에 참석하기 위해 사마르칸드에 체류하고 있었다. Yazdī, *ZN* (1957), II, 426, 448/(2008), II, 1259-60, 1275 [이주연 역주, 〈야즈디 《勝戰記》 譯註〉, 1033, 1039].

3 Soucek, *A History of Inner Asia*, 127. Ashrafyan, ʿCentral Asia under Timurʾ, 335과도 비교해보라.

4 Binbaş, ʿThe Timurids and the Mongol empireʾ, 940.

5 Manz, ʿThe legacy of Timurʾ, 23의 논평을 보라.

6 Woods, *The Timurid Dynasty*, 20 (no. 1.1), 23 (nos 1.3 and 1.4), 34 (nos 3.2 and 3.4), 35 (no. 3.5).

7 Clavijo (1859), 189-90/(1928), 317-20. Salmānī, *Shams al-ḥusn*, 원문 fo. 130b (독일어 번역 92). Jaʿfarī, *Taʾrīkh-i kabīr*, tr. Zaryab, 45.

8 이에 대해서는 Manz, *The Rise and Rule*, 135, 145-6의 신중한 판단을 지지한다는 것 말고는 덧붙일 말이 없다.

9 Salmānī, *Shams al-ḥusn*, 원문 fos 44b-45b (독일어 번역 33-4). Paul, ʿKhalīl Sulṭān and the "Westerners"ʾ, 12-13.

10 Salmānī, *Shams al-ḥusn*, 원문 fos 47a-48a (독일어 번역 35). 날짜는 *ZT*, III, 13. Jaʿfarī, *Taʾrīkh-i kabīr*, tr. Zaryab, 35는 할릴 술탄의 즉위가 라마단월 27일 [3월 29일] 수요일이라고 전하지만 실제로는 일요일이었다.

11 Manz, *Power, Politics and Religion*, 21과 ʿTemür and the early Timuridsʾ, 189.

12 Salmānī, *Shams al-ḥusn*, 원문 fo. 76a (독일어 번역 55).

13 같은 책, 교주자 서문, 12-13.

14 같은 책, 원문 fos 162b-164b (독일어 번역 117-20). Yazdī, *ZN* (1957), II, 517/(2008), II, 1336 [이주연 역주, 〈야즈디 《勝戰記》 譯註〉, 1073]; Jahn, ʿTimur und die Frauenʾ, 528.

15 Yazdī, *ZN* (1957), II, 454/(2008), II, 1281 [이주연 역주, 〈야즈디 《勝戰記》 譯註〉, 1024-5].

16 일련의 사건에 대해서는 Salmānī, *Shams al-ḥusn*, 원문 fos 76b-83b (독일어 번역 55-62)에 길고 장황한 설명이 있고, *ZT*, III, 82-8에는 할릴 술탄이 사마르칸드에서 출발한 날짜가 제시되었다 (인쇄본에서는 ʿsabʿʿ가 ʿtasʿʿ로 오기되었다). Jaʿfarī, *Taʾrīkh-i kabīr*, tr. Zaryab, 38-9, 40에는 더 짧게 서술되어 있는데, 그 이야기는 술탄 후사인이 술라이만샤에게로 도망가면서 끝난다.

17 다만, 이 혼인은 Woods, ʿTimurʾs genealogyʾ, 30에서 언급되지 않았다. 주화에 대해서는 Binbaş, ʿThe Timurids and the Mongol empireʾ, 948 n.19를 보라. 한 술탄 하니카는 바얀 쿨리 술탄 칸의 손녀, 즉 칭기스 왕조의 공주다.

18 Salmānī, *Shams al-ḥusn*, 원문 fos 96b-97b (독일어 번역 72-3). *ZT*, III, 103과 Khwāfī (1962), III, 167/(2007), III, 1024 (tr. Iusupova, 135-6)는 이 날짜가 라마단월 2일 [2월 21일]이라고 전한다.

19 Salmānī, *Shams al-ḥusn*, 원문 fos 139a-141a (독일어 번역 100-1).

20 IA (1979), 303-4/(1986), 440-1 (*TGA*, 282-3)이 이를 노골적으로 드러냈다.

21 Paul, ʿKhalīl Sulṭān and the "Westerners"ʾ, 16-25. 더 간략하게는 Manz, *The Rise and Rule*, 131-2.

22 Salmānī, *Shams al-ḥusn*, 원문 fo. 78a (독일어 번역 56). 처형당한 이들에 대해서는 *ZT*, III, 83을 보라. 다른 아미르들에 대해서는 각각 Ando, *Timuridische Emire*, 81-2, 94-5, 100, 115를 보라.

23 Shāmī, *ZN*, I, 189, 190-1, 200, 234-6, 240, 250, 270, 284. Yazdī, *ZN* (1957), II, 224, 237, 286, 346, 380, 454, 459, 466/(2008), II, 1063, 1075, 1124, 1179, 1213, 1281, 1285-6, 1292 〔이주연 역주, 〈야즈디《勝戰記》譯註〉, 839, 849, 890, 939, 966, 1024, 1028, 1033〕.

24 Salmānī, *Shams al-ḥusn*, 원문 fo. 90a (독일어 번역 67).

25 같은 책, 원문 fos 131a-132b (독일어 번역 92-4)는 808년 초/1405년 6~7월 할릴 술탄 측의 패배로 끝난 전투를 묘사한다.

26 일련의 사건은 Manz, *The Rise and Rule*, 134-5에서 검토되었다. 할릴 술탄을 버린 이들에 대해서는 136을 보라.

27 Salmānī, *Shams al-ḥusn*, 원문 fo. 167b (독일어 번역 122).

28 Manz, *Power, Politics and Religion*, 24-5. Jaʿfarī, *Taʾrīkh-i kabīr*, tr. Zaryab, 53-5에도 개략적인 서술이 있다.

29 아미란샤와 그 아들들의 운명에 대해서는 Manz, *The Rise and Rule*, 141-4를 보라.

30 John of Sulṭāniyya, *Mémoire*, 446. *Chronographia regum Francorum*, III, 213도 동일하다. Clavijo (1859), 188/(1928), 316. *ZT*, III, 44.

31 Salmānī, *Shams al-ḥusn*, 원문 fo. 64b (독일어 번역 46-7). *ZT*, III, 40-2, 60, 63.

32 Salmānī, *Shams al-ḥusn*, 원문 fos 64b, 84a, 139a-b (독일어 번역 46-7, 62-3, 101). Hans R. Roemer, ʿThe successors of Tīmūrʾ, in *CHI*, VI, 98-146 (이 내용은 100)은 아미란샤와 아바 바크르의 목표가 할릴 술탄을 돕는 것이었다고 생각했다.

33 Clavijo (1859), 188/(1928), 316.

34 *ZT*, III, 43. Manz, *Power, Politics and Religion*, 29.

35 Salmānī, *Shams al-ḥusn*, 원문 fos 116b-123a (독일어 번역 86-9). 연합군의 패배 날짜는 Jaʿfarī, *Taʾrīkh-i kabīr*, tr. Zaryab, 38에서 제시되었다. *ZT*, III, 72-7, 80, 126-8, 137-8은 우마르가 샤루흐의 궁정에 도착한 날이 809년 첫번째 라비월 1일/1406년 8월 16일이라고 전한다. HA, *Jughrāfiyya*, ed. Sajjādī, II, 322, 324-5.

36 Salmānī, *Shams al-ḥusn*, 원문 fos 125b-131a (독일어 번역 90-2). *ZT*, III, 150-4, 161-2. Jaʿfarī, *Taʾrīkh-i kabīr*, tr. Zaryab, 45의 서술은 더 간략하고, 우마르의 사망 연도가 810/1407~1408년으로 되어 있다.

37 Jaʿfarī, *Taʾrīkh-i kabīr*, tr. Zaryab, 39-40.

38 *ZT*, III, 178-9 (809/1406-7년). 이스칸다르의 케르만 침공은 같은 책, 174-7. 이스칸다르의 운명에 대한 더 상세히 다룬 Ibn Shihāb Yazdī, *Jāmiʿ al-tawārīkh-i Ḥasanī*, 15-17은 샤루흐의 명으로 이스칸다르가 풀려나 시라즈로 돌아가 피르 무함마드와 화해했다고 전한다. 그리고는 이야기가 급격히 전환되어 피르 무함마드 피살로 이어진다. (우마르 이븐 아

미란샤의 도움 요청이나 아바 바크르의 이스파한 공격을 포함한) 외부가 개입한 사건들은 같은 책, 27-31에 서술되었다. 이븐 시하브는 이스칸다르가 케르만을 장악하기 위해 두 차례 시도했다는 사실을 혼동한 듯하다. 간략한 연대순 검토는 Soucek, 'Eskandar b. ʿOmar Šayx', 79를 보라.

39 HA, *Jughrāfiyya*, ed. Sajjādī, II, 326-31. *ZT*, III, 177-83. Jaʿfarī, *Taʾrīkh-i kabīr*, tr. Zaryab, 45-7은 이 사건이 810/1407~1408년에 일어났다고 전한다.

40 Salmānī, *Shams al-ḥusn*, 원문 fos 149b-152b, 158b-159b (독일어 번역 108-10, 114, 116)는, 일련의 사건에 대해 상세히 다루는 와중에도 *ZT*, III, 255-7과 마찬가지로 아바 바크르와 피르 무함마드 사이의 일을 누락시켰다. Jaʿfarī, *Taʾrīkh-i kabīr*, tr. Zaryab, 47-8을 보라. 피르 무함마드의 도움 요청에 대해서는 같은 책, 46. 케르만에서 아바 바크르가 한 활동은 HA, *Jughrāfiyya*, ed. Sajjādī, III, 201-4에서 날짜까지 함께 다루었다. Aubin, *Deux sayyids de Bam*, 30-4. Bosworth, *The History of the Saffarids*, 455도 이 의견을 따랐다.

41 샤루흐의 최고 권력자 등극 과정은 Manz, *The Rise and Rule*, 128-47과 *Power, Politics and Religion*, 16-33에서 검토되었다.

42 Salmānī, *Shams al-ḥusn*, 원문 42b (독일어 번역 31).

43 같은 책, 원문 fo. 63a-b (한스 뢰머는 'KLQ'를 'khalaf〔상속자·아들·후임·후계자〕'로 읽었다. 독일어 번역 45와 n.2를 보라).

44 *ZT*, III, 8-9. Jaʿfarī, *Taʾrīkh-i kabīr*, tr. Zaryab, 32에서 피르 무함마드가 후계자로 지명되었다는 사실을 언급했는데도 같은 책, 35, 36에서는 호라산에 있던 아미르들이 샤루흐에게 충성을 맹세했고, 샤루흐의 이름이 이라크와 파르스에서 쿠트바 및 주화에 삽입되었다고 주장했다. 《역사 정수》의 서술은 이를 따른 듯하다.

45 *ZT*, III, 10-11.

46 같은 책, III, 44-5. HA, *Jughrāfiyya*, ed. Sajjādī, II, 321과도 비교해보라. Jaʿfarī, *Taʾrīkh-i kabīr*, tr. Zaryab, 36은 피르 무함마드가 샤루흐의 이름으로 주화를 발행했다고 주장했다. Manz, *Power, Politics and Religion*, 156은 하피즈 아브루의 서술을 채용했다. '부주르그(위대한)'라는 용어는 13세기 몽골인들에게서와 마찬가지로 여전히 중요성을 지녔던 것 같다.

47 *ZT*, III, 178. Jaʿfarī, *Taʾrīkh-i kabīr*, tr. Zaryab, 45. Ibn Shihāb Yazdī, *Jāmiʿ al-tawārīkh-i Ḥasanī*, 16.

48 Manz, *Power, Politics and Religion*, 156에서 지적했듯이 피르 무함마드 이븐 우마르 셰이흐는 샤루흐의 첫째 부인인 가우하르 샤드의 자매와 혼인한 사이이기도 했다.

49 Salmānī, *Shams al-ḥusn*, 원문 fos 82b, 84a (독일어 번역 61, 62).

50 같은 책, 원문 fos 72b-73a (독일어 번역 53). 샤루흐가 아미란샤에게 보낸 편지 내용은 637-8쪽에서도 인용되었다.

51 Jaʿfarī, *Taʾrīkh-i kabīr*, tr. Zaryab, 37은 피르 파디샤가 칭기스 왕조의 후손이어서 이런 야심을 품었다고 명시한다.

52 Salmānī, *Shams al-ḥusn*, 원문 fos 65a-b, 68a-69b (독일어 번역 47, 50). Aubin, 'La fin de lʾétat sarbadâr', 115-16 (repr. in his *Études*, 327-8).

53 Bosworth, *The History of the Saffarids*, 453-7.

54 Manz, *Power, Politics and Religion*, 24와 'Temür and the early Timurids', 190의 지적. 같은 저자의 *The Rise and Rule*, 139-40a와도 비교해보라.

55 이 과정은 Manz, *Power, Politics and Religion*, 26-8에서 검토되었다.

56 이스칸다르의 방랑에 대해서는 *ZT*, III, 286-91을 확인할 것.

57 같은 책, III, 341-2. 날짜는 Jaʿfarī, *Taʾrīkh-i kabīr*, tr. Zaryab, 50.

58 *ZT*, III, 223-4, 345-8. HA, *Jughrāfiyya*, ed. Sajjādī, II, 337-8. 간략한 설명은 Naṭanzī (1957), 183, 196/(2004), 151, 161. Jaʿfarī, *Taʾrīkh-i kabīr*, tr. Zaryab, 51-2와 Ibn Shihāb Yazdī, *Jāmiʿ al-tawārīkh-i Ḥasanī*, 19-21은 이스파한을 점령하려고 했다고만 나와 있다. Khwāfī (1962), III, 184, 197은 이 일화를 두 차례 설명했다. 같은 책 (2007), III, 1049와 비교해보라. Manz, *Power, Politics and Religion*, 160.

59 *ZT*, III, 395-9, 444-6. Ibn Shihāb Yazdī, *Jāmiʿ al-tawārīkh-i Ḥasanī*, 23-4. Soucek, 'Eskandar b. ʿOmar Šayx', 80-1.

60 케르만: Aubin, *Deux sayyids de Bam*, 35-6. 쿰: 날짜는 *ZT*, III, 481. Jaʿfarī, *Taʾrīkh-i kabīr*, tr. Zaryab, 57-8에 따르면 816년[1413~1414년].

61 *ZT*, III, 49. Aubin, 'Le mécénat timouride à Chiraz', 76-7 (repr. in his *Études*, 159). 이스칸다르의 동방 원정에 대해서는 Soucek, 'Eskandar b. ʿOmar Šayx', 76-8을 보라. Binbaş, *Intellectual Networks*, 197-8은 이 구절이 티무르 제국 전체의 군주권에 대한 야심을 상징한다고 보았으나, 이 해석은 해당 구절이 위치한 맥락과는 동떨어져 보인다. 같은 저자, 'Timurid experimentation', 295-6 및 n.54도 확인할 것.

62 'Anonymous synoptic account', 90.

63 같은 책, 90-1. Ibn Shihāb Yazdī, *Jāmiʿ al-tawārīkh-i Ḥasanī*, 24는 술탄 아흐마드와 이스칸다르가 선물을 교환했다는 사실을 전한다.

64 이 용어에 대해서는 Naṭanzī (1957), 433/(2004), 316와 Soucek, 'Eskandar b. ʿOmar Šayx', 76을 보라. 이스칸다르의 권력 장악과 이념적 의도에 대해서는 Binbaş, *Intellectual Networks*, 189-98와 'Timurid experimentation', 특히 290-300 (이스칸다르의 술탄 칭호 사용에 대해서는 n.53)을 참고할 것.

65 이스칸다르의 몰락에 대해서는 Soucek, 'Eskandar b. ʿOmar Šayx', 81-2를 보라. Jaʿfarī, *Taʾrīkh-i kabīr*, tr. Zaryab, 65는 루스탐이 이스칸다르를 살해했다고 전한다.

66 Jaʿfarī, *Taʾrīkh-i kabīr*, tr. Zaryab, 73에 따르면 루스탐이 827년 샤우왈월 6일[1424년 9월 1일]에 사망했다. Khwāfī (1962), III, 257/(2007), III, 1108 (tr. Iusupova, 197)은 827년을 828년으로 대체했다.

67 *ZT*, III, 191-2.

68 같은 책, III, 353-4, 396-9, 436-7. 사망 일자는 *MA*, fo. 127a, ed. Vokhidov, 원문 242 (러시아어 번역 147).

69 *ZT*, III, 354.

70 Khwāfī (1962), III, 176/(2007), III, 1036 (tr. Iusupova, 142).

71 *ZT*, III, 301. Manz, *Power, Politics, and Religion*, 26.

72 *ZT*, III, 557-8. HA, *Jughrāfiyya*, ed. Sajjādī, II, 361. 사드 왁카스의 반란에 대해서는 Manz, *Power, Politics and Religion*, 32, 132를 보라.

73 Ja'farī, *Ta'rīkh-i kabīr*, tr. Zaryab, 42, 43.

74 *ZT*, IV, 641-2.

75 같은 책, IV, 679-92. Ja'farī, *Ta'rīkh-i kabīr*, tr. Zaryab, 66, 69. Manz, *Power, Politics and Religion*, 33.

76 Stephen Dale, 'The later Timurids c. 1450-1526', in *CHIA*, 199-217 (이 내용은 204-5). 더 개괄적인 논평인 같은 글, 199-200도 확인하라. 주 3에 인용된 소우체크의 평과도 비교해보라.

77 Salmānī, *Shams al-ḥusn*, 원문 fos 70a-71a (독일어 번역 51).

78 같은 책, 원문 fos 74a-75a, 118b (독일어 번역 53-4, 87).

79 'Anonymous synoptic account', 92.

80 Malika Dekkiche, 'New source, new debate: Re-evaluation of the Mamluk-Timurid struggle for religious supremacy in the Hijaz (Paris, BnF MS ar. 4440)', *MSR* 18 (2014-15), 247-71.

81 Binbaş, *Intellectual Networks*, 62-4.

82 Wing, 'Submission, defiance, and the rules of politics', 378-80.

83 Manz, *Power, Politics and Religion*, 28.

84 Schiltberger, 33-7. 이 증언을 반드시 신뢰할 필요는 없다. 체키레는 809/1406~1407년 조치 일문의 영토를 확보하기 위해 할릴 술탄을 버렸다가 나중에 다시 돌아온 것 같다. Salmānī, *Shams al-ḥusn*, 원문 fo. 153a (독일어 번역 110). 813/1410~1411년 체키레는 티무르 왕조의 아미르 셰이흐 누르 알딘 막하에 있었다. *ZT*, III, 367, 369. Safargaliev, *Raspad*, 190-2; Frank, 'The western steppe', 239; Pochekaev, *Tsari ordynskie*, 225 ('Чокре')를 확인할 것. 체키레는 나중에 에디귀의 지지를 얻어 칸이 되었다. Naṭanzī (1957), 101-2/(2004), 82; *ZT*, III, 479 (815년경/1412~13년경 에디귀와 함께 있었다고 주장함), 635.

85 바락: *ZT*, IV, 704, 906-7. 시르 무함마드: 같은 책, IV, 748, 877-8. 사툭: 514쪽을 확인할 것.

86 울룩 벡과 바락 및 시르 무함마드의 관계에 대해서는 각각 Barthold, *Four Studies*, II, 89-101, 101-3 (=Bartol'd, *Sochineniia*, II, part 2, 101-11, 111-12)을 보라. 더 간략한 서술은 Manz, 'Temür and the early Timurids', 193-4.

87 Kauz, *Politik und Handel*, 82-3.

88 Robinson, *Ming China and Its Allies*, 35.

89 명나라와 샤루흐의 전반적인 관계에 대해서는 Kauz, *Politik und Handel*, 93-143을 보라.

90 같은 책, 93, 95-9. Robinson, *Ming China and Its Allies*, 44.

91 Kauz, *Politik und Handel*, 136-41. 기야스 알딘 낙카슈의 회고는 Maitra (ed. and trans.), *A Persian Embassy to China*에서 확인할 수 있다. 페르시아어 원문은 *ZT*, IV, 817-64도 확인하라.

92 개괄적인 설명은 Ishtiyaq Ahmad Zilli, 'Relations of the Saiyyid [원문 그대로] Sultans of Delhi with the Timurids - a reappraisal', in Nazir Ahmad and Asloob Ahmed Ansari (eds), *Fakhruddin Ali Ahmed Memorial Volume* (New Delhi, 1994), 221-8. Jackson, *The Delhi Sultanate*, 322도 참고하라.

93 Bihāmadkhānī, fo. 312a (tr. Zaki, 95).

94 티무르 왕조의 역사 전반은 Beatrice F. Manz, 'Tīmūrids, 1. History', *EI2*, X, 513-16을 보라.

95 이 인물에 대한 간명한 연구로는 J. Aubin, 'Abū Saʿīd b. Muḥammad b. Mīrānshāh', *EI2*, I, 147-8이 있다.

96 Manz, 'Family and ruler', 58.

97 이 시기의 여러 분쟁에 대해서는 Roemer, 'The successors of Tīmūr', 102-17과 'The Türkmen dynasties'를 보라.

98 Allsen, 'Eurasia after the Mongols', 163 [류충기 옮김, 〈몽골 이후의 유라시아〉, 294].

99 Stephen F. Dale, 'The legacy of the Timurids', *JRAS*, 3rd series, 8 (1998), 43-58 (이 내용은 44-51); repr. in Levi (ed.), *India and Central Asia*, 177-85. Lisa Balabanlilar, 'Lords of the Auspicious Conjunction: Turco-Mongol imperial identity on the subcontinent', *JWH* 18 (2007), 1-39와 같은 저자, *Imperial Identity*, 44-6.

100 Dale, 'The legacy of the Timurids', 46-7; repr. in Levi (ed.), *India and Central Asia*, 180. Balabanlilar, *Imperial Identity*, 44-8. Moin, *The Millennial Sovereign*, 23-4. Eaton, *India in the Persianate Age*, 280, 285-6. 더 개설적인 설명으로는 Richard C. Foltz, *Mughal India and Central Asia* (Oxford and Karachi, 1998), 2장이 있다.

101 Dale, 'The legacy of the Timurids', 43; repr. in Levi (ed.), *India and Central Asia*, 176.

102 Sholeh A. Quinn, 'Notes on Timurid legitimacy in three Safavid chronicles', *IrSt* 31 (1998), 149-58. Quinn, *Historical Writing during the Reign of Shah ʿAbbas* (Salt Lake City, UT, 2000), 44-5, 49-52, 75, 86-9.

103 Ernest Tucker, 'Seeking a world empire: Nādir Shāh in Tīmūr's path', in Pfeiffer and Quinn (eds), *History and Historiography of Post-Mongol Central Asia*, 332-42. Tucker, *Nadir Shah's Quest for Legitimacy in Post-Safavid Iran* (Gainesville, FL, 2006), 68-75.

104 Cornell Fleischer, 'Royal authority, dynastic cyclism, and "Ibn Khaldûnism" in sixteenth-century Ottoman letters', in Bruce B. Lawrence (ed.), *Ibn Khaldun and Islamic Ideology* (Leiden; 1984), 46-68 (이 내용은 57). Dale, 'The legacy of the Timurids', 54-6; repr. in Levi (ed.), *India and Central Asia*, 189-90. Balabanlilar, *Imperial Identity*, 38-40도 확인.

105 Melville, 'Visualising Tamerlane', 101.

106 Levi, *The Rise and Fall of Khoqand*, 99-108. Timur K. Beisembiev, 'Farghana's contacts with India in the eighteenth and nineteenth centuries', in Scott C. Levi (ed.), *India and Central Asia. Commerce and Culture, 1500-1800* (Oxford and Delhi, 2007), 176-99 (이 내용은 264-5). Aftandil Erkinov, 'Les Timourides, modèles de légitimeté et les recueils poétiques de Kokand', in Francis Richard and Maria Szuppe (eds), *Écrit et culture en Asie centrale et dans le monde turcoiranien, X^e-XIXe siècles*, StIr cahier 40 (Paris, 2009), 285-330. 한때는 바부르가 모계로 이어받은 칭기스 왕조의 혈통도 호칸드 국가의 지배정당성 주장에서 티무르 왕조와 마찬가지로 중요한 역할을 했

914

다는 인식이 있었으나, 지금은 그 신빙성이 낮다고 여겨진다. A. Erkinov, 'Fabrication of legitimation in the K̲h̲oqand K̲h̲ānate under the reign of ʿUmar-K̲h̲ān (1225-1237/1810-1822): Palace manuscript of "Bak̲h̲tiyār-nāma" Daqāyiqī Samarqandī as a source for the legend of Āltūn Bīs̲h̲īk', *MO* 19, no. 2 (Dec. 2013), 3-18.

107 John Darwin, *After Tamerlane. The Global History of Empire since 1405* (London and New York, 2007), 4.

108 Martin B. Dickson, 'Uzbek dynastic theory in the sixteenth century', in *TDPKV*, III, 208-16. McChesney, 'The Chinggisid restoration in Central Asia', 280-2.

109 우즈벡과 카자흐의 분화에 대해서는 Bregel, 'Uzbeks, Qazaqs and Turkmens', 224-9를 보라.

110 Peter C. Perdue, *China Marches West. The Qing Conquest of Central Eurasia* (Cambridge, MA, 2005), 54-9〔공원국 옮김,《중국의 서진: 청(淸)의 중앙유라시아 정복사》(길, 2012), 86-94〕를 보라. 오이라트사를 간략히 정리한 자료로는 Christopher P. Atwood, 'Oyirat', in *EMME*, 419-23이 있다. 15세기의 오이라트사는 Christian, *A History of Russia, Central Asia and Mongolia*, II, 65-6에서도 다루어졌다.

111 프레더릭 모트(Frederick W. Mote)의 이런 주장을 반박한 Perdue, *China Marches West*, 59-60〔공원국 옮김,《중국의 서진》, 94〕을 보라.

112 Veit, 'The eastern steppe', 167-70.

113 준가르 제국의 역사에 대해서는 Nicola Di Cosmo, 'The Qing and Inner Asia: 1636-1800', in *CHIA*, 333-62 (이 내용은 344-53); 같은 저자, 'The extension of Chʼing rule over Mongolia, Sinkiang, and Tibet, 1636-1800', in *CHC*, IX, part 2, 117-35; Christian, *A History of Russia, Central Asia and Mongolia*, II, 186-92를 참고할 것.

114 Di Cosmo, 'The Qing and Inner Asia', 334는 '혼합'이라는 표현을 사용했다.

115 Veit, 'The eastern steppe', 177-81; Pamela Kyle Crossley, *The Manchus* (Oxford, 1997), 75-80〔양휘웅 옮김,《만주족의 역사: 변방의 민족에서 청 제국의 건설자가 되다》(돌베개, 2013), 143-151〕을 참고할 것.

116 이러한 주장에 대한 평가는 David O. Morgan and Anthony Reid, 'Introduction: Islam in a plural Asia', in *NCHI*, III, 1-17 (이 내용은 16-17). 이런 주장을 수정한 연구는 Anatoly M. Khazanov, 'The Eurasian steppe nomads in world military history', in Jürgen Paul (ed.), *Nomad Aristocrats in a World of Empires* (Wiesbaden, 2013), 187-207 (이 내용은 202-3).

117 스티븐 데일의 시각이다. Dale, *The Garden of the Eight Paradises*, 329-30; 'The later Timurids', 215; *Babur*, 128-9를 보라.

118 Irwin, 'Gunpowder and firearms'. Leslie Collins, 'The military organization and tactics of the Crimean Tatars during the sixteenth and seventeenth centuries', in V.J. Parry and M.E. Yapp (eds), *War, Technology and Society in the Middle East* (Oxford, 1975), 257-76.

119 Darwin, *After Tamerlane*, 5-6.

120 16세기 "유럽은 (…) 세계의 동력이 되어가고 있었다"라거나 "모든 길은 이제 유럽을 향

하고 있었다"라고 한 Peter Frankopan, *The Silk Roads. A New History of the World* (London and New York, 2015), 243 〔이재황 옮김,《실크로드 세계사: 고대 제국에서 G2 시대까지》(책과함께, 2017), 401〕의 주장에는 논쟁의 여지가 있다. 완전히 다른 평가로는 Darwin, *After Tamerlane*, 특히 73 이하의 내용과 93-9, 104-5가 있다.

121 Scott C. Levi, 'India, Russia and the eighteenth-century transformation of the Central Asian caravan trade', *JESHO* 42 (1999), 519-48 (특히 522-32); repr. in Levi (ed.), *India and Central Asia*, 93-122 (특히 95-104). Morris Rossabi, 'The "decline" of the Central Asian caravan trade', in James D. Tracy (ed.), *The Rise of Merchant Empires. Long-Distance Trade in the Early Modern World, 1350-1750* (Cambridge, 1990), 351-70, and repr. in Rossabi, *From Yuan to Modern China*, 201-20; Millward, 'Eastern Central Asia', 266-7, 270-1; Allsen, 'Eurasia after the Mongols', 175 〔류충기 옮김,〈몽골 이후의 유라시아〉, 314〕도 확인할 것.

122 David Christian, 'Silk Roads or Steppe Roads? The Silk Roads in world history', *JWH* 11 (2000), 1-26 (이 내용은 18-21).

123 Perdue, *China Marches West*, 10-11 〔공원국 옮김,《중국의 서진》, 37-38〕은 1680~1760년에 "자유로운 유목에서 상대방으로 균형추가 넘어갔다"라고 보았다.

124 Jos Gommans, 'Warhorse and post-nomadic empire in Asia, c. 1000-1800', *JGH* 2 (2007), 1-21. Allsen, 'Eurasia after the Mongols', 172-6 〔류충기 옮김,〈몽골 이후의 유라시아〉, 309-16〕.

125 Allsen, 'Eurasia after the Mongols', 180 〔류충기 옮김,〈몽골 이후의 유라시아〉, 322〕.

참고문헌

* 〔 〕는 옮긴이가 번역하는 과정에서 추가로 확인한 문헌이다.

1차 자료

아랍어와 페르시아어

Aḥmad b. Ḥusayn b. ʿAlī Kātib, *Taʾrīkh-i jadīd-i Yazd*, ed. Īraj Afshār, 2nd edn (Tehran, 2537 shāhanshāhī/1978).

Ahrī, Abū Bakr Quṭbī, *Taʾrīkh-i Shaykh Uways*, facsimile edn (of Leiden ms. 2634) and trans. by J.B. Van Loon, *Taʾrīkh-i Shaikh Uwais. An Important Source for the History of Ādharbaijān in the Fourteenth Century* (The Hague, 1954).

Amīr Khusraw Dihlawī, *Khazāʾin al-futūḥ*, ed. Mohammad Wahid Mirza, Bibliotheca Indica (Calcutta, 1953).

Āmulī, Awliyāʾ-Allāh, *Taʾrīkh-i Rūyān*, ed. Manūchihr Sutūda (Tehran, 1348 shamsī/ 1969),.

Āmulī, Shams al-Dīn Muḥammad b. Maḥmūd, *Nafāʾis al-funūn fī ʿarāʾis al-ʿuyūn*, ed. Mīrzā Abū l-H. asan Shaʿrānī and Sayyid Ibrāhīm Miyānajī, 3 vols (Tehran, 1377‒9/1958‒60).

Anonymous, *Akhbār-i Mughūlān dar anbāna-yi Quṭb*, ed. Īraj Afshār (Qum, 1389 shamsī/2009); trans. George Lane, *The Mongols in Iran. Quṭb al-Dīn Shīrāzīʾs Akhbār-i Moghūlān* (London and New York, 2018).

Anonymous, *Dhayl-i Jāmiʿ al-tawārīkh*, BL ms. Or. 2885.

Anonymous, *Dhayl-i Taʾrīkh-i guzīda*, ed. Osamu Otsuka 〔大塚修〕 (from BN ms. Supplément persan 172, fos 334b‒344b), ʿResearch on the continuations of the Tārīkh-i Guzīda with a special reference to the newly discovered "continuation" concerning Jalayerid historyʾ 〔=〈『選史』續編の研究―新出史料『ジャイラ—イル朝史 (選史續編)』を中心に〉〕, 《アジア・アフリカ言語文化研究 (*Journal of Asian and African Studies*)》(Tokyo), 85 (March 2013), 원문은 192‒205.

Anonymous, *jung or safīna* (literary anthology), BN ms. arabe 3423 (티무르의 파트흐나마 3종이 채록).

Anonymous, *Mu'izz al-ansāb fī shajarat al-ansāb*, BN ms. Anc. fonds persan 67; facsimile edn and Russian trans. by Sh.Kh. Vokhidov, *Mu'izz al-ansāb (Proslavliaiushchee genealogii)*, in *IKPI*, III (Almaty, 2006) [이 판본의 엽수(folio numbering)는 본문에서 활용된 사본에서 따르는 엽수와 차이가 있음].

Anonymous, *Shajarat al-atrāk*, Harvard University, Houghton Library, Persian ms. 6F; extract trans. (as *Ta'rīkh-i arba'ulūs*) by M.Kh. Abuseitova, in *IKPI*, V, 88-112.

Anonymous, 'Synoptic account of the Timurid house', ed. and trans. in Wheeler M. Thackston (ed.), *Album Prefaces and Other Documents on the History of Calligraphers and Painters*, Studies and Sources in Islamic Art and Architecture. Supplements to Muqarnas 10 (Leiden, Boston, MA, and Cologne, 2001), 88-98.

Anonymous, *Ta'rīkh-i shāhī-yi Qarākhitā'iyyān*, ed. Muh.ammad Ibrāhīm Bāstānī-Pārīzī (Tehran, 2535 shāhanshāhī/1977).

Anonymous, *Ta'rīkh-i Sīstān*, ed. Malik al-Shu'arā Bahār (Tehran, 1314 shamsī/1935)

Āqsarā'ī, Karīm al-Dīn Maḥmūd b. Muḥammad, *Musāmarat al-akhbār*, ed. Osman Turan as *Müsâmeret l-ahbâr. Mogollar zamanında Türkiye Selçukluları tarihi* (Ankara, 1944).

Arends, A.K.; Khalidov, A.B.; and Chekhovich, O.D. (eds), *Bukharskii vakf XIII v.* (Moscow, 1979).

Astarābādī, 'Azīz b. Ardashīr, *Bazm-u razm*, ed. Kilisli Rıfat Beg, with introduction by Mehmet Fuat Köprülüzade (Istanbul, 1928).

al-'Aynī, Badr al-Dīn Abū Muḥammad Maḥmūd b. Aḥmad, *'Iqd al-jumān fī ta'rīkh ahl al-zamān*, partial edn by Aymān 'Umar Shukrī, *Al-Sulṭān Barqūq mu'assis Dawlat al-mamālīk al-jarākisa 784-801 H./1382-1398 min khilāl makhṭūt. 'Iqd al-jumān fī ta'rīkh ahl al-zamān li-Badr al-'Aynī* (Cairo, 2002); also BN ms. arabe 1544.

Bābur, Ẓahīr al-Dīn Muḥammad, *Bābur-nāma*, trans. Annette S. Beveridge, *The Bābur-nāma in English* (London, 1921-2; reprinted in 1 vol., 1969); trans. Wheeler M. Thackston, *The Baburnama. The Memoirs of Babur, Prince and Emperor* (New York, 2002).

Banākatī, Fakhr al-Dīn Abū Sulaymān Dā'ūd b. Abī l-Faḍl, *Rawḍat ūlī l-albāb fī ma'rifat al-tawārīkh wa l-ansā*b, ed. Ja'far Shi'ār (Tehran, 1348 shamsī/1969).

Baranī, Ḍiyā' al-Dīn, *Ta'rīkh-i Fīrūzshāhī*, ed. Saiyid Ahmad Khán, Bibliotheca Indica (Calcutta, 1862); trans. Ishtiyaq Ahmad Zilli (Delhi, 2015).

Baranī, Ḍiyā' al-Dīn, *Ta'rīkh-i Fīrūzshāhī*, earlier recension: RRL, Persian ms. 2053; Bodleian Library, mss. Elliot 353 and S. Digby Or. 54

Bāybars al-Manṣūrī al-Dawādār, Rukn al-Dīn, *Zubdat al-fikra fī ta'rīkh al-hijra*, ed. D.S. Richards, BI 42 (Beirut, 1998).

Bihāmadkhānī, Muḥammad, *Ta'rīkh-i Muḥammadī*, BL ms. Or. 137; partial trans. by Muhammad Zaki, *Tarikh-i-Muhammadi by Muhammad Bihamad Khani* (Aligarh, 1972).

al-Birzālī, ʿAlam al-Dīn Abū Muḥammad al-Qāsim b. Muḥammad, *al-Muqtafā li-taʾrīkh al-shaykh Shihāb al-Dīn Abū Shāma*, ed. ʿUmar ʿAbd al-Salām Tadmurī, 4 vols (S. aydā, 1427/2006).

Bukhārī, Ṣalāḥ al-Dīn b. Mubārak, *Anīs al-ṭālibīn wa-ʿuddat al-sālikīn*, ed. Tawfīq Subḥānī (Tehran, 1371 shamsī/1992).

Chekhovich, O.D. (ed.), *Bukharskie dokumenty XIV veka* (Tashkent, 1965).

Dawlatshāh Samarqandī, *Tadhkirat al-shuʿarā*, ed. Edward G. Browne (Leiden and London, 1901); also ed. Muḥammad ʿAbbāsī (Tehran, 1337 shamsī/1958).

al-Dhahabī, Shams al-Dīn Abū ʿAbd-Allāh Muḥammad b. ʿUthmān, *Siyar aʿlām al-nubalāʾ*, XXIII, ed. Bashshār ʿAwwād Maʿrūf and Muh. yī Ḥalāl al-Sirḥān (Beirut, 1405/1985).

al-Dhahabī, Shams al-Dīn Abū ʿAbd-Allāh Muḥammad b. ʿUthmān, *Taʾrīkh al-Islām wa-wafayāt al-mashāhīr wa l-aʿlām*, ed. ʿUmar ʿAbd al-Salām Tadmurī, 53 vols (Beirut, 1415-24/1995-2004).

Falak ʿAlā-yi Tabrīzī (ʿAbd-Allāh b. ʿAlī), *Saʿādat-nāma*, ed. and trans. Mirkamal Nabipour (Göttingen, 1973).

Faryūmadī, Ghiyāth al-Dīn, *Dhayl-i Majmaʿ al-ansāb*, ed. Mīr Hāshim Muḥaddith (Tehran, 1363 shamsī/1984) [Shabānkāraʾī, *Majmaʿ al-ansāb*와 함께. 아래를 보라].

Ḥāfiẓ-i Abrū (Shihāb al-Dīn ʿAbd-Allāh b. Luṭf-Allāh Khwāfī), *Cinq opuscules de Ḥāfiẓ-i Abrū concernant l'histoire de l'Iran au temps de Tamerlan*, ed. Felix Tauer, Archiv Orientální Supplementa 5 (Prague, 1959).

Ḥāfiẓ-i Abrū (Shihāb al-Dīn ʿAbd-Allāh b. Luṭf-Allāh Khwāfī), *Dhayl-i Jāmiʿ al-tawārīkh*, ed. Khān-bābā Bayānī, 2nd edn (Tehran, 1350 shamsī/1971).

Ḥāfiẓ-i Abrū (Shihāb al-Dīn ʿAbd-Allāh b. Luṭf-Allāh Khwāfī), *Dhayl-i Ẓafarnāma*, ed. Felix Tauer, ʿContinuation du Ẓafarnāma de Niẓāmuddīn Šāmī par Ḥāfiẓ-i Abrūʾ, *Archiv Orientální* 6 (1934), 429-65.

Ḥāfiẓ-i Abrū (Shihāb al-Dīn ʿAbd-Allāh b. Luṭf-Allāh Khwāfī), *Jughrāfiyya*, partial edn and trans. by Dorothea Krawulsky, *Horāsān zur Timuridenzeit nach dem Tārīḫ-e Ḥāfeẓ-e Abrū (verf. 817-823) des Nūrallāh ʿAbdallāh b. Luṭfallāh al-Ḫvāfī*, 2 vols, Beihefte zum Tübinger Atlas des Vorderen Orients, Reihe B, 46 (Wiesbaden, 1982-4); partial edn by Ghulām-riḍā Warhrām, *Jughrāfiyya-yi taʾrīkhī-yi Khurāsān* (Tehran, 1370 shamsī/1991); partial edn by Ṣādiq Sajjādī, 3 vols (Tehran, 1377-8 shamsī/1997-9); BL ms. Or. 1577 [Iran]; Bodleian ms. Fraser 155, fos 168b-173a [트란스옥시아나 부분].

Ḥāfiẓ-i Abrū (Shihāb al-Dīn ʿAbd-Allāh b. Luṭf-Allāh Khwāfī), *Majmūʿa*, BN ms. supplément person 2046.

Hāfiẓ-i Abrū (Shihāb al-Dīn ʿAbd-Allāh b. Luṭf-Allāh Khwāfī), *Taʾrīkh-i salāṭīn-i Kart*, ed. Mīr Hāshim Muḥaddith (Tehran, 1389 shamsī/2010); also ed. Tauer in *Cinq opuscules de Ḥāfiẓ-i Abrū* [위], 31-72.

Ḥāfiẓ-i Abrū (Shihāb al-Dīn ʿAbd-Allāh b. Luṭf-Allāh Khwāfī), *Zubdat al-tawārīkh*, ed. Sayyid Ḥājj Kamāl Sayyid Jawādī, 4 vols (I and II: Tehran, 1380 shamsī/2001–2; III and IV: Tehran, 1372 shamsī/1993 [1권과 2권으로 발간], reprinted [3권과 4권으로 재명명] 1380); extracts in Maitra [2차 자료를 보라] and in Shāmī, *Ẓafar-nāma*, ed. Tauer [아래], II.

Ḥamd-Allāh Mustawfī Qazwīnī, *Dhayl-i Taʾrīkh-i guzīda*, ed. V.Z. Piriiev (Baku, 1978); trans. M.D. Kazimov and V.Z. Piriiev (Baku, 1986).

Ḥamd-Allāh Mustawfī Qazwīnī, *Nuzhat al-qulūb*, partial edn and trans. by Guy Le Strange, *The Geographical Part of the Nuzhat al-qulūb*, 2 vols, GMS 23 (Leiden and London, 1915–19), I (원문), II (영어 번역); partial edn by Muḥammad Dabīr-Siyāqī (Tehran, 1336 shamsī/1958).

Ḥamd-Allāh Mustawfī Qazwīnī, *Taʾrīkh-i guzīda*, ed. ʿAbd al-Ḥusayn Nawāʾī (Tehran, 1339 shamsī/1960).

Ḥamd-Allāh Mustawfī Qazwīnī, *Ẓafar-nāma*, facsimile edn (of BL ms. Or. 2833) by Naṣr-Allāh Pūrjawādī and Nuṣrat-Allāh Rastagār, *Ẓafarnāma von Ḥamdallāh Mustaufī und Šāhnāma von Abuʾl-Qāsim Firdausī*, 2 vols (Tehran, 1377 shamsī, and Vienna, 1999); partial trans. by Leonard J. Ward, ʿThe Ẓafar-Nāmah of Ḥamdallāh Mustaufī and the Il-Khān Dynasty of Iranʾ, unpublished Ph.D. thesis, University of Manchester, 1983, 3 vols [years 650 to 735/1252–3 to 1334–5].

Ḥaydar Dughlāt, Mīrzā, *Taʾrīkh-i Rashīdī*, ed. and trans. Wheeler M. Thackston, *Mirza Haydar Dughlatʾs Tarikh-i-Rashidi. A History of the Khans of Moghulistan*, 2 vols (Cambridge, MA, 1996).

Hilālī, ʿAlā-yi Qazwīnī (ʿAlī b. al-Ḥusayn b. ʿAlī), *Manāhīj al-ṭālibīn fī maʿārif al-ṣādiqīn*, BL ms. IO Islamic 1660.

Ibn Abī l-Faḍāʾil, al-Mufaḍḍal, *al-Nahj al-sadīd wa l-durr al-farīd fī mā baʿd taʾrīkh Ibn al-ʿAmīd*; partial edn and trans. by Edgar Blochet, ʿMoufazzal Ibn Abil-Fazaïl. Histoire des Sultans Mamlouksʾ, part 1, *Patrologia Orientalis* 12 (1919), 343–550; part 2, ibid., 14 (1920), 375–672; part 3, ibid., 20 (1929), 3–270 [years 658–716/1260–1316].

Ibn Abī l-Ḥadīd (ʿIzz al-Dīn Abū Ḥāmid ʿAbd al-Ḥamīd b. Hibat-Allāh al-Madāʾinī), *Sharḥ Nahj al-bilāgha*, partial edn and trans. by Moktar Djebli, *Les Invasions mongoles en Orient vécues par un savant médiéval arabe* (Paris, 1995).

Ibn ʿArabshāh, Aḥmad b. Muḥammad, *ʿAjāʾib al-maqdūr fī nawāʾib Tīmūr*, ed. ʿAlī Muḥammad ʿUmar (Cairo, 1399/1979); ed. Aḥmad Fāʾiz al-Ḥimṣī (Beirut, 1407/1986–7); trans. J.H. Sanders, *Tamerlane or Timur, the Great Amir* (London, 1935).

Ibn ʿArabshāh, Aḥmad b. Muḥammad, *Fākihat al-khulafāʾ wa-mufākahat al-ẓurafāʾ*, ed. Muḥammad Rajab al-Najjār (al-Kuwayt, 1997); ed. Ayman ʿAbd al-Jābir al-Buḥayrī (Cairo, 1421/2001).

Ibn Baṭṭūṭa, Shams al-Dīn Abū ʿAbd-Allāh Muḥammad b. ʿAbd-Allāh al-Lawātī al-

Ṭanjī, *Tuḥfat al-nuẓẓār fī gharā'ib al-amṣār*, ed. Ch. Defrémery and B.S. Sanguinetti, 4 vols (Paris, 1853-8); trans. H.A.R. Gibb and C.F. Beckingham, The Travels of Ibn Baṭṭūṭa A.D. 1325-1354, 4 vols with continuous pagination and index volume, HS, 2nd series, 110, 117, 141, 178 and 190 (Cambridge, 1958-2000) 〔정수일 역주,《이븐 바투타 여행기: 여러 지방과 여로의 기사이적을 본 자의 진귀한 기록》, 전2권(창비, 2001)〕.

Ibn al-Dawādārī, Abū Bakr b. 'Abd-Allāh b. Aybak, *Kanz al-durar wa-jāmi' al-ghurar*, VIII, ed. Ulrich Haarmann, *Der Bericht über die frühen Mamluken*, QGIA 1h (Cairo, 1391/1971); IX, ed. Hans R. Roemer, *Der Bericht über den Sultan al-Malik an-Nāṣir Muḥammad ibn Qala'un*, QGIA 1i (Cairo, 1379/1960).

Ibn Faḍl-Allāh al-'Umarī, Shihāb al-Dīn Aḥmad, *Masālik al-abṣār fī mamālik al-amṣār*, partial edn and trans. by Klaus Lech, *Das mongolische Weltreich. Al-'Umarī's Darstellung der mongolischen Reiche in seinem Werk Masālik al-abṣār fī mamālik al-amṣār*, AF 22 (Wiesbaden, 1968); partial edn by Otto Spies, *Ibn Faḍlallāh al-'Omarī's Bericht über Indien in seinem Werke Masālik al-abṣār fī mamālik al-amṣār*, SOL 14 (Leipzig, 1943), and trans. Iqtidar Husain Siddiqi and Qazi Muhammad Ahmad, *A Fourteenth Century Arab Account of India under Sultan Muhammad bin Tughluq* (Aligarh, [1972]).

Ibn Faḍl-Allāh al-'Umarī, Shihāb al-Dīn Aḥmad, *al-Ta'rīf bi l-muṣṭalaḥ al-sharīf* (Cairo, 1312/1894); new edn by Samīr al-Durūbī, 2 vols (al-Karak, 1992).

Ibn Fatḥ-Allāh al-Baghdādī, 'Abd-Allāh, *al-Ta'rīkh al-Ghiyāthī*, partial edn by Ṭāriq Nāfi' al-Ḥamdānī (Baghdad, 1975).

Ibn al-Furāt, Nāṣir al-Dīn Muḥammad b. 'Abd al-Raḥīm, *Ta'rīkh al-duwal wa l-mulūk*, IX, part 1, ed. Costi K. Zurayk, *The History of Ibn al-Furāt* (Beirut, 1936), and part 2, ed. Costi K. Zurayk and Nedjla Izzeddin (Beirut, 1938) [years 789-99/1387-97].

Ibn Ḥajar al-'Asqalānī, Shihāb al-Dīn Abū l-Faḍl Aḥmad b. 'Alī, Badhl al-mā'ūn fī faḍl al-ṭā'ūn, ed. Aḥmad 'Iṣām 'Abd al-Qādir al-Kātib (al-Riyāḍ, 1411/1991).

Ibn Ḥajar al-'Asqalānī, Shihāb al-Dīn Abū l-Faḍl Aḥmad b. 'Alī, *al-Durar al-kāmina fī a'yān al-mi'a al-thāmina*, 2nd edn, 6 vols (Hyderabad, A.P., 1392-6/1972-6).

Ibn Ḥajar al-'Asqalānī, Shihāb al-Dīn Abū l-Faḍl Aḥmad b. 'Alī, *Inbā' al-ghumr bi-ibnā' al-'umr fī l-ta'rīkh*, ed. Ḥasan Ḥabashī, 3 vols (Cairo, 1389-92/1969-72); also ed. Muḥammad 'Abd al-Mu'īd Khān, 9 vols (Hyderabad, A.P., 1387-96/1967-76); III-IV, 2nd edn (Beirut, 1406/1986).

Ibn Ḥijjī, Shihāb al-Dīn Abū l-'Abbās Aḥmad, *Ta'rīkh*, ed. Abū Yaḥyā 'Abd-Allāh al-Kandarī, 2 vols (Beirut, 1424/2003).

Ibn Isfandiyār, *Ta'rīkh-i Ṭabaristān*, abridged trans. by Edward G. Browne, GMS 2 (Leiden and London, 1905).

Ibn al-Jawzī, 'Abd al-Raḥmān, *al-Muntaẓam fī ta'rīkh al-mulūk wa l-umam*, ed. F. Krenkow, 10 vols (Hyderabad, Deccan, 1357-9/1938-40).

Ibn Kathīr, 'Imād al-Dīn Abū l-Fidā Ismā'īl b. 'Umar, *al-Bidāya wa l-nihāya fī l-ta'rīkh*,

14 vols (Cairo, 1351/1932–[no final date]).

Ibn Khaldūn, Walī al-Dīn 'Abd al-Raḥmān b. Muḥammad, *Kitāb al-'ibar wa-dīwān al-mubtada' wa l-khabar fī ayyām al-'arab wa l-'ajam wa l-barbar wa-man 'āṣarahum min dhawī l-sulṭān al-akbar*, ed. Yūsuf As'ad Dāghir, *Ta'rīkh al-'allāma Ibn Khaldūn*, 7 vols (Beirut, 1956–61).

Ibn Khaldūn, Walī al-Dīn 'Abd al-Raḥmān b. Muḥammad, *al-Muqaddima*, trans. Franz Rosenthal, *Ibn Khaldûn. The Muqaddimah. An Introduction to History*, 2nd edn, 3 vols (Princeton, NJ, 1967; reprinted London and Henley, 1986) 〔김정아 역주,《무깟디마: 이슬람 역사와 문명에 대한 기록》(소명출판, 2020)〕.

Ibn Khaldūn, Walī al-Dīn 'Abd al-Raḥmān b. Muḥammad, *al-Ta'rīf bi-Ibn Khaldūn wa-riḥlatuhu gharban wa-sharqan*, ed. Muḥammad ibn Tāwīt al-Ṭanjī (Cairo, 1370/1951); ed. and trans. Abdesselam Cheddadi, *Ibn Khaldûn. Autobiographie* (Algiers, 2008); partial trans. and commentary in Fischel, *Ibn Khaldūn and Tamerlane* [아래 2차 자료를 보라], 29–120.

Ibn al-Khaṭīb (Abū 'Abd-Allāh Muḥammad b. 'Abd-Allāh al-Salmānī), *Muqni'at al-sa'īl 'an al-maraḍ al-hā'il*, ed. and trans. M.J. Müller, 'Ibnulkhatīb's Bericht über die Pest', *Sitzungsberichte der königlich bayerischen Akademie der Wissenschaften, philosophisch-philologische Classe* (1863), part 2, 1–34; reprinted in Fuat Sezgin (ed., with M. Amawi, D. Bischoff and E. Neubauer), *Beiträge zur Geschichte der arabisch-islamischen Medizin. Aufsätze*, I (Frankfurt am Main, 1987), 559–92.

Ibn Khātima, Abū Ja'far Aḥmad, *Taḥṣīl al-gharaḍ al-ḥāṣid fī tafṣīl al-maraḍ al-wāfid*, trans. Taha Dinānah, 'Die Schrift von Abī [원문 그대로] Ja'far Aḥmed ibn 'Alī ibn Muḥammed ibn 'Alī ibn Ḥātimah aus Almeriah über die Pest', *Archiv für Geschichte der Medizin* 19 (1927), 27–81.

Ibn Qāḍī Shuhba, Taqī al-Dīn Abū Bakr b. Aḥmad, *Ta'rīkh*, ed. 'Adnān Darwīsh, 4 vols (Damascus, 1977–97).

Ibn Ṣaṣrā, Muḥammad b. Muḥammad, *al-Durrat al-muḍī'a fī l-dawlat al-Ẓāhiriyya*, ed. and trans. William M. Brinner, *A Chronicle of Damascus 1389–1397 by Muḥammad ibn Muḥammad ibn Ṣaṣrā*, 2 vols (Berkeley and Los Angeles, 1963).

Ibn Shihāb Yazdī, Tāj al-Dīn Ḥasan, *Jāmi' al-tawārīkh-i Ḥasanī*, ed. Ḥusayn Mudarrisī Ṭabāṭabā'ī and Īraj Afshār (Karachi, 1987).

Ibn al-Shiḥna, Abū l-Walīd Muḥammad b. Maḥmūd, *Rawḍat al-manāẓir fī 'ilm al-awā'il wa l-awākhir*, printed in the margin of Ibn al-Athīr, *al-Kāmil fī l-ta'rīkh* (Būlāq, 1290/1873), IX.

Ibn Taghrībirdī, Abū l-Maḥāsin Yūsuf, *al-Manhal al-ṣāfī wa l-mustawfī ba'd al-Wāfī*, ed. Muḥammad Muḥammad Amīn, Sa'īd 'Abd al-Fattāḥ 'Āshūr et al., 9 vols so far (Cairo, 1984–1423/2002).

Ibn Taghrībirdī, Abū l-Maḥāsin Yūsuf, *al-Nujūm al-zāhira fī mulūk Miṣr wa l-Qāhira*, 16 vols (Cairo, 1348–92/1929–72); trans. William Popper, *History of Egypt 1382–1469*

A.D., 8 vols, University of California Publications in Semitic Philology 13-14, 17-19, 22-24 (Berkeley and Los Angeles, CA, 1954-63).

Ibn Turka Iṣfahānī, Ṣā'in al-Dīn ʿAlī b. Muḥammad, *Chahārdah risāla-yi fārsī*, ed. Sayyid ʿAlī Mūsā Bihbahānī and Sayyid Ibrāhīm Dībāchī (Tehran, 1351 shamsī/1972).

Ibn al-Wardī, Zayn al-Dīn Abū Ḥafṣ ʿUmar b. Muẓaffar, *Risālat al-naba' 'anal-wabā'*, trans. Michael Dols, 'Ibn al-Wardī's *Risālah al-naba' 'an al-waba'* [원문 그대로]: A translation of a major source for the history of the Black Death in the Middle East', in Dickran K. Kouymjian (ed.), *Near Eastern Numismatics, Iconography, Epigraphy and History. Studies in Honor of George C. Miles* (Beirut, 1974), 443-55.

Ibn al-Wardī, Zayn al-Dīn Abū Ḥafṣ ʿUmar b. Muẓaffar, *Tatimmat al-Mukhtaṣar fī akhbār al-bashar*, ed. Aḥmad Rifʿat al-Badrāwī, 2 vols (Beirut, 1389/1970).

Ibn Yamīn Faryūmadī, *Dīwān-i ashʿār*, ed. Ḥusayn ʿAlī Bāstānī-Rād ([Tehran, 1344 shamsī/1965]).

Ibragimov, S.K. (ed.), *Materialy po istorii kazakhskikh khanstv XV-XVIII vekov (izvlecheniia iz persidskikh i tiurkskikh sochinenii)* (Alma-Ata, 1969).

ʿIṣāmī, ʿAbd al-Malik, *Futūḥ al-salāṭīn*, ed. A.S. Usha (Madras, 1948).

Jaʿfarī, Jaʿfar b. Muḥammad Ḥusaynī, *Taʾrīkh-i kabīr*, partial trans. by Abbas Zaryab, 'Der Bericht über die Nachfolger Timurs aus dem Taʾrīḫ-i kabīr des Ǧaʿfarī ibn Muḥammad al-Ḥusainī', unpublished doctoral dissertation, Johannes Gutenberg-Universität Mainz, 1960.

Jaʿfarī, Jaʿfar b. Muḥammad Ḥusaynī, *Taʾrīkh-i Yazd*, ed. Īraj Afshār (Tehran, 1338 shamsī/1960).

Jamāl al-Qarshī (Abū l-Faḍl Muḥammad b. ʿUmar b. Khālid), *al-Mulḥaqāt bi l-Ṣurāḥ*, ed. and trans. Sh.Kh. Vokhidov and B.B. Aminov, in *IKPI*, I (Almaty, 2005); extracts also ed. in V.V. Bartolʾd, *Turkestan v épokhu mongolʾskogo nashestviia*, I. Teksty (St Petersburg, 1898), 128-52.

al-Jazarī, Shams al-Dīn Abū ʿAbd-Allāh Muḥammad b. Ibrāhīm, *Ḥawādith al-zamān wa-anbāʾihi wa-wafayāt al-akābir wa l-aʿyān min abnāʾihi*, ed. ʿUmar ʿAbd al-Salām Tadmurī, 3 vols (Ṣaydā, 1419/1998) [years 689-699/1290 to 1299-1300 and 725-738/1325 to 1337-8].

Juwaynī, ʿAlāʾ al-Dīn ʿAṭā Malik, *Taʾrīkh-i jahān-gushā*, ed. Mīrzā Muḥammad Qazwīni, 3 vols, GMS, n.s. 16 (Leiden and London, 1912-37); trans. John A. Boyle, *The History of the World-Conqueror*, 2 vols with continuous pagination (Manchester, 1958; reprinted in 1 vol. with introduction by David Morgan, 1997).

Jūzjānī, Minhāj al-Dīn Abū ʿUmar ʿUthmān b. Sirāj al-Dīn, *Ṭabaqāt-i Nāṣirī*, ed. ʿAbd al-Ḥayy Ḥabībī, 2nd edn, 2 vols (Kabul, 1342-3 shamsī/1963-4); trans. Henry G. Raverty, *Ṭabaḳāt-i Nāṣirī. A General History of the Muhammadan Dynasties of Asia*, 2 vols with continuous pagination, Bibliotheca Indica (Calcutta, 1872-81).

Khunjī, Faḍl-Allāh b. Rūzbihān, *Taʾrīkh-i ʿālam-ārā-yi Amīnī*, ed. John E. Woods, with abridged trans. by V. Minorsky (London, 1992).

Khwāfī, Faṣīḥ al-Dīn Aḥmad b. Jalāl al-Dīn Muḥammad, *Mujmal-i Faṣīḥī*, ed. Maḥmūd Farrukh, 2 vols in 3 parts (Mashhad, 1339–41 shamsī/1960–2); ed. Sayyid Muḥsin Nājī Naṣrābādī, 3 vols, with continuous pagination (Tehran, 1386 shamsī/2007–8); trans. D.Iu. Iusupova (Tashkent, 1980) [700년부터 845년까지/1301~1302년부터 1441~1442년까지만].

Khwānd-Amīr (Ghiyāth al-Dīn b. Humām al-Dīn Muḥammad Ḥusaynī), *Ḥabīb al-siyar fī akhbār afrād al-bashar*, ed. Jalāl Humā'ī, 4 vols (Tehran, 1333 shamsī/1954); trans. Wheeler M. Thackston, *Classical Writings of the Medieval Islamic World. Persian Histories of the Mongol Dynasties*, II (London and New York, 2012).

Khwārazmī (or Bukhārī), ʿAlā' al-Dīn ʿAlīshāh b. Muḥammad, *Ashjār-u athmār*, Glasgow University Library ms. Hunter 174 (T.8.6); Cambridge University Library ms. Browne Coll. O.8.

Kutubī, Maḥmūd, *Ta'rīkh-i āl-i Muẓaffar*, ed. ʿAbd al-Ḥusayn Nawā'ī (Tehran, 1335 shamsī/1956).

Lewis, B. (trans. and ed.), *Islam from the Prophet Muhammad to the Capture of Constantinople*, 2 vols (London and Basingstoke, 1974).

al-Maqrīzī, Taqī al-Dīn Aḥmad b. ʿAlī, *Durar al-ʿuqūd al-farīda fī tarājim aʿyān al-mufīda*, ed. Maḥmūd al-Jalīlī, 4 vols (Beirut, 1423/2002).

al-Maqrīzī, Taqī al-Dīn Aḥmad b. ʿAlī, *al-Sulūk li-maʿrifat duwal al-mulūk*, ed. Muṣṭafā Ziyāda and Saʿīd ʿAbd al-Fattāḥ ʿĀshūr, 4 vols in 12 parts (Cairo, 1934–72).

Marʿashī, Sayyid Ẓahīr al-Dīn, *Ta'rīkh-i Ṭabaristān-u Rūyān-u Māzandarān*, ed. Muḥammad Ḥusayn Tasbīḥī (Tehran, 1345 shamsī/1966).

Mīr-Khwānd (Mīr Muḥammad b. Sayyid Burhān al-Dīn Khwānd Shāh), *Ta'rīkh Rawḍat al-ṣafā*, 10 vols (Tehran, 1338–9 shamsī/1959–60).

al-Mufaḍḍal Ibn Abī l-Faḍā'il, *al-Nahj al-sadīd wa l-durr al-farīd*, partial edn. By Edgar Blochet, 'Moufazzal Ibn Abil-Fazaïl. Histoire des Sultans Mamlouks', *Patrologia Orientalis* 12 (1919), 343–550; 14 (1920), 373–672; and 20 (1929), 1–270.

Muʿīn al-fuqarā' (Aḥmad b. Maḥmūd), *Kitāb-i Mullāzāda*, ed. Aḥmad Gulchīn-i Maʿānī as *Ta'rīkh-i Mullāzāda dar dhikr-i mazārāt-i Bukhārā*, 2nd edn (Tehran, 1370 shamsī/1991).

Naṭanzī, Muʿīn al-Dīn, *Muntakhab al-tawārīkh*, partial edn by Jean Aubin, *Extraits du Muntakhab al-tavarikh-i Mu'ini (Anonyme d'Iskandar)* (Tehran, 1336 shamsī/1957); partial edn by Parwīn Istakhrī (Tehran, 1383 shamsī/2004); also BL ms. Or. 1566 and BN ms. Supplément persan 1651

Nawā'ī, ʿAbd al-Ḥusayn (ed.), *Asnād-u mukātabāt-i ta'rīkhī-yi Īrān az Taymūr tā Shāh Ismāʿīl* (Tehran, 1341 shamsī/1962).

al-Nuwayrī, Shihāb al-Dīn Aḥmad b. ʿAbd al-Wahhāb, *Nihāyat al-arab fī funūn al-adab*, XXVII, ed. Saʿīd ʿĀshūr with Muḥammad Muṣṭafā Ziyāda and Fu'ād ʿAbd al-Muʿṭī

924

al-Ṣayyād (Cairo, 1405/1985).

al-Qalqashandī, Shihāb al-Dīn Abū l-ʿAbbās Aḥmad b. ʿAlī, *Ṣubḥ al-aʿshā fī ṣināʿat al-inshā*ʾ, ed. Muḥammad Ḥusayn Shams al-Dīn (Beirut, 1987), 15 vols.

Qaraṭāy al-ʿIzzī al-Khaznadārī, *Taʾrīkh majmūʿ al-nawādir mimmā jarā li l-awāʾil wa l-awākhir*, ed. Horst Hein and Muḥammad al-Ḥuǧayrī, BI 46 (Beirut and Berlin, 2005).

Qāshānī, Jamāl al-Dīn Abū l-Qāsim ʿAbd-Allāh b. ʿAlī, *Taʾrīkh-i Uljāytū Sulṭān*, ed. Mahin Hambly (Tehran, 1348 shamsī/1969); also SK ms. Ayasofya 3019, part 2 [SOAS 도서관 소장 복사본].

Qāyinī, Jalāl al-Dīn Abū Muḥammad b. Najm al-Dīn Muḥammad, *Naṣāʾiḥ-i Shāhrukhī*, Österreichische Nationalbibliothek, Vienna, ms. A.F. 112

Rashīd al-Dīn Faḍl-Allāh Hamadānī, *Jāmiʿ al-tawārīkh*, Part I: *Taʾrīkh-i mubārak-I Ghāzānī*, ed. Muḥammad Rawshan and Muṣṭafā Mūsawī, 4 vols, with continuous pagination (Tehran, 1373 shamsī/1994); trans. Wheeler M. Thackston, *Classical Writings of the Medieval Islamic World. Persian Histories of the Mongol Dynasties*, III (London and New York, 2012). Partial edns: by A.A. Romaskevich et al., *Dzhāmīʿ at-tavārīkh*, I, part 1 (Moscow, 1965); by A.A. Alizade (ʿAbd al-Karīm ʿAlī-ughlī ʿAlīzāda), *Dzhāmiʿ at-tavārīkh*, II, part 1 (Moscow, 1980); by A.A. Alizade, *Dzhāmī-at-tavārīkh*, III (Baku, 1957). Partial edn and trans. of III by Étienne Quatremère, *Raschid-eldin. Histoire des Mongols de la Perse* (Paris, 1836; reprinted Amsterdam, 1970). Partial trans. of II by John A. Boyle, *The Successors of Genghis Khan* (New York, 1971) 〔김호동 역주,《라시드 앗 딘의 집사》, 전5권(사계절, 2002~2023)〕.

Rashīd al-Dīn Faḍl-Allāh Hamadānī, *Shuʿab-i panjgāna*, TSM ms. III Ahmet 2937.

al-Ṣafadī, Ṣalāḥ al-Dīn Khalīl b. Aybak, *Aʿyān al-ʿaṣr wa-aʿwān al-naṣr*, ed. Fāliḥ Aḥmad al-Bakkūr, 4 vols (Beirut, 1419/1998).

al-Ṣafadī, Ṣalāḥ al-Dīn Khalīl b. Aybak, *al-Wāfī bi l-wafayāt*, ed. Helmut Ritter et al., *Das biographische Lexikon des Ṣalāḥaddīn Ḫalīl b. Aybak aṣ-Ṣafadī*, 32 vols, BI 6 (Istanbul, Leipzig, Wiesbaden and Beirut, 1931-2013).

al-Sakhāwī, Shams al-Dīn Abū l-Khayr Muḥammad b. ʿAbd al-Raḥmān, *al-Ḍawʾ al-lāmiʿ li-ahl al-qarn al-tāsiʿ*, ed. Ḥusām al-Dīn al-Qudsī, 12 vols (Cairo, 1353-5/1934-6).

Salmānī, Tāj al-Dīn, *Shams al-ḥusn*, facsimile edn (of Istanbul ms. Lala Ismail Efendi 304) and abridged trans. by Hans R. Roemer, *Šams al-Ḥusn, eine Chronik vom Tode Timurs bis zum Jahre 1409 von Tāǧ as-Salmānī*, VOK 8 (Wiesbaden, 1956).

Samarqandī, Muḥammad b. ʿAbd al-Jalīl, *Qandiyya*, 16th-century Persian trans., in Īraj Afshār (ed.), *Qandiyya wa-Samariyya. Dū risāla dar taʾrīkh-i mazārāt-u jughrāfiyya-yi Samarqand* (Tehran, 1367 shamsī/1988-9).

Sayfī (Sayf b. Muḥammad b. Yaʿqūb al-Harawī), *Taʾrīkh-nāma-yi Harāt*, ed. Muḥammad Zubayr aṣ-Ṣiddīqī (Calcutta, 1944); ed. Ghulām-riḍā Ṭabāṭabāʾī Majd (Tehran, 1383 shamsī/2004).

Shabānkāra'ī, Muḥammad b. ʿAlī, *Majmaʿ al-ansāb*, ed. Mīr Hāshim Muḥaddith (Tehran, 1363 shamsī/1984) [Faryūmadī, Dhayl도 함께 수록].

Shabānkāra'ī, Muḥammad b. ʿAlī, *Majmaʿ al-ansāb*, third recension: BN ms. Supplément persan 1278; abridged version: BL ms. Add. 16696.

Shāmī, Niẓām al-Dīn, *Ẓafar-nāma*, ed. Felix Tauer, *Histoire des conquêtes de Tamerlan intitulée Ẓafarnāma par Niẓāmuddīn Šāmī, avec des additions empruntées au Zubdatu-t-tawārīḫ-i Bāysunġurī de Ḥāfiẓ-i Abrū*, 2 vols, Monografie Archívu Orientálního 5 (Prague, 1937-56).

al-Shujāʿī, Shams al-Dīn, *Taʾrīkh al-Malik al-Nāṣir Muḥammad b. Qalāwūn al-Ṣāliḥī wa-awlādihi*, ed. and trans. Barbara Schäfer, 2 vols, QGIA 2a-b (Wiesbaden, 1977-85).

Sirhindī, Yaḥyā b. Aḥmad, *Taʾrīkh-i Mubārakshāhī*, ed. S.M. Hidayat Husain, Bibliotheca Indica (Calcutta, 1931).

Sīstānī, Malik Shāh Ḥusayn, *Iḥyāʾ al-mulūk*, ed. Manūchihr Sutūda (Tehran, 1344 shamsī/1966).

al-Suyūṭī, Jalāl al-Dīn Abū l-Faḍl ʿAbd al-Raḥmān, *Mā rawāhu l-wāʿūn fī akhbār al-ṭāʿūn*, BL ms. Or. 3053.

Thackston, W.M. (trans. and ed.), *A Century of Princes. Sources on Timurid History and Art* (Cambridge, MA, 1989).

Tizengauzen (Tiesenhausen), V.G., Frhr. von (ed. and trans), *Sbornik materialov, otnosiashchikhsia k istorii Zolotoi Ordy*, 2 vols, I. *izvlecheniia iz sochinenii arabskikh* (St Petersburg, 1884); II. *izvlecheniia iz persidskikh sochinenii*, ed. A.A. Romaskevich and S.L. Volyn (Moscow and Leningrad, 1941).

Waṣṣāf (Shihāb al-Dīn ʿAbd-Allāh b. Faḍl-Allāh Shīrāzī), *Tajziyat al-amṣār wa-tazjiyat al-aʿṣār*, in 5 parts, lithograph edn by Muh.ammad Mahdī Is.fahānī (Bombay, 1269/1853); ed. and trans. Joseph Frhr. von Hammer-Purgstall, *Geschichte Wassaf's*, I (Vienna, 1856); *Geschichte Wassafs*, II-IV, trans. Joseph Frhr. von Hammer-Purgstall and ed. Sibylla Wentker, with Elisabeth and Klaus Wundsam (Vienna, 2010-16); new edition of Part 4 (based on an autograph ms.) by ʿAlī-Riḍā Ḥājjiyān Nizhād, *Taʾrīkh-i Waṣṣāf al-Ḥaḍrat*, IV (Tehran, 1388 shamsī/2009); also Istanbul ms. Nuruosmaniye 2740/1-2 (old numbering: 3207).

Yazdī, Ghiyāth al-Dīn ʿAlī, *Rūz-nāma-yi ghazawāt-i Hind*, ed. L.A. Zimin, *Dnevnik pokhoda Timura v Indiiu Giias-ad-dina Ali*, with introduction by V.V. Bartol'd (Petrograd, 1915); ed. Īraj Afshār as *Saʿādat Nāma yā rūz-nāma-yi ghazawāt-i Hindūstān dar sālhā-yi 800-801 ḥijrī* (Tehran and Karachi, 1379 shamsī/2000); trans. A.A. Semenov, Giiāsaddīn ʿAlī. *Dnevnik pokhoda Tīmūra v Indiiu* (Moscow, 1958).

Yazdī, Muʿīn al-Dīn b. Jalāl al-Dīn Muḥammad Muʿallim, *Mawāhib-i ilāhī dar taʾrīkh-i āl-i Muẓaffar*, partial edn by Saʿīd Nafīsī (Tehran, 1326 shamsī/1947); BL ms.

Add. 7632.

Yazdī, Sharaf al-Dīn ʿAlī, *Ẓafar-nāma*, ed. Muḥammad ʿAbbāsī, 2 vols (Tehran, 1336 shamsī/1957); facsimile edn (of Gosudarstvennyi Institut Vostokovedeniia, Tashkent, ms. 4472) by A. Urunbaev (Tashkent, 1972) [본문에서는《서문(Muqaddima)》을 인용하는데 활용]; ed. Saʿīd Mīr Muḥammad Ṣādiq and ʿAbd al-Ḥusayn Nawāʾī, 2 vols with continuous pagination (Tehran, 1387 shamsī/2008) [작품 전체] [이주연 역주, 〈티무르朝의 史書, 야즈디 撰《勝戰記》(Ẓafar-nāma)의 譯註〉, 서울대학교 박사학위논문 (2020)].

al-Yūnīnī, Quṭb al-Dīn Abū l-Fatḥ Mūsā b. Muḥammad, *Dhayl Mirʾāt al-zamān*, complete edn by ʿAbbās Hānī Jarrākh, in Sibṭ Ibn al-Jawzī, *Mirʾāt al-zamān*, and al-Yūnīnī, *Dhayl Mirʾāt al-zamān* (Beirut, 1434/2013), XVI-XXII; partial edns: 4 vols (Hyderabad, A.P., 1374-80/1954-61) [686년/1287년까지]; ed. and trans. Li Guo 〔郭黎〕, *Early Mamluk Syrian Historiography. Al-Yūnīnī's Dhayl Mirʾāt al-Zamān*, IHC 21, 2 vols (Leiden, Boston, MA, and Cologne, 1998) [697년부터 701년까지/1297~1298년부터 1301-2년까지].

Yūsuf-i Ahl, Jalāl al-Dīn, *Farāʾid-i Ghiyāthī*, partial edn by Ḥishmat Muʾayyad, 2 vols (Tehran, 2536 shāhanshāhī/1977 and 1358 shamsī/1979); also Süleymaniye Kütüphanesi, Istanbul, ms. Fâtih 4012.

al-Yūsufī, ʿImād al-Dīn Mūsā b. Muḥammad b. Yaḥyā, *Nuzhat al-nāẓir fī sīrat al-Malik al-Nāṣir*, ed. Aḥmad Ḥuṭayṭ (Beirut, 1406/1986).

Zayn al-Dīn b. Ḥamd-Allāh Mustawfī Qazwīnī, *Dhayl-i Taʾrīkh-i guzīda*, ed. Īraj Afshār (Tehran, 1372 shamsī/1993); facsimile edn and trans. by M.D. Kazimov and V.Z. Piriiev (Baku, 1990).

Zetterstéen, K.V. (ed.), *Beiträge zur Geschichte der Mamlūkensultane in den Jahren 690-741 der Higʾra nach arabischen Handschriften* (Leiden, 1919).

몽골어

Anonymous, *Monggholʾun niucha tobchaʾan*, trans. Igor de Rachewiltz, *The Secret History of the Mongols. A Mongolian Epic Chronicle of the Thirteenth Century*, 3 vols, BIAL 7 (Leiden and Boston, MA, 2004-13) [유원수 역주,《몽골 비사》(사계절, 2004)].

Mostaert, A., and Cleaves, Francis W. (eds), ʿTrois documents mongols des archives secrètes vaticanesʾ, *HJAS* 15 (1952), 419-506.

Mostaert, A., and Cleaves, Francis W. (eds), *Les Lettres de 1289 et 1305 des ilkhan Aryun et Öljeitü à Philippe le Bel*, Harvard-Yenching Institute, Scripta Mongolica Monograph series 1 (Cambridge, MA, 1962).

한문

Atwood, Christopher P. (trans. and ed., with Lynn Struve), *The Rise of the Mongols. Five Chinese Sources* (Indianapolis, IN, 2021).

Bretschneider, E. (trans. and ed.), *Mediaeval Researches from Eastern Asiatic Sources.*

Fragments towards the Knowledge of the Geography and History of Central and Western Asia from the 13th to the 17th Century, 2 vols (London, 1888; reprinted 1910).

Franke, H. (trans.), *Beiträge zur Kulturgeschichte Chinas unter der Mongolenherrschaft. Das* Shan-kü sin-hua *des Yang Yü*, AKM 32/2 (Wiesbaden, 1956).

Hambis, Louis, *Documents sur l'histoire des Mongols à l'époque des Ming*, Bibliothèque de l'Institut des Hautes Études Chinoises 21 (Paris, 1969).

Pelliot, Paul, and Hambis, Louis (ed. and trans.), *Histoire des campagnes de Gengis Khan. Cheng-wou Ts'in-tcheng lou*, I [only] (Leiden, 1951).

權衡,《招捕總錄》, trans. Helmut Schulte-Uffelage, *Das* Keng-shen Wai-shih. *Eine Quelle zur späten Mongolenzeit*, Ostasiatische Forschungen: Monographien 2 (Berlin, 1963).

宋濂 等,《元史》卷98-99, ed. and trans. in Hsiao, *The Military Establishment of the Yuan Dynasty*, 65-124.

宋濂 等,《元史》卷107, ed. and trans. Louis Hambis (with supplementary notes by Paul Pelliot), *Le Chapitre CVII du Yuan che. Les généalogies impériales mongoles dans l'histoire chinoise off icielle de la dynastie mongole*, Supplement to TP 38 (Leiden, 1945).

宋濂 等,《元史》卷108, ed. and trans. *Louis Hambis, Le Chapitre CVIII du Yuan che. Les fiefs attribués aux membres de la famille impériale et aux ministres de la cour mongole d'après l'histoire chinoise off icielle de la dynastie mongole*, Monographies du TP 3 (Leiden, 1954).

〔陳誠·李暹,《西域蕃國志》; 신원철 역주, 〈서역번국지 번역〉,《서역행정기·서역번국지 역주》(동문연, 2022), 73-149]. 아래 2차 자료의 Rossabi, 'A translation of Ch'en Ch'eng's *Hsi-yü fan-kuo chih*'도 확인.

〔張輔 等,《明太宗實錄》(臺北, 1962).〕

〔張廷玉 等,《明史》(北京, 1974). 권인용 역주, 송정수 교열, 〈명사(明史) 권332 서역(西域) 4: 살마아한·사록해아·달실간·새람·양이전 등 역주〉,《명사 외국전 역주 4: 서역전》(동북아역사재단, 2012), 361-471.〕

〔忽思慧,《飮膳正要》; 최덕경 역주,《음선정요 역주》(세창출판사, 2021). 2차 자료의 Buell and Anderson, *A Soup for the Qan*도 확인.〕

〔趙珙,《蒙韃備錄》(鄭州, 2019). 위의 Atwood, *The Rise of the Mongols*도 참고.〕

〔彭大雅·徐霆 著, 李國强 整理, 〈黑韃事略〉, 上海師范大學古籍整理研究所,《全宋筆記》第7編 (上海, 2015 [2016]) 2, 243-63. 위의 Atwood, *The Rise of the Mongols*도 참고.〕

〔宋子貞, 〈中書令耶律公神道碑〉, 李修生 主編,《全元文》1 (南京, 1999), 卷8, 169-178. 위의 Atwood, *The Rise of the Mongols*도 참고.〕

〔賈敬顏 校注, 陳曉偉 整理,《聖武親征錄 (新校本)》(南京, 2020). 위의 Pelliot and Hambis (ed. and trans.), *Histoire des campagnes de Gengis Khan*도 참고.〕

〔楊瑀,《山居新話》余大鈞 點校 (北京, 2006). 위의 Franke, H. (trans.), *Beiträge zur Kulturges-chichte Chinas*도 참고.〕

튀르크어

Anonymous, *Tawārīkh-i guzīda-yi nuṣrat-nāma*, BL ms. Or. 3222; facsimile edn (of this ms.) by A.M. Akramov (Tashkent, 1967); partial trans. in Ibragimov (ed.), *Materialy po istorii kazakhskikh khanstv XV-XVIII vekov*, 9-43.

Abū l-Ghāzī Bahādur Khān, *Shajarat al-atrāk*, ed. and trans. Petr I. Desmaisons, *Histoire des Mongols et des Tatares par Aboul-Ghâzî Béhâdour Khân* (St Petersburg, 1871-4; reprinted Amsterdam, 1970).

Bābur, Ẓahīr al-Dīn Muḥammad, *Bābur-nāma*, trans. Annette S. Beveridge, *The Bābur-nāma in English* (London, 1922; reprinted 1969); trans. Wheeler M. Thackston, T*he Baburnama. Memoirs of Babur, Prince and Emperor* (New York, 2002).

Ötemish Ḥājjī, *Chingīz-nāma*, ed. and transcribed by Takushi Kawaguchi〔川口琢司〕, Hiroyuki Nagamine〔長峰博之〕 and Mutsumi Sugahara〔自己紹介〕, *Ötämiš Ḥājī. Čingīz-nāma* (Tokyo, 2008).

Yūsuf Khāṣṣ Ḥājib, *Qutadghu Bilig*, trans. Robert Dankoff, *Wisdom of Royal Glory (Kutadgu Bilig). A Turko-Islamic Mirror for Princes* (Chicago, IL, and London, 1983).

티베트어

'Gos lo-tsā-ba gŽon-nu-dpal, Debther sṅon-po, trans. George N. Roerich, *The Blue Annals*, 2 vols (Calcutta, 1949; reprinted in 1 vol., Delhi, 1979).

라틴어와 고대 프랑스어

Anonymous, *Chronica XXIV generalium ordinis Minorum*, in *Analecta Franciscana*, III (Quaracchi, 1897).

Anonymous, 'Chronicon Dubnicense', in Flórián Mátyás (ed.), *Historiae Hungaricae fontes domestici*, III (Leipzig, 1884), 1-212.

Anonymous, *Chronicon Estense*, ed. Giulio Bertoni and Emilio Paolo Vicini, in *RIS*, n.s., XV, part 3 (Città di Castello, 1908).

Anonymous, *Chronographia regum Francorum*, ed. H. Moranvillé, 3 vols (Paris, 1891-7)

Anonymous, *Chronique du Religieux de Saint-Denys contenant le règne de Charles VI, de 1380 à 1422*, ed. Louis F. Bellaguet, 6 vols (Paris, 1839-52).

Anonymous, *De statu, conditione ac regimine magni canis*, ed. Christine Gadrat, 'De statu, conditione ac regimine magni canis: l'original latin du ≪Livre de l'estat du grant can≫ et la question de l'auteur', BEC 165 (2007), 355-71; 14th-century French translation, ed. M. Jacquet, 'Le Livre du Grant Caan, extrait d'un manuscrit de la Bibliothèque du Roi', JA 6 (1830), 57-72, and trans. in Yule, *Cathay and the Way Thither*, III, 89-103.

Anonymous, treatise on commerce, ed. in Bautier, 'Les relations économiques des Occidentaux' [아래 2차 자료를 보라], 311-20 (Appendice I).

Andreas de Redusiis de Quero, *Chronicon Tarvisinum*, in *RIS*, XIX (Milan, 1731), coll. 735-866.

Barbaro, Giosafa, Viaggi, ed. and trans. in E.Ch. Skrzhinskaia, *Barbaro i Kontarini o Rossii. K istorii italo-russkikh sviazei v XV v.* (Leningrad, 1971), 이탈리아어 원문 113-36, 러시아어 번역과 주석 136-87; trans. William Thomas, in Henry Edward John Stanley, Baron Stanley of Alderley (ed.), *Travels to Tana and Persia by Josafa Barbaro and Ambrogio Contarini*, HS, 1st series, [49a] (London, 1873).

Bartolomeo da Pisa, *De conformitate vitae beati Francisci ad vitam domini Iesu*, in *Analecta Franciscana*, IV (Quaracchi, 1906),

Bergdolt, K. (ed. and trans.), *Die Pest 1348 in Italien. Fünfzig zeitgenössische Quellen* (Heidelberg, 1989).

[Bridia, C. de, *Historia Tartarorum*,] 'Tartar Relation', ed. George D. Painter et al., in *The Vinland Map and the Tartar Relation*, new edn (New Haven, CT, and London, 1995)

Clavijo, Ruy Gonzalez de, *Embajada a Tamorlán*, ed. Francisco López Estrada (Madrid, 1943); trans. Clements R. Markham, *Narrative of the Embassy of Ruy González de Clavijo to the Court of Timour, at Samarcand, A.D. 1403-6*, HS, 1st series, [26] (London, 1859); trans. Guy Le Strange, *Clavijo. Embassy to Tamerlane 1403-1406* (London, 1928).

'Corpus chronicorum Bononiensium, III', ed. Albano Sorbelli, in *RIS*, new series, XVIII, part 1, II (Città di Castello and Bologna, 1905-40).

Dennis, George T. (ed.), 'Three reports from Crete on the situation in Romania, 1401-1402', *Studi Veneziani* 12 (1970), 243-65; reprinted in Dennis, *Byzantium and the Franks 1350-1420* (London, 1982).

Dietrich von Nyem, *De scismate libri tres*, ed. G. Erler (Leipzig, 1890).

Dörrie, H. (ed.), 'Drei Texte zur Geschichte der Ungarn und Mongolen: Die Missionsreisen des fr. Julianus O.P. ins Uralgebiet (1234/5) und nach Rußland (1237) und der Bericht des Erzbischofs Peter über die Tartaren', *Nachrichten der Akademie der Wissenschaften in Göttingen, phil.-hist. Klasse* (1956), no. 6, 125-202.

Ellis, Sir Henry (ed.), *Original Letters Illustrative of English History*, 3rd series, I (London, 1846).

František of Prague, *Chronica Pragensis*, ed. as 'Kronika Františka Pražského', in Josef Emler (ed.), *Prameny dějin českých. Fontes rerum Bohemicarum*, IV (Prague, 1884), 347-456; new edn by Jana Zachová, *Chronicon Francisci Pragensis/Kronika Františka Pražského*, Prameny dějin českých/Fontes rerum Bohemicarum, nová řada, I (Prague, 1997).

Gabriele de' Mussi, *De morbo*, ed. A.G. Tononi, 'La peste dell'anno 1348', *Giornale Ligustico di Archeologia, Storia e Letteratura* 11 (1884), 139-52; trans. in Horrox, *The Black Death* [아래 2차 자료를 보라], 14-26.

Geoffrey Le Baker, *Chronicon*, trans. David Preest, *The Chronicle of Geoffrey le Baker of Swinbrook* (Woodbridge, 2012). Horrox, *The Black Death*, 80-2에도 편역.

Giorgio Stella, *Annales Genuenses*, ed. Giovanna Petti Balbi, in *RIS*, new series, XVII, part 2

930

(Bologna, 1975).

Hingeston, F.C. (ed.), *Royal and Historical Letters during the Reign of Henry the Fourth, King of England and of France, and Lord of Ireland*, I: A.D. *1399-1404*, Rolls Series 18 (London, 1860).

John, Archbishop of Sulṭāniyya, *Libellus de notitia orbis*, Universitätsbibliothek Graz ms. 1221, fos 41a-127a; partial edn by Anton Kern, 'Der 'Libellus de notitia orbis' Iohannes' III. (de Galonifontibus?) O.P. Erzbischofs von Sultanyeh [원문 그대로]', AFP 8 (1938), 82-123.

John, Archbishop of Sulṭāniyya, *Mémoire*, ed. H. Moranvillé, 'Mémoire sur Tamerlan et sa cour par un Dominicain, en 1403', *BEC* 55 (1894), 441-64.

Knighton, Henry, *Chronica de eventibus Angliae a tempore regis Edgari usque mortem regis Ricardi Secundi*, partial edn by G.H. Martin, *Knighton's Chronicle 1337-1396*, Oxford Medieval Texts (Oxford, 1995).

Marco Polo, *Le devisement du monde*, ed. Philippe Ménard et al., 6 vols (Geneva, 2001-9); trans. Aldo Ricci, *The Travels of Marco Polo* (London, 1931); trans. Ronald Latham, *Marco Polo. The Travels* (Harmondsworth, 1958); trans. Sharon Kinoshita, *Marco Polo. The Description of the World* (Indianapolis, IN, 2016) 〔김호동 역주,《마르코 폴로의 동방견문록》(사계절, 2000)〕.

Marignolli, John of, 'Relatio', in Van den Wyngaert (ed.), *Sinica Franciscana*, I, 513-60; excerpts ed. in Irene Malfatto, 'Le digressioni sull'Oriente nel *Chronicon Bohemorum* di Giovanni de' Marignolli' (Firenze, 2013), http://ecodicibus.sismelfirenze.it/index.php/iohannes-de-marignollis-chronicon-bohemorumexcerpta-de-rebus-orientalibus;dc; partial trans. in Yule, *Cathay and the Way Thither*, III, 209-69.

Matthew Paris, *Chronica Majora*, ed. Henry Richards Luard, 7 vols, Rolls Series 57 (London, 1872-83).

Mignanelli, Beltramo di, *De ruina Damasci*, ed. Étienne Baluze as 'Vita Tamerlani', in *Miscellanea novo ordine digesta et non paucis ineditis monumentis opportunisque animadversionibus aucta*, new edn by J.D. Mansi (Lucca, 1764), IV, 134-40; ed. in Helmy, *Tra Siena, l'Oriente e la Curia* [아래 2차 자료를 보라], 315-40; partial trans. by Walter J. Fischel, 'A new Latin source on Tamerlane's conquest of Damascus (1400/1401) (B. de Mignanelli's "Vita Tamerlani" 1416)', *Oriens* 9 (1956), 201-32.

Paschal de Vittoria, 'Epistola', in Van den Wyngaert (ed.), *Sinica Franciscana*, I, 501-6; trans. in Yule, *Cathay and the Way Thither*, III, 81-8.

Pegolotti, Francesco Balducci, *La pratica della mercatura*, ed. Allan Evans (Cambridge, MA, 1936).

Piloti, Emmanuel, *De modo, progressu, ordine ac diligenti providentia habendis in passagio Christianorum pro conquesta Terre Sancte*, ed. and trans. P.-H. Dopp, *L'Égypte au commencement du quinzième siècle d'après le Traité d'Emmanuel Piloti de Crète* (Incipit 1420) (Cairo, 1950).

Plano Carpini, John of (Giovanni del Pian di Carpine), *Ystoria Mongalorum quos nos Tartaros appellamus*, ed. Enrico Menestò et al., *Giovanni di Pian di Carpine. Storia dei Mongoli* (Spoleto, 1989); trans. in Christopher Dawson (ed.), *The Mongol Mission. Narratives and Letters of the Franciscan Missionaries in Mongolia and China in the Thirteenth and Fourteenth Centuries* (London, 1955), 1-72 〔김호동 역주, 〈카르피니의 《몽골의 역사》〉,《몽골 제국 기행: 마르코 폴로의 선구자들》(까치, 2015), 35-161〕.

Rafaino Caresini, Chronica, ed. Ester Pastorello, 'Raphayni de Caresinis cancellarii Venetiarum Chronica', in *RIS*, new series, XII, part 2 (Bologna, 1938-58).

Riccoldo da Montecroce, *Liber peregrinationis*, ed. and trans. René Kappler in *Riccold de Montecroce. Pérégrination en Terre Sainte et au Proche Orient..., Lettres sur la chute de Saint-Jean d'Acre* (Paris, 1997), 33-205; trans. in Rita George-Tvrtković, *A Christian Pilgrim in Medieval Iraq. Riccoldo da Montecroce's Encounter with Islam* (Turnhout, 2012), Appendix B, 175-227.

Rubió i Lluch, Antoni (ed.), *Diplomatari de l'Orient Català (1301-1409)* (Barcelona, 1947).

Rubruck, William of, *Itinerarium*, ed. Paolo Chiesa, *Guglielmo di Rubruk. Viaggio in Mongolia* ([Milan], 2011); also in Van den Wyngaert (ed.), *Sinica Franciscana*, I, 164-332; trans. and ed. Peter Jackson with David Morgan, *The Mission of Friar William of Rubruck. His Journey to the Court of the Great Khan Möngke 1253-1255*, HS, 2nd series, 173 (London, 1990) 〔김호동 역주, 〈루브룩의 《몽골 기행》〉,《몽골 제국 기행: 마르코 폴로의 선구자들》(까치, 2015), 163-401〕.

Schiltberger, Johann, *Reisebuch*, trans. J. Buchan Telfer (with notes by P. Bruun), *The Bondage and Travels of Johann Schiltberger, a Native of Bavaria, in Europe, Asia, and Africa, 1396-1427*, HS, 1st series, 58 (London, 1879).

Simon of Saint-Quentin, *Historia Tartarorum* [excerpted from Vincent of Beauvais, *Speculum historiale*], ed. Jean Richard, *Simon de Saint-Quentin. Histoire des Tartares*, Documents relatifs à l'histoire des Croisades 8 (Paris, 1965).

Thiriet, F. (ed.), *Délibérations des assemblées vénitiennes concernant la Romanie*, II: *1364-1463*, D&R 11 (Paris and the Hague, 1971).

Thiriet, F. (ed.), *Régestes des délibérations du Sénat de Venise concernant la Romanie*, I: *1329-1399*; II: *1400-1430*, D&R 1-2 (Paris and The Hague, 1958-9).

Van den Wyngaert, A. (ed.), *Sinica Franciscana*, I. *Itinera et relationes Fratrum Minorum saeculi XIII et XIV* (Quaracchi-Firenze, 1929).

Villani, Giovanni, *Nuova cronica*, ed. Giuseppe Porta, 3 vols (Parma, 1990-1).

Villani, Matteo, *Cronica*, ed. Giuseppe Porta, 2 vols (Parma, 1995),

Yule, H. (trans. and ed.), *Cathay and the Way Thither; Being a Collection of Medieval Notices of China*, new edn by Henri Cordier, 4 vols, HS, 2nd series, 33, 37, 38 and 41 (London, 1913-16).

〔김호동 역주, 〈참고 자료 3: 카르피니를 통해서 구육 칸이 교황 인노켄티우스 4세에게 보낸 친서〉,《몽골 제국 기행: 마르코 폴로의 선구자들》(까치, 2015), 445-6.〕

시리아어

Bar Hebraeus, Gregory Abū l-Faraj, *Makthebānut zabnē*, ed. and trans. E.A. Wallis Budge,*The Chronography of Gregory Abu'l-Faraj Son of Aaron the Physician Commonly Known as Bar Hebraeus*, 2 vols (Oxford and London, 1932), I (영어 번역); II (원문). 부록과 xxx-liii에 티무르 및 티무르 왕조와 연관된 시리아어 자료 잔편의 번역이 있다.

그리스어

Doukas, *Historia Turco-Byzantina*, trans. Harry J. Magoulias, *Decline and Fall of Byzantium to the Ottoman Turks* (Detroit, MI, 1975).

Gregoras, Nikephoros, *Rhomaïkē historia*, trans. Jan L. Van Dieten, *Nikephoros Gregoras. Rhomäische Geschichte*, 6 vols in 7 parts, Bibliothek der griechischen Literatur 24 (Stuttgart, 1973-2007).

Panaretos, Michaēl, *Peri tōn tēs Trapezountos basileōn*, ed. and trans. Scott Kennedy, in *Two Works on Trebizond. Michael Panaretos. Bessarion* (Cambridge, MA, 2019), 2-57.

Schreiner, P. (ed.), *Die byzantinischen Kleinchroniken*, 3 vols, Corpus Fontium Historiae Byzantinae, XII, 1-ㄴ3 (Vienna, 1975-9).

Bartsocas [아래 2차 자료]도 확인.

러시아어

Ermolinskaia letopis', in *PSRL*, XXIII (St Petersburg, 1910).

Moskovskii letopisnyi svod kontsa XV veka, in *PSRL*, XXV (Moscow and Leningrad, 1949).

Patriarshaia ili Nikonovskaia letopis', in *PSRL*, X (St Petersburg, 1885; reprinted Moscow, 1962), and XI (St Petersburg, 1897; reprinted Moscow, 1965); trans. Serge A. and Betty Jean Zenkovsky, *The Nikonian Chronicle, III: From the Year 1241 to the Year 1381* (Princeton, NJ, 1986).

Pskovskie letopisi, ed. A. Nasonov, I (Moscow and Leningrad, 1941; reprinted The Hague, 1967).

Troitskaia letopis', ed. M.D. Priselkov (Moscow, 1950).

캅카스 제어

Galstian, A.G. (trans.), *Armianskike istochniki o mongolakh* (Moscow, 1962).

Hayton of Gorighos, *La Flor des estoires de la terre d'Orient*, ed. Ch. Kohler, in *Recueil des Historiens des Croisades. Documents arméniens*, II (Paris, 1906), 고대 프랑스어 원문 111-253, (니콜라 포콩(Nicolas Faucon)의) 동시대 라틴어 번역본, 255-363.

Kirakos Ganjakets'i, *Patmut'iwn Hayots'*, trans. Robert Bedrosian, *Kirakos Ganjakets'i's History of the Armenians* (New York, 1986); trans. L.A. Khanlarian, *Kirakos Gandzaketsi. Istoriia Armenii*, Pamiatniki Pis'mennosti Vostoka 53 (Moscow, 1976).

Sanjian, A.K. (trans. and ed.), *Colophons of Armenian Manuscripts, 1301-1480. A Source for Middle Eastern History (Cambridge, MA, 1969).

Step'anos Orbelian, Patmut'iwn nahangin Sisakan, trans. M.-F. Brosset, *Histoire de la Siounie*, 2 vols (St Petersburg, 1864-6).

T'ovma Metsobet'si, *Patmut'iwn lank-T'amuray ew yajordats' iwrots'*, trans. Robert Bedrosian, *T'ovma Metsobet'si's History of Tamerlane and His Successors* (New York, 1987).

Vardan Arewelts'i, *Hawak'umn patmut'ean*, trans. Robert W. Thomson, 'The historical compilation of Vardan Arewelc'i', *Dumbarton Oaks Papers* 34 (1989), 125-226.

2차 자료

* 이 목록에는 후주에 두 차례 이상 언급된 문헌들만 수록했다. 동저자의 저작이 여러 권일 경우 출판 시점 순으로 배열했다.

Abu-Lughod, Janet L., *Before European Hegemony. The World System A.D. 1250-1350* (Oxford, 1989) 〔박홍식·이은정(李恩廷) 옮김,《유럽 패권 이전: 13세기 세계체제》(까치, 2006)〕.

Abu-Lughod, Janet Lippman, 'The world system in the thirteenth century: Dead-end or precursor?', in Michael Adas (ed.), *Islamic and European Expansion. The Forging of a Global Order* (Philadelphia, PA, 1993), 75-102.

Adshead, S.A.M., *Central Asia in World History* (Basingstoke, 1993).

Aerke, Kristiaan, 'Au miroir des peurs occidentales', in Fourniau (ed.), *Samarcande 1400-1500*, 55-71.

Aigle, Denise, 'Loi mongole vs loi islamique. Entre mythe et réalité', *AHSS* 59 (2004), 971-96; revised and trans. as 'Mongol law versus Islamic law: Myth and reality', in Aigle, *The Mongol Empire between Myth and Reality*, 134-56.

Aigle, Denise, 'Le Grand *Jasaq* de Gengis-Khan, l'empire, la culture mongole et le Shari'a', *JESHO* 47 (2004), 31-79.

Aigle, Denise, *The Mongol Empire between Myth and Reality. Studies in Anthropological History* (Leiden and Boston, MA, 2015).

Aigle, Denise, 'The historical *taqwīm* in Muslim East', in Aigle, *The Mongol Empire between Myth and Reality*, 89-104.

Aigle, Denise, 'Hülegü's letters to the last Ayyubid ruler of Syria: The construction of a model', in Aigle, *The Mongol Empire between Myth and Reality*, 199-218.

Aigle, Denise, 'A religious response to Ghazan Khan's invasions of Syria: The three "Anti-Mongol" *fatwā*s of Ibn Taymiyya', in Aigle, *The Mongol Empire between Myth and Reality*, 283-305.

Aigle, Denise, 'Epilogue. The Mongol empire after Genghis Khan', in Aigle, *The Mongol*

Empire between Myth and Reality, 306-22.

Aigle, Denise (ed.), *L'Iran face à la domination mongole*, Bibliothèque Iranienne 45 (Tehran, 1997).

Akasoy, Anna; Burnett, Charles; and Yoeli-Tlalim, Ronit (eds), *Rashīd al-Dīn. Agent and Mediator of Cultural Exchanges in Ilkhanid Iran*, Warburg Institute Colloquia 24 (London and Turin, 2013).

Akopyan, Alexander V., and Mosanef, Farbod, 'Between Jūjīds [원문 그대로] and Jalāyirids: The coinage of the Chopānids, Akhījūq and their contemporaries, 754-759/1353-1358', *Der Islam* 92 (2015), 197-246.

Album, Stephen, 'Power and legitimacy: The coinage of Mubāriz al-Dīn Muḥammad ibn al-Muẓaffar at Yazd and Kirman', *Le Monde Iranien et l'Islam* 2 (1974), 157-71

Album, Stephen, 'Studies in Ilkhanid history and numismatics, I. A late Ilkhanid hoard (743/1342)', *StIr* 13 (1984), 49-116.

Alexander, John T., *Bubonic Plague in Early Modern Russia. Public Health and Urban Disaster* (Oxford, 2003).

Alexandrescu-Dersca, Marie-Mathilde, *La Campagne de Timur en Anatolie (1402)* (1942); 2nd edn (London, 1977).

Allsen, Thomas T., 'The Yüan dynasty and the Uighurs of Turfan in the 13th century', in Morris Rossabi (ed.), *China among Equals. The Middle Kingdom and Its Neighbors, 10th-14th Centuries* (Berkeley and Los Angeles, CA, 1983), 243-80.

Allsen, Thomas T., 'The Princes of the Left Hand: An introduction to the history of the ulus of Orda in the thirteenth and early fourteenth centuries', *AEMA* 5 (1985-7), 5-40.

Allsen, Thomas T., *Mongol Imperialism. The Policies of the Grand Qan Möngke in China, Russia, and the Islamic Lands, 1251-1259* (Berkeley and Los Angeles, CA, 1987).

Allsen, Thomas T., 'Changing forms of legitimation in Mongol Iran', in Gary Seaman and Daniel Marks (eds), *Rulers from the Steppe. State Formation on the Eurasian Periphery* (Los Angeles, CA, 1991), 223-41.

Allsen, Thomas T., 'The rise of the Mongolian empire and Mongolian rule in north China', in *CHC*, VI, 321-413.

Allsen, Thomas T., 'Spiritual geography and political legitimacy in the eastern steppe', in Henri J.M. Claessen and Jarich G. Oosten (eds), *Ideology and the Formation of Early States*, Studies in Human Society 11 (Leiden, 1996), 116-35.

Allsen, Thomas T., *Commodity and Exchange in the Mongol Empire. A Cultural History of Islamic Textiles*, CSIC (Cambridge, 1997).

Allsen, Thomas T., *Culture and Conquest in Mongol Eurasia*, CSIC (Cambridge, 2001). 〔조원 옮김, 《몽골의 유라시아 정복과 문화》(도서출판 길, 2025)〕

Allsen, Thomas T., 'Sharing out the empire: Apportioned lands under the Mongols', in Khazanov and Wink (eds), *Nomads in the Sedentary World*, 172-90.

Allsen, Thomas T., 'Eurasia after the Mongols', in *CWH*, VI, part 1, 159-81.

Amitai, Reuven, *The Mongols in the Islamic Lands. Studies in the History of the Ilkhanate* (Aldershot and Burlington, VT, 2007).

Amitai, Reuven, 'Im Westen nichts Neues? Re-examining Hülegü's offensive into the Jazira and Northern Syria in light of recent research', in Krämer, Schmidt and Singer (eds), *Historicizing the 'Beyond'*, 83-96.

Amitai, Reuven, *Holy War and Rapprochement. Studies in the Relationship between the Mamluk Sultanate and the Mongol Ilkhanate (1260-1335)* (Turnhout, 2013).

Amitai, Reuven, 'Ibn Khaldūn on the Mongols and their military might', in Franz and Holzwarth (eds), *Nomad Military Power in Iran and Adjacent Areas in the Islamic Period*, 193-208.

Amitai, Reuven, 'Political legitimation in the Ilkhanate: More thoughts on the Mongol imperial ideology, the introduction of Muslim justifications, and the revival of Iranian ideals', in May, Dashdondog and Atwood (eds), *New Approaches to Ilkhanid History*, 209-48.

Amitai, Reuven, and Biran, Michal (eds), *Mongols, Turks, and Others. Eurasian Nomads and the Sedentary World*, BIAL 11 (Leiden and Boston, MA, 2005).

Amitai, Reuven, and Biran, Michal (eds), *Nomads as Agents of Cultural Change. The Mongols and Their Eurasian Predecessors* (Honolulu, HI, 2015).

Amitai, Reuven, and Conermann, Stephan (eds), *The Mamluk Sultanate from the Perspective of Regional and World History. Economic, Social and Cultural Development in an Era of Increasing International Interaction and Competition* (Göttingen, 2019).

Amitai-Preiss, Reuven, 'Ghazan, Islam and Mongol tradition: A view from the Mamluk Sultanate', *BSOAS* 59 (1996), 1-10; reprinted in Hawting (ed.), *Muslims, Mongols and Crusaders*, 253-62, and in Amitai, *The Mongols in the Islamic Lands*.

Amitai-Preiss, Reuven, 'Sufis and shamans: Some remarks on the Islamization of the Mongols in the Ilkhanate', *JESHO* 42 (1999), 27-46; reprinted in Amitai, *The Mongols in the Islamic Lands*.

Amitai-Preiss, Reuven, and Morgan, David O. (eds), *The Mongol Empire and Its Legacy*, IHC 24 (Leiden, Boston, MA, and Köln, 1999).

Ando Shiro 〔安藤志朗〕, *Timuridische Emire nach dem Muʿizz al-ansāb. Untersuchung zur Stammesaristokratie Zentralasiens im 14. und 15. Jahrhundert*, IU 153 (Berlin, 1992).

Ando Shiro, 'Die timuridische Historiographie II — Šaraf al-dīn ʿAlī Yazdī', *StIr* 24 (1995), 219-46.

Ando Shiro, 'Zum timuridischen Staatswesen: eine Interpretation des Miniaturentwurfs in Diez A. Fol. 74', in Rudolf Veselý and Eduard Gombár (eds), *Ẓafar Nāme. Memorial Volume of Felix Tauer* (Prague, 1996), 17-33.

Anooshahr, Ali, *The Ghazi Sultans and the Frontiers of Islam. A Comparative Study of the Late Medieval and Early Modern Periods* (London and New York, 2009).

Arom, Naʾama O., '"In-*ger*" and "outer" diplomacy — Ilkhanid contacts with the Mongols and the outside world, 1260–1282', in Fiaschetti (ed.), *Diplomacy in the Age of Mongol Globalization*, 286–309.

Ashrafyan, K.Z., 'Central Asia under Timur from 1370 to the early fifteenth century', in *HCCA*, IV, part 1, 319–45.

Atwood, Christopher P., 'Validation by holiness or sovereignty: Religious toleration as political theology in the Mongol world empire of the thirteenth century', *International History Review* 26 (2004), 237–56.

Atwood, Christopher P., '*Ulus* emirs, *keshig* elders, signatures, and marriage partners: The evolution of a classic Mongol institution', in Sneath (ed.), *Imperial Statecraft*, 141–73.

Atwood, Christopher P., 'Rashīd al-Dīn's Ghazanid Chronicle and its Mongolian sources', in May, Dashdondog and Atwood (eds), *New Approaches to Ilkhanid History*, 53–121.

Atwood, Christopher P., *The Rise of the Mongols*: 위 원사료: 중국어 단락을 보라.

Aubin, Jean, 'Les princes d'Ormuz du XIIIᵉ au XVᵉ siècle', *JA* 241 (1953), 77–138.

Aubin, Jean, *Deux sayyids de Bam au XVᵉ siècle. Contribution à l'histoire de l'Iran timouride*, Akademie der Wissenschaften und der Literatur: Abhandlungen der geistes– und sozialwissenschaftlichen Klasse 1956, no. 7 (Wiesbaden, 1956), 373–501 [쪽수는 분리본].

Aubin, Jean, 'Le mécénat timouride à Chiraz', *StIsl* 8 (1957), 71–88; reprinted in Aubin, *Études sur l'Iran médiéval*, 155–68.

Aubin, Jean, 'Tamerlan à Baġdād', *Arabica* 9 (1962), 303–9.

Aubin, Jean, 'Comment Tamerlan prenait les villes', *StIsl* 19 (1963), 83–122.

Aubin, Jean, 'L'ethnogénèse des Qaraunas', *Turcica* 1 (1969), 65–94; reprinted in Aubin, *Études sur l'Iran médiéval*, 251–77.

Aubin, Jean, 'Le khanat de Čaġatai et le Khorassan (1334–1380)', *Turcica* 8 (1976), part 2, 16–60.

Aubin, Jean, 'Un chroniqueur méconnu, Šabānkāra'ī', *StIr* 10 (1981), 213–24; reprinted in Aubin, *Études sur l'Iran médiéval*, 143–54.

Aubin, Jean, 'Le *quriltai* de Sultân-Maydân (1336)', *JA* 279 (1991), 175–97; reprinted in Aubin, *Études sur l'Iran médiéval*, 279–97.

Aubin, Jean, *Études sur l'Iran médiéval, géographie historique et société*, ed. Denise Aigle, *StIr* Cahier 60 (Paris, 2018).

Ayalon, David, 'The Great Yāsa of Chingiz Khān: A re-examination (A)', *StIsl* 33 (1971), 99–140; '⋯.(B)', *StIsl* 34 (1971), 151–80; '⋯. (C1)', *StIsl* 36 (1972), 113–58; '⋯. (C2)', *StIsl* 38 (1973), 107–56; all reprinted in Ayalon, *Outsiders in the Lands of Islam*.

Ayalon, David, *Gunpowder and Firearms in the Mamluk Kingdom. A Challenge to a Mediaeval Society* (1956), 2nd edn (London and Totowa, NJ, 1978).

Ayalon, David, *Outsiders in the Lands of Islam. Mamluks, Mongols and Eunuchs* (London, 1988).

Ayalon, Yaron, *Natural Disasters in the Ottoman Empire. Plague, Famine, and Other Misfortunes* (Cambridge, 2015).

Babaie, Sussan (ed.), *Iran after the Mongols*, The Idea of Iran 8 (London and New York, 2019).

Baer, Marc David, *The Ottomans. Khans, Caesars and Caliphs* (London, 2021).

Balabanlilar, Lisa, *Imperial Identity in the Mughal Empire. Memory and Dynastic Politics in Early Modern South and Central Asia* (London and New York, 2012).

Balard, Michel, *La Romanie génoise (XIIᵉ–début du XVᵉ siècle)*, Atti della Società Ligure di Storia Patria, n.s., 18, part 1, I (Genoa, 1978).

Banister, Mustafa, '"Nought remains to the Caliph but his title": Revisiting Abbasid authority in Mamluk Cairo', *MSR* 18 (2014–15), 219–45.

Banister, Mustafa, *The Abbasid Caliphate of Cairo, 1261–1517. Out of the Shadows*, Edinburgh Studies in Classical Islamic History and Culture (Edinburgh, 2021).

Barker, Hannah, 'Laying the corpses to rest: Grain, embargoes and Yersinia pestis in the Black Sea, 1346–48', *Speculum* 96 (2021), 97–126.

Barthold, W., *Zwölf Vorlesungen über die Geschichte der Türken Mittelasiens*, trans. and ed. Theodor Menzel (Berlin, 1935); 러시아어본 'Dvenadtsat' lektsii po istorii turetskikh narodov Srednei Azii', in Bartol'd, *Sochineniia*, V, 17–192.

Barthold, W., *Four Studies on the History of Central* Asia, trans. V. and T. Minorsky, 3 vols in 4 parts (Leiden, 1956–62); 러시아어 원문 Bartol'd, *Sochineniia*, II, part 1, 21–106 ('Ocherk istorii Semirech'ia'), and part 2, 23–196 ('Ulugbek i ego vremia'), 197–260 ('Mir Ali–Shir i politicheskaia zhizn'').

Barthold, W., *Turkestan down to the Mongol Invasion*, 3rd edn with additional chapter trans. T. Minorsky, ed. C.E. Bosworth, GMS, n.s. 5 (London, 1968); 러시아어 원문 Bartol'd, *Sochineniia*, I, 43–759.

Bartol'd, V.V., 'Narodnoe dvizhenie v Samarkande v 1365 g.' (1907), trans. J.M. Rogers, 'Narodnoye dvizheniye v Samarkande v 1365 g. ("A popular uprising in Samarqand in 1365")', *Iran* 19 (1981), 21–31.

Bartol'd, V.V., 'O pogrebenii Timura', trans. J.M. Rogers, 'V.V. Bartol'd's article O pogrebenii Timura ("The burial of Tīmūr")', *Iran* 12 (1974), 65–87; 원문은 Bartol'd, Sochineniia, II, part 2, 423–54에 재수록.

Bartol'd, V.V., *Sochineniia*, general ed. B.G. Gafurov, 9 vols in 10 parts (Moscow, 1963–77).

Bartsocas, Christos S., 'Two fourteenth century Greek descriptions of the "Black Death"', *Journal of the History of Medicine and Allied Sciences* 21 (1966), 394–400.

Bauden, Frédéric, and Dekkiche, Malika (eds), *Mamluk Cairo, a Crossroads for Embassies. Studies on Diplomacy and Diplomatics*, IHC 161 (Leiden and Boston, MA, 2019).

Baumer, Christoph, *The History of Central Asia*, III: *The Age of Islam and the Mongols* (London and New York, 2016).

Bautier, Robert-Henri, 'Les relations économiques des Occidentaux avec les pays d'Orient au Moyen Âge: points de vue et documents', in M. Mollat du Jourdain (ed.), *Sociétés et compagnies de commerce en Orient et dans l'Océan indien. Actes du VIIIe colloque international d'histoire maritime, Beyrouth 5-10 septembre 1966* (Paris, 1970), 263-331.

Beckwith, Christopher I., *Empires of the Silk Road. A History of Central Eurasia from the Bronze Age to the Present* (Princeton, NJ, 2009) 〔이강한·류형식 옮김,《중앙유라시아 세계사: 프랑스에서 고구려까지》(소와당, 2014)〕.

Behrens-Abouseif, Doris, *Practising Diplomacy in the Mamluk Sultanate. Gifts and Material Culture in the Medieval Islamic World* (London and New York, 2014).

Belich, James, *The World the Plague Made. The Black Death and the Rise of Europe* (Princeton, NJ, and Oxford, 2022).

Benedictow, Ole J., *The Black Death 1346-1353. The Complete History* (Woodbridge, 2004).

Bernardini, Michele, 'Tamerlano, i Genovesi e il favoloso Axalla', in Michele Bernardini, Clara Borrelli, Anna Cerbo and Encarnación Sánchez García (eds), *Europa e Islam tra i secoli XIV e XVI / Europe and Islam between 14th and 16th Centuries*, 2 vols (Naples, 2002), I, 391-426.

Bernardini, Michele, 'Motahharten entre Timur et Bayezid: une position inconfortable dans les remous de l'histoire anatolienne', in Gilles Veinstein (ed.), *Syncrétismes et hérésies dans l'Orient seldjoukide et ottoman (XIVᵉ-XVIIIᵉ siècle). Actes du Colloque du Collège de France, octobre 2001*, Collection Turcica 9 (Paris, 2005), 199-211.

Bernardini, Michele, *Mémoire et propagande à l'époque timouride*, StIr Cahier 37 (Paris, 2008).

Bernardini, Michele, 'La prise du pouvoir par Tamerlan dans l'ulus Chaghatay', in Marie-France Auzépy and Guillaume Saint-Guillain (eds), *Oralité et lien social au Moyen Âge (Occident, Byzance, Islam). Parole donné, foi jurée, serment* (Paris, 2008), 137-45.

Bernardini, Michele, 'The Mongol puppet lords and the Qarawnas', in Robert Hillenbrand, A.C.S. Peacock and Firuza Abdullaeva (eds), *Ferdowsi, the Mongols and the History of Iran: Art, Literature and Culture from Early Islam to Qajar Persia. Studies in Honour of Charles Melville* (London and New York, 2013), 169-76.

Bernardini, Michele, 'Niẓām al-Dīn Shāmī's description of the Syrian campaign of Tīmūr', in Bauden and Dekkiche (eds), *Mamluk Cairo, a Crossroads for Embassies*, 381-409.

Bernardini, Michele (ed.), *La civiltà Timuride come fenomeno internazionale*, 2 vols with continuous pagination (Rome, 1996 = *OM* 76/n.s. 15, part 2).

Binbas., İlker Evrim, 'Structure and function of the genealogical tree in Islamic historiography (1200-1500)', in İlker Evrim Binbaş and Nurten Kılıç-Schubel (eds), *Horizons of the World. Festschrift for İsenbike Togan / Hudûdü'l-Âlem. İsenbike*

Togan'a Armağan (Istanbul, 2011), 465–544.

Binbaş, İlker Evrim, 'A Damascene eyewitness to the Battle of Nicopolis: Shams al‑Dīn Ibn [원문 그대로] al‑Jazarī (d. 833/1429)', in Chrissis and Carr (eds), *Contact and Conflict in Frankish Greece and the Aegean*, 153–75.

Binbaş, İlker Evrim, 'Timurid experimentation with eschatological absolutism: Mīrzā Iskandar, Shāh Niʿmatullāh Walī, and Sayyid Sharīf Jurjānī in 815/1412', in Mir‑Kasimov (ed.), *Unity in Diversity*, 277–303.

Binbaş, İlker Evrim, *Intellectual Networks in Timurid Iran. Sharaf al‑Dīn ʿAlī Yazdī and the Islamicate Republic of Letters*, CSIC (Cambridge, 2016).

Binbaş, (İlker) Evrim, 'Condominial sovereignty and condominial messianism in the Timurid empire: Historiographical and numismatic evidence', *JESHO* 61 (2018), 172–202.

Binbaş, (İlker) Evrim, 'The Timurids and the Mongol empire', in May and Hope (eds), *The Mongol World*, 936–52.

Biraben, Jean‑Noël, *Les Hommes et la peste en France et dans les pays européens et méditerranéens*, 2 vols, Civilisations et Sociétés 35 (Paris and The Hague, 1975–6).

Biran, Michal, *Qaidu and the Rise of the Independent Mongol State in Central Asia* (Richmond, Surrey, 1997).

Biran, Michal, 'The Chaghadaids and Islam: The conversion of Tarmashirin Khan (1331–34)', *JAOS* 122 (2002), 742–52.

Biran, Michal, 'The Mongol transformation: From the steppe to Eurasian empire', in Johann P. Arnason and Björn Wittrock (eds), *Eurasian Transformations, Tenth to Thirteenth Centuries. Crystallizations, Divergences, Renaissances* (Leiden and Boston, MA, 2004 =*ME* 10), 339–61.

Biran, Michal, *Chinggis Khan* (Oxford, 2007).

Biran, Michal, 'Culture and cross‑cultural contacts in the Chaghadaid realm (1220–1370). Some preliminary notes', *Chronica* [Szeged] 7–8 (2007–8), 26–43.

Biran, Michal, 'Diplomatic and chancellery practices in the Chagataid khanate: Some preliminary remarks', *OM* 88 (2008), 369–93.

Biran, Michal, 'The Mongols in Central Asia from Chinggis Khan's invasion to the rise of Temür: The Ögödeid and Chaghadaid realms', in *CHIA*, 46–66.

Biran, Michal, 'Rulers and city life in Mongol Central Asia (1220–1370)', in Durand‑Guédy (ed.), *Turko‑Mongol Rulers, Cities and City Life*, 257–83

Biran, Michal, 'The Mamluks and Mongol Central Asia: Political, economic and cultural aspects', in Amitai and Conermann (eds), *The Mamluk Sultanate from the Perspective of Regional and World History*, 367–89.

Biran, Michal (ed.), *In the Service of the Khans. Elites in Transition in Mongol Eurasia* (Bern, 2017 =*AS* 71, part 4, 1051–1245).

Biran, Michal (ed.), *Mobility Transformations and Cultural Exchange in Mongol Eurasia*

940

(Leiden and Boston, MA, 2019 = *JESHO* 62, nos 2-3).

Biran, Michal; Brack, Jonathan; and Fiaschetti, Francesca (eds), *Along the Silk Roads in Mongol Eurasia. Generals, Merchants, and Intellectuals* (Oakland, CA, 2020) 〔이재황 옮김, 이주엽 감수,《몽골제국, 실크로드의 개척자들: 장군, 상인, 지식인》(책과함께, 2021), 223-47〕.

Biran, Michal, and Kim Hodong (eds), *The Cambridge History of the Mongol Empire*, 2 vols (Cambridge, 2023).

Bosworth, Clifford Edmund, 'The political and dynastic history of the Iranian world (A.D. 1000-1217)', in *CHI*, V, 1-202.

Bosworth, Clifford Edmund, *The History of the Saffarids of Sistan and the Maliks of Nimruz (247/861 to 949/1542-3)*, Columbia Lectures on Iranian Studies 8 (Costa Mesa, CA, and New York, 1994).

Boyle, J.A., 'Dynastic and political history of the Īlkhāns', in *CHI*, V, 303-421.

Brack, Jonathan, 'Theologies of auspicious kingship: The Islamization of Chinggisid sacral kingship in the Islamic world', *CSSH* 60 (2018), 1143-71.

Brack, Jonathan, 'A Mongol Mahdi in medieval Anatolia: Rebellion, reform, and divine right in the post-Mongol Islamic world', *JAOS* 139 (2019), 611-29.

Brack, Jonathan, 'Disenchanting Heaven: Interfaith debate, sacral kingship, and conversion to Islam in the Mongol empire, 1260-1335', *Past and Present* 250 (2021), 11-53.

Brack, Jonathan, 'Chinggisid pluralism and religious competition: Buddhists, Muslims, and the question of violence and sovereignty in Ilkhanid Iran', *Modern Asian Studies* 56 (2022), 815-39.

Brack, Jonathan Z., *An Afterlife for the Khan. Muslims, Buddhists, and Sacred Kingship in Mongol Iran and Eurasia* (Oakland, CA, 2023).

Bregel, Yuri, 'Uzbeks, Qazaqs and Turkmens', in *CHIA*, 221-36.

Brinner, William M., 'Some Ayyūbid and Mamlūk documents from non-archival sources', *Israel Oriental Studie*s 2 (1972), 117-43.

Broadbridge, Anne F., 'Royal authority, justice and order in society: The influence of Ibn Khaldūn on the writings of al-Maqrīzī and Ibn Taghrībirdī', *MSR* 7 (2003), part 2, 231-45.

Broadbridge, Anne F., *Kingship and Ideology in the Islamic and Mongol Worlds*, CSIC (Cambridge, 2008).

Broadbridge, Anne F., 'Spy or rebel? The curious incident of the Temürid Sulṭān-Ḥusayn's defection to the Mamluks at Damascus in 803/1400-1', *MSR* 14 (2010), 29-42.

Broadbridge, Anne F., 'Marriage, family and politics: The Ilkhanid-Oirat connection', in May (ed.), *The Mongols and Post-Mongol Asia*, 121-35.

Broadbridge, Anne F., *Women and the Making of the Mongol Empire*, CSIC (Cambridge, 2018).

Buell, Paul D., 'Qubilai and the rats', *Sudhoffs Archiv* 96 (2012), no. 2, 127-44.

Buell, Paul D., and Anderson, Eugene N., *A Soup for the Qan. Chinese Dietary Medicine of the Mongol Era as Seen in Hu Szu-hui's Yin-shan Cheng-yao* (London and New York, 2000).

Büssow, Johann; Durand-Guédy, David; and Paul, Jürgen (eds), *Nomads in the Political Field* (Rome, 2011=*ES* 9, parts 1-2).

Campbell, Bruce M.S., *The Great Transition. Climate, Disease and Society in the Late-Medieval World* (Cambridge, 2016).

Chann, Naindeep Singh, 'Lord of the Auspicious Conjunction: Origins of the Ṣāḥib-Qirān', *Iran and the Caucasus* 13 (2009), 93-110.

Chrissis, Nikolaos G., and Carr, Mike (eds), *Contact and Conflict in Frankish Greece and the Aegean, 1204-1453. Crusade, Religion and Trade between Latins, Greeks and Turks*, Crusades: Subsidia 5 (Farnham and Burlington, VT, 2014).

Christian, David, 'State formation in the Inner Eurasian steppes', in David Christian and Craig Benjamin (eds), *Worlds of the Silk Roads: Ancient and Modern. Proceedings from the Second Conference of the Australasian Society for Inner Asian Studies (A.S.I.A.S.) Macquarie University, September 21-22, 1996*, SRS 2 (Turnhout, 1999), 50-76.

Christian, David, *A History of Russia, Central Asia and Mongolia*, II: *Inner Eurasia from the Mongol Empire to Today, 1260-2000* (Hoboken, NJ, and Chichester, 2018).

Clark, Larry V., and Draghi, Paul Alexander (eds), *Aspects of Altaic Civilization* II: *Proceedings of the XVIII PIAC, Bloomington, June 29-July 5, 1975*, IUUAS 134 (Bloomington, IN, 1978).

Cleaves, Francis Woodman, 'The rescript of Qubilai prohibiting the slaughtering of animals by slitting the throat', in *Richard Nelson Frye Festschrift* I, 67-89.

Conermann, Stephan, *Die Beschreibung Indiens in der „Riḥla" des Ibn Baṭṭūṭa. Aspekte einer herrschaftssoziologischen Einordnung des Delhi-Sultanates unter Muḥammad Ibn Tuġluq*, IU 165 (Berlin, 1993).

Conrad, Lawrence I., 'Arabic plague chronologies and treatises: Social and historical factors in the formation of a literary genre', *StIsl* 54 (1981), 51-93.

Cook, David, 'Apocalyptic incidents during the Mongol invasions', in Wolfram Brandes and Felicitas Schmieder (eds), Endzeiten. *Eschatologie in den monotheistischen Weltreligionen*, Millennium-Studien 16 (Berlin and New York, 2008), 293-312.

Crummey, Robert O., *The Formation of Muscovy 1304-1613*, Longman's History of Russia (Harlow, 1987).

Cui Yujun 〔崔玉軍〕 et al., 'Historical variations in mutation rate in an epidemic pathogen, Yersinia pestis', *PNAS* 110, no. 2 (8 Jan. 2013), 577-82.

Dale, Stephen Frederic, *The Garden of the Eight Paradises. Bābur and the Culture of Empire in Central Asia, Afghanistan and India (1483-1530)*, BIAL 10 (Leiden and Boston, MA, 2004).

Dale, Stephen Frederic, 'The legacy of the Timurids', *JRAS*, 3rd series, 8 (1998), 43-58; reprinted in Levi (ed.), *India and Central Asia. Commerce and Culture, 1500-1800*, 176-99.

Dale, Stephen Frederic, 'The later Timurids c.1450-1526', in *CHIA*, 199-217.

Dale, Stephen Frederic, 'Autobiography and biography: The Turco-Mongol case: Bābur, Ḥaydar Mīrzā, Gulbadan Begim and Jahāngīr', in L. Marlow (ed.), *The Rhetoric of Biography. Narrating Lives in Persianate Societies* (Boston and Cambridge, MA, 2011), 89-105.

Dale, Stephen Frederic, 'Ibn Khaldun, the Yüan and Îl-Khân dynasties', in Golden et al. (eds), *Festschrift for Thomas T. Allsen*, 43-52.

Dale, Stephen Frederic, *The Orange Trees of Marrakesh. Ibn Khaldun and the Science of Man* (Cambridge, MA, 2015).

Dale, Stephen Frederic, *Babur. Timurid Prince and Mughal Emperor, 1483-1530* (Cambridge and Delhi, 2018).

Dardess, John W., 'From Mongol empire to Yüan dynasty: Changing forms of im perial rule in Mongolia and Central Asia', *Monumenta Serica* 30 (1972-3), 117-65.

Dardess, John W., *Conquerors and Confucians. Aspects of Political Change in Late Yüan China* (New York and London, 1973).

Darwin, John, *After Tamerlane. The Global History of Empire since 1405* (London and New York, 2007).

Davidovich, E.A., *Klady drevnikh i srednevekovykh monet Tadzhikistana* (Moscow, 1979).

De Nicola, Bruno, *Women in Mongol Iran. The Khātūns, 1206-1335* (Edinburgh, 2017).

De Nicola, Bruno, 'Elite women in the Mongol empire', in May and Hope (eds), *The Mongol World*, 422-39.

De Nicola, Bruno, and Melville, Charles (eds), *The Mongols' Middle East. Transformation and Continuity in Ilkhanid Iran*, IHC 127 (Leiden and Boston, MA, 2016).

De Rachewiltz, Igor, 'Some reflections on Činggis Qan's *jasay*', *East Asian History* 6 (Dec. 1993), 91-104.

De Sacy, Baron Silvestre, 'Mémoire sur une correspondance inédite de Tamerlan avec Charles VI', *Mémoires de l'Institut Royal de France. Académie des Inscriptions et Belles-Lettres* 6 (1822), 470-522.

Dechant, John, 'Depictions of the Islamization of the Mongols in the *Manāqib al-'ārifīn* and the foundation of the Mawlawī community', *Mawlana Rumi Review* 2 (2011), 135-64.

DeWeese, Devin, *Islamization and Native Religion in the Golden Horde. Baba Tükles and Conversion to Islam in Historical and Epic Tradition* (University Park, PA, 1994).

DeWeese, Devin, 'Yasavī *šayḫ*s in the Timurid era: Notes on the social and political role of communal sufi affiliations in the 14th and 15th centuries', in Bernardini (ed.), *La civiltà Timuride come fenomeno internazionale*, I, 173-88; reprinted in DeWeese, *Studies on Sufism in Central Asia* (Farnham and Burlington, VT, 2012).

DeWeese, Devin, 'Problems of Islamization in the Volga-Ural region: Traditions about Berke Khan', in Ali Çaksu and Radik Mukhammetshin (eds), *Proceedings of the International Symposium on Islamic Civilisation in the Volga-Ural Region, Kazan, 8-11 June 2001* (Istanbul, 2004), 3-13.

DeWeese, Devin, 'Islamization in the Mongol empire', in *CHIA*, 120-34.

DeWeese, Devin, 'Mapping Khwārazmian connections in the history of Sufi traditions: Local embeddedness, regional networks, and global ties of the Sufi communities of Khwārazm', *ES* 14 (2016), 37-97.

Di Cosmo, Nicola, 'State formation and periodization in Inner Asian history', *JWH* 10 (1999), 1-40.

Di Cosmo, Nicola, 'The Qing and Inner Asia: 1636-1800', in *CHIA*, 333-62.

Digby, Simon, *War-Horse and Elephant in the Delhi Sultanate. A Study of Military Supplies* (Oxford and Delhi, 1971).

Digby, Simon, 'After Timur left: North India in the fifteenth century', in Francesca Orsini and Samira Sheikh (eds), *After Timur Left. Culture and Circulation in Fifteenth-Century North India* (Oxford and New Delhi, 2014), 47-59.

Dols, Michael W., *The Black Death in the Middle East* (Princeton, NJ, 1977).

Drory, Joseph, 'Maqrīzī in *Durar al-'uqūd* with regard to Timur Leng', in U. Vermeulen, K. D'Hulster and J. Van Steenbergen (eds), *Egypt and Syria in the Fatimid, Ayyubid and Mamluk Eras, VII. Proceedings of the 16th, 17th and 18th International Colloquium Organized at Ghent University in May 2007, 2008 and 2009* (Leuven, Paris and Walpole, MA, 2013), 393-401.

Dunlop, Anne (ed.), *The Mongol Empire in Global History and Art History*, I Tatti Research Series 5 (Firenze, 2023).

Dunn, Ross E., *The Adventures of Ibn Battuta. A Muslim Traveler of the Fourteenth Century, 2nd edn, reprinted with new preface* (Berkeley and Los Angeles, CA, 2012).

Durand-Guédy, David (ed.), *Turko-Mongol Rulers, Cities and City Life* (Leiden and Boston, MA, 2013).

Eaton, Richard M., *India in the Persianate Age, 1000-1765* (London, 2019).

Egorov, V.L., *Istoricheskaia geografiia Zolotoi Ordy v XIII-XIV vv.* (Moscow, 1985).

Ellenblum, Ronnie, *The Collapse of the Eastern Mediterranean. Climate Change and the Decline of the East, 950-1072* (Cambridge, 2012).

Elverskog, Johan, *Our Great Qing. The Mongols, Buddhism, and the State in Late Imperial China* (Honolulu, HI, 2006).

Elverskog, Johan, *Buddhism and Islam on the Silk Road* (Philadelphia, PA, 2010) 〔김인성 옮김,《불교와 이슬람, 실크로드에서 만나다》(한울, 2024)〕.

Fancy, Nahyan, and Green, Monica H., 'Plague and the fall of Baghdad (1258)', *Medical History* 65 (2021), 157-77.

Favereau, Marie, 'The Mongol Peace and global medieval Eurasia', *Comparativ: Zeitschrift*

944

für Globalgeschichte und vergleichende Gesellschaftsforschung 28 (2018), part 4, 49-70.

Favereau, Marie, *The Horde. How the Mongols Changed the World* (Cambridge, MA, 2021) 〔김석환 옮김,《말 위의 개척자, 황금 천막의 제국: 세계를 뒤흔든 호르드의 역사》(까치, 2022)〕.

Favereau, Marie (ed.), *La Horde d'Or et l'islamisation des steppes eurasiatiques / The Golden Horde and the Islamisation of the Eurasian Steppes* (Aix-en-Provence, 2018 =*REMMM* 143, part 1).

Fazlinejad, Ahmad, and Ahmadi, Farajollah, 'The Black Death in Iran, according to Iranian historical accounts from the fourteenth through fifteenth centuries', *JPS* 11 (2018), 56-71.

Fiaschetti, Francesca (ed.), *Diplomacy in the Age of Mongol Globalization* (Leiden and Boston, MA, 2019=*ES* 17, part 2).

Fiey, Jean Maurice, 'Sources syriaques sur Tamerlan', *Le Muséon* 101 (1988), 13-20.

Fischel, Walter J., *Ibn Khaldūn and Tamerlane. Their Historic Meeting in Damascus, 1401 A.D. (803 A.H.): A Study Based on Arabic Manuscripts of Ibn Khaldūn's "Autobiography," with a Translation into English, and a Commentary* (Berkeley and Los Angeles, CA, 1952).

Fischel, Walter J., *Ibn Khaldūn in Egypt. His Public Functions and His Historical Research (1382-1406): A Study in Islamic Historiography* (Berkeley and Los Angeles, CA, 1967).

Fletcher, Joseph F., 'The Mongols: Ecological and social perspectives', *HJAS* 46 (1986), 11-50; reprinted in Fletcher, *Studies on Chinese and Islamic Inner Asia*, ed. Beatrice Forbes Manz (Aldershot and Brookfield, VT, 1995).

Fourniau, Vincent (ed.), *Samarcande 1400-1500. La Cité-oasis de Tamerlan. Coeur d'un Empire et d'une Renaissance* (Paris, 1995).

Fragner, Bert G., 'Social and internal economic affairs', in *CHI*, VI, 491-567.

Fragner, Bert G., *Selected Writings*, ed. Velizar Sadovski and Antonio Panaino (with Sara Circassia and Bettina Hofleitner), Indo-Iranica, Series Purpurea 1-2 (Milan, 2009-10; reprinted in 1 vol., 2014).

Frank, Allen J., 'The western steppe: Volga-Ural region, Siberia and the Crimea', in *CHIA*, 237-59.

Franke, Herbert, 'Zur Datierung der mongolischen Schreiben aus Turfan', *Oriens* 15 (1962), 399-410.

Franke, Herbert, *From Tribal Chieftain to Universal Emperor and God. The Legitimation of the Yüan Dynasty* (Munich, 1978 =*Sitzungsberichte der bayerischen Akademie der Wissenschaften, philosophisch-historische Klasse*, 2).

Franz, Kurt, and Holzwarth, Wolfgang (eds), *Nomad Military Power in Iran and Adjacent Areas in the Islamic Period* (Wiesbaden, 2015).

Fromherz, Allen James, *Ibn Khaldun, Life and Times* (Edinburgh, 2010).

Gleave, Robert, and Kristó-Nagy, István T. (eds), *Violence in Islamic Thought from the Mongols to European Imperialism* (Edinburgh, 2018).

Golden, P.B.; Kovalev, R.K.; Martinez, A.P.; Skaff, J.; and Zimonyi, A. (eds), *Festschrift for Thomas T. Allsen in Celebration of His 75th Birthday* (Wiesbaden, 2015 = *AEMA* 21 [2014-15]).

Golden, Peter B., 'Imperial ideology and the sources of political unity amongst the pre-Činggisid nomads of western Eurasia', *AEMA* 2 (1982), 37-76; reprinted in Golden, *Nomads and Their Neighbours in the Russian Steppe. Turks, Khazars and Qipchaqs* (Aldershot and Burlington, VT, 2003).

Golden, Peter B., *An Introduction to the History of the Turkic Peoples. Ethnogenesis and State-Formation in Medieval and Early Modern Eurasia and the Middle East*, Turcologica 9 (Wiesbaden, 1992).

Golden, Peter B., '"I will give the people unto thee": The Činggisid conquests and their aftermath in the Turkic world', JRAS, 3rd series, 10 (2000), 21-41.

Golden, Peter B., 'The Türk imperial tradition in the pre-Chinggisid era', in Sneath (ed.), *Imperial Statecraft*, 23-61.

Golden, Peter B., *Central Asia in World History* (Oxford, 2011) 〔이주엽 옮김,《중앙아시아사: 볼가강에서 몽골까지》(책과함께, 2021)〕.

Golombek, Lisa, 'Tamerlane, Scourge of God', *Asian Art* 2, part 2 (Spring 1989), 31-61.

Golombek, Lisa, and Subtelny, Maria (eds), *Timurid Art and Culture. Iran and Central Asia in the Fifteenth Century*, Studies in Islamic Art and Architecture (Supplements to Muqarnas) 6 (Leiden, New York and Köln, 1992).

Gommans, Jos, 'The warband in the making of Eurasian empires', in Van Berkel and Duindam (eds), *Prince, Pen, and Sword. Eurasian Perspectives*, 297-383.

Goto Yukako 〔後藤裕加子〕, 'Tīmūr and local dynasties in Iran', in Jeremiás (ed.), *Irano-Turkic Cultural Contacts in the 11th-17th Centuries*, 67-77.

Green, Monica H., 'Editor's introduction to *Pandemic Disease in the Medieval World. Rethinking the Black Death*', 9-25.

Green, Monica H., 'Taking pandemic seriously: Making the Black Death global', in Green (ed.), *Pandemic Disease in the Medieval World*, 27-61.

Green, Monica H., 'The four Black Deaths', *American Historical Review* 125 (2020), 1601-31.

Green, Monica H. (ed.), *Pandemic Disease in the Medieval World. Rethinking the Black Death* (Kalamazoo, MI, 2015 = *The Medieval Globe* 1 [Fall 2014]).

Grigor'ev, A.P., 'Zolotoordynskie khany 60-70-kh godov XIV v.: khronologiia pravlenii', *Istoriografiia i Istochnikovedenie Istorii Stran Azii i Afriki* 7 (1983), 9-54.

Gronke, Monika, 'The Persian court between palace and tent: From Timur to 'Abbas I', in Golombek and Subtelny (eds), *Timurid Art and Culture*, 18-22.

Grousset, René, *The Empire of the Steppes. A History of Central Asia*, tr. Naomi Walford (New Brunswick, NJ, 1970) 〔김호동·유원수·정재훈 옮김,《유라시아 유목제국사》(사계절, 1998)〕.

Grupper, Samuel M., 'A Barulas family narrative in the *Yuan Shih*: Some neglected prosopographical and institutional sources on Timurid origins', *AEMA* 8 (1992-4), 11-97.

Haase, Claus-Peter, 'Von der "Pax Mongolica" zum Timuridenreich', in Stephan Conermann and Jan Kusber (eds), *Die Mongolen in Asien und Europa*, Kieler Werkstücke, Reihe F, 4 (Frankfurt am Main, 1997), 139-60.

Habib, Irfan, 'Timur in the political tradition and historiography of Mughal India', in Szuppe (ed.), *L'Héritage Timouride*, 297-312.

Hambly, Gavin R.G., 'The twilight of Tughluqid Delhi: Conflicting strategies in a disintegrating imperium', in R.E. Frykenberg (ed.), *Delhi through the Ages. Essays in Urban History, Culture and Society* (Oxford and Delhi, 1986), 45-62.

Hassan, Mona, *Longing for the Lost Caliphate. A Transregional History* (Princeton, NJ, 2016).

Hautala, Roman, 'Comparing the islamisation of the Jochid and Hülegüid uluses', in Favereau (ed.), *La Horde d'Or et l'islamisation des steppes eurasiatiques*, 65-79.

Hawting, G.R. (ed.), *Muslims, Mongols and Crusaders. An Anthology of Articles Published in the* Bulletin of the School of Oriental and African Studies (London and New York, 2005).

Heidemann, Stefan, 'Tīmūr's campmint during the siege of Damascus in 803/1401', in Rika Gyselen and Maria Szuppe (eds), *Matériaux pour l'histoire économique du monde iranien*, *StIr* cahier 21 (Paris, 1999), 179-206.

Heissig, Walther, and Sagaster, Klaus (eds), *Gedanke und Wirkung. Festschrift zum 90. Geburtstag von Nikolaus Poppe*, AF 108 (Wiesbaden, 1989).

Helmy, Nelly Mahmoud, *Tra Siena, l'Oriente e la Curia. Beltramo di Leonardo Mignanelli e le sue opere* (Rome, 2013).

Herrmann, Gottfried, 'Zur Intitulatio timuridischer Urkunden', in Wolfgang Voigt (ed.), *XVIII. Deutscher Orientalistentag vom 1. bis 5. Oktober 1972 in Lübeck. Vorträge*, *ZDMG* Supplement II (Wiesbaden, 1974), 498-521.

Heywood, Colin J., *Ottomanica and Meta-Ottomanica. Studies in and around Ottoman History, 13th-18th Centuries* (Istanbul, 2013)

Hodgson, Marshall G.S., *The Venture of Islam. Conscience and History in a World Civilization*, 3 vols (Chicago, IL, 1974), II: *The Expansion of Islam in the Middle Periods*.

Holzwarth, Wolfgang, 'Nomaden und Sesshafte in *turkī*-Quellen (narrative Quellen aus dem frühen 16. Jahrhundert)', in Bernhard Streck and Stefan Leder (eds), *Akkulturation und Selbstbehauptung, Orientwissenschaftliche Hefte* 4 (Halle, 2002), 147-65.

Honda Minobu〔本田實信〕, 'On the genealogy of the early Northern Yüan', *UAJ* 30 (1958), 232-48.

Hookham, Hilda, *Tamburlaine the Conqueror* (London, 1962).

Hope, Michael, *Power, Politics, and Tradition in the Mongol Empire and the Īlkhānate of Iran* (Oxford, 2016).

Hope, Michael, 'Some remarks about the use of the term '*īlkhān*' in the historical sources and modern historiography', *CAJ* 60 (2017), 273-99.

Hope, Michael, '"The Pillars of State": Some notes on the *Qarachu Beg*s and the *kešikten* in the Īl-Khānate (1256-1335)', *JRAS*, 3rd series, 27 (2017), 181-99.

Hope, Michael, 'The *atābak*s in the Mongol empire and the Ilkhanate of Iran (602-736/1206-1335)', in May, Dashdondog and Atwood (eds), *New Approaches to Ilkhanid History*, 321-45.

Hope, Michael, 'The political configuration of late Ilkhanid Iran: A case study of the Chubanid Amirate (738-758/1337-1357)', *Iran*, DOI: 10.1080/05786967.2021.18899 30 [2021년 2월 19일 온라인으로 발간].

Hope, Michael, 'The Middle Empire', in May and Hope (eds), *The Mongol World*, 298-316.

Hope, Michael, 'The Mongols in South Asia', in May and Hope (eds), *The Mongol World*, 890-906.

Horrox, Rosemary (trans. and ed.), *The Black Death* (Manchester, 1994).

Hymes, Robert, 'Epilogue: A hypothesis on the East Asian beginnings of the Yersinia pestis polytomy', in Green (ed.), *Pandemic Disease in the Medieval World*, 285-308.

Iakubovskii, AIu., 'Timur (opyt kratkoi kharakteristiki)', *Voprosy Istorii* 8-9 (1946), 42-74.

Iorga, N., 'Notes et extraits pour servir à l'histoire des croisades au XVᵉ siècle', Revue de l'Orient Latin 4 (1896), 25-118, 226-320, 503-622.

Irwin, Robert, *Mamlūks and Crusaders. Men of the Sword and Men of the Pen* (Farnham and Burlington, VT, 2010).

Irwin, Robert, *Ibn Khaldun. An Intellectual Biography* (Princeton, NJ, and Oxford, 2018).

Ito Takao〔伊藤隆郎〕, 'Al-Maqrīzī's biography of Tīmūr', *Arabica* 62 (2015), 308-27.

Jackson, Peter, 'The Mongols and the Delhi Sultanate in the reign of Muḥammad Tughluq (1325-1351)', *CAJ* 19 (1975), 118-57; reprinted in Jackson, Studies on the Mongol Empire.

Jackson, Peter, 'The dissolution of the Mongol empire', *CAJ* 22 (1978), 186-244; reprinted in Jackson, *Studies on the Mongol Empire*; Russian trans. as 'Raspad mongol'skoi imperii', *ZOTs* 10 (2017), 50-83.

Jackson, Peter, *The Delhi Sultanate. A Political and Military History*, CSIC (Cambridge, 1999).

Jackson, Peter, 'From *ulus* to khanate: The making of the Mongol states, c. 1220-c. 1290', in Amitai-Preiss and Morgan (eds), *The Mongol Empire and Its Legacy*, 12-38; reprinted in Jackson, *Studies on the Mongol Empire*.

Jackson, Peter, 'The Mongols and the faith of the conquered', in Amitai and Biran (eds), *Mongols, Turks, and Others*, 245-90; reprinted in Jackson, *Studies on the Mongol Empire*.

Jackson, Peter, *Studies on the Mongol Empire and Early Muslim India* (Farnham and Burlington, VT, 2009).

Jackson, Peter, *The Mongols and the Islamic World. From Conquest to Conversion* (New Haven, CT, and London, 2017).

Jackson, Peter, *The Mongols and the West, 1221-1410* (2005); 2nd edn (London and New York, 2018).

Jackson, Peter, 'The Mongols of Central Asia and the Qaraunas', *Iran* 56 (2018), 91-103.

Jahn, Karl, 'Timur und die Frauen', *Anzeiger der Österreichischen Akademie der Wissenschaften, phil.-hist. Klasse*, 111 (1974), 515-29.

Jeremiás, Éva M. (ed.), *Irano-Turkic Cultural Contacts in the 11th-17th Centuries* (Piliscsaba, [2002] 2003).

Kamola, Stefan, *Making Mongol History. Rashid al-Din and the Jami' al-Tawarikh*, Edinburgh Studies in Classical Islamic History and Culture (Edinburgh, 2019).

Kamola, Stefan, 'Untangling the Chaghadaids: Why we should and should not trust Rashīd al-Dīn', *CAJ* 62 (2019), 69-90.

Kara György, 'Mediaeval Mongol documents from Khara Khoto and East Turkestan in the St. Petersburg branch of the Institute of Oriental Studies', *MO* 9 (2003), part 2, 3-40.

Karpov, S.P., 'Nachalo smuty v Zolotoi Orde i perevorot Navruza', *ZOO* 6 (2018), 528-36.

Kastritsis, Dimitris, 'The Alexander Romance and the rise of the Ottoman empire', in Peacock and Yıldız (eds), *Islamic Literature and Intellectual Life in Fourteenthand Fifteenth-Century Anatolia*, 243-83.

Kastritsis, Dimitris J., *The Sons of Bayezid. Empire Building and Representation in the Ottoman Civil War of 1402-1413* (Leiden and Boston, MA, 2007).

Katō Kazuhide 〔加藤和秀〕, 'Kebek and Yasawr—the establishment of the Chaghatai khanate', *MTB* 49 (1991), 97-118.

Kauz, Ralph, *Politik und Handel zwischen Ming und Timuriden. China, Iran und Zentralasien im Spätmittelalter* (Wiesbaden, 2005).

Kedar, Benjamin Z., *Merchants in Crisis. Genoese and Venetian Men of Affairs and the Fourteenth-Century Depression* (New Haven, CT, and London, 1976).

Kehren, Lucien, *Tamerlan. L'Empire du Seigneur de fer* (Neuchâtel, 1978).

Kempiners, Russell G., Jr, 'Vaṣṣāf's *Tajziyat al-amṣār wa Tazjiyat al-aʿṣār* as a source for the history of the Chaghadayid khanate', *JAH* 22 (1988), 160-87.

Khakimov, Rafael; Trepavlov, Vadim; and Favereau, Marie (eds), *The Golden Horde in World History* (Oxford and Kazan', 2017).

Khazanov, Anatoly M., and Wink, André (eds), *Nomads in the Sedentary World* (Richmond, Surrey, 2001).

Kim Hodong 〔김호동〕, 'The early history of the Moghul nomads: The legacy of the Chaghatai khanate', in Amitai-Preiss and Morgan (eds), *The Mongol Empire and Its Legacy*, 290-318 .

Kim Hodong, 'Unity and continuity of the Mongol empire', *Mongolica* 18 (39) (2006), 57-65.

Kim Hodong, 'The unity of the Mongol empire and continental exchanges over Eurasia', *Journal of Central Eurasian Studies* 1 (2009), 15-42.

Kim Hodong, 'Was "Da Yuan" a Chinese dynasty?', *JSYS* 45 (2015), 279-305.

Kim Hodong, 'Formation and changes of uluses in the Mongol empire', in Biran (ed.), *Mobility Transformations and Cultural Exchange in Mongol Eurasia*, 269-317.

Knobler, Adam, 'The rise of Tīmūr and Western diplomatic response, 1390-1405', *JRAS*, 3rd series, 5 (1995), 341-9.

Knobler, Adam, 'Timur the (Terrible/Tartar) trope: A case of repositioning in popular literature and history', *ME* 7 (2001), 101-12.

Knobler, Adam, *Mythology and Diplomacy in the Age of Exploration* (Leiden and Boston, MA, 2017).

Komaroff, Linda, 'The epigraphy of Timurid coinage: Some preliminary remarks', *ANSMN* 31 (1986), 207-32.

Komaroff, Linda (ed.), *Beyond the Legacy of Genghis Khan*, IHC 64 (Leiden and Boston, MA, 2006).

Krawulsky, Dorothea, *Mongolen und Ilkhâne — Ideologie und Geschichte* (Beirut, 1989); revised version trans. as *The Mongol Īlkhāns and Their Vizier Rashīd al-Dīn* (Frankfurt am Main, 2011).

Kuroda Akinobu 〔黒田明伸〕, 'The Eurasian silver century, 1276-1359: Commensurability and multiplicity', *JGH* 4 (2009), 245-69.

Lal, Kishori Saran, *Twilight of the Sultanate. A Political, Social and Cultural History of the Sultanate of Delhi from the Invasion of Timur to the Conquest of Babur, 1398-1526*, revised edn (New Delhi, 1980).

Lambton, Ann K.S., 'Early Timurid theories of state: Ḥāfiẓ Abrū and Niẓām al-Dīn Šāmī', in *Mélanges offerts à Henri Laoust*, II (Damascus, 1978 = *BEO* 30), 1-9.

Lambton, Ann K.S., *Continuity and Change in Medieval Persia. Aspects of Administrative, Economic and Social History, 11th-14th Century* (London, 1988).

Landa, Ishayahu, 'New light on early Mongol Islamisation: The case of Arghun Aqa's family', *JRAS*, 3rd series, 28 (2018), 77-100.

Landa, Ishayahu, 'The Islamization of the Mongols', in May and Hope (eds), *The Mongol World*, 642-61.

Landa, Ishayahu, 'Imperial sons-in-law on the move: Oyirad and Qonggirad dispersion in Mongol Eurasia', *AEMA* 22 (2016), 161-97.

Lane, George, *Early Mongol Rule in Thirteenth-Century Iran. A Persian Renaissance* (London and New York, 2003).

Lange, Christian, *Justice, Punishment and the Medieval Muslim Imagination*, CSIC (Cambridge, 2008).

Langer, Lawrence N., 'The Black Death in Russia: Its effects upon urban labor', *Russian History* 2 (1975), 53-67.

Le Roy Ladurie, Emmanuel, 'A concept: The unification of the globe by disease (fourteenth to seventeenth centuries)', in his *The Mind and Method of the Historian*, trans. Siân and Ben Reynolds (Brighton and Chicago, IL, 1981), 28-83.

Lee Joo-Yup 〔이주엽〕, Qazaqlïq, *or Ambitious Brigandage, and the Formation of the Qazaqs. State and Identity in Post-Mongol Central Eurasia*, Studies in Persian Cultural History 8 (Leiden and Boston, MA, 2016).

Lee Joo-Yup, 'The political vagabondage of the Chinggisid and Timurid contenders to the throne and others in post-Mongol Central Asia and the Qipchaq steppe: A comprehensive study of qazaqlïq, or the qazaq way of life', *CAJ* 60 (2017), 59-95.

Lee Joo-Yup, 'Some remarks on the Turkicisation of the Mongols in post-Mongol Central Asia and the Qipchaq steppe', *AOH* 71 (2018), 121-44.

Lentz, Thomas W., and Lowry, Glenn D., *Timur and the Princely Vision. Persian Art and Culture in the Fifteenth Century* (Los Angeles, 1989).

Lev, Yaacov (ed.), *War and Society in the Eastern Mediterranean, 7th-15th Centuries*, MM 9 (Leiden, New York and Köln, 1997).

Levi, Scott C., *The Rise and Fall of Khoqand, 1709-1876. Central Asia in the Global Age* (Pittsburgh, PA, 2017).

Levi, Scott C. (ed.), *India and Central Asia. Commerce and Culture, 1500-1800* (Oxford and Delhi, 2007).

Lewisohn, Leonard, 'Sufism in late Mongol and early Timurid Persia, from 'Ala' al-Dawla Simnānī (d. 736/1326 [원문 그대로]) to Shāh Qāsim Anvār (d. 837/1434)', in Babaie (ed.), *Iran after the Mongols*, 177-209.

Lindner, Rudi Paul, 'Anatolia, 1300-1451', in *CHT*, 102-37.

Little, Donald P., 'Historiography of the Ayyūbid and Mamlūk epochs', in *CHE*, 412-44.

Liu Yingsheng 〔劉迎勝〕, 'War and peace between the Yuan dynasty and the Chaghadaid khanate', in Amitai and Biran (eds), *Mongols, Turks, and Others*, 339-58.

Luttrell, Anthony, 'Timur's Dominican envoy', in Colin Heywood and Colin Imber (eds), *Studies in Ottoman History in Honour of Professor V.L. Ménage* (Istanbul, 1994), 209-29.

Mahendrarajah, Shivan, 'The Sarbadars of Sabzavar: Re-examining their "Shi'a" roots and alleged goal to "destroy Khurasanian Sunnism"', *Journal of Shi'a Islamic Studies* 5 (2012), 379-402.

Mahendrarajah, Shivan, 'A revised history of Mongol, Kart, and Timurid patronage of the shrine of Shaykh al-Islam Ahmad-i Jam', *Iran* 54 (2016), part 2, 107-28.

Mahendrarajah, Shivan, 'The Iranian interlude: From Mongol decline to Timur's invasion', in Babaie (ed.), *Iran after the Mongols*, 159–76.

Mahendrarajah, Shivan, *The Sufi Saint of Jam. History, Religion, and Politics of a Sunni Shrine in Shi'i Iran*, CSIC (Cambridge, 2021).

Mahendrarajah, Shivan, *A History of Herat from Chingiz Khan to Tamerlane*, Edinburgh Studies in Classical Islamic History and Culture (Edinburgh, 2022).

Maitra, K.M. (ed. and trans.), *A Persian Embassy to China* (Lahore, 1934; repr. New York, 1970).

Manz, Beatrice F. (ed.), *Central Asia in Historical Perspective* (Boulder, CO, San Francisco and Oxford, 1994).

Manz, Beatrice Forbes, 'Administration and the delegation of authority in Temür's dominions', *CAJ* 20 (1976), 191–207.

Manz, Beatrice Forbes, 'The ulus Chaghatay before and after Temür's rise to power: The transformation from tribal confederation to army of conquest', *CAJ* 27 (1983), 79–100.

Manz, Beatrice Forbes, 'The office of *darugha* under Tamerlane', in Joseph Fletcher, Richard Nelson Frye, Yuan-chu Lam and Omeljan Pritsak (eds, with Carolyn I. Cross), *Niǧuča Bičig. An Anniversary Volume in Honor of Francis Woodman Cleaves* (Cambridge, MA, 1985 = *JTS* 9), 59–69.

Manz, Beatrice Forbes, 'Tamerlane and the symbolism of sovereignty', *IrSt* 21 (1988), nos 1–2, 105–22.

Manz, Beatrice Forbes, *The Rise and Rule of Tamerlane*, CSIC (Cambridge, 1989).

Manz, Beatrice Forbes, 'The legacy of Timur', *Asian Art* 2, part 2 (Spring 1989), 10–30.

Manz, Beatrice Forbes, 'The development and meaning of Chaghatay identity', in Jo-Ann Gross (ed.), *Muslims in Central Asia. Expressions of Identity and Change* (Durham, NC, and London, 1992), 29–45.

Manz, Beatrice Forbes, 'Military manpower in late Mongol and Timurid Iran', in Szuppe (ed.), *L'Héritage Timouride*, 43–55.

Manz, Beatrice Forbes, 'Temür and the problem of a conqueror's legacy', *JRAS*, 3rd series, 8 (1998), 21–41.

Manz, Beatrice Forbes, 'Mongol history rewritten and relived', in Aigle (ed.), *Figures mythiques des mondes musulmans* (Aix-en-Provence, 2000 = *REMMM* 89–90), 129–49.

Manz, Beatrice Forbes, 'Family and ruler in Timurid historiography', in Devin DeWeese (ed.), *Studies on Central Asian History in Honor of Yuri Bregel*, IUUAS 167 (Bloomington, IN, 2001), 57–78.

Manz, Beatrice Forbes, 'Tamerlane's career and its uses', *JWH* 13 (2002), 1–25.

Manz, Beatrice Forbes, 'Women in Timurid domestic politics', in Guity Nashat and Lois Beck (eds), *Women in Iran from the Rise of Islam to 1800* (Urbana and Chicago, IL, 2003), 121–39.

Manz, Beatrice Forbes, 'Nomad and settled in the Timurid military', in Amitai and Biran (eds), *Mongols, Turks, and Others*, 425–57.

Manz, Beatrice Forbes, *Power, Politics and Religion in Timurid Iran*, CSIC (Cambridge, 2007).

Manz, Beatrice Forbes, 'Johannes Schiltberger and other outside sources on the Timurids', in Encarnación Sánchez García, Pablo Martín Asuero and Michele Bernardini (eds), *España y el Oriente islámico entre los siglos XV y XVI (Imperio Ottomano, Persia y Asia central. Actas del congreso Università degli Studi di Napoli 'l'Orientale' Nápoles 30 de septiembre–2 de octubre de 2004)* (Istanbul, 2007), 53–62.

Manz, Beatrice Forbes, 'Ulugh Beg, Transoxiana and Turco-Mongolian tradition', in Markus Ritter, Ralph Kauz and Birgitt Hoffmann (eds), *Iran und iranisch geprägte Kulturen. Studien zum 65. Geburtstag von Bert G. Fragner* (Wiesbaden, 2008), 20–7.

Manz, Beatrice Forbes, 'Temür and the early Timurids to c. 1450', in *CHIA*, 182–98.

Manz, Beatrice Forbes, 'The rule of the infidels: The Mongols and the Islamic world', in *NCHI*, III, 128–68.

Manz, Beatrice Forbes, 'Nomads and regional armies in the Middle East', in Franz and Holzwarth (eds), *Nomad Military Power in Iran and Adjacent Areas*, 1–27.

Manz, Beatrice Forbes, 'The empire of Tamerlane as an adaptation of the Mongol empire: An answer to David Morgan, "The empire of Tamerlane: An unsuccessful re-run of the Mongol empire?"', in May (ed.), *The Mongols and Post-Mongol Asia*, 281–91.

Manz, Beatrice Forbes, 'Unacceptable violence as legitimation in Mongol and Timurid Iran', in Gleave and Kristó-Nagy (eds), *Violence in Islamic Thought from the Mongols to European Imperialism*, 79–103.

Manz, Beatrice Forbes, 'Iranian elites under the Timurids', in Van Steenbergen (ed.), *Trajectories of State Formation across Fifteenth-Century Islamic West-Asia*, 257–82.

Manz, Beatrice Forbes, *Nomads in the Middle East* (Cambridge, 2021).

Markiewicz, Christopher, *The Crisis of Kingship in Late Medieval Islam. Persian Emigres and the Making of Ottoman Sovereignty*, CSIC (Cambridge, 2019).

Marozzi, Justin, *Tamerlane. Sword of Islam, Conqueror of the World* (Hammersmith, 2004).

Martin, Janet, *Treasure of the Land of Darkness. The Fur Trade and Its Significance for Medieval Russia* (Cambridge, 1986).

Martin, Janet, *Medieval Russia 980–1584*, 2nd edn (Cambridge, 2007).

Martinez, A.P., 'Some notes on the Īl-xānid army', *AEMA* 6 (1986 [1988]), 129–242.

Martinez, A.P., 'Bullionistic imperialism: The Īl-Xānid mint's exploitation of the Rūm-Saljūqid currency, 654–695 H./1256–1296 A.D.', in *Tibor Halasi-Kun Memorial Volume* (Wiesbaden, 1994 = *Archivum Ottomanicum* 13 [1993–4]), 169–276.

Martinez, A.P., 'The Eurasian overland and Pontic trades in the thirteenth and fourteenth centuries with special reference to their impact on the Golden Horde, the West, and Russia, and to the evidence in archival material and mint outputs', *AEMA* 16 (2008–9), 127–221.

Martinez, A.P., 'Institutional development, revenues and trade', in *CHIA*, 89–108.

Masson, M.E., and Pugachenkova, G.A., 'Shakhri Siabz pri Timure i Ulug Beke', *Trudy Sredneaziatskogo Gosudarstvennogo Universiteta* 49 (1953), 17-96; trans. J.M. Rogers as 'Shakhri Syabz pri Timure i Ulug Beke ("Shahr-i Sabz from Tīmūr to Ūlūgh Beg")—I', *Iran* 16 (1978), 103-26, and '⋯- II', *Iran* 18 (1980), 121-43.

Massoud, Sami G., *The Chronicles and Annalistic Sources of the Early Mamluk Circassian Period*, IHC 67 (Leiden and Boston, MA, 2007).

Matsui Dai 〔松井太〕, 'Taxation systems as seen in the Uigur and Mongol documents from Turfan: An overview', *Transactions of the International Conference of Eastern Studies* 50 (2005), 67-82.

Matsui Dai, 'An Uigur decree of tax exemption in the name of Duwa-Khan', *Šinžlex Uxvany Akademiin Mebee* [*Proceedings of the Mongolian Academy of Sciences*] (2007), no. 4, 60-8.

Matsui Dai, 'A Mongolian decree from the Chaghataid Khanate discovered at Dunhuang', in Peter Zieme (ed.), *Aspects of Research into Central Asian Buddhism. In Memoriam Kōgi Kudara*, SRS 16 (Turnhout, 2008), 159-78.

Matsui Dai, 'Dumdadu Mongyol Ulus "The Middle Mongolian Empire"', in Rybatzki et al. (eds), *The Early Mongols. Language, Culture and History*, 111-19.

Matsui Dai, Watabe Ryoko 〔渡部良子〕 and Ono Hiroshi 〔小野寛〕, 'A Turkic-Persian decree of Timurid Mīrān Šāh of 800 ah/1398 ce', *Orient* 50 (2015), 53-75.

May, Timothy, 'Nökhöd to noyad: Chinggis Khan's social revolution', *Mongolica* 19 (40) (2006), 296-308.

May, Timothy, *The Mongol Conquests in World History* (London, 2012) 〔권용철 옮김,《칭기스의 교환》(사계절, 2020)〕.

May, Timothy, *The Mongol Empire* (Edinburgh, 2018).

May, Timothy, 'The Mongols as the Scourge of God in the Islamic world', in Gleave and Kristó-Nagy (eds), *Violence in Islamic Thought from the Mongols to European Imperialism*, 32-57.

May, Timothy, 'The Ilkhanate and Afghanistan', in May, Dashdondog and Atwood (eds), *New Approaches to Ilkhanid History*, 272-320.

May, Timothy (ed.), *The Mongols and Post-Mongol Asia. Studies in Honour of David O. Morgan* (Cambridge, 2016 = *JRAS*, 3rd series, 26, parts 1-2).

May, Timothy; Dashdondog Bayarsaikhan; and Atwood, Christopher P. (eds), *New Approaches to Ilkhanid History*, BIAL 39 (Leiden and Boston, MA, 2020).

May, Timothy, and Hope, Michael (eds), *The Mongol World* (London and New York, 2022).

McChesney, R.D., 'A note on the life and works of Ibn 'Arabshāh', in Pfeiffer and Quinn (eds), *History and Historiography of Post-Mongol Central Asia and the Middle East*, 205-49.

McChesney, R.D., 'The Chinggisid restoration in Central Asia: 1500-1785', in *CHIA*, 277-302.

954

McNeill, William H., *Plagues and Peoples* (Oxford, 1977) 〔김우영 옮김,《전염병의 세계사》
(이산, 2005)〕.

Melville, Charles, '*Pādishāh-i Islām*: The conversion of Sultan Maḥmūd Ghāzān Khān', in
Melville (ed.), Persian and Islamic Studies in Honour of P.W. Avery (Cambridge, 1990
=*Pembroke Papers* 1), 159-77.

Melville, Charles, 'Ḥamd Allāh Mustawfī's *Zafarnāmah* and the historiography of the late
Ilkhanid period', in Kambiz Eslami (ed.), *Iran and Iranian Studies. Essays in Honor of
Iraj Afshar* (Princeton, NJ, 1998), 1-12.

Melville, Charles, *The Fall of Amir Chupan and the Decline of the Ilkhanate, 1327-37. A
Decade of Discord in Mongol Iran*, PIA 30 (Bloomington, IN, 1999).

Melville, Charles, 'The Caspian provinces: A world apart. Three local histories of
Mazandaran', IrSt 33 (2000), 45-91.

Melville, Charles, 'The keshig in Iran: The survival of the royal Mongol household', in
Komaroff (ed.), *Beyond the Legacy of Genghis Khan*, 135-64.

Melville, Charles, 'The end of the Ilkhanate and after: Observations on the collapse of the
Mongol world empire', in De Nicola and Melville (eds), *The Mongols' Middle East*,
309-35.

Melville, Charles, 'Concepts of government and state formation in Mongol Iran', in Babaie
(ed.), *Iran after the Mongols*, 33-54.

Melville, Charles, 'Visualising Tamerlane: History and its image', *Iran* 57 (2019), 83-106.

Melville, Charles (ed.), *The Timurid Century*, The Idea of Iran 9 (London and New York,
2020).

Melvin-Koushki, Matthew, 'Early modern Islamicate empire: New forms of religiopolitical
legitimacy', in Armando Salvatore et al. (eds), *The Wiley Blackwell History of Islam*
(Hoboken, NJ, 2018), 353-75.

Millward, James, 'Eastern Central Asia (Xinjiang): 1300-1800', in *CHIA*, 260-76.

Mir-Kasimov, Orkhan (ed.), *Unity in Diversity. Mysticism, Messianism, and the Construction
of Religious Authority in Islam*, IHC 105 (Leiden and Boston, MA, 2014).

Mirgaleev, Ilnur, 'Tatary Desht-i Kypchaka v perepiske Aksak Timura s Baiazidom', *ZOTs*
8 (2015), 299-303.

Mirgaleev, Ilnur, 'The Time of Troubles in the 1360s and 1370s', in Khakimov et al. (eds),
The Golden Horde in World History, 689-92.

Moin, A. Azfar, *The Millennial Sovereign. Sacred Kingship and Sainthood in Islam* (New
York, 2012).

Morgan, David O., 'Persian historians on the Mongols', in D.O. Morgan (ed.), *Medieval
Historical Writing in the Christian and Islamic Worlds* (London, 1982), 109-24.

Morgan, David O., 'Who ran the Mongol empire?', *JRAS* (1982), 124-36.

Morgan, David O., 'The "Great *Yāsā* of Chingiz Khān" and Mongol law in the Īlkhānate',
BSOAS 49 (1986), 163-76; reprinted in Hawting (ed.), *Muslims, Mongols and*

Crusaders, 198–211.

Morgan, David O., 'The empire of Tamerlane: An unsuccessful re-run of the Mongol empire?', in J.R. Maddicott and D.M. Palliser (eds), *The Medieval State. Essays Presented to James Campbell* (London and Rio Grande, 2000), 233–41.

Morgan, David O., 'The Mongols in Iran: A reappraisal', *Iran* 42 (2004), 131–6.

Morgan, David O., 'The "Great *Yasa* of Chinggis Khan" revisited', in Amitai and Biran (eds), *Mongols, Turks, and Others*, 291–308.

Morgan, David O., *The Mongols*, 2nd edn (Oxford, 2007) 〔권용철 옮김,《몽골족의 역사: 몽골초원에서 중국, 중동, 러시아를 넘어 유럽으로》(모노그래프, 2012)〕.

Morgan, David O., 'The decline and fall of the Mongol Empire', *JRAS*, 3rd series, 19 (2009), 427–37.

Morgan, David O., *Medieval Persia 1040-1797* (1988); 2nd edn (London and New York, 2016).

Morgan, David O., 'The Mongols in Iran, 1219–1256', in David O. Morgan and Sarah Stewart (eds), *The Coming of the Mongols*, The Idea of Iran 7 (London and New York, 2018), 45–53.

Morimoto Kazuo 〔森本一夫〕, 'An enigmatic genealogical chart of the Timurids: A testimony to the dynasty's claim to Yasavi-'Alid legitimacy?', *Oriens* 44 (2016), 145–78.

Mukminova, R.G., 'The Timurid states in the fifteenth and sixteenth centuries', in *HCCA*, IV, part 1, 347–63.

Müller, Claudius C., and Pleiger, Henriette (eds), *Dschingis Khan und seine Erben. Das Weltreich der Mongolen* (Munich, [2005]).

Muminov, Ashirbek, and Babadzhanov, Bakhtiyar, 'Amīr Temur and Sayyid Baraka' (trans. Sean Pollock), *CAJ* 45 (2001), 28–62.

Munkh-Erdene, Lhamsuren, 'Where did the Mongol empire come from? Medieval Mongol ideas of people, state and empire', *Inner Asia* 13 (2011), 211–37.

Munkh-Erdene, Lhamsuren, 'Political order in pre-modern Eurasia: Imperial incorporation and the hereditary divisional system', *JRAS*, 3rd series, 26 (2016), 633–55.

Munkh-Erdene, Lhamsuren, 'The rise of the Chinggisid dynasty: Pre-modern Eurasian political order and culture at a glance', *International Journal of Asian Studies* 15 (2018), 39–84.

Murphey, Rhoads, 'Bayezid I's foreign policy plans and priorities: Power relations, statecraft, military conditions and diplomatic practice in Anatolia and the Balkans', in Chrissis and Carr (eds), *Contact and Conflict in Frankish Greece and the Aegean*, 177–215.

al-Musawi, Muhsin J., *The Medieval Islamic Republic of Letters. Arabic Knowledge Construction* (Notre Dame, IN, 2015).

Nagel, Tilman, *Timur der Eroberer und die islamische Welt des späten Mittelalters* (Munich, 1993).

Norris, John, 'East or west? The geographic origin of the Black Death', *BHM* 51 (1977), 1-24.

Oberling, Pierre (ed., with Geraldine Cecilia Butash), T*urks, Hungarians and Kipchaks. A Festschrift in Honor of Tibor Halasi-Kun* (Cambridge, MA, 1984 = *JTS* 8).

O'Kane, Bernard, 'From tents to pavilions: Royal mobility and Persian palace design', *Ars Orientalis* 23 (1993), 249-68.

Pachkalov, A.V., 'K voprosu ob imennykh monet Mamaia', *NZO* 2 (2012), 117-19.

Papas, Alexandre, and Toutant, Marc, *L'Asie centrale de Tamerlan* (Paris, 2022).

Parodi, Laura Emilia, 'L'eredità mongola e altaica nell'Asia centrale islamica', in Gabriella Airaldi, Paola Mortari Vergara Caffarelli and Laura Emilia Parodi (eds), *I Mongoli dal Pacifico al Mediterraneo. Atti del Convegno Internazionale Genova, Palazzo Doria Spinola, 7-8 maggio 2002* (Genoa, 2004), 241-58.

Paul, Jürgen, 'Scheiche und Herrscher im khanat Čaġatay', *Der Islam* 67 (1990), 278-321.

Paul, Jürgen, 'The state and the military —a nomadic perspective', in Irene Schneider (ed.), *Militär und Staatlichkeit. Beiträge des Kolloquiums am 29. Und 30.04.2002*, Orientwissenschaftliche Hefte 12 (Halle, 2003), 25-68.

Paul, Jürgen, 'Perspectives nomades. État et structures militaires', *AHSS* 59 (2004), nos 5-6, 1069-93.

Paul, Jürgen, 'Khalīl Sulṭān and the "Westerners" (1405-1407)', *Turcica* 42 (2010), 11-45.

Paul, Jürgen, 'Mongol aristocrats and beyliks in Anatolia: A study of Astarābādī's Bazm va Razm', in Büssow, Durand-Guédy and Paul (eds), *Nomads in the Political Field*, 105-58.

Paul, Jürgen, 'Zerfall und Bestehen: Die Ğaun-i Qurban im 14. Jahrhundert', *AS* 65 (2011), 695-733.

Peacock, A.C.S., 'Islamisation in Anatolia and the Golden Horde: Some remarks on travelling scholars and texts', in Favereau (ed.), *La Horde d'Or et l'islamisation des steppes eurasiatiques*, 151-63.

Peacock, A.C.S., *Islam, Literature and Society in Mongol Anatolia*, CSIC (Cambridge, 2019).

Peacock, A.C.S. (ed.), *Islamisation. Comparative Perspectives from History* (Edinburgh, 2017).

Peacock, A.C.S., and Yıldız, Sara Nur (eds), *Islamic Literature and Intellectual Life in Fourteenth- and Fifteenth-Century Anatolia*, Istanbuler Texte und Studien 34 (Würzburg, 2016).

Pelliot, Paul, 'Les Mongols et la papauté', *Revue de l'Orient Chrétien* 23 (1922-3), 3-30; 24 (1924), 225-335; and 28 (1931-2), 3-84.

Pelliot, Paul, *Notes on Marco Polo*, 3 vols (Paris, 1959-73).

Perdue, Peter C., *China Marches West. The Qing Conquest of Central Eurasia* (Cambridge, MA, 2005) [공원국 옮김,《중국의 서진: 청(淸)의 중앙유라시아 정복사》(길, 2012)].

Petrov, P.N., 'Badakhshan XIII–XIV vv. pod vlast'iu mongol'skikh khanov', *Zapiski Vostochnogo Otdeleniia Rossiiskogo Arkheologicheskogo Obshchestva*, n.s. 2 (2006), 496–540.

Petrov, P.N., 'Khronologiia pravleniia khanov v Chagataiskom gosudarstve v 1271–1368 gg. (po materialam numizmaticheskikh pamiatnikov)', in S.G. Kliashtornyi, T.I. Sultanov and V.V. Trepavlov (eds), *Istoriia i kul'tura tiurkskikh narodov Rossii i sopredel'nykh stran* (Moscow 2009 = TS 2007–8), 294–319.

Petry, Carl F., *The Mamluk Sultanate. A History* (Cambridge, 2022).

Petry, Carl F. (ed.), *The Cambridge History of Egypt, I: Islamic Egypt, 640–1517* (Cambridge, 1998).

Pfeiffer, Judith, 'Conversion versions: Sultan Öljeitü's conversion to Shicism (709/1309) in Muslim narrative sources', *MS* 22 (1999), 35–67.

Pfeiffer, Judith, 'Reflections on a "double rapprochement": Conversion to Islam among the Mongol elite during the early Ilkhanate', in Komaroff (ed.), *Beyond the Legacy of Genghis Khan*, 369–89.

Pfeiffer, Judith, 'The canonization of cultural memory: Ghāzān Khan, Rashīd al-Dīn, and the construction of the Mongol past', in Akasoy, Burnett and Yoeli-Tlalim (eds), *Rashīd al-Dīn. Agent and Mediator of Cultural Exchanges in Ilkhanid Iran*, 57–70.

Pfeiffer, Judith, 'Confessional ambiguity vs. confessional polarization: Politics and the negotiation of religious boundaries in the Ilkhanate', in Pfeiffer (ed.), *Politics, Patronage and the Transmission of Knowledge*, 129–68.

Pfeiffer, Judith, '"Not every head that wears a crown deserves to rule": Women in Il-Khanid political life and court culture', in Rachel Ward (ed.), *Court and Craft. A Masterpiece from Northern Iraq* (London, 2014), 23–9.

Pfeiffer, Judith (ed.), *Politics, Patronage and the Transmission of Knowledge in 13th–15th Century Tabriz* (Leiden and Boston, MA, 2014).

Pfeiffer, Judith, and Quinn, Sholeh A. (eds, with Ernest Tucker), *History and Historiography of Post-Mongol Central Asia and the Middle East. Studies in Honor of John E. Woods* (Wiesbaden, 2006).

Pishchulina, K.A., *Iugo-vostochnyi Kazakhstan v seredine XIV–nachale XVI vekov (voprosy politicheskoi i sotsial'no-ékonomicheskoi istorii)* (Alma-Ata, 1977).

Pochekaev, R.Iu., 'Pravovoe nasledie mongol'skoi imperii v gosudarstve Timuridov (po dannym letopisei, numizmaticheskogo i aktogo materiala)', in V.P. Nikonorov (ed.), *Tsentral'naia Aziia ot Akhemenidov do Timuridov. Arkheologiia, istoriia, étnologia, kul'tura. Materialy mezhdunarodnoi nauchnoi konferentsii, posviashchennoi 100-letiiu so dnia rozhdeniia Aleksandra Markovicha Belenitskogo, Sankt-Peterburg, 2–5 noiabria 2004 goda* (St Petersburg, 2005), 291–4.

Pochekaev, R.Iu., 'Svedeniia o Zolotoi Orde v ≪Knige o Velikom Khane≫', *TS* (2006 [2007]), 260–73.

958

Pochekaev, R.Iu., 'K voprosu o perekhode vlasti v gosudarstvakh Chingizidov (4). Zolotaia Orda v 1358–1362 gg.: dinasticheskii krizis i fenomen samovanstva', *ZOTs* 2 (2009), 39–49.

Pochekaev, R.Iu., *Tsari ordynskie. Biografii khanov i pravitelei Zolotoi Ordy*, 2nd edn (St Petersburg, 2012).

Pochekaev, R.Iu, 'Chinggis Khan's Great Yasa in the Mongol empire and Chinggisid states of the 13th–14th centuries: Legal code or ideal "law and order"?', *ZOO* 4 (2016), no. 4, 724–33.

Pochekaev, Roman Iu., '*Törü*: Ancient Turkic law "privatised" by Chinggis Khan and his descendants', *Inner Asia* 18 (2016), 182–95.

Polyakova, E.A., 'Timur as described by the 15th century court historiographers', *IrSt* 21 (1988), nos 1–2, 31–44.

Poonawala, Ismail K. (ed.), *Turks in the Indian Subcontinent, Central and West Asia. The Turkish Presence in the Islamic World* (Oxford and Delhi, 2017).

Poppe, N.N., 'Karasakpaiskaia nadpis' Timura', *Gosudarstvennyi Érmitazh. Trudy Otdela Vostoka/Travaux du Département Oriental* 2 (Leningrad, 1940), 185–7.

Potter, Lawrence Goddard, 'The Kart dynasty of Herat: Religion and politics in medieval Iran', unpublished PhD thesis, Columbia University, 1992.

Qiu Yihao [邱轶皓], 'Independent ruler, indefinable role: Understanding the history of the Golden Horde from the perspectives of the Yuan dynasty', in Favereau (ed.), *La Horde d'Or et l'islamisation des steppes eurasiatiques*, 29–48.

Quinn, Sholeh A., 'The *Mu'izz al-Ansāb* and the *Shu'ab-i Panjgānah* as sources for the Chaghatayid period of history: A comparative analysis', *CAJ* 33 (1989), 229–53.

Rabbat, Nasser, 'Who was al-Maqrīzī? A biographical sketch', *MSR* 7 (2003), part 2, 1–19.

Rabino, H.L., 'Coins of the Jalā'ir, Ḳarā Ḳoyūnlū, Musha'sha' and Āḳ Ḳoyūnlū dynasties', *Numismatic Chronicle*, 6th series, 10 (1950), 94–139.

Ratchnevsky, Paul, *Činggis-Khan. Sein Leben und Wirken* (Wiesbaden, 1983); tr. Thomas Nivison, *Genghis Khan. His Life and Legacy* (Oxford, 1991); [김호동 옮김,《칭기스칸》(지식산업사, 1992)].

Reva, R.Iu., 'Saiid-Akhmad I i Giias ad-Din I (istoriografiia otkrytiia, genealogiia, novoobnaruzhennye monetnye vypuski)', *NZO* 4 (2014), 48–60.

Richard, Jean, 'Les missionnaires latins chez les Kaïtak du Daghestan (XIVe–XVe siècles)', in *TDPKV*, III, 606–11; reprinted in Richard, *Les Relations entre l'Orient et l'Occident au Moyen Age. Études et documents* (London, 1977).

Richard, Jean, *La Papauté et les missions d'Orient au Moyen Age (XIIIᵉ–XVᵉ siècles)* (Rome, 1977).

Richard Nelson Frye Festschrift I: Essays Presented to Richard Nelson Frye on His Seventieth Birthday by His Colleagues and Students (Cambridge, MA, 1992 = *JTS* 16).

Robinson, Chase F., *Islamic Civilization in Thirty Lives. The First 1,000 Years* ([London, 2018]).

Robinson, David M., *In the Shadow of the Mongol Empire. Ming China and Eurasia* (Cambridge, 2020).

Robinson, David M., *Ming China and Its Allies. Imperial Rule in Eurasia* (Cambridge, 2020).

Roemer, Hans Robert, 'The Jalayirids, Muzaffarids and Sarbadārs', in *CHI*, VI, 1–41.

Roemer, Hans Robert, 'Tīmūr in Iran', in *CHI*, VI, 42–97.

Roemer, Hans Robert, 'The successors of Tīmūr', in *CHI*, VI, 98–146.

Roemer, Hans Robert, 'The Türkmen dynasties', in *CHI*, VI, 147–88.

Roemer, Hans Robert, 'Zur Herkunft Timurs', in Bernardini (ed.), *La civiltà Timuride come fenomeno internazionale*, I, 5–8.

Rossabi, Morris, 'A translation of Ch'en Ch'eng's *Hsi-yü fan-kuo chih*', *Ming Studies* 17 (1983), 49–59.

Rossabi, Morris, 'The Ming and Inner Asia', in *CHI*, VIII, part 2, 221–71.

Rossabi, Morris, *From Yuan to Modern China and Mongolia. The Writings of Morris Rossabi* (Leiden and Boston, MA, 2014).

Rossabi, Morris (ed.), *How Mongolia Matters. War, Law, and Society*, BIAL 36 (Leiden and Boston, MA, 2017).

Roux, Jean-Paul, 'Recherches des survivances pré-islamiques dans les textes turcs musulmans: le ≪*Bābur-Nāme*≫', *JA* 256 (1968), 247–61.

Roux, Jean-Paul, *Tamerlan* (Paris, 1991).

Roxburgh, David J., 'The Timurids and Turkmen', in Roxburgh (ed.), *Turks. A Journey of a Thousand Years, 600–1600* (London, 2005), 190–260.

Rybatzki, Volker; Pozzi, Alessandra; Geier, Peter W.; and Krueger, John R. (eds), *The Early Mongols: Language, Culture and History. Studies in Honor of Igor de Rachewiltz on the Occasion of His 80th Birthday*, IUUAS 173 (Bloomington, IN, 2009).

Safargaliev, M.G., *Raspad Zolotoi Ordy* (Saransk, 1960).

Sarnowsky, Jürgen, 'Die Johanniter und Smyrna 1344–1402 (Teil I)', *Römische Quartalschrift* 86 (1991), 215–51.

Schamiloglu, Uli, 'The *Umdet ül-ahbar* and the Turkic narrative sources for the Golden Horde and the later Golden Horde', in Hasan B. Paksoy (ed.), *Central Asian Monuments* (Istanbul, 1992), 81–93.

Schamiloglu, Uli, 'Preliminary remarks on the role of disease in the history of the Golden Horde', *Central Asian Survey* 12 (1993), 447–57.

Schamiloglu, Uli, 'Beautés du mélange', in Fourniau (ed.), *Samarcande 1400–1500*, 191–204.

Schmieder, Felicitas, *Europa und die Fremden. Die Mongolen im Urteil des Abendlandes vom 13. bis in das 15. Jahrhundert*, Beiträge zur Geschichte und Quellenkunde des

960

Mittelalters 16 (Sigmaringen, 1994).

Sela, Ron, *The Legendary Biographies of Tamerlane. Islam and Heroic Apocrypha in Central Asia*, CSIC (Cambridge, 2011).

Sela, Ron, 'Rashīd al-Dīn's historiographical legacy in the Muslim world', in Akasoy, Burnett and Yoeli-Tlalim (eds), R*ashīd al-Dīn. Agent and Mediator of Cultural Exchanges in Ilkhanid Iran*, 213-22.

Shim Hosung (심호성), 'The postal roads of the Great Khans in Central Asia under the Mongol-Yuan empire', *JSYS* 44 (2014), 405-69 [〈몽골帝國期 東部 중앙아시아 驛站 교통로의 변천〉,《東洋史學研究》118 (2012), 87-151].

Shimo Hirotoshi (志茂碩敏), 'The Qarāūnās in the historical materials of the Īlkhanate', *MTB* 35 (1977), 131-81.

Shukurov, R.M., *Velikie Komniny i vostok (1204-1461)* (St Petersburg, 2001).

Silverstein, Adam J., *Postal Systems in the Pre-Modern Islamic World*, CSIC (Cambridge, 2007).

Sinor, Denis (ed.), *Aspects of Altaic Civilization III. Proceedings of the Thirtieth Meeting of the Permanent International Altaistic Conference, Indiana University, Bloomington, Indiana June 19-25, 1987*, IUUAS 145 (Bloomington, IN, 1990).

Slavin, Philip, 'Death by the lake: Mortality crisis in early fourteenth-century Central Asia', *Journal of Interdisciplinary History* 50, no. 1 (Summer 2019), 59-90.

Slavin, Philip, 'A rise and fall of a Chaghadaid community: Demographic growth and crisis in "late-medieval" Semirech'ye (Zhetysu), *circa* 1248-1345', *JRAS*, 3rd series, 33 (2023), 513-44.

Smith, John Masson, Jr, *The History of the Sarbadār Dynasty 1336-1381 A.D. and Its Sources* (The Hague and Paris, 1970).

Smith, John Masson, Jr, 'Mongol society and military in the Middle East: Antecedents and adaptations', in Lev (ed.), *War and Society in the Eastern Mediterranean*, 249-66.

Sneath, David (ed.), *Imperial Statecraft. Political Forms and Techniques of Governance in Inner Asia, Sixth-Twentieth Centuries*, SEA 26 (Bellingham, WA, 2006).

Soucek, Priscilla P., 'Eskandar b. 'Omar Šayx b. Timur: A biography', in Bernardini, (ed.), *La civiltà Timuride come fenomeno internazionale*, I, 73-87.

Soucek, Priscilla P., 'Tīmūrid women: A cultural perspective', in Gavin R.G. Hambly (ed.), *Women in the Medieval Islamic World. Power, Patronage and Piety* (New York, 1998), 199-226.

Soucek, Svat, A *History of Inner Asia* (Cambridge, 2000).

Spuler, Bertold, *Die Goldene Horde. Die Mongolen in Rußland 1223-1502*, 2nd edn (Wiesbaden, 1965).

Spuler, Bertold, *Die Mongolen in Iran. Politik, Verwaltung und Kultur der Ilchanzeit 1220-1350*, 4th edn (Leiden, 1985).

Strathern, Alan, 'Global patterns of ruler conversion to Islam and the logic of empirical religiosity', in Peacock (ed.), *Islamisation. Comparative Perspectives from History*, 21-55.

Subtelny, Maria Eva, 'The Sunni revival under Shāh-Rukh and its promoters: A study of the connection between ideology and higher learning in Timurid Iran', in *Proceedings of the 27th Meeting of Haneda Memorial Hall. Symposium on Central Asia and Iran, August 30, 1993* (Kyoto, [1994]), 14-23.

Subtelny, Maria Eva, 'The Timurid legacy: A reaffirmation and a reassessment', in Szuppe (ed.), *L'Héritage Timouride*, 9-19.

Subtelny, Maria E., *Timurids in Transition. Turko-Persian Politics and Acculturation in Medieval Iran*, BIAL 19 (Leiden and Boston, MA, 2007).

Subtelny, Maria E., 'Tamerlane and his descendants: From paladins to patrons', in *NCHI*, III, 169-200.

Subtelny, Maria Eva, and Khalidov, Anas B., 'The curriculum of Islamic higher learning in Timurid Iran in the light of the Sunni revival under Shāh-Rukh', *JAOS* 115 (1995), 210-36.

Sultanov, T.I., '*Mu'izz al-ansāb* and spurious Chingīzids', *MO* 2, no. 3 (Sept. 1996), 3-7.

Sussman, George D., 'Was the Black Death in India and China?', *BHM* 85 (2011), 319-55.

Szuppe, Maria, 'Historiography, v. Timurid period', *EIr*, XII, 356-63.

Szuppe, Maria (ed.), *L'Héritage Timouride. Iran-Asie Centrale-Inde, XVᵉ-XVIIIᵉ siècles* (Tashkent and Aix-en-Provence, 1997 = *CAC* 3-4).

Togan, İsenbike, *Flexibility and Limitation in Steppe Formations. The Kerait Khanate and Chinggis Khan* (Leiden, New York and Cologne, 1998).

Togan, İsenbike, 'Variations in the perception of jasagh', in D.A. Alimova (ed.), *Markazii Osiyo tarikhi zamonavii medievistika talkinida (Professor Roziia Mukminova khotirasiga bagishlanadi) / History of Central Asia in Modern Medieval Studies (In Memoriam of Professor Roziya Mukminova)* (Tashkent, 2013), 67-101.

Togan, Zeki Velidi, 'Timurs Osteuropapolitik', *ZDMG* 108/n.s. 33 (1958), 279-98.

Trepavlov, V.V., 'Sopravitel'stvo v mongol'skoi imperii (XIII v.)', *AEMA* 7 (1987-91), 249-78.

Uskenbay, Kanat, 'Left Wing of the Ulus of Jochi in the 13 —the beginning of the 15th centuries', in Khakimov et al. (eds), *The Golden Horde in World History*, 203-12.

Usmanov, Mirkasym, and Khakimov, Rafael (eds), *The History of the Tatars. Since Ancient Times, III: The Ulus of Jochi (Golden Horde), 13th Century-Mid-15th Century* (Kazan', 2017).

Van Berkel, Maaike, and Duindam, Jeroen (eds), *Prince, Pen, and Sword. Eurasian Perspectives* (Leiden, 2018).

Van Den Bent, Josephine, '"None of the kings on Earth is their equal in '*aṣabiyya*": The Mongols in Ibn Khaldūn's works', *Al-Masāq* 28 (2016), 171-86.

Van Steenbergen, Jo (ed.), *Trajectories of State Formation across Fifteenth-Century Islamic*

West-Asia. Eurasian Parallels, Connections and Divergences, Rulers and Elites: Comparative Studies in Governance 18 (Leiden and Boston, MA, 2020).

Varlık, Nükhet, *Plague and Empire in the Early Modern Mediterranean World. The Ottoman Experience, 1347-1600* (Cambridge, 2015)

Varvarovskii, Iu.E., *Ulus Dzhuchi v 60-70-e gody XIV veka* (Kazan, 2008).

Vásáry István, *Turks, Tatars and Russians in the 13th-16th Centuries* (Aldershot and Burlington, VT, 2007).

Vásáry, István, 'The Jochid realm: The western steppe and Eastern Europe', in *CHIA*, 67-85.

Vásáry István, 'The beginnings of coinage in the Blue Horde', *AOH* 62 (2009), 371-85.

Vásáry István, '*Yāsā* and *Sharīʿa*: Islamic attitudes towards the Mongol law in the Turco-Mongolian world (from the Golden Horde to Timur's time)', in Gleave and Kristó-Nagy (eds), *Violence in Islamic Thought from the Mongols to European Imperialism*, 58-78.

Veit, Veronika, 'The eastern steppe: Mongol regimes after the Yuan (1368-1636)', in *CHIA*, 157-81.

Vernadsky, George, *The Mongols and Russia*, A History of Russia, III (New Haven, CT, 1953) 〔김세웅 옮김,《몽골 제국과 러시아》(선인, 2016)〕.

Vigouroux, Élodie, 'Comment Tamerlan a pris Alep en 800/1403', *Annales Islamologiques* 55 (2021), 303-25; https://doi.org/10.4000/anisl.10223

Voegelin, Eric, 'The Mongol orders of submission to European powers, 1245-1255', *Byzantion* 15 (1940-1), 378-413; revised version in Ellis Sandoz (ed.), *Collected Works of Eric Voegelin*, X: 1940-1952 (Columbia, MO, 2000), 76-125.

Von Glahn, Richard, *Fountain of Fortune. Money and Monetary Policy in China, 1000-1700* (Berkeley and Los Angeles, CA, 1996).

Weiers, Michael (ed., with Veronika Veit and Walther Heissig), *Die Mongolen. Beiträge zu ihrer Geschichte und Kultur* (Darmstadt, 1986).

Werner, Ernst, *Die Geburt einer Großmacht — Die Osmanen (1300-1481). Ein Beitrag zur Genesis des türkischen Feudalismus*, Forschungen zur mittelalterlichen Geschichte 32 (Vienna, Cologne and Graz, 1985).

Wiet, G., 'La grande peste Noire en Syrie et en Égypte', in *Études d'orientalisme dédiées à la mémoire de Lévi-Provençal* (Paris, 1962), I, 367-84.

Wilber, Donald N., 'The Timurid court: Life in gardens and tents', *Iran* 17 (1979), 127-33.

Wilkens, Jens, 'Buddhism in the West Uyghur kingdom and beyond', in Carmen Meinert (ed.), *Transfer of Buddhism across Central Asian Networks (7th to 13th Centuries)* (Leiden and Boston, MA, 2016), 191-249.

Wing, Patrick, 'Submission, defiance, and the rules of politics on the Mamluk Sultanate's Anatolian frontier', *JRAS*, 3rd series, 25 (2015), 377-88.

Wing, Patrick, *The Jalayirids. Dynastic State Formation in the Mongol Middle East* (Edinburgh, 2016).

Wink, André, *Al-Hind. The Making of the Indo-Islamic World*, III: *Indo-Islamic Society 14th-15th Centuries* (Leiden and Boston, MA, 2004).

Woods, John E., 'Turco-Iranica II: Notes on a Timurid decree of 1396/798', *JNES* 43 (1984), 331-7.

Woods, John E., 'The rise of Tīmūrid historiography', *JNES* 46 (1987), no. 2, 81-108.

Woods, John E., *The Timurid Dynasty*, PIA 14 (Bloomington, IN, 1990).

Woods, John E., 'Timur's genealogy', in Michael M. Mazzaoui and Vera B. Moreen (eds), *Intellectual Studies on Islam. Essays Written in Honor of Martin B. Dickson* (Salt Lake City, UT, 1990), 85-125.

Woods, John E., *The Aqquyunlu. Clan, Confederation, Empire*, revised and expanded edn (Salt Lake City, UT, 1999).

Yavari, Neguin; Potter, Lawrence G.; and Oppenheim, Jean-Marc Ran (eds), *Views from the Edge. Essays in Honor of Richard W. Bulliet* (New York, 2004).

Yıldız, Sara Nur, 'Post-Mongol pastoral polities in eastern Anatolia during the late Middle Ages', in Deniz Beyazit (ed.), *At the Crossroads of Empires. 14th-15th Century Eastern Anatolia. Proceedings of the International Symposium Held in Istanbul, 4th-6th May 2007* (Paris, 2012), 27-48.

Yosef, Koby, 'Cross-boundary hatred: (Changing) attitudes towards Mongol and "Christian" *mamlūk*s in the Mamluk Sultanate', in Amitai and Conermann (eds), *The Mamluk Sultanate from the Perspective of Regional and World History*, 149-214.

Zakrzewski, Daniel, 'An idea of Iran on Mongol foundations: Territory, dynasties and Tabriz as royal city (seventh/thirteenth to ninth/fifteenth century)', in Melville (ed.), *The Timurid Century*, 45-76.

〔곽새라, 〈페르시아어의 한글 표기에 대한 제언〉, 《한국이슬람학회논총》 33.3 (2023), 207-26.〕
〔김정위, 《이슬람 사전》(학문사, 2002).〕
〔서울대학교 역사연구소 편, 《역사용어사전》(서울대학교출판문화원, 2015).〕
〔오은경 등, 《투르크학 인문 대사전》 전8권(동덕여대 유라시아투르크연구소, 2023).〕
〔최문정, 〈중앙아시아 키릴문자권 언어의 한글 표기법 정립을 위한 기초 연구〉, 《한글》 84.2 (2023), 541-75.〕

다우드 두글라트Dā'ūd Dughlāt(티무르 아
　　미르) 389-90, 394
대도大都 → 칸발룩
'대동란Velikaia Zamiatnia' 193, 195, 203,
　　209, 429
'대大아미르들' 180, 182, 390, 506, 655,
　　657
대포 486-7, 651 다음도 참조: 화기, 라드
데 라케빌츠, 이고르Igor de Rachewiltz
　　123, 164, 597
데일, 스티븐Dale, Stephen F. 39, 87, 637,
　　646
데 클라비호, 루이 곤살레스de Clavijo, Ruy
　　González 14, 37, 88-9, 140, 307,
　　310-1, 345, 377, 396, 401, 408,
　　412, 415, 417-8, 431, 453-7, 470,
　　475, 478, 480, 482, 484-6, 492,
　　498, 518, 531, 536, 545, 547, 570,
　　591, 614, 617, 624-5
델리 26, 82, 322, 328, 407, 416, 443,
　　445-6, 475, 478, 488, 492, 494,
　　510, 516, 525, 539-40, 566, 571,
　　590, 636, 656, 661
델리 술탄/델리 술탄국 53, 136, 173, 179,
　　188, 222, 239, 314, 318-9, 322-
　　4, 327-9, 443, 445, 461, 473, 475,
　　483, 485, 493, 538-9, 577, 586,
　　591, 593-4, 641, 644-5
도르지Dorji(차가다이 왕자) 199, 504
도미니코회 88, 108, 151, 162, 243, 454-
　　5, 554
돈강 88, 221, 232, 236
돌궐突厥 제국/돌궐 97, 106-7, 117-9,
　　123, 588, 598
두글라트Dughlat 203, 339, 354-6, 389,

395, 424, 530, 601
두아Du'a(차가다이 칸) 9, 38, 124, 131,
　　134-7, 140, 181, 198, 200-3, 207,
　　211, 241, 310, 317, 320-1, 323, 325,
　　339, 350, 356-8, 361, 366-7, 370-
　　1, 387, 403-4, 411, 417, 434, 443,
　　450, 506, 525, 581, 614, 623-4
둠다두 몽골 울루스Dumdadu Mongghol
　　Ulus 133 다음도 참조: 임페리움 메
　　디움
디야르 바크르Diyār Bakr 187, 270, 405,
　　440, 460, 472, 484
딜샤드 아가Dilshād Āghā(티무르의 아내)
　　407, 530, 561
딜샤드 하툰Dilshād Khatun(일칸 아부사
　　이드와 셰이흐 하산의 아내) 183-4,
　　258, 416

라드Ra'd 164, 194-5, 200, 202, 261,
　　305, 355, 398, 442, 450, 454, 487-
　　8, 552 다음도 참조: 화기
라시드 알딘 파들룰라Rashīd al-Dīn Faḍl-
　　Allāh 53
뢰머, 한스 로베르트Hans Robert Roemer
　　292, 340, 345
루르Lur/루리스탄 257, 405, 462, 591-2,
　　599
루스탐 이븐 우마르 셰이흐Rustam b. 'Umar
　　Shaykh(티무르의 손자) 409
루시Rusī 60, 81, 112, 193-6, 198, 209,
　　213, 234, 236, 241, 245, 247, 378,
　　430, 538, 545, 563-4, 568-9
루크만Luqmān(일칸 왕자, 아스트라바드
　　지배자) 280, 433, 436, 477, 517,
　　524, 629

룸Rūm 58, 107, 111-2, 124-5, 135, 148,
150, 230, 261, 270, 317, 346, 403,
405, 441, 446, 451-2, 461, 472,
484, 487, 570, 588 다음도 참조: 아
나톨리아
리투아니아/리투아니아인 430, 539, 551

마그레브 77-8, 80, 85, 87, 310, 449, 536,
569 다음도 참조: 모로코
마드라사 16, 149, 417, 548
마라가Marāgha 133, 185
마르딘Mārdīn 158, 188, 405, 441, 447-8,
468, 490
마르아시, 자히르 알딘Ẓahīr al-Dīn Marʻashī
→ 사이드 지배자, 마잔다란의
마르코 폴로Marco Polo 52, 124, 221, 313,
315, 318
마마이Mamai(조치 아미르) 183, 196-7,
209-10, 214, 248, 429, 545, 655,
659
마바르Maʻbar 239-40, 539
마수드 벡Masʻūd Beg(차가다이 재무장관)
117, 131, 224, 361
마수드, 와지흐 알딘Masʻūd, Wajīh al-Dīn
(사르바다르 지배자) 285-7, 291
마 와라 알나흐르Mā warāʼ al-nahr 22, 99,
311, 478, 593, 604
마잔다란 186, 189, 241, 256, 259, 276,
280-1, 286, 289, 291, 404, 413,
416, 433, 435, 437, 440, 462, 467,
472, 477-8, 487, 510, 516, 523-4,
560, 622, 625, 629, 637
마흐디Mahdī 166, 285, 573, 603, 633
마흐무드, 가즈나의Maḥmūd, Ghaznawī
100, 326, 550, 656

마흐무드 샤Maḥmūd Shāh → 기야스 알딘
마흐무드 샤
마흐무드 호라즈미Maḥmūd Khwārazmī
553, 579
만주滿洲 25, 97, 101, 107, 109, 119, 130,
180, 437, 491, 533, 580-1, 607,
628, 638-9, 650 다음도 참조: 청나라
말라티아 441, 448, 482, 540
맘루크 술탄/맘루크 술탄국 23, 73-4, 83,
86, 94, 100, 129, 132, 136, 153-4,
157-8, 167, 182, 187-8, 190, 216,
258, 310, 326, 429-30, 441, 447-
8, 450, 461, 473-4, 478, 481, 506,
516, 523, 527, 535, 541, 546-7,
556, 580, 587, 594, 611, 639
망갈라이 쉬베Manghalai Sübe 308, 354
맨즈, 비어트리스 포브스Beatrice Forbes
Manz 30, 122, 333, 351, 364-7,
369-70, 375, 388-90, 398, 400,
472, 520, 576, 590, 603, 642, 659
메디나 547, 549, 560, 633, 639
'메디아인' 234, 249 다음도 참조: 임페리
움 메디움
메르브 283, 320-1, 326, 357, 644
메이, 티모시Timothy May 116, 125, 182,
188, 195, 197, 205, 282, 317, 429,
588, 595
메카 19, 547, 549, 560, 612, 633, 639
메흐메드 1세Meḥmed I(오스만 술탄) 452,
599
멜릭Melik(오고데이의 아들) 134, 503
멜빌, 찰스Charles Melville 159, 205, 213
명나라 23, 25, 51, 180, 304, 346, 415,
427, 437, 456-60, 463, 483-4, 520,
537-8, 553, 584, 586, 602-3, 640-

984

988

990

칭기스 칸에서 티무르까지

몽골 제국의 위기와 부흥

1판 1쇄 2026년 3월 3일

지은이 | 피터 잭슨
옮긴이 | 최하늘

펴낸이 | 류종필
편집 | 권준, 이정우, 노민정, 이은진
경영지원 | 홍정민
교정교열 | 문해순
표지 디자인 | 석운디자인
본문 디자인 | 박애영

펴낸곳 | (주)도서출판 책과함께
주소 (03961) 서울시 마포구 방울내로9길 24 동주빌딩 202호
전화 (02) 335-1982
팩스 (02) 335-1316
전자우편 prpub@daum.net
블로그 blog.naver.com/prpub
등록 2003년 4월 3일 제2003-000392호

ISBN 979-11-94263-95-1 93900